FORBIDDEN CITY PUBLISHING HOUSE

FORBIDDEN CITY PUBLISHING HOUSE

明清論叢

A COLLECTION OF ESSAYS ON THE MING AND QING DYNASTIES

主编　朱诚如　王天有

主办　故宫博物院　北京大学

第十辑

紫禁城出版社

2010.8

图书在版编目（CIP）数据

明清论丛. 第十辑／朱诚如，王天有主编 . - 北京：
紫禁城出版社,2010.8
ISBN 978 - 7 - 5134 - 0034 - 3

Ⅰ. 明…　Ⅱ. ①朱…②王…　Ⅲ. ①中国 - 古代史 -
研究 - 时清时代 - 文集Ⅳ. ①K248. 07 - 53

中国版本图书馆 CIP 数据核字（2010）第 152907 号

明　清　论　丛

（第十辑）

朱诚如　王天有　主编

紫禁城出版社出版

（北京景山前街故宫博物院内）

北京图文天地制版印刷有限公司印刷

新华书店北京发行所发行

开本　850×1168　1/16　字数670千字　印张：34.5

2010 年 8 月第 1 版第 1 次印刷

ISBN 978 - 7 - 5134 - 0034 - 3

定价：120. 00 元

目 录

Contents

论清史研究与清史纂修的良性互动

李文海

（中国人民大学清史所教授）

这次研讨会的主题是"清史研究与清史纂修"①。一般来说，"研究"与"纂修"并不是两个根本不同、可以完全分割的概念，纂修也是研究，或者说是研究的一个阶段，一个部分，一种方式。所以，泛泛来谈"清史研究与清史纂修"的关系，在逻辑上不是很顺。我体会，这里所说的"清史纂修"，应是特指，就是专门指由国家清史编纂委员会组织的清史工程而言。如果从这个意义上来探讨一下新清史的纂修同清史研究的关系，倒是可以谈一点自己的观察与体会。

一 清史研究的深入为清史纂修创造了学术前提

任何综合性著作的撰写，都必须建立在深入的专题研究的基础之上，这是学术规律的客观要求。没有前80年清史研究的学术积累，清史工程的启动是无法想象的。

我们可以回顾一下《清史稿》的编纂情况。《清史稿》的不尽如人意，当然原因很多，比如政治环境的问题，编撰队伍的问题，物质条件的问题等等，但一个相当关键的因素，就是缺乏前期清史专题研究的基础和准备。当时，清王朝灭亡还只有几年，可以说还没有任何能够称得上学术性的清史研究。

我们的清史工程，从建国伊始就开始酝酿，但一直到21世纪初才正式启动。这也并不偶然。新中国成立初期，鼎新革故，百废待兴，一时自然难以顾及此事；"文革"时期，政治动乱，是非颠倒，不要说修史，任何学术工作都处于停顿状态，清史的修纂当然无从谈起；只是在改革开放20多年之后，综合国力大大增强，文化事业日趋繁荣，清史工程才有可能提到议事日程上来。而其中最重要的一个条件，就是经过学术界同仁们的长期努力，清史研究有了迅速的发展和长足的进步，这无疑是清史工程得以正式开展的决定性条件。

清史研究怎样极大地推动了清史纂修，从对清朝历史地位的总体评价的变化中，得到了十分生动的体现。

从清朝覆亡到上世纪50年代，全社会当然也包括学术界，对清代历史总体上评价是不高的。指责、批判、否定的比较多，而肯定其积极作用的则甚少。整个清朝的历史常常被全盘否定，一笔骂倒。有的学术著作认为整个清朝破坏了社会生产力，阻滞了社会经济的发展，推迟了中国历史的发展进程，甚至造成了历史的大倒退。这种认识所以一时成为社会的流行观念，有极其复杂的原因，大体说来，可以从以下四个方面加以思考：

一是清朝建立之初，一些人受"华夷之辨"传统观念的影响，把改朝换代看作是"国破家亡"，新王朝统治的合法性在一个相当长的时间里受到质疑，再加上满族贵族在统一中国的过程中，确实实行了残酷野蛮的屠杀政策，大大地激化了民族矛盾，给后人留下了一个挥之不去的历史形象。

二是清代不管经历了何等历史的辉煌，但无论如何，中国在世界的地位，从先进到落后的深刻转变与巨大落差，确实是在清朝这个历史时期发生和实现的。特别是到了晚清，我们的国家和民族，在帝国主义的侵略压迫下，沦落到了亡国灭种的边缘。这段屈辱的历史理所当然地给中国人民造成了难以忘怀的伤痛。

三是在推翻清王朝的辛亥革命时期，革命派为了动员群众，宣传革命，集中力量对清廷的腐朽黑暗的统治进行了无情的揭露。这种揭露，正如周恩来总理所说，在当时是有其历史合理性的："清末，鼓动革命的文章，例如邹容写的《革命军》现在读起来还会感到痛快淋漓。当时人们把满族说得坏些，这是可以理解的。可是，今天就不能再那样看待满族了。"②这是因为，革命宣传毕竟不是也不能替代对整个清代历史的科学评价。

四是新中国建立之初的一段时期内，因为在运用唯物史观方面存在着简单化、绝对化的毛病，所以曾经出现了"打破王朝体系"、"打倒帝王将相"等错误口号，在这种"左"的思想的影响下，对清朝历史的一味贬低和否定，也就不足为奇了。

不难想象，如果在这样的学术大环境下去撰写清史，是决然难以写出一部符合客观实际、全面反映历史真实的信史来的。

长期以来，我们的学术前辈在清史这个学术领域，筚路蓝缕，潜心钻研，对清代历史的各个方面殚精竭虑，发微探幽，为正确揭示清代历史的真实面貌作出了巨大的努力与贡献。但是，对清代历史总体评价发生根本性转变的，还是在上个世纪的五六十年代之交。其中，1961 年是一个值得我们特别关注的年份。

这一年，就清史研究而言，发生了两件十分重要的事情。

一件事情是，1961 年 6 月 10 日，周恩来总理在接见溥仪、嵯峨浩、溥杰等人时，对清代历史讲了一段非常重要的话。他说："清朝所做的坏事，历史已经做了结论，用不着多提，做的好事是应该讲一下的。""清朝是中国最后一个王朝，它也做了几件好事：第一件，把中国许多兄弟民族联在一起，把中国的版图定下来了，九百多万平方公里。第二件，清朝为了要长期统治，减低了田赋，使农民能够休养生息，增加了人口，发展到四万万人，给现在的六亿五千万人口打下了基础。第三件，清朝同时采用满文和汉文，使两种文化逐渐融合接近，促进了中国文化的发展。清朝在确定版图、增加人口、发展文化这三方面做了好事。"他还强调指出："封建制度是坏的，但统治阶级中也不是一无好人，尽管他们对人民的同情是有局限性的，但是那时的人民对这些人还是歌颂的。"他甚至旗帜鲜明地称赞"康熙懂得天文、地理、数学，很有学问"③。在另外的场合，周恩来总理还讲过这样的话："过去统治中国的是满族中的统治阶级，而不是满族整个民族。即使谈到满族统治阶级，他们在历史下的作用，有坏的一面，也有好的一面。"④"封建王朝里边也有一些有进步作用的东西；有的帝王也做过促进历史发展的事情，我们也不能采取非历史主义的观点一律抹杀。"⑤这些话，根本扭转了对清代历史在总体评价上一味贬低、否定的基调，在当时来说，不仅让人耳目一新，而且起了振聋发聩的作用，体现了周恩来的创新精神和理论勇气，也充分反映了他尊重历史的实事求是学风。

另一件值得一提的事是，在这一年第三期的《历史研究》上，发表了马克思主义史学家刘大年的《论康熙》一文。在这篇文章里，刘大年同志运用历史唯物主义观点，分析了康熙帝所处的时代及他一生的作为，强调指出，"在国内，康熙统治期间，中国形成了一个疆域辽阔，民族众多，相当坚强统一的封建国家；封建的经济文化在这个条件下，发展到了一个新的顶点。"

"对国外，康熙统治期间，中国成为一个繁盛的国家屹立于亚洲东部，这使正在把触角伸向中国的西方早期殖民势力受到遏制，并且对于亚洲邻近国家抵制西方侵略势力也有其影响。"因此他得出结论说：康熙在封建帝王里是一个杰出的了不起的人物。当然，康熙也自有其消极、保守甚至反动的一面。对于《论康熙》这篇文章，戴逸同志作了这样的学术评价："在我心目中，《论康熙》是建国以来第一篇用马克思列宁主义来分析研究清代前期历史的重要文章，是一篇经典之作。它详细地阐述了康熙一生的经历，一生的贡献，肯定了康熙，随之肯定了清朝前期的历史地位，纠正了长期以来对清朝历史的片面观点。建国初期，研究清朝前期历史的人很少。一般都是古代史、秦汉史，郭沫若等几位大家都是研究秦汉以前的历史；而且清朝前期的历史常常是被全盘否定。由于辛亥革命高举反满的旗帜，凡清朝政府所做的事，凡清朝的官、皇帝，都不行。当时那种环境对康熙、乾隆的评价都不怎么好，大家一提到清政府就是腐败的代名词，是无能的代名词。清朝历史一片骂倒。那时大家强调中国是一个汉人世界。大年同志这篇文章是建国以来学术界第一个提出真正不同的看法的，是真正用马克思主义的观点来分析清朝的功过是非，写得非常精彩，意义重大。当然他也讲了清朝的缺点、问题，但他比较公正地评价了清朝的历史。"⑥

对清代历史地位的重新认识，对清朝历史总体评价的重大变化，迅速地推动了清史研究的发展和进步。表现在：研究视野和研究领域的极大拓展，对一些重要历史问题认识的不断深化，对许多历史现象评析的更加客观公正，对清代历史资料的大规模发掘和整理，对清代历史发展规律性的理性思考，以及一批通史性或综合性著作的面世等等。没有这些，清史工程是决不能启动的，也决不会列入国家规划，成为国家项目。

从上面的学术史回顾中可以看出，清史研究的发展和深化，原因当然很多，而其中最关键的一条，无疑是坚持唯物史观指导清史研究的结果。只要不抱偏见，对此应该没有什么可以争议的。但有的人却偏偏对如此明显的事实视而不见，以情绪化的态度对待唯物史观，给唯物史观加上了种种罪名。在有的人眼里，唯物史观几乎成了"僵化"、"保守"的代名词。有人写文章分析"中国当代史学家的心理障碍"，认为最大的心理障碍是"上世纪50年来"，"几乎所有史家"都或者"屈服于政治威胁和行政压力"，或者"出于对自身生存利益的考虑"，形成了对唯物史观的"盲目崇拜狂热迷信"，以致阻碍了历史学的发展。唯物史观是不是真的如此罪大恶极？究竟应该怎样看待唯物史观对历史研究的影响和作用？我想，与其我们多费唇舌，倒不如先听听国外我们的同行学者们是如何说的。

上世纪70年代，联合国教科文组织决定要编一套"社会科学和人文科学研究主要趋势"的趋势丛书，其中的历史学卷委托英国当代著名历史学家杰弗里·巴勒克拉夫负责，他执笔起草后，经过集体讨论，写出了《当代史学主要趋势》一书。这部书关于马克思主义对史学研究的作用与影响，是怎样看的？又是怎样描述的呢？我们摘引其中的一段话：

马克思主义作为哲学和总的观念，从五个方面对历史学家的思想产生了影响。首先，它既反映又促进了历史学研究方向的转变，从描述孤立的——主要是政治的——事件转向对社会和经济的复杂而长期的过程的研究。其次，马克思主义历史学家认识到需要研究人们生活的物质条件，把工业关系当作整体的而不是孤立的现象，并且在这个背景下研究技术和经济发展的历史。第三，马克思促进了对人民群众历史作用的研究，尤其是他们在社会和政治动荡时期的作用。第四，马克思的社会阶级结构观念以及他对阶级斗争的研究不仅对历史研究产生了广泛影响，而且特别引起了对研究西方早期资产阶级社会中阶级形成过程的注意，也引起了对研究其他社会制度——尤其是奴隶制社会、农奴制社会和封建制社会——出现类似过程的注意。最后，马克思主义的重要性在于它重新唤起了对历史研究的理论前提的兴趣。

1930 年以后，马克思主义的影响广泛扩展，即使那些否定马克思主义历史解释的历史学家们，也不得不用马克思主义的观点来重新考虑自己的观点。⑦

把上面这些看法同我们前面提到的那些议论相比，何者更加客观一些，更加实事求是一些，是显而易见的。我们所以大段引用《当代史学主要趋势》的文字，一个重要原因，是此书作者对唯物史观的评论，大概不至于被人怀疑是由于"屈服于政治威胁和行政压力"，或"出于对自身生存利益考虑"的结果。

当然，我们强调唯物史观对历史研究的指导作用时，应该注意到以下几点：首先，唯物史观仅仅提供认识历史、研究历史的科学的理论和方法，"绝不提供可以适用于各个历史时代的药方和公式"。它是研究的指南，但并不能代替具体的历史研究。这是马克思、恩格斯自己多次强调过的。其次，唯物史观是个开放的系统，它并不自以为垄断了真理。一方面，它能够吸收人类文明中的一切有益成果；一方面，它也十分尊重运用其它史观分析历史得出的科学成就。最后，唯物史观也有一个"与时俱进"的问题，既要坚持时代性，用不断变化着的客观实际充实自己、发展自己；又要坚持民族性，使唯物史观的基本原理同中国实际相结合，避免脱离时代、脱离现实的教条主义。

二　清史纂修应该处理好的几个关系

清史工程是个巨大的文化工程。按照计划，新修《清史》由通纪、传记、典志、史表、图录 5 个部分组成，全书拟撰 92 卷，总字数超过 3000 万字。除主体工程外，还包括搜集、整理、出版数量巨大的档案、文献资料的辅助工程。要完成这样一个艰巨而复杂的任务，需要有明确合理的指导思想、坚强有力的组织指挥、雷厉风行的工作作风、奋发有为的精神状态。同时，必须注意处理好几个关系：

（一）个性与共性

人文科学同自然科学不同，在通常情况下，自然科学面临的问题，一般只有一种答案，对或者是错。人文科学一种社会现象或历史现象，可以从各种不同角度、不同层面、不同范围去分析和评论，所以很多问题不能简单地用对或错来回答。一因多果、多因一果、多因多果的历史现象，比比皆是。因此，一个历史事件，往往既有积极作用，也有消极影响；一个历史人物，也不是简单地分成好人或坏人就可以了事。分清历史现象的真与伪、是与非、善与恶，往往要经过多角度的观察，多重性的分析，反复的论证，才能逐步接近历史的真相。多样性是人文社会科学的一个特点，因此要提倡个性，尊重个性。

千余人一起编书，各人有各人的个性，完全一律，既做不到，也会扼杀了人家的创造性，不利于书稿质量和水平的提高。

但这是一部书，是一个整体，不是一套丛书，更不是哪个个人的学术专著，所以又要讲共性。就是要有那么几条，是大家必须共同遵守的东西。譬如，全书体例必须统一。这个问题，应该说下了不少功夫，也有了明确的规定和要求。但具体操作起来，仍然有很大的难度。让所有的稿子都做到完全符合体例的规定和要求，这是在统稿过程中必须解决的问题。又譬如，全书的基本线索、主要观点必须一以贯之，不能前后矛盾，相互打架，也不能有过多的重复。每个作者都应该有全局观念，服从全书的布局与安排。戴逸同志为了统一规划"通记"的内容，亲自动手，起草了编写大纲，并且在充分征求写作者意见的基础上，一共修改了六稿。按照这样的写作大纲去写出书稿，就能够保证书稿内容的一贯性、统一性。再譬如，全书的文字风格，要做到基本一致。这部书用什么样的文体来写，是经过了认真的讨论的。根据多数意见，最后确定用"精炼的现代书面语"。但实践中如何掌握，也并不是那么容易。我看了一部分初稿，文字可以说是五花八门。有的确实是比较通畅的"精炼的现代书面语"，有的则是文言文，或者半文半白的文字，也有的是大白话，甚至同一篇文稿，三种文体混杂使用。这方面需要下很大功夫。

（二）继承与创新

学术是薪火相传的事业，历史学尤其如此。没有传承，学术的发展就像无源之水，无本之木，不会有强劲的生命力。但如只有传承，没有创新，学术也就像一潭死水，没有了发展，如鲁迅所说："纵不干涸，也必腐败的。"⑧所以，继承和创新是一对矛盾，必须辩证地对待。继承是创新的前提，创新必须立足于继承的基础之上；创新是继承的延伸和发展，也是学术的本质要求，学术是对未知的探求，没有创新，只是重复前人已经说过的话，已经弄清了的问题，学术也就失去了自己存在的价值；没有继承，你做的都是前人已经做过的重复劳动，又何来学术创新？

我们要求这部清史能够反映当代清史学科前沿的水平，这里首先就有一个充分吸收和反映前人科学成果的问题。如果许多新的认识、新的科学观点在书中没有反映，这部书的学术价值自然难以被学术界认可。但吸取和反映并不是简单地照搬照抄，而是要通过融会贯通，有机地纳入书的内容之中，同时要十分注意尊重他人的知识产权，严格遵循学术规范。

学术创新是一个艰苦的过程。我们大家都很熟悉恩格斯的如下一段话："唯物主义的认识的发展，哪怕是单单对于一个历史实例，都是一种科学工作，要求多年的冷静钻研，因为这是很明白的，单靠几句空话是做不出什么来的，只有大量的、批判地审查过的、透彻地掌握住了的历史资料，才能解决这样的任务。"⑨把创新简单地看作是对传统观点的否定，似乎只有推翻旧说，才算是"创新"，其实这是十分片面的，是对创新的一种误解。传统有精华，也有糟粕。对传统必须作辩证的、科学的分析，好的就坚持、就继承；坏的或者错的就否定、就摈弃，并用新的观点、新的结论取而代之，学术就在这种辩证对待的过程中得到发展，得到前进。对于历史学来说，创新的途径和形式应该是多种多样的。发掘和发现新的历史资料，从而对历史现象得到新的了解，自然是一种创新；对已知的历史状况作出新的分析和判断，提出较前人更加深入的见解，也是一种创新。拓宽研究领域，补填前人研究的空白或薄弱环节，是一种创新；沿着前人的研究方向和道路，在同一领域内以新的视角重新审视历史现象，作出具有独创性的历史感悟，同样是一种创新。当然，在充分掌握历史事实根据的基础上，纠正前人的失误，指出已有学术成果的错谬，更是创新的一种体现。

（三）叙事与评史

接受以往所谓"影射史学"的教训，一些同志强调史学要远离现实，远离政治，认为历史学的任务就是"还原历史"，把历史事实讲清楚就行了，赋予历史学以社会功能，通过历史来寻求"资政育人"的目的，就不免会损害历史的真实，就不能写出真正的信史。对于这种看法，有必要作一点具体的分析。

"影射史学"确实曾经给予历史学以极大的伤害。"影射史学"的特点是通过歪曲历史的手段，为某种阴暗反动的政治目的服务。历史学是科学，它不应该是政治（更不用说是反动政治）百依百顺、随便摆布的奴仆，这是毫无问题的。历史学以尊重历史真实为最高准则。

但是，没有任何社会目的和政治追求的学术著作，其实是根本不存在的。拿我国的史学名著来说，司马迁自称，他撰写《史记》的目的，是"网罗天下放失旧闻，考之行事，综其始终，稽其成败兴坏之理"，"述往事，思来者"，"欲以究天人之际，通古今之变，成一家之言"⑩。司马光编撰《资治通鉴》，不仅书名就表明了此书的目的和功用，而且在《进〈资治通鉴〉表》中更明确说明，此书的编写原则是"专取关国家盛衰，系生民休戚，善可为法，恶可为戒者"为内容，他希望最高统治者读后能"稽前世之兴衰，考当个之得失，嘉善矜恶，足以懋稽古之盛德，跻无前之至治。"⑪可见，他们治史的出发点，都有着十分明确的政治目的。

当然，今天史学的政治目标，同封建时代的史学有着根本的不同。胡锦涛同志说："历史是一面映照现实的明镜，也是一本最富哲理的教科书。""要坚持以辩证唯物主义和历史唯物主义为指导，认真学习我们党的历史、中国历史、世界历史，深入思考，科学分析，不断提高对共产党执政规律、社会主义建设规律和人类社会发展规律的认识水平，不断提高自觉运用这三个规律的能力，更好地促进社会主义物质文明、政治文明和精神文明的协调发展。"⑫

所以，问题不在于史学是不是要同现实生活和政治要求相联系，而在于关注现实、联系政治中如何坚持历史的真实性。事实上，历史的真实性，既包括叙事的客观正确，也包括评论的公正恰当。北宋吴缜认为一部好的历史著作，要有三个条件："夫为史之要有三：一曰事实，二曰褒贬，三曰文采。有是事而如是书，斯谓事实。因事实而寓惩劝，斯谓褒贬。事实、褒贬既得矣，以资文采以行之，然后成史。"⑬以为只是客观叙事而不作评论，就可以保持历史的真实性，其实是一厢情愿的事。且不说叙事时无法不带任何倾向性，即使真的把事实原原本本讲清楚了，却不作任何的褒贬，不对善恶是非明确表明态度，也不能说已经充分揭示了历史的真相。

当然，如何评析，如何褒贬，是需要认真讲究的，要根据这部著作的性质和特点来进行。新修清史不同于个人学术专著，不宜长篇大论地发议论，只能在叙事中通过材料的取舍、文气的表达体现自己的倾向性，在关键的地方画龙点睛地加以点评，不应该随便对历史事件和历史人物贴标签、扣帽子，这是需要特别注意的。

（四）进度与质量

清史工程按计划大体10年为期。这比清代用将近60年时间修一部《明史》，时间要紧多了。在这么短的时间里，要完成这么巨大的编纂任务，如何把握好质量同进度的统一，就成为一个十分尖锐的问题。

戴逸同志多次强调，质量是清史工程的生命，质量重于泰山，一定要向党和国家、向社会、向人民交一份合格的答卷。

中央对清史编纂是有明确要求的，这就是："以马克思列宁主义、毛泽东思想、邓小平理论和'三个代表'重要思想为指导，坚持辩证唯物主义和历史唯物主义的基本观点和方法，本着以史为鉴、古为今用的原则，既要尊重历史事实，又要反映时代精神；既要继承前人研究成果，又要勇于进行学术创新。要以史实为依据，去伪存真，去粗取精，避免主观臆断。不要以自己认识去推论历史，把主观认识当做历史，使后人产生误解。""确保编纂出一部能够反映当代中国学术水平的高质量、高标准的清史巨著，使之成为经得起历史检验的传世之作。"⑭这是一个很高的要求。俗话说："十年磨一剑"。要在10年左右的时间里磨铸出这样标准的一把"宝剑"来，如果不是参与其事者聚精会神，呕心沥血，殚智竭虑，夙兴夜寐，全身心地投入，是不可能很好完成这个任务的。把质量同进度结合起来，既不能因为赶进度而降低质量要求，也不能因为强调质量而慢条斯理，拖拉磨蹭。进度靠什么来保证？我们应该怎样来争取时间？很显然，进度不能靠降低质量来实现，我们只有向科学管理要时间，向倡导优良作风要时间，向调动积极性要时间，向加强责任制要时间，向团结协作要时间。这就是我们的出路。

三　清史纂修为清史研究提供新的起点

就认识的本性来说，人们对于世界万事万物的认识，总是相对的，只能逐步完善，而不可能一下子达到终极的最后真理。对于人类历史的认识就尤其如此。恩格斯曾经特别强调，由于历史的和社会的种种局限，也由于历史资料的无法穷尽，所以人们对于历史的认识永远总是不完整的、不可能最终完成的。毫无疑问，清史工程也许能对以往的清史研究起一个阶段性小结的作用，却决不能把清史的主要问题都研究清楚了。对今后的学术发展来说，它只是为清史研究开创新的局面打下一个较好的基础。

学术发展的客观规律就是这样：在各种专题研究的基础上，产生综合性、概括性的学术著作；这样的著作又提供了一个学术发展的新的起点，推动学术研究的进一步发展。

清史工程可能在哪些方面，推动清史研究的进一步发展呢？

首先是清史工程在写作过程中，必然会提出一些新的研究领域和新的研究视野，这些方面不可能在新的《清史》中得到充分的展开，需要在今后的清史研究中不断加以深化。

其次是清史工程中涉及的某些学术观点，也不过是一家之言，有的需要进一步地论证与分析，有的会引起学术界的不同意见的争论，这就为清史研究新的发展创造了十分有利的条件。

再次，清史工程十分注意清代档案、文献资料的搜集、整理和出版工作。在存世的约 2000 余万件清代档案中，已有近 200 万件整理完毕并可上网使用，尚有相当数量的档案正在组织出版。在文献资料方面，仅已出版的《清代诗文集汇编》（800 册）、《清代稿抄本》（100 册）、《清代缙绅录集成》（95 册）等就已达 4 亿多字。资料是历史研究的基础和根据，这些珍贵历史资料的问世，必定会极大推动清史研究的发展，对开创清史研究的新局面产生长远而深刻的影响。

---

① 指 2009 年 9 月下旬在北京召开的第 13 届国际清史学术研讨会。本文是作者在会议开幕式上的讲话。

② 《周恩来统一战线文选》，第 336 页。

③ 《周恩来选集》，下卷，第 319、320 页。

④ 《周恩来统一战线文选》，第 336 页

⑤ 《周恩来文化文选》，第 795 页。

⑥ 2007 年 3 月 13 日在《刘大年往来书信选》出版座谈会上的发言。

⑦ 《当代史学主要趋势》第 27、32 页，上海译文出版社，1986 年版。

⑧ 《鲁迅全集》，第六卷，《且介亭杂文二集·从"别字"说开去》。

⑨ 恩格斯：《论马克思的"政治经济学批判"》。

⑩ 班固：《汉书·司马迁传》。

⑪ 白寿彝主编：《中国史学史》，第 191 页。

⑫　分别见 2005 年 5 月 9 日及 2003 年 11 月 26 日《人民日报》。

⑬　吴缜：《新唐书纠廖·序》。

⑭　《光明日报》2003 年 3 月 13 日。

清朝"正统观"之确立与历史书写

杨念群

（中国人民大学清史所教授）

小引：从两封交战文书说起

《清高宗实录》中曾记载过一则逸闻，说这天乾隆帝正在审读《宗室王公功绩表传》，忽然发现其中载有当年摄政王睿亲王多尔衮整军南下，横扫江南之前，致南明督军史可法的一封信。乾隆帝登基后颇留意明末鼎革期关键人物的言行史料，他回忆说，自己幼年就听说过这封信，可惜始终未见文字，这次有机会展读原文，自然十分惊喜，颇觉满足了幼年对先辈英雄传奇的仰慕情愫。谈到观感，乾隆帝不禁赞叹摄政王的行文揭示了"大义"和"正理"，其中还熟用了古代的春秋笔法，斥责南明政权苟且偏安的弊端，大显"旨正词严"的磅礴锐气。

在这份文献中，还提到史可法曾遣人回书，可惜只简单记载说信内"语多不屈"，却没有透露信的具体内容。乾隆帝心里明白，这是因为史可法提军扬州，辅佐南明的身份，让宫廷史官担心信中之言可能触犯忌讳，引起帝王的猜疑和不悦，故弃而不录。这反倒激起了他的好奇心，一度对此念念不忘。在后来发布的上谕中，乾隆帝特别提示说，史可法虽是明臣，其不屈表现却是正确的行为，他质问道：如果对史可法的言论弃而不载，那不就辜负了忠臣之心了吗？如此疏忽的另一个严重后果是，后人将不知道史可法到底说了些什么，必定怀疑他说了一番不该说的话而心生反感。

皇帝既然发话要看这段文字，宫中自然不敢怠慢，儒臣先是到处忙碌地在各种书市和藏书家中寻觅物色，却始终没有发现此信的踪迹，最后还是遍翻内阁书库后才终于找到原件。面对搜寻这段不易得来的文字，乾隆用了"卒读一再"4 个字自述其心情，接着不免又在感慨唏嘘一番"可法孤忠"，南明皇帝"福王不慧"之后，表达了自己对"忠义"的理解。他看到的是可法虽对睿亲王多尔衮有心折钦敬之意，却终因是明朝臣子，为尊崇明朝正统不得不勉强摆出一副强词申辩的姿态，这是不应为他避讳的。①

不难看出，乾隆帝已在有意淡化把"忠义"理解为敌对朝代"各为其主"的狭窄看法，希望把它构造成具有相对普世意义的价值体系，以作为士人对本朝认同的心理基础，这确是个不小的转变。

"忠义"言行作为旧朝维系正统的精神基石之一，在明末清初的鼎革时期，仍是区分忠逆敌我最为明显的界分标帜。晚明义士的忠节赴死，舍生取义之举，一度成为满人夺取天下的最大心理障碍。乾隆帝对史可法忠节行为评价的改变，喻示着新朝自信心的飘然提升。因为南明政权的迅速坍塌，虽昭示出了明代忠臣明知不可为而为之的忠烈可嘉，却也验证了那些殉死义士的拘泥可哀，恰说明他们做出的是一种不明智的选择，映衬出的是大清国统治日趋合法的趋向。对亡国忠义之士的昭雪，反而有可能变成新朝建立自身正统性的一个有利步骤。乾隆帝对旧朝忠义的新解，其实也开启了新朝构造"正统观"的序幕。

那么，这封让乾隆帝魂牵梦绕，感叹不已的史可法答书中到底有何惊人之语呢？睿亲王多尔衮的致书中又有何"旨正词严"之处让当今圣上感佩莫名呢？

其实，在乾隆帝的眼里，这两封书信绝不止单纯具有敌垒双方刺探对方态度的军事战书性质，而是涉及交战双方在未来的政权形态中谁更拥有合法性的大关节大是非问题。一方是维系旧统，一方是创建新统，肃杀暗战之气弥漫在文字之间，说明争夺正统之意在言辞激辩的心理较量中业已徐徐展开。

双方心理暗战的核心聚焦于对《春秋》大义的理解上面。多尔衮致书中多从"尊王讨贼"的角度理解《春秋》的旨趣，而有意回避了《春秋》中包含的"攘夷"之义。他发现在《春秋》的记载中，凡遇到"有贼不讨"之事，那么君主去世后不能写"葬"，新君登基不能写"即位"，这样严肃地书写历史可以防止"乱臣贼子"不守规矩。多尔衮的意思是满人入关是代明朝讨贼而来，其延续正统的动机是不容质疑的。故特别强调入京之后对明朝皇室的尊崇，说"首崇怀宗帝后谥号，卜葬山陵，悉如典礼"。对明朝旧部也多加礼遇。即使兵锋所指，所谓"遣将西征，传檄江南，连兵河朔，陈师鞠旅"，也是为恢复明朝大一统之旧有格局，显示"戮力同心，报乃君国之仇，彰我朝廷之德"的决心。他反过来指责南明政权的建立是"苟安旦夕"，实际上是"聊慕虚名，顿忘实害"，承担不起恢复明朝一统的责任。这段话显然对自己身居塞外的"夷狄"身份有所忌讳，故意回避了《春秋》中"攘夷"的一层意思，而是笼统摄取了"尊王"一统的含义，以为入继大统的依据。

史可法的回信虽也借用的是《春秋》笔法，却多依据朱熹《资治通鉴纲目》中的"春秋观"作为蓝本，大张其"攘夷"之旨。朱熹的著作撰于南宋困守江南之时，与南明偏安的残破格局颇有相似之处，所以在标举正统的意思时，都讳言一统局面的阙失，而刻意突出《春秋》对种族界限的严格强调，在史可法的回信中，这样的表述同样显得义正而辞严。

史可法回信举出了不少历史上虽处偏安之局却被奉为正朔的政权例子，作为南明承续"正统"的理由。其中就包括"昭烈践祚，怀愍亡国，晋元嗣基，徽宗蒙尘，宋高缵统"等等一些地处偏安之域却被正统观念所认可的政权。特别是三国的蜀国与南宋的高宗所拥有的地理空间都很类似于南明当时的割据状态。这些政权都"是皆于国仇未翦之日亟正位号"，可朱熹并没有斥责他们是私立名号，却均给予了正统的称谓。

至于满人入关，如果站在明朝的立场上看，应该属于"借师助剿"，算是有例可循，应在《春秋》大义许可的范围以内，可是如果贸然跃过此界限，借机篡夺王位，则实属僭越大逆之举。出于文书往来的礼貌，史可法措辞相对隐晦和缓，虽未明指满人即为"蛮夷"，却在列举历往华夏与北方种族的交往历史时，不时影射清人行为的不当。比如他就举了契丹和宋朝的关系，说契丹不过是"岁输以金缯"，贪恋的是金钱财物，又说到当年回纥帮助唐朝，并没有对唐朝领土构成威胁。有这些历史先例作论据，史可法才敢对多尔衮发出如下的警告："若乃乘我蒙难，弃好崇仇，规此幅员，为德不卒，是以义始而以利终，为贼人所窃笑也。"已暗示满人不可僭越《春秋》对"夷夏之别"规定的界限。

可见多尔衮与史可法来往文书对《春秋》笔法中有关"尊王攘夷"、"大一统"之义的认知存在重大歧义，才导致双方笔底波澜中暗藏不可调和的较量。其实细品两函，会发现他们不过是各按所需，抉取《春秋》古意的不同层面大加发挥，以达有利于己之目的。多尔衮多取《春秋》中"大一统"之义，此义多关心疆域土地即广大"空间"的伸展和占有，以此为标准确认自己拥有正统地位，相对淡化对道德心理传承的确认。史可法则独取《春秋》中的"攘夷"旨趣，凸现种族之别拥有至高无上的道义力量，足以在树立王朝的合法性方面具有绝对意义，依据的是基于族群优越感之上的对汉族文化的自信。

比较《春秋》的这两层含义，"攘夷"被突出出来的时间相对较晚，是南宋以后形成的历史观，却直接支配着明代士人对正统的理解，并渗透到了明朝政治社会和文化的各个角落。清人取"尊王讨贼"之义，其目的显然是想淡化自己的蛮夷身份，却在道义的制高点上完全不足以和明人的《春秋》观相抗衡，这可以在多尔衮与史可法来往文书的语气和气势上比较出来。多尔衮虽标榜举义助剿，但仍有挟兵力之威，炫耀暴力的成分；史可法虽兵馁地窄，语气显露出来的却是秉承道义的凛凛之威。口气中宣示的是，按《春秋》大义，南明政权虽拥有不了广大的土地，却一样可以拥有道德的支配权，这是南宋士人给史可法们遗留下来的重要精神遗产，使他们多少在亡国之际还据有一份心理优越感。这份优越感却如紧箍咒般困扰着清初的帝王，使他们不得安宁。象乾隆帝等清初帝王未必没有意识到这点，故自然会罄尽全力，力求打破前朝禁锢在他们头上的这枚魔咒。

"正统论"谱系简释

空间、时间和种族

"正统论"虽然起源很早，但"正"与"统"合观却是后来的事情，最早的"正统"记载历史往往包含"居正"与"一统"两义，"居正"大致是指拥有"道德"的正当性，"一统"则说是拥有广大的地理和疆域。《春秋公羊传》中就说过："君子大居正"与"大一统"合观，如果两者时时吻合，当然是完美的状态，但从历史实际状况中看，这样的完美景象几乎没有同时出现过，往往有"居正"的修为却无疆域的广有，反过来亦如是。比如秦朝被认为是一统天下的典范，李斯当年就说，秦始皇"成帝业，为天下一统，此万世之一时也"[②]。但秦朝在《春秋》经义中的"居正"一层并不被承认，反而成了"暴秦无道"的典型，所以单凭武力拓展广大的疆域空间，只是"正统"最基本的内涵之一，但若仅据有此一义，必然难以服人。

汉朝人即意识到了"暴秦"一味靠攫取疆域博获名声，却抹杀了道德建设的重要，造成了难以挽回的弊端。他们采取一个办法，就是认为对疆域空间的占有并不具有绝对的合法性，必须经过时间序列的检验才可位居正统之列。所谓"时间序列"是指按五德排列历史，循环往复地形成一种历史周期，这个周期被认为是天命所赐，通过修改年号和服饰的颜色完成王朝性质的转变，以此来认定建立和拥有政权的合法性。虽然秦朝也是按照金、木、水、火、土的五德之传程序在运行，继周代为水德，却仍是以"大一统"的疆域扩张模式作为立国的基础。汉代经师董仲舒虽保留了"正统"中"大一统"的含义，如说："春秋大一统者，天地之常经，古今之通义也。"[③]却更强调汉朝是一种借助时间循环的机制自然呈现天命神授的结果，而不是仅仅依靠赤裸的暴力征伐夺取天下。

天命的赋予是有时间性的，所以汉代士人皆喜以阴阳家五德终始的循环理论推演王朝的兴灭。阴阳家以月令中的"正""闰"区别得天下之位的正当性与僭伪割据之谬误之间的差异所在，故北宋以前的王朝更替基本遵循阴阳家"正""闰"推步的模式。

早期"正统论"的源起，还有一个要素值得注意，那就是"尊王攘夷"的观点。孔子叹周道衰微，作《春秋》以警示，除"大一统"之义外，还包涵着一种复杂的"内外观"，因三代行封建之制，诸侯之间征伐不已，那么对王室的尊崇往往依据远近亲疏的状态构成一个圈层的统治秩序，这种秩序内也隐约存在着族群分类的差异等级。按照孔子的要求，对王室的尊崇与亲疏也会反映在不同种族的分布上，这些族群的行为表现往往是区别"文明"与"野蛮"的标志，也是是否真正拥有"正统"的标志，因此，"血缘"与"种族"的因素已被考虑在内，尽管这类以种族划分文化高低的模式在先秦的叙述中表现得并不明显。

　　如此看来，早期"正统论"从源起形态上看至少包含三个要素：空间（"大一统"的原始义）、时间（五德终始的循环论）和种族（内外族群之别）。如果把这三个要素一起叠映在中国历代王朝发展的地图和时间表里却并非处处相互吻合。理由何在呢？因为中国王朝历史的更迭演变异常繁复，并非每个王朝在建立之初都需要按照以上的三要素统统核验一遍，而往往采取的是各取所需的态度。所以所谓"正统"三要素在实际的运行中只能当作一种"理想型"的模式加以观察。

　　对中国历史上各王朝选择"正统观"的得失，则要置诸于实际历史情形中予以判断。如秦朝虽也倡导"五德终始说"的循环时间观，并自定为水德，却仍以暴力统一六国为荣耀，突出炫耀的是正统观中"大一统"占有空间的一面。汉代注意到秦朝政权合法性的阙失，汉初的统治者也对自己攫取王位拥有天下颇感不自信，帝王多从天命授予中确认统治合法性，乃至怂动儒生造作谶纬之书，以阴阳术数为根基的"政治神话"此时大加流行自然毫不奇怪。北宋经隋唐五代藩镇割据，舒解战乱之苦成为王者的首要职责，故恢复"大一统"的政治构想较易获取同情，士人有意张大其说也属当然。南宋偏安一隅，常常受辱于北方民族，因据地狭小，依靠天命授权的说法当然欠缺说服力，正统观中自然会大大突出内外族群之别，以显示汉族血统承继道德的优越。"正""闰"说所支持的阴阳替转模式当然会渐渐逝去。从中可以看出，"正统观"源起中包含的几个要素之间均有不确定的游动性，其中某一种或某几种要素的重要性往往会依王朝的现实需要加以选择和裁定。

　　或许可以说，"正统观"的选择与确认变成了新王朝区别于旧朝，以显示自身具有统治优势的一个最重要的任务。不妥善地解决这个问题，新王朝建立的合法性就会受到质疑。与此同时，新王朝对"正统论"中所包含的三个要素的选择也受到一定历史条件的限制，而非随心所欲地加以使用。因此，新朝的一些士人往往会把正统观中某个超越前代的要素与自己的前代进行比较，以勾勒出自身朝代的过人之处。

朝代更替间到底要比赛什么？

　　中国历史讲究朝代循环、兴亡相替，这是个长程的演进过程。但导致兴亡关节时刻的理由往往并不相同，新朝士人会盘点旧朝成败的诸多因素，以资比较，形成竞赛的心理，这就是杨联陞所说的"朝代间的比赛"④。"朝代间的比赛"最能展示"正统观"的一些演变迹象。杨先生列举了一些宋代和明代的例子。竞赛的指标当然历朝各不相同，但多集中在"家法"处置和拓展疆域的能力等方面，即成功地处理宫闱君臣关系以及开疆拓土功绩显赫就会获得加分。而且越往后世，朝代竞赛就越强调疆域一统的重要性。如北宋程伊川讲宋代事胜前代，强调的是"百年未尝诛杀大臣"，而不涉疆土开拓事，只在第五条列上"至诚以待夷狄"⑤。显然北宋的积弱症候已显，至南宋更是削地求和，不堪其辱。

　　明代以后谈到优胜前朝之处时，疆域扩张这个因素就被摆在了首位，当然同时还要强调这是驱除"夷狄"所带来的自然后果。洪武三年，宋濂奉命纂《大明日录》，在序中称上度越前王者六，其中一条就是挺生南服，统一华彝。⑥董毂列举七条超越前代者，首言"而一统之盛尤自古之所无也。"陈继儒在《狂夫之言》卷三中也列明太祖远过于宋者五事，五条中有两条涉开拓疆域事："一，攘克夷狄以收复诸夏；二，肇基南服而统一天下。"⑦

明代笔记《荷插丛谈》中也收有一条《本朝远过前代》的文字，其中说："有以匹夫得天下者，未有以江左一天下，有以中华漠北者，未有中华胥为左衽而能驱除之。匹夫起江左，用夏变夷，法泽于天下而制之，若制子孙垂祀三百，伟哉！高皇帝之烈也，万世一人矣。"⑧这条专讲明太祖从"夷狄"处夺得天下，实现一统之伟绩的特殊性。可见拓展疆域已变成明朝建立正统的一个最重要依据。不过里面还若隐若显地昭示着华夷之辩的痕迹。

清代谈超越前代，更加强调统治幅员之广。清人袁栋谈"超越前代"八条，其中"台湾青海，亦入版图，幅员之广"，被列在了第二位。至于清代帝王自认超越清代之处的议论就更是不胜枚举。

比如雍正在《大义觉迷录》中与当时犯下大逆谋反之罪的曾静激烈辩论，就提到："自古中国一统之世，幅员不能广远，其中有不向化者，则斥之为夷狄。"他说这句话的同时，语义中实际上已暗含着和前朝较量而胜之的意思。于是他接着说："至于汉、唐、宋全盛之时，北狄、西戎世为边患，从未能臣服而有其地，是以有此疆彼界之分。"这句话已开始和汉唐宋相比。最后的结论是："自我朝入主中土，君临天下，并蒙古极边诸部俱归版图，是中国之疆土开拓广远，乃中国臣民之大幸，何得尚有华夷中外之分论哉！"⑨表示清朝在疆域占有方面已远超汉唐宋等帝国的控制规模。而对于明代，雍正则借曾静之口，间接谕示出清朝疆土拓展远迈明代，故应拥有正统的理念。

曾静在狱中经过剧烈的思想内省过程，最终屈服于雍正以"大一统"消解夷夏之别的见解，特别是对清初帝王开疆拓土的伟业深表折服钦敬之意，在写下的反省文字中，他曾有意贬低明太祖在疆域拓展方面的局限，以呼应雍正对"大一统"的看法，他说："至若谕旨以华夷之辨，推原于昔之历代人君不能中外一统，而自作此疆彼界之见。且谓明祖以元末奸民起事，恐人袭其故智，故汲汲以防民奸；其威德不足以抚有蒙古之众，故兢兢以防边患；以及先有猜疑百姓之心，而不能视为一体，又何以得心悦诚服之效？先有畏惧蒙古之意，而不能视为一家，又何以成中外一统之规？"这段话是说明代君主仍有夷夏之辨的戒心，所以无法达致中外一统的格局。他后面的话虽是阿谀之词，却暗含着对清代皇帝在版图疆域上超越明代之自信的认可："此我皇上所以合蒙古、中国成一统之盛，凡天所覆盖者，俱归版图，凡属民生，皆当庆幸，岂有华夷中外之间哉！理到至处，行到极处，虽尧舜复起，亦不能赞一词。"⑩

以后的帝王也延续了对清朝一统局面不断进行自我推许的风气。乾隆帝在《大清一统志序》中也说："上天眷顾我大清，全付所覆海隅出日罔不率俾列祖列宗，德丰泽溥，威铄惠滂，禹迹所奄，蕃息殷阜，瀛壖炎岛，大漠蛮陬，咸隶版图，置郡筑邑，声教风驰，藩服星拱，禀朔内附六合一家，远至开辟之所，未宾梯航重译，历岁而始达者，慕义献琛图于王会，幅陨衰广，古未有过焉。"⑪这段话也昭示出清朝在疆域一统方面远超前代的意思。

甚至在乾隆帝看来，对北方少数民族的控制策略，即使适合于汉唐宋明者，也未必适合于清代。北方民族之南侵往往是汉人政权无法克服的一大难题，"厥后一二奋发之君，慨然思挫其锋，而纳之宥然，事不中机，材不副用。加以地远无定处，故尝劳众费材，十损一得。搢绅之儒守和亲，介胄之士言征伐，征伐则民力竭，和亲则国威丧。于是有守在四夷，羁縻不绝，地不可耕，民不可臣之言兴矣。然此以论汉唐宋明之中夏，而非谓我皇清之中夏也。"⑫那意思是说汉唐宋明都没有统一北方部族的能力，这还是"朝代比赛"的思路。

其实，清代以前据有疆域最广者为元朝，但清认为他实际控制的疆域比元朝还要广大，这是其最可傲视前朝的功绩，清廷朝臣的谀词也不断强调疆域拓展远超前古，如《四库全书》馆臣所说："自有书契以来，未有威弧之所震如是其远，皇舆之所拓如是其廓者。亦未有龙沙葱雪之间，控制抚绥，一如中冀如是之制度周详者。"结论当然是"知舜德之宾王母，禹迹之被流沙，均不足与圣功比也。"⑬

以上举出的"朝代间比赛"的若干言论，我们会发现，从宋代到明代，士人心目中超越前代的指标内容虽然十分繁复，往往会列出数条之多，但疆域一统作为重中之重的一条却愈益受到重视，至清代达至高峰。也就是说，"正统观"空间、时间和种族三要素中的"时间"（五德终始说）和"种族"（内外观的族类差异）在清朝逐渐消退乃至消失。那么，朝代间比赛以疆域拓展为重的思路是何时形成的呢？又是如何替代"正统观"的另外两个要素而越居首位的呢？这还需从北宋士林的思想状况说起。

各取所需的选择：从"北宋"到"南宋"

"正统观"三要素的择取选用越来越趋向于疆域一统这一层，其中演变的缘由转折十分复杂，在此值得略加申说。秦朝最讲究疆域上的"大一统"，故《秦始皇本记》说："海内为郡县，法令由一统"，汉朝以后，"正统观"由时间观所控制，但常常在计算不够精确时出现误差而难以自圆其说，如宋初修纂《册府元龟》时就发现，以"五行学说"认定正统有乘时迭起，过度功利的问题，各朝所膺的德运往往任由统治者的主观好恶而定，系统混乱不堪。如周是火德，汉初用火德，后改土德，再改火德，目的是把秦朝排除在外。又如以魏为土德，晋为金德。后魏则先用土德，后改水德，而隋初称火德，后又改土德，改来改去，莫衷于是。这样任意排比历史秩序的方法，必然引起反感，在北宋很快被遗弃。⑭

北宋士人厌弃以时间循环说正统的路径，大致与《春秋》重新作为经书受到重视有关。据说两宋关于《春秋》的研究著作总量达到二百四十部，二千七百九十九卷。⑮孔子作《春秋》，讲究"尊王攘夷"，首义在于以"大一统"实现这个目标。宋人青睐此一思路，乃是出于反思唐代藩镇割据，导致君臣大义沦丧，藩镇之主又多为蛮夷身份，最终模糊了夷夏之防界限的历史弊端。

宋初士人如欧阳修等人均认为北宋消除了唐代割据之局，却也意识到远难臻于"大一统"之境，如欧阳修做《正统论》时正值李元昊登大夏皇帝之位，北宋一统局面并未实现。因此，欧阳修认为，周秦之际，即使君王得国也常常处于不完美的境地，不可能恰当地同时拥有"正"和"位"，情况常常是有"统"而无"正"（如秦朝），或有"正"而无"统"。他看到了周代以后的一个事实："由是有居其正而不能合天下于一者，周平王之有吴徐是也；有合天下于一而不得居其正者，前世谓秦为闰是也。"⑯

北宋另外一位士人陈师道同样发现了类似的问题，陈师道写有一篇《正统论》，他总结出周代至五代时期"正"与"统"难以合一的若干情况：东周是有其位但无法统一，齐晋拥有天下疆域但没有正统之位，有些政权则是虽有正统的外表却处于闰位，即不是主流的正统系列，秦朝和王莽篡位的新朝就是这种情况。魏梁属于没有正统的政权，所以被称为"伪"政权。⑰这个判断和欧阳修比较接近，欧阳修曾认为："周秦之际""东晋后魏之际"和"五代之际"都是"正"与"统"无法吻合的时期。有了这种议论作为共识基础，欧阳修建议把"正"与"统"分开来辨析，他说："'正'者，所以正天下之不正也；'统'者，所以合天下之不一也。"他表明自己这样区分实属无奈，因为历史上"正"与"统"合一的局面只出现在"三代"的黄金时期，早已是后人难以企及的梦想，以后的情形大体上都是"或理或乱，或取或传，或分或合，其理不能一概。"⑱如此理不清的混乱局面根本无法用时间观加以把握，故欧阳修断定历官术家之事"而谓帝王之兴，必乘五运者，缪妄之说也。"⑲

既然"正""统"难以合一，就不会如绵延不断的长流，而常常会面临"有时而绝"的断流危险，所以不可能严格按照五德终始说那样的刻板时间表来细致加以排列。这就为历朝帝王选择"正统论"的某一方面作为立国基础创造了条件，尽管北宋士人确定的这个"正统观"框架颇有功利主义的嫌疑。

一个很明显的功利选择的例子其实就发生在北宋与南宋士人对"正统观"认识的分歧上。两宋儒者皆重《春秋》，但南北宋的侧重点有所不同，北宋重"尊王"，南宋重"攘夷"。⑳"尊王"的条件是须拥有较大的地理疆域，"攘夷"的心理动机则与偏安的现实境况相关联。北宋士人认为：凭借德行治理国家与强力整合疆域这两条是拥有正统的必备条件，只要占据其中一条，即可称为"正统"，选择的范围和标准比较宽泛。如果两相比较，对疆域的占有似乎显得更加重要。欧阳修就认为："夫居天下之正，合天下于一，斯'正统'矣。尧、舜、夏、商、周、秦、汉、唐是也。始虽不得其正，卒能合天下于一。夫一天下而居上，则是天下之君矣，斯谓之'正统'可矣。"㉒令人惊异的是，这段话把"秦"与"三代"、汉唐相并列，显然这个思路是有意想使"正统"的天平向疆域占有的方向倾斜。

我们不妨猜想，之所以订下如此宽泛功利的原则，大致应与北宋虽仍呈现积弱之相，毕竟表面上仍趋于一统的现实历史状态有关。在如此状态下，对地理空间的一统式据有虽从未真正实现过，但尚可作为一种帝王的自我期许而获得支持。这条理由欧阳修在《正统观》自序中说的很清楚："伏惟大宋之兴，统一天下，与尧舜三代无异，臣故曰不待论说而明。"㉒言语中透出对疆域占有仍存自信，故北宋士人对"暴秦"多有宽容的评价也就多少能够让人理解了。

欧阳修即认为秦虽"无德"，但仍不失为"一统"天下的楷模："夫始皇之不德，不过如桀纣。桀纣不废夏商之统，则始皇未可废秦也。"㉓陈师道也有一段话为秦朝辩护说："秦之昭襄始亡周，而臣诸侯，及始皇又合六国而为一，而学者不以接统，岂不已甚矣哉！以秦之暴，疾之可也，而不谓天下为秦，可乎？夺之其谁与哉！"㉔

在欧阳修的眼里，"大一统"变成了"尊王"的最重要条件，也是树立"正统"的最基本条件，君主的德行可以居于次要位置。下面这段话把这层意思说得更加露骨："及大并小，以强兼弱，遂合天下于一，则大且强者谓之'正统'，犹有说焉。"㉕

那意思是说，只要有强力统一之力，就自然会拥有合法性。由此说来，秦朝和以往的夏商周一样"其兴也，或以德，或以功，大抵皆乘其弊而代之"，"功"与"德"一样具有合理性。"自秦以来，兴者以力，故直较其迹之逆顺、功之成败而已"。㉖如此直率露骨的"功利史观"确实是对"五德终始论"的一大挑战。他的主要思想是，只要有能力，无所谓夷狄内外之辨，均有占据正统的可能。因此，"南北"问题在北宋不是主要问题。苏轼在功利观点上与欧阳修一致，他在反驳章望之《明统论》时就说"夫魏虽不能一天下，而天下亦无有如魏之强者，吴虽存非两立之势，奈何不与之统？"㉗可见恃强兼并与开拓疆土的强力政治观仍主导着对正统的认知习惯。

也许司马光受到欧阳修史观的影响，他在阐述《资治通鉴》纂修立场时也坚持拒斥用"正闰说"作为书写指南的态度："止欲叙国家之兴衰，著生民之休戚，使观者自择其善恶得失，以为劝戒；非若《春秋》立贬之法，拨乱世反诸正也。正闰之际，非所敢知，但据其功业之实而言之。"㉘这等于是放弃了述史的道德立场，对"正闰说"采回避态度其实也就是放弃了对王者合法性道德依据之所以成立的探讨，而转采功利史观。司马光说："虽华夏仁暴，大小强弱，或时不同，要皆与古之列国无异，岂得独尊奖一国谓之正统，而其余皆为僭伪哉！"㉙这倒是个极为开放的态度，并没有后来那样严格的南北夷夏的区分概念。

南宋偏安于江南，根本不具备控制广大地理空间的现实条件，故多取《春秋》中的"攘夷"之义。朱熹作《资治通鉴纲目》就是明显地不满陈寿《三国志》与司马光《资治通鉴》从拥有广大疆域的角度赋予魏国以正统地位，改尊蜀汉为"正统"，表面上持有的是刘备乃是汉室宗亲的理由，实则映射出的是南宋王权以残破之势孤悬一隅而流露出的无奈拘谨之心态。这点章学诚看得十分清楚，他说：特定的历史人物都受限于特定的历史条件，陈寿是两晋臣子，如果贬斥曹魏政权，无异于要肩上背叛君父的罪名。朱熹的苦衷在于"则固江东南渡之人也，惟恐中原之争天统也。诸贤易地则皆然，未必识逊今之学究也。"意思是说朱熹跑到江南这么狭窄的地方，感觉没力量在领土的占有上和北方种族较量，这是因地制宜做出的选择，显得颇有见识。所以他感慨知晓古人处境之难："是则不知古人之世，不可妄论古人文辞也。知其世矣，不知古人之身处，亦不可以遽论其文也。"㉚

《四库全书》馆臣在撰写陈寿《三国志》提要时，也从"理"与"势"的角度分析了北宋与南宋在争"正统"时遭遇不同困境时所作出的选择。《提要》解读说，因为宋太祖篡立相当于当年魏国篡汉，而北汉－南唐的局势"迹近于蜀，故北宋诸儒皆有所避而不伪魏。"与此情况相反，南宋"高宗以后偏安江左近于蜀，而中原魏地全入于金，故南宋诸儒乃纷纷起而帝蜀。"馆臣也认为应该从当下的历史语境理解时人对"正统论"的倾斜与选择。㉛

还有人是这样总结的："论者谓温公为北宋臣子，北宋建邦中土，其国势类乎魏，故温公《通鉴》，以魏为正统。朱子为南宋臣子，南宋建邦江左，其国势类乎蜀，故朱子作《纲目》，以蜀为正统，其实亦未近然也"。㉜说的也是类似的意思。

孔子《春秋》说"正统"其实本来就包含了疆域（大一统）和种族（夷夏之别）两义。北宋凸现"大一统"的重要性，自然会压抑"种族"的内涵。例如司马光就表达了他的意见："苟不能使九州合为一统，皆有天子之名而无其实者也。"㉝里面完全没有种族论的影子。

宋遗民的看法：种族问题何以凸现？

南宋灭亡之后，据说有一位士人把他书写亡国之恨的书稿用铁匣子装起来，藏在一所庙的井底，直到清初才被重新发现。所以这部书稿被后人称作《铁函心史》，《心史》中录有一首诗名叫《犬歌》，大意是说，蒙古人自从进入中土后几乎杀尽了中原之犬，结果那些狗类凡是看见戴斗笠之人就会条件反射般地狂吠不止。他感叹一条狗甚至比人在种族区分的直觉上还要敏感。在"地缘"和"种族"之间建立起差异比较的联系架构显然是南宋以后才出现的历史现象。

《心史》里对华夷界限的认定甚至严重到了人禽之分的程度，且看里面对北方种族的一段表述："况四裔之外，素有一种孽气，生为夷狄，如毛人国、猩猩国、狗国、女人国等，其类极异，决非中国人之种类。"㉞这些兽类是没有资格接受汉化的文明礼仪的。《心史》作者郑思肖举了北魏拓拔珪的例子，即使他尊奉汉人的礼乐文物，也是"僭行中国之事以乱大伦，是衣裳牛马而称曰人也，实为夷狄之大妖，宁若即夷狄而行夷狄之事，以天其天也。君臣华夷，古今天下之大分也，宁可紊哉？"㉟从此开启了妖魔化北方种族的先例。

在宋末和元初，这类妖魔化的种族言论颇为少见，在明末的言论中却变得极为流行。故有人疑《心史》为明末伪书。㊱此悬案的是非曲直难以论定，不过有一点可以肯定，无论是否为伪书，《心史》中所透露出的一些讯息在南宋确实已升为主要的问题，那就是北宋正统观所依赖的基本政治地理空间已不复存在，在偏安一隅之后，南宋实际上失去了维系"大一统"的基本生存条件，所以必须重新安排"正统"的秩序，如果仍按欧阳修的正统标准书写，势必反而为北方种族南下提供了侵扰的理论依据。事实证明，也正是依凭着北宋奠定的正统论的基调，元人才最终起了灭宋的念头。

功利史观在北宋流行弥漫，南宋似乎与此有异，但北宋流传下来的功利史观确实影响到了元人伐宋的决策过程，甚至可以说是间接导致了南宋的灭亡。南宋降将刘整曾经多次建议忽必烈南下攻宋的一个理由就是由此出发。刘整在《平宋策》中说："自古帝王，非四海一家，不为正统。圣朝有天下十之七八，何置一隅不问，而自弃正统邪！"忽必烈的反应是："朕意决矣"。㊲刘整虽身为南宋降将，但显然还是持有北宋的正统观对疆域拓展的重视，再次强调的是海内一统对于树立"正统"的首要性。元代也确实是把"大一统"作为自己入主中原后建立合法性的一个最重要的理由。

因此，强调南北政治地理区隔以达到严夷夏之辨的效果，其实并非是主观设计的结果，而完全是时势逼出的痛苦选择。我们来看南宋的说法，张栻就已开始说："由魏以降，南北分裂，如元魏北齐后周皆蛮夷也，故统独系于江南。"㊳开始出现比较清晰的南北意识。叶适作《纪年备遗》的目的之一是："报仇明耻，贵夏贱夷"，因此对"南北华戎之离合争夺之碎，人所厌简，亦备论之"。㊴可见书写的目的也开始掺进了南北夷夏之分的意识。从此南北之别既是一个事实，也可看作是一种士人的心象。

值得注意的是，从北宋到南宋，在国家治理的政策选择方面出现了一个巨大的鸿沟与反差，即关注效能还是关注礼仪的区别。北宋王安石是个激进主义者，也是个无可救药的制度论崇拜者，力图用外在制度变革的方式谋求建立一个运行高效的政府，并依靠其效率彻底改造社会。而南宋以朱熹为代表的新儒家则渴望通过个人内心的刻苦修炼建立一个具有自我道德完善能力的社会。两者的取向截然不同，故形成了理解"正统观"的不同历史氛围。

据刘子健看来，中国没有西方意义上严格的"意识形态"定义，儒者治理国家往往采取的是一种称之为"政教"的行为模式，"政"既指社会又指国家，不仅包括政府的行政，还包括调整思想、规范行为的内容，其对象上自皇帝，下至百姓。"教"也不单指称的是教书和育人，还包括要灌输一种关于社会秩序的道德标准，并使之长存不变。其中"教化"为"教"的概念增加了"化"的意蕴。儒家历经数百年的发展，其理想始终是对个人、社会和统治者进行管理、教育，使之转而向善。认同此理想之价值，信仰此理想之力量，即可称之为儒家的意识形态。㊵

在我看来，北宋王安石多取制度改革的路径，故倾向于"政"，衡量成功的尺度是结果，选拔文官的标准是办事效率。"教"只不过是其功利激进改革的一颗棋子，只具辅助之效。而朱熹则多取"教"的一面，不仅教化及于皇帝本人，而且更波及广大的乡村社会。在他的眼里，只要"教"达到一定程度，"政"的目标自然就会实现。更重要的是，在朱熹的倡导下，形成了一个以道德内省为基本行为模式的文化标准。通过私人授受与书院讲学的方式建立起对"道学"的尊崇，进而编织出了一个"道统"的谱系，作为自身合法性的基础。

"道统"的萌生与演变是个很复杂的问题，于此不易讨论。余英时先生曾提及宋代道统的建立映射的是士林要求改变现实，重建一个合理的人间秩序，整顿"治道"则构成了秩序重建的始点，而非限于只关注理学派别之间的分歧和争议，确是卓识。㊶我认为，最为关键的是，似不宜把道学看作是一个纯粹的思想流派，而是与秩序重建的政治目标纠葛在一起，以此才能理解士林营建"道统"谱系与"正统观"建立之间所发生的关系。也即是说，"道统"最政治一面的表现当然随处可见，但单从"教"的一面看，其"教化"帝王的文化优势确是南宋时期才真正确立起来。宋代儒生曾有所谓"后三代"的说法，认为汉唐宋时期是继前三代而兴盛的时期，但宋儒在向往三代的同时，又轻视汉唐，认为宋代并非疆域和国力上可媲美汉唐，而是文化道德的重建方面要远胜于前两个朝代，这也可以看作是种"朝代间比赛"的思路。故文化重于政治是宋人"三代"概念的基本属性。㊷这样的一种文化心理优越感不仅反映在有能力教化万方的心态上，而且还把这种文化教化的持有看作是一种种族特权。故"道统"与夷夏大防也通过政治变革的过程建立起了微妙的联系，要谈南宋以后的正统观，这个微妙之处自应深加体会。

从内心出发进行道德建设的路径对以后士人的言行方式发生了决定性的影响。同时因为道德重建的工作与"正统观"的建立密不可分，我们也会发现，道德教化理论上虽可从皇帝一直贯彻到乡民野老，普通大众普遍均有资格沐浴道德的润泽，却仍是通过"人种"之别的内在规定加以限制。尽管朱熹在阐释道统拥有的身份时并没有太过于言辞激烈，一般是限于引用《春秋》大义而已，可是后人的发挥却使道德持有的纯洁性建立在了非常严厉的种族之别的基础之上。使得"道统"的传播和使用染有了"夷夏大防"的色彩，这种色彩在朝代鼎革之际表现得尤为明显。

我们还可以举郑思肖的言论作为讨论的依据。《心史》的一大焦点是把"道统"，即文化讨论正式引进了"正统论"的框架设计当中，以往的论述如欧阳修强调的是对"大一统"的疆域占有是建立"正统"的首要条件，但得统之正到底应以什么为前提和预设则没有回答，总不免给人以过于讲究功利的印象。实际上只回答了"统"的条件问题，而没有回答"正"的条件问题。这点一些后来谈正统观的人已看得很清楚，如任公就有过疑问，他的疑问同样落在了疆域的伸缩幅度到底有多大合法性上。他说：如果以得地之多寡而论，"则混一者，固莫与争矣。其不能混一者，自当以最多者为最正"。这样问题就来了，在宋金交战的时代，金之幅员，亦有天下三分之二，而果谁为正？而谁为伪也？㊸如果还按照欧阳修的功利观点构设正统论的基本框架，"南宋"就有可能被划归为"伪正统"的一方。这个特殊的"南宋"问题同样也逼迫着郑思肖们修改正统观成立的基本条件。

值得注意的是，郑思肖讲正统并没有回到"五德终始"和"正闰说"的路子上去，即用改正朔、异服色的旧式做法树立道德合法性。我猜想，原因是南宋偏安的局面已不得不面临着要解决欧阳修影响甚大的疆域占有的合法性问题，使其根本无法从时间的程序回到原来的讨论路径，而必须另辟蹊径。其中一个办法就是放弃对"大一统"是否须占有领土的合法性讨论，转而放大"夷夏之别"的差异性。从"文化"而非从"空间"的讨论入手夺回对"正统"的发言权。

郑思肖的思路是："圣人、正统、中国本一也，今析而论之，实不得已。是故得天下者，未可以言中国；得中国者，未可言正统；得正统者，未可以言圣人。唯圣人始可以合天下、中国、正统而一之"。这样就为仅仅靠空间来界定正统的理念加入了几个限定性的因素，特别是把"圣人"和政治地理的拥有捆绑在一起加以理解。郑氏特意提到，"以'正而不统，统而不正'之语以论正统，及得地势之正者为正统，俱未尽善。"后一句话一定是有感于南宋局势而发。郑氏的根据是放大《春秋》夷夏之别的内涵："尊天王，抑夷狄，诛乱臣贼子，素王之权，万世作史标准也"。㊹

有意思的是，郑思肖是从宋遗民的角度强调"道统"在维系正统合法性方面的重要作用，而另一个在元代任官的杨维桢则从另外一个角度论述了同样的理由。当时元代修史，以辽为《北史》，金亦为《北史》，宋自太祖至靖康为《宋史》，建炎南渡后为《南宋史》。辽、金、宋三者处于并列状态，但元朝到底应继承何朝为正统仍辨析未清，元朝一度自认是继承了辽代的统系，只因为宋是敌国刚刚被元代灭掉，故应该回避与宋代的关系。正统不立，元朝的合法性就一直是个问题。杨维桢则明确指出："中华之统，正而大者，不在辽金，而在于天付生灵之主也昭昭矣。"⑮决定这统系继承的历史时间不应选在平定辽金的时刻,而应选在平宋的这一重要关键时期,那才是"大一统"实现后正统拥有的时刻。

这样一来,杨氏自然就很自信地问道:"不以天数之正,华统之大,属之我元,承乎有宋,如宋之承唐,唐之承隋承晋承汉也,而妄分闰代之承,欲以荒夷非统之统属之我元,吾又不知今之君子待今日为何时,待今圣人为何君也哉?"⑯这就把元朝应接承的正统谱系叙述得很清楚了,以后即成了官方的定论。至于接续宋统的理由,杨维祯也说得很明确:"然则道统不在辽金而在宋,在宋而后及于我朝,君子可以观治统之所在矣"。⑰他所说的"道统",自然是那一系尧舜禹汤文武周公孔子,经过孟子和濂洛周程诸子,直到南宋的朱子,文化向南方转移的脉络十分清楚。如果说有什么变化的话,那就是在这个系谱中追加了一个元代的许衡许文正公。

表面上看,杨维祯仕元有丧失气节之嫌,但在传习"道统"方面却似延续了南宋的文化理想。杨维祯的结论是道统谱系的传承是治统合法性成立的一个关键所在。所谓"道统者,治统之所在也"。⑱这与郑思肖强调"道统"是正统之核心的言论几乎是异曲同工,尽管他和杨维祯正好处于相敌对的位置。一个是元朝官吏,一个是宋代遗民;一个强调历史形成的种族之别,一个认同一统疆域的现实格局。也正是这两股合力的交织作用,"道统"和"治统"的关系不但成为以后讨论正统之正当性的核心论域,而且"道统"亦成为制约正统论述的一个关键词。

尤其重要的是,南宋以后几乎在朝野中逐步达成了一个共识,对"道统"的拥有远比占领广大疆域要显得更加重要。以"道统"制约"治统"的思路确实也成为后来士大夫阶层的一种文化自觉亦应该是个事实。以后编史者基本采取了杨维祯"元继宋统"的思路,即证明"道统"优先的策略已潜移默化为治史的要旨。如后来修《宋史》时就有人认为宋朝:"惟是兵力稍弱,国势浸衰,然虽南渡偏安,而纪纲尚在。……视辽、金夷俗,德义不修,攻敦是逞者,径庭远矣!是编尊宋统,而附辽、金,岂非古人一断案也哉!昔朱子作《纲目》,取法《春秋》,黜吴、魏而帝昭烈,君子谓正统以明。"⑲

其实后来也有人从这个角度理解元代拥有"正统"的合理性恰恰不在疆域广大而在浸染"教化"。理学家吕柟在论证元世祖是否当祀的时候,就显然采纳的是"道统"优先的评价体系,他认为元朝"其始虽夷,取天下虽非汤武,然亦有'为天地立心,为生民立命'处。这个血脉,亦与尧舜之心相通,但其道未广大纯粹耳"。⑳用"道统"覆盖"空间"扩张的单一合法性,确是别有深意的。

"道统"与夷夏大防的纠葛

晚年钱穆在阅读明初开国诸臣诗文集时,曾感到非常奇怪,他发现,由元入明的士人多对元朝开疆拓土的"大一统"功绩念念不忘,觉得堪可与唐宋争盛。至于胡虏入寇,非我族类的古意,似已浑然忘却。按照常识的看法,明朝代元最初即应是以驱除异族统治作为自己的合法性基础,借此对抗元朝的一统观,故宋濂为明太祖手书的《谕中原檄》中首次喊出"驱除胡虏,恢复中原"的口号。但钱穆发现,易代之际仅此一文涉及夷夏之别的问题,而且文中肯定元朝统治是即受天命,又为天所厌之,并未从种族革命的角度做出更深层的论述,更没有南宋以来所形成的士大夫持守"道统"以衡断权力合法性的痕迹。相反,言语闪烁其词,不敢绝然以圣人自居,只说到"恭天承命"这一层,行文也气和辞婉,为从来檄文所少见。钱穆由此感叹道,此乃七八十年来异族统治积威之余,导致士大夫内心怯弱,方才有此现象。㉑

明初的不少言辞也似乎印证着钱穆的印象,明太祖在《谕中原檄》中就被迫承认元代在占有广大土地的意义上也自然拥有"正统",其中说:"自古帝王临御天下,中国居内以制夷狄,夷狄居外以奉中国，未闻以夷狄居中国治天下也。"这显然说的是元代以前的情况，自魏晋以来，虽屡有外族入主中原的先例，但大多拥有的是局部的地区，主要是北方的部分地区。可是"自宋祚倾移，元以北狄入主中国，四海内外罔不臣服，此岂人力？实乃天授。"㉜在《即位诏》中他也承认"自宋运既终，天命真人于沙漠，入中国为天下主，传及子孙，百有余年"。㉝这就等于承认了谁拥有更广大的土地谁就拥有正统这个自北宋以来被反复确认的"正统观"主题。

以疆域占有之大小标定正统程度的看法也得到了一些元代士人的响应，如解缙就说过："宋承中华之统三百余年，致治几于三代，不幸辽、金二虏，犄牙其间，至元氏遂以夷狄入而代之，诚有天地以来非常之变。然一统者亦几百年，有不得而废之者"㉞表示元代在"一统"天下这方面有功于华夏。仕于元朝的士人也有类似的看法，如有人说："元氏宅土中神，皇主天下，书传三千年，未有如此者。夷夏之变，岂不明甚矣乎！"㉟由于元朝一统天下的功绩，连这些知识人自己都开始怀疑原来持有的那些"夷夏之辨"标准的可靠性。洪武六年（1373），朱元璋在金陵设历代帝王庙，元世祖与三皇五帝并祀，宋讷对此做了解说："皇帝王之继作，汉唐宋之迭兴，以至于元，皆能混一寰宇，绍正大统，以承天休而为民极，右之序之，不亦宜乎"。㊱完全把"一统"作为"正统"的首要条件混而论之。

不过，钱穆的担心似乎有些多余，到了明成祖时期，士大夫以"道统"担当天下责任的意识即已开始复苏，而且也迅速地与"夷夏大防"的思路接轨而交融在了一起。明初方孝孺即有区分"正统"与"变统"的看法，他认为两者的区别在于"正统"成立需要以下条件：一是取之以正，要有某种正当性。二是必须拥有令人信服的道德基础。否则就是属于"变统"。关于"正统"的道德基础，方孝孺有一段描述说："所贵乎为君者，以其建道德之中，立仁义之极，操政教之原，斯可以为正统。"㊲提及的也是南宋以来以道德教化为先的思路，在方氏这套叙述框架里，肯定是没有蛮夷的位置的。故三代以下，周、秦、汉、晋、隋、唐、宋均是正统，元朝即不在其列，显然不认为此朝具备道德基础，也暗示着明代得天下恰是靠"攘夷"的旨趣获得的。后来还有些人如章潢明确地用"道"的拥有作为"统"是否为"正"的依据，也是明代正统论的一种余波反映。他认为如果要抑制一人的霸道行为，只有用"统之以道"的办法："则所谓一者，非一之以霸力，非一之以智术，抑惟道足以抑天下也。"㊳

明初夷夏大防论辨的再兴与明代未真正实现天下一统的政治地理格局有关，明初太祖虽宣称一统中华，但明代与蒙古势力的对抗几乎贯穿一朝，经土木之变后，又遭遇满洲势力在东北的崛起，势难摆脱紧张压抑的心理状态。故引据正统论仍偏于南宋的思路应不难理解。强调的自然不是对疆域的持有，而是对礼仪传承的垄断。

如前所述，"夷夏之辨"的强化与地缘政治格局的转变有密切关系，南宋刻意强调"夷夏之防"实际上是其领土疆域占有日益缩小所导致的不自信，也是面临北方民族军事压力的后果。郑思肖在《大宋地理图歌》中虽承认："混沌破后复混沌，知是几番开太极；四方地偏气不正，中天地中立中国"。这是对"中国"拥有领土的理想认知，但结果常常是"离而复合合复离，卒莫始终定于一"㊴即使是宋朝"我朝圣人仁如天，历年三百犹一日，形气俱和礼乐修，谁料平地生荆棘，风轮舞破须弥山，黑電乱下千钧石，铜蟒万古咀梵云"。概叹的仍是疆土的支离破碎所带来的心理焦虑。所以士人必然强调"礼仪"在塑造文化上的核心地位，以弥补疆域碎裂之后的心理残缺感。

以政治地理的视角来观察正统论大多与发论人之所在位置和心情密不可分。关于蛮夷、地理与礼仪建设的关系，自唐代就有很尖锐的意见，开始表达并非据于地理的优势就自然能得到正统的名号，而是需有礼仪身份的认定。如皇甫湜在《东晋元魏正闰论》中就说过："所以为中国者，以礼义也；所以为夷狄者，无礼义也，岂系于地哉？"，随后又似乎不经意地点出了那"江南"总是该具有正统的话题："晋之南渡，人物攸归，礼乐咸在，风流善政，史实存焉"，仍与北方夷狄占地而阙失礼仪的状况有别。⑩

南宋士人更加强调道德教化对社会秩序重整的作用，并以是否拥有"道统"作为衡量文明程度的尺度，北方民族自然被排斥在了这个进程之外，由此深化了唐代以来就已形成的以"礼仪"区分族群的历史经验。

明代虽与南宋在历史的时空延续上间隔有日，又中经元代短暂的统治，但在思想精髓上仍承继了南宋对正统观的基本认知模式，即认为"大一统"的疆域占有未必能真正得"正统"之旨趣。相反，虽土地狭小，而得"道统"支持者，却能得"正统"之位。如徐奋鹏就说过："予窃思之，古今之说而未必正者，秦也、隋也、元也。正而未必统者，西蜀之汉也、南渡之宋也。取其正不取其统，吾宁尊西蜀、南宋而黜秦、隋、元也。"⑪把"统"理解为领土之拥有，把"正"理解为文化传承而处理二者之复杂关系，确是明代知识人才加以凸现的一个新主题。而这一主题的确定源于朱熹对南北地理疆域的据有并非与"道统"之据有同步这个思想有密切关系。

明代政治地理观承接南宋的心态，却明显对华夷之分的评判更加苛酷。如胡翰记史，悬天纪、地纪、人纪为轴，其中"地纪"说的就是"中国之与夷狄，内外之辨也。以中国治中国，以夷狄治夷狄，势至顺也"。⑫"内外"是个有特定历史涵义的表述，更与南北不同族群相互对抗的历史密不可分。方孝孺更是明确把"内夏外夷"列为和"申君臣之义""明仁暴之别"等共同列为构造"正统观"的几个思想要素之一。⑬并列出天下有正统一，变统三。他对"变统"的解释是："取之不以正，如晋宋齐梁之君，使全有天下，亦不可为正矣。守之不以仁义，戕虐乎生民，如秦与隋，使传数百年，亦不可为正矣。夷狄而僭中国，女后而据天位，治如苻坚，才如武氏，亦不可继统矣"。⑭在这方面，方氏的态度更加严正："夫如是，而后褒贬明；夫如是。而后劝戒著；夫如是，而后正统尊、奸邪息、夷狄惧"⑮我们可以感觉到，方孝孺历史观的经营完全被道德原则所支配，从而剔除了赋予凭借具有广大疆域和暴力支配作为统治依据的任何政权以合法性的可能。

明代正统论更加严于夷夏之辨，认为"变统"之异，异在阙失"天子之礼"，反对仅以智力得天下而不务修德，这倒是和北宋正统论中的功利史观有别，而更接近南宋之说。"夫中国之为贵者，以有君臣之等，礼义之教，异乎夷狄也。无君臣则入于夷狄，入夷狄则与禽兽几矣。"⑯以"礼仪"界分文明与野蛮的界限是方孝孺再三致意的话题，我们在他的言论中再次看到了当年郑思肖严格人兽界限的极端思路：

> 彼夷狄者，侄母蒸杂，父子相攘，无人伦上下之等也，无衣冠礼文之美也，故先王以禽兽畜之，不与中国之人齿。苟举而加诸中国之民之上，是率天下为禽兽也。夫犬马一旦据人之位，虽三尺之童皆能为之不平，而噬啮之。⑰

把夷夏之别上升为人兽之辨确实在明代达到了极致。在衣食住行方面夷人即与汉人并非同类而遭贬斥，甚或身体气味之别都成为文明与野蛮的分界点。如"若夫胡元问其所戴之天，而五气不顺布也；问其所履之地，而五谷不并生也；问其所为之人，而五品不经纶也；问其所衣之衣，而左右之衽不辨也；问其所食之食，而腥膻之味不避也"⑱。

明末的王夫之也在身体气味乃至习俗差异上做文章，说："夷狄之与华夏所生异地，其地异，其气异矣；气异而习异，习异而所知所行蔑不异焉。乃于其中亦自有其贵贱焉，特地界分、天气殊，而不可乱；乱则人极毁，华夏之生民亦受其吞噬而憔悴。"⑥如此频繁而又直白地把北方族群丑化为野蛮人种，在以往的正统论叙述中还不多见。

明代的政治地理学对地人关系中所体现出的种族和文化差别的区分似乎比南宋还要严格许多，杨慎就说："华夷之轻重，以地亦以人，中国帝王人地俱重，蛮夷荒服人地俱轻。……故曰：名从中国，物从主人。小物且然，而况大器乎！如使猾夏者遂称帝王，则用夏变夷者，将亦从之夷乎！"⑦最重要的一点是杨慎认为"道统"不可以假借于人："夫不以道统轻与之，则道犹尊，而统犹在也。如使道统而可以承乏，可以假借，秦之道统，可付之斯高，汉之道统，可付之萧曹，而晋宋齐梁之道统，可移之佛图澄、鸠摩罗什乎！"。"道统"不能"以夷狄腥膻之"，遭受异类种族的污染。⑦

从这个观点看，杨慎还是方孝孺的正统论思路，但确基本堵死了夷狄据中华之地可被汉化的可能性。丘浚则更是把"华夷之辨"置于"君臣之义"之前。因为"华夷之分"其界限在疆域，"华不华，夷不夷，则人类淆世，不可以不正也"。君臣之义体统在朝廷，范围要缩小一些，是正国之道。⑫他所想象的太平世界是这样的："极乎一世之大，则华夏安乎中，夷狄卫乎边。各止其所，而不相侵凌。"⑬

到了南明时期，士人面临的情势更加严峻，不但江山沦于塌陷之际，士大夫据以依托行道的汉人皇权体制也濒临崩溃，在这样的情况下，士人的言辞似乎更加容易彰显对"道"的孤忠持守的艰难与困窘。如王夫之就有言："儒者之统，与帝王之统并行于天下，而互为兴替。其合也，天下以道而治，道以天子而明；及其衰，而帝王之统绝，儒者犹保其道以孤行而无所待，以人存道，而道可不亡。"⑭

又说："是故儒者之统，孤行而无待者也；天下自无统，而儒者有统。道存乎人，而人不可以多得，有心者所重悲也。虽然，斯道亘天垂地而不可亡者也，勿忧也。"⑮这完全是语含悲愤的亡国之音。更象是江山风雨飘摇之际，明祚孤悬一线之时，发出的守先待后的呼喊。

更重要的是，明末士人总以为这个"道统"是不可向其他族群随意转让的，即使在形式上这些非汉人种族可能拥有最广大的疆域和领土。王夫之就认为，即使"蛮夷"之邦篡窃了华夏神器，也往往只能袭其皮毛，而难以得到真髓。他说："虽然败类之儒，鬻道统于夷狄盗贼而使窃者，岂其能窃先王之至教乎？昧其精意，遗其大纲，但于宫室器物登降进止之容，造作纤曲之法，以为先王治定功成之大美在是，私心穿凿，矜异而不成章。"最终这些蛮夷可能只得到了一些文化的皮毛而已，"故夷狄盗贼易于窃而乐窃之以自大，则明堂、辟雍、灵台是已。"⑯又有一段议论说："夷狄而效先王之法未有不亡者也。以德仁兴者，以德仁继其业；以威力兴者，以威力延其命。沐猴冠而为时大妖，先王之道不可窃，亦严矣哉！以威力起者，始终尚乎威力，犹一致也。绌其威力，则威力既替矣，窃其德仁，固未足以为德仁也。父驴母马，其生为骡，骡则生绝矣，相杂而类不延，天之道，物之理也。"⑰

对族群关系的解释，重新被定位在了人兽界限的解读之中。

其实到了明末清初，"夷夏之别"大于"君臣之义"的观点被刻意突出了起来。在江南学人中比较早地提出"夷夏之辨"言说的顾亭林就在《日知录》中强调："君臣之分，所关者在一身。夷夏之防，所系者在天下……夫以君臣之分犹不敌夷夏之防，《春秋》之志可知矣。"⑱又说："夫子之意，以被发左衽之祸尤重于忘君事雠也。"钱穆认为："忘君事雠"四字，变取之《朱子集注》。亭林止四条，针对《集注》，独揭夷夏之防大于君臣之分之一义，而谓是《春秋》之志。⑲这正是清初帝王忌惮的地方。黄宗羲的以下论点不过是在重复明初的"夷夏说"骨架里的"内外观"："中国之与夷狄，内外之辨也。以中国治中国，以夷狄治夷狄，犹人不可杂之于兽，兽不可杂之于人也。是故即以中国之盗贼治中国，尚不失中国之人也。"⑩

对"道统"意义的甄别、更改和攫取

以"一统"扩张消解"种族"之别

如前所说，清初帝王也曾加入了"朝代间比赛"的队伍，非常得意地突出强调对广大疆域的占有超越前代的意义。但在乐观的心情之余，却又面临着更加严峻的挑战，迎接挑战成败的关键在于如何突破北宋以来士大夫对礼仪权限的占有，和南宋以来由于疆域国土的丧失而建立起来的以"道统"建构作为合法性资源的"正统观"论述。如果不解决此一瓶颈问题，清初帝王统治的合法性就几乎只能建立在一种赤裸裸的暴力征伐的基础上，难免会被士人目为"暴秦"的延续，而无法具有礼仪文明的形象。而"道统"的拥有亦长期为士林所垄断，并作为与帝王共治天下的基础，也就是说仅仅靠论述前古未有地占有疆域的"大一统"话语是无法服人的，必须在文化的阐释上占据一席之地，方可建立起"正统论"的合理论证框架。因此，从士大夫的手中争夺"道统"的拥有权，并攫取对其中含义的解释权就成为清初帝王的一项很重要的使命。

自南宋以来，"道统"的建构一直与种族的差异纠葛在了一起，同时也成为汉人士大夫拥有文化优势的一种说辞。同时，这种说辞又是源起于偏安的状态之下，实属无奈之举。所以清初帝王要破解汉人士林的精神优越感，就必须恢复正统观中强调疆域拓展重要性这个环节，用"大一统"的言说框架去消解种族区隔的传统表述。

如对长城涵义的不同理解就凸现了清初帝王的另类想象。"长城"作为汉族与域外民族隔绝的象征，似乎在帝王和士人的头脑中都占有特殊的位置，在清初帝王的头脑中，"长城"显然作为防御对象既不堪一击，又无甚意义。乾隆帝年轻时曾在一篇名为《古长城说》的文章里对秦始皇修长城的意义加以嘲笑，他反问道："或曰：此非长城也，盖天地自然生此，所以限南北也，夫天地既生，此以限南北，则秦之为长城盖可笑矣"。㉛用一种调侃的方式否定了长城界分南北的意义。这还只是乾隆帝早期作品中的心态反应，而在一篇题为《西域同文志序》的御制文中，乾隆帝已突破仅仅破除地域以南北为限的思路，而进一步提出，对同一事物而言，不应因为不同种族对它的不同命名而遮蔽了对其本质的正确认识，甚至认为这关系到"世道人心"的选择。他曾举对"天"字的理解为例，他说天高地下，人处于其中的现象是个事实，至于怎么样来描述这个事实，其"名象"指涉上的差别是不重要的。

"今以汉语指天则曰天，以国语指天则曰阿卜喀，以蒙古语准语指天则曰格里，以西番语指天则曰那木喀，以回语指天则曰阿思满"。

那本是同一事物的"天"，却在不同种族人的指涉下互不承认：

> 令回人指天以告汉人曰此阿思满，汉人必以为非，汉人指天以告回人曰此天则回人亦必以为非，此亦一非也，彼亦一非也。庸讵知孰之为是乎？

按乾隆帝的看法，同样仰首以望，上方存在的事物"汉人以为天而敬之，回人以为阿思满而敬之，是即其大同也，实既同名亦无不同焉"。㉜

乾隆帝如此苦心孤诣地辨析"天"在不同种族之中的表述差异和"实相"的根本一致性，颇有其深意。他认为各民族的表述既然本来就渊源于同一事物，何必要"置名相于分殊"呢？

这是关系世道人心的大事，因为只有在"名相"与实际存在物之间达成一致，才能在意识形态意义上达于"大一统"之境。雍正与乾隆也一直很骄傲地把对同一事物取不同"名象"的种族纳入到统一的空间之下，而又在不同的场合和文字中不断讥讽明代因夷夏之分过严而导致对蒙古采取战略上的被动守势，从而无法使之整合于自身的统治版图中。[83]实际上仍是把"大一统"传统含义中政治地理版图的扩张视为正统观成立的首要因素。而区别于明代正统论以种族夷夏之分为首义的"正统观"。

重提疆域扩展问题，而非种族识别问题显然与元朝的"大一统"思路相衔接，所以从雍正到乾隆的正统论述中，他们把主要的精力和笔墨都花费在了反复说明疆域的一统是树立正统地位的核心条件。

以"空间"消解"种族"差异的例子，雍正帝就表述过多次。他曾这样问曾静："九州四海之广，中华处百分之一，其外东西南朔，同在天覆地载之中者，即是一理一气。岂中华与夷狄有两个天地乎！圣人之所谓万物育者，人即在万物之内，不知夷狄在所育之中乎，抑不在所育之中乎？"在一篇特谕中，雍正帝针对曾静妄生此疆彼界之私的想法，批驳道："不知本朝之为满洲，犹中国之有籍贯。舜为东夷之人，文王为西夷之人，曾何损于圣德乎！"[84]

对"大一统"真义的恢复，就要清算非一统状态下的南北划分的成见："盖从来华夷之说，乃在晋、宋六朝偏安之时，彼此地丑德齐莫能相尚。是以北人诋为岛夷，南人指为索虏。"[85]清除此偏安时形成的陋见，实现天下一统，华夷一家的精神就要消除南北的地域界限。

破解朱子魔咒

明遗民谈宋成癖，清代帝王也难以回避"南宋"的敏感问题。可恰恰就在这一认识上清初帝王与明末遗民可谓有天壤之别。一般而言，在士人心目中，朱子的地位是不可动摇的，一直是"道统"成立的精神源头。清初帝王也基本以朱子理论为立国依据，康熙帝甚至要把朱子配入四子殿，经人阻止后仍列入十祀行列。在表面上，帝王与汉族士人的立场是相当一致的。问题在于，以理学为意识形态资源固然没有问题，但如何兼容朱子正统论中的攘夷成分，却成了一个难以逾越的障碍，如果不解决此困境，清朝统治合法性原则的建立就会遭遇很大困难。

乾隆帝处理此困境的办法是把攘夷的观念历史化，即承认攘夷之后，南宋仍居正统，而辽金非属正统之序。但又强调，清人虽在血缘上是金人后裔，却仍然承袭了元明的正统一脉，这样就通过重构血缘和地缘的关系破除了宋代以来的汉人以种族辨夷夏的狭隘正统观，这在对待杨维桢《正统辨》的态度上表现得尤为明显。杨维桢正统论的大旨是以元承宋统而排斥辽金，编辑《四库全书》的馆臣谓其持论纰谬，请予以删除。馆臣的用意仍是从种族血缘传衍立论，认为满清承金人之余绪，故凡遇到绌斥金人的言论皆视为不正当。而到了乾隆时期，朝野上下早已形成以"大一统"论来破解种族夷夏之分的纲领，正统不分种族，如能以德服人，均可进入正统传续之列。

乾隆帝首先表示自己遵循春秋大一统之意，尊王绌霸，所以立万世之纲常，并说明也是继承了紫阳纲目义在正统的思路，认为是名正言顺，出于天命人心之正。所谓"存春秋纲目之义，见人心天命之攸归"。[86]而且对三国历史的判断，也与朱子相一致，认为：三国不以魏吴之强夺汉统之正，春秋之义然也。

在下面一大段对历史的回顾中，我们几乎很难看出这些话会出自一个异族统治者之口：

夫正统者继前统受新命也，东晋以后宋齐梁陈虽江左偏安而所承者晋之正统，其时若拓跋魏氏，地大势强，北齐北周继之，亦较南朝为盛，而中华正统不得不属之宋齐梁陈者，其所承之统正也。至隋则平陈以后混一区宇，始得为大一统，即唐之末季，藩镇扰乱，自朱温以讫郭威等或起自寇窃，或身为叛臣，五十余年之间，更易数姓，甚且称臣称侄于契丹，然中国统绪相承，宋以前亦不得不以正统属之，梁唐晋汉周也。至于宋南渡后偏处临安，其时辽金元相继起于北边，奄有河北，宋虽称侄于金，而其所承者究仍北宋之正统，辽金不得攘而有之。至元世祖平宋，始有宋统当绝，我统当续之语。⑧⑥

　　乾隆帝在此强调的是"正统"不以种族血缘为依托，而应以据地后对原有统绪的传承为指归。但他又以"大一统"作为核心指标，对正统的标准实施了修正。表面上乾隆是顺着朱子说，但暗中亦用"大一统"之义消解朱子的"攘夷"观念，他认为元世祖平宋后仍据有正统之位，这就与明代士人的解读完全不同，他们认为元朝因属蛮夷身份，虽有一统天下的局面，却不具备正统的资格。

　　下面一段话则是正面论证清朝续统的合法，表示清朝是为明复仇讨贼，定鼎中原，合一海宇，为自古得天下最正。其实暗涵着"清代明"犹如"元代宋"，都是"正统"的表现。这个论述与宋明遗民的民间说法已截然不同。不过乾隆帝的理由似乎也很充足，他说自己已经在《通鉴辑览》内保存南明建国之号一年，但南明小朝廷本身自己不争气，"使其能保守南都未尝不可如南宋之承统，绵延不绝，而奈其当阳九之运，天弗与，人弗归，自覆其宗社也"⑧⑧。既然南明效法不了南宋，清朝的"正统"地位就不言自明了。

　　在乾隆帝的心目中，辽金皆自起北方，从种族意义上不过是中原文化传承的偏支而已。把元朝归入传承文化偏支的行列，就等于把它逐出了文明演变的主流。如此一来，清朝也似乎不过是继承了边缘文化的发展支流，这样就完全被逐出了主流正统的轨道，这完全是一种狭隘的"种族论"式的正统观在作祟。乾隆帝认为，删除杨维桢《正统辨》的那些馆臣总是以"种族"为限，"以金为满州，欲令承辽之统，故曲为之说耳"。根本不懂正统观之真髓。实际上乾隆帝意在传承南宋以来之"正统"，认为辽金的传承"非若宋元之相承递，所以无资格做中华之主。"他并不在意是否和金人有"种族"上的连续传承关系，反过来转而批评馆臣"若以此立论，转觉狭小，天下万世必有起而议之者，是不可以不辨"⑧⑨。

　　乾隆帝处理朱子理学和"攘夷"观点的关系时，大致采取了维系文化意义上的"正统"，而同时又摈弃南宋以来形成的"种族"内外观的策略。他一方面承认"内中国而外夷狄"是做史之常例，"顾以中国之人载中国之事，若司马光朱子义例森严，亦不过欲辨明正统"⑨⑩。另一方面，他又强调："至于东夷西戎，南蛮北狄，因地而名，与江南、河北、山左、关右何异？孟子云：舜为东夷之人，文王为西夷之人，此无可讳，亦不必讳。但以中外过为轩轾，逞其一偏之见，妄肆讥讪，毋论桀犬之吠，固属无当，即区别统系，昭示来许，亦并不在乎此也。"⑨⑪这段话和雍正帝在《大义觉迷录》中的一段表述极其相似，"夷狄"只是在空间分布的状态下出现差异，而并不具备"种族"区别的内涵。这样一来就消解掉了朱子学中"攘夷"的真实含义。

　　清初帝王一方面表示自己承接的是元明"大一统"一系的正当性，同时针对那些处于"闰位"的政权如辽金、两晋、五代等朝代，亦表示应统统加以祭祀。当时的大臣曾为揣摩乾隆帝的意图，上疏声明偏安亡弑的政权如东西晋、北魏和前后五代不入祀典，却特意把辽金两朝分割出来单独予以祭祀，可在乾隆帝看来"未免意有偏向，视若仰承圣意而实显与圣谕相背。"乾隆帝的意见是，如果说南北朝因偏安而不入正统之列，那么辽金的版图也没有全部拥有中原，如果"一登一黜"，就会引起后人的非议。在乾隆帝的眼中，从汉昭烈帝刘备一直到唐高宗统一华夏时已三百余年，"其间英毅之辟，节俭之主史不绝书，又安可置而不论。"对于后五代的君王，乾隆帝也认为虽陷于混乱，却使"中华统绪不绝如线"，如果"概不列入，则东西晋前后五代数百年间创守各主祀典缺如，何以协千秋公论"。②

他还特意说到自己阅读明代孙承泽《春明梦余录》时的感受，表示里面记载明代崇祀古帝王位号，就没有列入辽金两朝，意思是说如果清朝在帝王庙中只崇祀辽金而排斥东西晋、前后五代，就会落下心持偏见的把柄。他质问到："似此互相入主出奴伊于何底？是皆议礼诸臣有怀偏见，明使后世臆说之徒，谓本朝于历代帝王未免区分南北意存轩轾"。这样就失去了降旨申谕的本意。③乾隆帝申谕把所有偏安政权全部纳入祀典行列的一个好处是，即保留了清朝在"大一统"意义上与前朝的承继关系，同时亦坦率地承认满人和金人在历史上存在着种族血缘关系，表示这种血缘关系的存在并不妨害其对正统的继承，这样就消解了传统议题中的"夷夏之别"与"大一统"论述之间存在的紧张关系。

那么，下一个问题是，"正统"的来源何在呢？这要追溯到"正统论"在各朝的演变。其实关于"正统"的说法在历史上有一个漫长的演变过程，最早的"正统论"主要是在时间观上讲帝位更替的合法性问题，即所谓"正闰之辨"，以"正统"一词比之帝王受命。但"正统论"的发展以后基本上是在"疆域拓展"和"族群之别"这两个要素上进行选择，从空间上立论，拥有正统与否往往与是否拥有更广大的领土直接相关。如"王者大一统"的意思是"所以合天下之不一也"，北宋士人往往取此义作为建构正统观的基础。

第二个意思比较突出，即认为权力要具有合法性，必须还要加入辨别夷夏身份的程序，他们论述"所以正天下之不正也"的意思，完全从是否拥有"道德"入手，而只有优秀的种族才有资格拥有道德，最纯正的道德还会被连缀为一个谱系得以流传，这就是所谓"道统"，劣等民族则完全被排除在了"道统"传承的谱系之外。最为关键的地方是，帝王更替的"治统"必须要由"道统"加以监控，其是否合法也须经过"道统"加以认定。帝王"道德心"的获取在南宋以后日益取决于接受士林教化的程度，使得每个新任王朝的帝王都必须面临如何处理"文野之别"的问题。

这表现在帝王即使拥有"天下"，也在五德终始的时间观上拥有"正位"，但如果在"道德"方面不被赋予权威的话，也是有"霸统"的嫌疑的，而"道统"的决定权却在士林阶层之手。清人以"蛮夷"身份入主中国，清初帝王初期曾以"大一统"的疆域规模试图消解掉以往的"种族"论述，以确定自身的合法性，可以说初步获得了成功，但仍面临如何面对"道统"的归属和支配问题。就历史记载而言，清朝帝王显然不甘心受制于士林的教化权威，而试图建立自己在文化方面真正意义上的合法性。因此，如何与士林打交道就变成了一个重要的议题。

历史编纂体系中的君王与士人

《通鉴纲目》如何进入皇家视野

北宋司马光撰《资治通鉴》与朱熹缩编其为《资治通鉴纲目》的区别在于，朱熹力图通过对"正统"的不同理解建立一种新的历史观。其历史书写的原则是侧重考虑南宋偏安的历史状态，以夷夏之辨的方式处理南北的种族关系。因此，号称尊崇理学的清初帝王如何对待《通鉴纲目》中有关种族问题的处理方式，以及采取何种应对的策略，也就成为探寻其"正统观"之真正内涵的关键切入点之一。

有史家称康熙六年（1667 年）康熙帝亲政的第五天，吏部给事中蔺挺达便上书请求康熙帝熟读经史，史书中唯一列出的著作即是《通鉴》。康熙十五年十一月二十四日在进讲完《孟子》后，开始兼讲《通鉴》，不久康熙帝听从大臣建议，进讲朱熹《纲目》。康熙二十七年（1688 年）初，在内廷设立书局，开始翻译《纲目》一书。

康熙帝研习《通鉴》的结果是编纂了一部《日讲通鉴解义》，在《序》中，康熙帝表白了自己研读此书的目的，说是要"乐观前代兴衰得失之迹"，但康熙帝显然对《通鉴》一书中有关史实的褒贬论断时显游移不定感到不满。说："顾其间论断者，人各置喙间，亦有当于作者之意而未能折衷于中而断于一。"⑨所以命进讲儒臣按照"胡安国之体法春秋之义，僎次为文，依日进讲"。⑤司马光在《资治通鉴》中的史论确有犹疑不明之处，比如在魏国是否为正统的问题上闪烁其辞，明确反对使用《春秋》笔法，表示："使观者自择其善恶得失，以为劝戒，非若《春秋》立褒贬之法，拨乱世反诸正"。⑥康熙帝的态度是必须"据事以断是非，原心以定功罪，予夺之不可假，如折狱然。"⑨表示需要象断决法律疑案一样处理史事的是非真伪。而《通鉴》则是"据事胪列，褒贬之义或阙。"⑧而对朱熹《纲目》的评价却截然相反，认为"其邪正是非之辨，贤奸忠佞之分，寓大义于微词，绍素王之心法，麟经以后，惟有此书。"⑨

有了如上的比较，康熙帝很快就把兴趣转移到了朱熹的《纲目》上，他这样表达自己对《纲目》的欣赏态度，声称"于纲目一书朝夕起居之时循环披览，手未释卷，以是考前代君臣得失之故，世运升降之由，纪纲法度之所以立，人心风俗之所由纯，事有关乎典常，言有裨乎治体者，靡不竟委穷源，详加论断，如是者有年矣。"⑩

康熙帝对《纲目》的欣赏实际上源于对其续作中若干史事记述的不满，牵涉到严重的历史书写问题。康熙帝认为，《资治通鉴续编》的时间一直写到宋辽金元时期，"其中叙事虽间得其实，然而议论偏私，纪载乖舛往往有之，视朱熹所撰纲目，迥乎其不侔矣。"⑩在另一篇文字中，康熙帝也说过，《纲目续编》"文气薄弱，字句之间每多冗杂，有以稗官小说者"。⑫后来乾隆帝也注意到了这个问题，曾说："《御批通鉴纲目续编》内发明广义各条，于辽金元三朝时事，多有议论偏谬及肆行诋毁者。"⑬这里面涉及的问题相当复杂，后人多以《纲目》确揭示夷夏之辩的大义为标榜，但朱熹本人并没有具体鲜明地厘定判别夷夏区别的标准，尽管尹起莘在一篇序言里试图把这个标准说清楚，甚至严峻刻厉到批评"是书之作，其大经大法如尊君父而讨乱贼，崇正统而抑僭伪，褒名节而黜邪佞，贵中国而贱夷狄，莫不有系于三纲五常之大。"⑭但夷夏之别的判断标准仍是多由当事人自行拟定，划分尺度的灵活性相当高。康熙帝对此已有所察觉，但一时还想不出一种稳妥的修正方法。

有鉴于此，乾隆帝组织文臣纂修《历代通鉴辑览》，并亲自加以评点后辑成《御批历代通鉴辑览》，后又把乾隆帝的评语撮要摘出编辑，纂成《评鉴阐要》一书，以诸条评点历代史实的方式，逐渐摸索到确定历史褒贬标准的办法，并最终使之定于一尊，不得轻易更动。

书写规则的制定与乾隆帝的"节义观"

《评鉴阐要》集中了乾隆帝对《资治通鉴纲目》里历史事件和人物的评论，最初虽属一家之言，但乾隆却有意使之成为普遍意义上的读史评判标准。从中可看出清初帝王如何处理夷夏之辨等历史遗留下来的棘手问题的方式。以下撮取若干条加以讨论。

在《契丹改号辽纲》条中，乾隆帝就指出，契丹改号称辽国，与拓跋氏改号称魏的性质应该是一样的，在书写体例上也应该一致。可是《纲目》中遇到拓跋氏时就书"魏"，逢契丹则不书"辽"。乾隆帝由此推测司马光的心理，认为他身为宋臣，写作《通鉴》时不敢称敌对方契丹为"国"，与宋国相并列。《纲目》则延续了这个做法。两人均没有特别严重的夷夏之别意识，一些后人却夸大其词，"拘牵好异，谓书魏所以进之，书契丹所以外之。"这样就放大了族群界限的差别。乾隆帝看到此不禁痛骂了起来："腐儒曲说支离，真所云烛笼添骨，其明益障。"在乾隆帝看来，古代的一些"弹丸蕞尔"之地，都可自称"国"。契丹如此强势却无称"国"的资格，实在说不过去。⑩

《纲目》中相对比较明确的地方是对具体历史书写的要求。朱熹曾亲自拟定《纲目》凡例，其中就有对"夷狄"与"华夏"关系书写规则的具体认定："凡中国有主则夷狄曰入寇，或曰寇某郡。"又规定："凡正统用兵于臣子之僭叛者曰征曰讨，于夷狄若非其臣子者曰伐曰攻曰击。"⑩到明代以后，历史书写的规则进一步被细化了，具体条规甚至给人以过度繁琐的感觉。方孝儒就曾对各种死事的书写规则及其与身份的对应关系做出了更加苛密的规定。⑩

这些规则具体运用到宋金对抗的历史中就出现了问题，因为在乾隆帝看来，《纲目》中对南宋与金朝历史的书写并没有按照以上规则进行。"寇"字只能发生在边缘地带的族群向统一的国家发起进攻时才能使用。如汉时的匈奴、唐朝的颉利等。宋朝徽钦二宗以上北宋的统一局面犹存，南渡以后对金称臣称侄，若仍把金朝书写为"入寇"，就相当于"以君寇臣"，"以伯叔寇侄"，议论显得荒诞不经。故乾隆帝要求一律将"寇"改为"侵"，如此书写表示两国互伐，"殊不失春秋尊王之本义云。"⑩

对元朝的态度也是如此，他认为元顺帝逃往沙漠时，经常有兴复之志，虽国统已失，不能书之以"寇"，就象当年宋朝虽向金朝称臣称侄，北伐行动不能用"寇"来形容一样，而《明史》中却延续旧体例，对元兵的行动均冠以"寇"字，如此书写很是不妥，故应按照金元宋相伐之例加以改正。⑩乾隆帝对《纲目》内容如此具体的修正，暗示着清帝不仅对朱熹本人的历史观和道德权威会时常表现出质疑的态度，而且对朱熹以后"道统"持有的归属也产生了要重新认定的念头。甚至觉得"盖春秋者，天子之事。"儒者似不应多妄加评议。

乾隆帝特别注意臣子守节的一贯性，而并非总是站在种族异同的立场上来确定身份，这是值得注意的情况。如清人虽为金人之后，但在处理历史褒贬的问题上，基本上是从一种"一统观"的角度来发言，而并非是站在惯常的族群分别的立场，突破了明代以来的"夷夏观"限制。如以下对北宋历史的一段评论就表现得十分明显，《续纲目》于此条作"金劫上皇及后妃、太子、宗戚至其军"云云，意在贬金，不知金初未臣服于宋，因宋人渝盟生衅，遂至兵连。迨汴城既破，钦宗具表请降，则迁其族属，乃伐国之常事，于金固无可责。"这段似乎是在为金人辩护，但在臣节的观察上却完全采取朱熹以来的"正统观"视角，他认为："而范琼身为宋臣，不能捍卫捐躯，乃仰承金将意指，凌逼二帝后猝就犊车，举族仓皇，同为俘虏。则琼之为乱臣贼子，实《春秋》所必诛。"这好像又是在为宋人说话。最后归结到书法之正上："旧时书法，无当于予夺大义，因改书之，以正《续纲目》之失，且示斧钺之严，为万世昭公道云。"⑩

对于变节士人的评价，乾隆帝也是认为那些始终持守一端者才能称得上是节烈之士。比如蒙古攻占北方后，太祖见到北方名儒姚枢，欲揽至朝内。不久又得到名儒赵复，史称："复以儒学见重于世，其徒称为江汉先生。既被获，不欲北行，力求死所。枢止与共宿，譬说百端曰：'徒死无益，随吾而北，可保无他也'。至燕，名益大著，学徒百人。由是北方始知经学，而枢亦初得睹程朱性理之书。"对于姚枢和赵复完全相反的举动，乾隆帝评论的倾向性至为明显："赵复始知为宋守义，尚无愧于名儒。姚枢力劝止之，且谓从死无益，不过因己之不忠于金，欲污复与之共就缁涅耳！复苟明于大义，自当百折不回，乃闻可保无他之言，遂从而毁节，是其立志本亦不坚，遂尔偷生幸免，与枢同乖于无二之义。虽传经学于北方，经学固不以名节为重哉！"⑪

　　其实在乾隆帝眼里，按照宋代以来订立的种族冲突的评价标准已经不起作用，关键在于臣节的持守不在于这个臣子是为哪个种族服务，而在于其是否始终如一地持守着他的立场。如以下是金人变节的例子，"王鹗为金进士，国亡时自当尽忠死节，乃竟腼颜事元，而又假旧君有服之说，祈请祭葬。张时泰以为譬如妇人，有人杀其夫而不能报，反以身事仇，又求尽哀礼于故夫，其论诚非过刻"⑩。和以前对背叛宋人的臣子同样厌恶的评价相比较，我们看出乾隆帝已经不在乎臣子是金人还是宋人，关键在于对臣节的始终持守，如果不能始终如一地坚守节义，即使是投靠己方的降人也会受到苛评。如对钱谦益的态度即是如此。

　　我们在《御批通鉴》中不时会看到乾隆帝对气质虚矫、首鼠两端者的批评。如齐国博士熊安生投靠周主，乾隆的对此行为的评价就很尖锐："安生既好通经，岂其未闻大义！国破而扫门以待异姓，纲常之谓何？安车驷马之赐，上下盖两失之。"⑩又如南北朝时的齐国大臣傅伏在周国的攻击下始拒后降，也被乾隆帝贬之为失节之臣。"傅伏始拒周人之招，慷慨自誓，若确乎不可屈挠者。及闻齐主成禽而幡然改节，拜爵不辞，与所称'有死无二'毋乃相戾！以忠孝责子之言，岂非虚哉！"⑩

　　关于隋末将领屈突通降唐之事，乾隆帝的评论说："屈突通守志颇坚，但以一时不自引决，遂至腼颜事仇，甘心尽力，为千古濡忍失足者口实。慷慨殉节易，从容就义难，诚不刊之论也！"⑩屈突通一时犹豫而未迅速就死殉节，从而使名节留下污点，这使我们想到明末遗民殉死未成时自愧的心境。在乾隆帝的节义观中，对某朝忠贞的尺度是以一致性为准则的，投入敌方已属失节，所谓"虚名之士，本不足重，且其人既身事二姓，大节已亏，其余更何足责耶？"⑩在此标准下，可谓苛评连连，甚至对以死报君的行为也要求到了极为苛刻的程度。非以身相殉而不可，没有其它的模式可以选择。比如对待同为出使金国的宋使家铉翁和高应松，一殉国而死，一滞留20年，评价自然有别。"同时奉使者如高应松，即以不食而卒。铉翁曾居执政，视家国沦覆，竟不能持一死以报宗邦，仍然教授生徒，腼颜人世，虽感兴亡而流涕，亦不足以掩其羞。且景迫桑榆，犹复受处士之号，更独何心？铉翁既精治《春秋》，尤当明于大义，正不得因其未受新朝爵禄稍为原谅耳。"⑩

　　如果再持二心，那就更是罪加一等，对金朝翰林学士，号为国师的宇文虚中的评价云："虚中身膺使命，自请留金，竟尔受官爵，典祠命，既已不忠于宋，及降事北朝，肆为讥讪，又复无礼于金。则其生已为可羞，其死更由自取。而《宋史》列传尚多褒词，且信王伦之言，许其守节，史册毁誉失实，顾若是其不足凭耶？"⑩

　　对元朝名儒许衡的态度更是一个例子，许衡仕元在士大夫中本是一个敏感的话题，特别涉及到明末清初士人的"出处"选择的困境，乾隆帝对许衡临终前遗言中所透露出的仕元的遗憾做出的判断与士人迥异。他认为许衡仕元有其充分理由，本无可非议，"夫衡未为宋臣，仕元并非失节。需才择主，遇合自然，有何可贬？而既已身膺抚仕，食禄登朝，本非肥遁鸣高，又岂得违君臣定分？二说之谬，固不待辨自明。"至于因其临终说出悔于为官之言，就不书其在元代的官职，显然是为先人讳的表现，完全没有必要。"《续纲目》因许衡病革戒子之语，遂于其卒不具官，实乖书法之正。论者或谓衡不当仕元，削以示贬；或谓元不得而臣之，变例不书。二说皆悖于理。"倒是许衡在仕元问题上显得前后失据，没必要在书写中为其隐瞒这种自我紧张的状态。他说许衡先是觉得如果不应招前往就会丧失一次"行道"的机会，结果临死前又后悔不能辞官以保节气，希望别给自己加封谥号，这种前后矛盾的行为让人可疑。乾隆帝的判断是："此非弥留乱命，则是后人曲为之说。衡固名儒，不应前后矛盾若此，特改书官爵，以纠《续纲目》之失。"⑩

对于易代之际先朝臣子的表现，乾隆帝读史时显得异常敏感。如读到明太祖的一则逸事时，乾隆帝的反应就很有意思。《纲鉴》载明初诏修《元史》，征山林隐逸之士。元翰林学士危素避入元都报恩寺，准备投井殉国，寺僧挽留说，"国史非公莫知"，如果你死了，就等于国史也亡了。危素一听有道理，遂打消了殉元的念头，不久被隆重荐入宫中，授翰林侍读学士。史称："一日，帝御东阁侧室，素行帘外，履声橐橐然。帝问：'谁也？'对曰：'老臣危素。'帝哂曰：'朕谓是文天祥耳！'"乾隆帝对危素故作前朝老臣之姿态的反应是："藉云兴史为存亡，则史既成书，即当举程婴之例，捐躯明志，以全臣节。乃帘外履声，腼然以老臣自命，其视冯道之不知廉耻，相去几何？明祖以文天祥讽之，且以余阙愧之。其为贪生忘义之小人示儆，凛然严于斧钺矣！"[120]

书写的严正已深入到各种对"死亡"方式的不同描述上，所谓"斧钺之威"是也。如元末陈友谅杀其故主徐寿辉，自称汉皇帝，《通鉴纲目》原用"弑"描述此杀戮行为，但乾隆帝认为"弑"乃专指正统王朝中的以下犯上行为，而元末陈友谅所为不过是与秦末的陈胜、吴广的举动相似，属"盗贼同类相残"，根本没有君臣名分的问题存在，所以没有资格用"弑"来加以定位，而应改用"害"来对这段史事加以描述。他说："盖当日情事，只不过胜、广揭竿之流，并不得比诸项羽之于义帝。盗贼同类相残，何关名分？岂得以乱臣贼子例之乎？"[121]

"斧钺之威"其实也会落在那些只会要求别人，自己却谋求脱身的士人群体的姿态之上。燕王朱棣谋反渡江，在攻入京城的前一天，修撰王艮和胡广、解缙在司业吴溥家聚会，这三人的表演仪态完全不同，解缙陈说大义，胡广亦愤激慷慨，只有王艮默默在一旁流涕。等三人离去，吴溥之子，后来成为著名学者的吴与弼当时年龄还小，忽然叹气说：胡叔叔能死节，真是好汉呀！吴溥却说你错了，这三人中只有王艮能死节。还未说完这句话，就听见胡广招呼家人要看好猪的声音。吴溥说：你看！连一头猪都舍不得，怎么能舍弃生命呢？不久王艮家中就传出哭声，原来王艮已仰药身亡。

对这段轶事的解读，乾隆帝似乎与常人的视角有所不同。他认为死节是人臣的本分，根本不必议论纷纭的加以争辩，关键是吴溥对别人死节动机的把握倒是精确无疑，却单单把自己撇在一边，似乎与此无关，倒是相当可议的行为。"吴溥决王艮之必克捐躯，胡广之不能死节，所料皆锱铢不爽。但溥与艮俱策名仕版，即当效其取义舍生。况既明于责人，何独宽于责己？乃隐忍图全，竟至辱身改节，是真察秋毫而不见目睫。顾于'一猪不舍'者，冷语訾讥，何异桃人土偶之相诮邪？"[122]

"君师"与"道治"角色的合一

既然历史的定论早已在《评鉴阐要》中被反复申说过，那么一切私人对历史进行再次解说的尝试，哪怕只是礼仪上的走过场也似乎失去了必要。乾隆帝甚至对经筵进讲中阐述《通鉴》内容表示出了极大的不耐烦情绪。乾隆二十五年正月，当有御史提议经筵应进讲二十二史、通鉴纲目诸书内有关治道者，乾隆帝即认为："可以不必"，经筵作为春秋两季举行的典礼只具象征意义。而自己"于通鉴一书特勒儒臣分条修纂汇册，陆续进呈。"他自称："精研订正，凡中有所见，必亲加评，务期理明事核，以成善本。若仅于进讲时敷衍一二，则以为甄综史事，无论挂一漏万，徒为具文，正昔人所谓一部全史从何处说起者也。"[123]

这段话背后透露出的想法是，廷臣进讲已经没有必要，因为进讲的依据多有赖于朱熹的权威解释，但朱熹的权威在乾隆帝及康熙帝的解读下已经大为褪色。廷臣进讲不但失去了原来的权威参照文本，而且新的解释也必须以乾隆帝在《评鉴阐要》中厘定的主旨为准。

这方面的意图乾隆帝比其祖父贯彻得更加彻底，康熙帝曾有一段有关撰修《明史》对诸臣的训词，大意是说："明史不可不成，公论不可不采，是非不可不明，人心不可不服。"在强调了修史的重要性之后，康熙帝也承认撰史"关系甚巨，条目甚繁，朕日理万机，精神有限，不能逐一细览，即敢轻论是非，后有公论者必归罪于朕躬。……"说明康熙帝对"公论"尚有敬畏之心，不欲以己意强加于各种纷纭的"私意"之上。所以他还是把历史判断的权力交给了一些"老学素望，名重一时"的士人官僚。甚至不自信地表示："卿等众意为是即是也，刊而行之，偶有斟酌，公同再议，朕无一字可定，亦无识见。"⑫对重大历史事件表现出完全没有自己的识见肯定是夸大其辞，但如果说康熙帝还没有找到一种以皇权一己之意裁断"公论"的方法，并以此垄断对历史观的解释也许恰恰符合当时的历史真相。

与其祖父不同，乾隆帝也在谕旨中几次提到如何对待"私意"与"公论"之间的关系问题。如他说："至纲目祖述麟经，笔削惟严，为万世公道所在，不可稍涉偏私。"又说："史笔系春秋论定，岂可骋私臆而废公道？"但在处理"公论"方面显然比康熙要大胆得多。康熙本人实际上已经对本朝史官是否有足够的"史识"达到良史的要求深表怀疑。比如对修纂《明史》史官的能力已开始质疑，说："今之史官，或执己见者有之，任意妄作，此书何能尽善？"又说这些史官"轻浮浅陋，妄自笔削，自以为是。"⑫但康熙还是担心处理"公论"不当会给世人留下话柄，因此不敢在史论评价上过多沾染个人色彩。

乾隆帝则在设定"公论"的标准上完全是凭借己意而乾纲独断。比如在编纂《通鉴辑览》的过程中，"其中书法体例，有关大一统之义者，均经朕前加订正，颁示天下。"作为史书记载的标准，特别是对南北分割而导致"夷夏之分"的历史问题更是亲加裁定，如对后来修纂的《通鉴纲目续编》一书涉及宋辽金元史实的地方："至发明广义诋毁之处，著交诸皇子及军机大臣量为删润，以符孔子春秋体例。仍令黏籤进呈，候朕阅定。"并命将谕旨冠之新撰史书的篇首，交武英殿照本更正后，发交直省督抚各一部，"令各照本抽改"⑫。

在这段谕旨中，乾隆帝特别强调了要以孔子《春秋》体例为准。那么如何看待朱熹在《资治通鉴纲目》中拟定的规则呢？因为宋以后的士林撰史似乎多因循《纲目》的褒贬规则。在后来的官修史书中，乾隆帝虽命仿朱子《通鉴纲目》体例编纂《明纪纲目》，却越来越偏离朱熹"贵中国而贱夷狄"的宗旨。在他看来，凡是按朱熹规则编订的史书在历史事实的记载和判断上都有重大的偏差。特别是《明纪纲目》，"考核未为精当"，于是命军机大臣将原书另行改辑，听候其鉴定。乾隆帝心细如发的性格在这段话中表露得相当充分："因思纲目三编，虽曾经披览，但从前进呈之书，朕览阅尚不及近时之详审。"他要求"若通鉴辑览一书，其中体制书法，皆朕亲加折衷，一本大公至正，可为法则。此次改编纲目，自当仿照办理。"⑫这已是公开向朱熹的历史褒贬观发起挑战了。其深层用意是用先秦的"大一统"观消解南宋朱熹建立起的华夷之分的历史观。

且再看下面的例子，在乾隆帝三十年的一份谕旨中，乾隆帝对朱熹的夷夏观做出了重新解读，实际上是修正了其以区域划分族群优劣的观点。他先讲了这样一段话："如内中国而外夷狄，此作史之常例，顾以中国之人，载中国之事，若司马光、朱子义例森严，亦不过欲辨明正统，未有肆行嫚骂者。"⑫乾隆帝所说的所谓"常例"，就是南宋以后由朱熹《纲目》确定下来的以南北区域界分夷夏身份的历史书写规则。甚至"正统"确立的背后都有一套"南－北"分峙的逻辑在起作用，如推崇蜀国为"正统"而贬抑魏国的地位

清初帝王中康熙帝最为推崇宋儒和朱熹，曾命编纂《日讲四书解义》，曾表示每思二帝三王之治本于道，二帝三王之道本于心，辨析心性之理而羽翼六经，发挥圣道者莫详于有宋诸儒。并

声称常翻阅明永乐年间编纂的《性理大全》，自述其心得说："见其穷天地阴阳之蕴，明性命仁义之旨，揭主敬存诚之要微而律数之精意显，而道统之源流以至君德圣学政教纪纲，靡不大小兼该而表里咸贯，洵道学之渊薮，致治之准绳也。"⑫从表面上看，这完全是一付"道学"信徒的口气，由此也可以进一步推想康熙帝亦是认同于"道统"脉络的传承谱系的。特别容易造成误解的是，二帝三王之治之所以成功，乃是"道"发挥作用的结果，同时也就间接承认了宋代士人对"道"的承担和解读是"复兴三代"辉煌的关键。不过仔细品读下面的文字，我们就会改变以上的印象。在同一篇序言的前一部分，康熙帝说道："朕惟古昔圣王所以继天立极而君师万民者，不徒在乎治法之明备，而在乎心法道法之精微也。执中之训，肇自唐虞，帝王之学莫不由之。言心则曰人心惟危，道心惟微；言性则曰若有恒性，克绥厥猷，惟后盖天性同然之理，人心固有之良，万善所以出焉。本之以建皇极则为天德王道之纯，以牖下民，则为一道同风之治，欲修身而登上理，舍斯道何由哉？"⑬

在此段话中，"心法"再精微明显也是作为"治法"的辅助工具而出现的，是"建皇极"的帝王之学的有机组成部分，而不具备独立存在的意义。臻于唐虞三代之治的路径是"稽乎古帝王心法道法之微"，这里似乎只有帝王的功课，没有士人的身影。

在另一篇序言里，康熙帝把这层意思表达得更加透彻，说："朕惟天生圣贤作君作师，万世道统之传即万世治统之所系也。"明白地说自己兼有"君师"的双重身份，万世道统的传承应与"治统"的表现相表里。不过在表面上他仍承认宋代典籍对传承"道"所发挥的历史作用，特别是《四书》的流传"而后二帝三王之道传，有四子之书而后五经之道备。"表示这些"圣贤训辞"是为万世生民所作。关键是后面这句话："道统在是，治统亦在是矣。历代圣哲之君创业守成莫不尊崇表章，讲明斯道。"这里面强调了《四书》的意义，但却没有哪怕是丝毫隐晦地说明谁人有资格承担解读"道"之含义的责任，也没有具体说明谁来承担化民成俗的角色。如他只笼统地说："每念原风俗必先正人心，正人心必先明学术，诚因此编之大义，究先圣之微言，则以此为化民成俗之方用期夫一道同风之治，庶几进于唐虞三代文明之盛也夫。"⑭

乾隆帝早年曾是程朱理学的坚定信奉者，但晚年言论却多次指斥朱熹之学，其中原因颇为复杂。但宋代以后，士人参与政治程度过高，以至于达到与君王分享权力的地步，使得乾隆帝对此状态颇为反感，从而引出了那段《书程颐论经筵札子后》中的著名议论。乾隆帝对宋代士气张扬的状况感到大为惊诧的地方在于："且使为宰相者，居然以天下之治乱为己任而目无其君，此尤大不可也"。⑮在乾隆帝看来，宋代士人虽然具有传承"道统"的身份，却时有僭越，因为只有君王才能做到身兼"道治"双重职能，这也是"三代"圣王的理想境界，可惜在唐宋两朝均未实现。在乾隆帝眼里，"君师"身份合一才能更好地实施教化。他解释说："上天眷命，作之君师，使有以节民之情而复性之善以行其道。故曰修道之谓教，非道之外别有所谓教也。"他又描绘出一幅古圣王治理社会的画面："古昔圣王之治民也，渐之以仁，摩之以义，节之以礼，和之以乐，熏陶涵养，使德日进而道自修。……故君师之责修，而道乃不虚。"⑯乾隆帝的意思是："道"不是空谈，乃是一种行动逻辑，脱离不了具体的行动和实践，其作用必须在涵化民心风俗的过程中得以彰显出来，要达此境界，就需要用"治道"的手段予以落实。这恰是"三代"圣王之所以高于后人所在。

有趣的是，和宋代士人对汉唐的贬抑与自我评价甚高的情景有所区别，乾隆帝对汉唐宋的帝王都有所诟病针贬。说："三代以下致治之盛如汉之文帝、唐之太宗、宋之仁宗，皆朝乾夕惕，勤劳非懈，然不图其本而务其末，徒有惠爱之政而无教养之实。方之汉唐则令主比之三代则庸君，此无他教不能行，则道无由明于天下也。"⑰那意思是说汉唐宋作为所谓"后三代"并非在政治上和疆域治理方面出现了什么重大失误，关键在于这三代帝王没有把"教化"之权拿在手里，言外之意是放纵了士人，使他们独揽"道"的解脱和推行之权力，这正是赶不上"三代"圣王"作君作师"，双重身份合一的理由。乾隆帝随后指明了一条修正此弊的道路：

"人君果能明德以新民，修道以立教，则朝行而暮效矣，何难之有哉！"以往的"昏庸之君自谓不能而不行，英明之君自谓已能而不屑，此三代之治不可以一日复，而民之固有之道不可以一日明也。"⑬

和康熙帝比较，乾隆帝不仅更直接地强调了君王对"治权"和"道统"应同时兼擅的理由，更是由此暗示士阶层无权独立拥有"道统"的话语权，更不具备以此为依托监督和分享帝王统治秩序的权力。他认为："三代"之治不可复的一个关键原因，即在于汉唐宋的君王均不屑或不能把"道统"的决断权从士人手中收归帝王的缘故。从而破毁了宋以后士大夫依恃"道统"对抗君权的最后壁垒。以上概述的是帝王对"复三代"的构想和对"治道合一"图景的设计。我们还可以从清初士林阶层对这些论断的反应中验证其实施的效果。

士人的反应：以袁枚为例

自南宋朱熹建立了"道统"的谱系之后，士林中基本达成了一种共识，即三代之时，圣王兼有"治统""道统"，三代以后，"道统"下移至士林阶层，与拥有"治统"的帝王处于若即若离的纠葛状态。宋代以后拥有"道统"这个文化资源的士林菁英更是强调"文化"高于"政治"，拥有通过道德修养教化君王与庶民百姓的义务。这种思想显然是君王十分嫉恶的，然而上述"以天下为己任"的思想在清初却日益呈现出模糊甚至语焉不详的状态。我们可以举袁枚的言论为例对此略加分梳。

袁枚有一次曾经为友人代笔复书，信中主要讨论"道统"如何界定的问题。在这篇通信中，袁枚首先引用了对方的观点，对方认为："由周公而上，道统在上；由孔、孟以至程、朱，道统在下，汉、唐君臣无与焉。"⑯如上的表述恰恰沿袭的是宋明以来士林阶层的传统看法，甚至可视为一种"道统"流传谱系的标准化定义，特别是点明了君主是没有资格拥有"道统"的。袁枚却对此不以为然，在答复中，他虽然承认"道"作为自觉的存在，却根本否认了"道"作为统系状态的存在。下面这段话把这层意思表达得很清楚：

> 夫道无统也，若大路然。……亦曰：彼合乎道，则以道归之；彼不合乎道，则自弃乎道耳。道固自在，而未尝绝也。后儒沾沾于道外增一统字，以为今日在上，明日在下，交付若有形，收藏若有物。道甚公，而忽私之；道甚广，而忽狭之。陋矣！⑰

这实际上就消解了南宋以来的"道统观"。紧接着袁枚又明确表示，"道"的持守并非为某一特殊人群所享有，而是一种类似普通性的权力状态。他说："三代之时，道统在上，而未必不在下。三代以后，道统在下，而未必不在上。合乎道，则人人可以得之；离乎道，则人人可以失之。"⑱"道"不但失去了自身的源流和统系，而且变成了人人可以持有的东西。如此泛化的解释几乎完全摧毁了朱熹以来仅有士人才拥有"道统"之威权的传统体系。

在这封信的末尾，袁枚还颇具深意地揣测，乾隆帝言论中不远称尧舜而屡举汉文帝、唐太宗的原因是因为"汉唐"年代近而政事易于核实，言唐虞三代年代远而空言难以引据。尽管这些推测有些悖于史实，前已引证，康乾二帝常提"复三代"的话题，但袁枚的本义还是在书信的末尾显露出来，他指责对方"来书尊皇上为尧、舜，尧、舜之言，先生又不以为然，何也？"⑲如果我们把这句话和前面对方"道统在下，汉唐君臣无与焉"这句话联系起来进行一番深层解析，就会发现，袁枚不但把乾隆视为与三代尧舜并列的君王，而且完全认同其收回"道统"的政治举措，尽管这种认同采取的是相当隐晦的方式，但在字里行间仍能感受到这种情绪的弥漫存在。

在袁枚的另一篇文字《策秀才文五道》中更可印证以上的看法。这篇文字以提问的方式表达了"道统"的非垄断性："所谓道统者，不过曰为圣贤云尔。其为圣贤也，共为之，其统与非统，则又私加之也。"⑭

特别是在如何把握"正统""道统"的精髓和轮廓时，袁枚更是把"道统"视为空虚无形之物："然论正统者，犹有山河疆宇之可考，而道者乃空虚无形之物，曰某传统，某受统，谁见其荷于肩而担于背欤？尧、舜、禹、皋并时而生，是时有四统也。统不太密欤？孔孟后直接程、朱，是千年无一统也。统不太疏欤？甚有绘旁行斜上之谱，以序道统之宗支者。倘有隐居求志之人，逐世不见知而不悔者，何以处之？"袁枚最后的结论颇有点惊世骇俗的味道："废道统之说而后圣人之教大欤！"⑭

袁枚以性灵飘逸的处世风格著称于世，因此按照其一贯的行事做派，发出此怪异可议之论并不令人惊奇，可是如果按照惯常思维认定其蔑视"道统"就是一种标准的反叛行为，那可就大错特错了。我们结合前面书信里的想法，倒是可以认定袁枚的思想其实恰与清朝帝王的思想基调颇为吻合，因为对"道统"谱系的摧毁并不意味着"道"在袁枚等士人的视野中就会彻底消失，只不过是通过否认宋代以来士人对"道"的垄断，而把"道"的持有权拱手重新交回到了帝王的手中。这与清帝一直强调"回归三代"，从而实现自身"道治合一"的治理目标是颇为一致的。

遗民史学内在精神的集体坍塌

私人撰史与故国之思

从晚明流落到清朝的遗民往往有续书明志之事，以寄托对故国沦亡的哀思。"残山剩水"的意象产生于山河破碎后那故国家园风雨如晦般哀思的心境，以致愤激之情常溢于言表，故遗民多以书写明史以示留恋"残山剩水"之心志。戴名世就曾言："当今文章一事贱如粪壤，而仆无他嗜好，独好此不厌。生平尤留意先朝文献，二十年来，搜求遗编，讨论掌故，胸中觉有百卷书，怪怪奇奇，滔滔汩汩，欲触喉而出"。⑭对先朝文献的搜求，乃是寄托对晚明山河失色，困厄于夷狄入侵之痛楚的一个渠道，所以表达时也是颇费思量："仆古文多愤时嫉俗之作，不敢示世人，恐以言语获罪"。⑭清初士风心境虽有相当浓厚的"残山剩水"之怀旧意象，但帝王的态度也是阴阴晴晴，文网时疏时密，原因即在于两者的心理较量并非是一朝一夕的试探，而是长期探悉对方心理的过程。这不免给一些士人造成一种假像，以为可以或委婉或肆意地借书写晚明史事，浇心中忧愁之块垒。且看戴名世的志向："余夙昔之志，于明史有深痛焉，辄好问当世事，而身所与士大夫接甚少，士大夫亦无有以此为念者，又足迹未尝至四方，以故见闻颇寡，然此志未尝不时时存也。"⑭

戴名世的故国破碎之痛最终酿成了康熙朝第一文字大案，戴名世代表的江南士人的态度也始终成为康熙帝的一块心病，因为不仅其论史把南明的残存喻为刘备之在蜀，喻含持正统之意，而且其史识中不时以宋代之南北境况比拟现实，也触痛了他的心事。戴名世叹息说："昔者宋之亡也，区区海岛一隅如弹丸黑子，不逾时而又已灭亡，而史犹得以备书其事。今以弘光之帝南京，隆武之帝闽越，永历之帝两粤，帝滇黔，地方数千里，首尾十七八年，揆以春秋之义，岂遽不如昭烈之在蜀，帝昺之在崖州，而其事渐已灭没。"⑭

他倒是很乐观地认为这段收拾"残山剩水"的史学志向似乎在康熙时期相对宽松的生存环境下有了自由发抒的可能。于是慷慨议论，动议风生："近日方宽文字之禁，而天下所以避忌讳者万端，其或菰芦山泽之间，有廑廑志其梗概，所谓存什一于千百，而其书未出，又无好事者为之掇拾，流传不久，而已荡为清风，化为冷灰。至于老将退卒，故家旧臣，遗民父老，相继渐尽，而文献无征，凋残零落，使一时成败得失，与夫忠魂效死，乱贼误国，流离播迁之情状，无以示于后世，岂不可叹也哉"⑭自己虽非子长、孟坚，却有志于纪录这些遗迹，表示"鄙人无状，窃有志焉。"尽管认为自身与士大夫接触甚少，自己的想法也会时常遭到冷遇，仍表示"此志未尝不时时存也。"⑭这种偏执的心态在帝王看来却是十分危险的，不久之后戴氏就被处以极刑，预告了对历史变局中那些对明末"残山剩水"仅存于世的迷恋只能在一种默默无名的状态中去体悟。

戴名世其实申说的是"私人"治史的抱负，私人撰史在材料的选择方面比官史要宽泛了许多。官史搜集史料往往囿于官方视野和特定的政治目的，比如翰林院在各州郡购求遗书时，对自禅宗事迹，事涉边疆者，往往自动汰弃，史官指名求购的，却不包括那些"潜德幽光，稗官碑志，纪载出于史官之所不及知者。"从而失去了成一代之全史的条件。遗民作史是相当孤独的，虽有对明史身临其境的切肤之痛，却又不敢随意抒发，以免触犯时忌，却仍对那些有存史之志的士人有魂绕梦牵的期待。

如顾亭林晚年与友人书，虽承认自己行当进入暮年，却仍不忘检视明亡之痛，自称："弟老矣，自舞象之年，即已观史书，阅邸报，世间之事，何所不知。五十年来存亡得失之故，往来于胸中，每不能忘也。"⑭又称"夫史书之作，鉴往所以训今。"⑭他自己做《日知录》也是"意在拨乱涤污，法古用夏，启多闻于来学，待一治于后王。"⑭带有兴灭继绝的深意在。学者王源的父亲忧愤于清初纪载崇祯帝事迹的野史多有"诬罔"之词，自撰《崇祯遗录》一卷，目的是"聊备实录万一，庶流言邪说有以折其诬而后之修明史者有所考据焉。"⑭为崇祯帝正名由此也成为了遗民史学的一项志业。遗民还有借古史事迹发抒忧愤之情者，如李邺嗣（杲堂）做《西汉节义传论》，全祖望题辞中就道破了其影射时世的用意："斯仅为西汉人言之邪？呜呼！论其世以逆其志，斯其可为太息流泪者也。"⑭

钱牧斋曾描述自己的心境云："私心结檀，迴环忖度，海内如此其大也，本朝养士三百年如此其久也。鸿朗庄严，含章挺生，当有左、马、班、范之俦，征石室之遗文，访端门之逸典，勒成一书，用以上答九庙而下诏来兹者，倘不即死，于吾身亲见之，朝睹杀青，夕归黄壤，不致魂魄私恨无穷也。"⑭已到了不见故国信史即死难瞑目的境地了。当有人撰成私史时，牧斋不禁感叹说："遗民老史，扶杖辍耕，抚绛云之余灰，治蕉园之焚草，庶几可以少慰矣乎？"以至于到了"每与同人，盱衡叹息，望尘遥集，感愧交并"的地步。⑭甚至地方文献的搜求都暗含着赓续故国遗脉的使命。如朱鹤龄谈地方志的编纂目的就说："惟郡邑二志修之得人，则闻见真而网罗备，一方文献即国史权与，其事岂不重哉。又况丧乱以来，故家谱系日就销亡，人事迁移渐趋茫昧，及此时而大肆考求，使三百年之典故粲然明备，以佐异日良史之取裁，岂非吾党诸君子之责哉？"⑭

由于故国崩坏，文献离散播迁，故完整的国史编纂显然不可能由皇家设局组织进行，而多出遗民私人之手，私人撰史又多以野史的面目出现，故而引发了"国史"与"野史"价值的讨论。戴名世述论国史与野史的差异，就说："夫史之所藉以作者有二，曰国史也，曰野史也。国史者，出于载笔之臣，或铺张之太过，或隐讳而不详，其于群臣之功罪贤否、始终本末，颇多有所不尽，势不得不博征之于野史"。与之相反，"而野史者，或多徇其好恶，逞其私见，即或其中无他，而往往有伤于辞之不达，听之不聪，传之不审，一事而纪载不同，一人而褒贬有别。"⑮与戴氏同时的张杨园则对"官史""正史"的价值表示怀疑："本朝（明朝）可云无史。野史、家乘既不足信，国史存乎《实录》，《实录》者，饰虚之尤也。即如《高皇帝实录》，建文朝修之，永乐朝修之，其后又再修之，有所修必有所废，毋论好恶是非不得其实，其事之真伪，岂足信乎？即一朝而他朝可知已"。⑮

既然"国史""野史"都存在这样那样的缺陷，那么衡量"信史"的尺度又是什么呢？在戴名世看来，"信史"的书写主要取决于撰史者知人论世的能力。他举例说，由于历史记载"所见异辞，所闻异辞，所传闻异辞，吾将安所取正哉？"⑱名世引用《尚书》中的一句话："三人占，则从二人之言。"之后，说出了自己的看法："吾以为二人而正也，则吾从二人之言；二人而不正，则吾仍从一人之言。即其人皆正也，而其言亦未可尽从，夫亦惟论其世而已矣。"⑲也就是说，对历史判断的正确与否，不在于群体感觉和观念是否趋于一致，而在于撰史者个人对历史时势的感觉和辨析能力。特别是那些参与历史演变进程之中的撰史者对历史现场的感受和判断能力更显得至关重要。所谓"设其身以处其地，揣其情以度其变，此论世之说也。吾既论其人之世，又谙作野史者之世，彼其人何人乎？贤乎，否乎？其论是乎，非乎？其为局中者乎，其为局外者乎？其为得之逖德者乎？观其所论列之意，察其所予夺之故，证之他书，参之国史，虚其心以求之，平其情而论之，而其中有可从有不可从，又已得其十八九矣。"⑳

尤可注意者，知人论世往往只能发生在个体意识与感受过程之中，这绝非官史纂修所能企及的状态。如张杨园所论："夫居史职者，固多非其人，而又非得之耳闻目见，所见所闻者，又以避忌爱憎之私乱之，而又非成于一人之手，定于一时之论。虽使邱明复生，其将何以传信乎？"161杨园特别强调撰史者对历史过程的亲历经验，故史书成于一人之手才能真正做到洞察世情，把自己经历的史事透过自身的识见加以描绘，才不会因众说纷纭而出现偏差。

突出私人撰史中对历史事实的经验性之一面，固然与清初遗民史家大多经历过晚明历史动荡的年代，故而力求保存故国之史的特殊心态有关。同时也与晚明自由讲学风气蕴育出的士林行事风尚密切相关。晚明士林游学风尚尤重特立独行，相互攻错，故撰史亦为个人感想意念的自由发抒，而非群体分工刻板泥守的官学陈编。

戴名世有一段专言私人撰史与群聚修史的差别，说："为史者虽征文考献，方册杂陈，而执笔操简，发凡起例者，亦不过良史一人而已。而吾又怪夫后世之为史者，素不闻有博通诸史之学也，素未知有笔削之法也。分编共纂，人人而可以为之，一人去又一人来，往往一书未成，而已经数十百人之手，旷日逾时，而卒底于无成。"结果必然是："众拙工而治一器，众懦夫而治一军，器安得而不窳，军安得而不败哉？"他举例说，司马迁、班固、欧阳修是"大匠良将"，因为是私人撰史，而《新唐书》并非欧阳氏一手所定，质量就不能和《五代史》等量齐观，"则夫史氏非专家之学不可以称其任，此亦可以见矣。"⑫

方苞在《万季野墓表》一文中曾讲了一段万斯同的佚事。有一次万斯同与方苞交谈，讲到"私史"优于"官史"的好处时不禁感叹了起来，万斯同认为司马迁和班固才华绝代，又禀承父学，写出的历史自然会"事信而言文"，以后的专家之书，才力虽有所不及，却"犹未至如官修者之杂乱也。"他举例说，这就好比进入人家拜访，先要周知堂屋的结构，然后要察知其存储财产和礼俗秩序的基本情况，呆久了又可以洞悉全家男女老少的性格与气质，然后才可以有资格谈论治理家事。反过来观察"官史之史，仓促而成于众人，不暇择其材之宜与事之习，是犹招市人而与谋室中之事耳。"他勉励比他小数岁的方苞说："吾欲子之为此，非徒自惜其心力，吾恐众人分操割裂，使一代治乱贤奸之迹暗昧而不明。"⑯

私人治史固然难度很大，如牧斋所说："今以一人一时纲罗一代之事，既非端门服习之学，又无史局纂修之助。"但却有三个好处，治史者可以"果断以奋笔，采毫贬芥，不以党枯仇腐为嫌，此一善也。专勤以致志，年经月纬，不以头白汗青为解，二善也。介独以创始，发凡起例，不以断烂芜秽为累，此三善也。"⑯

然而私人撰史多蕴育于对故国历史的经验，故书写历史的动机虽以保存乡邦文献作为理由，笔尖却时时会流淌出悲愤、哀婉与眷念之情，历史观中也往往刻写的是故国遗老的感触，不时标识出与新朝相隔膜的旧朝身份，难免会引起清初帝王的疑惧，戴名世即因文字狱而罹祸，以至于民国时期有人在回顾这段旧案时不由会感叹清初文网凛冽肃杀之情势，说戴名世独以文字罹祸的原因是"岂非天下初定，文儒学士议论之向背足以移易世风，民情易荡而难靖。又见近者种族革命之说兴，而累世之基涣于一旦，则当时君相之必严惩之以遏其萌者，诚计深虑远，而有所不得已也。"⑯

私人撰史如果仅以保存故国文献为职，倒不具对新朝的致命威胁，但如果借撰史而抒发己意，在史料的择选中也隐含匡复旧朝之志，虽未必明言，但也极易犯忌。清初对旧朝的私人历史书写，往往打的是比较隐晦的"经世"旗号。"经世"一语虽看似中性，实则与具体的历史境遇常常相互吻合，或被赋予特定含义，须仔细辨析。万斯同谈"经世"之义时就说："夫吾之所为经世者，非因时补救如今所谓经济云尔也。将尽取古今经国之大猷，而一一详究其始末，斟酌其确当，定为一代之规模，使今日坐而言者，他日可以作而行耳。"⑯这段话说得虽稍显隐晦，但"经世"一意显然并非是为朝廷的经济之学作注脚。

再看戴名世的看法："夫史者，所以纪政治典章因革损益之故，与夫事之成败得失，人之邪正，用以彰善瘅恶，而为法诚于万世。是故圣人之经纶天下而不患其或敝者，惟有史以维之也。"⑯话里也包含着以史"经世"的意思，这些士人都是在明清鼎革之际谈"经世"，大多越不出借故国倾颓浇胸中之块垒的语境，"经世"虽可被广义理解为解读衰亡以警示当世的意思，其深意仍在于匡复明朝旧室。故其心迹总能勾勒出一条私人书写——"经世"抱负——匡复故国的轨迹。因此，私人撰史在鼎革之际就绝不被认为是一种单纯的个人怀旧行为，而是一种眷顾持守旧邦危命以捍卫汉家正统的姿态。

帝王对"私史"与"官史"之关系的认知变化

清初"私史"的短暂存活大致延续了明季野史发达盛行的余绪。明季万历以后，野史的流行几可和官史构成分庭抗礼之势。故明末士人认为明季历史编纂的自由程度远超于前代。温睿临做《南疆逸史》，就曾称万历以后的史书为"冗芜"，他述说野史盛行的原因是："以前此纂述尽出名手，而后之所本者不堪耳。朝廷议论是非，纷纭颠倒，无从取信，野史犹存直道焉。"⑯喻应益为谈迁《国榷》作序，就谈到："史失则求诸于野，则野史之不可已也久矣，殆亦天之所必存，以留是非之权于万世者也。三代而后，国家之盛，是非之明，未有隆比我明者，故野史之繁，亦未有多于今日者。"故把《国榷》看作是集野史之大成的"信史"。喻氏的头脑中有一个根深蒂固的观念，即是认为《春秋》就是"野史"，孔子作《春秋》乃是一种个人行为，与官方无关。他说《春秋》是"断以一人之论以成一家之言者"。而且断定"孔子之春秋，非鲁之春秋也。故官秩不隶于柱下，笔札不给于兰台，版册不藏于天府。"所以《春秋》就被当作了"野史之牺象也。"⑯

谈迁则在《国榷》序言中抨击明朝史馆日益官方化的趋势。他回顾说明初的史馆中还有布衣的一席之地，"其后非公车不敢望，又其后馆阁有专属，即公车之隽，或才如班范，未始以概进也。"他概叹道："噫！明之于功令断断甚矣，故史日益以偷，垂三百载而无敢以左足应者。"故他最终认为"天下事成于独而散于同，比比是也。"⑩表达的仍是对私人修史日渐沦落的遗憾。

在清初的一段时间内，"私史"发展仍有相当的空间，被认为可补官史之不足，故"私史"与"官史"似可并存。⑪康熙八年潘永圜作《读史津逮》四卷，史官李长祥作序称："国史之外有稗官野史矣，从未有其名矣，有其书矣，国史非学者之所得僭也。稗官野史可为也，故夫史之可为也。"即使潘永圜本人认为："稗乘野记汗牛充栋不可记数，致学古之士若涉大海，芒无津逮，及观诸家私所纂述，或资场屋，或备记问，各有所取，然非薄而寡要，即简而未赅，致使终年泛涉阅历，徒劳问津。"⑫但仍承认稗官野史在民间流通的合法性。

对待"私史"褒贬史实的得失，清初帝王的心态倒是有一个层次分明的变化，如康熙帝早已知晓编纂《明史》关系极大，必须达到"必使后人心服乃佳"的目的方才算成功。他意识到，宋元两朝之史失实甚多，所以"至今人心不服"，他对当时的历史书写状况也极为不满："今之史官，或执己见者有之，或据传闻者有之，或用稗史者亦有之，任意妄作，此书何能尽善？"强调采择"公论"的重要性。⑬

世宗雍正在其执政的第四年曾就查嗣廷和汪景祺案发表过一番对"私史"的看法："昔孔子作《春秋》，历代因之，各有史册，以垂法诫。今若容悖逆之人，颠倒是非，私行记载，则史册皆不足凭矣，岂非千古罪人乎？"⑭这段话有人认为是自有史学以来，帝王第一次公开否定私人纂史的言论，明白说明私人不可记当代之史。⑮

在对待稗官野史的撰写问题上，雍正帝的态度也日趋严厉，他说："人情厌常喜新，稗官野乘，好事者流，无端撰成一说，娓娓动听。按之皆子虚乌有，此其荒唐诞幻，无足论者。夫记言记事，国之大典，将以征信后世，乌可或忽？"⑯

由于雍正帝执政时间很短，故无暇具体过问史事纂修的具体细节。到了乾隆帝时期，情况又有变化。乾隆二十三年十二月御使汤先甲上奏称刑法宜为变通，折中称当衙门遇到"造作妖言，收藏野史"这类案件"宜坐以所犯罪名，不必视为大案极意搜罗，"意思是不要搞株连，使本案扩大化。乾隆帝的回答却丝毫没有宽容缓解的意思："即如收藏野史内法在必治者如《东明历》等书，不但邪言左道，煽惑愚民，且有肆行诋毁本朝之语，此而不谓之逆，则必如何而后谓之逆者？凡在食毛践土之人，自当见而发指而犹存迁就宽贷之意，必其人非本朝之臣子而后可，若其余书符卖药之流从来不在此论，初何尝一一丽于逆案耶？"⑰

乾隆帝对野史的态度显然与他对私史私论的控制日趋紧严有关。对于各种"官史"的纂修，乾隆帝不但不会象康熙帝那样摆出付诸于"公议"的姿态，反而公开强调最终的裁夺需集于帝王一身。比如对历史人物的评价标准问题，乾隆帝即绝不让"私史"中的私论置喙。乾隆三十年，弘历曾指斥国史馆所辑满汉大臣列传中的评价无以昭显是非。认为国史"所以传信公是公非，所关原不容毫厘假借，而瑕瑜并列，益足昭衡品之公，所谓据事直书而其人之贤否自见。若徒事铺张夸美，甚或略其所短暴其所长，则是有褒而无贬，又岂春秋华衮斧钺之义乎？"⑱

这段文字中屡次出现"公"字，表层的含义是据实而书，不得溢美，实则是收束"私论"以定鼎于一。如对索额图、明珠、徐乾学、高士奇诸人的评价，乾隆帝担心的是所谓"谀墓"现象的重现。故提醒说："此等若非官为立传，则世人毁誉任情，久益流传失实，且其载之家乘大率不外乎行状墓志，非其子若孙志在显亲，即其门下士工于谀墓，将必自撰私传，转至揄扬溢分，征实难凭。"强调的还是所谓"公言"与"私言"的对峙。即使对于这些未及详加确核的国史传记"其间秉笔之人或不无狥一时意见之私，抑扬出入难为定评。"故要求开馆重加辑修，不但要简派大臣为总裁，恭照实录所载及内阁红本所藏，据事排纂，而且最终要陆续呈阅，由乾隆"亲加核定，垂为信史。"⑰

也就是说，只有经由乾隆审定的史实，才是最为确凿和足以传世的。这与康熙帝付诸大臣"公议"，自身并不参与裁断的做法显然有了根本区别。

乾隆帝对历史人物中所流露的对清朝的不敬之辞犹为敏感，常亲历亲为地在谕旨中指点臣下史官如何品鉴和剔除这些有损天朝圣誉的文字。如他偶阅钱牧斋《初学集》《有学集》发现其中诋毁本朝之处不一而足，故得出结论说："夫钱谦益果终为明臣守死不变，即以笔墨腾谤，尚在情理之中。而伊既为本朝臣仆，岂得复以从前狂吠之语刊入集中，其意不过欲借以掩其失节之羞，尤为可鄙可耻。"⑱

对于像钱牧斋这样所谓举止首鼠两端的人物，乾隆不时加以贬斥，表面上是把史评建于"公论"的基础上，实际上是想通过贬抑私家史论，重建一种对本朝"忠义"的自觉意识结构。

重建"忠义"心理结构的一个关键步骤就是避免从敌对的立场上评价明末抗清的忠臣义士，而把这些人士的"忠义"理解为是一种普遍意义上的对君主的忠信，而非夷夏种族意义上的对汉人政权的忠心。这在乾隆中期以后发布的一系列有关历史书写的上谕中可以清楚地感受到这个变化。

乾隆三十一年谕旨就对晚明的历史书写有具体的指示意见。其文说："当国家戡定之初，于不顺命者自当斥之以伪，以一耳目而齐心志。今承平百有余年，纂辑一代国史，传信天下万世，一字所系，予夺攸分，必当衷于至是，以昭国法。即明末诸臣如黄道周、史可法等，在当时抗拒王师，固诛僇之所必及，今平情而论，诸人各为其主，节义究不容掩，朕方嘉予之，又岂可概以伪臣目之乎。总裁等承修国史，于明季事皆从贬，固本朝臣子立言之体，但此书皆朕亲加阅定，何必拘牵顾忌，漫无区别，不准于天理人情之至当乎。特明降谕旨，俾史馆诸臣，咸喻朕意，奉为准绳，用彰大中至正之道。"⑲乾隆四十年，乾隆帝亲谥史可法"忠正"，并于次年出版的《钦定胜朝殉节诸臣录》中，表示史可法"足称一代完人。"⑳

其实，早在顺治年间，世祖就曾注意安抚明末忠臣的家眷，据王源记载，"世祖定鼎之初，即访明之殉难诸臣，设坛致祭，隆以赠谥。"而像明末忠臣黄道周的妻子也没有遭到当地官员的骚扰，当时的地方官也"类能仰体朝廷培养忠义之心"，时时致礼于黄道周的妻子。故王源感叹道："吾观于古今兴亡之际，往往视敌国之忠义为仇，既杀其身，复荼毒其子孙，以为是抗吾者，皆吾贼也。不重戮之，则抗我者众，从我者少。不知帝王之兴自有天命，原非人力所能争，吾苟不仇敌国之忠义，天下之有人心者，孰不感激于忠义。吾诛敌国之叛乱，天下之怀贰心者，孰不悚然畏沮于叛乱。"㉑甚至广西有好事者上书要求修建崇祯死难诸臣的庙宇。㉒

在历史书写方面，清初士人对帝王的态度也似乎早有预感。温睿临写《南疆逸史》曾就如何掌握明末朝臣的评价尺度咨询过万斯同，他担心记载那些"抗逆颜行"或"伏尸都市"的明臣"似涉忌讳"。万斯同的回答是："国家兴废，何代无之，人各为其主，凡在兴朝，必不怒也，不得已而遂其志尔。故封阡表容，赠通祀阙，历代相沿，著为美谈。"他特意提到了顺治旌褒明末忠臣的往事，表示"褒与诛可并行也。且方开史局，时已奉有各种野史悉行送部，不必忌讳为嫌之令矣。"㉓万斯同展示的书生气般的乐观态度显然使他低估了清朝帝王对历史书写之要求的严酷性。

士人对历史褒贬权力的自觉舍弃

乾隆帝的谕旨中也常出现"法诫"一词，而且往往与秉公书写的旨趣联系在一起，如乾隆三十年谕旨中就说对于大小臣工的事迹"一秉至公，实可垂为法诫"。⑱又在编订《通鉴辑览》的谕旨中说"其中体制书法，皆朕亲加折衷，一本大公至正，可为法则。"⑱那意思是说，只要经过乾隆帝的订正，就自然会持论公允，作为公论的法则而确定了下来，以为万世的镜鉴。这里还可以比较一下康熙帝在阅史时的偶发心得，他在读宋朝历史时曾感慨："天下之大待理于一人，断宜读书明理，万几洞察于中，可以当前立决，自然权不下移。若中无定见，不得不委任臣下，渐致乾纲解驰，太阿旁落，鲜有不败者。"⑱可见对"公论""法诫"的衡定须集诸于帝王一身的想法在康熙帝时已现萌芽，至乾隆时即已定为书写历史不可更改的法则。如此一来，清初私家历史中兴亡绝续的历史意识和褒贬史论在帝王以"公论""法诫"为旗号的裁割约束下，被剿杀得支离破碎。即使是私家对历史的发言，也尽量少予褒贬之辞，以免触犯"公论"所厘定的标准。

钱大昕在《二十二史考异》序言中表示："更有空疏措大，辄以褒贬自任，强作聪明，妄生痕瘢不卟年代，不揆时势，强人以所难行，责人以所难受，陈义甚高，居心过刻，予尤不敢效也。"⑱

王鸣盛则更认为，读史者不必横生意见，驰骋议论，因为这样很容易触犯"法诫"，史家的职能"但当考其典制之实，俾数千百年建置沿革瞭如指掌，而或宜法或宜戒，待人自择焉可矣。"⑱这是一种考据家的史识史观，至于历史的判断问题，"其事迹则有美有恶，读史者亦不必强立文法，擅加与夺以为褒贬也。但当考其事迹之实，俾年经事纬，部居州次纪载之异同，见闻之离合，一一条析无疑，而若者可褒若者可贬，听诸天下之公论焉可矣。"⑱王鸣盛在帝王"法诫"规约下甚至流露出了些许的不自信，认为即使考证已趋详尽"而议论褒贬犹恐未当。"又把议论褒贬归于"虚"的一面，好像其价值要低于考据的实在："议论褒贬皆虚文耳，作史者之所纪录，读史者之所考核，总期于能得其实焉而已矣，外此又何求邪？"⑫所以"读史者不必以议论求法诫，而但当考其典制之实，不必以褒贬为与夺而但当考其典制之实亦犹是也，故曰同也。"⑱

言外之意，史论褒贬的"法诫"已非私人所能自定，而是须遵从帝王已定的"公论"。因此，撰史者的任务只是通过梳理典章制度和历史演进的源流，自然彰显出一种历史状态就算完成任务了。褒贬之事已非史家之职，就像读经一样，通过"正文字、辨音读、释训诂、通传注"，就会做到"义理自见，而道在其中矣"。⑭王鸣盛又举例说，如果一个人想要吃甜的东西，带着钱到处打听问能否卖给我"甜"，他肯定无法遂其所愿，可只要买到糖就自然尝到了甜的滋味，想尝到咸味的人也是一样。

最后王鸣盛还自贬其书说，自己其实无意著书，所写的书根本谈不上是"著作"。"不过出其读书校书之所得，标举之以贻后人，初未尝别出新意卓然自著为一书也。如所谓横生意见，驰骋议论以明法诫，与夫强立文法，擅加与夺褒贬，以笔削之权自命者，皆予之所不欲效尤者也。⑮

士人对褒贬权力的自动舍弃，其原因固然纷繁复杂，不易辨析。帝王对历史书写的规训无疑是一个制约因素，但帝王对士人悖逆心态的敏感及其随之生发的调控技巧亦发生着微妙的作用。因文字而获罪的方苞即对此深有感触。方苞因给戴名世的《南山集》作序而卷入到了文字狱之中遭到流放，后又蒙康熙帝召入南书房，协助校对御制乐律历算等书。雍正帝继位后获得赦免，其族人因牵连而发配入旗者也赦归原籍安置。方苞对此还是非常感激的，他在《两朝圣恩恭纪》一文中曾表达自己的心情说："皇上肆赦臣族，揆之圣祖迟疑矜恤之心，实相继承。顾臣何人？任此大德？自惟愚陋衰疾，欲效涓埃之报，其道靡由。"⑯

雍正元年，方苞蒙特恩归籍，第二年请假归葬，雍正三年抵京谢恩。他自己在《圣训恭纪》里详细记述了与雍正帝的一段对话。雍正对康熙帝处理《南山集》案的策略考虑有一个解释，这番解释主要是直接针对被牵连进去的方苞发言的，但却反映出的是清初帝王对待书写悖逆文字士人的基本态度。雍正帝对方苞说，你心里深深感激我是不用说的，我心里知道。我想告诉你的是，你以前获罪，内中是有隐情的，我得知你有隐情，所以宽贷了你。但我所原谅的是你的隐情，而先帝康熙所持有的是法度。康熙在未知你的隐情的情况下免去了你的大刑，还把你安置于内廷之内予以善待，是你受恩于先帝，而我的宽贷即是在此基础上才完成的。如果你要感戴我的恩德，却微微感到先帝康熙没有察觉你的隐情而心有积怨，不但对你的忠心有所亏损，也会妨害我孝心的表达。你如果感激我的恩德，就要加倍感激先帝的恩德，这样一来，你的忠诚就会昭然若见，我的孝道也得以完成。

听完雍正帝的这席话，方苞已是激动得"心折神竦"，哽咽无语，脑中模糊一片，只仿佛听到天外玉音。于是恭敬地记录下这段圣言："朕惟以大公之心，循道而行，无非继述先帝志事，汝老学当知此义。故明告汝，俾汝知朕心，俾天下咸知朕心。"⑨显然是借方苞之口宣示一种对士人的态度。方苞自然是心领神会，故自加发挥道："即兹所以训臣苞，使天下万世为臣子者闻之，皆将凛然于君父之大义，而兴于忠孝。所以矜恤臣苞者，使天下万世孤微厄穷之士闻之，莫不忱然于圣王之德意，而发其忠诚，岂非《中庸》所称'言而世为天下则'者乎！"⑩这段交往也不妨可当作士人自觉放弃历史书写褒贬权力之原因一解。

① 徐鼒：《小腆纪年附考》，中华书局，1957 年版，第 239 页。

② 《史记·李斯列传》

③ 《汉书·董仲舒传》

④⑤ 杨联陞：《国史探微》，新星出版社，2005 年版，第 30 – 42 页。

⑥ 钱穆：《读明初开国诸臣诗文集》《中国学术思想史论丛》（六），第 100 页。

⑦ 杨联陞：《国史探微》，新星出版社，2005 年版，第 34 页。

⑧ 《荷插丛谈》《中国野史集成续编》第 册，第 530 页，巴蜀书社，2000 年版。

⑨⑩ 《大义觉迷录》卷一、卷二。

⑪ 《大清一统志》《清高宗御制诗文全集》第十册，第 395 页。

⑫ 《平定准噶尔告成太学碑》《清高宗御制诗文全集》第十册，第 465 页。

⑬ 《钦定四库全书总目·史部五·纪事本末类》，中华书局，1997 年版，第 679 – 680 页。

⑭ 陈学霖：《欧阳修"正统论"新释》，参见《宋史论集》，台湾东大图书公司，1993 年版，第 145 页。

⑮ 同上，第 143 页。

⑯ 欧阳修：《原正统论》，饶宗颐：《中国史学上之正统论》，上海远东出版社，1996 年版，第 92 页。

⑰ 陈师道：《正统论》，《后山居士文集》（下），上海古籍出版社，1984 年版，第 445 – 446 页。

⑱⑲㉒ 欧阳修：《正统论上》，饶宗颐：《中国史学上之正统论》，第 99 页、第 100 页。

⑳ 参见陈芳明《宋代正统论的形成背景及其内容：从史学史的观点试探宋代史学之一》，《食货月刊》复刊 1 卷 8 期，1971 年。

㉑ 欧阳修：《正统论下》，饶宗颐：《中国史学上之正统论》，上海远东出版社，1996 年版，第 100 页。

㉓ 《正统论下》，同上引书，第 101 页。

㉔ 陈师道：《正统论》，《后山居士文集》（下），上海古籍出版社，1984 年版，第 445 – 446 页。

㉕ 《正统论下》，饶宗颐：《中国史学上之正统论》，第 100 页。

㉖ 《正统论下》，饶宗颐：《中国史学上之正统论》，第 101 页。

㉗ 苏轼：《后正统论三首·辨论二》，《中国历史上的正统观》，第 104 页。

㉘　司马光：《通鉴（论正闰）》，《通鉴》卷六九。《中国历史上的正统观》，第111页。

㉙　同上，第110页。

㉚　章学诚著、仓修良编注：《文史通议新编新注·文德》。浙江古籍出版社，2005年版，第136页。

㉛　《钦定四库全书总目》卷四五，"史部一，正史类一"，中华书局，1997年版，第622页。

㉜　张宗泰：《通鉴论正统闰统》，饶宗颐：《中国史学上之正统论》，第221页。

㉝　司马光：《通鉴（论正闰）》，《通鉴》卷六九。《中国历史上的正统观》，第111页。

㉞㉟　郑思肖：《心史·古今正统大论》，《四库禁毁丛刊》集部三〇，第68页。

㊱　全祖望：《心史题词》中曾引万季野语，怀疑《心史》乃是海盐姚叔祥所伪托，似仍嫌证据不足，其结论是"但不知叔祥何故造为是书，虽非真本，要属明室将亡之兆也已"，参见《全祖望集汇校集注》，上海古籍出版社，1999年版，第1440－1441页。今人钟焓则通过考证《心史》中的《大义略叙》，以《大义略叙》所记的若干细节与同其有关的非汉文史料和蒙古传说民俗相互参证，结果发现它们之间有不少尚未见于其它汉籍的共同内容。故评定至少《大义略叙》乃元朝文献。不可能出自明代遗民之手。参见钟焓《心史《大义略叙》成书年代考》，《中国史研究》2007年第一期。

㊲　《元史》卷一六一，《列传》第四十八。

㊳　张栻：《经世纪年序》《中国历史上的正统观》，第116页。

㊴　叶适：《纪年备遗序》，同上，第118页。

㊵　刘子健：《中国转向内在—两宋之际的文化内向》，江苏人民出版社，2002年版，第34页。

㊶　余英时：《朱熹的历史世界：宋代士大夫政治文化研究》，三联书店，2004年版，第183页。

㊷　同上，第187－193页。

㊸　梁启超：《论正统》，《梁启超史学论著四种》，岳麓书社，1985年版，第262页。

㊹　郑思肖：《心史·古今正统大论》，《四库禁毁丛刊》集部30，第69－70页。

㊺㊻㊼㊽　杨维桢：《正统辨》，载陶宗仪：《南村辍耕录》，中华书局，1959年版，第36页、第36页、第37页、第37页。

㊾　康大和：《宋史新编后序》，饶宗颐，《中国史学上之正统论》，第325页。

㊿　吕柟：《泾野子内篇》第八卷，中华书局，1992年版。

51　钱穆：《读明初开国诸臣诗文集》《中国学术思想史论丛》（六），第99页。

52　《全明文》第十七卷，上海古籍出版社，1992年版。

53　《全明文》第一卷，上海古籍出版社，1992年版。

54　叶盛：《水东日记》第二十四卷，《正统辨》，中华书局，1980年版，第238页。

55　同上，第239页。

56　宋讷：《西隐集》第七卷，《四库全书》本，转引自张兆裕：《明代的华夷之辨》，载《古史文存·明清卷（上）》，社会科学文献出版社，2004年版，第266页。

57　方孝孺：《释统中》，饶宗颐：《中国历史上的正统观》，第153页。查《逊志斋集》卷二。

58　章潢：《论周秦晋隋唐正统》，饶宗颐：《中国历史上的正统观》，第166页。

59　郑思肖：《心史》，《四库禁毁丛刊》集部三〇，第45页。

60　皇甫湜：《东晋元魏正闰论》，饶宗颐：《中国历史上的正统观》，第86页。

61　徐奋鹏：《古今正统辨》，同上引书，第160页。

62　胡翰：《正纪》，同上引书，第150页。

63 64　方孝孺：《释统上》，同上引书，第151页、第152页。

65　方孝孺：《释统中》，同上引书，第153页。

66 67　方孝孺：《后正统论》，同上引书。第155页、第155－156页。

68　章潢：《论宋元正统》，同上引书，第168页。

69　《读通鉴论》第976－977页。

70 71　杨慎：《广正统论》，同上引书，第161页、第162页。

⑫　丘浚:《世史正纲序》,同上引书,第 163 页。费闇曾更具体地重复了丘浚的意见:"世道之大者,其要有三:曰世、曰国、曰家。世主华夷,而言要必华内而夷外;国主君臣,而言要必君令而臣共;家主父子,而言要必父传而子继。"

⑬　同上,第 164 页。

⑭⑮⑯⑰　《读通鉴论》第 1127 页、1130 页、第 927 页、第 1014 页。

⑱　《日知录集释》卷七,《管仲不死子纠》,第 245 页。

⑲　钱穆:《中国学术思想史论丛》八,第 69 页。

⑳　《留书史》《黄宗羲全集》第十一册,第 12 页。

㉑　《古长城说》,《乾隆御制诗文全集》,第十册,中国人民大学出版社,1993 年版,第 340 页。

㉒　《西域同文志序》《乾隆御制诗文全集》,第十册,第 416 页。

㉓　《平定准噶尔告成太学碑文》,《乾隆御制诗文全集》,第十册,第 465 页。

㉔㉕　《大义觉迷录》卷一。

㉖㉝　《乾隆朝起居注册》,乾隆四十九年岁次甲辰秋七月初一日甲寅,第 34 册,广西师大出版社,2002 年版,第 314 – 315 页。

㉗㉘㉙　《命馆臣录存杨维桢正统辨谕》,《乾隆御制诗文全集》,第十册,第 636 页。

㉚㉛　《命皇子及军机大臣订正通鉴纲目续编谕》,《乾隆御制诗文全集》,第十册,第 643 页。

㉜　《命廷臣更议历代帝王庙祀典谕》,《乾隆御制诗文全集》,第十册,第 645 页。

㉞㉟　《日讲通鉴解义序》《康熙帝御制文集》卷三一,台湾学生书局,民国 55 年版,第 1093 页。

㊱　司马光《资治通鉴》卷六九,《魏纪一》,《文帝黄初二年》第五册,第 2187 页。

㊲　《日讲通鉴解义序》《康熙帝御制文集》卷三一。

㊳㊴　《御批资治通鉴纲目全书叙》《御制文集》卷二九。

㊵㊶　《通鉴纲目序》,《御制文集》卷三二,第 1097 页。

㊷　《御批资治通鉴》卷四,第 693 册,第 158 页。

㊸　《清会典事例·翰林院八·职掌》卷一〇五一,《纂修书史》三,第 529 页。

㊹　《御批资治通鉴纲目》,《尹起莘发明序》,台湾商务印书馆影印文渊阁《四库全书》,第 689 册,第 31 页。

㊺　《评鉴阐要》卷七,台湾商务印书馆影印文渊阁《四库全书》第 694 册,第 508 页。

㊻　朱熹:《御批资治通鉴纲目》卷首上,第 38 页,文渊阁四库全书本。

㊼　注释:方孝儒对两国交兵战事的性质曾有过相当细致的规定:"兵行曰讨、曰征、曰伐。施惠曰赦、曰大赦。施刑当罪曰诛、曰伏诛。违上兴兵曰反、曰作乱、曰犯、曰寇、曰侵。倍之者,曰叛。其邻国,其臣慢之者,必因事贬之;知尊正统者,虽微必进之。不幸而至于衰微,受制于强暴,或屈而臣之。强暴者,诚夷狄也,诚不可为正统民也,则盗贼之雄耳,必慎抑扬予夺之辨。其以兵侵也,曰入寇,而书其主之名。及其主之没也,特书曰死。其党之与谋,陈力得罪于正统者,虽功多皆书曰死,以著其罪,以绝其恶。得中国之地,其民有思中国而叛之者,曰起兵。得郡则曰取某郡。其诱正统之臣而曰诱,执曰执,杀曰杀,将相则名其主。正统之臣降于夷狄,则夷狄之。死不曰卒,而曰死。凡力能为正统之患者,灭亡则异文书之,以致喜之之意。正统乱亡,则详书而屡见之,以致惜之之意。"(方孝儒:《逊志斋集》卷二《释统》下。)

㊽　《晋主闻辽将南侵还东京目》,《评鉴阐要》卷七,文渊阁《四库全书》第 694 册,第 508 页。

㊾　《纳克楚侵辽东纲》,《评鉴阐要》卷一〇,文渊阁《四库全书》第 694 册,第 553 页。

㊿　《乾隆御批纲鉴》(即《御批历代通鉴辑览》)卷八二,黄山书社,2002 年版,第 4993 页。

⓫　《乾隆御批纲鉴》卷九二,第 5605 页。

⓬　《乾隆御批纲鉴》卷九三,第 5671 页。

⓭　《乾隆御批纲鉴》卷四六,第 2513 页。

⓮　《乾隆御批纲鉴》卷四六,第 2514 页。

⑪⑤　《乾隆御批纲鉴》卷四八，第 2669 页。

⑯　《乾隆御批纲鉴》卷九五，第 5838 页。

⑰　《乾隆御批纲鉴》卷九六，第 5869 页。

⑱　《乾隆御批纲鉴》卷八七，第 5235 页。

⑲　《乾隆御批纲鉴》卷九五，第 5810 页。

⑳　《乾隆御批纲鉴》卷一〇〇，第 6132 页。

㉑　《乾隆御批纲鉴》卷九九，第 6090 页。

㉒　《乾隆御批纲鉴》卷一〇一，第 6249 页。

㉓　《乾隆起居注》第 19 册，广西师大出版社，2002 年版，第 27 - 28 页。

㉔㉕　《清会典事例·翰林院六·职掌》卷一〇四九，纂修书史一，中华书局影印本，第 508 - 509 页。

㉖㉘　《清会典事例·翰林院八·职掌》卷一〇五一，纂修书史三，第 529 页。

㉗　《清会典事例·翰林院八·职掌》卷一〇五二，纂修书史二，第 519 页。

㉙㉚　《性理大全序》《康熙帝御制文集》卷一九，第 303 - 304 页。

㉛　《日讲四书解义序》，《御制诗文集》卷一九，第 306 页。

㉜　《书程颐论经筵札子后》《清高宗御制诗文全集》第十册，第 708 页。

㉝㉞　《修道之谓教论》《清高宗御制诗文全集》第一册，第 57 页。

㉟　《清高宗御制诗文全集》第一册，第 57 - 58 页。

㊱㊲㊳　《代潘学士答雷翠庭祭酒书》，袁枚：《小仓山房诗文集》，上海古籍出版社，1988 年版，第 1517 -
　　1518 页。

㊴　同上，第 1518 页。

㊵㊶　《策秀才五道》，袁枚：《小仓山房诗文集》，上海古籍出版社，1988 年版，第 1667 页。

㊷㊸　《与刘大山书》《戴名世集》，中华书局，1986 年版，第 11 页。

㊹㊺㊼　《与余生书》，《戴名世集》，第 3 页。

㊻　同上，第 2 页。

㊽　《答李紫澜》，《顾亭林诗文集》，中华书局，1959 年版，第 65 页。

㊾　《答徐甥公肃书》，《顾亭林诗文集》，第 138 页。

㊿　《与杨雪臣》，《顾亭林诗文集》，第 139 页。

151　《先府君行实》，《居业堂文集》卷一八，中华书局，1985 年版，第 291 页。

152　李邺嗣：《杲堂诗文集》，浙江古籍出版社，1988 年版，第 777 页。

153154　《答吴江吴赤溟书》，《钱牧斋全集》（二），上海古籍出版社，2003 年版，第 1367 页。

155　朱鹤龄：《愚庵小集》（下），上海古籍出版社，1979 年版，第 477 页。

156　《史论》，《戴名世集》，第 403 页。

157　《杨园先生全集》卷之二七，第 755 页。

158159160　《史论》，《戴名世集》，第 404 页。

161　《杨园先生全集》卷之二七，第 755 页。

162　《史论》，《戴名世集》，第 405 - 406 页。

163　《万季野墓表》《方苞集》（上），上海古籍出版社，1983 年版，第 334 页。

164　《少司空晋江何公国史名山藏序》《钱牧斋全集》（二），第 849 页。

165　马其昶：《南山集序》，《戴名世集》，第 463 页。

166　万斯同：《与从子贞一书》，杨向奎：《清儒学案新编》（一），齐鲁书社，1985 年版，第 214 - 215 页。

167　《史论》，《戴名世集》，第 405 页。

168　温睿临：《南疆逸史·凡例》，中华书局，1959 年版，第 8 - 9 页。

169　谈迁：《国榷》"喻应益序"，古籍出版社，1958 年版，第 4 页。

170　谈迁：《国榷·序》，第 5 页。

⑰ 关于清初私家修史的分析，可参阅阚红柳《清初私家修史研究——以史家群体为研究对象》，人民出版社，2008年版。

⑫ 《读史津逮》自序，第524页。《四库全书存目丛书》史部，第41册，齐鲁书社，1996年版。

⑬ 《清会典事例·翰林院六·职掌》卷一〇四九，纂修书史一，第508-509页。

⑭ 中国第一历史档案馆：《雍正朝起居注册》第一册，中华书局，1993年版，第866页，雍正四年十一月二十七日乙卯条。

⑮ 何冠彪：《清代前期君主对官私史学的影响》，《汉学研究》第16卷第1期，1998年6月，第155-184页。

⑯ 《谕科甲出身官员》，《世宗宪皇帝御制文集》，影印《四库全书》本，《集部》二三九，《别集类》卷三，第7上-10上页，第1300册，第46-48页。

⑰ 《乾隆朝起居注》第17册，广西师大出版社，2002年版，第552页。

⑱⑲ 《乾隆朝起居注》第24册，第313-314页。

⑳ 《乾隆朝起居注》第28册，第272页。

⑱ 《清会典事例》第一〇五〇卷，《翰林院七·职掌三·纂修书史二》，第515页。

⑫ 参见黄克武：《史可法与近代中国记忆与认同的变迁》，载王笛主编《新社会史三：时间 空间 书写》，浙江人民出版社，2006年版，第253页。

⑬ 《黄忠烈公年谱序》《居业堂文集》卷一二，第190页。

⑭ 参见《拟敕建崇祯死难诸臣庙记》，谢良琦：《醉白堂诗文集》，广西人民出版社，2001年版，第151-152页。

⑮ 温睿临：《南疆逸史·凡例》，中华书局，1959年版，第3页。

⑯ 《乾隆朝起居注》，第24册，第418页。

⑰ 《清会典事例》第一〇五〇卷，《翰林院七·职掌三·纂修书史二》，第519页。

⑱ 《御批续资治通鉴纲目》卷二一，文渊阁影印本《四库全书》第694册，第186页。

⑲ 《二十二史考异》，《续修四库全书》，第454册，上海古籍出版社影印本，第1页。

⑳㉑㉒ 王鸣盛：《十七史商榷·序》，《续修四库全书》，第454册，第137页。

㉓㉔㉕ 同上，第139页。

㉖㉗ 《方苞集》卷一八，上海古籍出版社，1983年版，第516页。

㉘ 《圣训恭纪》，《方苞集》卷一八，第517页。

胡惟庸党案再考

陈梧桐

（中央民族大学历史系教授）

一

胡惟庸党案是明初的一大要案。此案初发于洪武十二年（1379 年），翌年明太祖朱元璋以"谋危社稷"等罪名诛杀胡惟庸等人。洪武十九年（1386 年）将罪名升级为"通倭"，二十三年（1390 年）再升级为"通虏"和串通李善长谋反，又先后诛杀了李善长等一大批功臣宿将。整个案件持续十余年之久，诛杀三万余人，对明初的政治产生了重大的影响。

洪武十三年（1380 年）胡惟庸被诛杀时，朱元璋并未公布案犯的供状。直到洪武二十二年（1390 年）李善长被诛杀后，才命令翰林院官将案犯的供状辑成《昭示奸党录》三编，"冠以手诏数千言"[①]，陆续予以公布。后来，《诏示奸党录》佚失不存，仅在钱谦益《太祖实录辨证》、潘柽章《国史考异》诸书中录存个别段落，朱元璋洪武二十三年（庚午年）的手诏即所谓"庚午诏书"，也只在祝允明的《野记》中留下残篇，"首尾阙略，仅存其半"[②]。迫于严酷的专制统治，时人对此案大多未敢加以记载，即使有个别著述涉及此案，记述也极为简略，只扼要叙述案件的处理结果而未及具体的案情。例如，曾任朱元璋帐前黄旗先锋、后来长期担任下层军职的俞本，在永乐初年撰写的《纪事录》（今存明天启刻本易名为《明兴野记》）中，对胡惟庸党案的记述只有简短的两段文字：

> 是年（洪武十三年），……左丞相胡惟庸、右大夫陈宁，擅权坏法，俱伏诛于玄津桥，掘坑丈余，埋其尸，次日复出之，支解于市，纵犬食之。录其家资，以妻子分配军士，子弟悉斩之，连及内外文武官员数万人，凡十五年间党名始悉。减中书省，升六部，广都府，以十二行（省）改为承宣布政使司，改御史台为都察院，分为十二道，以（大）都督府改立左、右、中、前、后等军之名，以詹徽为都御史，所奏无不允者。上以应天府所属上元、江宁二县之民与胡惟庸为党，将男妇长幼悉屠之。[③]

> 是年（洪武二十五年）某月，……国老太师韩国公李善长为逆党事伏诛，妻女子弟七十余人口悉斩之，连及延安侯唐胜宗、吉安侯陆仲亨，俱令自缢。[④]

因此，时过境迁之后，整个案件的真实面貌变得模糊不清。许多史籍叙述胡惟庸党案，除根据当时遗留下来的一鳞半爪的记载，更多的是出于自己的主观臆测。这样，一家一种说法，就出现了许多互相牴牾的观点。比如，是谁最先告发胡惟庸，有云奇告变与涂节、商暠告变两种不同的说法。云奇告变之说，最早见于唐枢的《国琛集》，雷礼的《国朝列卿记》卷一《胡惟庸传》曾加以征引，其文曰：

> 太监云奇，南粤人。守西华门，迹胡惟庸第，刺知其谋逆。胡诳言所居升涌醴泉，请太祖往观。銮舆西出，云虑必与祸，急走冲跸，勒马衔言状。气方勃艴，舌骔不能达。太祖怒其犯，左右挝捶乱下。云垂毙，右臂将折，犹奋指贼臣第。太祖乃悟，登城眺顾，见其壮士披甲伏屏帷间数匝，亟返椶殿，罪人就擒。召奇则息绝矣。太祖追悼奇，赐赠葬，令有司春秋祀之。墓在南京太平门外，钟山西。⑤

而《明史》则涂节、商暠告变之说，谓：

> （洪武）十二年九月，古城来贡，惟庸等不以闻。中官山见之，入奏。帝怒，敕责省臣。惟庸及（汪）广洋顿首谢罪，而微委其咎于礼部，部臣又委之中书。帝益怒，尽囚诸臣，穷诘主者。未几，赐广洋死，广洋妾陈氏从死。帝询之，乃入官陈知县女也。大怒曰："没官妇女，止给功臣家，文臣何以得给？"乃敕法司取勘。于是惟庸及六部堂属咸当坐罪。明年正月，涂节遂上变，告惟庸。御史中丞商暠时谪为中书省吏，亦以惟庸阴事告。帝大怒，下廷臣更讯，词连宁、节。廷臣言："节本预谋，见事不成，始上变告，不可不诛。"乃诛惟庸、宁升及节。⑥

类似彼此相左的记载，不胜枚举，令人莫衷一是。

针对这种状况，明清以来的许多史学家，纷纷搜寻有关史料，进行细致的排比考订，力图廓清历史之迷雾，探明胡案之真相。明末清初的钱谦益、潘柽章，分别撰有《太祖实录辩证》、《国史考异》，都曾对胡案作过深入的考辨，做出过重大的贡献。如钱谦益通过考证，指出"云奇之事，国史（指《明实录》）野史，一无可考"，"国史于善长一狱，不胜舛误"⑦；潘柽章也确证，云奇之事是"凿空说鬼，有识者所不道"，"《实录》书李善长罪状，凡三变其说，前后各不相蒙"，实不足信⑧。1934 年 6 月，吴晗在《燕京学报》第 15 期发表的《胡惟庸党案考》，更将胡案的研究向前大大推进了一步。此文广泛吸收前人的研究成果，对搜集到的大量史料重新进行审核、甄别和考订，指出"云奇事件出于中人附会"，"所谓通倭通虏都是'莫须有'的事"，"《实录》纪李善长狱事，尤暧昧支离，使人一见即知其捏造"⑨。此文还指出，洪武年间兴起的几次大狱，都是出于明太祖"巩固君权"的需要⑩。后来，吴晗1962 年 11 月在中央高级党校举办明史讲座，又进一步指出，朱元璋与胡惟庸的矛盾"是君权与相权之间的矛盾"，胡案是这种矛盾全面爆发的产物⑪。1965 年 2 月出版的《朱元璋传》第4 版本，又重申了胡案为"皇权与相权"矛盾斗争产物的观点⑫。吴晗上述的这些论断有理有据，很有说服力，得到了明史学界大多数学者的认同。这是吴晗对胡案研究的一大贡献，应该给予充分的肯定。

但是，吴晗的翻案有点过头。《胡惟庸党案考》一文，不仅否定胡惟庸被诛后追加的通倭、通虏、串通李善长谋反的罪名，而且连他死前毒死刘基、贪污受贿、朋比为奸，特别是谋反的罪行也都一并推翻，把整个胡惟庸党案都说成是彻头彻尾的大冤狱。这却是有悖于历史事实，令人难以赞同的。有的学者根据吴晗此文的考证，进而认定"胡惟庸谋反的故事是编造的"⑬。这种说法，显然无助于彻底弄清胡案的真相，深入了解明初的历史，从而也无法对胡案的作用和影响作出全面客观的评价。因此，本文拟就吴晗的这部分考证文字再作一番新的考证，提出个人的一些看法。不当之处，祈请方家正之。

二

胡惟庸毒死刘基，事见《明史·刘基传》：

基在京病时，惟庸以医来，饮其药，有物积腹中如卷石。其后中丞涂节告惟庸逆谋，并谓其毒基致死云。⑭

但是，吴晗却说胡惟庸毒死刘基，系受朱元璋之命，罪责在朱元璋而非胡惟庸。《胡惟庸党案考》一文写道：

……胡惟庸之毒基，确受上命，所以刘基中毒后，虽质言情状，亦置不理。并且派人看他会不会死，直到确知他必定要死，方派人送他回家。我们看汪广洋之死是为涂节告发，胡惟庸之被罪，也和刘基死事牵连，但在宣布胡氏罪状时，却始终没有提起这事。由此可见"欲盖弥彰"，涂节之所以与胡惟庸骈戮东市，其故亦止在是。⑮

吴晗提出这些论断的依据是什么呢？他认定胡惟庸毒死刘基系受朱元璋之命，根据是《明史·胡惟庸传》的记载：

"御史中丞刘基亦尝言其（胡惟庸）短。久之基病，帝遣惟庸挟医视，遂以毒中之。"⑯但是，这段文字仅仅是说刘基病重时，朱元璋令胡惟庸带御医前往探视，并没有说朱元璋令其下毒。遍检其他史籍，也不见有类似记载。按这段文字前后的文义，显然是说，胡惟庸因刘基"尝言其短"，怀恨在心，遂乘朱元璋令其挟医往视之机，"以毒中之"。叫医生下毒的命令，并非出自朱元璋而是胡惟庸。

说"刘基中毒后，虽质言情状，（明太祖）亦置不理。并且派人看他会不会死，直到确知他必定要死，方派人送他回家"，吴晗的依据是黄柏生《故诚意伯刘公行状》的记载：

洪武八年正月，胡丞相以医来视疾，饮其药二服，有物积腹中如卷石，公遂白于上，上亦未之省也，自是疾遂笃。二月，上以公久不出，遣使问之，知其不能起也，特御制文一通，遣使驰驿，送公还乡，居家一月而薨。⑰

这里的"公遂白于上"，仅言刘基告诉朱元璋"胡丞相以医来视疾，饮其药二服，有物积腹中如卷石"，说的是服药后的状况，并未明言是胡惟庸叫医生故意给他下毒。"上亦未之省也"，这里的"省"字是省悟的意思，是说朱元璋听了刘基关于服药后病情恶化的诉说后，没有省悟到是胡惟庸令医生给他下毒的结果，而不是不予理会的意思。下文的"上以公久不出，遣使问之"，是说朱元璋因久不见刘基出门，遣使探视，问问他的病情，并没有看他会不会死的意思："知其不能起也……遣使……送公还乡"，是说朱元璋得知刘基病重，难以康复，便遣使送其还乡调养，也没有确知他必定死，方才派人送他回家的意思。

说"宣布胡氏罪状时，却始终没有提起这事（指毒死刘基事）"，依据的是胡惟庸被诛杀的第二大罪即洪武十三年（1380 年）正月初七日，朱元璋对文武百官宣布其罪状的那个谕词：

> （洪武十三年正月）己亥，胡惟庸等既伏诛，上谕文武百官曰："朕自临御以来，十有三年矣。中间简任大臣，期于辅弼，以臻至治。……岂意奸臣窃持国柄，枉法诬贤，操不轨之心，肆奸欺之蔽，嘉言结于众舌，朋比逞于群邪，蠹害政治，谋危社稷，譬陂防之将决，烈火之将然，有滔天燎原之势。赖神发其奸，皆就殄灭。⑱

这里列举的胡惟庸罪状，都是高度概括的大罪，没有细数其具体罪行。但一项高度概括的大罪往往是由几项具体罪行综合概括而成的。胡惟庸诬陷、毒死刘基的罪行（胡惟庸诬陷刘基的罪行容后细述），既可归入"窃持国柄，枉法诬贤"之罪，也可归入"蠹害政治，谋危社稷"之罪，不能因为朱元璋宣布的罪状没有具体到毒死刘基之事就把它排除在外。因此，朱元璋在其他场合，就曾提到过胡惟庸的这一罪行，如胡惟庸被诛后，朱元璋曾多次召见刘基次子刘璟，回忆自己同刘基的交往，说：

> ……后来胡家结党，他（刘基）吃他（胡惟庸）下了蛊（毒）。只见一日来和我说："上位，臣如今肚内一块硬结恒，谅着不好。"我派人送他回去，家里死了。后来宣得他儿来问，说道胀起来鼓鼓的，后来泻得鳖鳖的，却死了。这正是着了蛊。⑲

至于说涂节之所以与胡惟庸骈戮于市，是由于毒死刘基系受朱元璋之命，也与史实不符。《明太祖实录》对此有明确的记载：

> （洪武十二年正月）戊戌，群臣奏胡惟庸等罪，请诛之。于是，赐惟庸、陈宁死。又言："涂节本为惟庸谋主，见事不成，始上变告，不诛无以戒人臣之奸宄者。"乃并诛节，余党皆连坐。⑳

可见，吴晗否定胡惟庸毒死刘基之罪，把它推到朱元璋身上，都出于自己的主观臆测，是缺乏史料依据的。

毋庸讳言，朱元璋对刘基是有一个从信任、器重到怀疑、猜忌的过程。朱元璋初起之时，势孤力弱，亟需分化、瓦解敌对势力，以充实、壮大自己的实力，尤其是急需吸收一些见多识广的儒士来为他出谋划策，因此对来自敌对阵营的归附者都抱着欢迎态度，"不以前过为过"㉑。起义初期，朱元璋就记取李善长劝他效法刘邦"豁达大度，知人善任"㉒的建议，开始礼贤下士，网罗人才。龙凤二年（1356 年）攻占集庆改名为应天（今江苏南京）后，着手营建江南根据地，他宣布"贤人君子有能相从立功业者，吾礼用之"㉓，更是大张旗鼓地招引人才，尤其注意礼聘高层次的饱学之士。第二年十月，朱元璋亲率大军出征浙东，十二月攻占婺州，召见、聘用了许元、叶瓒玉、胡翰、吴沉、戴良、徐原、范祖干、王冕、叶仪、宋濂等一大批浙东儒士。朱元璋返回应天后，胡大海又于龙凤五年（1359 年）十一月，攻破处州，儒士叶琛出降，在青田老家隐居著述的刘基也被迫出见，胡大海将他们送往应天，推荐给朱元璋。朱元璋召见后，"出银碗、文绮赐之，而遣还金华"㉔。后来，处州总制孙炎向朱元璋举荐刘基、叶琛和章溢，朱元璋特遣宣使樊观"赍币礼征聘"㉕，叶琛和章溢前来应聘，但刘基不肯出山。刘基是江浙行省处州路青田县南田武阳村（今属浙江文成县南田镇岳梅乡武阳村）人，14 岁入郡学，博通经史，于书无所不窥，尤精象纬之学。至顺年间，他年方23，即高中进士，除高安县丞，有廉直声。行省辟为椽史，因与幕官论事不合，拂袖而去。起为江浙儒学副提举，"又以疾谢事"㉖。至正十一年（1351年）方国珍在海上起兵反元后，他参与庆元防务。继而调任江浙行省都事，助行省左丞招安方国珍。招安事毕，据黄柏生《故诚意伯刘公行状》载，刘基被元廷执政者"羁管"于绍兴㉗。至正十六年（1356年）复为行枢密院经历，与院判石抹宜孙守处州，以拒方国珍。而据杨讷的考证，刘基招安事毕，是因"盗起瓯括间"才"辟地之会稽"，后还守处州，则是为"谋括寇"即平息处州境内的民变的㉘。"处为郡，山谷联络，盗贼凭据险阻，辄窃发，不易平治。宜孙用基等谋，或捣以兵，或诱以计，未几皆歼殄无遗类"。㉙至正十八年（龙凤四年，1358年）十月，朱元璋亲率大军出征浙东，攻打兰溪，逼近婺州，石抹宜孙"遣胡深等将民兵数万往赴援，而亲率精锐为主殿。兵至婺，与大明兵甫接，即败绩而还"㉚。此后，两军对垒于樊岭、黄龙之间。作为石抹宜孙的幕下士，刘基参与了抵御朱元璋军队的策划。及至翌年春夏之间，他见时局已不可为，石抹宜孙的幕下客也多已散去，才弃官归田㉛。返回青田老家后，刘基反省过去，思考未来，著《郁离子》以明志，书中借郁离子之口表示："仆愿与公子讲尧、禹之道，论汤、武之事，宪伊、吕，师周、召，稽考先王之典，商度救时之政，明法度，肆礼乐，以待王者之兴。"㉜朱元璋派人往聘，刘基"自以仕元，耻为他人用"㉝，婉言谢绝。朱元璋再命孙炎派人去请，刘基回赠一把宝剑，还是不肯出山。孙炎"以为剑当献天子，斩不顺命者，人臣不敢私，封还之"㉞，并写了一封洋洋数千言的长信，反复说明厉害，非要他出来不可。陶安和另一浙东名士宋濂也分别赠诗劝说，刘基这才勉强出山。龙凤六年（1360年）三月，他奉命与宋濂、叶琛、章溢一起来到应天，暂住孔子庙学。他背负"仕元"的包袱而"不能无芥于心"㉟，处于忐忑不安的惶恐状态。但朱元璋却热情接待，说："我为天下屈四先生耳"，"卿等其留辅予矣"。并下令在自己住所两边筑礼贤馆以处之，宠礼甚至。刘基为朱元璋的谦恭下士态度所感动，即针对朱元璋"四海纷纷，何时定乎"的提问，"陈时策一十八款"㊱。通过接触与观察，朱元璋觉得刘基不仅才智突出，而且诚实可靠，遂将他留在身边，不担任具体职务，充当谋士顾问，"任以心膂，运筹帷幄"。朱元璋迷信星占方术，刘基精通象纬之学，常将一些深思熟虑的谋划，托诸神秘的启示，以适应朱元璋的心理需求，两人的关系日趋密切。朱元璋有事常找刘基商量，并要他"有至计，勿惜尽言"。"每召基，辄屏人密语移时"。刘基也"自谓不世遇，知无不言。遇急难，勇气奋发，计画立定，人莫能测。暇则敷陈王道。帝每恭己以听，常呼为老先生而不名，曰'吾子房也'。"㊲

　　但是，待到吴元年（1367年）灭张士诚，即将举兵北伐、推翻元朝、创建新朝之时，朱元璋便不再重用刘基了。因为此时天下即将易手，作为新王朝的开创者，朱元璋需要重新拾起"忠君"思想作为维护封建统治的思想武器。在他看来，刘基应聘之后，尽管效忠于自己，但他毕竟有过仕元的经历，不宜为臣民所效法。故在吴元年，便只命刘基为太史令，寻拜御史中丞兼太史令，不复充当谋士顾问。洪武元年（1368年）登基称帝，也只让刘基继续做御史中丞，洪武三年（1370年）七月兼任弘文馆学士。这些官职都没有什么大的实权，不能参与国家大事的决策，只能做些诸如卜宅相土、营建都城、清理狱囚、制定律令、编纂历书等具体工作。刘基"性刚嫉恶"，往时朱元璋对此尚可容忍，现在刘基未改其耿直的秉性，"与物多忤"㊳，不仅得罪一大批淮西勋贵，受到他们的排挤、陷害，而且也引起朱元璋的不满，受到他的猜忌、怀疑。洪武元年（1368年）八月，就发生了刘基因祈雨不应而还乡为民的事件：

　　　　京城自夏至秋不雨，有司祷求不应。太祖曰："在京法司及在外巡按御史、按察司冤枉人，以致天旱。"差人提问京畿巡按御史何士弘等，太祖命捆缚于马坊。又谕中书省、御史台及都督府言事。次日，御史中丞刘基言三事。一曰：出征阵亡、病故军妻数万，尽令寡妇营居住，阴气郁结；二曰：工役人死，暴露尸骸不收；三曰：张士诚投降头目不合充军。太祖曰："寡妇听其嫁人，不愿者送还乡里探亲，工役人释放宁家，投降头目免充军役。"旬日仍不雨，太祖怒曰："刘基还乡为民……"㊴

刘基要求停办的三件事，是朱元璋出的主意，或是由他批准施行的，这自然引起朱元璋的不快，但为求雨，又不得不批准执行。但停办之后，仍然不雨，朱元璋便将其削职为民，《明史》记为"帝怒。会基有妻丧，遂请告归。"㊵十一月底，朱元璋又将刘基召回京师，恢复御史中丞官职，并"赉赐甚厚，追赠公祖、父，爵皆永嘉郡公"㊶。洪武三年五月，李文忠率领明军攻占应昌，逐走元嗣君爱猷识理答腊。六月，捷报传至京师，百官相率拜贺，朱元璋却命礼部榜示："凡征元捷至，尝仕元者不许称贺。"㊷当年七八月间，便免去刘基的御史中丞之职，只任弘文馆学士，这又给刘基一个沉重的精神打击。但当年十一月大封功臣，朱元璋鉴于刘基"能识朕于初年，秉心坚贞，怀才助朕，屡献谋，驱驰多年，其先见之明，比之古人，不过如此"，还是封他为诚意伯，"食禄二百四十石，以给终身"㊸。刘基虽然已不再担任职事，但对朱元璋的封爵还是由衷地感恩，并继续关注大明的江山社稷。此时，根据朱元璋的诏令，在其家乡临濠（今安徽凤阳）的中都营建工程，正在紧锣密鼓地进行。洪武四年正月，当朱元璋令"作圜丘、方泽、日月社稷山川坛及太庙于临濠，上以画绣，欲都之"时，刘基仍从整个大明王朝的利益出发，表示反对："中都曼衍，非天子居也。"㊹洪武四年（1371年）二月，刘基因服下胡惟庸所派医生开的药方而病重，朱元璋将他送回老家调养，临行前还叮嘱朱元璋说："凤阳虽帝乡，非天子所居之地，虽已置中都，不宜居。"㊺所有这些，自然会引起朱元璋的猜忌和不满。洪武年间的礼科给事中陈汶辉，就曾在一个奏疏中指出：

> 今勋旧耆德咸思辞禄去位，而缁流憸夫乃益以馋间。如刘基、徐达之见猜，李善长、周德兴之被谤，视萧何、韩信，其危疑相去几何哉？㊻

不过，不管朱元璋如何怀疑猜忌，刘基自出山以来，在政治上一直对朱元璋忠诚不贰，恭谨有加，并为朱元璋夺取天下贡献许多计策，如劝说朱元璋脱离小明王自立、先图友谅后灭士诚、在应天以伏兵邀取友谅，在鄱阳湖激战后移师湖口击灭友谅以及随后攻取士诚、北伐中原、成就帝业，朱元璋依计而行，皆"略如基谋"㊼。而在经济上，刘基不贪不占，生活上也十分检点，没有什么出轨的行为。即使是在告老还乡后，刘基仍然十分谨慎，"惟饮酒弈棋，口不言功。邑令求见不得，微服为野人谒基。基方濯足，令从子引入茅舍，炊黍饭令。令告曰：'某青田知县也。'基惊起称民，谢去，终不复见"㊽。刘基固然有"仕元"的问题，但毕竟较早就省悟过来，之后又屡立大功，朱元璋虽然不再予以重用，却也没有将其置于死地的理由。江西临川人危素，至正元年（1341年）任元经筵检讨，后累官至礼部尚书、中书省参知政事，二十五年出为岭北等处行中书省左丞，不久弃官居房山。二十八年（洪武元年）闰七月，明军将抵燕，元顺帝北逃，淮王帖木儿不花监国，起之为翰林学士承旨。八月，明军进入大都，危素出降。洪武二年正月，应召至应天，被朱元璋授为翰林侍讲学士，次年兼弘文馆学士。过了一年，御史千著等劾奏危素为"亡国之臣，不宜列侍从"，朱元璋遂"诏谪居和州，守余阙（驻守安庆之元淮南行省左丞，至正十八年该城被陈友谅攻破，他自刭以殉元。朱元璋得安庆后，诏立庙祭祀，以彰其"忠"）庙[49]，并没有把他处死。刘基在元朝担任的官职比危素高得多，归附朱元璋早得多，功劳也大得多，朱元璋更没有理由将他置于死地。所以，朱元璋始终没有动过杀害刘基的念头。

胡惟庸对刘基则怀有刻骨的仇恨，非置之死地而后快。起因是刘基反对胡惟庸任相。洪武初年的中书左丞相李善长，因系朱元璋的大同乡，投奔朱元璋较早，"涉历艰难，勤劳薄书"。朱元璋称帝后，认为"我既为家主，善长当相我，盖川勋旧也"[50]。但李善长文化程度不高，"外宽和，内多忮刻"[51]，"有心计而无远识"[52]，并不是丞相的最佳人选。朱元璋曾萌生换相的念头，找刘基商量过此事。他提出中书右丞杨宪、陕西参政汪广洋和太常寺卿胡惟庸3个人选，征求刘基的意见。刘基说"宪有相才无相器"，汪广洋"褊浅殆甚于宪"，胡惟庸"譬之驾，惧其偾辕也"。朱元璋听后说："吾之相，诚无逾先生"。刘基当然知道自己有过"仕元"的污点，朱元璋绝对没有用他为相的可能，但他还是诚挚地加以推辞："臣疾恶太甚，又不耐繁剧，为之且孤上恩。天下何患无才，惟明主悉心求之，目前诸人诚未见其可也。"[53]刘基的这番讲话，彻底打消朱元璋换相的念头，也阻滞了胡惟庸的升迁之道。洪武四年（1371年）正月，李善长因病致仕，右丞相徐达正以大将军身份备边北平，不与省事，朱元璋才以汪广洋为右丞相，胡惟庸代汪广洋为左丞。洪武六年（1373年）正月，汪广洋因"无所建白"[54]，被贬为广东行省参政，朱元璋一时找不到合适的丞相人选，胡惟庸以左丞的身份独专中书省事。他使尽浑身解数，极力逢迎巴结朱元璋，"晨朝举止便辟，即上所问，能强记专对，少所遗，上遂大幸爱之"[55]，才于当年七月被擢升为右丞相，至洪武十年（1377年）九月升任左丞相。胡惟庸因此恨死了刘基，在独专省事之后，便命老吏诬告已退休的刘基与民争夺有"王气"：

> 初，公言于上："瓯括间有隙地曰谈洋，及抵福建界曰三魁，元末顽民负贩私盐，因挟方寇以致乱，累年民受其害，遗俗犹未革，宜设巡检司守之。"上从之。及设司，顽民以其地系私产，且属温州界，抗拒不服。适著洋逃军周广三反温、处，旧吏持府县事匿不以闻，公令长子琏赴京奏其事，径诣上前而不先白中书省。时胡惟庸为左丞，掌省事，因挟旧怨欲构陷公，乃使刑部尚书吴云林老吏讦公。乃谋以公欲求谈洋为墓地，民弗与，则建立司之策，以逐其家，庶几可动上听，遂为成案以奏。赖上素知公，置不问。省部又欲逮公子狱，上时已敕琏归，及奏，上曰："既归矣，免之。"公入朝，惟引咎自责而已。[56]

关于这个事件，祝允明《野记》的记载更详：

> 刘诚意屡白上，汪广洋不堪相，胡惟庸必乱政，上未见从。刘屡乞归，久而得请，且有密旨，令察其乡有利病于民社者潜入奏。括有谈洋，斥而不卤，豪酋数辈即为之场灶，私煮海贩利，聚为大寇，益肆劫掠。刘疏其事，请建巡检司其地而籍其酋为醢丁，令子尚宝琏上之。上纳其奏，遣琏归，将见施行。惟庸辈闻之怒，谓中外章牍悉由中书，刘虽勋旧，既已休闲，不应私有陈请，其安得不入政府而径彻宸览。言于上，请究其事，且请以琏付法司，上曰："朕已遣之矣。"海酋知之，相结为计，通于惟庸。走阙下言："刘某善相地，以此地踞山面海，有王气，搆图欲空民居，假以立公署而规攘为己有，则将居之，以当异符。且其地本不可为巡司。"上下之有司，惟庸等因请加以重辟，上不报。久之，为手书谕刘，历言古之君子保身之福，作孽之祸，及君臣相待之义，词甚详，末言念卿功，姑夺其禄而存其

爵。（先是，刘虽闲居，犹给禄。）刘得书即诣阙谢恩，讫，遂居京师不敢归。久，始求赐还，上已洞释前疑，从之。复手书慰之，语极尊隆，方以周公。刘归，未几而卒。[57]

胡惟庸借口刘基违反"中外章牍悉由中"的规定，使吏讦基，请加以重辟，非置之死地不可。但朱元璋心里明白，刘基绕过中书省臣奏事是根据他的密旨，故"置不问"，并没有要杀刘基的念头，后手书谕刘，"姑夺其禄而存其爵"。刘基被迫于洪武六年七月入朝谢罪，不敢再返回老家。胡惟庸心有不甘，升任右丞相之后，便于洪武八年正月趁刘基病重而朱元璋命其遣御医往视之机，暗中令御医给他下毒，使他中毒而亡。就连刘基的长子刘琏也不放过。刘基死后，出任江西行省参政的刘琏，即"为惟庸党所胁，堕井死"[58]。

杨讷的近著《刘基事迹考述》，认为刘基既不是朱元璋也不是胡惟庸毒死的。他援引宋濂的《恭题御赐文集后》一文，证明刘基离京前"并无异常症状"，"看不到刘基有中毒的迹象"，"只要不能确定刘基中毒，同样不能推断胡惟庸下毒"。他还从时间上进行推断，说："若是胡惟庸下毒，时间必在刘基离京之前，《行状》、《实录·刘基传》也讲胡惟庸下毒在正月。然而刘基到四月十六日才去世，如果真是中毒，如何尚能存活两个半月以上？"他的结论是，刘基"应属病故"[59]。但是，这个考证并不能令人信服。第一，先说刘基如果中毒何以能存活 70 多天的问题。众所周知，毒药有急性与慢性两大类型，急性毒药服下之后即刻发作，很快毙命；慢性毒药服后使人慢性中毒，在数日、数月甚至数年之后才发作毙命。胡惟庸及其派遣的御医当然懂得，如果给刘基开的处方掺入急性毒药，服后立即毙命，其毒杀刘基的阴谋不是很快就败露了吗？因此，他们便掺入慢性毒药，让刘基服后慢性中毒，拖段时间才发作而亡，而不致被人察觉。第二，刘基离京返家之前，并非"无异常症状"。刘基对朱元璋诉说"饮其药二服，有物积腹中"，就是一种异常症状。只不过这种症状初发时，在外表体貌上表现得不是那么明显，但也不是一点痕迹都没有。宋濂见过刘基后，说他"有霜露之疾"[60]，朱元璋给刘基的《御赐归老青田诏书》，说他"今也老病未笃"[61]，就是慢性中毒初始时的反应，只是由于他们不知道这是胡惟庸命医下毒所致，所以说是"霜露之疾"、"老病未笃"罢了。

事实证明，胡惟庸毒死刘基，既有明确的动机，又有具体的行动，如果没有发现新的史料，此案是难以推翻的。

三

吴晗否认胡惟庸有贪污受贿的罪行，依据是《高皇帝文集》卷一六《跋夏珪长江万里图》的记述，称："文中有指摘惟庸受赃语，不过尽他所能指摘的也不过是一幅不甚著名的图。"[62]但细读朱元璋的这篇跋文，我们无论如何也得不出吴晗的结论。

朱元璋的《跋夏珪长江万里图》，全文分为两部分。第二部分是跋文的重点，记述该图描绘的风景、艺术成就和跋文作者的观感。第一部分是引言，交代此图的来历，文谓：

> 洪武十三年春正月，奸臣胡惟庸权奸发露，令诸司捕左右小人，询情究源。良久，人报左相赃贪淫乱，甚非寡欲。朕谓来者曰："果何为实，以验赃贪？"对曰："前犯罪人某被迁，将起，其左相犹取本人山水图一轴，名曰夏珪《长江万里图》。"朕犹未信，试遣人取

以验。去不逾时而至。吁！微物尚然，受赃必矣。傍曰："乃夏珪之亲笔也。"⑥

这里交代夏珪的《长江万里图》，是左丞相胡惟庸从"前犯罪人某"手中勒索去，并从查抄的胡惟庸赃物中找到的。正如朱元璋所说："微物尚然，受赃必矣。"仅此一图，就足以证明胡惟庸的贪污受贿罪行。但此文是图跋，只交代该图的来历即可。它不是查抄胡惟庸赃物的清单，不可能也无必要详细罗列胡惟庸的全部赃物。因此，这篇跋文只能说明胡惟庸确有贪污受贿的罪行，而不能说明胡惟庸一生只贪污了"一幅不甚著名的图"。

其实，胡惟庸一生何尝只贪污了"一幅不甚著名的图"。他早年在地方上做官，手脚就不干净。胡惟庸是定远人，曾在元朝做过小官。龙凤元年（1355 年）在利州投奔朱元璋，任元帅府奏差，寻转宣使。龙凤二年（1357 年）除宁国主簿，寻升知县。龙凤十年（1364 年），迁吉安府通判。龙凤十二年（1366 年），擢湖广按察佥事⑥，整整做了 10 年的地方官。吴元年（1367 年），经大同乡、左相国李善长的推荐，擢升为太常少卿，寻转为太常寺卿，成为一名中央大员。据李善长家奴卢仆谦等人的揭发，为了报答李善长的推荐，"惟庸以黄金三百两谢之"⑥。而"据《昭示奸党录》所载招辞，有云龙凤年间，举荐惟庸为太常司丞，以银一千两、黄金三百两为谢者。此太师火者不花之招也"⑥。到洪武三年（1370 年），升任中书省参知政事，跨入权力中枢的门槛。

胡惟庸跨进中央机构、权力中枢门槛的关键筹码，是黄金 300 两（或白银 1000 两、黄金 300 两）的贿金，这可不是一个小数目。众所周知，朱元璋为明朝官吏制定的是低薪制。洪武四年（1371 年）正月，他命中书省与户部共同拟定并颁布的文武官员岁俸制度规定：

> 正一品九百石，从一品七百五十石；正二品六百石，从二品五百石；正三品四百石；从三品三百石；正四品二百七十石，从四品二百四十石；正五品一百八十石，从五品一百六十石；正六品一百石，从六品九十石；正七品八十石，从七品七十五石；正八品七十石，从八品六十五石；正九品八十石，从九品五十石。省、部、府、州、县、卫、所、台宪诸司官验数月支。其太常寺、钦天监、侍仪司、太医院等并各库司局官，量裁有差。⑥

《明史》的编纂者曾说："自古官俸之薄，未有若此者。"⑥而在明朝建立之前，由于战争频繁，经济凋敝，财政十分困难，国家根本发不出官俸，在攻占应天后，只得听从武官"开垦荒田，以为己业"，文官"拨与职田，召佃耕种，送纳子粒，以代俸禄"⑥。不论是武官垦荒作为己业的田地，还是文官所受的职田，都是雇佃耕种，收取田租充作俸禄，其数量一般是要少于洪武四年所定的俸禄标准的。吴元年（1367 年）之前，胡惟庸在地方任职，先是做了 7 年的正七品的知县，再做了二年的正六品的通判，而后做了一年的正五品的按察佥事，估计他从职田上收取的租米也就仅够维持一家人的温饱，而没有多少盈余。但他一下子却能拿出起码是 300 两的黄金向李善长行贿，说明他为官并不清廉，不是向百姓横征暴敛，就是贪污公帑，收受贿赂。否则，怎能拿得出这笔巨款？

独专省事特别是出任丞相之后，胡惟庸的贪欲更是恶性膨胀。大搞权钱交易，"大内货赂"。史载，他"私擢奏差胡懋为巡检，营其家事。由是四方奔竞之徒趋其门下，及诸武臣谀佞者多附之，遗金帛、名马、玩好，不可胜数。"⑦上述他收取某个罪犯的《长江万里图》，就是一个有力的佐证。明代史籍，说胡惟庸"憸而贪"⑦，一点也不冤枉。

四

吴晗承认胡惟庸有"树党"行为[72]，但又说"庚午诏书所指的'枉法朋比'，《明史》所记无事实可证"[73]。这种说法，从逻辑上讲，本身就自相矛盾。中国古代的"党"，不是指现在意义上的政党，而是指为了谋取私利而结合起来的小集团。既然是为谋私利而树党，必然要依附、勾结同类，排斥、打击异己，树党就与朋比紧密相连，故有朋党之称。而无原则的朋比，必然要越出法律的界限，出现枉法的行为，胡惟庸自然也不例外。

胡惟庸通过行贿手段调到太常寺后，对李善长感激不尽，"因相往来"[74]。他不仅将自己的侄女嫁给李善长侄子李佑，与之结为亲戚，作为自己向上爬的阶梯和保护伞，还极力帮助李善长打击非淮西籍大臣。当时，李善长为了维护自己的权势，正利用乡土、宗族关系，拉拢淮西勋贵，排挤非淮西籍大臣，营建以自己为核心的淮西帮派。洪武初年，山西阳曲人、中书左丞杨宪，与检校凌说、高见贤、夏煜一起，合力攻击李善长"无宰相才"，朱元璋也一度想换相，认为"杨宪可居在（相）位"。胡惟庸闻讯，急忙找李善长，"杨宪为相，我等淮人不得为大官矣"。要他设法加以阻止。后来，杨宪唆使侍御史刘炳劾奏汪广洋"不公不法"，李善长即劾奏杨宪"排陷大臣、放肆为奸"等事[75]。朱元璋令群臣按问。洪武三年（1370 年）七月，"宪辞伏，遂与炳等皆伏诛"[76]。

消除杨宪之后，李善长等淮西勋贵又把矛头指向浙东名士。浙东名士刘基、宋濂、叶琛、章溢等在朱元璋进军浙东时先后归附，他们都具备较高的文化素养，知兵识礼，富于谋略，为朱元璋扫灭群雄、创建大明王朝作出卓越的贡献，也引起淮西勋贵的忌恨。在明朝建立前，以武定天下，淮西将臣尚不觉得这些浙东文人的威胁，明朝建立后，要以文治天下，淮西勋贵不免感到恐慌，生怕满腹经纶的浙东名士会取自己而代之，成为朝廷依靠的重臣。而这批浙东名士之中，叶琛和胡深早在明朝建立前已殒于战阵，王祎又于洪武五年（1372 年）出使云南遇害，宋濂则为人小心谨慎，凡事与世无争，淮西勋贵便把矛头指向刘基。特别是李善长，更是非欲除之而后快。早在明朝建立之前，李善长就多次想加害刘基：

> （某日）上适以事责丞相李善长，宪使凌悦（说）因弹之。公（刘基）为上言："李公旧勋，且能辑和诸将。"上曰："是数欲害汝，汝乃为之地耶？汝之忠勋，足以任此。"公叩头曰："是如易柱，必须得大木然后可。若束小木为之，将速颠覆。以天下之广，宜求人才胜彼者。如臣驽钝，尤不可尔。"上怒遂解。[77]

洪武元年（1368 年）五月，朱元璋赴汴梁部署进兵大都事宜，命李善长与刘基留守应天。刘基以御史中丞之职，严惩李善长亲信李彬的贪纵犯法行为。李善长等人遂交相进谗，合力攻击刘基：

> 帝幸汴梁，基与左丞相善长居守。基谓宋、元宽纵失天下，今宜肃纪纲。令御史纠劾无所避，宿卫宦侍有过者，皆启皇太子置之法，人惮其严。中书省都事李彬坐贪纵抵罪，善长素暱之，请缓其狱。基不听，驰奏，报可。方祈雨，即斩之。由是与善长忤。帝归，诉基僇人坛壝下，不敬。诸怨基者亦交谮之。[78]

李善长等人的合力进谗，不免使朱元璋心生疑虑。接着就发生了前面提到的刘基求雨不应的事件，激怒了朱元璋，刘基因而被削职返乡，至十一月才被召还，恢复原职。不过，李善长在洪武三年（1370年）便病倒了，翌年正月致仕，最终也未能置刘基于死地。后来，胡惟庸独专省事，因刘基反对他任相而怀恨在心，便嗾使老吏讦基。此举虽使刘基失掉岁禄，但仍未能置刘基于死地。于是，在升任右丞相后，就趁刘基病重之机，暗中令御医下药毒死刘基，从而实现为自己和李善长清除宿敌的意愿。

如果说在李善长致仕之前，胡惟庸主要是投靠、巴结李善长，依仗李善长的扶持来扩大自己的权势的话，在李善长致仕之后，特别是自己独专省事乃至任相之后，胡惟庸则利用乡土关系，极力拉拢、巴结淮西将臣，结党营私，排斥异己，组成以自己为核心的小帮派。第一开国功臣徐达，就是他积极拉拢的对象：

> 胡惟庸为左丞相，恰而贪。以达元勋贵重，欲内奸。达恶之，反赂达阍者福寿，使为间以图达。福寿发之，达亦不问，惟时时为上言："惟庸不可过委，过委必败。"⑦

胡惟庸还极力拉拢因违法乱纪而遭到朱元璋惩处的淮西武将，如濠人陆仲亨、五河人费聚等：

> 吉安侯陆仲亨自陕西归，擅乘驿传。上怒责之，曰："中原兵燹之余，民始复业，籍户买马，艰苦甚矣。使皆效尔所为，民虽尽鬻子女，买马走递，不能给也。"责捕盗于代县。平凉侯费聚，尝命至苏州抚绥军民。聚不任事，唯嗜酒色。召还，责往西北招降达达，无功，上亦责之。二人惧。惟庸阴以权利胁诱二人，二人素憨勇，又见惟庸当朝，用事强盛，因与往来。久之益密。"⑧

淮西勋贵的核心骨干李善长，自然成为胡惟庸极力拉拢的重要对象。李善长在洪武二年（1370年）受封为韩国公，"时封公者，徐达、常遇春子茂、李文忠、冯胜、邓愈及善长六人，而善长位第一"⑧。封公受赏之后，他"既富贵极，意稍溢，上始微厌之"⑧，于洪武四年（1371年）病退。但朱元璋并未完全失去对他的信任。翌年李善长病愈，仍命其督建中都宫殿，洪武七年（1374年）复命督迁江南14万人至凤阳屯田，并擢其弟李存义为太仆寺丞，李存义子李伸、李佑为群牧所官。洪武九年（1376年），又将临安公主嫁给其子李祺，拜为驸马都尉，与其结为亲戚。虽然公主下嫁仅过一月，有人上告："善长狎宠自恣，陛下病不视朝几及旬，不问候。驸马都尉6日不朝，宣至殿前，又不引罪，大不敬。"⑧但朱元璋只削减李善长岁禄一千八百石，寻又命与李文忠总中书省、大都督府、御史台，同议军国重事，督建圜丘。由于李善长在明初政坛的重要地位和影响，胡惟庸久"谋欲善长为己用"，于洪武十年（1377年）九月将反谋密告其婿父李存义，让他阴说李善长参与，"善长中坐默然而不答"。过了10天，胡惟庸命其旧人杨文裕再去劝说李善长，"许以淮西地封王"，李善长说："这事九族皆灭"，没有应允。到十一月，胡惟庸又亲自往说李善长，李善长"犹趑趄未许"。洪武十二年（1379年）八月，李存义又再三往说，李善长乃云："我老了，你每等我死时自去做。"⑧李善长虽然最终没有参与谋反，但也没有告发其谋，这就埋下了洪武二十三年（1390年）牵连胡案被杀的祸根。

对一些非淮西籍的臣僚，胡惟庸也设法加以笼络，拉到自己一边。如湖广茶陵人陈宁，元末做过镇江小吏，后投奔朱元璋，累官至中书省参知政事，洪武二年（1370年）坐事出知苏州。

此人有些才气，但性特严酷。在苏州督征税粮，欲事速集，竟令左右烧铁烙人肌肤，人称"陈烙铁"。寻改任浙江行省参政，未行，经胡惟庸推荐，召为御史中丞。后升任右御史大夫、左御史大夫。及居宪台，益尚严酷。"上切责之，不改。其子孟麟，亦数以谏，宁怒，杖之数百至死。上深恶其不情，尝曰：'宁于其子如此，奚有于君父耶！'宁闻之惧，遂与惟庸通谋"⑥。陈宁从此成为胡惟庸帮派的一名核心骨干，并拉了同在御史台共事的中丞涂节入伙。又如江西金溪人吴伯宗，洪武四年（1371 年）廷试第一，授礼部员外郎，与学士宋讷等同修《大明日历》，当时"胡惟庸方用事，欲人附己。伯宗性刚直，不肯与之相降屈，惟庸衔之。八年，竟坐忤，惟庸中伤以事，谪居凤阳"。后来，吴伯宗上书论时政，"因言惟庸专恣不法，不宜独任以事，恐久为国患，辞甚剀切"。朱元璋得奏，"即召还，赐袭衣钞锭，奉使安南"⑥。

胡惟庸的同党，还有高邮名士汪广洋。钱谦益曾经指出：据《昭示奸党录》诸招，广洋实与惟庸合谋为逆，而上但以坐视兴废诛之。盖此时胡党初发，其同谋诸人，尚未一一著明也。⑥

潘柽章经考证也指出：余考（洪武十三年）正月癸卯诏云："丞相汪广洋、御史大夫陈宁昼夜淫昏，酣歌肆乐，各不率职，坐视废兴，以致胡惟庸私搆群小，贪缘为奸，因是发露，人各伏诛。以广洋与陈宁并称，则太祖之罪状广洋者至深切矣。而手敕但摘其佐朱文正、杨宪已往之过，绝不及惟庸事，岂狱词未具，不欲讼言耶？⑥

汪广洋为高邮人，元末举进士，流寓太平。朱元璋率部渡江，召为元帅府令史，江南行省提控。后历任行省都事、中书右司郎中、江西参政。洪武元年（1368 年），山东平，命理行省。当年十二月由山东行省参政召为中书省参政，翌年复出为陕西行省参政。"三年，丞相李善长病，上以中书无官，召广洋为左丞。时杨宪以山西参政先被召入为右丞，广洋至，宪恶其位轧己，每事多决不让，威福恣行。广洋畏之，常容默依违，不与较。宪犹不以为慊，欲逐去之，嗾侍御史刘炳等奏广洋奉母不如礼，以为不孝。上初未之知，因以敕切责，令还高邮。宪恐其后复入，又教炽奏迁之海南。上觉其奸，乃复召广洋还，宪坐是诛。冬十一月，进封广洋忠勤伯。四年，丞相李善长以老辞位，乃拜广洋为右丞相，以参政胡惟庸为左丞。广洋居位，庸庸无所建明。六年正月，以怠职迁广东行省参政。逾年，召为左御史大夫。十年，复拜右丞相。"⑥ 胡惟庸在洪武三年（1370 年）正月召任中书参政，翌年正月升任左丞，六年（1373 年）七月升任右丞相，十年（1377 年）九月再迁左丞相。汪广洋与胡惟庸在中书省多年共事，并多年同在相位，估计他是在这个时期受胡惟庸拉拢而成为其同党的。不过，由于《昭示奸党录》今已不存，我们已无法了解此中的详情。

胡惟庸枉法朋比、结党营私，上述事实都是明证。而这些事实，《明史》皆有记载。但吴晗却说：胡案是在"李善长狱后数年方发觉，此时当不能预为周纳"⑥。言外之意，胡惟庸枉法朋比、结党营私的这些罪证，都是在洪武二十三年（1390 年）李善长牵连进胡案被杀后数年方被发觉，不能作为洪武十三年（1380 年）胡惟庸党案的罪证，否则就成了"预为周纳"。但事实是，上述胡惟庸的诸桩罪证，大多是在胡案初发之时即被发觉，如胡惟庸勾结李善长、拉拢陈宁、贿徐达阍者以图达、诬陷乃至毒死刘基、发杨宪"奸状"致其被杀、以事谪吴伯宗于凤阳等。任何案件的审理，只要据以定性的关键罪证确凿，便可作出判决，而非等到其他类似的罪证全部凑齐不可，这是司法审判的一个常识问题。

五

吴晗还否定胡惟庸有谋反罪行。《胡惟庸党案考》一文，曾援引钱谦益《太祖实录辨证》卷三据《昭示奸党录》第三卷的供词概述胡惟庸谋反罪状的文字：自洪武八年以后，惟庸与诸公侯约日为变，殆无虚月。或候上早朝，则惟庸入内，诸公侯各守四门；或候上临幸，则惟庸扈从，诸公侯分守信地。皆听候惟庸调遣，期约举事。其间或以车驾不出而罢，或以宿卫严密不能举事而罢，皆惟庸密遣人麾散，约令再举。见于《昭示奸党三录》者，五年之中，朝会者无虑二百余。[91]

接着写道："考《太祖本纪》胡惟庸以洪武六年七月壬子任右丞相，十年九月辛丑改左。其时惟庸正被恩眷，得太祖信任。"说从洪武八年（1375 年）起胡惟庸就开始策划谋反，显然难以令人信服。因此，吴晗认为："据《奸党录》言，则不特《实录》所记惟庸诸谋叛动机为子虚，即明人诸家所言亦因此而失其立足点。"[92]

《胡惟庸党案考》一文，还否定促成胡惟庸决心起事谋反的动机。文中援引史籍的两种不同记载，一是《明史·胡惟庸传》转述《明太祖实录》卷一二九的记载：

> 会惟庸子驰马于市，坠死车下，惟庸杀挽车者。帝怒，命偿其死。惟庸请以金帛给其家，不许。惟庸惧，乃与御史大夫陈宁、中丞涂节等谋起事，阴告四方及武臣从己者。[93]

一是王世贞《胡惟庸》一文的记述：

> 会其家人为奸利事，道关榜辱关吏，吏奏之，上怒，杀家人，切责，丞相谢不知乃已。又以中书违慢，数诘问所由。惟庸惧，乃计曰："主上鱼肉勋旧臣，何有我耶！死等耳，宁先发，毋为人束，死寂寂。"[94]

然后写道："同样地是叙述同一事件，并且用同一笔法，但所叙的事却全不相符，一个说是惟庸子死，一个说是惟庸家人被诛。"[95]作者未明言何种说法正确，何种说法错误，或者两说皆错，但言外之意非常明确，那就是两说既然不相符合，就都不可信。因为紧接着，作者这样写道："根据当时的公私记载……在胡案初起时胡氏的罪状只是擅权植党"[96]，"我们找不出有'谋反'和'通倭''通虏'的具体记载，……到了洪武二十三年后胡惟庸的谋反便成铁案"[97]。意思是说，在洪武十二年（1379 年）九月胡惟庸被捕入狱直到第二年正月被杀，朱元璋并未给他加上谋反的罪名，后来编造所谓通倭、通虏和串通李善长谋反的罪状，直到洪武二十三年（1389 年）后才将胡惟庸的谋反弄成铁案。这样，胡惟庸的谋反罪，从动机到行动就都被一笔勾销了。如果再加上吴晗对胡惟庸毒死刘基、朋比为奸、贪污受贿等罪行的否认，胡惟庸党案也就成为彻头彻尾的大冤案，胡惟庸就成为百分之百的冤死鬼了。

但是，吴晗的这番考证，却存在许多明显的漏洞。第一，其所引钱谦益概述胡惟庸谋反罪状的话，出自《昭示奸党录》第三录。胡惟庸党案的《昭示奸党录》与后来蓝玉党案的《逆臣录》性质相同。吴晗在《朱元璋传》中说："胡案有《昭示奸党录》，蓝案有《逆臣录》，把用刑讯所得的口供和判案详细记录公布，让全国人都知道他们的'罪状'。"[98]这句话说对了一半，另一半却说错了。朱元璋为《逆臣录》所写的《御制逆臣录序》，谈到该书的内容及编撰目的时就讲得十分清楚："特敕翰林，将逆党情词辑录成书，刊布中外，以示同类，毋得再生异谋。"[99]书中只辑录刑讯案犯所得的口供，而未录载判案的经过和判决的结果。因此，我们遍检《逆臣录》和《太祖实录辨证》诸书录存的《昭示奸党录》个别段落，都尽是案犯的口供而未见有只字的判词。《昭示奸党录》既然同《逆臣录》一样，是案犯口供的汇编而不是司法机构的判决书，某个案犯的口供出现与事实不符甚至荒唐怪诞的现象，那是极为正常的。我们不能据此就推断"《实录》所记惟庸诸谋叛动机为子虚"，进而认定"明人诸家所言亦因此而失其立足点"。

第二，促成胡惟庸谋反的具体动机，明代史籍有惟庸子死与惟庸家人被诛两说，吴晗咬定这两个事件是"同一事件"，既然是同一事件却有两种说法，因而全不可信。但是，吴晗未能说明为何这两件事是同一件事，也就是说，促成胡惟庸谋反的只能是一件事而不能是两件事？他更未能论证这两件事是否存在？事实上，迄今为止，我们还未见到有哪位史学家找出确凿的史料否定这两件事的存在。既然如此，这两件事都可能成为胡惟庸谋反的导火索。诸多史籍在记述胡惟庸谋反时，由于各自掌握的史料不同，有的只提到这件事，有的只提到那件事，这是完全可以理解的。

第三，《胡惟庸党案考》一文，完全回避明代史籍中有关胡惟庸策划谋反的某些具体史实。如《明太祖实录》的如下记载：

> （吉安侯陆仲亨、平凉侯费聚）尝过惟庸家饮酒。酒酣，屏去左右，因言："吾等所为多不法，一旦事觉，如何？"二人惶惧，计无所出。惟庸乃告以己意，且令其在外收辑军马以俟。二人从之。又与陈宁坐省中，阅天下军马籍。令都督毛骧取卫士刘遇宝及亡命魏文进等为心膂，曰："吾有用尔也。"⑩

这段史料反映了胡惟庸策划谋反的某些具体情节。其中，胡惟庸与陈宁"坐省中，阅天下军马籍"尤值得注意。明初的军队册籍是归大都督府（洪武十三年正月析为五军都督府）掌握，其他衙门包括中书省都不能过问。史载："祖制五府军，外人不得预闻，惟掌印都督司其籍。前兵部尚书邝埜向恭顺侯吴某（即吴克忠）索名册稽考，吴按例上闻。邝惶惧疏谢"⑩。邝埜是在明英宗正统年间担任兵部尚书的，可见直到明前期，连主管军政的兵部尚书都不许查阅军队册籍。但胡惟庸居然将大都督府掌管的军队册籍弄到中书省衙门，与陈宁一起查阅。而查阅天下军马籍的目的，不正是为调动军马进行谋反作准备的吗？《胡惟庸党案考》一文，既然是专门考证胡案的真假问题，显然是不应回避如此重要的史料的。

此外，该文虽也征引某些反映胡惟庸"谋为不轨"的史料，但又极力遮掩其"谋为不轨"的罪行。如朱国桢辑《皇明大事记》载：

> （洪武二十八年）十一月，上谓翰林学士刘三吾等曰："朕自即位以来，累命儒臣历考旧章，自朝廷下至臣庶，冠婚丧祭之仪，服舍器用之制，各有等差，著为条格，俾知上下之分。而有奸臣胡惟庸等擅作威福，谋为不轨，僭用黄罗帐幔，饰以金龙凤纹。迩者逆贼蓝玉越礼犯分，床帐护膝，皆饰以金龙，又铸金爵为饮器，家奴至于数百，马坊廊房悉用九五间数。苏州府民顾常，亦用金造酒器，饰以珠玉宝石。僭乱如此，杀身亡家。"⑩

在明代，龙凤纹饰属皇帝专用，玄、黄、紫三色也为皇家专用，官吏军民的衣服、帐幔均不得使用。"凡帐幔，洪武元年，令并不许用赭黄龙纹"⑩。胡惟庸"僭用黄罗帐幔，饰以金龙凤纹"，联系到他后来的谋反，显然不是一般意义上的逾制僭侈问题，而是包藏政治野心的图谋不轨行为。但是，《胡惟庸党案考》一文在征引这段文字时，却轻描淡写地说："太祖和刘三吾的谈话中，胡惟庸的罪状，也不过只是擅作威福和僭侈"⑩。

第四，吴晗说胡案初起时，当时的公私记载没有通倭、通虏的罪状，这话符合实际；但说当时的公私记载没有谋反的罪状，却与史实不符。前面征引的朱元璋在诛杀胡惟庸次日向文武百官宣布的胡氏罪状中，就有"谋危社稷"四个字，"谋危社稷"指的就是谋反，属于不在常赦之列的十恶大罪之首。《大明律》卷一、卷十八，对"十恶"大罪中的谋反罪，都明确注明："谓谋危社稷"[⑩]。吴晗虽曾征引朱元璋的这段谕词[⑩]，遗憾的是他没有弄清"谋危社稷"一词在明代法律中的真正含义，却说找不出有谋反的具体记载。

透过明代史籍的一些零碎记载，人们可以看出，胡惟庸的谋反是既有动机也有策划，并有具体的行动，要想一笔抹煞，又谈何容易。

六

胡惟庸究竟是如何走上谋反之道的，胡案又是如何发生的呢？

胡惟庸是个私心极重，"恔而贪"的人物。他的贪欲，不仅止于对钱财的追求，更表现在对权力的追逐上，因为在阶级社会，权力可以转化为钱财，权力越大，钱财就越多。为了满足自己的贪欲，他什么奸邪卑劣的手段都使得出来，根本不顾忌道德和法律的底线。因此，当他踏进权力中枢的门槛，特别是独掌中书省事之后，经过多年的经营，利用乡土关系拉拢淮西勋旧，和门下的故旧僚佐结成一个小帮派，觉得羽翼已经丰满，政治野心便无限膨胀起来。不仅"专肆威福，生杀黜陟有不奏而行者。内外诸司封事入奏，惟庸先取视之，有病己者辄匿不闻"[⑩]，根本不把皇帝放在眼里；而且"僭用黄罗帐幔，饰以金龙凤纹"，公然觊觎皇帝的宝座。

胡惟庸的骄恣擅权，一意专行，直接损害到皇权的利益，这是朱元璋绝对不能容忍的。他的末日，很快也就到来了。

贫苦农民出身的朱元璋，原本也存在浓厚的乡土、宗族观念。起义期间，他主要依靠同自己有密切的乡里、宗族关系的淮西将臣打天下。明朝建立后，不仅给予淮西将臣大量封赏，使之成为王朝的新贵，还在洪武二年（1369年）九月下诏在其家乡营建中都，希望能和这些淮西勋贵一道衣锦还乡，共同巩固明王朝的统治。但是，在洪武八年（1375年）四月初，当中都的营建"功将告成"，朱元璋赶往中都准备"验工赏劳"时，却发生了营建工匠用"厌镇法"对繁重的工役发泄不满的事件。四月底，他返回南京，又得知刘基已在本月中旬去世的消息。朱元璋不禁想起刘基两次反对营建中都的意见，开始重新审视他所倚重的淮西勋贵和定都凤阳的决策。

朱元璋登基之后，在重用淮西勋贵的同时，也曾采取一系列措施，对他们严加防范。第一，在中书省和六部安插非淮西籍的官员，以监视、牵制淮西勋贵。如在中书省，曾任命非淮西籍的胡美、王溥、杨宪、汪广洋、丁玉、蔡哲、冯冕等出任平章政事、左右丞和参知政事，汪广洋还一度出任丞相，六部尚书更是以非淮西籍为主[⑩]。第二，制定各种礼制和法令，对淮西勋贵严加约束。如洪武五年六月作铁榜以诫公侯，明确规定：凡公侯之家，非奉特旨，不得私役官军，不得强占官民山场、湖泊、茶园、芦荡及金、银、铜场、铁冶，不得侵夺他人田地、房屋、孳畜，不得私托门下，影蔽差徭，不得接受诸人田土及朦胧投献物业，否则将受到严重的处罚，直到斩首[⑩]。第二，起用一批心腹亲信如高见贤、夏煜、杨宪等，充当检校，监视臣僚的各种活动。他们严密"察听在京大小衙门，官吏不公不法及风闻之事，无不奏闻太祖知之"[⑩]。

但是，这些措施对淮西勋贵并没有起到真正的约束作用。淮西勋贵往往自恃劳苦功高，又是皇帝的同乡，不仅极力排挤、打击非淮西籍的大臣，而且屡屡逾礼越制，肆无忌惮地追逐财富和权力。洪武二年（1369年）十二月，朱元璋在大赏平定中原及征南将士之功时，即曾批评右副将军冯胜在山西泽州之役中，"与平章杨璟妄分彼此，失陷十卒"；陕西平定后，大将军徐达和右副将军李文忠被调回京议功赏，命其代大将军权镇庆阳，总制各镇大军，他生怕自己得不到赏赐，竟然"擅自班师"，"时当隆冬"，"致十卒冻馁"[⑪]，并使元将扩廓帖木儿乘机"纵游骑掠平凉、巩昌北鄙人畜，入为边患"[⑫]。洪武三年（1370 年）十月，朱元璋大封功臣时，又狠狠批评了一些淮西大将的违法行为：

> 如御史大夫汤和，与朕同里，结发相从，屡建功劳，然嗜酒妄杀，不由法度；赵庸从平章李文忠取应昌，其功不细，而乃私其奴婢，废坏国法；廖永忠战鄱阳时，奋勇忘躯，与敌舟相拒，朕亲见之，可谓奇男子，然而使所善儒生窥朕意向，以徼封爵；佥都督郭子兴，不奉主将之命，不守纪律，虽有功劳，未足掩过。[⑬]

此后，类似的违法事件仍不时发生。在中都营建期间，淮西勋贵不仅加紧排斥、打击非淮西籍大臣，而且公然违反禁令为自己营建第宅。洪武五年（1372 年）朱元璋决定在中都为六公二十七侯建造第宅之前，武定侯郭英等人即私自役使营建中都的将士替自己建造私室，为此而遭到朱元璋的斥责："朕命军士往临濠造宫殿，汝等又役之为私室，岂保身兴家之道哉！"[⑭]后来，江夏侯周德兴也"恃帝故人，营第宅逾制"[⑮]。朱元璋因此受到很大的触动，意识到乡党并不都是忠诚可靠的，如果在凤阳建都，淮西勋贵利用家乡盘根错节的乡里、宗族关系扩张势力，势必对皇权构成严重的威胁。觉得刘基临去世前所叮嘱的"凤阳虽帝乡，非天子所居之地，虽已置中都，不宜居"，含义实在深刻。朱元璋于是决心抛弃乡土、宗族观念，在返回南京的当天，诏罢中都役作。当年九月，下诏改建南京的大内宫殿，彻底抛弃营建中都的计划。朱元璋从此未再返回凤阳老家，他的用人之策，也从倚重淮西勋贵逐步转向五湖四海。

与此同时，随着自己逐渐坐稳了龙椅，朱元璋又开始思谋如何改革国家机构，以强化封建专制中央集权的问题。洪武初年的政权体制基本袭自小明王的宋政权，而宋政权基本是仿照元朝的体制建立起来的。元朝的国家机构，在中央设中书省总理全国政务，最高长官中书令是一个名义上的虚衔，不常设。中书令下设右、左丞相（蒙古习俗尚右，右在左上）为实任丞相，"令缺，则总省事，佐天子，理万机"[⑯]。丞相之下设平章政事、右左丞、参知政事为副相。在地方设行中书省，作为中书省的分出机构。行中书省的建制与中书省的建制相仿，中书省设什么官职，行中书省也设什么官职，中书省统管全国的军政、民政、财政，行中书省则统管地方的军政、民政、财政，"凡钱粮、兵甲、屯种、漕运、军国重事，无不领之"[⑰]，号称"外政府"，职权极重。后期四处兵起，地方军政首领各自为战，往往擅权自专，不听朝廷指挥，形成分裂割据的局面。朱元璋是从小明王封授的江南等处行中书省平章政事起家的，他文檄用宋政权的龙凤纪年，"然事皆不禀其节制"[⑱]，行中书省俨然是个独立王国。这正好为朱元璋借助小明王旗号发展自己的势力提供了方便，所以他对这种体制颇为赞赏。但是，随着军事上不断取得进展，他又担心部下效而仿之，与自己闹独立。果其不然，在龙凤十年（1364 年）朱元璋称吴王前后，臣僚越礼犯分的事即时有发生，龙凤八年（1362 年）甚至发生淮西骁将邵荣的谋反事件，次年又发生另一淮西骁将谢再兴叛降张士诚的事件。这不仅引起朱元璋的警惕和忧虑，同时也使他认识到这种政权体制的弊端："元氏昏乱，纪纲不立，主荒臣专，威福下移，由是法度不行，人心涣散，遂至天下骚乱。"[⑲]不过，当时战事频繁，尚无暇进行改革。

洪武建国之后，臣僚特别是淮西勋贵违法乱纪的事件层出不穷，促使朱元璋进一步探究这种体制弊端的症结所在。洪武三年（1370 年）十二月，儒士严礼等上书言治道，朱元璋即曾就元朝的兴亡得失，与侍臣展开一场讨论：

> 上退朝御西阁，因览礼所上书，谓侍臣曰："汝等知古今，达事变，且言元氏之得天下
> 与所以失之故。"或言世祖君贤臣忠以得之，后世君暗臣谀以失之；或言世祖能用贤而得
> 之，后世不能用贤而失之；或言世祖好节俭而得之，后世尚奢侈而失之。上曰："汝等所
> 言，皆未得其要。夫元氏之有天下，固由世祖之雄武，而其亡也，由委任权臣，上下蒙蔽故
> 也。今礼所言'不得隔越中书奏事'，此正元之大弊。人君不能躬览庶政，故大臣得以专权
> 自恣。今创业之初，正当使下情通达于上，而犹欲效之，可乎？"⑫

在朱元璋看来，要实现天下大治，君主必须"躬览庶政"。所谓"躬览庶政"，顾名思义，即指
君主要临朝预政，亲自过问和处理国家大事。朱元璋认为，君主如不"躬览庶政"，大臣就会专
权自恣。不过，朱元璋所说的"躬览庶政"，还有更深一层的含义，即主张进一步扩张皇权，强
化专制的中央集权，地方集权于中央，中央集权于君主，以便君主能完全按自己的意志办事。

依照这个改革思路和方案，朱元璋首先着手地方行政机构的改革，以便消除地方割据的威
胁。洪武八年（1375 年）十月，将地方军事机构都卫改为都指挥使司，以长官都指挥使"掌一
方之军政，各率其卫所以隶于五府，而听于兵部"，"序衔布、按二司上"⑫。翌年六月，改行中
书省为承宣布政使司，以承宣布政使"掌一省之政，朝廷有德泽、禁令承流宣播，以下于有
司"⑫，即主管民政和财政。再加上"掌一省刑名按劾之事"⑫的提刑按察使司，原来的行中书省
职权便一分为三，互相制约，并各自向朝廷负责，集权于中央。

接着，朱元璋就着手谋划中央行政机构的改革。朱元璋认为，中书省的制度妨碍君主"躬
览庶政"，而丞相的设置更容易导致"大臣专恣"。他说："昔秦皇去封建，异三公，以天下诸国
合为郡县，朝廷设上、次二相，山纳君命，总理百僚。当是时，设法制度，皆非先圣先贤之道。
为此，设相之后，臣张君之威福，乱自秦起，宰相权重，指鹿为马。"⑫随着地方机构的改革，地
方的民政、财政、军政和司法监察大权集中到中央，中书省的权力因而扩大，胡惟庸更是"专
肆威福"，相权和皇权的矛盾更加尖锐。朱元璋于是又采取一系列措施来限制和削弱中书省的职
权。洪武九年（1376 年）闰九月，下令裁汰中书省的平章政事和参知政事，"惟李伯昇、王溥等
以平章政事奉朝请者仍其旧"⑫。这样，中书省只留下右丞相胡惟庸和右丞丁玉，而丁玉已在当
年正月率师至延安防边，到七月才返回京师，中书省实际上只留胡惟庸一人在唱独角戏。第二年
五月，又令李善长与亲甥李文忠共议军国重事，"凡中书省、都督府、御史台、悉总之，议事允
当，然后奏闻行之"⑫。六月，"诏军民言事者，实封达御前"，又"命政事启皇太子裁决奏
闻"⑫。至此，中书省的权力已受到极大削弱，君权得到了极大加强。九月，擢升胡惟庸为左丞
相，命汪广洋为右丞相，又将丁玉调任御史大夫，将中书省的佐理官吏全部调空。洪武十一年
（1378 年）三月，更告谕礼部："胡元之世，政专中书，凡事必先关报，然后奏闻。其君又多昏
蔽，是致民情不通，寻至大乱，深可为戒。"⑫随后即"命奏事毋关白中书省"⑫；彻底切断中书
省与中央六部及地方诸司的联系，使中书省变成一个空架子。下一步，朱元璋便准备选择适当时
机罢废中书省和丞相之职，躬览庶政，以消除大臣专恣的隐患。为了防止突然事件的发生，洪武
十二年（1379 年）七月，朱元璋还将李文忠从陕西调回京师，提督大都督府，以加强对军队的
控制。

胡惟庸把这一切都看在眼里，深感焦虑和不安。他知道，如果中书省被撤销，丞相的官职被
废除，自己多年的苦心经营都将尽付东流，自然不肯善罢甘休，遂与御史大夫陈宁、涂节等密谋

造反。不仅与陈宁在中书省偷阅"天下军马籍"，令陆仲亨、费聚"在外收辑军马以俟"，令毛骧"取卫士刘遇宝及亡命之徒魏文进等为心膂"，而且力图把李善长也拉下水，同他一起谋反。不久，"会其家人为奸吏事，道关榜辱关吏"，被关吏告了一状，朱元璋大怒，下令杀此家人，并切责胡惟庸。他"谢不知乃已"，侥幸地逃过了一劫。紧接着，胡惟庸的儿子在市街上策马狂奔，撞到一辆大车上，身受重伤，不治而亡。胡惟庸一怒之下，杀了马车夫。朱元璋更是怒不可遏，要他偿命。胡惟庸这才感到大祸临头，决定派人"阴告四方及武臣从己者"，准备起事谋反。

胡惟庸的阴谋正在紧锣密鼓地进行。不料，洪武十二年（1379年）九月二十五日，占城国王阿答阿者派使者阳须文旦朝贡至京，中书省未及时引见，被值门内使告发⑬。朱元璋敕责省臣，胡惟庸和汪广洋等叩头谢罪，而"微委其咎于礼部，部臣又委之中书"。朱元璋益怒，"尽囚诸臣，穷诘主者"⑬，胡惟庸、汪广洋等皆下狱，严加追查。十二月，御史中丞涂节告发胡惟庸毒死刘基之事，并说"广洋宜知其状"。朱元璋审问汪广洋，汪广洋答以"无之"⑬，被贬谪海南。舟次太平，朱元璋又追究其往昔当江西行省参政时曲庇朱文正、后又未曾献一谋划进一贤才，未能揭发杨宪的罪责，"特赐敕以刑之"，"以归冥冥"⑬。汪广洋被杀后，他的小妾跟着自杀，朱元璋查明此妾是被籍没入官的陈姓知县的女儿，大怒曰："凡没官妇人女子，止配功臣为奴，不曾与文官。"遂"出胡惟庸等并六部官擅自分给，皆处以重罪"⑬。翌年正月初二，涂节料想胡惟庸必死无疑，便告发了胡惟庸与陈宁谋划造反的事。差不多与此同时，被贬为中书省吏的御史中丞商暠，也做了类似的揭发。经过一番审讯，正月初六，朱元璋"赐惟庸、陈宁死"。廷臣认为"涂节本为惟庸谋主，见事不成，始上变告，不诛无以戒人臣之奸宄者"，于是"乃并诛节，余党皆连坐"⑬。应大府所属上元、江宁两县，许多豪强地主被指为胡党，也遭到屠戮。翌日，朱元璋召集文武百官，公布胡惟庸"谋危社稷"等罪状，并宣布其改革中央机构的决定："朕欲革去中书省、升六部，仿六卿之制，俾之各司所事；更置五军都督府，以分领军卫。如此，则权不专于一司，事不留于壅蔽。"⑬通过这番改革，朱元璋将全国军政人权都集中到自己手里，由自己直接管理国家大事。从此，"勋臣不与政事"⑬，淮西勋贵除继续领兵征战者外，一般不再担任行政职务。

七

胡惟庸虽已被诛，但胡案并未就此结束。此后，朱元璋便以胡案为武器，抓住一些大臣的违法事件，搞扩大化，对淮西勋贵及其子弟继续展开诛杀，借以清除其心目中的异己分子，以保障自己的"躬览庶政"。

日本的倭寇自元代开始侵扰我国沿海地区，元末明初"乘中国未定"之机，"率以零服寇掠沿海"⑬。明廷多次遣使赴日交涉，均无结果，倭寇的骚扰有增无减。洪武十九年（1386年）十月，朱元璋又给胡惟庸加上通倭的罪名，说他曾令明州卫指挥林贤前往日本，借日本精兵助其谋反⑬。蒙古是明朝的劲敌，后来朱元璋又给胡惟庸加上通逆的罪名，说他曾派封绩前往漠北，请北元发兵呼应其逆谋。后来，胡惟庸伏诛，封绩不敢回来。"二十一年，蓝玉征沙漠，获封绩，善长不以奏。至二十三年五月，事发，捕绩下吏，讯得其状，逆谋益大著"⑭。最后，朱元璋还给胡惟庸加上勾结李善长谋反的罪名。洪武十三年（1380年）胡案初发时，李善长并未受到触动，当年五月还受命理御史台事。洪武十八年（1385年）有人告发李善长弟李存义父子"实惟庸党者"，诏免死，安置崇明。"善长不谢，帝衔之"[141]。到洪武二十三年（1390 年），李善长年已七十有七，却"耆不能检饬其下"，尝欲营建第宅，向信国公汤和"假卫三百人役"，汤和攘臂曰："太师敢擅发兵耶？"并"密以闻"[142]。四月，京民有坐罪应徙边者，李善长又奏请免其两个姐姐及私亲丁斌。朱元璋大怒，下令逮捕丁斌，严加审讯。丁斌供出李存义父子往时交通胡惟庸之事。李存义及其子李伸，他弟弟李存贤及其子李仁皆遭逮捕，他们的供词又牵涉到李善长。闰四月，李善长及其家人全被下狱，他的家奴卢仆谦等人又供出其"与惟庸往来状"[143]。五月，"会有言星变，其占当移人臣"[144]，朱元璋遂以"心谋不轨，党比胡、陈"的罪名[145]，将李善长赐死，他的妻女子弟并家人 70 余人口悉皆斩杀，家产全部抄没，"籍入六万金"[146]。吉安侯陆仲亨、延安侯唐胜宗、平凉侯费聚、南雄侯赵庸、荥阳侯郑遇春、宜春侯黄彬、河南侯陆聚等，皆同时坐胡党被杀，连已故杨璟、顾时等若干淮西武将，也追坐胡党，革除爵位。随后，命刑部尚书杨靖"备条乱臣情词"，辑为《昭示奸党》诸录，"次第刊布"[147]，算是为胡案划上一个句号。

胡惟庸被诛后，朱元璋所追加的通倭、通虏及串通李善长谋反诸罪的具体情节，史籍的记载，包括《昭示奸党录》列举的案犯供状，往往彼此抵牾，漏洞百出。王世贞、钱谦益、潘柽章以及吴晗等诸多学者，经过认真仔细的考订，证明它们都属于向壁虚构，并不足信，此不复赘。然而，李善长何以会被牵连到胡案之中而遭诛杀，却仍有值得探讨之处。

李善长被诛的次年，御史解缙代虞部郎中千国用起草一封上疏，为之喊冤。疏曰：

> 窃见太师李善长与陛下同一心，出万死以得天下，为勋臣第一，生封公，死封手，男尚公主，亲戚皆被荣宠，人臣之分极矣，志愿亦已定矣，天下之富贵无以复加矣。若谓其自图不轨尚未可知，而今谓其欲佐胡惟庸者，揆事之理，人谬不然矣。人情之爱其子，必甚于爱其兄弟之子，安享万全之富贵者，岂肯侥幸万一之富贵哉？虽至病狂，亦不为矣。善长于胡惟庸则侄之亲耳，于陛下则子之亲也，岂旨舍其子而从其侄哉？使善长佐胡惟庸成事，亦不过勋臣第一而已矣，太师、国公、封千而已矣，尚主纳妃而已矣，岂复有加于今日之富贵者乎？且善长岂不知天命之不可幸求，取天下于百战而难危也哉？当元之季，欲为此者何限，莫不身为齑粉，世绝官污，仅保守（首）领者几人哉？此善长之所熟见也，且人之年迈，摧颓精神，意虑鼓舞倦矣，偷安苟容则善长有之，曾谓有血气之强暴动感其中也哉？又其子事陛下，托骨肉至亲，无纤芥之嫌，何得忽有深仇急变，人不得已之谋哉？凡为此者，必有深仇急变，大不得已，而后父子之间或至相挟，以求脱祸图全耳。未有平居晏然，都无形迹，而忽起此谋者也，此理之所必无也。若谓大象告变，大臣当灾，则杀人以应大象，大岂上天之欲哉？今不幸以火刑而臣恳恻为明之，犹愿陛下作戒于将来也。天下孰不曰：功如李善长又何如哉？臣恐四方之解体也。"[148]

史载，"太祖得书，竟亦不罪也"[149]。不过，潘柽章却认为：《昭示奸党录》凡三录，冠以手诏数千言，乃二十二年命刑部播告天下者，而《实录》不载，所述善长往来情词，约略诸招，不免脱误。即解学十讼冤疏草，亦似未究爱门者。[150]潘柽章所说的"解学十讼冤疏草，亦似未究爱书者"是什么意思呢？要弄清这个问题，还得从《明太祖实录》记述善长与胡惟庸往来情词的脱误说起。《明太祖实录》载：

> 太仆寺丞李存义者，善长之弟，惟庸之娟父也，以亲故往来惟庸家。惟庸令存义阴说善长同起，善长惊曰："尔言何为者，若尔，九族皆灭。"存义惧而去，往告惟庸。惟庸知善

长素贪，可以利动。后十余日，又令存义以告善长，且言："事若成，当以淮西地封公为王。"善长虽有才能，然本文史，计深巧，虽佯惊不许，然心颇以为然，又见以淮西之地王已，终不失富贵，且欲居中观望，为子孙后计，乃叹息起曰："吾老矣，由尔等所为。"存义还告，惟庸喜，因过善长。善长延入，惟庸西面坐，善长东面坐，屏左右款语良久，人不得闻，但遥见颔首而已。惟庸欣然就辞出。⑩

钱谦益经考订指出，胡惟庸派去说李善长，许以淮西地封王者为"善长故人杨文裕"而非李存义"⑩；说胡惟庸面见李善长，"款语良久，人不得闻，但遥见颔首而已"，"盖用太史公淮阴诸传之法，可谓妙于揣摩矣。以言乎实录，则犹有间也，并不足信"⑩。他还将实录与朱元璋的手诏和《昭示奸党录》的供状进行比对，指出：

> 手诏之罪善长曰："李四（即李存义）以变事密告，善长中坐默然而不答。又十日，弟仍告之，方乃有言。皆小吏之机，狐疑其事。以致胡、陈知其意，首臣既此，所以肆谋奸宄。"善长自招，一云："寻思难答应。"一云："这事九族皆灭。"一云："我老了，你每等我死时自去做。"皆徘回顾望，一无坚决之语。其所云："这件事若举，恐累家里人口；这事急切也做不成。"以此含糊不举。此则其本情也。惟庸反谋已久，谋欲善长为己用，兄弟子侄，宾客朋旧，下及僮仆厮养，举皆入其彀中。善长婚姻谊重，目瞪口呿，宛转受其笼络而不能自拔，卒委身以殉之。以霍子孟（霍光字子孟）之忠，明知显（霍光妻）之邪谋，欲自发举，不忍犹与，以酿身后之祸。而况可责之于善长乎？坐此族灭，岂为不幸哉？⑭

《明太祖实录》记述李善长与胡惟庸往来情词脱误的情况，潘柽章所说"解学士讼冤疏草，亦似未究爱书者"的含义，也就清楚了，即批评解缙由于没有仔细阅读《昭示奸党录》，其讼冤疏状一味为李善长的被诛叫屈，却忽略了李善长虽未参与胡惟庸的谋反却也没有揭发的事实，而这则是作为一名朝廷重臣所不许可的行为。

钱谦益认为，李善长之所以没有举报胡惟庸的谋反，原因是其侄子李佑娶了胡惟庸的侄女，"婚姻谊重，家门虑深"，故而"宛转受其笼络而不能自拔"。但是，要论婚姻情谊，李善长的儿子李祺娶了朱元璋的长女临安公主，不是比同胡惟庸的关系更深更重吗？其实，李善长没有举报胡惟庸的谋反，另有更为深刻的原因在。李善长原是个乡间小知识分子，虽"少读书"，但也只是"粗持文墨"而已⑮，并没有什么高超的文韬武略。在朱元璋起义的前期，他"为参谋，预机画，主馈饷"⑯，做过一定的贡献。龙凤二年（1356 年）攻占应天后，随着刘基等一批富于谋略的大儒的应聘，并担负起谋士的职责，他主要便充当起大管家的角色。论武功比不上受封为公、侯的任何一位武将，论文治更比不上刘基、宋濂等任何一位文臣，连朱元璋也说他"无汗马之劳"⑰。但是由于朱元璋当时存在浓厚的乡土、宗族观念，李善长投奔较早，对他也表现得忠心耿耿，所以对李善长非常器重。朱元璋就任江南行省平章时，就以李善长为参议，"军机进止，章程赏罚，十九取善长处分"⑱。称吴王后到称帝的初期，一直让他担任丞相的职务。洪武初年虽有换相的想法，但洪武三年（1370 年）大封功臣时，又授予最高一级的封爵，赋予他一人之下、万人之上的崇高地位。"有心计而无远识"的李善长，对此自然感到十分满意。为了保住已经到手的权位，就拼命拉拢淮西勋贵，排挤非淮西籍的大臣。岂料好景不长，就在封公受赏之后，他因"富贵极，意稍骄"，引起朱元璋的不满与猜忌，翌年便令其病退，使之大失往昔的荣宠。他的胸中不免腾起一股对朱元璋的怨气。此后，他同朱元璋的关系总是磕磕绊绊，不时遭到朱元璋的敲打，甚至被削减岁禄一千八百石，不复享有"无以复加"的富贵。他对朱元璋也就愈加怨恨。对朱元璋的这种积怨，促使李善长对胡惟庸的谋反采取一种沉默的态度，既不贸然参与，也不检举揭发。朱元璋正是抓着他的这个把柄，给他加上"心谋不轨，党比胡、陈"的罪名，把他牵连进胡案加以诛杀的。因此，李善长之被冤杀，固然是朱元璋强化君主专制的必然产物，也是李善长自酿的一杯苦酒。

八

那么，整个胡惟庸党案的真相究竟如何呢？正如吴晗所指出的，胡惟庸党案是明初皇权与相权矛盾冲突的产物。胡惟庸憸而又贪，私心极重，他在独专省事、继而任相之后，不仅在经济上贪污受贿，而且在政治上拉帮结派，打击异己，飞扬跋扈，擅专黜陟，藏匿于己不利的奏章，甚至"僭用黄罗幔帐，饰以金龙凤纹"，流露出觊觎皇位的野心，对皇权构成严重的侵犯和威胁，最后发展到与同党秘密策划谋反，充分反映出封建社会后期地主阶级的贪婪与腐朽。他以"谋危社稷"等罪名被杀，是名副其实的真案，一点也不冤枉。而朱元璋大兴党狱，是为了加强君主专制的中央集权，便于他的"躬览庶政"。胡案一发生，他就借机搞扩大化，把自己心目中的异己分子都牵连进去，"余党皆连坐"，这些被株连的"余党"，有的便是冤死鬼。此后，他将罪名逐步升级，由谋危社稷升至通倭，再升至通房、串通李善长谋反，用以打击某些恃功骄恣、飞扬跋扈的功臣，这些则纯属冤假错案。整个胡案，"词所连及坐诛者三万余人"[⑨]，有的地方甚至"将男妇长幼悉屠之"，充分暴露出封建专制的血腥与残暴。

总之，就整个案件而言，胡惟庸党案是有真有假，真假混淆，说它全都是真案有悖于史实，说它全都是假案也不符合实际。这就要求我们进行细致的辨析，认真的考证，分清其中的真与假。只有这样，才能对整个案件的作用和影响作出正确的评价，既看到朱元璋通过此案清除了部分骄横跋扈、逾礼越制的功臣，具有促进社会安定、经济恢复和发展的积极作用，又看到朱元璋借助此案冤杀了大批的无辜将臣，造成政治恐怖，人人自危，"多不乐仕进"[⑩]的消极影响。

---

① （清）潘柽章：《国史考异》卷二之一二，徐蜀编：《〈明史〉订补文献汇编》，北京图书馆出版社，2004 年版，第 505 页。
② 黄云眉：《明史考证》第四册，中华书局，1984 年版，第 1114 页。
③ （明）俞本：《明兴野记》卷下，〔美〕陈学霖：《史林漫识》附录三，中国友谊出版公司，2001 年版，第 451 页。
④ 《明兴野记》卷下，《史林漫识》附录三，第 457 页。按：俞本将李善长被诛系于洪武二十五年，实误，应系于二十三年。
⑤ （明）唐枢：《国琛集》卷下，丛书集成初编本。
⑥ （清）张廷玉等撰：《明史》卷二○八，《胡惟庸传》，中华书局，1974 年版，第 7907－7908 页。
⑦ （清）钱谦益：《太祖实录辨证》三、四，《钱牧斋全集》第三册，上海古籍出版社，2003 年版，第 2172、2135 页。
⑧ 《国史考异》卷二之一四、三之一，《〈明史〉订补文献汇编》，第 507、517 页。
⑨ 《胡惟庸党案考》，《吴晗史学论著选集》第一卷，人民出版社，1984 年版，第 477、468、464 页。

⑩　《胡惟庸党案考》，《吴晗史学论著选集》第一卷，第480页。

⑪　吴晗：《明史讲座》，中华书局，2005年版，第36页。

⑫　吴晗：《朱元璋传》，三联书店，1965年版，第251页。

⑬　吕景琳：《洪武皇帝大传》，辽宁教育出版社，1994年版，第361页。

⑭　《明史》卷一二八，《刘基传》，第3781页。

⑮　《吴晗史学论著选集》第一卷，第460页。

⑯　《明史》卷三〇八，《胡惟庸传》，第7906页。

⑰　（明）黄柏生：《故诚意伯刘公行状》，（明）刘基：《诚意伯文集》卷首，四部丛刊本。

⑱　《明太祖实录》卷一二九，洪武十三年正月己亥，台北"中央研究院"史语所1962年校勘影印本。按：吴晗称此宣布胡惟庸罪状之谕词发布于"胡惟庸诛后数日"（《胡惟庸党案考》，《吴晗史学论著选集》第一卷，第452页），实误，应为诛后次日。

⑲　（明）刘仲景：《遇恩录》，纪录汇编本。

⑳　《明太祖实录》卷一二九，洪武十二年正月戊戌。

㉑　《明太祖实录》卷二八上，吴元年十二月丁未。

㉒　《明史》卷一二七，《李善长传》，第3769页。

㉓　《明太祖实录》卷四，丙申年三月庚寅。

㉔　（明）苏伯衡：《苏平仲文集》卷三，《缪美传》，四部丛刊本《明太祖实录》卷一一，壬寅年三月癸亥。

㉕　（明）刘辰：《国初事迹》，借月山房汇钞本。

㉖　（明）刘基：《诚意伯文集》卷一四，《送钱士能至建州知州序》，四部丛刊本。

㉗　（明）黄柏生：《诚意伯刘公行状》，《诚意伯文集》卷首。

㉘　杨讷：《刘基事迹考述》，北京图书馆出版社，2004年版，第23-84页。

㉙　（明）宋濂等撰：《元史》卷一八八，《石抹宜孙传》，中华书局，1976年版，第4310页。

㉚　《元史》卷一八八，《石抹宜孙传》，第4310页。

㉛　《刘基事迹考述》，第58-71页。

㉜　刘基：《郁离子·九难》，学津讨原本。

㉝　（明）宋濂：《宋文宪公全集》卷三四，《都事孙君墓铭》，四部备要本。

㉞　《明史》卷二八九，《孙炎传》，第7411页。

㉟　《诚意伯文集》卷一五，《送来仲珩还金华序》。

㊱　（明）宋濂：《国初礼贤录》上，邓士龙辑，许人龄、王天有主点校：《国朝典故》上册，北京大学出版社，1993年版，第115页。

㊲　《明史》卷一二八，《刘基传》，第3778-3782页。

㊳　《明史》卷一二八，《刘基传》，第3781页。

㊴　《国初事迹》；谈迁：《国榷》卷三，洪武元年八月丁丑，中华书局，1958年版，第371页。

㊵　《明史》卷一二八，《刘基传》，第3780页。

㊶　《明太祖实录》卷三六上，洪武元年十一月癸亥。

㊷　《明太祖实录》卷五三，洪武三年六月壬申。

㊸　《封刘基诚意伯诰》，《诚意伯文集》卷一。

㊹　《国榷》卷四，洪武四年正月庚寅，第437页。

㊺　《明太祖实录》卷九九，洪武八年四月丁巳。

㊻　《明史》卷一三九，《李仕鲁传》，第3989页。

㊼　《明史》卷一二八，《刘基传》，第3779页。

㊽　《明史》卷一二八，《刘基传》，第3781页。

㊾　《明史》卷二八五，《危素传》，第7315页。

(50)(69) 《国初事迹》。

(51) 《明史》卷一二七，《李善长传》，第 3771 页。

(52) （明）朱国桢：《皇明开国臣传》卷二，《韩国李公》，《皇明史概》下册，江苏广陵古籍刻印社，1992 年版，第 1761 页。

(53) 《明史》卷一二八，《刘基传》，第 3780 页。

(54) 《明史》卷一二七，《汪广洋传》，第 3774 页。

(55) （明）王世贞：《胡惟庸》，焦竑辑：《献征录》卷一一，上海书店，1987 年版，第 382 页。

(56) 《故诚意伯刘公行状》，《诚意伯文集》卷首。

(57) （明）祝允明：《野记》一，《国朝典故》上册，第 504 - 505 页。

(58) 《明史》卷一二八，《刘基传》，第 3782 页。

(59) 《刘基事迹考述》，第 153 - 157 页。

(60) 《宋文宪公全集》卷一七，《恭题御赐文集后》。

(61) 《御赐归老青田诏书》，《诚意伯文集》卷一。

(62) 《胡惟庸党案考》，《吴晗史学论著选集》第一卷，第 462 页。

(63) （明）朱元璋撰、胡士萼点校：《明太祖集》卷一六，《跋夏珪长江万里图》，黄山书社，1991 年版，第 388 - 389 页。

(64) 《明太祖实录》卷一二九，洪武十三年正月戊戌。

(65) 《明太祖实录》卷二〇二，洪武二十三年五月庚子。

(66) 《太祖实录辨证》四，《钱牧斋全集》第三册，第 2133 页。

(67) 《明太祖实录》卷六〇，洪武四年止月庚戌。

(68) 《明史》卷八二，《食货志》六，第 2003 页。

(70) 《明太祖实录》卷一二九，洪武十二年正月甲午。

(71) （明）黄金：《魏国公徐公达》，《献征录》卷五，第 143 页。

(72) 《胡惟庸党案考》，《吴晗史学论著选集》第一卷，第 462 页。

(73) 《胡惟庸党案考》，《吴晗史学论著选集》第一卷，第 461 页。按：查《野记》所存“庚午诏书”残篇，仅有“若李韩公，前后封以五等，而善长心谋不轨，党比胡（惟庸）、陈（宁）”之语，无“枉法朋比”之词（《国朝典故》上册，第 501 - 502 页）。“枉法”“朋比”之词，见于洪武十二年正月初七朱元璋对文武百官宣布胡惟庸罪状的谕词（《明太祖实录》卷一二九，洪武十三年正月己亥）。

(74) 《明史》卷一二七，《李善长传》，第 3771 页。

(75) 《国初事迹》借月山房汇钞本对这个事件的记载如下“太祖尝曰：‘杨宪可居在（相）位。’宪数言李善长无大才。胡惟庸谓善长曰：‘杨宪为相，我等淮人不得为大官矣。’宪因劾汪广洋不公不法，李善长奏排陷大臣、放肆为奸等事。太祖以极刑处之。”金华从刊本与金声玉振集本的文字，与此相同。钱谦益《太祖实录辨证》三，征引这段史料后，谓“故知尽发宪奸状及诸阴事者，善长也”（《钱牧斋全集》第三册，第 2120 - 2121 页）。然许大龄、王天有点校的邓士龙辑《国朝典故》所收之《国初事迹》，文字与借月山房汇钞诸版本略有不同。其中，除“杨宪可居在位”一句作“杨宪可居相位”外，“宪因劾汪广洋不公不法，李善长奏排陷大臣、放肆为奸等事”一句作“宪因劾汪广洋不公不法，李善长排陷大臣，放肆为奸等事”，“李善长”三字之后无“奏”字（《国朝典故》上册，第 89 页），不知是邓氏刊本原文如此，还是点校本的疏漏。

(76) 《明太祖实录》卷五四，洪武三年七月丙辰。

(77) 《故诚意伯刘公行状》，《诚意伯文集》卷首（《明史》卷一二八，《刘基传》，第 3780 页。

(78) 《明史》卷一二八，《刘基传》，第 3780 页。

(79) （明）黄金：《魏国公徐达》，《献征录》卷五，第 143 页（《明史》卷一二五，《徐达传》，第 3730 页。

(80) 《明太祖实录》卷一二九，洪武十三年正月甲午。

(81) 《明史》卷一二七，《李善长传》，第 3771 页。

㉒　《左丞相李善长》，《献征录》卷一一，第 376 页。

㉓　《明史》卷一二七，《李善长传》，第 3771 页。

㉔　《太祖实录辨证》四，《钱牧斋全集》第二册，第 2131－2132 页。

㉕　《明太祖实录》卷一二九，洪武十三年正月甲午（《明史》卷三〇八，《陈宁传》，第 7909 页）。

㉖　《明太祖实录》卷一六一，洪武十七年四月乙末（《明史》卷一三七，《吴伯宗传》，第 3945 页）。

㉗　《太祖实录辨证》三，《钱牧斋全集》第三册，第 2126 页。

㉘　《国史考异》卷二之一一《〈明史〉订补文献汇编》，第 503－504 页。

㉙　《明太祖实录》卷一二八，洪武十二年十二月。

⑨⓪　《胡惟庸党案考》，《吴晗史学论著选集》第一卷，第 461 页。

⑨①　《太祖实录辨证》卷三，《钱牧斋全集》第三册，第 2126－2127 页。

⑨②　《胡惟庸党案考》，《吴晗史学论著选集》第一卷，第 464 页。

⑨③　《明史》卷三〇八，《胡惟庸传》，第 7907 页。

⑨④　《胡惟庸》，《献征录》卷一一，第 382 页。

⑨⑤⑨⑦　《胡惟庸党案考》，《吴晗史学论著选集》第一卷，第 463 页。

⑨⑥　《胡惟庸党案考》，《吴晗史学论著选集》第一卷，第 478 页。

⑨⑧　吴晗：《朱元璋传》，北京：三联书店，1965 年版，第 253 页。

⑨⑨　王天有、张显清点校：《逆臣录》，北京大学出版社，1991 年版，序第 2 页。

⑩⓪　《明太祖实录》卷一二九，洪武十三年正月甲午。

⑩①　（明）陈衍：《槎上老舌》，丛书集成初编本。

⑩②　（明）朱国桢：《皇明大事记》卷九，《高皇帝御制及纂辑诸书》，《皇明史概》中册，第 1010 页。

⑩③　（明）申时行等修：万历《明会典》卷六二，《礼部·房屋器用等第》，中华书局，1989 年版，第 396 页。

⑩④　《胡惟庸党案考》，《吴晗史学论著选集》第一卷，第 452－453 页。

⑩⑤　怀效峰点校：《大明律》卷一、一八，辽沈书社，1990 年版，第 3、133 页。

⑩⑥　《胡惟庸党案考》，《吴晗史学论著选集》第一卷，第 452 页。

⑩⑦　《明太祖实录》卷一二九，洪武十二年正月甲午。

⑩⑧　《明史》卷一〇九，《宰辅年表》，第 3306－3309 页。（明）王世贞撰、魏连科点校：《弇山堂别集》卷四六至五一，《中书省表》、《六部尚书表》，中华书局，1985 年版，第 873－964 页。

⑩⑨　《明太祖实录》卷七四，洪武五年六月巳。

⑪⓪　《国初事迹》。

⑪①　《明太祖实录》卷四七，洪武二年十一月己酉。

⑪②　《国榷》卷三，洪武二年十一月甲辰，第 401 页。

⑪③　《明太祖实录》卷五八，洪武三年十一月丙申。

⑪④　《明太祖实录》卷六九，洪武四年十一月壬申。

⑪⑤　《明史》卷一三二，《周德兴传》，第 3861 页。

⑪⑥　（明）宋濂等撰：《元史》卷八五，《百官志》一，中华书局，1976 年版，第 2121 页。

⑪⑦　《元史》卷九一，《百官志》七，第 2305 页。

⑪⑧　（明）高岱撰、孙正容、单锦珩点校：《鸿猷录》卷二，《宋事始末》，上海古籍出版社，1992 年版，第 29 页。

⑪⑨　《明太祖实录》卷一四，甲辰年正月戊辰。

⑫⓪　《明太祖实录》卷五九，洪武三年十二月戊辰。

⑫①　《明史》卷七六，《职官志》五，第 1872 页。

⑫②　《明史》卷七四，《职官志》四，第 1839 页。

⑫③　《明史》卷七四，《职官志》四，第 1840 页。

⑫　《明太祖集》卷一〇，《敕问文学之士》，第202页。

⑫　《明太祖实录》卷一九，洪武九年闰九月癸巳。

⑫　《明太祖实录》卷一一二，洪武十年五月庚子。

⑫　《明史》卷二，《太祖纪》二，第32页。

⑫　《明太祖实录》卷一一七，洪武十一年三月壬午。

⑫　《明史》卷二，《太祖纪》二，第33页。

⑬　《明太祖集》卷七，《问中收礼部慢占城入贡敕》，第121－122页。

⑬　《明史》卷三〇八，《胡惟庸传》，第7909页。

⑬　《野记》一，《国朝典故》上册，第505页。

⑬　《明太祖集》卷七，《废丞相汪广洋》，第122－123页。

⑬　《国初事迹》。

⑬　《明太祖实录》卷一二九，洪武十三年正月戊戌。

⑬　《明太祖实录》卷一二九，洪武十三年止月己亥。

⑬　《明史》卷一三〇，《郭英传》，第3824页。

⑬　（清）金安清：《东倭考》，《倭变事略》，上海书店，1982年版，第201页。

⑬　（明）朱元璋：《御制人诰三编》《指挥林贤胡党第九》，钱伯城等主编：《全明文》第一册，上海古籍出版社，1992年版，第701－702页。

⑭　《明史》卷三〇八，《胡惟庸传》，第7908页。

⑭　《明史》卷一二七，《李善长传》，第3772页。

⑭　《左丞相李善长》，《献征录》卷一一，第377页。

⑭　《太祖实录辨证》四，《钱牧斋全集》第三册，第2130－2134页。

⑭　《明史》卷一二七，《李善长传》，第3772页。

⑭　《野记》一，《国朝典故》上册，第501－502页。

⑭　《国榷》卷九，洪武二十三年五月乙卯，第709页。

⑭　《太祖实录辨证》四，《钱牧斋全集》第三册，第2141页。

⑭　（明）解缙：《代虞部郎中王国用论韩国公冤事状》，程敏政辑：《皇明文衡》卷六，四部丛刊本。

⑭　《明史》卷一二七，《李善长传》，第3773页。

⑮　《国史考异》卷二之一二，《〈明史〉订补文献汇编》，第505页。

⑮　《明太祖实录》卷一二九，洪武十三年正月甲午。

⑮　《太祖实录辨证》四，《钱牧斋全集》第三册，第2133页。

⑮　《太祖实录辨证》四，《钱牧斋全集》第三册，第3132页。

⑮　《太祖实录辨证》四，《钱牧斋全集》第三册，第3131－3132页。

⑮　《左丞相李善长》，《献征录》卷一一，第374页。

⑮　《明史》卷一二七，《李善长传》，第3769页。

⑮　《明太祖实录》卷五八，洪武三年十一月丙申。

⑮　《左丞相李善长》，《献征录》卷一一，第374页。

⑮　《明史》卷三〇八，《胡惟庸传》，第7908页。

⑯　《廿二史札记》卷三二，《明初文人多不仕》，第741页。

洪武初年明朝、北元、高丽关系
与地缘政治格局

赵现海

（中国社科院历史所研究员）

问题的提出与学术史

洪武年间东北亚国际关系呈现了复杂多变的特征，这直接源于高丽藉中国内乱之机，游离于明朝与北元两个政权之间，以谋求本国利益的"两端"外交政策。[①]对这一政策，学者已有一些探讨。

韩国学者林泰辅探讨了洪武年间高丽与明朝关系之变化过程，尤其对恭愍王王颛（1351 – 1374 年在位）被杀后高丽背明事元政策的国内背景进行了论述。[②]朝鲜学者编写的《朝鲜通史》指出王颛利用国内人民反对元朝侵略者与国内封建统治阶级的气氛，驱逐国内亲元势力，采取反元的外交政策。[③]张士尊指出北元所拥有的强大实力，尤其纳哈出（? –1388 年）盘踞辽东，促使高丽国内亲元派与亲明派不断斗争，影响了高丽对明政权的交流与认同。[④]于晓光则专门研究了洪武年间高丽国内亲元派与亲明派的政治斗争，指出王颛与北元断交的原因是为了打击国内与北元有姻亲关系的亲元派利益集团，树立王权的政治目的。[⑤]刁书仁指出高丽持两端外交政策的原因是既不希望北元立即灭亡，又担心明政权对其形成威胁。[⑥]李新峰指出，从 1371 年到 1372 年，高丽鉴于明军在辽东势力的壮大，采取与纳哈出合作，遏制明朝发展的对策。[⑦]张帆接受了这一观点，指出洪武初年高丽政权之所以与纳哈出暗中往来，既出于对旧主的感情，也与其恐惧明朝这个统一的中原政权对其产生威胁的心理有关，二者后来也确实因边界问题发生了纠纷。[⑧]王剑重点研究了纳哈出在阻隔明朝与高丽的交往中所扮演的重要角色。[⑨]伍跃指出高丽不仅在明朝代元前与朱元璋、张士诚、方国珍等保持静观态度，而且在明朝代元后与明朝、北元双方皆保持联系。[⑩]学界对高丽两端外交政策出台的背景已有了详细的考察，并未充分注意高丽之所以要持这一政策，与明朝、北元对其施加的压力有关。这说明明朝、北元都将高丽置于一个非常重要的地位。这一地位既与明朝一直重视高丽的传统有关，也反映了元末明初的独特历史内涵。从元朝开始，由于政治中心东移的缘故，中国对高丽的控制便大为加强了，比如长期设置征东行省，征发军饷，征调军队，并通过与高丽王世代婚姻的关系，控制高丽国政。明朝为何重视高丽，又如何瓦解高丽与北元的传统关系；面对明朝的攻势，北元如何保持与高丽的关系，这一努力遭遇了什么阻碍；高丽两端外交政策除了受到中国两个政权的压力外，有无自身国家利益的追求，这些共同构成了明初东北亚地缘政治的内容，是十分重要而以往研究较少涉及的问题。

本文选择洪武初年，即明朝建国的洪武元年至高丽恭愍王王颛被杀的洪武七年这一时间段集中探讨，是鉴于这是明朝、北元、高丽地缘政治最初形成的一个相对独立的时期，较为完整地显示了明朝、北元对高丽的积极经营，及高丽在地缘政治压力下，与追求国家利益的内在趋动下，如何采取两端外交政策的立场，是一个可以独立展开分析的个案。

一　明朝政治版图中的高丽地位与经营

高丽在明朝政治版图中，处于十分重要的地位，这通过与明初对待西域的冷漠态度的对比便可以看出。明朝不仅未收复汉唐的西域旧疆，甚至在洪武初年还曾经打算放弃甘肃、宁夏等地。⑪与此不同，明朝在建国之前，便已经开始与高丽进行联系了，建国之初，也遣使颁诏，极为重视。这与明朝政治中心的东移有关。汉唐都城皆居关中，自然对西北屏障十分重视，对高丽却有鞭长莫及之感了。陈寅恪指出李唐承袭"关中本位政策"，全国重心本在西北一隅，故对东北方面采维持现状之消极政略，此东北消极政策不独有关李唐一代之大局，即五代、赵宋数朝之国势亦因以构成。⑫唐朝重视西部民族势力的结果，不仅导致其无法控制高丽，也为东部民族之兴起提供了条件，蒙古草原东部与森林地带之辽、金、元民族政权的先后建立，不能不说与汉族势力对此地控制不力有密切关系。随着北方民族政治中心的东移，汉族政治中心也呈现了东移的趋势，明初建都南京也正在此一趋势之中。

明朝起源于中国中南部，建都于东南部，是中国古代统一政权都城最为靠东者，这就使明朝政治中心呈现了东移的趋势；加之北元活动中心也在辽东地区，明朝遂将军事防御的重点设在东北，高丽在明朝政治版图中的地位相应十分重要。故此，明朝甚为重视高丽在东北亚的作用。洪武元年（1368 年），明朝以少见的高规格接待了高丽使臣，为积极联络高丽奠定了很好的基础。⑬

但高丽与元朝的传统藩属关系，已持续近百年，明朝利用什么文化资源瓦解二者的固有关系呢？明朝针对元朝为北方民族所建，高丽崇尚汉族儒家文化二者之间的矛盾与张力，在与高丽的交往中，大力宣扬"华夷秩序"。洪武元年十二月壬辰，遣符宝郎偰斯奉玺书赐高丽国王王颛曰："自有宋失驭，天绝其祀，元非我类，入主中国百有余年，天厌其昏淫，亦用殒绝其命，华夷扰乱十有八年……昔我中国之君与高丽壤地相接，其王或臣或宾，盖慕中国之风，为安生灵而已。朕虽不德，不及我中国古先哲王，使四夷怀之，然不可不使天下周知，余不多及。"⑭

通过将这份诏书与明朝对待非汉族势力的不同政治口号的宣传相对比，可以发现一个饶有兴趣的问题，即明朝为顺利瓦解非汉族势力与蒙古族的同盟，基本采取华夷之辨的宣传，而在与蒙古势力的接触中，却强调元朝的正统地位，以服膺其心。这反映了朱元璋在处理民族问题上的灵活策略。洪武二年五月明朝颁吐蕃诏同样体现了华夷秩序的立场。遣使持诏谕吐蕃曰："昔我帝王之治中国，以至德要道、民用和睦推及四夷，莫不安靖。向者胡人窃据华夏，百有余年，冠履倒置，凡百有心，孰不兴愤？"⑮

洪武二十四年（1381 年），明朝颁蒙古族所建之东察合台汗国，即明人所称的别失八里时，却尊崇元朝的正统地位。

　　曩者我中国宋君奢纵怠荒，奸臣乱政，天鉴否德，于是命元世祖肇基朔漠，入统华夏，生民赖以安靖七十余年，至于后嗣不修，国政大臣非人，纪纲尽弛，致使在野者强陵弱，众暴寡，生民嗟怨，上达于天，简在帝心，以革命新民……。⑯

朱元璋富有针对性的外交政策很见成效。洪武二年，明朝与高丽两国建立了正式的藩属外交关系。在赐封高丽国王的敕书中，明朝再次强调高丽"恪尊华夏"的品格，诏称：

> 咨尔高丽国王王颛世守朝鲜，绍前王之令绪，恪尊华夏，为东土之名藩。当四方之既平，尝专使而往报，即陈表贡，备悉衷诚，良由素习于文风，斯克勤修于臣职，允宜嘉尚，是用褒崇。今遣使赍印，仍封为高丽国王，仪制服用，许从本俗。[17]

朱元璋如此积极与高丽建立正式的外交关系，目的是什么呢？显然是为了将高丽纳入明朝的军事防御体系。两国初一建交，朱元璋便明确表达出了希望高丽协助明朝防御北元与"倭寇"的意愿。

> 今胡运既终，沙塞之民无所总统，朕兵未至辽沈，其间或有强暴者出，不为中国患，必为高丽扰。况倭人出入海岛十有余年，必知王之虚实，此亦不可不虑也。王欲御之，非雄武之将、勇猛之兵不可远战于封疆之外，王欲守之，非深沟高垒，内有储蓄，外有援兵，不能以挫锐而擒敌。由是言之，王之负荷亦重矣。智者图患于未然，转危以为安，前之数事，朕言甚悉，不过与王同其忧耳。王其审图之。[18]

对于此点，高丽也是十分清楚的，在接下来的几年中，高丽屡次请求剿灭境内蒙古族势力。

二　北元地缘政治版图中高丽的重要地位与恢复旧交的困难

北元同样也十分重视与高丽的联络，这也与其对西北藩王的冷漠态度形成了鲜明的对比。之所以出现这一现象，与北元政治中心也靠近东部有直接关系，这还需要从蒙元诸王分布格局说起。

成吉思汗（1206－1227年在位）建立了庞大的蒙古帝国，依照蒙古部落分家产的习俗，将蒙古东部封于诸弟，称"东道诸王"。又将蒙古以西分封术赤（1177－1225年）、窝阔台（1229－1241年在位）、察合台（？－1241年）三子，称"西道诸王"。蒙哥汗时期，其弟旭烈兀（1264－1265年在位）受封西域，也属西道诸王。西道诸王由于皆属"黄金家族"，相应具备继承汗位的资格，离心力较强，与中央不断产生摩擦，四大兀鲁思也逐渐发展为独立、半独立的四大汗国，自西向东依次为钦察（金帐）汗国、伊利（伊儿）汗国、察合台汗国、窝阔台汗国。察合台后王虽一直未争夺汗位，但却多次卷入蒙古帝国汗位之争，且因疆域屡次扩张的关系，侵夺了元朝的利益，二者之间存在矛盾。西道诸王还包括受封岭北行省西部的诸王。蒙古帝国汗位世系从窝阔台系转至拖雷（1193－1232年）系后，窝阔台汗国与元朝中央关系不睦。窝阔台汗国后被察合台汗国所灭，余部东迁至岭北行省西部的石河东北处，对元朝政权构成了一定的威胁。窝阔台后王阳翟王阿鲁辉帖木儿甚至在至正二十年（1360年），发动叛乱，拥兵数十万，直逼中都，问责元顺帝（1320－1370年）。"'祖宗以天下付汝，汝已失太半；若以国玺付我，我当自为之。'帝遣报之曰：'天命有在，汝欲为则为之。'命知枢密院事秃坚帖木儿等将兵击之，不克，军士皆溃，秃坚帖木儿走上都。"[19]对北元构成最大威胁的来自拖雷系内部势力，即蒙哥（1251－1259年在位）后裔与阿里不哥后裔。蒙哥去世后，忽必烈即位，蒙哥后裔自然心怀不满。阿里不哥后裔更因阿里不哥与忽必烈争夺汗位身死的缘故，与元中央结成世仇。蒙哥、阿里不哥后王封地皆在岭北行省西部，前者封地在札不罕河，后者封地在按台山至吉利吉思等处，⑳亦属西道诸王。可以讲，岭北行省西部甚至是北元的敌对地区，北元政权对岭北行省西部势力的担忧恐怕并不低于对明朝的担忧，这也是元顺帝爱猷识理达腊一直居于大漠东部而不西进，甚至不愿向西北诸王求救的原因。元廷最初迁至上都后，御史徐敬熙请"征兵西北诸藩"，"上不之罪也"，并不采纳。㉑此后重臣再此奏请，仍不获允。

> （知枢密院事）哈剌公尝太息，谓予（刘佶）曰："亡国之臣，岂可与图恢复？吾当与西北诸藩共图此事耳。"佶问何不早为此计，哈剌公曰："子独不见阿鲁辉王之事乎？"遂唏嘘而起……（至正二十九年正月）初六日，平章政事李百家奴上疏，陈恢复大计，以兵力太弱，请征西北诸藩兵入援。疏入，寝不报，哈剌公之言，可谓先几矣。㉒

顺帝甚至在臣僚屡屡提出西进建议的情况下，迟迟徘徊于上都、应昌二地，而不愿西进至蒙古帝国曾经的政治中心——和林㉓，原因也是和林距辽东远，而距西北诸王近的缘故。

东道诸王由于是成吉思汗诸弟，按照蒙古观念是无继承汗位的资格的，虽然在忽必烈时期曾联合海都，发动叛乱，但失败之后军队遭到重新分配，势力大损，已受岭北行省与辽阳行省的节制㉔，对中央的态度要更驯服一些，往往成为中央打击叛乱藩王的势力。㉕因此，辽阳行省与岭北行省东部一样，都是北元统治的大本营。顺帝北走，首先勤王的军队便是辽东之部也速不花与赛因帖木儿，左丞相失烈门卒于道路后，也速不花便充任左丞相，成为此时元廷的中坚力量。元廷迁至上都后，也赖辽东的供应，才立住脚跟。"十五日，车驾至上都，上都经红贼焚掠，公私埽地，宫殿官署皆焚毁，民居闲有存者。辽阳行省左丞相也速公献币二万匹，粮五千石至，始有自存之势矣"㉖。顺帝去世之前，元廷所赖以保障者一直是也速不花，此人与明军多次作战。㉗而为世人所熟知的扩廓帖木儿此时一直未至元廷，更未起到保卫元廷的作用，只是在昭宗即位后，才扮演了北元中流砥柱的角色。洪武二十年，明军成功招降辽东木华黎（1170－1223年）后人纳哈出部，使北元汗廷失去了侧翼的保障，这才有了次年蓝玉（？－1393年）奇袭捕鱼儿海（今内蒙古呼伦贝尔盟贝尔湖），北元汗脱古思帖木儿（1378－1388年在位）无奈之下西进，却被阿里不哥后裔也速迭儿所杀。㉘

因紧邻辽东的缘故，高丽之作用相应为北元所看重。尤其顺帝因曾流放高丽，又娶奇氏为妻，对高丽甚为熟悉，甚至将高丽境内耽罗（今济州）之地作为亡国前预先设置的避难之所。"时（己酉十八年，洪武二年，1369年）王召元朝梓人元世于济州使营影殿世等十一人挈家而来。世言于宰辅曰：'元皇帝好兴土木，以失民心，自知不能卒保四海，乃诏吾辈营宫殿耽罗，欲为避乱之计。功未讫而元亡，吾辈失衣食……'"㉙顺帝北遁之初，从臣便多次请求向高丽征兵、征饷，高丽与西北藩王在当时被作为解救北迁元廷于危难的两大力量。㉚由于顺帝对西北藩王存有根深蒂固的芥蒂，高丽从而成为当时其最为信赖与倚重的外部力量。但高丽并未对北元政权提供过什么实质性的帮助。这既与北元势力弱小，不受高丽重视的客观形势有关，更直接源于高丽国内的政治形势。高丽国王王颛在元末一直意图打击国内亲元派权贵，树立王权，此时正是高丽脱离北元控制，投靠新兴强大政权明朝的时刻，高丽又如何能将自己的命运与摇摇欲坠的北元捆绑在一起呢？可见，以往牢固联系元朝与高丽的政治联姻纽带在此时反而成为北元、高丽维持传统关系的阻碍。王颛不愿援助北元本已使两个政权之间的关系出现了明显的裂痕，顺帝第二皇后奇氏作为高丽国内亲元派的代表，对王颛诛杀奇氏家族的做法充满仇恨㉛，请求征伐高丽的提议更进一步将高丽推到对立的立场。"皇后欲寻仇于高丽，语皇太子曷使纳哈出问高丽之罪，皇太子不可"㉜。虽然皇太子爱猷识理达腊表达了反对的态度，但奇氏的意见仍然产生了实质性的负面影响。"高丽国遣使，贡岁币如旧例，且诉纳哈出构兵之事，上优诏答之"㉝。洪武五年三月高丽移咨明朝定辽卫书更是详细地阐明了奇氏家族对高丽政权的巨大威胁。

> （壬子二十一年，洪武五年）三月庚戌，移咨定辽卫曰："前元奇氏兄弟凭恃势力，为害百端。其兄弟奇辙因谋不轨，事觉伏诛。奇氏挟仇，侵凌本国，靡所不为。奇辙子平章赛因帖木儿稔恶不已，结构辽阳路及东宁府官，屡为边患。以此再调兵马，攻破两处城池。其赛因帖木儿挺身逃走，不获而还。为因倭贼近境作耗，其势益横，未能再行追捕。至洪武五年正月，有东宁府余党胡拔都等，潜入波儿口子，杀守御官金天奇等，虏掠人口以去。至二月又突入山羊会口子，守御官张元吕等击逐之。又于本月有金院曹家儿、万户高铁头等引军潜入阴童口子，守御官金光富等又击逐之，过江陷没几尽。窃详东宁、辽阳未曾归附朝廷，即是梗化之人，况与我构隙，理宜防备。已令把守要害，待变剿捕。如获奇赛因帖木儿，起遣前来。"㉞

可见，作为联系元朝与高丽的传统纽带，政治联姻在北元与高丽的交往中，已由于北元力量的衰弱与高丽国内政治形势的变化，变得不再具有积极作用，反而成为破坏两个政权之间的导火索。这一现象反映出元朝在高丽的传统统治已经趋于瓦解。随着洪武二年高丽单方面明确宣布与北元断绝外交关系，高丽与北方民族元朝以政治联姻为纽带的旧联盟被高丽与汉族政权明朝以华夷秩序为纽带的新联盟所取代。

三　洪武初年高丽的地缘政治处境及其外交政策

早在元末时期，高丽王王颛藉元朝内乱之机，一方面控制朝鲜半岛北部原为元朝控制的女真部落㉟，另一方面与叛元势力张士诚、方国珍、朱元璋进行联系㊱，以探测中国虚实，为其外交活动提供政策依据。所谓的两端外交，其实从此时便已经开始了。一心树立王权，打击权贵势力的王颛在明朝势力日彰的国际背景下，果断地决定与北元断交，归服明朝，但也并非完全没有"脚踩两船"的想法。王颛一方面积极认同朱元璋所宣传的华夷秩序口号，从历史传统的角度阐述明朝与高丽关系的合法性。

> （壬子二十一年，洪武五年三月甲寅）又请遣子弟入学，表曰："秉彝好德，无古今智愚之殊；用夏变夷，在诗书礼乐之习。苟因陋而就寡，奚修业以及时？故我东人，肇从炎汉，遣子弟鼓箧而入学，历唐宋联书而可稽，岂徒有尊崇中国之心，亦足为贲饰太平之具……臣谨当奉扬声教，永绥箕子之封，罄竭忠诚，益贡华人之祝。"㊲

另一方面却因缘时机，灵活地变换立场，这通过其处理境内耽罗蒙古人的态度便可看出。

耽罗虽处高丽境内，但由于远离朝鲜半岛，高丽对其控制颇为松弛，当地水草丰茂，被元朝所占据，成为皇家牧场。元朝灭亡后，耽罗的蒙古人仍然居留于当地，并未撤离。在与北元断交后，如何处理耽罗蒙古人，成为王颛首先面对的问题。从王颛的立场来讲，消灭耽罗蒙古人势力有利于王权的稳固，而且耽罗蒙古人与高丽政权内部亲元势力有着密切关系，消灭这一境内蒙古人的大本营，能够重创亲元派的势力。另外，王颛消灭境内蒙古人，自然也是向新主明朝表达了与北元彻底决裂的决心。因此之故，洪武三年，王颛向朱元璋表达了进军耽罗的想法，请求明朝批准。

切以耽罗之岛，即是高丽之人，开国以来，置州为牧。自近代通燕之后，有前朝牧马其中，但资水草之饶，其在封疆如旧。乃者奇氏兄弟谋乱伏诛，辞连耽罗达达牧子忽忽达思。差人究问，宰相尹时遇等尽为所杀。其后前侍中尹桓家奴金长老党附前贼，谋害本国，俱各服罪。岛屿虽云蕞尔，人民屡至骚然，病根苟存，医术难效。伏望体容光之日月，辨同器之熏莸，将前朝太仆寺、宣徽院、中政院、资政院所放马匹、骒子等，许令济州官吏照依元籍，责付土人牧养，时节进献。其达达牧子等，亦令本国抚为良民。则于圣朝马政之官，岂无小补，而小国民生之业，亦将稍安。区区之情，焉敢缄嘿！㊳

洪武五年四月，正值明军分成3路，大举北伐，欲以一役而"永清沙漠"，明军力量最为强盛之时，王颛再次请求讨伐耽罗，其实是作为明军行动的呼应，并再次表明与蒙古势力决裂的立场。

于本年三月，差陪臣礼部尚书吴季南，前往耽罗装载马匹，赴京进献，以倭贼在海，差弓兵四百二十五人防送。不期鞑靼牧子等将先差去秘书监刘景元及济州牧使李用藏、判官文瑞凤、权万户万邦彦等尽杀之。及季南至，又将弓兵先上岸者三百余名亦皆杀之。以此季南不能前进，回还。如斯变故，义当往询其由；未及奏陈，礼无擅兴之理。祗增愧郝，庸切吁呼。伏望远垂日月之明，一视舆图之广，明臣效忠之实，悯臣抱屈之情，俯颁德音，为之区处，则臣之感戴，粉骨何忘！㊴

洪武五年七月，明朝、北元激战正酣之际，王颛第3次上言"耽罗国恃其险远，不奉朝贡，及多有蒙古人留居其国，宜徙之。兰秀山逋逃所聚，亦恐为寇患，乞发兵讨之"。但此时朱元璋的北边战略，却是主张恩威并施，一方面用兵蒙古，打击北元残余势力；另一方面积极招抚近境蒙古势力，包括长城附近与辽东的蒙古势力。在这种政策环境下，朱元璋不赞同王颛的意见，命其安抚境内蒙古人，以免引起局势动荡。㊵

但王颛与朱元璋都没有想到的是，明军竟然在"岭北之役"中遭遇了建国以来最大的惨败，多位高级将领战死，死亡士卒也应达到了数万㊶。朱元璋在岭北之役失败之后，改变了以往看待耽罗蒙古人的立场，在再次颁给高丽的诏书中，同意了王颛进军耽罗的建议。朱元璋态度的转变既是顺应王颛的请求，同时也可能含有在岭北之役后，东北亚地缘政治发生重大变化的形势下，考察高丽立场是否变化的意味。

> （朱元璋）又手诏曰："七月二十五日张子温至，表言耽罗牧子无状，官吏军兵，没于非命，深可恨怒。春秋之法，乱臣贼子人人得而诛。今牧子如此，所当诛讨。然国无大小，蜂虿有毒，纵彼可尽灭，在此亦必有所伤。盖往者之失，因小事而构大祸，惜哉！岂非烹鲜之急，情忌至甚而致然欤？事既如是，王不可因循被侮，其速发兵以讨。然事机缓急，王其审图之。"㊷

耐人寻味的是，王颛也一改此前积极征讨耽罗的立场，不再提及此事。王颛态度发生变化的原因应与岭北之役后北元复兴的态势及国内亲元势力的再次活跃有关。岭北之役后次年初，北元遣使高丽，高丽君臣的态度十分清楚地显示出高丽的外交立场开始向北元有所转移。

> （癸丑二十二年，洪武六年）二月乙亥，北元遣波都帖木儿及于山不花来诏曰："顷因

兵乱，播迁于北。今以扩廓帖木儿为相，几于中兴。王亦世祖之孙也，宜助力，复正天下。"初，二人入境，王欲遣人杀之，群臣皆执不可。于是访以拘留、放还、执送京师三策，群臣皆曰放还便。戊寅，王夜见元使曰："予眼疾，见日则大剧，故以夜待之。"盖畏朝廷知也。[43]

王颛虽然是高丽国内最大的反元代表，但在北元呈现复兴气象之时，也不敢再向耽罗用兵，以免与北元彻底决裂，加剧与北元、国内亲元派势力的矛盾与冲突。

高丽立场的细微变化应该为朱元璋所注意到，北元遣使高丽之事，更应为明朝所知悉。在这种情况下，朱元璋十分震怒，当年七月，朱元璋在使臣两次被杀事件的刺激下，一改以往的温和态度，发表长篇诏书，对高丽大加鞭挞，甚至发出了进攻高丽的军事威胁。[44]王颛震恐之下，急忙辩解。但朱元璋已开始怀疑高丽的立场，从而借口再次北征，向高丽索要耽罗马匹，直接将王颛推向了是否征耽罗，即是否与北元及国内亲元派势力决裂的抉择点。

（甲寅二十三年，洪武七年）夏四月戊申，帝遣礼部主事林密、孳牧大使蔡彬来。中书省咨曰："钦奉圣旨：'已前征进沙漠，为因路途窎远，马匹多有损坏。如今大军又征进。我想高丽已先，元朝曾有马二、三万留在耽罗牧养，孳生尽多。中书省差人将文书去，与高丽国王说得知道，教他将好马拣选二千匹送来。'"于是遣门下评理韩邦彦往耽罗取马。[45]

王颛在明朝的巨大压力下，由于自身树立王权的政治立场及此前的反元行为，无法完全倒向北元，从而只能选择了彻底站在明朝一边，征伐耽罗。

（甲寅二十三年，洪武七年）秋七月乙亥，韩邦彦至济州，哈赤、石迭里必思、肖古秃不花、观音保等曰："吾等何敢以世祖皇帝放畜之马献诸大明！"只送马三百匹。戊子，林密等白王曰："济州马不满二千数，则帝必戮吾辈，请今日受罪于王。"王无以对。遂议伐济州。……八月辛酉，崔莹领诸军至耽罗，奋击，大败之。遂斩贼魁三人，传首于京。耽罗平。[46]

阿达认为："元朝势力退出朝鲜半岛应以1374年高丽国攻陷耽罗为标志。"[47]但次月，王颛即被国内亲元派势力所杀。王颛被杀的原因是什么呢？是北元复兴背景下高丽国内亲元派势力的再次抬头么？并不完全如此。因为岭北之役发生已一年有余，高丽国内亲元派势力早已抬头，其发动政变的心思与条件也并非只有等待此时才能实现。很显然王颛征耽罗表明了彻底与北元及国内亲元派势力决裂的立场，直接激化了双方的矛盾，才导致了自身的被杀。重新由亲元派权贵掌握政权的高丽也彻底倒向了北元，至1392年，高丽大将李成桂推翻高丽王朝，建立朝鲜王朝，期间历约17年，方才改观。

结　论

洪武初年，明朝、北元政治中心皆处于东部，对地处东北亚的邻国高丽十分重视，极力经营。高丽为维护本国利益，因缘时机，采取了灵活地对待明朝、北元的外交政策。洪武五年之前，由于明军在东北亚的势力逐渐增长，压倒北元的传统影响，高丽恭愍王颛出于树立王权，打击国内亲元派权贵势力的缘故，从而断绝了与北元的联系，结束了元朝、高丽传统的以政治联姻为纽带的政治联盟，与明朝建立了以华夷秩序为纽带的新的政治联盟。洪武五年"岭北之役"后，王颛面对北元复兴的态势与国内亲元派势力的再次活跃，采取了与北元暗中缓和关系的举措。在明朝的巨大压力下，王颛在无法彻底倒向北元的情况下，选择彻底倒向明朝，征伐耽罗蒙古人，却因此激化了与国内亲元派权贵的矛盾而被杀死，重新由亲元派权贵掌权的高丽彻底倒向了北元。

---

① 将"两端"一词作为形容明初高丽外交政策的特点，最早还是追随元主北遁的刘佶提出。"高丽心怀两端，不可恃为外援。"见刘佶《北巡私记》，国学文库第 45 编，文殿阁书庄重印云窗丛刻本，1937 年，第 6 页。

② （韩）林泰辅著，陈清泉译《朝鲜通史》，历史丛书，上海商务印书馆，1934 年，第 49－53 页。

③ 朝鲜民主主义人民共和国科学院历史研究所著，吉林省延边朝鲜族自治州《朝鲜通史》翻译组译：《朝鲜通史》，吉林人民出版社，1971 年，第 505－506 页。

④ 张士尊：《高丽与北元关系对明与高丽关系的影响》，《绥化师专学报》，1997 年第 1 期。

⑤ 于晓光：《元末明初高丽"两端"外交原因初探》，《东岳论丛》，2006 年第 1 期。

⑥ 刁书仁：《洪武时期高丽、李朝与明朝关系探析》，《扬州大学学报》（人文社会科学版），2004 年第 1 期。

⑦ 李新峰：《恭愍王后期明高丽关系与明蒙战局》，未刊稿。

⑧ 张帆：《明朝与朝鲜的关系》，载蒋非非、王小甫等著《中韩关系史》（古代史），北京大学韩国学研究中心韩国学丛书，社会科学文献出版社，1998 年，第 268－274 页。

⑨ 王剑：《纳哈出盘踞辽东时明朝与高丽的关系》，《中国边疆史地研究》，2006 年第 4 期。

⑩ 伍跃：《外交的理念与外交的现实——以朱元璋对"不征国"朝鲜的政策为中心》，载陈尚胜主编：《儒家文明与中韩传统关系》，山东大学出版社，2008 年，第 143－144 页。

⑪ 相关史料载于明初俞本撰写的《纪事录》，关于该研究，参见拙文《洪武初年甘肃的地缘政治与明朝西北疆界的形成——由冯胜"弃地"事件引发的思考》一文，未刊稿。

⑫ 陈寅恪：《唐代政治史述论稿》，三联书店，2001 年，第 326－327 页。

⑬ 吴晗辑：《朝鲜李朝实录中的中国史料》前编卷上《高丽史·恭愍王世家》，中华书局，1980 年，第 13 页。

⑭ 姚广孝等：《明太祖实录》卷三七，洪武元年十二月壬辰，"中研院历史语言研究所，"1962 年校勘本。

⑮ 《明太祖实录》卷四二，洪武二年五月甲午朔。

⑯ 严从简：《殊域周咨录》卷一五，《西戎·亦力把里》，中外交通史籍丛刊，中华书局，1993 年，第 494 页。

⑰ 《明太祖实录》卷四四，洪武二年八月丙子。

⑱ 《明太祖实录》卷四六，洪武二年冬十月壬戌。

⑲ 宋濂等：《元史》卷四五，《顺帝纪八》，中华书局，1976 年，第 952－953 页。

⑳ 韩儒林主编：《元朝史》，人民出版社，1986 年，第 180 页。

㉑㉒㉓　刘佶：《北巡私记》，第 4－5 页，第 5 页，第 7－9 页。

㉔　《元朝史》，第 202 页。

㉕ 达力扎布：《北元初期的疆域和汗斡耳朵地望》，载《明清蒙古史论稿》，民族出版社，2003 年，第 38－41 页。

㉖㉗　刘佶：《北巡私记》，第 2 - 3 页，第 6 - 9 页。

㉘　张廷玉：《明史》卷三，《太祖纪三》，中华书局，1974 年，第 45、47 页。

㉙　（朝）郑麟趾：《高丽史》卷四一，《世家卷第四十一·恭愍王四》，朝鲜科学院，1957 年，第 630 页。

㉚　《北巡私记》，第 3 - 5 页。

㉛　于晓光：《元末明初高丽"两端"外交原因初探》，《东岳论丛》，2006 年第 1 期。

㉜㉝　刘佶：《北巡私记》，第 3 页，第 5 - 6 页。

㉞　吴晗辑：《朝鲜李朝实录中的中国史料》前编卷上，《高丽史·恭愍王世家》，第 22 - 23 页。

㉟　王臻：《朝鲜前期与明建州女真关系研究》，中国文史出版社，2005 年，第 29 - 35 页。

㊱　张士尊：《高丽与北元关系对明与高丽关系的影响》，《绥化师专学报》，1997 年第 1 期；张帆：《明朝与朝鲜的关系》，载《中韩关系史》（古代史），第 268 页；刁书仁：《洪武时期高丽、李朝与明朝关系探析》，《扬州大学学报》（人文社会科学版），2004 年第 1 期；于晓光：《元末明初高丽"两端"外交原因初探》，《东岳论丛》，2006 年第 1 期。伍跃：《外交的理念与外交的现实——以朱元璋对"不征国"朝鲜的政策为中心》，载陈尚胜主编：《儒家文明与中韩传统关系》，第 143 - 144 页。

㊲　吴晗辑：《朝鲜李朝实录中的中国史料》前编卷上，《高丽史·恭愍王世家》，第 23 页。

㊳　吴晗辑：《朝鲜李朝实录中的中国史料》前编卷上，《高丽史·恭愍王世家》，第 19 页。

㊴　吴晗辑：《朝鲜李朝实录中的中国史料》前编卷上，《高丽史·恭愍王世家》，第 24 页。

㊵　《明太祖实录》卷七五，洪武五年秋七月庚午。

㊶　关于此役明军死亡人数，不同史料有不同的记载。《弇州史料·徐中山世家》载"万余人"，《明史纪事本末·故元遗兵》沿袭了这一记载。《明史·徐达传》却载"数万人"，陈建撰明万历余仙源刊本《皇明通纪》甚至载"四十余万人"。参见［日］和田清著，潘世宪译：《明代蒙古史论集》，北京：商务印书馆，1984 年，第 15 - 16 页。但朱元璋自称死亡数万。朱元璋洪武三十年六月二十六日谕晋王朱棡称："噫！吾用兵一世，指挥诸将，未尝十分败北，致伤军士。正欲养锐，以观胡之变。其在朝诸人，日奏深入沙塞，初不准。日奏叠叠，试许之。不免兵疲于和林，轻信无谋者，以致伤生数万。此乃擅听群无谋者。"朱元璋：《太祖皇帝钦录》，载张德信：《太祖皇帝钦录及其发现与研究辑录》，朱诚如、王天有主编：《明清论丛》第 6 辑，北京：紫禁城出版社，2005 年，第 103 页。

㊷　吴晗辑：《朝鲜李朝实录中的中国史料》前编卷上，《高丽史·恭愍王世家》，第 24 页。

㊸　吴晗辑：《朝鲜李朝实录中的中国史料》前编卷上，《高丽史·恭愍王世家》，第 27 页。

㊹　吴晗辑：《朝鲜李朝实录中的中国史料》前编卷上，《高丽史·恭愍王世家》，第 28 - 32 页。

㊺　吴晗辑：《朝鲜李朝实录中的中国史料》前编卷上，《高丽史·恭愍王世家》，第 37 - 38 页。

㊻　吴晗辑：《朝鲜李朝实录中的中国史料》前编卷上，《高丽史·恭愍王世家》，第 40 页。

㊼　阿达：《耽罗隶元考述》，《中国边疆史地研究》，1997 年第 1 期。

试论明初南京大报恩寺修建的几个问题

夏维中　　杨新华　　丁修真

（南京大学历史系教授　南京市文物局副局长　南京大学历史系博士生）

原坐落于南京城南聚宝门（今称中华门）的大报恩寺及其琉璃塔，是明永乐年间兴修的宏大宗教工程，在海内外有着广泛的影响。但是，至少从明中期开始，围绕着明初大报恩寺及其琉璃塔的修建问题，或语焉不详，难以详述，或以讹传讹，谬误百出，更严重的是，朝野还出现了诸多的传说和附会。直至今天，许多相关的重大问题仍没有得到解决，争议不断。鉴此，本文拟对其中的几个问题进行一些初步的考辨，以求教于方家。

一　大报恩寺的历史渊源

长期以来，大报恩寺及其前身天禧寺的源头到底是长干寺还是建初寺，一直存在争议。早在明初，这一问题就已存在。明初人的说法比较混乱。如明太祖朱元璋在洪武二十一年（戊辰，1388 年）十二月所作的《御制黄侍郎立恭完塔记》中，就把天禧寺的历史渊源归之于孙权时代康僧会所建的建初寺：

> 京南关左厢朱雀桥之左有浮图，层高九级，根入厚坤。塔之由来，乃孙吴开创，金陵建邦之时，纪年赤乌，而有异人康僧会者，抱释迦之道至斯，以说吴主权，权乃悦。塔之所建，金陵之客山也……权乃大悦，许建浮图。于是今之观浮图者，岂知其来远矣！始孙吴，至今一千一百余年……。①

不过，同时期的洪武《京城图志·寺观》，其相关记载虽简单笼统，但却非常明确地指出天禧寺的前身就是长干寺：

> 天禧寺，即古长干寺，宋名天禧寺，在聚宝门外，有塔，今名因之。②

到永乐二十二年明成祖朱棣撰写《御制大报恩寺左碑》时，却又明确提到了天禧寺的前身就是长干寺。不过，该文把长干寺的建立年代提前到了东吴的赤乌年间：

> 天禧寺将成，赐名大报恩寺，上亲制碑文……南京聚宝门之外有寺，旧名长干，吴赤乌之岁所建。历世既远，兴替相因。宋真宗时改寺额为天禧，国朝洪武中撤而新之。岁月屡更，将复颓圮。永乐乙酉尝命修葺，未几厄于回禄。今特命重建，弘拓故址，加于旧规。像

貌尊严，三宝完具。殿堂廊庑，辉焕一新。重造浮图，高壮坚丽，度越前代，更名曰大报恩寺。③

但到明代中后期，朱棣的这一说法却再次受到挑战。如嘉靖《南畿志》就已明确将建初寺、长干寺、天禧寺以及报恩寺看作是前后一脉相承的传承关系：

> 大报恩寺在聚宝门外，吴赤乌四年有康居国僧来会，居长干里。大帝命致佛舍利，为建塔寺，曰建初。梁天监初，改名长干。宋天禧中改名天禧，元末兵毁。④

令人奇怪的是，嘉靖《南畿志》的主编之一陈沂，却在《报恩寺琉璃浮图记》（大约作于嘉靖十年，1431 年）中回避了这一说法，仅比较含糊地称："南都之南有大佛宇，孙吴时云神僧所居，南朝始有寺，因地长干，曰长干寺。赵宋改名天禧寺。"⑤

而万历年间任南京礼部祭祀郎中的葛寅亮，在其影响巨大的《金陵梵刹志》一书中，也采用了嘉靖《南畿志》的观点。他对大报恩寺的前身天禧寺的历史渊源作了如下的叙述：

> （报恩寺）在都城外南城地，离聚宝门一里许，即古长干里。吴赤乌间，康僧会致舍利，吴大帝神其事，置建初寺及阿育王塔，实江南塔寺之始。后孙皓毁废，旋复。晋太康间，刘萨诃又掘得舍利于长干里，复建长干寺。晋简文帝咸安间，敕长干造三级塔。梁武帝大同间，诏修长干塔。南唐时废。宋天禧间，改天禧寺。祥符中，建圣感塔。政和中，建法堂。元至元间，改元兴天禧慈恩旌忠寺。至顺初，重修塔。元末毁于兵。⑥

不过，葛寅亮在该书的《凡例》中，却又明确指出：

> 归并旧寺，惟灵谷、报恩二寺，而灵谷为多……报恩即长干寺，建初寺与长干相望，其地皆名佛陀里。建初废，掌故自宜入长干，以征江南塔寺之始。⑦

可见，葛寅亮似乎应该清楚建初与长干两寺之间的区别，但又因它们的位置相近，加上建初寺此时已废，所以要把两寺归为一处，混为一谈。同时，葛寅亮在同书卷四八《废寺》中，却又把保宁寺（一般认为此寺的前身是建初寺）单独列出，这至少说明葛寅亮并不清楚建初寺和保宁寺之间的关系。

葛寅亮有关建初寺为大报恩寺源头的说法，一直甚为流行，至今不绝。不过，早在清初就有人对此提出了怀疑。乾隆《江宁新志》就明确断定，大报恩寺的前身应该是长干寺而非建初寺，并对相关的历史文献进行了梳理：

> 报恩寺，在聚宝门外，古大长干里寺。有阿育王塔，未详所始。诸书多引康僧会致舍利所造，然此乃建初寺事。按《梁书·扶南传》云吴时有尼居此地，为小精舍，孙綝寻毁除之，塔亦同泯。吴平后复建立。晋简文咸安中，使沙门造小塔。孝武太元中，离石胡刘沙何登越城，望气掘地得舍利，更于简文塔西造一层。其后益为三层。至武帝大同三年出舍利而改造之旧塔，即刘沙何所造也。《新志》称引《梁书》之语而不言寺于古为何名。考《帝纪》大同三年八月舆驾幸阿育王寺，大赦，则寺于古名阿育王寺，其曰长干寺者俗呼也

（原注：《旧志》谓吴赤乌建，名曰建初，梁天监初改名长干，俱无据）。《建康实录》载晋丹阳尹高悝得金像事（原注：《新志》云金像隋文帝取入长安），亦见《梁书》……南唐时废为营庐，久之舍利数见感应。宋祥符中僧可政表其状，有诏复为寺，即其表见之地建塔，赐号圣感舍利宝塔。天禧二年改名天禧寺。元末毁于兵。⑧

文中提及的旧志为康熙时期编纂的《江宁县志》，康志沿袭前说将建初寺视为大报恩寺的前身，而乾隆《江宁新志》则否定了康志中有关建初寺是大报恩寺及其前身天禧寺源头的说法，同时提出天禧寺的直接源头是阿育王寺（俗称长干寺）。现在看来，这一观点是有史料根据的。

目前有关长干寺的基本史料，是《梁书》卷五四《诸夷·扶南国》中的相关记载。这一史料，也被稍后的《南史》卷七八所录用。另有梁《高僧传》《晋并州竺慧达传》记载了刘萨何的事迹，可作补充。长期以来，之所以一直有人把大报恩寺的前身即天禧寺的源头认作是建初寺，主要是因为他们有意或无意混淆了相关史料中的记载。根据上述长干寺的几种史料，我们可以清楚的把六朝时期该寺的沿革排列出来。按照佛教的说法，阿育王塔为"八万四千塔"之一，孙吴时其地出现小精舍，不久塔舍俱毁。西晋开始重新恢复。从东晋到南朝宋期间，此地先后修建两塔，其中刘萨何塔为舍利塔。到南朝梁时期，梁武帝改造阿育王佛塔，发掘旧塔下舍利及佛爪发，并建双塔分别供奉，同时扩建寺庙，长干寺进入极盛时期。

此后长干寺的情况，由于文献材料的缺失，长期以来一直不很清楚。宋元时期的材料，大致认为长干寺的废弃时间在唐末或南唐。其实，长干寺的废弃，时间要大大提前。根据唐初释道宣在唐麟德元年（664 年）所撰的《集神州三宝感通录》卷上的记载，长干寺早在隋代就已废弃，其舍利等圣物被移奉长安日严寺。不过，释道宣同时也指出，这次移奉可能出了差错，长干寺的舍利等圣物并没有被移奉到长干寺，而是可能仍留在了南京。释道宣的推测，为后来的考古发掘所证实。1960 年，镇江抢救性发掘甘露寺铁塔塔基，从中清理出舍利等珍贵文物。在盛装舍利的石椁上，刻有唐代长庆四年（824 年）润州刺史李德裕所撰的《重瘗长干寺阿育王塔舍利记》，即"上元县长干寺阿育王塔舍利二十一粒，缘寺久已荒废，以长庆甲辰岁十一月甲子移置建初寺，分十一粒置北固山，依长干旧制，造石塔，永护城镇，与此山俱"。这一记载，至少提供了三个信息：一是有关六朝长干寺舍利的记载，得到了证实。更重要的是，甘露寺供奉舍利的形制，是参照了长干寺旧制，因此可以从中了解长干寺舍利供奉的情形。二是长干寺的废弃，至少是在长庆四年（甲辰）之前。三是长干寺阿育王塔出土的舍利，一部分被移置建初寺供奉。

北宋初，长干寺得以重新恢复。长干寺的复兴，与僧可政关系非常密切。在宋真宗大中祥符（1008 - 1016 年）年间，僧可政把长干旧址屡显舍利感应之事上报朝廷，而使寺庙得以恢复，并重建了宝塔，赐号圣感舍利宝塔。到天禧年间（1017 - 1021 年），又改称天禧寺。宋代人对长干寺（天禧寺）的历史沿革，并没有什么争议。如政和六年（1116 年）李之仪所作的《天禧寺新建法堂记》⑨、南宋初张敦颐的《六朝事迹类编》⑩、周应和景定《建康志》⑪等，都认定天禧寺的前身就是六朝的长干寺。近年来进行的天禧寺宝塔地宫发掘所得的相关资料，也证明北宋初期可政等人在当时也持相同观点。元代文献如张铉至正《金陵新志》等，对天禧寺的历史渊源描述，也基本沿用了宋代旧志的说法⑫。

因此，大报恩寺及其前身天禧寺的历史源头，应该就是六朝时期的长干寺。从六朝的长干寺，到宋元时期的天禧寺，再到明清时期的大报恩寺，其一脉相承的关系，不仅体现在寺庙位置的继承上，更重要的是，佛教界始终认为六朝以来的感应舍利等圣物，一直留在长干里这一圣地。不过，近年来的考古资料也表明，建初寺对感应舍利的传承，也曾起过重要的作用。这一问题，有待于今后另撰专文详述。

二　明初天禧寺的重修

明代以来，很少有人注意到这样的事实，即永乐时期大报恩寺的修建，与明初天禧寺佛教地位的重新确认有着非常密切的关系。换言之，明太祖朱元璋对天禧寺态度的转变以及随之而来的大规模重修，奠定了天禧寺在明初的基本地位。而这种地位的确立，又直接决定了明成祖朱棣登基后对其采取的诸多举措，其中包括最终兴建大报恩寺及其琉璃塔。

元代的天禧寺，仍然拥有崇高的地位。元初佛光大师开讲天禧寺，获得寺产及"元兴天禧慈恩旌忠教寺额"。元文宗（年号至顺，1330－1332年）登基前曾受封南京（集庆），其间多次到过天禧寺。文宗登基后，对天禧寺关爱有加。张铉至正《金陵新志》对该寺的情况作了大致的记载：

> 至元二十五年，有诏选高行僧三十员，开讲于江南诸郡，择名刹以居之。时槜城德公讲主，首奉诏开席于金陵天禧寺，说经训徒，传慈恩之教。未几，特赐号佛光大师，并拨赐故宋太师秦申王坟寺旌忠寺为下院，以其废产，共赡讲席。改赐元兴天禧慈恩旌忠教寺额。僧统广福大师尝施财缮修大塔。泰定中，潜龙时尝数幸寺，及登大统，以所奉观音像付寺供养，岁给香灯之费。至顺初，佛光之孙法嵩入觐。上顾谓曰：舍利塔曾修完否？嵩曰：未也。即日赐内金三定，及官钱五千缗，以助缮修。台城郡守咸致其力。有旨命佛光之徒广演主寺事，赐号弘教大师。塔完之日，尝感天花如雨，祥光如练满空者，凡数日。详见中丞赵世延所撰碑。[13]

除供奉六朝以来的感应舍利外，天禧寺从宋代开始还供奉着另一件宗教圣物，即玄奘大师的顶骨舍利。北宋端拱元年（988年），玄奘大师顶骨舍利被可政大师从陕西长安终南山紫阁寺请回天禧寺供奉。对此，南宋《景定建康志》六、元代《至正金陵新志》[14]等文献皆作了记载。20世纪40年代对塔基遗址的考古发掘，也证实了历史文献的真实性[15]。

出人意料的是，明太祖朱元璋对天禧寺这样一座拥有悠久历史和崇高地位的名刹，起初并不满意。此前，天禧寺经受元末战火，损失严重，但其舍利塔却得以幸存。而朱元璋的不满意，正是这一高达九级的舍利塔的高度和所处的位置。洪武十三年（1380年），朱元璋竟把胡惟庸一案的爆发归咎于此塔，并下令拆除移建于钟山之左，后因在拆除过程中出了人命才作罢。不过，朱元璋很快就改变了态度。洪武十五年（1382年）四月，朱元璋命鞍辔局大使黄立恭重修天禧寺塔，三年后修成。朱元璋对黄立恭的工作非常满意。洪武二十一年（1388年）十二月，朱元璋亲自撰写《御制黄侍郎立恭完塔记》长文，对此进行了记述：

> 京南关左厢朱雀桥之左有浮屠，层高九级，根入厚坤……洪武十三年，胡、陈乱政，朕观七朝居是土者，皆臣愚君者多矣。考山川之形势，大江西来，淮山弼之。山庞川巨，右势足矣。以此观之，龙虎均停。择帝居者，宜其然也，何故臣下之不臣，无乃虎方坤位，浮图太耸之故。于是，命构架，将移塔于钟山之左。工将完，塔将毁，有来告者："工人有坠于塔下者绝。"于是罢役。未几，今工部左侍郎黄立恭稽首顿首再拜，入奏，其辞曰："臣立

恭寓于世而无益于世，群于人而无善于人。生无名于宇宙之间，死不能同聪明之神游于上下。臣切慕之，故思欲有为，未知可否？"朕谓曰："丈夫天地间，五欲不生，十恶不作，何为而不可也哉。"对曰："臣见南关有如来真身舍利之塔，经兵被火，周回栏楯，并九层图画仙灵，俱各颓坏，欲完之，特请旨以施为。"朕许之。立恭再拜而退，诣所在，经方定向，若山则高益下损，故基则增微壮广，施财劝工以营缮。京之军民，闻立恭作佛之善事，有施财以阿之者，有诚然为生死而布德者。一时从者，如流之趋下。诸费折黄金两万五千两。三年而来，告塔已完矣。大雄之殿，僧房两庑，重门楼观，亦皆备矣。群僧会集，有僧录司右讲经守仁者，书通东鲁，经备西来，于是命住持是寺。仍敕礼部并光禄寺馔素羞，以饭诸人。时机冗未暇亲至，逾半载，敕礼部曹召僧录司首官左善世弘道、右善世夷简等五人。朕谓曰："塔完寺备，数年以来，征讨弗停，阵殁军将，欲报其忠，仗佛愿力，作大善事。"期日，朕至，仰视则塔穿鸟道，平视则殿宇巍然，俯看绮砌无不精专。游目塔殿所在，金碧辉煌，虽至愚而至鲁者，入其门首，作为建如是之功，可为罕矣……谚云："天下名山，惟僧所居，而乃佛处也。"今南关之山，俯伏于钟山之前，峰拱冈伏，所以钟来气之精英，雄一千一百余年，法轮常转。今立恭增辉佛日，岂偶然哉？故述记尔。[16]

由于黄立恭等人的努力，复建后的天禧寺，获得了崇高的地位，成为南京当时的三大刹之一。洪武时期的重修，对天禧寺后来的发展影响深远.

明初官版汉文大藏经《初刻南藏》[17]的刻印和流通，更进一步提高了天禧寺的地位。以往长期被误认为刻于洪武年间的《洪武南藏》，实际上完成于建文朝，因此何梅教授改称其为《初刻南藏》。《初刻南藏》的雕印，是在礼部僧录司领导下进行的。僧录司原设在天界寺，洪武二十一年（1388 年）因该寺火灾而迁到天禧寺。由于史料的缺少，尽管现在还不能确定《初刻南藏》的经版雕刻地点是否就是在天禧寺，但经版的存放地点肯定是在天禧寺，证据是《金陵梵刹志》中有关永乐元年（1403 年）请经付费的记载：

> 永乐元年九月二十九日午时，本司官左善世道衍一同工部侍郎金忠、锦衣卫指挥赵曦于武英殿题奏："天禧寺藏经版，有人来印的，合无要他出些施利？"奉圣旨："问他取些个。钦此"。[18]

正是天禧寺在明初地位的重新确立，才使朱棣在登基以后对此予以高度重视。永乐三年（1405 年），朱棣曾下令修缮天禧寺。永乐五年（1407 年）仁孝皇后去世后，朱棣下令在天禧寺举行盛大法会。此年的十月，朱棣还亲自撰写了《报恩寺修官斋敕》（当时该寺仍应称天禧寺），记述了这一盛典。[19]不久天禧寺被人纵火而毁，而朱棣很快就决定复建，原因也在于此。

三　大报恩寺的修建目的

成祖朱棣大兴土木，在庙宇成林的南京兴修规模如此宏大的大报恩寺，其目的何在？围绕这一问题，长期以来一直是众说纷纭，智仁不一。

从现存的材料来看，大报恩寺的修建目的，应该说是多元的，且前后有所变化。在开始时，朱棣其实只是想把因火灾而毁坏的重要寺庙天禧寺重新修建起来。理由很简单，一是因为该寺所在的位置即古长干里，历来就是佛教重地；二是因为天禧寺是朱元璋时期重修的大刹，地位重要，且朱棣本人也曾对此维修过。大约是在永乐十一年（1413 年），朱棣才把天禧寺的复建与报答朱元璋夫妇之恩联系起来，并以此来达到其政治目的。值得注意的是，根据《明太宗实录》中的记载，直到永乐二十二年（1424 年）年三月时，朱棣才因天禧寺将成，正式赐名大报恩寺并亲制碑文。大约从明代中后期开始，才出现了所谓朱棣修大报恩寺纪念生母碽妃的说法。

大报恩寺在兴修之初，并没有被称作大报恩寺，而是以重建天禧寺的名义进行的。《明太宗实录》对此有明确记载：

> 永乐十年八月丁丑，重建天禧寺。⑳

由于天禧寺地位的重要，朱棣决定在原址予以重建。应该指出的是，天禧寺的重建，并不是简单的恢复。现在看来，在永乐十年（1412 年）前后，朱棣就决定以最高规格重点建设几个标志性的宗教建筑。南京的天禧寺和武当山道观，分别被作为佛教和道教的代表作，几乎同时开工，其规格之高，工程之大，几乎可以说是空前绝后。

朱棣之所以有这一举措，原因当然很多，但其中有一条非常明确，那就是希望通过宗教活动为自己的篡位提供合法的依据。也正因为如此，朱棣很快就利用佛教的报恩孝亲思想，把天禧寺的复建与报答朱元璋夫妇之恩联系在一起，并试图通过此举，绕开建文帝，把自己打扮成朱元璋的直接继承人。朱棣的这种手法，也同样被用到了其它领域，如对明孝陵工程的扩建等。

在永乐十一年（1413 年），朱棣就已明确提出大报恩寺的说法。他在《重修报恩寺敕》中叙说了原委：

> 天禧寺旧名长干寺，建于吴赤乌年间。缘及历代，屡兴屡废。宋真宗天禧年间，尝经修建，遂改名天禧寺。至我朝洪武年间，寺宇稍坏。工部侍郎黄立恭奏请募众财，略为修葺。朕即位之初，遂敕工部修理，比旧加新。比年有无籍僧本性，以其私愤，怀杀人之心，潜于僧室放火，将寺焚毁。崇殿修廊，寸木不存，黄金之地，悉为瓦砾。浮屠煨烬，颓裂倾散。周览顾望，丘墟草野。朕念皇考、皇妣罔极之恩无以报称，况此灵迹岂可终废？乃用军民人等勤劳其力，趋事付工者如水之流下，其势莫御。一新创建，充广殿宇，重作浮屠。比之于旧，工力万倍。以此胜因，上荐父皇、母后在天之灵，下为天下生民祈福，使雨旸时若，百谷丰登，家给人足，妖孽不兴，灾沴不作，乃名曰大报恩寺。表兹胜刹，垂耀无穷。告于有众，咸使知之。㉑

在这一敕文中，朱棣非常明确地表达了两个中心意思：一是修此寺、塔，目的是为了报答父母的"罔极之恩"，所以要改名大报恩寺；二是要把此事广为宣传，让大家知晓。也就是在这一年的七月，朱棣因对工程进展比较满意，特地命工部对参加该工程建设的各类人员进行奖励。《金陵梵刹志》卷二《钦录集》对此作了记载：

> 永乐十一年七月十七日，工部尚书吴中于奉天门早朝，钦奉圣旨："如今京城起盖大报恩寺，那军夫人匠每好生用心出气力，勤紧做工程，我心里十分喜欢。恁部家便出榜去，分豁等第赏他，仍免他家下差拨。钦此。"㉒

永乐二十二年（1422 年）三月（《金陵梵刹志》中记为二月），朱棣为大报恩寺亲制碑文，不厌其繁，再次对大报恩寺的修建目的进行了详细的叙述。《明太宗实录》对作了如下的记载：

> 天禧寺将成，赐名大报恩寺。上亲制碑文：朕惟佛氏之道，清净坚固，以为体慈悲利济，以为用包含无外，微妙难名，匪色相之可求，无端倪之可测，圆明晋编，显化无方，有不可思议者焉。朕皇考太祖圣神文武钦明启运俊德成功统天大孝高皇帝、皇妣孝慈昭宪至仁文德承天顺圣高皇后，开创国家，协心致理，德合天地，功在生民，至圣极大，无以复加也。朕以菲德，统承大宝，负荷不易，夙夜惟勤，惕惕兢兢，祗循成宪。重惟大恩罔极，未由报称。且圣志惓惓，惟欲斯世斯民暨一切有情，咸得其所。继述之重，其在朕躬仰惟如来万法之祖，弘济普度，慈誓甚深，一念克诚，宜无不应增隆福德，斯有赖焉。南京聚宝门之外，有寺旧名长干，吴赤乌之岁所建，历世既远，兴替相因，宋真宗时改寺额为天禧，国家洪武中撤而新之。岁月屡更，将复颓圮，永乐乙酉，尝命修葺，未几厄于回禄。今特命重建，弘拓故址，加于旧规，像貌尊严，三宝完具，殿堂廊庑辉焕一新，重造浮屠高壮坚丽，度越前代，更名曰大报恩寺，所以祗迎灵贶上资福于皇考皇妣，且祈普佑海宇生灵及九幽滞爽，咸霑济利用，仰承我皇考妣之圣志而表朕之孝诚。今将竣事，特志其本末于碑，用昭示如来之道，化我皇考、皇妣之功德，配天地之广大，同日月之光明，而相为悠久于万万年。㉓

在此文中，朱棣先是大书特书朱元璋夫妇"开创国家，协心致理，德合天地，功在生民，至盛极大，无以复加"之功绩，然后笔锋一转，称自己是"朕以菲德，统承大宝，负荷不易，夙夜惟勤，惕惕兢兢，祗循成宪重"，把自己打扮成合法继承人，完全抹杀了建文帝的存在。最后，朱棣非常明确地表达了立碑的目的："今将竣事，特志其本末于碑，用昭示如来之道，化我皇考、皇妣之功德，配天地之广大，同日月之光明，而相为悠久于万万年。"

朱棣修建大报恩寺的政治意图，其子孙也非常清楚。到大报恩寺落成之时，其孙子宣宗朱瞻基就以大报恩寺为中心，毫无顾忌地把太祖朱元璋、太宗朱棣以及仁宗朱高炽视作是"三圣"，把帝位的继承过程描述得天衣无缝，"合情合理"，完全抹杀了建文帝的历史。宣宗的《御制大报恩寺右碑》是这样描述的：

> 夫大觉之道，肇自西域，入中国，行于天下，其要归于导民为善，一切撤其迷妄之蔽，而内诸清净安隐之域，以辅翼国家之治。而功化之妙，下至幽冥沦滞，靡不资其开济，是以功超天地，泽及无穷。历代人主，咸崇奖信。我国家自太祖高皇帝受命为君，功德广大，同乎覆载。太宗皇帝奉天中兴，大德丰功，海宇悦服。仁宗皇帝嗣临大宝，功隆继述，远迩归仁。三圣之心，与天为一，与佛不二。是以道高帝王，恩周普率，四方万国，熙皞同春。朕承天序，寅奉鸿图，惟祖宗之心，操存不越；惟祖宗之道，率履弗违；至于事神爱民，一惟先志。南京聚宝门之外，故有天禧寺，我太祖皇帝加修葺之致，清理之功。岁久而毁，太宗皇帝更新作之，名大报恩寺。上以伸圣孝，下以溥仁恩。经营之精深，规模之广大，极盛而无以加焉。垂成之日，龙舆上宾。仁宗皇帝临御，用竟厥功。制作之备，肖焉焕焉，踔立宇宙，光映日月。于以奉万德之尊，会三乘之众，永宣灵化，弘建福德，显幽万类，覆被无穷，盖自古所未有也。其兴造之由，已见永乐甲辰御制之碑，龙章丽天，本末完具。兹谨述三圣所以嘉厚象教之盛心，刻文贞石，昭示悠久。于戏！钟山巍巍，大江洋洋，圣德长存，

慧化不息，亿万万年，与天同寿。㉔

　　至此，明眼人就不难看出，朱棣利用大报恩寺的修建而为其政治目的服务的做法，是何等的深思熟虑，又是何等的高明！

　　正如上文所引，朱棣自称，他之所以要兴修大报恩寺，目的是要报父母的"罔极之恩"。文中记载非常明确，他的母亲就是孝慈高皇后（民间俗称马皇后）。现存明初史料，如《太祖实录》和《太宗实录》等，都明确记载朱棣为朱元璋的第四子，生母为马皇后，也就是说，朱棣是嫡子。《明史》等正史也多因循这种说法。朱棣在世时，也多次在不同的场合声明自己是马皇后所生。其标准的说法是，他与懿文太子朱标、秦王、晋王、周王同为马皇后所生，而他排行第四。

　　不过，关于马皇后是成祖生母的说法，在明中后期时就受到了广泛的质疑。当时主要流传着三种不同与正史的说法㉕：

　　一是达妃说。此说称朱棣为达妃所生，太子朱标、秦王、晋王、周王则同为马皇后所生。

　　二是元主妃洪吉喇氏说。此说称朱棣生母是蒙古人洪吉喇氏（或称翁氏）。洪吉喇氏是元顺帝的第三福晋，是太师洪吉喇特托克托的女儿。元顺帝败，朱元璋入大都（今北京）见洪吉喇氏貌美，就留在身边。然而她入明宫时就已经怀孕，所生的就是明成祖朱棣，所以朱棣即元顺帝的遗腹子。

　　三是硕妃说。这一说法最为流行，且与大报恩寺联系在一起。这种说法的直接证据是《太常寺志》中的有关记载。明末李清在翻阅《南京太常寺志》时，意外发现该志记载懿文皇太子及秦、晋二王均为李妃所生，而朱棣则为硕妃所生，感到非常吃惊。弘光元年（1645 年）元旦，当时任大理寺左丞的李清和礼部尚书钱谦益二人，利用祭祀孝陵的时机，悄然打开孝陵寝殿，进行实地"勘察"，结果发现硕妃的牌位没有和一般的妃嫔一样位列东面，而是单独列在了西面。

　　当时读到《南京太常寺志》的人并非李清一人。在此以前，何乔远在万历年间也读到过此书，但他对其中的有关记载并不敢贸然定论，只是作了记录，存疑备考。明末清初的谈迁也曾有机会读到了此书，不过他对其中的相关记载已深信不疑，在其后来撰写的《国榷》一书中予以直接采用。明末类似的记载还有不少。值得注意的是，当时的诸多记载，仍没有硕妃是高丽人之说。

　　硕妃说的流行，使报恩寺当初的修建目的也变得复杂起来。入清以后，关于朱棣兴修大报恩寺是为了纪念其生母硕妃的说法，越来越流行。一个广为流传的说法是：硕妃为高丽人，生下朱棣未出月，便惨遭朱元璋和马皇后毒手，被处以"铁裙"极刑而死。永乐帝登基之后，为缅怀其母，在南京天禧寺旧址上兴修大报恩寺及其琉璃塔。大报恩寺的大雄宝殿中供奉的就是硕妃（硕妃殿）。

　　现在看来，朱棣的生母，未必就像他自己所标榜的那样，一定就是马皇后，而很有可能是一位妃子，但是否就是硕妃，还有待于进一步的考证。但可以肯定的是，即使朱棣的生母就是硕妃，硕妃之高丽人的身份也可基本排除。最直接的证据就是朱棣的出身年月。朱棣生于至正二十四年（1364 年），那时的朱元璋尚在江南征战，既无法像后来那样可以要求朝鲜进贡美女，更谈不上直接从大都元宫中掠人之美。

　　如果朱棣的生母真的不是马皇后的话，那么后来其生母事迹的湮没，以及由此引起的种种猜测和附会，其责任则必须由朱棣承担。因为正是朱棣本人，为了给自己的篡位提供合法性，不惜牺牲自己生母的地位，而编造自己是马皇后亲生的谎言。同时，为了这一谎言，朱棣做了一系列的工作。高规格修建的大报恩寺，就属其中之一。

四　工程建设中的几个问题

南京大报恩寺及其琉璃塔的修建，工程浩大，工艺复杂，加上后来又历经废兴，不少建筑变动较多，已非原貌，因此许多相关问题，如其规格、布局以及修建次序等等，成了历史疑案，难以说清。

要了解当时修建的基本情形及后来的衍变过程，就必须首先掌握明初的基本史实。幸运的是，明初的部分相关材料，得以保存至今。

宣德三年（1428 年）六月十六日，御用监太监向宣宗奏报南京大报恩寺、塔已经完工，并提供了相关的清单（以下称《宣德清单》）。《金陵梵刹志》卷二《钦录集》载：

御用监太监尚义于左顺门，奏南京大报恩寺已完殿宇，数多合，无存留……各殿丈尺：
金刚殿，高三丈一尺二寸，深三丈五尺二寸五分，长七丈六尺。
左碑亭，高四丈五分，深二丈一尺，长三丈三尺五寸。
右碑亭，高四丈五分，深二丈一尺，长三丈三尺五寸。
天王殿，高四丈六寸五分，深四丈八尺五寸，长八丈三尺五寸。
佛殿，高七丈一尺五寸，深十一丈四尺三寸，长十六丈七尺五寸。
穿廊，高二丈六尺，深二丈七尺二寸，长三丈二尺九寸。
游巡廊，高二丈四尺四寸六分，深三丈二尺九寸，长一丈七尺五寸。
观音殿，高四丈二尺四寸五分，深三丈六尺，长五丈九尺。
法堂，高三丈八尺，深四丈六尺五寸，长八丈一尺。
御亭，高三丈一尺二寸，深三丈五分，长七丈六尺。
祖师堂，高二丈八尺五寸，深三丈三尺，长四丈三尺。
伽蓝殿，高二丈九尺，深三丈五尺五寸，长四丈六尺六寸五分。
经藏殿，高四丈一尺八寸，深五丈三尺五寸，长五丈三尺五寸。
轮藏殿，高四丈一尺八寸，深五丈三尺五寸，长五丈三尺五寸。
画廊共一百十八间，高二丈二尺六寸，深二丈四尺五寸，每间长二丈四尺五寸。
禅堂，高四丈三尺五寸，深六丈四尺，长十一丈二尺。
厨房，高三丈三尺四寸，深五丈六尺三寸，长十一丈九尺。
库房，高二丈八尺一寸，深五丈一尺八寸，长七丈五尺。
经房，高二丈三尺五寸，深三丈五尺，长七丈二尺。两边房三十八间。
东方丈，高二丈八尺五分，深五丈一尺八寸，长七丈五尺。
西方丈，高二丈八尺五分，深五丈一尺八寸，长七丈五尺。
三藏殿，高二丈六尺五寸，深四丈三尺，长□丈五尺。㉖

这一记载至少可以基本解决两个问题：一是大报恩寺的建筑规格问题；二是大报恩寺在明初的布局问题。

对大报恩寺的建筑规格，许多文献材料都记载，永乐十年（1412 年）朱棣下令重修时，其规格是按照皇宫的规格来设计的。如果此言属实，那么大报恩寺的设计标准，应该是参照南京皇宫的等级来设计的（也有文献称大报恩寺的设计标准要略低些）。南京明故宫今已基本不存，但以南京标准设计的北京故宫仍在（也有文献称北京宫殿虽然完全仿照南京，但其体量要略大些），因此可以作些对比。

今北京故宫规模最大的宫殿是太和殿，明初称奉天殿，其规格为：高26.92米（下面三层重台台基高8.13米），通进深37.17米，通面阔63.93米，面积2370.17平方米。大报恩寺内规模最大的殿堂是正佛殿（大雄宝殿）。如果以明营造1尺等于0.317米计算的话，其规格为：高22.6655米，通进深36.23米，通面阔53.1米，面积1923.8平方米。两者相较，尽管大报恩寺的通面阔要少10米多，高度也要低近10米，但两者之间的还是比较接近的。更重要的是其它方面的因素。如太和殿前有高规格的丹陛（月台），而大报恩寺也是如此。明人王樵《金陵杂纪》称："报恩寺大殿，宝座三层，露台雕栏，石陛九级，丹墀之广，一仿宸居。"[27]因此，从大雄宝殿的情况来看，明代陈沂在《报恩琉璃浮图记》中所谓大报恩寺"国朝永乐初大建之，准宫阙规制而差小焉"的说法，基本上是可以成立的。近年来对遗址的考古发掘，也充分证明了这点。

与大报恩寺几乎同时开工且级别相当的武当山道教建筑，在当时也是重点建设的宗教工程。其现存古建筑的规格，也基本上接近皇家宫殿的设计标准。这也是一个有力的旁证。

大报恩寺最初的布局及以后的衍变，也一直存有争议，原因现存最早的大报恩寺建筑布局图，是成书于万历年间的《金陵梵刹志》的附图（以下简称《金陵梵刹志图》）。嘉靖末年的大火破坏、万历年间的部分复建，使该图所列的布局，已与明初有较大的出入。不过，如果结合《宣德清单》的有关记载，同时考虑到明初寺庙布局的惯例，那么该图对大报恩寺最初的布局及以后的衍变的研究，仍是价值巨大。

大报恩寺位于聚宝门外的长干里，其范围东至虢国公神道，南至郭府坟，西至寺前大街，北至驯象街，面积多达400亩。但这一地区北紧贴南护城河，南受制于雨花台丘陵，且地形由西向东逐步抬高，非常特殊。寺庙建筑的布局也因此深受影响。何孝荣先生曾对明代南京寺院的基本布局作过论述，并对寺院布局的基本特点作过总结[28]。就总体而言，南京大报恩寺的寺院布局，大致体现了明代南京寺院的共性，即在继承宋元禅宗"伽蓝七堂"制的基础上有所变化。不过，由于其地位的崇高，加上所处地形的特殊，大报恩寺的寺院布局又呈现出明显的自身特点。

明初的大报恩寺，主要分成南北两大院落。

北院落，紧贴护城河，是大报恩寺的主院落。这一院落的建筑布局，相对比较清晰。其中轴线并非一般寺庙通行的南北走向，而是东西走向，具体为正东西方向偏东约14度[29]，基本上与聚宝门外大街垂直。这一设计，充分考虑到了寺庙所在地形的特殊性。这一院落的主要建筑，沿其中轴线由西向东，同时也是由低往高依次分布，主要由金刚殿、香河桥、碑亭、天王殿、佛殿（大雄宝殿）、琉璃塔、祖师堂、伽蓝殿、观音殿、轮藏殿、画廊、法堂等建筑组成。下面就简单介绍一下相关情况：

金刚殿（山门）。《金陵梵刹志》称其为五楹。该殿毁于嘉靖大火，万历年间重建。另外，在金刚殿与碑亭之间，有香河桥。此桥在《宣德清单》中未录，但见于《金陵梵刹志图》，应是明初建筑。该桥遗址尚存青石桥面，上世纪80年代实测，其宽度2.5米，长度4.5米。该桥和左右碑亭遗址，为目前判断大报恩寺中轴线的重要依据。

左右碑亭。按：左碑亭之碑，即明成祖于永乐二十二年（1424年）三月所撰《天禧寺将成赐名大报恩寺上亲制碑文》（此年八月明成祖去世），此碑见载于《实录》。右碑亭之碑，即明宣宗于宣德三年（1428年）三月所作的《御制大报恩寺右碑》。现碑亭皆已不存，但右碑尚在，左碑仅存龟趺。

天王殿。毁于嘉靖大火。《金陵梵刹志图》存其遗址。康熙年间复建，规格不详。

佛殿。又称正殿、正佛殿，实际上就是通常所称的大雄宝殿。毁于嘉靖大火。《金陵梵刹志图》存其遗址。康熙年间复建，规格不详。

宝塔。即九层琉璃塔。

画廊。共118间，画廊围塔而建，分南、东、北三面。毁于嘉靖大火，《金陵梵刹志图》存其遗址。万历年间复建，规格不详。

穿廊、游巡廊。按：其作用为连接各殿堂，具体位置不详。

祖师堂。位于塔南侧，毁于嘉靖大火，《金陵梵刹志图》存其遗址，天启年间复建。此堂之前（西面）有钟楼。钟楼在《宣德清单》中未录，但见于《金陵梵刹志图》，应是明初建筑，且未毁于嘉靖大火。成书于万历年间的《客座赘语》卷一《花木》所载"数年前，大报恩寺钟楼傍一株（银杏），开花满树如柳絮，人皆见之"[③]一语，可为其未毁于火的明证。大报恩寺只有钟楼而无鼓楼，可能与其讲寺的性质有关。

伽蓝殿。位于塔北侧，见于《金陵梵刹志图》，可见其未毁于嘉靖大火。观音殿。位于塔东侧，毁于嘉靖大火。《金陵梵刹志图》存其遗址。（天启年间复建。）

轮藏殿。此殿见于《宣德清单》，却不见于《金陵梵刹志图》。按：明初此殿肯定存在，后应毁于嘉靖大火。

法堂。该院落中轴线上的最后（东）的一座建筑。毁于嘉靖大火，《金陵梵刹志图》存其遗址。

在此院落的东南角，有一放生池，面积不小（8亩）。明中期一度被废，至万历年间，又重新恢复，并新筑濠上亭。

明初材料表明，除碑亭之外，还应有一御亭："御亭，高三丈一尺二寸，深三丈五分，长七丈六尺"。但其具体位置不详。

这一院落的布局，有一点必须特别强调，那就是琉璃塔所处的位置。一般而言，在隋唐时期，供奉佛像的佛殿开始成为寺院的主体，而相比之下，佛塔则退居次要地位，或被移置佛殿之侧，或干脆另建塔院。到宋元时期，佛塔更是被请出了院落。但是，大报恩寺的布局却与此明显不同。首先，琉璃塔处于主院落建筑的中轴线上，而没有象其它寺庙的佛塔那样被布置在大殿的周边地区。其次，琉璃塔是主院落建筑的中心，至少也是中心之一。以琉璃塔为中心的巨大平台上，前（西）有大雄宝殿，后（东）有观音殿、轮藏殿，周边围以巨大的画廊，自成院落。而在画廊之外，南有祖师殿、北有伽蓝殿、东有法堂三组建筑紧贴。由于琉璃塔体量的巨大，加上所处位置又相对较高，其中心地位更加突出，成为了整个寺庙的地标建筑。这也应该是设计者的初衷。

明初大报恩寺的另一个院落为南院落。按照《宣德清单》的记载，这一院落的应该包含三藏殿、禅堂、经藏殿、经房、库房、厨房、东方丈、西方丈等建筑。从相关史料来推断，这些建筑大致可分为三组：一是三藏塔周边的三藏殿、禅堂等建筑；二是经藏殿、经房等建筑；三是方丈、库房等建筑；四是僧房之类的建筑。在嘉靖大火中，第二、第三组基本被破坏，而第一、第四组大致幸存了下来。

第一组建筑。从《金陵梵刹志图》中的记载来看，三藏殿、禅堂等建筑，分布在三藏塔周围。三藏塔原在东冈，因洪武年间重建天禧寺而被迁移到南冈，后来一直没有变化。此处位于寺院的最南侧，雨花台北麓之下，远离火灾中心，故能幸免。

　　第四组建筑。从《金陵梵刹志》中的记载来看，这一组建筑呈田字型（清末仍存。甘熙《白下琐言》卷二：旃檀林有二，南在报恩寺，北在干河沿。其园池修整，寮舍精严，以北为胜。报恩寺不过坐拥厚赀，杜门谢客而已。寺内又有天禧堂，亦系房头所居之屋，皆作田字形，其富与旃檀林相埒^㉛）。位于南院落之东部，北与放生池相邻。这一组建筑也幸免于火。明周晖《金陵琐事》卷三《报恩寺回录》载："成祖造报恩寺于聚宝门外，乃旧长于寺基。数年方成，佛殿画廊，壮丽甲天下。嘉靖丙寅年二月十六日，异常风雨，雷火焚之，不两三时而尽，独僧房无恙。"^㉜

　　第二、第三组建筑的位置，应该与北院落相近，因此破坏严重。从万历年间的重建情况来看，第二组经藏殿、经房等肯定是遭到了彻底破坏，而第三组建筑被破坏的程度如何，就不得而知了。

　　殿、塔的建设顺序问题，即是先建琉璃塔还是先建殿堂，至今仍有争议。争议的原因之一，就是大报恩寺的工期实在拖得太长，不合常理。

　　目前比较通行的说法是，大报恩寺始建于永乐十年（1412年），完成于宣德三年（1428年），历经三朝，前后费时达17年（一说19年）。那么，大报恩寺的工期为什么会如此之长呢？学界一般认为，这主要是因为琉璃塔的建设难度太大，拖了工期。这应该是事实。不过有些学者却进而认为，正是由于琉璃塔的建设难度太大，屡建不成，从而导致了寺院殿堂建设的一拖再拖。其理由是琉璃塔的建设，使用的是堆土法，而此法需要较大的场地，在琉璃塔建成以前，大雄宝殿无法动工。这就涉及到另一个问题，即是殿堂和琉璃塔建设的顺序问题。

　　其实，这种说法是可以商榷的。

　　第一，琉璃塔的修建，是否使用了堆土法，至今存疑。张惠衣在《大报恩寺琉璃塔志》卷首《说明》中称："按（琉璃塔）建筑时，不施架木，造一层四周雍土一层，随建随雍，至九层则也堆雍九层，始终在平地建造。及工竣，复将雍土除去，而塔身始显。"^㉝张惠衣先生在论述时，并没有标出其史料依据。（堆土法的传说，也见于南京同时代的其它古建，如明孝陵"功德碑"）如要使用堆土法，则需要较大的施工场地，而琉璃塔所处的台地，似乎难以满足。更重要的是，明初和明中后期都有搭架拆塔和修塔的事例。洪武年间，朱元璋曾命拆毁天禧寺塔，当时就是搭了脚手架。万历年间雪浪和尚维修琉璃塔时，也搭了脚手架（当时称鹰架）。由此可见，修塔并不一定要用堆土法。

　　第二，也是更重要的，就是现存材料可以明确证明，大报恩寺的殿堂，至少是部分殿堂，其完工时间要早于琉璃塔，并已先行投入使用。至少从永乐十七（1419年）年开始，大报恩寺已屡屡出现在文献记载中。这说明当时该寺已有部分殿堂可以使用。这些殿堂，肯定属于新修，因为永乐初的大火，把原先的天禧寺基本烧毁，没有什么剩余。对此，朱棣在永乐十一年（1413年）的《重修报恩寺敕》中作过明确的说明："比年有无籍僧本性，以其私愤，怀杀人之心，潜于僧室，放火将寺焚毁，崇殿修廊，寸木不存，黄金之地瓦砾，浮屠煨烬，颓裂倾敝。周览顾望，丘墟草野。"^㉞

　　最直接的证据是《永乐南藏》的编修和雕版。一般认为，《永乐南藏》的雕刻时间，大致在永乐十一年（1413年）（也有十二年之说）至永乐十八年（1420年）之间，地点基本上可以确定就是在新建的大报恩寺内（也有一些经板是其它寺院雕刻的）。《永乐南藏》在永乐十八年肯定已经正式完工，并在大报恩寺发行流通。（郑和于此年施给云南的大藏经即是《永乐南藏》）因此，如果当时的院寺殿堂尚未开工，那么很难设想像《永乐南藏》这么大的工程能在大报恩寺中进行。

　　当然，以上的推测，还有待于进一步的研究。但不管怎样，琉璃塔一定是大报恩寺建筑群中最晚完工的。也正因为如此，宣宗才会在宣德三年（1428 年）二三月份的几次敕文中不厌其烦地多次提到了塔灯：

> 　　宣德三年二月二十四日早，本部官于奉天门口奏，宣德三年二月二十四日，御用监太监孟继、尚义等于武英门钦奉圣旨："南京大报恩寺佛殿、宝塔完了，说与礼部知道，着僧录司选行童一百名，与他度牒，常川点塔灯，钦此。"

> 　　三月十一日，敕太监郑和等，南京大报恩寺……寺完之日，监工内官内使，止留李僧崇得在寺，专管燃点长明灯，其余都拘入内府该衙门办事。故敕。钦此。

> 　　三月十一日，敕太监尚义、郑和、王景弘、唐观、罗智等："南京大报恩寺完成了，启建告成大斋七昼夜，燃点长明塔灯。特敕尔等提调修斋。合用物件，着内府该衙门该库关支。物件造办、打发供应物料及赏赐僧人，就于天财库支钞，着礼部等衙门买用。塔灯用香油，着供用库按月送用。故敕。钦此。"⑤

　　不仅如此，当时还就灯油数量、点灯规范等作了详细规定。这些都充分说明了琉璃塔至此才正式完工，整个大报恩寺的修建工作也告结束。

五　南京大报恩寺的督造官员和人役

　　南京大报恩寺的修建，是一项浩大、复杂的工程。在前后长达 17 年工期中，朝廷动用了大量的人役，参与管理的各类官员、宦官等人员也为数不少。由于史料的不足，今天我们虽然已无法完全搞清当时的情况，但仍能理出某些头绪，复原一些史实，并消除一些误解。

　　目前流行的一种看法，即工部侍郎黄立恭和郑和是南京大报恩寺的两位督造。其实，这是值得商榷的。

　　首先，工部侍郎黄立恭不可能是大报恩寺的督造。工部侍郎黄立恭为南京大报恩寺的督造这种说法，其实在明代就很流行。如王士性《广志绎》卷二"两都"条：

> 　　大报恩寺塔以藏康僧所取舍利。龙神人兽，雕琢精工，世间无比。先是，三宝太监郑和西洋回，剩金钱百余万，乃敕侍郎黄立恭建之。琉璃九级，螭吻鸱尾，皆埏埴成，不施寸木，照耀云日。内设篝灯百四十四，雨夜舍利光间出绕塔，人多见之。嘉靖末，雷火，官殿俱毁。⑥

　　这说明到明中后期，有关情况就已开始混淆。其实，当时也有人比较清楚相关材料。如万历年间葛寅亮在编修《金陵梵刹志》，就直接使用了太常寺僧录司的有关档案。其中有关黄立恭的材料，较为可信的材料有两条，收于《金陵梵刹志》卷三一中。

　　前引朱元璋在洪武二十一年（1388 年）十二月《御制黄侍郎立恭完塔记》一文，给我们提供了有关黄立恭的重要信息。

> 其黄立恭昔本技艺，所得者甚微。然而设心为善，夫妇异处三十余年，朝出暮归，其妻送迎若宾礼焉，未尝有间。以一夫之智，赤手成此善事，是其美也。然而事成则成矣，又其妻与闺内者尽皆为尼。呜呼！立恭之诚，岂止外成于塔寺，于家化及闺门，然一家修善，处于是方，将必成矣。㊲

该文提到"其黄立恭昔本技艺，所得者甚微"，由此可以推测，黄立恭的出身，很有可能就是工匠。再如"然而设心为善，夫妇异处三十余年，朝出暮归，其妻送迎若宾礼焉，未尝有间"一语表明，到洪武洪武二十一年（1388 年）底，当时已升任工部侍郎的黄立恭，其年龄至少已接近 50 岁。如果这一推测确实，那么，到永乐十年（1412 年）大报恩寺开始重修时，黄立恭应该是 70 岁左右的高龄了。单就年龄而言，这也是不大可能的。那么，为什么长期以来一直会有黄立恭是大报恩寺督造的说法呢？究其原因，当然很多，但其中非常重要的一条，就是黄立恭重修了大报恩寺的前身天禧寺及其宝塔，并且得到了朱元璋的高度评价，影响深远。

其次，可以确定负责大报恩寺修建的官员，应是多人。

正如前述，大报恩寺的修建及前身天禧寺的重建，到底由谁来负责督造，当时的材料并没有明确记载。从目前发现的材料来看，早期督造大报恩寺重建工程的高级官员，其姓名事迹皆可考者，仅有李昌祺一人。㊳

李昌祺，名祯，江西庐陵人。永乐二年（1404 年）进士，历任翰林院庶吉士、吏部侍郎、广西左布政使、河南左布政使等，有《剪灯余话》、《运甓漫稿》传世。按其自述，李昌祺于永乐十年（1412 年）从礼部侍郎位上被谪官南京，开始参与大报恩寺的修建工程。其在《运甓漫稿》中的相关记载，也成为了解当时报恩寺督造这一角色的珍贵史料。如其《秋暑述怀》一诗就记录了当时的董役生活：

> 局促过长夏，荏苒届秋期。
> 初谓火既流，凉飚扫炎曦。
> 岂料残暑酷，乃尔不可支。
> 我应徽墨残，下共卒伍驰。
> 弱骨苦汗渍，弊衣叹尘缁。
> 一身方在公，宁复顾而私。
> 虽无案牍劳，莫任奔走疲。
> 幸兹城南敞，颇与静者宜。
> 时来解襟傲，偃仰暂得怡。
> 我家文江上，先庐有遗基。
> 何当乞骸去，结茅树桐椅。
> 期与世尘绝，永随樵牧嬉。
> 怀哉果何日，浩叹徒歔欷。㊴

又如其在永乐十二年（1414 年）所作的《甲午九日病中作》一诗，更是描写了身为督役却近一贫如洗的生活境况：

> 谪官久于役，俯仰成陆沉。

> 岂顾岁时迈，但忧才弗任。
> 如何孱弱质，兹复病见寻。
> 萧条卧空宇，四壁但蜇吟。
> 山妻忽相慰，重九今旦临。
> 欲沽东邻酒，垂囊久无金。
> 而我听此语，浪然泪沾巾。
> ……
> 老亲隔千里，两鬓吴霜侵。
> 十年违菽水，惭彼返哺禽。
> 纵非在忧患，有酒宁独斟。
> 妻亦重洒泣，悲亦不自禁。
> 妇人亦人子，岂独丈夫心！⑩

从李昌祺这三年的经历涯来看，大报恩寺督造显然不是一个轻松的职位。永乐十三年（1415年），李昌祺复官礼部主客司郎中，离开大报恩寺工地。这也证明了大报恩寺这一工程的督造绝非只有一人承担。而有关大报恩寺修建前期的督造的其他记载，主要有以下几条：

一是永乐十一年（1413年）的记载。当时永乐皇帝心情愉快，要奖励参加大报恩寺的工匠，而负责处理此事的是工部尚书吴中⑪。

二是宣德三年（1427年）的记载。这一史料，是追记永乐年间的相关情况，其中明确提到了大报恩寺修建之初的相关负责人员：

> 大报恩寺起工之初，监工官内官监太监汪福等、永康侯徐忠、工部侍郎张信，军匠夫役十万人，奉敕按月给粮赏。⑫

大报恩寺修建后期的督造，相关材料主要有以下几条：

一是宣德元年（1426年）《明实录》中的记载。当时新登基的宣宗严厉训斥了郑和，原因是郑和为南京修造庙宇的工匠请赏。从相关情况来看，郑和此举，当是为修建大报恩寺的工匠而为。具体如下：

> 命司礼监移文谕太监郑和毋妄请赏赐。先是，遣工部郎中冯春往南京修理官殿，工匠各给赏赐。至是春还，奏："南京国师等所造寺宇，工匠亦宜加赏。"上谕司礼监官曰："佛寺僧所自造，何预朝廷事？春之奏必和等所使，春不足责。其遣人谕和谨守礼法，毋窥伺朝廷，一切非理之事，不可妄有陈请。"⑬

二是宣德三年（1428年）的记载。宣宗对南京大报恩寺迟迟不能完工而下敕郑和等，表示了强烈的不满，同时又要求在完工之日举行仪式：

> 三月十一日，敕太监郑和等："南京大报恩寺自永乐十年十三日兴工，至今十六年之上，尚未完备。盖是那监工内外官员人等，将军夫、人匠役使占用，虚废粮赏，以致迁延年久。今特敕尔等即将未完处，用心提督，俱限今年八月以里都要完成。迟误了时。那监工的

都不饶。寺完之日，监工内官内使止留李僧崇得在寺，专管燃点长明塔灯，其余都拘入内府该衙门办事。故敕。钦此。"

三月十一日，敕太监尚义、郑和、王景弘、唐观、罗智等："南京大报恩寺完成了，启建告成大斋七昼夜，燃点长明塔灯。特敕尔等提调修斋。合用物件，着内府该衙门该库关支。物件造办、打发供应物料及赏赐僧人，就于天财库支钞，着礼部等衙门买用。塔灯用香油，着供用库按月送用。故敕。钦此。"④

三是同年六月的一条记载：

六月十六日，御用监太监尚义于左顺门奏："南京大报恩寺已完，殿宇数多，合无存留经手人匠五十六名，在寺修理。应天府拨人夫五十名，常川打扫，疏通沟渠。南城凤台街四铺总甲轮流巡缉，仍着原管工指挥刘勋带管提调。奏知。"奉圣旨："是，着该衙门拨用，钦此。"⑤

从上述记载来看，涉及到大报恩寺的官员主要有几类：一是工部系统的官员，如工部尚书吴中、侍郎张信等，二是太监汪福、尚义、郑和、王景弘、唐观、罗智等，三是贵族，如永康侯徐忠等，四是军队系统的官员，如指挥刘勋等。之所以会出现几个系统的官员，是由明初的制度决定的。

按照明初的规定，工部营缮清理司设"郎中、员外郎、主事，分掌宫府、器仗、城垣、坛庙，经营兴造之事"⑯。永乐十年（1412年）由皇帝敕建的大报恩寺，是最为重要的建筑工程之一，所以工部必须负责。从永乐十年起，一直到宣德三年（1428年）为止，担任工部尚书的有黄福、宋礼、吴中、李庆、李友直等。从有关记载来看，这些尚书大部分时间在"行在"（北京），而且任职期间或有其它差遣，或有他任。更重要的是，永乐帝长住北京后，南京在相当长的时间内只设工部侍郎负责⑰。因此，永乐十年（1412年）大报恩寺开工后，工部的相关负责人应该是工部侍郎。开始时是张信，后来的情况不详。

宦官之所以参与此事，也是因为制度的规定。明朝宦官设"十二监""四司""八局"，总称为"二十四衙门"。其中十二监中的内官监，其人员与职责是：

掌印太监一员，总理、管理、佥书、典簿、掌司、写字、监工无定员，掌木、石、瓦、土、塔材、车行、西行、油漆、婚礼、火药十作，及米盐库、皇坛库，凡国家营造宫室、陵墓，并铜锡妆奁、器用冰窖诸事。⑱

因此，像大报恩寺这样的建设，内官监必须自始至终参与其间，并承担监工角色。上引材料中有"监工官内官监太监汪福"之类的记载，就是明证。

同时，明初的许多大型工程，都有大量的军人参加，因此必须由军队系统的官员参加管理。大报恩寺的建设，同样如此。为弹压、协调，朝廷甚至不惜起用像永康侯徐忠这样的贵族。

就总体而言，大报恩寺的建设、监理，是一个多元的综合系统。各个系统按规定参与其中，各负其责。工部、内官监和军队的有关官员，都可以被视作是督造人。前引宣宗所谓"监工内外官员人等"的说法，就是这么个意思。当然，如果其中某个系统的某位官员之地位明显高于其他人，则此人被看作是总负其责的督造也未尝不可。在大报恩寺完工前的几年中，作为南京守备太监的郑和就属于此类人物。

谈到郑和与大报恩寺建设之间的关系，首先必须消除目前流行的一种误解，即郑和是大报恩寺的督造。其实，在大报恩寺建造的前十余年，郑和不可能直接参与工程的组织、管理工作。道理很简单，一是此项工作，并非郑和的职责所在。前引材料也说明，在大报恩寺开工之初，担任监工官的是内官监的太监汪福。后来的情况虽然不清楚，但有一点可以明确，那就是监工官肯定仍由内官监的太监担任。二是从永乐十年（1412 年）以后郑和的工作经历来看，郑和也绝无可能承担大报恩寺的监修之责。在此期间，郑和几乎一直忙于下西洋，留驻南京的时间并不多。当然，这并不是说此时的郑和与大报恩寺的建设没有一点关系。

郑和真正作为大报恩寺建设的重要负责人，应该是在仁宣之间。从第六次下西洋回国的永乐末年到第七次下西洋前的宣德六年（1431 年），郑和基本上留驻在南京。在此期间，郑和作为南京守备太监，理当对大报恩寺的修建负责。

洪熙元年（1425 年）底，原先由郑和统属的下西洋官军被充作南京工役：

> 行在工部尚书吴中奏：南京修理殿宇未完，请于镇江等卫拨军士二万人助役。上曰：南京间旷军士亦多，不须别取，其再计议。于是中与尚书张本等议，原下西洋官军一万余人久闲，可令协助。从之。④

这些官军，后来是否也有部分被用到大报恩寺工程上的，就不得而知了。但可以确定的是，郑和在此时确实负起了大报恩寺建设的领导责任。从前引宣德元年（1426 年）的材料可以基本确定，郑和此时试图为大报恩寺的工匠请赏。前引宣德三年（1328 年）的材料记载，对工程进度十分不满的宣宗，明确要求郑和等"用心提督"，加快建设速度，这进一步说明郑和是当时该工程的总负责人。

必须指出的是，当时郑和的职责，并非大报恩寺一处。南京其它的皇室建筑修建，也是由其负责。以下的材料是其依据之一：

> 南京守备太监郑和等奏："天地坛、大祀殿并门廊、斋宫及山川坛殿廊厨库，俱已朽敝，请加修理。"上谕行在工部尚书吴中等曰："祀神，国之大事，其祠宇皆当完固，况郊坛、山川坛尤重。其令南京工部发匠修葺。"中言："人祀诸殿当用香楠等大材。请取四川、湖广所采者用之。"上曰："大材南京见有者，即给用，如无即往彼取之，须令善抚军民，给以粮赏，一如营造工匠之例。"⑤

此外，参加大报恩寺塔修建的人役，大致有四类：一为工匠，二为军人，三为民夫，四为罪犯。

《金陵梵刹志》卷二《钦录集》宣德三年条载：

> 大报恩寺起工之初，监工官内官监太监汪福等、永康侯徐忠、工部侍郎张信，军匠夫役十万人，奉敕按月给粮赏。⑤

其中的"军匠夫役"，比较笼统，也是一种习惯性的说法。如明成祖朱棣也用同样的说法。《金陵梵刹志》卷二《钦录集》载：

永乐十一年七月十七日，工部尚书吴中于奉天门早朝钦奉圣旨："如今京城起盖大报恩寺，那军夫人匠每好生用心出气力，勤紧做工程，我心里十分喜欢。恁部家便出榜去，分豁等第赏他，仍免他家下差拨。钦此。"(52)

但在工部具体的方案中，各类人役的情况就比较清楚了：

本部今将钦定事例备榜前去，仰钦遵施行。须至榜者：一、军夫人匠做工一年以上，始终不曾离役者，每名赏钞十锭、赏布二匹，夫匠免户下杂差役，旗军免余丁差拨各二年……一、为事军民官吏人等，上工始终不逃者，原犯笞、杖罪名，盖寺满日，官吏复其职，役军还原伍，民发宁家；原犯徒、流罪名，盖寺满日，军官复其原职，民官降等序用，吏役人等差役宁家；原犯死罪者，盖寺完日，俱宥其死。右榜谕众通知。(53)

工匠的征发，主要根据当时的匠籍制度以及在此基础上建立起来的充役制度。明初规定，工匠户籍另立，各类在籍工匠每年必须无条件到朝廷指定的地点服一定期限的匠役。遇到重大工程，朝廷往往会超额征发工匠，并让其超期服役。以下事例，即属此类：

洪熙元年十一月辛丑，行在工部奏：南京修理殿宇用五墨妆銮诸匠，已役浙江并直隶苏松等府，春季当班者五百人尚不敷用，宜令有司于未应输班匠内丁多者再起二千人，并力用工。上从之，命月粮赏支如例，工毕即遣宁家。(54)

大报恩寺的修建，同样也大量使用了工匠，且因工期拖得太久，其中超期服役者数量肯定也不会太少。宣德元年（1426 年），郑和曾为大报恩寺的工匠请赏（《明宣宗实录》卷一六宣德元年夏四月壬申），其动机大概也是因为此类匠人的超期服役。

大量使用军人，是明初大型工程的一大特点。如前述郑和下西洋的军队曾被调用于南京宫殿的修缮，又如平江伯陈瑄的运粮官军 7000 人也曾被借用于该项工程。(55)可以设想，参与南京大报恩寺工程的军夫数量也不会太少。

明初的大型工程，还往往大量征发民夫。如宣德元年，就征发数万民夫修缮南京宫殿，《明宣宗实录》卷十四宣德元年二月丙寅载：

行在工部奏：修理南京宫殿军民供役者少，欲令应天等府起丁多民夫协助，每班二万人，给粮赏如例，每三月一更。从之。(56)

大报恩寺修建过程中，民夫的使用为数肯定不少。即使在工程结束后，大报恩寺仍在使用民夫。《明宣宗实录》卷四四宣德三年六月丁酉载：

南京大报恩寺成，命应天府常以民夫五十人及留工匠五十人，备洒扫修理。(57)

在大报恩寺建设过程中，还大量使用囚犯。明初规定，各类囚犯，可充工役，以冲销刑期。有史料表明，南京大报恩寺使用的囚犯，曾多达上万。永乐十四年（1416 年），朝廷风闻参加南京大报恩寺建设的万余囚犯，骚动不安，因担心出事，还为此专门派员前往调查。(58)

由此可见，明初大报恩寺的修建，动用了大量的人役。而明初建立来的一整套严密而系统的徭役制度，是保证人役征发的基础。永乐年间如此之多的大型工程，之所以得以完成，确实是与此分不开的。

① 葛寅亮：《金陵梵刹志》卷三一《御制黄侍郎立恭完塔记》，续修四库全书第 718 册，第 673 页。
② 王俊华：《洪武京城图志》《寺观》，北京图书馆古籍珍本丛刊第 24 册，第 15 页，书目文献出版社。
③ 《明太宗实录》卷二六九，永乐二十二年春三月甲辰条。
④ 嘉靖《南畿志》卷七《郡县志四·方外》，北京图书馆古籍珍本丛刊第 24 册，第 125 页，书目文献出版社。
⑤ 陈沂：《报恩寺琉璃浮图记》，《金陵梵刹志》卷三一，续修四库全书第 718 册，第 679 页。
⑥ 葛寅亮：《金陵梵刹志》卷三一《御制黄侍郎立恭完塔记》，续修四库全书第 718 册，第 673 页。
⑦ 葛寅亮：《金陵梵刹志·凡例》，续修四库全书第 718 册，第 409 页。
⑧ 乾隆《江宁新志》卷一一《古迹志》，《稀见中国地方志汇刊》第 11 册，中国书店 1992 年，第 167 页。
⑨ 李之仪：《姑溪居士前集》卷三七《天禧寺新建法堂记》，影印文渊阁四库全书，第 1120 册。
⑩ 张敦颐：《六朝事迹编类》卷下《寺院门第十一》，影印文渊阁四库全书，第 589 册。
⑪ 周应和：《景定建康志》卷四六，影印文渊阁四库全书，第 489 册。
⑫ 张铉：《至正金陵新志》卷一一，影印文渊阁四库全书，第 492 册。
⑬ 张铉：《至正金陵新志》卷一一，影印文渊阁四库全书，第 492 册，第 424 页。
⑭ 周应和：《景定建康志》卷四六，影印文渊阁四库全书，第 489 册，第 590 页。
⑮ 张铉：《至正金陵新志》卷一一，影印文渊阁四库全书，第 492 册，第 424 页。
⑯ 光中法师编著：《唐玄奘三藏传史汇编·附录》，东大图书股份有限公司，1989 年。
⑰ 葛寅亮：《金陵梵刹志》卷三一《御制黄侍郎立恭完塔记》，续修四库全书第 718 册，第 673 – 674 页。
⑱ 20 世纪 30 年代，此藏孤本在四川省崇庆县街子乡（今崇州市街子镇）的凤栖山上古寺被发现，当时被著名学者吕澂先生认定为洪武年间的刻本，并命名为《洪武南藏》。20 世纪末，中国社科院宗教研究所何梅教授考订此藏实际上是刻于建文年间，但由于明成祖的篡改，后人误解其为洪武刻本。何梅根据自己的考证，将其改名为《初刻南藏》。请参李富华、何梅《汉文佛教大藏经研究》，第九章第一节，宗教文化出版社，2003 年。本文以下的相关论述主要参考了何梅的研究成果。
⑲ 葛寅亮：《金陵梵刹志》卷二《钦录集》，续修四库全书第 718 册，第 470 页。
⑳ 葛寅亮：《金陵梵刹志》卷三一《报恩寺修官斋敕》，续修四库全书第 718 册，第 674 页。
㉑ 《明太宗实录》卷一三一，永乐十年八月丁丑条。
㉒ 葛寅亮：《金陵梵刹志》卷三一《重修报恩寺敕》，续修四库全书第 718 册，第 674 页。
㉓ 葛寅亮：《金陵梵刹志》卷二《钦录集》，续修四库全书第 718 册，第 471 页。
㉔ 《明太宗实录》卷二六九，永乐二十二年三月甲辰条。
㉕ 葛寅亮：《金陵梵刹志》卷三一《御制大报恩寺右碑》，续修四库全书第 718 册，第 676 页。
㉖ 吴晗：《明成祖生母考》，载《吴晗史学论文著选集》第一卷，人民出版社，1984 年。朱希祖：《明成祖生母记疑辩》《再驳明成祖生母为碽妃说》，《朱希祖文存》，上海古籍出版社，2006 年。傅斯年：《明成祖生母记疑》，刘梦溪：《中国现代学术经典·傅斯年卷》，河北教育出版社，1996 年。
㉗ 葛寅亮：《金陵梵刹志》卷二《钦录集》，续修四库全书第 718 册，第 476 – 477 页。
㉘ 王樵：《方麓集》卷一一《金陵杂纪》，景印文渊阁四库全书，第 1285 册，第 348 页。
㉙ 详见何孝荣《明代南京寺院研究》第三章，中国社会科学出版社，2001 年。
㉚ 顾起元：《客座赘语》卷一《花木》，中华书局，1987 年，第 16 页。

㉛　甘熙：《白下琐言》卷二，南京出版社，2007 年，第 32 页。

㉜　周晖：《金陵琐事》卷三《报恩寺回录》，台北成文出版社，1983 年，第 378 页。

㉝　张惠衣：《金陵大报恩寺塔志》卷首《说明》，国立北平研究院史学研究会出版社，1935 年。

㉞　张惠衣：《金陵大报恩寺塔志》卷七《重修报恩寺敕》，国立北平研究院史学研究会出版社，1935 年。

㉟　葛寅亮：《金陵梵刹志》卷二《钦录集》，续修四库全书第 718 册，第 475 页。

㊱　王士性：《广志绎》卷二《两都》，中华书局，2006 年，第 211 页。

㊲　葛寅亮：《金陵梵刹志》卷三一《御制黄侍郎立恭完塔记》，续修四库全书第 718 册，第 673 - 674 页。

㊳　关于李昌祺同大报恩寺修建的关系，乔光辉《大报恩寺与李昌祺的佛教情节及其对〈剪灯余话〉的影响》，《东南文化》2005 年第 3 期，《李昌祺年谱》，《东南大学学报》（哲学社会版科学版），2002 年第 4 卷第 6 期做了详细的考证。本文参考了其研究成果，特此说明。

㊴㊵　李昌祺：《运甓漫稿》卷一，景印文渊阁四库全书第 1242 册，第 414 页。

㊶　葛寅亮：《金陵梵刹志》卷二《钦录集》，续修四库全书第 718 册，第 471 页。

㊷　葛寅亮：《金陵梵刹志》卷二《钦录集》，续修四库全书第 718 册，第 475 页。

㊸　《明宣宗实录》卷一六，宣德元年夏四月壬申条。

㊹　葛寅亮：《金陵梵刹志》卷二《钦录集》，续修四库全书第 718 册，第 475 - 476 页。

㊺　葛寅亮：《金陵梵刹志》卷二《钦录集》，续修四库全书第 718 册，第 476 页。

㊻　万历《大明会典》卷一八一，江苏广陵古籍刻印社，1989 年，第 2491 页。

㊼　张廷玉：《明史》卷一一一，中华书局，1974 年。

㊽　张廷玉：《明史》卷七四，中华书局，1974 年。

㊾　《明宣宗实录》卷一一，洪熙元年十一月癸卯条。

㊿　《明宣宗实录》卷一四，宣德元年二月壬辰条。

51　葛寅亮：《金陵梵刹志》卷二《钦录集》，续修四库全书第 718 册，第 475 页。

52 53　葛寅亮：《金陵梵刹志》卷二《钦录集》续修四库全书第 718 册，第 471 页。

54　《明宣宗实录》卷一一，洪熙元年十一月辛丑条。

55　《明宣宗实录》卷二三，宣德元年十一月壬辰条。

56　《明宣宗实录》卷一四，宣德元年二月丙寅条。

57　《明宣宗实录》卷四四，宣德三年六月丁酉条。

58　张廷玉：《明史》卷一五七，中华书局，1974 年。

万历工部三书所证内官董役与召买开纳事例述考

白建新

（故宫博物院紫禁城出版社副编审）

万历工部三书是万历晚期专门记述工部董理内廷营建，督责匠役、帑费、物料的三部著作。这三部书是：工部营缮司郎中郭尚友《缮部纪略》一卷，万历四十二年（1614 年）刊行；工科给事中何士晋《工部厂库须知》十二卷，万历四十三年刊行；贺仲轼《两宫鼎建记》三卷，万历四十四年自序。前两部是官修政书，带有行政法规的性质。第三部是感怀际遇不公的鸣冤之作。这三部书内容各有特点。《缮部纪略》记载了营缮司履行职责遇到的种种弊窦和具有针对性的防范措施。《工部厂库须知》从监察的角度，详细列出工部各司各差职掌、厂库物料收发程序、交接手续、规则和外解本色、折色的数目。《两宫鼎建记》从董理大工的角度分类转录了万历重建乾清宫、坤宁宫的工程概貌。

近代以来对于明代营建中的管理、物料、经费的研究，初始于 20 世纪 30 年代。前辈学者单士元在《中国营造学社汇刊》发表的《明代营造史料》之一，从工部组织沿革、内府与营造、工匠供役法、征用夫役法、木料来源与采木官各个角度进行探讨，继而，单士元《明代营造史料》之二《万历朝重建两宫》，以《两宫鼎建记》为主，结合《明实录》，对照明初制度和嘉靖重建三殿旧例，考订万历朝重建两宫的采木、采石、运输、旧石翻新、现钱雇佣人夫等方面的变化。[①]此后多年，建筑史学术界对于古代建筑物的形制、布局规划和结构的研究蔚成大观，而对于建筑物产生过程即营建活动过程的研究关注不多。最近 10 年间，主要有：李燮平的研究文集《明代北京都城营建丛考》，其中部分篇目涉及营建过程。[②]重要文章有：孙大章《杰出的古代建筑经济学家贺盛瑞》[③]，高寿仙《明代北京营建事宜述略》[④]。孙大章文从杜绝钻营肥缺之路、严格控制办事机构的设置、现钱雇工并调用库料、完善施工组织管理、加强成本分析五个方面归纳了贺盛瑞组织工程管理的措施。高寿仙文从营建管理、经费筹措、物料采办、匠役征用四个角度，完整构建了明代北京营建历史的框架结构。

本文立足文献学，根据这三部书的内容，就前辈时贤未睹之书或者关注不多的史实进行探讨，着重考述明代国家营建中的内官董役现象及其形成过程，诠释万历晚期工部四司十九差职掌、年例和物料召买的主要特点，专题考察万历晚期营建中的开纳事例问题，敬请方家指正。

清光绪时龙文彬纂辑《明会要》，记述工部各条所引书，没有《缮部纪略》、《工部厂库须知》、《两宫鼎建记》这三部书。这说明了清人当时没有掌握这些史料。我们今天通过这三部书，不仅能够比清人了解的史事更多，还可以了解万历《会典》、《明史》缺失记载的晚明内廷外朝相关典章制度。

万历二十四年三月乙亥（八日，1596 年 4 月 5 日），"是日戌刻，火发坤宁宫，延及乾清宫，一时俱烬"。[⑤]万历二十五年六月戊寅（十九日，1597 年 8 月 1 日），"三殿灾。……至是，火起归极门，延至皇极等殿，文昭、武成二阁，周围廊房，一时俱烬"。⑥这是 16 世纪末紫禁城中前朝后寝几座主要建筑先后被焚的大灾。

　　大灾之后必兴重建大工。这不仅给当时的国家财政带来沉重负担，而且，扩大了上供采造的种种弊窦。在大量银钱、物料的征收、使用当中，皇帝、中珰、部臣、科道等各有所图，利益彼此冲突，进一步暴露出皇权政治体制下的宫廷腐朽，财源枯竭。

　　两宫重建从万历二十四年开始，到三十二年完工，历时 8 年。二十四年七月十日（1596 年 8 月 3 日），乾清宫治木开工，⑦二十六年七月十五日（1598 年 8 月 16 日）乾清宫、坤宁宫"盖瓦通完，金砖、颜料买办就绪"⑧，三十二年三月甲子（十四日，1604 年 4 月 12 日）乾清宫成。⑨

　　三殿重建从万历四十三年开工，到天启七年告成，历时 12 年。万历三十一年十一月十六日（1603 年 12 月 18 日），三殿火场开始清理地基⑩，万历四十三年闰八月庚戌（六日，1615 年 9 月 28 日）三殿开工⑪，天启二年正月乙巳（九日，1622 年 2 月 18 日）皇极门插剑悬牌⑫，天启七年八月乙未（二日，1627 年 9 月 10 日）中极殿、建极殿插剑悬牌，己亥（六日，9 月 14 日）礼部奏三殿告成。⑬

　　万历工部三书在这种历史背景下产生，不是偶然现象，是当时各种利益集团的冲突留下的历史记录。因而，对于这三部书的文献价值和史料价值，应当给予充分的认识。

一　《缮部纪略》所证内官董役

　　《缮部纪略》一卷，郭尚友撰。明刊本，四周双边，单鱼尾，白口，每半叶 7 行，每行 14 字。1992 年书目文献出版社《北京图书馆古籍珍本丛刊》第 47 册影印，2002 年上海古籍出版社《续修四库全书》第 878 册影印。⑭

　　郭尚友，字善孺，山东潍县（今山东潍坊）人。万历二十九年（1601 年）进士，由县令擢主事，主工部杭州南关分司，累迁营缮司郎中、山西按察使、河南布政使、保定巡抚、总督漕运、户部尚书。曾诬赵南星赃，参与倡建魏忠贤生祠。崇祯元年（1628 年）罢官，次年三月，定魏忠贤案，以"交结近侍又次等论徒三年输赎为民"。⑮

　　《缮部纪略》鲜为人知，《明史艺文志》不载。这部书文字不多，言简意赅，是认识晚明内廷营缮的一把钥匙。

　　缮部，即营部。明初，工部下属营部、虞部、水部、屯部，后分别改为营缮清吏司、虞衡清吏司、都水清吏司、屯田清吏司。郎中，营缮司掌印官，正五品。

　　卷首"万历甲寅上元日"（四十二年，1615 年 2 月 23 日）任家相《缮部纪略叙》谓："郭公郎缮部……日夜讨故实，酌时宜，慎出纳，大都省浮祛蠹，襃益后先。"正文有郭尚友自谓，"本司滥竽属未几七年，于兹而视缮篆者几三年。初，库贮六十余万两，今除都、屯二司借用去三十余万两，见存银钱一百二十余万。""所有行过事迹差可备后来参考者，谨撮其切要，条为二十款，恳乞鼎批存司，永著为例，于衙门未必无补焉。"⑯文后是尚书刘元霖行吏部咨文，历叙郭尚友在郎中任上的劳绩。

　　郭尚友撮要二十款，概要如下。第一，针对预支工程款往往透领，改为工程随做，预支款随给，杜绝透领。第二，针对工程预估多有冒破，取消预估。第三，针对预支款积欠久远，每发放预支款 100 两银，扣还积欠二三十两。第四，皇极门中道旧石可用，不再换新。第五，针对楠木费巨难得，各监局混取滥用，大木小斲；三忠祠桥、朝阳门桥以 40 根柁木替代 40 根楠木。第六，针对琉璃窑、黑窑会估只载匠数，不载夫数，开报多虚浮；核定琉璃窑每匠夫 5 名，黑窑每匠夫 3 名。第七，针对琉璃窑逐年不停烧造，改为平时停烧，工程竖架时开始烧造，照数烧完即止。第八，针对各厂斮削木料，就中冒破；改为待大木竖柱后偿构。第九，针对山西厂、台基厂传造御览器物，力还内官监自理。第十，针对宝源局从买铜到铸钱几经易手，改为按照年节核查宝源局买铜预支簿与节慎库收放簿，一年一结算。第十一，停止临清砖加派，节省烧价、运价。第十二，针对内廷工程内监预估以一作十作百作千，坚持踏勘。第十三，针对内监提督工程搅扰破冒已成惯例，改为外工监督不用内监。第十四，针对内库所存物料在工程需用时会有者十无二三，只得召商买补，库贮之积改充中涓私囊；改为移文调用同时通知监察科道弹压并查对挂号簿。第十五，针对内工中涓掣肘，延缓工期，冒破物料，改为酌定工费折价包修。第十六，针对鹰平条槁、脚手木多被委官工完后通同盗卖，改为大工程完工日照数还厂，短少赔补，小工程不再另给。第十七，针对疲役、车户，大木运价不能照往例多发，避免拖欠，如车户不前可遇水漂流，照会估簿雇用民车。第十八，针对铺、车、灰、窑、夫、匠等役连年并无佥报更替，各衙门索夫、索车络绎不绝，改为凡遇索讨一切谢绝，以免各役有所借口，致滋破冒。第十九，针对修仓一役最为赔苦，商匠人等遇此呼天抢地；改为修仓铺户准许办柴炭厂，凡报修厫座亲往阅视，未尽坏者缮葺，官无多费，商免重困。第二十，针对兴工委官间有棍徒，一工数人或一人占数工，皆营谋而来，饱欲而去，通同冒破，改为从不轻听情分，滥用一人。

"预估"、"会估"、"会有"等，都是当时的通用的行政办公用语。"冒破"一词，又称破冒，《大明律》罪名之一。《大明律》卷二九："冒破物料。凡造作局院头目、工匠多破物料入己者计赃，以监守自盗论，追物还官。局官并复实官吏知情符同者与同罪，失觉察者减三等罪，止杖一百。"⑰《大明律释义》卷二九："造作局院，如军器局等局，文思等院之类是也；其头目，如作头、把总之类及做工人匠；于正用料物之外多破少用，侵克入己者，计其所得之数，以监守自盗律论，所侵之物还官；若未入己，只以前条计料不实之罪罪之。本局院官及复实官吏知其冒破之情，私相符同者，与犯人同罪；失觉察者，于犯人罪上减三等罪，止杖一百。"⑱另见弘治《会典》卷一三九、万历《会典》卷一七二。书中多次使用这一用语，多指工程预算款额宽滥无边。

郭尚友撮要二十款，主要内容分为三类，即经费问题、物料问题和工程监督问题。经费问题包括：预估、预支、透领、积欠。物料问题最为复杂，核心问题是冒破，表现的现象是：混用滥取，大木小斮；库贮会有，需用时却多变少，有变无，被迫召买，库积改入中涓私囊；中涓传造御览器物；铜料铸钱，几经易手；工程尚未需瓦，窑厂烧造不停；工程委官盗卖鹰平木、脚手木；各役之外索讨夫、车不绝等。工程监督问题最为敏感尖锐，焦点是内官监提督内外工程。郭尚友力争外工不用内官提督，这绝非一人之力，而是官僚集团同宦官集团之间利益争斗中得到的一时战绩。总之，书中所述种种弊窦，多数来源于中涓或者胥吏，其中宦官作弊为毒最巨；真正属于管理程序上的问题和商铺、人夫匠役的问题并不多，其重要性与关键程度远远不如前者。

书中明言内廷工程由内官预估或者提督事，在他书可以印证。《明神宗实录》卷四八七记载：万历三十九年九月，"工科右给事中张凤彩奏：内官监传奉，该监拟乾清宫踏勘懋勤宫、端凝宫、寿安殿并门座等处，各有渗漏损坏，宜合修理。奉旨作速修理，已于八月二十五日兴工讫。内开合用物料已数万金，夫匠尚不在内。《会典》六科职掌：凡内官、内使传旨，各该衙门复奏得请，然后施行。今兴工旬日，臣等尚不与知，禁地至重，阑入夫匠，讥察当严，中官口吻指挥，不繇部估，安识虚真钱粮多少；不繇臣科，何从看详。如近日内官监又移文该部促金水博岸程工，此项修理连年费银数万，毫无下落。如内臣言：皇上行幸至此，有不治办，惟当按治冒破经手之人。举此一事，宫殿可知。伏乞敕令工部，将传奉工程再加勘验，得已即已，可减即减。近营缮郎中郭尚友于年例钱粮力加裁抑，该监坚执不从，此项实因修理乾清等宫而设，合将今次用过物料即于项内扣除，仍严加简缉，计日完工，以肃清禁地。"⑲

由此可见，当时在内廷营缮工程上，内官监权势极大，与行政系统部臣、监察系统科道形成尖锐冲突。部臣"力加裁抑"，中涓"坚执不从"，到了需要由科道奏报皇帝的程度。这种现象，与明初洪武朝的制度规定截然不同。

洪武二十六年（1393 年）三月，《诸司职掌》编成，刊行中外。这部书，"仿《唐六典》之制，自五府、六部、都察院以下诸司，凡其设官分职之务，类编为书"。⑳此后弘治编纂《会典》和万历重修《会典》，都以这部书作为原始依据之一。

《诸司职掌》记载营部的职责范围有九项，首要一项是内府造作。这是内府兴工的基本制度："凡内府宫殿门舍墙垣，如奉旨成造及修理者，必先委官督匠，度量材料，然后兴工。其工匠早晚出入，姓名、数目务要点闸关察机密，所计物料并各色人匠明白呈禀本部，行移支拨其合用竹木隶抽分竹木局，砖瓦石灰隶聚宝山等窑冶，硃漆彩画隶营缮所，丁（钉）、线等项隶宝源局。设若临期轮班人匠不敷，奏闻起取撮工。"㉑这段话规定了兴工的先决条件是"奉旨成造"。承办官员的主要任务一是督匠，二是规划与调集材料。各类工程材料分别从抽分竹木局、营缮所、宝源局、聚宝山窑调用。弘治《会典》卷一四七《工部一》、万历《会典》卷一八一《工部一》也有同样的规定。

到万历重修《会典》，相应的制度规定有所变化。万历《会典》卷一八一："宣德九年（1434 年）敕内府各监、局内官、内使等：凡在内各衙门修造，必明白具奏，有擅为者，悉处重罪。嘉靖八年（1529 年）奏准：内府监、局凡有工作，俱要该衙门先期上请，敕下工部，奏差科道官会同内外委官从公估计，料无冒破，事非得已，方会本具题，仍听工部斟酌议复，然后派行天下。二十九年（1550 年）题准：凡内府及在外各项大工，例应内官监估计。工部扣留三分之一者，遇有工程，严禁官匠从实估计，不得恣意加增，以俟扣留。仍行监工科道及工部委官，凡验收物料，严加稽查，足用即止，不必泥数收完。管工人员，如有仍前冒破者，听科道官参究。"㉒宣德敕命是严格约束内官。过了近百年，到嘉靖八年，已经是内府宦官同工部官、科道官三方"会同"，"从公估计"，即三方互为制约，有可分庭抗礼之势。嘉靖二十九年，"凡内府及在外各项大工，例应内官监估计"，显然已经凌驾在工部之上。

这道题准，与修理天坛时工部部臣、科道官与内官监的一次冲突有关。嘉靖二十九年六月辛酉（二十八日，1550 年 7 月 12 日），"太常寺奏请修理天坛，诏：会官计处工费以闻。给事中谢登之言：圜丘乃祀天之所，诚不当惜费，但今四郊并建，财力已穷，未及大坏，不宜遽兴重役。且国家营建，在朝廷者属内官监，在诸司者属工部。凡遇内府兴作，内监官估计，转行工部，工部以三分为率，量减一分，盖曲为节省计耳。近该估计已知三分扣一定规，往往过为加增，以图侵克。是扣留惟正一分，而冒破实逾数倍，钱粮蠹耗皆由于此。乞暂罢圜丘工，以后遇有兴作，令该监从实估计，不得恣意加增。工部议覆，从之。"㉓

嘉靖二十九年题准，只是写到书面上的制度。但是实际运转中的变化开始于正统年间三殿两宫大工成，阮安名列内外功臣之首。正统五年三月戊申（六日，1440 年 4 月 7 日），"建奉天、华盖、谨身三殿，乾清、坤宁二宫，是日兴工。……至是修造之，发见役工匠、操练官军七万人兴工，其材木诸料俱旧所采办储积者，故事集而民不扰"㉔。正统六年正月丙午（八日，1441 年 1 月 30 日），三殿立木。㉕正统六年九月甲午朔（1441 年 9 月 15 日），"奉天、华盖、谨身三殿，乾清、坤宁二宫成，遣官告天地、太庙、社稷并岳镇海渎诸神。"㉖这是北京紫禁城的前朝后寝主要建筑第二次建成，对于二十年没有天子正衙的明朝皇帝来说，自然是大事。十月，"以三殿、二宫成，赐太监阮安、僧保各金五十两、银一百两、纻丝八表里、钞一万贯；都督同知沈清升修武伯，食禄一千石，子孙世袭；少保工部尚书吴中升少师，尚书如故；各赐纻丝五表里，钞五千贯；太仆寺少卿冯春、杨青俱升工部左侍郎，各赐纻丝二表里、钞二千贯；所正、工作人等各赏绢钞有差。"㉗这份名单是按照内廷宦官、军职、文职的顺序开列的，再比较赏赐金银钱物的等差，充分说明在皇帝的观念里阮安作用的分量。阮安得到这些，主要是靠他自己的才识与本领。《明史》卷三〇四谓："阮安，有巧思，奉成祖命营北京城池、宫殿及百司府廨，目量意营，悉中规制，工部奉行而已。正统时，重建三殿，治杨村河，并有功。景泰中，治张秋河，道卒，囊无十金。"㉘正是由于阮安在重建三殿两宫的显赫功绩，奠定内外大工内官重于外官的格局。阮安有才识本领，中珰位列内府营建之首，地位高于工部部臣，尚属任贤之道，到后来遇贪婪婪腥膻目不识丁辈，内官重于外官必然流毒天下。

清人赵翼《廿二史札记》卷三五《明代宦官》谓：太祖著令，内官不得干预政事。永乐时，宦官始进用。宣宗时，中使四出。"正统以后，则边方镇守，京营掌兵，经理仓厂，提督营造，珠池银矿，市舶织造，无处无之。何元朗云，嘉靖中有内官语朱象元云，昔日张先生（璁）进朝，我们要打恭。后夏先生（言），我们平眼看他。今严先生（嵩），与我们拱手始进去。"㉙张璁，嘉靖六年（1527年）以礼部尚书兼文渊阁大学士入阁，九年为首辅。夏言，十五年（1536年）以礼部尚书兼武英殿大学士入阁，十八年为首辅。严嵩，二十一年（1542年）以礼部尚书兼武英殿大学士入阁，二十四年至四十一年为首辅。㉚引文"正统以后"云云均属概述，对照阮安事迹，"提督营造"确非虚言。赵翼转录嘉靖内官所语，用以象形宦官势力与官僚集团的此长彼消，贴切至极。嘉靖二十九年，严嵩身当首辅之任，入朝要先向中涓拱手行礼，这时产生内官监凌驾工部之上的题准，势所当然。

明天启司礼监丞刘若愚《明宫史》谓内官监职掌"凡国家营建之事，董其役"。㉛清人修《明史》，把内官监董役职能与其他掌库、供应上用诸事列在一起。《明史》卷七四《职官三》在"内官监"下小字注出职掌："掌木、石、瓦、土、塔（搭）材、东行、西行、油漆、婚礼、火药十作，及米盐库、营造库、皇坛库，凡国家营造宫室、陵墓，并铜锡妆奁、器用暨冰窖诸事。"㉜此处缺"董其役"三字，对内官监凌驾工部之上的关系缺失体现。

述考至此，不难结论，有明一代国家营建内外大工，内官重于外官的格局开始于正统朝阮安，正式形成于嘉靖朝。郭尚友《缮部纪略》所言种种弊窦，其要害为宦官预估、提督工程，在封建法理上的根源是万历重修《会典》所载嘉靖二十九年题准。这也是后来刘若愚、清人修《明史》表述内官监董役国家营建的源头。

有明一代，在皇权制度之下，内廷中珰与外朝行政系统部臣、监察系统科道，实为一鼎三足，势力影响此长彼消，是正常现象。这个过程在国家营建内外大工中的表现，大致如上。

二　《工部厂库须知》所证工部各司职差、年例与召买

《工部厂库须知》十二卷，何士晋纂辑，《明史》卷九七《艺文二》史部故事类存目，《续修四库全书》著录，有两种明刊本共5个版本。第一种，国家图书馆藏明万历四十三年（1615年）刊本，四周单边，单鱼尾，白口，何《叙》每半叶6行，每行12字；正文每半叶9行，每行18字，间有漫漶残损，以下简称北图本。第二种，1992年书目文献出版社《北京图书馆古籍珍本丛刊》第47册影印第一种明刊本。第三种，1947年国立中央图书馆编郑振铎辑《玄览堂丛

书续集》全 120 册，第 105 至 116 册为《工部厂库须知》，《目录》中注出"明刊本"，行格与北图藏明刊本相同，但次序不同，且墨色浅淡文字漫漶较多，以下简称玄览堂本。第四种，1987年江苏广陵古籍刻印社影印《玄览堂丛书续集》全 120 册，包括本书。第五种，2002 年《续修四库全书》第 878 册影印玄览堂丛书续集本。

北图本与玄览堂本有差异。[33]本文以使用《北京图书馆珍本丛刊》第 47 册影印的北图本为主，参照《续修四库全书》第 878 册影印的玄览堂丛书续集本，以下分别简称《北图珍本》第47 册、《续四库》第 878 册。

何士晋，字武莪，宜兴（江苏今市）人。万历二十六年（1598 年）进士，授宁波推官，擢工科给事中，屡上疏谏朝中弊政。于张差梃击案中上疏直攻郑国泰，帝大怒。外迁浙江佥事，移广西参议。光宗立，擢尚宝少卿，迁太仆。天启初，巡抚广西，总督两广军务，兼抚广东。阉党焰炽，以梃击案故受诬罢官除名，愤郁而卒。崇祯初，复官赐恤。《明史》卷二三五有传。

工科给事中，监察工部的主要官员，主要职掌为：第一，查验成品钱粮类：验试军器局所造军器，监收盔甲、王恭二厂军器，查验工部修理京通仓厂，稽核宝源局铸钱工料，查对各省直解纳钱粮；第二，审批查收簿册勘合类：稽核赎刑工役精微簿，给付销缴工部奏差官员批文，收查各竹木抽分局月报、季册，发放进出午门、西安门一应钱粮勘合，编写内库用宝勘合；第三，巡视工程物料类：营建监工，会同工部各司掌印官估计内府传派造办事项所需钱粮，巡视各厂各库，会估工部各项物料时价。其中，会同御史巡视节慎库为工科给事中职掌要事。详见弘治《会典》卷一六七、万历《会典》卷二一三、《明史》卷七四。[34]

《工部厂库须知》是给事中巡视厂库稽核监察的一部政书，体例粗糙，但史料珍稀，是认识万历晚期工部政务的一扇门户。清乾隆朝修四库广征天下图书，这部书是漏网之鱼。书中不避康熙"玄"字讳，仍存"玄武门"、"奴儿哈赤"两处"违碍"字样。[35]

卷一为科道、部臣七篇题本，分为两组。第一组两篇：万历三十六年十月何士晋题本、万历四十三年正月工部署部事右侍郎臣刘元霖题本，专议召商买办铺户困苦以致剥肤倾家。第二组五篇，有万历三十六年十二月何士晋题本、三十七年三月刘元霖题本、四十年四月工科给事中马从龙题本、四十三年三月何士晋题本、工部署部事右侍郎臣林如楚题本，专议内府传派繁剧冒滥，厂库弊窦丛生及相应防范杜绝措施。卷二首载四名科道官共同署名的《巡视厂库须知约则》，有议交代等共 31 目；其次是巡视厂库工科给事中李瑾《为体贴节慎二字以裕国用事照》，是给工部的监察公文；再次是科道、部臣共同制定的《节慎库规则》。卷三至卷十二，分别记载工部其他各司各差的职掌、管理物料的细则。大体以司、差为纲，以万历《会典》卷二〇七所载《内府题办》各事系差，以物归库，每一年例事项所需物料，分列会有、召买；每司最后单列外解额征各种本色和折色银两数目，外解折色中料银、匠班银分列。

何士晋《工部厂库须知叙》概要介绍说，本书"取《会典》、《条例》诸书，质以今昔异同沿革之数而因之，厘故核新，搜蠹检羡，乃始惘然有概于出入之际也，遂谋之水衡诸臣，汇辑校订，按籍而采其额，按额而征其储，按储而定其则，按则而核其浮，衡知之若外解，若事例，若题办，若传奉，若年例，若会有，若会无，若召买，若本，若折，若造，若修，无不得焉，纵知之若挂销，若预支，若截给，若循环，若对同，若实收，若交盘，若会查，若找，若扣，若比，若带，无不得焉。卷凡一十有二，四司十九差，次第布之，而末各附以诸臣之条议，有是则不难于侈缩湔洿之故，有是则不难于成亏创守之数，以晓畅于出入之孔，胥为尝而杜口矣，贾为尝而戢志矣，侩为尝而怵法矣，中官为尝而束于掌故矣，明心白意于漏卮之为出也者，而后可以惩滥坊溃于渔猎之为入也者，节而用之，用不虞拙，廉而取之，取不虞竭，今而后乃知所以视厂库者，须此矣。"[36]

三殿重建是在万历四十三年闰八月开工的，《须知》刻竣于此前的六月。书前工部侍郎署部事林如楚的《引》说："本部之有兹刻，原系科臣题请编辑"，"私念使上闻之不如先使下行之……因命梓人竣工而颁之各司存为掌故，使行有次第"。⑨在筹备重建三殿大工的时候，《须知》"颁之各司存为掌故"，功用上近似后来清人的《会典事例》，效力上有行政法规的意味。这种在大工兴作之前强化监察的现象，既是从物料管理上对重建三殿正常秩序的维护，也是外朝科道、部臣对内官监的制约。

从明代宫廷历史及内廷营建的角度来看，《须知》至少有三类内容值得重视。第一，记载了工部四司十九差的职掌、衙门、主管官员资格等，可以补充万历重修《会典》语焉不详之处。第二，详细记载了一些宫廷生活用品、陈设品和各种原材料的名称、数量、单位、规格、价格，对于了解明代宫廷生活、内廷营建的一些具体细节很有价值。第三，万历晚期工部供应内府和办差自造的物料事多召买，证明内廷营建和宫廷生活对于提供手工业产品的商品市场依赖程度极高。

（一）《须知》记载的工部四司十九差机构职掌

万历《会典》对工部各司职掌记载比较简略，卷一九〇讲述了营缮厂、窑沿革："旧制：砖瓦、石灰俱隶虞衡司掌行，永乐后，谓为营缮所需，故归本司。苇课，旧隶屯田司，今并归本司。按：营缮所需木植、砖瓦，有大五厂：曰神木厂；曰大木厂（即獐鹿房厂），堆放木植兼收苇席；曰黑窑厂；曰琉璃厂，烧造砖瓦及内府器用；曰台基厂，堆放柴薪及芦苇。又有小五厂：曰营缮所，木工；曰宝源局，金工；曰文思院，曰王恭厂，俱丝工；曰皮作局，革工；并隶管厂官。外修仓别设三厂：曰北窑厂，曰南窑厂，曰铁厂，主范金合土之事，后废。"⑧这段文字从洪武《诸司职掌》和弘治《会典》而来，是一般性的表述，基本不涉及政务的实际运转。至于《明史》卷七二有关工部的记载，更为简略。《须知》卷二至卷十二对工部四司十九差的职掌、规则记载较详。为了解概貌，现编制简表如下。

表一　工部四司十九差简表　　　　　　　　万历四十三年，1615 年

隶属	分差	主官	品级*	规格等
工部	节慎库	部差主事	正六品	工部大库。四司轮差，一年。
营缮司	三山大石窝	注差郎中	正五品	有敕书、关防、公署。内官监有大石窝提督。
	都重城	注差员外郎	从五品	有关防、公署。
	修仓厂	注选主事	正六品	管理大修。小修归户部。
	缮工司兼管小修	注选主事	正六品	分司。有关防、公署。
	见工灰石作	部差员外主事	正六品	分差。数员。无衙门。
	清匠司	注选主事	正六品	
	琉璃厂黑窑厂	注选主事	正六品	有关防、公署，三年。一差兼管二窑。
	神木厂	管差员外郎	从五品	分差。掌收储。
	山西大木厂	管差主事	正六品	厂有内监监督遥制。储材造作之场。
	台基厂	管差主事	正六品	厂有内监监督遥制。储材造作之场。

隶属	分差	主官	品级*	规格等
虞衡司	宝源局	注差员外郎	从五品	有关防、公署。辖宝源局大使。
	街道厅	注差员外郎	从五品	有关防、公署，三年。五城兵马司均隶。
	验试厅	注差主事	正六品	有关防、公署，三年。
	盔甲厂王恭厂	管厂主事	正六品	分司。有关防。一差兼领二厂。辖军器局。
都水司	通惠河	注差员外郎	从五品	驻通州，三年。兼管营缮司湾厂。
	六科廊	注差主事	正六品	三年。公署在六科旁，故名。辖文思院、马槽厂。
	器皿厂	注差主事	正六品	三年。有公署。辖营缮所。
屯田司	柴炭台基厂	注差主事	正六品	分司。辖柴炭司正使、副使。

*官员品级据万历《会典》卷一〇，《续四库》第 789 册第 180－182 页。其余均见《须知》。

万历《会典》修成于万历十五年，《须知》刻竣于万历四十三年，两书前后相隔几近 30 年。上引万历《会典》文字与根据《须知》编制的《简表》，两者有着明显差异，《须知》可填补万历《会典》与《明史》未言的空白处。以下概要介绍部分职差。

1. "节慎库，四司轮差主事一年，专管库藏一应解纳支发钱粮，皆以四司印信关会及堂上批准字样为凭，更有巡视科、院面同查核。本库但严锁钥，谨出纳而已。其应收应发款目皆在四司项下，兹不复具。具一二条议而见行事宜规则皆可睹已。"其目依次：谨收放，察银色，平称兑，革找欠，杜挪越，议事例，肃吏胥，戒昏暮，酌那（挪）借，办奸商，严守卫。[39]万历《会典》卷二〇七："节慎库，嘉靖八年题准修葺工部旧库，名节慎库，改皮作局官为库官，铸给印信，改架阁库并匠科吏为库吏，照户部太仓例，专定本部侍郎一员提督，仍轮委员外郎一员管理。提督侍郎年终将收过钱粮造册奏缴，若有亏弊，参奏处治。其管理员外郎，后定坐虞衡司，十四年，改主事，二十二年，仍轮委员外郎。二十六年题准，罢提督侍郎，注选虞衡司主事一员专管。每三年奏差科道官各一员及本部别委官查盘。其主事三年满日，交盘明白，送吏部改用。"[40]节慎库，工部大库。嘉靖八年（1529 年）二月工部尚书刘麟奏改工部大堂后库建，收贮矿银、做工运灰炭因犯折纳工价银、捐纳事例银，原专供内用，间有支给工料银、边军饷。[41]万历《会典》详细记载的工部的职差不多，节慎库是其中之一，地址约在今长安街南池子路口以南至正阳门与天安门之间中点位置。[42]

2. "营缮司掌工作之事，一切营造皆由掌印郎中酌议呈堂，或用题请而分属于各差。今除各项制度、规则载在《会典》，掌自内府，不必胪列；列经费之大端及有当权宜置议者于左。分司为三山大石窝，为都重城，为湾厂，通惠河道兼管，为琉璃黑窑厂，为修理京仓，为清匠司，为缮工司兼管小修，为神木厂兼砖厂，为山西厂，为台基厂，为见工灰石作；所属为营缮所，所正一员，所副二员，所丞二员，武功三卫经历等官。"《条议》十二条。第三条谓：各衙门吏书例有顶首，挟重赀以供役，"今后立一递减法，必于各吏书役满顶参之时，查其原有顶首若干，于今次每一百两减银三十，下次再减二十，又下次再减一十，以千计者亦同此法"。这与郭尚友《缮部纪略》第三款相通。第四条取消工程款预支，与《纪略》第一款的"随做随给"意图一致。第六条规定琉璃窑一匠五夫，黑窑一匠三夫，是郭书第六款的落实措施。第八条设计了两年一次会估的办法，"买办各项物料，价值载在会估，然亦与时低昂。往例年一行之，自三十七年后，会估法废，未免偏肥偏枯，官商两碍。以后或以两年为限，公同科道，备细酌定，上下公平，庶措办易而督责易行。"第九条是《纪略》第五款的重复。第十条跟随《纪略》第十三款。其余各条，间有两书对应内容不等。㊸

3. "三山大石窝，营缮司注差郎中，有敕书，有关防，有公署，专掌烧造开运各工灰石之事。动工则本差往莅事焉，钱粮出本司工价本差，出给实收。"《条议》六条，强调采石工价必须精核后实给，运价日查日给，按照每日若干车，每车用骡若干挂计算，"不令捱日混挂"；凡出给实收一事一结。㊹大石窝，在今房山境内，石经山云居寺东南方向，明名石窝店，清名石窝村，民国名石窝镇，今名石窝。㊺民国《房山县志》卷三《古迹》："黄龙山之大石窝。黄龙山，县西南六十里石窝镇西山之总名也。其山产石为历代宫廷建筑之用。《冬官纪事》：嘉靖卅六年修复殿工，命侍郎张舜臣、主事李键于大石窝采石。房山旧《志》：大石窝在县西南四十里，（今皆云六十里）黄龙山下，前产青白石，后产白玉石，小者数丈，大者数十丈，宫殿建筑多采于此。"卷五《实业》："白石矿。矿区：石门、石窝、石窝新庄、崖上、六间房、北尚乐、镇江营一带皆产之。矿质：俗传有十三弦，一旱白玉，二明柳，三砖渣，四大六面，五小六面，六麻子石，七大弦，八小弦，九黑大石，十黄大石，十一青白石，十二艾叶青，十三螺丝转。用途：在前清时凡有大建筑如宫殿、陵工皆取给于此。"㊻注差，明代任官制度名目。从中央机构派出官员办事称为"差"。《明史》卷七二："凡差三等，由吏部选授曰注差，疏名上请曰题差，札委曰部差。或三年，或一年，或三月而代。"㊼三山大石窝采石，是工部各差中惟一正五品、有敕书的差，原因应与内官监有关。内官监外差有真定府抽印木植、宝坻县收子粒银、西湖河差、大石窝、白虎涧等，均为提督，持内官监公文，无敕书、关防。㊽外朝部臣与内廷中涓同驻一地采石，身份不同，所图各异，必有冲突。有敕书则有威慑，据理力争有所凭。

4. "缮工司兼管小修，营缮分司，系注选，有关防，有公署，专管内府各监、局年例灰炭钱粮。国初，凡法司问过囚徒，拨送工部搬运灰炭。嘉靖年间，准纳工价，收贮节慎库动支买办。然追比上纳犹在缮工也。万历六年（1578 年），刑部题准自行追比，但每年额解 1716 两，迄今节年拖欠至于 3 万余两，以致上供缺乏，无可抵应，则今日之当议者也。其小修，原无专管，自万历三十五年瞿主事始奉堂札，以本司事简，将小修事务归并管理。自是缮工司遂兼有小修之名矣。"《条议》九条，针对刑部亏欠 34670 余两纳赎工价银，提出"凡有问过囚徒开具花名，按季移会"营缮司，营缮司按额自留的办法；明言"弊端之起大率多在预支"，"冒破诸弊起于通同"。㊾

国初囚徒拨送工部搬运灰炭，明初制度。《诸司职掌》的《工部》题下《工匠》类有《工役囚人》条："凡在京犯法囚徒，或免死工役终身，或免徒、流、杖，罚役准折。如遇造作，去处度量所用多寡，若重务者用重罪囚徒，细务者用笞杖之数，临期奏闻，移咨法司差拨，差人监管督工。其当该法司造勘合文册，一本发本部收掌，一本发内府收贮。如遇囚徒工完，委官查理工程无欠，行移原问衙门再查犯由明白，于内府销号，合疏者发应天府给引宁家，合充军者咨呈都府，照地方编发。若在工有逃窜之数，即便差人勾提；果有病故等项，相视明白埋瘗，移咨原问衙门销号；如是缺工未完。移文拨补。"㊿这一制度，后来形成"五刑赎罪"的纳赎。万历《会典》卷一七六："按赎法有二，有律得收赎者，有例得纳赎者。律赎无敢损益，而纳赎之例，则因时权宜，先后互异。嘉靖中重修条例，奏定在京则做工、纳米、运灰、运砖、运炭、运石六等。在外则有有力、稍有力二等。轻重适中，至今遵守。万历十三年（1585 年），复题准申明，详见《律例》。"按照卷内《在京纳赎诸例图》，笞刑有一十、二十、三十、四十、五十 5 个等级，杖刑有六十、七十、八十、九十、一百 5 个等级，徒刑有一年、一年半、二年、二年半、三年5个等级，再重的是流罪、杂犯死罪两种。每种刑罚都可以纳赎，纳赎的方式有做工，也可以纳米或者搬运灰、砖、碎砖、水和炭、石等建筑原材料，纳赎因犯可以选择其中一种，也可以折银，或者直接按照"老疾折钱"缴钱赎罪。各种刑罚纳赎的具体折算兹不详述。明初的这种囚犯做工和缴纳赎罪银钱或者实物制度，由刑部、工部联合执行，刑部判刑后交由工部解送工地或者收取银钱实物。囚徒做工，纳赎抵罪，在古代中国有着悠久的历史传统。秦始皇穿治骊山，"天下徒送诣七十余万人"。汉初，城旦、舂者为四岁刑，鬼薪、白粲为三岁刑，以劳役内容或对象直接作为刑罚名目。"民有罪，得买爵三十级以免死罪。"东汉人应劭注："一级直钱二千，凡为六万，若今赎罪入三十匹缣矣。"唐人颜师古云："令出买爵之钱以赎罪。"⑤前贤单士元先生早在中国营造学社时期已经注意到明初国家营建征用夫役中的囚人供役问题，明确指出，这种制度"始于洪武朝"。㊿所以，不难理解，明初南京、中都、北京的宫殿、陵工大规模营建中，土方、运输的数量极其浩繁，其中的主要劳动力都是军士、农夫和囚徒。

5. "琉璃黑窑厂，营缮司注选主事三年，有关防，有公署，一差兼管二窑。每动工题请烧造多寡不等，钱粮出本司本差，出给实收。"《条议》三条，其中第二条《勤收验》文字生动可观："内监每收钱粮必索铺垫，铺垫未足，内监必不肯收，必以此物为不好。夫好与不好，本差有目能辨，何须内监雌黄，可收即收，既有从旁挪揄，亦当置之不理一也。"㊼

6. "盔甲王恭厂，虞衡分司，有关防，二厂兼领，专掌修造军器，所属有军器局。"《条议》三条，核验硝黄，区别缓急分别修造，清理积欠。㊿盔甲厂在明时坊，崇文门城墙与朝阳门城墙交接拐角内，东便门西北方向，即内城东南角。王恭厂在阜财坊，宣武门城墙与阜成门城墙交接拐角内，西便门东北方向，即内城西南角。㉟《明史》卷七四说盔甲厂、王恭厂"各掌厂太监一员，贴厂、金书无定员"，㊱与工部的管厂主事同掌厂事。

《须知》记载的工部四司十九差可补万历《会典》、《明史》、《明会要》所载不足，也有与万历《会典》难以吻合之处。万历《会典》卷一九二记载工部在京成造衙门有军器局，"宣德二年（1427年）设盔甲厂成造军器，后又设王恭厂，分造十分之三，统于该局"。㊲而《须知》列盔甲王恭厂为虞衡司分司，并说"所属有军器局"。两书表述局、厂隶属关系正相反。

今人皆为北京明清宫廷建筑如紫禁城、天坛、北海、十三陵等世界文化遗产的万千气象所赞叹。旧京帝宫，惟皇权可以集天下四方物料匠役。鸠工集材，千头万绪，无事不系于官，无官不归其统。钩稽是书，对万历晚期工部行政系统机构设置、办事运转的状况，有一具体了解。今天北京的世界文化遗产的历史成就，也应该包括当日明代中央政府管理体制在兴工造作中设官分职，统事底成的史实。

（二）《须知》记载的年例及其史料价值

《须知》是政书，记载工部各司各差的常规事务占了很大篇幅。这些事务在《须知》里称为"年例"。四司各有职掌，年例各不相同。从动用钱物角度来看年例，大体分为两类，一类是只动银钱，不动物料，如内府所需金箔，直接折银，年例中的工食银，各机构的办公费用直接计银等。另一类是既要动用银钱，也要动用库贮物料，或者动用银钱召商买办物料等。《须知》记载供应内府物料或半成品或日用器皿成品的年例中，工部四司都有大量专为满足内府需要的年例，各差里面主要是宝源局、盔甲王恭厂、六科廊、器皿厂等有手工业制造成品的机构。工部供应物料对应的内府机构主要有司礼监、内官监、御用监、司设监、神宫监、惜薪司、兵仗局、银作局、巾帽局、针工局、酒醋面局、司苑局。

营缮司的年例分为三类。第一类是营缮，内外有别。内廷兴工首先是内官监董役三殿重建，其次有神宫监维修社稷坛每年春秋二季办，司礼监修理经厂三年一办，再有内苑苫盖竹棚、修理竹帘、毡帘等每年一办，内廷的舍饭店及条桌、板凳各种家伙五年一办。外工有京仓因旧为新仓廒 24 座每年一办，国子监进士题名碑三年一办等。第二类是造办仪仗，这时已经不需要造办全套的或者大件仪仗用品，只有小件成造的必要，有锦衣卫成造鸣鞭 40 把每年一办，成造抹金铜带、明盔、绢雨衣、摆锡甲、腰刀、砾红漆弓、长箭、葵花撒袋等，遇缺即补。第三类是三法司刑具，有长枷、方枷、木肘、拶指等，每年两次造办。

虞衡司的年例主要有两类。第一类是供应兵仗局物料。兵仗局修理兑换军器小修三年两次，大修三年一次，修补神器六年一办，均由虞衡司供应各种原料。第二类是供应酒醋面局日常使用的各种用具。

宝源局掌鼓铸，年例中最重要的是铸钱。"本部每季铸进内库钱三百万文（久已停铸）。本部每季铸解太仓钱一百五十万文（户部给各衙门俸钱）。""代南部铸进内库钱三百万文［久已停铸］。代南部铸解太仓钱一百万文（户部给各衙门俸钱）。"⑱其余年例铸器有宝钞司切草长刀一年一办，翰林院庶吉士火盆三年一办，酒醋面局煮料铁锅四年一办，供用库铁锅、酒醋面局烧酒铜锅、巡按盛印铜池函、三殿陈设铜缸不等年分办造。有关典章制度的铸造有朝钟、铁券、守卫金牌、信符金牌、礼部铸印、王府铜点、鼓楼铜点等。

盔甲王恭厂的年例以军器为主，火器有成造五龙枪、夹靶枪、快枪，连珠炮铅弹、火药，夹靶枪火药，鸟嘴铳火药，修理铁心长枪等。冷军器有成造盔甲，造修各种盔甲、腰刀、大滚刀、搏刀、虎叉、钩镰、拒马枪、羊角枪、盾牌、战车、战车围裙、大小日月旗等。

都水司的年例正项有司礼监各色上用洒金笺、纸扇，司设监金箔、御用监雕填、司苑局采莲船等，但是内府监局不时传派的事项最为庞杂，有造办宫中龙床、铺宫陈设、殿门乐器等。这一部分也是明代宫廷历史的珍稀史料。

六科廊年例的重要事项是按季领造进京朝贡夷人衣服靴袜，受赏者有海西、朝鲜、安南、暹逻、老挝、建州、朵颜诸卫使臣、贡臣。其中一段记载与清太祖努尔哈赤有关："四十三年正月起至四月止，赏过建州等卫夷人奴儿哈赤等共四百四十九员名各双赏，共织金苎丝衣二千九百九十四件；靴袜各九百九十八双，每双折银三钱六分，共折银三百五十九两二钱八分。"⑲这段文字可以证明，《须知》一书在清代从未面世，否则，难逃康熙、乾隆朝焚铲书版，查抄禁毁"违碍"图书的厄难。今天我们看到的《须知》，确实是明人刊本原貌。六科廊有关典章制度的年例，还有造办万寿正旦宴花，状元、进士袍服，文举、武举宴花，历日硝金袱，尚宝司牌绦等。

器皿厂有两项大宗年例。一个是成造光禄寺所用器皿，每年少则六七千件，多则八九千件。万历四十二年（1614 年）成造砾红或戗金连二盒、连三盒、膳盒、大膳盒、托盒、大托盒、酒盒、大酒盒、酒盒盖架杠、桌、案、桶、箱、椅等共 8597 件。⑳另一个是圜丘、方泽、朝日、夕月、先农各坛与历代帝王庙的修造祭器、糊饰棚架每年一办。此外，翰林院、兵部衙门坐溽、家伙等三年一办。题准成造不等年分的有长陵、太庙、社稷坛、奉先殿、文庙修造祭器，亲王婚礼红器、王妃公主坟所祭器、王府印匣袱褥绦锁全套、驸马诰命匣袱绦锁全套等。

屯田司年例大项是供应内廷和各衙门柴炭。每年惜薪司额定内柴 1207 万斤，外柴南、红、北、西四厂 850 万斤，木炭 8932000 斤，再加杨木长柴、坚实白炭、荆条等，计银 147054.52两。御马监煮料木柴 120 万斤，织染局变染所需木柴 70 万斤、木炭 3 万斤，银作局打造所需木炭 30 万斤尚不在此数之内。㉑山陵坟茔的造建属屯田司职掌。年例中《造坟规则》列出兴造不同等级坟所使用的物料，等级高的有宜妃杨氏坟、邠哀王坟、潞王长女坟。

以上概述，在在有征。工部供应内府，内府需索无魇。部臣、科道、中珰三者在物料供应上表现出来的利益冲突，势必构成当时士林与阉宦激荡朝政，争夺事权的实际内容之一。从今人角度所言，大量年例中保存了许多有关营建、军器制造、宫廷生活的珍贵史料。转录数例，以资证明。

第一，有关营建的史料。《须知》卷三：营缮司承办一年一次年例事项，"内官监成造修理皇极等殿、乾清等宫，一应上用什物家伙"，会有甲字库紫英石、硼砂，乙字库高头纸、栾榜纸、纸觔纸、黄白锡箔、奏本纸，丙字库荒丝、串伍丝，丁字库川漆、生铁、生黄牛皮、白麻、白硝山羊皮、通州抽分竹木局笙竹、长节竹木篾、猫竹、软竹、散木、杉木、杉木连二板枋，"以上二十一项共银三千二百八十八两四钱八分"；召买天大青、天二青、天三青、石大青、石二青、石三青、天大碌、天二碌、天三碌、硇砂大碌、硇砂二碌、硇砂三碌、硇砂枝条碌、红熟铜丝、石大碌、石黄、烧造土、杂油、松香、黄藤、棕毛、雄黄、铜青、干胭脂、皮硝、熟牌铁、金箔、水和炭、石灰、蒲草、沙礶、木炭、木柴、榆木、紫英石、硼砂、奏本纸、川漆、笙竹、长节苦竹蔑、猫竹、软竹、散木、杉木、杉木连二板枋，"以上四十五项共银八千九百二十两二钱一分。前件（查得会库钱粮，该银三千两零，召买该银八千九百二十两零，二项共银一万一千九百七十九两八钱一分。近会库者俱行折价，查三十八、九、四十年俱照数全给在卷。至四十一年，内官监循例题请，随经科抄该本司，复议得三殿未举，两宫未御，皇极门尚虚，什物家伙将安用之？已经于万历四十三年二月内具题，将前项银两减去三千九百七十九两八钱一分，止给银八千两，后可为例，即殿门竖柱之后，内监或藉口复旧，亦须酌议。）"⑫原文每项物料下面都有数量、单位、折银价值，篇幅所限，无法照录。方括号内是小字双行注文，不仅说明外朝官据实力加裁抑，而且透露出三殿工程的实际状况。

《须知》卷五记载了明人烧制各色琉璃瓦的配料和定额。"黄色一料，黄丹三百六斤，马牙石一百二斤，黛赭石八斤；青色一料，焇十斤，马牙石十斤，□末七斤，苏嘛呢青八两，紫英石六两；绿色一料，铅末三百六斤，马牙石一百二斤，铜末十五斤八两，蓝色一料，紫英石六两，铜末十两，焇十斤，马牙石十斤，铅末一斤四两；黑色一料，铅末三百六斤，马牙石一百二斤，铜末二十二斤，无名异一百八斤；白色一料，黄丹五十斤，马牙石十五斤；每一料约浇瓦料一千个片，若殿门通脊、吻兽大料不拘此限"⑬。今天的古代建筑保护与维修，特别强调使用传统材料和传统工艺，不知道这个配方对于今人是否值得深究。

琉璃瓦料和黑窑厂砖瓦料在明清两代都有烧造，并且延续至今。郭尚友《缮部纪略》谓："两窑会估簿止开匠数，如一号瓦若干片用匠几名，二号瓦若干片用匠几名，而夫数从来不载焉，但凭该监开报，实多虚浮。近于巡视厂库议定，琉璃细密难成，每匠一名派夫五名，黑窑每匠一名派夫三名，堂札该窑永为定例矣。"⑭这与《须知》卷五记载的《琉璃厂烧造琉璃瓦料合用物料工匠规则》和《黑窑厂烧造各样砖料合用柴土工匠规则》大致相符。按照《须知》，琉璃厂烧造是以每一万个片为基本计量单位。每一万个片"用两火烧出，每一火用柴十五万斤，共用柴三十万斤（可减□万斤），坩子土二十五万斤，做坯片匠照会估瓦料大小算工（在后），淘澄匠一百七十名，碾土供作夫每匠一工用夫五名，修窑瓦匠五十名，装烧窑匠五十名，答应匠五十名，安砌匠十名，黄土二百车，开清塘口局夫三百五十名，煤炸五千斤，运瓦夫照会估斤称定工。"相对于琉璃厂来说，黑窑厂的原料品种和烧造技术比较简单，计量也不复杂。二尺至尺二方砖、城砖、斧刃砖等按照个数计量用柴斤数和用工数，如二尺方砖每个用柴120斤，每四个一工；每万个片板瓦用柴24000斤，"装烧窑匠、做模子木匠随工量用（内长工七分算），以上各项匠工给银六分，每匠六工用供作夫十九名，开运莺房黑土、运黄土夫共二十三名。"⑮这是宏观的工料计量规定。从微观的角度来看，只有今天依然高高安放在太和殿脊两端的黄琉璃大吻，明人记载和清人记载具可比性。《须知》卷五："皇极殿吻一只十三块，高一丈三尺五寸，计一百七十工。吻朝一个二块，高四尺五寸，计十二工。背兽一个三工，合角吻四只二十块，高五尺五寸，每只五块，二十八工，共计一百十二工。吻朝四个，每个二工，计八工，背兽四个四工。建极殿、中极殿同前。"⑥经清高宗批准，乾隆元年（1736年）刊印的《九卿议定物料价值》卷三记载琉璃瓦料价值："贰样琉璃瓦料，吻每只旧例银壹百捌拾壹两叁钱叁分叁厘，铅陆百伍拾两；今核定银壹百陆拾叁两壹钱玖分，铅伍百贰拾两。"⑦这部书，是当时清中央政府九卿统行定议的工部买办各种物料的价格，与明代部臣、科道会估簿相类似，文中所言"旧例"是指雍正七年所定买办物料价格。"贰样"是清代紫禁城宫殿建筑使用瓦料的最大规格，二样琉璃吻即明人所说的"皇极殿吻"，今天的太和殿大吻。此外，万历时方砖最大规格是二尺，清人的方砖规格在二尺以上增设了二尺二寸、二尺四寸两种规格。《九卿议定物料价值》卷二记载砖瓦料价值："贰尺细泥方砖每个旧例银壹钱肆分，今核定银壹钱贰分。贰尺贰寸细泥方砖每个旧例银壹钱伍分肆厘，今核定银壹钱叁分捌厘。贰尺肆寸方砖每个旧例银壹钱捌分伍厘，今核定银壹钱陆分陆厘。"⑧从这些明代、清代同样物料的不同记载中，我们有可能进行更为深入的探讨。以上是《须知》有关营建的史料数则。

第二，有关军器修造的史料。盔甲王恭二厂主要生产军器，是晚明中央政府军工制造业的主要机构。晚明时期，火器已经在重要实战中普遍使用。造办火器、弹药成为盔甲王恭二厂的第一项年例。《须知》卷八记载盔甲王恭二厂每年成造连珠炮铅弹20万个、夹靶枪铅弹20万个，"以上二项铅弹系京营年例春秋二操支领。向来京营滥领至二百六十余万个，万历三十九年（1611年）部科酌议裁减，移会京营查取每年操演的数大小铅弹二百六万七千二十个，本部复减六万七千二十个。四十一年议题每年定额连珠铅弹四十万个，夹靶铅弹一百六十万个。……又，辽东年例关领铅弹俟移文大小多寡数目，按前估铅斤工食炸炭成造。"⑨这项裁减是否合理，难以置评。有弹必备药。盔甲王恭二厂每年成造夹靶枪火药15万斤、连珠炮火药15万斤、药线30万条。弹、药成造，器亦添新。年例里也有造枪事。每年成造夹靶枪5000杆、快枪2000杆。成造五龙枪11000杆，需要的物料有建铁、苏州钢、黄丹、无名异、苎布、水胶、青皮猫竹、桐油、红铜、鱼线胶、白麻、牛筋、麻子油、白面、石灰、瓦灰、烟子、桑皮纸、白麻绳、木炭、炸块等20余种。每项成造产品都详细记载了所需各种物料名称、单位、价值。万历《会典》卷一九三记载了火器的造办机构、产品名目等，并且大多数有产品的制造时间。《须知》记载的火器，有所需各种物料的名称、单位、数量和会估价值。两部书有关火器的记载放到一起，再经过与存世文物的对照，可能会增进我们对于明代兵器的了解。

盔甲王恭二厂造办的冷军器包括刀、枪、盔、甲、盾牌等，修理的品种多，成造的品种不多。预造盔甲2500副，所需物料有：熟建铁、废铁、绿豆铁线、生挣牛皮、白硝羊皮、细三梭布、粗白绵布、变染紫花布、紫白绵线、乌梅、高锡、松香、香油、木柴、木炭、炸块十几种，其中有会有、召买、匠户自备、染户变染四种来源。卷八最后列出《成造军器规则》，列出火器或者冷兵器的名目、单位、物料价值。

第三，有关宫廷生活的史料。这类史料记载与乾清宫、坤宁宫、皇极殿、皇极门、慈宁宫有关，主要是卷九记载的"各监局不时传派钱粮"：

"御用监成造乾清宫龙床顶架等件钱粮。前件〔查万历二十六年（1598年）该监为乾清宫鼎建落成，题造陈设龙床顶架、珍馐亭、山子、寙殿、宝厨、竖厨、壁柜、书阁、宝椅、插屏、香几、屏风、画轴、围屏、镀金狮子、宝鸭、仙鹤、香筒、香盘、香炉、黄铜鼓子等件，合用物料俱系召买，照原估止办三分之二，共银十万一千三百六十七两九钱二分一厘外，云南采大理石六十八块，凤凰石五十六块，湖广采蕲阳石五十块。]

"御用监成造慈宁宫等处陈设龙床、宝厨、竖柜等物。前件［查得万历十二年（1584年）偶逢灾毁无存。本年十月该监题造，除会有木铁等料及金银绽丝等料于宝藏库等衙门取用外，其召买及工匠共费银一十万三千四百一十二两一钱。]

"御用监成造铺宫龙床。前件［查万历十二年七月二十六日，御前传出红壳面揭帖一本，传造龙凤拔步床、一字床、四柱帐架床、梳背坐床各十张，地平、御踏等俱全，合用物料除会有鹰平木一千三百根外，其召买六项计银三万一千九百二十六两，工匠银六百七十五两五钱。此系特旨传造，故难拘常例，然以四十张之床费至三万余金，亦已滥矣。][70]

御用监，在西上南门外，今西华门外南长街路西。[71]"铺宫"，即宫中陈设，清人《国朝宫史》沿用这个说法。

今人胡德生著《故宫博物院藏明清宫廷家具大观》一书，著录九件万历年款家具。其中，第二件柜后背刻"大明万历丁未年制"楷书款，第七件长方桌的红色漆里刻"大明万历癸丑年制"款，其余七件均有"大明万历年制"款。[72]万历丁未，三十五年，1607年；万历癸丑，四十一年，1613年。这9件明万历款家具多数是清室善后委员会在1924年溥仪出宫后接收故宫时的宫中旧物。文物与文献，可以相互印证。至少，我们看到了万历重建乾清宫时题造陈设宫中家具的相关原始史料。

《须知》记载内廷传派造办器物的还有内官监、司设监、银作局、兵仗局等机构。这些记载中的银两数目，显然有虚浮不实之数，所以，文中讥怨"四十张之床费至三万余金亦已滥矣"。

（三）《须知》记载的物料召买

《须知》记载的各司各差年例中，有一个现象值得重视，即召买。凡是动用物料的年例，无论大小多寡，绝大多数涉及召买，单纯会有，不必召买的只有少数几项。卷三《造器规式》29项，卷七宝源局《铸器规则》21项，卷八盔甲王恭厂《成造军器规则》25项，合计75项，只有5项不需要召买物料。因而，事多召买，成为万历晚期工部供应内府物料和办差自造的一个特点。

《明史》卷八二《食货六》谓："先是，上供之物，任土作贡，曰岁办。不给，则官出钱以市，曰采办。其后本折兼收，采办愈繁。于是召商置买，物价多亏，商贾匿迹。"[73]这段话概括了从洪武到万历的变化。对于这个变化的初始与发展过程，今人新近有完整论述。[74]《中国通史》的作者在《商役制度》题下，从商户应役的角度，叙述了从太祖禁令经成祖弛禁，弘治以后"买物当行"，到嘉靖、万历时期"召商买办"、"佥商买办"步步递进的过程。《商役制度》已经叙述的，本文不再重复。

对于召买给商户带来灾难的原因，何士晋、刘元霖都有比较清醒的认识，明确指出召买的弊端在于"铺垫之滥"，内监职司"多方勒掯，咀膏吮血，不尽不止"；另一方面，也强调"不可无商"。[75]这是工部事多召买在部臣观念上的反映，证明当时工部供应内府和办差自造料无巨细都要依赖商品市场提供。

从《须知》的大量年例分析，召买的对象可以分为三类。第一类是原材料，第二类是经过初级加工的手工业原料，第三类是手工业产成品。这三类物料，无论是在营建、军器、上用、礼仪用品、内府生活用品和内府匠役工具各个门类里，都可以看到。

这里说的原材料，包括木料、竹料、废铁、黄藤、棕毛、麻、草、荆条、木柴等。经过初级加工的手工业原料，主要是指：苏州钢、熟建铁、四火黄铜、铁线、铜线，木炭、板枋、造车木制部件，石灰、石料，绵布、苎布、绫、绢、绸、绒线，牛、马、羊、鹿、麂、獐、沙鱼各种皮，石青、石绿、靛花、丹黄各种颜料，桐油、杂油、香油，漆、黄蜡、水胶、鱼线胶、高锡等。手工业产成品，包括各种纸、钉、木桶、铁勺等。

木料、竹料、石料，各种漆、颜料、油料等，用于三殿重建、社稷坛岁修、天地日月先农各坛灯杆、祭棚岁修糊饰，京通各仓修理新建等。

手工业原料的数量大，名目多，虽然在产地或者各自行业内属于成品，但是还需要在匠役的再加工中，经过各种不同工艺组合形成新的产品。这些产品有前面提到的宝源局铸钱，乾清宫龙床顶架、各种床、橱、柜、阁、几、屏风等家具，军器里的各种火器、盔甲，典礼使用的锦衣卫鸣鞭、状元进士袍服、赏赐外藩成衣靴袜、万寿正旦朝会宴花、文武举人宴花，光禄寺承办各种祭礼所需祭器等。

手工业产成品，多属于可以直接使用的，如虞衡司召买乙字库黄、白、红、绿、皂各色龙沥纸及中夹纸、高头纸、开化纸等，修理京通仓廒使用的雨点钉、枣核钉、两头钉等，酒醋面局的铁勺、锅盖、木桶等。

以上说明，召买在工部供应内府物料和办差自造中的作用已经渗透到各个方面，当时的内廷营建和宫廷生活对于提供手工业产品的商品市场，有极大的依赖性。

召买只是官府和宫廷从民间获取物料的一种途径。有些物料是出于等级制度或者礼仪制度的规定必须具备，而且不是内府匠役可以造办的。召买影响如何，关键在于皇帝本人的态度和中间执行者的操作办法。洪武十五年（1382年）四月，"工部尚书赵俊奏：饰东宫殿宇及公主府所用青绿，请令民采办。上曰：'姑随所有用之，勿劳民也'。俊曰：'库藏所贮，恐不足用，且令其采办，以价直给之，亦不伤民'。上曰：'青绿产于深山穷谷，民岂能自采，必待贩鬻而后得之。尔但知给以价直，不知有司急于取办，未免过于督责，而吏卒夤缘肆贪，所得之直不偿所费。况货殖之人，乘时射利，高价以售，民受驱迫者急于应办，转为借贷，其弊百端，为害滋甚，岂可以粉饰之故而重扰民乎'。"⑦⑥万历二十九年（1601年）三月，"锦衣卫接出圣谕：朝廷开矿税课，原因三殿二宫所用不赀，国帑匮乏，固为权宜之计；一以体察臣庶，一以裕国济急，稍俟充足自有处分"云云。⑦⑦这两条史料对照，说明朱元璋预见到官府经过商人获取民间物料必然产生弊端，而朱翊钧派遣中使四出敛财，冠冕堂皇地以重建三殿两宫作为理由。嘉靖万历时期召商买办的种种恶劣现象，是皇帝制度的本质所决定的必然现象。

总之，工部供应内府和办差自造所需物料事多召买，是万历宫廷高度依赖商品，当时社会经济生活中手工业产品大量进入商品市场，社会生产中商品经济逐渐发达的产物。

三　《两宫鼎建记》异名辨析与所证开纳事例

《两宫鼎建记》三卷，贺仲轼类录乃父贺盛瑞主持重建乾清宫、坤宁宫事迹，是目前存世唯一记述紫禁城内廷营建相对完整的明人著作。这部书异名题作《冬官纪事》一卷，署名一作贺仲轼，另一作项梦原。

贺盛瑞，字凤山，又字泰徵，河南获嘉（河南今县）人。万历十七年（1589年）进士⑦⑧，授工部屯田司主事，历营缮司员外郎，以督修工程屡省经费，擢郎中。身任重建乾清、坤宁两宫大工，倾神筹划，精密综理，任怨任劳，遏巨珰追逐腥膻漏厄，重建两宫后，升湖广参议，旋受内监中伤，降级调陕西河西道，又迁山西泽州府同知；寻改长芦运司判官，后升刑部主事，奉差还里，卒。⑦

　　贺仲轼，盛瑞子，字景瞻，又字养敬，万历三十八年（1610年）进士。初授醴泉令，丁忧补南直隶青浦，累擢刑部主事、镇江知府、陕西西宁道、山东武德兵备道。归里读书，不轻往来。甲申（1644年）李自成兵至，携妻妾四人登楼扃户自缢。有《春秋归义》32卷，《便考》10卷。⑧

　　最早注意到《两宫鼎建记》的是前辈学者单士元。对于贺氏父子这部书的异名问题和重建两宫中的捐纳问题，单士元先生均有明确判语，但都很简略，以下追随前贤所断，深入探讨，以附骥尾。

（一）《两宫鼎建记》、《冬官纪事》同书异名考

　　单士元《两宫鼎建记》有一条注文："《获嘉县志》文艺载贺氏著述，不列《两宫鼎建记》，中有《冬官纪事》，检《宝颜堂秘笈》所刻之《冬官纪事》校之，知为一书。"⑧对于何以一书两名，两书文字有无差异，单老没有判语。今考述如后。

　　题名《两宫鼎建记》署名贺仲轼的书，可供查找的存世版本有4种。第一种，道光十一年（1831年）六安晁氏木活字排印《学海类编》本，四周单边，细黑口，单鱼尾，有行格，每半叶9行，每行21字。第二种，民国九年（1920年）上海涵芬楼景印《学海类编》丛书，包括《两宫鼎建记》。第三种，1996年齐鲁书社《四库全书存目丛书》史部第128册著录《两宫鼎建记》，二次影印涵芬楼影印学海类编本。第四种，民国二十六年（1937年）商务印书馆《丛书集成初编》排印本，扉页题记云："本馆据《学海类编》本排印初编各丛书仅有此本"，每页15行，每行40字，行外旧式点号。此外，据云民间尚存有一种私人收藏的抄本。⑫

　　题名《冬官纪事》的存世版本不少于4种。第一种，明泰昌元年（1620年）陈继儒《宝颜堂秘笈》第四辑《普集》本⑧，四周单边，单鱼尾，白口，每半叶8行每行18或19字，9行18字至20字不等。第二种，清康熙十一年（1672年）重修《尚白斋镌陈眉公订正秘笈》本，据明版重刊。第三种，民国十一年（1922年）上海文明书局石印本，每半叶16行，每行36字，署名项梦原。第四种，丛书集成初编排印本，署名项梦原，扉页题记云："本馆据《宝颜堂丛书》本排印初编各丛书仅有此本"。

　　陈继儒本《冬官纪事》正文题名"陈眉公订正冬官纪事"，下署"槜李沈德生天生，绣水陈皋谟襄甫，沈世清自风校"，贺仲轼的姓名出现在《自序》最后的署款中。《目录》中作"第三十九帙，《冬官纪事》一卷"，下无署名，次行作"第四十帙，《研北杂志》二卷，项梦原"。清初重刊本未见。⑧民国十一年文明书局石印本《宝颜堂秘笈》第一册《目录》作"《冬官纪事》一卷，明项梦原"，"项梦原"被移行填空，变成了《冬官纪事》的作者。这是错简。由此证明，丛书集成初编排印本《冬官纪事》所据《宝颜堂丛书》，使用的底本很可能是民国十一年上海文明书局的石印本。丛书集成初编本排印时没有查看明刊本，无从发现并纠正石印本把署名"项梦原"移到前面一行《冬官纪事》下的错简之误。

　　《两宫鼎建记》与《冬官纪事》的文字差异如下：第一，《两宫鼎建记》卷前有邱兆麟《序》，贺仲轼《自序》。《冬官纪事》明刻本卷前无邱兆麟《序》，只有贺仲轼《自序》，民国石印本有邱兆麟《序》，但在贺仲轼《自序》之后。第二，贺仲轼《自序》，在《冬官纪事》中比在《两宫鼎建记》中多出三段话。第一段："夫士岂直以升沈言命哉"下有："凡树奇节著勤力，莫非命也。何言乎，盖节不遇时，不得彰灼，力不当其时，欲效用无由也。且夫人之识力，果甚远乎。"第二段："用是土木之事辑成一帙"下有："名曰《冬官纪事》。若夫"，下接"就中苦

心犹有讳而不敢尽言哉"。第三段：署款前有："非识其有异，识其所职也。夫守官者，以尽职为能，秉笔者，以录善为大。郎署虽微，独非朝廷之官也欤哉，倘存褒贬于庶官之中，核虚实于有据之事笔之，若曰万历某年月日鼎建乾清、坤宁两宫，郎中某，实任其事，以金钱七十万竣役，省金钱九十万有奇，视三殿费，所省无算，以不职论去，是亦先公昔狷介之守，而一日趋事之劳也，没且不朽矣。鄌延两月，濩泽再期，或志以时阻，或事以官微，传有之，守官废命不敬，故毋或敢不尽其力焉。亦略附于后，乡居事则状中述之矣。"第三，《两宫鼎建记》卷下到"锦衣卫题修卤簿事"止，《冬官纪事》卷下最后多出一件"二十三年鼎建西华门"事。文曰："二十三年，题鼎建西华门，并补修皇城西一面并西角楼，其工五十倍府第，然亦止费七万金而缩。"第四，《两宫鼎建记》以《辨京察疏》结束，《冬官纪事》在《辨京察疏》后有两份揭帖《揭一》、《揭二》。第五，两书文间小有不同。

《四库全书总目》卷六四《史部传记类存目六》谓："《两宫鼎建记》二卷，编修程晋芳家藏本。明贺仲轼撰。仲轼字敬养，获嘉人，万历庚戌进士。初，万历二十四年建乾清、坤宁两宫，仲轼父工部营缮司郎中贺盛瑞董役，后京察坐冒销工料罢官。仲轼因详述其综核节省之数，作此书以鸣父冤。下卷并附以历年所修诸工，末录盛瑞《京察辨冤疏》。陈继儒尝刻入《普秘笈》中，改题曰《冬官记事》，而佚其《辨冤疏》一篇。此本为朱彝尊'曝书亭'所抄，犹完帙也。"⑥

程晋芳，江都（今江苏扬州）人，乾隆十七年（1752年）进士。家世盐商，尤称豪奢。独好儒，学从程廷祚。曾罄家资购书五万卷。四库开馆，入为纂修，后改编修。晚年居京，家贫不能举火。《清史稿》卷四八五有《传》。朱彝尊，浙江秀水人，明崇祯二年（1629年）生，清康熙四十八年（1709年）卒。康熙十八年（1679年）以布衣举博学鸿词科，授检讨，参与修《明史》。藏书八万卷，室号为"曝书亭"。《提要》说《两宫鼎建记》入四库馆时是抄本。这一抄本的源头，极可能是贺仲轼本人的稿本。否则，这则《提要》言之凿凿的书题《两宫鼎建记》和陈继儒改题之事，据何而语。至于抄书者是不是朱彝尊本人，这则《提要》是不是程晋芳本人所撰，都在可能可否之间，无关紧要。大藏书家傅增湘先生曾经见到过《两宫鼎建记》的写本。《藏园群书经眼录》卷六："《两宫鼎建记》二卷，明贺仲轼养敬录。旧写本。记其父盛瑞营建乾清、坤宁两宫事。钤有宋筠藏印。"在傅熹年先生所编《目录》中，条下小字注出"清初写本"。⑦宋筠，河南商丘人，康熙二十年（1681年）生，乾隆二十五年（1760年）卒，终官奉天府府尹。⑧傅增湘所见所记《两宫鼎建记》写本，既然已经注明宋筠藏印，而并没有提到"曝书亭"，极有可能当时流传的写本不止一个。

《提要》所云陈继儒"佚其《辨冤疏》一篇"，不是事实。陈继儒本《冬官纪事》存有《辨京察疏》全文。嘉道时人周中孚曾经看到过陈继儒的《冬官纪事》明刊本。《郑堂读书日记》卷二四云："《冬官纪事》一卷，《普秘笈》本。明贺仲轼撰。仲轼字敬养，获嘉人，万历庚戌进士。《四库全书存目》作《两宫鼎建记》二卷。此为陈眉公所订正，故改题是名而并为一卷。其《辨冤疏》亦有之，犹属完帙。"⑨这证明，《提要》的撰稿人没有看到陈继儒本《冬官纪事》，否则，《辨京察疏》是有是无，到手立判，不必谓陈继儒芟刈。《提要》所云"完帙"也不准确。明刊本《冬官纪事》在《辨京察疏》后有《揭一》、《揭二》，《两宫鼎建记》无这两篇揭帖。梁启超曾经对《四库提要》有一著名评语："《四库提要》为官书，间不免敷衍门面，且成书在乾隆中叶，许多问题或未发生，或未解决。总之，《提要》所认为真的，未必便真；所指为伪的，一定是伪，我敢断言。"⑩四库馆臣为《两宫鼎建记》所撰《提要》的毛病，正属"敷衍门面"，"未必便真"的一个例证。

总结以上，贺仲轼为父鸣冤书稿形成同书异名的过程大致是这样的：贺仲轼万历四十四年（1616 年）作书稿《自序》，陈继儒辑《普秘笈》本《冬官纪事》泰昌元年（1620 年）刊行。贺仲轼完全有时间和条件看到这个刊本。题名《两宫鼎建记》，增加邱兆麟《序》，删减《自序》中的三段话，删去《辨京察疏》后面的《揭一》、《揭二》，应该是贺仲轼看到刊本后的结果。自泰昌元年到甲申兵变有十几年时间，贺仲轼其间归里著书，不可能不修订这部书稿。此后，《两宫鼎建记》书稿经朱彝尊"曝书亭"传抄，有抄本归程晋芳所有，进呈四库馆列存目，《提要》入《总目》，是书遂于庙堂之上存一线索。《两宫鼎建记》抄本的第一个刊本在道光年《学海类编》丛书里。《学海类编》书前道光辛卯（十一年，1831 年）六月娄县张允垂《序》开篇明言："曹氏倦圃所辑《学海类编》未有刊本"，证明《两宫鼎建记》在清初的曝书亭抄本和宋筠藏写本之外，到道光年始有刊本，时距贺仲轼身后已经几近二百年。此后同书两名并行于世，其间《冬官纪事》署名变更"项梦原"事，实属《普秘笈》稍有含糊，重刊过程错简之故。后人见书名、署名两异，或以为两书，不免迷茫，故特为考述如上。

（二）《两宫鼎建记》所证开纳事例

万历二十四年（1596 年）四月，即乾清宫被焚的次月，工部题请重建两宫的整体方案二十款，其中前四项与筹措重建经费相关，分别是：一，议征逋负；二，议协济；三，议开事例；四，议铸钱。开纳事例是第三项筹措经费的措施，这也是明代中央政府第二次在营建大工中开纳事例。

事例，本是明代《实录》中的常用语，指过去的成例或者针对新情况的对策、做法。开纳事例，是明代中央政府于国家常典之外在战争、灾荒、营建大工时向民间出卖职官员缺、监生和胥吏、免役资格得到钱粮救急补短的交易，有一个从初起应急到后来经常使用的过程。景泰元年（1450 年）正月，瓦剌也先兵临北京城下之后不久，兵部尚书于谦建议定"买马给授冠带事例"，成化年间，湖广、两浙、山西等地为备荒，定"纳米事例"和"纳银给散官事例"，明确规定了纳米、纳银数量与免役或者给授官员品级的对应关系。嘉靖四年（1525 年）八月，明世宗兴建仁寿宫，"开纳事例以佐其费"，第一次把开纳事例列为筹措营建经费的措施。明代的这种开纳事例交易，源起战国秦汉的纳粟拜爵，绵延至清代，成为捐纳。前辈学者许大龄先生《清代捐纳制度》的《绪论》，概述景泰至南明的捐职、纳监的起因与影响，指出："清之捐纳，系因袭于明景泰后，似无疑义。"

《两宫鼎建记》记载了开纳事例的给授范围和步骤。卷中谓："议开事例。查得预建寿宫，曾开事例。今大工肇举，仍宜广开，除州县佐贰首领系亲民官，遵例不许加纳外，其应纳某某等项，咨行吏、礼、兵三查部例，开款具题，通行各省直抚、按，出示晓谕告纳，至于民间巨室，比照旧例，进银五百两者给与官带，一千两者遥授七品京衔，有司俱竖坊礼待，仍免杂差。"卷下谓："告事例者，通状到日即给帖，银完次日即给咨，事无留宿，吏难着指，赴如云集，得银百万两，惟在速之一字。"

这两段文字说明了开纳事例的交易对象和程序。首先，开纳事例的职官员缺给授范围不包括州县佐贰首领等亲民官。其次，开纳事例的步骤大致分为三步。第一步，工部与吏部、礼部、兵部使用平行咨文商定开纳事例的捐职、纳监给授名目，列出明细，具本奏题。第二步，通告各省、直隶的巡抚、按察使，由地方政府告示民间。第三步，民间有申告捐职、纳监者，凭地方政府通状到工部办理手续。通状，地方政府上行公文。工部营缮司见到通状，即发帖文。帖，上对下不用符印的行文。这里的帖，是向收纳银两机构通知收银数目的公文。这个收纳银两的机构，可能是工部节慎库，也可能是营缮司所属专库。所谓"银完次日即给咨"，是说银两交割清楚，工部向吏部或者礼部、兵部发出咨文，以证明银两已经入库，这三个机构可以根据咨文向纳银者给授职官员缺或者监生资格。值得注意的是，民间巨室进银"一千两者遥授七品京衔"，已经比百余年前成化九年（1473 年）山西备荒"纳银给散官事例"的"正七品八十两"高出十余倍。

关于这次开纳事例的结果，贺盛瑞在《辨京察疏》中说："大工所费七十余万，俱职亲手开纳事例银九十三万两内支给，其助工银俱管库科道固封候旨，不但一毫不取之民，抑且一毫不取之库。自谓颇有生财节用之劳，此俱工科有本，工部厂库节慎库有册，昭彰万人耳目者。"⑥这是说，两宫重建开纳事例的结果是得到银两有"九十三万两"，而"大工所费七十余万"，都是来自于开纳事例银两。换句话说，从万历二十四年乾清宫治木开工到二十六年七月盖瓦通完，贺盛瑞离营缮司郎中任，大工所用经费全部来自民间捐职、纳监银两。

对于贺盛瑞自己所说的这个结果，既很难印证是否可靠也没有其他旁证可以否定。第一，开纳事例不是重建两宫经费的唯一来源。工部题请重建两宫的经费事项，有三项开源，即征逋负、协济、开纳事例，有一项节流，即铸钱。征逋负，是中央对地方而言，包括催征州县官员缺官俸、收过商税、赃罚银两及其他无碍银两。从《明神宗实录》》检索，征逋负有所落实，但记载数目不详。⑰协济，是中央政府户部、兵部等机构从所属账目向工部调拨银两，从事理上说，也包括征逋负的银两。贺盛瑞在《两宫鼎建记》卷上自注"户、兵二部应协济银各三十万两未用"，⑱说明户部、兵部确实存在向工部移交协济银两的事实。此外，《实录》还有阁臣、亲王捐俸助工的记载，有数目记载的是潞王一万两，蜀王六千两，赵王、肃王、卫王、崇王各一千两。⑲第二，工部这次开纳事例时间只有七个月。万历二十四年四月工部二十款题准，同年十一月，"丁未（十五日），停止助工超选。"⑳助工超选，即这次重建两宫开纳事例的捐职、纳监。在当时的交通和公文往来的条件下，在七个月的时间里面，贺盛瑞所言"赴如云集，得银百万两"，是事实，还是夸张，无从证明。第三，对比开纳事例的纳银数目，亲王捐俸助工银两与民间捐职"遥授七品京衔"银两等同，都是一千两。这说明晚明民间巨室福侔亲王，堪称素封。

总之，贺盛瑞所言万历重建两宫的经费全部使用开纳事例银两，在没有见到其他可以印证或者否定的史料之前，只能给予承认。历来学人言万历朝国用凋敝、搜刮民间多以矿税、征派为论，今以《两宫鼎建记》所证开纳事例，为万历弊政添加证据，为古代建筑史拓宽视野。

万历重建两宫开纳事例的做法，还延续到了南明。甲申（1644 年）五月，史可法、马士英在南京拥立福王即位。七月二十日（1644 年 8 月 21 日），南京工部尚书上《工务渐繁岁额有限仰恩酌开事例以助中兴大工事》疏，㉑描述当时南京宫殿的状况是，"武英殿成而西宫继作，专庙告竣而太庙寻修"，皇极等殿、慈宁等宫、天地日月坛、山川社稷坛均无，且无一可缓者。"然则有一工，定有一工之费，如此出，则必如此入，一合算焉，百无一有"，无论派之民间，还是挪用别部经费，都行不通，"计惟有事例一途，分闾右之有余，佐水衡之不足，假二三闲散之秩，博千万当急之需。斯亦事势之无可奈何，而国体之毫无所碍焉者矣"。奏疏提出具体建议说，"据称事例诸款，典非创起，皆历来通行无弊。如光禄、中书等官，职属闲散，既不至以贪庸贻民社之殃，阶犹清显，可以鼓富民勇于助官之念。况新朝旷典，苟可自赡，谁不愿沾一命以自荣者乎"，并且估计，"赀郎中亦自有人"。奏疏的结果是，"奉圣旨：著依拟行。该部知道。钦此。钦遵抄出□案，奉批即榜示部前，仍刊行送司，奉此。除一面通行各该衙门及出示晓谕，并移文省、直遵行外，相应刊刻书册须（颁）发，无论省、直，一体遵奉新恩中兴大工事例，赴部上纳施行。"

奏疏所附《计开事例》，规定了纳银事例的职衔、银两数目、资格、条件、纳后待遇等，共十五例。有：一，光禄寺署丞监事例；二，光禄寺典簿例；三，鸿胪寺署丞序班例；四，上林苑监署丞录事例；五，营缮所所正例；六，两殿中书例；七，两殿中书加试职实授并服色例；八，杂职吏典加纳例；九，都司首领例；十，布政司首领例，十一，按察司首领例；十二，府首领例；十三，援考例；十四，省祭定年例；十五，廪、增、附、青衣等生纳银入监并俊秀纳监儒例。⑩

现转录其中两则，以示举例："两殿中书例。一，监生愿授武英殿中书舍人者，纳银一千二百两，如愿授文华殿中书舍人者，加银三百两，纳完咨送吏部准题中书舍人职衔，□效用。一，廪生愿加文华殿中书，往题试职，准差，纳银二千两，武英殿中贡（书），往题试职，准差，纳银一千六百两，增廪生各递加银七十两，附生各递加银一百四十两，青衣生各递加银二百两，俊秀各递加银三百两，察明送纳。""布政司首领例。监生历满，选未及期，纳布政司理问、经历，各纳银五百两，都事，纳银三百六十两，照磨，纳银二百二十两，俊秀监生，加银十两；监满未拨历者，各加银二十五两。"这两条说明，第一，两殿中书都是从七品，属于参与机密的清贵要职，监生缴纳足够数额银两，即可试职承差；与《两宫鼎建记》记载"遥授七品京衔"有实质上的区别。第二，布政司经历、理问都是从六品，亲民首领官，不仅打破了《两宫鼎建记》记载的"州县佐贰首领系亲民官，遵例不许加纳"的限制，而且品级也高于七品。⑩

贺盛瑞《辨京察疏》把开事例看作是"生财节用"，谓"职亲手开纳事例银九十三万两"。邱兆麟《两宫鼎建记序》说："朝廷建大工，莫大于乾清、坤宁两宫，所费金钱，有原例可援，乃夫先生独省九十万。夫此九十万何以省也，是力争之中珰垂涎之余，同事染指之际者也。"⑩这里所言之"省"，出发点和立足点是皇帝制度下的国家常典。职官名位卖得银钱，何省之有。邱兆麟这段话，却被不察者引用慨叹贺盛瑞际遇不公；或云贺盛瑞节省经费九十万两，又或有工程原需一百六十万两，只用六十八万两等云云，⑩皆属对于明代职官制度、捐纳事例失于考察之故。

四 余 论

通过以上述考工部三书，证明万历晚期的内府造作与明初有很大不同。这种区别首先表现为，自洪武朝营建南京、中都，中经永乐朝营建北京宫殿坛庙与陵工，至正统朝重建北京紫禁城三殿两宫，物料、匠役基本依靠国家行政力量征调。万历晚期，重建乾清宫、坤宁宫的经费全部来自捐纳，内府营建和工部各项年例，高度依赖商品市场提供的手工业产品。

其次，洪武营建不用内官。在永乐、正统营建大工中，内官地位逐渐重于外官，到嘉靖朝正式形成内官监在内外大工中"董其役"，气焰威势甚至凌驾部臣之上。清乾隆二十一年《获嘉县志》卷一二记载一事可以象形内官监的气焰。"（贺）盛瑞离部后，内臣有手批缮郎帽覆目者，郎怒曰：'贺某在，汝辈敢尔！'内臣笑曰：'贺某不要钱，汝亦不要钱耶。'"⑩此事在康熙二十六年《获嘉县志》不载，或为乡里耆老口耳相传故旧事。这与历来论者所指晚明宦官造祸气势别无二样。

第三，在数额巨大的物料、银钱周转流动中，同样具有士人共同背景的部臣和科道官员虽然话语不同，但都使用自己掌握的权力，共同制定各种规则，制约和剪裁宦官的贪婪。《缮部纪略》和《工部厂库须知》都是在一定程度上这种制约和裁减的产物。外朝与中珰不同政治势力的较量，在兴工造作和各种年例物料、银钱的锱铢必较中鲜明体现出来。

第四，万历时期商品经济已经在社会生活中占有重要地位。《缮部纪略》和《工部厂库须知》这两部官修书，在两年之中相继成书，不是巧合，而是当时中央政府行政机构在商品经济环境中采取的应对措施。这两部书都具有行政法规的性质，与后来清代的《会典事例》虽然记载内容不同，但是体例相近，功能一致。

第五，在中国古代，国家营建都是由政府出面组织，往往成为当时各种社会矛盾的焦点，各种势力相互较量，不同利益彼此冲突的平台。解剖国家营建大工的过程与种种规则，可以从新的角度透视当时社会矛盾，增加我们对于当时社会的认识。中国古代建筑史研究，首重实物。历史学界的断代史和专题史研究，涉及古代国家营建也多以建成实物为论述对象。因而，在古代建筑物产生过程这个交叉点上倾注更多的关注，需要中国古代建筑史学界和历史学界共同的深入探讨。这有可能成为今后吸引学术界共同关心的问题。

---

① 单士元：《明代营造史料》之一，《中国营造学社汇刊》第四卷第一期第 116－137 页，北平，1933 年；《明代营造史料》之二《万历朝重修两宫》，《中国营造学社汇刊》第四卷第二期第 88－99 页，北平，1933 年；《单士元集》第四卷《史论丛编》第一册第 3－33 页，紫禁城出版社，2009 年。

② 紫禁城出版社，2006 年。

③ 于倬云、朱诚如主编：《中国紫禁城学会论文集》第二辑第 271－276 页，紫禁城出版社，2002 年。

④ 《历史档案》2006 年第 4 期；《第十一届明史国际学术讨论会论文集》第 936－948 页，天津古籍出版社，2007 年。

⑤ 《明神宗实录》卷二九五，黄彰健等校勘，台北中央研究院历史语言研究所校印抄本，1962 年。下同。

⑥ 《明神宗实录》卷三一一。

⑦ 《明神宗实录》卷二九九。

⑧ 《两宫鼎建记》卷下贺盛瑞《辨京察疏》，丛书集成初编本第 23 页，商务印书馆，1937 年。

⑨ 《明神宗实录》卷三九四。

⑩ 《明神宗实录》卷三九〇。

⑪ 《明神宗实录》卷五三六。

⑫ 《明熹宗实录》卷一八。

⑬ 《明熹宗实录》卷八七。

⑭ 这两部影印书的底本是同一部书。在《北京图书馆古籍珍本丛刊》第 47 册（以下简称《北图珍本》）是第 705 页至 720 页，在《续修四库全书》第 878 册（以下简称《续四库本》）是第 377 页至第 391 页。

⑮ 以上分见：《明熹宗实录》卷一九、卷八七；《明□宗□皇帝实录》卷二；《崇祯实录》卷二；《崇祯长编》卷一〇、卷一一、卷一二、卷一七；雍正《山东通志》卷一五；雍正《山西通志》卷七九；雍正《河南通志》卷三一；乾隆《潍县志》卷四，台北成文出版社《中国方志丛书》第 388 号影印第 457－458 页；《明史》卷二四三、卷三〇六，中华书局竖排繁体标点本第 6300 页、第 7852 页、第 7868 页。以下引用《明史》均为中华书局竖排繁体标点本。

⑯ 《续四库》第 878 册第 377 页，第 379 页。

⑰ 《续四库》第 862 册第 623 页。

⑱ 《续四库》第 863 册第 223－224 页。

⑲ 《明神宗实录》卷四八七。

⑳ 《明太祖实录》卷二二六。《明史》卷九七《艺文二》在史部职官类下存此书目："《诸司职掌》十卷。洪武中，翟善等编。"《诸司职掌》现存抄本不分卷，2002 年上海古籍出版社《续修四库全书》第 748 册影印，前有清光绪间沈家本题识。

㉑　《续四库》第 748 册第 744 页。另见弘治《明会典》卷一四七；万历《会典》卷一八一，《续四库》第 792 册第 193 页。丁，通钉。

㉒　《续四库》第 792 册第 193 页。引文中"遇有工程，严禁官匠从实估计，不得恣意加增，以俟扣留。"疑"严禁"二字衍文。

㉓　《明世宗实录》卷三六一。

㉔　《明英宗实录》卷六五。

㉕　《明英宗实录》卷七五。

㉖　《明英宗实录》卷八三。

㉗　《明英宗实录》卷八四。

㉘　《明史》第 7771 页。

㉙　《廿二史札记校证》下册第 807－808 页，中华书局，1984 年。赵翼这段话，文意与《明史》卷七四云洪武十七年（1384 年）太祖铸"内臣不得干预政事犯者斩"铁牌一段相类，见 1826－1827 页。《明史》文为赵翼语的源头，意指相通，文辞各异。

㉚　《明史》卷一一〇《宰辅年表二》第 3353－3361 页。

㉛　《明宫史》第 32 页，北京古籍出版社，1980 年。

㉜　《明史》第 1819 页。文中"塔材"，应作"搭材"。搭材，建筑工程术语。搭，架设。搭材，指高处施工所用脚手架。《明宫史》此条不误。

㉝　粗略对校，两种明刊本的差异如下：（一）次序不同。北图本的次序是：林如楚《引》、何士晋《工部厂库须知叙》、《凡例》、《目录》、正文；玄览堂本的次序是《目录》在《凡例》之前。（二）《目录》不同。北图本《目录》共两页，十二卷目次全；玄览堂本《目录》第二页的前半叶仅到卷十标题为止，空白一行，以下无卷十一、卷十二标题。（三）卷一、卷二次序互易。北图本《目录》是："卷之一厂库议约、节慎库条议，卷之二巡视题疏、工部复疏"；但正文与《目录》不符，依次是：卷一巡视题疏、工部复疏，卷二厂库约则、巡视厂库工科给事中李瑾《为体贴节慎二字以裕国用事》照、节慎库规则。玄览堂本《目录》是："卷之一巡视题疏、本部复疏，卷之二厂库议约、节慎库条议附"；正文也与《目录》不符，依次是：卷一《节慎库规则》、《巡视厂库须知约则》、巡视厂库工科给事中李瑾《为体贴节慎二字以裕国用事》照，卷二巡视题疏、本部题疏。总之，两种明刊本的卷一、卷二都是目录与正文不符。北图本《目录》卷一、卷二与玄览堂本卷一、卷二正文相符；正文卷一、卷二与玄览堂本《目录》相符。从编纂体例与内容角度看，玄览堂本目录配合北图本正文的顺序稍合理。（四）存叶不同。北图本卷一缺第五十二叶，见《北图珍本丛刊》第 47 册第 345－346 页；所缺叶是万历四十三年三月六日何士晋题疏的最后一叶；玄览堂本存有此叶，见《续四库》第 878 册第 444 页上栏。卷十二有《又附陵工条议》，北图本缀于《屯田司条议》之后，合理；玄览堂本缀于最后《柴炭厂条议》之后，不尽合理；北图本这篇条议缺文后署名三行，玄览堂本这篇条议署名完整不缺。分见《北图珍本》第 47 册第 696－697 页，与《续四库》第 878 册第 781－782 页。（五）两书《约则》标题叶、《目录》叶版式稍有不同。两种刊本卷一都缺第三十五叶。第三十四叶是刘元霖题本最后一叶，第三十六叶是马从龙题本第一页，疑为叶码错，不是缺叶。（六）北图本卷四第四十叶、第四十一叶叶码错，应两叶互换；玄览堂本此处不错。

㉞　弘治《会典》卷一六七；万历《会典》卷二一三，《续四库》第 792 册第 537－539 页；《明史》第 1805－1807 页。

㉟　《北图珍本》第 47 册第 570 页，第 616－617 页；《续四库》第 878 册第 649 页，第 694－695 页。由于两种影印本都有文字漫漶处，经过相互比对可辨识若干文字，所以，以下同一引文标注两书页码。

㊱　《北图珍本》第 47 册第 314－315 页；《续四库》第 878 册第 396－397 页。以下凡指称此书，均简称《须知》。

㊲　《北图珍本》第 47 册第 311 页；《续四库》第 878 册第 393 页。

㊳　《续四库》第 792 册第 293 页。

㊴　《北图珍本》第 47 册第 365－368 页；《续四库》第 878 册第 401－404 页。

㊵　《续四库》第 792 册第 456 页。

㊶　《明世宗实录》卷九八："癸巳（二十七日，1529 年 4 月 5 日），上谕户、兵、工三部：朕惟天下财物不在民则在官，取诸民者甚难，则用之岂可无节。《易》曰：节以制度，不伤财，不害民。孔子曰：节用而爱人。此先圣之明训也。今在外钱粮皆有抚、按等官岁奏月报，奸毙可稽；在京惟太仓具有成规，其余各衙门积弊多端，未经查考；且如后府柴炭银两及团营子粒，掌事者收受之际，多方掊克；又如太仆寺、常盈库所贮马价，但有奏请支用，而见在收入之数不见开报。户部、工部其亟行议查，使科道官监之岁终将旧管、新收、开除、实在数目奏缴，其有可用而未尽者，条画上之，用称朕节财恤民之意。于是工部尚书刘麟等奏：本部四司钱粮旧皆贮之后堂大库，令司官出纳，浮谤易生。请将本库墙北开户外通，设库官、库吏领之，该司以籍上提督侍郎岁终类奏，仍三年一次委官稽查，使在部掌案者不预库藏，在库收受者不预派征，互相觉察，庶几无弊。上嘉纳之，且令本部侍郎督理，该城御史监查，务使衙门肃清，浮议永息，其未尽事宜仍听随时损益条奏。"刘麟《清惠集》卷六《奏建节慎库疏》："本部设立衙门之时，盖有大库一座，规矩颇宏，但无隔别会官监查之例。其库设在本部之后，有部堂二重并大墙限隔，别无中正大路前通，加以堂、司势分悬殊，非有重大事情，各司不敢迳入，解官、解户不赴前库亦已年久，但有收放，俱是司库司收，候至开支，亦是司官自放。事虽简便，浮谤易生。往往正官有缺，各官称疾不肯任事，考察之际，时论偶及，无以自明，因无查理，以致如斯。请官监查，意义最善。但路道不便，相应计处，欲将本部大库量加修葺，比照户部太仓库，行移提督侍郎管理，请差御史监查，添设库官、库吏，并拨长守之卒，立短巡之法，量设听事铺设，限以收放之期，定以查盘之法，按季论差郎中、员外郎等官一员监管其事，并照旧规，轮带都吏一名知数及辨验银色。"以下详述旧库改造设立门道，皮作局官吏改为库官、库吏，收纳时间、盘查办法，本库明立文簿一样三本，司务厅严加磨算，典守亲笔书判；库外设立更铺，武功三卫选取军人看守及每夜巡风；重大工役收放银料办法等。见《明经世文编》第二册第 1425－1427 页，中华书局，1962 年。

㊷　侯仁之主编：《北京历史地图集》著录《明北京城 万历至崇祯年间公元 1753－1644 年》图，北京出版社，1988 年。

㊸　《北图珍本》第 47 册第 369 页；第 400－403 页；《续四库》第 878 册第 449－450 页，第 481－483 页。

㊹　《北图珍本》第 47 册第 404 页；第 406 页；《续四库》第 878 册第 484 页，第 486 页。

㊺　侯仁之主编：《北京历史地图集》第 29－30 图《明万历二十一年顺天府》、第 39－40 图《清光绪三十四年顺天府》、第 57－58 图《民国六年京兆地方》、第 63－64 图《民国三十六年》；《北京市实用地图册》第 84 图，中国地图出版社，2001 年。

㊻　民国十七年《房山县志》，《中国方志丛书华北地方》第 133 号影印本第 219 页、第 469 页，台北成文出版社，1968 年。

㊼　《明史》第 1743 页。这段话虽然是在夹在户部十三司各掌分省之事中说的，亦可看作六部通例。

㊽　《明宫史》第 32－33 页。

㊾　《北图珍本》第 47 册第 416 页，第 419－422 页；《续四库》第 878 册第 496 页，第 499－502 页。

㊿　《续修四库全书》第 748 册第 746－747 页；另见同书《刑部》的《都官科》下《拘役囚人》条，第 740－741 页。另见弘治《会典》卷一五四；万历《会典》卷一八八，《续修四库全书》第 792 册第 268－269 页。

○51　《史记》卷六《秦始皇本纪》第 256 页；《汉书》卷二《惠帝纪》第 85 页、第 87 页、第 88 页；均中华书局竖排繁体字本。

○52　单士元：《明代营造史料》之一，《中国营造学社汇刊》第四卷第一期第 131 页，北平，1933 年；《单士元集》第四卷《史论丛编》第一册第 17 页，紫禁城出版社，2009 年。

○53　《北图珍本》第 47 册第 429 页，第 442 页；《续四库》第 878 册第 509 页，第 522 页。

○54　《北图珍本》第 47 册第 527 页，第 571－572 页；《续四库》第 878 册第 606 页，第 650－651 页。

○55　侯仁之主编：《北京历史地图集》著录《明北京城 万历至崇祯年间公元 1753－1644 年》图。

(56) 《明史》第 1821 页。

(57) 《续四库》第 792 册第 309 页。

(58) 《北图珍本》第 47 册第 507 – 508 页；《续四库》第 878 册第 587 – 588 页。方括号内是小字双行注文。

(59) 《北图珍本》第 47 册第 616 – 617 页；《续四库》第 878 册第 694 – 695 页。

(60) 《北图珍本》第 47 册第 646 – 647 页；《续四库》第 878 册第 724 页。

(61) 《北图珍本》第 47 册第 675 – 677 页；《续四库》第 878 册第 753 – 754 页。

(62) 《北图珍本》第 47 册第 369 – 373 页；《续四库》第 878 册第 450 – 454 页。

(63) 《北图珍本》第 47 册第 429 – 430 页；《续四库》第 878 册第 509 – 510 页。

(64) 《北图珍本》第 47 册第 710 页；《续四库》第 878 册第 382 页。

(65) 《北图珍本》第 47 册第 429 页，第 441 页；《续四库》第 878 册第 509 页，第 521 页。

(66) 《北图珍本》第 47 册第 439 页；《续四库》第 878 册第 519 页。

(67) 清迈柱等：《九卿议定物料价值》卷三第一叶正，乾隆元年刻本。

(68) 清迈柱等：《九卿议定物料价值》卷二第十九叶背至第二十叶正，乾隆元年刻本。

(69) 《北图珍本》第 47 册第 528 页；《续四库》第 878 册第 607 页。

(70) 《北图珍本》第 47 册第 586 – 587 页；《续四库》第 878 册第 665 页。

(71) 侯仁之主编：《北京历史地图集》著录《明皇城 天启 – 崇祯年间公元 1621 – 1644 年》图。

(72) 胡德生著：《故宫博物院藏明清宫廷家具大观》下册第 606 – 621 页，紫禁城出版社，2006 年。

(73) 《明史》第 1991 页。

(74) 白寿彝总主编：《中国通史》第九卷，王毓铨主编《中古时代·明时期》上册《丙编第八章商业》第 993 – 999 页。

(75) 何士晋万历三十六年十月二十二日奏疏：“国家经费，一切物料，其初俱用本色，取自外省，后因揽纳滋弊，始令折银解部，该部给价，召商临时买办，是商人起于召募，原非京民之正差，则借其力以代外解之劳足矣，而浚其囊橐可乎，况钱粮上有正供，原无额外之铺垫，则责之买办以不误公家之务足矣，而累其性命可乎。乃铺商之困也，则自铺垫始，而铺垫之滥也，则自近年始。昔当穆庙时，商人私费与官价相半，比时阁臣犹疏称：派及一家即倾一家，人心汹汹，根本动摇，急宜痛厘宿弊。而今竟有整官价以当私费，其上纳钱粮另行称贷者矣，甚至有整官价不足以当私费，既称贷以买物料，又称贷以缓箠楚者矣。嗟嗟三四疲商，即敲筋及骨，剜肉及心，宁能堪此。”刘元霖万历四十三年正月题本：“国家营造，专隶将作，而一切物料本色皆取自外省，以其采办易而额有成规，上供不误而民亦不扰也。后因外解有远涉之难，积滑有揽纳之弊，始令各输折色，本部召商陆续买办，以应上供，是铺商之名所由起也。比时钱粮止有正供，额外并无铺垫，铺商易于办纳，监司便于验收，工作无误，铺商无苦。今则铺垫之费过于正供，承办之苦甚如汤火，一闻佥报，百姓鹿骇，削发投河，千计营免。……臣等窃谓：国家经费，承办不可以无商，而铺商既为公家承办物料，止当上纳正供钱粮。乃铺垫之费果从何始，盖由内监。职司验收，铺垫一入，则验收从宽，铺垫若无，则多方勒措，咀膏吮血，不尽不止。……四司买办既不可无商”。这两段话是比较完整说明“铺商”来历、召买概况的当时人官方记载。《北图珍本》第 47 册第 321 页，第 326 页；《续四库》第 878 册第 419 页，第 424 – 425 页。

(76) 《明太祖实录》卷一四四。

(77) 《明神宗实录》卷三五七。

(78) 雍正《河南通志》、万历《卫辉府志》、康熙《卫辉府志》、康熙《获嘉县志》、乾隆《获嘉县志》记载贺盛瑞科第年分错乱不一。以进士题名碑为准，见朱保炯、谢沛霖编《明清进士题名碑录索引》第 1649 页、第 2570 页，《近代中国史料丛刊》续编第 79 辑，台北文海出版社，1981 年。

(79) 康熙二十六年《获嘉县志》卷六，雍正十二年《山西通志》卷八、卷一四、卷九六；乾隆二十一年《获嘉县志》卷一二，《中国方志丛书》华北地方第 490 号影印第 608 – 616 页，成文出版社，1976 年；民国二十四年《河南获嘉县志》卷一二，《中国方志丛书》华北地方第 474 号影印第 584 – 586 页。

⑧⓪ 康熙《卫辉府志》卷一二；康熙《获嘉县志》卷六；《明史》卷九六《艺文一》第 2366 页。

⑧① 单士元：《明代营造史料》之二《万历朝重修两宫》，《中国营造学社汇刊》第四卷第二期第 89 页，北平，1933 年；《单士元集》第四卷《史论丛编》第一册第 24 页，紫禁城出版社，2009 年。

⑧② 故宫博物院古建筑管理部研究馆员李燮平语。

⑧③ 陈继儒，字仲醇，号眉公，嘉靖三十七年（1558 年）生，崇祯十二年（1639 年）卒，晚明松江名士，工诗善文，书、绘兼能，时与董其昌齐名。《明史》卷二九八《隐逸》有《传》。陈继儒辑《宝颜堂秘笈》丛书，万历中始刻，共六集，《正集》、《续集》、《广集》、《普集》、《汇集》五集以收录明人笔记杂考著作为主，兼收宋元人著作，共二百余种；《秘集》收录自撰著作十五种共四十四卷。《正集》、《续集》、《秘集》目录题"尚白斋镌"，《广集》、《普集》、《汇集》目录题"亦政堂镌"。贺仲轼的书收在《普集》里，题名"《冬官纪事》一卷"。《普集》又名《陈眉公普秘笈一集》，书前张大可《序》自署时间为"庚申孟秋"，庚申，泰昌元年，1620 年，应是《普秘笈》的刊刻时间。

⑧④ 因国家图书馆内部调整馆藏，无法目验。

⑧⑤ 《四库全书总目》上册第 574 页下栏，中华书局影印，1965 年。此处"冬官"后作"记事"，应是手民误刊失校。

⑧⑥ 《藏园群书经眼录》第 2 册第 486 页，第 1 册《目录》第 88 页，中华书局，1983 年。

⑧⑦ 钱仪吉编：《碑传集》卷六九；《近代中国史料丛刊》第 93 辑第 3378 – 3380 页，台北文海出版社，1966 年。

⑧⑧ 《国家图书馆藏古籍题跋丛刊》第 12 册第 15 页，北京图书馆出版社，2002 年。

⑧⑨ 梁启超：《中国近三百年学术史》第 232 页，上海三联书店，2006 年。

⑨⓪ 《明神宗实录》卷二九六："工部题：鼎建乾清、坤宁宫门座、围廊等项，该用木石等料上紧造办，择吉兴举。所有条议各款事宜，皆大工之至切者：一，议徵逋负；一，议协济；一，议开事例；一，议铸钱；一，查库料等项；一，议分工；一，议楠杉大木产在川、贵、湖广等处，差官采办；一，议采石；一，议车户；一，议烧甋；一，议苏州甋；一，议买杉木；一，议发见钱；一，议稽查夫匠；一，议明职掌；一，议加铺户；一，议会估；一，议兵马并小委官贤否；一，议木楂；一，议停别工。奉旨：鼎建乾清、坤宁二宫，工程重大，经费浩繁，你部即计处周悉，内协济、开纳等项关别部，的便酌议停当，如议以行。"

⑨① 《明英宗实录》卷一八七："少保兼兵部尚书于谦言五事：一，在京各营马少，乞敕户部申明：买马给授冠带事例。"

⑨② 《明宪宗实录》卷二七：成化二年（1466 年）三月，"定湖广纳米事例：各处为事除名文职官运米二百石纳缺粮处所者，冠带闲住；依亲监生坐监三年以上者纳米二百石，未三年者三百石，送吏部需次选用；其听选给假回还者一百石，不拘资次选用；生员试不中者廪膳六十石，增广四十石，免充吏宁家；两考役满典一百二十石送部免办事拨京考，三百石免京考冠带办事，二百石就于布政司拨补，三考满日赴部免考冠带办事，俱俟次选用。军民舍余人等愿受散官者：二百石正九品，二百二十石正八品，二百五十石正七品；一百石以上者请敕旌异，一百石以下者立石，五十石以下者有司例以羊酒犒劳；愿充承差者二百石，知印四百石；于本处并贵州都、布、按三司听用。盖岁饥缺储，用巡抚左金都御史王恕请也。"同书卷一〇〇：成化八年（1472 年）正月，"定两浙纳米充预备仓粮事例：一，民间子弟有愿充知印者纳米二百石，承差一百五十石，举保僧、道及阴阳、医官纳米二百石送部免其考试。一，军民大户有愿纳谷五百石者请敕旌为义民，三百石者立石免其杂泛差役。从左布政使刘福奏请也。"同书卷一二二：成化九年（1473 年）十一月，"乙卯，鬻河东运司盐四十万引，以济山西饥民；及，定军民人等纳银给散官事例：正九品六十两，正八品七十两，正七品八十两，以备赈济之用，皆从巡抚右副都御史雷复请也。"同书卷一四四：成化十一年（1475 年）八月，"申定浙江备荒纳米事例：凡农民愿参充承差者纳米一百五十石，知印二百石，三司典吏一百石，各府及运司吏典七十石，理问所断事及府经历司、各县及有品级文职衙门吏典五十石，杂职衙门吏三十石，唯泰山等二十县二十石，松阳等二十一县三十石，俱以次参充，其举保僧、道、阴阳、医官纳米二百石送吏部听用。"

㉓　《明世宗实录》卷五四："工部会廷臣议：营建仁寿宫工役重大，今世庙大工方兴，四川、湖广、贵州山林空竭，海内在在灾伤，材木料价采徵甚难，请发内帑及借户部钞关、兵部马价、工部料价各银两，查取两京各库颜料、各抽分厂木植及司府无碍官银，又开纳事例以佐其费，候世庙工完，推简有才力大臣为之总理；仍选部属三人分行四川、湖广、贵州募求大木，其砖料于京城近地及苏州定价烧造。"

㉔　许大龄著：《明清史论集》第6-7页，北京大学出版社，2000年。

㉕　《四库全书存目丛书》史部第128册第138页，第145页。

㉖　《四库全书存目丛书》史部第128册第152页。

㉗　《明神宗实录》卷二九七："（万历二十四年五月丁丑，十一日）户部题：本部协济大工银两难于措置，旧增赃罚银两，已蒙停止第减，银数十年竟无着落，官民何所裨益。乞行照旧加增，解部济工，其自山东、浙江等省司、道各加银有差。从之。""（壬午，十六日）命各省、直、府、州、县官员缺官俸银、收过商税及无碍钱粮查出，解部协济大工。"同书卷二九八："（万历二十四年六月丁酉朔）户部覆浙江巡抚刘元霖题：将蜡茶银两暂借织造，其赃罚银两解部协济大工。从之。""（癸亥，二十七日）命各抚、按严核逋欠，立期解用，以济大工，以考成例，稽查分数参勘。工部请也。"

㉘　《四库全书存目丛书》史部第128册第137页。

㉙　《明神宗实录》卷二九八："（万历二十四年六月）壬子（十六日），大学士赵志皋等捐俸助工。上览奏褒谕，嘉其忠爱，报闻。次日复谕内阁：昨览卿等所奏捐俸助工，具见忠君体国之义，且卿等夙夜在公，殚忠竭力，匡襄佐理，足称尽职；况俸以养廉，禄以酬功，乃国家常典，今既卿等又揭，其允所请。"同书卷二九九："（万历二十四年七月庚寅，二十五日）潞王进银一万两助工。上览王奏捐禄助工，嘉其忠爱，敕撰书复王，而自是王府捐助之请亦累至。"同书卷三〇四："（万历二十四年十一月丙申，四日）蜀王进助工银六千两，命工部收，答王书。""（庚子，八日）赵王进助工银一千两，报闻，览王奏，捐禄助工可嘉，答王书。""（丁未，十五日）肃王、卫王各进银一千两助工。"同书卷三〇五："（万历二十四年十二月乙亥，十三日）崇王进助工银一千两。"

⑩　《明神宗实录》卷三〇四。

⑪　明冯梦龙辑：《甲申纪事》卷一三《附中兴大工疏》，《四库禁毁书丛刊》史部第33册第614-615页，北京出版社，2000年。《甲申纪事》是明弘光元年刻本，有少量抄配，《中兴大工疏》及所附《计开事例》是抄本。

⑫　《中兴大工疏》附《计开事例》，《四库禁毁书丛刊》史部第33册第616-620页。

⑬　嘉靖四十三年（1564年）四月，户部以蓟镇军饷不充奏请开事例的规则与南明弘光这次开事例的规则很相近。这两次的规则是否即许大龄先生所云"捐纳分暂行、常行二种，暂行系捐实职，常行只限于贡监虚衔"的范畴（许大龄著：《明清史论集》第3页，北京大学出版社，2000年），尚有待指教。嘉靖四十三年四月，"以蓟镇新增军饷不充，户部奏开乞运事例：凡岁贡监生选期未及，预授光禄寺监事、鸿胪寺署丞，俱三百五十两，序班二百两；上林苑监署丞四百两，录事二百两；京卫经历二百两；在外都、布、按三司经历、都司、正断事俱五百两，副断事四百两，都事、知事三百两；布政司副理问四百两，布政司都事、按察司知事俱三百两；布、按二司照磨、检校二百五十两；各府经历二百两，知事、照磨一百五十两，检校一百二十两；外卫经历一百六十两；行太仆寺、苑马寺主簿二百四十两；盐运司经历三百两；盐课副提举、煎盐提举各三百五十两；盐运司知事二百五十两，煎盐副提举三百两。其在部听选儒士，应除铸印局大使、副使及府检校，愿加纳鸿胪寺署丞五百五十两，序班三百五十两，上林苑监署丞五百五十两，录寺三百五十两，京卫经历五百两，愿加左外从八品盐运司、知事三百五十两；从七品外卫经历四百五十两。其吏员出身左部听选欲得搭者，凡加纳考中从七品及上粮并加纳上粮从七品，听选半年以下一百六十两，考中正八品、正九品、上粮正八品加纳、考中正九品听选半年以下八十两，每多半年各减银二十两，加纳考中正八品、加纳上粮正八品、考中并加纳考中从八品、上粮从八品听选一年以下一百二十两，每多一年减银二十两；以上减银至四十两不许再减。上粮正九品、从九品考中并上粮二等杂职听选一年以下六十两，每多一年减银十五两，减至三十两不许再减。如遇告纳，行吏部查明给文，亲赍前赴蓟州密云管粮郎中处查照，所纳银数照依该镇时估上

纳本色粮科、草束，完日取实收到部咨，送吏部，监生预授职衔，暂令冠带，给札回籍。如有已经给文到部者，照旧收选儒士，挨次选用吏员听选者，即与见设入选之人每十名搭三名，相兼选用。其开纳之数监生、儒士以三年为止，省察以一年为止，仍札付各管粮郎中，每月终将上纳过粮科、草束银两数目呈报本部查考。上允行之，仍令讲求足国裕边之要，毋专恃此以为长策。"《明世宗实录》卷五三三。

⑩④　《四库全书存目丛书》史部第 128 册第 132 页。

⑩⑤　《故宫博物院院刊》1987 年第 2 期第 18 页；《中国紫禁城学会论文集》第二辑第 271 页；《中国古代建筑史》第四卷《元明建筑》第 537 页。

⑩⑥　乾隆二十一年《获嘉县志》卷一二，《中国方志丛书》华北地方第 490 号影印第 609 页。

明代的蝗灾与治蝗

周致元

（安徽大学历史系教授）

　　自古以来，蝗灾就被视为是仅次于水灾和旱灾的第三大灾种，是古往今来危害人类生产生活的主要灾种。其实，古代人对蝗灾的发生和危害就给予了很多的关注，只是我们现在对古代的蝗灾的研究还显得不够，对明代人灭蝗的关注就更少了。倪根金较早地讨论了中国古代蝗灾及治蝗，指出蝗灾产生全方位的社会影响，而古人也有多角度的全面的治蝗措施。[①]孟艳霞研究明代山东的蝗灾，认为明代山东蝗灾分布地区主要集中在鲁南、鲁西北以及环渤海湾地区。[②]施和金讨论中国历史上的蝗灾，认为蝗灾不但对历代农业生产造成很大危害，而且引发众多饥荒、疾疫乃至社会大动乱；在蝗灾防治方面，一直存在科学与迷信的斗争。[③]马万明研究明清防蝗与治蝗的办法，以为农业防治法、生物法、人工防治法、法律防治法都是明清两朝有效的防治蝗措施。[④]

　　有关明代全国范围内的蝗灾分布规律有待探讨，而且，中国历史上人们对蝗灾的认识在不断深化，灭蝗措施处在不断演变过程中。本文旨在考察明代全国范围内蝗灾发生的规律，并进而了解蝗灾对当时社会的影响以及明朝特有的灭蝗措施。

一　明代蝗灾的规律

　　明代记载蝗灾的史书很多，其中正史与方志中都大量记录了蝗灾发生的时间与地点。但只有《明实录》一书是近300年里不间断系统地而又全面地记录了全国范围内发生的蝗灾。因而对《明实录》一书中蝗灾的统计能相对准确地反映出明代蝗灾的有关特点。

　　首先，蝗灾是一种经常发生的自然灾害，其发生的频繁程度仅少于水灾和旱灾。明代人的认识也证实了这一点。明代能对蝗灾规律有所认识并加以记载的只有徐光启，他在其著名的《除蝗疏》中写道："凶饥之因有三：曰水，曰旱，曰蝗。"如果对《明太祖实录》的全面检索，发现明初朱元璋统治时期一共被《明实录》记载的水灾有68次，旱灾有41次，而蝗灾则是12次。蝗灾数位于第三，虽少于水旱灾害，但多于霜、雹、地震等灾害。

　　其次，明代蝗灾的时间分布与现今没有明显的差别。现代科学工作者证实：蝗蝻的发育起点温度为18°C，正常发育开始于20°C，成虫进行正常生殖须有一段时期经过25°C。[⑤]这就意味着，这种灾害一定是发生在温度相对较高的季节。徐光启的《除蝗疏》同样对中国古代的蝗灾规律进行了科学的研究，认为中国历史上从春秋到明朝"蝗灾之时"，"书二月者二，书三月者三，书四月者十九，书五月者二十，书六月者三十一，书七月者二十，书八月者十二，书九月者一，书十二月者三"。因而，得出结论是：蝗灾"最盛于夏秋之间，与百谷长养成熟之时正相值也"[⑥]。而且，如果我们将《明太祖实录》中的蝗灾发生的月份统计出来，发现与徐光启的统计也一样吻合。

表一　《明太祖实录》中蝗灾发生月份⑦

时间	一月	二月	三月	四月	五月	六月	七月	八月	九月	十月	十一月	十
蝗灾次	4	1	4	22	22	35	25	10	19	6	3	

其三，关于蝗灾的空间分布特征也需要关注。现代科学工作者的研究证实，危害我国的害虫"东亚飞蝗在我国的分布极广，约从北纬42°以南，直到海南岛，西起太行山，东到沿及台湾诸地，都有它的踪迹"。"我国飞蝗蝗区的分布范围，在勃海沿岸北面为海河，南面河；在黄河沿岸为运河以东区域；华北平原的蝗区主要贯穿于永定河、子牙河和卫河水系平原的蝗区则以微山湖和洪泽湖为中心"。"我国的蝗区按其形成的原因和性质，可分为四型"：滨湖蝗区、沿海蝗区、河泛蝗区和内涝蝗区。⑧对于蝗虫的这种分布规律，明代的徐光样有所认识。在其《除蝗疏》中，列"蝗生之地"一栏，认为"谨按蝗之所生，必于大涯。……必也骤盈骤涸之处，如幽涿以南，长淮以北，青兖以西，梁宋以东，都郡之地，古衍，暵溢无常，谓之涸泽，蝗则生之"。再对照表二中体现出来的明代蝗灾发生的地点，可出，蝗灾地区中，黄河流域要远远多于长江流域，而且，长江以北要远远多于长江以南。在《明太祖实录》中，长江以南的蝗灾只有为数不多的几次，而大多数蝗灾都发生在长江以北

表二　《明太祖实录》中蝗灾发生的地点

省名	北直隶	山东	南直隶	河南	山西	陕西	辽东	广
蝗灾次	66	47	34	28	11	6	6	

对蝗灾发生的条件，徐光启作如下分析：

蝗蝻之生，亦早晚不一也。江以南多大水而无蝗，盖湖巢积潴，水草生之。南方农家多取以雍田。就不其然，而湖水常盈，草恒在水，虾子附之，则复为虾而已。北湖，盈则四溢，草随水上。迨其既涸，草留涯际，虾子附于草间。既不得水，春夏郁蒸湿热之气，变为蝗蝻，其势然也。

其实，徐光启关于蝗生于虾的说法是不科学的，但他关于蝗蝻产生的自然条件的论述是见地的。现代的科学工作者也发现我国蝗区的四种类型，其中每一种类型都与水有密切系。徐光启还说"江南人不识蝗为何物"，但事实上江南蝗灾也时有发生。而且，从其它史也不时可见到江南蝗虫的影子。如浙江的嘉靖《建平县志》卷八记：嘉靖八年"夏六月，蔽天，渡江而来，遂与桐川、吴兴之地。江南无蝗，此为创见"。而《绍兴府志》更是记载系列的发生在本府的蝗灾："皇明正统十二年，余姚蝗。弘治十四年，余姚蝗。正德十二年靖三年，余姚俱蝻。六年，诸暨飞蝗蔽天。八年，余姚蝻害麦，夏，蝗害稼，民襄之。立萧山飞蝗入境。十九年夏，会稽、诸暨、余姚蝗，余姚襄之辄散。新昌蝗飞蔽日。嘉靖二

暨蝗。"从这些记载来看，江南的蝗灾虽然总体上较北方要少一些，但仍然是频繁发生的，危害同样是巨大的。

不过，相对于江南地区来说，黄河两岸的蝗灾就要多得多了。河南尉氏县和山东兖州府位于黄河岸边，都属于典型的河泛蝗区，蝗灾的发生相对而言较为频繁。据嘉靖《尉氏县志》记载，当地"嘉靖八年蝗，九年蝗，入秋复生蝻，十年蝗，害人田稼殆尽。……嘉靖十一年大蝗，知县游凤仪以粟相易，不数日积满诸仓，隙地与檐齐"。从这一段文字来看，嘉靖十年前后的尉氏县，几乎年年蝗灾。

万历《兖州府志》记载的蝗灾时间跨度更大：

"天顺元年夏，平阴县蝗"。

"二年，平阴县复蝗"。

"成化二十一年，春至秋不雨，蝗蝻满地，人相食"。

"弘治五年三月，河决黄陵冈，淹没民田数千顷。郓城咸被害。冬无雪。明年春无雨，禾稼不生，民饥，握鼠为食。是年飞蝗蔽天"。

正德十五年"单县飞蝗蔽天，虫鸣遍野"。

正德十六年"单县蝗螟尤甚于上年"。

"嘉靖七年，沂州、费县蝗蝻食二麦。秋，飞蝗蔽天，尽伤禾稼"。

"十二年蝗始绝，阳谷春夏不雨，至于秋七月，蝗遍野"。

"十四年阳谷飞蝗蔽天，苗稼灾"。

"十五年，阳谷蝗蝻遍生，秋，沂州大水"。

二十二年，"夏，定陶飞蝗蔽天，禾不能檠，进于树，枝为之折"。

"二十四年春二月，沂州陨霜杀禾，夏旱蝗，四月大雨雹"。

由此可以看到，兖州府的蝗灾不仅经常发生，有时蝗灾是连年发生。而且，大多数蝗灾之年的灾情都比较严重。

对比江南与黄河之滨蝗灾发生的频率可以看出，黄河两岸较之长江以南更容易发生蝗灾。

二　明代蝗灾的危害

蝗虫是通过对庄稼的吞噬而造成农业生产的欠收甚至是绝收而危害人类的生存。嘉靖时的齐之鸾在宁夏为官，一年的七月中旬，他路过南直隶和河南两省，"目击光、息、蔡、颍之间，飞蝗蔽天。或时下食垂成穗，顷刻而尽。然民间早获可度秋冬。及经汝州、河南、陕州、潼关，遗蝗所乳蝗子遍野塞路，地方止有晚禾遭其毒口，略无遗者"⑨。万历时另一朝中命官毕自严记载了一次蝗灾发展的过程："初时蝗尚无多，为害犹浅，既而遗种地中，日渐繁多。候而平地尺许，势如流水，忽而群飞蔽天，白日为昏。连邑、连州无处不受其荼毒，食叶食心，无稼不被其吞啖"⑩。就是说，不管什么庄稼都受到蝗虫的侵害。而且，蝗虫不仅吃庄稼，也吃桑叶及其它树叶。蝗虫过后，"绿树无叶，惨淡如冬，……皆桑枣树。夫新丝与新谷并重，而枣又小民续命之物。二树关民衣食，虫不食他树，而偏食此二种"。在南方还有一种竹蝗，专门吃竹子。据万历《金华府志》记载，洪武三十五年，"兰溪六月飞蝗，自北来，禾穗及竹木叶食皆尽"⑪。

蝗灾造成的粮食馈乏对下层平民的生活产生了巨大的影响。而且，这种影响是全方位的。

首先，蝗灾导致的粮食减产，导致了粮食价格上涨，对下层贫民的生活产生的危害很大。江南吴县万历三年"七八月大旱生蝗，九月，多水生蟊，高低乡并灾，斗米千钱，后至千三四百，民噎糠粃，死大半"⑫。蝗灾导致米价上涨。吴县万历十四年"五六月亢旱无雨，蝗来，米价贵至三两有奇"。⑬天启时天津"飞蝗蔽天，米值一斗至一钱四五分，豆一斗至一钱二三分"⑭。从这些事实看来，蝗灾导致的粮价上涨，其直接后果便是灾民饿死。即便不饿死，人相食的惨剧便也就上演了。河南鲁山县在嘉靖十一年"夏，飞蝗遮天蔽日。秋，遍地生蝻，食禾无遗，民大荒，相食者甚多。饿莩枕藉于道"⑮。

其二，蝗灾对平民心理能产生巨大的冲击，造成一定时期内全社会普遍存在的心理创伤。"六月突有飞蝗结阵，蔽天币地，鼓翅如雷，唼叶食根，稚禾若扫。妇女悲号，老幼哭泣。钱粮奚办，饔餐何出？势必饿殍"⑯。蝗灾导致严重粮食匮乏的嘉靖九年，御史杨爵上疏指出："南北直隶、河南、山西、陕西等处地方当禾苗成熟之日，蝗蝻盛生，弥空蔽日，积于地者至三四寸厚。将禾根食之皆尽。居民往率妇子将蝗蚋所食禾苗痛哭收割，以为草刍之用。其它蝗蝻稍少之地，禾苗食有未尽者。"⑰

这种心理压力达到一定程度，就有可能让绝望中的人走向绝路，以自杀来结束自己的生命。"群黎万苦尤不忍闻：有见禾已垂成，一夕尽唼遂气以死者，有因苗已尽毁，八口无资，遂甘心自缢者，躯命自戕，生活无计。"⑱万历年间，江南蝗灾大现，巡按御史说：蝗"垂天蔽日而来，集于田而禾黍尽，集于地而菽粟尽，集于山林而草皮不实，柔桑疏竹之属条干枝叶都尽。窃闻数郡之内，数口之家，有履田一空而合户自经者。"⑲

其三，蝗灾还导致了农民在无衣无食的困境中走向流亡。如前文述及的齐之鸾在讲到他亲眼目睹的河南一带蝗灾中的饥民时说："穷民已避凶就丰，扶老携幼，颠连困苦之状累累道周，则又岂能枵腹忍饥俟明春耶？"⑳也就是说，在当时的官吏看来，灾民们的出逃也不失为一种求生的办法。嘉靖河南《巩县志》记，嘉靖八年七月，"吾谷将熟，禾稼盈野，不意飞蝗自东南来，飞腾蔽日，止栖阔长四十里，五谷颖粟苗草尽为食毁。后虫蝻复生，地皮尽赤，小民流移，父子兄弟离散。"吴仁度在《乞赈蝗灾疏》中说："边储急于火，逋赋积于频年。官有参罚之虞，民有带征之累。纵令鬻妻卖子承受者谁？故宁弃业背亲逃匿而去。"㉑也就是说，蝗灾与其他人为的因素结合到一起，更容易导致灾民背进离乡，走向流亡之路。

其四，蝗灾不仅会造成粮食减产，蝗虫还有可能传播疫病。如嘉靖十八年，河南鲁山县"春大旱，秋大蝗，尤炽于十一年。野无遗禾，黎民相食者甚多，饿莩枕藉于道路。时有春夏瘟疫大行"㉒。江南吴县有一年"秋初蝗复生蝻，禾稼食尽，复生五色大虫，唼菽类亦无存，米益腾贵。自四月至冬，比户疫痢。知县牛若麟市药设局，延医胗视，疗者什三，死者什七。推官倪长玗与若麟日收露尸，给槥瘗土以万计"㉓。这种疫病流行虽然没有明确说明与蝗灾有什么直接的关系，但考虑到蝗虫遍地乱飞，本身具有了传播疾病的可能，加之蝗灾导致了贫民乏食，身体羸弱，抵抗疾病的能力下降，如果考虑到蝗灾之年，路上伏尸遍地，浊水横流，这也就给疾病的侵入带来了可乘之机。因而，鲁山县和吴县的蝗灾与疫病的流行，两者之间就很有可能有一种必然的关系。

蝗灾有时与其它人为因素结合到一起，不仅对灾区穷民的生活产生一定的影响，更有可能对封建国家的根基产生动摇作用。蝗灾导致了人相食，迫使大量灾民不得不离乡背井，走向了流亡的道路。这除了能说明贫民的生活备受苦难折磨外，还同时意味着官府的社会调控能力大大下降了。在这种条件下，农民们更有可能铤而走险。朱豹说："窃见南昌等府连年荒歉，今复水灾异常，蝗食晚禾，十无一收。嗷嗷缺食，以致盗贼纵横，肆行劫掠乡市，居民不能安生，至于百十成群，白日劫库，杀人横行。鄱阳湖中杀死巡捕官兵，漫无忌惮，日有警报，令人惊愕。"㉔

蝗灾有时还会产生一些间接的危害。俞汝为在其《荒政要览》卷五中转引前代的救荒经验时指出："捕蝗不必差官，下乡非惟文具，且一行人从，未免蚕食里正，其里正又只取之民户。未见除蝗之利，百姓先被捕蝗之扰，不可不戒。"即便不考虑到督捕官吏对乡民的危害，正常情况下农民的捕蝗也难免会对农田造成一定的损坏。如正统时直隶刑台县奏："今岁蝗蝻，发民捕瘗，践伤禾苗计地二百四十二顷"[25]。在一个县中，一次就造成了这样大的损害，如果考虑到更多的扰民事件是得不到反映的，事实上捕蝗扰民的事会比我们能想象得到的多得多。

三　明代蝗灾的应对措施

蝗灾发生后，首先要报灾和勘灾。如吴仁度在《乞赈蝗灾疏中》就山西猗氏县的报灾和勘灾过程这样说：

> 翟村等里民许自修等告称：本县连遭荒旱，官民负累，今春薄收，秋禾颇茂。不料六月突有飞蝗结阵，蔽天匝地，鼓翅如雷，啮叶食根，稚禾若扫。妇女悲号，老幼哭泣，钱粮奚办，饔餐何出？势必饿殍。乞行踏勘等。因又据临晋、安邑、绛县、平陆、河津、解州、芮城、乡宁、夏县、垣曲、蒲州、稷山、万泉、荣河、闻喜、吉州、太平、绛州、曲沃等县各申重大蝗灾，节经俱蒙批仰布政司勘实类报，蒙此已经备行守巡河东道并平阳府踏勘去后，今据两道回称，据平阳府申据娄官、绛州等县知州等官刘二典等申称，踏勘得猗氏县临晋县民屯地各被灾九分，解州民屯地各被灾八分，……曲沃县民地被灾一分。各缘由到府。[26]

据这一段文字说明，蝗灾发生后，报灾由各地方的官和乡民共同完成。无论是官府或是平民，都有责任和义务报灾。报灾过后，官府委派专人到灾区去勘灾。并根据各地受损的实际状况，确定灾等，为下一步的救灾措施做好准备。

对灾情有了一定的了解过后，面对着漫天的飞蝗，其首选的救灾方式是靠人力打捕。当然，就捕蝗而言，朝廷所要做的就是要派专人对地方官府实行监督。明代人们的灭蝗技术已较为高明，人们已懂得在蝗虫初生的时候就应开始捕灭。河南《真阳县志》卷九记："永乐元年令各处有司春初差人巡视境内，遇有蝗虫初生，设法打捕，务要尽绝，如是坐视，致使滋蔓者，罪之。宣德九年差给事中、御史、锦衣卫河南捕蝗虫。"

明末巡按御史卫桢固说："臣巡历至浚县，闻蝻生淇卫者甚多，无何而东明报矣！臣委推官亲去察验，责州县尽力扑打，每蝻一斗，给粟一斗。而各邑有报五、七石者，有报数十石者，开州扑至一百七十石而遗种犹不绝也。"[27]

官府不仅要对乡民捕蝗起监督作用，还要将捕蝗的方法传授给乡民。如万历年间的吴仁度就要求将"捕瘗法""传檄各属州邑尊照力行，分委佐首等官亲督如法"[28]。

官府为了能调动平民百姓们积极参与捕蝗，最常用的办法是用粮食换取蝗虫。如卫桢固就是以御史的身份贯彻这种捕蝗法。当时官府用等量交换的方法用粮食从农民手中换取大量的蝻虫。类似的例证还可以举出许多。在南直隶的六合县，嘉靖十一年，"蝗遍四野食禾，遗蝻，百姓愁苦，知县茅宰令乡民捕蝗。有负蝗至者，抵斗给之谷。自是民皆争捕，积蝗盈县墀，民赖以不饥"[29]。在河南省的尉氏县，"嘉靖十一年大蝗，知县游凤仪以粟召民捕之，升斗相易，不数日积满诸仓，隙地与檐齐"[30]。在情况下，明代官府是用同样多的粮食换取农民交来同样多的蝗虫，但也有用更多的粮食换蝗虫的事例。如嘉靖时的巡抚山东右佥都御史李中规定，"岁歉，令民捕蝗者倍予谷，蝗绝而饥者济"㉛不过，也有"能捕一石者，官给三斗"㉜这样的情况。但不管怎样，这种以粮易蝗的办法对于调动农民捕蝗积极性而言，具有明显的效果。不仅如此，因为受蝗灾而面临饥饿威胁的农民们也因为有了捕蝗换来的粮食而得以果腹。因而，这种方法是非常有效的，万历时河南中牟县令陈幼学"捕蝗，得千三百余石，乃不为灾"㉝。

要想能让农民们都积极参与捕蝗，除了要给他们及时发放足够的粮食以外，还要将这种政策传达给农民。明代的朱熊编写的《救荒活民补遗书·捕蝗法》中就此有如下一段说明：

> 附郭乡村即印《捕蝗法》作手榜告示，每米一升换蝗一斗。不问妇人小儿，携到即时交支。如此，则回环数十里内者可尽矣。五家为甲，姑且警众，使知不可捕。其要法旨在不惜常平、义仓钱米。博换蝗虫，虽不驱之使捕，而四远自辐凑矣。然须是稽考钱米，必支偿。或克邀勒，则捕者沮矣。国家贮积本为斯民，今蝗害稼，民有饿殍之忧，譬之赈济，因以博蝗，岂不胜于化埃尘、耗于鼠雀乎？

不过，大灾之年，用于从百姓手中换取蝗虫的粮食又是如何筹措来的？这是这种灭蝗方式的关键所在。在山东章丘县，嘉靖年间县令祝文冕"于常平仓南厫建捕蝗仓六楹，积谷若干，每遇蝗作，令民捕蝗，验龠合之多寡以赏谷。民急谷，虽老稚亦乐捕蝗，远近至者日以千计。故民得食而蝗无孑遗矣"。祝县令的妙计产生了非常好的效果，"虽连年蝗蝻肆灾而民不告饥"。㉞

此外，万历年间，山东城武县"蝗蔽天，赈荒直指使过庭训奏以入粟为庠生，时谓之粟生，又以捕蝗应格，亦许入庠，时谓之蝗生"㉟。这是将有富足粮食的富家子弟招入地方官学，以换取富家出资协助官府募民捕蝗。

到了明朝后期，官府有时也用钱取代粮食来换取农民捕到手的蝗虫尸体。如崇祯年间，江南吴县"蝗从东北来，沿湖依山，苗稼被灾，巡抚都御史张国维悬示乡民捕蝗送官，计斗斛易钱。知县牛若麟奉令日措万钱，民竞捕收，蝗旋即灭"㊱。

打捕蝗虫的具体方法也值得我们关注。据朱熊的《救荒活民补遗书》中《捕蝗法》一节，将打捕的时间、工具以及注意事项都详作说明：

> 蝗在麦田、禾稼深草中者，每日侵晨尽聚草稍食露，体重不能飞跃。宜用箐箕栳栲之类左右抄掠，倾入布袋，或蒸或焙，或浇以沸汤，或掘坑焚火倾入其中。若只瘗埋，隔宿多能穴地而出，不可不知。
>
> 蝗最难死，初生如蚁之时，用竹作搭，非惟击不杀，且易损坏。莫若只用旧皮鞋底或草鞋、旧鞋之类，蹲地捆搭，应手而毙，目狭小，不损伤田稼。一张牛皮可裁数十枚，散与甲头，复收之。虏中闻亦此法。

除了打捕以外，土埋也是常用的灭蝗方法。"当蝗之初起也，飞则蔽天，止则盈野。农夫扶老携幼遍地逐赶，前起则后落，此去则彼往，然人力众多者犹可驱之他往，而蝻则无翼，不能高飞，任其跳跃，莫可谁何？第有捕瘗一法或可扫除。……捕瘗之法令：各于地亩四隅多掘壕堑，顺风齐逐，陷而坑之，务在殄灭，以绝其种"㊲。而上文中朱熊的《救荒活民补遗》书也在《捕蝗法》中如是说：

> 蝗有在光地者，宜掘坑于前，长阔为佳，两旁用板及门扇接连八字铺却，集众用木枝发

啖捍逐入坑。又于对坑用扫帚十数把，俟有跳跃而上者，复扫下，覆以干草，发火焚之。然其下终是不死，须以土压之，过一宿乃可。一法，先燃火于坑，然后捍入。

广泛地发动农民，不分男女老少，全体参与捕蝗活动中，是这种与蝗虫斗争的关键。有一个地方官用诗歌的形式记载了这种群众性的捕蝗活动：

> 七月月生魄，蝻出溱洧傍。始焉学跃跳，倏忽羽翅长，所过赭郊坰，翏复遗稻粱。坐令饮饱腹，立化饥馁肠。督民殄斯类，晨夕纷遑遑。蘘突践陇垄亩，炬火明山岗。燎焚弱质烬，扑击微骸僵。卒夫载朽牂，络绎持筥筐。穿穴掩腥秽，作冢官道傍。……乾坤百虫夥，去尔庸何妨。吾将告宰造，投畀魑魅乡。从今乐耕凿，岁岁歌丰穰。㊳

这首诗将一场轰轰烈烈的群众普遍参加的灭蝗运动描绘得有声有色。

在打捕之外，又有火烧法。仍可据《救荒活民书·捕蝗法》：

> 烧蝗法。掘一坑，深阔约五尺，长倍之。下用干柴茅草，发火正炎，将袋中蝗虫倾下坑中。一经火气，无能跳跃。㊴

这种所谓的烧蝗法其实是打捕法的变种，只是在最后一道程序上增加了用火烧的程序。

尽管有各种各样的灭蝗方法，但由于人力有限，有时仍无法控制蝗灾的发展。万历年间，安庆府的徐尧莘任山东粮储道左参政，丁内艰在家，正好遇上蝗灾，他记载了这次蝗灾的场面："入夏以后，如风吼雾卷，蔽日凌霄。自北而南者，则蝗也。始不过盘旋山岗，栖迟畦畔，继而丛噬禾稿，剪落尘区僻处。山陬之民从不识蝗属何等……然驱除犹为可力，未有呼群引类如蝗者，覆田塞畛，咀嚓有声。顷刻之间，缘野忽成黄壤。初时民期相率扑灭，乃愈扑愈张，随相叱为天虫。延巫醮祭仍复依依，至长子孙，食苗不已。旋至食纸食草不已。旋至食衣，不惟颖栗坚好，难以望于异日，即遗秉滞穗不能索之田间，且也木叶尽脱，三伏有似深秋，莽莱辟除，四顾皆为白地。至于鸣金击鼓，儿哭女啼之状，更有惨不可言者。"㊵这里不仅说明了打捕法对于大面积的蝗灾的治理效果不明显，还讲到了在农民当中还流行着用巫术的办法来治蝗。

明代人对蝗灾的防治也值得注意。大量史料表明，明代人知道根据蝗灾发生的规律，采取一些针对性的措施，防治灾害的发生。巡抚江南诸府周忱曾说："吴松江畔有沙涂柴场百五十顷，水草茂盛，虫蝱多生其中。请募民开垦，可以定国课，消虫灾。"㊶类似的这种防患于未然的蝗灾防治法在《古今图书集成·庶徵典·蝗灾》中有许多记载。"正统七年正月，命吏部左侍郎魏骥等五人分往北京及南京、江北诸郡督有司预绝蝗种"。"正统八年正月，命吏部左侍郎魏骥等八人分往南北两京灭蝗种"。"正统九年正月，命兵部右侍郎虞祥等五人分往南畿巡祝督捕蝗种"。以上几次灭蝗种的举措都是在正统年间，而且又都是在正月，蝗灾还没有发生，蝗虫处于卵子状态。这种灭蝗措施无疑对于防治蝗灾来说具有一定的独到之处。如果从《明实录》的记载来看，明朝人也是在正统以后开始懂得在每年的春天挖掘蝗虫的胚胎。如正统八年四月，"巡按山东监察御史郑观奏：山东济南等府、长清、历城等县蝗蝻生发，已委官督捕，所掘种子少有一二百石，多至一二千石"㊷。次年，户部尚书王佐说："去岁南北直隶府、州、县俱蝗，恐今春复生。宜委在京堂上官前去巡视，提督军民官司寻掘蝗种，务令尽绝，遇有生发，随即捕灭。"㊸

由于当时人们对客观世界的认识具有一定的局限性，明朝人面对蝗灾的爆发，在运用打捕与土埋等方法的同时，还将求神驱蝗作为与蝗虫斗争的常用方法。相对于对付水旱灾害而言，明代人在与蝗虫的斗争中更多地想到要依赖神灵的辅助。有一张浙江萧山县县令张选写就的《遣蝗告示》如下：

> 为祈遣蝗蝻以全民命事：窃照本职承乏兹邑，二年七月余矣，罪过深重，屡招灾眚，祸及小民。今年夏至以来，禾苗正长，忽被蝗飞境中为灾，民用忧惧。本职躬率僚属痛加修省，牒告应祀神祇，仗神默佑，渐次消灭，方窃为民私喜，讵意七月初旬复有无翼蝗蝻不计其数，自钱塘江浮渡积聚境上，将三四都地方结实早禾一概食尽，晚禾亦多伤残。本职日夜焦劳，设法区处。已经募人扑捕，获有五百余石，收存仓廒外，奈何种类繁息，扑灭难穷。无翅者长而有翅，跳跃者变而飞腾。前之可捕者，今不可得而捕矣。侵疆越界，所过一空。国赋民生，将何依赖？若不龥神阴遣，诚恐遗患益深。为此，合关本县烦为转达城隍司及各坛应祀神祇，速为分遣神兵四散驱逐，务期日下尽绝，以保我禾稼，活我生民。如本职罪在不宥，亦乞止坐一身，甘心承受，勿以我一身之故，祸及一邑无辜之民。等因准此，拟合通行为此除外，合给示仰概县官吏师生粮，耆老僧道人等各要斋沐身心的于本月日为始，俱赴城隍庙并各坛随班行香祈祷。仍禁止屠宰，如有故违者，究问决不轻恕。须至告示者。[44]

从这张县令的告示中我们可以看出，其一，县级官府为灭蝗而进行的祈祷活动是多种多样的，其中以城隍神为主，兼向一县之中的各种地方神祈祷。其二，祈祷活动与官吏的自我反醒相结合的活动。其三，祈祷参加者以县令为首，包括县中所有的能领取官府俸禄的成员，如师生及僧人、道士。又如南直隶六合县，正统十二年"大蝗，知县黄渊斋沐，诣城隍庙恳祷，次日，蝗不复见。是岁大稔"[45]。同时在《六合县志》的艺文志中录有《遣蝗告城隍文》和《驱蝗文》两篇文稿。在河南卫辉府，正统年间有一知府名叫叶宜，一日，"蝗为民患，宜斋沐祷于城隍祠后。数日，忽有群鸟飞而食之。蝗尽而鸟死，宜命收其鸟以米易之。穿地为大穴，封而葬焉，自为文以祭，号'百鸟冢'。其后，凡遇蝗灾，祭其冢则自息。"[46]

大多数情况下，就灭蝗的需要而言，明代人主要是求八蜡神，而不是清代风行的刘猛将军[47]。八蜡神是八种掌管农事的神的总称，其中包括虫神。《古今图书集成》转引《莘县志》"明嘉靖九年夏五月，蝗蝻自兖郡来，群队如云，所过无遗稼。比至莘，知县陈栋斋沐，率邑人祷于八腊神，倏黑峰满野，啮蝗尽死。既而雷雨交作，蝗尽化为泥，田禾不至损伤"[48]。弘治时冯永固任山东莱芜县令，"每于署政之暇修其坛壝，依时报祀，时在蝗旱，祷神而时雨大降。禾有虫灾，祀蜡而蝗蝻自死"[49]。在淮安府，成化四年蝗灾，"司捕蝗，愈盛。太守杨公昶诣蝗所斋祝，翌日大雨，蝗尽死"[50]。用如此看来，这些具有灭蝗功能的各路神灵是通过驱使鸟类或雨水的作用，达到灭蝗目的。但其实，没有神灵的作用，大自然有时也会通过降雨或飞鸟来达到生态上的平衡。正统时，"开封府及汝阳且蝗，有秃鹙万余下食之，蝗因尽绝，禾稼无损。"[51]在南方多雨的吴县有一年"四月旱蝗复生，五月骤雨蝗灭"[52]。这是自然界在没有人力作用下的相生相克规律的使然。

---

① 倪根金：《中国历史上的蝗灾及治蝗》，《历史教学》1998 年第 6 期。
② 孟艳霞：《明代山东蝗灾分布特征初探》，《菏泽学院学报》2009 年第 1 期。

③　施和金：《中国历史上的蝗灾及其历史影响》，《南京师范大学学报》2002 年第 2 期。

④　马万明：《明清时期防治蝗灾的对策》，《南京农业大学学报》2002 年第 2 期。

⑤⑧　马世骏等：《蝗虫研究与防治》，《昆虫学集刊》1959 年，科学出版社，1960 年版。

⑥　《农政全书》卷四四，《荒政》。

⑦　本表和下表依据吴柏森、田强、阮荣华和阎颖等人编的《明实录类纂·自然灾异卷》中的资料制成，武汉出版社，1993 年版。

⑨　齐之鸾：《蓉川集·历官疏草》。

⑩　毕自严：《石隐园藏稿》卷五，《瀛海灾伤疏》。

⑪　万历《金华府志》卷二五，《祥异》。

⑫⑬㉓㊱㊷　崇祯《吴县志》卷一一，《祥异》。

⑭　《明熹宗实录》卷六三。

⑮㉒　嘉靖《鲁山县志》卷一〇，《灾祥》。

⑯　吴仁度：《吴继疏先生遗集》卷六，《乞赈蝗灾疏》。

⑰　《御选明臣奏议》卷二二，杨爵《请弭灾变以安黎庶疏》。

⑱㉑㉖㉘㊲　吴仁度：《吴继疏先生遗集》卷六，《乞赈蝗灾疏》。

⑲　《明神宗实录》卷五四九。

⑳　齐之鸾：《蓉川集·历官疏草》。

㉔　朱豹：《朱福州集》卷六，《题为急赈恤以安穷民责预备以济时用事》。

㉕　《明英宗实录》卷一七三。

㉗　卫桢固：《贞定疏稿·奏疏》，《题为大风伤禾虫灾与蝗灾一时并至事》。

㉙㊺　嘉靖《六合县志》卷二，《祥异》。

㉚　嘉靖《尉氏县志》卷四，《祥异》。

㉛　《明史》卷二三〇，《李中传》。

㉜　《明经世文编》卷二二六，钱琦《劝郡县捕蝗书》。

㉝　《明史》卷二八一，《陈幼学传》。

㉞　嘉靖《章丘县志》卷四。

㉟　《古今图书集成·博物汇编·禽虫典》卷一七六。

㊳　李昌祺：《运甓漫稿》卷一，《蝻冢》。

㊴　以上所引的《救荒活民补遗·捕蝗法》中的诸多方法，大多数都曾在元代人张可大的《救荒活民类要》一书中出现过，只有"烧蝗法"不曾有过记载，可能是明代人朱熊首次记下的明代人的方法。这些方法尽管前代用过，但出现在明代人的著作中，说明明朝人也沿用这些办法除蝗。

㊵　康熙《安庆府志》卷二五，《蝗灾疏》。

㊶　《明史》卷一五三，《周忱传》。

㊸　《明英宗实录》卷一〇三。

㊹　《明英宗实录》卷一一二。

㊼　张选：《忠谏静思张公遗集》卷三。

㊻　嘉靖《延平府志》卷一三，《拾遗》。

㊾　参见滨岛敦俊《明清江南农村社会与民间信仰》，第 49－61 页，厦门大学出版社，2008 年版。

㊽　《古今图书集成·博物汇编·禽虫典》卷一七六。

㊿　嘉靖《莱芜县志》卷七，《文章》。

○51　万历《淮安府志》卷八，《祥异》。

○52　《明英宗实录》卷一六七。

明清州县官陋规收入刍议

柏桦

（南开大学法学院教授）

如果我们把历代官吏的俸禄和当时的物价及他们的消费水平做一比较，可以看到所有的官吏都不可能单纯依靠俸禄生活，必然有其它收入，而这些收入则远远超过俸禄。清代有人专门为当时的首府首县填了一首词云："红，圆融，路路通，认识古董，不怕大亏空，围棋马吊中中，梨园子弟殷勤奉，衣服齐整言语从容，主恩宪眷满口常称颂，坐上客常满樽中酒不空"①。从这首歌词中，我们可以看出三个问题：一是官吏在俸禄之外另有额外的补充，二是官吏可以把部分公费作为自己应酬和生活开支，三是依靠贪污受贿和敲诈勒索。在额外补充中，陋规不但名目繁多，而且是官吏的主要收入来源。陋规与滥收陋规，这是介于非犯罪与犯罪之间。明清州县陋规的名目有多少？州县官的陋规收入到底有多少？现在还没有人能够说清楚，但稍有权力的州县官，动辄成千累万人己却是事实。

一

对于清代的陋规，韦庆远教授曾经论述过，指出"陋规问题，是清代吏治一大纰政，因其深入渗透于京内外各级衙门官僚和吏、役之间，可以说，无所不在，故亦为当时官场的一大突出的现象"②。四川大学李映发教授则专门以"清代州县陋规"为题进行研究，认为州县陋规"就是州县官凭藉各自的权力向下作各种需索，目的在于向所属的上级机关和人员贡献金钱与礼物，或者为自己及其部属谋取非法利益"③。说陋规是官场上的特殊现象，这是基于政治制度而展开的论述；说"需索"、"贡献"、"非法利益"，则仅仅是从表面上看，没有理解陋规存在的社会现实与必然性。陋固然是不好的意思，但规是规则、规范和规程，不好的规则，毕竟也是规则，就不应该统称之为"非法"，因为陋规本身实际上为王朝所默许，介于"非法"与"合法"之间，属于"政治畸形儿游荡在神州四海之内，润滑于京内外各衙署和大官小吏之间，其所以见怪不怪，视祟非祟，实因其具有着自己旺盛的生命力和赖以依存的社会政治基础"④。因此，应该将"陋规"视为由王朝默许，听任官吏们赚取的行政费用和经济收入。

陋规的名目繁多，如地方官府派人赴京到有关部门办事用印，京城各部门要收取一定费用，称为"印规"；学官收取士子定期送礼，称为"学规"；狱官收取犯人家属探监钱，称为"监规"；本地商贾给地方官送礼、下级给上级送礼，称为"年规"、"节规"，涉及范围相当广泛，是"有一衙门即有一衙门之规礼，有一规礼即有一规礼之杂费"⑤。可以说凡是涉及权力问题，都有金钱收入，而这些金钱收入，在天不能雨粟，地不能够生金的情况下，必然取自于民间，正如雍正时的奉天府尹杨超曾所言："奉天各属，从前一切公务，皆取给里下，总计一岁之科派，多于正额之钱粮。如遇奏销地丁驿站，大造编审人丁，大计考察官吏等项，自臣衙门家人书吏，以至治中、知府、州县各处，均有陋规银两，名为造册之费。岁科考试生童，自府丞至治中、知县衙门，亦有陋规银两，名为考试之费。至大小官员到任，凡修理衙署，铺设器用，以及查点保甲，换给门牌，印捕等官纸张、饭食，俱行摊派银两，每项约有数十两至百余两不等。更或衙蠹里书，从中指一派十，侵收包揽，弊窦多端"⑥。指一派十，这是在官府默许的陋规之内另有勒索。

明清的州县以其地处肥瘠不同，存在一些"公事"、"羡余"、"规礼"、"罚赎"等非国家规定而又为国家默许的收入，这些收入不但多于俸禄，而且成为州县的主要经济来源。如明代长洲知县俞集在任时，"首除税外羡银千余两"⑦；海瑞在淳安任上一次革去各项不正当收入17000余两⑧。仅革除部分就如此之多，其未革者不知凡几。以地方征收钱粮加耗来说，"正额五升，若加六则正耗总八升。今一亩加耗一斗，则是纳一斗五升已增一半矣，夫耗米反多于正额，其理已自不通"⑨。至于那些"八分纸价，赎罪、赃罚银钱，香钱、引契、鱼盐、茶酒等税，不系解库者"⑩，更是州县官吏的重要经济来源。他们"征收有羡余，又有额外之征；罚赎有加耗，又有法外之罚；扣差役工食，月赏牌票；减驿所站价，坐派里甲行户，无物不取，却一钱不给；市税私给行帖，又帖上加银"⑪。正因为地方官不成文的陋规收入，有权有势的权臣、朝官、宦官等便经常"横索外官钱无计"⑫；州县的上司们勒索常例，巧取"无实之费"；而地方官吏却并未因这些横索而倾家荡产，只不过将借陋规刮削而来的不义之财，"三分归自己，七分孝敬人"，与有权势者分润，借此以倚靠为保护伞，是"州县之陋规则取给于百姓，而道府之陋规取给于州县"⑬，这七分自道府，到督抚藩臬，以及中央部院各衙门都要分润的。即便是三分归自己，也可以"初试为县令，即已买田宅，盛舆贩金玉玩好，种种毕具"⑭。这种收入与享乐，如果靠固定的俸禄及多于俸禄10余倍的养廉银，是不可能达到的，必须有额外收入。"很明显，官员的额外收入通常比固定收入要高很多，但额外收入的实际数字却没有记录下来"⑮。张仲礼认为，只要正常为官，州县官的年收入平均在3万两白银，缺分好的州县更多。这些额外的收入，主要来自于陋规，而陋规的名目见于典籍者则难以统计，也使研究者望而却步。

二

明清州县陋规种类极多，从海瑞在淳安县革去的名目来看，其吏属有：新官到任迎接、新官报到、参谒上司、朝觐、吏农花红、书手工食、房科纸笔、上官盘查吏书银、农吏上班、比较文簿等10项，此外还有知县每年常例（其中有夏绢、夏样绢、农桑样绢、折色粮银、清军匠银、农桑绢银、审里甲丁田银、盐粮长银、值日里长下程、白米、审均徭银、造黄册银、经过盐引银、住卖盐引银、催甲银、样漆、俸米折银、柴薪马丁家火银、出外值日里长供应、店钱人情纱缎、罚纸、各项钱粮银等22项）；另外，县丞、主簿、典史、教谕、训导、阴阳官、医官等一些常例被革除；至于六房吏每年常例的顶头银、考吏银、起送农民银、酒席银、拨缺银、新里长不保农民银、里长应役银、造黄册银、粮长应役银、夏绢、解绢、农桑绢、秋盐粮银、经过盐银、住卖盐银、折色银、征粮银、均徭银、收茶芽银、童生入学银、童生初考银、里长应役不报老人银、民壮银、清军银、值日里长银、皂隶银、金总甲银、每里平安银、审里役丁田银、清匠银、塘堨长银、买漆银、词讼银等30余项也被革除。这些革除的陋规，是地方官吏的额外收入构成部分，但并不能因这些陋规的革除使他们无法为生，因为"衙门愈大，其常例愈多"⑯，涉及的范围很广，更何况这些革除的仅是部分常例，更多的常例并没有革除。如海瑞开列的礼属的祭祀银两品物：有文庙、启圣祠、朱文公祠、魁星、乡贤祠、名宦祠、姚知县祠、山川坛、社稷坛、邑厉坛等；此外还有乡饮酒礼、儒学徭役、荐新茶芽路费、历日梨木板银、科举路费银、牌坊银、贺礼银、季考银、新进生员银、寺观银、社学银、年节银、丧葬银、援例生员银、生员门簿银、公私燕会银等，在六房之中，礼房应该是油水最少的[17]，而这些常例也足以使礼房较为富足。

康熙年间，曾任偏沅巡抚的赵申乔曾经罗列羡余、火耗、解费、杂徭、米蔬、供应、器具、案衣、兴修、盖造、席面、酒肴、铺陈、供奉、小饭、下程、打发、差钱、抽丰、供给、贺庆、礼仪、帮贴、工食、纸扎、心红、人夫、答应、喂养官马、走差、保甲牌籍、刊刷由单、报查灾荒、编审丈量等34项。此外还有新添津贴、月费、寿礼、差平色、帮贴公费等34项[18]。按照惯例，常例所入，一半归知县，而知县所入则一半归知府与道台，知府道台所入一半归督抚藩臬。据张仲礼估计，"知府每年的额外收入约52500两，道员约为75000两，按察使105000两，布政使150000两，巡抚和总督约180000两"[19]。这是清代晚期官员额外收入的估计，明代及清代前期没有纳入研究视野。

笔者翻阅许多政书及笔记，也查阅不少中国第一历史档案馆藏的清代档案，试图对州县陋规名目进行汇总，但不得不认为这是难以完成的事情。这里除海瑞罗列的琐项没有统计之外，粗略统计尚有521种之多，即（按拼音排序）：

按察司刑名部费规，案班铺堂规，案衣规，八分纸价规，白夫陋规，班头规，帮贴规，包头规，保甲牌籍规，保正乡约给照规，报查灾荒规，本府封筒规，本府更夫规，本色板枋规，本色榜纸规，本色笔管规，本色弓箭规，本色红黄罗规，本色狐皮规，本色麂皮规，本色裤鞋规，本色盔甲规，本色鹿皮规，本色芒苗苫帚规，本色民箭规，本色胖衣规，本色撒袋弦条规，本色山羊皮规，本色杉条木规，本色生绢吐丝规，本色岁造缎规，本色兔皮香狸皮规，本色席草规，本色腰刀规，本色竹木规，本色竹扫帚规，比对费规，编审丈量规，编征首报规，兵田规，拨帖规，捕费规，布施规，部费规，埠租规，裁减各役小建规，裁角规，采药规，漕坊当规，漕房规，漕规，草簿规，草料规，册费规，册籍纸张规，查舱规，查街规，茶房规，茶规，茶果规，茶酒规，茶捐规，茶礼规，茶商票规规，差垫规，差费规，差规，差平色规，差钱规，差使钱规，差役工食规，差役规，拆干规，拆引加耗规，拆引领票规，柴菜规，柴薪规，柴薪皂隶规，长价规，常例规，场羡规，车价规，车马规，呈样规，呈子钱规，承差费规，城头规，程仪规，秤盘规，抽秤规，抽丰规，抽厘规，酬劳规，酬谢钱规，厨役规，锄头钱规，传费规，船行规，船只规，催兑规，搭厂填格等费规，答应规，打草规，打点规，打发规，大门规，大帖规，代书规，带彩规，单钱规，当商规礼，当帖规，到任规，到任礼银规，到任铺垫规，等待规，地丁规，地面规，点费规，点卯规，垫办规，垫解费规，顶充书吏规，都司草场规，斗局规，赌博规，赌场规，额外之征规，二门规，发价规，发赏劣马规，罚赎规，法外之罚规，番银规，饭食规，饭银规，坊里规，防剿规，房田税契规，放水费规，封禁规，浮收规，浮折规，付子规，附征地粮规，赴任送途费规，富民规，盖造规，干馆修金规，干马规，膏伙规，稿房册费规，告邮规，给领行税规，给头规，工程规，工价规，工料规，工食规，弓面规，公费规，公事规，公堂规，公务规，公廨银规，公谒规，供奉规，供给规，供应规，谷田规，雇船规，挂号规，挂牌规，关平余规，关说规，官俸役食规，官田规，管库规，广东闱姓规，规礼规，滚条子规，过山礼规，号盐规，禾价规，和息规，河厂羡余规，河银解费规，贺庆规，红案规，红簿规，后手钱规，斛头规，花红规，换票规，荒废灾费规，黄旗规，回筹规，婚嫁规，火耗规，火耗平余规，火坑钱规，缉私经费规，急公规，季规，祭江规，祭旗规，加耗规，加价税契规，家丁门包规，家伙银规，监兑规，讲牌礼规，匠价银，交马规，脚价规，轿马钱规，轿伞等夫规，节礼规，截扣规，解费规，解黄蜡规，解粮水脚规，津贴规，衿监规，赆仪酒席规，经纪验收费规，酒食钱规，酒席规，酒行规，酒肴规，捐纳规，捐纳监生规，捐输规，卷费规，军笆规，军档规，军牢规，开厰规，刊刷由单规，扛费规，考费规，考试规，考帐规，犒赏规，科房规，科房年规，磕头规，客船规，课费规，垦荒费规，空粮规，口岸匣费规，口食规，库丁口食规，匮头加耗，馈送规，馈献规，馈遗规，揽头规，乐户规，勒罚规，勒捐规，礼仪规，里甲行户规，里支费规，粮长赞见规，粮仓部费规，量水费规，猎户规，临仓使费规，廪饭规，领告银规，领银规，芦课规，路费规，律司规，马夫规，马干规，买备席片规，买免规，煤厂规，门包规，米蔬规，民笆规，民档规，民壮帮贴规，墨票规，幕友节敬规，内栅规，年规，年节礼规，牛角规，排门规，牌脚使费规，派贴解费规，盘费银两规，炮手规，泡茶规，朋银规，棚规，批解钱粮银规，劈鞘规，铺陈规，铺垫规，铺户规，铺设器用规，铺行税契规，旗丁规，起解夫马规，起解课程规，器具规，钱铺银两规，钱水规，敲平规，鞘费规，亲供规费，钦给马匹规，轻赍规，苘麻银规，请坪规，请示规，请照规，庆贺规，秋审规，缺底规，人夫规，任赞礼规，散柴草扣规，散弓箭扣规，散粮食扣规，散帽袜扣规，色天鹅银规，山地规，山租规，善后规，商票规，商人匣费规，上马规，烧锅规，设席规，社学规，生日规，牲畜规，实收规，食米规，食用规，使费银规，使用规，收头规，寿礼规，书局规，书吏册费规，书仪规，书役规礼，赎罪规，水菜规，水火规，水脚解费规，水脚银两规，水礼规，税册规，税厂规，税口规，税契规，税契加收规，私牢规，撕斛规，四季巡环簿规，讼米规，随从皂隶规，随平规，太平炮规，泰山香规，摊派规，堂规，讨赏规，贴贡规，贴皮子规，听差规，通坝规，通关规，铜觔加派规，投充规，投批规，投文规，涂税规，土费规，土仪规，土宜规，屯田司折色料银规，屯田司折色芦课银规，挖征规，外房使费规，外栅规，完纳规，围堡规，喂养官马规，穏跳规，斡旋规，席草规，席面规，袭谢规，喜礼规，戏酌规，下厂费规，下程规，仙鹤规，现办换票，现赏规，羡余规，香钱规，硝磺规，小饭规，小建闰月规，小帖规，小押规，协济规，鞋脚钱规，谢仪银规，心红规，辛苦钱规，新进门礼规，薪水规，兴修规，行票规，行帖规，行帖银规，修理衙署规，墟税规，墟租规，巡风规，牙厘规，衙规，衙门月费规，烟馆规，烟火钱规，盐菜规，盐钞规，盐当规礼，盐店规，盐规，盐课规，盐例规，盐商给引规，盐商节礼规，演戏规，验米费规，验色规，燕会规，洋船规，洋行规，药厘规，谒见规，驿所站价规，驿站使费规，银厂，引礼规，引契规，营务规，油红银规，鱼课规，鱼卤税银规，鱼税钱规，鱼盐规，渔船换照规，渔艇规，虞衡司规，谕礼规，月费规，月夫规，月规，月赏牌票规，钥匙规，杂费规，杂税存剩规，杂徭规，赃罚银两规，皂隶规，造册使费规，闸坝费规，照验单票规，照应规，折鹅毛银规，折干规，折给驼陋规，折祭规，折色大鹿银规，折色虎皮银规，折色活鹿银规，折色蓝靛银规，折色料银规，折色翎毛银规，折色麻铁银规，折色牛角牛筋银规，折色小鹿银规，折色栀子银规，折席规，征收斛面规，纸笔规，纸户税规，纸赎规，纸札规，纸张规，致谢规，贽仪规，中伙规，中马规，忠义规，舟车行户规，舟师规，洲园草场规，朱价规，砖料银规，撞太岁规，走差规，奏销部费规，奏销规，坐催规，坐扣规，坐省规，坐堂礼规。

可以说州县"常例陋规，千端百绪，指不胜屈，笔不胜书"[20]。这些多如牛毛的陋规是由来已久的，"凡所云陋规者，乃地方历来之成例，而非自我创始者也"[21]。这种历来形成的成例，前任创立，后任因循，陈陈相因，便大者如渊泉，小者如涓滴，汇集起来则成为巨流，分别流向京内外各衙署和大官小吏的手中。

三

　　州县陋规很多，但仔细分析，有主流又有支流，有合法又有非法，"官府陋规固随地皆有，然必不能多，其多者必其额外苛求者也"[22]。额内收取则为合法，是所谓的"不贪不滥，一年三万"[23]的主要来源；额外苛求则属于非法，是私派陋规、勒索陋规、需索陋规、私受陋规等一旦发觉则要惩处；至于在合法与非法之间的节礼陋规、各项使费、公事陋规等，如果严查，也会有所惩处。

　　海瑞认为："令萃百责，大抵刑教十之一、理财十之九，百职惟令，临财惟琐惟多"[24]。州县官陋规收入也如海瑞所讲，其90%是来自于理财，而理财中的大宗是来自于赋税、平余、盐当、杂课。

　　按照海瑞所讲："收各项钱粮，每壹百两取五两"[25]，这是海瑞革去知县应得陋规收入。海瑞在任时，有人户11371户，人口46505口，男子31836口，女子14669口，每丁收银3.4两，加耗0.6两，计收4两，加耗20%强，属于较为轻的加耗。据讲淳安夏税丝绵333848.261两，仅此一项按20%加耗，就有66769两强；秋粮米3882.9151石，每石折正银0.5892两，共计2287两强，按20%加耗，则457两强；此外，淳安官田有11882.2745亩，官地12693.1841亩，官山13224.36亩，官塘345.76亩，民田257139.77亩，民地228933.843亩，民山283267.79555亩，民塘7148.56亩，田地纳银，田1亩0.013两，地1亩0.009两，山1亩0.0046两，塘1亩0.007两，这些地亩可以征银7686两强，按20%加耗，则1537两强，仅这几项加耗，就有68763两强，这些均分为三，送府1/3，佐贰教杂及胥吏等1/3，知县1/3。海瑞革去自己应得的22691两强内的17191两强，此项收入依然还可以达到5500余两。淳安在明清时为简缺，从人口规模及富裕程度而言，属于下等县份，如果是中等以上的县份，此项收入会更多。这种情况在清代依然如故，胡家玉[26]认为："即以南昌一县而论，丁银四万八千余两，每两以加二钱四分计之，岁取银万余两。漕米五万六千余石，每石以加三钱三分计之，岁取银一万八千余两。该县养廉一千九百两，今所加之数，比养廉多十五六倍，比巡抚藩司养廉多三四倍。摊捐各款，既已豁除，道府陋规另行提解，此盈千累万者，徒饱该县私囊也"[27]。这时候已经是耗羡归公，发放养廉银，州县官依然征收如故，仅丁银、漕米两项就多达3万余两。

　　平余银两名目很多，以明代天启年间（1621－1627年）的浙江平湖县为例，其均平银两有额办银，猫竹银，白硝麂皮银，药材正料银，津贴路费银，弓箭弦条本色银，胖袄裤鞋银，坐办银，牲口银，蜡茶银，蜡茶加派银，绿笋银，绿笋加派银，历日资料银，浅船料银，漆木料银，四司工料银，军器民七本色银，岁造缎匹银，杂办银，拜进表笺绫函纸扎写表生员工食委官盘缠银，拜贺习仪香烛银，祭祀合用猪羊品物银，乡饮酒礼银，迎春芒神土牛春花春鞭三牲酒席银，门神桃符银，科举礼币进士举人牌坊银，武举供给筵宴盘缠银，岁考生员试卷果饼激赏花红纸扎笔并童生果饼进学花红府学银，县学银，提学道考试搭盖蓬厂工料银，季考生员合用试卷果饼激赏花红纸扎笔墨等项银，本县岁考银，起送科举生员酒礼花红卷资路费各官陪席府等银，本县起送科举生员酒礼花红卷资路费银，本府迎宴新举人合用捷报旗匾银花彩缎旗帐酒礼各官陪席银，本县迎宴新举人合用捷报旗匾银花彩缎旗帐酒礼银，起送会试举人酒席盘费卷资府银，本县起送会试举人酒席盘费卷资银，会试举人水手银，本府贺新进士合用旗匾花红酒礼银，本县贺新进士合用旗匾花红酒礼银，岁贡生路费旗匾花红酒礼府银，本县岁贡生路费旗匾花红酒礼银，孤老年给花木柴银，三院司道按临并本县朔望行香讲书纸扎笔墨香烛银，按察司交际公费银，提学道交际公费银，三院观风考试生员合用试卷果饼激赏花红纸扎笔墨府学银，县学银，三院查盘委官驻扎合送心红油烛柴炭吏书供给造册纸张等银，上司各衙门并府县及查盘取用卷箱架扛锁索棕罩白牌等项银，部运南粮北绢白粮委官水手并船夫银，省城上司各衙门新官到任随衙下道家火等项银，贡院雇税家火并募夫等银，本县新官到任祭门猪羊酒果香烛银，本县应朝官员起程复任公宴祭门三牲酒果香烛等项银，本县升迁给由官员公宴祭船猪羊等项银，府县心红纸扎府银，军器路费银，战船民六料银，课钞银，乍浦河泊所银，雕填漆匠役银，省城募夫工食银，经过公干官员下程油烛柴炭银，人夫工食银，马匹工食草料银，雇船银，修城银，修理本县城垣银，修理府县厅堂公廨监房土地祠等处并新官衙宇银，修理本县公所衙门银，修理儒学教官衙宇银，司道衙门书手工食银，督粮漕务道兑运造册纸扎路费等银，书算纸扎工食银，预备杂用银，附载银，龙袍解扛路费银，部运龙袍委官水手银等80余种，多者千余两，少者一二两，全部加起来，多达8020两以上[㉘]，按照加耗，此项也有1600余两。

　　盐当也就是官盐与当铺，盐当的陋规收入也是可观的。海瑞革除官盐营运陋规有"经过盐每百引银壹钱，每年约有五万引。住卖盐每壹百引银壹两，每年约有柒千余引"[㉙]。也就是说，经过盐的收入约50两，住卖盐的收入约70两，两者合计120余两。盐在明清为"天下第一等贸易为盐商。故谚云：一品官，二品商。商者，谓盐商也，谓利可坐获，无不致富，非若他途交易，有盈有缩也"[㉚]。正因为经营盐可以获利，官府也视盐为利薮，如乾隆时的福建盐课内，"颇有苦累商民之处，盖有司于应征银两外，辄以杂费无出，借端加派，习以为常。如每盐百觔，加增钱二十文至七八十文不等，名之曰长价。又各场肩鱼客贩买盐，请领道印给票执照，或每单征钱三文，或每石征钱三文，名之曰单钱。又正额，每盐百觔，收银一钱五分，各场员实收钱一百五十文，该合银一钱六分六厘，每百觔申银一分六厘，亦令入官，名之曰钱水。以上各项，皆巧取陋规，不便于商民者"[㉛]。而广东省"正盐外，有正额余盐，额外余盐、子盐、耗盐、花红余盐等项。课饷外，又有正场盐羡、余盐场羡、埠羡、额外余盐、场盐、八折埠羡、三封挂一、盐价子盐、京羡、花红、额溢羡余等项名目既多。弊混自易"[㉜]。本来陋规就已经很多，而一些州县官还不满足，往往额外勒索，如"广州府属之清远县，系盐艘必由之要口，该县藉盘诘私盐验看程引名色，凡盐船经过每引一封，知县得规礼银三两，家人九钱，书办八钱"[㉝]。按照这个规礼额度，清远县行盐额引7979道，那么知县在此项就应该得规礼有23937两[㉞]，但清远县知县陈本覆却认为："此项陋规实系相沿日久，并非抑勒"。最后"愿将任内收过各商引规银一千三百三十五两五钱，出具认限，解缴道库"[㉟]，并没有受到惩处，亦可见盐业是州县官重要收入来源之一斑。

　　清代典当铺的数量惊人，如康熙二十年（1681年），江苏省常熟县具有确实牌号和东主姓名的当铺即有37家[㊱]，乾隆九年（1744年），"查京城内外，官民大小当铺，共六七百座"[㊲]。典当业可以分为皇当、官当、民当，"所谓皇、官、民当，也并不是固定不变的，它们之间也经常有互相流动和渗透。由于政局及财政等原因，当铺的所有权也时有变更；原来的官当或民当，可以因为'供奉入献'或被抄没而收为皇当，皇当也可以通过'恩赏'、'赐给'而变为官当；民当可以经过被吞并而变为官当，官当亦可以经过'价卖'而成为民当；官僚贵族吏役等有人入股于民当，民当东主中有欲倚恃官势送股于官绅人等，于是，这些民当中实亦具有部分官当的成份。官当中有民股、民当中有官资，在当时不是个别的"⑱。这种当铺一直呈增加之势，如光绪十年（1884 年），山西省经布政司钤印领帖，交纳当税的铺子即有 1869 家⑲。广东省广州府之南海县 347 家，番禺县 280 家，顺德县 199 家，东莞县 122 家，新安县 16 家，从化县 2 家，龙门县 4 家，新宁县 48 家，增城县 32 家，香山县 51 家，新会县 112 家，三水县 36 家，清远县 36 家，花县 20 家，共计有 1305 家⑳。其它各省府州也大体如此。当时的典当业已成为社会上最重要的商业行业之一，也成为地方官陋规收入的重要部分，因为其"陋规"名目繁多。如雍正时期，直隶各县，"当铺每家送银四两，系前督臣李卫奏明留为地方办公规礼，每年奏报有案"㊶。这种陋规应是合法的，因为得到雍正帝的批准，而的额外非法的收受往往更多，负担就百数十倍于此数了。如乾隆元年（1736 年），湖北省监利县知县陈济芳，"自到任起至被参止，共收过（当商们送的）贺礼一次，寿礼一次，节礼五次"；而当商们供称："那规礼原是奉禁革的，因陈知县吩咐叫送，他是本地父母官，商人们无奈只得照就送去，后又屡次借银子"㊷。如果不是知县陈济芳恣意勒索，此事也不会败露，因为在清代"自来州县等官视（典当）为鱼肉，凡新开设一当铺，上下衙门费至数千金或千余金，至少亦数百金。平时州县有到任礼，常年有季规、节礼、寿礼、月费等项。营佐皆有，而数少。间数年，又有验帖、编审各费，为数颇多。亦有知府勒索者，丁役、弁兵、出差皆随时有费，如河南一当铺，岁必应官千金或七八百金，他省多少不等，兵燹之后，即偏僻各省，每铺亦年引七八十金。州县城内，合县当铺专设公寓，随时应各衙传唤。不止此也，一官到任及平时需用，随意勒借银钱，有生息者，提本借用，令当铺出利，及去任日，多不清还，又以微物勒当重价，兼有自爱或不勒借、勒当，而季规、节礼等项通行索取，当商无敢违吝"㊸。这是当时天下人人共知的事情，视收取规礼为当然，当铺提高利率勒索也在所难免。

杂课即是杂税，清人黄六鸿讲："杂课亦有《全书》开载者，但有额无额之分耳。各处款项不一，征收亦不一。其中有解司、解府者，有增入地丁一例起运者。大抵无额之项，除起解外，稍有羡余，为廉吏以佐公用。但经承岁有常规，大半为其侵蚀"㊹。其所开列的有颜料、药材、历日、榜纸、狐皮、牛角、匠班等项、当税、田房税契、牛驴、牲畜、烟包、布花、酒曲等税、牙税、门摊税、渔课、盐课、芦课、军田、新垦田、牧地、更名地、学租、私盐变价、赃罚、积谷等 27 项。仅以田房税契而言，"以大县之田房交易，何日无之？日以百金计，岁即数万计，岁银当不下千金。今州县一年报税，竟尔寥寥，其隐漏可胜言乎！"㊺仅田房契约收入就不下千金，这还是在康熙初年，社会经济正处于恢复时期，以后进入盛世，田房交易更加频繁，数额更是巨大，收入则更多，因为"税契本无定额，今各州县征有溢羡多寡不等"㊻。广东省广州府之田房税契，其南海县 460 两，番禺县 450 两，顺德县 500 两，东莞县 350 两，新安县 50 两，从化县 50 两，龙门县 47.7 两，新宁县 50 两，增城县 350 两，香山县 350 两，新会县 280 两，三水县 100 两，清远县 45 两，花县 90 两。这正是广州府的经济发展高峰期，各县田房税契远远不如黄六鸿所言的数量，则可见此项收入多落入州县手中。至于其它杂课，陋规数目更难以统计，雍正时期（1723－1735 年），蓝鼎元在广东潮阳为知县，"核计潮邑陋规，有渔船换照一千八九百两，保正乡约给照一千六七百两，概为革除"㊼。仅此两项就 3000 余两，更何况杂税名目有的州县多达数百种，其陋规收入则相当可观。

州县事务以钱谷刑名为重，故一些研究认为："州县衙门，在诉讼刑狱方面存在着大量陋规。仅就经济方面的勒索，也足以令人惊讶"㊽。这种勒索是法律所不允许的，虽然勒索行为在当时社会普遍存在，但毕竟不能与陋规相提并论，因为陋规属于"惯例性收费"，"它也在法律的默许之内。但是，我们不要把它与贿赂或别的形式的贪污腐败混淆，后者是非法的、被禁止的。然而，在某些情况下，在收取'陋规'和贪贿之间并没有一个明确的界限"[49]。因此，也容易被人们混淆，将陋规与贪污受贿等同起来，反而弄不清陋规与贪污受贿的关系。

在诉讼刑狱方面，"清代绝大多数地方衙门的实际运作情况，想必应处在习惯性收费这样一个中间领域，而不属营私舞弊的范围。否则我们就很难解释小农们怎么以及为什么会为一笔不大的数目去打官司"[50]。明清州县司法审判确实存在大量陋规，但这类的陋规收入在州县官那里属于很小的数量，而不是如黄宗智所讲："讼案收费便成为衙门各种开支的主要来源"[51]。固然州县官们"取于平民者，莫甚于私报大户；取于商贾者，莫甚于私派当月；取于钱粮者，莫甚于私索常例；取于词讼者，莫甚于私罚赎银"[52]，甚至"大熟，州县乃或报灾"；"大饥，州县转或征赋"。州县官们"以丰为歉，是病国计。以歉为丰，是害民生，而终害于国计。歉岁官吏私收蠲缓，实惠不及于民。有所谓挖征、急公等名目，无一非蠹国病民"[53]。但超过界限则为法律所不容，一旦查出，总会被法办的，更何况所取于词讼的是赃罚银两。黄六鸿认为："赃罚有上司批审追赃拟罚者；有本州岛县申详追赃拟罚者，总属徒杖以下。赃物寄库，罚赎追完，按各衙门批解，掣批附卷"。对于那些"自理所罚，不过谷石，存以备赈。照律所限，不可过多。每年上司查取赎缓起数，开报达部。无则以一二雀角小事，俱经逐释，并无罚有赎谷回复；有则所止开一二件，谷亦三石为率；若太多，反有未便"[54]。上报不多而实际所收赃罚数目多，州县官支配就有自主权，纳入自己的收入也不为过。至于"晚清四川巴县书吏、差役们在诉讼活动中的收费标准：书吏出售状纸，正副状纸收钱56文，结状每张12文；在规定期间传递呈词收取240文，非规定期间收取560文；每案开单送审向原被告各收取纸笔及饭钱800文；仵作下乡验尸，往返四十里以内收车马钱400文、饭钱200文，路远者每超过十公里加钱100文；每案派差役下乡传唤案内之人，原告给差钱2000文，被告给差钱3200文；每案初审，原告被告共给送案钱2，480文"[55]。均属于陋规，但这部分陋规州县官所得并不多。当然，州县官在司法审判中贪赃枉法的事件并不少见，但这类事情风险很大，因为当事人不服上诉，往往会影响到州县官的前程，所以稍有理智的州县官，绝不在司法审判中谋利，这也是海瑞将之纳入十之一事务之内，而又与教化均分的原因。

总之州县官所得陋规甚多，但不能够自己全部独占，不但要逐级奉敬上官，还有给幕友、家人、书吏、衙役等分肥。州县官既是陋规的供应者，又是受惠者，还可以成为钱权交易的筹码。比如有些政务，"道府既批准于前，不敢驳斥于后。设有持正道府不如所请，州县辄扬言曰：'道府收我节寿陋规，不为我弥缝罅漏，我之馈送究从何来？'道府受其挟制，不得不曲意相从"[56]。官与吏、役之间，在陋规面前，既可以猫鼠同眠，又可以犬狼对峙，还可以狼狈为奸，如顺治时期，武昌知县冯太初，"身膺民社，守乏冰操，因催提辽饷而既借银于里下，仍索加耗三十两，私收入囊。户书夏美卿复从中勒解费二十金，是官役先已猫鼠矣"[57]。州县官与上级及属下吏胥，乃至绅民之间的关系，在陋规面前，已经不可能按照统治者设计的模式而正常发展了。

四

明清两代对于陋规问题并不是漠视不管，但"陋规已久，孰不能知之；清革当早，又孰不能言之；卒未有实力行者，或谓极重难返，势不可为已然"[58]。不是王朝不禁止，而是不能够根除。因为明清王朝的州县官吏薪俸基本上是有名无实，衙门行政办公费用也少的可怜，非但不能满足这些官吏的消费，而且不能应付巨大的行政开支，这就迫使州县衙门必须依靠自己的创收来加以解决。

州县官吏薪俸有名无实，是因为王朝有繁密的处分条例，以清代而言"大抵每一衙门，皆有则例，有五年一修、十年一修、二十年一修不等。则例所标，为一事，或一部一署，大小曲折，无不该括"⑤。则例卷帙浩繁，仅北京国家图书馆就藏有七八百种之多。官吏有过失，轻者交吏部，依《吏部处分例》给予罚俸、降级、革职等处分⑥；重者则按照《大清律例》进行刑事处罚。有些则例除规定"议处"之外，还有"议罪"，这就是行政处罚之外，还有刑事处罚。本来律例已经繁杂，再加上各种则例，这就给具体议定处罚带来困难，以致时人感叹："大清律易遵，而例难尽悉；刑律易悉，而吏部处分例难尽悉。此不过专为书吏生财耳，于实政无丝毫之益。然疆吏殚竭血诚以办地方之事，而部吏得持其短长，岂不令英雄短气乎"⑥。州县官动则得咎，"常有在任一二载，罚俸五六年，甚至十余年者"⑥。可以说所有州县官被罚俸是经常的事，薪俸几乎都被罚掉，也就不能指望他们依靠薪俸生活了。从中国第一历史档案馆藏官员履历单来看，几乎所有官员都有过处分，分发的名刺中也记载着被处分的次数，他们以"做官公罪不可无，私罪不可有。私罪固不可有，若无公罪，则自保太过，无任事意"⑥为根本，没有公罪处分，是没有政绩的体现，所以不以处分为耻，反以处分为荣。

衙门存留的行政办公费用很少，"洪武皇帝在他的地方行政改组中，在全局性的政策指导下，制订了可行的官吏薪俸制，这种政策给县衙门带来麻烦比任何别的王朝都少。十五世纪，那些官吏薪水开始下降，这实际上是与衙门行政职能增多和机构分化相应的。与此同时，衙役已成职业化了（衙役的职责本来都是由地方平民担任，做公务的），他们因而失去社会的资助，又没有得到国家的充分补偿"⑥。州县衙门需要支付的报酬很多，被清人认为使官拥有虚名的是幕宾、书吏、长随，以及差役，都要从州县获得收入，而且还要凭借手中的权力攫取能够得到的经济利益。

明中叶以降，州县官得以自行聘用幕友，在清代则成为不成文的制度。州县官必须聘用幕友，把"刑名、钱谷、发审、书启、征收、挂号、朱墨、帐房及一切杂务之属"，交给他们办理。因此，把幕友视为腹心，是州县官群体的普遍认识。幕友的束修要由州县官支付，据张仲礼估计，"这一批幕僚的主要群体的平均收入约为每年 250 两银子"⑥。而以州县平均来计，每各州县约有 7 名幕僚，那么平均就要支付 1750 两以上。

一般州县都设有吏、户、礼、兵、刑、工六房，故俗称"六房书吏"。实际上各州县不止六房，最起码要有承发房和架阁库⑥。书吏是有额定编制的，大概"上县直属吏典 30 名左右，中县直属吏典 20 余名，一般的县直属吏典 15 名以上，最少的县也有 10 名左右"⑥。吏典之下贴写、书手、帮役等，是不列入朝廷名册之内的。嘉庆时洪亮吉说："今州县之大者，胥吏至千人，次至七八百人，至少亦一二百人"⑥。四川巴县额定典吏 15 名，分别配置于吏、户、礼、兵、刑、工、仓、盐、承发、束等 10 房，但从光绪年间历年申报的书吏名册看，最少也有 87 名，多的达到 272 名；而这些是在册的，即便是经制之外，也是制度允许的。嘉庆时期（1796－1820 年），刘衡任巴县知县时，"吏一人，而附吏以售弊者，恒百十人"⑥。当时地方普遍有白役，"大县多至千余名，小县亦多至数百名"⑩的情况，已经是不争的事实。这些没有定员的吏，朝廷没有工食银两，其收入也要由州县支付，而康熙元年（1662 年）取消书吏的工食银，所有的书吏都要靠陋规来保证其经济收入，"由于书吏们的服务没有报酬。其自备办公用具也没有补偿，所以他们索受陋规费被认为是正当的"⑪。有关书吏的陋规收入，冯桂芬云："吏部四司，岁约三百万，兵部官少而费更巨，户部有监漕，工部有河工，计四部岁不下千万，外省大小衙门人数尤重，婪赃更不啻千万"[72]。这仅仅是大概估计，但从书吏求职，"贿钱都给州县官本人，额度从几十两到几百两不等"[73]的情况看，其收入也是不少。

长随亦为称家人、门丁，是主官的随从。这些人大体有两种，一是家生奴，他们累世为家仆，终生与主相随；一种是临时雇用的，不是终身，长官离任，不管官弃自弃，一般是不再随官别任。清人何士祁认为："别省用家丁十余人足矣。即赤紧之区，二十余人足矣。江南重在冬漕，漕粮多者，须用二三十人"[74]。这些人在州县"宅门内用事者，司阍者曰门上，司印曰金押，司庖曰管厨；宅门外则仓有司仓，驿有办差，皆重任也。跟班一项，在署侍左右，出门供使令"[75]。实际上是州县官具体事务的承办者。这些人"只有伙食供应，而无薪水，其地位与倡优同等，不齿于齐民，不能应考入仕。但是他们所任的职务，如门上、稿案、钱粮、税契、监狱、监印、差总等都是公事，尤其是门上和稿案二者，特为重要"[76]。除此之外，他们还经常被官派遣出去督管某些事情，是"长随非在官之人，而所司皆在官之事"[77]，因此有人将之比作天子之宦官[78]，在州县中也是令上下左右瞩目的一批人物，其陋规收入也是不少，"上等长随每年所得高达10000－30000两，余则不过几百两"[79]。

差役是在衙门当差应役的人，他们人数众多，一般的县要有二三百人，大县往往有千余人，乃至数千人[80]。从责任角度来看，"州县衙门的差役们所做的工作和现代的警察差不多，而且依照清代的法令制度，他们的责任比现在的警察还重"；从经济待遇来看，"他们的工作没有正式合法的报酬；平时既没有月薪，奉令公干也不一定有公费"；从政治地位来看，"他们也没有现在警察的公务员身份和社会地位，而是被认为与倡优同等的贱民，他们自己以及子孙都不准应试做官"[81]。他们在地方衙门的地位最低，但"在有关非正式事务方面，衙役充当政府代表与地方势力代表（从盗匪、乡村恶棍到缙绅）的联系人。他们收了小费，就会保护罪犯免遭惩罚，或者帮助绅士延长纳税期限，或者当包税人，或讼师得利。这些小费成为各种杂入的重要组成部分，上级行政官员正是利用这些收入来维持公私活动的"[82]。于是他们"收强盗月钱之利，借侦逃缉贼之名，失事则擒获无闻，捉人则私刑酷拷，且多串贼而打诈，又藉贼口以扳诬"[83]，其中自然是弊端百出[84]。

陋规在维持州县地方衙门的运转方面，起到至关重要的作用，已经是不可或缺，而"地方行政的正常收入和杂入在量上的差异表明，明末至清的经济，有能力承担比清皇帝实际所征收的要高得多的税"[85]。这些高出的部分原本也应该由国家控制，但国家却默许地方去收取了。可以说，所有在州县衙门工作的人，利用国家的权力，实际上控制了原本属于国家专控的税收收入，而转化为地方行政开支和他们的经济收入。

五

明清统治者也深知陋规之害，也曾经想方设法予以革除，还曾经制订相关的法规。如明代曾规定："凡上马、中马、茶礼、干马、使用等费，尽行裁革，每月工食，给必以时，数必期足，其州县官，有犯前弊者，以不职论"[86]。顺治二年（1645年），清军攻克南京，颁发大赦诏书中讲到："其从前各直省巡按，委理刑官察盘，委府州县访捕，皆是科索纸赎，搜取赃罚，名为除害，实以害民，今一切禁绝"[87]。显示出革除陋规的决心，在实际执法过程中，也确实有些部吏和知州、知县书吏等人犯有数量不多的贪罪而被革职、受杖徒的[88]。但因为在用人行政、官吏待遇、衙署公费等均未有配套的规条，所以不能有效地做到制止陋规。康熙时期（1662－1722

年），统治秩序和法律典章逐渐齐备，对陋规也制订相关的法规。如康熙九年（1670 年）议准："官员因事贪缘，馈送礼物，发觉之日，与者受者皆革职。如馈送虽未收受，不行出首，后经发觉者，将不行出首之官，罚俸一年"。康熙十七年（1678 年）覆准："府州县等官，并无公事，谒见上司，有意逢迎，并赴省拜寿行贺，贪缘通贿馈送银钱等物者，均照馈送礼物例处分"㊿。收受陋规为法令所不容，轻者行政处分，重者按律例定罪。

雍正帝深悉"自州县以至督抚，俱需索陋规"㊿。而"整饬州县，先宜革除陋规之名"㊿。经过深思熟虑，有针对性地采取禁革的措施，谋求有效地对现存陋规收入纳入王朝控制范围，化隐匿为公开，变私费为公帑，推行耗羡归公和养廉银制度，革除陋规，并于雍正七年（1729 年），在"官吏受财"律下增加条例："凡上司经过，属员呈送下程，及供应夫马车辆一切陋规，俱行革除。如属员仍有供应，上司仍有勒索者，俱革职提问。若督抚不行题参，照例议处。其上司随役家人私自索取，本官不知情者，照例议处。如知情故纵，罪坐本官，照求索所部财物律治罪。其随役家人，照在官求索无禄人减一等律治罪，并许被索之属员据实详揭。若属员因需索滥行供应，及上司因不迎送供应，别寻他事中伤属员者，将属员及各上司，照例分别议处"㊿。不过，雍正帝对彻底革除陋规也缺乏自信，认为："官吏人等尚有阳奉阴违者，又恐日久法弛，将来接任之员，或有仍袭从前之陋习者"㊿。应该承认雍正帝禁革陋规方面取得一定实效，但没有从根本上消除陋规存在的条件，也就无怪乎其后继者也屡革屡增，仍袭从前之陋习，大小官吏贪婪之风炽烈，"大抵为长官者廉耻都丧，货利是趋，知县厚馈知府，知府善事权要，上下相朦，曲为庇护，故恣行不法之事"㊿。乾隆初期的时宽时严及晚期的放纵，及嘉道以后的默许，陋规在清代社会生活中已起到不可或缺的作用，因此不可能再谈革除。

嘉庆二十五年（1820 年）七月二十六日，嘉庆帝猝死于热河，道光帝遵遗诏即位，38 岁的道光帝"一守成宪，犹惧不及"㊿，本来不想有什么大动作，但军机大臣英和"以州县办公无资，而取民无艺，奏请以各省陋规酌定其数为公用，有于数外多取者重罚之"㊿。道光帝认为不应该承认陋规，便"著该督抚督率藩司，将所属陋规，逐一清查，应存者存，应革者革"，并要求"务各秉公详议"㊿。但礼部尚书汪廷珍、两江总督孙玉廷、四川总督蒋攸铦、广东巡抚康绍镛、山西学政官陈官俊等，纷纷上书力言不可骤裁陋规，如一旦骤裁，则恐更增新弊，而且滋长混乱。其中广东巡抚康绍镛言："粤东州县岁入所藉，专在兵米折价，历久相沿旧规，官民相安"。陋规已被当地官民接受的，被称为"常行陋规"或称"额内陋规"，是地方行政经费来源，万万不能裁，认为"百姓之不相安者，非不相安于州县之取陋规，实不相安于州县之取陋规而不恤民情不理民事，更不相安于不恤民情不理民事之州县，而于陋规之外仍任意贪婪也"㊿。百姓已经安于陋规，而惧怕官吏贪婪，如果"今欲明定章程，立以限制，其中有窒碍难办，势不能径情直行者"。一旦打乱现有收受陋规的习惯，就会出现更多的浮收，官逼民反，将不可收拾，所以保留陋规是稳定的上策。在群起反对的情况下，道光帝下谕谴责军机大臣英和持见轻率，将之撤出军机，赐给两江总督孙玉庭"公忠大臣"匾额，于是"天下颂圣主之明"㊿。一场关于陋规存废的争论结束了，陋规合法地位也随之确立，虽然以后还是非议之声始终未息，但已经不可能将陋规裁减禁革了。

六

统治者对陋规采取的措置有过徘徊，州县官们对待陋规的态度也不一。海瑞"欲以圣贤之所已言者，据守行之，自谓效可还至"[⑩]，所以他拒绝大部分陋规收入，自己则于"俸薪之外丝毫不侵，虽家童亦令樵薪"[⑩]，同时也要求本衙门官吏都削减陋规收入。他能够蔬食布被，自奉节俭，清廉名声上下皆知，乃至总督胡宗宪把"海知县为母寿，市肉二斤矣"[⑩]当做新闻，但其他官吏能否如此生活，海瑞却没有考虑，正如黄仁宇先生所讲："海瑞的干预土地所有权，其伦理上的根据和法律上的是非姑且置之不论，只说他以个人的力量，只凭以不怕死的谏诤得来的声名作为资本，而要使整个社会机器停止转动，也就无怪乎不能避免'志大才疏'的评语了"[⑩]。

其实，类似海瑞那样敢于革除陋规的州县官在史册中并不少见，他们不是被载入史书《循吏传》，便被地方志载入《名宦传》，不过他们的命运似乎都不太好。如明初潍州知州吴履，在"山东兵常以牛羊代秋税"的情况下，决定不以牛羊代税，结果"上官令民送牛羊之陕西，他县民多破家，潍民独完"。即便他善政累累，最终也不过在知州任上"乞骸骨归"。永乐（1403－1424年）时的浙江钱塘知县叶宗人，号称"钱塘一叶清"，均徭役，生活简单，常常"厨中惟银鱼腊一裹"，最终也不过以知县卒于任。东平知州李湘，"常禄外一无所取，训诫吏民若家人然"，但也不免被奸人所诬，虽然在县民1300余人为其"力白其冤"的情况下，没有被治罪，但也影响到前程，卒于知府任上。宣德（1426－1435年）时的清河知县李信圭，"代输清河浮征三之二"，上疏免运河役夫，政绩显赫，也仅是加知州衔而在清河任职22年，后来升到知府而已。正统（1436－1449年）时的山东曹州知州范希正，"节公费代偿（民负官马价）九十余匹"，政绩突出，也只是于知州任上致仕。成化（1465－1487年）时的广东新会知县丁积，看到新会"民出钱输官供役，名曰均平钱。其后吏贪，复令甲首出钱供用，曰当月钱，贫者至鬻子女"，便毅然革除，还未展志，便病卒于任。正德（1506－1521年）时的山东武定知州唐侃，在"诸内奄迫胁所过州县吏，索金钱"的情况下，置办一空棺放在厅中，告诉前来索钱的太监："吾办一死，金钱不可得也"。内奄索钱不得，只好"愕眙去"，但唐侃后来也不过升到刑部主事[⑩]。明代如此，清代不但一样，而且更甚。如康熙（1662－1722年）时的直隶柏乡知县邵嗣尧，"兴水利，减火耗，禁差扰，民安之"。却被人"毁于上官，以酷刑夺职"。后来虽然得以开复升官，但"以积劳遘疾卒。身无长物，同官敛资致赙乃得归葬"。山西泽州知州佟国珑，"减耗羡，革陋规，省徭役，平物价，民情大悦"。没有陋规收入，因此"以所属高平令亏帑被逮，责偿万金，民感其惠，捐金投州库代偿其半"，如果有陋规，至少不会因此受累，也不会让州民捐金。江苏吴县知县廖冀亨，"减火耗，用滚单，民皆称便。知收漕弊多，拘不法者重治之，凡留难、勒索、踢斛、淋尖、高扬、重筛诸害，埽除一清"。没有陋规，各项开支难以应付，后来"以亏帑夺职"[⑩]。诸如此类，在地方志所见更多，凡是革除陋规的州县官，大都不能够成为显宦，而且生活清苦，或者死后无钱财以为丧葬。

州县承担事物繁多，明太祖朱元璋制定的《到任须知》列举地方官应办理的事务有31款[⑩]，《明史·职官志》就列有赋役、养老、祀神、贡士、读法、表善良、恤穷孤、稽保甲、严缉捕、听狱讼、致贡等十余项。明人叶春及《惠安政书》所言图籍、地理、版籍、总图都图、乡约、里社、社学、保甲等事，其讲政务顺序是：田土（附屯田）、户口（附清军）、贡赋（附鱼课、盐课）、力役、驿传、巡检、里社、学校、保甲、赈灾、祀神、风俗、防灾、人物等事。而事关州县官处分事项则有公式、降罚、升选、举劾、考绩、赴任、离任、本章、印信、限期、事故、旷职、营私、书役、仓场、漕运、田宅、户口、盐法、钱法、关市、灾赈、催征、解支、盘查、承追、科场、学校、仪制、礼典、文词、服饰、驿递、马政、军政、军器、海防、边防、盗贼、人命、逃人、杂犯、提解、审断、禁狱、用刑、河工、修造等数十项。清黄六鸿所撰《福惠全书》"自筮仕以迄升迁，为部一十有四；自谒选以迄辞上官，为条二百一十有九；于钱谷刑名之大，又分析为条一百一十有九"[107]。众多事务，都需要钱财，州县官所依赖的主要是陋规，在允许加耗的情况下，有些州县官"乃至加耗银数倍蓰（五倍）正数、十百正数，九重宁复知有此耶！"[108]这些加耗是州县官能够使用的主要经费来源，"一个县官自己要吃用，要交际上司，要取无碍官银，过往上司使客要下程小饭"。州县各种公费开支无不从此支出，而且还是州县官主要的经济收入，若是清白的州县官，本着"我若把你们县里的银子拿到家里买田起屋，这样柳盗跖的事，我决不做他。你若要我卖了自己地，变了自己的产，我却不做这样陈仲子的勾当"[109]。更多的州县官是把这些银子拿到家，在原籍置下许多田地房产[110]此外，这笔钱还用到行贿，所以"至朝觐年，则守令以上，必人挈一二千金入京，投送各衙门及打点使费"[111]。所有这些，都要依靠这些陋规来应付，因此许多州县官不主张革除陋规，希望能够妥善地利用这些陋规，只是不要以之肥己。

妥善利用陋规以办有利于本州县民的事，也可以被称为循吏和名宦。如嘉靖（1522－1566年）时的南直隶句容知县徐九思，在"朝廷数遣中贵醮神三茅山，县民苦供应。九思搜故牒，有盐引金久贮于府者，请以给赏，民无所扰"[112]。他把这笔陋规用于应付中贵，还"躬为经画，诸使者慑公清严，竟竣事不复有所干，民忘其役"[113]。万历（1573－1619年）时的湖南确山知县陈幼学，"节公费六百余两，代正赋之无征者"[114]。用陋规所得代替不能完税者完税，可以使不能完者免于比责之苦。康熙（1662－1722年）时江苏仪征知县陆师，"却盐商例馈，固请，乃籍其入以修学宫，具祭器乐舞，浚泮池，植桃李其上。修宋文天祥祠，又以其余建仓廒，洁治图圄"[115]。他用这笔陋规修学校、立贤祠、建仓廒、改善监狱条件，也就减少百姓杂派之苦。直隶肃宁知县黄世发，钱粮耗银"亦收之而不自用，杂派亩银三四钱悉除之。县有役事，若修学校、缮城垣及上官别有摊派，即以耗银应"。即便有修府城这样的大劳役，因为"出钱雇役，不以扰社甲"[116]，也减轻百姓的负担。这些都是利用陋规为本州县造福，当然，也就减少了自己的收入。

由于大量的政务费用需要从陋规来支付，所以许多州县官并不主张随便裁减陋规，如清人黄六鸿认为："陋规有可不必革者，有斟酌其间而因革相半者，有断断乎必宜革者。如火耗一节，每两三分五分，铢积而黍累之，出之者未觉其难，取之者原因乎众；以及牙杂诸税，稍有赢余，犹遗秭滞穗之利也，得之宁为贪乎？此可不必革者也。如冲剧之区，供应浩繁，车驴派之地方，刍藁输之户亩，照部核开销，亦不得已之需也。但不可借端苛敛，染指其间，使百姓得以借口，此斟酌其间而因革相半者也"。只要自己不贪，收取陋规也是为了应付各种政务的费用的开支，至于那些扰民的陋规，适当地革除，乃是有碍官箴者，如"金粮，里有馈，名曰茶果；报库，书有贿，谓之买免；编审，有仪，谓之酬劳；甚至迎春扮会有折干，乡饮酒礼有致谢。不知粮里之茶果，攘之穷民；库书之买免，蚕其富户；编审受略则开报，任其不公；迎春折干，乡饮索谢，则刮行户之臭钱，实为可耻辱"[117]。不贪而爱民的州县官，适当革除一些影响大而收入少的陋规，可以得到好名声，也可以把爱民做到实处，而火耗、牙杂诸税这两项大收入不革，也就保证州县衙门的政务开支及官吏们的收入。

一些州县官不考虑后果的革除陋规，往往也会后悔的。如雍正（1723－1735年）时广东潮阳知县蓝鼎元，上任便革除渔船换照、保正乡约给照陋规约3500余两，孰不知在"口碑载道，帜碣高标"的同时，"祸根已肇于此"。后来惠潮道台楼俨委派四名巡检主持押运粮谷，而巡检与船户通同作弊，侵吞好谷，以恶谷加水交付，被蓝鼎元查出，以致稻谷亏欠，应该赔补3200石，蓝鼎元要"为道宪赔补二千余石"[118]。他只好向亲朋好友挪借，结果"宗族亲戚无不怨望，宦游过客待若春冰，使亲朋亦皆如此，则一千五百两之债向谁称贷？使官场尽皆如此，则数年奔走安所得食？一千六七百两之赃作何清完？"锒铛下狱，"若不是在雍正时代的话，蓝鼎元不可能恢复名誉，有可能就那样消失了"⑲。因为雍正帝不允许地方大员随意罢免知县，更不允许大权旁落。

蓝鼎元后来在检讨自己时，讲到自己革除陋规有七大不是：一是地方公事难为无米之炊，而县令冰清，谁甘饕餮之目；二是惠潮道台楼俨买运的西谷被运官船户沿途盗卖，复买粃谷搀和，自己误逞聪明，摘出侵盗赃证，置盗卖船户于狱而请追，不思投鼠忌器；三是惠潮道台楼俨劝释监追诸人，令虚出仓收以待将来慢慢归还，而自己却"无端援引上谕，声声朝廷仓谷，不敢以有名无实，自蹈欺诳"；四是在碾发五营饷米问题上没有克少兵粮，以致亏损，自己没有慷慨独赔，去结上司欢心，反而使穷兵受不饱之累；五是被参之后不服，遣家人赴京告诉，"非惟无益，且反触怒抚藩"，自己是"一举之干众怒"；六是到任即革陋规的过失，"向使陋规不革，则罪案无自而生，乃自革除之后，诸事襟肘，战船、炮台、营房、西谷、脚费以及上司新春、执事、铺设、修理衙署，种种捐输，不得不借支平耗答办，比及交代，将成亏空，不得不告贷亲朋支吾还项"，乃是累民、累官、累及亲友的大不是；七是革除渔船换照，不但使潮阳县失去 1500 余两收入，还使相邻各县因为渔船来潮阳县换照，失去 5000 两收入，而这笔收入是藩司批行公用之费，而自己革除陋规，"致为上司盛德之大累"。陈述完七大不是，蓝鼎元"自笑从前凡事迫狭，居官以廉为绝顶，全不知人情世故"⑳。可见不顾后果的革除陋规，最终不但自己累官，还累上司、累亲友，结果还是累民。

不轻易裁革陋规，将部分陋规用于公共事业，不但不会累官、累上司、累亲友，还有可能造福社会。如清人陈其元讲自己的伯父陈锡熊，历任知县、知府，依仗着自己的父亲是长芦盐运使，家产丰厚，因此"所到之处，裁革陋规"。衙门的开支不够，就用自己家产来补贴，时有"陈青天"之号。陈其元的大父闻之弗善也，贻书戒之曰："若父为都转，若故能取给。后任官之父安得尽为都转耶？将来不给于用，势必仍复旧贯。居己以清名，陷人于不肖，非仁者之用心也。若果无须此项，盍留为地方公用乎？"陈锡熊不听劝告，结果去任以后，陋规又全恢复。那么浙江巡抚帅承瀛㉑，"以盐规二万留为书院经费"，以及后来任浙江巡抚的左宗棠，"以宁关平余万六千金，捐作赈济之用"。他们都没有裁减陋规，而"二公皆一时名臣"㉒。

七

翻阅明清《实录》、《明史》、《清史稿》，以及明清 11 部《经世文编》，为数众多的地方志，名臣奏议与各种笔记，上至皇帝诏令谕旨，中及《会典》、各部院《则例》、律例成案，下到官箴书，几乎都谈到陋规问题，可以说议论纷纭，莫衷一是。之所以在明清时期陋规问题不绝于纸，既说明该问题困扰着当时社会，也表明陋规已经恶性发展。至于"道学之徒或愤然而斥之，经世之士或蹙然而忧之，学者文人或慨然而论之，但也有在位者坦然以受之，亦有人作出持平之论，冷静地对之作出探本溯源的全面辨析"等情况的出现㉓，是立场不同，彼此之间的利害关系也不同。

有认为陋规弥补了地方办公经费不足和官吏低薪俸制的困境，因为"制禄之薄，断自元始，明代承之，遂相沿袭"㉔。无论是当时的人，还是现在的研究者，都认为低薪俸是促使官员滥收陋规和贪污受贿的原因之一，但冷静分析，这不应该是官员滥收陋规和贪污受贿的主要原因，而是统治者政治决策上的失误。

早在明永乐十九年（1421 年），太子左中允邹缉上疏就讲到，在朝廷兴办大工程时，材料

"科派动辄千数百斤，民无可得，则相率敛钞，遍行各处收买，每大青一斤，至万六千贯。及至进纳，又多以不中，不肯收受，往复展转，当须二万贯钞，方得进收一斤，而所用不足以供一柱一椽之费"。那么"朝廷每遣一人出差，即是其人养活之计，诛求责取，至无限量。州县官吏，答应奉承，惟恐不及，间有廉洁自守，心存爱民，不为承应，及其还也，即加谗毁，以为不肯办事，朝廷不为审察，遽加以罪，无以自明。是以在外藩司府县之官，闻有钦差官至，望风应接，惟恐或后，上下之间，贿赂公行，略无畏惮，剥下媚上，有同交易，贪污成风，恬不为怪"。他以为只有朝廷少兴工程，不派钦差到地方，增加官员的薪俸，便可以"有司百官全其禄廪，使有以养其廉耻，天下之人得以休养于田里之间，而有司官吏无贪残虐害之政，则灾沴不作，太平可臻"[125]。

康熙初年御史赵璟提出："查顺治四年所定官员经费银内，各官俸薪心红等项，比今俸银数倍之多，犹为不足，一旦裁减，至总督每年支俸一百五十五两，巡抚一百三十两，知州八十两，知县四十五两，（若以知县论之），计每月支俸三两零，一家一日，粗食安饱，兼喂马匹，亦得费银五六钱，一月俸不足五六日之费，尚有二十余日将忍饥不食乎？不取之百姓，势必饥寒，若督抚势必取之下属，所以禁贪而愈贪也。夫初任不得已略贪下赃，赖赃以足日用，及日久赃多，自知罪已莫赎，反恣大贪。下官贿以塞上司之口，上司受赃以庇下官之贪，上下相蒙，打成一片。臣以为俸禄不增，贪风不息，下情不达，廉吏难支"[126]。后来有了养廉银制度，但又出现"公捐"制度，各官"自愿"摊扣养廉，如乾隆帝八旬万寿庆典，各省官员便捐银60余万两。于是"朝廷所设官私廉俸，一切银两非扣俸即公捐，有名无实，百不一存。然而官之室家赖之，亲友赖之，仆从赖之，而又以延幕宾，以恤丁役，以奉上司，以迎送宾客僚友，而又有岁时不可知之费，计其所需，岂止一端"[127]。陈登原先生也因此认为："道咸政局，盖官吏俸给甚薄，官吏之开支至多，于是不能不临民而贪，更不能不临民以酷"[128]。更有人以为："夫所给廉俸至薄也，而谓为利不可计，贪墨之外无他道也"[129]。因为薪俸低，所以官吏才贪污，才滥收陋规，显然是片面的。

低薪俸导致滥收陋规和贪污受贿的呼声不绝于耳，但谁都知道有官就有利，而这种利并不在贪污，而是在许多难以说清名目的陋规，因为陋规是法律所默许的，即便不贪污，其收入也足以使官员致富，所以洪亮吉[30]儿时（1750年左右）"见里中有为守令者，戚友慰勉之，必代为虑曰：此缺繁，此缺简，此缺号不易治，未闻其它。及弱冠之后（1765年以后），未入仕之前，二、三十年之中，风俗趋向顿改。里中有为守令者，戚友慰勉之，亦必代为虑曰：此缺出息若干，此缺应酬若干，此缺一岁可入己者若干，民生吏治，不复挂齿颊矣。如今（1795年左右）守令满任回乡，连十舸，盈百车，所得未尝不十倍于前"[131]。这些收入应该都来自陋规，而并不是来自于贪污。

由于有陋规的存在，各级官吏的实际收入远远超过薪俸养廉银的数额，哭穷并不能说明他们真正贫困，一而再，再而三地讲俸薄、养廉银少，只是想将这种半合法的收入变为合法收入。因为陋规的半合法的地位，就使陋规介于贪污与收入之间，在法律上也就介于可惩可不惩之间。会典、律例、则例等等，虽然针对滥收陋规的惩处规定，但法典与社会政治实际之间，经常存在着差距或矛盾，有时甚至截然两歧。法律有时也会因为过时而不再能有效地干预社会生活，只残存着表面的躯壳；而社会生活却因不断发展而往往嘲弄法律，使一些法律只具有装潢的价值。

瞿同祖先生认为："H. B. 莫尔斯曾精辟地指出，中国的规费制度并不是独有的，类似的惯例在欧美也有过。这种陋规在中国可能更普遍，它一直原原本本地保持到了清末。朝廷并未作什么认真的努力去废除它。因为它明白，除非向郑观应（生于1841年）曾建议的那样将办公经费列入政府预算，否则这种收费制度就是不可缺少的。增列预算就会减少朝廷的岁入，除非政府相应地提高税率，但它又不愿这样做"[12]。郑观应的提议是"所有文武廉俸必照旧额倍给，并分别酌给办公之费，使无支绌之虞"。并且将"一切陋规悉为裁撤"，如果增加廉俸和公费的巨款无所筹，便"裁汰冗官，将其额禄并归必不可少之员"[13]。郑观应的增廉俸、裁陋规、给办公费、汰冗官，均涉及政治改革问题。经费的筹措，人员的安排，在人口日益增多，事务愈加繁琐的情况下，裁减管理人员并不是最佳选择，而广开财源才是出路，但专制王朝反对增加人民的税收，一直保持比较低的征税标准，因此没有足够的财力来解决日益扩大的官吏队伍的薪金，支付日益增加的行政开支，不但对官吏队伍的收入明显缺乏控制，还不能控制行政开支的增长，实际上是中央财政对地方的失控。

应该说专制王朝是可以广开财路的，如在镇压太平天国的时候，财政收入"以地丁、漕政、盐政、关税、厘金为大宗。地丁有正额、耗羡、租粮三款，而租粮之中有旗租、地租、屯租等名目，各行省事例不同。漕政有漕粮、漕折、漕项三款。漕项者，按粮额征银，以备运粮经费者也。漕折者，由征粮之原额改为折色者也。盐政有课、羡、厘三款。关税有洋税、常税两款。厘金有百货、洋药两款"[14]。而这些财政收入，大部分都被地方收走，王朝的财政更加困绌。对于日益发展的工商业，在"崇本抑末"的思想指导下，没有给以足够的关注，也不知道工商业的财富价值和社会发展意义，对于工商业税收并不重视，以致税收一直以田赋为主，而工商业税收却流失了。如1826年，上海的商人"每年能从上海至满洲往返航行四次的船只，因而毫无疑问，可以挣得巨额利润"[15]。乾隆以降，工商业发展是不争的事实，仅湖南湘潭县"城外沿湘十余里，皆商贾列肆及转移执事者，肩摩履错，无虑数十万人"[16]，其中利润自然也不会少。商业获得的巨额利润实际上被官吏与商人瓜分，"商人大概送给官吏一些'外块'，他们也需要拿'外快'，以添补薪俸的不足，使这个官还值得当下去"[17]。王朝失去这笔工商业税收，却允许地方官吏与工商业者相勾结，以陋规的形式进入各级官吏的腰包，其财政拮据也就在所难免。

专制政体的总体思路是"明主治吏不治民"，官僚是制裁管理的对象，但却不能制止他们去筹集钱财，因为各级衙门都需要有资金来应付日益增加的各种开支。为了应付巨大的财政和经济压力，各衙门所有的人员在办理公事时都要征收费用，是朝廷默许的陋规，而这部分陋规原本是可以纳入王朝的税收之内，却使之转化为地方行政开支和各级官吏的经济收入，统治者没有依据变化了的社会经济与政治形势，做出必要的调整，结果是富了官吏，穷了百姓，祸害地方，也威胁到王朝的统治秩序。

---

① （清）独逸窝退士：《笑笑录》卷五《十字令》，载《笔记小说大观》，江苏广陵古籍刻印社，1908年，第23册第232页。

②④　韦庆远：《论清代官场的陋规》，载《明清史新析》，中国社会科学出版社，1995年。

③　李映发：《清代州县陋规》载《历史档案》，1995年第2期。

⑤　（清）官修：《世宗宪皇帝朱批谕旨》卷二四，田文镜《条奏东省陋规》，文渊阁四库全书本。

⑥　（清）鄂尔泰等修：《清世宗实录》卷一三〇，雍正九年十二月甲辰条。

⑦　（明）李化光等：《万历新昌县志》卷一一《乡贤》，天一阁藏明代地方志选刊一九，上海书店影印万历刻本，1982年。

⑧　参见陈义钟编校《海瑞集》上编《兴革条例》中华书局，1962年，第39－145页。

⑨　（明）何良俊：《四友斋丛说》卷一三《史九》，中华书局，1959年，第110页。

⑩ （明）陈子龙等辑：《明经世文编》卷一九七，载潘潢《覆积谷疏》，中华书局，1962 年，第 3 册第 2038 页。

⑪ （明）张萱：《西园闻见录》卷九七《恤民》，哈佛燕京学社，1940 年。

⑫ （清）查继佐：《罪惟录》卷二九《宦寺刘瑾传》，浙江古籍出版社，1986 年，第 2626 页。

⑬ 中国第一历史档案馆藏：《朱批奏折》，内政类，嘉庆二十五年十月十二日，山西学政陈官俊奏。

⑭ （明）程三省等：《万历上元县志》卷一〇《名宦传序》，天一阁藏明代地方志选刊，上海书店影印万历二十五年刻本，1982 年。

⑮ 张仲礼著，费成康、王寅通译：《中国绅士的收入》，上海社会科学出版社，2001 年，第 26 页。

⑯ 陈义钟编校：《海瑞集》上编《兴革条例》中华书局，1962 年，第 57 页。

⑰ 何刚德：《春明梦录》卷上："清廷仿周礼六官之制，设立六部，名曰吏、户、礼、兵、刑、工，俗语以富、贵、贫、贱、威、武六字分配，群信为吻合。然吏贵而户富，兵武而刑威，此其易知也。工部专管工程，职务猥琐，以天下贱工目之，亦尚恰称。惟以礼部为贫，颇费剖说。京官廉俸极薄，本无贫富之别，而所赖以挹注者，则以外省所解之照费、饭食银，堂引均分，稍资津贴耳。各部之中，以户部为较优，礼部尚书一年千二百金，侍郎一年八百金而已，此其所谓贫也。今则六部改为十部，而礼部初改为学部，后变为教育部。各部政费比前清多几数十倍，闻尚别有进款。教育部则较逊，恐亦不免于贫也"。上海古籍书店，1983 年。

⑱ 参见（清）贺长龄辑《清经世文编》卷二〇《吏政六·大吏》，载湖南巡抚赵申乔《禁绝火耗私派以苏民困示》，清光绪十七年广百宋斋校印本。

⑲ 张仲礼著，费成康、王寅通译：《中国绅士的收入》，上海社会科学出版社，2001 年，第 30 页。

⑳ （清）贺长龄等辑：《清经世文编》卷四七，《户政·漕运中》，载郑日奎《漕议》，光绪十七年，上海广百宋斋刊印本。

㉑ （清）黄六鸿：《福惠全书》卷三《筮仕部·革陋规》，康熙三十八年，种书堂刊本。

㉒ （清）贺长龄等辑：《清经世文编》卷一八《吏政四·官制》，载郑光策《台湾设官庄议》，光绪十七年，上海广百宋斋刊印本。

㉓ （清）王闿运撰：《湘潭县志》卷六《赋役》："湘潭湖外壮县也，财赋甲列，县民庶繁殖，官于此者，恒欣然乐饶，民间为之语曰：不贪不滥，一年三万。嗜利者不知足，见可以多取，辄增取之。自承平以来，屡以钱漕讼，然公私悦利，穰穰尤盛。城外沿湘十余里，皆商贾列肆及转移执事者，肩摩履错，无虑数十万人，其土著农虻，合巨亿计"。清光绪十五年刻本。

㉔ 陈义钟编校：《海瑞集》下编《赠黄村赵先生升靖安大尹序》，中华书局，1962 年，第 342 页。

㉕ 陈义钟编校：《海瑞集》上编《兴革条例》中华书局，1962 年，第 49 页。

㉖ 胡家玉（1810－1886 年），字小蓬，南昌新建人，道光二十一年（1841 年）探花，授翰林院编修，后提督贵州学政，充军机处章京，累迁至太常寺卿，充四川乡试正考官，都察院左副都御史，兵部左侍郎，充任稽查京通十七仓大臣，多次被降级处分，光绪五年（1879 年）补为通政司参议，次年因病离职，后卒于南昌寄庐。

㉗ （清）盛康辑：《清经世文续编》卷三六《户政八·赋役三》，载胡家玉《沥陈江西省违例加征诸弊疏》，光绪二十三年思刊楼刊本。

㉘ （明）程楷等：《天启平湖县志》卷八《役赋》，天一阁藏明代方志选刊续编 27，上海书店影印，1990 年，第 518－528 页。

㉘ 陈义钟编校：《海瑞集》上编《兴革条例》中华书局，1962 年，第 55 页。

㉚ （清）欧阳昱：《见闻琐录》卷三《盐丁苦》，岳麓书社，1987 年。

㉛ （清）曹振镛等修：《清高宗实录》卷一七三，乾隆七年八月甲寅条。

㉜ （清）曹振镛等修：《清高宗实录》卷二三九，乾隆十年四月癸亥条。

㉝ （清）官修：《世宗宪皇帝朱批谕旨》卷二一四《广东总督郝玉麟奏盐政流弊》，文渊阁四库全书本。

㉞ （清）郝玉麟等：雍正《广东通志》卷二五《盐法志》，文渊阁四库全书本。

㉟（清）官修：《世宗宪皇帝朱批谕旨》卷二一四《广东总督郝玉麟奏盐政流弊》，文渊阁四库全书本。
㊱ 苏州历史博物馆等编：《明清苏州工商业碑刻集》，载《常熟县永禁扰累典铺碑》，江苏人民出版社，1981 年，第 186－187 页。
㊲（清）曹振镛等修：《清高宗实录》卷二二六，乾隆九年十月壬子条。
㊳ 韦庆远：《论清代的“皇当”——清代典当制度研究之一》，载《明清史辩析》，中国社会科学出版社，1989 年，第 73－74 页。
㊴（清）刚毅、张煦等纂：光绪《晋政辑要》卷一一《户制・杂税》，光绪十四年山西官刻本。按，相近各年略有升降，多时曾经有 2，243 家。
㊵（清）阮元等修：道光《广东通志》卷一六七《经政略・榷税・广州府》，清道光二年刻本。
㊶ 中国第一历史档案馆藏：《刑科题本・贪污类》，乾隆十年十一月，刑部尚书盛案题本。
㊷ 中国第一历史档案馆藏：《刑科题本・贪污类》乾隆元年十二月内阁大学士兼刑部尚书徐本题。
㊸ 丁进军选编：《光绪十三年整顿当税史料》，载《历史档案》，1991 年第 3 期。
㊹（清）黄六鸿：《福惠全书》卷八《杂课部・总论》，康熙三十八年种书堂刊本。
㊺（清）黄六鸿：《福惠全书》卷八《杂课部・田房税》，康熙三十八年种书堂刊本。
㊻（清）阮元等修：道光《广东通志》卷一六七《经政略・榷税・广州府》，清道光二年刻本。
㊼（清）蓝鼎元：《鹿洲初集》卷三《复顾太史书》，文渊阁四库全书本。
㊽ 李映发：《清代州县陋规》，载《历史档案》1995 年第 2 期。
㊾ 瞿同祖著，范忠信、晏锋译：《清代地方政府》，法律出版社，2003 年，第 47 页。
㊿ 黄宗智：《清代的法律、社会与文化：民法的表达与实践》，上海书店出版社，2007 年，第 153 页。
(51) 黄宗智：《清代的法律、社会与文化：民法的表达与实践》，上海书店出版社，2007 年，第 174 页。
(52)（清）巴泰等修：《清世祖实录》卷一二五，顺治十六年闰三月庚寅条，兵科给事中薛鼎臣奏。
(53)《清史稿》卷四〇六《胡林翼传》，中华书局点校本，1977 年，第 11931 页。
(54)（清）黄六鸿：《福惠全书》卷八《杂课部・赃罚》，康熙三十八年种书堂刊本。
(55) 侯欣一：《清代南方地区民间健讼问题研究——以地方志为中心的考察》，《法学研究》，2006 年第 4 期。
(56)（清）张集馨撰、杜春和、张秀清整理：《道咸宦海见闻录》，中华书局，1981 年版，第 127 页。
(57) 张伟仁主编：《中央研究院历史语言研究所现存清代内阁大库明清档案》第 27 册《顺治十三年闰五月初三日刑部尚书图海等题本》，台北联经出版事业公司，1986 年，总第 15262 页。
(58)（明）宋纯臣等修：《明熹宗实录》卷四〇，天启三年闰十月。
(59) 王锺翰：《清史补考》，辽宁大学出版社，2004 年，第 31 页。
(60) 清代官员的处分主要有三种：罚俸、降级、革职，每种分若干等级。如罚俸有一月、二月、三月、六月、九月、一年、二年、三年，共 7 等。降级则分调用、留任；降级调用从降一级到降五级，分为 5 等；降级留任从降一级到降三级，分为 3 等。革职分革职留任、革职、革职发军台效力、革职永不叙用、革职交刑部审拟，由轻及重，直至追究刑事责任。除此之外，还有“住俸”、“停升”的处分。住俸就是停发俸给，停升则是停止升迁转职，这两类处分比较上述三种为轻。
(61) 徐珂编撰：《清稗类钞・胥役类・胡文忠论部吏》，中华书局，1986 年，第 11 册第 5252 页。
(62)（清）贺长龄等辑：《清经世文编》卷一五，《吏政一・吏论上》，李之芳《请除无益条例疏》，光绪十七年上海广百宋斋刊印本。
(63)（明）张萱：《西园闻见录》卷九六《政术・住行・吕居仁》，哈佛燕京学社，1940 年。
(64)［美］施坚雅主编，叶光庭等译：《中华帝国晚期的城市》，中华书局，2000 年，第 446 页。
(65) 张仲礼著，费成康、王寅通译：《中国绅士的收入》，上海社会科学出版社，2001 年，第 85 页。
(66) 明清州县设房多寡不一，除六房之外，一般都设有承发房和架阁库。刘子扬认为：大兴县有承发、吏、户、礼、兵、刑、工、仓、库等 9 房，宛平县吏、户、礼、兵、刑、工、仓、库等 8 房（见《清代地方官制考》，紫禁城出版社，1988 年，第 280 页）。王笛根据巴县档案，认为有吏、户、礼、兵、刑、工、仓、盐茶，承发吏等9房，有的县还设有书柬房（见《跨出封闭的世界——长江上游区域社会研究》，中华书局，1993年，第361页）。实际上各州县以六房为基本编制，如刚毅所云："州县六房之设，各有专司"（《牧令须知》卷一《书役》）。承发、架阁、书柬等均是主管文书档案的部门，是政府不可缺少的组成部分。因此，不管国家编制如何，州县这些事务总是要有专人办理。

㉖ 柏桦：《明代州县政治体制研究》，中国社会科学出版社，2003年，第83页。

㉗ （清）洪亮吉撰，刘德权点校：《洪亮吉集》，中华书局，2001年，第1册第26页。

㉘ （清）刘蘅：《庸吏庸言·自序》，同治七年楚北崇文书局刻本。

㉙ （清）官修：光绪《钦定大清会典事例》卷九八《吏部处分例·书役》，台北新文丰出版公司。据清光绪二十五年原刻本影印本，第8册第6377页。

㉑ 瞿同祖著，范忠信、晏锋译：《清代地方政府》，法律出版社，2003年，第80页。

㉒ （清）冯桂芬：《校邠庐抗议·易吏胥议》，上海书店出版社，2002年，第16页。

㉓ 瞿同祖著，范忠信、晏锋译：《清代地方政府》，法律出版社，2003年，第90页。

㉔ （清）徐栋辑：《牧令书》卷四《用人》引何士祁《因人因材任使》，清道光二十八年刊本，本卷12页。

㉕ （清）汪辉祖：《学治臆说·用长随之道》，《官箴书集成》，黄山书社，1995年，第5册第270页。

㉖ 张伟仁：《清季地方司法——陈天锡先生访问记》，《食货月刊》第3卷第3期，1969年。

㉗ （清）徐栋辑：《牧令书》卷四《用人》引王植《家人》，清道光二十八年（1848）刊本，本卷14页。

㉘ 参见宫崎市定《清代の胥吏と幕友》，《宫崎市定全集》第一四卷，岩波书店，1992年。

㉙ ［美］施坚雅主编，叶光庭等译：《中华帝国晚期的城市》，中华书局，2000年，第446页。

㉛ 如《嘉靖龙溪县志》卷四《田赋志·徭役》载岁办徭役总类中讲，除马夫外，计七百役，而马夫170名，据其所录名目，本县徭役共981名定额，此不包括吏典、书手等。另据《嘉靖惠安县志》卷七《职役》载：其县徭役有988名，均有工食银或丁粮。另外还有人吏、贴书手、手力、斗子、医人、栏头、专知、杂职等97人，因属于吏典而未计算在内。天一阁藏明代方志选刊32，上海书店影印本，1984年。

㉛ 以上引文见张伟仁《清季地方司法——陈天锡先生访问记》，《食货月刊》第3卷第3期，1969年。

㉜ （美）施坚雅主编，叶光庭等译：《中华帝国晚期的城市》，中华书局，2000年，第435页。

㉝ 王庆成：《稀见清世史料并考释》，武汉出版社，1998年，第273页。

㉞ （明）张萱：《西园闻见录》卷九七《恤民·前言》引张涛云："今天下有司，不用里甲者谁？一切征解酌量则金收头矣，管押则差官吏矣。郡邑里排又未见不在粮枢也，水陆转输，赔补羡耗，未见不役里排也。然且旁立名色，本一里排也，又改为坊长、厢长矣。又遴为殷实大户矣，又控为抽闲矣，又并为朋当帮贴矣。日生之名色有故，田野之归宁无期，殊不知条鞭法行，各项征银在官矣，何乃纷营如此其也"。哈佛燕京学社，1940年。

㉟ ［美］施坚雅主编，叶光庭等译：《中华帝国晚期的城市》，中华书局，2000年，第446页。

㊱ （明）宋纯臣等修：《明熹宗实录》卷二二，天启二年五月丁酉条。

㊲ （清）巴泰等修：《清世祖实录》卷一七，顺治二年六月己卯条。

㊳ 参见韦庆远《〈明清档案〉与顺治朝官场》，载《明清史新析》，中国社会科学出版社，1995年，第287-317页。

㊴ （清）官修：《清会典事例》卷九六《吏部处分例·馈送嘱托》，台北新文丰出版公司据清光绪二十五年原刊本影印。

㊵ （清）鄂尔泰等修：《清世宗实录》卷六，雍正元年四月乙亥条。

㊶ （清）鄂尔泰等修：《清世宗实录》卷二三，雍正二年八月庚子条

㊷ 田涛、郑秦点校：《大清律例》，法律出版社，1999年，第497-498页。

㊸ （清）鄂尔泰等修：《清世宗实录》卷一一三，雍正九年十二月甲辰条。

㊹ 吴晗辑：《朝鲜李朝实录中的中国史料》，中华书局，1980年，第11册第4810页。

⑨ （清）周祖培等修：《清宣宗实录》卷二，嘉庆二十五年八月丁酉条。

⑨ （清）陈其元：《庸闲斋笔记》卷四《道光朝州县陋规之纷议》，《笔记小说大观》，江苏广陵古籍刻印社，第 21 册第 207 页。

⑨ （清）周祖培等修《清宣宗实录》卷四，嘉庆二十五年九月甲子条。

⑨ 第一历史档案馆藏《朱批奏折》，嘉庆二十五年十月初八日，康绍镛奏。

⑨ （清）陈其元：《庸闲斋笔记》卷四《道光朝州县陋规之纷议》，《笔记小说大观》，江苏广陵古籍刻印社，第 21 册第 207 页。

⑩ 陈义钟编校：《海瑞集》上编《兴革条例》中华书局，1962 年，第 49 页。

⑩ （清）王国栋：《海忠介公年谱》载陈义钟编校：《海瑞集》，中华书局，1962 年，第 583 页。

⑩ 黄秉石：《海忠介公传》载陈义钟编校：《海瑞集》，中华书局，1962 年，第 551－553 页。

⑩ 黄仁宇：《万历十五年》，中华书局，1981 年，第 149 页。

⑩ （清）张廷玉等：《明史》卷二八一《循吏传》，中华书局点校本，1974 年。

⑩ 以上引文见赵尔巽、柯劭忞等《清史稿》卷四七六《循吏传一》，中华书局点校本，1977 年。

⑩ 其三十一款如下：祀神有几；养济院孤老若干；见在狱囚若干，已完未完；入版籍官军田地若干，官粮民粮若干；节次奉旨制书及奉旨榜文谕官者若干；本衙门吏典若干；各房吏典不许挪移管事，违者处斩；承行事务已完若干，已施行未完若干，未施行若干；在城印信衙门若干；仓库若干；所属境内仓场库务若干，支用若干；官马匹若干；会计粮储，每岁所收官民税粮若干，支用若干；各色课程若干；鱼湖几处，岁课若干，备开各湖多少；金银场分若干，坐落何山川，所在若干，窑冶各开是何使器及砖瓦名色；近海郡邑煮海场分若干；公廨间数及公用器皿裀褥之类若干；邑内及乡村官房舍，有正有厢若干；书生员数若干；耆宿几何，贤否若干；孝子顺孙，义夫节妇，境内若干，各开；境内士君子在朝为官者几户；境内有学无学，儒者若干；境内把持公私，起词论者有几，明注姓氏；好闲不务生理，异先贤之教者有几；本衙门及所属该设将禁弓兵人等若干，各报数目；境内士人在朝为官，作非犯法，黜罢在闲者几人，至死罪者几人；境内民人犯法被诛者几户；境内警迹人若干。

⑩ （清）黄六鸿：《福惠全书·自序》，康熙三十八年种书堂刊本。

⑩ 陈义钟编校：《海瑞集》上编《兴革条例》，中华书局，1962 年，第 61 页。

⑩ （明）西周生：《醒世姻缘传》第 12 回《李观察巡行收状，褚推官执法翻招》，上海古籍出版社，1981 年，第 172 页。

⑩ （明）李乐：《见闻杂记》卷八之 41 则："里中张公正，以贡为蕲水令。陈公观，以明经止官广文。张囊橐颇充，田产颇富。陈终身清约，颓然一小楼而已。"可见主财的州县官与主文的教官在贫富上的差距之大，亦可见州县官得财之多。上海古籍出版社，1986 年，第 696 页。

⑪ （明）刘宗周：《刘子全书》卷一七《遵例请旨严饬禁谕以肃觐典疏》，中文出版社，1981 年，第 292 页。

⑫ （清）张廷玉等：《明史》卷二八一《循吏徐九思传》，中华书局点校本，1974 年，第 7214 页。

⑬ （明）焦竑编：《国朝献征录》卷一○○《广东高州府知府徐公九思墓志铭》，上海书店影印本，1987 年。

⑭ （清）张廷玉等：《明史》卷二八一《循吏陈幼学传》，中华书局点校本，1974 年，第 7217 页。

⑮ 赵尔巽、柯劭忞等：《清史稿》卷四七六《循吏陆师传》，中华书局点校本，1977 年，第 13000 页。

⑯ 赵尔巽、柯劭忞等：《清史稿》卷四七七《循吏黄世发传》，中华书局点校本，1977 年，第 13017 页。

⑰ （清）黄六鸿：《福惠全书》卷三《莅仕部·革陋规》，康熙三十八年种书堂刊本。

⑱ （清）蓝鼎元：《鹿洲公案·西谷船户》，群众出版社，1985 年，第 185 页。

⑲ 宫崎市定：《雍正时代地方政治的实状——朱批谕旨と鹿洲公案》，《宫崎市定アジア史论考》下卷，日本朝日新闻社，1976 年。

⑳ （清）蓝鼎元：《鹿洲初集》卷三《复顾太史书》，文渊阁四库全书本。

㉑ 帅承瀛（1766—1840 年），字土登，号仙舟，嘉庆元年（1796 年）探花，授翰林院编修，累迁国子监

祭酒。先后督广西、山东学政，历太仆寺卿、通政使、副都御史，署仓场侍郎。授礼部侍郎，调工部、吏部。嘉庆十五年（1810年）为浙江巡抚，道光四年（1824年）丁父忧，后以目疾致仕，卒于家，依总督例加恤，祀浙江名宦祠。

(122) （清）陈其元:《庸闲斋笔记》卷四《不轻裁陋规之用意》，载《笔记小说大观》，江苏广陵古籍刻印社，第21册第208页。

(123) 韦庆远:《论清代官场的陋规》载《明清史新析》，中国社会科学出版社，1995年，第242页。

(124) 故宫博物院明清档案部编:《清末筹备立宪档案史料》，中华书局，1979年，上册第417页。

(125) （明）陈子龙等选辑:《明经世文编》卷二一载邹缉《奉天殿灾疏》，中华书局，1962年，第1册第163－167页。

(126) （清）蒋良骥:《东华录》卷九，康熙八年六月，中华书局，1980年，第151－152页。

(127) （清）梁章巨:《退庵随笔》，卷六《官常》，载《笔记小说大观》，江苏广陵古籍刻印社，第19册第134页。

(128) 陈登原:《国史旧闻》，中华书局，2000年，第3册第639页。

(129) （清）甘韩辑:《清经世文新编续集》卷六，《国用·论清国财政》，台北文海出版社。据光绪二十八年商绛雪斋书局本影印，1972年。

(130) 洪亮吉（1746－1809年），原名礼吉，字稚存，号此江，江苏阳湖（今江苏武进）人，清代著名的汉学家。乾隆庚戌（1790年）榜眼，官编修，以言事获咎，遣戍伊犁，甫三月赦归，因自号更生居士。

(131) （清）洪亮吉撰，刘德权点校:《洪亮吉集》，中华书局，2001年，第1册第24－25页。

(132) 瞿同祖著，范忠信、晏锋译:《清代地方政府》，法律出版社，2003年，第49页。

(133) （清）郑观应:《盛世危言》卷三《廉俸》，上海古籍出版社影印本，2008年。

(134) （清）薛福成:《庸庵海外文编》卷四，台北文海出版有限公司，1988年，该卷第12页。

(135) [美]施坚雅主编，叶光庭等译:《中华帝国晚期的城市》，中华书局，2000年，第554页。

(136) （清）王闿运撰:《湘潭县志》卷六《赋役》，清光绪十五年刻本。

(137) [美]施坚雅主编，叶光庭等译:《中华帝国晚期的城市》，中华书局，2000年，第777页。

明初亲军卫变迁与军中派系

李新峰

（北京大学历史系副教授）

明代的卫所，最初兼有行政管理和军事编制两种职能。永乐以后，京营、边镇逐渐取代了卫所作为军队编制单位的职能，兵部和督抚取代了都督府和都督、指挥，成为军队的实际统领者。都督府、都指挥使司、卫所都秉承兵部和督抚的命令，其主要职能是管理在卫军户，与地方府州县管理辖区内人户的职能相当，在明代政治体系和军事体系中都无足轻重了。史学界对明代军事制度的关注，多集中在京营、班军、边镇、募兵等与军队、兵权直接相关的领域，对明代卫所的研究则集中在军户、屯田、袭替等行政管理领域。但在明初，军队编制是纯粹以卫所为单位的，府司卫所一度是各级军事事务的政令机构，都督、指挥一度是军队的统领者。所以，对明初卫所制度的认识，是明初政治史和军事制度研究不可或缺的部分。

《明太祖实录》载，甲辰年（1364年），朱元璋部江南红军初创政权，确立了以大都督府为核心、以十余个卫所为单位的军事体系和卫所内部的各级官职体系。洪武七年（1374年），"申定兵卫之政"，重申了一卫统五所、旗军五千六百人的制度[①]。《会典》载，洪武十三年（1380年）胡惟庸案后，"分大都督府为五府，隶外卫于都司，而都司及内卫各以其方隶五府，惟亲军不属，遂为定制。"[②]所谓"定制"，即全部亲军卫划分为不隶五府、负责禁卫事务的"上直卫"和五府所属亲军卫两大类。此后的卫，大体分为上直卫、一般的亲军卫和普通的卫三档，后两档基本上隶属五府，与明朝相始终。对此，南炳文、彭勇先后结合元末明初的政治、军事形势进行了细致的解读，建立了关于明初卫所制度变迁的系统认识[③]。

《实录》、《会典》关于卫所制度的条文记载比较系统、可信，卫所的具体演变过程都是在制度框架内进行的，从甲辰年的十余个卫到明初的数百个卫，其具体演变过程似乎没有必要再去梳理、归纳了。可是，即使制度执行的现实状况与条文之间没有重大差异，卫所的演变仍然反映了制度条文无法提供的两类重要信息：首先，甲辰年旧制是明代卫所制度的起点，而相关记载却十分简略，仅知甲辰年设十七亲军卫，这与洪武十三年设数百个卫、内分三档的状况差异很大，所以对甲辰年各卫及其变迁过程的详细考察，将有助于了解卫所制度的初始面貌和变迁过程。其次，在制度的实施过程中，可能存在着制度制定者和施行者贯彻其他措施、谋取其他利益的政治行为。这些行为与条文内容毫无关联，却与制度针对的具体人物和事件息息相关，即制度实施状况与具体政治斗争之间有密切关系。军队在战争中形成了错综复杂的人际关系网乃至派系背景，明初每一卫、每一所的兴废离合，都可能体现军中各派力量的消长，乃至君主对不同派系的亲疏态度，从而反映明初军中的派系分野和相关政治斗争。所以，考察明初卫所的具体演变过程，除了可以丰富、完善对军事制度变迁过程的认识，还可以从卫所变迁这个侧面来认识与明初军队相关的政治现象。

在作为军队编制单位的明初卫所中，"某某卫亲军指挥使司"即前两档卫，是备受君主信赖的驻京主力军队，可视为卫所的代表。胡正宁考察了明初驻南京的亲军卫，但对卫所设置详情的确切叙述始于洪武后期，未涉及明朝建立前后亲军卫的具体变迁状况④。关于明初卫所的设废离合，《明太祖实录》的记载内容最为丰富，但对各卫的设置、删并、外调、改名，或载其设置而再无踪迹，或载其删并、外调、改名而再度出现，或于左、右、中、前、后之称略而不提，提及某某将领在卫所中的职务时，其所在之卫或已不存，颇为混乱而且残缺不全。于志嘉对此进行了详尽的梳理，将相关记载系于每一个卫之下，并提出了这些变化与各卫具体任务分配的关系这个令人期待的研究前景⑤，条举目列，清晰可查，但这些材料仍不足以深究卫所变迁的详情。其实，俞本《明兴野记》记录了与《实录》有别的甲辰年卫所制度和设置实况，《会典》对洪武十三年所设亲军卫的系统记载则可与《实录》两相对照，甲辰年和洪武十三年这两个里程碑的卫所设置详况由此可考，其间的演变过程也随之清晰可辨了。

各个卫所的派系背景，需要由其主体部众和早期将领的出身渊源、地位亲疏来加以确认。军中很多高级将领早在卫所制出现之初，已担任卫所主官以上的职务，早期的卫所官员后来多升为大都督府高官，卫所的部众有频繁的调动、重组，所以在高级将领、卫所官员、普通人众和卫所"番号"之间，往往无法判定对应关系。但在红军活动早期，诸将多各统嫡系部众，即使是降将，部属虽遭支解，根基仍存。如丙申年康茂才归降后，"许统所部兵从征。"⑥胡美投降时提条件说："所领将校久居部曲，人情相安。恐既降而以此辈属之他人，则非所愿"，朱元璋允诺道："安肯散其部属，使人自疑，而负其来归之心哉"。⑦甲辰年初创卫所时，卫所主官与组成人众之间应尚有继承早期经历的固有关系。不妨根据这些主官的渊源即籍贯、出身、早期经历，推测甲辰年各卫基本部众的来历，从而梳理出明初各支军队的早期渊源，退一步，至少可以确认这些主官和某个卫部众之间曾有的重要袍泽关系，从而把各卫所的命运与勋贵武将的派系背景联系起来。

一　甲辰年：三类亲军卫

从丙申年（1356 年）攻克集庆路，到洪武元年（1368 年）建立明朝。其间十二年，朱元璋部的机构设置经历了两次重大变革，即辛丑年（1361 年）朱元璋封吴国公设大都督府和甲辰年朱元璋称吴王设中书省，而甲辰年的变革尤为重要。是年，朱元璋部乘战胜陈友谅之威、龙凤政权崩溃之际，成为实际独立的政权。三月，定官制，设置诸亲军卫，是为明代卫所制度的开端。《实录》载：

> 置武德、龙骧、豹韬、飞熊、威武、广武、兴武、英武、鹰扬、骁骑、神武、雄武、凤翔、天策、振武、宣武、羽林十七卫亲军指挥使司。先是，所得江左州郡，置各翼统军元帅府。至是，乃悉罢诸翼而设卫焉。⑧

"卫亲军都指挥使司"是元朝驻京大部分统军机构的名称，与驻外地的管军总管府、万户府等相区别⑨。所以，朱元璋设"卫亲军指挥使司"，有僭拟皇帝设置禁卫军之意，诸卫似指驻应天府的部分军队。但上述"江左诸郡""悉罢诸翼而设卫"，诸翼有驻守外地各府者，有驻守应天府者，还有朱元璋直接控制的"帐前五翼"⑩。这十七卫究竟指全部军队还是单指禁卫军呢？

当时防守张士诚部的重镇长兴本设永兴翼元帅府，守将耿炳文的履历称"甲辰，改元帅府为兴武卫亲军指挥使司"⑪。另一个重镇江阴的守将吴祯，"甲辰，授英武卫指挥使"⑫。防守陈友定部的重镇广信守将沐英，于甲辰年"迁广武卫指挥使"⑬，即"为广武卫亲军指挥使，改广信卫亲军指挥使……以指挥使守广信，节制瓯闽"⑭。在"江左"以外的湖广，吴复"甲辰……授……镇武卫指挥同知，守沔阳"⑮。在江北，王志"甲辰……授飞熊卫亲军都指挥使，总兵守御陆安州。明年春，改授陆安卫指挥使"⑯。可知十七卫包括大量驻外军队。不过外地诸卫迅速改为普通卫所，如《实录》于本年九月载：

> 置合淝、六安二卫于庐州……改……永兴翼为长兴卫指挥使司，以耿炳文为长兴卫指挥使……改雄峰翼为兴安卫，寻又改为徽州卫。⑰

九月应是政府颁布改分司为普通卫制度的真实日期，早于实际执行日期。但是，明初《吴兴续志》载："甲辰年，改翼为兴武卫亲军指挥使司分司……乙巳年改为长兴卫指挥使司。"⑱由此可知，三月设十七卫时，兴武卫衙门设在应天府，永兴翼改为兴武卫"分司"，管辖身份上已属兴武卫亲军指挥使司的军众，次年这个分司改为普通的长兴卫。上述广武、飞熊等卫在乙巳年改名，也应是分司改名。

分司改普通卫后，诸卫并未废弃，如乙巳年有"神武卫指挥使"，吴元年（1367 年）有"雄武卫"、"宣武等卫军"，洪武元年有"威武卫指挥"、"振武……各卫"、"广武卫镇抚"、"英武卫指挥"，洪武二年（1369 年）有"兴武卫营"⑲。而分司所改的普通卫则多不存，如洪武元年"升江阴千户所为江阴卫"，洪武元年广信置守御千户所，洪武三年"改六安卫为守御千户所"，洪武六年"置沔阳卫"⑳，说明这些普通卫的主体人众早已离去。朱元璋部从乙巳年开始进入了对外进攻、不断扩张的阶段，原来的外围重镇已成内地，无需重兵防守，这些早期军队必为征战主力，应当重归各亲军卫，故本卫不废而所改卫废。

总之，甲辰年三月设置的十七卫包了所有军队，外地军队是以某卫分司的名义列入十七卫的。从九月开始，各分司改为普通卫，在其他地区则开设新的分司。到次年，各普通卫和分司的人众又陆续回归了原属亲军卫。换言之，在组成人众方面，甲辰年的十七卫没有受到改设地方普通卫的影响，按照原有编制参加了明朝建国的战争。

当时身为军人的俞本对甲辰年诸卫进行了区分：

> 随驾壮士设内八卫：龙襄、凤翔、豹韬、飞熊、鹰扬、武德、天策、骠骑，俱名亲军指挥使司。各处听调军士，设外八卫：英武、雄武、广武、宣武、威武、振武、神武、兴武，止名指挥使司。㉑

所列"外八卫"是《实录》所载带"武"字的八个亲军卫，恰包括甲辰年初设卫所时设驻外分司的兴武、英武、广武、振武诸卫，可知这八个卫的确是专门统辖外地军队的。所谓"止名指挥使司"，当因"外八卫"分司曾改为普通卫，其实这些卫后来仍为亲军卫，唯"随驾壮士"与"各处听调军士"之别，反映出外八卫的地位不如内八卫。

俞本没有提到《实录》所列十七卫的最后一个"羽林"，而是在罗列内、外八卫后载：

> 又设金吾左、右、中、前、后五卫，羽林左、右、前、后四卫，虎贲左、右、中、前、后五卫，府军左、右、中、前、后五卫，留守卫，骁骑〔卫〕。㉒

洪武十三年胡党案发后，朱元璋规定此后"以金吾、羽林、虎贲、府军等十卫职掌守卫宫禁，凡有支请，径行六部，不隶五军。"㉓显然，俞本所列以方位命名的四种卫，乃担任禁卫任务者。《实录》载金吾、虎贲诸卫之设，晚在吴元年九月：

> 置金吾左、金吾右、虎贲左、虎贲右及兴化、和阳、广陵、通州、天长、怀远、崇仁、长河、神策等卫。寻改金吾左、右为金吾前、后二卫，羽林卫为羽林左、右二卫。㉔

金吾、虎贲与羽林均设两卫，揆其名目及洪武十三年的地位，设置之初即必为禁卫军。可是，"金吾、羽林、虎贲"之序甚明，金吾和虎贲之设，不当远远晚于羽林。朱元璋在吴元年正月说："苏州既围定了，可将虎贲士一卫尽数发来。"㉕《实录》于吴元年六月即有"赐羽林、虎贲、天策、骁骑左卫指挥"之载㉖，可见在设虎贲左、右卫之前已有虎贲卫。上述设置诸卫是在攻克苏州、大获降众之后，虎贲、金吾诸卫之设更象是分设左、右的扩充措施，而非初创。甲辰年以前，朱元璋的侍卫机构是金吾侍卫亲军都护府，亲军都护地位高于指挥使。甲辰年十月都护府之名被取缔㉗。观"金吾"之名，金吾卫当沿金吾侍卫亲军都护府而来，若非三月设诸亲军卫时已设，亦应在十月取缔都护府前后建立，与羽林、虎贲等同列。总之，与皇帝关系最密切的金吾、羽林、虎贲卫，都是甲辰年所设，地位在内八卫、外八卫之上。

综上所述，《实录》虽然记录了甲辰年初创的卫所制度，对初创诸卫的具体记载却存在严重讹误。其实朱元璋部当时将军队统一编制为三个档次、共19个卫亲军指挥使司，其分档之制与洪武十三年大体相同。其中，金吾、羽林、虎贲三卫为朱元璋的侍卫部队，地位最尊；武德卫等"随驾"的"内八卫"为常驻应天府的主力军，地位稍次；英武卫等带"武"字的"外八卫"以分司名义，统领驻各地重镇的军队，地位又次。朱元璋此举有模仿宋制、遍施亲军名义以强化控制的意味。但随着大规模战争的迅速展开，刚刚改属普通卫的人众又回归亲军卫，演变为常驻首都、出征作战的主力，新设驻外的普通卫则不再称亲军卫，模仿宋制的设想也就无疾而终了。

二　甲辰年：诸卫主官及其出身

甲辰年诸卫所的主官，后来在朱元璋杀戮勋贵事件中多遭横死，他们的碑铭传状存世甚少，《实录》中所存传记多较简略，尤其关于诸将早期经历的记载难以确信。弘治时期任职于吏部验封司的黄金，综合明初碑铭传记与官方资料㉘，辑为《皇明开国功臣录》，不厌其烦地钞录或节录了大量颁给明初高级将领的铁券诰文，多有对诸将早期任职经历的概括，特别是对甲辰年初定官制时的卫所职务有明确的记载。从明代后期焦竑广泛搜集碑铭传状，到明末钱谦益、潘柽章梳理明初勋贵履历，再到清代中期《明史》对历代记载详加综合，对黄金所著传记都有不同程度的重视，但对诰文中的材料未加充分重视，错讹仍多。其实，这些诰文正是关于诸将履历的原始材料，也是确认诸武将与各卫所对应关系的可靠材料。除禁卫军三卫情况不明外，甲辰年其他十六卫的主官大体可以确定如下：

龙襄卫即龙骧卫，指挥同知为金朝兴，巢县人，"团结乡里少年，共立一砦，以捍祸乱。会俞通海父子、廖永安兄弟以舟师纳款于和阳……率所部从诸将来附"㉙。

凤翔卫指挥使为丁德兴，定远人，"甲午岁城口归附。上伟其材貌，以黑丁呼之，授万户"㉚。

豹韬卫指挥使为华云龙，定远人，甲午年前"结群少避居韭山，以观时变。会太祖举义，豪杰响应，云龙归焉"③。

飞熊卫指挥使为王志，系"临濠人……壬辰三月……奋举乡兵，从克濠州"，加入红军比朱元璋还要早。郑遇春在此后飞熊卫守御六安时任指挥佥事，濠州人，甲午年前"结众树栅，图保乡族……遂皆来附"㉜。

鹰扬卫指挥使为郭子兴，与濠州红军的元帅郭子兴同名，"濠州人……制裳为旗……癸巳，子兴亦以兵隶郭元帅麾下"㉝。

武德卫主官不详。茅成"定远人，性刚勇。岁乙未，上驻和州，成从军，隶元帅常遇春麾下……（甲辰）迁武德卫正千户，寻升本卫指挥副使"㉞。武德卫长期由常遇春内弟蓝玉和族弟常荣把持㉟，可知这是常遇春的嫡系部队。常遇春是怀远人，"乙未年和州归附"㊱，时已位高权重。

天策卫指挥使为孙兴祖，濠州人，甲午年底以前已加入红军，曾任统率朱元璋亲信精锐的右都先锋。次年顾时升任指挥同知，再次年陈德由副使升指挥使，均系濠州人，朱元璋称"与朕同里，兵兴以来，首从征伐"㊲。

骠骑卫即骁骑卫㊳，指挥使为陆仲亨，指挥同知为唐胜宗，皆为濠州人，都是壬辰年最早投奔朱元璋的年轻将领㊴。时又有指挥同知蔡迁，源出元末最早起兵的徐州红军，兵败投奔濠州红军㊵。另外，郭英从次年开始任骁骑卫千户，历任本卫指挥佥事、副使、指挥使，系濠州人，癸巳年投奔朱元璋，"甚见亲信，每令直宿帐中"，后其妹为朱元璋宠妃㊶。

英武卫指挥使为吴良、吴祯兄弟，定远人，于朱元璋南下滁州前"委身相从"㊷。

雄武卫指挥使为傅友德，出自龙凤红军，后辗转投靠，于辛丑年自陈友谅部来降㊸。

广武卫指挥使为沐英，定远人，壬辰年投为朱元璋义子㊹。另外，次年朱亮祖亦为本卫指挥使，系六安人，原为元义兵元帅，渡江后于丁酉年（1357年）被俘，投降红军㊺。

宣武卫主官不明。吴元年底，"将宣武等卫军"北伐㊻的汪兴祖为张德胜义子，张德胜亲子后来袭宣武卫指挥同知，可知宣武卫与张德胜、汪兴祖渊源颇深。张德胜为合肥人，壬辰年起兵巢湖，乙未年向濠州红军"纳款"㊼，汪兴祖为巢县人，时任地位高于指挥的参政㊽。

振武卫指挥同知为吴复，合肥人，为元义兵千户，"岁甲午率所部自梁县伏谒太祖于濠右"㊾。旋金朝兴改任振武卫指挥同知，又升指挥使㊿。

神武卫指挥使为康茂才，系渡江后"率所部余兵三千，解甲来附"[51]。

兴武卫指挥使为耿炳文，濠州人，壬辰年"谒高皇于濠城。"指挥同知为费聚，"临濠人……（壬辰年）……于大西门归附"[52]。

威武卫主官不明。吴元年，张龙升任指挥佥事，系濠州人，壬辰年"入行伍，隶滁阳王麾下"[53]。但揆以形势，甲辰年时应系壬寅年（1362年）率江西全省投降的胡美旧部。

明朝建国前后，君臣经常以"从朕渡江"、"从上渡江"作为武将履历的重要指标。据此，神武、雄武、威武三卫的主官为渡江后归降者，其他十三卫主官均为"渡江旧人"。

洪武三年底，明朝大封勋贵，封侯二十八人的位次是按照参加红军的早晚顺序排列的，所以前十四位均为濠州红军旧将，都是甲午年（1354年）前加入红军的濠州、定远人，后十四位则依次是乙未年（1355年）在江北投奔红军的将领，和渡江后陆续归属红军的将领[54]。十四位濠州旧将和四位江北投奔者虽均为"渡江旧人"，但其出身一为以红军或反元自立者身份加入红军的"从军"，一为此前加入了其他阵营、接受过其他任命、与渡江后投奔者相同的"归附"，"从军"者阵营大体与籍贯濠州、投奔朱元璋最早等因素相合[55]。据此，龙骧、凤翔、武德、宣武、振武五卫的主官或直属上级是江北"归附"者，与渡江后"归附"的神武、雄武、威武卫首领相近，占十六卫之半。这个比例显然较"渡江旧人"更能体现派系之分，但在甲辰年内外八卫当中上并没有体现出"从军"者的优势。

内八卫诸将与朱元璋的亲疏关系有明显差异。天策卫、骁骑卫的主官都是朱元璋的同县亲信，掌握武德卫的常遇春虽属"归附"者，且属渡江前夕方加入红军的后辈，但渡江后迅速成为功高威重、最受宠信的名将。武德、天策、骁骑这三个不以猛兽猛禽命名的卫，必然是与朱元璋关系格外密切的部队，与禁卫军相当。豹韬、鹰扬、飞熊三卫主官或者是定远人，或者是最初并非朱元璋下属的老牌红军，虽属濠州"从军"阵营，关系稍疏。龙骧、凤翔主官都属"归附"者，关系更疏。上引俞本所列内八卫，正是按照由疏到亲的顺序排列的，在这个圈层次序中，"从军"与"归附"的差别又是明确的。

三　洪武十三年：上直卫及其背景

从吴元年开始，朱元璋部急剧扩充，亲军卫数量大增。洪武三年后大战稍息，部分亲军卫删并、外调，数量有所减少。洪武五年（1372 年），明军在漠北之战中遭到毁灭性打击，许多亲军卫难以为继，在当年和洪武八年进行了两次大规模的删并：

> 以兴化卫并为钟山卫，天长卫并定远卫，振武卫并兴武卫，和阳卫并神策卫，通州、吴兴二卫并龙骧卫，寻复设和阳、神策二卫……并骁骑前卫于左卫，中卫于后卫。
>
> 罢钟山卫，并其兵于兴武、神策、广武、骁骑左四卫。罢雄武卫，并其兵于骁骑右及定远、神策三卫。罢龙骧卫，并入定远卫。诸卫所余军，调北平诸处守御。寻复改定远卫为龙骧卫。[56]

洪武十三年诸亲军卫的序列，是在这两次删并的背景下排定的：

> 左军都督府统属在京骁骑（左）（右）、水军左、留守左、龙虎、英武五卫……
> 右军都督府统属在京虎贲右、水军右、留守右、武德、广武五卫……
> 中军都督府统属在京神策、广洋、留守中、应天、和阳五卫……
> 前军都督府统属在京天策、豹韬、龙骧、飞熊、龙江五卫……
> 后军都督府统属在京鹰扬、江阴、兴武、横海、蒙古左、蒙古右六卫……
> 以金吾、羽林、虎贲、府军等十卫职掌守卫官禁，凡有支请，径行六部，不隶五军。[57]

甲辰年作为禁卫军的金吾、羽林、虎贲卫，已在吴元年各自扩充为二，金吾前卫与羽林左卫曾在洪武十一年（1378 年）底互易名称[58]，虎贲右卫此时降格为改属右军都督府的亲军卫，加上府军五卫即为上十卫。与金吾、羽林、虎贲相比，府军诸卫资历甚浅。《实录》载，洪武十一年五月设府军卫，九月设府军左、右卫，十月：

> 改骁骑左卫为府军后卫……改武德卫为府军前卫。[59]

在洪武十三年的府属亲军卫序列中，骁骑左卫列左军都督府首位，但此后《实录》中绝无骁骑左卫之载，倒常见骁骑右卫之名，《会典》中也仅见隶属左军都督府的骁骑右卫[⑥]，洪武后期朱元璋历数在京卫也只提到骁骑右卫[⑥]，可知《实录》载府属"骁骑左卫"应为"骁骑右卫"之误，或因"左卫"与左军都督府方位吻合而妄改。

《实录》载，吴元年"改骁骑卫为骁骑右卫亲军指挥使司"[⑥]。郭英却在洪武元年前任"骁骑左卫指挥佥事"[⑥]，洪武五年骁骑左卫指挥使在漠北阵亡[⑥]，可知吴元年之"改"应为扩建为左、右二卫。骁骑左卫于洪武五年合并的骁骑前卫建于洪武二年，应系骁骑诸卫扩建，所接纳一部的钟山卫建于洪武元年，均为亲军卫[⑥]，钟山卫于洪武五年合并的兴化卫则是吴元年与金吾左、右卫等同时开设的。总之，洪武十三年府军后卫的人众，主要出自甲辰年的骁骑卫，部分出自吴元年的兴化卫和洪武元年的钟山卫。

关于"府军"，《实录》载，洪武三年：

> 置亲军都尉府及仪鸾司。初，设拱卫司，正七品，管领校尉，属都督府。后改为拱卫指挥使司，秩正三品。寻以拱卫司似前代卫尉寺，又改为都尉司。至是乃定为亲军都尉府，管左、右、中、前、后五卫军士，设仪鸾司隶焉。[⑥]

都尉府"管领五卫"，"拱卫指挥使司"仅为一卫，拱卫司在甲辰年初设时秩仅从七品，所统校尉乃从民间佥点而来，并非军人，"校尉隶拱卫司……至是隶仪鸾"[⑥]。拱卫司、拱卫指挥使司尽管是侍卫机构，却仅与隶属亲军都尉府的仪鸾司相当，而非亲军都尉府的前身。亲军都尉府统领侍卫机构，后来府军诸卫均为禁卫军，可知亲军都尉府所统五卫即"府军"五卫的前身。府军后卫、前卫系甲辰年时朱元璋最亲信的骁骑卫、武德卫改来，可知其他三卫或者是其他亲信卫，或者由金吾、羽林、虎贲等某部扩建而来。

甲辰年内八卫中与朱元璋关系格外密切的，尚有天策卫。天策卫原指挥使孙兴祖于洪武初年军败身死[⑥]，可能是天策卫未能升为禁卫军的直接原因。总之，上十卫的主要班底是甲辰年的金吾、羽林、虎贲、骁骑、武德诸卫，它们正是甲辰年即已定型的朱元璋亲信部队。

四　洪武十三年：甲辰旧卫及其背景

单纯从名目而非军众看，府属 26 卫中有 11 个卫来自甲辰年所设旧卫，包括内八卫中的骁骑右、武德、天策、豹韬、龙骧、飞熊、鹰扬等七卫，外八卫中的英武、广武、兴武等三卫，和禁卫军三卫中的虎贲右卫。但从番号背后的组成人众方面看，内、外八卫旧众的组合情况要复杂得多。

骁骑右卫是吴元年由骁骑卫分建的，洪武八年接纳了雄武卫一部。另外，洪武二年"置骁骑中、后二卫"[⑥]，均应骁骑诸卫扩建而来。洪武五年中卫并入后卫，前卫并入左卫，从此后卫也不见于记载，极有可能并入了右卫。总之，洪武十三年的骁骑右卫主要来自甲辰年的骁骑卫和雄武卫。

武德卫是洪武十一年原武德卫改为府军前卫后由兴武卫全体改建的。[⑦]兴武卫于洪武五年接纳了振武卫，洪武八年接纳了钟山卫一部。振武卫本为甲辰年旧卫，洪武二年"都督同知张兴祖将宣武、振武、昆山三卫士卒守大同。"洪武四年"诏置振武卫亲军指挥使司。"[⑦]洪武六年在大同以南的代县设卫，此后振武卫常驻代县，归山西都司管辖^②。可知振武卫众早已长驻北方，洪武四年复置的振武卫由常遇春的族弟、原武德卫指挥同知常荣担任，洪武五年于漠北阵亡^③，则复置的振武卫或有部分来自地位显赫的武德卫，这可能就是新振武卫被删并、兴武卫改名武德卫的原因。总之，武德卫主要来自甲辰年的兴武卫、振武卫、武德卫和洪武元年的钟山卫。

龙骧卫的历程十分复杂。洪武八年初，"罢龙骧卫，并入定远卫……寻复改定远卫为龙骧卫。"定远卫是吴元年设置的亲军卫，洪武五年接纳了吴元年的天长卫，洪武八年接纳了雄武卫一部。在此之前，龙骧卫于洪武五年接纳了吴元年的通州、吴兴二卫，通州卫还于洪武三年接纳了吴元年稍早设置的安吉卫一部^④。总之，龙骧卫主要来自甲辰年的龙骧卫、雄武卫和吴元年的定远、吴兴、安吉、通州、天长诸卫。

另外，飞熊卫于洪武元年改为驻北平的大兴左卫^⑤，洪武十一年又在定远县开设衙门^⑥，但此后京师一直设有飞熊卫，可见只是分出部分军队，洪武十三年的飞熊卫仍以旧众为主。广武卫于洪武八年接纳了钟山卫部分军队。兴武卫于洪武十一年旧兴武卫改为武德卫后重建为亲军卫，^⑦原兴武卫军官曾说："洪武十一年，本卫钦改武德卫，全卫官军调往浦子口开设衙门。"^⑧虽然全卫官军调走，但重建时未见其他卫改设，则兴武卫应与旧众密不可分。虎贲左、天策、鹰扬、豹韬、英武等五卫，则均未见变化^⑨。

内、外八卫中被取缔番号的共6个卫，即内八卫的凤翔卫和外八卫中的5个卫。凤翔卫是内八卫中唯一被外调的卫，洪武二年，凤翔卫指挥副使韦正"领全卫马、步兵"驻守临洮，洪武三年西占河州，招徕西番^⑩，此时《实录》改称韦正为"河州卫指挥"^⑪。当时，虽常有亲军卫驻守边城者，如临洮附近的巩昌即有鹰扬卫部队驻守，兰州则为天策卫一部戍守^⑫，但或分部驻守，或此后还京，故本卫仍设在京师。而此后京师不再有凤翔卫的踪影，可见凤翔卫已全体外调为河州卫。宣武卫于洪武四年调至河南，从此长驻开封府^⑬，神武卫也被调到河南^⑭，洪武时期在京师均不复见。如上所述，振武卫的主体也被外调，雄武卫则被整并到骁骑、龙骧二卫，只有威武卫下落不明，必于洪武十三年前裁并或外调改名。

从部众构成看，甲辰年的19个卫中，有13个保留为亲军卫，即3个禁军卫与内八卫中最得宠信的2个卫构成了新的禁卫军，内八卫中的5个卫和外八卫中的3个卫继续为亲军卫。其他6个卫即内八卫中的1个卫和外八卫中的5个卫，则被外调或删并。从总体上看，内八卫的命运稍优于外八卫，但这个差异并不是卫所存废的决定因素。

如果按濠州"从军"与"归附"出身分析，洪武十三年卫所兴废的原则就一目了然了：甲辰年内外十六卫中，原任主官为濠州"从军"者的八卫均得保留，而主官原为"归附"者的八卫则仅留其二，一为在军中一枝独秀、大得宠信的常遇春，一为"归附"最早、籍贯定远、与濠州旧将几无差别的丁德兴，他们都已经去世而身份特殊。至于江北"归附"者金朝兴、吴复、汪兴祖和渡江后"归附"者康茂才、傅友德、胡美的老部队，均被排除出亲军卫的行列。即使是内八卫中的凤翔卫，待遇也不如外八卫中的英武、广武、兴武等濠州旧部。由此可见，此时朱元璋不再维持甲辰年政权初创时"从军"、"归附"各占半壁江山的局面，而是把濠州旧部统统保留在京，"归附"旧部即使属于"渡江旧人"，也要外调或删并。

五　洪武十三年：新设卫及其特点

到洪武十三年，内、外八卫中的非濠州红军部队基本被清除出了亲军卫行列，而甲辰年后新设的卫中，却有水军左、右、留守左、右、中、蒙古左、右、龙虎、神策、广洋、应天、和阳、龙江、江阴、横海等十五卫跻身于府属驻京卫的行列。它们又是凭什么背景得以超越内、外八卫中那些出身不纯而被外调或删并者呢？这十五卫可以按照职责分为 4 类。

第一类是专门安置蒙古降人的蒙古左、右卫，由洪武五年设置的蒙古卫亲军指挥使司于洪武八年分建[85]，专设亲军卫以示恩宠。

第二类是负责京师防务的军队，包括留守左、右、中卫与龙江卫。《实录》载，洪武三年：

> 置留守卫指挥使司。国初尝设都镇抚司，总领禁卫。后隶大都督府，秩从四品，统率各门千户所。寻改宿卫镇抚司。至是升为卫，专领军马守御各城门及巡警皇城与城垣造作之事。[86]

都镇抚司本隶行中书省，甲辰年改属大都督府[87]，与朱元璋本人关系不甚密切。由"守御各城门及巡警皇城与城垣造作"，可知留守卫地位不如"总领禁卫"的禁卫军，职专防守应天府城，地位应与征战各地的主力军相当。《实录》载，洪武五年留守卫升为都卫[88]，洪武八年又降为卫，与所辖诸卫脱离关系：

> 在京留守都卫为留守卫指挥使司，原辖天策、豹韬、飞熊、鹰扬、江阴、广洋、横海、龙江八卫俱为亲军指挥使司，水军左、右二卫为指挥使司，俱隶大都督府。[89]

但是，留守都卫之名在洪武九年尚存[90]，洪武十一年"改留守卫为留守中卫亲军指挥使司，增置留守左、右、前、后四卫亲军指挥使司。"[91]显然是由巨大的留守都卫分设五卫。洪武十二年"改凤阳行大都督府留守司为留守中卫指挥使司……置凤阳留守左卫指挥使司。"[92]而留守五卫中的前卫、中卫后来不见踪影，应即外调为中都的留守中卫、左卫。

龙江卫始设于洪武三年[93]。龙江为江岸要冲[94]，早在乙巳年已设龙江翼守御千户所，号称"郊畿镇守"[95]，龙江卫显然由龙江翼扩建而来。龙江是京城通往长江的水道要冲，红军占领之初即由水军驻守[96]，龙江卫似专司水军[97]，但职责当与留守诸卫相同。

第三类是专司水军的军队，包括水军左、右、广洋、江阴、横海卫。水军左、右卫设于洪武四年，洪武八年被重申乃普通卫而非亲军卫[98]。广洋卫是洪武元年设置的亲军卫，江阴卫是洪武元年与设广洋卫同时，由江阴千户所升为卫的[99]，《实录》载横海卫是洪武四年设水军左、右二卫同时设置，但早在洪武元年的北伐军队中即有横海卫军，洪武三年有横海卫官[100]，且横海卫与江阴、广洋同为受留守都卫节制的亲军卫，与水军卫有别，应与广洋卫、江阴卫同设于洪武元年。洪武六年"以广洋卫指挥使于显为总兵官，横海卫指挥使朱寿为副总兵，出海巡倭"。洪武七年"命水军右卫指挥同知吴迈、广洋卫指挥金事陈权率舟师出海，转运粮储，以备定辽边饷……以靖海侯吴祯为总兵官……领江阴、广洋、横海、水军四卫舟师出海巡捕海寇"[101]。可知江阴、广洋、横海卫皆专门负责水上作战和水路运输，与水军二卫均常驻濒临长江的京城一带[102]，而早期三卫的地位显然高于后设的水军二卫。

第四类是由甲辰年和吴元年旧卫人众组成的龙虎、应天、神策、和阳卫。龙虎卫于洪武二年由骁骑卫改建，洪武五年改为燕山护卫，同年复置[103]，改护卫系部分改建，必以原卫部分重建。应天卫是吴元年设置的亲军卫，洪武四年"徙应天卫治于江浦"[104]。江浦在京城江北对岸[105]，可见并无城守之责，只是从应天府地方调发组建的卫所，作为甲辰年后最早新设的亲军卫，人众又来自首都一带，身份特殊。神策卫于吴元年与金吾等卫同时开设，洪武五年与和阳卫合而复分，洪武八年接纳了钟山卫和雄武卫各一部。从其合而复分看，其主要班底仍为吴元年的旧卫。和阳卫在吴元年与金吾等卫同时开设，洪武六年得到陈友定旧部八千人的补充[⑩]，但班底应为吴元年旧众，时人惯称和州为和阳[⑩]，其人众应来自朱元璋部在江北的根据地和州，出身近乎濠州红军。

《实录》并未注明和阳、神策本为亲军卫。按，吴元年同时开设的还有兴化、广陵、通州、天长、怀远、崇仁、长河卫。其中，兴化卫并入钟山卫，进而并入兴武、神策、广武、骁骑左等卫，通州卫、天长卫并入龙骧卫，均受亲军卫待遇。洪武五年初"以振武、神武、凤翔、英武、宣武、广陵等十二卫余军并入豹韬卫。"[⑩]可知此时广陵卫的地位与早期内、外八卫相当。洪武四年"置怀远卫亲军指挥使司于临濠"[⑩]，必系亲军卫调防。据此可以断定，吴元年与金吾等卫同时所设各卫，虽多以地名为号，却均为负责出外征战的在京亲军。洪武十三年和阳、神策二卫就是历经裁并后硕果仅存者。

上述四类卫，除蒙古二卫性质特殊、水军二卫非亲军卫，可置不论，剩余三类均有特殊的重要性。留守、龙江等卫专司应天府防务，其人众来源虽不详，但其开设之时恰逢洪武二年底北伐战争结束，大批军队还京，朱元璋重新部署京城防务，留守司和龙江翼升级虽晚，渊源必深。广洋等卫专司水军，京师临江而城，水军又是明军称霸海上、支持北方作战的基本力量[⑩]，必然倍受重视，且三卫建于洪武元年，资历非浅。龙虎等卫人众或来自朱元璋嫡系骁骑卫，或为来自京师的甲辰年后最新设亲军卫，或为吴元年所设 9 个亲军卫的孑遗，身份均有甲辰年旧卫中"归附"者难以比拟之处。总之，此府属十五卫，除蒙古和水军情况特殊，其他 11 个卫均因出身嫡系、倍受信任和重视，而得到超过甲辰年"归附"旧卫的待遇。它们与濠州红军旧部并列，构成了貌似杂乱无章、实则遵循贬抑"归附"者原则的外围嫡系。

六　小　结

与《明太祖实录》的简略记载不同，朱元璋于甲辰年所设亲军卫不是 17 个，而是 19 个，分为禁卫三卫、内八卫、外八卫 3 个档次。外八卫也是在京卫，其部众以卫分司的名义驻外。在随后的战争中，禁卫军仍保持独立，外八卫的部众则还京，各地新设大量的非亲军卫，形成了禁卫军、驻京亲军卫、驻外一般卫所三个档次。除"亲军"所指有变，分层则完全继承了甲辰年的旧制。由此可知，洪武十三年区分上直卫与一般亲军卫的"定制"，并非更张制度，只不过将一般亲军卫分属于新设的五军都督府而已。

关于卫所内部的结构、规模的演变，也可作类似理解。按甲辰年之制，诸将根据所统兵数得授各级官职，"有兵五千者为指挥"，对每一卫的规模似无明确规定。洪武初年有"每一卫以五千人为则"[⑪]的规定，但各卫的规模大都超过 5000 人。洪武七年"申定"卫所规制时，提及此前"一卫统十千户"，似与甲辰年一卫之内可以多将多兵的规定和洪武初期各卫规模较大的情况相吻合，但是此前早有每卫"五千"之则，也不能排除此"十千户"系讹传误写的可能。关于规定"以五千六百人为一卫"，显然指每卫五个千户所、五十个百户所中的五千名军、一百个总旗、五百个小旗，两数所指范围不同，所指每卫规模则同。所以，从甲辰年到洪武十三年，关于卫所内部结构、规模和官职名目的规定，其实也并无更张。可以说，作为军事编制单位的卫所，其分类与结构在甲辰年创制之初即已定型，后来的历次规定，主要是对早期原则的重申与强化，并非"开国"后始"定制"。

到洪武十三年，甲辰年初设十九卫的部众当中，有十三卫留京，六卫被取消。此六卫在甲辰年时的主官，都是籍贯非濠州、加入朱元璋阵营较晚、出身为"归附"者。另十三卫原任主官大都可考，除龙骧卫主官是籍贯濠州、在"归附"者中最早加入朱元璋阵营的丁德兴，其他均为籍贯濠州、较早加入朱元璋阵营、出身为"从军"者。可以断定，卫所的命运取决于其原任主官的渊源。但在彼此混杂、大体互相吻合的籍贯、经历、出身当中，哪一项才是决定性因素呢？

洪武三年，朱元璋封公侯伯，数量最多的二十八侯是按照加入红军的时间先后排序，以决定地位高低的。在这个序列中，籍贯濠州、出身"从军"者占据了前十四位，但其内部既不按更细致的籍贯，也不按功勋、官位乃至加入红军的顺序，而主要是按投奔朱元璋的先后顺序排列。以此类推，在更大的范围内，籍贯的重要性也低于加入红军时间的早晚。但在以后的卫所变迁过程中，上述六个甲辰年旧卫的命运，不但不能与另外十三卫相提并论，而且还不如更晚加入红军的十五卫，以此"从军"或"归附"的重要又超过了加入红军时间的早晚。总之，卫所、部众、将领的轻重亲疏，既不仅仅按籍贯是否属濠州论，也不仅仅按加入红军的时序论，而是按与籍贯和时序大体吻合但更加精确的"从军"与"归附"的出身论。明初军中的派系、将领部众的升沉兴衰可以在这个框架下得到新的认识。

甲辰年的内、外八卫中，"从军"者与"归附"者统领的卫各占半壁江山，或曰濠州旧部与外围各部平分秋色。其中，与朱元璋关系亲密的"从军"卫，要么为禁卫军，要么在内八卫中排序靠前，不过尚有个别属外八卫者，"从军"卫在整个卫所系统中的优势尚不明显。到洪武十三年，与朱元璋关系亲密的卫多升为禁卫军，其他"从军"卫全部留在京师，"归附"者旧部除备受宠爱的常遇春一系为特例外，均删并不存或被排除出京，同时，一批资历较浅、背景或职能特殊的卫所反而进入了驻京亲军卫行列。由此可见，明初军中，存在着一个以朱元璋为核心的优势稳步扩大的濠州"从军"集团，早期举足轻重的"归附"各部则受到压制，逐渐退出了核心位置。

① 《明太祖实录》卷一四、九二，甲辰年三月庚午，洪武七年八月丁酉，"中央研究院历史语言研究所"影校本。

② 万历《明会典》卷一二四《兵部·职方清吏司·城隍·都司卫所》，中华书局，1989年，636页。

③ 南炳文：《明初军制初探》，《南开史学》1983年第2期；彭勇《明代班军制度研究》，中央民族大学出版社，2006年，第23－27页。

④ 胡正宁：《洪武永乐时期京师（南京）的卫军》，载《明史研究》第八辑，黄山书社，2003年。

⑤ 于志嘉：《明代两京建都与卫所军户迁徙之关系》，《中央研究院历史语言研究所集刊》第六十四本第一分。

⑥ 宋濂：《宋文宪公全集》卷四《蕲国康公神道碑铭》，《四部备要》本，商务印书馆，民国二十五年。

⑦ 《明太祖实录》卷九，辛丑年十二月己亥。

⑧ 《明太祖实录》卷一四，甲辰年三月庚午。

⑨ 《元史》卷八六《百官志》，中华书局，1976年，第2158－2174页。

⑩ 李新峰：《邵荣事迹钩沉》，载《北大史学》第八辑，北京大学出版社，2001年。

⑪　刘三吾：《坦斋刘先生文集》卷上《长兴侯耿炳文追封三代神道碑铭》，《四库全书存目丛书》影印明万历刻本，济南：齐鲁书社，1997 年。

⑫　刘崧：《槎翁文集》卷一八《靖海侯吴公神道碑铭》，《四库全书存目丛书》影印明嘉靖刻本。

⑬　焦竑编：《献征录》卷五《黔国公沐英传》，上海：上海书店影印明万历刻本，1986 年，146 页。

⑭　程本立：《巽隐先生文集·黔宁昭靖王庙碑》，《丛书集成续编》影印《橢李遗书》本，台北：新文丰出版公司，民国七十七年。

⑮　《明太祖实录》卷一一、一五七，壬寅年十二月岁末、洪武十六年十月末"吴复传"。按，由《实录》壬寅年条，知"镇武"系"振武"之讹。

⑯　刘三吾：《坦斋刘先生文集》卷上《陆安侯王公神道碑》。按，《实录》载，甲辰年八月"以右副元帅王志为飞熊卫指挥使，"乙巳年底"置安陆卫，调飞熊卫亲军指挥王志为指挥使。"但王志后来得封六安侯（《明太祖实录》卷一五、一八，甲辰年八月庚午、乙巳年十二月甲寅朔，洪武三年十一月丙申），"陆安"通"六安"，所以"安陆"必系"陆安"之误。

⑰　《明太祖实录》卷一五，甲辰年九月庚午、甲申、十二月丙辰。

⑱　《永乐大典》卷二二八三《湖州府·官制·长兴县》引，中华书局影印明抄本，1960 年。

⑲　《明太祖实录》卷一六，乙巳年二月末，卷二五、二七，吴元年九月甲戌朔、十一月丙子，卷三二、三五、三六上，洪武元年五月庚午朔、癸酉、十月戊辰朔、十一月戊午，卷四三，洪武二年六月壬午。

⑳　《明太祖实录》卷三四，洪武元年八月己丑，卷五一，洪武三年四月甲子，卷八五，洪武六年九月丙辰。

㉑㉒　俞本：《明兴野记》卷上，辛丑年十一月，明天启刻本。

㉓　《明太祖实录》卷一二九，洪武十三年正月甲辰。

㉔　《明太祖实录》卷二五，吴元年九月癸卯。

㉕　王世贞：《弇山堂别集》卷八六《诏令杂考·与魏国公书》，中华书局，1985 年，第 1639 页。

㉖　《明太祖实录》卷二五，吴元年九月癸未。

㉗　《明太祖实录》卷一二、一四、一五，癸卯年正月壬寅朔、甲辰年三月戊辰、十月末。

㉘　刘曙初：《黄金及其〈开国功臣录〉考》，《安徽史学》2002 年第 4 期。

㉙　黄金：《皇明开国功臣录》卷一二《金朝兴》，《明代传记丛刊》影印明正德刻本，台北明文书局，民国八十年，第一册第 697－701 页。

㉚　黄金：《皇明开国功臣录》卷二《丁德兴》，第一册第 243 页。按，《功臣录》载丁德兴于己亥年为凤翔卫指挥使，为多种传记所继承。时卫所未立，"己亥"必误。《功臣录》随即载，"使攻庐州，营于安丰"。江南红军曾多次进攻庐州，其"营于安丰"必在刘福通败亡以后的甲辰年，可知黄金混淆了多次攻庐州的记录，将甲辰年的内容错置于己亥年了。

㉛　黄金《皇明开国功臣录》卷七《华云龙》，第一册第 483－487 页。

㉜　黄金《皇明开国功臣录》卷八《王志》、《郑遇春》，第一册第 538、540、544、548 页。

㉝　黄金《皇明开国功臣录》卷九《郭子兴》，第一册第 564－566 页。

㉞　黄金《皇明开国功臣录》卷六《茅成》，第一册第 422 页。

㉟　《明太祖实录》卷一九四，洪武二十一年十二月壬戌"蓝玉传"。按，武德卫后来改为府军前卫，是蓝玉谋反的主要班底（《太祖皇帝钦录》，洪武二十六年二月十九日，载张德信《太祖皇帝钦录及其发现与研究辑录》，载《明清论丛》第六辑，紫禁城出版社，2005 年，第 109 页），蓝玉且言："你府军前卫一了是参随我的卫分"（《逆臣录》卷二《府军前卫指挥武威等》，北京大学出版社，1991 年，第 115 页），可为确证。

㊱　《明功臣袭封底簿》卷三《鄂国公今袭怀远侯常遇春》，《明代史籍汇刊》影印明钞本，台北台湾学生书局，民国五十九年，第 463 页。

㊲　黄金《皇明开国功臣录》卷六《孙兴祖》、卷七《顾时》、《陈德》，第一册第 430－432、499、第 517－518、521 页。

㊳ 《实录》作"骁骑"，俞本作"骠骑"，又在禁卫军诸卫序列中单列"骁骑"。按，《实录》在此后的记载中从无"骠骑"，而有大量的"骁骑卫"，诸将传记中的早期履历多有"骠骑"，后来多"骁骑"。揆其名目，甲辰年所设当为"骠骑"，后改"骁骑"。俞本可能因为骁骑卫后来分设诸卫，故与金吾、府军、留守等分设诸卫者单列，并非指与骠骑卫并存，《实录》则以"骁骑"径指同一卫。

㊴ 黄金：《皇明开国功臣录》卷七《唐胜宗》、《陆仲亨》，第一册第455、464页。

㊵ 黄金：《皇明开国功臣录》卷一一《蔡迁》，第一册第658、659页。

㊶ 杨荣：《杨文敏公集》卷一七《武定侯郭公神道碑铭》，明正德刻本；黄金《皇明开国功臣录》卷一二《郭英》，第一册第710、712、715页。

㊷ 黄金：《皇明开国功臣录》卷四《吴良》、卷八《吴祯》，第一册第321、507-509页。

㊸ 《明太祖实录》卷一六一，洪武十七年四月壬午"傅友德传"。

㊹ 《明功臣袭封底簿》卷三《黔国公沐英》，第375页。

㊺ 黄金：《皇明开国功臣录》卷一《沐英》、卷一〇《朱亮祖》，第一册第131、613、615页。

㊻ 《明太祖实录》卷二七，吴元年十一月丙子。

㊼ 黄金：《皇明开国功臣录》卷二《张德胜》，第一册第248-255页。

㊽ 《东胜侯汪兴祖墓志》，载邵磊《明初开国功臣墓志校正》，《四川文物》2008年第6期。

㊾ 黄金：《皇明开国功臣录》卷一二《吴复》，第一册第687、690页。

㊿ 黄金：《皇明开国功臣录》卷一二《金朝兴》，第一册第701-703页。

51 《明太祖实录》卷五五，洪武三年八月己未"康茂才传"。

52 黄金：《皇明开国功臣录》卷四《耿炳文》、卷八《费聚》，第一册第307、311、527、529、532页。

53 黄金：《皇明开国功臣录》卷一三《张龙》，第一册第732-733、736页。

54 《明太祖实录》卷五八，洪武三年十一月丙申。

55 参见拙文《明初勋贵派系与胡蓝党案》，待刊。

56 《明太祖实录》卷七六、七七、九六，洪武五年十一月丁未、十二月庚寅、八年正月丁亥。

57 《明太祖实录》卷一二九，洪武十三年正月癸卯、甲辰。

58 《明太祖实录》卷一二一，洪武十一年十二月戊午。

59 《明太祖实录》卷一一八、一一九、一二〇，洪武十一年五月甲申、九月丙申、十月戊午。

60 万历《明会典》卷一二四《兵部·职方清吏司·城隍·都司卫所》，第2544、2572页。

61 《御制大诰续编·重支赏赐第二十七》，载杨一凡《明大诰研究》，江苏人民出版社，1988年，第284-285页。

62 《明太祖实录》卷二二，吴元年三月戊寅、壬午。

63 杨荣：《杨文敏公集》卷一七《武定侯郭公神道碑铭》。

64 《明太祖实录》卷七四，洪武五年六月甲辰。

65 《明太祖实录》卷二九、三九，洪武元年正月丁亥、二年二月壬辰。

66 《明太祖实录》卷五三，洪武三年六月乙酉。

67 《明太祖实录》卷一五、一二四，甲辰年十二月乙卯、洪武十二年四月戊午。

68 宋濂：《宋文宪公全集》卷六《孙忠愍侯坟记》。

69 《明太祖实录》卷三九、四七，洪武二年二月壬辰、十一月戊午。

70 《明太祖实录》卷一二〇，洪武十一年十月甲子。

71 《明太祖实录》卷三九、六七，洪武二年二月己巳、四年八月辛巳朔。

72 周瑛：《边靖楼记》，存今山西代县鼓楼；《大明一统志》卷一九《太原府·公署》，三秦出版社影印明天顺刻本，1990年，第291页；《明太祖实录》卷一五〇，洪武十五年十一月庚申。

73 《明太祖实录》卷七四，洪武五年六月甲辰"常荣传"。

74 《明太祖实录》卷二二、四八、七〇、九六，吴元年二月癸丑、洪武三年正月庚子、四年十二月乙巳、八年正月丁亥。

⑦ 《明太祖实录》卷三四，洪武元年八月癸未。

⑦ 成化《中都志》卷三《军卫》，《天一阁藏明代方志选刊续编》影印明隆庆刻本，上海书店，1990 年。

⑦ 《明太祖实录》卷一二一，洪武十一年十二月辛丑。

⑦ 《逆臣录》卷五，《滁州卫指挥胡炳等》，第 268 页。

⑦ 英武卫与飞熊卫同时在定远县开设衙门（成化《中都志》卷三《军卫》），但本卫亦应在京。

⑧ 俞本：《明兴野记》卷下，洪武二年六月。

⑧ 《明太祖实录》卷五六，洪武三年九月甲寅。

⑧ 黄金：《皇明开国功臣录》卷一四《张温》，第一册第 797 页；《明太祖实录》卷四七、五三，洪武二年十二月庚寅、三年六月丙子。

⑧ 《明太祖实录》卷七〇，洪武四年十二月乙巳；《大明一统志》卷二六《开封府·公署》，第 441 页。

⑧ 《明太祖实录》卷一四〇，洪武十四年十一月己亥。

⑧ 《明太祖实录》卷七一、卷一〇〇，洪武五年正月甲子、八年六月乙未。

⑧ 《明太祖实录》卷四九，洪武三年二月丁亥。

⑧ 《明太祖实录》卷一五，甲辰年十月乙卯。

⑧ 《明太祖实录》卷七一，洪武五年正月辛未。

⑧ 《明太祖实录》卷一〇一，洪武八年十月丁未。

⑨ 时有"留守都卫经历天台詹鼎"之语（宋濂《宋文宪公全集》卷一九《广西等处行中书省左丞方公神道碑铭》）。

⑨ 《明太祖实录》卷一一八，洪武十一年五月丁酉。

⑨ 《明太祖实录》卷一二六，洪武十二年九月己酉。

⑨ 《明太祖实录》载，洪武三年"置龙江左卫亲军指挥使司"，又载洪武二十五年"改龙江卫为龙江左卫……置龙江右卫。"（《明太祖实录》卷五一、二一九、二二〇，洪武三年四月末、二十五年七月癸巳、八月丁丑）则最初所置当为龙江卫。

⑨ 俞本：《明兴野记》卷上，庚子年五月。

⑨ 《明太祖实录》卷一七五，洪武十八年九月壬申。

⑨ 如康茂才投降后任"秦淮翼水军元帅……守御龙江"（《蕲国公康茂才墓志》，载邵磊《明初开国功臣墓志校正》）。

⑨ 明代中期，南京诸卫格局与明初尚大体一致，其中绝大部分单设一个水军千户所，但水军左、右、横海、江阴、广洋、龙江左、右、济川、江淮卫均不设（《大明一统文武诸司衙门官制》卷二《南京》，《明代史籍汇刊》影印明嘉靖刻本，台湾学生书局，民国五十九年，第 88—95 页）。水军、横海、济川等均专司水军，龙江应同，故皆不必专设水军千户所。

⑨ 《明太祖实录》卷七〇、一〇一，洪武四年十二月戊戌、八年十月癸丑。

⑨ 《明太祖实录》卷三四，洪武元年八月己丑。

⑩ 《明太祖实录》卷三七、五九，洪武元年十二月庚午、三年十二月丙子。

⑩ 《明太祖实录》卷八〇、八七，洪武六年三月甲子、七年正月甲戌。

⑩ 横海与武德、应天、龙虎、和阳卫均驻长江对岸的浦口城（万历《江浦县志》卷一〇《兵防·军卫》，《天一阁藏明代方志选刊续编》影印明万历刻本），但不影响其水军职能。

⑩ 《明太祖实录》卷四四、七一、七六，洪武二年八月庚寅、五年正月戊寅、十月乙亥。

⑩ 《明太祖实录》卷二二、六七，吴元年三月戊寅、洪武四年八月丙戌。

⑩ 谭其骧主编：《中国历史地图集》第七册，地图出版社，1982 年，第 49 页。

⑩ 《明太祖实录》卷八〇，洪武六年三月戊午。

⑩ 朱元璋：《明太祖御制文集》卷一六《纪梦》，《中国史学丛书》影印明初内府刻本，台湾学生书局，民国五十四年，第 451 页。

⑩ 《明太祖实录》卷七一，洪武五年正月庚申。

⑩　《明太祖实录》卷六二，洪武四年三月乙巳。

⑩　郑麟趾：《高丽史》卷四四《恭愍王世家》，二十二年七月壬子录洪武五年十二月二十日朱元璋语，平壤，1957年，第655页。

⑪　《明太祖实录》卷七八，洪武六年正月丙午。

义乌兵、戚家军与明代御倭战争及其他

——兼论义乌兵对浙江经济发展的深远影响

明代义乌是浙江中部丘陵盆地的县份，历史上曾以应召参加抗倭的戚家军而闻名，数以千计万计的义乌兵奋战于浙闽广和御守北疆，以英武的气概抗击了入侵的倭寇，成为抗倭主力戚家军的骨干，为浙江乃至全国抵御外患作出了卓越的贡献，他们是明代浙江大地上的英雄儿女，他们的爱国精神和大无畏气慨值得歌颂。

义乌兵复员后大部分离开了以稻作为主的农耕，从事于经济作物蔗蔴的种植和蔗糖加工业的生产，他们的后裔以熬糖挑担贩销于各地，成为有名的糖换鸡毛的"敲糖帮"。到了改革开放的年代，很快适应了改革环境，成为小商品市场首批经营者，传承了历史传统，走在时代前面，为浙江的发展作出了贡献。历史的追溯，就构建了本文的主旨。

一　自明初建国以来屡遭倭寇侵扰，尤以嘉靖朝最为严重，东南沿海是倭患的重灾区

洪武二年（1379年）倭寇就不断侵扰我国，"数侵掠苏州、崇明，杀略居民，劫夺货财，沿海之地皆患之"[①]。洪武十七年遣信国公汤和巡视沿海，十九年汤和"乃度地浙西东垃海设卫所城五十有九"[②]。"信国公汤和行视浙东西诸郡，整饬海防，乃筑城五十九，……戍卒得五万八千七百余人，分戍诸卫，海防大饬"[③]。迨至嘉靖间，皇帝朱厚熜崇道沉缅于斋醮之中，二十一年宫婢之变后退居西苑永寿宫，20多年不上朝。严嵩专权，朝政昏暗，海禁忽禁忽开，海防不修，倭寇往来自如，如入无人之境，东南一片炭涂，小民陷于水深火热之中。

富饶的江南是倭寇垂涎之地，多次进犯江浙，浙抚胡宗宪束手无策，一筹莫展，先借客兵御寇，客兵"望贼奔溃，闻风破胆"[④]，后调谭纶、戚继光、俞大猷等至浙抗倭，将虽良而无兵备和士卒，一遇敌即溃。戚继光自嘉靖三十四年（1555年）山东备倭南调至浙任都司金事，次年升宁绍台参将。他身历龙山所之役，此役深刻地暴露了明官军弱点，使他痛感需有一支坚强善战的军队始能抗倭，他于嘉靖三十五年十一月上书《任临观请创立兵营公移》，提出了建军练兵建议。三十六年二月上《练兵议》："赤体赴敌，身无甲胄之蔽而当惯战必死之寇，手无素习之艺而较精铦巧熟之技，且行无窟裏，食无炊爨，战无号令，守无营垒，其何以御寇。为今之计，必器垒具而进可相持，饙糧备而退有宿饱。……况十室之邑必有忠信，堂堂全浙岂无材勇？诚得浙士三千，亲行训练，比及三年，足堪御敌，可省客兵岁费数倍矣。"[⑤]是年戚继光30岁，血气方

刚，建议从练兵到兵备设置，就地招募浙兵3000，加以训练，3年为期必可胜敌，充满着自信和勇气，得到了浙江总督胡宗宪的赞赏。嘉靖三八年秋九月遂令戚继光亲到金华义乌招募，其结果确如戚之始料者。

如《明史》卷二百二十二："而金华义乌俗称骠悍，请召募三千人，教以击刺法，长短兵迭用，由是继光一军特精。……戚家军名闻天下。"

《明通鉴》卷六十二：

"继光至浙，见卫所军不习战，而义乌金华俗称骠悍，请召募三千人，教以击刺法，长短兵迭用，由是继光一军特精。……戚家军名闻天下。"

《明书》卷一百四十一：

"上练兵议，其略曰：……闻义乌人其气敌忾，其习骠而自轻，其俗力本无他，宜可鼓舞，及今简练训习，一旅可当三军，督府乃檄继光亟募三千。"

对于明嘉靖御倭战争，史早有定论，戚继光如同岳飞精忠报国，国人皆崇敬为民族英雄。御倭是爱国的自卫战争。但是近几年来有人却要翻历史的案，提出了"新论"，认为倭寇是反海禁的，倭寇的主体是王直等沿海商人，他们是反海禁的先锋，如此"新论"归根结底是要否定御倭的正义性，否定戚继光和戚家军的爱国行为。"新论"一出，即有人借题发挥，甚至安徽一部门为倭寇首领之一王直树碑立传，然而很快就招致了正直人们的砸毁墓碑事件（详见《新民晚报》2005年1月22日；2月1日；2月26日；《青年时报》2005年1月29日；《浙江社会科学》2006年2期）。历史的真相不容随便更改，历史就是历史，不会因个人好恶而改变，要尊重历史事实和历史文献。其实，清代史评家赵翼就有很中肯很客观的评论，赵翼曰："明祖定制片板不许入海，承平日久，奸民勾倭人及佛郎机诸国私来互市。闽人李光头，歙人许栋踞宁波之双屿为之主，势家又护持之，或负其直，栋等即诱之攻剽，负直者胁将吏捕之，故泄师期令去，期他日偿。他日负如初，倭大怨，益剽掠。朱纨为浙抚，访知其弊，乃革渡船，严保甲，一切禁绝私市。闽人骤失重利，虽士大夫亦不便也。腾谤于朝，嗾御史劾纨落职……纨死而沿海备尽弛。栋之党汪直遂勾倭肆毒。按郑晓《今言》谓国初设官市舶，正以通华夷之情，行者获倍蓰之利，居者得牙侩之息，故常相安。后因禁绝海市，遂使势豪得专其利，始则欺官府而通海贼，继又籍官府以欺海贼，并其货价乾没之，以至乱。郎瑛《七修类稿》亦谓汪直私通番舶，往来宁波有日矣，自朱纨严海禁，直不得逞，招日本倭叩关索负，突入定海劫掠云。郑晓郎瑛皆嘉靖人，其所记势家私与市易负直不偿，致启寇乱实属酿祸之山。然明初制片板不许入海，而晓谓国初设官市舶，相安已久，迨禁绝海市，而势豪得射利致变。瑛并谓纨严海禁，汪直遂始入寇，是竟谓倭乱山海禁所致矣，此犹是闽浙人腾谤之语。晓等亦随而附和，众口一词，不复加察也。海番互市固不必禁绝，然当定一贸易之所，若闽浙各海口俱听其交易，则沿海州县处处为所熟悉，一旦有事岂能尽防耶！"（《二十二史劄记》卷三四《嘉靖中倭寇之乱》）。赵翼深刻地论述了倭患的由来，批评了"倭乱出于海禁所致"的错误观点，论证了市舶与海禁的正确关系。赵氏的《二十二史劄记》凡治史者必读的史学要籍，他的史学评论是建立在丰富的确凿的史实和正确史观基础之上，因而研究中国史者都很重视这部著作。

二　义乌兵是戚家军的主干

闽浙是倭患的重灾区，胡宗宪说："自倭奴入寇东南，惟浙江为最。"[6]而平息倭患的主力戚家军是以义乌兵为主体而组成的，戚继光在东南御倭凡 12 年，其中大部分时间都在浙江，至嘉靖四十一年（1562 年）基本上平息了浙江倭患，亦多赖义乌兵的卫国献身。因此，很有必要研究义乌兵的招募、组成及其对浙江历史的影响，可以说今日义乌小商品市场的开发、发展，追溯其历史渊源似乎亦与义乌兵有着微妙的关联。

戚继光于嘉靖三十四年（1555 年）从山东备倭南调至浙抗倭前线，先任都指挥佥事，时年 28 岁，次年七月升任宁绍台参将，在龙山所之役中表现出非凡的镇定和英勇，给浙抚（后升任总督）胡宗宪以很好印象，嘉靖三十六年遂调绍兴籍兵 3000 供戚统率抗倭。但是在实战中发现这些兵员并不理想，懦弱而畏敌。他痛感欲要抗倭必须有一支自己组训的英勇善战的军队。

一个偶然的事件触发了他决心招募义乌兵的念头，嘉靖三十七年义乌发生外地矿徒与义乌人的大规模械斗，其经过只有万历、崇祯《义乌县志》有详细记载，这份记载文献很珍贵，可补正史之缺。招募义乌农民矿徒事起于盗矿和械斗事件，崇祯《义乌县志》卷八《时务书·矿防》：

> 县之南五十里为八宝山，以坐落第八保，故名，而流俗传以为宝者，舛也。……嘉靖三十七年（1558 年）永康盐商施文六载盐过间里，熟睨八宝山之麓一带小山土色炤熠产矿，即起盗心，乃构党方希六等九十余人，由枫坑到山挖掘。近坑居民觇知之，奔报平望倍磊之豪有力者，而陈大成宋廿六等聚族谋曰，犬夫也，而贪无艺，实逼处此以与此同时旦夕争此土也，吾属无噍类矣，则投袂而起，共率子弟诣坑手搏方希六吕廿四等十四人解县。而赵公故长者，念邻属不忍置之城旦鬼薪第，善谕遣之，而贼于是稍稍纵矣。是年六月十九日施文六复讧，众千余人据坑，而贼恃头领金周谢素骁勇，能飞刀刺人，则大张赤帜于山林，示为国增课，招引亡命益无所顾忌，陈大成等仍督众子弟奋前捽擒十一人解府收系，而郡侯李公因出示坑场杀死者不论，乌人奉檄以往，则无不控拳砺刃愿为上用者，于是已得赵公趋兵剿贼之令，陈大成遂统率陈榆陈禄陈文澄等亲兵数百追逐上山。是时薄暮日光反射，天忽微雨，贼望之，色尽赤目炫气夺我兵周麾以登疾战遂毙死首恶施文六金周谢等三十人，群贼披靡遁去。贼既收合余烬，以强悍闻，乃潜以银沙和入土矿，往给景宁龙泉等县人煽聚惯贼杨松等三千余人，至七月二十一日蜂拥到山斩山木而材之，竖立栅寨冯陵我境土，卤（虏）掠我村墅，居民大震，于是赵公遍檄各都选兵防御，且悬赏以购于市。……陈大成等椎牛以飨士，宋氏亦各出私财犒之，遂领兵三千踊跃逆击，□贼师承而殪之，俘馘三百余人。……十月处贼以败回。

卷三《方舆考·山川》：

> 八宝山，在县南五十里，旧不载，近因妄传有矿，嘉靖三十七年间，永康处州矿徒数千人讧聚开坑，知县赵大河督率近山居民陈大成等平之。义乌之民，因以勇武称，而兵事之多亦自此始。

戚继光发现义乌人勇敢刚强，如果把这种斗志转移引导到抗倭斗争中去，必可胜敌。他于嘉靖三十八年（1559 年）八月上书《议练义乌兵》："无兵而议战，亦犹无臂指而格干将。乃今乌合者不张，征调者不戢，吾不知其可也。闻义乌露余穴括徒递陈兵于疆邑，人奋荆棘御之，暴骨盈野，其气敌忾，其习惯而自轻，其俗力本无他，宜可鼓舞。及今简练训习，即一旅可当三军，何患无兵。"胡宗宪接书后即批准其议，"制府入其议，乃罢所部旧兵，假以便宜，同义乌令赵公大河亟募之，遂与赵为莫逆交，而练卒遂有成云。"⑦

嘉靖三十八年（1559 年）秋九月戚继光至义乌招募，初，金华知府并不支持，出示阻止，幸赖知县赵大河深明大义全力支持。赵大河，江阴人，嘉靖三十五年进士，"时倭寇两浙，特简民间壮丁亲督骑射，义乌兵称精锐可用自大河始。上功幕府擢浙江佥事监军"⑧。赵大河到任后很快平息矿徒械斗，"永康处州矿徒数千人讧聚开坑（矿），知县赵大河督率近山居民陈大成等平之。义乌之民，因此勇武称，而兵事之多亦自此始"⑨。在平息械斗中赵大河深获义乌之民的好感，为民树立了良好的形象。由赵大河出面协助，戚继光招募工作得以顺利进行。据戚祚国记："乃谋之县尹，以犒币往，成幡然出，愿属家严，于是子弟云集。……有王如龙者，为括徒中雄长，闻檄而率子弟出山。"⑩戚继光记曰："是年（嘉靖三十八年）秋罢臣旧兵，使往义乌，民心风偃，义士云集。"⑪陈大成王如龙等率众应召，所以很快就招了 4000 余名义乌兵。

这里有两个问题顺带需说明一下：

1. 招募义乌兵人数

史籍一般皆载为 3000 人，如《明史》、《明通鉴》等。戚继光当初上《练兵议》办有"诚得浙士三千"之语。其实，当时确是招募了 4000 人，其依据是：戚继光《祭王参将》："惟四千良家耳。"⑫戚祚国曰："其选编之法，凡城居者不用，尝败于敌者不用，服从官府者不用，得四千余人。其前绍兵弊习，一切反之，遂以成军。练之期月，皆入拔，再易月而徧部中法，无不一当百也。"⑬军事史专家范中义经考释亦断定为 4000 人。⑭

2. 赵大河任监军

赵大河是明代一位有作为的地方官，官不大名不显，湮没人间数百年。其实他是一位爱国的有作为的士子学人，他婉拒严嵩的欲任他为分宜县令之邀，至义乌后果断地平息了械斗，积极协助戚继光招募义乌兵，与戚志同道合，有莫逆之交。戚曾建议赵大河任佥事、监军。"家严知尹素得民心，且尺籍在握，逃则易缉，梗则易治，乃请于制府，借尹监军，仍理县事"⑮。赵大河任监军，亲临前线，鼓舞士气，多立战功，擢为大理寺评事、浙江提刑按察司佥事（正五品），"令尹赵公谕众，以父母赤子之义，兵皆踊跃"⑯。"徒以臣与赵大河谕以君父水土之恩，更相劝诱，调集训练，誓同生死，数年之后，恩洽义孚，近讨远援，故每战即胜"⑰。"往臣练义乌兵，即与该县赵大河同事，及赴台（州），亦以大河监督，故军法虽严，不敢逃避，士心咸服，而无怨咨"⑱。"大河在任，忠诚义气，正而不迁，廉洁厚重，仁而有勇。……法立令行，力齐心一，皆大河联属指示之功也"⑲。"清白不好烦扰，邑中无事以讲学为己任，升本省佥事，奏减本县民壮工食，民甚德之"⑳。

三　从初战台州大捷到平息东南倭患

义乌兵招募入伍后即进行严格训练，这些自愿入伍的士兵不同于奉命征调入伍的征兵，他们本是朴实的农民或矿徒，怀着报国之心与倭奴同仇敌忾，戚继光很重视"立功名报效"国家的爱国主义思想教育。"凡你们本为立功名报效而集。兵是杀贼的东西，贼是杀百姓的东西，百姓岂不是要你们的杀贼，设使你们果肯杀贼，守军法，不扰害他，如何不奉承你们"㉑。同时注重军令纪律的教育，培养成一支遵纪守法的坚强军队。在此二者基础上再施以阵法战术的训练，注重练手练足，尤重练心。"练胆气，乃练之本也"。"练心，则气自壮"㉒。同时还须注意根据地形和敌情，创造了鸳鸯阵法，即《明史》所称"长短兵迭用"的击刺法。它的特点是"长短相杂，刺卫兼合"[23]。以 12 人为一队，配以长牌、藤牌防御性武器，以掩护自己，并配有狼筅、长枪等进攻性武器，短兵相接，每队有一名火兵（伙夫）居后。队列根据战事、地形可随时变换。（见附图）

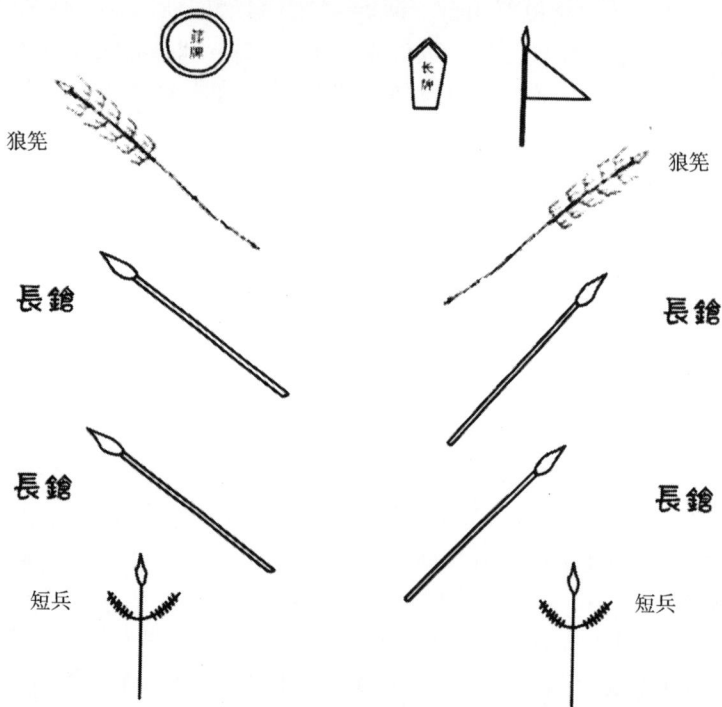

浙江素为倭患重灾区，官军、卫所、装备均敝败不堪，沿海奸商常勾结倭寇来犯。如嘉靖三十四年，"柘林倭夺舟犯乍浦、海宁，攻陷崇德，转掠塘西（栖）新市横塘双林乌镇菱湖诸镇，杭城数十里外流血成川"[24]。戚继光于嘉靖三十八年即率义乌兵开赴台温抗倭前线，在实战中义乌兵英勇善战，为戚家军增添了无尚荣光。

嘉靖三十九年（1560 年）三月戚继光复职任台金严参将，次年五月首战台州花街，斩倭 308 人，缴获兵器 650 件，解救被擒男女 5000 余人，义乌兵表现突出，"乌人作气，自此捷始"[25]。继在白水洋三战三捷，歼倭 344 人，擒倭首 5 人，收缴兵器 1490 件，解救被俘男女千余人。除上述两大战役外，仅五月份陆战七捷，水战五捷，斩倭 717 人，沉倭舟 10 余艘，夺获贼舟 21 艘，兵器 3200 件，救被俘男女 3000 余人，焚溺倭贼 3000，"台境悉安"，取得了台州大捷，大大振奋了士气。这都由于"乃创鸳鸯阵，器械长短相参，各有所制，故能每战必捷，我兵无损。且熟谙浙中地形，分合向往，尽得其形状故也"[26]。胡宗宪后来总结戚继光和戚家军战绩时说："身经百战，勇冠三军，持廉秉公而士心咸服，令行禁止而军容整齐。执锐披坚，见贼则轻身先进；绝甘同苦，遇士则推腹不疑。白水能以寡而敌多，黎庶免荼毒之苦；花街乃以全而取胜，城隅获安堵之休。随旌麾之所指，即捷报之连闻。台民共倚为长城，东浙实资其保障。"[27] 以义乌兵为主体的戚家军在台州大捷中表现出英勇善战，听从指挥，爱民守纪，不怕牺牲的精神，展示了戚继光等将领和文官监军赵大河、唐尧臣的密切配合同心协力歼敌的决心，也和能根据地形、敌情所创造的战术分不开。台州百姓为了纪念、表彰戚继光和戚家军，特立《大参戎南塘戚公表功记》（碑立于临海东湖小坛州）碑。"其视师也有忠信仁义之怀，……心在国家而身先士卒，勇不畏难而谋善断敌。"

流窜于浙南温州之倭，经戚家军乘胜追击，嘉靖四十一年四月在温州、温岭、水涨、新河等地水陆夹击歼倭殆尽，全浙倭患基本平定而归靖安。浙江地方官多次上疏荐："韬略素熟，文艺兼通。其驭卒也，则纪律严明，队伍整齐，足称丈人长子之师。……沿海倚之为长城。"㉖戚家军又马不停蹄转赴福建御倭，亦取得了胜利。

四　培养了一批武官，养成了义乌人英勇尚武之风

戚家军中的义乌兵经过抗倭战争的磨砺，一些爱国志士成为骨干，成为将领，培养了一批武官。

官职	职权	人名
副总兵	边防军统兵官	丁茂
都指挥使	省一级掌一方军政。都指挥司、布政使司与提刑按察使司合称三司	陈人成
都指挥同知	相当都指挥命事	李无咎、陈京
参将	镇守的统兵官，次于总兵、副总兵	朱珏、千如龙、童子明
游击将军	五品武散官	龚子敬
守备	节制本区各卫所的重要军职，在总兵之下，次于游击将军	陈子銮
府判	府通判分掌兵民、钱谷、户口、赋役、狱讼的州府公事并监督官吏	叶大正

至隆万间，义乌兵成为将领、武官者也很多，隆庆间10人：

金科：隆庆六年历升福建游击将军。

徐尚明：隆庆间任福建都指挥使。

胡天定：任蓟西路游击将军。

胡大受：山东青州练兵参将。

金福：升三屯营游击将军。

丁邦彦：河南都司。

陈禄：金华所世袭指挥同知。

傅维城：以义士从征闽浙有功，授金华所千户。

陈子銮：以战功授金华千户，万历三年升三屯营守备。

陈京：以应募授金华千户所指挥同知，万历三年任榆林守备。

万历间又涌现了一批武官：

"万历二十年孛臣西讧，岛夷东发武力，因而进用诸旧帅奋起者得十七人：黄宗统、陈蚕、陈文澄、毛如豹、毛大斌、陈九霄、陈良砒、龚子敬、杨亮、朱文达、楼大有、吴惟忠、朱文用、杨文通、叶邦荣、叶思忠、丁维藩、丁文明、王必迪、吴大绩、丁应科。"

康熙《义乌县志》评述义乌兵在抗倭中建立功勋并成为武官："应募赴闽海，继出边陲，雄

劲为诸路最，奉玺书肘金印至数十人，冠盖塞里间。"若朱珏升为福建都司、广西参将，为"戚南塘以为左右手"。当这些跟随戚继光南征北战的将领武官牺牲或逝世时，戚继光满怀激情亲自祭奠并撰写祭文，如《祭旧部曲游击将军陈大成》、《祭陈守备（子銮）》、《祭王参将（如龙）》等祭文，读后令人垂涕不已。

义乌民自嘉靖三十八年（1559 年）应召入伍以来，逐渐形成习兵尚武的传统，自嘉靖起，迄至明末，从军者日众，义乌兵分布全国各地。"倭寇扰浙，因而召募无有宁日，京省守御乌兵居多，十室九空，朝不保暮。……历年来散于北边，散于闽广者几数万众，倭平而尘还者十无二三"㉙。

"乌武勇之名甲于天下，而南御倭北御虏尽召乌兵矣"㉚。嘉靖四十二年（1563 年）二月戚继光再次来到义乌募兵，"凡十六日而竣，得壮士万余人"。三月初二日誓师入闽，十七日至浦城，后参与解仙游之围。

五　义乌兵遍布全国，将资讯带回家乡，推动了商品市场的发育

义乌自明中叶以来成为全国著名的兵源所在县，大批应募的义乌兵遍布全国各地，然而，"乌民因以武勇称，而兵事之累亦自此始"㉛。这段话原出万历《义乌县志》，康熙《义乌县志》仅变动了一字，将"兵事之多"改为"兵事之累"，足见自明末至清康熙间义乌因多应募而成为社会的累赘。当兵者必是男性青壮年，是社会整劳动力，因多出兵，"嗣后酿成厉阶，父不得恤其子，兄不得顾其弟，妻不得有其夫，历年来散于北边，散于闽广者几数万众。倭平而生还者十无二三。……自嘉靖四十一年以至隆庆五年共一万五千五百一十丁，万历九年户口仅存一万二千九百三十丁，反而亏失原额，比十九年定图报丁登册充足额数而各里以人丁虚耗纷纷控告不下数百辈"㉜。

义乌是山区县分，"可畎亩耕稼地复不能十之三"㉝。自招募兵员以来，人口流徙，土地失耕严重，且义乌兵还乡后多不再从事农耕，他们多年在外获得生产生活资讯和地理知识，还将先进生产技术、新植物品种带回家乡，如种植蔗蔴，以蔗熬糖，至清中期逐渐形成小商小贩的糖换鸡毛的"敲糖帮"。他们仿效军事组织形式，有组织地组成敲糖帮，贩销于各地。乾隆间以稠城镇二十三里为中心，向南北中三路扩展业务，南路山金华往衢州，再山衢州中转，挑起糖担到江西、湖南等地贩销；中路以衢州为中心，向皖南、蚌埠、合肥、皖北诸地；北路山苏溪出发，经诸暨、萧山、杭州、宁波转至上海南京徐州山东一带。二十三里就成为敲糖帮的中心，或名拨浪鼓之乡。他们以老路头为首形成商帮体制，下辖 5 - 7 个挑担，挑担之下有 5 - 7 个年伯，年伯之下有 5 - 7 个担头，犹似尘塔形的商帮组织。他们出门一般不带现金。老路头是山宗族中推选出来，多是熟悉"敲糖"业务的老手，有组织管理的能力，从事管理、策划经营路线等事务。老路头本人不再从事贩销。挑担一般以一个村驻为主。年伯则是直接销售的指挥者，带领担头从事贩销活动。这种组织形式既有宗族性又有行业性，类似行会行帮组织。

义乌的敲糖帮至民国时约有 1 万余人，是一个庞大的商人群体，这种小商小贩活跃了义乌的小商品市场。

结　语

今日之义乌以具有国际性的小商品市场闻名于世，其商品辐射至全国乃至全世界 212 个国家

或地区。然而追溯其历史渊源当起于糖换鸡毛的小商小贩和小商品市场。

敲糖帮以糖换鸡毛为原始小商品经营方式挑着小担遍走各地，形成了宝塔形的商帮组织形式，具有一定的宗族性。而其始有近似于义乌兵的准军事形式。他们传承了义乌兵的资讯和地理知识，始能行走于大江南北，也肇始于义乌兵回乡时将蔗蒲良种和熬糖技术带回家乡，尔后才有敲糖帮的商业经营方式。

义乌的历史文化传统最值得注意的是忠孝二字。忠于国家，孝于祖宗，曾出了颜乌、骆宾王等历史人物。秦"颜乌事亲孝，父亡，负土成壤，群乌唧土助之，乌吻皆伤，因名县曰乌伤。"[34]由忠孝演绎出勇武的地域文化，义乌尚武多兵，"乌勇武之名甲天下，而南御倭北御虏，尽召用乌兵矣。"

嘉靖间以义乌兵为主干的戚家军，在戚继光的严格祖训下，4000名义乌兵在抗倭卫国卫乡战斗中屡建奇功，成为抗倭主力戚家军的中坚，他们的足迹遍布浙闽粤及北方边疆，他们的子孙也大量迁布于全国各地，为卫国捍边作出了重大贡献。

①　谷应泰：《明史纪事本末》卷五五，《沿海倭乱》。从书集成初编本，商务印书馆，1937年。
②⑰　《明史》卷一二六，《汤和传》。
③　《明史》卷三二二，《日本传》。
④　戚继光：《纪效新书》（十八卷本）卷首，《任临观请创立兵营公移》。
⑤　戚祚国：《戚少保年谱耆编》卷一，第19页，中华书局，2003年。
⑥　胡宗宪、郑若曾：《筹海图编》，卷九，《宁台温之捷》。四库全书存目丛书，史部第227册，齐鲁书社，1997年。
⑦　戚祚国：《戚少保年谱耆编》卷一，第30页。
⑧　康熙《常州府志》卷二三《人物》。按：有关赵大河评论，请参见《江苏科技大学学报》2009年2期，《江阴职业技术学院学报》2007年4期上两篇拙文。
⑨　崇祯《义乌县志》卷三《方舆考·山川》。该志仅日本内阁文库藏崇祯刻本。2003年义乌市志办影印该志，为国内佳稀珍本。
⑩　戚祚国：《戚少保年谱耆编》卷一，第31页。
⑪　戚继光：《上应诏陈言乞晋恩赏疏》，见《明经世文编》347卷，中华书局，1962年。
⑫　戚继光：《止止堂集·横槊稿》下，第234页，中华书局2001年，王熹校释本。
⑬　戚祚国：《戚少保年谱耆编》卷一，第31页。
⑭　范中义：《戚继光评传》第59页，南京人学出版社，2004年；同氏《戚继光传》，第111页，中华书局，2003年。
⑮　同④卷一，第31页。
⑯　戚祚国《戚少保年济耆编》卷二，第61页。
⑱　同④卷七，第203页。
⑲　同④卷六，第190页。
⑳　崇祯《义乌县志》卷儿《人物表·职官》。
㉑　戚继光：《纪效新书》，卷四《谕兵紧要禁令篇》。
㉒　戚继光：《纪效新书》，卷一一《胆气篇》。
㉓　戚继光：《纪效新书》，卷一。
㉔　谷应泰：《明史纪事本末》卷五五《沿海倭乱》。
㉕　戚祚国：《戚少保年谱耆编》，卷二，第60页。

㉖ 戚祚国：《戚少保年谱耆编》，卷二，第 69 页。

㉗ 戚祚国：《戚少保年谱耆编》，卷二，第 72 页。

㉘ 戚祚国：《戚少保年谱耆编》，卷三，第 80－81 页。

㉙ 崇祯《义乌县志》，卷八《时务书·民兵》。

㉚ 崇祯《义乌县志》，卷一六《人物传·武功》。

㉛ 康熙《义乌县志》卷二《山水·八保山》。

㉜ 康熙《义乌县志》，卷八《民兵》。

㉝ 崇祯《义乌县志》，卷二〇《著述考》，李鹤鸣：《义乌县丁田实征考》。

㉞ 崇祯《义乌县志》，卷一三《孝友》。

明代中叶在河套地区修筑长城的历史考察

胡 凡

（黑龙江大学历史系教授）

在明代的北部边防中，河套地区具有举足轻重的地位，明朝北部边患的加剧，就和蒙古族的入居河套直接相关。因此，"套寇"成为明中叶以后的重大边患，明朝内部屡次就复套、搜套、筑墙防守等对策发生争论和分歧。宪宗朝的复套、搜套均没有任何结果，遂有人倡筑墙防守之说，也就是修筑长城以防御蒙古族不时的入掠，此议为宪宗采纳，于是开始了明代在河套地区大规模修筑长城的活动。本文拟对明代中叶宪宗、孝宗、武宗、世宗四朝在河套地区修筑长城的情况作一考察，以使我们对明代中叶的社会状况有更全面的了解，并以此就教于学者方家。

一 明宪宗时期修筑长城的历史考察

自从蒙古族进入河套以后，明朝为了抵御"套虏"的袭扰，增兵设防、修墙筑堡，年复一年，却始终也无法解除这种压力。宪宗时期，倡议"搜套"、"复套"之人受到种种历史条件的制约，始终也没有将其建议付诸实施。主张保守防御之人则每年调集大批人力、物力、财力，大规模地修筑墙、台、墩、堡以遏敌，即修长城，以其作为抵御蒙古族袭扰的工事，由此而留下了举世闻名的长城景观，一直保存到今天。

成化元年，当宪宗看到延绥总兵官房能奏请"追袭河套部众"的建议而命兵部廷议时，为兵部侍郎王复阻止。及至毛里孩扰边，宪宗命王复"出视陕西边备"①，王复到河套地区，从延绥行抵甘肃，相度形势之后，就延绥、宁夏、甘肃的边防情况向宪宗提出了报告。他在报告中阐述对河套地区边防的建议如下：

关于延绥边备的形势是："东自黄河岸府谷堡起，西至定边营，连接宁夏花马池边界，东西萦纡二千余里，险隘俱在腹里，而境外临边无有屏障，止凭墩、台、城、堡以为守备"。这里只有旧城堡二十五处，原设地方或出或入，参差不齐，道路不均，远至一百二十余里，近止五六十里。"军马屯操反居其内，人民耕牧多在其外，遇贼入境，传报声息，仓卒相接，比及调兵策应，军民已被抢虏（掳），达贼俱已出境，虽称统领人马，不过虚声应援。"及西南方向直抵庆阳等处，相距五六百里，烽火不接，人民不知防避。其北面沿边一带的墩台，都稀疏空阔，难以瞭望。他报告说："臣与镇守延绥、庆阳等处总兵、巡抚等官计议：临边府谷等一十九堡俱系极边要地，必须增置挪移，庶为易守。趁今声息稍宁，先行摘发军余，采办木植，候春暖土开，委官监督，并力兴工，将府谷堡移出芭州旧城、东村堡移出高汉岭、响水堡移出黑河山、土门堡移出十顷坪、大兔鹘堡移出响铃塔、白洛城堡移出砖营儿、塞门堡移出务柳庄，不惟东西对直捷径，而水草亦各利便。内高家堡至双山堡、双山堡至榆林城、宁塞营至安边营、安边营至定边营，相去隔远，合于各该交界地方崖寺子、三眼泉、柳树涧、瓦扎梁各添哨堡一座，就于邻近营堡量摘官军哨守。又于安边营起每二十里筑墩台一座，通共二十四座，连接庆阳；定边营起每二十里筑立墩台一座，共十座，接连环县；俱于附近军民内量拨守瞭。北面沿边一带墩台空远者，各添墩台一座，共三十四座。随其形势以为沟墙，必须高深，足以遮贼来路，因其旧堡，广其规制，必须宽大，足以积粮草、容人马。庶几墩台稠密而易于了望，烽火相接而人知防避，营堡相接而缓急易于策应，声势相倚而可以遥振军威。"②这是就延绥一带如何修筑边墙提出的规划。

关于宁夏边防他建议：宁夏中路灵州以南，本无亭燧。东西二路，营堡辽绝，声闻不属，致敌每深入。"亦请建置墩台如延绥，计为台五十有八"。

关于甘肃边防他建议：永昌、西宁、镇番、庄浪都有险可守，只有凉州四际平旷，敌最易入，再加上水草便利，因此蒙古族长年留驻这里，远调援军，兵疲锐挫，急何能济！"请于甘州五卫内，各分一千户所，置凉州中卫，给之印信。其五所军伍，则于五卫内余丁选补。且耕且练，斯战守有资，兵威自振"。

最后他又针对"搜套"之议阐述自己的总体看法说："洪武间建东胜卫，其西路直达宁夏，皆列烽堠。自永乐初，北寇远遁，因移军延绥，弃河不守。诚使兵强粮足，仍准祖制，据守黄河，万全计也。今河套未靖，岂能遽复，然亦宜因时损益。延绥将校视他镇为少，调遣不足，请增置参将二人，统军九千，使驻要地，互相援接，实今日急务。"③他没从正面否定搜套驱敌的建议，而是提出因时损益的观点，用以支持他的"移堡筑墙"之策。

实际上王复关于移堡筑墙的建议，在总兵官房能的上书中已露端倪。房能的奏疏第二条在谈到这一点时说："臣所守迤东地，原设塞门堡、白洛城二处，俱在偏南以里，去边墩相远，道路迂曲，声势不闻，遇有警急，缓不及事，况其军民反在堡外耕牧。看得白洛城北地名砖营，塞门堡北地名榆林，依据险阻，水草便利，又与大兔鹘、龙州边堡接径端直，营堡联络，易为应援。可将安定县守城官军一百员名，并入白洛城数内操守为宜。请敕兵部转行陕西都、布、按三司，委官亲诣其地，会同臣等勘视，期以来年春初，量起延、庆二府人夫及见操民壮，并工建筑完备，移置屯戍。则藩篱永固，居民获安，虽劳一时之力，而实为经久之利。"④可能的情况是王复奉宪宗之命，到边防前线整饬延绥、宁夏、甘凉一带边备，和房能一起就移堡、修墙、御敌等项又进行了深入的研究和探讨，形成了更具体的建议，由王复回京复命时上奏给了成化皇帝。从当时明朝的整个形势来看，移堡筑墙的措施要比动用大批军力搜套的措施容易实行，但从长远的效果来看，它是一种治标而非治本的措施，它是用人为设险的办法来加强防守，却无法遏制蒙古骑兵随时都可能发动的对长城以内的攻击。

史称王复"在边建置，多合机宜"⑤，他的建议也为宪宗批准。但回京后不久他就改任工部，兵部尚书由白圭接任，移堡修墙的事暂时搁置下来。此后到成化六年，又有延绥巡抚王锐建议"请沿边筑墙建堡，为久远计"⑥，他具体地提出三点：增兵以守地方；设险以备边患；围堡以卫民生。关于设险一条他说："榆林一带营堡，其空隙之地宜筑为边墙，以为拒守。其墙于墩外修筑，址广一丈，杀其上为七尺，上为垛口五尺，共高丈八尺，上积礌石；于墩下各筑小堡，可容官军护守。虽暂劳人力，而得以永为边备。"这是关于修筑边墙比较具体的规划。关于围堡一项他说："乞敕有司，就于居民所聚之处，相度地宜，筑为砦堡，务为坚厚，量其所容，将附近居民聚为一处，无事之时听其耕牧，遇有声息各相护守，则寇盗无从剽掠，地方可保无虞。"⑦宪宗对王锐的建议大加赞赏，称其为"正系守边急务"，下令各地方官参酌举行，务其成功。可是到了成化七年正月，王锐因御敌无功被调走了，修筑边墙之事也就"工未兴而罢。"⑧

当白圭倡搜套之议，"议以十万众大举逐之，沿河筑城抵东胜，徙民耕守"之时，宪宗

"壮其议"，但为求万全，又于成化八年春派吏部侍郎叶盛"会总督王越，巡抚马文升、余子俊、徐廷璋详议"。叶盛在任谏官时喜好谈兵事，及至以三品侍郎身分"往来三边，知时无良将，边备久虚，转运劳费，搜河套、复东胜未可轻议。乃会诸臣上疏，言守为长策"⑨。叶盛是经过实地考察之后，才从喜谈兵转而认为"惟增兵守险可为远图"的，他特别建议"宜令守臣铲削边墙，增筑城堡，收新军以实边，选土兵以助守，此不但可责近效，而亦足为长便也"⑩。

叶盛的考察是认真的，他每到一处，都要和当地官员详细讨论，议定之后奏闻。关于陕西的情况，他会同镇守陕西署都督白玉、巡抚都御史马文升会议之后上奏说："御寇以守备为本，攻战次之。"为今之计，应先筹足粮饷，然后"或战或守，随时处之。若虏拥众来侵，我则通调各路军马，相机防御。或彼众我寡，势难轻敌，我则坚壁清野，弗与浪战，俟彼剽掠而归，气盈心惰，则设伏以邀其前，纵兵以袭其后，使彼大遭挫衄，庶可遏其侵暴之志。其在边官军，俟虏深入我境，宜相机设策，分遣精兵捣其老营。若有所得，仍将军马分布要害，以邀其归，是亦取胜之道。若虏知我有备，仍如往年近边屯驻，我则号令军士，分为数路，各裹糇粮，乘夜而进，彼有妻子头畜，卒遇我军，势不敢敌，乘胜急击，势必成擒。万一虏寇惧我兵众，远遁套内，不肯渡河，我则挑选死士，重加赏劳，使之迫近虏营，举火放炮，或阳为搜套之势，或诈为劫营之举，彼必心恐，渡河而去。剿贼方略，恐不出此"⑪。

关于延绥的情况，他会同总督军务右都御史王越、延绥巡抚右副都御史余子俊会议之后，以"增兵守险可责近效可保久安之事"上奏说："乞念修筑边墙之利，量起山西民一万，陕西民二万，于声息稍宁之时，听延绥会官移文二布政司，各选委堂上官，于每年三月、八月各一兴工修筑，二三年间必致就绪，此诚不战而屈人兵之计也。"⑫他特别强调说："若调军选将，分路入套，固安边之计。但套中地境，动经数千百里，沙深水少，军行日不过四五十里，往返必逾月。计惟调集官军必至一二十万，所需粮料供运之人不下数十万，事体重大，未敢定拟。若以原调与兵部今拟并本境官军通为筹算，各就近分守要害，酌量虏情，来即拒杀，去不穷追，俾进无所得，退无所恃，势既困迫，必将图归。此虽为守之长策，亦战之权宜也。"⑬

关于宁夏的情况，他会同宁夏巡抚右佥都御史徐廷章等议定之后上奏说："今日边警，尽在河东境内。盖河东虽名为一路，势亦三分。其接河套沿边，有兴武、花马池二营，实与延绥定边等营相接，其中高桥迤南一带直抵萌城与环、庆相接；其西韦州、鸣沙州等处则与靖虏、固原相接。地方散漫，绵亘千里，虏骑出没不常。为今之计，惟在慎选骁将，多调精兵，分屯要地，据险设伏，以逸待劳，庶能有济。"为了及早预报敌情，他提出建议说："若边方保障，惟恃烽堠城堡，今花马池营墩台烽火必历兴武、高桥接举，转至萌城，不下六七百里，比及火至，虏已旋返。必须增筑墩台，直接花马池烽火，则人可提备。又高桥、大沙井、石沟、小盐池、萌城一带墩台卑小，扩野平漫，一遇有警，路皆梗塞。今于高捷之所改筑墩台十有一，于地名隰宁铺增筑堡一，以备秋冬之警。其余则俟警报稍宁之日，量路远近，添筑完备，庶居民有所保障，军马有所屯聚。"⑭叶盛力主防守的建议奏上之时，正值白圭力谋大举出兵搜套，他的建议没有被采纳。

接替王锐任延绥巡抚的是余子俊，他莅任不久，也上疏言："三边惟延庆地平易，利驰突。寇屡入犯，获边人为导，径入河套屯牧。自是寇顾居内，我反屯外，急宜于沿边筑墙置堡。况今旧界石所在，多高山陡崖。依山形，随地势，或铲削，或垒筑，或挑堑，绵引相接，以成边墙，于计为便。"⑮他具体地提出："役山西、陕西丁夫五万，量给口粮，依山铲凿，令壁立如城，高可二丈五尺，山坳、川口连筑高垣，相度地形，建立墩堠，添兵防守。八月兴工，九月终止，工役未毕，则待来年，庶几成功，一劳永逸。"奏上以后，兵部尚书白圭说道：以前王锐建议修筑高垣，已经取旨令会议举行；现在余子俊又欲"凿山设险"，办法固然是好，但是陕西民众困蔽，难以重加劳役，"况延绥境土夷旷，川空居多，浮沙筑垣，恐非久计。凿山之事，宜伺寇警稍宁，督令边城军卒以渐图之，兵力不足，止可量调附近兵民为助。"⑯宪宗批准了白圭的建议，决定暂缓修墙之役，事情再度搁置下来。

　　白圭之所以奏请缓修边墙，自然是希望看到自己倡议的搜套之举能够奏效，但是由于时无良将，"岁发大军征讨，卒无功。"而蒙古各部对河套地区的扰掠则依然如故。面对这种形势，成化八年秋，余子俊再次上疏，他重点指出成化五年以来为防御蒙古而耗费不赀的情况，谈到如果明年蒙古人还不渡河北去，朝廷的耗费将无有终止，然后他话锋一转，强调说："自古安边之策，攻战为难，防守为易。向者奏乞铲削边山一事，已尝得旨，令于事宁之后举行。窃计工役之劳，差减输运战斗之苦。欲于明年摘取陕西运粮军民五万，免徭给粮，备加优恤，急乘春夏之交，虏马羸弱不能入寇之时，相度山界，铲削如墙，纵两月之间不能尽完，而通寇之路已为有限，彼既进不得利，必当北还，稍待军民息肩，兵食强富，则大举可图。"他为宪宗描绘了一幅通过修边墙而加强防守，然后再图大举的图景。奏上之后，兵部尚书白圭仍然不甚赞同，认为"虏已近边，难于兴作"，这次宪宗可不像从前了，他已经感到余子俊的建议比较切合实际，稳妥可行，于是下令："修筑边墙乃经久之策，可速令处治。"⑰

　　得到宪宗的批准后，余子俊开始进行筹备，这其间少不了要有实地踏勘和规划，恰好成化九年十月明军王越有"红盐池捣巢"之胜，十一月有"韦州之捷"，蒙古满都鲁、孛罗忽、乣加思兰等受到打击，相率渡河北去，河套之中一时安定，这就为余子俊修边墙创造了有利条件，史称"内地患稍息，子俊得一意兴役"⑱。到成化十年闰六月，余子俊向宪宗奏上修筑边墙的结果，"东自清水营紫城砦，西至宁夏花马池营界牌止，铲削山崖及筑垣掘堑，定边营平地仍筑小墩，其余二三里之上，修筑对角敌台、崖砦，接连巡警，险如墩台。及于崖砦空内适中险处，筑墙三堵，横一斜二如箕状，以为瞭空避箭及有警击贼之所。及三山、石涝池、把都河，俱添筑一堡。凡事计能经久者始为之，役兵四万余人，不三月功成八九，而榆林、孤山、平夷、安远、新兴等营堡尤为壮丽。又移镇靖堡出白塔涧口，绝快滩河之流，环镇靖堡之城，阻塞要害。其界石迤北直抵新修边墙内，地俱已履亩起科，令军民屯种，计田税六万石有余。凡修城堡一十二座，榆林城南一截旧有，北一截创修，安边营及建安、常乐、把都河、永济、安边、新兴、石涝池、三山马跑泉八堡俱创置，响水、镇靖二堡俱移置。凡修边墙东西长一千七百七十里一百二十三步，守护壕墙崖砦八百一十九座，守护壕墙小墩七十八座，边墩一十五座。"⑲经过从王锐到余子俊的不懈努力，明朝终于在河套地区修筑起一道有形的防线，它在明朝以后防御蒙古的斗争中发挥了重要作用，人称"两月之间，厥功告成，自是虏寇稀矣！"⑳

　　明朝所修这道边墙的作用，在成化十八年有一次突出的体现。这年六月，蒙古军再次入掠延绥河西清水营等处，明朝在前方监督军务的太监汪直和前敌统帅总兵官王越调兵抵御，结果明军大获全胜，宣府游击将军都指挥使刘宁败敌于塔儿山，"生擒四人，斩首百六级"；参将都指挥同知支玉、右副都御史何乔新等败敌于天宠梁中觜，"斩首七十七级"；千户白道山等败敌于木瓜园，"斩首十五级"；延绥总兵官署都督同知许宁等败敌于三里塔等处，"生擒二人，斩首百一十九级"；大同参将周玺、游击将军董升、镇守太监陈政、巡抚右佥都御史郭镗、总兵都督朱鉴等败敌于黑石崖等处，"斩首三十级"；这是多年来明军少有的一次大胜仗，斩获最多，推究获胜之原因，"盖由尚书余子俊铲削边墙，虏人为官军所逐，漫散而不得出路故也然。"长城屏障作用在这里充分地显现出来，它将入掠之敌的退路阻断，明军得以重创蒙古军，使其在以后的相

当一段时间里不敢轻易犯边，"延绥军民颇得息肩。"㉑

二　明孝宗时期修筑长城的历史考察

自从成化年间余子俊修筑边墙，并且在抗击蒙古族入掠的斗争中发挥作用以后，边墙成为明朝北边防御的重要依托，诚如后人所言："边墙亦河套之保障也。……观其屈曲盘旋，故作一突一凹，设强敌近逼凹中，则三面环攻矣。至烽墩列于墙外，大墩驻兵犹多，彼此互援，非老于战场者何能及此？廉、牧善守，此则庶乎近焉。"㉒正因为边墙成为明朝北部边防的重要保障，所以，弘治、正德两朝，继续修筑边墙亦是北边防务的重大举措之一。但是由于受到各种因素的干扰，这一时期修筑边墙的成果并不大。

弘治七年三月，山西镇守太监刘政、按察司兵备副使胡汉、守备署都指挥王儒、刘淮上报："修筑偏头关边墙一百二十五里，补黄河边墙二千六百余丈，添筑宁武墩堡十座，挑浚横山壕堑长二里，添筑雁（门）关墙及铲削壕堑共五十八处。"这是对山西三关边墙的修补，规模不大，奏上之后，孝宗"以政等修筑有功，赐彩缎有差。"㉓面对着蒙古族连续不断的入掠和袭扰，明朝实在是没有什么好办法，只能广筑墩台墙堡，加强防守。弘治七年十一月，兵部向孝宗弘治帝所上的奏疏集中地反映了这一点。

兵部的奏疏是这样说的："比来各边，虏数入寇，每得厚利，皆由墩台疏阔、烽火不接及守墩军士困惫所致。乞谕各边镇巡等官，相视地形，修理墩堠。沿边每十里或七八里为一大墩，五里四里为一小台。大墩守军十人，小台五人。自边至城每十里或八里止，用大墩筑墙围之，环以壕堑，留一小门，拨夜不收五人戍守，遇警接递传报。凡遇寇近边，天晴则举炮；天阴，昼则举烟，夜则举火。总兵等官仍为预定烽炮之数，著为号令，使各城将官以此为验，领军截杀。其守墩军必简精壮者，分为二班，每月一更。若无水之处则修水窖一所，冬蓄冰，夏藏水，每墩预采半月柴薪于内给用，免致汲水采薪为贼所掠。本城将官每半月一次，行边点阅巡哨，提调墩台官仍不时往来巡视。若近边军士屯种之处，则修筑小堡一座，量贮粮刍，令按伏马军三五百于其中，庶有警可以防御。"㉔这完全是一付被动挨打的样子，兵部将蒙古入掠每每得利的原因归结为"墩台疏阔、烽火不接及守墩军士困惫"，而相应的对策，也只有密筑墩台、加强报警、埋伏兵马，一旦有警再相机截杀。从兵部的防边设想我们可以看出，明朝统治集团绝无积极进取向外开拓的精神，他们所能实行的，仅仅是苟安现状的消极防御。

兵部的奏疏为孝宗批准实行，但边防实际修边的情况尚待深入考察。到弘治十年底，经略边务兵部左侍郎李介上奏说："大同屏蔽京师，逼临虏境，川原夷旷，戎马易于驰突，所赖以捍御者，惟在边墙。往时外有大边，内有小边，设险严密，易为保障，岁久颓圮，守臣不能修复。弘治三年止修小边，大边未及用力。"这是说在大同镇有两道边墙，外为大边，内为小边，"在二重边墙之内，镇朔将军驻宣府，征西将军驻大同。"㉕弘治初年只修葺了小边，大边没有整修。"大边东自宣府界，西至偏头关，其间旧墙坚固尚堪防御者，百五十余里，今欲补葺者半之，改筑者倍之；并欲斩崖、挑壕、增墩、益堡，大约不过五百余里。止用卒四万，本镇三路并山西、河南两班备御官军足以差拨，每岁春用工不过三四十日，二三年可完。其冬班备御官军下班时，借留两月应役，至上班时存恤两月，免其差遣。资粮则应役月日俱于本边支给。计兹役之费不当兴师万分之一，况频年屡稔，询谋金同，乞敕守臣，候来年春和，边围无警，即督所部兴工，事竣具奏，遣官阅视行赏。"㉖这是实录所载明确提出要修筑大同大边的建议，但具体修筑的情况不详。

弘治一朝真正大规模修筑边墙的，是总制陕西三边军务的尚书秦纮。史载：弘治"十四年秋，寇大入花马池，败官军孔坝沟，直抵平凉。言者谓纮有威名，虽老可用。诏起户部尚书兼右副都御史，总制三边军务。"秦纮到任后，着力整顿军务，躬祭阵亡将士，抚恤死难家属，"劾治败将杨琳等四人罪，更易守将。练壮士，兴屯田，申明号令，军声大振。"[22]在弘治末年，秦纮是个起衰救弊的人物，他在固原拓治城郭，招徕商贾，开辟屯田，而其最重要的成就即是"于花马池迤西至小盐池二百里，每二十里增筑一小堡，周四十八丈，每堡用工五百人。"规划已定，准备来年兴工，可是巡抚宁夏都御史刘宪却从中作梗，秦纮为此上疏孝宗说："臣尝评三边之要害，延绥、甘、凉，地虽广而士马精强；宁夏士马虽怯弱而河山险阻。惟花马池至固原，士马怯弱，墩堡疏远，达贼一入，即至固原而入腹里。故花马池必当增筑城堡墩台，韦州、豫望城等处必当增筑住种屯堡。今固原迤南修筑将完，惟花马池迤北柳杨墩、红山墩迤西二百里该筑十堡，而宁夏官狃于偏党，危言阻碍。然工已垂成，势不可止，乞令宪总制三边，令臣巡抚宁夏，督军以成此边防为便。"[23]孝宗将事情交给兵部讨论，兵部支持秦纮的意见，于是"帝下诏责宪，宪引罪，卒行纮策。修筑诸边城堡一万四千余所，垣堑六千四百余里，固原屹为重镇。"史家对秦纮十分赞赏，称他"在事三年，四镇晏然，前后经略西陲者莫及。"[29]实际上秦纮所修的只是固原地段的边墙，"自徐斌水起，迤西至靖房营、花儿岔止六百余里，迤东至饶阳界止三百余里"明人称其为"固原以北内边墙"。[30]就此而说前后的人都不如他，未免有些言过。

三　明武宗时期修筑长城的历史考察

武宗正德时期在筑墙御边方面有成就的只有一人，那就是杨一清。

杨一清出任陕西三边总制和秦纮前后相距不过一二年的时间，但他已对秦纮所筑的边墙提出批评。在他上给武宗的《为经理要害边防保固疆场事》的奏疏中谈到：余子俊和徐廷璋两人修筑的边墙确实起了相当大的作用，使蒙古族"不复入套者二十余年"。但是随着时光的推移，"边备稍疏，墙既日薄，沟又日浅。弘治十四年，大虏由花马池拆墙入寇内郡，戕败我士卒，鱼肉我生民。虏人得志，始蔑我边墙为不足畏，连年拥众拆入，我军动辄失利。先该宁夏镇巡等官节经奏议，要将旧边墙增筑高厚，边堑挑浚深阔。又节该提督军务都御史史琳等建言，要于花马池、韦州设立营卫，摘拨腹里官军防守。兵部奏行总制尚书秦纮勘处，本官泥于所见，止添修四五小堡，及于靖房至环庆地方挑挖边堑一道七百余里，自谓可以阻遏保障。工完回奏讫，弘治十七、十八二年冬间，虏复大举，仍自花马池、清水营拆墙深入抢掠，前项边堑营堡不能捍御阻遏。及又将清水营城堡攻陷，花马池官军残害，上廑宵旰之忧，特命愚臣整饬经理"。细品杨一清的奏疏，可以感到他对秦纮的批评是相当严厉的，说他所修的边墙壕堑根本没能阻挡蒙古族的入侵，因此而惊动皇帝，派他再来经理。倘若秦纮当时还活在世上，不知将对杨一清的批评作何感想。

杨一清在批评了秦纮之后，提出了他的防边计划："延绥安边营、石涝池至横城三百里，宜设墩台九百座，暖谯九百间，守军四千五百人；石涝池至定边营百六十三里，平衍宜墙者百三十一里，险崖峻阜可铲削者三十二里，宜为墩台，连接宁夏东路；花马池无险，敌至仰客兵，宜置卫，兴武营守御所兵不足，宜召募；自环庆以西至宁州，宜增兵备一人；横城以北，黄河南岸有墩三十六，宜修复。帝可其议。大发帑金数十万，使一清筑墙。"[31]杨一清的具体设计是：自延绥定边营迤东石涝池地界起至宁夏地方横城止，这三百里的沿边地带，旧有墩台71座，旧筑边墙高一丈，连垛墙三尺共一丈三尺，底阔一丈，收顶三尺五寸，这样的边墙顶端再除去根砖自身所占的一尺五寸，只剩下二尺宽的地方，"官军难以摆列拒敌"。他计划"将旧墙内外帮筑高厚各二丈，收顶一丈二尺，两面俱筑垛墙高五尺，连墙共高二丈五尺，除垛墙根砖两面共四尺，尚余八尺之地。每墙一丈，开垛口一处，安置转关遮板。墙外每里添筑敌台三座，每座相离一百二十步，底阔周围四丈五尺，收顶周围二丈二尺，上盖暖铺一间，傍墙于空阔要害有水头去处，增添小堡，高厚丈尺，略与边墙相等。墩空去处仍酌量添筑墩台"。原来墙外的壕堑窄浅，只有深八尺，口阔一丈，底阔四尺，中间多有填塞平漫，止存形迹。他计划将"墙外壕堑挑浚深二丈，口阔二丈二尺，底阔一丈五尺。"这样再配以九百座敌台，九百间暖铺，四千五百名守军，"每冬月河冻，不拘达贼曾否入套，即便调拨铺军上墙防护，仍添拨军人于新墩守哨，河开无事，疏放回营"。[32]

　　武宗批准了杨一清的修筑计划，整个工程从正德二年二月开始兴工，正在进行之中，明朝形势却发生了变化。正德元年十月，大学士刘健、谢迁以及户部尚书韩文等人谋逐宦官，结果失败了，这几个人纷纷罢职归家，朝政由以刘谨为首的"八虎"宦官集团所控制。刘谨见杨一清奏事不先关白自己，便怀恨在心，"劾其破冒边费"[33]，杨一清鉴于政治形势险恶，便上书称疾乞休。武宗此时已对刘谨言听计从了，就于正德二年三月批准了杨一清的申请，还"令驰驿归，病痊之日，有司以闻，仍召用"。[34]其实杨一清并非真的有病，他这只是封建时代官场上人们的常用手法，观其四月里还就修筑边墙之种种安排给朝廷上奏，六月里已经离任后还给朝廷上奏说："花马池一带墙壕墩台，已于今年二月兴工修筑，但臣近以养病归，各镇巡抚官与其谋者，又以迁去，恐此后人务苟简，事难经久。又虑成功之后不能设法防守，欲责成新任各巡抚并镇守官，如初拟，乘时修理，务期成功，遇冬仍分兵慎守，以绝虏患。"由此可知，杨一清身虽离开了三边，心却还在这里，如果朝廷明白事理的话，就应该让杨一清继续留任，直到把他修筑边墙的计划全部完成。可惜明廷形势已变，黑暗时期已经到来，兵部虽然建议："一清身任总制，特建前议，将为永逸之图。今已兴工，其籴买口粮已费官帑银十余万两，又助以户役银十六万两，以至犒劳药饵之需，拨木采运之劳，皆其计虑所及。一旦付之新任及别用未谙世务者，则人为异同，财用徒耗，边方保障之功，一隳再难就绪矣。以臣等愚见，须专以谙练大臣一人往督各镇巡官，乘时修举，务期经久，仍规划方略，部署官兵，慎固封守，庶垂成之功不至废弛，而防边之计可图久远。"又推荐了兵部左侍郎文贵、右副都御史王骝、曹元三人，请武宗选用。结果却得旨："官不必差，修边之役姑寝之，所余未用钱粮，令巡抚等官核实，见数输送于京。"[35]一项修筑边墙的防边大计，由于宦官干政，就这样儿戏般的结束了，已经兴工的三个多月，"仅筑四十余里，至今屹然巨障"。[36]三年之后，杨一清再任陕西三边总制平安化王之乱，巡视各边堡旧筑的边墙，不禁大发感慨，"惜成功之难，叹前志之未遂，感而赋诗，有'老去寸心犹不死，仗谁经略了余忠'之句。"[37]

　　后来到正德十一年，又有关于修边的记载。史称"先是有旨修东西两路边关墩台壕堑。都御史臧凤东路，起山海至居庸；李瓒西路，起紫荆至龙泉；至是讫工，提督军务都御史彭泽请量加赏。"[38]只不过这是修筑北京附近东西两路边墙的情况，与我们所论的河套地区稍远罢了。

四　嘉靖时期修筑边墙的历史考察

　　世宗是明朝历史上在位时间最长的两位皇帝之一，仅比他的孙子万历帝少不到3年。在他近

46 年的统治期间，由于对蒙古问题处置失策，酿成北京第二次被围的"庚戌之变"，使北部边防的危机发展到顶峰。正是在这一背景下，在北边防线上增筑墩台、修墙筑堡以加强防守，自世宗即位伊始，就成为嘉靖时期北边防务中的一项重要活动。

在世宗即位的当年，正德十六年九月，兵部尚书彭泽就提出了修筑边墙的建议。据实录载："初，都御史杨一清议修宁夏花马池至灵州边墙，议甫行而寝，边民失望。至是尚书彭泽言：'边墙当修者不止一清所奏为然，即诸边镇若蓟、辽、宣、大、固、靖、甘、肃地方，宜悉下守臣亲为经略，度远迩，视高下，追农隙时，责才能吏，程工饰材，务浚筑之，使墙垣高厚，沟堑深广，墩台巩固，足为经久之计。'已而巡抚延绥右副都御史姚镆请筑三山堡、定边营等处墙，乞发内帑银三四万两为雇役之需。上皆可之。"[39] 由此揭开了嘉靖时期北边防线修筑墙、台、墩、堡的序幕。

嘉靖七年二月，工科给事中陆粲又提出修墙之议。他上奏世宗说："正德初年，今大学士杨一清总制陕西，欲将延绥定边营迤东石涝池至宁夏横城三百里内边墙增筑高厚"，事已就绪，因本官离任，只筑成四十里而止。这四十里边墙至今已历二十余年，仍然屹立如故，现在应该"如当时原议，筑墙浚壕，高广深阔皆逾二丈，有敌台以便守御，有暖铺以便巡警，有小堡以相协助，有墩台以便了望，今日守边固圉之计，莫先于此。"他特别讲到修筑边墙有五利："凭高视下，以逸待劳，士有全力，以制房敝，一也；畜牧在野，不畏驱掠，岁益蕃孳，边人富实，二也；边境方乏马，墙成则步卒可守，量省骑兵，减刍秣之费，三也；灵州大小盐池，近以房警频仍，坐失岁课，墙成则捞采以时，商贩无阻，课额充足，军用益饶，四也；广开屯田，安意耕获，渐省转输，宽内郡之力，五也。"由于有这五利，他请求世宗"敕陕西提督边务大臣会同彼处巡抚都御史，亲诣前项地方，相度经理，仍发太仓银一二十万，济其经费，不足则量开盐引，或支陕西布政司无碍官银佐之。选委贤能专董其事，春夏兴工，秋冬辍役，期以一二年间奏绩，则边防永固矣。"世宗将他的奏疏交给兵部讨论，兵部经过一番文移往来，建议命三边总制王宪"会同各守臣，相度时势修举。"嘉靖帝批准了部议，"命推文武大臣诚心忧国者各一员，如一清初议，亟往经略兴工，户部速发帑储佐之，勿靳费。"[40] 由是而开始了对延绥至宁夏边墙的整修。三月里，廷推由兵部右侍郎王廷相兼都察院右佥都御史，"提督延、宁边防修理墙堑"[41]。但是王廷相并未到任，当时的议礼派张、桂等人刚刚得势，他们起用了前兵部尚书王琼。王琼在镇三年，为整修延绥、宁夏一带的边墙做出了积极的贡献。后来接任的总制唐龙，又对三边一带的边墙续有增补。

到嘉靖十六年八月，新任的陕西三边总督刘天和在奏疏中谈到这一带的边墙情况，他说："固原一镇为套虏深入之冲，前尚书秦纮修筑边墙延袤千里，然虏每大举入寇，尚不能支。及尚书杨一清筑白马城堡，而后东路之寇不至。尚书王琼等筑下马房关，而后中路之患得免。惟西路自徐斌水至黄河岸六百余里，地势辽远，终难保障。今红寺堡东南起徐斌水，至鸣沙州河岸可百二十里，总兵任杰议于此地修筑新边一道，迁红寺堡于边内，撤旧墩军士使守新边，舍六百里平漫之地，守百二十里易据之险，又占水泉数十处，断胡马饮牧之区，而召军佃种，可省馈饷，计无便于此矣。"从刘天和的奏疏中我们可以看出两个问题：其一是陕西三边一带的边防可以分为东、中、西三路，这三路的边墙情况各不一样，秦纮修筑的边墙无法阻止蒙古人的入侵，杨一清修筑后"东路之寇不至"，王琼修筑后"中路之患得免"，西路则一直无法保障；其二是总兵任杰建议修筑的新边，虽然可以据险而守，但却要弃地 600 里，看来总督刘天和是赞同这一做法的。事情报到朝廷，兵科都给事中朱隆禧等对此一建议大谬不然，他批评道："祖宗之时河套固中国地也，自余子俊修筑边墙，不以黄河为界，而河套为虏所据。宁夏与山后诸夷为邻，贺兰山其界也，自王琼弃镇远关创为新边，而贺兰山为虏所据，遂使延、宁二镇受患至今。明鉴不远，人所共惜。杰及天和敢于妄议，不思新边既筑，旧边不守，红寺堡五百里之地直弃胡中，且使延、宁二镇皆在边外，我退一步，虏侵一步，非所以为国家深长虑也。"朱隆禧其人虽不醇，以至在大计被废后靠进献长生秘术而谋求起用，被记入《佞幸传》，但他对刘天和及任杰建议的批评还是颇有道理的，因此兵部议定后上奏："疆界不可轻弃，堡军未易轻撤，杰等避危就安，割己资敌，罪不可辞。诚如隆禧所奏。"㊷世宗批准了兵部的廷议结果，并对刘天和和任杰进行了处罚。从这件事情本身以及这些大臣们的议论中，反映出明朝边臣的怯懦畏敌思想及避难就易的行为。

嘉靖二十五年二月，总督宣大山西侍郎翁万达提出了修筑宣大地区边墙的建议。他在给世宗的奏疏中说道："大同东路自阳和口暗门起，至宣府李信屯堡红山台边界止，延长一百三十余里，中有铁裹门、鹁鸽峪、瓦窑口等处，悉通贼要路，未有墙堑。拟于山南二三里许添筑边墙一道，浚壕建堡，增设墩哨，使宣大声势联络，且可以南护紫荆，包为外堑。通计经费约用二十九万余金，请下户部趣发帑缯，期以三月初土脉融动，及时兴作。其督视之任，当一付之总兵官周尚文，俾如中西二路，一体悉心料理。"㊸事情经过兵部会议通过，世宗予以批准，一切便按照翁万达的安排开始进行。在翁万达和周尚文的认真组织和管理之下，工程进展顺利，到当年七月，修成了"大同东路之天成、阳和、开山口一带边墙一百三十八里，为堡七，为墩台一百五十有四；宣府西路之西阳河、洗马林、张家口堡一带边墙六十四里，为敌台十，斩崖削坡五十里，用工止五十余日，经费视原估省九万余两，御史黄如桂核实以报。"㊹宣大地区是蒙古入境扰掠的重灾区，以往屡次议修边墙，但因没有实心任事者，一直无法兴工。现在翁万达只用了50多天就完成了，嘉靖帝非常赞赏，将其提升为都察院右都御史兼兵部左侍郎，周尚文提升为本府左都督加太子太保。

嘉靖二十六年二月，翁万达已进为左都御史，他奉诏和宣、大、山西三镇的抚、镇官议上防边修守事宜，比较全面地反映了他的防边设想和当时宣、大地区的边防情况。他在奏疏中谈到山西的边防形势说："山西起保德州黄河岸，历偏头，抵老营，二百五十四里。大同西路起丫角山，历中北二路，东抵东阳河镇口台，六百四十七里。宣府起西阳河，历中北二路，东抵永宁四海冶，千二十三里。凡千九百二十四里，皆逼巨寇，险在外，所谓极边也。山西老营堡转南而东，历宁武、雁门，至平刑关八百里。又转南而东，历龙泉、倒马、紫荆之吴王口、插箭岭、浮图峪，至沿河口千七十余里。又东北，历高崖、白羊，至居庸关一百八十余里。凡二千五十余里，皆峻山层岗，险在内，所谓次边也。外边，大同最难守，次宣府，次山西之偏、老。大同最难守者，北路。宣府最难守者，西路。山西偏关以西百五十里，恃河为险，偏关以东百有四里，略与大同西路等。内边，紫荆、宁武、雁门为要，次则居庸、倒马、龙泉、平刑。迩年寇犯山西，必自大同；犯紫荆，必自宣府。"㊺翁万达在这里叙述了明朝宣大地区边防形势的大略，他特别强调：外边和内边就如唇齿和门户与堂奥的关系，"未有不经外边而能入内边者"。接着他又讲到明朝和蒙古之间军事形势和战斗力之强弱，指出蒙古"近且并西海、吞属番，掠我居民为彼捍隶，诸酋所部视前约增数倍，每一大举，动称十万余人，声势联络，蹂躏关南，侵害京郡。而我沿边伍籍且缩于旧额，循常师旅莫敢邀遮。"在这种敌强我弱的形势下，防边方略自当异于往时，"而后所经略当始于今"。翁万达所提出的方略是"并力以守要，益兵以防秋，要皆事势之不得不然"。以前山西防秋，只守外边偏、老一带，岁发班军四千五百人备御大同，而内边宁、雁一带仍有官兵防守隘口，用来作为大同的声援，至于宣大各路的守兵，则全都屯驻在城堡里，只有遇到警报时才相机防剿，没有固定的分地摆守。后来因为蒙古军越过大同而进入山西，有些地方官就"独筑宁、雁以东之平刑边墙八百里，掣回大同备御之兵以守之"，这已经失去了建置边防守御的意义。继而调集的各种守兵达六万人，造成"公私转输，内地骚动"、"财匮于兵众，力分于备多"的被动局面。宣府也是这种情况，蒙古军从西路入掠，就尽调本镇兵马防备西、中二路，而北路遂空虚可虑。另外，近些年来，三镇防秋，每年征调的辽陕兵马不下五六支，"费用粮赏及本镇守兵刍饷以百四十万计"，这样浩大的财政支出是朝廷所难以持久的。因此，"并守之议，兹其所以为善经也。"而要实行并守的方略，最重要的一点就是要设险，翁万达对此特别作了说明："《易》曰：'王公设险，以守其国'。设之云者，筑垣乘障，必资于人力之谓也。虏凡寇边，地迂峻则易防，地平漫则难御；有墙则难者亦易，无墙则易者亦难。故百人之堡，非千人不能攻，以有垣堑足凭也。若遇虏于平旷之墟，则百人豚羊，十人狼虎，鲜不为所吞噬矣。以是知山川之险，险与虏共也；垣堑之险，险为我专也。我恃其所专而夺其所共，修边之役自不容已也。况连年修筑如山西偏老一带，委极高厚，大同各路与宣府之西中二路，墙有所恃，亦已十之七八，再加工力，数月之内可以先完，连亘千里，屹然华夷之严界矣。而防秋之兵所以必带甲登墙，列营而待敌者，盖有险而不设，与无险同；有墙而弗守，与无墙同。是故定规划、度工费，二者修边之事也。慎防秋、并兵力、重责成、量征调、实边堡、明出塞、计供亿、节财用八者，守边之事。修边因垂成之功，守边贵济时之急，国家虽费，要非得已。"随后他具体陈述了修边、守边以及调兵防御的各项建议，世宗对此大加赞赏，认为"诸议俱见总督镇抚诸臣竭心边务，俱如拟行"[46]。

翁万达将筑墙防边的作用阐述得十分透彻，因而得到世宗的支持，先后批给他帑银60万两，于是修成大同西路、宣府东路边墙，凡八百里。在宣大总督的任上，翁万达所起的作用是十分明显的，史称"万达精心计，善钩校，墙堞近远，壕堑深广，曲近其宜。寇乃不敢轻犯。墙内戍者得以暇耕牧，边费亦日省。初，客兵防秋，岁帑金一百五十余万，添发且数十万，其后减省几半"[47]。及至翁万达丁忧离职之后，宣大总督所任非人，边事遂又大坏，蒙古军每一入边，都对边墙大加破坏，明朝不得不屡坏屡修，终嘉靖朝一直不断。

当世宗嘉靖皇帝对复套之事中途变卦，杀了曾铣之后，他派兵部尚书王以旂出任陕西三边总督。嘉靖二十八年三月，王以旂又提出陕西的修边之议。他上奏世宗说："延绥一镇自定边营、瓦楂梁至龙州城为西段，自龙州至双山为中段，自双山至黄甫川为东段。东西延袤千五百里，力难并修。西、中二段旧为虏冲，而西事尤急。今宜先事于西，第地歉民贫，工役无措。欲量调三镇军夫，并派西、凤、延、庆等府州县民壮，及多方召募，可足三万人，俟春和无警，工始定边营以至龙州，期以二三年竣事，则平、固、延、庆可保无虞。其中段仍督本城堡官军，随宜修筑。"他根据整个工程的情况，提出"计夫役、慎防护、筑边墙、筑墩台、设城堡、备钱粮、分委任、计物料、专责成、议帮修、设防守、议屯田、核班军"等项计划，兵部议复之后奏请嘉靖帝批准实行。[48]在此后的六年时间里，王以旂"修延绥城堡四千五百余所，又筑兰州边垣"[49]，又有资料记载为"修完延、庆、定边等处城堡窑寨四千六百四所，墩台一十二座，筑完瓦楂梁及兰州边墙共二百余里。"[50]在他任三边总督期间，河套地区的边防相对稳定，没有出现大的问题。

自嘉靖二十九年庚戌之变之后，仇鸾受到世宗的赏识。在仇鸾的倡议下，明朝与蒙古之间有过一段短暂的马市和平贸易时期，但是很快就被破坏了。在明蒙马市贸易开市之际，蒙古族一方面利用马市和明朝进行交换，另一方面则是乘此机会对明朝费尽心机才修筑起来的边墙进行破坏，予以拆毁。这从明朝兵部的奏报中即可看到。嘉靖三十一年五月，马市停止后，诸边相继告急，兵部在上奏中谈到：大同、宣府增兵未成，现今堪任战守者不过二三千人，而边墙情形更糟，"自马市兴而边墙为虏所坏者十五六，荡无提防，屡奉诏书，尚未兴筑"[51]。在这种情况下，明朝不得不再次对边墙进行修修补补，其总体情况我们从大学士严嵩和世宗的对话中可以窥见一斑。嘉靖三十六年四月，世宗由于蒙古入掠蓟镇，令严嵩和部臣许论、吴嘉商议对策，其中关于边墙问题严嵩奏报说："自五代石晋时割幽蓟等十六州之地与契丹，辽金相继，宋未能复。至我太祖始逐元君，此地复为中国有，乃命徐达起古北口至山海关，增修关隘以为内边。成祖于此建都，益加缮治。累朝以来，凡有缺敝，即加修筑，后又专设东西关巡关御史二员，每岁阅视，满日造册奏缴。昨庚戌后，凡京畿边墙通议修筑，费银百十万，古北一带颇称完固，冷口墙亦修完。昨贼从流河口、桃林口、刘家口入，此三处众谓山险，贼不能到，墙未修完，不意贼即从此入，看来墙坚者得济。各墙原分三等，极冲、次冲之处俱已修完，偏僻之处委未修，今须严敕都抚官，遍阅已修者，增坚未修者，作速修完，务在实行，及专责巡关御史阅视催督，以后贼从某口入，即治本口原修官之罪。如此人方知警，事克有济。"[52]从严嵩的对话中我们可以了解到，庚戌之变后整修边墙的重点是京畿地区，但只修了极冲、次冲，偏僻之处则没有修筑，因而留下了蒙古军入掠的缺口。实际上在嘉靖后期污浊腐败的政治空气下，大量的修边费用成为大大小小贪官污吏们吞噬的对象，要想将边墙修得坚实巩固，实在是不可能的。

　　此后直到嘉靖四十五年世宗去世，修筑边墙成为明廷防边的重要内容。嘉靖三十七年十二月，总督宣大山西的尚书杨博"以大同防秋稍暇，请大筑边墙以为经久治安之计"[53]；三十八年八月，宁夏巡抚都御史霍冀奏请修筑"横城马头及镇关墩边墙共四百八十九里"[54]；四十三年四月，墙子岭官军有因进行筑墙采木等活动而为蒙古军扑杀者[55]；四十四年五月，山西巡抚侍郎万恭请改河曲一带打冰之举为筑墙守险[56]；七月里，总督宣大山西军务的尚书江东奏请增修云东红沙等处墩堡[57]；等等。总之，嘉靖一朝，自从曾铣被杀之后，复套之议成为禁区，无人再敢提起。自从嘉靖三十年马市昙花一现般地消失之后，无人再敢坚持与蒙古进行互市，和平的大门被紧紧关闭。剩下来明廷所能采取的对策，也只有筑墙防边一条路，而那年年都要修补的边墙，终究阻挡不住蒙古骑兵的铁骑，明朝的北边防线也就迄无宁日。

　　以上是明代中叶宪宗、孝宗、武宗、世宗时期百余年在河套地区修筑长城的大体情况。但是，明中叶在这里修筑的边墙，对于明朝北部边防的稳定作用并不是很大，其原因在于它是一种被动的消极的办法，筑墙要耗费大量的人力物力，筑好墙后的防守亦是难事，分散摆边则力弱难敌，集中御敌则墙又无用，它只能对小规模的入掠之敌发挥一些作用，根本无法阻止蒙古骑兵对塞内的大规模进攻，筑好墙后每每见有蒙古军"溃墙而入"的记载，正足以说明这一点。但是因为筑墙最简单，而且实行起来易出成效，所以它成为明朝抵御蒙古军进攻的一种主要方法，断断续续修筑了二百多年，蒙古族的进攻没有被挡住，倒是留下了长城这一人文景观而供后人瞻仰。而蒙古族入掠问题的真正解决，还要待隆庆年间"俺答封贡"的完成。

　　本文为黑龙江省教育厅人文社会科学项目"明代九边形成研究"成果之一，项目编号：11542176

---

① 《明史·王复传》卷一七七，中华书局，1974 年版，第 4717 页，下同。
② 《明宪宗实录》卷三六，成化二年十一月己丑条。
③ 《明史·王复传》卷一七七，第 4717 页。

④ 《明宪宗实录》卷一二，天顺八年十二月丁亥条。

⑤ 《明史·王复传》卷一七七，第 4718 页。

⑥ 《明史·余子俊传》卷一七八，第 4736 页。

⑦ 《明宪宗实录》卷七七，成化六年三月辛卯条，引自日本：《明代满蒙史料·明实录抄·蒙古》（四），
第 160 - 161 页。

⑧ 《明史·余子俊传》卷一七八，第 4736 页。

⑨ 《明史·叶盛传》卷一七七，第 4724 页。

⑩ 《献徵录》卷二六《吏部侍郎叶盛传》，上海书店，1987 年版，第 1088 页，下同。

⑪ 《明宪宗实录》卷一〇二，成化八年三月乙卯条。

⑫ 《明宪宗实录》卷一〇二，成化八年三月庚申条。

⑬ 《明宪宗实录》卷一〇二，成化八年三月壬戌条。

⑭ 《明宪宗实录》卷一〇三，成化八年四月庚辰条。

⑮ 《明史·余子俊传》卷一七八，第 4736 页。

⑯ 《明宪宗实录》卷九三，成化七年七月乙亥条。

⑰ 《明宪宗实录》卷一〇八，成化八年九月癸丑条。

⑱ 《明史·余子俊传》卷一七八，第 4737 页。

⑲ 《明宪宗实录》卷一三〇，成化十年闰六月乙巳条。

⑳ 《献徵录》卷三八《兵部尚书余肃敏公子俊传》，上海书店，1987 年版，第 1562 页。

㉑ 《明宪宗实录》卷二二八，成化十八年六月壬寅条。

㉒ 《河套图考·边墙说》。

㉓ 《明孝宗实录》卷八六，弘治七年三月丁巳条。

㉔ 《明孝宗实录》卷九四，弘治七年十一月甲寅条。

㉕ 王士性：《广志绎·方舆崖略》卷一，中华书局，1981 年版，第 9 页。

㉖ 《明孝宗实录》卷一三二，弘治十年十二月癸酉条。

㉗ 《明史·秦纮传》卷一七八，第 4744 页。

㉘ 《明孝宗实录》卷一九六，弘治十六年二月己亥条。

㉙ 《明史·秦纮传》卷一七八，第 4745 页。

㉚ 魏焕：《皇明九边考》卷一《镇戍通考·边墙》。

㉛ 《明史·杨一清传》卷一九八，第 5227 页。

㉜ 《明经世文编》卷一一六，《杨石淙文集》（三），中华书局，1962 年版，第 1093 - 1094 页。

㉝ 《明通鉴》卷四二，武宗正德二年六月。

㉞ 《明武宗实录》卷二四，正德二年三月庚申条。

㉟ 《明武宗实录》卷二七，正德二年六月戊寅条。

㊱ 《献徵录》卷一五《内阁四·杨一清传》。

㊲ 杨一清：《西征日录》，载《纪录汇编》卷四一。

㊳ 《明武宗实录》卷一四四，正德十一年十二月己未条。

㊴ 《明世宗实录》卷六，正德十六年九月甲子条。

㊵ 《明世宗实录》卷八五，嘉靖七年二月丁未条。

㊶ 《明世宗实录》卷八六，嘉靖七年三月壬申条。

㊷ 《明世宗实录》卷二〇三，嘉靖十六年八月庚申条。

㊸ 《明世宗实录》卷三〇八，嘉靖二十五年二月己丑条。

㊹ 《明世宗实录》卷三一三，嘉靖二十五年七月甲戌条。

㊺ 《明史·翁万达传》卷一九八，第 5246 页。

㊻ 《明世宗实录》卷三二〇，嘉靖二十六年二月辛丑条。

㊼　《明史·翁万达传》卷一九八，第 5247 页。

㊽　《明世宗实录》卷三四六，嘉靖二十八年三月乙亥条。

㊾　《明史·王以旂传》卷一九九，第 5267 页。

㊿　《献徵录》卷五七，《都察院四·总镇尚书王以旂行状》。

㉛　《明世宗实录》卷三八五，嘉靖三十一年五月壬午条。

㉜　《明世宗实录》卷四四六，嘉靖三十六年四月己丑条。

㉝　《明世宗实录》卷四六七，嘉靖三十七年十二月甲子条。

㉞　《明世宗实录》卷四七五，嘉靖三十八年八月癸卯条。

㉟　《明世宗实录》卷五三三，嘉靖四十三年四月辛丑条。

㊱　《明世宗实录》卷五四六，嘉靖四十四年五月甲辰条。

㊲　《明世宗实录》卷五四八，嘉靖四十四年七月丙午条。

从文学发现历史

——明清文学中之诉讼社会

陈宝良

（北京师范大学历史系教授）

引言："想像历史"抑或"发现历史"？

无论是"想像历史"，抑或"发现历史"，无不牵涉到一个如何看待"文学"与"历史"之间的关系问题。就明清文学史的历史演进而言，通俗文学的兴盛更是相当引人瞩目。余英时将晚明文化转变的一个重要现象，定为当时小说戏曲的兴起，以及小说戏曲和商业文化与城市化的紧密联系。①郑振铎甚至将晚明视为中国"近代文学"的起始，而其立论的依据同样基于这一时代是一个"伟大的小说和戏曲的时代"，其通俗文学不仅由"平凡的讲史进步到《西游记》、《封神传》，更由《西游》、《封神》而进步到产生了伟大的充满了近代性的小说《金瓶梅》"②。

在明清两代，通俗文学普遍受到了来自社会各阶层的欢迎。为了说明通俗文学的影响力，不妨从下面三个层面加以考察：

其一，明代的最高统治者皇帝亦大多喜欢戏曲。据史料记载，洪武初年，每当亲王就藩之时，明太祖朱元璋就赐给他们词曲 1700 本。明宪宗好听杂剧及散词，为此搜罗海内词本殆尽。又明武宗亦好戏曲，凡是有人向他进献词曲，必能得到厚赐。当时如杨循吉、徐霖、陈符所进，不止数千本。③

其二，通俗文学开始受到知识阶层的关注，他们不但肯定其正面的伦理教化功能，而且主动参与通俗文学的创作。关于戏曲之功能，理应从作者的本旨出发，以考察其与历史事实之间的异同。明末清初人李渔曾作《曲部誓词》，在玩笑、戏谑的文字中，公开宣称自己所有戏曲作品的创作，均不过是为了"砚田糊口"而已，原本就不是为了"发愤著书"。这是晚明以来戏曲等文学作品商业化以后的产物，即是为了娱乐大众。即使如此，李渔同样也承认了自己戏曲作品的教化之责，即一为"圣天子粉饰太平"，二为"效老道人木铎里巷"。④相关的称颂戏曲或者肯定戏曲教化功能者，在明清时期的作家群中堪称不乏其例。史载王九思好为词曲，有客人劝他说："太上立德，其次立功，其次立言。公当留心经世文章。"九思应声道："公独不闻其次致曲耶?"⑤尽管不过是一时戏语，但也可以看出他对词曲的重视。陶奭龄也看到了戏剧的教化作用。他认为，正是因为戏曲在演出时具有"一言感心，则涕泗横流，不能自已"的力量，所以凡是有志于世道之人，应该以戏曲"立教"，充分展示戏曲的感染力。⑥吴伟业将由诗而变为曲的文学进化历程，认作是"文人无赖"的一种结局。尽管如此，他还是肯定"曲亦有道"，戏曲在歌呼笑骂之间，感人相当之深。⑦

其三，通俗文学得到了民众的广泛欢迎。通俗文学以小说、戏曲为大宗。此外，尚有民歌、鼓板、评话、弹唱、说书等民间艺术。一般的说法，中国自古以来只有儒佛道三教，但从明代以来，又多出一教，也就是"小说"。从明人叶盛的记载可知，大致在明代中期，一些书坊出于赢利的目的，大量出版"小说杂书"，甚至"农工商贩，钞写绘画，家畜而人有之"。⑧事实确是如此。在明末清初的苏州，专门有一批"惯造小说"之人，他们可以将"无影之事，平空搆撰，务极淫秽"，而究其目的，则无非是为了"迷惑狂徒，争先购买，为取利计"。⑨清末丁日昌在巡抚江苏时，曾下令下属官员禁止"淫书小说"及"唱本"。从其收缴此类文学作品的效果来看，戏曲、小说作品在当时印刷与发行的数量相当之大，而且流行面亦相当之广。⑩正是有感于此，清代乾嘉学者钱大昕才将小说定为"一教"，此即儒释道三教之外的"小说教"，堪称一语中的。⑪此外，在明代，诸如鼓板、评话、弹唱、说书这些民间艺术形式，已经被作为"时调新曲"，得到广泛流行。这些艺术形式通常是半说半唱，内容极浅极俗，甚至不用一字文言，全是白话，于是就得到了"妇人童子"的喜爱。所以，吕坤就认为，应该利用这种在民间喜闻乐见的通俗艺术形式，将官方的教化融入其中，以便对普通的民众加以教育。⑫

综观明清通俗文学，大抵具有三大功能：一是教化功能；二是娱乐功能；三是传播历史知识功能。教化功能已如上具，不再赘述，下面就其娱乐功能与历史知识传播功能稍作申论。

在明清民间风行一时的戏曲小说，堪称民间百姓甚至妇女主要的娱乐方式。如明人叶盛就认为，小说戏文一类的"杂书"，"农工商贩，钞写绘画，家畜而人有之；痴騃女妇，尤所酷好，好事者因目为《女通鉴》，有以也"⑬。换言之，在百姓大众的心目中，小说不过是一种娱乐之具。即使是一些文人士大夫，也敏锐地觉察到了小说最大的功能，还是在于可以"娱目适情"。⑭

至于戏曲小说的历史知识传播功能，因为牵涉到如何认识历史与文学之间的关系问题，在此更宜详加讨论。早在明代，人们已将《西厢记》称为《春秋》。据史料记载，当时的大学士尹直在京城时，在轿中看到书铺门前"标帖"上打出了《崔氏春秋》的广告，就笑道："吾止知《吕氏春秋》，乃崔氏亦有《春秋》乎？"于是急忙买了一册，到家一读，才知此书所讲为崔氏莺莺之事，其实就是《西厢记》。为何有如此称呼，乃至与儒家经典《春秋》同名？有一种说法认为《西厢记》正如《春秋经》一般，笔法相当之严。这当然是一种误测。按照李开先的解释，《西厢记》之所以被称为《春秋》，是因为剧中所记，"会合以春，别离以秋"。这种称呼的出现，固然有书商故弄玄虚，借《春秋》以操作《西厢记》的嫌疑，但大抵亦从一个侧面证明了《西厢记》一剧在明代已经具有相当大的影响力。⑮清初人王士祯对小说演义与历史之间的关系也作了详细考述，肯定小说演义的教化功能。他认为，小说演义亦各有所据，至于野史传奇，"往往存三代之直，反胜秽史曲笔者倍蓰"。⑯

王德威在为自己的论文集《想像中国的方法》一书所作的序言中，提出了"小说中国"这样一个概念，其意无非是通过"小说"而找到一种"想像中国"的方法。⑰这是一个文学史家通过小说而"虚构"的中国，或者说"虚构"的中国历史。王德威显然对通过小说而"建构"中国（或者说中国历史）持一种怀疑的态度。从文学家的眼光乃至所承担的职责来看，他的话应该有其存在的道理。换言之，如果我们想从文学中重新建构起一个与现实历史平行或者说不同的历史世界，或许是徒劳的。但若是观察文学的主体换成历史学者，当他们以一种历史的眼光去观照中国文学时，显然其感受与王德威大为不同。尽管历史学者承认凭文学"虚构"起来的中国，确实不同于现实历史所客观展现的中国，但历史学者同时也不难发现，文学中国仍然难以超越历史（现实）中国而独立存在。说的更为直接一点，文学中国是历史中国的一部分。正是本着这样一种精神，当历史学者去重新阅读各种文学作品时，并非是将各类作品视为虚构的历史，而是历史的一种真实反映。这就是说，历史学者的职责不是"想像历史"，或者说"想像中国"，而是"发现历史"或者说"发现中国"，藉此而重建更为完整、真实的历史中国。这就是说，文学家所力图建立起来的"小说中国"（或更大范围的"文学中国"），并不是历史学者研究文学作品的目的，历史学者所应尽的最大努力，理应是借助文学作品发现或者阐释更为多姿多彩的"历史世界"。

从文学发现历史，这不仅仅是一句口号，而是一种研究方法的转变。这种研究方法，归根结蒂就是为了寻求文学中的历史世界，亦即描绘一幅一个历史学者眼中明清文学图景。换言之，文学中的知识世界丰富多彩，历史学者所能观察到的，不仅仅是作品的文学性，而是一种反映作品时代的社会史料。以此为讨论的起点，进一步探讨文学与法律之间的关系，显然是法律社会史研究的新趋向。⑱本文以明清通俗文学作品为史料，系统探讨文学在国家法律知识普及化方面的具体作用，对明清时期从地方到中央的司法程序加以重新建构，并逐一剖析明清法律文书，进而对文学所见司法人员形象进行仔细的描摹，藉此重构明清时期的"诉讼社会"。

一　文学：国家法律知识的普及化

通俗文学作品在明清民间公共知识体系建构过程中起到了至关重要的作用。明清通俗文学作品所展示的民间公共知识，包括历史知识、地理知识、法律知识、伦理知识、经济知识、官场规制、经典文化等等。⑲

在明清通俗文学作品中，蕴含着相当丰富的历史知识。此类历史知识，大抵包括下面两类：一是民间百姓从文学作品中可以获取历代人物知识，如程万里所辑《鼎锲徽池雅调南北官腔乐府点板曲响大明春》卷四中层，收录了一首《古今人物挂真儿歌》，其中所涉历代人物颇多，甚至包括当朝的正德皇帝。⑳根据黄小荣的考察，"民间认为，文学作品中的历史人物与历史著述中的历史人物是完全相同的。这就意味着，文学作品对民间思想、民间观念所具有的重大影响力，历史文学就是历史记载"。㉑二是民间百姓从文学作品可以获取历史年代的知识，如曲本《时调青昆》卷一中层，通过帝王在位时间的先后，将明代的历史年代用歌曲的形式将其通俗化，以便于百姓的记忆。尽管尚是简单的历史年代知识，却同样暗寓对明代帝王的褒贬。㉒

民间的法律知识与法律观念，并非直接来自朝廷所颁发的律例，通常来自一些通俗化的日用类书或通俗文学作品。换言之，即使是朝廷的律例，通常也需要有一个通俗化的过程，方可使民间百姓得以理解。如明太祖朱元璋在颁发了律令之后，鉴于"民一时不能尽知法，意或有误罹于法者。"于是，就下令大理寺卿周祯等人，让他们在已经颁布的律令基础上，除礼乐制度、钱粮选法之外，"凡是民间所行事宜，类聚成编，直解其义，颁之郡县，使民家谕户晓。"最后，成一部《律令直解》，在吴元年（1367 年）十二月颁发。㉓此书是一部律法的通俗解释书。至于一些地方官，同样希望通过对百姓讲解通俗化的朝廷法令，以达到"省刑"的目的。如清初人汤斌在任陕西潼关道按察副使时，就要求州县官员选择"律令中民间易犯当晓者，另刊刻大字条例分布。乡约时常讲解，使晓然知天理之昭彰，王法之森严"㉔。

在明清两代，国家法律知识的普及化，照例通过下面三个途径：一是日用类书；二是家法族规；三是通俗文学作品。

日用类书在明清时期的平民教育中起到了相当重要的作用。㉕而在平民教育的内容中，大抵也包括法律知识的教育。如在明末清初，曾流行一本《庄农杂字》，专供村童学习。在此书基础上，蒲松龄也编了一本《日用俗字》，其中《争讼章》第二、三云："劝君软弱莫强梁，忍气真为省事方。……家中无事真清福，鼾眼直到大天光。"㉖这种戒"争讼"的意识，其实就是"息讼"甚或"无讼"思想的反映，而且已经深入到村童与庄农之中。

在明清儒家学者中，无不认为"讼非美事"，所以，主张尽量避免打官司。如姚舜牧在《药言》中就说："讼非美事，即有横逆之加，须十分忍耐，莫轻举讼。到必不可已处，然后鸣之官司。然有从旁劝释者，即听其解已之可也。"㉗可见，鸣之官司是百般无奈之下的举动。民间有了争执，最好还是不打官司，而是采用一种民间调解的形式。这种思想同样影响到了民间的家法族规。如宋诩在《宋氏家要部》中说："朝廷有禁有止，禁所以禁人不敢妄为也，制所以制人不可过为也。谨肆之间，祸福常倚伏焉。凡为公、为卿、为大夫、为士、为庶人者，皆其臣子，而不犯君之禁制，无赢豕孚蹢躅，则可以安枕而卧矣。"㉘可见，家规中所含的法律意识，无不符合国法，而尤其倡导或鼓励家族内的族人遵纪守法。

在家规所倡导的遵奉国法之条中，最为常见的是要求族人及时完纳钱粮。如姚舜牧《药言》中，就引用了当时的一则民谚，其中云："若要宽，先完官。"他要求自己的族人，在钱粮上切不可拖赖，以免吃不必要的官司。宋诩在《宋氏家要部》中，也表达了相同的意思。他说："君之于民，惟赋役二者以烦民也。有田则有赋，依限而完之；有身则有役，依期而付之。"㉙

从明清曲本中，我们同样可以发现很多民间的法律知识。㉚如《新刊徽板合像滚调乐府官腔摘锦奇音》卷五《时兴酒令》："一令要《千家诗》一句，尾用《大明律》合意：一枝红杏出墙来，侵占官街。满船空载月明归，越渡关津。春宵一刻值千金，高抬时价。"㉛又，《鼎刻时兴滚调歌令玉谷新簧》卷三也有相同的酒令，可见二者的知识传播和来源。《新锓天下时尚南北新调尧天乐》卷下《时尚酒令》："一令要二曲牌名贯串，中间一衙门，末要《大明律》一句合意：一江风送夜行船，走过巡检司，越渡关津。一锭金买红纳袄，告到布政司，高抬时价。要孩儿去滚绣球，拿到兵马司，游手好闲。""一令要一药名，中一曲牌，名下要《大明律》一句：红娘子笑和尚，闺门不正。黑牵牛夜行船，暗渡关津。刘寄奴骂玉郎，奴仆欺主。"㉜上面酒令中之"侵占官街"、"越渡关津"、"高抬时价"、"游手好闲"、"暗渡关津"，均为《大明律》的条文。

究其起源，此类"时尚酒令"或"时兴酒令"中所含法律条文知识，大抵来自明清文人的游戏之作。如明末人王思任曾就弈棋一事中所经常出现的争执现象，戏作《弈律》，其中所引，均为《大明律》的条文。如"白昼抢夺"条云："凡白昼抢夺人棋，杖九十，徒二年半。强悔者，杖七十。哀悔者，笞五十，听悔一次，仍纪过罚一子。"其中作者所作纂注，进而将《大明律》条文应用到弈棋中，其中有云："言白昼，则灯下在其中。抢夺者，谓人持子未下，或下子未定，而遽从手中夺之，以起其子也。情虽弱而实则弱，故徒惩之。强悔杖七十，恶其强也。若哀悔者，尚有输服之意，笞之，而听悔一次，所以示怜，又必纪过罚子，以责其改，所以示法律，可谓宽严并济矣。"㉝又如"教唆词讼"条云："凡教唆者杖八十。把持喝令，扛帮扶同者，杖九十。罢局不叙，愿终者听，该着立案不行。"其纂注云："弈如两家之讼，久之曲直自见，乃旁观人代为之弈，何为也？教唆以言语，把持喝令，则以强力，扛帮扶同，则以串谋矣，故杖有不同。而罢局则一愿终者听，听被害之人愿终也。所教之着，断然不许依用也。"㉞

翻阅传统史籍，无论是正史，还是野史笔记，妒妇触目皆是。即使是那些帝王将相，尽管不难驾驭群雄，傲视海内，但一旦到了闺阃床笫之间，往往英雄豪杰气概荡然无存。而所谓的"千古奇妒"，其对待他人的方法，甚至不乏刻眉、灼眼、髡头、椎墓之类，其妒而生怪确实令人瞠目结舌。按照传统一般的说法，认为美女宜妒，而丑者不宜；巧者宜妒，而拙者不宜。这显然是对妒妇的一种误解。其实，妇女之妒，归根结蒂在于一夫多妻制度的存在。当然，除此之外，若是从人性的角度稍加探讨，还是因为毒出胎根、孽缘性结所致。鉴于此，当时的一些文人士大夫就戏作"妒律"一类的书籍，对于妒妇的心态、行为，亦即所谓的"魑魅魍魉"，确乎做到了情状毕现。下面以清朝人陈元龙所著《妒律》一书为例，对妒妇心态与行为稍作概括。

《妒律》一书，模仿正规法律之书，将妇女的嫉妒行为分析为"名例"、"吏部"、"户部"、"礼部"、"兵部"、"督捕"、"刑部"、"工部"八个部分，一一加以钩稽，并定出相应的惩治条例，缕析条分，比例严密，却又不及大辟之罪，以从宽典。尽管作者写作此书的目的，在于以慈悲心，转大法轮，使慧心者读之，竞竞自好，更使那些顽悍者能赧赧自惭。可见，正是因为国家的法律无治妒妇之典，无奈之下，一些文人士大夫只好戏作"妒律"一类的书籍，以期对妒妇有所教化。⑤继《妒律》之后，芙蓉外史又于清道光二十五年（1845 年）作《闺律》一书。《闺律》包括"吏律"八条、"户律"六条、"礼律"七条、"兵律"九条、"刑律"七条、"工律"四条。⑥此类士大夫模仿法律条文而撰写的游戏之作，一旦传入民间，也会对民间法律知识的获取及法律观念的形成造成一定的影响。

综上所述，民间百姓通过文学可以获取基本的法律知识。民间百姓一旦具备了法律常识，自然就会对官方所确立的法律发表自己的看法。《鼎契徽池雅调南北官腔乐府点板曲响大明春》卷六刊载了一句当时的民间歇后语，云："《大明律》做衣服穿——一身罪名。"⑦歇后语的言外之意，无非是说《大明律》仅有法律惩戒，没有法律保护，大抵反映了民间对法律的表达方式及其态度。

二　文学与明清时期诉讼程序的重构

明人韩邦奇就明代的内外司法系统作了下面的概述："国家法古制刑，内则总之三法司，外则总之提刑按察司。后又特差监察御史审录，都御史巡抚，且皆付以纠察之寄，其法详且尽矣。至于锦衣卫之设，盖以待夫隐罪极恶，天子非时震怒，特遣下之，非以为常者也。"⑧由上面这段记载不难发现，明代的司法系统大抵可以分为内外两大系统，内以三法司"总之"，外以提刑按察司"总之"。此外，诸如锦衣卫与东厂负责的司法系统，专司"诏狱"，属于"非以为常者也"。除了内司法系统不加变更之外，明代的外司法系统却有所转变。明代中期以后，布政司衙门逐渐淡出地方司法事务，而是由按察司衙门专门负责。在按察司之外，陆续出现了巡按御史、巡抚都御史，加上原先的按察司，就合称"三台"。所谓三台，就是按察司称"外台"，巡按御史称"御史台"，巡抚都御史称"都台"，这三个衙门成了地方上最高的司法机关。换言之，随着巡按御史与巡抚的增设，外司法系统从按察司"总之"，转而成为按察使、巡按御史、巡抚一起"总之"。

下面以文学作品为例，再参之其他史料，对明清时期内外诉讼程序加以重新勾画。

（一）司法程序概说：从地方到中央

明人蹇义云："刑部、都察院职典刑名，而大理寺有专详谳。"又云："旧制刑部、都察院罪囚，皆送大理寺审录无冤，然后发落。有异词者，驳正之，所以法得其平，罪得其当。今大理寺乃同原问官会审，设有冤抑，因何敢辩？"⑨从蹇义所云不难发现，明代中央的三法司，原本各司其职，刑部、都察院审定的案子，最后必须由大理寺"详谳"，经大理寺"审录"之后，方可发落。若有"异词"，大理寺有权加以"驳正"。但随着时代的变迁，内司法系统的职责也随之有所改变，此即三堂会审制度的形成，亦即大理寺不再单纯是一个封驳机构，而是与刑部、都察院一同会审罪犯。

在明代中央，有两套司法系统：一是"法司"系统。所谓法司，就是指刑部、都察院、大理寺，其职责是"纠正官邪，清平狱讼"；二是"诏狱"系统。负责诏狱的衙门，主要是东厂与锦衣卫，其职责是"缉捕盗贼，诘访奸宄"。按照制度规定，这两套司法系统，既有各自的专责，又在处理司法事务时会发生关系。从职掌上说，凡是贪官、冤狱，照例应该先由法司提问辩明，若是有隐情曲法之处，才听从东厂、锦衣卫"觉察上闻"。凡是盗贼奸宄，照例应该先由东厂、锦衣卫缉访捕获，审问明白之后，再送交法司，"拟罪上闻"。⑩

自景泰以后，明代中央的司法程序已经发生一些变化，其最明显的例子，就是诸如刑部、都察院、大理寺等"法司"衙门开始在拟发罪囚时，"多加参语奏请"。⑪至南明弘光朝时，朝廷司法会审制度又稍具变化。按照李清的记载，重大案件的会审，一般是在大理寺进行。如王之明案"三讯"时，首先将"圣旨"安放在堂中，以此证明是奉旨而审；其次，参与者除了三法司堂官之外，尚有锦衣卫官员与其他三位御史；第三，会审时座次的排序，三法司与锦衣卫皆在"圣旨"旁侧坐，而御史的座位则稍后；第四，在会审时，诸如都察院都御史李沾等名为"堂官"，实则"唯唯"而已，实际的"指挥"者则为御史张孙振。⑫这一变化，正如李清所言，堪称"前此未有"，属于一种特例，但也部分说明了至南明时，法司系统与"诏狱"系统趋于合一。

明代无名氏所撰小说《包青天奇案》的记载则更为详细。小说中之《三娘子》一则，记载了当时从地方到朝廷的法律程序，尤其突出了中央大理寺的作用。从小说的记载可知，知县审结的案件，必须经过知府复审；一经知府审定，大抵可以成为定案，上报朝廷。若是杀人一类的大事，必须经过朝廷的秋谳，而大理寺对案件的封驳则尤显重要。如小说中所记载的案件，即为大理寺发现了其中的破绽，再发回地方巡按复审。⑬这篇小说，已经完整地勾画出了明代从地方到中央的诉讼程序。

（二）地方诉讼程序：以《醒世姻缘传》等为考察中心

明人靳学颜就一省刑政之管辖权限关系，曾作如下概述："臣愚以为一省狱情，有巡按、臬司、守、巡主持乎上，有郡、县有司分决于下，民之冤抑者鲜矣。"⑭细绎其旨，明代的地方司法机构分为上、下两层：上层为按察使、分守道与分巡道；下层则为府县两级衙门。

靳学颜的概述仅仅涉及地方司法衙门系统，恰恰忽略了基层司法体系。其实，无论是街坊邻里，还是乡约或"地方"，在地方司法事务中，往往都是最初的一环。地方有了案子，尤其是牵涉到人命、盗情的案子，由于在明代多采用一种连坐，必然与邻里有很大的干系，所以一旦发生案子，邻里就会及时上报，会同"地方"、乡约将案子呈报到县里。⑮

按照正常的审案程序，一件案子首先经过县官审结之后，由府推官再审，推官审定，就"领文解道"。所谓的道，一般经管司法事务的包括分守、分巡、提学、兵备之道。若是分巡道，照例需要3次"驳审"，才可以最后定招。不管县官审案结果是否得当，道一级的3次审驳，这几乎已经成为明代地方司法程序中一种不成文的惯例。关于此，明代小说《醒世姻缘传》有详细的记载：

> 次日，往府里投文，点过名去。又次日，领文，方知批了聊城县。聊城审过，转详本府，又改批了冠县。一干人犯又跟到冠县，伺候十多日，审过；又详本府，仍未允详；又改批了茌平县。一干人犯又跟到茌平，又伺候了半个月，连人解到本府。虽是三四次驳问，不

过循那故事，要三驳方好成招。一个刑厅问定，本县复审过的，还指望又甚么开豁？本府人犯带回本县，分别监候，讨保，听候转详，由两道、两院一层层上去，又一层层批允下来，尽依了原问的罪名。⑯

上面所说的"两道"，据文意可知是分巡道与提学道，而"两院"则指按院与抚院，也就是巡按御史与巡抚。通过这条记载，可以将审问过程稍作示意如下：本县→本府→道→府→聊城县（隔县）→本府→冠县（隔县）→本府→茌平县（隔县）→本府→本县，数来中间确有三四驳问。这一过程至少说明，明代地方的司法程序并非是简单的县、府、两道、两院那样层层审问与上报，而是中间有一些波折。这波折主要发生在被道驳回之后，其间的审问照例循着一种惯例，需要三驳，才可以最后定招。于是，在这期间，人犯与干证就在邻近各府、县之间往返，甚至疲于奔命。

明代无名氏所撰小说《百断奇观重订龙图公案》（今印本改为《包青天奇案》），是一部汇集审案的公案小说，里面关于地方诉讼程序虽不系统，但涉及内容亦甚多，大体可以勾勒如下：

一是先告县衙，知县审定，并行文申明上司，一般是申解府衙，但若不服，在巡按出行时，尚可上告，再行审理。

二是直接到巡按衙门告状。

三是先告府衙，知府审定。若不服，尚可至巡按出行时上告。这种案件巡按可以自己直接审定。

四是巡按在巡行各府、州、县时有放告之期，若是民间在诉讼中有冤枉案件，可以在放告日期，前去告状。在碰到这种上告案件时，若是巡按自己事务繁忙，可以发给下属的府推官审案，审结后再上报巡按。有时巡按接到讼案后，也会将案件发给下属知府审理。

五是拦舆控禀，在小说中一般又写成拦住官员的马头，具状呈告。⑰

清末李伯元所著小说《官场现形记》，对清代地方司法程序的记载亦颇为详尽。按照小说的记载，清代江西的首县为南昌县。民间百姓打官司，一般先试到首县衙门告状。若是首县办不了，再到首府、首道。再不然，就到巡抚衙门。若是巡抚衙门还是解决不了，最后才是"京控"，也就是到京城告状。⑱

在地方司法实践中，除了诉讼程序之外，更应关注"法"与"罚"之间的关系。尤其自明代嘉靖以后，地方官员听讼，更多地盛行一种罚的做法，包括罚金、输谷，甚至罚纸。此即所谓的"赎刑"。究赎刑盛行的原因，大抵有下面两点：

首先，朝廷积谷备荒制度的存在，迫使地方官在具体司法实践中，更多地以"罚"代"刑"。按照明代的制度，"有罪则有赎，有赎则有谷"。至于具体的处罚职权，则稍有等次。一般说来，从戍刑而上，照例需要申详巡抚、巡按，此即"抚、按之赎"。自徒刑而上，照例需要申详司道，此即"司道之赎"。至于地方府、州、县等"有司"官，只有杖刑而下者，才有权力自己加以处罚。因为杖刑而下的处罚太少，由此也就导致了下面的恶果，即地方有司官"刻意推求，以无力为有力者，于是有多方科罚，借民资以遗己责者矣。虽有贤者，亦所不免，虽有严禁，不能猝止，其势然也"⑲。

其次，罚赎之刑的存在，最终导致了地方官员可以"任情出入，锻炼成狱"。此类任意改刑为罚的做法，名义上是为了解决地方上的积谷备荒或办公经费，事实上已经成为地方官员中饱私囊的最好借口。正如史料所言："迩来有司听讼，类多任情出入，锻炼成狱。又在彼所犯，本无重情，而家道颇丰，必为罗织，假积谷之例，托兵费之名，多则罚金数百，少亦输谷数十。"⑳换句话说，明代中期以后，地方官司中出现较多的以罚代刑现象，主要还是为了满足地方司法衙门人员的私欲。⑤至于纸赎之改而取银，更是便于地方官员从中中饱私囊，一如明人王邦直所言："夫纸赎之取银，实有司之私弊也。州、县之所问者，多不登报；上司之所问者，多为馈送。"②即使是一省负有司法职责的巡按，通常也通过刑狱官司向地方索取钱财。史载明末，巡按御史巡视地方，假借馈赠京官之名，向地方官索要钱财。地方官无奈，只好通过坐赃、科罚的手段，以敛取钱财，满足巡按御史的欲望。③于是，在地方讼牍中，科罚越来越多。至于在科罚手段中，更多地出现罚纸的名目，主要是因为当时地方官府中文移越发增多，公文往来多如牛毛。这些公移都需要纸的使用，地方官员又不愿自己承担公文所需纸张的费用，通常是派自里甲，但有时也通过罚纸以解决纸张的匮乏。正如海瑞所言："近日文移繁，用纸甚多。本县于自理词讼内，取兼二分纸价给用，不派里甲。窃意文移之繁，出自近日。"④海瑞说这番话之时，正值他出任淳安知县任上，其所说的情况基本反映了当时的实况。按照惯例，巡按御史与布政司、按察司衙门的"纸赎"，原本都应该解送到京城，以充边饷之用。但在实际的执行过程中，不过是"任情送人，甚者私入囊箧"⑤。

明代中期以后，以罚代刑在地方司法事务中相当普遍，甚至在小说中也得到部分的反映。如小说《醒世姻缘传》中就有下面的记载，一位知县在审理一起案子时，其最后的处理结果，是对海会、郭姑子两位罪犯说"免你问罪，各罚谷二十石"；而对监生晁源流，则说"免你招部除名，罚银一百两修理文庙"。明代的小说也揭示出，所谓的罚纸，也已经形成了一种旧规，最后也都是折银，一般是每刀罚纸折银6两。⑤

（三）卫所诉讼体制：以《金瓶梅》、《海烈妇百炼真传》为考察中心

明代的制度体系，大抵可以分为军、民两大系统。这套制度在清初尚有部分的遗存。相关的重要的法律事务，在中央有三堂会审制度，在地方上同样存在着会审之制。地方法律事务会审制度的存在，在很多程度上是因为有时案子牵涉到军、民双方。按照明朝的制度，发生在卫所的案子，大多由卫审理；而发生在地方府、州、县的案子，则由府、州、县审理。这是地方事务方面的军、民之别。但时日一久，由于明代各地卫所的分布，绝大部分是与府、州、县犬牙交错，有些案子势必牵涉到军民双方，于是自明代中期以后，在地方司法程序上出现了两种新的变化：一是会审制度的出现，二是地方上的武官可以兼理"民讼"。

明代地方司法会审之制，景泰六年（1455年）已经作出了明文规定：若是罪囚是在都指挥司、布政司二司，就会同二司官审理；若是罪囚在府、卫，就会同府、卫官；若是在按察司及巡按御史，就不再需要会官审问，可以立刻讯结。⑤这一会审制度的特点，就是因为都司、布政司或府、卫，都不是专职的法律衙门，无权直接审结罪案，必须会官同审。至于按察司、巡按御史，他们本身就是一省主管刑事的最高官员，就有权直接审结，不必会官。

明初所定《大明律》，对发生在军官与军人之间的诉讼案件，也相应作了程序上的规定。从制度规定上看，大抵可以区分为与民相干与不相干两类，案件性质不同，其设立的程序也就有所差异。从与民相干的案子来看，又可分为以下两种情况：第一种情况是军官、军人犯了人命案子，那么管军衙门就必须约会有司检验，但最后还是应该由管军衙门审理；第二种情况就是军官、军人所犯案件仅仅涉及奸盗、诈伪、户婚、田土、斗殴之类，那么管军衙门必须与地方有司"一体约问"，也就是共同审理。至于与民不相干的案件，就允许本管军职衙门自行追问审理。法律进而规定，管军衙门无权越分审理民间百姓的词讼。⑤

明代中期以后，卫所日趋民事化，相关的民事诉讼案件也逐渐增多。卫所的诉讼程序，既与地方诉讼程序相同，也有部分的差异。从其相同性来看，发生在卫所中的诉讼案件，最后必须上

报到司道、巡按或巡抚衙门，这与地方府、州、县所发生的民事案件基本相同。从其差异性来看，卫所中所发生的案子，一般是由卫初审，这与地方上由县初审不同，在随后的复审中，其参与者分别有守备、都司等衙门。这显然是卫所诉讼案子的特殊性。

迄今尚有留存的明代辽东档案，为我们了解卫所诉讼程序提供了极大的方便。为了进一步探讨的需要，不妨引发生在弘治年间与万历年间的两起诉讼案子为例，对明代卫所系统诉讼程序作一分析。

第一起案子发生在弘治九年（1496 年），案情是盖州卫关于马森、符荣结伙强盗和强奸妇女之事。根据现存档案，其程序是原告先赴卫告理，卫中所镇抚审理。卫中审结之后，照例需要呈报到都司。辽东都司知道案情之后，下札付给卫，让卫开具招由呈报，由司道官员会审。司道会审之后，认为议拟欠当，驳回再审。案件回到卫中，经再审之后，重新上报到辽东巡抚衙门与辽东都司衙门，由巡抚与都指挥使重新审过。尤其值得注意的是，即使是巡抚审结的案子，经过巡按御史验察案子的前后经过，如果认为拟罪不合适，同样还可以驳回重审。这一件案子，最后就是由辽东巡按御史会同辽东赞理军务都察院右副都御史、辽东都指挥使三人一起会审。[59]

第二起案子发生在万历二十年（1592 年），案情是参处犯官及甲军之事。根据现存档案，其程序是先备呈清河守备，具呈辽阳副总兵。[60]手本过送分守辽海东宁道，牌行辽东都司经历司，拘提失事人员，有了招由与参语之后，再解送到分守道。在解送期间，辽阳副总兵仍通呈巡抚、巡按两院，得到巡按、巡抚的批语，最后均由分守道查报。[61]

从上面两个案例可以知道，明代卫所诉讼案件，照例是由卫所自己审结，然后再上报到司道，主要是由分守或分巡二道会审。假若会审时认为议拟欠当，就可以驳回卫中再审。若是重大或有疑义的案子，则由巡抚、巡按、都指挥使三人会审。上报到都司的案子，一般就由断事司的断事、副断事、吏目共审，审结之后，再由经历司呈报。

军中发生司法案件，将领究竟有多大的管辖权限？关于此，彭泽在上疏中所言，大体可以为我们提供进一步考察的依据。他说："各将领于所辖官军，除临阵退缩，许用军法外，其余有犯，止用常刑。其情罪稍重者，行抚、按参治。如有酷用非刑，致损人命者，听各该抚、按纠举论罪。"[62]可见，常刑与军法有别。在军事行动过程中，将领可以专擅军法；而在平常一般的民事或刑事案件中，将领必须上报巡按、巡抚。

至于卫所军兵与府、州、县之民杂居的边地，在司法程序上有时难免会出现文武之间的冲突。按照杨嗣昌所言，文武之间的冲突大抵如下：边地民少军多，镇守将领全为土著，他们"或作党结扶同，逋粮占产，窝盗藏奸之事，其势甚易"。反观那些府、州、县官，均属"流官"，而且"不过数人"，于是这些流官"为朝廷典司民社，征办钱粮，弹治豪强，申理冤抑"，其势不得不"常难"。一旦"事发"或产生诉讼案件，地方有司官员只好"不问"、"不提"。然而按照明代的制度规定，这些军民杂处的边地，司法案件照理应该由地方有司负责，都司、卫、所不得"批问理词讼"。至于总督、巡抚、巡按、各道官员，更不可能"自拘犯人"。这就难免使这些边地的司法程序因文武冲突而最终导致瘫痪。鉴于此，杨嗣昌颁布了"简要条款"，其中一款就规定："边地军民，有犯盗贼人命侵欺钱粮透贩禁货，经各院道衙门告发审问者，有司径自行拘，武职不得庇护阻挠，以致脱逃漏网。其别项词讼事牵连证佐等犯，各呈该道移会镇守协路拘发，不得一概径拘，致旷军伍，违者参究。"这是一种在司法程序"权衡文武"的做法，其目的就是为了使文武"两得其平"。[63]

明代兰陵笑笑生所著小说《金瓶梅》，系统地描绘了明代诉讼体制中卫所乃至军事系统中的诉讼程序。从小说《金瓶梅》可知，西门庆告身所写的官职是"列衔金吾卫衣左所副千户、山东等处提刑所理刑"。后来又升为正千户掌刑。⑥小说接下来记载西门庆上任道：

> 忽有提刑所夏提刑，拿帖儿差了一名写字的，拿手本三班送了十二名排军来答应，就回讨上任日期，讨问字号，衙门同僚具公礼来贺。西门庆教阴阳先生，择定七月初二日，青龙金匮黄道，宜辰时到任，拿拜帖儿回夏提刑，赏了写字的五钱银子。⑥

小说中这段记载，大抵有下面几点值得关注：其一，所谓的提刑所，在明代的正式称呼应该是理刑所；其二，卫所辅佐人员中有一种"写字"人，专门替卫所官员服务；其三，卫所官员上任，完全按照明代官场惯例，需要请阴阳先生选定上任的黄道吉日，而且同僚应该提前公贺。

小说随后也记载了卫所的提刑官是如何审案的。小说记载：

> 过一日，西门庆与夏提刑两位官到衙门里坐厅。该地方保甲带上人去，头一起就是韩二，跪在头里。夏提刑先看报单："牛皮街一牌四铺总甲萧成，为地方喧闹事。"⑥

小说所记最初的诉讼负责者是"地方保甲"，大抵已经证实，卫所同样参与民事系统的一些案件。

西门庆虽官为提刑副千户，属于一个"武职"，但因为"京城内外也交结的许多官员"，而且必须讲究"门面"，至于那些"通问的书柬"，西门庆更是自己很难处理，所以只好聘一个"先生在家里"，专门从事一些"写写"一类的事情。⑥这说明明代的武职同样聘请幕宾，从事书柬一类之事。

地方武官兼理民讼，尽管并不普遍，但至少在成化年间就已经可以找到实际的例子。成化十年（1474 年）明宪宗下令，允许镇守在山东临清的都督金事王信"兼理民讼"⑥。这种地方武官兼理民讼的规定，同样在小说中可以得到部分的印证。小说《金瓶梅》所记，就有守备参与地方民事诉讼方面的史实。如小说里面所记载的"周守备"，照理说来不过是一个"武职官"，不应该管着巡检司，亦即不参与民事案件的诉讼。但正如小说所言，这位周守备，"朝廷新与他的敕书，好不管的事情宽。地方河道、军马钱粮，都在他那里打卯递手本。又河东水西，捉拿强盗贼情。正在他手里"⑥。这正好印证了上面的史实。

那么，明代的守备又是如何参与地方民事诉讼的？我们不妨按照《金瓶梅》的记载，稍作钩稽。小说记载，西门庆府里的奴才平安儿偷去印子铺人家当的一副金头面，一个镀金钩子，"走在城外坊子里养老婆"，被吴巡检拿住，监在牢里。吴巡检借此向西门庆的妻子吴月娘"勒掯刁难"。无奈之下，吴月娘只好通过周守备的小妾春梅，将此事告到守备府。这本来就是一件简单的民事案件，吴巡检打算将此案"呈详府县"。但周守备认为，此案"正是我衙门里的事"。所以，第二天就让吴月娘补写一张状纸，告到守备府。周守备当厅出了一个大花栏批文，用一个封套装了，上面批："山东守御府为失盗事，仰巡检司官连人解缴。右差虞候张胜、李安。准此。"最后，吴巡检只好做文书，将平安儿解到守备府。⑦

清代三吴良墨仙主人所撰小说《海烈妇百炼真传》，同样留下了很多地方诉讼程序的例子。小说中所说案件的原由，起因于烈妇海氏因为不从漕军伍长林显瑞的逼奸，上吊自尽，以保贞节。从这个案件中，可以发现清代地方诉讼程序的一些基本特点，大抵可以概括成下面四点：

其一，案件发生之地正好是在常州府，所以首先受理此案的是常州府的推官，亦即小说中所言的"刑厅"朱四府，因为为官廉明，又加上执法无私，民间称其为"朱青天"、"朱铁面"。

推官作为一个刑厅官员，受理地方诉讼案件，应该说是合乎当时的程序。

其二，当朱推官受理了此案之后，自己并非直接审理。考虑到案件中的被告林显瑞是一个"官府莫制的泼悍旗军"，所以又将案件移交给了专管运粮旗军的卫经历司经历，即小说所说的"缪经厅"，缪经厅是一个"卫官"。所以，此案无论是拘拿被告，还是随后的审理，均由这位缪经厅负责。缪经厅在审理过程中，当堂写下口供，一干犯人仍发监候，连夜抄招回复常州府的刑厅，照强奸逼杀人命律例备由申报。

其三，朱推官在接到了缪经厅的申报之后，首先做的一件事，就是追出海氏的尸首，"相验的实"，然再行呈报给"本衙官"。所谓的本衙官，小说虽然没有明言，但大抵可以知道是常州府的知府。知府对朱推官的处理并无大的反驳意见，只是要求朱推官追拿"尸亲"，亦即海氏的丈夫陈有量，以便能将案件更加落实。

其四，朱推官在追拿到尸亲复验之后，核对尸格事实，应该说案件已基本落实。但是考虑到林显瑞是运漕的伍长，事情又关系到人命，所以不便轻易定案，只好连夜写一"五角文书"上报各级"宪司"，"伏候宪裁批示施行"。

向上申报的文书中，所言"宪裁"，即为府以上的各级司法官员。至于上面各级司法官员，小说亦分别列出如下：一是"总漕部院"，亦即漕运总督。因为案件涉及到漕运旗军，所以必须上报给漕运总督，由其作出明确的批复。二是"江抚部院"，亦即江苏巡抚。这是一省的最高长官，地方诉讼案件必须经此一关批复。三是"按察司"，按察司为一省最高司法机构，地方上的诉讼案件在审结之后上报按察司，这是司法必须走的程序。四是"苏松常道"，常州境内所发生的案件，其直接的管辖者应该是苏松常道，等候苏松常道的批复，也是理所当然的事。五是"督粮道"，按照一般的惯例，地方诉讼案件在审结之后，道一级的衙门仅须呈报按察司分司苏松常道即可，然因此案被告是运粮旗军，所以又必须专门呈报督粮道。

上面各级上宪在批复中，或没有提出疑义，或发现府刑厅在审案过程中尚存在着一些疑问，提出了反驳意见，发回仔细详审。这也是地方司法程序中必须经历的"驳"这一关。当上司的批复陆续回到府中以后，朱推官重新对此作出调查与审理，包括另拘人证等等。最后当堂出了"审单"。从小说的记载可知，审单出来以后，一般是由在旁的"招房"高声朗读。所谓的招房，大抵应该是指六房书吏中的刑房书吏。⑪

明末清初人姚廷遴曾就明清两代的司法制度作过比较，肯定了明代司法程序的审慎，却失之烦劳，而清代的司法程序却显得简便许多。他说："明朝人命强盗及万恶访犯，新犯死罪，皆三推六问，情真罪当，似上长枷监候。凡巡按及巡抚、盐院、江院等宪，审录罪囚一次，截去长枷一寸，俟长枷截完方解。决囚必在冬至之前几日，因冬至后，一阳生也，所以不决。临刑稍有可矜可疑者，刀下留还。朝廷又差刑部官为恤刑，按临各省，必开豁几百件，甚至廿余年而未处决者。"入清以后，"极恶大罪，俱限一年奏销，或决或处，不两载而结案，不独原差省盘费驳起解之费，而承行者亦省略节造册之劳，实为简便"⑫。按照清代的定例：徒罪以上通详，杖枷等罪，悉听州县发落。究其目的，正如清人汪辉祖所论，就是为了使诉讼程序归于"简易"。原因其实很简单，"多一重衙门，便多一重费用"，势必给百姓带来更多的负担。⑬这一比较，大抵说来还是相当中肯，并为进一步探讨明清时期的司法程序提供了方便。

三　案牍文字：明清文学中的法律文书

明清时期的法律文书，通常是指那些案牍文字，种类包括告状、诉状、判牍、招稿、审单、服辩、婚书等。下以明清文学为材料，就上述法律文书稍作探讨。

（一）告状

在明清地方司法实践中，其中的状纸可以分为"告状"与"诉状"两种。所谓告状，就是原告的起诉状；而诉状，则是一种反讼，也就是被告的答辩状。

为示明晰，下引小说中的一纸告状作为说明：

> 告状人计都，年五十九岁，本县人。告为贱妾逼死正妻事：都女计氏，自幼嫁与晁源为妻，向来和睦。不幸晁源富享百万，贵为监生，突嫌都女家贫貌丑，用银八百两，另娶女戏班正旦珍哥为妾，将都女囚困冷房，断绝衣食，不时捏故殴打。今月初六日，偶因师姑海会、郭氏进门，珍哥造言都女奸通僧道，唆勒晁源将都女拷打休弃，致女在珍哥门上吊死。痛女无辜屈死，鸣冤上告。计开：
> 被告：晁源、珍哥、小梅红、小杏红、小柳青、小桃红、小夏景、赵氏、杨氏。
> 干证：海会、郭姑子、禹承先、高氏。⑭

从上面告状格式可知，明代的告状一般包括以下几项内容：一是告状人的情况；二是所告之事的前因后果，以及案件所牵连的相关人员；三是详细开列被告人员名单；四是列举证人名单。

关于告状，明代无名氏所撰小说《百断奇观重订龙图公案》，其中也提供了很多的例子，不妨先引用下面两则告状之例：

一见于小说中之《嚼舌吐血》一篇，其告状格式如下：

> 告为灭伦杀嫂事：风俗先维风教，人生首重人伦。男女授受不亲，嫂溺手援非正。女嫁生员乜克忠为妻，不幸夫亡，甘心守节。兽恶克信，素窥嫂氏姿色，淫凶无隙可加；机乘斋醮完功，意料嫂倦酣卧。突入房帷，恣抱奸污。女羞咬恨，嚼舌吐血，登时闷死。狐绥绥，犬靡靡，每痛恨此贱行；鹑奔奔，鹊彊彊，何堪闻此丑声。家庭偶语，将有丘陵之歌；外众聚谈，岂无墙茨之句。在女申雪无由，不殉身不足以明节；在恶奸杀有据，不填命不足以明冤。哀求三尺，早正五刑。上告。⑮

二见于小说之《瓦器灯盏》一篇，其告状格式如下：

> 告为仇不共戴事：蝗虫不捕，田少嘉禾；蠹害未除，庭无秀木。天台若不剿盗，商旅怎得安宁？喇虎阮自强，驾船渡子，损害平民。本月日傍晚，父朝宗幸得蝇头，回经马足，酒醉过船，撑至中流，打落深水，登时绝命，不见尸迹。次日根究伊家，雨伞现证。泣父江皋翘首，正愁闻乌乌之音；渡口息肩，却误入绿林之境。剑寒三尺雪，见则魂飘；口喝一声雷，闻而肠裂。在恶哄接客商，明人实为暗贼；谋杀财命，蜜口变作腹刀。乞准断填。上告。⑯

从上面所引小说中的两份告状来看，告状显然具有一定的格式，基本可以将状纸分为下面几部分：

第一，首句必须明确道出所告之事，即用一句简单而又明了的话，概括原告告被告之事由。

如上面第一份状纸为"告为灭伦杀嫂事"，第二份状纸为"告为仇不共戴事"。

第二，说出原告告状的理由或缘由，亦即为何起诉被告。为了使官员能接受这份状告，原告在状纸中通常会将其提高到比较高的高度，以说明所告之事的重要性。如第一份状纸提出起诉的理由如下："风俗先维风教，人生首重人伦。男女授受不亲，嫂溺手援非正。"第二份状纸的起诉理由如下："蝗虫不捕，田少嘉禾；蠹害未除，庭无秀木。天台若不剿盗，商旅怎得安宁？"

第三，简单说出案情，这是对起诉理由的补充。如第一份状纸的案情如下："女嫁生员乜克忠为妻，不幸夫亡，甘心守节。兽恶克信，素窥嫂氏姿色，淫凶无隙可加；机乘斋醮完功，意料嫂倦醺卧。突入房帏，恣抱奸污。女羞咬恨，嚼舌吐血，登时闷死。"第二份状纸的案情如下："喇虎阮自强，驾船渡子，损害平民。本月日傍晚，父朝宗幸得蝇头，回经马足，酒醉过船，撑至中流，打落深水，登时绝命，不见尸迹。次日根究伊家，雨伞现证。"

第四，原告提出起诉的要求。为了使起诉理由更为充分，所以原告在提出起诉要求时，就会道出自己身具何等的冤屈。如第一份状纸的起诉要求如下："狐绥绥，犬靡靡，每痛恨此贱行；鹑奔奔，鹊彊彊，何堪闻此丑声。家庭偶语，将有丘陵之歌；外众聚谈，岂无墙茨之句。在女申雪无由，不殉身不足以明节；在恶奸杀有据，不填命不足以明冤。哀求三尺，早正五刑。"第二份状纸的起诉要求如下："泣父江皋翘首，正愁闻乌鸟之音；渡口息肩，却误入绿林之境。剑寒三尺雪，见则魂飘；口喝一声雷，闻而肠裂。在恶哄接客商，明人实为暗贼；谋杀财命，蜜口变作腹刀。乞准断填。"

第五，通常用"上告"一句，作为原告状纸的结束语，这显然是程式化的东西，大抵变化不大，适合于每一份告状。

状文一般有固定的格式，以供写状人的习练。但有些写状人，有时也喜欢将状文割裂了，希望能中得主司衙门的心意。这种状式，可以引一例如下：

> 告状人，狄门吴氏，年二十，又零着四。为光棍，打抢大事：三月三，因回家去，通仙桥，光棍无数，走上前，将奴围住；抢簪环，吊了鬏髻；夺衣裳，剥去裙裤；赤着脚，不能行步。辱良家，成何法度？乞正法，多差应捕。本府老爷详状施行。⑦

这种状式既有四六文的影子，也与歌词相近。尽管小说的作者是为藉此讽刺八股文风问题，尚无法从史料中印证是否状式有向这方面变化的证据，但在没有更多史料证据的情况下，姑且也可以成为一种别证。

（二）诉状

被告一旦被人所告，法律允许他们有答辩的权利，可以写下一纸诉状，为自己辩解。下引明代小说中所登载的诉状，作为例子：

> 诉状人监生晁源，系见人北直通州知州晁思孝子，诉为指命图财事：不幸取习恶计都女为妻，本妇素性不贤，忤逆背伦，不可悉数。昨因家事小嫌，手持利刃，要杀源对命。源因躲避，随出大街撒泼。禹承先、高氏等劝证。自知理屈无颜吊死。计都率领虎子计巴拉，并合族二百人，蜂拥入家，将源痛殴几死；门窗器皿，打毁无存；首饰衣服，抢劫一空；仍要诈财，反行习告，鸣冤上诉。
>
> 被诉：计都、计巴拉、李氏，族棍二百馀人。

干证：禹承先、高氏。⑱

从上面的诉状格式，同样可以知道诉状也包括下面几项：一是诉状人的情况；二是所诉之事的前因后果，以及案件所涉及的有关人员；三是详细开列被诉之人；四是举出证人。

告状与诉状格式内容基本相同，两者的差别在于原、被告正好相反。在状纸中，有一句特别不同。告状最后用的是"鸣冤上告"，而诉状则称"鸣冤上诉"。

关于诉状，明代无名氏所撰小说《百断奇观重订龙图公案》也提供了很多的例子，不妨先引用下面两则诉状之例：

一见于小说中之《嚼舌吐血》一篇，其诉状格式如下：

> 诉为生者暴死，死者不明；死者复生，生者不愧事：寡嫂被强奸而死，不得不死，但死非其时；嫂父见女死而告，不得不告，但告非其人。何谓死非其时？寡嫂被污，只宜当时指陈明白，不宜死之太早；嫂父控冤，会须访确强暴是谁，不应枉及无干。痛身拜兄为师，事嫂如母，语言不通，礼节尤谨。毫不敢亵，岂敢加淫？污嫂致死，实出严道；嫂父不察，飘空诬陷。兔爰得计，雉罹实出无辜；鱼网高悬，鸿离难甘代死。泣诉。⑲

二见于小说中之《瓦器灯盏》一篇，其诉状格式如下：

> 诉为漏斩陷斩事：人命重根因，不得无风而吹浪；强盗重赃证，难甘即假以为真。谋财非些小关系，杀命犯极大罪刑。痛身撑渡为生，迎送有年，陡因疾病，卧床半月，未出门户。前夜昏黑，不知何人过船，遗下雨伞不把，次早儿往洗船拾归。有源寻父见伞，诬身谋害。且路当冲要，谁敢私自谋人？既有谋人，因何不匿伞灭迹？丁姓之火，难将移在丙头；越人之货，岂得驾称秦产。有源难免无言，当为死父报真仇；天台固自有法，乞为生民缉真凶。上诉。⑳

从所引小说中的两份诉状来看，诉状显然也具有一定的格式，基本可以将状纸分为下面几部分：

第一，首句必须道出被告所诉之事，即用一句简单而又明确的话为自己开脱与辩解。如第一份状纸为"诉为生者暴死，死者不明；死者复生，生者不愧事"，第二份状纸为"诉为漏斩陷斩事"。

第二，说出被告诉状的理由或缘由，尽量替自己找出开脱的理由。如第一份状纸的答辩理由如下："寡嫂被强奸而死，不得不死，但死非其时；嫂父见女死而告，不得不告，但告非其人。何谓死非其时？寡嫂被污，只宜当时指陈明白，不宜死之太早；嫂父控冤，会须访确强暴是谁，不应枉及无干。"第二份状纸的答辩理由如下："人命重根因，不得无风而吹浪；强盗重赃证，难甘即假以为真。谋财非些小关系，杀命犯极大罪刑。"

第三，进一步说出自己平日的一贯行为，或案发时自己的活动情况，以便证明被告当另有其人。如第一份状纸即说出了自己平日的一贯行为，道："痛身拜兄为师，事嫂如母，语言不通，礼节尤谨。毫不敢亵，岂敢加淫？污嫂致死，实出严道；嫂父不察，飘空诬陷。"第二份状纸道出自己案发时的活动情况，云："痛身撑渡为生，迎送有年，陡因疾病，卧床半月，未出门户。前夜昏黑，不知何人过船，遗下雨伞不把，次早儿往洗船拾归。有源寻父见伞，诬身谋害。且路当冲要，谁敢私自谋人？既有谋人，因何不匿伞灭迹?"

第四，为被告答辩的要求。为了使答辩的理由更为充分，被告在诉状中通常亦为说出自己被人冤枉的事实。如第一份状纸道："兔爰得计，雉罹实出无辜；鱼网高悬，鸿离难甘代死。"第二份状纸道："丁姓之火，难将移在丙头；越人之货，岂得驾称秦产。有源难免无言，当为死父报真仇；天台固自有法，乞为生民缉真凶。"

第五，通常用"泣诉"或"上诉"作为被告状纸的结束语，这显然是程式化的东西，大抵变化不大，适合于每一份诉状。

（三）招稿

招稿，又称"招草"、"招由"或"状招"、"供状"，里面所述，就是案犯自己招供事由的原始记录，亦即罪犯的司法供状。明初所定的《大明律》明确规定，招草应该由犯人亲自书写。假若各地方衙门在鞫问案子时，由吏典改写或代写招草，并藉此增减情节，致使罪有出入，就以"故出入人罪"论处。假如犯人确实不识字，才允许不相干碍之人代犯人写招草。[61]若是代写，下面必然会有罪犯的画押。尽管《大明律》对此没有明文，但据事理来判断，应该如此。

照例说来，凡是奏当上请的案子，应该将招由原原本本地附上，让上司知道初情，以便上司衙门可以就案情的实况作出议拟。但事实并非如此。自万历以后，其实大多只是将招由略节上报。从这些经过节略的招由中，所看到的罪犯，无不都是死有余辜。但从初情来看，或许并不如此。一旦根据这些招由作出罪名的议拟，就不免导致罪犯枉死。[62]

司法供状大抵可以分为中央和地方司法衙门两种。据海瑞所看到的刑部供状来看，大多是既能做到案件的前后情节没有遗漏，而言词又极其简短。但在外地方衙门的供状，则往往喜欢铺叙许多"无用说话"，这就导致一些吏书得以在供状中"暗藏字面，出入罪人，官不能免"。[63]所谓"出入罪人"，说白了，就是可以让有罪变成无罪，或者无罪变成有罪。明代的小说记载也证明，地方府一级推官衙门的招稿，通常是由掌案的书办经手，他们就可以在招稿上做手脚，"将那紧要的去处，都做得宽皮说话"。[64]

明代嘉靖以后，府、县官员所作招呈往往喜欢两可调停。举例来说，若是诬告，其拟罪总是采用这样的套语："姑念贫民愚民，改轻拟。"这显然已经成了官员的不传之秘。除此之外，一些地方官员为了不承担丝毫的责任，在招词上又通常采用一种"两可调停，含糊姑息"的方法。[65]为此，明人多就招稿叙事之法作了较为深入的探讨，以便于地方官员能及时加以改正。如明人雷梦麟所著《读律琐言》附录之《招议之式》，曾就招稿之叙事要求作如下规定："序事不可太繁，亦不可太略，须尽犯人本情。有始有卒，务顺理而成章，一话一言，必微文而隐意。"[66]又云："不合字谓之招眼，招内有不合者，议罪须要照应其重者拟罪，其轻若等者除罪，庶招眼不空。但不合故违充军、为民、枷号事例者，议后照例发遣、发配、枷号。是已用其招眼议罪矣，不可复作除罪。今作招者多云除违制，误矣。"[67]这显然也是就当时的招稿文字之弊有感而发。

（四）判牍

关于判牍，明代无名氏所撰小说《百断奇观重订龙图公案》，其中也提供了很多的例子，不妨先引用下面两则判牍之例：

一见于小说中之《嚼舌吐血》一篇，其判牍格式如下：

审得严华元，紊迹玄门，情迷欲海。滥叨羽衣之列，窃思红粉之娇。受赏出门，阳播先归之语；贪淫登阁，阴为下贱之行。弹药染贞妇之身，清修安在？贪花杀服妇之命，大道已忘。淫污何敢对天尊，冤业几能逃地狱？淑贞含冤，丧娇容于泉下；克忠托梦，作对头于阳间。一封之银足证，数行之字可稽。在老君既不容徐身之好色，而王法又岂容华元之横奸？填命有律，断首难逃。克信无干，从省发还家之例；光国不合，拟诬告死罪之刑。⑱

二见于小说中之《瓦器灯盏》一篇，其判牍格式如下：

> 审得罗大，派出宦门，身归贼党。饥寒不忍，甘心谋害他人；货财无资，肆意劫掠过客。闻石坚之嘱水人，赶至渡口；杀朝宗而坑阮渡，埋殁波心。虽因灯盏之误，实欺神庙之灵。黑夜杀人，天眼昭昭难掩；白日填命，王法凛凛无私。自强之诬由兹洗雪，有源之愤赖是展舒。一死之辜既伏，九泉之冤可伸。暂时置之重狱，秋后加以典刑。⑲

从所引小说中的两份判牍来看，判牍显然具有一定的格式，基本可以将判牍分为下面几部分：

第一，案犯的出身及平日行径。如第一份判牍云："审得严华元，紊迹玄门，情迷欲海。滥叨羽衣之列，窃思红粉之娇。"第二份判牍云："审得罗大，派出宦门，身归贼党。饥寒不忍，甘心谋害他人；货财无资，肆意劫掠过客。"

第二，叙述案犯犯案的经过。如第一份判牍云："受赏出门，阳播先归之语；贪淫登阁，阴为下贱之行。弹药染贞妇之身，清修安在？贪花杀服妇之命，大道已忘。淫污何敢对天尊，冤业几能逃地狱？淑贞含冤，丧娇容于泉下；克忠托梦，作对头于阳间。一封之银足证，数行之字可稽。在老君既不容徐身之好色，而王法又岂容华元之横奸？"第二份判牍云："闻石坚之嘱水人，赶至渡口；杀朝宗而坑阮渡，埋殁波心。虽因灯盏之误，实欺神庙之灵。黑夜杀人，天眼昭昭难掩；白日填命，王法凛凛无私。自强之诬由兹洗雪，有源之愤赖是展舒。"

第三，提出具体的判决意见。如第一份判牍云："填命有律，断首难逃。克信无干，从省发还家之例；光国不合，拟诬告死罪之刑。"第二份判牍云："一死之辜既伏，九泉之冤可伸。暂时置之重狱，秋后加以典刑。"

在清代小说中，关于审案的判牍亦多有收录。如清代佚名撰小说《山水情》，记载了帮闲花遇春替主人出主意，强逼新举人卫彩与乡宦之女结亲，导致卫彩逃婚失踪。为此，卫彩的仆童鹂儿与花遇春在巡按衙门打官司，巡按在听取两人对口之后，判花遇春道："你明是只顾赚钱，纯驾虚词，两边哄骗，计赚成婚，以致男逃女死，本该问你个重刑，以正奸媒之罪，且以抵凤小姐之死。只因凤乡宦原担一种强逼成婚，自误其女之命。且卫解元或未至死，难以定招，且扯下去杖责二十，日后定罪。"最后，巡按写下了下面的判词，云：

> 审得花遇春，媒蠹之最狡者，驾虚撮合，误两姓之配偶。是非颠倒，乖生死之姻缘。兹为凤宦画策，哄骗卫解元，强尔成婚于仓卒。致解元不从，效学柳下惠，飘然遁迹于黎明，踪影无稽，死生莫决。花遇春哄骗之罪何辞，重责二十，姑先问杖，以惩奸媒。俟查卫解元死生的确，再定供案。至如凤小姐之死，难明珠沉涧，事属可矜，亦由父误，难以罪人。山鹂儿挺身鸣主冤，实为义仆可旌，花遇春召保发落，所审是实。⑳

从判词的格式来看，清代与明代大抵存在着一定的因袭关系。

判牍有时又称审单。所谓审单，就是地方官员对案件的审理意见。为示明晰，可引小说《醒世姻缘传》中一件审单作为说明。其中云：

> 审得晁源自幼娶计氏为妻，中道又复买娼妇珍哥为妾，虽娥眉起炉。入官自是生嫌，但晁源不善调停，遂致妾存妻死；小梅红等，坐视主母之死而不救；郭姑子等，入人家宝以兴波；计都、计巴拉不能以家教箴其子妹，致其自裁；高氏不安妇人之分，营谋作证。以上人犯，按法俱应问罪，因念年荒时绌，姑量罚惩，尽免究拟，叠卷存案。㉑

从上面这份审单可知，其内容与判牍大体一致。

（五）服辩

在明代，存在着两种服辩：一是罪犯亲自招供并认罪、服罪之文书，二是私自调解诉讼案件时，一方之服罪告饶文书。

从前者来说，如《大明律》规定："凡狱囚徒、流、死罪，各唤囚及其家属，具告所断罪名，仍取囚服辩文状。若不服罪，听其自理，更为详审。"㉒换言之，若是罪犯及其家属对所判不服，可以提出上诉，要求"更为详审"。

一般说来，明代的法律禁止私和人命。㉓但在民间的私例中，却不乏私和人命之事，尤以一般的民事诉讼案子居多。而私自和解的诉讼案子，必须由一方出"服辩"。此时所谓的服辩，就是服罪求饶文书，与一般的民事调解书有相同之处，但也有不同。假若是民事调解书，则是双方在第三方的调解下所共同认可的文书，里面的文字应该是调解人的口气，而且必须有双方的签字。但服辩则稍异，它是在第三方的调解下，一方对另一方的服罪文书。一旦一方表示服罪，而另一方则必须作出"免行告官"的保证。㉔

（六）婚书与休书

男女之间的婚姻，婚书应该是相当关键的法律程序。按照明代福建惠安知县叶春及的司法实践经验来看，凡是男女双方结亲，男方在行纳采、纳征、请期之礼时，无不需要"具书女氏"，而女方也必须回书，这虽然仅仅是一种礼节，但在初定时，确实不可缺少。尽管明代的法律规定，即使没有婚书，只要女方接受了聘礼，就可以承认双方婚姻关系的存在，但若是没有必要的婚书，照例也会带来许多不必要的麻烦。举例来说，若是男女双方父母或媒妁已经死亡，那么即使已经下了聘礼，终究也无法查考。这就不可避免地带来悔亲之举，并导致两家为此而诉讼。㉕

婚书的存在，从某种程度上说是对婚姻双方的约束。凌濛初所编小说《初刻拍案惊奇》记载了一件婚姻诉讼案件，从中即可看到婚书在里面所起的作用。婚姻案件的男方韩子文是一位秀才，女方是开典当铺的金朝奉。当时正值明世宗登基，需要点选绣女入宫。此事传至浙江，民间百姓不加选择，纷纷嫁女。金朝奉正好有一位16岁的女儿，为了避免被选中入宫，就找到韩子文，求其结亲。韩子文深知点选绣女之事，但因自己正好没有娶妻，也就答应此事。但为了避免将来金朝奉悔亲，就要求金朝奉写下一份婚约，再让自己的好友押了花字，作为见证。此外，又要求将金朝奉女儿的衣裳或头发、指甲作为信物，以防后来的变卦。于是，双方就写下了下面这样的婚书：

> 立婚约金声，系徽州人。生女朝霞，年十六岁，自幼未曾许聘何人。今有台州府天台县

儒生韩子文礼聘为妻，实出两愿。自受聘之后，更无他说。张、李二公，与闻斯言。

　　嘉靖元年　月　日。立婚约人金声，同议友人张安国、李文才。

　　在婚书上，金声与张安国、李文才均画了押，将婚书交与韩子文收藏，就算将婚姻关系最终确定下来。接下来是选择一个吉日，约定行礼。韩子文拿出所积束脩银50余两，置办一些衣服、首饰之后，包括剩下的现银均交给金声，行纳币之礼。而金声也将女儿的青丝头发剪下一缕，交给子文收好，以示诚信。

　　至嘉靖二年（1523年），朝廷点选绣女的谣传慢慢平息下去以后，金氏夫妻见平安无事，不舍得将女儿嫁给一个穷秀才，渐渐有点后悔，打算赖掉这桩婚事。于是他就与自己的亲舅子合计，打算通过行贿并打官司赖去婚姻。韩子文因为无钱打官司，无奈之下只得同意退婚，其唯一的附加条件就是退还聘金50两银子，再在此聘礼基础上，加倍赔偿。此事最后至官府调解，知府为一清廉之人，又见韩子文一表人才，有意加以成全，于是就亲加审理，并以韩子文所具的吉帖、婚书、头发等证据，判定韩子文赢了这场官司。[96]从这件婚姻诉讼中可以看出，婚书在两家婚姻发生矛盾时，是一个很好的证据。

　　在婚姻关系中，除了男女结亲的"婚书"凭证之外，尚有男方休妻的"休书"。若是女子犯了"七出"之条，男方就可以通过写一封休书将女子休弃。冯梦龙编《喻世明言》记载了一封比较完整的休书，不妨引述如下：

　　立休书人蒋德，系襄阳府枣阳县人。从幼凭媒聘定王氏为妻。岂期过门之后，本妇女多有过失，正合七出之条。因念夫妻之情，不忍明言，情愿退还本宗，听凭改嫁，并无异言，休书是实。

　　成化二年　月　日　手掌为记。[97]

　　从上述这份休书格式可知，当时的休书包括下面几项内容：其一，立休书人的姓名、籍贯；其二，被休人的姓氏；其三，休妻的原因；其四，妻子被休之后的出路；其五，立休书的日期及立休书人画押。

四　文学所见司法人员形象

　　从明清司法制度来看，所谓的司法人员，大抵包括下面四类：一是官员，既是地方行政的管理者，又兼具法官的身份；二是胥役，属于法律事务的具体执行者；三是幕友，尤其是刑名幕友，属于司法事务的辅助者；四是讼师，尽管从严格意义上说不属于司法人员，仅仅属于诉讼双方的法律帮助者身份，但鉴于明清时期所有司法事务均无法脱离讼师而独立存在，姑且亦归于司法人员之内。下以文学为史料，再适当参之其他史料记载，对上面四类司法人员的形象加以钩稽。

（一）官员

　　政以贿成，这确实是明清时期官场的实录。据史料记载，明代湖广有一位知县，因为在任时贪污而被罢官。但他回到家乡之后，还是过着锦衣美食的生活，而且歌童舞姬之多，简直如同王侯。一次，酒醉之后，他终于说了下面的实话："我若无主意，听孔夫子说话，今且无饭吃，安得有此哉！"⑨这些表面上还是尊崇孔夫子的儒家士大夫，其实根本没有把孔夫子的格言放在心里。又有一位官员因为贪污被罢官，当有人问他为何贪污时，他也直言相告："做官如娼妓要钱，只为老鸨狠鞭挞耳。上司之求索，要津之挟制，间有借贷名色，以善取者，其何以应？"⑨做官犹如做娼妓，公开贪污要钱，正如娼妓被老鸨所逼。这些话尽管有为自己遮羞之嫌，但基本道出了身在官场的士大夫的无奈之情。

正因为官场已经对贪黩货贿习以为常，所以当这些衣冠之士在面对劫盗之时，反而是哑口无言。下面的一则记载，可能是对明代身处官场的读书人的绝妙讽刺。按照明代的惯例，每年秋后在北京录囚，公卿全都到场。成化年间有一年，在录囚时审问一位劫盗，这位劫盗不但没有服辩，而且大声道："若辈何必问吾！吾为贫，故行盗耳。若辈位高禄厚，非贫也，罔不贪黩货贿，较诸白昼劫夺者为甚，尚不知愧乎？"⑩诸位"肉食者"听后，无不羞愧，难以应对。可见，儒名而盗行，比起真正的劫盗来，实是有过之而无不及。

至明末，因为吏部把持选政，一些士人为了能做官，甚至谋得一个肥缺，官场几乎已经成为"面皮世界，书帕长安"。当时的大小官员，无不"以官爵为性命，以钻刺为风俗，以贿赂为交际，以嘱托为当然，以狥情为盛德，以请教为谦厚"。据史料记载，吏部负责选官事务的官员，每当遇到退朝之后，"则三五成群，如墙而遮，留之讲升、讲调、讲地方、讲起用。既唯诺矣，则又有遮留者，恒至嗌干舌敝而后脱。一至署中，则以私书至。其三五连名者，谓之'公书'，填户盈几，应接不暇。"⑩为了仕途上的进升，地方官员不得不到京城向把持"津要"之职的人行贿。行贿之人的贿款，当然有厚薄之分，而这些"津要"官员给他们的回报也各有不同。为此，明代京城的市面上流传着这样一句话："十两银，到处寻。一匹缎，看一半。一匹纱，没处查。"⑩清代有一句"纱帽底下无穷汉"的"乡言"俗语，可见所有戴纱帽者已不再清风两袖，而是"居官者簠簋不修，一切官之父族、母族、妻族，甚至婢族、妾族，以亲及亲，坐幕立幕，皆在纱帽底下。粮制巨斛，饷勒浮收，词讼通关节，馈送索门包，肉食罗绮，挟伎呼卢，无所不知"⑩。引用这乡言的清代作者李光庭就是以明末的官场作为注脚。

明人周清原在其所著小说《西湖二集》中，对官员"做害民贼"作了很好的揭露。他认为，那些做官的人，不过是做了几篇帖括策论，就骗了一个黄榜进士，就一味"做害民贼"。掘地皮，将这些民脂民膏回来，造高堂大厦，买妖姬美妾，广置庄园，以为姬妾逸游之地，收蓄龙阳、戏子、女乐，何曾有一毫为国为民之心！此外，这些官员还要诈害地方邻里，夺人田产，倚势欺人。这样的人，简直就是"猪狗也不值！"⑩明末清初人陆云龙对明末的官场作了很好的概括，即"由来财旺生官，全靠孔方著力"。他在所著小说《清夜钟》里，借助一个知县汪伟在京城考选的遭遇，相当形象地道出了明末官场的腐败。他记道：

> 到京考察，考在卓异里边，留京考选。先是户部清查任内钱粮。那些浙江司，新旧饷司，掌印郎中主事要书帕，多是六十、四十，少也二十四、十四两。书办少是二钱四，多二两四，也叫书帕。若要遮掩，以少作多，以无为有，便百十讲价，才向御览册上开作分数及格，才得容送吏部，到此时，也不免用几个铜钱。及过吏部，又要稽宦迹，考乡评，治下大老、科道、在朝的都要送书帕，求他出好看语，访册上多打圈儿，就是治下在翰林部寺冷署闲曹，虽没有柄权，但要他道好不诽谤，也得八两，极少六两、四两相送。若在同乡，更轻不得，必竟要个同乡有权力大，老科道作靠山，他出来讲说，方得在翰林六科。这人恰要二、三千两，其余看他权势、力量为书帕厚薄，这干人也看书帕厚薄为官评高下，书帕送得

厚，靠山硬，在访册名字上圈上四圈，便是该翰林科里，三圈便是御史。还有不圈的，这不是不肯用钱，便是没钱用的了。⑩

明末清初另一部小说《鸳鸯针》对一位潮州知府之贪贿形象亦作了如下揭示：

> 原来，这知府姓任，甲科出身，极是个手长的，也初选得了会知县知县。被他做得没甚体面，诈了被告，又诈原告，地方人揭告了，住脚不牢，用了些银子，调个任。做了江西靖安县。这靖安县，一到他上任，就不肯靖安了。连地皮卷尽，还恨那树根生得不坚牢。做了两年，因物议，不得行取两衙门，却谋升个户部主事。他财运颇亨，管粮抽税，加三加五，又搜克了无限银子。访得潮州是个有生发去处，就谋了潮州知府。⑩

清人曾衍东所著文言小说《小豆棚》中有《杨汝虔》一则，记滇南银商杨汝虔捐官上任之后，贪婪甚于寻常。这位贪官自己作有一首《赏雪诗》，堪称自白书："卷尽地皮不见土，白占田园千万亩。到处砖瓦变成银，面糊湖满湖州府。"对此，小说作者在后面评述道："今人一入仕途，顿丧生平之素，所谓上台便换面孔者"⑩。

在如此"孔方"世界里，作为地方司法的掌管者，一入仕途，顿时更换另一副面孔，很难为百姓主持公道，最终导致司法公正性的缺失。正因为此，在当时的文学作品中，开始大量塑造"清官"形象，以及百姓求神主持公道的场景，充分反映了传统帝国法律的"人治"与"神治"因素。⑩

（二）胥役

从严格意义上说，吏胥、衙役属于一种职役，但同时也有部分的特权，所以也属统治阶层的下层。引人注目的是，明清两代的胥吏、衙役，由于久在官场鬼混，熟悉其中的诸多惯例，相对说来，油水较大，不免为一些光棍游食之徒所觊觎，这样也就出现了"棍徒充吏"的历史现象。⑩

在胥役这一概念中，尚可分为上下两层：上层为胥吏，而下层则为衙役，诸如门子、斗级、牢子之类。衙役凭借自己手中的一点点极小的权力，在勾索罪犯之时，向人勒索钱财，这就是白役下乡之害；仵作本从事验尸工作，但也借此诈害事主，骗取钱财；一些积年书吏，把持此行，挪移钱粮，搁灭卷宗，到处打通关节，赚去贿赂。所有这些，说明胥吏已成为社会上的一大弊端，故又称为"衙蠹"。

1. 胥吏

无论是在中央政府，还是地方政府，明清政治的最大特点就是权在胥吏。在明清官场，大多畏吏，而且不时贿赂他们，并非是祈求他们能作福，而是害怕他们"作祸"。而从明清政治的实际情况来看，这些胥吏确实有翻云覆雨的本事，从某种程度上说，政治权力也落在这些胥吏之手。下面以兵部之吏为例，看这些胥吏是如何"作祸"的。张居正记道：

> 如兵部袭职官功次，系于首级，一颗一级，令甲至明也。昔有吏故将"一"字洗去，仍填"一"字，持以告官曰："字有洗补，法当行查。"俟其赂已入手，则又曰："字虽洗补，然查其贴黄，原是'一'字无弊也。"官即贷之。是其权全在吏矣，欲毋赂之可乎？⑩

上面提到的"贴黄"，就是官员在上奏之本上，将奏中内容摘要粘附在奏本上，不过百字，以便省览。⑪从这件简单的事情中，胥吏舞文弄法的伎俩已是不难想见。

"政由吏为"作为一种政治风俗，其实也是故元遗俗。按照明太祖的分析，蒙古人入主中原之后，因为风俗、语言的差异，再加上人事不通，文墨不解，所以官员上任之后，"凡诸事务，以吏为源。文书到案，以刊印代押，于诸事务，忽略而已"⑫。明代各级衙门尤其是地方衙门中的胥吏问题，必须明确区分胥吏与书手之间的职责差别。按照明初所定制度，只有农民出身之人，才有资格考取胥吏，至于市民决不允许他们参加胥吏的考试，其中就是考虑到以下两点：一是市井之民多无田产，不知农业的艰难，如果做吏，容易危害农民；二是市民中有一些无籍之徒，村无恒产，市无铺面，绝对没有本钱做行商，而且存心不良，日生奸诈，不像农民那么老实。一旦让这些人为吏，他们就会勾结官府，妄言民之是非，在衙门内与官员一同作弊。⑬

胥吏的考取，则主要考察他们的文移水平，也就是官方文书的起草与撰写能力，如果不谙文移，就不能送考。自明代中期以后，胥吏大多通过计资级、纳银两取得，进入衙门以后，根本不懂文移往来，不得不假手于"书手"。这些书手都是长期在衙门中服役，习知法律，于是胥吏与书手就互相串同、互相羽翼，在地方政府衙门中舞文弄法。⑭

2. 衙役

衙蠹在元末明初即已存在。如明太祖朱元璋就列述了野牢子、小牢子、主文、帮虎等几种，将他们都归入"逸夫"之列。经朱元璋的严厉整治，衙蠹问题一度沉寂。至永乐以后，衙役又变得肆无忌惮了，从而使衙蠹再一次成为一大社会问题。永乐十九年（1421 年），明成祖朱棣在《殿灾宽恤诏》中，就说到诸衙门中的吏卒、弓兵、皂隶、牢子，"多有久恋衙门，连年不替，专一浸润官长，起灭词讼，说事过钱，虐害良善者"⑮。至宣德时期，在明初即已存在的衙役"帮虎"，又开始变得活跃起来。他们成为一些钦差官员的鹰犬，帮助这些钦差鱼肉百姓。⑯一至正统十四年（1449 年），英宗在《南京殿灾宽恤诏》中，又一次说到这些吏卒、弓兵、皂隶、牢子，"多有积年民害，久恋衙门，父子兄弟更相出入，专一起灭词讼，把持官府，说事过钱，虐害良善"⑰。成化年间，这些号称主文、书算、快手、皂隶、总甲、门禁、库子的衙役，似乎更加张狂，除了"说事过前，把持官府，起灭词讼"之外，还洒派税粮，"买放强盗，诬执平民，陷害良善"⑱。

关于衙役之害，明代奇书《金瓶梅》中也有比较形象的记述。如在小说第九回中，就说到有一位浑名叫"李外传"的人，专门在府县衙门前揽些公事，往来听气赚钱使。"若有两家告状的，他便卖串儿；或是官吏打点，他便两下里打背"。所谓"打背"，⑲就是"打夹帐"，又称"树背张风"，说白了就是拿回扣。衙役确实是靠山吃山、靠水吃水。他们利用手中极其微小的一点权力，胆大妄为，坑害百姓。衙役最拿手的好戏是靠起灭词讼赚钱，所以从某种意义上说，衙蠹之害就是讼棍之害。

明清衙役人员诸色繁多，诸如替官府传递信札的"承局"，⑳以及押解犯人的"解差"，㉑均属衙门服役人员。相关的衙役生活及其形象，明朝人陈铎所著歌曲中有很多描写。如《门子》一首道："描眉掠鬓精神，铺床叠被殷勤。献宠希恩事因，虚名承认，看门那里看门。"㉒《牢子》一首云："当官侍立公堂，归家欺侮街坊，仗势浑如虎狼。军牢名项，一生那到监房。"㉓《禁子》云："巡更不离帮筹，收监先讨灯油，作伴常陪罪囚。牵枷扯杻，逐朝不得停留。"㉔《弓兵》云："充徭本是乡民，承批不惯拿人，应役却非正身，游食光棍，积年久占衙门。"㉕《皂隶》云："锡牌出入随身，雉翎斜插头巾，多半村乡懒民，甘心招认，随衙办纳柴薪。"㉖从上述歌曲中可知，衙役人员，实也可以分为以下两类：一是凭借衙门中所掌公事便利，有油水捞者；

二是纯粹的杂役人员，辛勤苦劳，实在服差。

（三）里老

明清时期的地方社会，朝廷的统治力量止于府、州、县一级。换言之，就地方行政统治结构而言，明清两代正式的行政管理只到县衙门为止，而县级以下的地方社会的公共行政事务，则是由那些不领俸禄的准官吏（semi - official），诸如乡镇一级的"乡保"和村一级的"里老"来控制与管理。而那些县级以下的行政人员的任命，原则上均由社区举荐，再由朝廷加以认可。[127]就明清的政制来说，府、州、县官吏，号称"亲民官"，原本应以亲民为职责，是沟通朝廷与百姓之间的桥梁。如果府、州、县官真能亲民，官与民时常见面，时常询问民间百姓的疾苦，则上下之气相通，朝廷的统治力量也能及于地方乡村社会。然历史的真实却是，县官下乡除了扰民之外，一无亲民之举，而且县官下乡也不过是例行公事，在任几年也不得一行，不过做做样子而已。明代思想家陈白沙有《村中即事》一诗，对县官下乡有所描述，诗云："山风处处闻松花，江市日日来鱼虾，高田一弓走猎犬，灌木几株丛老鸦。正逢元宵市灯好，亦有杂剧村鼓挝。野老西畴急春事，长揖县官归县衙。"[128]这就是说，通常是在迎春一类的事情上，县官才难得下乡一次，与村老商讨"鞭春"之事。这不免造成官与民之间的隔阂。鉴及此，朝廷只好采取"立地保以约束游民，又立佐杂以约束地保"这样一种层层钳制的行政模式[129]，藉此治理地方乡村社会。于是，乡保、里老成为官与民之间的沟通桥梁。

关于里老，明人陈铎所著民歌中多有描写。陈铎有一首《里长》歌曲，专写里长所管辖的词讼之事，其中云："小词讼三钟薄酒，大官司一个猪头。催促欠税粮，剖判闲争斗，在乡权一股平收。卖富差贫任自由，怕甚么强甲首。"[130]此歌颇俗，基本道出了里长的司法职责。概言之，里长的司法职权，主要是"剖判闲争斗"，亦即民间邻里是非的调解。里长亦接管民间词讼，诸如"小词讼"与"大官司"之类。当然，里长在接管此类大小官司时，从中亦可获得诸多好处，"小词讼"不过是"三钟薄酒"，而"大官司"则可以得"一个猪头"。

陈铎又有一首《老人》歌曲，其中云："催租频下邮亭，理词常坐申明，府县看怜老成，受人央倩，当官便说民情。"[131]此歌大体反映了老人在申明亭审理邻里词讼的事实。按照明代的制度，各个州、县均设立申明亭，凡是民间的一般性词讼，允许耆老、里长受理，在申明亭当众尽心剖理。凡是民间有不孝子弟及做了很多恶事，也会将其姓名书写于申明亭上，以示劝戒。所有这些，无不是为了使"人心知懼而不敢为恶"。[132]明代的法律条文更是规定："凡拆毁申明亭房屋及毁板榜者，杖一百，流三千里。"[133]歌曲所咏，大抵与史料记载若合符节。

（四）幕宾

明清时期的幕宾，其称呼不一，分别有"幕客"、"幕宾"、"幕友"诸称，俗称"师爷"。[134]根据职责不同，幕宾又分许多种类，其中以钱谷师爷与刑名师爷为大宗。明清时期的文学作品中，有许多关于幕宾的记载，下面根据文学作品对幕宾形象稍作钩稽。

明清幕宾中的"门宾"、"书启先生"以及主幕关系，在文学作品中均有揭示。清代佚名所撰小说《山水情》，记载了一位专门在乡宦人家里帮闲的花遇春。从小说记载中可知，这些帮闲又称"陪堂"、"门宾"、"门客"。花遇春替主人所做之事，就是替主人的小姐保媒。当然，在保媒的过程中，这些帮闲原本就是"胁肩话笑之徒"，成了事赚些花红钱钞，根本不管别人的名节。[135]清人李百川所著小说《绿野仙踪》记载严嵩家除了幕宾之外，尚有一些"门下走动"的人[136]，这些在门下走动的人，虽说不上是正式的幕宾，却具有门客的身份则可无疑。清朝人李百川所著小说《绿野仙踪》记载，在严嵩家中，原本聘请了一位"书启先生"，是苏州人费封。后因病故，才再聘冷于冰职掌此席。从小说的进一步记载可知，严嵩职掌内阁首席大学士，"综理阁务，刻无宁晷"，再加之外省各官的"禀启颇多"，所以必须借助于书启先生，替他代为措办。可见，幕宾中所谓的"书启"先生一席，其职责主要是替主翁管理"书启"之外，还要主持"奏疏"。[㊱]书启与奏疏之别，书启仅仅是友人、同僚之间往来的书信，或者是下级给上级的"禀启"，而奏疏则必须"上呈御览"。从小说的记载还可以知道，同是处理文札一类的幕宾，还是有所区别：上者则可以替主翁秉笔"奏疏"，甚至替内阁大学士"代行票拟本章"；下者则只能处理那些"不要紧的书字"。[㊲]

如何做幕宾，其间牵涉到幕宾之道，亦即如何处理主幕关系的问题。李百川小说《绿野仙踪》的评语明言："先问一句，然后再出己见，此亦作幕之常套。"[㊳]但从小说的记载中可知，幕客又必须以"顺"为主，有些主翁名义上视幕宾为"宾师"，内心还是将他们等同于"妾妇"。[㊴]

在明清时期的幕宾制度中，与法律诉讼最有关系者，当数刑名师爷，亦即小说所谓的"刑名老夫子"。明清时期的刑名师爷，所掌均为法律事务，诸如替主翁起草招稿、判牍一类。因为他们熟谙法律典章，所以通常可以一字之改，使地方官员的官运起死回生。清末吴趼人所著小说《二十年目睹之怪现状》一书，对刑名师爷此类伎俩多有揭示，不妨引述下面作品中的一则记载加以说明。

从小说记载可知，按照清末官场问案的惯例，出了一件命案，问到结案之后，总要把本案牵涉的枝叶，一概删除净尽，为此也就造成了案卷的部分作假。小说记载了发生在广东的一桩案子，本来是因械斗而起。然而叙起械斗来，牵涉的人自然不少，于是改了案卷，只说是因为看戏碰撞，彼此扭殴致毙。这种案卷，照例均由按察司衙门的刑名师爷主稿。谁知那奏报上去之后，忽然刑部来了一封信，要和广州城大小各衙门借十万银子。总督接了这封信，吃了一大惊，却又不知为了甚么事。请了巡抚来商量，也没有头绪。一时两司、道、府都到了，彼此详细思索，才想到了奏报这案子，声称某月某日"看戏肇事"，所说这一天恰好是忌辰：凡忌辰是奉禁鼓乐的日子，省会地方，如何做起戏来！这个处分如何担得起！所以部里就借此敲诈。当下想出这个缘故，总督便埋怨按察使，按察使受了埋怨，便回去埋怨刑名老夫子。那刑名老夫子将奏报的原稿一查，果然不错。因笑道："我当是甚么大事，原来为了这个，也值得埋怨起来！"按察使见他说得这等轻描淡写，更是着急，说道："此刻大部来信，要和合省官员借十万银子。这个案是本衙门的原详，闹了这个乱子，怕他们不向本衙门要钱，却怎生发付？"那刑名师爷道："这个容易。只要大人去问问总督大人，他可舍得三个月俸禄？如果舍得，便大家没事；如果舍不得，那就只能大家摊十万银子去应酬了。"按察使问他舍得 3 个月俸禄，究竟是怎么一个办法。他又不肯说，必要问明了总督，方才肯把办法说出来。按察使无奈，只得又去见总督。总督听说只要 3 个月俸禄，如何不肯，便一口应承了。交代说："只要办得妥当，莫说三个月，便是三年也愿意的。"按察使得了旨意，便赶忙回衙门去说明原委。他却早已拟定一个折稿了。那折稿起首的帽子是："奏为自行检举事：某月日奏报某案看戏肇事句内，看字之下，戏字之上，误脱落一猴字"云云。按照清代的制度规定，奏折内错一个字，罚俸 3 个月。原本刑部官员想借此向广东一省的官员敲诈 10 万两银子，应该说是"热烘烘的一件大事"，但经刑名师爷轻轻的一字之改，却被他弄的"瓦解冰销"。小说作者为此设问："你想这种人利害么？"[㊵]刑名师爷之伎俩，于此可见一斑。

（五）讼师

讼师是一种专门的职业，需要具备熟悉本朝法律、擅长撰写符合格式的各类词状以及交通衙门等本领。讼师之学，亦有秘密相传的习学范本，号称"讼师秘本"，从最早出现的《新镌法林金鉴录》，到后来的《萧曹遗笔》，就是这种秘本的代表作。⑫

一般说来，除了民风好讼之地，农民多不见官，遇到七品芝麻官下乡，鸣锣开道，躲避犹恐不及。多一事不如少一事，乡村农民是不轻易打官司的，民间词讼，多由地方老人调解。而城里人则好讼，喜见官，习以为常。小有纠纷，动辄打官司，视若儿戏。尤其是一些刁头、歇保，专以打官司、把持诉讼为业。明中期以后，不仅城市，而且乡村，也均"健讼成风"。⑬这固然是因为商业的发展，对传统的经济制度形成冲击，利之所趋，不免导致词讼增多，但确实也与讼师的播弄、扛帮、教唆相关。而"健讼成风"一旦形成以后，反过来又为讼师提供了广泛的生存土壤。

在明清文学作品中，讼师作为一种反面典型在文学作品中经常出现。小说《忠烈全传》记载南昌知县顾孝威在离任时，曾召集当地百姓，告诫他们不要轻易兴讼，并指出了讼师在诉讼案件中所起的作用。通观这段告诫之语，其中心思想正如这位小说中的知县在县大堂上所挂的一幅对子："得一日闲且耕尔地，非十分屈勿入吾门。"这是对那些"好讼"者顶门下一针，其意无非是说，百姓遇到纠纷或者冤屈，"更要忍耐，不可执性，任人唆使"，轻率告状。何以言此？这位知县提出了下面三条理由：其一，轻易兴讼，其家必破，最后得利者不过是那些讼师。他说："盖小愤不忍，以至兴讼，讼必有师，师利于争，而不利于息，一息彼无利矣。情可知也，而恐之曰：彼布置已定；理不长也，而疑之曰：莫轻易就审。佯为劝止，而实以鼓进；明为竭忠，而暗以轮敌；一处可结，必动经数处；一陪可了，必花费十倍。及事败不可收拾，又且归咎于主人不从其谋，不顺其手，非我尤也。"其二，假若果真"情关切肤，不得不控"，亦当打定注意，据实陈情，不可轻信旁人造谎越告。轻易造谎越告，尽管可以"目前希图一准"，但"其如后审虚，反坐何至"！其三，告状时，"干证尤其吃紧，若非事果干涉，素有操守之人，不可请列"。他进一步说明道："当有匪类，当其未做干证时，竭尽肝胆，满口公平，一用其名，遂改兹易辙，听其播弄，或临审不到，或当堂□□，以汝其旺，竟不能伸实事，番成疑案，追悔亦无及矣。"⑭在这三条理由中，已经牵涉到讼师、越诉、法律诉讼时之干证诸问题。轻率兴讼，自是讼师教唆所致；越诉的出现，事实上也更多地受到了讼师的鼓励；至于诉讼过程中的诸多"干证"，通常也是由讼师事先安排。可见，这三条理由中，其关键还是讼师。换言之，按照传统的观念，讼师是民间"健讼"的根本原因，从而与儒家所倡导的"无讼"境界相左。

小　结

综上所述，通过遗存的典章制度文献、法律文书以及历史性的书写记载，固然可以建构起一个相对完整的明清诉讼社会，同时也存在着诸多缺陷。就诉讼社会这一层面而言，历史记载的缺陷大抵体现在以下几个方面：一是历史文献关于诉讼之记载，通常是粗线条的，不及诉讼历史的细节；二是为了掩饰制度的缺陷乃至行政之道的缺失，历史文献记载通常会掩盖某些诉讼历史的真实。就此而论，文学显然可以尽到再现甚或还原诉讼社会历史的功能。进而言之，通过文学作品的描述，更可以重新建构起一个不同于史料描摹的诉讼世界。

毫无疑问，这就牵涉到一个如何处理文学映像与历史真实之间的关系问题。换言之，必须就两者作一比较，方可认清两者关系的本质。以司法判牍为例，两者之差异性亦是相当明显的。如在真实保留下来的法律文书中，其判牍之起首，大多有案件的概括性阐述，或简要阐明该案件之起因，或简要说明案件起因并拟定判决的结果，其实可以作为判牍之标题。以前者为例，如明人祁彪佳所著《莆阳谳牍》中，其中一则判牍，前有"一件朋奸罩业事"；[⑭]清人戴兆佳任职浙江天台知县时，其所著《天台治略》，对此文书格式多有承袭，并有"一件淫棍活夺人妻事"、"一件为再严私用小斗小升之禁以昭功令事"等系列表述。[⑭]以后者为例，明人祁彪佳《莆阳谳牍》中亦多有其例，如"本府一件制骗事、杖罪李会卿等"，"本府一件盗献事，笞罪林邦奋"；[⑭]明人颜俊所著《盟水斋存牍》中，无论是勘合、谳略，还是翻案，无不都是此类格式，诸如："提问知县杜复光，徒"；"强寇关国英，斩"；"强盗霍岳腾等，斩改徒"。[⑭]究其中差异之原因，盖文学中之判牍，多因作者根据类书中之基本格式敷衍而成，而真实案件中的诉讼判牍，其作者通常因为定期需要向上司上缴《词讼清册》，[⑭]所以必须进行必要的分类整理，在判牍之前加上简略标题。

尽管儒家传统的"无讼"观念在明清两代仍有遗存，而且部分渗透到当时的司法实践中，但就明清时期的社会现实而言，确乎可以称之为"好讼"的社会。于是，"无讼"的理想与"好讼"的现实必然产生冲突。其冲突的结果，则使明清两代的学者对"无讼"重新进行理性的思考。其思考的结果，就是认定"无讼"并非仅仅是一种无为而治的理想世界，而是必须通过具体的"听讼"过程方可达到司法公正。于是，随之而来的则是"息讼"观念的流行，以及"息供"、"省词讼"一类司法实践行为的普遍化。这显然是明清法律社会史的具体演进历程，而明清时期的文学作品所反映的诉讼社会，正好印证了这一点。

① 余英时：《明清变迁时期社会与文化的转变》，载余英时等著《中国历史转型时期的知识分子》，台北联经出版事业公司，1992 年版，第 35－42 页。

② 郑振铎：《插图本中国文学史》第 56 章《近代文学鸟瞰》，北京出版社，1999 年版，下册，第 843－847 页。按：郑振铎在书中认为，中国的近代文学始于明世宗嘉靖元年（1522 年），而终止于五四运动之前（1918 年），并就其自然的趋势，又将这近四个世纪的近代文学划分为四个时期。这一说法，尽管有诸多值得商榷之处，但其对晚明文学的重视，无疑将有利于我们进一步认识晚明社会。

③ 李开先：《闲居集》卷六《〈张小山小令〉后序》，载氏著《李开先全集》，文化艺术出版社，2004 年版，上册，第 533 页。

④ 如李渔在《曲部誓词》中云："窃闻诸子皆属寓言，稗官好为曲喻，齐谐志怪，有其事岂必尽有其人？博望凿空，诡其名，焉得不诡其实！矧不肖砚田糊口，原非发愤著书。笔蕊生心，匪托微言以讽世，不过借三寸枯管，为圣天子粉饰太平；揭一片婆心，效老道人木铎里巷。既有悲欢离合，难辞谲浪诙谐。加生旦以美名，既非市恩于有托；抹净丑以花脸，亦属调笑于无心。凡此点缀剧场，使不岑寂而已。但虑七情以内，无境不生；六合之中，何所不有！幻设一事，即有一事之偶同；乔命一名，即有一名之巧合。焉知不以无基之楼阁，认为有样之葫芦？是用沥血鸣神，剖心告世，稍有一辜所指，甘为三世之瘄。即漏显诛，难逋阴罚。作者自甘于有赫，观者幸谅其无他。"李渔又言："窃怪传奇一书，昔人以代木铎，因愚夫愚妇识字知书者少，劝使为善，诫使勿恶，其道无由，故设此种文词，借优人说法与大众听，谓善者如此收场，不善者如此结果，使人知所趋避。是药人寿世之方，救苦弭灾之具也。"上引史料可分别参见邱菽园《菽园赘谈节录·李郑风流》，载虫天子编、董乃斌等校点《中国香艳全书》八集卷三，团结出版社，2005 年版，第 2 册，第 966 页；李渔著，江巨荣、卢寿荣校注：《闲情偶寄》，《词曲部·结构》第一《戒讽刺》，上海古籍出版社，2000 年版，第 20 页。

⑤ 周亮工：《因树屋书影》卷八，上海古籍出版社，1981 年版，第 226－227 页。按：王九思之说，亦见于薛冈所著《天爵堂文集笔馀》卷三，其中云："王渼陂林居，好为词曲，有客造之曰：太上立德，其

次立功，其次立言，公当留心经世文章。渼陂应声曰：公独不闻其次致曲。一时戏语，具见文人机锋？"载中国社会科学院历史研究所明史室编《明史研究论丛》第 5 辑，江苏古籍出版社，1991 年版，第 346 页。

⑥ 陶奭龄云："今之院本，即古之乐章也。每演戏时，见孝子悌弟、忠臣义士，一言感心，则涕泗横流，不能自已。傍视左右，无不皆然。此其动人，最神最速，较之老儒拥皋比，讲经义，与夫老衲登座说法，功效百千万倍。有志世道者，宜就此设教，不可视为戏剧，漫不加意也。"参见氏著《小柴桑喃喃录》卷上，明崇祯八年刻本。

⑦ 吴伟业云："余以为曲亦有道也：世路悠悠，人生如梦，终身颠倒，何假何真！若其当场演剧，谓假似真，谓真实假，真假之间，禅家三昧，惟晓人可与言之。"又云："盖士之不遇者，忧结其无聊不平之慨于胸中，无所发愤，因古人之歌呼消骂，以陶写我之抑郁牢骚。而我之性情借古人之性情而盘旋于纸上，宛转于当场。于是乎热腔骂世，冷板敲人，令阅者不自觉其喜怒悲欢之随所触而生，而亦于是乎歌呼笑骂之不自已，则感人之深，与乐之歌舞所以陶淑斯人而归于中正和平者，其致一也。"参见氏著《吴梅村全集》卷六〇《辑佚》、《杂剧三集序》、《北词广正谱序》，上海古籍出版社，1990 年版，第 1212－1214 页。

⑧ 叶盛记道："今书坊相传射利之徒伪为小说杂书，南人喜谈如汉小王（光武）、蔡伯喈（邕）、杨六使（文广），北人喜谈如继母大贤等事甚多。农工商贩，钞写绘画，家畜而人有之；痴騃女妇，尤所酷好，好事者因目为《女通鉴》，有以也。甚者晋王休徵、宋吕文穆、王龟龄诸名贤，至百态诬饰，作为戏剧，以为佐酒乐客之具。有官者不以为禁，士大夫不以为非；或者以为警世之为，而忍为推波助澜者，有之矣。意者其亦出于轻薄子一时之好恶之为，如《西厢记》、《碧云騢》之类，流传之久，遂以泛滥而莫之捄欤？"参见叶盛《水东日记》卷二一《小说戏文》，中华书局，1997 年版，第 213－214 页。

⑨ 陆衡：《嵇庵随笔》卷五，清光绪二十三年刻本。

⑩ 如丁日昌在说及山阳县收缴情况时说："该县查禁淫词小说，并不假手书差，遂得收缴应禁各书五十余部，及唱本二百余部。"又在《加函》中云："前此分檄各属严禁，初时江北应者寥寥，旋据江、甘二令，搜索五百余部，上元等县续报搜索八百余部，并板片等件。今山阳复继之。苏、常各属，报缴尤多，或数千数百部不等。板片则令解至省城书局，验明焚毁。"小说戏曲之在民间流行，于此可见一斑。参见丁日昌《抚吴公牍》卷七《山阳县禀遵饬查禁淫书并呈示稿及收买书目由》，清宣统元年南洋书局石印本。

⑪ 钱大昕云："古有儒释道三教。自明以来，又多一教，曰小说。小说演义之书，未尝自以为教也，而士夫农工商贾无不习闻之，以至儿童妇女不识字者，亦皆闻而如见之，是其教较之儒释道而更广也。"参见钱大昕《正俗》，载贺长龄、魏源编《清经世文编》卷六八，中华书局，1992 年版，第 1711 页。

⑫ 吕坤：《实政录》卷二《存恤茕独》，《四库全书存目丛书》影印明万历二十六年赵文炳刻本。

⑬ 叶盛：《水东日记》卷二一《小说戏文》，第 213－214 页。

⑭ 如清朝人陶家鹤在为李百川小说《绿野仙踪》所写的序言中，即认为《水浒传》、《金瓶梅》、《三国演义》，是说部中的"大山水"。他承认自己在批阅经史百家之暇，亦"注意于说部"，还是因为阅读小说可以"不费心力，可娱目适情"。参见陶家鹤《绿野仙踪·序》，载李百川著、于润琦点校《绿野仙踪》，中国文联出版社，2004 年版，第 3 页。

⑮ 这可以引下面一件可笑之事加以进一步的论证：一贡士过关，把关指挥止之曰："据汝举止，不似读书人。"因问治何经？答以《春秋》。复问《春秋》首句，答以"春王正月"。指挥骂曰："《春秋》首句，乃'游艺中原'，尚然不知，果是诈伪要冒渡关津者。"责十下而遣之。贡士泣诉于巡抚台下，追摄指挥，数之曰："奈何轻辱贡士？"令军牢拖翻责打。指挥不肯输伏，团转求免。巡抚笑曰："脚根无线如蓬转。"又仰首声冤。巡抚又笑曰："望眼连天。"知不可免，请问责数。曰："'先受了雪窗萤火二十年'，须痛责二十。"责已，指挥出而谢天谢地曰："幸哉！幸哉！若是'云路鹏程九万里'，性命合休矣！"从上面这则笑谈中不难看出，《西厢记》在武人中间已是相当流行。在他们眼里，只有《崔氏春秋》，并无孔子《春秋》。参见李开先《词谑·崔氏春秋》，载氏著《李开先全集》中册，第 1259 页。

⑯ 王士禛云："小说演义亦各有所据，如《水浒传》、《平妖传》之类，予尝详之《居易录》中。又如《警世通言》有《拗相公》一篇，述王安石罢相归金陵事，极快人意。乃因卢多逊谪岭南事儿稍附益之耳。故野史传奇，往往存三代之直，反胜秽史曲笔者倍蓰。前辈谓村中儿童听说三国事，闻昭烈败则颦蹙，曹操败则欢喜踊跃，正此谓也。礼失而求诸野，惟史亦然。《平妖传》多目神借用吕文靖事，指使马遂乃北寺留守贾魏公所遣，借作潞公耳。郑毅夫有《马遂传》，严三点已详予《居易录》。"参见王士禛《香祖笔记》卷一〇，上海古籍出版社，1982 年版，第 189 - 190 页。

⑰ 王德威关于"小说"中国的设想，其理论层面有三：其一，王德威认为小说的流变与"中国之命运"看似无甚攸关，却"每有若合符节之处"。"比起历史政治论述中的中国，小说所反映的中国或许更真切实在些"；其二，王德威的理论并不仅仅限于"由小说看中国"这样稍嫌"保守"的观念，而是强调小说之类的虚构模式，往往是想像、叙述"中国"的开端。换言之，他又跳出传统文学或政治史观的局限，进而断言"小说中国"是未来思考"文学与国家"、"神话与史话"互动的起点之一；其三，建立"小说中国"。王德威认为，小说夹处各种历史大叙述的缝隙，铭刻历史不该遗忘的与原该记得的，琐屑的与尘俗的。"英雄美人原来还是得从穿衣吃饭作起，市井恩怨其实何曾小于感时忧国？梁启超与鲁迅一辈希望借小说'不可思议之力'拯救中国。我却以为小说之为小说，正是因为它不能，也不必担当救中国的大任。小说不建构中国，小说虚构中国。而这中国如何虚构，却与中国现实的如何实践，息息相关。"参见王德威《序：小说中国》，收入氏著《想像中国的方法：历史·小说·叙事》，三联书店，2003 年版，第 1 - 2 页。

⑱ 以文学为史料，进而探讨中国人的法律观念及其相关的司法实践，已经成为法律社会史研究的一种新趋向。如徐忠明通过中国古典文学，尤其是包公故事、包公戏等，对中国人的法律观念、法律文化以及司法制度作了系列研究，进而对法律与文学之间的关系作了全新的诠释。而苏力则以中国传统戏剧为材料，对文学与法律之间的关系也作了较新的解释。相关的研究成果可参见徐忠明《〈活地狱〉与晚清州县司法研究》（《比较法研究》，1995 年第 3 期）、《从明清小说看中国人的诉讼观念》（《中山大学学报》，1996 年第 4 期）、《包公杂剧与元代法律文化的初步研究（上）》（《南京大学法律评论》，1996 年秋季号）、《法律与文学之间》（中国政法大学出版社，2000 年版）、《包公故事：一个考察中国法律文化的视角》（中国政法大学出版社，2002 年版）；苏力：《法律与文学：以中国传统戏剧为材料》，三联书店，2006 年版。

⑲ 相关的阐述，可参见黄小荣《明清民间公共知识体系、传播方式与自身建构：以明清曲本为材料》一文，刊《中国史研究》，2007 年第 3 期，第 111 页。

⑳ 如《古今人物挂真儿歌》云：《琵琶记》："蔡伯喈一去求名利，抛别了赵五娘，受尽孤栖。三年荒旱难存济，公婆双弃世，独自筑坟坟，身背琵琶，夫，京都来寻你。"《金印记》："苏季子分别秦邦去，恨商鞅不上万年书，羞斩素归闾里，爹娘来打骂，妻儿不下机。哥嫂无情，都来羞辱你。"《荆钗记》："王十朋一去求名利，占头名，中状元写寄书回。孙汝权□写书中句，继母贪财宝，姑娘强为媒，逼得我投江，绣鞋儿留留与你。"《白兔记》："刘智远分别瓜园内，丢下李三娘，好不孤栖。哥嫂逼勒重招婿，汲水并挨磨。日夜受禁持，兼井传书，咬脐送与你。"《千金记》："韩元帅未得时至，受胯下曾被人欺。河边为钓把活计，漂母怜念耳，送饭与充饥。拜将的封侯，拜将的封侯，千金相赠你。"《四节记》："花将笑，柳欲睍，春光淡荡。杜子美、李太白、贺知章、解金貂，换酒在曲江上。相邀黄四娘，带领杜韦娘，久慕你的风情，特地来相访。"《正德记》："赛观音佛动心，生得如花貌。王公子、闻知道，也去嫖。朱皇帝闻说亲来到。君臣来斗宝，半步不相饶，倒运的王龙，倒运的王龙，剥皮去献草。"《破窑记》："吕蒙正是个穷汉辈，刘小姐坠鞭丝要与和谐。爹娘逐出门儿外，夫妻住破窑，山寺去罗斋。一旦身荣，窑也增光彩。"参见程万里辑《鼎契徽池雅调南北官腔乐府点板曲响大明春》卷四，明万历刊本。按：未见原书，转引自黄小荣著《明清民间公共知识体系、传播方式与自身建构：以明清曲本为材料》一文，第 115 - 116 页。

㉑ 黄小荣：《明清民间公共知识体系、传播方式与自身建构：以明清曲本为材料》，第 115 - 116 页。

㉒ 如曲本云："洪武三十共五年，永乐二十二年正，洪熙一载不周全，宣德十年淹（晏）了驾，正统江山

十四年，景泰七年天顺八，成化二十零三年，弘治是个真天子，□□□□十八年，正德山河十六载，□请九五赴兆（桃）源，隆庆六年风雨顺，万历四十单八年，泰昌一月崩了驾，天启七载不周全，崇祯皇上登龙位，一旦江山属清朝。"参见黄儒卿辑《时调青昆》卷一，四知馆刊本。按：未见原书，转引自转引自黄小荣著《明清民间公共知识体系、传播方式与自身建构：以明清曲本为材料》一文，第116页。

㉓　《明太祖实录》卷二八上，吴元年十二月戊午条，台北"中央研究院"史语所，1965年校印本。

㉔　汤斌：《汤子遗书》卷七《申饬祥刑以重民命事》，载汤斌著，范志亭、范哲辑校《汤斌集》，中州古籍出版社，2003年版，上册，第344页。

㉕　关于日用类书与明清平民教育之间的关系，日本学者酒井忠夫作了很好的探讨。参见 Tadao Sakai（酒井忠夫），'Confucian and Popular Educational Works,' in Wm. Theodore de Bary and the Conference on Ming Thought（eds.），Self and Society in Ming Thought（New York and London：Columbia University Press，1970），p. 331－366.

㉖　蒲松龄：《杂著·日用俗字》，《蒲松龄集》，上海古籍出版社，1986年版，第760页。

㉗　项燕南、张越编注：《劝孝俗言》，中央民族大学出版社，1996年版，第161页。

㉘　项燕南、张越编注：《劝孝俗言》，第218页。

㉙　项燕南、张越编注：《劝孝俗言》，第161、220－221页。

㉚　相关的探讨，可参见黄小荣《明清民间公共知识体系、传播方式与自身建构：以明清曲本为材料》一文，第120页。

㉛　龚正我辑：《新刊徽板合像滚调乐府官腔摘锦奇音》卷五，《时兴酒令》，明万历刊本。

㉜　殷启圣辑：《新锓天下时尚南北新调尧天乐》卷下《时尚酒令》，明万历刊本。

㉝　王思任：《弈律·白昼抢夺》，收入氏著《王季重十种》，浙江古籍出版社，1987年版，第430页。

㉞　王思任：《弈律·教唆词讼》，收入氏著《王季重十种》，第432页。

㉟　陈元龙：《妒律》，载虫天子编、董乃斌等校点《中国香艳全书》一集卷三，第1册，第73－83页。

㊱　芙蓉外史：《闺律》，载虫天子编、董乃斌等校点《中国香艳全书》四集卷三，第1册，第447－455页。

㊲　程万里辑：《鼎锲徽池雅调南北官腔乐府点板曲响大明春》卷六《江湖方语》。

㊳　韩邦奇：《慎刑狱以光新政事》，载《明经世文编》卷一六〇，中华书局，1997年版，第1611－1612页。

㊴　塞义：《上言十事疏》，载《明经世文编》卷一四，第100页。

㊵　余继登：《典故纪闻》卷一七，中华书局，1981年版，第302页。

㊶　余继登：《典故纪闻》卷一二，第223页。

㊷　李清：《三垣笔记》下《弘光》，中华书局，1982年版，第126页。

㊸　无名氏撰、锦文标点：《包青天奇案》卷七，岳麓书社，2004年版，第187页。

㊹　靳学颜：《讲求财用疏》，载黄宗羲《明文海》卷五四，中华书局，1987年版，第439页。

㊺　明代小说《醒世姻缘传》中，就提及一件吊死人命的案子，"那些街坊不愤，报了乡约，布了地方，呈到县里"。此即其例。说具西周生《醒世姻缘传》第12回，上海古籍出版社，1985年版，第180页。

㊻　西周生：《醒世姻缘传》第13回，第201页。

㊼　无名氏撰、锦文标点：《包青天奇案》卷一、三、四《咬舌扣喉》、《锁匙》、《包袱》、《葛叶飘来》、《杀假僧》、《三宝殿》、《辽东军》，第14－16、21、27－29、31－34、93、107、页。

㊽　李伯元：《官场现形记》第5回，岳麓书社，2003年版，第37页。

㊾　萧彦：《竭愚忠陈三议以备圣明采择疏》，载《明经世文编》卷四〇七，第4424页。

㊿　《明世宗实录》卷五〇五，嘉靖四十一年正月辛亥条，台北"中央研究院"史语所，1965年校印本。

51　明人海瑞曾说，在明代地方司法案件中，官员"多纸赎以掩己贪，夺民财为己绩"。可见，"多纸赎"，其原因就在于官员之贪。参见海瑞《海瑞集》上编《督抚条约》，中华书局，1981年版，第251页。

(52) 王邦直:《陈愚衷以恤民穷以隆圣治事》，载《明经世文编》卷二五一，第2635页。

(53) 关于明季巡按御史借坐赃而索取科罚，明人吴甡有下面揭示:“又讼牍访案，惟坐赃，科罚以千百计。巡方者报命，则借馈赠京宦为名，檄取盈橐归耳。其所坐赃罪，即没产、糜骨不能完。有司动库贮以供票取，惟恐或后，往往累系其妻子邻戚，十余年追补未竟，多有毙狱中者。”科罚之多，不过是为了满足巡按御史的私欲。参见氏著《忆记》卷二，浙江古籍出版社，1989年版，第401页。

(54) 海瑞:《海瑞集》上编《兴革条例・吏属》，第42页。

(55) 李乐:《见闻杂记》卷三，上海古籍出版社，1986年版，第244页。

(56) 西周生:《醒世姻缘传》第10回，第148、150页。

(57) 谈迁:《国榷》卷三一，代宗景泰六年十月丁卯条，中华书局，1988年版，第2000页。

(58) 怀效锋点校:《大明律》卷二二《刑律》五《军民约会词讼》，法律出版社，1999年版，第180页。

(59) 辽宁省档案馆、辽宁省社会科学院历史研究所编:《明代辽东档案汇编》九《司法》、《盖州卫关于马森符荣结伙强盗强奸妇女一案给巡按监察御史的呈文》，辽沈书社，1985年版，第912－916页。

(60) 天顺年间，明英宗专门下令，禁止镇守总兵、参将“理讼”，说明审理诉讼案件并非总兵、参将之责。成化十年（1474年）五月，明宪宗下令，允许临清镇守都督佥事王信可以“兼理民讼”。事实证明，在晚明，总兵、副总兵、参将、守备衙门，也开始处理讼事。这是一种制度变化。参见谈迁《国榷》卷三三、三七，英宗天顺六年九月癸丑条、宪宗成化十年五月癸丑条，第2140、2341页。

(61) 辽宁省档案馆、辽宁省社会科学院历史研究所编:《明代辽东档案汇编》九《司法》、《分守辽海东宁道右参议荆州俊为参处犯官及甲军案给巡按山东监察御史的呈文》，第980页。

(62) 彭泽:《覆巡抚延绥都御史疏》，载《明经世文编》卷九九，第870页。

(63) 杨嗣昌著、梁颂成辑校:《杨嗣昌集》卷八《西阅大同情形第六事疏》，岳麓书社，2005年版，第168页。

(64) 兰陵笑笑生:《金瓶梅词话》第30、70回，人民文学出版社，2002年版，第380、1000－1001页。

(65) 兰陵笑笑生:《金瓶梅词话》第31回，第392页。

(66) 兰陵笑笑生:《金瓶梅词话》第34回，第437页。

(67) 兰陵笑笑生:《金瓶梅词话》第56回，第761页。

(68) 谈迁:《国榷》卷三七，宪宗成化十年五月癸丑条，第2341页。

(69) 兰陵笑笑生:《金瓶梅词话》第95回，第1431页。

(70) 兰陵笑笑生:《金瓶梅词话》第95回，第1431－1437页。

(71) 三吴良墨仙主人著，刘殿祥、赵清俊点校《海烈妇百炼真传》第9、10、11回，中国文联出版社，2004年版，第111－135页。

(72) 姚廷遴:《记事拾遗》，载《清代日记汇抄》，上海人民出版社，1982年版，第163页。

(73) 汪辉祖:《学治臆说》卷上《寻常讼案不宜轻率申详》，载《官箴书集成》，黄山书社，1997年版，第5册，第278页。

(74) 西周生:《醒世姻缘传》第9回，第138页。

(75) 无名氏撰、锦文标点:《包青天奇案》卷一，第9－10页。

(76) 无名氏撰、锦文标点:《包青天奇案》卷一〇，第258页。

(77) 西周生:《醒世姻缘传》第74回，第1055－1056页。

(78) 西周生:《醒世姻缘传》第9回，第139页。

(79) 无名氏撰、锦文标点:《包青天奇案》卷一，第10页。

(80) 无名氏撰、锦文标点:《包青天奇案》卷一〇，第258－259页。

(81) 怀效锋点校:《大明律》卷二八《刑律》一一《吏典代写招草》，第221页。

(82) 《明神宗实录》卷三，隆庆六年七月辛亥条，台北“中央研究院”史语所，1965年校印本。

(83) 海瑞:《海瑞集》上编，《兴革条例・刑属》，第116页。

(84) 西周生:《醒世姻缘传》第13回，第189页。

(85) 海瑞:《海瑞集》上编,《示府县严治刁讼》,第274页。
(86) 雷梦麟著,怀效锋、李俊点校:《读律琐言》附录《招议之式》,法律出版社,2000年版,第582页。
(87) 雷梦麟著,怀效锋、李俊点校:《读律琐言》附录,《招议之式》,第583页。
(88) 无名氏撰、锦文标点:《包青天奇案》卷一,第11-12页。
(89) 无名氏撰、锦文标点:《包青天奇案》卷一〇,第260页。
(90) 佚名著、王建华点校:《山水情》第17回《义仆明冤讲媛病》,中国文联出版社,2003年版,第135页。
(91) 西周生:《醒世姻缘传》第10回,第152页。
(92) 怀效锋点校:《大明律》卷二八《断狱·狱囚取服辩》,第221页。
(93) 如《大明律》规定,凡是祖父母、父母及夫,若家长为人所杀,而子孙、妻妾、奴婢、雇工人私和者,就会被处以杖一百,徒三年。其中卑幼之人为人所杀,而尊长私和人命,各减一等。一般常人似和人命,则处以杖六十。说载怀效锋点校《大明律》卷一九《刑律》二,《尊长为人杀私和》,第157页。
(94) 西周生:《醒世姻缘传》第9回,第134页。
(95) 叶春及:《石洞集》卷七《惠安政书·昏十二条》,上海古籍出版社,1993年版,第492页。
(96) 凌濛初:《初刻拍案惊奇》卷一一,岳麓书社,2002年版,第86-92页。
(97) 冯梦龙:《喻世明言》第一卷,岳麓书社,2002年版,第15页。
(98) 江盈科:《雪涛阁集》卷一四《甘利》,载氏著《江盈科集》,岳麓书社,1997年版,下册,第653-654页。
(99) 陆衡:《啬庵随笔》卷二,清光绪二十三年刻本。
(100)(102) 戴冠:《濯缨亭笔记》卷五,明嘉靖华氏刊本。
(101) 林时对:《荷牐丛谈》卷二《赵忠毅公奏铨曹积弊》,江苏广陵古籍刻印社,1990年版,第199-200页。
(103) 李光廷:《乡言解颐》卷三《纱帽底下无穷汉》,中华书局,1982年版,第76页。
(104) 周清原:《西湖二集》第二九卷,人民文学出版社,1989年版,第477页。
(105) 陆云龙:《清夜钟》,载《古本平话小说集》,人民文学出版社,1984年版,上册,第158-159页。
(106) 华阳散人编辑:《鸳鸯针》第二卷、第1回,春风文艺出版社,1985年版,第70页。
(107) 曾衍东著,徐正伦、陈铭选注:《小豆棚选》,浙江古籍出版社,1986年版,第11-13页,。
(108) 法律史学者林端指出,章回小说里不断推崇青天大老爷式的贤明的"父母官",还有强调劫富济贫,盗亦有道等另一套法律观。从某种意义上说,这是程序上无正义的保证,而期待执法者(父母官)在法内、违法者(侠盗)在法外给予实质性的正义的满足。此即"人治"。明朝人杨循吉也曾对"吏治"与"神治"作了很好的比较,认为民间百姓还是更多地相信神灵的公正性。他说:"人有曲直,必告诸吏。至于水火疾病之厄,吏无能焉,神斯专之。神之治人比于吏,而其可凭过之。何也?吏不能皆公,神则无不公者焉。故从之凭神甚于凭吏,宁欺吏,不敢欺神也。"此即"神治"。分别参见林端《儒家伦理与法律文化——社会学观点的探索》,台北巨流图书公司,1994年版,第219页;杨循吉:《攒眉集·水仙大王庙碑》,载氏著《长松筹堂遗集》,明钞本。
(109) 田艺蘅:《留青日札》卷三七,上海古籍出版社,1985年版,第1191页。
(110) 张居正:《张太岳文集》卷一八《杂著》,上海古籍出版社,1984年版,第219页。
(111) 顾炎武著、黄汝成集释:《日知录集释》卷一八《贴黄》,中州古籍出版社,1990年版,第425页。
(112) 朱元璋:《大诰》,《胡元制治》第三,载张德信、毛佩琦主编《洪武御制全书》,黄山书社,1995年版,第750页。
(113) 朱元璋:《大诰续编》,《市民不许为吏卒》第七五,载《洪武御制全书》,第847页。
(114) 洪朝选:《洪芳洲先生读礼稿》卷三《代本县回劳军门咨访事宜》,台湾洪福增1986年重印本。
(115) 《皇明诏令》卷六,明嘉靖刊本。
(116) 《皇明诏令》卷九《禁谕部院差官扰民敕》。

⑪⑰　《皇明诏令》卷一一。

⑪⑱　《皇明诏令》卷一七《上两宫尊号及立中宫诏》。

⑪⑲　"打背"一词，属于明代相当流行的俗语。举例来说，如胥吏、衙役替人说事，事先向事主说好需要打点费用银子10两，但其实办事时或许5两银子就将事情办妥，于是居间说事者就打了5两银子的夹账。

⑫⑳　关于"承局"，可引明末人沈自晋所作戏曲《翠屏山》为例加以说明。此曲根据小说《水浒传》中的故事改编，其中记载"神行太保"戴宗打扮成"承局模样"："虽为走卒，不占军班。一生常作异乡人，两腿欠他行路债。寻常结束，青衫和皂带随身；赶趁途程，信笼与文书为护。监司出入，皂花藤杖挂宣牌；帅府行军，夹捧横旗施令字。往来邮地，日不移时，紧急军情，时能应刻。正是：早向山东餐黍米，晚来魏府吃鹅梨。"参见沈自晋《翠屏山》第3齣，载张树英点校《沈自晋集》卷一，中华书局，2004年版，第6页。

㉑　关于"解差"，小说《忠烈全传》也有下面的记载：却说孙虎与两个差人押着一角公文，把张三押了出来，已是打的稀烂。钉了扭扣，上了封皮，径往大名府管下交割。可怜这张三没钱使用，又说他是光棍，弄的身体俱没处投奔，哀告孙虎并两个差人说："诸位爷在上，可怜我打了一场屈官司，身上分文没有，要凑些脚步钱与二位，望你可怜放得一步松。"那孙虎道："官府叫我押你，何能宽松，如今瞒上不瞒下，领你到那里去呢？"张三道："可押我到家兄处，有我的衣服行李，讨出来变卖了，奉谢二位，并路途盘费也有得了。"孙虎道："如今押你去讨了衣服行李变卖了，换写钱米，勾你路上盘费便了，谁指望你什么脚步钱儿。"张三道："怎么得罪三位爷，没有个敬意，就没多也有少。"说着走着，早押到开杂货店张大家来。张大见了不免两行珠泪，说道："贫不与富斗，不信我言，今日如此。"打发了银子二两给孙虎并两个差人，复将衣服行李交给张三，又把了一吊铜钱为路上盘费，弟兄分离，哭哭啼啼，离了济南，竟往大名大道而来。参见不题撰人著，周春华、洪迅点校《忠烈全传》第7回，中国文联出版社，2004年版，第36–37页。

㉒　陈铎：《坐隐先生精订滑稽余韵·门子》，载路工编《明代歌曲选》，上海古典文学出版社，1956年版，第20页。

㉓㉔　陈铎：《坐隐先生精订滑稽余韵·牢子》，载路工编《明代歌曲选》，第20页。

㉕㉖　陈铎：《坐隐先生精订滑稽余韵·弓兵》，载路工编《明代歌曲选》，第21页。

㉗　相关的阐述，可参见黄宗智著，程农、邓正来译《中国的"公共领域"与"市民社会"：国家与社会间的第三领域》，收入邓正来、J.C.亚历山大编《国家与市民社会———一种社会理论的研究途径》，中央编译出版社，1999年版，第413–432页。

㉘　陈献章著、孙通海点校：《陈献章集》卷五，中华书局，1987年版，第404–405页。

㉙　丁日昌：《抚吴公牍》卷二八《加函》。

㉚　路工编：《明代歌曲选》，第17页。

㉛　陈铎：《坐隐先生精订滑稽余韵·老人》，载路工编《明代歌曲选》，第21页。

㉜　参见《大明律集解附例》卷二六《刑律·杂犯·拆毁申明亭》所附纂注，明万历间浙江官刊本。

㉝　《大明律集解附例》卷二六《刑律·杂犯·拆毁申明亭》。

㉞　从清人李百川所著小说《绿野仙踪》可知，幕宾又称"幕客"，俗称"师爷"。而师爷这一称呼的由来，还是因为主翁家仆人对幕宾的尊称。仔细分析，幕宾虽是替主翁处理日常书启、刑名、钱谷一类事务，但其身份与主翁之间，还是一种"师"；而"爷"则是家人对有身份及头衔者的尊称。参见李百川著、于润琦点校《绿野仙踪》第3回，中国文联出版社，2004年版，第23页。关于幕宾的起源及其称谓的辨析，可参见陈宝良《明代幕宾制度初探》一文，刊《中国史研究》，2001年第2期。

㉟　佚名著、王建华点校：《山水情》第15回《递芳庚闻信泪潸然》，第119–121页。

㊱　李百川著、于润琦点校：《绿野仙踪》第2回，第12页。

㊲　李百川著、于润琦点校：《绿野仙踪》第2、3回，第14、17、20页。

㊳㊴㊵　李百川著、于润琦点校：《绿野仙踪》第3回，第23页，第25页。

㊶　吴趼人：《二十年目睹之怪现状》第48回，人民文学出版社，2006年版，第406页。

⑭　【日】夫马进：《讼师祕本の世界》，载小野和子编《明末清初の社会と文化》，京都大学人文科学研究所，1996 年版，第 192 – 193 页。

⑭　【日】夫马进：《明清时代の讼师と诉讼制度》，载梅原郁编《中国近世の法制と社会》，京都，同朋舍，1993 年版，第 440 – 444 页。

⑭　不题撰人著，周春华、洪迅点校：《忠烈全传》第 43 回，第 213 – 214 页。

⑭　祁彪佳：《莆阳谳牍》，不分卷，"一件朋奸罩业事"，明抄本。

⑭　戴兆佳：《天台治略》卷二、四，载《官箴书集成》，第 4 册，第 80、126 页。

⑭　祁彪佳：《莆阳谳牍》，不分卷。

⑭　颜俊彦：《盟水斋存牍》一刻《勘合》、《谳略》卷一、《翻案》，中国政法大学出版社，2002 年版，第 3、18、234 页。

⑭　在明代，地方官员所办案子，凡是已完或未完，都必须定期造好"清册"，呈报上司衙门。如现存的辽东档案中，就保存了一些隆庆至万历年间辽东安乐州呈报饬办案件已完或未完情形清册。相关的记载，参见辽宁省档案馆、辽宁社会科学院历史研究所编：《明代辽东档案汇编》九《司法》、《安乐州呈报饬办案件已完未完情形清册》，第 1012 – 1028 页。

明代《毛诗郑笺》流行小考

——以常熟新出明代墓志为线索

任　昉

（故宫博物院研究馆员）

　　金代著名诗人元好问《论诗三十首》之第十二首云："望帝春心托杜鹃，佳人锦瑟怨华年。诗家总爱西崑好，独恨无人作郑笺。"这首诗人所熟知，意思是说：唐李商隐的《锦瑟》诗虽然典雅华丽，但由于没有像郑玄这样的大师作笺，世人终究难以索解。这里所说的"郑笺"，指的就是郑玄的《毛诗郑笺》。由此可见《毛诗郑笺》声名之盛。《毛诗郑笺》能够有此声名，取决于两个前提：一个是《毛诗》流行甚广，一个是《郑笺》注释甚精。近年由中国文物研究所与常熟博物馆合编、文物出版社出版的《新中国出土墓志·江苏》［壹］（常熟）[①]，收有常熟新出明代墓志 233 方，其中有不少关于《毛诗》和《郑笺》的记载，从一个侧面反映了明代《毛诗郑笺》流行的情况，值得研究"郑学"的学者重视。

一

　　我们知道：中国自古就是一个诗歌之国、礼仪之邦。这里的诗歌、礼仪，有广义、狭义之分。广义无须解释。狭义是指《诗经》、"三礼"（《周礼》、《仪礼》、《礼记》）。传统士大夫家族都非常重视"诗礼传家"，其中"诗礼"，具体而言，也是指《诗经》、"三礼"。关于《诗经》，《隋书·经籍志一》经部云：

　　　　《诗》者，所以导达心灵，歌咏情志者也。故曰："在心为志，发言为诗。"上古人淳俗朴，情志未惑。其后君尊于上，臣卑于下，面称为谄，目谏为谤，故诵美讥恶，以讽刺之。初但歌咏而已，后之君子，因被管弦，以存劝戒。夏、殷已上，诗多不存。周氏始自后稷，而公刘克笃前烈，太王肇基王迹，文王光昭前绪，武王克平殷乱，成王、周公化至太平，诵美盛德，踵武相继。幽、厉板荡，怨刺并兴。其后王泽竭而诗亡，鲁太师挚次而录之。孔子删诗，上采商，下取鲁，凡三百篇。至秦，独以为讽诵，不灭。

这段记载简单介绍了《诗经》的缘起、功用及流传、编辑等情况。据此可知，《诗经》不仅具有"导达心灵，歌咏情志"的个人价值，还具有"诵美讥恶"，"以存劝戒"的社会价值。传统士大夫家族重视"诗礼传家"，将"诗"排在"礼"之前，看中的应该就是这两种价值。

关于"诗礼传家"，常熟新出明代墓志颇多记载。如：

素不好华靡，惟俭约自处，每诫诸子曰："汝曹但当勤稼穑，肄诗礼，则自无怠荒之失。"（永乐十五年［1417 年］十月三日《明故［丁珍妻］朱氏［妙祥］孺人圹志铭》）

大父讳吉甫，父讳伯源，俱隐德弗耀。然族硕以蕃，雅习诗礼，故在郡邑间，独以积善见称。（宣德五年［1430 年］三月二十一日《明杨［纪］母顾氏［妙真］孺人墓志铭》）

曰礼曰诗，教我诸子。（宣德六年［1431 年］三月八日《明处士章公叔华［原］墓志铭》）

早丧良人，遭家不造。弗惮勤劬，纺绩以供养舅姑，甘清苦而屏华泽，宗姻多重之。抚育诸孤，俾习诗礼，卒有成立，故得复振门地。（正统十三年［1448 年］十一月初八日《明故何［仲文］孺人张氏［妙富］墓志铭》）

厥考谷英，承袭世德，家尚诗礼。（天顺元年［1457 年］三月二十一日《明故怡轩处士程公［采］墓志铭》）

世居海虞子游里，继以诗礼相承。（天顺五年［1461 年］二月二十六日《明故颐菴朝用张公［缙］墓志铭》）

既长，雅尚诗礼。（成化二十二年［1486 年］十二月二十六日《明故义官劲斋陈公［穗］墓志铭》）

祖景旸，敦尚诗礼。（弘治十三年［1500 年］十二月二十六日《明故义官陈元本［嗣］墓志铭》）

诗礼之效，奕世始征。（嘉靖八年［1529 年］三月二十六日《明封承德郎刑部主事晚翠张公［汤民］墓志铭》）

科第诗礼，望于一邑。（嘉靖二十四年［1545 年］十二月八日《明故耐菴蒋君［镀］墓志铭》）

这十条材料，提到"诗礼"，虽然用词不尽相同，或称"肄"、"教"、"习"、"尚"，或称"雅习"、"相承"、"雅尚"、"敦尚"，但意思大致一样，都指学习"诗礼"和受"诗礼"教育。最后一条以"科第"与"诗礼"并列，说明教学"诗礼"，与"科第"有着一定的关系。

关于教学《诗经》，以及以《诗经》谋取科第，常熟新出明代墓志也颇多记载。如：

长从秋官郎中缪公尚质攻《毛氏诗》。（弘治十三年［1500 年］二月六日《明故经府沈公［渭］墓志铭》）

始习学业，读《毛传》。（正德六年［1511 年］十二月八日《明江西宁县尹七峰褚公［垠］墓志铭》）

张世儒家，专门《葩经》。（嘉靖八年［1529 年］三月二十六日《明封承德郎刑部主事晚翠张公［汤民］墓志铭》）

公秉异质，十月能诵《关雎》诗。（隆庆三年［1569 年］七月二十一日［卒］《明故通议大夫礼部左侍郎兼翰林院学士赠尚书昆湖瞿文懿公［景淳］行状》）

（公）生有异质，十月能诵《关雎》诗。（万历元年［1573 年］十一月八日《明故通议大夫礼部左侍郎兼翰林院学士赠尚书谥文懿瞿公［景淳］墓志铭》）

予尝读《诗》，至《葛覃》、《樛木》、《采苹》、《采蘩》而叹！夫女德之盛，诚家国之所由兴。（成化三年［1467 年］十一月二十二日《明故闻［鉴］母王氏硕人墓志铭》载撰文汤洪曰）

余读《诗》至《小星》、《江氾》之篇，几进矣。而说者尤嘉其怨而不怒，过而能悔，以是为王风之盛、后妃之德也。（万历三十一年［1603 年］十月十八日［卒］《明故礼部侍郎赠尚书瞿文懿公［景淳］副室殷孺人墓志铭》载撰文王衡曰）

（子）曰琮，为邑庠弟子员，以《葩经》进有司，有声场屋。（正统十三年［1448 年］十二月十八日《明故卢处士［弘］墓志》）

君由邑庠弟子员，以《诗经》领天顺壬午乡荐。（弘治十二年［1499 年］三月十六日《明故黄州府同知陈君［易］墓志铭》）

授《正葩经》，习举子业。（正德三年［1508 年］十月六日《明故教谕梅屋徐先生［泽］墓志铭》）

这十条材料提到的《葩经》和《正葩经》，均指《诗经》[②]。前五条均属教学《诗经》。第六、七条以《诗经》品评人物，也属教学《诗经》范畴。第八至十条属于以《诗经》谋取科第。此外，关于以《诗经》谋取科第，瞿景淳"十月能诵《关雎》诗"的两条材料，还有后续记载。瞿景淳，以状元入仕，官至礼部左侍郎，明代著名贤臣，《明史》卷二一六有传。王世贞《弇州续稿》卷一二〇《吴山陆君暨配高孺人合葬志铭》云："（陆君）见故瞿文懿公景淳，文懿犹在诸生，读君文，曰：'可进也。'君请进贽。文懿曰：'若犹治《诗》乎？'曰：'治《礼》矣。'文懿笑曰：'君《礼》而我故治《诗》，何以称子师？'谢去之。"又王世贞《觚不觚录》云："嘉靖甲辰，吾乡瞿文懿公景淳及第，而太保严公讷同考，皆《诗经》。"王士祯《香祖笔记》卷一二记载略同。说明瞿景淳不仅从小能背诵《诗经》，为诸生时仍治《诗经》，最后还以《诗经》谋取科第[③]。《觚不觚录》提到的严讷，也是常熟人，官至武英殿大学士，明代著名贤相，《明史》卷一九三有传。严讷与瞿景淳同年以《诗经》谋取科第，可见当时常熟以《诗经》谋取科第人数之多。

二

我们知道："孔子删诗"[④]，凡三百篇，至西汉之初，分为鲁、齐、韩、毛四《诗》，鲁、齐、韩三《诗》属于今文诗，仅毛《诗》属于古文诗。郑玄专攻"古学"，故仅为毛《诗》作《笺》，即所谓《毛诗郑笺》。关于鲁、齐、韩、毛四《诗》及《毛诗郑笺》的传承情况，前引《隋书·经籍志一》经部接云：

汉初，有鲁人申公，受《诗》于浮丘伯，作诂训，是为《鲁诗》。齐人辕固生亦传《诗》，是为《齐诗》。燕人韩婴亦传《诗》，是为《韩诗》。终于后汉，三家并立。汉初又有赵人毛苌善《诗》，自云子夏所传，作《诂训传》，是为"《毛诗》古学"，而未得立。后汉有九江谢曼卿，善《毛诗》，又为之训。东海卫敬仲，受学于曼卿。先儒相承，谓之《毛诗》。序，子夏所创，毛公及敬仲又加润益。郑众、贾逵、马融，并作《毛诗传》，郑玄作《毛诗笺》。《齐诗》，魏代已亡。《鲁诗》亡于西晋。《韩诗》虽存，无传之者。唯《毛诗郑笺》，至今独立⑤。

可见至隋，鲁、齐、韩三《诗》实际上均已亡佚，仅毛《诗》独存；同时，毛《诗》郑众、贾逵、马融等《传》实际上亦均亡佚，仅郑玄《笺》独存。这就是说，《毛诗郑笺》很早就取得了"诗学"独尊的地位。

　　但这都是隋以前的情况。唐宋金元，为《毛诗》作注、《郑笺》作疏者，又不知凡几，无非都是想挑战《毛诗郑笺》的独尊地位。其中，以北宋朱熹的《诗集传》最负盛名。到了明代，为《毛诗》作注、《郑笺》作疏者更多。《明史·艺文志一》集中登记了数十家，无须赘举。散见于《明史》各传者还有不少。如《明史》卷一三七《刘三吾附朱善传》记善著有《诗经解颐》；同书卷二三八《儒林·邓元锡附章潢传》记潢著有《诗经原体》。此外，明杨士奇《东里续集》卷一四记梁本之编有《蓕经正鹄》；清修《江南通志》卷一五三《人物志·忠节一》记明程序著有《蓕经衍义》。还有，明徐𤉸《幔亭集》卷一〇《送屠田叔之官沅陵五十韵》云："屈些增吴疏，毛诗补郑笺。"此二句意谓屠田叔曾为屈原《离骚》作疏，为《毛诗郑笺》作补注。屠田叔即屠本畯。《四库全书》收有屠本畯著《离骚草木疏补》四卷，《楚骚协韵》十卷，附《读骚大旨》一卷，皆所谓"屈些增吴疏"者；清王士祯《居易录》卷四记曾"从慈仁寺廊下买得《毛诗郑笺》甬东屠本畯纂注刻本二十卷"，应即所谓"毛诗补郑笺"者。屠本畯《毛诗郑笺纂疏补协》今存⑥，可以略知大概。而据刘毓庆、贾培俊二先生介绍：傅丽英先生《明代〈诗经〉研究专著编目》辑得一百一十三种，朱一清先生《历代〈诗经〉研究著作目录》明

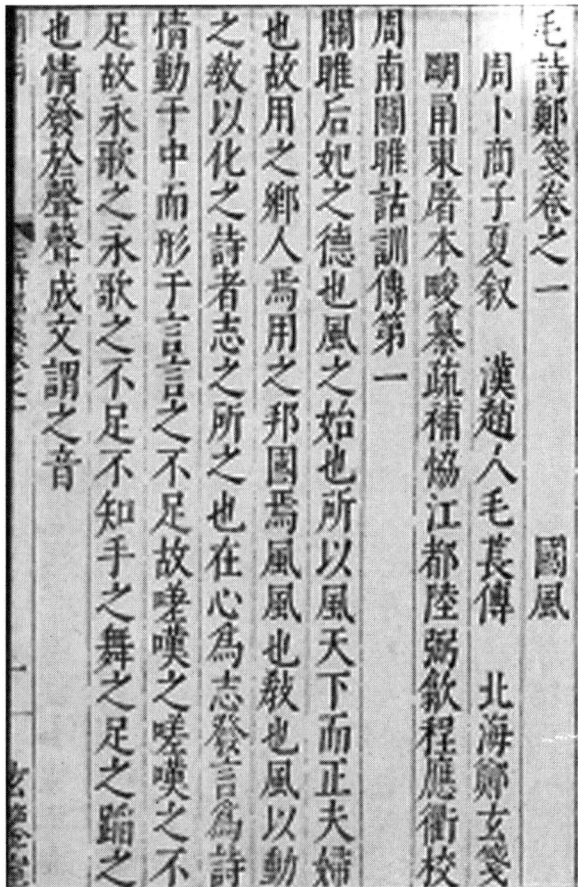

屠本畯《毛诗郑笺纂疏补协》书影

代部分辑得书目一百九十四部（除去重复亦有一百七十七种），而他们自己明代部分辑得七百四十余种，尚存者约二百二十余种，其中包括前述常熟瞿景淳编撰的《诗经□义》、《诗经质言》和《诗经手授真稿》⑦。

　　《毛诗郑笺》遇到这些挑战，其独尊地位究竟如何，是一个值得研究的问题。常熟新出明代墓志提供了一些材料。如永乐十四年（1416年）八月二十五日《明处士汤盛墓志铭》云："衍子孙而绳绳。"意谓子孙繁衍，绵绵不绝。此语源出《诗·周南·螽斯》和《诗·大雅·荡之什》。前者原文为："宜尔子孙，绳绳兮。"《毛传》云："绳绳，戒慎也。"后者原文为："子孙绳绳，万民靡不承。"《郑笺》亦云："绳绳，戒也。王之子孙敬戒行王之教令，天下之民不承顺之乎，言承顺也。"而朱熹《诗集传》却云："绳绳，不绝貌。"可见该墓志引《诗经》，不取

《毛传》、《郑笺》的释义，而取朱熹《诗集传》的释义。显然，《毛诗郑笺》的独尊地位遇到了挑战。但也不能一概而论。再看常熟新出明代墓志提供的另外一些材料。

宣德五年（1430年）三月二十一日（罗汝宽撰）《明杨（纪）母顾氏（妙真）孺人墓志铭》云："降福孔偕，克终寿考。"意谓降福甚为整齐，最终都达到长寿。前者源出《诗·小雅·宾之初筵》，原文为："酒既和旨，饮酒孔偕。"《郑笺》云："和旨，酒调美也。孔，甚也。王之酒已调美，众宾之饮酒，人威仪齐一，言主人敬其事而众宾肃慎。"朱熹《诗集传》云："孔，甚也。偕，齐一也。"后者源出《诗·大雅·棫朴》，原文为："周王寿考，遐不作人。"《郑笺》云："周王，文王也。文王是时九十余矣，故云寿考。"朱熹《诗集传》云："文王老矣，无所复为矣。"虽然前者引《诗经》仍不取《郑笺》的释义，而取朱熹《诗集传》的释义；但后者引《诗经》却是不取朱熹《诗集传》的释义，而取《郑笺》的释义。

永乐十七年（1419年）九月二十八日（林复真譔）《明曹（伸）母陈氏（妙善）墓志铭》云："上承下顺兮咸无斁。"意谓上辈敬奉，下辈恭顺，都毫无厌倦。此语源出《诗·周南·葛覃》，原文为："为絺为綌，服之无斁。"《毛传》云："斁，厌也。"朱熹《诗集传》亦云："斁，厌也。"《郑笺》则云："（无斁）无厌倦。"多一"倦"字。可见该墓志引《诗经》，不取《毛传》、朱熹《诗集传》的释义，而取《郑笺》的释义。

弘治九年（1496年）十二月十一日（孤哀子儒志）《明（季儒）先考季府君（祥）妣朱孺人合葬墓志》云："归理生业，拮据捋荼。"意谓回家操持生产，极为辛苦。此语源出《诗·豳风·鸱鸮》，原文为："予手拮据，予所捋荼。"《郑笺》云："此言作之至苦。"朱熹《诗集传》云："勤劳。"可见该墓志引《诗经》，也是不取朱熹《诗集传》的释义，而取《郑笺》的释义。

隆庆六年（1572年）十一月二日（严讷撰）《明故奉直大夫广东盐课司提举太湖陈公（文周）墓志铭》云："公亦坐哆侈免矣。"意谓陈文周受谗谤免官。此语源出《诗·小雅·巷伯》，原文为："哆兮侈兮，成是南箕。彼谮人者，谁适与谋？"《郑笺》云："箕星哆然，踵狭而舌广。今谗人之因寺人之近嫌而成言其罪，犹因箕星之哆而侈大之。"朱熹《诗集传》云："哆侈，皆张也。南箕非箕也，因其有是形而命之耳。"可见该墓志引《诗经》，也是不取朱熹《诗集传》的释义，而取《郑笺》的释义。

还有一些释义相同的材料。如宣德三年（1428年）三月二日（何预譔）《明怡静处士沈公（良）墓志铭》云："黾勉经营，得复先业。"意谓尽力经营，终于恢复祖业。此语源出《诗·邶风·谷风》，原文为："黾勉同心，不宜有怒。"《毛传》云："言黾勉者，思与君子同心也。"《郑笺》云："所以黾勉者，以为见谴怒者，非夫妇之宜。"朱熹《诗集传》云："黾勉同心，忧乐共之，而何怒之有。"《毛传》、《郑笺》、朱熹《诗集传》释义大致相同。为免繁琐，这里不一一列举。

总之，可以看出：在明代，传统士大夫家族教学《诗经》，虽然朱熹《诗集传》仍占重要地位，《毛诗郑笺》仿佛不如，但在释义取舍方面，《毛诗郑笺》却稍占上风，朱熹《诗集传》似乎稍逊一筹。而这一点，与明代的学术风气，应有一定关系。

三

我们知道：经学分"汉学"、"宋学"两大流派。"汉学"重训诂，以郑玄为代表；"宋学"重义理，以朱熹为代表。一般认为："宋学"兴则"汉学"衰。郑玄的群经注本，迨至宋末，仅存《毛诗》、《周礼》、《仪礼》、《礼记》等数种，余多亡佚，可为证明。但"宋学"的兴盛也有时限，大致到明中期为止。后来虽有王阳明"心学"异军突起，但假借经学以言理学，实较朱熹更甚，并不能力挽"宋学"的颓势。在"宋学"亦衰的情况下，"汉学"逐渐复兴[⑧]。这不仅与此消彼长的事物演变规律符合，也与明代的学术风气符合。谈到明代的学术风气，不能不注意以下三点：

（一）经学积衰

清末皮锡瑞《经学历史》将元、明二代都列为"经学积衰时代"，略云：

> 论宋、元、明三朝之经学，元不及宋，明又不及元。……宋儒学有根柢，故虽拨弃古义，犹能自成一家。若元人则株守宋儒之书，而于注疏所得甚浅。……明人又株守元人之书，于宋儒亦少研究[⑨]。

顾炎武《日知录》卷一八"窃书"条对明人经学著述抨击尤甚，略云：

> 若有明一代之人，其所著书，无非盗窃而已。……吾读有明弘治以后经解之书，皆隐没古人名字，将为己说者也[⑩]。

按照顾炎武的说法，明人经学著述都是剽窃之作，殊不足观。那么，前面提到的明代有关《毛诗》、《郑笺》的数百种注疏，自然也都不值一提。这种说法就《毛诗》、《郑笺》而言虽然太过绝对[⑪]，但从整个经学的状况来看也不是完全没有道理。如前引皮锡瑞所云，明人谈论经学，不引本朝著述，而"株守元人之书"，已能说明部分问题。而据前引常熟新出明代墓志提供的材料，当时传统士大夫家族教学《诗经》，仅取《毛诗郑笺》与朱熹《诗集传》的释义，未见任何援引本朝经学著述的记载，恐怕也与不重本朝经学著述有关。

（二）科举僵化

从汉代开始，直至明清，经学的发展均与国家选拔人才有关。汉设"五经博士"是为了察举，唐修《五经正义》是为了科举。此为人所熟知，无须多说。《元史·选举志一》记仁宗延祐（1314－1320 年）初定科举法，云：

> 《大学》、《论语》、《孟子》、《中庸》内出题，并用朱氏章句集注，复以己意结之，限三百字以上。经义一道，各治一经，《诗》以朱氏为主，《尚书》以蔡氏为主，《周易》以程氏、朱氏为主，已上三经，兼用古注疏，《春秋》许用《三传》及胡氏《传》，《礼记》用古注疏。

其中朱氏指朱熹，程氏指程颐，蔡氏指蔡沈，胡氏指胡安国，均为宋人。可见元朝所定科举法，"四书"、"五经"中，除《礼记》犹用郑玄注本外，其他均用宋人注本。这就印证了前引皮锡瑞所云："元人则株守宋儒之书。"其中以朱熹注本为最多[⑫]。但到了明代，情况大为不同。据《明成祖实录》记载：永乐十二年（1379 年）十一月甲寅，命胡广等修

《五经四书大全》，十三年（1380年）九月告竣，成祖亲为制序，弁之卷首，命礼部刊赐天下。这是明代的科举法⑬。顾炎武《日知录》卷一八"五经四书大全"条对其书抨击更甚，特别指出："《诗经大全》则全袭元人刘瑾《诗传通释》，而改其中'愚按'二字为'安成刘氏曰'。"⑭并在同书同卷"书传会选"条深深叹息："八股行而古学弃，《大全》出而经说亡！"⑮其中"古学"应指"汉学"，"经说"则包括"宋学"。"汉学"之"弃"在宋，"宋学"之"亡"在明。虽然言之过早（"宋学"之亡不在明初，而在明中后期），但在此消彼长的情况下，先"弃"之"汉学"难免会死灰复燃，形成压倒后"亡"之"宋学"之势。前面提到明代传统士大夫家族教学《诗经》，虽然朱熹《诗集传》仍占重要地位，《毛诗郑笺》仿佛不如，但在释义取舍方面，《毛诗郑笺》却稍占上风，朱熹《诗集传》似乎稍逊一筹，原因恐怕与此有关。

（三）复古思潮

明代嘉靖（1522–1566年）前后，有所谓"前后七子"，倡导复古之风。"前七子"依次为李梦阳、何景明、徐祯卿、边贡、康海、王九思、王廷相，"后七子"依次为李攀龙、谢臻、梁有誉、宗臣、王世贞、徐中行、吴国伦，对当时及后世影响甚大。《明史》卷二八六《文苑二·李梦阳传》云：

> 梦阳才思雄骛，卓然以复古自命。弘治时，宰相李东阳主文柄，天下翕然宗之，梦阳独讥其萎弱。倡言文必秦汉，诗必盛唐，非是者弗道。与何景明、徐祯卿、边贡、朱应登、顾璘、陈沂、郑善夫、康海、王九思等号十才子，又与景明、祯卿、贡、海、九思、王廷相号七才子，皆卑视一世，而梦阳尤甚。吴人黄省曾、越人周祚，千里致书，愿为弟子。迨嘉靖朝，李攀龙、王世贞出，复奉以为宗。天下推李、何、王、李为四大家，无不争效其体。华州王维桢以为七言律自杜甫以后，善用顿挫倒插之法，惟梦阳一人。

既称"文必秦汉，诗必盛唐"，则对所谓"宋学"，自然颇为不屑。而同书卷二八七《文苑三·李攀龙传》云：

> 其（李攀龙）持论谓文自西京，诗自天宝而下，俱无足观，于本朝独推李梦阳。诸子翕然和之，非是，则诋为"宋学"。

更明确表示对所谓"宋学"不满。这种复古思潮，在常熟新出明代墓志中也有反映。如：嘉靖十年（1531年）十一月二十二日《明故封文林郎监察御史九十四翁瞻梓蒋公（绮）墓志有铭》云："（绮）诸凡题咏，援毫可就，殆追《骚》、《选》。"又云："冢器钦岐嶷不群，加膝授经，日记数千言，作为词章，力追秦汉。"又万历二十年（1598年）六月至四十二年（1614年）年间《明石崖先生（翁拱极）墓表》云："嘉靖之季，士子为文，争剽华啜艳。"在此情况下，"汉学"重新受到重视是理所当然的。周予同《经学历史序言》云："元、明二代成为经学史上的衰落时期，而东汉古文学便乘之而复兴。"⑯谈东汉古文学的复兴，不考虑复古思潮的影响，至少是不全面的。

综上所述，我们以常熟新出明代墓志为线索，通过分析和探讨，从一个侧面，对当时《毛诗郑笺》流行的情况和原因有了一些了解。当然，仅仅满足于此是不够的。譬如：传统的"诗礼传家"思想，与郑玄的群经注本仅存"诗"（《毛诗郑笺》）、"礼"（《周礼》、《仪礼》、《礼记》等郑注），是否有关，也值得注意。但这属于下一步的工作，本文就不分析和探讨了[⑰]。

本文为作者"常熟新出明清墓志系列研究"课题成果的一部分，得到故宫博物院 2006 年度科研课题经费资助，谨此致谢！

---

① 中国文物研究所、常熟博物馆：《新中国出土墓志·江苏》[壹]（常熟），文物出版社，2006 年。本文所引墓志，凡未另注出处者，均出本书，不再注明。

② 参阅任昉《读常熟新出明清墓志丛识》"正芑经"条，《历史文献研究》总第 28 辑，第 81 - 93 页，华东师范大学出版社，2009 年 10 月。

③ 参任昉《常熟新出明瞿景淳行状疏证》，《故宫学刊》第 4 辑，第 532 - 549 页，紫禁城出版社，2009 年。

④ 按：关于"孔子删诗"，自宋以降，存在多说，近年看法逐渐趋同。参阅：褚斌杰《〈诗经〉说略》，《经史说略——〈十三经〉说略》，北京燕山出版社重印本，2003 年，第 71 - 74 页；夏传才《孔子删诗学案》，《二十世纪诗经学》，学苑出版社，2005 年，第 296 - 305 页。

⑤ 参褚斌杰《〈诗经〉说略》，《经史说略——〈十三经〉说略》，北京燕山出版社重印本，2003 年，第 75 - 76 页；夏传才《传统诗经学发展的四个阶段及其主要特征》，《二十世纪诗经学》，学苑出版社，2005 年，第 23 - 25 页。

⑥ 屠本畯：《毛诗郑笺纂疏补协》二十卷，附诗谱一卷，原为明万历二十二年玄鉴室刻本，收入《四库未收书辑刊》第 1 辑第 4 册，北京出版社，2000 年，第 1 - 336 页。

⑦ 刘毓庆、贾培俊：《历代诗经著述考》，中华书局，2008 年，第 1 - 2、第 107 页。

⑧ 按：关于明代汉、宋二学消长情况，学术界讨论较多。譬如：林庆彰将明代经学分为二个阶段：元至明中叶为前段，属于吸收宋学，并加以反省的时期；明中叶至清康熙年间为后段，属于对汉、宋优劣提出质疑，并主张汉、宋兼采时期。见《明代的汉宋学问题》，《明代经学研究论集》，台北文史哲出版社，1994 年，第 1 - 33 页。李威熊原则上采用林庆彰的分期，但为了探讨明代政局的变化与经学发展的关系，和对明代经学作更细密的考察，参考杨国桢、陈支平的《明史新编》，将明代经学分为三个时期：初期、中期、晚期。见《明代经学发展的主流与旁支》，《明代经学国际研讨会论文集》，台北中央研究院中国文哲研究所第二次印刷，2002 年，第 77 - 92 页。可以参考。

⑨ 皮锡瑞著、周予同注释：《经学历史》，中华书局，2004 年，第 205 页。

⑩ 顾炎武著、黄汝成集释、栾保群、吕宗力校点：《日知录集释》，上海古籍出版社，2006 年，第 1073 - 1074 页。

⑪ 对于明后期"诗学"状况，学术界讨论也较多。如夏传才《元明学术的空疏和伪〈诗学〉》，《诗经研究史概要》（增注本），清华大学出版社，2007 年，第 124 - 131 页。近年一些学者对明代的经学进行重新评价，以刘毓庆为代表，见《从经学到文学——明代〈诗经〉学史论》，商务印书馆，2001 年，可以参考。

⑫ 《元史》卷一九〇《儒学·韩性传》云："延祐初，诏以科举取士，学者多以文法为请，性语之曰：'今之贡举，悉本朱熹私议，为贡举之文，不知朱氏之学，可乎？《四书》、《六经》，千载不传之学，自程氏至朱氏，发明无余蕴矣，顾行何如耳。有德者必有言，施之场屋，直其末事，岂有他法哉。'"也反映了朱熹之学在当时的地位。

⑬ 关于明代科举法，参阅王凯旋：《明代科举制度考论》，沈阳出版社，2005 年。

⑭ 前引顾炎武著、黄汝成集释、栾保群、吕宗力校点：《日知录集释》，第 1042 页。

⑮ 前引顾炎武著、黄汝成集释、栾保群、吕宗力校点：《日知录集释》，第 1045 页。

⑯ 前引皮锡瑞著、周予同注释：《经学历史》，第 2 页。

⑰ 按：关于明代经学是否"积衰"，近代以来特别是近年以来还有很多不同看法。参阅林庆彰《〈明代经学国际研讨会论文集〉导言》、饶宗颐《明代经学的发展路向及其渊源》（主题演讲一）、李威熊《明代经学发展的主流与旁支》等文，均见前引《明代经学国际研讨会论文集》，第 1 – 14、第 15 – 22、第 77 – 92 页。因不属本文讨论范围，这里暂不赘述。

明清时期的淄川毕氏家族①

秦海滢

（辽宁师范大学历史文化旅游学院教授）

常建华先生在《二十世纪的中国宗族研究》一文中，分别就 20 世纪上半叶宗族研究起步、50－70 年代的史学热点与宗族研究、80 年代以来宗族研究的深化等问题作了详尽的阐述。纵观 20 世纪初至本世纪宗族研究状况，正如常先生分析，宗族研究存在时空上的不平衡性："宋以后宗族研究，北方较南方薄弱，而南方地区华中较华南和华东薄弱……"②。

就目前山东区域宗族研究来看，大多集中于魏晋至隋唐山东世家大族研究，但家族的延续性缺失。近年来一些著书，如张建国等著《魏氏庄园研究》（山东人民出版社 2002 年版）一书，以惠民魏氏庄园为线索，比较通俗地介绍了魏氏家族的兴衰以及鲁北社会风俗。张利民等编写《滨州杜氏家族研究》（齐鲁书社 2003 年版），该书在实地调查和口述史的基础上，系统地研究了明末至清末滨州杜氏家族的家族教育、科举及文学状况，对家族文化史的研究具有重要的史料价值。但是，对能够维系五百年家族的政治、经济基础、组织管理机构等内容关注不够。蒋惠民《黄城丁氏族谱》（山东大学出版社 2004 年版）通过对黄城丁百万的追溯，反映了以学入仕，以仕保商，以商养学的家族理念。同时，一些学者还从宗族婚姻、科举文化等方面发表了相关论文。如于瑞桓、何成《明末清初新城王氏婚姻简论》（《烟台大学学报》2002 年第 2 期）、何成《明清新城王氏家族兴盛述论》（《山东大学学报》2002 年 2 期）两篇论文，认为良好的家族教育、强化的宗族组织和联姻关系都是王氏家族二百年不坠的根基。王蕊《明清时期高密单氏家族文化成因》（《荷泽师专学报》2003 年 2 期），则强调家族文化的传承和丰富的藏书是单氏文化世家形成的深层原因。王日根、张先刚《从墓地、族谱到祠堂：明清山东栖霞宗族凝聚纽带的变迁》（《清史研究》2008 年 2 期）一文，认为山东栖霞宗族整合功能，经历了明中叶的墓地祭祀到清中叶的族谱普及的变化。同时，2002 年以来，数篇博士、硕士论文也涉足该领域，何成《新城王氏：对明清时期科举望族的个案研究》（2002 年博士论文）、王蕊《明清时期高密单氏家族个案研究》（2003 年硕士论文）、梁娟娟《明清临朐冯氏家族研究》（2006 年硕士论文），也均对相关家族文化进行了探讨。值得注意的是，一些学者的著书中也对山东某些家族有所关注。如张杰《清代科举家族》（科学文献出版社 2003 年版）文中利用《清代朱砂集成》，对福山王氏、高密单氏家族、新城王茂蕙、栖霞牟房集中讨论，剖析了经济基础、人文环境，以及婚姻中的文化行为、日常生活中的交往和社会流动对于望族的影响。何炳棣《科举と近世中国社会》（平凡社 1993 年版），该书一小节用统计学的计量方法，分析了明清山东新城王氏科举与社会流动的关系。

此外，关于淄川地方文化的研究。对于蒲松龄的考据性研究较多，如邹宗良《蒲松龄西铺设馆问题新考》（《蒲松龄研究》1989 年 2 期）、袁世硕《蒲松龄与丰泉乡王氏》（《蒲松龄研究》1986 年）、盛伟《蒲松龄与赵执信交往初探》（《青岛海洋大学学报》1997 年第 1 期）、张志中、李障天《郢中诗社人物考》（《蒲松龄研究》1992 年第 3 期）等。张光兴《孝妇河畔的三大历史文化名人》（1998 年 6 月 5 日《淄博日报》）、韩勇《淄博清初四文人》、高天民、高禄长的《清初淄博四文人与高珩》（《谱牒研究》2000 年 8 月），则主要论述了清初该地士人王士祯、蒲松龄、唐梦赍、赵执信、高珩的交往经历。同时，明清时期韩氏和孙氏家族后裔，也一直热衷于对其先人和地域文化的探讨与保护，如韩其芳《西河之浒有芳邻》（《淄川广播电视》2005 年第 1 期）、《孝妇河：谁家阁老谁风流》（《淄川广播电视》2004 年第 3 期）。孙发全《般阳孙氏由山西带来琉璃技艺考》（《谱牒研究》山东淄川谱牒学会 2000 年 8 月）、《随施"变谱"之策》（《般阳孙氏谱乘考》）、《献策擒拿鳌拜》（《文史哲》2004 年增刊）等，向我们通俗地讲述了历官四朝的翟凤翀、三阁老刘鸿训、张至发、孙廷铨的生平以及子孙们的政绩。

　　总之，从目前山东宗族研究现状来看，无论是在史料的搜集还是在研究方向上，已取得了一定成绩。但是，还需要进一步关注家族政治、经济基础、组织结构、管理机构等问题，加强家族与国家和地方关系的深入探讨。在此基础上，则有必要加强与南方宗族研究的对话。

一　明清时期的淄川

　　淄川以淄水而得名，"淄川县东北七十里原山，淄水所出。俗传云：禹理水功毕，土石黑，数里之中波若漆，故谓之淄水也"③。春秋战国时期，该地属于齐国，后汉时隶属高密，魏晋南北朝时期改为贝邱县。隋朝又把贝邱改名为淄川县，始设淄川。唐宋时期，淄州领淄川、长山、高苑、邹平四县。元代，淄州隶属济南路，至元二年改为淄莱路，包括了登莱二州八县，至二十年改为般阳路，领州二县十二，比明清时期该地所辖范围要广④。明朝，"太祖吴元年改路为淄川州，县仍为附郭"⑤。到洪武九年（1376 年），又把靠海的登莱二州割出去，淄州才独立出来，隶属济南府，领淄川、长山、新城和蒲台四县。洪武十二年（1379 年），割蒲台属滨州，改淄州为淄川县，与长山、新城均隶济南府。但是，雍正十二年（1734 年）割淄川之南境、益都、莱芜之交界地另置，赐名博山。之后，清朝继续沿袭此划分标准。

　　淄川，自宋以来尤其是明清时期社会经济得以发展。不仅如此，淄川隶属于古齐国，齐固为文学之国，历史上所形成的传统，使得该地文化源远流长。明清时期人文荟萃，科第兴盛，出现了高氏、孙氏、王氏、毕氏、韩氏等著姓大族。据《淄川县志》统计，明清时期该地进士共六十六人。举人，明九十四人，清八十六人。至于贡生、封赠之名大都出自毕氏、高氏、韩氏、张氏、王氏、孙氏子孙⑥。毕氏家族作为上述大族中的重要一部分，在明清时期的淄川历史舞台上，不仅积极加强家族自身文化建构与宗族组织管理，而且在地域化过程中还充分显示了其在地方上的威望。

二　毕氏家族起源与发展

　　毕氏家族以农事传家。金元两朝时，毕氏族人自枣强迁徙至颜神镇石塘坞。洪武初年，山东发生瘟疫。始祖敬贤，游览至淄川西铺崔家庄时，被此地风水所吸引，于是在此画地为业。之后，敬贤因念该处与父母墓地相距较远。于是，只身一人偷偷回石塘坞迁移父母骸骨，因担心自己被石塘坞族人追赶，所以就匆匆把父母骸骨掩埋在疃西。这样，他才安心开始淄川毕氏的创业，以农耕为本，又课读诗书。经过毕木老七支及后世少八门的努力，明末毕氏家族开始走向了鼎盛时期。万历年间，毕自严中进士，其弟自肃、自寅接踵登第。明朝政府曾在淄川城内树立"四世一品"、"三世同升"牌坊。入清以后，举人以上功名者不下三十人[⑦]。但是，毕际有以后，毕氏子孙仕途空寂，即使到道光年间毕道远的出现，也无法再现明末八阳时的兴盛。

（一）淄川毕氏起源

毕氏家族自始祖至四世祖清，一直都以农事为主，在地方上默默无闻。五世祖恪，以德行闻，被推为忠信乡保正，"凡婚社譙会必其首坐"。六世忠臣，字廷佐，毕自严之祖父。由于宽仁乐施，大节好义，以隐德闻于乡，被邑人推为善人，并列名于旌善亭。此时，毕氏家业才稍稍宽裕。他于是独令其第六子毕木，也就是毕自严之父，跟随同邑大儒张敬先生学习。毕木虽读书多妙辞，与王教先生齐名，被族人誉为毕氏文学第一人。但是，由于屡困棘闱，他主动放弃了入仕之途，把更多的精力投入到对子女的教育以及家族文化建设方面。毕木兄弟七人，其他虽各有个性，但均务农或出家，并未步入仕途。毕本擅长诗、绘画、鼓琴，具有隐士之风。毕檠首倡文学，率领诸弟为诸子开塾延师、督课诵读。毕架，善于持家，有君子之风，即使有阋墙凤嫌，也俱置身度外。毕业，年轻时刚强好胜，得罪乡人。后又营建居第，稍趋奢华。中年时被仇家中伤，移居别省，晚年归老故园。毕林，善于交游，晚年与毕木结五老会，寿近八袠。但是，毕林儿孙辈，常常因为家产发生纠纷，导致家庭不和。总之，从《淄川毕氏世谱》来看，淄川毕氏忠臣祖一支七世男丁兴旺，到毕自严一支，同辈就二十六男。若再加上其他支系，不下百丁，足见人丁繁衍之盛。可见，明朝末年毕氏家族正式走向发展的轨道。

（二）八阳风范与后世子孙

1. 八阳风范

毕自严兄弟八人相敬和睦，号称八阳。即华阳自耕、震阳自耘、玉阳自慎、白阳自严、凤阳自裕、旭阳自寅、祝阳自强、冲阳自肃。

华阳自耕，早年荒废儒业，年仅三十而卒。震阳自耘，郡庠生，天性至孝，侍生母王氏三十年如一日，"友爱诸弟，析产徭役，悉存谦让，里党姻戚，好行其德，黄发翁为登名责善簿，置先祠中"。玉阳自慎，岁贡生。凤阳自裕，年四十三岁而卒。祝阳自强，"兄弟贵显，而其产不踰中人"[⑧]。总体来看，在八阳之中，两进士，一举人，两贡生，两秀才。功名显著者则是自严、自寅和自肃。因此，本节以他们三兄弟的业绩为中心，借以分析此时毕氏家族之辉煌。

毕自严，字景曾，号白阳，排行老四。万历十六年（1588 年）举人，万历二十年（1592 年）进士，仕至光禄大夫、太子太保户部尚书，赠少保祀名宦。"万历七年（1579 年）在淄，受业于王教，十五年（1587 年）受业于高先生捷"[⑨]。万历二十年（1592 年）赐同进士出身，初授南直隶松江府推官。同邑人王巽在《赠毕白阳理刑松江》一诗中写到："停舟相对叹分歧，握手仍为赠别诗。自是故人多恋恋，也应游子欲迟迟。天涯离合怜肝胆，客路风霜付酒卮。君到松江觅双鲤，好凭潮候寄相思"[⑩]。诗中一方面表达了与友人的依依惜别之情，另一方面则寄托了对毕自严的殷殷期望。毕自严果然不负众望，治理松江期间，政绩卓著，宫保陆树声作如下赞誉："恭慎如书生，综核如老吏，博大凝重如名世大臣"[⑪]。因政绩突出，万历二十六年（1598 年）陞刑部河南司主事。万历二十八年（1600 年）领浙江卹刑差。万历三十一年（1603 年）补旧职，后改工部虞衡司主事，管军器局。万历三十四年（1606 年）陞都水司郎中，管理淮扬河道。万历三十五年（1607 年）陞河南参议淮徐兵备道。万历三十八年（1610 年）补山西参议，分守冀宁道。万历四十年（1612 年）陞副使，分守河东道。万历四十一年（1613 年）加参政衔，但是以辽督薛三才、晋抚李若星争辽东参政之职为耻，自严于万历四十二（1614 年）告病回籍。万历四十四年（1616 年）起补陕西参政洮岷兵备道。万历四十七年（1619 年），三年考绩加按察使衔，移管榆林西路兵备道，安边定边。万历四十八年（1620 年）加右布政使衔，管本道事。天启元年（1621 年）陞金都御史，巡抚天津等处。招募水陆兵万人，使津门武备力量强大。当时，正值徐鸿儒于山东邹平起义，毕自严奉命率师五千人进行讨伐。天启三年（1623 年）陞户部右侍郎，督理辽东粮饷，缓急得时，军无告急。不久加封为户部左侍郎右都御史。天启五年（1625 年）陞南京都察院都御史，天启六年（1626 年）陞南京户部尚书，因见魏忠贤集团气焰日炽，无奈告病回籍。崇祯元年（1628 年）起为户部尚书，当时面临军兴日繁、帑藏空匮的局势，毕自严首倡节用之说，对待工作更是殚精竭虑、兢兢业业。崇祯二年（1629 年）冬京师戒严，两月未曾贴席休息。崇祯四年（1631 年）加太子太保，正值会推冢宰，得到官员一致认可。崇祯五年（1632 年）秋，"司寇循例以请特诏"⑫。可是，当时门户分争，柄相温体仁不肯听进自严建议，又暗监张彝宪事事掣肘，无奈之下自严乞归，"盖公筦度支近六年矣。内外出入京储边需，酌剂盈绌之数，洞火列眉以家事任之终。公之任脱巾无间，帝一日去公不可"⑬。崇祯十一年（1638 年）终于正寝，享年七十岁，皇帝降旨祭九坛，赐御墓，加封三代。墓碑上刻有圣旨二字，墓田占地二百多亩。总之，自严一生历事三朝，为官二十余职，从政四十余年，勤政为民，在松江、洮岷、靖边、天津等地设四专祠。尤其是在明末财政捉襟见肘之时，为解决国需燃眉之急，更是忠于职守。大司马张坤安称其为"真司农。"毕自严同年东吴沈演在叙公奏议中评价："公受主知最深，一身筦军国大计，最重亦最久"。同邑后学唐梦赉也认为其审慎国是，申明宪章匡救时势，"先生之入也，稽户版考祖制，明目张胆，与中外争之。所虧额者几何，所侵冒者几何，蠥甲蚒师而藉口于饷者，何事缺员旷伍而漏厄于饷者，何官历历如印泥画泥沙，疏朝上而夕报可。行之一年，而累百万之虧，赋以清。又行之一年，而累百万之存库有余"⑭。

自寅字畏甫，号旭阳。天资聪颖，13 岁就考中秀才，有神童之誉。万历三十四年（1606 年）举人，仕至南京户部广东司主事。先后五次进京，参加科举考试，但最终没有被录取，之后被封为吴桥县令。因此，家乡人称他为"毕小官"。在他任职吴桥令期间，正好发生了崇祯四年（1631 年）孔有德叛乱，他们沿途搜刮百姓，到吴桥时，自寅拒不归顺，还惩罚那些企图投靠孔氏的下属，由此引发了吴桥兵变。此次事件后，自寅陞南京兵马司指挥，再陞为南京户部主事。但有些官员借机把吴桥兵变归罪于自寅，被罢官后，他消极避世，在家乡建立"拱玉园"。

八弟自肃，号冲阳，万历四十四年（1616 年）进士，仕至延抚辽东都察院金都御史，祀名宦。初授北直隶定兴知县，"凡备差枉道横锁逾例者，概峻拒之，且置于法。以雇募代金报，以官输代吏解，改墩夫为健丁，改作铺为巡路"。从该则史料，我们可以看到毕自肃在定兴的主要政绩，一方面严厉处罚敲诈勒索的官吏。另一方面，积极减轻百姓负担，以雇工形式替代了对当地劳动力的无偿征用。因此，他深得百姓喜爱，称之为"神君慈母"，并争相为官府和军队运送粮食，上司命建"尚议坊"。天启二年（1622 年）以治行高等，内徵擢礼部主客司主事，四年（1624 年）持节，封肃藩。天启五年（1625 年）命提督辽西，朝廷中一些主和派主张退让，毕自肃则提出了抵抗及平叛的七条建议。天启六年（1626 年）陞参议，宁前兵备道，以修关外五城功，晋副使。天启七年（1627 年），以宁锦功加太仆寺少卿。天启八年（1628 年）陞都察院右金都御史，巡抚关宁，提出了平定辽东的九条方略大计，大声疾呼请马价、请抚赏、请月饷等治理措施，但朝廷上下无一应者。于是，他把在边关所察弊端上奏皇帝，却由此得罪了权臣魏忠贤，有意拖延毕自肃部队的粮饷。于是军中缺饷四、五个月，士兵误听谣言，发生叛乱，把矛头指向了自肃。公悲愤绝食，十三日而殁。少保公自严为其辑《抚辽疏草》为一集[15]。在《明史·本纪》中，袁崇焕、邱民仰、王家祯、何可纲、左良玉等传记中，均提起毕自肃自杀之事[16]。毕自严在《中宪大夫巡抚辽东等处地方赞理军务都察院右佥都御史冲阳毕公行状》一文中，对自肃一生正直、不畏权贵的品格进行了高度评价，认为其正义之死重于泰山[17]。总之，从以上对毕氏祖先、八阳的论述中，我们可以看出，毕氏家族的繁荣期以毕自严为中心，以八阳为主要力量。

2. 八阳子孙

八阳之后，其后世子孙虽然仍以诗书传家，但再也无法创造八阳时的辉煌。在科考上，自耕之孙盛讚，顺治十八年（1661 年）进士，任山西芮城县知县。自肃之孙盛青，顺治十四年（1657 年）举人，十八年（1661 年）进士。毕道远，道光二十一年（1841 年）进士。值得注意的是，毕氏家族早卒现象严重，自耕年仅 30 而卒，自裕年 43 岁而卒，自耘 52 岁卒。自寅长子际章 17 岁未娶而卒。毕自严子际壮，年 28 岁卒。际復子盛谟早卒，际孚子盛鑑殁年 29，盛铨年 47 而卒。际孚孙子世浃和世疎早卒。自肃之孙盛青 48 而卒，盛育子世持 39 岁卒，世持四子海玥早卒。尤其是如际竑子盛育、孙世持、曾孙海玥的相继早卒[18]，使得家族的代际传承出现断层。因此，我们在考虑家族衰落的现象时，早卒现象也不容忽视。下面我们就来具体分析八阳子孙的命运与家族延续。

首先，自严子孙。自严 3 个儿子中，际壮早卒。除际有以拔贡生仕至江南通州知州外，其余子孙辈要么绝意仕进，要么屡试不中，表现平庸。际有，顺治二年（1645 年）拔贡，十三年（1656 年）授山西稷山知县，为政期间，廉洁勤慎。推行清吏胥、严保甲、缓征徭役等措施。十八年（1661 年）陞江南通州知州。康熙二年（1663 年）以"通州所千总解运漕粮，积年掛欠变产，赔补追不及额"为由，被罢归。归时，林茂之、杜于皇、陈其平、龚半千、孙无言、孙豹人等送至江干，握手不忍别，绘《江干系马图赠公》。康熙三年（1664 年）归里[19]。际有子盛钜，拔贡生，选黄县教谕，养亲不仕。

际孚具有山林隐逸之风，以拔贡生考授州同知，因母老未仕，"晚年以田园授诸子，潜于东庄，名曰安乐窝，日与老农园叟量雨较晴。不理外事，时而策杖徘徊于阿石泉，漱流枕石，往往终日自号，拙隐作逸老图记"[20]。际孚十子，命运多舛。盛铨，不得入闱，年仅 47 岁而卒。盛钰，乡试 16 次竟不一第，年 73 才选为莘县训导。盛镐，兄弟十人中最为父器重，佐理家政。盛鑰，精于痘疹，往往自愤怀才莫展。也有的致力于著书，如盛鑑，以先少保公手泽为性命事，苦力搜索为年谱，以补国史阙遗，悼家风坠落，集《毕氏庭训》《毕氏闺范》二书。盛鑑子世济，雍正七年（1729 年）举人。家贫，好读书，"入春官试，天气偶热，脱衣裸处，号军稟官，扶出。自此不应试，而读书不辍。晚年与妻一室分处，授受不亲，一物之微，有投必相抱。深于易，自为注解，册用敬神黄纸，写用镫煤，珍藏不与人见。一夕为火所焚，大痛，谓生平精力尽于此书，及此，天也"，当入"隐逸"一门[21]。

其次，自肃支系。自肃长子毕际竑（1615－1687 年），字孟议，晚年自号讷庵。父亲去世后开始主持家庭事务。曾 13 次赴乡试，皆未考中，后来仅以食饩资满成为贡生，曾被推举为乡饮大宾，死后次月被选为郯城训导。李自成率领闯军占领淄川后，际竑遭逼饷辱打。清兵逼近淄川，际竑率全家进入南山避难，不料又被官军征去淄川守城两月。清朝统一山东后，又多次遭官府勒索，家资荡尽。康熙二十五年（1686 年）除夕曾长孙海玥病殁，1687 年正月长子盛育殁，六月孙子世持殁。际竑晚年凄凉，作《痴说》，记载了不少善事，并记录了有关明末清初李自成义军在家乡一带活动的史料。力主仁恕之说，"耐事耐人之所不能耐，忍人之所不能忍"㉒。唐梦赉认为张相国至发之家训、毕木之家训、高司寇念东之祖训、讷庵痴说，为般阳四宝，"若故相国宪松张公训其家曰毋宁负屈，毋宁让人，务使吾家有官若无官。高司寇念东前辈述其祖训曰：有不打人一掌，詈人一语者，真吾佳子孙。而先生之祖赠宫保尚书黄发翁家训曰：不放债，不居间不攻煤井，不开盐店，巍巍乎，此三公之言"㉓。自肃次子际谊之子盛青，顺治元年进士，仕至江西赣州府同知，考授翰林院中书舍人，前后任中翰20余年，卒时48岁。从上面的论述中，我们可以发现，毕氏家族在自肃孙辈之后，早亡现象较多，加上当时社会动乱，家产殆尽，家族从此走向衰落。

十六世时，毕氏家族又出现了一名为官清廉之士毕道远，为自肃九世孙。其父昌绪，嘉庆十八年（1813年）拔贡生，考取八旗官学教习，历任直隶博野永清河间县知县、张家湾通判、钦加云同衔即补直隶州知州、候补知府历署邢台献县知县、坝州知州、遵化州、直隶州知州、河间府同知，诰授朝议大夫晋封光禄大夫。毕道远（1810－1889年），号东河。道光二十一年（1841年）进士。历任翰林院庶吉士、山西乡试主考、司经局洗马、翰林院侍读、侍讲学士、咸安宫总裁、国史馆纂修、文渊阁校理、顺天乡试同考官、广西乡试主考、国子监祭酒、文渊阁值阁大臣、礼部、户部、兵部左右侍郎、都察院左都御史，顺天武科乡试副主考。户部三库大臣，总督仓场，署兵部尚书，礼部尚书，武英殿总裁兼顺天府尹，赐紫禁城骑马，诰授26次光禄大夫。先后任14职，历任四朝，为官46年，家中无任何积蓄，留下了清正廉明的好名声。即使在光绪十五年（1889年）临终前，还嘱托时任安徽池州知州的嗣子毕念承，自己死后往家乡运灵柩时不要打扰各地官府。在他总督仓场期间，厘清多年仓户积弊，霉粮不许入仓。《清史稿》中还记载了毕道远、贺寿慈等上疏请筹款修复运河，但遭到了沈葆桢反对一事㉔。咸丰十年（1860年），英法攻入京师后，毕道远又力主保卫社稷。此外，关于毕道远的许多传奇佳话，至今仍在当地被人们相互传颂。他虽身居高职，但每次回家总是蓝布衣、老千鞋，手拿旱烟袋，八人大轿留于济南或章丘，百余里路骑驴而行，距村数里即下驴。由于过于简朴，据说有一次，独自去拜访姑母，路遇一推车人招呼他帮助拉车上崖，事后推车人才知帮助自己的人竟然赫赫有名的毕尚书㉕。正是从百姓重复传颂的故事中，我们可以发现毕道远贴近百姓、平易近人的品质。陈春声先生在研究华南乡村传统社会时，曾经指出民间故事的重要性："这些故事的流播，实际上是一个成千上万次被'重复'的过程，重复使乡村关于历史解释的'集体记忆'被保留下来，因此，研究者可以把乡村故事视为乡民的'历史记忆'"㉖。可以说，正是这种历史的记忆，让我们感受到了百姓集体心目中的好官形象。其子毕念承，初以父荫就读于国子监，以学业优等署工部屯司郎中，补授虞衡司郎中，赏戴花翎，后任安徽池州府知府，钦加三品衔候补道台。特恩赏寿字匾，诰授通奉大夫。为官遵父训，以爱民勿扰民为要旨。

除了自严和自肃这两大支系外，他们子侄辈，功名亦不显，自耘仲子际复，岁贡生，授掖县训导。际谦，少多交游，阅厌世事，晚年潜居博览书籍，自号市隐。际彦，时门户中落，内患外侮先后而至，"不三载而荡然日适市饮酒霑濡，倾仆不顾，以洩其牢骚之气，有晋人之风。"

最后，其他支派。除八阳支系外，还有其他旁支虽不能以仕途显亲扬名，但他们在家族管理方面依然践行着家族准则。时行，在自严群从兄弟中最为年幼，为宗族长30余年。黄发翁毕木制定的"良月祭墓，立会刲牲"的礼仪，久废不举，时行得以恢复，晚年不惜捐产重修与教寺。由于严格的家风得以维系，即使家道呈现衰弱之时，因此，后代仍念念不忘恪守祖训。十五世龙符，"至于万安茔树不易保者，能保之"。十二世海旸，居尝训戒子侄辈曰："吃饭穿衣往下，比读书未人向上。"十六世远暲，"性宽和，然遇事敢任，御侮防患一族恃为保障焉，少通经史……晚年垂训后昆，仍切切以读书为急务。谈及文艺，虽终夜无倦容。迨主莹庙祭祀，急欲重修家谱……"。

对于许多大族来说，"学而优则仕"往往是他们扩大社会关系与增强社会流动的重要途径。但明代中期以后，随着这条通道的日益狭窄，也在不同程度上制约了士子的发展。十一世世汉，数困棘闱，后由明经授商河训导。十二世海模，乾隆十八年（1753 年）中乡试第八魁，二十年（1757 年）公车不第，绝意进取，居家教授为业。海槿，三十一年（1768 年）连科荐卷，竟不获第。十五世蕴芳，远近学士多出其门，而自己久困棘闱。华芳，北闱三四次未第。面临家道中落、科举又无望的情况下，有些家族成员要么消极地出家，要么积极寻找其它生存方式立足于社会。九世永祉，家道中落，析爨之后，弃学经商，"铅椠并力操作，意野繭可操奇赢也者，机杼之声不绝于耳。公尝自言每五日中，一日适周村市，二日往返济南，二日经理于家，如是者垂二十年。"十二世海锽，弱冠后弃儒就商，无市气性，乐与读书人交往。还有的家族成员，干脆消极避世，如十二世来盛出家为道士，海湴出家为道。十三世海珫四子福茂出家。十三世丰统，送佛像 13 尊、神轴 6 轴、佛经 68 本于万村菩提庵，施地三官亩于菴中，作香火赏。十五世从隆于万村菴中施地一亩，绪助香赏。总之，上述社会现象大都发生在十一世和十二世之间，也就是八阳衰落之后。可见，家族文化氛围对族内成员的价值观选择有着直接的影响。同样不可忽视的，就是甲申之变对于当时宗族的记忆也是惨重的，九世玉振配于氏，四子，甲申从礼死[27]。可以说，地方动乱、社会变迁对家族衰落的影响也是显而易见的。

三　毕氏家族文化建构

当一个家族发展到一定规模以后，必然要通过修谱、建祠堂、设族田、订家规等形式，加强对族内成员的规范与管理。当然，目的非常明确，一方面是为了辨明世系、同宗睦族，另一方面则是为了实现家族走向地域社会化过程。

（一）修谱与联宗

明清时期的毕氏家族，十分重视修谱与联宗对家族维系的重要性。毕木就曾目睹了周围其他家族纷争导致衰败的现象，"近缘萧墙内变，渐见空赢"。于是，为了加强毕氏家族成员的凝聚力，他撰写《毕氏世谱》使世系得以流传[28]。八阳时期，毕自寅著有《毕氏宗乘》。至光绪十三年（1887 年）淄川毕氏共进行了 9 次重修族谱活动。明末清初，随着淄川毕氏势力的极盛，周围其他弱小支系往往通过对共同始祖的追源，实现毕氏家族在更大区域范围内的联宗。

康熙二十九年（1680 年）毕际有在修谱时，特地加入了淄川周围地区的毕氏族人。之后，联宗已经成为毕氏家族修谱中不可缺少的内容：

莱芜毕如松，字徕冈。万历壬午举人，仕至西安府同知，与少保公为兄弟行。毕生辉，与际字为兄弟行。岳州毕懋良，字见素，万历乙未进士，仕至户部仓场侍郎。毕懋康字东郊，万历戊戌进士，仕至南京兵部侍郎，与少保主政两公共事最久，未兄弟行。

贵溪毕三才、光山毕佐周、莱州卫拱辰号湖目，均为万历进士，与少保公兄弟行。

颜神镇毕升高，字肖云，石塘坞派也。自石塘翁迁居淄西至肖云始通谱牒与际字为兄弟行。

蕲水毕十臣，字协公。崇祯丁丑进士，任吴桥知县，与际字为兄弟行。

文登毕靖之，字半二。崇祯间选贡沛县知县与际字为兄弟行。

高平毕振姬，字四世。顺治丙戌进士，仕至广西按察使升湖广布政使不赴，与际字为兄弟行居北方村。

新城毕秀，字华岩。顺治戊戌进士，仕至江南海州知州，与际字为兄弟行。

平阴毕良㞀，字无美。天启辛酉举人，与盛字为兄弟行，居城西大义屯，毕家庄。

益都毕忠吉，字致中。顺治戊戌进士，云南参议永昌道，与盛赞、盛青乡试同榜，为兄弟行，居金岭镇。

辽东毕兴林，字公邻，正蓝旗籍。监察御史系出兖州之城武，与盛字为兄弟行。

乐安毕周桢，字克生。庠生，与盛字为兄弟行。

巨野毕宗文，字伯裔。庠生，与世字为兄弟行，居城南毕宗海子。灵山卫毕震字亨一庠生，与世字为兄弟行。㉙

由上述所列名单，我们可以发现毕氏于康熙年间的此次修谱，联宗范围不仅包括了莱芜、莱州、颜神、文登、新城、益都、灵山卫等山东区域，甚至还有辽东。当然，其记载对象往往是一些具有身份和社会地位之族人。在北京国家图书馆文津阁地方志和家谱阅览中心，笔者也曾经详细阅览了文登支《毕氏家谱》，该支在追溯族人时，仅仅把毕自严和毕自肃列入家谱中。因此，从此种意义上来看，宗族间的修谱联宗，不免含有对某些同姓权威之人的攀附，甚至欲借此活动提高弱小家族声望的成分。

嘉庆十二年（1807 年）中秋，宗人毕岱煾《续毕氏通谱》时，把长山毕兆、章丘毕子书、毕凤春、毕庆凤、毕仪凤、历城毕□列入谱中。道光十二年（1832 年），毕奎麟修谱时，则把夏津、济阳、长山、历城、章丘、兰山等毕氏加入通谱。咸丰十年（1860 年）毕荔芳修谱时，其联宗范围更为广泛，甚至涵盖了湖南、北京等区域。此外，在毕氏家族中还出现了自愿归宗之人，"十五世隆滫，旧谱载岱陶在王村，改姓左今据丰橡，现年九十岁，与左氏北邻。确记左岱松即毕岱陶，岱松生德文、德华，德华生善修，真实无讹。因善修情愿归宗，即使改名隆滫入十五世中，详记于此。防妄冒后，凡欧隔世归宗者做此。"由此可见，无论是修谱时不同形式的联宗，还是族谱中对情愿归宗之成员的认可，都在不同程度上强调了血缘性与宗族维系的重要意义，同时也扩大了家族交往与势力范围。当然，也不容忽视，修谱对传统忠孝贞节观念的强化，在修谱凡例十三则中还明确注明："一妇人三十岁以前守节至五十岁公举旌表，此定例也。族中往往不乏而乡僻率多畏难，究至愆期失报。若家乘中再不一为举扬，不更湮没苦节乎……"同时，毕氏 32 辈字直接表明了诗礼之家对文化的传承："自际盛世海岱丰隆，远承先德于粗研经，洁白家第昭旷堂亭，温良恭俭苗裔嗣铭"。

（二）毕氏祠堂

如果说修谱主要是从文字上明确了家族世系，使家族成员身分得到确认的话。那么，祠堂的建立与祭祀礼仪的举行，则使得宗族成员的世系和血缘，从仪式上得以进一步明确和强化㉚。毕氏祠堂，最早由毕忠臣创于万家庄，手栽杨柏 200 株。万历年间，毕木"惧久而世系失考，谋建祖庙于白业堂，右立昭穆神主，朝夕便奠献"㉛，主要是为了明世系，尊宗敬祖，"朔望，率诸子拜祠下。凡所以训诲之者，期于各随分业，所至仰不愧于几筵而已。每遇诸子遊泮登第展墓如礼，必虔必敬必尽，族属与偕。又于每岁良月朔日大会族属，刲牲举祭于列祖诸父之墓。祭讫仍设醮会食，于是族人大浃，少长欢洽，蔼然一家，骨肉之至谊。语云观于乡而知王道之易，易信矣。不肖严叨列仕籍，浮沉四方，所至之处，见宗法立而谱牒明者，其俗必淳"[32]。当然，从上述毕氏家族的祭祖仪式来看，不仅包括了祠堂之祭还有墓祭，均表达了追宗敬祖的情怀。祠堂除了在朔望为族人祭拜祖先提供了特定的空间外，在日常生活中还发挥了其族内宗族法的性质，对于子孙有善则旌，有过则罚，"创立先祠，肖亲像并肖己象，侍侧如侍生。仪率子侄朔望瞻礼，置责善簿，绳束诸子，有过弗悛，则挞于先祠而记之。诸子莫不痛自砥砺，居为良士，出为良臣，皆庭训力也。一时称善教子者，于淄无两人"，毕木将兄弟七人的画像立于敬贤之后列祖列宗的神像两侧，朝夕供奉，无形之中于后世子孙造成一种威严感。不仅如此，祠堂内明摆着责善簿，朔望分别登记族人善恶之事，其序略曰：

> 古称父为子隐，吾非老□，欲彰子过，□女曹竞惕，勿卹匪彝耳。女曹他日遭际与终身，展布不可知第，能择地而蹈，无灾厥躬。虽潜伏草莽，吾快志多矣。不然即怀金好紫乎？操行不执，众识所聚，此为盗不持矛弧弓，而不用弦刀者焉，奚贵焉。父子之间不责善，子与氏善激于父之愎，谏子之非类者，言之非通论也。以责善固至情之不容己者也，中才之养，凡谏之事，亦何莫非善用其责善者。况家庭隐慝，疏者不肯言，贱者不敢言。至父若子而犹以责善为解，则过何由，闻而善何由迁哉？识者服为确论。有子八人，二登甲，一登科，一明经，一食饩，余青衿莫不痛自砥砺，居为良士，出为名臣，庭训力也。"

同时，他还从实践上督促族人行善，"敦实学，日置黄黑豆于碗，验一念之善恶"[33]，"且系联曰：'简点身心投豆亭中无黑子，怡愉情性护花篱畔赏黄英'"[34]。在祠堂内设立投豆亭，分别摆放黑、黄两豆数粒于亭内，如果子孙行善则投黄豆，反之则投黑豆，通过黑黄两豆日积月累的数量来判断子孙善恶标准，并明确要求族人恪守三事："以不居闲、不放债、不攻煤井三事，守之终身"[35]，在毕木看来，"凡攻井，合众财，其利视本多寡为差，获利者什之一，败产者十之九"[36]，目的是规劝子孙为善人做好事走正道，"学吃亏，学认错，学好读书"。毕自严继其父志，天启八年（1627年）春又创建先祠于南村，始祖公以下皆设主以祀[37]。自严之孙盛钜，"镌刻少保公侍立于先祠壁上，以示后人[38]。

此后，毕氏族人中有识之士也能够积极传承祭祀祖先的传统，自严同辈时行，"群从兄弟中，年最幼最称后凋，诸侄若孙辈奉公为宗族长者三十余年。先黄发翁良月祭墓立会刲牲，久废不举。公复之，春冬两奠族属毕，偕又立送葬之。会无论少长，公必亲莅其事，至老不倦"[39]。可以说，族人的广泛参与，是家族祭祀传统得以延续的重要保障。毕氏从十三世至十六世，关于创修茔田修建家祠之族人不乏其人，"十三世岱宁，创修茔墙，重修家祠，整理茔祭。十四世丰恺，乾隆年间管理茔田，春秋享祀五十余年。奎麟，承先人遗志，建守茔房舍，修万村宗祠，续世谱立禁约，族党事莫不悉力维持，主茔庙祭二十余年。十五世霍芳，亲主茔庙祭数年，追慕之诚。十六世远暲，主茔庙祭祀。绪远，乡饮耆宾，累贽治田为五世祖支茔立祭，整理七世祖支茔祭规。"

（三）以《毕木手迹》为中心的家训

毕氏家族除了通过建祠堂、修家谱等形式完善宗族组织外，还以家训形式加强对族人的教育，最典型的代表就是《毕木手迹》[40]，内容主要包括以下方面：

首先，毕木对家族成员作以介绍，并对家庭生活贫困致使各种礼仪难行的现状，"母所生姊妹兄弟七人，长□□以六十七，二伯□以六十，大姑年以五十一，二姑年以四十。吾年五十有八，□起养老宅，以他宅日分，若等屈指五六年。租辦先女之福，退守正园浇菜灌花，尽去人间之苦，少酬平生之茅，里以出来，我心一当远□也。四姐今年出嫁，亦稍赠之乎，亏家之甚贫耳。诣男礼今不能行，一□前蒙画绢，一一端绘之，送礼之助亦未稍来，墨稍□定来。"

其次，表达了对家族仕途的担忧与期望以及对祖先和父辈的愧疚之情，"吾父罔极之思愈深，儿辈不孝之罪愈大矣。而今而后仕者谁为之指南，谱者谁为之振刷。纵使先灵默佑，稍有寸获而养不及亲，不将有谱焉，而出涕者乎，且也"。

同时，嘱咐儿子做好官，以淡泊宁静之心对待官职，"诸书令女出本省教职，如不可得掛冠，还里亦是好事，若苦恋升斗，核病理事文移，□扰兮病内攻，使垂白父母，且夕□望，涕泠恐非儿心也"。并要求儿子以家书及时报平安，"女□到日远，遣回音寄女亦能和不。雪浪三千去路漫，云中日报平安□……立好人，自到任正有祠三报，农民一事一帖，余更□于不须叮嘱其出礼俱未"。在得知儿子要回家之事后，一面收拾房屋，"东楼北房与女俱居室，近已修洁，待女去搬"。一面叮嘱儿子给亲属所送的物品，"诰命已到，负宦缘此，烦费因知女亦难堪，来时前送□费，叔朋伯叔兄弟，亡只巾扇落物打点而已，不必厚也。往不知清贫吏象面也，诸毋亦不须市衣服，苦难何益"。当然，传统社会"不孝有三"的观念，也使得老人对子嗣一事特别关注，"未嫁有杨思者，富家庄之女，十七岁许若妾，已令人看之，当未忧□也。家中亦屡已催，以取本后室□不可回也，自无奈安心南出章得匆地零，按为福厚之至，早无计也。前出已言自耘慎修慎得，科□自秒考居二等，选考女□□名，须有他人□来，毋中选，有□□愈然□极空中，人口俱要事之，皆顺不顺挂云来，后当他日一□启之，已革之不明矣"。

此外，还讲述了族中琐事与处置轻重问题，"诸不省事，视族烦絮为公之笑，又举对朋后本姓改紊□，与地三百亩已完。但于年前打死平人，□有孙至未究，止断已死处似为太宽纵之，历佐之侄，值此不美事，切此处直伊，缘此又益起乍，未知究竟何如？"最后，说明家族平安，"若□今年，予好数日疟疾愈矣。合俱安福象，觉一年襄似二年，此女去时，强弱大不同。"地方赖有县主办事明敏，叮嘱儿子不要挂念："父白与自严男自老乌面，再无音间，至今我与若母暨众兄弟人口俱安，可为官中一慰，众兄弟若无进益，且夕空乏，诣事雅应常为不快耳。县主明敏慈仁，镇民父母，我淄伊幸得此官也，昨来枉顾且情，室恳切相爱得计，极亦愿□也……"

总之，从《毕木手迹》所表达的内容来看，既有对其父与祖先的哀思，又有对族人、家人的殷切期盼，而更多的内容则是对儿子如何为人、做官、立身处事的交待。除此之外，毕木还以口训和书面等多种形式对自严进行教育。当然，针对其求学、做官等不同时期，劝戒的内容又有所不同。在毕自严读书时，其父亲就劝勉他"业患不能精，不患有司之不明。"后来，自严举于乡后，父亲仍加以严格要求："未也，女小子宁无满志于贤书，猥效薄俗，欲从里少年饮博，恣狎邪游，邪非吾子也。"自严至长安做官时，又贻书勉励曰："祖宗积德累世，发祥在女，女宜厚自树，不者遗泽自此斩矣。"在自严任松江推官时顺道省觐，又贻书曰："云间脂膏地，女当秋毫无点，吾力农自赡，义不取锱铢污女，"要求其清正廉洁，表达了父亲对儿子寄予的厚望。不仅平时对儿子为官作人要求严格，就连日常生活也悉心备至。自严在松江因水土不服生病后，父亲报家书允其回家，仍附一诗："吾庐红药青松好，何用樊笼困小官。"在明末特殊的社会环境下，毕自严历俸六年兢兢业业，但仅转比部郎，恐怕被父亲责备，不料父亲仍对其加以鼓励："小子年甫而立，识见未定，若骤得台省，朝野属目，一言不当，将贻终身无穷之玷，诚不若粉署含香，随分尽职为愉快也。"[41]在父亲的谆谆教诲之下，毕自严一生为官清正干练，尤其擅长理财，在明末财政枯竭、入不敷出的情况下，他精心协调明朝财政近十年。同时，这种言传身教的教育方式在毕氏家族中得以不断延续，毕自严虽晚年得子，极其疼爱但从不姑息，"时时教以孝弟，勉以勤学"⑫。

（四）文化底蕴

自毕木之始，由于毕氏家族重视对子孙的教育，毕氏文化得以发展。不容忽视的是，这种浓厚的家学渊源，当时还吸引了恰巧进省城赶考的蒲松龄。他路过此地，遇上万卷楼内晾书于路旁，不忍离去。毕际有得知后，备车马前往聘请。从此，蒲松龄在毕氏坐馆三十余年，对毕氏文化的影响也是非同一般，"世涵学文于蒲松龄，世济所著书最多，存公外孙高公木欣家"⑬。此外，还影响了王渔洋、赵执信、高珩、唐梦赉、袁藩等淄博一代名人。

就毕氏子孙而言，浓厚的文化底蕴、良好的读书环境以及严格的家族教育，也培养了毕氏族人读书、著书的热情，为后人留下了宝贵的史料、书画等文化遗产。以毕自严为首，著有《石隐园诗文藏稿》（8 卷）、《抚津督饷抚留宪留计共疏草》（19 卷）、《度支奏议堂稿》（20 卷）、《各司》（98 卷）、《选定古文尚友编》（100 卷）、《古今四时绝句》（100 卷）。毕自寅著有《拱玉园书》、《志隐集》、《选石斋诗》、《毕氏宗乘》。毕际有《存吾草》、《淄乘徵》、《泉史》也刊行于世。际孚作《逸老图记》。际谦著有《市隐诗草》、《市隐杂录》。际彦有《醉吟草》。盛钜著有《石隐园唱和集》，盛鑑集《毕氏庭训》《毕氏闺范》二书。世济撰有《古本大学释注》、《项氏齐物论》、《韵学通》、《大学衍义例诠疏》、《足食足兵民信章为政治三编》等书。毕自肃及曾孙毕世持在文学上也颇有建树。尤其是毕世持，与丹阳张仲馨、丹徒骆士鹏、山阴吕相烈、会稽姜尧、武陵胡泰徵，受知于陆懋修⑭，深受施愚山学使喜爱，评其文："振衰起靡，功不在昌黎之下。"康熙十七年（1678 年），翁宝林司寇主试，取为榜首。闻文一出，士林先睹为快，风行一时，后会试不第，抑郁以卒⑮。此外，毕海模画松成林，笔墨秀劲。毕海生画山水秀润，"见所临吴道子关侯像迥与众殊。像为骑马，马昂首迎面而来，风鬃雾鬣，蓬蓬勃勃。侯端坐提刀，神威凛然，袒露半身。乃知古人布置自别。惜未见吴之真迹，为何如也"⑯。毕道远书法强劲有力，至今在毕氏宗祠还珍藏其字迹。

同时，从明末直到乾隆年间历次淄川县志纂修过程来看，都有毕氏族人的积极参与。如清康熙二十六年（1687 年）邑人唐梦赉、毕际有、袁藩、张绂重修。乾隆八年（1743 年）续修，教谕臧岳，邑人高肇眭、孙宏瑾、孙宏绶、张道元、韩维㘰、毕海珖等以上分辑，韩允亮、毕世持、高肇悛、孙文沾以上采访。乾隆四十一年（1776 年）邑人张廷寀、王佳宾纂辑，毕海模、王廷楠、翟建书参订，穆省身、高贻荣校刊，孙允龙、韩懋锡、张绍祖、毕海璠、孙㯺采访，张砥中书写。

此外，祠堂、家庙、园林等建筑，通常是地方强宗大族的标志性符号，也是他们身份和地位的象征，如毕司农自严的石隐园，"园中积石为小山，不可胜记。有丈人石。冬日观红叶最佳，吾乡少枫，惟毕司农石隐园一株"⑰。可以说，菩提庵、白业堂、老家庙、石隐园、万卷楼、拱玉园、八支家祠等，分别代表了毕氏家族文化发展的不同时期。但是，这种文化往往又具有权利与雅性的双重性。

四　分析家产与毕氏家族格局变化

就分析家产与研究宗族制度的意义而言，张佩国先生认为："分析家产机制与社会分化，财产、同居、祭祀，才是决定房或家族成为功能团体的主要因素，从社群关系结构入手研究家族制度，更能在历史时空序列的普遍性上，揭示其本质"[48]。因此，本节主要对毕氏家族分析家产形式、内容及其与家族格局关系加以分析。

（一）分家形式。以毕氏家族分家形式来说，往往采用书面字据、口头遗嘱、抓阄等形式。通常情况下，只要立下字据就有法律效力。但是，口头遗嘱，凡是出自族长或其他有权威人之口也往往产生超于法律的影响。淄川毕氏十三世岱倬，"聚族人，命次子丰让嗣产，且嘱儿辈田产均分，终身不得自持意见"[49]。同时，在毕氏家族还存在子孙不愿分家，而长辈由于诸种原因往往强制执行的现象。万历二十八年（1600年）秋七月，黄发翁毕木病重，"伏枕垂命析爨，震阳公长跪请少需不许"[50]。崇祯十一年（1638年），毕自严生病时，为了防止其死后，子孙为财产而争斗。于是明立遗嘱《白阳老人书》，确定各子继承财产范围，并将家族田产和房产进行一次性分析。

1.《白阳老人书》

> 本宦起家白屋，素守寒俭。祇以叨冒国恩，居官四十余年，揣计俸赏庄农所得及先人所遗共得地一千余顷。虽田多硗确，然人生得此以糊其口。今因年及七十，遵照古人传家之意，分给三子，至公至当并无偏曲。三子宜念本宦创业之艰难，情同手足之至情。一意勤俭，守而勿失，其有地段疆界丈量未清，听田科吴复兴春月代为丈明，管业耕种。三子或因口语小嫌，形迹疑似，互相猜忌，致成戈矛，是不体本宦之心，以薄为道也，便当以不孝论矣。本宦现今有疾如徽天之幸，疾或渐愈，又当暂为管理，另除养老不在此限，其马匹牛畜书籍图画器物等项，另行分析。别有单帐各宜遵守，勿得争执。白阳老人书 六叔自寅验讫七叔自强验讫。[51]

此段应当属于白阳老人分家文书的序，基本遵循如下格式。首先，表明本人创业的艰难和家族共有财产。其次，注明分产公平的原则，要求管理田地之人丈量清楚，并提出三子需勤俭自守，和睦才可称孝，不免含有传统社会教化的意味。当然，本分家文书主要是针对土地和房产的，他已经把养老田从中额外留出，另有书籍等财产再另行分析。最后，自寅、自强之证明，使分家达到公正、有效的作用。

以下正文，则是对财产范围和分配的具体规定。总体来看，这份文书开头表明是毕际有分受，末注毕际壮、际有验讫。主要财产有城宅、南村东宅、南村人字号土地、东王村宅、东王村土地、临池庄宅、临池庄土地、苏相桥庄宅、吕家庄宅和土地。各地田宅面积和土地面积一一标明，以免三子发生纠纷。详细清单如下：

> 崇祯戊寅十二月内毕际有□分簿 尚书毕 主分 城宅 二男毕际有分受 地字号城宅一□局子，东边宅一位，过道大门一座，临街坊子三间，中北房三间，后北房三间，后马棚二间耳屋一间，附牌坊下李时宅一位，李孟振宅一位，以上地字号一□，毕际有拾讫此宅。戊寅十二月内写就□未拾，至次年二月初七日同王明吾官养心拾讫。
>
> 尚书毕主分 二男毕际有分受 南村东宅一位大楼一座五间，楼前东西厢房二座六间，楼两头小屋二座六间，楼后大北房一座五间，北屋东房一间，楼前大北房一座五间，东西厢房二座六间，北房东西两头小屋二座六间，大北客房一座五间，东西厢房二座六间，房东头厨屋三间，房西头北书房三间，南对厅一座五间，厅西头药屋三间，大门楼一座

三间，二门三门各一座，影壁后绰然堂三间，后边北房三间，东房三间，又后边北房三间，东房三间。又后边南房五间，东西屋二座六间，北客家屋三座六间，小南屋一间，后边小北屋二座四间，屋东头门房二间，又从家庙起家庙北屋三间，打粮米草屋三间，又北屋三间，西草屋□间半，磨屋三间，牛欄一方，牛棚三间，饭屋三间，小东屋一间，猪欄一方，北马棚三间，南草屋二间，马棚后猪欄一方，日涉园一方，北屋一座三间，花窨一座三间，东至道忠，南至大门前道中心，西至家庙西衖衕东墙为界，又西至牛棚西山前后马棚西山墙为界，北至日涉园外道中心东场园一方，并原买刘池屋二座六间，东至墙外，南至场园南墙外。西至道中心，北至刘东山路东。客家宅一位，共客家屋十一座，东至墙外，南至刘喜，西至道中心，北至墙外道庄西头路南。原买毕万策书房一位，小楼一座，北房一座三间，东西草房二座六间，南至地字号客家屋后墙滴水为界，东至毕幼川，西至毕光祖，北至道中心，泌水园一方，附刘维成新卖地一亩以备贴换，园后地性乐亭一座三间，厨棚一间，半藕池一方，东至上堐毕超世，又东至下堐河洼东头，南至河西至毕光祖，北至毕超世。

际壮验明讫　际有验明讫。

人字号南村地土一段，南村桥北道西南，北上地共大亩六十六亩三分七厘三毫，人字号该劈西边地二十二亩一分二厘五毫，东至地字号，南至大路西至七宅，南至八宅。家东北子上原买毕万策南北中地大亩一十八亩零九厘三毫三丝。人字号劈西边地九亩零五厘，东至地字号，南至毕绿池，西至六宅，北至河中心。小溝南堐南北上地大亩一十六亩五分三厘七毫，人字号劈东边地八亩二分七厘，东至溝中心，南至溝中心，西至天字号，北至溝。家南李子园中地大亩二十五亩一分七厘，人字号劈居中地八亩三分九厘，东至地字号，南至溝，西至天字号，北至溝。家东南北车道地，大亩二十亩七分五厘四毫，人字号劈西边地十亩三分七厘，东至地字号，南至堐头，西至曹□，北至溝中心。栾家墙后东西地大亩一十四亩，人字号劈北边地七亩，东至赶牛路，南至天字号，西至本宅，北至本宅。大道南店子前，原买张文繡等上地大亩三十六亩七分五厘二毫，人字号劈居中地一十二亩二分，东至地字号，南至大道，西至天字号，北至道。原买毕格毕崇功南北地大亩八亩八分，东至道，南至王宅，西至梁一乐，北至道。

古城园里园外地共大亩六亩四分，东至张蕴济，南至道，西至张蕴济，北至道。栾家溝南堐原买张万目东西上地，大亩一十七亩六分二厘，人字号劈南边地八亩八分一厘，东至堐头，南至张蕴济，西至张蕴济，北至地字号。东铺门前原买曹见宾地大亩八亩，东至道，南至溝中心，西至毕超世，北至道。家西侯家墓田地大亩一十二亩七分三厘，东至侯家茔，南至毕光祖，西至道，北至毕知。

老墓田前东西地共大亩三十一亩零一厘，人字号劈南边地十亩三分四厘，东至道，南至毕呈祥，西至本宅，北至地字号。王家村北李家地大亩五十一亩，人字号劈南边地一十七亩，东至道，南至六宅，西至迁牛路，北至地字号。家北刘东守退回上地大亩一亩五厘，东至毕超世，南至本宅，西至北至毕超世。隔叚往北原买刘贡上地大分七分四厘，东至南至毕光祖，西至道北至刘池。隔叚原买刘贡上地大分七分一厘，东至毕际復，南至毕洪功，西至道北至刘格。东北潦坡上地大亩二亩一分三厘，东至梁一乐，南至河西至刘格，北至毕绿池。家西大路南葦园一段，大亩一亩七分七厘，东至南至毕绿池，西至僧人，北至大路。栾家堐观音庙西东西上地大分七分七厘，东至庙墙，南至堐西至本宅，北至栾登第。

以上人字号计地一百五十六亩六分五厘五毫。

际壮验明讫　际有验明讫。

尚书毕　主分　东王村庄　二男毕际有分受

东王村街南大宅一位，北房一座三间，西□房一座三间，后边东西□房二座六间，碾棚二间，草马棚二间，炭屋一间，西□屋二间，饭屋二间，牛棚五间，园屋二间，过道一间，义仓屋三间，耳屋一间，仓囤一座，鹁鸽屋一座，场中厂棚四间，耳屋一间，场园楼一座，菜园一方，场园一方，东边客家宅一位，计十三家，北门东边坊子三座，毕衡、毕梅、毕见宰各住一座，门西当铺一座，孟敏住坊子一座，空闲一座，东至毕绿池，南至道西至王道溥北至街。

际壮验明讫　际有验明讫

人字号东王庄地土一阄　墙东马棚上地一段，大亩三亩六分四厘一毫，东至道，南至道，西至场北至场门前，中地一段，大亩二十五亩二分一厘，东至道南至□碛，西至道北至道。岭子前东西中地大亩五亩六分六厘三毫，东至本宅，南至光祖，西至道北至碛。牛家林道西南北中地大亩九亩六分九厘，东至道，南至毕自成家茔，西至本宅，北至王道溥。西南孙家洼南北中地大亩一十三亩八分零四毫，东至本宅，南至官道，西至小道，北至本宅。

西边斗子南北中下地大亩十亩二分，东至道，南至官道，西至赶牛路，北至本宅，西南赶牛路东，东西中地大亩九亩三分七厘二毫，东至本宅，南至本宅，西至赶牛路，北至本宅。大路北章丘西洼，上地大亩四亩九分，东至□南至□西至□北至□。朴庄东南北潦凹，章丘地大亩四亩六分七厘一毫，东至本宅，南至王道溥，西至本宅，北至□碛。新庄章丘上地大亩一亩，东至牛象宿，南至道，西至沟，北至河。西王村正南中地大亩二十三亩，东至本宅六宅，南至本宅，西至王六符，北至大道。

牛家林南毕自成茔前后中地大亩二亩二分三厘三毫，东至王道存，南至道，西至本宅，北至本宅。西北洼原买毕元庆章丘中下地大亩五亩，东至本宅，南至本宅，西至本宅，北至工城良。以上东王村地土除南村撤去，止剩大亩一百一十九亩零九厘二毫，应拨王洞庄原买丘纯信南北中地大亩一十七亩，东至本宅，南至本宅，西至陈子王，北至大道。原买王向善、王佐明、王洞庄东庙后南北地大亩一十六亩，东至王六符，南至东边庙，西至本宅，北至□碛。此地原系王洞庄拨来，仍听后日搭换。

以上本茔地并拨来地，共地大亩一顷五十一亩一分，系人字号阄，毕际有拾讫。

尚书毕　主分　临池庄　二男毕际有分受

大宅一位，北□房一座三间，房后东西□房二座六间，北草房一座三间，粮米屋北□屋一座三间，西连厨屋一座二间，西磨棚二间，鹁鸽屋一座，仓囤四座，仓囤园一所，牛棚四间，场园楼一座，东□厂棚五间，西□厂棚五间，场园一方，车门一座，前大门一座，北房东头小屋一间，东至仓院东墙，场园东墙，南至道中心，西至场外树林并王名扬宅，北至道。门西边客家宅一位，草屋八座，东至南至本宅，西至王名扬，北至道中心。门东客家宅一位，草屋□座，东至八宅，南至墙外，西至本宅，北至道中心。路北客家宅一位，草房三座，东至衢衢，南至道，西至鹿天杰，北至王可选。河北客家宅一位，草屋二座，东至本宅，南至道西至李汝，然北至沟。

际壮验明讫　际有验明讫

家西小道南边南北地大亩九亩八分，东至王登，北至小道南至赶牛路，西至□碛。小道南西边东西地，大亩二亩九分九厘。北临池家东东西地大亩二亩六分六厘，东至河堰，南至道西至本宅墙根，北至堰头。北临池家后东西地，大亩七亩三分七厘，东至堰头，南至李汝修，西至道，北至李汝开。北临池东北南北地，大亩四亩三分七厘，东至李汝修，南至□，西至李三，北至堰头。北临池道南园子一方，大分四分三厘四毫，东至道，南至堰头。西至李，北至道，北临池墙后沟地，大分三分一厘四，至沟堰。家南孙家窪下地东西下地大亩九亩九分三厘四毫，东至北至八宅，南至本宅，西至沟。

以上临池庄，除大宅并客家宅不算外，计地大亩三百四十一亩四分六厘，系天字号毕际有拾讫。际壮验明讫，际有验明讫。

尚书毕主分　苏相桥庄　二男毕际有分受
原买旧宅一位，新盖北□房一座三间，西厢房一座三间，北房一座三间，牛棚一座三间，大门一座三间，大门一座，并週违墙垣并路南路北客家全本庄上中下山地，大亩一顷九十一亩五分九厘，又搭配扈家庄宅地，原价八十五两，又岭子上并抬头莫芝宅地，又王村街北三官庙北边原买毕嘉会宅并西边空园。河东庄　冯家庄　北家庄　小官庄　以上四庄因苏相桥不敌东窝庄，两分附入际壮、际孚原贴附。
係人字号阍毕际有拾讫　际壮验明讫　际有验明讫

尚书毕主分　吕家庄　二男毕际有分受　吕家庄原买吕纯用、吕肖岩宅一位，北客房一座三间，西□房一座三间，后边东西草屋二座六间，前边西草房一座二间，猪栏南边小草屋三间，门房一座二间，后园一方，小楼一座，吕肖岩宅内北房二座六间。东西房二座六间。前边草棚子一座一间，门前空园一方，东至东宅衚衕西墙。南至道西至墙外，比至空园墙外路，南客家宅一位，草房三座，开西边牛栏子地，南边空园子。东至东场西墙，南至道，西至道，北至道，庄东头原买吕当时吴复兴宅一位，草房三座，东至吕统，南至道，西至吕翕如，北至东西小道
际壮验明讫　际有验明讫

吕家庄地土　劈庄北南北小道，东边吕纯用等地二十二亩，劈西边一半一十一亩，东至该劈东分地，南至堰头，西至小道，北至堰头。东北原买李桂香等斜子上地大亩一十九亩一分，劈西边一半九亩五分五厘，东至东分，南至本宅，西至吕统，北至堰头。庙前原买吕纯用吕可仕上地，大亩二十亩三分二厘劈西边一半十亩一分六厘，东至东分，南至沟，西至北至道。原买宁学沉上地大亩一十五亩一分，劈南边一半，七亩五分五厘，东至本宅，南至本宅，西至解士俊，北至□分。原买宁学沉小枣行上中地大亩一十四亩二分三厘，劈西边一半地七亩一分二厘，东至东分，南至堰头，西至本宅，北至堰头。原买宁学洙松墓田上地大亩六十五亩七分四厘，劈西边一半地三十二亩八分七厘，东至东分，南至西至沟，北至解士俊，原买吕可仕场园，前上地大亩三十九亩三分八厘六毫，劈西边一半地一十九亩六分九厘三毫，东至东分，南至沟，西至韩宅，北至道。家东堰，贴南边南北上地，大亩四亩三分三厘，东至沟，南至道，西至堰头，北至沟。河堰苇园地大分九分，东北西至河南堰□。扬席

庄家西南北中地，大亩一亩四分八厘二毫，东至李岱，西至南至八宅，北至道。

家西南北地大亩一十二亩九分七厘，东至八宅，南至道西至八宅，北至堰头。家西□子地，大亩三十二亩一分六厘三毫，家西原买于福，南北中地一段，大亩二亩六分八厘，东至八宅，南至道西至王佐北至堰头。上□子南北中地大亩三亩二分八厘五毫，原买吕纯用园一方，大亩一亩五分五厘，东至南至道，西至□碛，北至小道。原买吕肖岩养老凹子一段，大亩三亩，东西北三至堰头，南至□碛。原买吕纯用凹子一个，大分五分，东南西至俱堰根，北至河。原买吕肖岩□凹子一个，大分五分，东西北三至堰头，南至堰根。东北台子地一段，大分一分五厘，四至沟。

吕家林前原买吕运开南北大亩一亩，东至韩宅，南至堰头，西至于号习，北至吕家茔。原买吕可仕南北地六亩，东至吕捷，南至堰，西至韩宅，北至本宅。原买吕捷吕家茔东南北中地大亩一十五亩一分，劈西边一半七亩五分五厘，东至东分，南至韩宅，西至吕家茔，北至沟。桥南大道东，原买吕纯用等东西地，大亩一十五亩一分，劈南边一半地七亩，五分五厘，东至沟，南至本宅，西至道，北至北分。家西小道西边，原买杨氏吕纯用吕肖岩等上下地大亩二十六亩六分七厘，劈西边一半十三亩三分四厘，东至东分，南至赶牛路，西至吕，北至堰头。家北原买吕可仕上地南北大亩四亩，东至吕纯，南至本宅，西至吕纪，北至堰头，又宅子后边空园今□□□□□□。原买吕可仕龙尾子地一段，大亩五亩二分，东至南至堰头，西至吕捷，北至本宅，原买李宋加南北地一段，大亩七亩四分五厘，东至李腾霄，南至赶牛路，西至山根□□堰头。以上吕家庄西宅并劈地大亩一百五十四亩九分。

係地字号阁毕际有拾讫。际壮验明讫　际有验明讫

尚书毕主分黄家峪庄　二男毕际有分受　天字号一阁　黄家峪每年拨钱一十四千八百文赋役一十七亩四分

际壮验明讫

2. 乾隆以后契约文书

如今淄川西铺毕氏宗祠内，还保留着一部分乾隆至民国年间的毕氏契约文书，是毕淑德老人平时搜集的成果。但有些内容已经不清晰，大体都是毕氏后人迫于经济状况而卖田产和土地的契约，既有典与同宗同姓之人，又有异姓之人参与收买。概括起来如下，乾隆二十年（1755 年）九月十日中人毕世汉参与的买土地契、乾隆三十八年（1773 年）四月二十三日毕鸣毂买西铺庄宅基的契约[②]。

> 立卖契毕□淦因无钱使用，今用□庄家北南北中地一段官亩三亩，其地东至，西至，南至毕氏茔道，北至，四至……情愿卖于毕隆方，永远为业，言定时□价钱京钱六十三千两，其千当日交足，□无欠少□后无添，立契为证，赋役□契过封
>
> 道光二十七年　　月　　日
>
> 步弓　南北中长一百零六步　东西横可六亩七分九厘五毛
>
> 中人毕丰淖、丰晋　代字毕远□
>
> 立卖契人毕承彩因无钱使用，今将自己住宅一位上带小南屋一间，其宅东至，北至买主，西至西屋，旧基西墙外根滴水檐，南至南墙外彩巷，向直至东西官道□金萝大门俱在卖数，四至明白，令中说妥，情愿卖于堂弟承壏永远为业，言明京钱六十千整，其钱当日交

定。分文不欠，恐后无凭，立卖契存证言明宅里宅外夥巷树株石丁俱无除留。

　　光绪七年十二月二十五日立卖契名

　　中人毕隆梅、杨慎成　□字毕晖吉

　　立卖契人毕光□因无钱使用，今将宅东处倒桑园一方，其园东至□□□熏，西至远爛□□地下，北至祖母养老地，四至明白，全中说妥，愿卖于伯父承□，永远为业，言明价钱，清京钱四十二千文，其钱当日交足，无后空口无凭，立卖契为证，园内大小树株水井俱无余留

　　中人　　代字王俊亭

　　步弓　有旧契为证

　　光绪三十七年　正月初九日　立卖契□□

　　此外，还有一则分家文书，反映了民国十六年毕氏后人因家事繁多而分居的现象。总体来看，此时毕氏家产规模已经远远不如毕自严《白阳老人书》里所涵盖的范围。这也从侧面反映了毕氏家族经济逐渐衰落的现象：

　　分家人毕祯先、先印，因家事甚繁，不愿同居，□请纳新□□□□□□南北地一段，大粪四之数内月孤坟九冢，此地分于早卒亲兄先帖过嗣侄□□侄其余纪□公平按二分均分，祯先分侧南宅一位，内有破南屋三间，栏一个，□大门一乘，至夥合大门夥合巷，南至□□外夥合巷，南至南屋后夥合巷，至园产前场，南北一岔八分为界，一岔八分地基。东至东屋前墙南，西一岔为界□侧，庄东南园地一方，水井粮贴，西边又分侧庄南裏园一方贴，被截先印分东宅一位，内有东屋四件门宪明全原至承钊西至叔兄先迎，南至夥合大□夥合巷，北至东岭毕际德，西截至德陵，又分倒庄东西园地一段，水井一眼，□□五分侧南裏园一方贴南截。自分之后，各居各爨，永无后悔，且分券为证。

　　知见人乡亲王蕴德 族人承友 承坦 远界 承创

　　民国十六年二月初三日

　　总之，从以上毕淑德老人所收藏的民间契约文书可以看出，分家文书上均详细注名所卖田产和土地的原因、面积、界限以及卖价，并且声明当面付清，以免无凭。为了保证契约的有效性，买卖双方还需要找本姓或外姓之当事人进行公证，并签字画押，注明契约时间。一旦上述条件全部兑现，这张民间私自签署的契约也就具备了法律效力，以作为日后发生纠纷、打官司的一种凭证。比较而言，毕自严的分家文书，是在家庭内部父子兄弟间的财产分配，从而使得父产子继的权力合理化和明晰化。但是，从上述乾隆至民国以来毕氏家族的一些契约书可以看出，族田和私田已经允许买卖，外姓人也可以介入，一定程度上反映了宗族组织格局的变化。

（二）分家与宗族格局的分化

　　从淄川毕氏家族的发展过程来看，万历年间，毕木修谱时"近缘萧墙内变，渐见空羸"。毕自严则进一步申明门户分而宗族疏远的情况，"自嘉靖中一族析为三甲，门户分而休戚隔。逮我曾祖以下尤称繁庶，惟是谱尚未備。严俱数传而后族属远则渐疎逖，子姓夥则易涣散。以一体所分者，遂化为痛痒不相关之人，安所称礼义文献之家也？"③由此可知，分家之后，家族成员之间

血缘关系的疏远和亲情的冷漠。有时因为发生财产纠纷，甚至械斗，伤及生命。与自严同辈之人，"应登，气岸豪迈，才具聪明。早年入泮，而父子叔之间时多龃龉，大伤和气，致家难屡与贤智高明之过歟。应时，五子以阋墙死者四，或谓有因果焉"[54]。此外，从分家的受益主体来说，往往长子长孙是直接继承者，而无子过继嗣子具有间接继承权。正是从家族延续的考虑，嗣子往往从形式上过继之后，就从法律上具有财产继承权力，但有时由于原家庭的一些特殊情况，嗣子返回原来家庭时，也不得不返还自己既得财产。尤其是异姓之间的继嗣，一旦过继者死亡，有时还是容易产生讼案的现象，"毕树立兄子时荣为嗣，公先养义子时鹏读书入泮，公殁讼起，归宗张姓，另始立嗣，遵明断也。"[55]可见，面对经济利益需求，使得同居共财的传统理念遭到挑战，也正如张佩国所言："在家族共财制框架下，争产的企图和家族伦理关系纠缠在一起，家族成员之间的财产边界模糊不清，彼此很难用现代民法的权利观念加以厘清。正是所谓的'经济和伦理相互为用'"[56]。

从传统社会来看，分家的后果往往是直接导致了同居共财大家族格局的分化，个体小家庭得以诞生。从现代意义上来说，分家则更刺激了家族成员独立经营和持家的能力，从而使一部分游手好闲之人不得不去自力更生，谋求生存之道。但往往会又出现社会分化的现象，如有些家族分家后，个体家庭衰落了，于是选择了迁徙到别处去居住，淄川毕氏十三世"丰珠，公先世居万村，自曾祖始析居蔡家庄别墅，阅三世三年曾蕃衍，至乾隆三十二年（1767年）家门中落。公先以贸易南游，后遂携家往居费邑之梁丘镇，继又迁于兰山之鲁城集。"还有些个体家庭，分家后由于没有了同居共财的依靠，往往需自求生存之道，九世永祉，"析㸑之后屡丁叹，岁益不克支，遂谢去。铅椠并力操作，意野繭可操奇赢也者，机杼之声不绝于耳。公尝自言每五日中一日，适周村市，二日往返济南，二日经理于家。如是者垂二十年，诸子又咸克家"[57]。因此，从某种意义上来说，分家又是促进小家庭社会再生产的基本方式之一。

传统社会，对于统治阶层来说，同居共财虽是作为一种美德极力倡导与表彰的。但是，透过明清时期的淄川毕氏发展过程，我们可以发现，此时的家族离心倾向已经十分明显，是家族人口的扩大，家庭经济条件难以承受还是与社会风气普遍如此有关，还有待进一步考证。此外，分家虽然是家庭分裂的表现，但却又有一种义务在其中，那就是对祖宗孝德的约束，一旦不顾及此道德，典卖祖宗财产，那才是真正意义上与家族的疏离。因此，这时的道德伦理已经被基本的现实生存需求所替代。

五 毕氏与地方社会

通常来说，家族为了巩固自身在地方上的社会地位，除了要照顾与同等阶层的家族联姻，或者以同门、同生等形式扩大社会交往圈之外，还要找到与地方百姓沟通的最佳途径，这是他们与地方社会认同的主要纽带。

（一）婚姻圈的建立。传统社会讲究婚姻门当户对，明清时期规定了各种等级限制，为这种婚姻行为找到了间接的理由。实际上，对于区域性大族来说，由于具有相似的文化层次和社会基础，使得他们之间的婚姻行为成为正常。随着这种婚姻圈的扩大，一定程度上也促进了大族之间社会交往圈的扩展。本节主要对毕氏与该地王氏、高氏、颜山赵氏、长山刘鸿训等家族婚姻关系加以论述。

首先，毕氏与寫桥王氏。两家同为官宦世家，而且世代联姻。王樛之妻是毕自严之次女，王鳌永的四女儿（王樛妹妹）适明工部清吏司员外郎毕自寅子毕际培。王鳌永与毕自严同在朝为政，相互提携。毕自严去世后，王鳌永也表达了悲痛之情，"仲春几望，始闻尊翁亲家讣音，邦国之瘁，沉恸何如？忆客岁捧读尊翁函教，情意凄婉，怪其不祥，不谓遂为乘箕之识也。羁身郎糜，不获躬将执手之谊肃将薄奠。幸叱儿筵别论已徵，致之抚台公祖矣。若得嘉与休息，是吾邑更生之期也，临风相望不尽愿言"㊳。自严之后，其子辈仍与王氏交好。康熙间，王皞迪即王砖，（《聊斋志异》所载：宿城内王氏家，经谢迁之变，众鬼呼名诉冤，王学院叱之不退者。）幼失恃，被外祖毕自严家养育，与舅氏通州牧载绩先生际有共读书学习。先生有《赠四甥皞迪》诗如下：

当我共生时，尔母已先无。尔遂与尔兄，同来我家居。我母视尔哺，我父课尔书。癸亥我初生，尔已八岁余。逮我事章句，尔已称名儒。临池走怀素，文章拟大苏。诗宗李长吉，数精邵尧夫。旁及诸家者，歧黄与堪舆。投石復超距，不肯蹈拘迂。酒酣诗擊剑，棋倦更投壶。比时我长兄，与尔年不殊。朝夕相砥砺，共期步天衢。余也亦同社，每每向谘诹。戚谊甥舅笃，切磋友朋如。我父晋司农，相攜常同车。兵燹屡往返，无不与尔俱。戊寅遭家难，从此迹少疎。尔兄伴我读，尔与我兄胥。五日会文字，始获一聚醑。壬午我兄逝，尔遂返故廬。或月一至焉，相见少欢娱。甲申同患难，三月共山嵋。家食既难遂，余乃风尘趋。自兹益阔略，谈心凭双鱼。终岁或再遇，总不如当初。丙申余窃禄，高粱六载逾。亲朋接踵至，屡屡烦招呼。坚卧长白山，尔志甘犁锄。辛丑一暂归，聚晤只须臾。相悲都老大，对坐但欷歔。遥指五狼来，行行步次且。昨岁知多病，几乎成长徂。陡然闻命驾，疑信且踌躇。开门忽觏面，如获五斗珠。不能叙寒暄，盱目各如愚。草草具杯盘，慷慨酒沾濡。尔为发狂歌，我听捋髭须。白日苦多事，长夜话舒徐。回首四十年，万事皆土苴。年来好屡迁，旧业成荒芜。新搆五亩园，一水环高间。抱膝吟此中，不屑计盈虚。莱妻作宾客，乔梓为师徒。只此堪自慰，无庸叹居诸。周旋方两月，忽忽念归途。尚有凌霄志，歧路泣杨朱。留连既不得，西送出郭邪。阿堵尔羞道，聊以表区区。努力各进修，金石永不渝。烦言讯尔兄，别来可念予？㊴

由上述内容，我们可以看出当时毕际有与外甥王砖共同砥砺、共同患难的深情。王樛与毕际有的关系，在《王氏一家言》中也可以找到踪迹，仅王樛和毕际有的诗就有十余首。此外，王敷政有诗《与信涉舅尊思姑》（信涉即毕自严之子际孚）、王氏锦亭公瑞水有诗《壬寅仲秋抵里宿绰然堂雨中怀载积》、易安公也有《贺宰公毕二舅两嗣游泮序》、《贺信翁毕老舅两嗣公游泮序》、《代仲绩舅回沈封公启》、《为仲绩舅长孙聘邱環石女》、《代毕子山为男聘沈静蘭女》等诗㊵。可以说王氏与毕氏戚谊关系，从王氏九世祖樛娶毕自严之女开始，一直延续到十八世王维浚、十九世克桢。

同时，从长山刘鸿训家族来看，十四至十八世与淄川毕氏婚配较多。鸿训长子孔中一支十四世宗涪，女一，适江西万安县知县王村毕岱燿。十五世燮，配淄川西铺毕海槑女。十八世丙先，元配淄邑城里翟公女，继配淄邑西堡庄从九品毕道隆女。鸿训次子孔和一支，十七世梦周，女一适淄邑西铺毕远暐，锡庚配淄邑牛家庄礼部尚书毕东河女。此外，博山赵执信家族，如赵执信四祖父赵济美长子赵膏如之第四子赵执叕配毕盛钜之女，执信之仲子赵懿娶毕世持的女儿㊶。淄川高珩子之騆娶毕际竑女，高珩孙肇嗣聘毕盛育女。当然，与新成王氏也有姻亲关系，如自严子际壮原配为王象丰之女，际有继娶也是王象丰的女儿，因为王象丰与王象晋是叔辈兄弟，所以，毕际有夫人也就是王士禛的从姑。

总之，由上述婚姻关系我们可以看出，淄川毕氏与其他家族间世代联姻关系的确立，不仅仅是个人行为，也不仅包含了文化行为，很大程度上是家族间政治利益的需要，也成为他们共同提高声誉的重要途径。对毕自严赏识与提拔之人，就是长山刘鸿训。当时，阁老刘鸿训在朝很有威望，"以尚书毕自严善治赋，王在晋善治兵，请帝加倚信"⑫，荐举毕自严为大司农。明辽东巡抚讳自肃曾孙毕世持子海珖，受业赵执信之门，以诗文世其家⑬。可见，士大夫在多种形式的交往中，又促进了这种婚姻行为的延续，使得婚姻关系与家族关系得以维护和巩固。

（二）社会救助。从《乾隆淄川县志》来看，明成化七年（1471 年）出现大饥荒人相食的情况。嘉靖年间，这种情况愈演愈劣，平均每三年就有一次比较大的水旱、蝗虫或者是地震等自然灾害，崇祯九年、十年（1638 年、1639 年）山东相继出现大饥荒，清朝康熙年间自然灾害也是接连不断⑭。可见，频繁的饥荒，客观上促成了家族理想的实践，捐助形式往往是家族性而且具有传承性。毕木"里人贷粟，值岁歉焚券可数百缗"⑮。毕自严在邑建石城捐修数百尺，天启七年（1627 年）岁出粟 200 石，设义仓于王村，以备家族乡党缓急⑯。毕际甡，"冬治暖屋，宿无衣者。腊日煮粥饭饥人，门设大竹桶，桶著大杓入一杓，嗣后腊日施粥，遂以为家训传再世。梦赉即以腊日生乡间或以为徵云。"毕际有康熙三年（1664 年）归里，以孝亲为喜，"遇族党故旧加意轸恤，见有国课未完者，戒之曰：'尔独不见苏州钱粮一案耶？'"清兵进入山东后，毕际竑环宅筑堡，加以防御，人称堡子城。

同时，毕自严之孙盛钜"天性聪慧，读书善解，通晓诸家"，自学医书，为当地百姓治病，因医术高明，深受百姓爱戴。毕自严曾孙毕世济，绝意仕途后，在家乡广授生徒，尽心尽责，"尝谓才高者易自弃，迟钝者多成就。虽中才以下亦循循不倦，故出其门者往往成名以去"。此外，十二世海模、十五世蕴芳，也均以居家教授为业，远近学士多出其门，促进了地方文化教育的发展。

总之，毕氏家族为了树立在地方的社会威望，往往凭借其现有的资源，一方面通过联姻加强自身的社会交往，另一方面则通过对地方赈济、公共危机时刻挺身而出、在地方教授生徒等多种方式，积极参与地方各项事业。实际上，这种参与过程也是家族威望确立和重新巩固社会地位的过程。

（三）毕氏兴衰的多角度透视。就毕氏繁荣的因素而言，主要包括了家族丰富的文化底蕴、严厉的管教方式、名人赏识和选拔以及广阔的社会网络等方面。与其相呼应，家族的衰落，既与家庭经济、子弟修养有关，又受到社会灾难、地方社会秩序等影响。可以说，无论是兴与衰，都必然与家族自身和外部条件产生一定联系。

首先，良好的人文环境是家族得以传承的重要原因。从国家控制角度来说，宣德以后，山东各地府、州县学名额均扩大一倍，分别达到 180 人、60 人、40 人。同样，山东乡试的录取名额分配也逐渐增加，洪熙元年（1425 年）规定 30 名，正统年间，增加到 60 名，嘉靖以后，扩大到近百名，这在一定程度上增加了山东士子科举入仕的机遇。从淄川毕氏家族的发展来看，家族中的核心人物，也都是在此前后开始登上历史的舞台。清初，"乡、会试不分省，无定额。顺治乙酉（1645 年）科，山东本省及应京兆试，中者共九十五人。丙戌（1646 年）会试，山东中九十九人，联捷者四十九人，聊城傅以渐为状元，后大拜。阮亭戊戌殿试时，山东六十三人，惟阮亭为前科进士。是科中额，无如山东。乡试、会试，后乃分省，乡试有定额。山东设四氏学，编'耳'字号，另阅，每科中者皆圣裔，孔氏人多故也。康熙间，请赠一名，各贤裔始有中式者。雍正间又恩加一名，共额六十九名。嘉庆间，又命驻防满洲就近入闱，遂有七十二名。"⑰由此可以看到，国家科举政策也直接决定了士子甚至一个家族的命运。

同时，地方官吏和士绅对地方教育十分重视，共同改造淄邑儒学、书院等教学环境，也为士子的成长提供了有利的学习氛围。淄川儒学，弘治十年（1497 年）由知县杨武利用市民地拓建，嘉靖间知县郭旻重修。明伦堂，知县杨武因庙西会仙观废除，改创为明伦堂五间。教谕宅，嘉靖十七年（1538 年）教谕杜潮改创。除了儒学之外，社学由正德十四年知县顾兰建。康成书院，在县东梓山十里许⑱。般阳书院，"康熙三十一年（1692 年）邑令周统创建，乾隆十四年（1749 年）邑令薛廷栋重修。二十四年（1759 年）邑令陈汝聪增筑东西舍。"

除了社会大环境为族人的成长提供了有利的条件外，家族严格的管教方式也有利于家族文化的传承。毕木，对八子学习要求十分严格，聘请当地名士王教和高捷教以吟诗、作词，子弟须做到"日有课程"。户部尚书毕自严虽 47 岁得子，但不事姑息，时时教以孝悌，勉以勤学：

> 自昔中原歌有菽，教诲尔子期式榖。元亮虽有五男儿，衔盃委运拟恸哭。余初鞠子苦艰享，年近半百始诞霄。壮儿屡弱且多疾，爱养娇痴徒碌碌。目今年垂十九龄，胸次茫然真樸□。有儿生晚又八年，宦邸嬉戏相追逐。诗书诵时转眼忘，督责缠加便嗔蹙。孚儿襁褓尚未离，贤愚优劣应难卜。吾今罪废且哀迟，一声长啸入幽谷。箕裘绍述赖尔曹，安得文行常郁郁。立身孝友植本根，当效汝父与伯叔。任子官薄不足为，踯躅辕下空匍匐。人生不学止滥竽，何异冠裳被禽犊。式榖回首成绝響，陶诗歔欷不堪读。尔曹从此须努力，荏苒光阴如转榖。勿甘暴弃堕尘埃，人为刀俎已鱼肉。⑲

此外，家族丰富的藏书和深厚的文化底蕴，也为子孙留下了宝贵的文化财产。前面已经提及毕氏家族当时筑有万卷楼，以至于蒲松龄路过，也被其家族丰富的藏书所吸引，一呆就是 30 多年，不辞辛劳设馆教育毕氏后人。总之，明清五百多年的历史长河里，淄川毕氏重视家族教育，使得毕氏诗礼门第得以传承，孝友家风一直宣扬。

正如大族的繁荣受到诸因素制约，其衰落同样也与社会外来力量和本身各因素有关。通常来说，任何一个家族的衰落不是一蹴而就，而有一个逐渐衰落的过程，甚至有时兴盛与衰落并存。正如我们前面所分析，毕氏家族的早衰、代际延续的缺失、分析家产等问题，严重分化了家族格局。同时，我们不能忽视的是，家族信仰对于传统儒家文化的冲击。如淄川毕氏四世鸾，生而好佛，后出家丰岩寺，别立释名。三子去找，避而不见，后刻木身与张氏合葬。毕木时建有菩提庵。十四世（乾隆年间）丰统，承先人遗志送佛像十三尊，神轴六轴佛经六十八本于万村菩提庵，施地三官亩于菴中，作香火赀⑳。可见，宗族成员的信仰在不同程度上也影响了宗族变迁。此外，就外部因素来看，淄川自明朝永乐年间开始，社会一直动荡不安，"明嘉靖二十五年（1546 年），颜神镇姚世清作乱。万历四十三年（1615 年）饥民起义。崇祯十七年（1644 年）三月王茂德自西来，驻周村夜率攻城却之。四月李自成伪县尹孔仕鲁来。五月，李自成伪权将军郭姓者，率兵数千自南抵城下。六月王茂德率其众极力攻城，城中亦极力御之，杀其渠魁韩士茂"㉑。除了这些小的动乱不断骚扰本地社会治安外，崇祯末年的甲申之变、顺治年间的谢迁起义、咸丰年间的捻党起义，也都给该地造成了不同的程度的破坏，无论是著姓大族还是普通百姓均在所难免。

通过上述对明清时期淄川毕氏家族变迁及其根源的探讨，我们可以发现，明清时期该地家族进程中的基本法则，是利用文化因素支配家族和地域社会。在这种广阔的社会关系中，他们本身的包容性是非常强大的，同时也为个人的发展提供了较大的空间。可见，家族的政治功用，除体现在入仕方面外，还表现在入仕后转变为家族成员社会交往的主要工具。因此，就宗族的发展来看，政治地位、婚姻关系和文化地位是相辅相成的。

小　结

综上所述，通过本文对明清毕氏家族文化建构过程的论述，可以证实，家族总是以点到面呈发散性影响着地域社会，而地域社会同样也会或多或少地反馈着大族所带来的影响。正如刘志伟先生在《地域社会与文化的结构过程——珠江三角洲研究的历史学与人类学对话》一文中说："历史研究不仅要阐述人们在地域社会建构的能动性，也需要反省历史叙述本身如何在地域社会建构过程被结构化，而这种结构又如何推动和规限人们的行动"[22]，这也正是本文我们讨论家族与地域社会关系的重要意义所在。

附：毕自严一支世系表

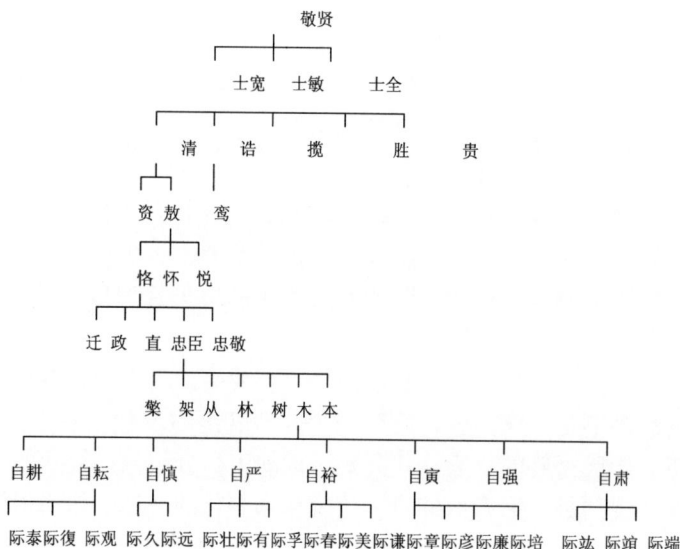

```
                        敬贤
              ┌─────────┼─────────┐
            士宽      士敏       士全
        ┌──────┬──────┬──────┐
       清     诰     揽     胜    贵
    ┌───┬───┐
   资  敖  鸢
    ┌───┼───┐
   恪  怀  悦
 ┌───┬───┼───┐
迁政  直  忠臣 忠敬
  ┌───┬───┬───┬───┬───┬───┐
 檠  架  从  林  树  木  本
┌────┬────┬────┬────┬────┬────┬────┬────┐
自耕 自耘 自慎    自严   自裕   自寅  自强    自肃
│    │   │     │     │     │    │     │
际泰际復 际观 际久际远 际壮际有际孚际春际美际谦际章际彦际廉际培 际竑 际竰 际端
```

---

①　本文是在《明清时期山东孝妇河畔的望族》（笔者于2004年9月－2006年9月在中山大学博士后流动站所作报告，20万字）一文中摘录并修改而成。

②　常建华文，载《历史研究》1999年第5期，第140－162页，对20世纪初至本世纪国内外宗族研究状况作了详尽的阐述。本文集中对明清山东宗族研究现状加以分析。

③　（汉）司马迁：《史记》卷二夏本纪，中华书局，1982年版，第55页。

④　（清）张鸣铎、张廷寀等纂：《乾隆淄川县志》卷一沿革，艺林石印局印。

⑤　（清）张廷玉：《明史》中华书局，1974年版，卷四一，第938页。

⑥　（清）张鸣铎修、张廷寀纂：《乾隆淄川县志》，卷五。

⑦　《淄川毕氏世谱》，西铺家祠藏，毕淑德老人提供。本文引用史料，除特别注明外，均出自此谱。

⑧　《淄川毕氏世谱》，西铺家祠藏。

⑨　《淄川毕少保公年谱》55 册，卷上，北京图书馆出版社，1998 年版，第 714－715 页。

⑩　《王氏一家言》顺和堂石印局，1914 年印，2003 年重印，卷之六。

⑪　《淄川毕少保公年谱》55 册，卷上，北京图书馆出版社，1998 年版，第 716 页。

⑫　《淄川毕少保公年谱》55 册，北京图书馆出版社，1998 年版。

⑬　（清）张廷敬：《明史》卷二五六，第 6609 页。

⑭　（清）唐梦赉：《志壑堂文集》卷之一，淄川市图书馆藏。

⑮　（清）张鸣铎修、张廷寀纂：《乾隆淄川县志》，艺林石印局印，卷六《循良传》。

⑯　（清）张廷玉：《明史·本纪》310 页，袁 6713 页，邱 6771 页，王 6823 页，何 6966 页，左 6988 页。

⑰　（明）毕自严：《石隐园藏稿》，北京图书馆出版社，1997 年版，文渊阁四库全书补遗第 7 册。

⑱⑲⑳㉒㉛㉞㉟㊳㊴㊴㊽㊳㊼㊾㊻㊼㊺㊵㉛㊹㊾㊳㉞㊸㊴㊵㊷㊸㉙㉚㉛㉖㉗㉘㉚㉙　《淄川毕氏世谱》，西铺家祠藏。

㉑　（清）王培荀：《乡园忆旧录》齐鲁书社，1993 年版，138 页。

㉓　（清）唐梦赉：《志壑堂文集》卷之二。

㉔　（民国）赵尔巽：《清史稿》卷一二二，中华书局，1977 年版，第 3599－3600 页。

㉕　由毕淑德老人口述。

㉖　陈春声、陈树良：《乡村故事与社区历史的建构——以东凤村陈氏为例兼论传统乡村社会研究的"历史记忆"》，《历史研究》2003 年第 5 期，第 115－116 页。

㉗　均出自《淄川毕氏世谱》，光绪十四年（1888 年）重镌，西铺家祠藏。

㉘　《淄川毕氏世谱》，万历十三年（1585 年）乙酉闰九月毕木手记初修遗记。

㉙　《淄西毕氏宗谱》附录。

㉚　关于明清山东祠堂，笔者曾在《明清时期山东宗族与祠堂发展》（《明史研究》第 10 辑 2007 年 8 月）作过专门探讨，本文主要论述毕氏祠堂。

㉜　《淄川毕氏世谱》，卷首序。

㉝　（清）王培荀：《乡园忆旧录》，第 14 页。

㊱　（清）王培荀：《乡园忆旧录》，第 439 页。

㊲　《淄川毕少保公年谱》，北京图书馆出版社，1998 年版，56 册卷下，第 39 页。

㊵　（明）毕木：《毕木手迹》，现其复印件存于淄川西铺毕淑德老人处，因年久原文多处字迹模糊。

㊶　（明）毕自严：《石隐园藏稿》卷三，《先君黄发翁传》1293－458。

㊷　（清）张鸣铎修、张廷寀纂：《乾隆淄川县志》艺林石印局印，卷六《名臣》。

㊸　（清）王培荀：《乡园忆旧录》，第 176 页。

㊹　（民国）赵尔巽：《清史稿》卷五〇二，第 13884 页。

㊺　（清）王培荀：《乡园忆旧录》，第 29 页。

㊻　（清）王培荀：《乡园忆旧录》，第 154－155 页。

㊼　（清）王培荀：《乡园忆旧录》，第 190、第 225 页。

㊽　张佩国：《近代江南乡村地权的历史人类学研究》，上海人民出版社，2002 年版，第 3 页。

㊿　《淄川毕少保公年谱》55 册卷上，第 719 页。

51　（明）毕自严：《白阳老人手书》，淄川西铺毕淑德老人提供，因保存年久原稿页码被打乱，笔者根据原文意思稍作调整。

52　以下契约均是笔者于 06 年 1 月份在淄川调查时，所拍图片整理而成，有的是关于民国时期的，本章放在此处，只是作以比较说明，由毕淑德老人提供。

56　张佩国：《近代江囊乡村地权的历史人类学研究》，上海人民出版社，2002 年版，第 3－4 页。

58　《王氏一家言》卷之九。

59　（清）王培荀：《乡园忆旧录》，第 61 页。

60　《王氏一家言》卷之一二。

(61) 李森文著：《赵执信年谱》齐鲁书社，1988年版。

(62) （清）张廷敬：《明史》卷二五一，第6482页。

(63) （清）王培荀：《乡园忆旧录》第29－30页。

(64) （清）张鸣铎修、张廷寀纂：《乾隆淄川县志》卷三，《灾祥》。

(66) 《淄川毕少保公年谱》北京图书馆出版社，1998年版，56册卷下，第38－39页。

(67) （清）王培荀：《乡园忆旧录》，第132页。

(68) （清）张鸣铎修、张廷寀纂：《乾隆淄川县志》，艺林石印局印，卷二。

(69) 《淄川毕氏世谱》，此诗为崇祯六年（1633年），毕自严罢大司农后所作，时年65岁。

(71) （清）张鸣铎修、张廷寀纂：《乾隆淄川县志》卷三《兵事》。

(72) 刘志伟：《地域社会与文化的结构过程——珠江三角洲研究的历史学与人类学对话》，《历史研究》2003年第1期。

明儒赵贞吉的经世出世论：学渊与间架

——兼论一种思想史的线索

黄卓越

（北京语言大学汉学研究所教授）

一

赵贞吉为明嘉靖、隆庆间著名政治家、心学家。就后种身份而言，对之的评骘也细布于诸多讲学者的文字中，如李贽《焚书》《续焚书》中即有多篇文章对之有述，并赞许甚高，以为是"真圣人"、"巍巍泰山，学贯千古"①、"文章气节伟然可睹"②，从而亦将他视为接续阳明、心斋这一学脉而使之不坠、并具开拓的关键性人物。然近代以来，虽然对阳明后学的研究已蔚然可观，但对赵氏思想的研究却依然颇显寂寥，有关的汉语材料，除日本学者荒木见悟所撰一概览性的《赵贞吉的思想》于近年被迻译成中文之外，便很少见有对之的专题性研究，遂使赵贞吉的思想依然无法从历史的尘封中挣脱出来，进而也必然会使阳明学于纵深传播进程中的一个重要环节难获清晰的展示。

欲立足于目前已有的各种学术积累的水准上，对赵贞吉的思想做较为透彻的研究，首先有两个问题需要解决，一是赵氏思想的类属问题，即在王学这一大的统贯中其思想的具体原出和分属，二是赵氏思想的创拓性特征，这将解答其思想究竟在哪些方面为心学的发展提供了刺激与推进，以致能将之忝列于王门谱系的荣者之列。而总起来看，这两个问题又是系结在一起的，需要在相互关照中对之做出合乎情理且有一定深度的解释。

对赵贞吉思想类属的确认，自然离不开对其师承或问学经历的考察。于此，其差不多同时代学人提供的辅证资料至少有三，均以为学出于徐樾，（一）为颜钧《自传》所述："铎自独违家乡，奋游四方……游入帝里，忽遇一师，徐卿波石，讳樾，字子直，贵溪人，时为礼部祠郎。当［时］有庶吉士赵贞吉，号大洲，内江人；敖铣，号梦坡，高安人，先列游夏座，引农同门，师事三年，省发活机，逢原三教，自庆际缘，何利不往，师亦钟爱，可与共学。"③（二）为耿定向《王心斋先生传》中叙王艮系脉时所云："……徐方伯子真（当为"直"）承之（王艮），传赵文肃；罗大参惟德承之，传宫洗杨贞复，他如敖司成、张中丞尊信之者，未可殚述。"④（三）为李贽于几处所述，其中一般征引较多的即其《为黄安二上人三首·大孝一首》中所云："心斋以后，为徐波石，为颜山农。……盖心斋真英雄，故其徒亦英雄也。波石之后为赵大洲，大洲之后为邓豁渠……"⑤如此而言，三人均排出了徐樾承王艮，赵贞吉又承徐樾的上下连接谱系。也正为此，黄宗羲《明儒学案》将之列入"泰州学案"中，当事有所据，时人对之似也未有明确疑义。

　　然观胡直所撰《少保赵文肃公传》记其早年留馆翰林时"退与同志友尹公台、徐公樾、敖公铣等切劘，不与世比"一句，却将徐樾称为"同志友"⑥，而未再另提赵贞吉的从学经历；赵氏文集中也有数篇语涉徐樾的，仅直称"徐子"，似仅以同辈视之，未明确以樾为师座。荒木为此而认为在赵贞吉的师承问题上存在资料上的缺口，或赵贞吉之师事徐樾一事未必就凿然已明。今人吴震先生在《泰州学案刍议》一文中，也主要依据以上资料，并做了更细的分辨与猜断，进而推论认为将大洲系于徐樾门下当为误判。⑦吴震的解析也自成条理，但问题是，颜钧、耿定向均为与赵贞吉同时之人，并属有直接缔交的"同门"中人，作为亲历者的所述一般是最为可靠的，也是难以用一些测断轻易推翻的。次则胡直等于信中所使用的这一称谓也可能有特定的语境或意图，未必就可成为推断徐、赵二者关系的笃论。

　　对于资料上出现的龃龉，荒木随后借林东城的一个特定表述解释到："只是心斋门下有忘记年辈前后，彼此交流的风气，如果波石的性格是'波石之洒然，真忘情于世故者'，大洲刻意执贽入其门下亦不无可能。"⑧言下之意，仍未排除实际从学的可能，至于称名上的问题，也可能因于风气与性格等。可见，荒木还是给自己的上述存疑保留了解释的余地。与荒木所述相关，学人间以"子"相称，也并非只是王门中流行的风习，在稍前即明中期出现的的前七子中，诸人实早已以"子"互称，除了同辈以外，这一称谓也含括那些具有师友关系及师承关系的"同志"，以此而显示思想盟友于精神品格上的平等（阳明最初追随梦阳已似无须赘述），为此，李东阳还曾专门生造一"子字股"来嘲讽前七子这种"时髦"的述文习惯。⑨当然，即便退一步而言，如大洲尚未"刻意贽入"波石之门，也不等于他与泰州学派就无思想上的连带或归属关系，这毕竟是有所区别的两个问题。

　　当然，对之系脉归属的考察，更重要的还是要扣其思想本身之特性。就此而言，赵氏于翰林期间与徐樾的交往（其时还有敖铣、颜钧等），应当依然是很关键的。贞吉《赠谢给谏序》也曾明言自己思想转化过程云："予濡迹宦途，而学稍归一，则以京师豪杰所聚，而诲我无涯矣。"⑩而这也导致了其此后对王艮一脉的倾注。同样在翰林期间（嘉靖十七年），年轻的赵贞吉（31岁）即上《乞求真儒疏》，提出"责令内外百司庶府，博加采择，无间士民，凡有明先圣之道，蕴经世之学，仁智老成之士，皆得举闻"⑪，据其文意，也据耿定向的说法，是意在推荐王艮⑫，而赵贞吉的这一动议显然不会没有确实的来历。两年后（嘉靖十九年），王艮卒，赵贞吉撰《泰州王心斋墓志铭》，语称："……先生门人贵溪徐子直氏、道州周季翰氏，谓予之向往甚勤，先生之念予亦切，义当志其墓中之石"⑬，此当与赵所上《疏》一事有密切的关系，而徐樾在其中则起到了引荐的作用。

　　通览赵氏所著书，因其交游范围甚广，各篇写作针对的对象、企意也不同，并还有一撰写时间差异的问题，故必然有意义漫溢之处，为此而显示出其思想的杂陈性，但仍然可在其论学诸什中，明确地感知到其中流淌与跃动着的泰州一脉的思想与精神质素。此外，正如李贽所云，泰州学派各阶段上的那些代表性人物均具有自己鲜明的意志与思想特征，不是简单地复制前辈，而是一代不同一代，所谓"大海不宿死尸，龙门不点破额"⑭，因此，赵贞吉的思想在整个泰派序列中，除了有一种"一以贯之之旨"（亦李贽言），也会表现出自身独具的特征。因而，对大洲思想的考察，也就需要将之置于由王艮而至李贽等的整个泰派思想演化的过程中，通过与这个背景的参照，来发现他思想上的承接与创辟之处。

　　如暂不考虑歧出的枝节，可试将赵氏思想的主要特征或转折性的意义总括为以下几点：一是直见本体论。如其《答胡庐山督学书》在对胡氏"以已立处未充，不能了天地万物也"之彷徨做出开示之后，即提出"古人不贵践履，只贵眼明；若能于此具眼，历落分明"的主见，以为

"惟智者当下了即当下休矣，当下休即当下彻矣"，也就是"智"在"行"前，进而于至处入手，并将体用打并为一："夫学至于体用一如，则达乎大觉圆顿之门矣"[15]云云，这自然也会导致他在工夫论上力主"易简"[16]。对于如何能够达及无欲之本体，王门各派中意见纷扰，王艮主现成良知之说，谓"识得此理，则现现成成，自自在在"[17]，赵贞吉的直"见"与王艮之先"识"有血脉上的关联，因而赵氏在论王艮宗趣时也将之括为"以悟性为宗，以格物为法"[18]。突出一"悟"字，可谓深得王艮要旨。[19]但赵贞吉于此又更有偏进，由于禅法的揽入，在立说上便更显直截、通彻，颇具泰派激进主义的征象。二是以佛释儒，使心学融佛有进一步的推进。王艮虽以"悟"开启后学，但思想中少有二教的痕迹，其时或稍后的学者如王龙溪、颜钧等已佛道兼蓄，却更多地偏向于对道教思想要素的吸取。世风嬗递，不久之后，学人中援佛言禅之风渐盛，压倒对道教的接受，由此而开辟出心学发展的一个新的路向，赵贞吉可谓其中最有代表性的人物之一，并对此风之倡炽有转挨的作用。此点后面再论。三是对道术多样化的辩护与贯通。赵贞吉的这种对儒学以外思想的辩护，已不限于时人一般关注的佛道二氏，而是提出了"道无千载异，言有百家私"[20]的主张，融摄的范围更为广泛。在著名的《复广西督学王敬所书》一文中，贞吉肆其雄辩之才，对孟荀以至于南北宋以来限定性过强的儒家观念模式做了系统清理，锋芒直指孟子、朱熹，批评二人所执尺度过严，而以为杨墨实均有可尊："二子之学，要有所本也。墨子本于禹，杨子本于黄帝、老子"，即均有先王之学的根源；而朱熹之"评骘千古，说弹百家，椎击名士，剥剔群言"[21]，其造成的后果只能是画地为牢，无法同天下之物，济天下之用，故而力主开放学术、兼纳异说。作为这一思想的一个伴随物，便是他晚年设计与衷辑的"二通"，从其构想看，即试图突破经典儒家的框架，建立一可包容多样化学说的大体系。其中值得一提的是，在这方面，他与阳明、心斋的比较单纯的心性论取向已有较大区别，并实际上已超出了王学的基本论域与界限。这一知识论面向在嘉靖初的出现并非偶然，比如同期如唐顺之等，也在知识学编纂上做过大量的工作，此后焦竑等的知识性整理工作从某种意义上讲，也可看做是赵、唐等思路的一个延续，由此而构成了晚明思想与学术历程中另一条潜行的线路（并进而影响清代学术）。[22]第四，即他的经世／出世论。如上所述，知识学上的编纂在很大程度上属于其经世论观念的一部分，与王学理论中抽象所云的"天下一体"的提法尚有区别，经世之说也包含了对各种政治生活的具体参与，这也是赵贞吉一生挥之不去的一个情结。但另一方面，嘉隆之际，由于佛教思想的推布，心学向佛、道二教的靠拢，出世的问题也比以前更为突出，这既表现在理论的进度中，也表现在生活态度的选择中。而这两大问题又常常无法截然分处，由此而言，也便有了赵贞吉对经世、出世问题的关联性思考。

然而，这四个方面又不是截然分开的，如分着来看，就有可能导致对赵氏思想的某一单向度理解。从实际的情况来看，这四点之间或更多的理论要点之间，是交叉地重叠在一更大的思维框架之中的，这个更大的框架也就是赵贞吉提出的"经世／出世"论。时至晚岁，赵贞吉杜门闭讲，试图以"二通"的名义即《经世通》与《出世通》来整理、统合三千年来未折中之学，此也可看作是他对自己一生思想的一个相对整体的表述。尽管这一大的框架尚不能取代其他命题的独立意义，但其统合性也是很显明的。本文以下即试从这一论题切入，对赵贞吉的思想做一深入的研究，并借之而阐明其与王学及江左泰学展开路径的特殊关系。

二

赵贞吉《祭古圣贤文》自述其生平大端曰："贞吉夙生缘遇，幸染真熏。今出头来，不忘觉照。然身居臣子之地，每怀经世之忧，心慕道德之门，时发出世之愿，如此辗转四十余年。"[23] 指明出世与经世两种愿望的纠缠是其一生的心路历程。

考其早岁事迹，其于京师结识徐樾等之前，先是"读文成公《传习录》"有悟，以为有所归依。不久因太夫人逝，而开始习静于古刹之中，所谓"兼修出世业"也。于举进士以后，曾有一阶段既"锐意圣学"，又"颇惑方术"[24]，也在两个方面均有涉入[25]，应该说，前期的这些经历有充塞与形构其思想框架的作用，但尚未能将两种路径综合在一起。

与徐樾、颜钧等的交往及与王艮思想的接触，成为其一生基本思想得以奠基的一个契机。不久，赵贞吉撰心斋墓志，[26] 阐述王艮的为学宗趣是："以吾性为宗，以格物为要"，又简括阳明与心斋"二王"的学术同异为："越中良知，淮北格物，如车两轮，实出一毂"[27]。这些评议颇值得玩味。在对王艮思想的概述中，赵贞吉措出的一个关键概念是"格物"，它被视为王艮学术具有核心特征的标目，同时也被看作与阳明思想分疏的一个义界。在当时学界尚未对王艮思想进行全面总结之时，赵氏即如此精辟、断然地以"格物"一语界说心斋，当不会是一件偶然之事。如果我们细考赵贞吉有关经世/出世的演述，则可发见他的思想与王艮格物说之间实际存有的一种深层关联，而对淮南格物论的接受也自然会成为其进入泰派思想逻辑的一个重要的起点。

既然如此，还需要先回到王艮。关于王艮对《大学》"格物"一语的解释，可见其《答问补遗》中一段云：

> "格"如"格式"之格，即后"絜矩"之谓。吾身是个"矩"，天下国家是个方，絜矩则知方之不正，由矩之不正也，是以只去正矩，却不在方上求。矩正则方正矣，方正则格矣，故曰"格物"。吾身对上下、前后、左右是"物"，絜矩是"格"也。"其本乱而末治者否矣"一句，便见絜矩、格字之义。修身，立本也，立本，安身也，安身以安天下而天下平也。故曰"修己已安人"，"修己以安百姓"，"修其身而天下平"。[28]
>
> "格"，絜度也，絜度于本末之间，而知"本乱而末治者否矣"，此"格物"也。"物格"，"知本"也；"知本"，"知之至"也，故曰"自天子以至于庶人，壹是皆以修身为本"也。修身，立本也，立本，安身也。[29]

王艮两段对"格物"的解释，都用了一个"絜矩"、"絜度"的比方，来训"格"。而"物"有本末，指吾身与天下国家，格物也就是以吾身来絜度、格度天下国家，因此，这一论述的一个核心便是以吾身为本，从而来推比天下国家之末。尽管对"身"的理解，王艮更有从心性延伸至对物理之身的安保的意思（即所谓的"安身"/"保身"说），但格物说的基本要义，则属一种本末论。这个表述与阳明将"格物"解释为"正心"已有很大的差异，但以吾身为本的说法（在心性论层次上）与阳明以"良知"立极在逻辑取向上却是一致的，因此在立足点上，依然契于心学的基本原则。以此而论，"格物"说与"良知"说，便显示出了同构中的一种差异。以格物说来替换或补充良知说，其意图自然可有多种理解，其中之一，便是试图在"本末"论双向互为的结构中，来确定学术展开的一个新的方向，而不是单向度地偏重于对"本"、"良知"、"心"性的阐发。本末论在一定的语境中，也被表达为内外论、出处论等，出处论又关联到如何选择儒者在现实中所处位置的问题。[30] 如王艮所云："出必为帝者师，处必为天下万世师"[31]，便是对其格物论，或更具体地而言是对其出处论的一个精辟表述。也正为此，心斋之学非限于心性的沉思与思辨，而是试图通过与"日常"话语的连接，通达一王道实践的社会化层面，并借此而补缀心学一味内观、内进的趋向。

赵贞吉《经筵讲章》释《大学》传之十章，也论及"絜矩"的概念：

> 曾子说道，平天下在"絜矩"，而絜矩非明德不能。即上文三诗观之，可见治乱兴丧系于德之明否，而不可不慎矣。故君子图治，他务皆所未遑，必先慎此明德，审于意念之发，谨于独知之时。意发于天理，即扩充之，无所碍阻；意发于人欲，即遏绝之，无所牵系。如是，则心正身修，全体之昭明自复，而大用之絜矩自行，欲平天下不难矣。所以说君子先慎乎德，德既明矣，将见有德之君，能爱其民，而民亦爱之。㉜

此处所讨论的"絜矩"处理的便是本末间的关系，以"明德"为本，也即以吾身为本，由吾身的确立，再用之于天下国家之事；"絜矩"，则是测度于此两端之间。虽然本条未直接用"格物"的概念，但王艮思想的印迹分明可见，其所采用的也是一种本末论的结构性思维。又如，《国学讲章》释"天命之谓性"段，赵贞吉也用了"絜矩"一语，曰："……自一身之近，以至于国家天下之政理酬酢，皆则于天命而不失其度也，其道不可胜用矣。又如平旦之好恶，充而至于絜四方上下之矩也；赤子之恻隐，推而至于四海亲长之恩也。其道不胜用矣。"㉝"絜矩"在这里依然是在本末论意义上使用的，此不能不推断为是受到王艮的影响，以故邓林材在其所撰《赵文肃公年谱序》中也称赵氏是以"絜矩"为学旨的。㉞

如此解释《大学》"格物"一词，在整个王学体系中的确是很特殊的。因徐樾目前所遗资料非常匮缺，似很难觅得其相关的论述。仅就黄宗羲《明儒学案》辑出的一些有限条目看，徐樾主要还是在现成良知及"简易"说的层面上来承接心斋的。㉟但泰派中如颜钧、王栋与稍后的罗汝芳、耿定向及更后的焦竑却均对"格物"有相近的解释，现仅引颜、耿二说证之。如颜钧《论大学中庸》篇云："今夫《大学》以修身为家国天下之本。身之中，涵以心、意、知、格，为时日运用之妙。是妙运也，皆心之所能在中也。此中几动森融曰意，此意拟测贯通曰知。知中自出分寸矩节曰格，格知自善乎身形显设也，为视明听聪，为言信动礼，为孝弟慈让，以絜矩上下四旁，直不啻乎如保赤子之蒸蒸也。"㊱又耿定向《石经大学》云："……古之欲明明德于天下者，岂故为是阔远哉？一之贯于天下者，其体本若斯之大也。然先之国与家，而推本于身心意知，始终本末，理本一贯。格物者，格此也；知至，至之一。本诸身，则近之家，远之国暨天下，胥贯矣。……故君子慎之，一贯于身，而道得矣。"㊲由这些引述而知，淮南格物所揭示的本末观确为泰州学派一系成员所共认，从而也可将之看做是一学派归属的标识性概念。

通过对淮南格物含义的解析，可知赵贞吉的经世/出世说实为前者的一种同构性展开，处理的目标均为内与外、本与末之间的关系。虽然内外、本末之意亦孔教中固有之旨趣，但对之双向结构的强调论述，则必然会含有特定的意义指向，及在理论上寻找突破的某种意愿。进而，则也会与其时政治活动及儒学思考的走向有密切的关系。

以王艮的情况看，其对格物论的阐述，大致包含：一是如何处理好新兴的心性之学与儒学原旨（王道政治）之间的关系；二是如何处理好作为一个统一的"吾身"，在其内部存在的心性诉求与基本生存（"安身"与"保身"）之间的关系；三是如何处理作为一个儒者在体制内的从政实践与在体制外的讲学与教民的问题，这同时也是一个如何更为有效地保持士者"尊道"原则的问题等。就赵贞吉而言，在绍续王艮基本主旨的基础上，其提出问题的方式要相对单纯一些，主要还是在王艮所虑的第一种意义的层面上展开的，但是由于时代与思想的趋向都已经发生了变化，因此，其所关注的要点也会携有自己较为鲜明的特征。

赵贞吉的经世/出世说，主要存于其各种书序讲章等中，并会以一些不同的方式加以表达

（包括其所绘的七幅"图录"㊳）；再就是其晚岁计划编撰的"内外二篇"也是以经世/出世的构架来搭造的。在已撰成的简短序文中，赵氏对该书的宗旨与凡例做了说明，如谓"经世通"部分："予意在备经世之法，俾愿治之主有所采择耳。……王即经世之主也，其位为统，其臣为传，其令为制，其事为志，其道为典，其德为行，其才为艺，其技为术，譬之于车轮辕辐毂轴盖厢，一不备，非完车也。"㊴其中包括了制度、德性、技艺等方面的内容，并很明显是置于知识性维度上加以理会的，又最后均将之归入儒家政治的范畴。"出世通"的内容，赵贞吉解释为是"西方化人之书也"，有两大部分即说通门、宗通门。依其所述，二通虽于知识体系上按严格的分科胪列，但于实践上却不是区隔的，两者之间是可无碍相通、来往渡越的，并可在日用化的层面上并为一体。赵氏关于二通的关系所述甚详，就不在此罗举了。

以赵贞吉自身的情况看，关注于本/末、出世/经世、出/处的双向交汇，除了受到淮南格物论等思想的影响，及与其本人频繁地处于出与入的心理境域，在出与入的两个方面都有高峰般的体验有关，也与嘉靖朝的政治、学术等氛围有密切的关联。以后者言，这一思想方案的提出也自然会是一种基于语境的思考与选择，对之的深入理解也需要参照对这一语境的考察。

首先值得关注的是重视吏务的倾向，在嘉靖初开始逐渐于仕者中蔓延，并波及一些心学同仁。比如唐顺之："为翰林，最号清华，顾尝好言民事，在职时，每欲乞一郡，自试其才以见志，而不可遂。"㊵王慎中《衢州守李克斋先生祠记》一文，记同年进士李遂由早年对州郡职务的认识为"勤于民者卑，劳于事者细，目之鄙俗不足为也"，转变为对吏务的重视及切身投入的经历，深刻反省了包括自己在内的此前仕者"藻饰有以文华，驰骤以才力"的习气㊶。慎中另有《与道原弟书（一）》也谈及中进士初年为曹官时，"只是以作文赋诗为第一义，故以本朝事体、诸司职事，不甚通晓"㊷，而后遂有悔意的心情。虽然有些是针对弘治以降仕者耽溺文学、忽脱国事而发，但也会包含对虚谈理义，不谙政事的讲学风习的批评，由此可见当时儒者思想正在酝酿着的一种转折。

可以唐顺之的事例做进一步的说明。虽然顺之多被置于心学与文学的系列中研究，并以对王学心性论的阐发而闻世，但这仅属于他的一个侧面或于某一时期的集中表现。由上引资料可见，顺之实早有投身吏务的愿望，尽管这一意愿因遇到现实挫折而难以实现，却未曾于内心消失，并转而投射至对一种经世性知识的探究。据唐鼎元行状记顺之嘉靖初落职后事："公去官心未尝忘天下国家，既削籍不仕，于是一意沉酣六经，百子史氏，国朝典故，律历之书。……昼夜讲究，忘寝废食，于时学射学算，学天文律历，学山川地志，学兵法战阵，下至兵家小技，一一学习。"㊸这些事例也都可在他的文集中窥得。《明史》本传记其各种兴趣后，还言及他所编撰的著述："尽取古今载籍，剖裂补缀，区分部居，为《左》、《右》、《文》、《武》、《儒》、《稗》六编传于世。"㊹顺之于《杂编序》中曾对自己的爱好有一解释："……然而，诸子百家之异说，农圃工贾医卜堪舆占气星历方技之小道，与夫六艺之节脉碎细，皆儒者之所宜究其说而折中之，未可以为迹而恶之也。"㊺句中提到的这个"儒者"的新标准，所涉及的领域已大大超出心学家与文学家的视域，而至晚岁，唐顺之虽经历了"槁形灰心"的心理历程，依然顶着舆论的压力，毅然出使东南，参加抗倭，这与他一直以来的"未尝忘天下国家"的经世愿望是密切相关的。因此，即便是从该期心学学者的身上，也能看到世风发生的一些转换，一方面是对心性之学的追究仍然沿正德以来的轨道行进，另一方面则在儒者群体中开始滋生出一种新的观念形态，有别于弘、正间仕者对审美与理学趣味的单纯猎获与沉迷，出现了对外部事务积极关注的趋向。

赵贞吉中进士稍晚于唐、王，也受及嘉靖朝仕风转换的影响，不仅表现在心性学的探究上，也在经世学的抱负上，能与唐顺之等相投契。贞吉《与姜凤阿督学书》记："往在金陵，与荆川数会，……见荆川即如见二妙，……"⑯，可知二人曾有面识。贞吉又有《与唐荆川书》一文，为唐顺之已赴浙东视师后作，札中便提到顺之近日有二信寄达，惜已不见于唐集。唐顺之所存文中涉及赵贞吉的有《与万思节主事》二篇信札，提到："吾每欲与大洲兄相会，乃欲相与证明绝学，非历数之谓也"⑰，以为欲与贞吉商讨心学，但二信却整篇都是对历数学的阐讲。唐顺之在历数学上自视颇高，以为"历数自郭氏以来，亦成三百余年绝学矣"，并"叹世无可语者"，但后从万思节处得知"复有透晓如大洲者在也"⑱，因此一面是得知贞吉对历数学有精湛的研究而十分欣喜，一面又多详述自己对历数学的看法，借与他人之信与赵贞吉展开讨论（以贞吉为潜在的对话对象）。此后二人在这一话题上的交流因无材料证明，故不得而知，但二人的兴趣结构却大有相同之处，则由此可知。也正因有此夙缘，才有贞吉晚岁决意将其平生所习辑为巨帙的想法，或也有以此而与唐氏"六编"相匹配的意愿。

这种相契也表现在赵贞吉对唐顺之出使东南这一举动的高度赞赏上。唐顺之晚年决计"出山"，受到各方谗评，世论以为其学术不纯，但赵贞吉却为之而喜，写信给他以积极的支持，谓："不数日即得上命唐郎中经略江南之信，及南兵部抄咨，慰喜如何！正想望之间，闻以十一月廿三日过家一宿，已入浙去，举动快便，心服心服！而贼巢已空，亦省调度之劳也。"⑲对于来自于舆论的负面评介，赵贞吉也为之辩护曰："非以媚世也，乃以善世也，乃大乘法门也。"⑳即应当从为"天下国家"（即大乘法门）而非其他的角度来看待唐顺之的出山一事。贞吉另有与他人信，也提到唐顺之的最末一着，实与他自己的"出处"观有密切的关系："其出处之说，仆以语人，人皆茫然，惟门下聆之，忻然以为确论。然惟唐子可以此论，若他人则效颦矣。孟子不云乎'有伊尹之志，则可足以此义'。"㉑由此表明在出处观的问题上，他与顺之也有同心之志，并有深切的了解。为此之故，当唐顺之不久病逝于御寇舟中时，贞吉在与多人的往返信中，表达了沉痛的哀念，以为知音难求。而赵贞吉自己的为政经历也与之相仿，即便是在留意禅学或论讨虚空之时，也时刻未遗经世之想，而一旦面遇国危民难，则不惜挺身践行。

当然，作为一名心学学者，其考虑问题的思路最终还是会移入到自己的理论预设中，也就是从心性论的角度对自己的行为主张做出解释。对心性的关怀，当以"立本"为首要之务，即发见本体，从而顺本心以发用，这也是阳明良知说的题中之义。在赵贞吉的论述中，我们看到，除了这一一般性的讨论以外，又偏重于对儒者本体的确立在政治活动中产生的效应的关注，因为在他看来，良知说的提出，不限于个体的去蔽存真等功效，良知一旦被现实地揭示、呈示，还会直接地关联与作用于儒者的各种政治实践，以故而曰："良知也，万事之母、百行之主也"㉒。相对于当时王门各派多偏重于对心体的单方面阐讲，赵贞吉的这一思路，则能将良知的确认与经世实践相结合，故也有其独特之处。如此而论，吏治的良好开展，就不是无条件的，而是将有赖于政治家道德本心的确立。这在他的多篇文章中均有述论，如其送谯孟龙赴南昌为守令官，谯子有为难情绪，贞吉便以"絜矩"之说启导之："古人云：举斯心加诸彼而已。又云：絜矩，矩有定，则在予絜之而已。故曰：予出令则若流水，未尝言难也。今之学者皆诵习孔孟，至举孔孟之道则大笑，以为迂阔不足以应世。异哉，异哉！此事甚易知易行，而人固难之。"㉓即立本而政事便会如流水下行一般地简易可为，赵贞吉此论所依据的原则便是孔孟所谓的发于本心的如敬、仁、智等。在送王安峰为畿甸御史时，贞吉也对"世犹以君子之道难为"的说法予以了批评，而言："君子之政，出乎其心，见诸其事，至于感乎人，久而不能忘，则必有深得于其道，而中有不易夺者存也。"㉔鼓励其以君子之道为政，并以为若此则政事必通达无乖。以赵贞吉之见，不能将经世看做一种单纯的吏务，而是应当视之为心性论主导下的一种政治行为，其成功与失败往往取决于主体性的定位，也就是是否能更好地"絜矩"，格于两端并从容有余。正是在这个意义上，他提出了一个有"觉悟"感（即见在行前）的有道之士的概念，以之作为对经世说的补充与协调。在他看来，这一有道之士或"任道君子"的最高的范例，就是伊尹与孔子⑤。虽然这些论述未离心学的基本言说路径，但却更添入了一些世用性的视角。

此外，对心性的关怀，在赵的时代也正在发生潜在的变化，这与佛、道的逐渐兴盛及对心学的浸渗有关。相对于其他心学学者的涉入佛学不同，赵氏的佛学情结源于自幼的家庭环境，因此而有更深的内在因缘。虽然其经世/出世论将出处打并一体，但这还是就整体一生而言的，事实上在具体的时间间隙中，赵的佞佛有时看起来会更像一名佛门弟子，比如会趁时去禅寺习静，与他人谈禅则"议论蜂涌"⑤，为之遽喜。或正因此，清人彭绍升于所撰《居士传》中为赵氏单辟一目，树为精进之幢。

赵氏之涉佛、倡佛见诸其多种言述，也为后人所乐道。在此话题下，我们更为关瞩的应当是：就一个心学家的身份定位来看，比之于前代学者，赵贞吉对佛教的态度（进而是对佛儒二教关系的看法）有什么新的特点？

可述者至少有二：一是如姜宝于序贞吉文集时指出的："今世论学者，多阴采二氏之微妙，而阳讳其名，公于此能言之，敢言之，又讼言之，昌言之，而不少避忌，盖其所见真，所论当，人固莫得而訾议也。"⑤比较特殊的例证有贞吉文集现存的两篇"阁试"之文，原为馆阁中的习作，应试的题目为"求放心斋铭"与"克己箴"，属于标准的儒学论题，然贞吉居然在其中信手援引自己熟悉的佛理，不忌规范性写作的限制。赵贞吉自己也曾于《与赵浚谷中丞书》中激辩道："仆之为禅，自弱冠以来矣，敢欺人哉？……仆盖以身证之，非世儒特以口说诤论比也。"⑤他这一表现显然已不同于前代王门学者的所谓"阳儒阴佛"，突破了王学长期以来在思想表述上尽可能严守的一个边线，正因如此，后人在论心学的转向时，也有将赵贞吉视为心学转捩进程中的枢纽性人物。⑤或许也因为有了这一开端，赵贞吉之后王门中的直接语佛竟演化为一时风气，如与其关系比较近的万表、徐鲁源、李贽等，稍后的泰派学人如杨起元、周汝登、管治道、陶望龄等，都不回避对佛学的嗜好与崇信⑥，心学为之而变帜并进入一种新的轨道。

二是其晚岁所构设的二通，本是为说明经世与出世的互补与融通。其中关于二者关系与地位的认识，可从他对内外篇的命名中见出。从佛教固有的理路看，佛为内学，儒为外业，而贞吉倒置其位，将儒教经籍称为"内篇"，将佛教经说称为"外篇"，本意当在以经世为重而以出世相对为轻，其《内外二篇都序》对之也有解释，谓："内外者，主客之谓也。经世为主，出世为客。"⑥尽管赵氏在补偿说明中认为，以佛教为客是因为"化人之道，旅泊三界，身世如寄，其于世也，非客议乎？"⑥但这一安排依然会存在着两个问题，一是与阳明、王艮等的内外之说不甚吻合，也与他自己曾有的一些表达（如"絜矩"、"中节"诸说等）不合。就阳明来说，既然"心即理"、"良知是本体"，那么主位性就应当指的是人之心性，经世只是心性的一种向外的发用。王艮本末论，虽相对加重了对外部世界原则的重视，但其所指之"本"依然为心性，由此可知赵贞吉的提法是会有乖于一般心学表述的，这或许与其有意识地突出强调经世之法，从而将儒学简化地归为经世一维有关。二是内外二篇这样的布局法，也在形式上造成经世与出世二者并置的格局，尽管儒被提到首要的位置，但却实际上也抬高了佛法的地位。从心学家一方看，阳明固然有"三间屋室"之喻⑥，王畿等也对之有释⑥，但他们的最终目的是在对佛老智慧的汲用与消化之后使儒家的良知成为"范围三教之枢"⑥，以一种新的儒学姿态来统摄佛道的理说，并非以为佛道还有独立的意义，也就是在儒学的范围内，通过整合之后，已不再会有三间屋室的问题。但是赵氏二通的安排却明显地回到了各自独立的三间屋室——准确地说是儒佛二间屋室并置的概念格局中，并在解释中将心性看做佛家这一座屋室中的当家之物，以为对经世有益，而非将之系属于经世篇中，如谓："（出世篇）夫俾经世者，得此常住真心而用之于化理，其益岂小哉？"[66]云云，根据此意，儒家还只是以经世为擅长，而心性之论则源自佛家，故当使佛家单辟一门，以示其重要，以便源源不断地向儒者输送精神上的资粮。

籍此而论，赵氏的经世出世说虽暗合于并承续于王艮格物说，但至少就其二通论来看，不仅是二者的结构性布局，而且对经世与出世内容的阐论都存在着明显的差异。从经世观上看，王艮作为一名在野的学者（并鉴于嘉靖初朝政的恶化），对体制内"尊道"的可能性存巨大的疑义，因此，他所提出的经世方式便主要是立足于体制外的传道与教化。心斋之后，后学中言格物者如颜钧、王栋、耿定向、罗汝芳等，对向外的一截的论述，也多偏向于在野的教民与化民，大体依循的是王艮的原旨。而赵贞吉所谓的经世概念，虽也包括日用常行中的伦理践行，却更偏指入为朝臣的国家政治活动，这一观念产生的背景在前文已做了交代，也与其长期以来的体制内身份及对在体制内功业的信念有关，因此走的是更为传统的入仕路线，与之相似，许多心学学者也都有宦者的身份，故需从自己所处的位置上来考虑儒家治道理念的贯彻，这一情形导致了王学在嘉靖朝以后于入世观上的分化，形成了在野与在朝两种有所差异的表述。其次，从心性观上来看，尽管王艮格物论是以"格物"摄"良知"，并提出"以悟性为宗"的主张，对阳明良知说有所修订与推进，但总起来看，其心体论还是在儒家所谓"与点"的意义层面上即宋代周、邵，明代陈（白沙）、王（阳明）的言说谱系中展开的，涉佛的痕迹不是十分明显，同时王艮有时也特别以"忠恕"、"孝慈"等意义来补充"善心"的概念。赵贞吉虽于经筵讲章中论及立本时也还维持着儒家道德心性解释的含义，但于更多情况下则直接以佛教言说来表述心体的状态，并将之概括为佛教的"随顺觉性"[67]。虽谓三教于心体论上有近似的论述，但在赵贞吉看来，佛教的心体论仍是最为直截与透彻的，尤其是在去欲论、体用论等上最为见效，以故可作为儒家心体构建的参资及精神上可凭附的支柱。从赵贞吉于这一问题上的种种阐述看，他的心性论表述也就会有别于前代学者，携有更多佛禅的成分。

由以上分析可见，赵贞吉的经世/出世论在与其心学前辈思想的比较中的确显示出了一些鲜明的特点，概而述之，一是更偏重于对经世维度的强调，二是同时也更偏重于对佛教心性论的强调，由此而使王学中原来固存的内外兼具的论说结构——都更向两端大幅倾斜，构建出一个新的平衡模式。这也可看做是赵贞吉思想的创辟之处。

三

言述至此，还需要对赵氏以后泰州学派内部的变化做些考察，以便对赵贞吉思想于王学延伸系统中的位置有更明晰的把握。为使讨论更为集中，下文将围绕泰派后期两位著名学者耿定向与李贽对赵贞吉及其门人邓豁渠思想的评议进行。

先来看耿、李对赵贞吉的评述。耿定向曾指出他与赵贞吉思想之间并不一致，如云"昔赵大洲云，只要眼明，不贵践履。余则曰：眼孔易开，骨根难换。公所取人者眼孔，余所取人者全在骨根。"[68]由王门内部的分歧来看，意谓赵氏学问以直见本体入手，故而轻视培德的工夫；而耿氏自己则注重经验中的磨砺，为此而与易趋向于思想失禁的简易之法有别。这一区分应当是如实的。当然，就文集中的一些表述看，耿定向对赵贞吉依然还是十分赞赏的，并主要集中在两点上，一是对贞吉所说"休心"说的许可，这原是就赵贞吉给胡直一信中的说法而言的[69]，对这个问题的关注，与当时学者所思考的如何摆布好参与政务与安顿内心间关系的问题有关。二是，一些记录强调了赵贞吉思想中的实修成分。如记大洲早年讲学因受禅宗的影响而主用机，比如人问良知，赵便云"汝与而老婆好合是良知也"，然"中年与后生讲学又尝自悔曰：吾畜有见时，尝欺前辈不解吾微言，自今观之，还只是力行要紧"。从而在教学中让从游者"只去随班作揖打躬，歌几章诗耳。"并曰："默识此意，便知孔门之教，只是一个礼乐便了也"⑩。赵氏此举或有事实可证，但耿定向将之归为赵贞吉中年后及晚年的定论，由此便突出了其经世学中的若干成分，同时又略去了赵氏思想的其他侧面（如主性宗、主顿悟、入佛、出世等），很明显地属于对赵氏形象的一种带有倾向性的建构，以便借此而将赵氏思想揽入到自己的理论认定框架中。

李贽对赵贞吉的敬佩常带有情感的色彩，一般语多简短，并将之置于泰派的思想系脉中予以表彰，上文已有引述。李贽对这一系脉的刻绘不仅勾勒出了一个连续性递承的谱系（从而为后人所延说），同时还将这一谱系赋予了"英雄谱"的特性，即谱中诸人均为一代雄杰之士，他们的纠集被看做是"云龙风虎"。因此，他对赵贞吉的认同也会从这一角度来加以定位，与耿定向将赵看做是礼教表范所取的是相当不同的思路。尽管贞吉尚有极为引人注目的为宦经历，但李贽的评述却几乎未涉及这点，这也透露了李贽思想的一种思维惯性。尤其值得注意的是李贽在一次讨论泰派的系谱时，以为泰派成就的获得取决于对佛学涉入的深度，为此他也会从这一角度出发来发掘赵的意义，如谓："心斋先生之后，虽得波石，然实赖赵老笃信佛乘，超然不以见闻自累。近老多病怕死，终身与道人和尚辈为侣，日精日进，日禅日定，能为出世英雄，自作佛作祖而去，而心斋先生亦籍以有光故耳。故余尝谓赵老、罗老是为好儿孙以封赠，荣显其父祖者也。……"⑪其所谓的"出世英雄"，也就是能参透俗累，了却"大事"，敢于破除儒家常识，视生死为尘芥、功名为土苴者。借此可知，在对赵贞吉这一"本文"所做的注解中，耿、李二人注入的含义是有很大差异的，在关注点上，一是偏重于赵氏经世的表现尤其是其实修的礼教观，一是看重其出世经历与及这一经历对儒教传统观念体系的背离。

如果说两人在对赵贞吉评价上形成的思想冲突还是潜在的，并未形成言语上的直接交锋，那么在对邓豁渠的看法上却有着激烈的论争。这首先集中在邓豁渠的入佛与出世的问题上，从而也必然会再次折回到耿、李有所差异的经世观上。

邓豁渠为赵贞吉里人（均籍内江），邓自述其嘉靖乙亥（十八年）礼赵为师，"闻良知之学"⑫，不久赴青城山参禅，并后在鸡足山落发出家。他也曾赴天台依耿定理（耿定向弟）居，并至泰州安丰场访艮子东涯，为此李贽将之嵌于泰派谱系之中，并置贞吉之后，至少，他的性宗论与"百姓日用不知"论等是能与泰派思想相吻的。但邓在佛儒之间明显地倾向于佛禅之教，不仅以为佛高于儒，且对儒教大有贬词，有时竟至语及阳明及其宗派。如弃贞吉而投青城，即以为对赵的学术"不解"，又言阳明："讲圣学的少向上一着，所以个个没结果。阳明透神机，故有良知之学，此是后天生灭法，未到究竟处，还可以思议。"⑬阳明曾比较儒佛之异同，认为儒佛在上一截上同，然佛之不足在于遗弃伦常，"都只是成就他一个私己的心"，⑭此论也多为心学中许多人所傍说（如胡直、耿定向）⑮，然邓豁渠竟斥以为陋见："书生泥于旧见，谓佛自私自利，不如他圣人万物一体。佛者，妙觉也，乃大智之别名。世界在觉理中，大海之一浮沤也。……故其立教，以出世为宗。儒者在一浮沤中，尚且钻研不出，敢望其领斯道乎？"⑯邓书后来布世，遭到心学中人的激烈非议，甚至其师赵贞吉也在《答胡庐山督学书》厉责："吾观渠书中觊望有待者多，自负张皇之甚，轻侮前训，以表己能，堕于业罪而不自觉。嗟嗟，云水瓢笠之中，何为作乞墦登垅之态耶！"⑰此后。两人的关系遂出现裂隙，当邓于晚岁往京城谒赵，赵竟"拒不容见"⑱。

耿定向在见了邓书之后，反应同于贞吉。其时，耿定向旧友吴少虞录邓书而传，耿定向知后数次发信于少虞，竟至以"行年六十"之资"破口彰人"⑦，从邓的身世历迹一直数落到其学理，谓："余往丑其人，不欲视其言。兹于兄录本偶一摄之，摄其大旨，曰'见性'。其见性之要曰'了情'。念其本教然也。即其行考之，渠父老不养，有女逾笄不嫁，髡首而游四方。……此独非情念耶？彼亦自求诸心而不得也，乃又为之说，曰：色欲之情，是造化工巧，生生不已之机云云。（注：此语未见邓书，不知定向本之何处）夫古先圣人亦既知此，故经之以夫妇之伦，正之以婚姻之礼，谨之以同异之辨，严夫内外之防，若是其详且周者，乃所以尽人之性，而正人之情也。……如其言，将混而无别，纵而无耻，穷人欲，灭天理，致令五常尽泯，四维不张，率天下人类而胥入于夷狄禽兽矣！"⑧语下毫不留情，而其借以论证的逻辑思路又恰与邓豁渠反，即以儒家正教为确旨来判定邓豁渠作为一个佛教徒的行为与思想，从而认为邓弃绝人伦物理，堕与虚空无归，终成大逆不道之人。其时，又有耿定向的追随者邓石阳等，也在与李贽的信中对邓豁渠的逃儒入佛多有责备。

对于以上诸人的看法，李贽均有激烈的反应。如当见到他人所转递的赵贞吉与胡直书，而"览教至此，不觉泫然，斯言毒害，实刺我心。"⑧同时，也对耿定向、邓石阳等的诟病予以反驳，其所论辩大致从几个方面入手，一是不能以单一的原则排斥他人的多样化选择，二是对耿定向等标示的"人伦物理"标准做了理论上的证谬，以此而瓦解耿氏等的批评基础。对于邓豁渠，李贽不仅断然为众议纷扰的《南询录》撰序，赞其一生问道"介如石，硬如铁"，甚至于以为像孔子那样发愤忘食，也不能有加于其上；⑫而且为邓的入佛为僧做了激烈的辩护，以为评判一个人，不能仅看其"迹"，还要视其"本"，也就是不是光看是否在家与出家，更重要还是看他是否为了进道，如此推理，那么："愿作圣者师圣，愿为佛者宗佛。不问在家出家，人知于否，随其资性，一任进道……"⑧无须对之苛责太严。李贽以为，如果以进道作为标准的话，恰恰是所谓的儒者很难做到这一点："堂堂天朝，行颁《四书》、《五经》于天下，欲其幼而学、壮而行，以博高爵重禄，显荣家世，不然者，有黜有罚，如此其详明也。"⑭包括如耿定向辈，表面倡讲学、教人、去欲，实际上却是"多欲"缠身，私下里则从来未忘居官求显，买田求舍，福荫子孙一类事，如此比较之下，当然反不及能够舍弃一切的入佛者更能事道、尽道。在这一论证过程中，李贽撇开了经世所可能产生的世俗价值的问题，而是将进道设为一种基本前提（包括这一行为的纯粹性、决断力、践行力），那么很自然地会得出佛教优于儒教的结论，这既是李贽的一种信念，同时也是他的一种论辩技巧。以此观之，他甚至而曰："邓豁渠志如金刚，胆如天大，学从心悟，智过于师，故所取之徒如其师，其徒孙如其徒。"⑮即以为邓豁渠在这一点上实有超过赵贞吉处。就某种意义上看，为邓豁渠所做的辩护，也等于是在为自己的履历辩护，如联系到该期李贽也正处在习佛的心理高峰状态，不久也随"邓和尚"之后毅然削发为僧，公开自许为儒教之"异端"的经历，那么他对邓豁渠的巨大同情也就很容易理解了。

如取后人对赵、邓二人态度来看，有一个问题尚需提出讨论，即为什么赵的佞佛并未遭及当时学者的责难，而邓的入佛却迎来如此大的争议？对之原因的解释，我想，首先是因为赵的佞佛毕竟还是以儒教为旨归的，这从二通的结构安排即能看出，在《与赵浚谷中丞书》中贞吉谈到他喜佛的理由时云："吾性中有十八阴界，戕乱我灵明，贼伐我元命，即如我华夏国之北，有一部鞑靼种落，日欲蹂躏我疆土，掳杀我人民也。……今仆亦欲以明智定力，破此一身伐性阴贼，虽不能彻底一澄照睿圣聪明，如古至人，而庄孟以下，欲庶几也。"即习佛是为破心中贼，与破山中贼的施动方向是一致的，以故而可曰："试观仆之行事立身，于名教有悖谬者乎？"⑯，因此，赵的佞佛并未放弃儒教向外的世俗追求及经世的原则，只是将出世与经世打成一片，即其所谓"心休"："非谓休官、休世、休事也，谓休其不了之心也。"⑰然而，邓豁渠作为一个曾经步入儒门（心学）的学者，却以佛门为归，以己身事佛，这等于是背弃了这一思想同盟的基本原则及认定边界，尤其是还在后来从佛教的价值立场上大胆裁说儒教，即赵贞吉所云于"云水瓢笠之中""作乞墦登垅之态"，也就很难为心学同盟中所接受。除了以"见性为宗"而不再顾及此性地的向外部延伸，只知"问道"而不问儒家的责任伦理，邓豁渠还在学旨上以虚空言性，以出三界为性命之本，说什么："如今就做得君君臣臣、父父子子、兄兄弟弟、夫夫妇妇，如唐虞熙熙皓皓也，只是下的一坪好棋子，……凡所有相皆是虚妄，离一切相即名诸佛。"⑱如此推论，即如以"真空"为了悟，也就解构了儒家的在世价值论，取消了经世的意义。当然，李贽的儒佛之辩及对佛理的归依，更包含有对儒学的多方面批评，视野也更为开阔，比邓豁渠走得更远，因而，他所遭受到的非议也就更为频繁与剧烈了。

从更深处看，儒佛之争，或曰用世与出世之争，涉及到多种价值观上的冲突。在中晚明的语境中，尤值关注的是，它涉及到两种基本观念即群体观与个体观之间的一场冲突。阳明提出"心即理"与良知说，在儒教的观念体系中加强的个体的主位性，但因于内外一体的论说结构，虽然突出了个体的责任人角色，但主要还是限定在这一区域内，其终极价值仍系于国家与社群，从理论上讲，个体仍然不是一个可从群体中分离出来证明的自我利益实体、自我存在实体，因而仍然要反对"私性"，通过去欲而达到与天地、广众的"浑然一体"。赵贞吉尽管看到佛教在解决个人去欲与生死问题上的透彻性，因此公开主张以佛资儒，甚至身体力行，但其经世/出世论说的规划并未脱离王学既定的主要路线，个人性问题还只是隐含在其出世论话题下的一种潜在涵义。很显然，至邓豁渠处，情况已经大为不然了，从以上所引邓豁渠的言论看，他并不以儒家常说的"谓佛自私自利"为忌，反之以为儒家的教诲由于限于如父父子子、民生社稷等，未能参入生命的更深意义，关乎个体的终极去向。比如在对待生死的问题上，儒家往往只是轻描淡写地应付过去，心学也是，如阳明遇此问询，只是认为"能于此处见得破，透得过"⑲即可，耿定向也曾有《出离生死说》一篇，大意相同。⑳由此见出，阳明学的"心"与"良知"主要还是意在解决主体与世界的关系，并非为解决个人性及生命有无等问题而设的，即邓豁渠后来悟得的："阳明良知了不得生死"⑳。因此，当个人性问题在晚明开放的语境中逐渐呈现出来之后，必然要求于在理论上寻求更为深入、透明的答案，也必然会不满足于心学原有的答案，邓豁渠等的涉佛可看做是对这一问题做进一步扣问的一种很具代表性的表现。如实地看待赵、邓之异，他们最后的思想裂隙，也就发生在继续维护群体性价值还是直接奔向个体性目标的争议上。

耿、李之争，可看做是前一轮赵、邓之争的一种延续性反应。问题既已在前提出，那么耿、李之争就会主要表现出"护教"与"反护教"的二重抗拒，以再编码与再解码的方式进行。耿、李之争的具体话题有"未发之中"与"人伦之至"之对、"明德"与"亲民"之对等，这些话题对子所指向的也是另一层面上的经世与出世的关系形式，并也昭示出了群体性与个体性观念之间的某种紧张。从耿定向的整个理论体系看，其学说并未有太多的创见，主要就是建立在对王学后期入佛趋势加速、个人主义、虚空论膨胀这一现象的高度焦虑之上，因此而以重申儒家世俗伦理为使命，并在心学的命题上提出了"仁"与"礼"关系的概念，试图通过"礼"的贯彻而维护儒学原有的社会的群体观，如其谓："仁即太极也，礼乐即阴阳也，不有二则。无一人而不仁，如礼乐何。无礼乐，亦无以显仁。孔氏教术，全是礼乐，即《礼记》一部，肫肫言此，而《大学》、《中庸》二篇，乃礼乐之匡廓与本原也。"㉒既如此，耿定向认为："圣门言仁，便说个礼，此又是吾儒之学超逸二氏，贯彻古今机窍……"㉓进而将礼的范畴看做是分疏儒佛二教的一条主要界线。然在李贽看来，耿定向的这一偏至性解释已经超出了心学的学理构成，因而反其道而强调"未发之中"与"明德"等概念，并首先集中在对耿氏所主之"礼"的再度解构上。在李贽看来，关键点在于，儒教所代表的不仅是一种群体性价值的认同（李贽并不像邓豁渠那样完全反对这一原则），更重要的是这种价值的历史展开过程，是以对个体性的遮蔽与取消为代价的，而且其所真实藏匿的仍然是另一种私欲，因此没有必要遮盖这一事实上即存在的私欲，使自己的所谓经世学说成为满足这些私欲的幌子。⑨从矫正因对礼的过度推崇而引起的失误出发，李贽提出再次回到心学"未发之中"、"明德"等前提上，也就是将个人主位性置于群体性之前与之上。当然，如果从更深处解释的话，这个人主位性已不是阳明的道德主体或最终要达到的公共主体，而是具有一内在独立性的个性主体，是"天生一人，自有一人之用"⑤，"各务以自得而已"，"随其自性"⑥的主体，李贽不断引称的佛教"众生平等"观，指的也并不是一种个体一致性的总和，而是不为群体性所限制的多样化的聚合。就此意义上看，当他想要追寻个人的"最后一着"，寻找自我的"本来面目"时，便可以像邓豁渠一样求诸佛教，而当为世所不容的时候，甚至也可通过极端的、遁入佛门的方式来抵抗儒家群体性对之的侵并。

从以上四位泰州学人思想变化的分析中，我们大致可以发现一种思想史运行的曲线。赵贞吉提出的经世/出世论由于变换了前期王艮的格物论，而使经世与出世两种论说向度都变得更为突出了，虽然他也在自己的论述中做了一些内部的调协，但未能阻止两端向各自方向的滑行。这首先便表现他的弟子邓豁渠的身上，将出世论在思想与行为上都做了极端的推演，心学的义界由此而被突破，并引起了王学内部的焦虑与波动。后者可以耿定向为代表，从立论的构成上看，耿的理论基本上属于防卫性的，即面对经世/出世模式在当世的断裂与出世论的滥行，力图重申经世与用世的主导性原则，谨防出世论思潮对儒家经世论统贯的冲击。耿定向的经世论主张看似与赵贞吉的倡导并行不悖，但二者所注入其中的内涵却是有差异的，由于耿定向的经世论是建立在一种新的对抗性目标之上的（非对抗赵时代的吏务匮乏），因此而必然会以儒家的世俗伦理为主要的阐述标目，且对佛学出世论做出明确的否定与排斥，引起了经世说向另一个极端的演进。李贽的思想有多面性，但就以上讨论的范围看，他几乎毫无保留地是站在了邓豁渠相同的立场上，不仅深刻地揭示了儒家经世观（无论是在朝还是在野的经世）的局限性，对之做了理论上的消解，同时也将从制度与思想上的"出世"视为一种新的生活指导原则，由此而使旧的观念天枰再度出现严重的倾斜。在晚明的情势下，正如我们所看到的，不是耿定向，而是李贽的思想代表了"历史的意志与冲动"，遂使原有的各种经世/出世论模式无法在王学理论系统中延续下去。

①　《复邓石阳》，《焚书》卷一，中华书局，1963 年版。

②　《南询录叙》，《续焚书》卷二，中华书局，1959 年版。

③　《颜钧集》卷三，第 25 页，中国社会科学出版社，1996 年版。

④　《耿天台先生全书》卷一一，武昌正信印务馆，民国十六年重印本。

⑤　《焚书》卷二。

⑥　《衡庐精舍藏稿》《衡庐续稿》卷一一，四库全书版。然观胡直之语，将偏于江右一门的吉郡同乡尹台列于句首，其叙述倾向仍有可疑之处。又于表尹台的《宗伯尹洞山先生传》（《续稿》卷一一）列叙吉郡儒学名士，而不及永新颜钧（尹台同县）、永丰心隐，盖因其与心斋后学有隙，故李贽于《答耿司寇》中，对之有讥。

⑦　见吴震《泰州学案刍议》，《浙江社会科学》，2004 年 2 期。

⑧　【日】荒木见悟廖肇亨译，《赵大洲的思想》，载《中国文史研究通讯》第十三卷，第 2 期。

⑨　何乔远《明山藏·臣林记·文苑》，江苏广陵古籍刻印社影印本。

⑩　《赵文肃公文集》卷一五，明万历十三年赵德仲刻本。

⑪　《赵文肃公文集》卷八。

⑫　耿定向《王心斋先生传》："总漕刘公节、盐法吴公悌皆特疏荐闻，赵文肃曾疏请用真儒，实意在先生，俱格不报。呜呼，天亦将以先生为木铎与哉！"《耿天台先生全书》卷一一。

⑬　《赵文肃公文集》卷一八。

⑭　《为黄安二上人三首·大孝一首》，《焚书》卷二。

⑮　《赵文肃公文集》卷二二。

⑯　大洲关于"易简"之说，可见其《经筵讲章》"所谓诚其意条"、《正学书社讲章》"吾有知乎哉"条、《送瀌子出守南昌序》等，载《赵文肃公文集》卷九、卷一四、卷一五。王艮论学也多提"易简"，参诸篇，可知也一贯之旨。

⑰　《答问补遗》，《王心斋先生遗集》卷一，清宣统二年，东台袁氏据原刻本重编校排本。

⑱　《泰州王心斋墓志铭》，《赵文肃公文集》卷一八。

⑲　另也见之对"中"的论述，从"中"达"悟"。黄宗羲以为贞吉有所授受于徐樾，即举二人关于"中"的论述之同，见《明儒学案》卷三三"文肃赵大洲先生贞吉"。事实上泰派论"中"也为一传统，如至颜钧处发展为"大中学"，接而又有罗汝芳的论"中"，等。

⑳　《示鼎儿二首》，《赵文肃公文集》卷三。

㉑　《赵文肃公文集》卷二一。

㉒　今人关于这一路向的考察，也可参见林庆彰著《明代考据学研究》，台湾学生书局，1986 年版。

㉓　《赵文肃公文集》卷二三。

㉔　上引皆自胡直撰《少保赵文肃公传》，《衡庐续稿》卷一一。

㉕　关于贞吉前期更详细的学道经历可参曾孔恕、黄世杰所编《赵贞吉年谱》，载《赵贞吉诗文集注》后，巴蜀书社，1999 年版。

㉖　《遗集·谱余》将赵氏该文系于嘉靖二十年，《王心斋先生遗集》卷四。

㉗　《泰州王心斋墓志铭》。

㉘㉙　《王心斋先生遗集》卷一。

㉚　对王艮格物说的细述请参拙文《王艮"淮南格物"论概念系统的再疏释》，载《中国哲学史》2004 年第 2 期。视王艮出处观为其格物说的一个延伸部分，具体的研究参拙文《度于本末之间——王艮出处观之研究》，载《炎黄文化研究》大象出版社，2004 年第 1 辑。

㉛　《答问补遗》，《王心斋先生遗集》卷一。

㉜　《赵文肃公文集》卷九。

㉝　《赵文肃公文集》卷一四。

㉞　邓林材《赵文肃公年谱序》云："先是越中王先生倡明良知之学，淮北王先生阐发格物之旨，先生承二王之绪，究竟要归絜矩，使人益有所持循着力处矣。"转引自油印本《赵贞吉研究参考资料》，第 53 页，由政协内江市文史资料委员会等编，1991 年。

㉟　在梨洲所撰波石小传中，也以许多篇幅记录了心斋在见性这一层面上开示波石的事例，以使波石从一"操存过苦""刻刻简默"的学人而至能破除拟议，率性而行。参《学案》卷三二。

㊱　颜钧《颜钧集》卷二，第 17 页。

㊲　《耿天台先生全书》卷一。耿定向其他关于"格物"的解释也依王艮而非阳明之意，如《格物》节："儒先格物之训多矣。按《大学》经文中格物原自有明解，曰：'物有本末'，又曰：'壹是皆以修身为本'。格物之物，故即物有本末之物。物格云者，知此身之为天下本耳。"（同上卷一）又见《立达》等篇所释。《答唐元卿，又》以为王心斋、蒋道林皆有此论。

㊳　见《周南留著图录序》，《赵文肃公文集》卷二三。荒木见悟于《赵大洲的思想》一文对之有释。

㊴　赵贞吉《内外二篇都序》，《赵文肃公文集》卷二三。

㊵㊶　《衢州守李克斋先生祠记》，《遵岩集》卷八，四库全书文渊阁本。

㊷ 《遵岩集》卷二四。
㊸ 《明唐荆川先生年谱》卷二，1939年唐肯排印本。
㊹ 《明史》卷二〇五。
㊺ 《荆川先生文集》卷一〇，四部丛刊本。
㊻ 《赵文肃公文集》卷二一。
㊼㊽ 《荆川先生文集》卷七。
㊾㊿ 《与唐荆川书》，《赵文肃公文集》卷二一。
(51) 《与姜凤阿督学书·再书》，《赵文肃公文集》卷二二。
(52) 《国学讲章》，《赵文肃公文集》卷一四。
(53) 《送谯子出守南昌序》，《赵文肃公文集》卷一五。
(54) 《赠侍御王安峰序》，《赵文肃公文集》卷一五。
(55) 见其《送刘一岩赴浙台佥宪序》所云："夫古之君子，或仕与处，皆以究竟其学而已也。学者，觉也。古有先觉而后仕者，伊尹是也。伊尹曰：'予，天民之先觉者也。'有先仕而后觉者也，孔子是也。孔子盖少仕于鲁，至四十而始不惑，五十而知天命。呜呼，斯理也，涵万汇而无体，摄宇宙而无功，动作见闻、意识思维，悉于其中现见。"《赵文肃公文集》卷一五。由其几段叙述看，所谓道德明觉已经成为一种根于深心的自然流行之物，以故而简易。
(56) 《明儒学案》卷一五（都督万鹿园先生表）。
(57) 《赵文肃公文集序》，载《赵贞吉诗文集注》官长驰著，巴蜀书社，1999年版。
(58) 《赵文肃公文集》卷二二。
(59) 如钱谦益《文恪傅公神道碑》记傅新德在史馆与黄昭素言："人议赵大洲学禅，大洲直任不辞，腾诸奏牍，视阳明改头换面，更进一格。"又于《跋傅文恪公大事狂言》中记傅所论："今之谈禅者，皆宗赵大洲，只贵眼明，不贵践履之说。"载《初学集》卷六三、八六，上海古籍出版社，1985年版。
(60) 另可见耿定向《与吴少虞》中提供的其同时代学者佞佛的名单："近士大夫好佛者，如吴旺湖、陆平泉之修洁，近佛之清净；赵大洲、陆五台之刚简，近佛之直截；罗近溪至宽和，近佛之慈悲，皆就其质之所近入佛，语而投其所好，……"《耿天台先生全书》卷三。
(61)(62) 《赵文肃公文集》卷二三。
(63) 《传习录拾遗》，《王阳明全集》卷三二，补录，上海古籍出版社，1992年版。
(64) 《三山丽泽录》，《龙溪王先生全集》卷一，明万历十五年萧良榦刻本。
(65) 《三山丽泽录》。
(66) 赵贞吉《内外二篇都序》，《赵文肃公文集》卷二三。
(67) 赵贞吉《答胡庐山督学书》，《赵文肃公文集》卷二二。
(68) 耿定向《与李公书，又》，《耿天台先生全书》卷三。
(69) 耿定向《辑闻》、《答李宪副性甫》，《耿天台先生全书》卷一，卷四。
(70) 耿定向《文治以礼乐》，《耿天台先生全书》卷一。
(71) 李贽《与焦漪园太史》，《续焚书》卷一。
(72) 邓豁渠《南询录》叶四十六，日本内阁文库藏本。
(73) 邓豁渠《南询录》叶九。
(74) 《传习录》一，《王阳明全集》第26页。
(75) 胡直之论见《答赵大洲先生三》："……某尝以为圣人能兼夫禅，禅不能兼夫圣，以其间有公私之便，此其所以成毫厘千里之异也。"《衡庐精舍藏稿》卷二〇。
(76) 邓豁渠《南询录》叶十五。
(77) 《赵文肃公文集》卷二二。
(78) 耿定向《里中三异传》，《耿天台先生文集》卷一六。
(79) 《与吴少虞，又》，《耿天台先生全书》卷三。

⑧⓪   《与吴少虞，又》，《耿天台先生全书》卷三。

㉛㉝㉞   《复邓石阳》，《焚书》卷一。

㉜   李贽《南询录叙》，《续焚书》卷二。另据林海权《李贽年谱考略》，李贽的《南询录叙》作于万历十三年，即恰在耿定向与邓石阳指斥邓豁渠的那段时间。福建人民出版社，1992 年版，第 152 页。

㉟   《高洁说》，《焚书》卷三。

㊱   《赵文肃公文集》卷二二。

㊲   《答胡庐山督学书》，《赵文肃公文集》卷二二。

㊳   《南询录》叶十三。

㊴   《传习录》三，《王阳明全集》第 108 页。

㊵   另也可见耿氏《明道语录辑》："佛学只有以生死恐动人，可怪二千年来无一人觉此是被他恐动也。圣贤以生死为本分事，无可惧，故不论死生。佛之学为怕死生，故只管说不休，下俗之人固多惧，易以利动。至如禅学者，虽自曰异此，然要之只是个意见，皆利心也。庄生云不怛化者，意亦如此。如杨墨之害，在今世则已无之，如道家之说，其害终小，惟佛学，今则人人谈之，弥漫滔天，其害无涯。"《耿天台先生全书》卷二。

㊶   《南询录》叶二。

㊷   《文之于礼乐》，《耿天台先生全书》卷一。

㊸   《克己复礼》，《耿天台先生全书》卷一。

㊹   李贽此论甚夥，见其《答耿中丞》、《又答耿中丞》、《答耿司寇》、《答周西岩》、《答耿明府》等，不再赘引。

㊺   《答耿中丞》，《焚书》卷一。

㊻   《复邓石阳》，《焚书》卷一。

明代孔颜曾孟四氏圣裔的教育与科贡

——以阙里孔氏庙学为中心

（河南大学黄河文明与可持续发展研究中心教授）

一　中国传统社会中孔子的影响与孔裔的恩泽

孔丘，字仲尼，春秋末年鲁国人，"姿大圣之才，怀帝王之器"，可惜生"当衰周之末而无受命之运"，曾"欲屈己以存道，贬身以救世"，然是时"王公终莫能用，乃退考五代之礼，修素王之事，因鲁史而制春秋，就太师而正雅颂。俾千载之后，莫不采其文以述作，仰其圣以成谋。咨可谓命世大圣，亿载之师表者已"。①故自汉代以来，历代王朝封赠奉祀不绝。

中国传统社会对孔子的尊崇，从历世封赠便可窥其一斑。孔子去世之次年，鲁哀公谥孔子为尼父。西汉平帝元始元年（1 年）六月追谥为褒成宣尼公；东汉和帝永元②四年（92 年）封为褒尊侯。北魏孝文帝太和十六年（492 年）二月改谥文圣尼父。后周静帝大象③二年（580 年）二月进封邹国公。隋文帝（581 - 604 年在位）时赠孔子为先师尼父。唐太宗贞观二年（628 年）升为先圣，十一年（637 年）尊为宣父；高宗乾封元年（666 年）正月追赠为太师；则天天授元年（690 年）十月封为隆道公；玄宗开元二十七年（739 年）八月追谥为文宣王。宋真宗大中祥符元年（1008 年）十一月加谥曰玄圣文宣王，五年（1012 年）十二月诏改为至圣文宣王。元武宗大德十一年（1307 年）七月加号为大成至圣文宣王。④故明太祖朱元璋在洪武元年（1368 年）十一月授孔希大的敕文中说："朕惟德相天地，道合四时，若此者古今罕焉。虽然始伏羲而至有元，圣相继、贤接踵未尝缺也，然如仲尼者无。且秦焚之后，亡于纪册，但存者未完，独仲尼诚通上下，泽敷宇宙，所以自汉崇之，至唐追封文宣王，宋加至圣，元加大成，号封至极，血食无穷。"⑤至清代更被推尊为"万世师表"。

孔子立纲垂宪，训化万民，按照重德食报的传统和观念，在中国传统社会，不仅孔子本人百世必祀，还要泽及子孙，封爵食报，绵延不绝。从史籍所载历代主祀宗子所授封爵即可对孔子后裔的恩泽有一大体了解：汉高祖时被封为"奉祀君"，汉元帝⑥初元中始赐爵孔子十三代孙霸为关内侯，号褒成君，食邑八百户。平帝元始元年，更封十六代孙均启国褒成侯，食邑两千户。⑦魏文帝黄初元年（220 年）封二十一代孙羡为宗圣侯⑧。晋武帝泰始三年（267 年）改封二十二代孙震为奉圣亭侯。宋文帝元嘉十九年（442 年），二十六代孙鲜袭封奉圣亭侯，后又改封为崇圣侯。后周静帝大象二年（580 年）改封三十氏孙渠邹国公。隋炀帝大业四年（608 年）改三十二代孙英为绍圣侯。⑨唐高祖武德九年（626 年）改封孔德伦褒圣侯，玄宗开元二十七年（739年）改封孔璲之文宣公。⑩宋仁宗至和二年（1055 年）改封四十六代孙宗愿为衍圣公，并有食邑。自后历金至元、明、清乃至民国时期，主祀宗子一律袭封"衍圣公"。⑪

从历代封赠和恩赐可以看出，孔子及其苗裔绝非一般家族可以比拟，即便是帝王之家也难望其项背，"君子之泽五世而斩，仲尼之泽万世不斩"，"秦汉以来，王封遽泯，孔胄独存，崇爵厚禄，给田复役，赏延于世者绵绵不绝"。⑫作为圣贤之后的孔氏子孙，已然成为中国传统社会中历久不衰、世受爵禄的贵族。

实际上，自汉代罢黜百家、独尊儒术之后，尊孔崇儒成为后世历代立国之方略。在这一稳定的政治传统之下，历代崇祀、子孙世享恩泽的便不止孔子及其后裔，在儒学道统授受之中立有卓越功劳的颜子（回）、曾子（参）、子思（伋）、孟子（轲）先后被尊奉为复圣、宗圣、述圣和亚圣。尤其是在宋代，颜子、曾子、子思、孟子四位作为春秋致祭孔子时的四配地位确立下来后，其后裔皆被视做圣贤子孙受到礼遇。历代王朝的这一做法，虽出于政治上的考虑，但与中国传统的积德食报观念结合后，便产生了巨大且深远的影响，以至于孔子在今日的中国仍是妇孺皆知的圣人。

孔、颜、曾、孟四氏圣贤子孙在历朝历代享有的恩宠虽有不同，但授官、赐田、免役乃是基本内容，这在前人留下的史籍中多有记载⑬，不拟赘述。不过，作为孔、颜、曾、孟四氏子孙食报方式的重要载体——阙里孔氏庙学，有着诸多理由值得我们关注。其一，该学有自己相对完整的发展史。它初建于三国之魏文帝黄初二年（221年），经过宋代发展之后，声名渐著。金、元时期，尤其是明、清两朝，一直处于稳定上升的态势。其二，该学最初是为阙里学者而建，宋真宗大中祥符年间始作为训诲孔氏后裔之学。宋哲宗元祐年间，更令其成为孔、颜、孟三氏子孙受业的专门学校。明万历年间，进一步发展为孔、颜、曾、孟四氏子孙接受教育的四氏学，清代依然如此。可以说，孔氏庙学既从总体上体现了四氏圣裔的优越与特殊，但不同时期受业主体的变化也透露出四氏子孙待遇上的差异和变化。其三，孔、颜、曾、孟在儒学传授、光大过程中发挥了重要作用，成为"为往圣继绝学，为万世开太平"⑭的重要人物，以其思想和学术为历代所追捧。在孔子故里官为设学，以之教育圣贤子弟，这不仅是一种极佳的酬报圣贤的方式，也更能劝勉圣贤子孙追慕祖先，"继述先德，大衍圣学"⑮。其四，阙里系孔夫子之乡，历代王朝在这里设学有其独特的政治用意。从阙里孔氏庙子的兴衰，不仅可以感知历代对圣贤子孙的优待与眷顾，同时还可以观王朝之兴替、礼治之兴衰，增进对儒学与历代政治关系的了解和感受。其五，从阙里孔氏庙学发展史看，其整体历史与大的社会政治背景密切相关，而不同时期的发展走向又与现实政治和文教政策紧密牵连，如在科举兴盛的明代，受当时科贡政策的影响，自正统九年始，孔氏庙学在管理、入学、科贡等诸方面悄然发生了变化，原本与一般儒学不同的孔氏庙学在某些方面已有了趋同的迹象。这些都决定了孔氏庙学在中国传统社会各类学校中具有特殊的地位，因而对其研究的价值是不言而喻的。

然而关于孔氏庙学的研究，目前尚未引起广泛关注。我们曾在网络上读到《四氏学〈孔氏家学〉》一文，它简要勾勒了孔氏家学自初建至1958年更名为曲阜第一中学的历史线索。另外，陈宝良《明代儒学生员与地方社会》第二章《明代的学校》·以《孔颜孟三氏学》为题对明代该学的部分情况做了简要介绍。⑯而尚未看到以阙里孔氏庙学为考察重点来系统研究圣贤子孙在历代教育情况的成果，故本文依据搜检到的资料，对阙里孔氏庙学的发展演变状况做系统梳理，重点考察其在明代的发展，尤其是在明代科举与岁贡政策影响下所发生的新变化。

二　明之前的阙里孔氏庙学

"阙里者，吾夫子之旧宅也"。"按世家，孔子卒，诸儒讲礼于孔子故所居堂，鲁哀公因立为庙"。⑰所谓的阙里孔氏庙学，是因孔庙而起。它初建于魏文帝黄初二年（221 年）。宋以前，兴废不常。宋真宗大中祥符三年（1010 年）重建之后，进入了相对稳定的发展时期。金、元两朝虽系少数民族建立的政权，但仍然尊孔崇儒，给予孔氏庙学以应有的关注。宋、金、元三朝的发展，为孔氏庙学在明代的发展铺垫了基础。根据孔氏庙学在此期的发展情况，本部分的讨论分两个阶段展开：一是魏文帝黄初二年至唐朝，孔氏庙学的初建与生存状况；二是宋、金、元时期孔氏庙学的发展。

　　该学初建之时似未有具体名称，史籍关于该学在元代（包括元代）以前的称谓多有不同，有的称之为孔氏家学；有的称之为孔氏庙学；即便是同一史籍，对该学的称谓也不固定，会随着引述文献的不同而相异。如孔继汾的《阙里文献考》既称之"家学"，又称之"庙学"。大体在元仁宗延祐年间，该学更名为孔颜孟三氏子孙儒学（简称三氏学），一直沿用至明万历年间。万历十六年（1588 年），因曾氏子孙加入到受业群体之中，名称更为四氏学。这一称谓又为清代所沿用。结合该学发展的历史看，这些称谓有的体现了受业者的姓氏特征，如孔氏家学、三氏学和四氏学等；有的侧重其方位，如孔氏庙学等，皆从不同侧面切中了该学的特点。为行文方便起见，一般意义上皆以阙里孔氏庙学或阙里庙学称之，具体时期也采用官方名称或简称。

1. 阙里庙学的初建与生存状况（魏文帝黄初二年至唐朝）

　　历代褒封孔子之时，多给予孔子的思想和学术以高度评价，然在孔子有生之年，"王公终莫能用"。不过据说，当时的鲁哀公常向孔子问政，孔子去世后，哀公感到悲哀，不仅作了悼词悼念，还下令将孔子原来住的三间房屋改为祀庙，收藏孔子生前用过的衣、冠、琴、车、书等，让其子孙每年按时令祭祀。⑱这即是孔庙的雏形。此外，孔子在世时广为授徒，其"徒三千，博徒六万，达者七十二人"。因而在孔子死后，除鲁哀公为孔子立庙外，弟子们皆自发地"服三年心丧"。丧毕，有的相别而去，有的留了下来，在孔子冢旁建屋而居。如"子贡庐于冢者六年然后去"，还有"弟子及鲁人往从冢而家者百有余室"，围绕孔冢形成了新的聚落——"孔里"。⑲史籍所谓孔子死后，"立庙于旧宅，守陵庙百户"⑳，即是对这一情形的反映。

　　在孔子死后相当长的一段时间里，孔子后裔的教育并未受到特别的关注。即便在西汉时期，孔子本人被平帝追谥为褒成宣尼公，主祀宗子的封号也不断提升，然孔子后裔的教育仍处在一种自在状态。孔子六十九代孙清人孔继汾所言"子孙即宅为庙，藏车服礼器。世以家学相承，自为师友。而鲁之诸生亦以时习礼其家"㉑，即是对当时情况的反映。

　　这种情况直到三国魏文帝曹丕执政时才有所改变。220 年，曹操之子曹丕称帝，即历史上的魏文帝，建号黄初。为在群雄角逐中获胜，立国之始的魏文帝决心"胤轩辕之高踪，绍虞氏之遐统，应历数以改物，扬仁风以作教"。天下大乱之后，孔子"旧居之庙毁而不修，褒成之后绝而莫继。阙里不闻讲诵之声，四时不睹蒸尝之位"，魏文帝借用历史上尊孔的惯常做法："缉熙圣绪，昭显上世，追存二代三恪之礼，秉绍宣尼（褒成）之后，以鲁县百户，命孔子廿一世孙议郎孔羡为宗圣侯，以奉孔子之祀"；同时对残破的孔庙加以修缮，"令鲁郡修起旧庙，置百石吏卒以守卫之。又于其外广为屋宇以居学者"。㉒据说对前来求学者还采取了"制五经课试之法"㉓加以管理。材料中虽未明言建学，但广建屋宇，使"莘莘学徒，爰居爰处"㉔，且实行课试，似已具备学之规模，故有人认为"此孔氏家学所由仿（昉）也"㉕。但也有人强调，"魏黄初诏庙外广为屋宇以居学者，尚非专为圣裔而设"㉖。

　　魏文帝称帝后，于孔庙建学，有推衍先圣学术和作教兴仁之意。但这只是一个开端，在魏晋南北朝的纷乱时期难以延续下来。据载，"西晋之乱，百度废弛，数百年中无复讲诵"㉗。南朝宋文帝元嘉年间，见"阙里往经寇乱，黉学残毁"，试图有所振兴，下诏"鲁郡，复修学舍，采召生徒"㉘。其后仍有帝王加以关注并修缮的，但"荐经荒乱，旋复废坠"。而且据孔继汾记载，这种状况一直"沿及隋唐"㉙。这里有令人费解的地方：魏晋南北朝是中国分裂动荡时期，在缺乏稳定而强有力的国家政权的保护下，阙里庙学兴废无常，自可理解。然隋、唐两代皆是中国历史上的一统时期，而且对孔子的谥号、主祀宗子的封爵都有加隆，但对阙里庙学却未见任何举措。这是史籍失记，还是另有他因（如隋朝国祚较短；唐朝是佛学的大兴时期，李唐王朝又奉李耳为先祖，信奉道教，或许受了整个社会佛道思潮影响的缘故），尚不清楚。然从史籍记载看，此期的阙里庙学未有大的发展，直到宋代重建后才进入新的发展时期。

2. 宋、金、元时期阙里庙学的发展

赵宋以文立国，儒学大兴。在尊孔崇儒的社会氛围中，孔子封谥不断崇隆，孔氏后裔的恩泽也日渐增厚，孔氏后人与宋廷之间有了更多的有效互动，而这一切都为阙里庙学的发展带来了机遇。

阙里庙学在宋代的发展主要在真宗和哲宗两朝。真宗朝直接促动阙里庙学发展的事件是于庙学旧址重建讲堂。大中祥符元年（1008年），真宗曾躬谒孔庙，加谥孔子为玄圣文宣王。真宗尊孔朝圣不仅向世人亮明了以文德治世的态度，也给孔圣后裔以巨大鼓舞。大中祥符三年（1010年），孔子四十四代孙孔勖担任知县，"奏请于家学旧址重建讲堂，延师教授"㉚。真宗认为，"讲学道艺，贵近庙庭"㉛。故"得旨报可"㉜。从材料所述位置看，此次重建仍是"就庙建学"㉝，"孔氏庙学"㉞之称谓当与此学所处位置有关。此次重建可谓是庙学发展的重要契机，故有史籍认为，重建之后"庙学之名始起"㉟。除此之外，重建后的阙里庙学在用途上有所改变，主要作为孔氏子孙受业的场所。如明成化时人刘健曾云："阙里三氏学建于宣圣庙之东南，以教孔颜孟三氏子孙，盖因庙而设也。庙之建其来远矣，学则自宋大中祥符间始。"㊱后来明末人李之藻也认为，"立学教圣裔"自此始。㊲

据《阙里志》记载，宋真宗乾兴元年（1022年），孙奭知兖州时，又加修葺，且请杨光辅为讲书。㊳对于这一说法，万历《兖州府志》的记载稍有不同："宋乾兴元年，兖州守臣孙奭私建学舍聚生徒，乞请太学助教杨光辅充本州讲书，从之。"㊴似乎孙氏所请杨光辅并非仅为孔氏子孙讲学。

哲宗时期对庙学产生重要影响的有这么几件事情：一是迁建庙学，配置教授。元祐元年（1086年）十月，改建庙学于孔庙之东南隅，建学之后又置教授一员，㊵令其教谕"本家子弟，其乡邻愿入学者听"㊶。所谓"本家子弟"，即孔氏后裔。从这则材料可以看出，此时虽允许乡邻中愿意入学之子弟就学，但入学受业的主体应是孔氏子孙，这与前引刘健、李之藻所云立学教授圣裔始自真宗年间的说法是一致的，故此时的阙里庙学称之为"孔氏家学"㊷倒也名副其实。按照"国有学，术有序，党有庠，家有塾"的说法，称之为孔氏家塾㊸也无不可。二是令颜、孟二氏子孙到阙里庙学读书，完善教官配置。按照孔继汾《阙里文献考》的记载，哲宗迁建庙学后，"寻添入颜、孟二氏子孙。又拨近尼山田二十顷充庙学生员供膳，赐经史书各一部"。让颜、孟二圣子孙到庙学学习，这不仅增重了对颜、孟子孙的礼遇，复使原本主要用于教养孔氏一姓的阙里庙学成为孔、颜、孟三氏子孙共同受业的场所，庙学作为孔氏家学的纯粹性遭到颠覆，但却为三氏学称呼的出现提供了基础。不过，也有史籍认为颜、孟二氏子孙进入阙里庙学受业发生在元仁宗延祐年间。如吕元善《圣门志》即持此观点，认为是元"仁宗延祐间益以颜孟二氏子孙受业"㊹。《大清一统志》也持同样看法。㊺但根据接触到的资料，我们倾向于哲宗元祐年间的说法：一是明成弘时人刘健在《重修三氏学记》中开首云："考厥初"，阙里三氏学"止以教孔氏子孙，其益以颜、孟二氏盖自元祐间始"。㊻刘氏专为重修三氏学而作此记，对颜、孟二氏进入庙学的

受业时间较之他书应更加注意推求。二是元仁宗延祐之前的碑刻及撰文中已有三氏子孙或三氏子孙教授的说法。如在元世祖忽必烈中统元年（1260 年）诏中即有"今以进士杨庸教授孔氏颜孟子弟"⑰句，表明中统元年孔、颜、孟三氏已在同一场所受业。也只有这样，杨庸才有可能同时教授三姓子弟。更为重要的例证是，在元《至元三十一年尼山孔子像记碑》中已有"孔、颜、孟三氏子孙教授张頖"的记载⑱。元成宗元贞元年（1295 年），此人还以三氏子孙教授的身份写了《修复子思书院记》⑲。至元、元贞年间张氏之所以能够充任孔颜孟三氏子孙教授一职，应是颜、孟二氏子孙进入孔氏家学受业后的结果。

除迁建庙学，让孔、颜、孟三氏子孙一起受业外，宋哲宗元祐四年（1089 年）又进一步完备了教职设置，在教授之外"添置学正、录各一员，教奉圣公胄子"⑳。

通过上述勾勒可以看出，自三国魏文帝黄初年间初建至唐代，阙里庙学一直处在兴废不常的状态。至宋代，尤其是真宗与哲宗两朝，不仅新建学舍，拨给学田，颁赐经史诸书，同时还将孔、颜、孟三氏子孙集中到庙学学习，为他们配置教授、学录、学正等学官，从各个方面为阙里庙学的发展准备条件。此时的阙里庙学明显地体现出两个方面的特点：一是习读者由孔氏一姓发展为孔、颜、孟三姓，阙里庙学以三氏学的名义冠名已为时不远。二是阙里庙学的修缮以及师资配置、生员供给等方面，官方参与介入增多，官为设学以教圣贤子弟的特色已经显现。从历史的角度看，宋代的这些做法对后世影响很大，为后世提供了样榜。如明洪武初年在考虑孔氏后裔相关政策时，就援引过宋代的做法："据翰林院国史院官会同太常博士陈世昌，参考得宋哲宗元祐二年，礼部太常寺礼官议立学以训其子孙，其袭封专主祀事，赐书置教授教谕孔氏子孙，乡邻愿从学者听。孔、颜、孟三氏子孙俱系先圣先贤之后，历代崇重，事同一体，其教授训谕三氏子孙，理宜存设。"㉑

金朝章宗时期是阙里庙学又一重要的发展时期。金章宗喜爱汉族文化，且汉化程度较深，在其统治时期，文学兴盛。关于金章宗崇孔建学之事，时任兖州府儒学教授的贺玄在泰和八年（1208 年）所作的《三氏学教授题名记》中做了概括性介绍。章宗嗣服改元明昌（1190 年）之后，"首京都谒款先圣"。当时阙里孔庙"岁久就弊，特命才臣革故而一新之，即庙巽隅建立学舍，以教养后裔。凡在谱系至于髫童皆与育籍，廪粟以靡（廪）之，赐监书以启之，使朝夕游泳胚腪涵蓄，作成人才，济济跄跄，为国之光。专置学官以主教导，取德行温粹、文章典雅者充焉。天官选举之际，必采众誉而后授，与州郡教官不伦焉"㉒。可见章宗即位之初，即新建孔庙与学舍，既礼尊先圣，又恩遇其裔孙。章宗对于阙里庙学的关注和孔氏子孙的恩遇，史书中也有记载："金章宗明昌元年，诏修庙学，敕孔氏子孙已习词赋、经义，准备应试人，依兖州府养士例，每人月支官钱二贯，米三斗；小生减半支给。如兖州管下进士愿从学者听，曾得府荐者试补，终场举人免试入学，仍限二十人为额。"㉓从上可以看出，金朝对阙里庙学非常重视，不仅慎择师儒，而且对已习词赋、经义，准备应试之孔氏子孙，依府学养士例，官为养之。

元朝以少数民族建立统一王朝，且在许多方面保留了本民族的习尚，在官员的政治地位上以蒙古人为重，但从国家统治、治理需要出发，崇儒作教仍是其积极推行的治国方策，对孔子及其后裔也给予了特别的关注。元世祖中统元年（1260 年）九月曾诏制曰："孔氏颜孟之家，皆圣贤之后也。自兵乱以来，往往失学，甘为庸鄙，朕甚悯焉。今以进士杨庸教授孔氏颜孟子弟，务要严加训诲，精通经术，以继圣贤之业。"㉔故《大德三年阙里庙学记碑》在追溯元初情况时云："兵革以来，他务未皇，汲汲为孔颜孟三氏择师。"㉕至元三十一年（1294 年）又拨曲阜地九大顷五十亩、沛县地五十大顷作为生徒学田。㉖

综上可以看出，自宋代以来，历经金、元，对于阙里庙学，不仅新建学舍，铨选教授，还赐予学田与书籍，可以说此期的阙里庙学已进入官为设学的时代。

前文有述，宋哲宗元祐年间颜、孟二氏子孙已到阙里庙学受业，随着受业主体的改变，阙里庙学的三氏学性质已经具备，此时是否以三氏学指称阙里庙学了呢？明人李之藻认为在元仁宗延祐年间（1314～1320 年）改称为三氏学。他在《泮宫礼乐疏》"宋真宗大中祥符二年赐文宣王庙桓圭，就庙立学，豫养孔氏子孙"条后加按语道：

> 此（指宋真宗就庙立学——引者注）立学教圣裔之始，魏黄初诏庙外广为屋宇以居学者，尚非专为圣裔而设。至是（指宋真宗大中祥符三年——引者注），因四十四代孙知仙源县勋之请，始立学以训孔氏子孙，而学官未设。至哲宗元祐元年设教授、四年设学录各一员。元世祖中统三年，以杨庸为教授，兼训孔、颜、孟之后。延祐间，遂改孔氏学为三氏学。[57]

但《乾隆山东通志》认为，"其名仍旧"，直到"明代洪武二年乃改为三氏学"。[58]不过从情理上推测，"其名仍旧"应是颜、孟二氏进入庙学不久时的情形，随着时间的推延，以体现其实质特征的孔颜孟三氏学指称阙里庙学应该是有可能的。本着这一想法，我们查检了骆承烈汇编的《石头上的儒家文献——曲阜碑文录》中宋至元代的碑刻，从碑刻的题署和文字来看，三氏学名称在元代应已出现。元世祖至元年间邹县县令司居敬曾作"尼山圣像记"，中云："居敬学制邹邑，迁学舍于城西，建孔子庙。时孔、颜、孟三氏子孙教授张頵习于礼者也，因问立像之制。"[59]该记收录在《石头上的儒家文献——曲阜碑文录》第 29 条，名为《至元三十一年尼山孔子像记碑》。据碑后说明，此碑立于元世祖至元三十一年（1294 年）。[60]其中"孔颜孟三氏子孙教授"的称谓虽不完整，但已有此意。在《至正元年也只不花祀庙》碑中已有"孔颜孟三氏子孙儒学教授蔡某"的说法[61]，在次年（1342 年）所立"刘承祖谒林庙记碣"中又有"孔颜孟三氏学教授孔汾"的题款。据此知，元代已有"孔颜孟三氏学"的称谓。不过，"孔颜孟三氏学"应是其简称，其全称应为"孔颜孟三氏子孙儒学"。

三　阙里庙学在明代的发展

明代立国之后，"法前代，仍旧章"，秉承历史上尊孔崇儒传统，使"仲尼有血食，后嗣有袭封"[62]。教养圣贤子弟的阙里庙学也获得了重大发展。这主要体现在两个方面：其一，受业群体扩大，由孔、颜、孟三姓扩大为孔、颜、曾、孟四姓。太祖洪武元年（1368 年），诏改孔颜孟三氏子孙儒学为孔颜孟三氏子孙儒学教授司，设教授、学录、学司各一员。成化元年（1465 年）颁给三氏学官印。万历十六年（1588 年），允许曾氏子孙进入三氏学读书，学校之名也由三氏学更名为四氏学。其二，受岁贡与科举制度和政策的影响，自英宗正统朝始，庙学在管理、应试、选贡等方面渐与一般儒学趋同。首先，庙学学生如府、州、县儒学例，改称生员，设廪、增、附学生员名额；后又对廪膳生员提供廪米。其次，庙学生员由当地提学官考选，参加山东省乡试。天启年间，又为他们推出了专门的乡试中式政策，这样东鲁四氏圣裔成为明代宗室之外的又一特殊群体。最后，成化元年（1465 年），针对三氏学首次推出岁贡政策，三年贡一人。其后标准不断提高，先是如州学例，三年贡二人，而后是如府学例，一年贡一人。综观阙里庙学在明代的发展与变化，可以看出，阙里庙学既与一般儒学有相同的一面，又有相异的一面，而这正是作为圣裔子孙习业之学的独特之处。

实际上，上述两方面的变化在时间上是有交叉的，有时甚至是互相影响的。但为了事件发展线索叙述的相对完整，拟借用本末体论述。

1. 从孔颜孟三氏学到孔颜曾孟四氏学的演变

（1）孔颜孟三氏子孙儒学教授司

洪武元年（1368 年），朱元璋在集庆建立大明政权后，在其势力由南向北扩展时，即注意利用大成至圣先师这面旗帜以聚拢人心。三月十六日，大将军徐达等至济宁，孔子第五十六世孙孔希学来见，徐达送之京师。[63]十一月初七日，朱元璋"以孔子五十六世孙希学袭封衍圣公，希大为曲阜世袭知县。置衍圣公官属，曰掌书、曰典籍、曰司乐、曰知印、曰奏差、曰书写各一人。立孔颜孟三氏教授司，教授、学录、学司各一人。立尼山、洙泗二书院，各设山长一人。复孔氏子孙及颜孟大宗子孙徭役。官属并从衍圣公选举，呈省擢用"。[64]由此知，洪武元年十一月即诏设孔颜孟三氏教授司。俞汝楫《礼部志稿》对此事也有记载，但将时间记在"洪武元年十月甲辰"[65]，较"实录"提前了 1 个月。万历《兖州府志》认为，洪武二年（1369 年）改三氏学为三氏子孙教授司。[66]从孔希学入京及太祖授命孔希学为衍圣公等事项的时间看，将万历《兖州府志》所记洪武二年看作是将太祖设立三氏子孙教授司的想法付诸实施的时间或许更合适些。此外，上述材料中的"孔颜孟三氏教授司"以及其他史籍中的"三氏子孙教授司"和"孔颜孟三氏学"[67]等皆系简称，其全称应为"孔颜孟三氏子孙儒学教授司"[68]。宪宗成化元年（1465 年）十一月，接受第六十一世衍圣公孔弘绪奏请，颁给孔颜孟三氏学官印。[69]

太祖在阙里设立三氏子孙儒学教授司，既是对此前各朝设学做法的承袭，也有独特的考虑。他认为："孔子垂教于世，扶植纲常，子孙非常人等也。"洪武元年，太祖在谨身殿召见孔克坚时阐发了他对这一问题的具体想法："尔家先圣之后，为子孙者不可以不务学。朕观尔子资质温厚，必能承家，尔更加诲谕，俾知进学，以振扬尔祖之道，则有光于儒教。"后复召至，谕曰："尔祖明先王之道，立教经世，万世之下，君君臣臣父父子子实有赖焉，故尔孔氏高出常人。常人且知求圣贤之学，况孔氏子孙乎！尔宜勉尔族人各务进学"[70]按照明太祖的认识，孔氏子孙在学行方面只有优于常人，才是圣贤之后应有的景象。要实现这一目标，设学训教必不可少。因此，三氏子孙教授司的设立，不单是太祖对前朝做法的继承，也有太祖的期待，是他将儒学发扬光大的理想化为现实的重要举措。

三氏子孙教授司所设属员，有教授、学录、学司各一人。他们同孔府其他属员一样，皆"从袭封衍圣公举保"，然后"俱呈都省，以凭录用"。[71]但教授、学录的选用范围不同，教授从"师儒官内保升"；学录是在"孔氏子孙内除授"。[72]这些做法也是吸收前朝做法的基础上取舍的结果。

据载，宋真宗大中祥符年间曾就庙侧建学以训孔氏子孙，但未闻设官。[73]宋哲宗元祐元年（1086 年）始置教授一员，四年又设学录一员。[74]金元之际，更置不一。元代立国之后，承袭了宋代庙学设官的做法。中统初年，诏立曲阜庙学，选师儒充教授、学正、学录各一。[75]《圣门志》的记载可以印证：中统年间，以进士杨庸为庙学教授，又设学正、学录各一员。[76]

关于明代之前阙里庙学教授、学录等官选任的情况，史籍记载的详明程度不同。教授一职，史籍载得比较清楚。无论是宋代、元代，都注意选取德、行、学各方面堪称师范者任之，宋代"于举到文官内差，或委本路监司保举有行义人充"[77]。元代，庙学教授"取德行温粹、文章典雅者充"[78]。强调的都是才学和德行，没有姓氏方面的限定。这从《阙里广志》卷九所列宋至明代庙学教授的题名中可以得到证实。而学录、学正则有所不同。《大德三年阙里庙学记碑》中云，

"考之碑刻，则学正皆录孔氏子孙为之"。[79]明成化时人刘浚也有类似的记载："考之碑刻，历自前代皆孔氏子孙为之。盖当时教授自署。迨至胡元，或有异姓代者。"[80]从刘氏的说法看，学正、学录一职除元代有异姓担当外，历朝皆由孔氏担任。至明代，又恢复了历史上的惯常做法："三氏学录仍复孔氏"，而"教授异姓"。刘氏还对三氏教授司教授用异姓、学录用孔氏的做法发表了自己的看法：其一，这种安排既有"宾主义，亦以寓激劝与亲爱也"；其二，"夫三氏学实孔圣本源之地，专为教养圣贤子孙而设，常人岂得而轻任哉？自非孔氏有贤行者职专训迪，何以继述先德、大衍圣学者欤？"[81]不过对于明代庙学学录是否从一开始即由孔氏担任，史籍有不同的说法。《阙里志》认为："明洪武元年设孔颜孟三氏子孙教授一员，用异姓；学录一员，宣德以后始以圣裔任。"该书同条所列明朝孔姓学录名单也自宣德元年的孔克宴始。[82]《圣门志》也认为，洪武元年十二月，奉高皇帝圣旨，"设三氏子孙教授一员、学录一员，于师儒官内保升"，直到"宣德元年，学录始以圣裔任"[83]。

关于三氏教授司中的教授与学录的选用，衍圣公皆负有遴选举荐之责，这是史籍中较为一致的看法。如刘浚《三氏学新建学录题名记》中说，三氏学教官的选择"较之外学尤为慎重，不辖有司，不同常设。凡有员缺，悉听圣公自举才德兼备、足为师范者为之，铨选第注其名而已。至今百有余载，一遵成宪，罔敢背违"[84]。《阙里志》也认为是"俱听衍圣公保举，咨部铨除"[85]。

（2）万历十六年，孔颜孟三氏学改为孔颜曾孟四氏学

自宋代以来，经官方认可在孔氏庙学接受教育的圣裔只有孔、颜、孟三氏。其实，在儒学道统发展过程中发挥过重要作用的还有曾子。如明人顾鼎臣认为，儒学传承次序是"孔子传之曾子，曾子传之子思，子思传之孟子"。从这一授受链条可以看出，在"为天地立心，为生民立命，为往圣继绝学，为万世开太平"的道统缔造的宏业中，"曾子之功岂小补哉"？但曾子后裔长期未能享有与孔、颜、孟子孙同样的待遇，这让部分明代士人感到难以理解，甚至是不平。如顾氏即说："臣自筮仕以来，见三氏子孙来朝，辄有感于衷，耿耿不忘几三十年矣。"[86]从所见史籍来看，自明廷补立颜、孟二氏子孙为五经博士的弘治朝起，即有人就曾子及其子孙的待遇问题发表过看法。

弘治二年（1489年）四月二十六日，山东兖州府知府赵兰敷陈六事，其中"请补缺略"云："孔、颜、孟三氏子孙各有官爵、祭田，惟曾氏子孙未有。乞赐祭田、给人户备洒扫，选贤良户为庙主，岁时祭祀，仍令有司主之。"但此次吁请的结果，只是"命所司知之"而已。[87]

弘治五年（1492年）七月十七日，山东嘉祥县儒学训导娄奎言：本县系郕国宗圣公曾子阙里，见"孟子门人皆有封爵，曾子门人至今称名。颜、孟子孙皆传博士主祭，曾子子孙乃流落他所。乞如例封其门人，访子孙遗派之在江西赣、榆二处者，择贤而有学者官之，俾之主祭，以昭圣代祀典"。此次奏言虽"下有司知之"[88]，仍无实际结果。

从上述材料看，最早对曾子及其子孙待遇提出异议的是来自曾子出生地的两位地方官。或许是人微言轻，或许是时机未熟，两次呼吁都未取得实效。

曾子子孙地位的提升、待遇的加隆，实始于嘉靖朝。嘉靖十二年（1533年），掌詹事府事吏部左侍郎顾鼎臣具奏《崇植先贤系胄以隆道化疏》，对曾子子孙地位的提升起了关键作用。

此疏首先强调曾子之功，这是提升曾氏子孙地位的先决条件。顾氏认为，在儒学道统授受之中，曾子承前启后，功不可没。然而由于历史原因（如"暴秦坑焚之后，道学不明"；汉朝司马迁"序孔门弟子列传，但曰孔子以曾参能通孝道，故授之业，作孝经而已"；唐人韩愈"其序道统之传，直以孟子上接孔子"），"时君世主徒知推尊颜、孟而忽于曾子、子思。自唐迄宋，虽加曾子封爵而从祀犹列于十哲之后，子思则杳无闻焉"。直到宋代，"仁宗始表章［彰］学、庸二

书，而程颢、程颐、朱熹诸儒更相发明，溯流穷源，使天下后世晓然知圣门道统授受之功，曾子为大，而子思次之。咸淳三年由是始封曾子为郕国公，子思为沂国公，配享次于颜子，跻于孟子之上，而四配之位始正"。曾子宗圣地位确立较晚，也影响了其后人的恩泽。明太祖"御极之初，首诏孔子子孙袭封衍圣公并世袭知县，并如前代旧制"；"弘治中因修颜子、孟子庙，特置世袭翰林院五经博士各一人，以主祀事"，唯"曾子之后独不得沾一命之荣"。顾氏认为这是"古今之缺典"。他推测，弘治朝补立颜、孟二氏子孙为五经博士时，"典礼守土之臣曾无一言及"曾氏子孙，或许是因为"曾子子孙散在四方，历世久远，谱系不明，恐有冒滥之弊欤？"他认为，这种情况尽管可能存在，但不能回避，必须面对，并且提出了自己的思路，"准照弘治间颜、孟二氏事例，访求曾氏子孙相应一人，授翰林院五经博士，世世承袭，俾守曾子祠墓，兼主祀事"⑧。

顾氏疏文抄呈礼部后，礼部同意顾氏的看法，认为"曾子亲受，一贯为圣门之高弟；独闻大学，得吾道之正传。垂世立教，与颜、孟同功，号称述圣，已并追崇。然独世嗣弗传，基墓失守，虽配圣有灵而象贤无主，诚为缺典。本官欲追求其后，同于二氏子孙以作宾王家，以主祀事，实足以仰体朝廷崇儒重道之盛心也"。但恐"历世久远，谱牒无传，若非精访博求，难免伪冒之弊"，故"覆奉钦依，咨行都察院转行山东抚按官亲临嘉祥县查访曾氏子孙，详考历代支系之真及正德年间曾经都察御史钱宏所考农夫有无见在，通拘到官，督同县学官吏师生并年高父老逐一询问，务求的系曾氏正派子孙明白，先行具奏，以凭议处施行"。继又照会山东地方："今去曾子之世上下千有余年，中间更历变故，子孙播越流寓，岂无散而之四方者。如南丰曾氏鞏、肇、布兄弟并显于宋，其家乘以为出自曾子之后。今其嫡派子孙亦不知谁何，合无仍通行天下大小衙门一体访求，务得其人，具实奏闻，但不许轻易起送前来，以启夤缘争竞之端"⑨。嘉靖十二年（1533年）四月十八日，诏求"曾子嫡裔承袭五经博士如颜、孟二氏例"⑪。经顾氏奏请，礼部复议，访求曾氏子孙的计划正式启动。

经过江西抚、按官督同布、按二司以及江西提学副使徐阶等人的查勘，曾氏子孙在新莽之时，避乱南徙。就迁南方者言，"居永丰者为嫡"，而就"永丰一派而言，出曾辉之后者为嫡，出曾耀之后者为支"。曾辉之后现有曾嵩、曾衮兄弟二人，皆为永丰县学廪生，合乎立嫡之法，但他们"各称生长南方，不乐北徙"。而曾耀之后，唯曾质粹读书循理，素念远祖，追求不已，经当地提学官查勘，谱系明白，乡族共推，无有违碍，应合继承。吏部同意这样处理，于是在嘉靖十八年（1539年）二月初五日，由吏部尚书严嵩具题，请世宗圣裁。初八日，奉圣旨：授曾质粹翰林院五经博士，仍与世袭。四月初一日，又奉圣旨：让曾质粹承主曾子祀事。⑫综上可以看出，经过多部门的合作与查勘，嘉靖十八年始"授先贤曾子之后一人世袭翰林院博士"⑬。在为曾子子孙争取与孔、颜、孟子孙同等地位的过程中，顾鼎臣起了关键作用，故有史书在记载"嘉靖十八年钦授宗圣曾子后五经博士"一事时，特别注出"从学士顾鼎臣之请"⑭。

随着曾子子孙的访得，曾质粹等相关人员北迁祀祖。曾质粹等迁还山东之后，曾氏子孙于迁入地的教养问题便被提上日程。嘉靖二十八年（1549年）九月，曾参第五十七代孙、五经博士曾质粹奏请将曾氏子孙与三氏子孙一样均沾教化，改三氏学为四氏学。礼部行文地方要求查勘曾氏子孙现有人数及有无堪以作养者的情况。⑮但这一过程拖得很长，一直到万历年间才有结果。至于这一事情的促成者，乾隆《山东通志》认为是万历十五年"巡抚李戴奏增曾氏子孙，改为四氏学"⑯。《明神宗实录》认为是山东御史毛在。该录"万历十六年二月癸亥"条记："礼部请以曾子子孙视孔颜孟三氏为四氏学。"并解释说："盖曾氏裔流寓江西之永丰，支族单弱。至嘉靖中始奉钦依世袭博士，复还山东。故御史毛在以为言，部覆许之。"⑰这两条材料除所记促成者不同外，所记时间也有差异，《山东通志》认为是万历十五年（1587 年），《实录》认为是十六年。姓名差异，很可能因此事是由多方面力量促成，李、毛二人或许都参与过此事，不同记录者囿于自己的闻见而有了不同的说法也很正常。不过，就相关档案资料看，此事似是毛在经手完成的。吕兆祥《宗圣志》所收《礼部覆请改四氏学疏》对此有较为详细的交代：

> 臣等议得，国家设立三氏学，优崇圣贤后裔，亦以胥教诲而育才俊也。但止及孔、颜、孟而不及曾氏者，缘曾氏子孙流寓江西，至嘉靖年间奉钦依世袭博士，始复还山东，依守坟庙。今虽子孙微弱，尚未蕃衍，但均系先贤之后，教养作兴委不可独缺。既经巡按御史毛在条陈，咨吏部知会，并咨都察院转行巡按御史、提学及各该衙门，以后曾氏子孙果读书向方、堪以作养者，俱许送入该学。其考选应试廪增起贡，悉照三氏例施行。至于遇有朝廷大典礼，与孔颜孟子孙一体行取赴京。⑱

该疏不仅指明是"经巡按御史毛在条陈"，而且具体规定了曾氏子孙的待遇。从其内容看，曾氏子孙与颜、孟二氏后裔此前存在的待遇上的差异问题此次得以解决，曾氏子孙列入鲁东圣裔群体，与孔、颜、孟三氏子孙一起共享明朝为圣贤后裔所提供的优惠政策与待遇，这样原本是孔、颜、孟三氏子孙就学的阙里三氏学，因曾氏子孙的加入便改为了四氏学。

2. 明代阙里庙学的贡举政策

从《阙里志》、《阙里文献考》等记载来看，自隋朝开科以来，圣贤子孙也有参与科举考试获取功名者，有时还会因祖上圣光而特殊眷顾的。如宋太宗至道二年（996 年），赐孔延泽进士及第，赠谏议大夫。⑲又如，明景泰五年（1454 年），孔子第五十八代孙孔公恂参加会试，获第242 名。"比及廷试，闻母疾，遂不入"。皇帝向礼臣问明原因，认为"闻疾而未有讣音，可召入对"，且"俾锦衣赍金牌召之"。等赶到时"时已过午"，而试卷未及备，乃命"翰林院给纸笔条对"，孔公恂遂登第二甲第十四名。⑳这些都是非常人所能享有的礼遇。然就政策层面而言，虽未详考，但就所见史籍来看，明代之前似未有专门针对圣贤子孙的中式政策。而明代则不同，在为圣贤子弟设学的同时，还根据时势的变化，先后推出了专门的贡、举政策。

（1）正统时期三氏学管理方式的变革

洪武元年，改设孔颜孟三氏子孙儒学教授司后，设教授、学录、学司各一人，令三氏子孙读书习礼其中。㉒但此时的三氏学"各生止入学习礼，未有生员之名"㉓。因而在明初，其学中子弟虽有以儒士应山东乡试，或入京师乡试而领乡荐者㉔，但应举并非三氏学的重心任务，该学与一般儒学差别较大。然自正统朝开始，情况渐有变化。从当时的历史场景推测，这种变化当与正统朝的提学之设及其所引起的连锁变动有关。

明朝建国后，不仅设立了从中央（国子监）到地方（府、州、县及卫所学校）的各级各类学校，还非常重视对学校教育的督促与管理。据称，明初曾仿元制设立儒学提举司，任命大儒宋濂为提举。但当时管理地方学政的仍是巡按御史、布按两司和府州县官。㉕正统元年（1436 年），少师兼户部尚书黄福建言，"近年以来，各处布政司、按察司及府州县官，不以朝廷作养人才为重。或因地方广阔，经年不能遍历；或因政事繁冗，累月不暇案临；或因政务所妨，徒以征科为急；或有不通文学，但知干办为能，虚费廪膳，有负作养。拟得合无于浙江等按察司各添设佥事一员，南北直隶选除御史二员，专一提督学校"。经吏部议准，皇帝同意，正统元年正式于南北直隶及云、贵以外的 12 布政司设置提学官。在吏部会同都察院堂上官公同举保 12 人并具题除授副使、佥事等官往浙江等处时，奉到英宗圣旨：该官"职专提调学校，这是朝廷育贤紧要事，还着礼部翰林院计较合行条例，具奏写敕与他们"。礼部、翰林院奉旨拟定了《提督学校条例》。条例规定：提学不仅要躬历各学，督率教官，化道诸生，同时还需考督师生，并予以责罚。如，"生员有食廪六年以上、不谙文理者，悉发充吏。增广生员有入学六年以上、不谙文理者，罢黜为民当差。""生员有缺，即于本处不问官员军民之家选择俊秀、端重子弟有志于学者考设补充，不许听信有司及学官受私滥举。"条例还强调："学校无成，皆由师道不立。今之教官贤否不齐，先须察其德行，考其文学，果所行所学皆善，须礼待之。若一次考验，学问疏浅及怠于训诲，姑且诚励使向进改过；若再无进不改，量施决罚；三考仍无进不改，送吏部罢黜。若贪淫不肖、显有实迹者，不必考其文学，即具奏拿问，吏部别选有学行者往补其缺。"[105]从所引条例规定可知，提学官对于学官和生员均有督促之责与进退之权。正统六年（1441 年），复"令提调官置簿列生员姓名，又立为签，公暇揭取，稽其所业。提学官所至，察提调勤惰以书其称否。其生员有奸诈顽僻、藐视师长、龃龉教法者，悉斥退为民"[106]。根据诸生的德行、文艺、治事三方面的表现划分为上、中、下三等，"岁课月考，循序而升，非上等不许科贡"[107]。这也就是说，只有提学考核后的上等生才有资格应举与入贡，这与明初已大不相同。

明初，对应试者很少限制，除"仕宦已入流品及曾于前元登科并曾仕宦者"以及"有过罢闲人吏、娼优之人"不许应试外，"其余各色人民并流寓各处者一体应试"[108]。自宣德以降，严格按解额录取后，科举渐重；加之经过明初 50 余年的文教作养，人才渐盛，应试队伍日益壮大，离开本贯到解额较宽或是竞争较弱地区应试的冒籍现象日渐严重。为应对新情况，正统元年于云南、贵州以外的两京与布政司设立提学，除加强对日益松弛的各级学校的督导外，同时还兼有对应试者资格审查的责任。后世所谓进学、岁考、科考等应试前的一系列程式大体也于此期逐渐形成，在学政主持的科考中名列一、二等及三等前几名的生员才有资格参加乡试[109]。在这一新形势下，三氏学的圣贤子孙欲走科、贡之路就必须要与当时的科举、岁贡政策接轨。正统九年（1444 年），第五十九代衍圣公奏请，将三氏学照府、县学例置立生员，听提学官考选，应山东布政司乡试。[110]从当时的情况看，这一奏请可谓是应对当时新的应举政策的一项举措，故很快获得明廷许可。

正统十二年（1447 年）十二月，因三氏学所教子弟多纵肆放任，怠于学业，不受管束，从袭封衍圣公孔彦缙之请，经礼部复奏，始令由提调学校佥事巡视和提督。[111]前已有述，"三氏学实孔圣本源之地，专为教养圣贤子孙而设"，按明初规定，三氏学由衍圣公管理，教授、学录等皆由其推举。[112]此次却同意改由提调学校佥事巡视和提督，实质上是衍圣公对三氏学管理权的部分让渡。经过正统九年和十二年的两次变革，三氏学在学生名分、应试环节与管理方式上和州、县儒学有了一些相同之处，培养科举人才的功用明显突出，因而最终必然与普通儒学一样具备一般儒学的功能。

（2）岁贡政策

明代针对三氏学先后推出了三个岁贡政策，第一个出台于成化元年，第二个推出于嘉靖九年，第三个公布于万历四十三年。兹按时序述说如下：

明初府、州、县学岁贡名额不一，洪武十六年（1383 年）始奏准天下府、州、县学自明年为始，岁贡生员各一人；二十一年（1388 年），复令府学一年、州学二年、县学三年各贡一人。正统六年（1441 年）始"令府学一年贡一人，州学三年贡二人，县学二年贡一人，遂为定例"[113]。不过此时岁贡尚与三氏学无涉。三氏学进入岁贡之列，始自成化元年。

成化元年（1465 年）十一月初十日，从衍圣公孔弘绪之请，许三氏学三年贡有文行者一人入国学。[114]对此《礼部志稿》也有记载："成化元年，令三氏学三年贡一人，提学官考试起送。"[115]

这是明代针对三氏学的首个岁贡政策。

　　通过前面的叙述，我们知道，此时的阙里庙学是由孔、颜、孟三氏子孙构成的。三年一个岁贡名额在三姓子弟中如何分配，这是必须解决的问题。处理不好，会闹意见。如正德四年（1509年）七月，三氏学生员颜重礼奏："三氏子孙自成化初年开贡迄今，颜氏未贡一人，乞定为资格以均之。"礼部复议："以孔氏子孙在学者十九，颜、孟子孙在学者十一，若孔氏仍旧三年一贡，每及三贡，颜、孟轮贡一人，则均矣。"武宗"是之，且曰：轮贡既均，其勿令废学，当贡者所司仍慎选以充"⑯。于是便有了"正德四年，令三氏学每三年贡孔氏子孙一人，至第四次方贡颜、孟子孙一人"⑰的循环入贡方案。三氏循环入贡解决了岁贡名额在三姓中的分配问题，但各姓生员依什么标准轮充仍是一个需要解决的问题。

　　一般儒学生员入贡是有条件限制的。如洪武二十一年（1388年）规定，"必性资纯厚、学业有成、年二十以上者"方许入贡。正统年间设立提学官后，更强调入贡资格，如天顺六年（1462年），令"照例将食粮年深者严加考试，务要通晓文理，方许起送"⑱。正德四年确立孔、颜、孟三氏子孙循环入贡方案时曾特别强调，要"仍行提学官考选曾经科举者，不许将年老无学之人一概入选收用"⑲。然据嘉靖初年山东巡抚刘节称，"三氏学生员岁贡，向来惟以入学为序，并无考选例"⑳。以入学为序貌似公平，实质上是以年资掩盖了入选者的能力与素质问题。

　　有鉴于此，刘节奏"请定为考选之法。凡在学生员，先立廪膳、增广、附学之名。廪、增或照府学各40名，或照州学各30名，附学不限名数。俱令提学官考校。以上等者为廪膳，次等者为增广，余为附学。廪膳有缺，增广收补，增广有缺，附学收补。至于岁贡，不论入学浅深，惟照廪膳名第为定，不许搀越"㉑。对于刘氏奏请及其处理意见，《明世宗实录》中也有记载。刘氏请于"曲阜县治立四塾，十六社各立一塾，简孔氏生员儒士二十人为塾师。凡孔、颜、孟三氏子弟八岁以上俱送塾教习，年十五以上提学官试其学业，有成者送入三氏学，而黜其累试无成者。仍立为廪膳、增广、附学名目。其廪膳虽无廪饩，俱以提学官考定高下收补。至于应贡，以收补名第为定。如年至五十，累考无进者发回，衣巾终身"。嘉靖九年（1530年）六月，礼部复议后"允行"。且定其"廪、增人数许依州学例，各三十名"㉒。除此之外，礼部在题复中还谈到三氏学的岁贡标准。据《阙里文献考》载："部议照州学例设廪、增各三十名，以廪膳名次起贡，每三年贡二人。"㉓然而万历《兖州府志》却将此信息系于嘉靖二十三年（1544年），且认为是照州学例，四年三贡。㉔但综合各方面材料看，当以嘉靖九年、三年贡二人为是。首先，按《礼部志稿》记载，明代岁贡标准"正统间始定，至今遵行"。该书纂修于泰昌年间。结合这一时间，此语可理解为：正统年间所定岁贡标准，泰昌年间仍在行用。而正统间所定标准是府学一年贡一人，州学三年贡二人，县学二年贡一人。㉕无"四年三贡"之例。而孔氏所记三氏学三年贡二人的标准，正与州学例合。其次，嘉靖二十年（1541年）三氏学生员奏乞廪米时曾云："嘉靖九年皇上俞抚臣之议，准照州学例设廪、增各三十名，贡亦如之。"㉖表明依州学标准设立岁贡与廪、增名额都是在嘉靖九年。最后，据《明督抚年表》，嘉靖朝山东巡抚刘姓者有两位，一位是嘉靖八年至九年（1529–1530年）的刘节，另一位是嘉靖三十三年至三十六年（1554–1557年）的刘采。㉗从两者任职时间看，嘉靖二十三年之前山东刘姓巡抚仅刘节一人，因而此次奏请只能发生在刘节任内。此外，嘉靖九年刘节奏疏的主题是为了在三氏学中推行岁贡考选之法，于中同时论及岁贡名额也是非常自然的事情。因为此前三氏学岁贡执行的三年贡一人的标准，此次廪、增人数上调为依照州学标准设额。如果不上调岁贡名额，势必造成廪、增人数与岁贡设额上的双重标准。故我们认为，嘉靖九年确立的三氏学依州学例三年贡二人，是明廷为三氏学推出的第二个岁贡政策。

三氏学如州学例设立廪、增人数与岁贡名额，并且同样实行考选之法入学入贡，这是三氏学与一般儒学趋同增多的表现。而且从此后的发展情况来看，这种趋同还在不断地增强。如嘉靖九年刚在三氏学设立"廪膳"生员时，虽有廪膳生员之名，但"无廪饩"。然而到嘉靖二十年（1541 年）时，经山东道都御史李中题准，为三氏学添廪米三百六十石⑩，三氏学中的廪膳生员便与一般儒学中的生员一样，名实相符。

对于这一事件的原委，《乾隆山东通志》卷三五之四《艺文志四·疏部》所引葛守礼《奏三氏学廪米疏》中有详细记载。先是，孔颜孟三氏子孙教授司廪膳生员孔公戩等称："本司生员原无廪、增、附学名色，先于嘉靖九年间蒙巡抚山东刘御史奏准，将本司生员比照州学事例，考定廪、增各三十名，以为学业之劝。然诸生虽系免差，中间贫窭甚多，廪膳徒建虚名，增、附亦无供给。"经山东布政司转呈山东巡抚李中，李氏批据并题奏道："孔、颜、孟三氏子孙乃大圣大贤苗裔，故我国朝累加崇褒之典。洪武二年特设教授司矣，正统九年又许就科目矣，成化元年又增定岁贡矣。嘉靖九年皇上俞抚臣之议，准照州学例设廪、增各三十名，贡亦如之。其制渐以备矣，所未备者廪米耳。盖廪米所以养士，其他郡邑生员俱有廪米，而三氏子孙既有廪膳之名，尚未有廪米之实，岂有所靳于此哉？特一时之未讲耳。今生员孔公戩等既呈前来，而该司与提学道会议明白，相应议处。如蒙俞允，乞敕该部再加查议上请定夺，仍行臣查照钦遵施行"。礼部复议后道："看得巡抚山东地方都察院右佥都御史李中题称，孔、颜、孟三氏子孙教授司于嘉靖九年准照州学例设廪膳三十名，未备廪米，乞照他郡邑廪膳生员事例议添以便肄业一节，为照孔、颜、孟三氏子孙乃大圣大贤之后，我朝特许另设教授司以作养之，又许就科贡以臻向用；嘉靖九年皇上又准照州学例设廪、增三十名，规制已备，但各府州县俱有廪米养赡生徒，而三氏教授司未经议设，为缺典。今既该彼处巡抚官查议具题前来，相应依议，合候命下，本部移咨都察院转行山东抚按官，将三氏教授司廪膳生员查照原议，行兖州府所属通融处给廪米，以助养赡。庶各生肄业，朝廷所以优崇之典无遗矣。"世宗从之。至此，三氏学生员在入学、科贡、享受廪膳等方面的待遇，已与普通儒学没有实质上的区别。

至万历年间，圣裔人口不断繁衍，三氏子孙入学人数增多，加之曾氏子孙于万历十六年（1588 年）也入三氏学习业，嘉靖年间确立的廪膳、增广各 30 个名额已不敷分配，于是又提出加额之请。先是，三氏学生员孔贞志等言："本庠自太祖洪武二年特设教授司，至嘉靖十年刘都御史奏准将本学生员分廪、增、附，例同府学，但彼时阖学生员只五十名，故廪以三十，增以二十，附全无。迄今族姓不下万余，入学者已三百有奇，请增补十廪，以全我朝优崇之典。如以廪饩难办，本学自有钦赐学田，不糜国费。"万历四十年（1612 年）正月，礼部题复道，"孔、颜、曾、孟四氏学请加廪、增如府学例"。后得神宗俞允："四氏学乃朝廷所优，这廪、增额数，准照府学例加添。"⑫随着四氏学廪、增生员依府学设额的实现，而就岁贡而言，万历四十三年（1615 年）二月，山东巡抚钱士完奏请增加，"四氏学生员照府学例，一年一贡"⑬。经过万历四十年代的两次调整，四氏学在廪、增生员与岁贡名额上已与府学相同，较嘉靖朝视同州学的地位又提升了一级。

综上可以看出，成化元年首次推出的三氏学岁贡政策是三年贡一人，和正统六年所定府、州、县学岁贡标准相比，此时的岁贡人数尚不及县学标准（县学二年贡一人）高。但经嘉靖、万历朝的两次调整，三氏学岁贡标准逐级提高，由不及县学的三年贡一人到依州学例三年贡二人，最后达到如府学例一年贡一人。这既是三氏学生员与地方官员积极吁请促成的结果，更与三氏学的特殊地位紧密相关。

此外，值得注意的是，在三氏学发生上述这些外在制度变化的同时，三氏学生员内心的自我体认也在悄然发生变化。姑举数例，以见一斑。自成化元年开贡后，三氏学对于一般儒学在常贡外的恩贡也积极争取。如孝宗弘治十八年（1505 年）四月，孔、颜、孟三氏学教授司学录孔公璜上奏："弘治九年，天下学校于常贡外复有开贡四年之例，独本学未及，恐非所以广皇上疏通曲成之意。"礼部复奏道："当时文移偶尔疏漏，请于四年内令补贡二人。"从之。[131]正德十五年（1520 年）十月，三氏学生员孔彦珩援引天下学校开贡例，奏乞每岁贡二人，亦四年而止。允之。[132]从这些具体事例可以看出，三氏学已主动追求与官方儒学在岁贡上机会的均等。而三氏学与国家互动的结果，则是三氏学在更多方面走向与一般儒学的趋同。正德、嘉靖年间，三氏学乞请纳银入监、增加廪增人数等也都体现了这一倾向。如正德三年（1508 年）七月，三氏学生员孔弘礼等奏："欲如天下学校例得纳银入监。上允纳六名。以其入学先后，分为廪、增、附学各二名，以为纳银多寡之数。"虽然时人对圣贤子弟请求纳银入监颇有微词，如《明武宗实录》的纂修官们即认为："时以财用匮乏，屡开纳银事例，士风日坏，故虽圣贤之裔亦有此请，可慨也。"[133]但三氏学生员的这种做法至少表明，他们在心理上已将自己与一般儒学生员等同看待，这样才会放下矜持，乞请分享一般生员所拥有的政策实惠和机会。

成化及其以后推出的上述岁贡政策执行情况如何？通过史籍提供的三氏学自成化元年开贡后的入贡名单，可以做进一步的了解。受取舍范围等方面因素的影响，各家史籍所提供的名数多寡不一。据粗略统计，被称做阙里第一部志书的《阙里志》中岁贡题名只有孔姓 98 人；《圣门志》有 106 人；《阙里文献考》有 119 人。除总数不同之外，各朝人数也不尽相同。兹以吕元善《圣门志》与孔继汾《阙里文献考》为例做一说明。

表 1　《圣门志》所记成化至万历朝岁贡人数[134]

朝代	成化	弘治	正德	嘉靖	隆庆	万历
人数	8	7	4	38	7	42

表 2　《阙里文献考》所记成化至崇祯朝岁贡人数[135]

朝代	成化	弘治	正德	嘉靖	隆庆	万历	天启、崇祯
人数	9	6	4	33	5	20	42

从以上两表可以看出，除正德朝外，两书所记各朝岁贡人数皆不相同。我们将两书所提供的岁贡人员名单对核后发现：有些差异是因个别成员在两书中的朝代归属不同而引起的，如成化与弘治朝的差异即由孔彦礼的归属所致，《圣门志》将其记在弘治朝，而《阙里文献考》将其记入成化朝。隆庆朝，两书总人数相差 2 名，其中 1 名颜从舜也是因归属不同所致，前书将其算入隆庆朝，后书记在万历朝。有的是因两书所提供名单多寡的不同，嘉靖朝即是如此，《圣门志》所提供的名单较《阙里文献考》多出 5 名。万历朝及其以后的情况更复杂一些。首先是《圣门志》所署万历朝岁贡名单的最后一页的内容部分模糊，造成信息的不完整；其次，经过核对人名，《圣门志》所记万历朝 42 人中仅 18 人可在《阙里文献考》的万历朝找到，其余人等多被记在天启、崇祯朝。由于上述这种情况的存在，岁贡人员的真实情况难以理清，因此我们只拟选取一种较好的文献，根据所提供的岁贡名单进行统计，然后将之与岁贡政策或可称之为理论上的应贡人数做一比较，以考察岁贡政策在阙里庙学的落实情况。

通过内容比对，我们选定孔继汾《阙里文献考》作为参照文献。原因主要如次：首先，该书的取舍范围符合我们考察的需要。孔氏对该书收录范围做过这样的说明："《阙里志》兼载流寓诸孔。今自设学定额以来，凡非入本学者皆不载。"又曰："学以四氏称，故颜、曾、孟子孙并得纪录。"这两条收录原则与我们考察的范围一致。其次，从表2提供的数据看，该书除缺少泰昌朝的岁贡人数外，开贡后其余各朝皆有记录。另外，泰昌朝仅一年，按当时岁贡政策仅一人，对总体评估无有大碍。最后，作者对所提供信息的相关说明有利于我们把握和运用这些数据，这也是我们选择此种文献的一个理由。如作者交代：因"国家遇大庆典"时，"学校亦有恩贡，则以生员应正贡者充之"，这部分人也被列"入岁贡"名单。这其实是提醒我们，该书所提供的岁贡名单中含有恩贡人员。尽管目前我们已难以将两者剥离，但这一提醒使我们对其数据涵盖的范围有了全面的认识。此外作者还说："岁、拔贡有不符额者，以岁久失其名也。"⑲这即是说，所提供的名单只是一个大概。因此，根据《阙里文献考》制作的表2中的数据并非完全精确，那么我们下面所做的也只是一种粗略的比较。

前文有述，自成化推出首个岁贡政策以后，三氏学岁贡政策又经历了两次变化，据此可将岁贡情况分为相应的三个时段予以考察。自成化元年（1465年）至嘉靖八年（1529年）为第一时段，执行的是三年一贡的标准，这一规定从成化元年即执行的话，此期65年间约岁贡21次，岁贡人数约为21人；自嘉靖九年（1530年）至万历四十二年（1614年）为第二时段，执行的是三年二贡的标准，此期共85年，大约可岁贡28次，岁贡人数约为56人；万历四十三年（1615年）推出了第三个岁贡政策，自其推出至崇祯十七年明朝灭亡共计30年，按一年一贡的标准，其应贡人数与年数相当，应为30人。这样，按不同阶段岁贡政策推算出的理论上的岁贡人数阶段分布和岁贡总数如下表：

表3　成化元年至崇祯十七年间理论上的岁贡人数

时　段	成化元—嘉靖八年，65 年	嘉靖九—万历四十二年，85 年	万历四十三—崇祯十七年，30 年	应贡总数
岁贡政策	三年一贡	三年二贡	一年一贡	
应贡人数	21 人	56 人	30 人	107 人

前据孔继汾交代，《阙里文献考》提供的岁贡名单中包含有恩贡人数。如果正常开贡的话，该书提供的岁贡人数应大于理论上的应贡人数。从表3可以看出，自成化元年开贡后，三氏学理论上的应贡人数是107人；而据《阙里文献考》统计的人数为119人（详情见表2）。就目前统计与推算出的结果看，似乎正与之相符。然而，当我们按岁贡政策变动时间以若干朝为区段进行考察时，却发现和这一结论并不完全符合。

由于《阙里文献考》所提供岁贡名单是以朝为单位的，因此在以朝为时段考察之前，有必要根据岁贡政策变化的时间将开贡后的情况分为成化至嘉靖、隆庆至泰昌、天启至崇祯三个时段，然后再依据不同时期的岁贡政策推算出相应时段的应贡人数。

前曾推算，自成化元年至嘉靖八年理论上的岁贡人数应为21人，而嘉靖九年至四十五年（1530－1566年）的37年间是三年贡二人，据此应贡24人，因而自成化至嘉靖四朝理论上的应贡人数为45人。同理，隆庆元年至万历四十二年（1567－1614年）的47年间理论上的岁贡人数应为32人，万历四十三年至泰昌元年（1615－1620年）的6年间按一年一贡标准推算，应再贡6人，那么隆庆、万历、泰昌三朝理论上的岁贡人数应为38人。而天启、崇祯两朝满打满算24年，按万历四十三年所定一年一贡的岁贡标准推算，两朝岁贡人数至多24人。然而根据《阙里文献考》统计的情况是，自成化至嘉靖四朝的岁贡人数是 52 人；隆庆至万历朝是 25 人；泰昌朝无；天启、崇祯两朝是 42 人。

表 4　《阙里文献考》所记岁贡人数与理论上的应贡人数比较表

时　段	成化—嘉靖	隆庆—泰昌	天启—崇祯
《阙里文献考》所记人数	52	25	42
理论上的应贡人数	45	38	24

从表 4 可以看出，《文献考》记载的成化—嘉靖间的岁贡数较理论上的应贡人数为多，其原因比较容易理解，如前所说，大概有恩贡方面的原因。如前述弘治十八年和正德十五年三氏学乞准如天下学校恩贡例开贡便是佐证。而隆庆—泰昌朝这一区段的岁贡数明显少于理论上的应贡数，这是什么原因呢？很可能是因未正常开贡所造成。而天启—崇祯间的两个数字又表现出较大差异，《文献考》提供的岁贡数较理论上的岁贡数多出 18 人。因崇祯为明最后一朝，为笼络人心，政策和执行多有超常举动，或许由包括恩贡在内的多种因素促成。

（3）乡试中式制度

明朝立国后的第三年即开科考试，孔、颜、孟三氏子孙儒学教授司虽于此前已经设立，但在乡试严格依照解额录取之后的很长一段时间里，都未规定圣裔乡试的中式名额。明廷关于圣贤子弟中式的照顾性政策是在天启元年与宗室子弟一起推出的。

自明中期以来，宗禄问题逐渐成为明廷的一大棘手难题。为解决宗室人员的生计与出路，自弘治以来即有臣僚建议让宗室子弟参加科举考试。但由于多方面的原因，宗室应试至万历朝也未能顺利实施。[137]天启元年（1621 年），新皇帝登基，六月初八日，都察院“云南道御史李日宣请行江西、湖广、河南、陕西、四川等省，将所在宗室科举每二十名以上者加额中式一人；又请行山东曲阜等县，将所在孔氏后裔每科加额一二人，贡之阙下，以光新政”[138]。李氏关于鲁东圣裔中式的具体设想是：“于填榜之时，总查各经房有无孔氏中式，如无其人，通取该学之卷，当堂公阅，亦必择其文理稍优者中式一名，以加于东省原额之外。”[139]章下所司后，十七日得到回复：“宗生并圣裔中式名数，准各加于额外，不必拘定一人。”[140]从奏请和批复可以看出，圣裔中式政策是与宗室中式政策一体推出的，故明末清初学者黄景昉云：“李日宣首请开宗藩入仕之禁，许科举中式勿碍本省额，推及至圣裔亦然，用意甚嘉。”[141]即此也可看出，宗藩与圣裔皆是明代两个血统尊贵的群体，因此成为明代应试大军中的特殊群体。

天启元年推出的圣裔中式政策在当年的乡试中得到落实。据载，天启元年“山东中四氏学二名”[142]，符合规定中“不必拘定一人”的原则。

就所及资料看，圣裔乡试中式政策自推出后便被作为制度确立下来，但在沿用的过程中，于崇祯朝又发生了一些变化。据《阙里文献考》云：“天启元年，云南道御史李日宣请将孔氏后裔于山东省额中式外，每科加举一二人贡之阙下，以光新政。礼部议准：孔氏后裔另编耳字号[143]。于填榜时总查各经房，如孔氏无中式者，通取孔氏试卷当堂公阅，取中一名，加于东省原额之外。但不必拘定一人，以滋多碍。”[144]此政策出台后，自天启元年始，四氏学“凡历五科，皆取中二名”。但至“崇祯七年鲁宗学分去一名，遂止中一名”[145]。按照乡试三年一次的循环周期可以推知，在天启元年（1621 年）至崇祯六年（1633 年）的 5 次乡试中，四氏学每科皆录取举人 2 名。到崇祯七年，分给鲁宗学 1 个名额，此后四氏学各科乡试都只录取 1 名。即此知，四氏学中式名额的减少始自崇祯九年（1636年）丙子科。关于这一说法，不仅该书所记四氏学举人题名为我们提供了具体证据，而且在其他史籍中也得到了验证。据凌义渠记载：

> 岁丙子，郡国复当举贤书，以次及山左。上命臣偕同官往典厥事……三试之，得士如额。内宗、圣裔各拔一人，遵新命也。⑭

凌氏，天启五年（1625年）进士，其间所言丙子典山东乡试应是崇祯丙子，即九年。其中"内宗、圣裔各拔一人"的记载与孔继汾所记崇祯七年四氏学中式名额减少一人一致，而且强调是"遵新命"的结果。清人也有这样的说法，说四氏学"当崇祯丙子科被宗生分去一名额，止一名"。⑭这即是说，天启元年规定的圣裔中式政策至崇祯七年（1634年）有所收缩，由2名缩减为1名。尽管如此，这一政策仍体现了明廷对圣裔的眷顾和恩遇。我们可以通过阙里庙学在明代的中举情况予以说明。兹据孔继汾《阙里文献考》卷二八所载四氏学举人名录制成下表：

表5　《阙里文献考》所记永乐六年至崇祯十五年的中举情况

朝代	科次	人数
永乐朝（3人）	六年戊子	2
	九年辛卯	1
宣德（2人）	元年丙午	1
	十年乙卯	1
正统（1人）	九年甲子	1
景泰（4人）	元年庚午	1
	四年癸酉	1
	七年丙子	2
天顺（1人）	三年己卯	1
成化（4人）	四年戊子	1
	十三年丁酉	2
	十九年癸卯	1
弘治（1人）	十一年戊午	1
嘉靖（1人）	四十年辛酉	1
万历（3人）	四十六年戊午	3
天启（6人）	元年辛酉	2
	四年甲子	2
	七年丁卯	2
崇祯（7人）	三年庚午	2
	六年癸酉	2
	九年丙子	1
	十二年己卯	1
	十五年壬午	1

在利用《阙里文献考》所记举人名录作为参照数据时，我们曾将《阙里文献考》所记举人名单与《圣门志》中的记载做过比较。其间有因史籍刊刻时避讳御名而致用字差异的，如《圣门志》中的孔胤圭，在《阙里文献考》中作孔衍圭；中式科次也有不同，如《圣门志》特别强调，"本学自嘉靖壬子至万历乙卯共二十二科，俱无中式者"⑭。嘉靖壬子即嘉靖三十一年（1552

年），万历乙卯是万历四十三年（1615 年），也就是说，自嘉靖三十一年至万历四十三年的 60 余年间阙里庙学无中式者。但在据《阙里文献考》制成的表 5 中却有嘉靖四十年（1561 年）的举人题名。不过除了这些差异以及崇祯十五年（1642 年）举人在《圣门志》中缺载外，其余举人名单两书中皆可找到。故我们认为《阙里文献考》具有代表性，可以作为考察的参照。

从表 5 可以看出，阙里庙学自永乐六年（1408 年）至崇祯十五年（1642 年）中式举人总数为 33 人，其中圣裔中式政策推出之前的 213 年间（永乐六年至泰昌元年，1408－1620 年）共有举人 20 名，圣裔乡试中式政策推出后的 22 年间（天启元年至崇祯十五年，1621－1642 年）产生举人 13 人，政策推出前后中式举人年平均率悬殊很大（前者为 0.09，后者为 0.59，后者是前者的 6.6 倍）。在中式政策推出前，各科中式者多为 1 人，2 名中式的仅 3 科，3 人中式者仅一科，甚至有 60 年间未有登贤书者，故天启元年李日宣称东鲁后裔"登进未尝数见"[48]。然而自中式政策推出后，四氏学在每科乡试中必有中者，这应是中式制度保障的结果。清人曾云："恩例者，始于侍御李公讳日宣之所请也。盖缘四氏学脱科者六十余年。至万历戊午，忽中三人，适李公过曲阜"，恐其"不能继也，遂疏恳赐恩例，每科额中二人，以亦优异"[49]。

结　语

阙里庙学初建于魏文帝黄初二年，经宋真宗大中祥符年间重建之后，主要用于教诲孔氏子弟。宋哲宗元祐年间进一步完善师资队伍，并吸收颜、孟二氏子孙入学习业，因之成为孔、颜、孟三氏圣贤子孙学习的场所。元代沿之，设立孔、颜、孟三氏子孙儒学。明代在元代的基础上改设孔、颜、孟三氏子孙儒学教授司，并于万历十六年允许曾氏子孙加入行列，三氏学因之发展为四氏学。从这可以看出，自宋以来，阙里庙学的习业主体已由一姓扩大为四姓，但自宋至明其作为圣贤子孙习业场所的性质始终没有改变，清代仍是作为训诲孔、颜、曾、孟四氏圣裔的专门学校。

然而，除却上述圣贤子弟习学场所这一特性长期保持不变外，阙里庙学在管理形式、办学取向以及入学贡举等制度细节却在不断变化，变化最著的时期应算明代。自明正统九年起，阙里庙学已由提学巡视和提督，此后明廷又为其推出专门的选举与岁贡政策。这既是明代教育、科贡政策变动延伸和影响的结果，同时它又是引发阙里庙学在发展走向上与一般儒学趋同的重要原因。

明正统以前，三氏学不设生员，子弟只是以入学习礼为主，与一般儒学差别很大。但在明代高度发达的科举制的影响下，为因应形势，正统九年衍圣公奏准，三氏学设立生员，听山东提学考核，参加山东乡试。自此之后，三氏学在管理、办学取向及目标等方面渐与一般儒学趋近。正是在这样的走势下，成化元年明廷为三氏学推出了首个岁贡政策，其后岁贡标准不断提高，至万历四十三年竟如府学之例，实行一年一贡。据孔继汾《阙里文献考》提供的岁贡名单，自成化元年开贡后至崇祯朝，三氏学一直都有入贡人员。但具体时期的入贡人数和岁贡政策正常执行情况下理论上的应贡人数有所不同，其中原因除恩贡记入、岁贡漏记外，也不排除岁贡偶有中断的情况。

天启元年，明廷在制定宗室乡试中式政策的同时，又为四氏学推出了专门的乡试中式政策，每科于山东乡试解额之外为四氏学再增加一二个名额。就实际情况看，这一政策得到了全面落实，天启元年至崇祯六年间的乡试，四氏学皆按最高标准录取 2 名；自崇祯九年至十五年间的乡试减少为 1 名。就明代阙里庙学各科中举情况看，虽在专门中式政策推出前的万历年间曾有过一科中式 3 人的盛况，但其间也经历了 60 年间无一人中式的不振。自圣裔专门乡试中式政策推出后，虽未能再现一科 2 名以上中式者的现象，但各科皆有中式者。在政策推出后的 22 年间竟有 13 人中式，和此前 213 年间才有 20 名中式者的情况相比，这种政策对圣贤后裔的保护作用是显而易见的。

　　通过上述研究可以看出，孔、颜、曾、孟四氏子孙，因其祖上功德，自汉代以来，备受礼遇和洪恩。作为教诲圣贤子孙的阙里庙学，在明代科举社会的强力影响下，在管理方式、办学取向以及岁贡、科举、考选等具体环节与府、州、县儒学渐有趋同之势。然而作为圣贤之后的四氏子孙，仍是一个特殊利益群体，在诸多方面可以获享政策上的优惠，因而阙里庙学的地位始终高于一般儒学。这在阙里庙学学官称谓上即有反映，清人曾云："天下学官皆用教谕，独四氏学用学录。盖以比隆国学，而圣贤之子孙不与他学同也。"⑤或许正是从这一意义上，清人孔继汾才认为"官为置师，比于郡国"的四氏学，仍是"孔氏之家塾也"。⑩

① 《黄初元年鲁孔子庙碑》，骆承烈编：《石头上的儒家文献——曲阜碑文录》，齐鲁书社 2002 年版，第 62－63 页。这段文字在四部丛刊续编本孔元措《孔氏祖庭广记》卷一○《庙中古碑·魏碑二》以及四库全书存目丛书本所收陈镐撰、孔胤植补《阙里志》卷一四《诰敕》，宋际、宋庆长《阙里广志》卷一二《艺文志·诏》中都有收录，但个别文字稍有不同。

② 按，孔元措《孔氏祖庭广记》卷一《追崇圣号》与文渊阁四库全书本李之藻《泮宫礼乐疏》卷一《历代褒崇疏》等所记皆为和帝永光四年，然据各类年表记载，和帝仅永元（共 17 年）、元兴（仅 1 年）两个年号，故据四库全书存目丛书本刘浚所辑《孔颜孟三氏志》卷一《宣圣孔氏志事类·历代封谥并从祀诸贤名爵》第 552 页改为永元四年。

③ 按，孔元措《孔氏祖庭广记》卷一《追崇圣号》与李之藻《泮宫礼乐疏》卷一《历代褒崇疏》等皆为后周宣帝大象二年，但后周宣帝无大象年号，大象乃其后之静帝年号，故据刘浚《孔颜孟三氏志》卷一《宣圣孔氏志事类·历代封谥并从祀诸贤名爵》第 552 页改为静帝。

④ 孔元措《孔氏祖庭广纪》卷一《追崇圣号》、李之藻《泮宫礼乐疏》卷一《历代褒崇疏》对历代追崇圣号都有记载，两者稍有差异，此处做了综合吸收。

⑤ 俞汝楫：《礼部志稿》卷九四《盛典备考·隆圣裔·孔颜孟官制》，文渊阁四库全书本。

⑥ 孔元措《孔氏祖庭广记》卷五《历代崇重》和李之藻《泮宫礼乐疏》卷一《历代褒崇疏》都认为此事发生在汉元帝初元年间，刘浚《孔颜孟三氏志》卷二《宣圣孔氏志事类·历代主祀宗子特授恩典》第 581 页有孔霸小传，概述其生平，也认为是在汉元帝时期。《至元三十一年衍圣公给俸牒碑》（骆承烈编：《石头上的儒家文献——曲阜碑文录》，第 231 页）追述孔氏主祀者封爵时认为此事发生在汉宣帝时，恐有差讹。

⑦ 刘浚：《孔颜孟三氏志》卷二《宣圣孔氏志事类·历代主祀宗子特授恩典》，四库全书存目丛书史部第 76 册，第 582 页。

⑧ 《黄初元年鲁孔子庙碑》，骆承烈编：《石头上的儒家文献——曲阜碑文录》，第 63 页；刘浚：《孔颜孟三氏志》卷二《宣圣孔氏志事类·历代主祀宗子特授恩典》，第 582 页。但《万历兖州府志》卷一一《恩泽》（天一阁藏明代方志选刊续编第 53 册，第 784 页）及孔元措《孔氏祖庭广记》卷一○《庙中古碑·魏碑二》所收"魏黄初元年制"碑皆记为"崇圣侯"。

⑨ 刘浚：《孔颜孟三氏志》卷二《宣圣孔氏志事类·历代主祀宗子特授恩典》，第 582－583 页。

⑩ 万历《兖州府志》卷一一《恩泽》，第 787、789 页。

⑪ 《至元三十一年衍圣公给俸牒碑》，骆承烈编：《石头上的儒家文献——曲阜碑文录》，第 231 页；杨朝明：《游访孔庙孔府孔林·东方的文化圣地》，世纪出版集团上海古籍出版社，2004 年版，第 3 页。

⑫ 万历《兖州府志》卷一一《恩泽》，第 781 页。

⑬ 刘浚《孔颜孟三氏志》及四库全书存目丛书本，吕兆祥《宗圣志》等著作中皆有记载。

⑭ 《成化四年重修孔子庙碑》，骆承烈编：《石头上的儒家文献——曲阜碑文录》，第 403 页。

⑮ 刘浚：《三氏学新建学录题名记》，刘浚：《孔颜孟三氏志》卷四《宣圣孔氏志事类·历代修建庙祀碑文》，第 744 页。

⑯ 佚名：《四氏学〈孔氏家学〉》，http：//www. kong. org. cn（孔氏宗亲网）；陈宝良：《明代儒学生员与地方社会》，中国社会科学出版社，2005 年版，第 131 – 135 页。

⑰ 宋际、宋庆长：《阙里广志》，四库全书存目丛书史部，第 80 册，第 219 页。

⑱ 杨朝明：《游访孔庙孔府孔林·东方的文化圣地》，第 11 页。

⑲⑳ 孔元措：《孔氏祖庭广纪》卷一《先圣》。

㉑ 孔继汾：《阙里文献考》卷二七《学校第八之一》，续修四库全书，第 512 册，第 153 页。

㉒ 骆承烈编的《石头上的儒家文献——曲阜碑文录》第 62 – 63 页收有此碑，此碑未署年代，骆氏根据碑文中“黄初元年”这一时间将其定名为《黄初元年鲁孔子庙碑》。孔元措《孔氏祖庭广记》卷一〇《庙中古碑·魏碑二》所收第一通魏碑即此碑，其中所注时间为“魏黄初元年制”。但《阙里志》、《阙里广志》及《阙里文献考》等史籍都将此诏系于黄初二年，也有史籍将创建庙学的时间记在黄初二年。若考虑到从诏建到告成有一个过程，需要一定时日，将元年理解为下诏时间，二年理解为建成时间，似乎也合乎情理。

㉓ 万历《兖州府志》卷二九《文教部·学校·学校建置》，天一阁藏明代方志选刊续编，第 55 册，第 259 页。

㉔ 《黄初元年鲁孔子庙碑》，骆承烈编：《石头上的儒家文献——曲阜碑文录》，第 64 页。

㉕㉗㉙㉚㉜㉞㉟㊶㊸㊿(53)(101)(152) 孔继汾：《阙里文献考》卷二七《学校第八之一》，第 153 页。

㉖ 李之藻：《泮宫礼乐疏》卷一《历代褒崇疏》。

㉘ 孔元措：《孔氏祖庭广记》卷二《历代崇奉诏文》所引宋文帝元嘉十九年十二月丙申诏。

页。

㉛ 《大德三年阙里庙学记碑》，骆承烈编：《石头上的儒家文献——曲阜碑文录》，第 241 页。

㉝ 陈镐撰，孔胤植补：《阙里志》卷八《四氏学学录》，第 128 页。

㊱㊻ 刘健：《重修三氏学记》，孔继汾：《阙里文献考》卷三四《艺文考第十二之三》，第 212 页。

㊲ 李之藻：《泮宫礼乐疏》卷一《历代褒崇疏》。

㊳ 陈镐撰，孔胤植补：《阙里志》卷八《四氏学学录》，第 128 页。

㊴ 万历《兖州府志》卷二九《文教部·学校·学校建置》，第 259 – 260 页。

㊵ 陈镐撰，孔胤植补：《阙里志》卷八《四氏学学录》，第 128 页。

㊷ 乾隆《山东通志》卷一四《学校志》“四氏学”，文渊阁四库全书本。

㊹ 吕元善：《圣门志》卷三中“四氏学世职学录一人”，四库全书存目丛书史部，第 79 册，第 187 页。

㊺ 文渊阁四库全书本《大清一统志》卷一二九《兖州府》“学校·曲阜县学”下云：“四氏学在阙里东，旧名孔氏家学。魏黄初二年令鲁郡修圣庙，宗圣侯孔羡于庙外为屋以居孔氏学者。宋祥符间知县孔勖于庙侧建学，延祐间增入颜孟二氏子孙。明洪武初改名三氏学，万历间又入曾子后裔，改名四氏学。”

㊼ 杨果：《杨庸教授三氏子孙制》（中统元年九月），苏天爵编：《元文类》卷一一，文渊阁四库全书本。

㊽ 《至元三十一年尼山孔子像记碑》，骆承烈编：《石头上的儒家文献——曲阜碑文录》，第 232 页。

㊾(59) 乾隆《山东通志》卷一一之七《阙里志七》。

(51) 《洪武二年钦赐属员碑》，骆承烈编：《石头上的儒家文献——曲阜碑文录》，第 351 页。此段文字的句读，根据文义，我们有所改动。

(52) 贺玄：《三氏学教授题名记》，刘浚：《孔颜孟三氏志》卷四《宣圣孔氏志事类·历代修建庙祀碑文·孔颜孟三氏学附》，第 743 页。

(54) 杨果：《杨庸教授三氏子孙制》（中统元年九月），苏天爵：《元文类》卷一一。按，此制内容《阙里文献考》也有引用，但将时间系在中统三年。吕元善《圣门志》卷三中“四氏学世职学录一人”条也载：“元世祖中统三年诏立曲阜庙学，以进士杨庸充庙学教授。”此处采用了中统元年的说法。

(55) 《大德三年阙里庙学记碑》，骆承烈编：《石头上的儒家文献——曲阜碑文录》，第241页。

(56) 孔继汾：《阙里文献考》卷二七《学校第八之一》，第153页；《至元三十一年学田地亩碑》，骆承烈编：《石头上的儒家文献——曲阜碑文录》，第228页。

(57) 李之藻：《泮宫礼乐疏》卷一《历代褒崇疏》。

(58) 《乾隆山东通志》卷一四《学校志》“四氏学”。

(60) 骆承烈编：《石头上的儒家文献——曲阜碑文录》，第232－234页。

(61) 骆承烈编：《石头上的儒家文献——曲阜碑文录》，第307页。

(62) 万历《兖州府志》卷一一《恩泽·孔氏封爵》，天一阁藏明代方志选刊续编第53册，第807页。

(63) 《明太祖实录》卷三一，洪武元年三月丙戌，台湾中研院历史语言研究所影校本。本文所引明代各朝实录皆出此本，恕不一一注明。

(64) 《明太祖实录》卷三六上，洪武元年十一月甲辰。

(65) 俞汝楫：《礼部志稿》卷九四《盛典备考·隆圣裔·孔孟颜官制》，文渊阁四库全书本。

(66) 万历《兖州府志》卷一一《恩泽·孔氏封爵》，第805页；卷二九《文教部·学校·孔颜孟三氏儒学》，第319页。

(67) 《洪武十七年刘修谒林亩诗碣》，骆承烈编：《石头上的儒家文献——曲阜碑文录》，第362页。

(68) 《洪武二年钦赐属员碑》，骆承烈编：《石头上的儒家文献——曲阜碑文录》，第352页。

(69) 《明宪宗实录》卷二三，成化元年十一月甲寅；孔继汾：《阙里文献考》卷二七《学校第八之一》，第154页。北京图书馆古籍珍本丛刊第46册，劳堪《宪章类编》卷二三第791页“三氏学”条也有记载，但较简略。

(70) 《明太祖实录》卷三一，洪武元年四月戊申。这两条信息，《明太祖实录》都记在洪武元年四月条下，但据《洪武元年朱元璋与孔克坚孔希学对话碑》所载，孔克坚谨身殿内面奉圣旨在洪武元年十一月十四日（骆承烈编：《石头上的儒家文献——曲阜碑文录》，第349页）。陈镐撰、孔胤植补《阙里志》卷一五《制敕二·明》第214页也将此事发生的时间记在洪武元年十一月十四日，或许是“实录”追述笔法的缘故，将两件关联但并非发生在同一时间的事情记在了一起。此外两者在文辞上也有雅、俗之别。

(71) 《洪武二年钦赐属员碑》，骆承烈编：《石头上的儒家文献——曲阜碑文录》，第352页。

(72) 刘浚：《孔颜孟三氏志》卷一，《宣圣孔氏志事类·三氏学》，第550页。

(73)(76)(83)(102) 吕元善：《圣门志》卷三中“四氏学世职学录一人”，第187页。

(74)(75) 陈镐撰，孔胤植补：《阙里志》卷八《四氏学录》，第128页。

(77) 陈镐撰，孔胤植补：《阙里志》卷八《四氏学录》，第128页。

(78) 贺玄：《三氏学教授题名记》，刘浚：《孔颜孟三氏志》卷四《宣圣孔氏志事类·历代修建庙祀碑文》，第743页。

(79) 《大德三年阙里庙学记碑》，骆承烈编：《石头上的儒家文献——曲阜碑文录》，第241页。

(80)(81) 刘浚：《三氏学新建学录题名记》，刘浚：《孔颜孟三氏志》卷四《宣圣孔氏志事类·历代修建庙祀碑文》，第744页。

(82)(85) 陈镐撰，孔胤植补：《阙里志》卷八《四氏学录》，第128页。

(84) 刘浚：《三氏学新建学录题名记》，刘浚：《孔颜孟三氏志》卷四《宣圣孔氏志事类·历代修建庙祀碑文》，第744页。

(86) 顾鼎臣：《顾文康公文草》卷一《奏疏·崇植先贤系胄以隆道化疏》（嘉靖十二年），四库全书存目丛书集部第55册，第280－281页。

(87) 《明孝宗实录》卷二五，弘治二年四月甲寅。

(88) 《明孝宗实录》卷六五，弘治五年七月乙酉；俞汝楫《礼部志稿》卷九四《盛典备考·隆圣裔·正曾子庙祀》也记有此事，但时间记在弘治四年。

89　顾鼎臣：《顾文康公文草》卷一《奏疏·崇植先贤系胄以隆道化疏》（嘉靖十二年），第280－282页。

90　俞汝楫：《礼部志稿》卷九四《盛典备考·隆圣裔·访求曾子子孙》。

91　《明世宗实录》卷一四九，嘉靖十二年四月庚寅。

92　《嘉靖十八年授官札付》，吕兆祥：《宗圣志》卷五《札付》，第506页。

93　俞汝楫：《礼部志稿》卷九四《盛典备考·隆圣裔·授曾氏五经博士》。

94　沈德淳：《圣门志考略》卷下《四氏封典》，四库全书存目丛书史部，第80册，第177页。

95　俞汝楫：《礼部志稿》卷九四《盛典备考·隆圣裔·作养曾氏子孙》。

96　乾隆《山东通志》卷一四《学校志》"四氏学"。

97　《明神宗实录》卷一九五，万历十六年二月癸亥。

98　吕兆祥：《宗圣志》卷九《艺文志·礼部覆请改四氏学疏》，第551页。

99　《万历兖州府志》卷一一《恩泽》，第792页。

100　吕元善：《圣门志》卷三下《历朝科目·甲科题名》，第199－200页。孔公恂在景泰五年会试与廷试中的名次，宁波出版社，2006年版"天一阁藏明代科举录选刊"《景泰五年会试录》与《景泰五年进士登科录》中皆有记载，与此一致。

103　孔继汾：《阙里文献考》卷二八《学校第八之二》，第156页。

104　宋荣凯：《论明代地方儒学提学官的设置、职责和作用》，《遵义师范学院学报》，2009年第4期。

105　黄训：《名臣经济录》卷二六《礼部·仪制中·提督学校条例》，文渊阁四库全书本。

106　万历《兖州府志》卷二九《文教部·学校·教范》，第289页。

107　万历《兖州府志》卷二九《文教部·学校·教范》，第290页。

108　《皇明昭令》卷一《初设科举条格诏》（洪武三年五月初一日），续修四库全书，第457册，第45页。

109　史继忠：《对科举制度的历史考察》，《贵州师范大学学报》，1995年第3期。

110 120 121 144 145　孔继汾：《阙里文献考》卷二七《学校第八之一》，第154页。

111　《明英宗实录》卷一六一，正统十二年十二月甲子。

112 125　刘浚：《三氏学新建学录题名记》，刘浚：《孔颜孟三氏志》卷四《孔颜孟三氏学》，第744页。

113　俞汝楫：《礼部志稿》卷二三《仪制司职掌·贡举·岁贡》及"凡岁贡额数"。

114　《明宪宗实录》卷二三，成化元年十一月甲寅。

115 117 119　俞汝楫：《礼部志稿》卷二三《仪制司职掌·贡举·岁贡》"凡三氏岁贡"。

116　《明武宗实录》卷五二，正德四年七月甲辰。

118　俞汝楫：《礼部志稿》卷二三《仪制司职掌·贡举·岁贡》"凡岁贡额数"与"凡起贡"。

122　《明世宗实录》卷一一四，嘉靖九年六月癸亥。

124 123　万历《兖州府志》卷二九《文教·学校·孔颜孟三氏儒学》，第320页。

126　葛守礼：《奏三氏学廪米疏》，《乾隆山东通志》卷三五之四《艺文志四·疏》。

127　吴廷燮：《明督抚年表》，中华书局1982年版，第384、388页。

129　《明神宗实录》卷四九一，万历四十年正月辛酉。

130　《明神宗实录》卷五二九，万历四十三年二月庚子。

131　《明孝宗实录》卷二二三，弘治十八年四月甲子。

132　《明武宗实录》卷一九二，正德十五年十月己丑。

133　《明武宗实录》卷四〇，正德三年七月己酉。

134　此表据吕元善《圣门志》卷三下中的岁贡题名统计制作。

135　此表据孔继汾《阙里文献考》卷二八《学校第八之二》中的岁贡题名统计制作。

136　孔继汾：《阙里文献考》卷二八《学校第八之二》，第158、155页。

137　关于明代宗室中式政策推出和执行情况，另有专文讨论。

138　《明熹宗实录》卷一一，天启元年六月戊寅。

⑬　宋际、宋庆长:《阙里广志》卷一五《奏疏》,第 487 – 488 页。

⑭　《明熹宗实录》卷一一,天启元年六月丁亥。

⑭　黄景昉:《国史唯疑》卷一一《万历泰昌天启》,续修四库全书,第 433 册,第 185 页。

⑭　孙承泽:《春明梦余录》卷四一《礼部三·贡院》,文渊阁四库全书本。

⑭　据商衍鎏记载:"至清代之另编字号,有因须分别地域户籍而为之者,有因偏隅士子亦可获得科名以求普及者。除顺天外,尚有山东孔、颜、曾、孟四氏学编耳字号。"(商衍鎏:《清代科举考试述录》,生活·读书·新知三联书店,1958 年版,第 78 页) 即此知,明清两代四氏学应试之时所编字号相同。

⑭　凌义渠:《凌忠介公集》卷六《山左乡试录序》,文渊阁四库全书本。

⑭　《顺治十五年巡方缪公题复乡试恩例记碑》,骆承烈编:《石头上的儒家文献——曲阜碑文录》,第 759 页。

⑭　吕元善:《圣门志》卷三下《历朝科目·乡科题名》,第 201 – 204 页。

⑭　宋际、宋庆长:《阙里广志》卷一五《奏疏》,第 487 页。

⑮　《顺治十五年巡方缪公题复乡试恩例记碑》,骆承烈编:《石头上的儒家文献——曲阜碑文录》,第 759 页。

⑮　宋际、宋庆长:《阙里广志》卷一五《奏疏》,第 490 页。

明代进士及第时三代存殁状况初探

吴宣德　王红春

（浙江大学教育学院研究员　华东师大古籍所博士）

进士之曾、祖、父三代的职业身份，是现代学者考察科举导致的社会流动水平的重要依据。但是，观察相关的研究成果，我们也注意到：这类研究多局限于进士上三代（或上五代）的职业身份本身，或者拓展到旁系、母系等亲属的职业身份，却未见到有人触及进士的直系家长的存亡与其最后的中式之间是否具有相关性。从常识而言，家长的健在与否对一个家庭的影响是巨大的，史籍中一个家庭因主要家长去世而衰落的事例屡见不鲜。除此之外，男性家长的存殁还与家庭教育最终由谁来落实有关，从而也对子孙最后的科举成功发生影响。因此，对这一问题的忽略，似乎是不应该的。

本文将根据目前我们搜集到明代进士上三代的存殁资料对此进行一点探讨，是非之正，俟于方家。

一　研究资料的选择

所谓进士及第时三代存殁状况，指的是科举考试中考生最终考中进士时，其曾祖、祖和父亲的存亡状况。在明代，载录进士上三代存殁情况的资料，除传记、谱牒等等外，应以进士登科录最为集中了。传记谱牒的资料较登科录明确、具体，但由于相对分散，难以对进士上三代存殁情况按科年进行完整的分析①，所以本文仅选择登科录作为分析样本，而把传记谱牒等资料作为补充。

（一）登科录载录进士上三代存殁状况的基本形式

进士登科录是一届科举结束后由礼部按照殿试名次编定的当科进士题名，并刻印进呈御览。其进士题名的格式如下：

> 姚涞
> 贯浙江宁波府慈溪县民籍。国子生。
> 治《诗经》。字维东。行八。年三十六。四月二十三日生。
> 曾祖俤（赠右副都御史）。祖墅（赠主事，加赠右副都御史）。父镆（工部右侍郎）。
> 母张氏（赠安人，加赠淑人），继母汪氏（封安人，赠淑人）。
> 严侍下。弟汲、滚。娶王氏。
> 浙江乡试第七名。会试第二名。②

这是一份简单的家状。在这份家状中，"曾祖"以下到"娶王氏"是描述家庭背景的，其中"严侍下"则是直接描述三代存殁状况的。

归纳明代进士登科录对三代存殁之记录，共有五种情形，即：重庆下、具庆下、严侍下、慈侍下、永感下。这些说法的含义，明人陆容解释说：

> 祖父母、父母俱存曰重庆下，父母俱存曰具庆下，父存母故曰严侍下，父故母存曰慈侍下，父母俱故永感下。③

明末朱舜水的解释还作了一点补充：

> 父母俱存者曰具庆下，父母存而上有祖父祖母者曰重庆下，父存母殁者曰严侍下，父殁母存者曰慈侍下，父母俱殁者曰永感下。有三代俱存者曰重重庆下，然不可得也，有则诧为希世之奇矣。④

上下两条资料，已经很清楚地解释了重庆、具庆、严侍、慈侍、永感下的含义。而这种信息，在登科录的每个进士名下都被标注了出来。

登科录中，可以与这种消息互证的就是三代名下附注的一些文字。如上文的姚涞，曾祖悌"赠右副都御史"、祖墅"赠主事，加赠右副都御史"以及母张氏"赠安人，加赠淑人"，按照明代的封赠制度，"生曰封，死曰赠"⑤，可见姚涞之曾祖、祖、母已经亡故。而继母汪氏"封安人，赠淑人"，也表明汪氏在生前获封安人、死后获赠淑人，在姚涞及第时已经去世。姚涞家状中的"严侍下"，正可与这几类信息相证明。

不过，类似姚涞这种家长信息比较齐全的进士还是不多，所以对大部分进士而言，判定其家长存亡状况的还是重庆、具庆、严侍、慈侍、永感下的记录。

（二）登科录三代存殁信息的可信度

从常识而言，一个人可能在年龄、籍贯之类的事情上作假，在家长存亡问题上作假的可能性则相对较小。登科录是进呈给皇帝看的，所以对家长存亡的关键信息的载录应该是严肃的。据《皇明通纪集要》卷三四载，万历四年正月六日，神宗皇帝与张居正讨论如何处置御史傅应祯时，说及声援傅应祯的言官疏中有谓傅有八十老父，云："即取登科录视之，有母无父"，故言官不免有欺君之嫌。⑥可见在明代，登科录甚至是皇帝用来检视臣子家庭情况的一个依据，其真实性应该是可信的。

何炳棣先生在讨论到登科录时，除了对其中的年龄记载表示了不信任外，对其他信息则给予了很高的评价。⑦不过，他只是笼统地说及登科录的价值，没有对其中各项记载的准确性进行更具体的论证，对三代存亡的信息自然也未进一步分析。作为补充，我们在此选择几个具体的事例来进行讨论。

依然以姚涞为例。分析其家长的资料，可以发现"赠右副都御史"、"赠主事，加赠右副都御史"、"赠安人，加赠淑人"、"封安人，赠淑人"和其父姚镆"工部右侍郎"几个信息。由于封赠的称号与封赠对象均与膺封者的官品高低有关，所以这类封赠称号就具有时间上的标示意义。根据《明会典》，文官二品三品赠二代，四品至七品赠父母妻室。正从三品，祖母、母、妻各封赠淑人；正从六品，母、妻各封赠安人。⑧

检《献征录》卷五七翟銮《兵部尚书太子少保姚公镆墓志铭》，称姚镆"大父菊轩公讳悌，父乐轩公讳墅，以公贵，俱赠右副都御史。祖妣范氏、妣胡氏，赠俱淑人"，可知这些封赠皆得力于姚镆的任职。按姚镆"登弘治癸丑进士第。丁乐轩公忧，服阕，授礼部祠祭司主事。……壬戌，晋精膳员外郎。"癸丑为弘治六年（1493 年），壬戌为弘治十五年（1502 年），礼部祠祭司主事为正六品官，精膳员外郎为从五品。据姚镆《赠通议大夫都察院右副都御史先君乐轩居士行状》，其父乐轩公墅卒于弘治六年二月十一日⑨。所以姚镆获授主事一职应该在弘治八年五月以后，满两考后方于弘治十五年升职。其申请封赠乃在主事任内，故封赠只及于父母妻室。又按《明武宗实录》卷一九三："（正德十五年十一月）癸酉，升山东布政司左布政使姚镆为都察院右副都御史，巡抚延绥等处地方。"《墓志铭》载任职时间同。右副都御史为正三品，可封赠二代，所以姚镆之祖获赠右副都御史、父加赠右副都御史，以及妻张氏、汪氏皆赠淑人，都是姚镆任右副都御史时的事。⑩

明确了这两个时间节点，我们再来看登科录姚涞的家状。据赵时春《学士姚明山先生涞墓志铭》载："六岁，（母张）夫人卒。……举正德丙子乡试第七人，嘉靖癸未礼部第二人。及廷对，遂冠多士，拜翰林院修撰。尚书亦自延绥还，拜工部左侍郎，父子同诣阙谢，缙绅以为荣。"⑪可知涞母早已去世。

又按姚镆《祭继室汪夫人文》称："四月二十有六日，家僮王四来，乃遂以讣告。……及吾涞儿于舟中闻汝讣，亦不胜哀慕之情，即疾奔以归，治汝丧事。……吾方以觐事留京师未遣，铨曹方拟我以抚西陕，命亦未下。"⑫证以《墓志铭》所载姚镆任职事，可知汪氏卒于正德十五年四月，故当弘治己未十二年（1499 年）推封时获封安人，而嘉靖元年推封时则赠淑人，故登科录于汪氏先书"封"后书"赠"，存殁之别也。

由上可见，就姚涞的家状而言，登科录的载录是非常严格的。

同样，姚涞之父姚镆的家状，书写也是非常严格的。姚镆系弘治六年进士，家状于其曾祖、祖、父下均无附注，于三代存殁则书"具庆下"⑬。据姚镆《赠通议大夫都察院右副都御史先君乐轩居士行状》及林俊《明赠通议大夫都察院右副都御史乐轩姚公神道碑》⑭，曾祖仕经、祖悌均隐德不仕，其父姚墅生前亦为平民，登科录于各人名下均无封赠任职之类附注。

要稍作一点辨析的是"具庆下"的记载。姚镆之母胡氏卒于他成进士之后，可从姚镆《祭继室汪夫人文》中看出，不赘。其父卒于弘治六年二月初六，同月二十七日姚镆始参加会试⑮、三月十五日再参加殿试⑯，距其父去世 21 天以上。若非姚镆刻意隐瞒父亲去世的消息，则应是姚家隐瞒了其父死讯，以待他完成考试。登科录书"具庆下"，也是合乎情理的。

我们再随机列举几个例子，列表如下：

图表一　登科录三代存殁记载与其他文献记载互证表

科年	姓名	登科录	旁证资料
正统七年	吕原	慈侍下	李贤撰《神道碑》⑰
正统十三年	刘翀	具庆下	徐溥撰《神道碑》⑱
景泰二年	郑时	重庆下	王直撰《重庆堂记》⑲
景泰五年	彭华	具庆下	李东阳撰《墓志铭》⑳
景泰五年	丘濬	慈侍下	黄佐撰《传》㉑
天顺元年	吴珵	具庆下	倪谦撰《墓志铭》㉒
弘治九年	贾咏	具庆下	李濂撰《行状》㉓
弘治十八年	翟銮	慈侍下	许成名撰《行状》㉔
万历十一年	李廷机	永感下	李廷机撰《自状》㉕

　　这些例子都是家长存亡信息比较容易判断的。在史籍中，家长存亡信息稍显模糊但仍然可进行判断的例子是极为常见的。

　　登科录对母亲存殁信息的处理，也是颇为严格的。如弘治六年进士秦文，登科录载母董氏、继母吴氏，书"具庆下"。按郑度《河南左参政秦先生文墓志》云："初，宗传无子，有青鸟集庭下，遗二卵而去，已而生二子，次即复斋。娶董氏，生先生。先生九龄，而董宜人卒，哀慕不能已。"[26]可见其生母董氏早卒，但继母在，所以仍书"具庆下"。

　　秦文无子，以弟秦礼之子鸣雷继之。据张凤翼《资善大夫南京礼部尚书秦公鸣雷行状》称："金宪娶包。为南部郎时，生公于公署。公夙遭闵凶，未弥月而失母，甫五龄而丧父。当是时，大参（秦文）无子，其配杨岐嶷公，遂子之。公髫年即游郡庠，未几而居大参丧，哀能成礼。"[27]按鸣雷生于正德十三年戊寅（1518 年），五岁当嘉靖元年壬午（1522 年），可知此时其生父生母均已去世，故《嘉靖十一年进士登科录》于其兄秦鸣夏家状中书"永感下"[28]。而秦鸣雷因为过继给伯父秦文为后，其进士及第时继母杨氏犹在，所以《嘉靖二十三年进士登科录》于家状书"慈侍下"[29]。

　　这些例证，都可以证明登科录于进士家状存殁的记载是可以采信的。本文对明代进士三代存殁状况的统计主要依靠登科录，正是基于这种判断之上的。

（三）抽样范围

　　考虑到样本的完整性直接关乎分析结果的准确性，本文未采取随机抽取一些人物传记或家状来进行计量的做法，而是选取了目前我们能够搜集到的 56 科比较完整的科年数据来进行分析。这 56 科共涉及明代进士 15634 名，除少数科年的登科录因字迹模糊坏损无法辨认，致少数进士信息不全外，其他进士的信息都是比较完整的。这一点，可以确保样本本身的代表性，应该更能够反映事实。

二　明代进士及第时三代存殁的基本状况

　　现在我们具体来展示明代进士及第时三代存殁的状况。

（一）一般状况

　　汇总 56 科的资料并进行计量，结果如下：

图表二　明代进士及第时三代存殁状况分科统计表

科年	公元	进士数	存殁记载								
			重庆下	具庆下	□庆下	严侍下	慈侍下	□侍下	永感下	不详	合计
建文二年	1400	110		48		12	35		15		110
永乐九年	1411	84	4	36		4	27		13		84
永乐十年	1412	106	2	49		6	30		19		106
宣德五年	1430	100	4	45	1	4	37		9		100

续表

科年	公元	进士数	存殁记载								
			重庆下	具庆下	□庆下	严侍下	慈侍下	□侍下	永感下	不详	合计
宣德八年	1433	99	2	54		4	32		7		99
正统元年	1436	100	5	49		7	24		15		100
正统四年	1439	99	14	45		5	25		10		99
正统七年	1442	149	15	63		7	48		16		149
正统十年	1445	150	18	76		9	30		17		150
正统十三年	1448	150	16	71		7	29		10	17	150
景泰二年	1451	201	23	108		9	46		15		201
景泰五年	1454	349	36	165		21	92		31	4	349
天顺元年	1457	294	39	149		14	67		25		294
天顺四年	1460	156	13	3		7	47		14	2	156
天顺八年	1464	247	25	123		15	63		21		247
成化二年	1466	353	26	170		25	85		43	4	353
成化五年	1469	247	36	105		17	62		27		247
成化八年	1472	250	18	111		18	73		30		250
成化十一年	1475	300	28	136		16	74		45	1	300
成化十四年	1478	350	27	137	2	22	86		65	11	350
成化十七年	1481	298	30	118		15	80		51	4	298
成化二十三年	1487	351	43	151		20	83		54		351
弘治三年	1490	298	32	117		22	87		40		298
弘治六年	1493	298	31	135		16	73		43		298
弘治九年	1496	298	38	126		15	71		48		298
弘治十二年	1499	300	29	126		23	81		41		300
弘治十五年	1502	297	36	124		10	82		45		297
弘治十八年	1505	303	27	145		7	83		41		303
正德三年	1508	349	40	145		16	99		49		349
正德六年	1511	349	27	116	9	12	96	5	63	21	349
正德十二年	1517	349	45	124		19	98		63		349
正德十六年	1521	330	36	118		17	93		62	4	330
嘉靖二年	1523	410	37	161		20	125		67		410
嘉靖八年	1529	323	47	128		18	81		49		323
嘉靖十一年	1532	316	40	135		16	76		49		316

续表

科年	公元	进士数	存殁记载								
			重庆下	具庆下	□庆下	严侍下	慈侍下	□侍下	永感下	不详	合计
嘉靖十四年	1535	325	55	138		17	84		31		325
嘉靖十七年	1538	320	38	140		22	74		46		320
嘉靖二十年	1541	298	26	133		27	81		31		298
嘉靖二十三年	1544	312	39	122		27	79		43	2	312
嘉靖二十六年	1547	301	38	115		25	82		41		301
嘉靖二十九年	1550	320	26	129		20	89		56		320
嘉靖三十二年	1553	403	45	173		25	119		41		403
嘉靖三十五年	1556	296	27	137		16	75		41		296
嘉靖三十八年	1559	303	23	111		31	79		59		303
嘉靖四十一年	1562	299	23	121		17	90		48		299
嘉靖四十四年	1565	394	38	161		36	103		56		394
隆庆二年	1568	403	41	156		22	118		66		403
隆庆五年	1571	396	38	158		27	104		69		396
万历二年	1574	299	34	105		31	75		54		299
万历五年	1577	301	31	129		28	77		36		301
万历八年	1580	302	28	123		26	81		44		302
万历十一年	1583	341	41	128		32	87		53		341
万历十四年	1586	351	33	111		28	90		46	43	351
万历二十九年	1601	301	32	92		29	84		64		301
万历三十二年	1604	308	24	107		23	83		63	8	308
万历三十五年	1607	298	18	102		33	90		54	1	298
总数		15634	1587	6473	12	1017	4164	5	2254	122	15634

说明："□庆下"栏，虽有"重庆下"之可能，但情形少见，可归并于"具庆下"。剔除"□侍下"和"不详"两类，实际有效数据为15507人。

取上表的有效数据，把"□庆下"栏数字并入"具庆下"栏，把各科数据转化为百分比，得到下表：

图表三　各科进士三代存殁人数比例表（％）

科年	重庆下	具庆下	严侍下	慈侍下	永感下	科比	总比
建文二年	0	43.6	10.9	31.8	13.6	100	0.7
永乐九年	4.8	42.9	4.8	32.1	15.5	100	0.5

科年	重庆下	具庆下	严侍下	慈侍下	永感下	科比	总比
永乐十年	1.9	46.2	5.7	28.3	17.9	100	0.7
宣德五年	4.0	46.0	4.0	37.0	9.0	100	0.6
宣德八年	2.0	54.5	4.0	32.3	7.1	100	0.6
正统元年	5.0	49.0	7.0	24.0	15.0	100	0.6
正统四年	14.1	45.5	5.1	25.3	10.1	100	0.6
正统七年	10.1	42.3	4.7	32.2	10.7	100	1.0
正统十年	12.0	50.7	6.0	20.0	11.3	100	1.0
正统十三年	12.0	53.4	5.3	21.8	7.5	100	0.9
景泰二年	11.4	53.7	4.5	22.9	7.5	100	1.3
景泰五年	10.4	47.8	6.1	26.7	9.0	100	2.2
天顺元年	13.3	50.7	4.8	22.8	8.5	100	1.9
天顺四年	8.4	47.4	4.5	30.5	9.1	100	1.0
天顺八年	10.1	49.8	6.1	25.5	8.5	100	1.6
成化二年	7.4	48.7	7.2	24.4	12.3	100	2.2
成化五年	14.6	42.5	6.9	25.1	10.9	100	1.6
成化八年	7.2	44.4	7.2	29.2	12.0	100	1.6
成化十一年	9.4	45.5	5.4	24.7	15.1	100	1.9
成化十四年	8.0	41.0	6.5	25.4	19.2	100	2.2
成化十七年	10.2	40.1	5.1	27.2	17.3	100	1.9
成化二十三年	12.3	43.0	5.7	23.6	15.4	100	2.2
弘治三年	10.7	39.3	7.4	29.2	13.4	100	1.9
弘治六年	10.4	45.3	5.4	24.5	14.4	100	1.9
弘治九年	12.8	42.3	5.0	23.8	16.1	100	1.9
弘治十二年	9.7	42.0	7.7	27.0	13.7	100	1.9
弘治十五年	12.1	41.8	3.4	27.6	15.2	100	1.9
弘治十八年	8.9	47.9	2.3	27.4	13.5	100	1.9
正德三年	11.5	41.5	4.6	28.4	14.0	100	2.2
正德六年	8.4	38.7	3.7	29.7	19.5	100	2.1
正德十二年	12.9	35.5	5.4	28.1	18.1	100	2.3
正德十六年	11.0	36.2	5.2	28.5	19.0	100	2.1
嘉靖二年	9.0	39.3	4.9	30.5	16.3	100	2.6
嘉靖八年	14.6	39.6	5.6	25.1	15.2	100	2.1

科年	重庆下	具庆下	严侍下	慈侍下	永感下	科比	总比
嘉靖十一年	12.7	42.7	5.1	24.1	15.5	100	2.0
嘉靖十四年	16.9	42.5	5.2	25.8	9.5	100	2.1
嘉靖十七年	11.9	43.8	6.9	23.1	14.4	100	2.1
嘉靖二十年	8.7	44.6	9.1	27.2	10.4	100	1.9
嘉靖二十三年	12.6	39.4	8.7	25.5	13.9	100	2.0
嘉靖二十六年	12.6	38.2	8.3	27.2	13.6	100	1.9
嘉靖二十九年	8.1	40.3	6.3	27.8	17.5	100	2.1
嘉靖三十二年	11.2	42.9	6.2	29.5	10.2	100	2.6
嘉靖三十五年	9.1	46.3	5.4	25.3	13.9	100	1.9
嘉靖三十八年	7.6	36.6	10.2	26.1	19.5	100	2.0
嘉靖四十一年	7.7	40.5	5.7	30.1	16.1	100	1.9
嘉靖四十四年	9.6	40.9	9.1	26.1	14.2	100	2.5
隆庆二年	10.2	38.7	5.5	29.3	16.4	100	2.6
隆庆五年	9.6	39.9	6.8	26.3	17.4	100	2.6
万历二年	11.4	35.1	10.4	25.1	18.1	100	1.9
万历五年	10.3	42.9	9.3	25.6	12.0	100	1.9
万历八年	9.3	40.7	8.6	26.8	14.6	100	1.9
万历十一年	12.0	37.5	9.4	25.5	15.5	100	2.2
万历十四年	10.7	36.0	9.1	29.2	14.9	100	2.0
万历二十九年	10.6	30.6	9.6	27.9	21.3	100	1.9
万历三十二年	8.0	35.7	7.7	27.7	21.0	100	1.9
万历三十五年	6.1	34.3	11.1	30.3	18.2	100	1.9
均值	10.2	41.8	6.6	26.9	14.5	100	100

说明：1. "总比"是各科有效人数占总有效人数 15507 的百分比。2. 由于四舍五入的关系，有些科年的细数相加与"科比"100% 的数字有微弱之差。

观察这些数据，我们注意到有这样几个非常突出的现象：

其一、双亲俱存的情形异常突出。具庆下在各科中所占的比例都非常高，最低的万历二十九年也占到 30.6%，而最高的宣德八年居然占到 54.5%。如果加上祖父母尚存的，则重庆下、具庆下两项占到总人数的 52%（平均值）。这就意味着，各科平均有 52% 的进士在参加会试时父母乃至祖父母均在世。

其二、慈侍下所占的比例令人诧异，达到 26.9%。这意味着超过总人数四分之一的进士是在仅有母亲的情况下参加科举的。

其三、永感下所占的比例也比较高，占总人数的 14.5%，超过了严侍下（6.6%）和重庆下

（10.2%）。这就是说，一成以上的进士参加会试时其父母均已亡故了。

按照三十年一世的传统说法，我们把这些数据区分为几个时段：

图表四　三代存殁 30 年周期分布表

类别	30 年周期	重庆下	具庆下	严侍下	慈侍下	永感下
人数	1400－1429	3.0	44.3	7.3	30.7	15.7
	1430－1459	17.2	82.6	8.7	43.0	15.5
	1460－1489	27.3	125.1	17.2	72.6	38.9
	1490－1519	33.9	129.7	15.6	85.6	48.1
	1520－1549	39.6	132.2	21.0	86.1	46.6
	1550－1579	32.6	138.0	25.3	92.9	52.6
	1580－1609	29.3	110.5	28.5	85.8	54.0
	总平均值	28.9	115.8	18.2	74.4	40.3
百分比	1400－1429	2.2	44.2	7.1	30.8	15.7
	1430－1459	9.3	48.7	5.1	26.2	9.5
	1460－1489	9.7	44.4	6.0	26.0	13.2
	1490－1519	10.7	41.3	5.0	27.1	15.2
	1520－1549	12.2	40.6	6.5	26.3	14.2
	1550－1579	9.5	40.4	7.5	27.1	15.5
	1580－1609	9.2	34.9	9.0	27.2	17.2
	总平均值	9.7	42.3	6.4	26.8	14.0

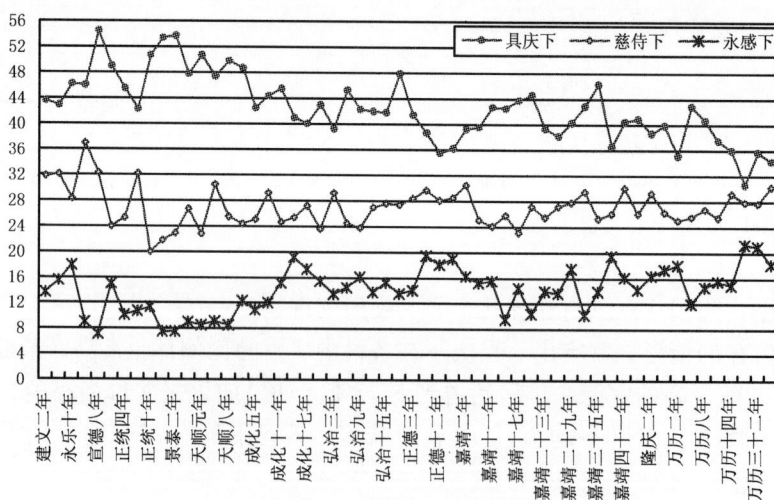

图表五　具庆、慈侍、永感下比例变化图

就均值而言，我们大体上可以以 1490－1519 年为分界线，把前后的时段进行区分。虽然这种区分并不绝对准确，但还是能够让我们看出一些问题。如具庆下在此后的百分比均低于总平均值42.3，严侍下、永感下在此后的百分比也高于总平均值，慈侍下则多数高于总平均值。直观起见，我们取表三中的具庆、慈侍、永感三项数据图示如下：

结合上下两个图表，可以发现，具庆下在正德年间比例下降，在嘉靖年间高低反复，在万历时代则一直处在低比例上。与此同时，慈侍下或永感下在万历时代的比例有所上升。这种情形的产生，背后肯定还存在需要分析的原因。由于其中牵涉到其他需要澄清的事实（如三代任官、家庭成员构成以及考生的真实年龄等），我们不想作过多的推论，在此仅提供一点，就是它可能和明代中后期科举竞争的压力增加，致考生备考的时间延长从而带来家长存亡状况的变化有关。[30]

（二）地区差异

除了时间上可能存在变化外，地区的差异也是需要进行考察的。为方便起见，我们按照明代的行政区划将相关数据列如下（辽东独出）：

图表六　明代进士及第时三代存殁状况地区分布表

直省	具庆下	慈侍下	永感下	重庆下	严侍下	□庆下	□侍下	不详	合计
南畿	986	657	377	221	184	1		28	2454
浙江	880	543	303	236	166	1	1	7	2137
北畿	774	475	246	176	115			13	1799
江西	664	398	255	194	110	1		8	1630
福建	521	384	222	159	99		3	11	1399
山东	441	297	137	114	70			13	1072
河南	453	285	149	78	51	2		6	1024
四川	422	248	145	113	49	3		11	991
湖广	367	222	123	92	51		1	10	866
山西	319	190	84	63	41	1		7	705
陕西	273	189	93	53	32	1		5	646
广东	210	157	72	47	27	2		2	517
云南	59	44	24	12	8				147
广西	52	41	12	16	7			1	129
贵州	26	19	6	8	2				61
辽东	25	15	6	5	5				56
交阯	1								1
总计	6473	4164	2254	1587	1017	12	5	122	15634

取上表中具庆、慈侍、永感、重庆、严侍下的数据进行标准化处理，得出百分比表：

图表七　各地进士三代存殁状况比例表（%）

直省	具庆下	慈侍下	永感下	重庆下	严侍下
广西	40.3	31.8	18.5	12.4	5.4
贵州	42.6	31.1	19.6	13.1	3.3
广东	40.6	30.4	27.7	9.1	5.2
云南	40.1	29.9	32.5	8.2	5.4
陕西	42.3	29.3	28.6	8.2	5.0
河南	44.2	27.8	29.0	7.6	5.0
山东	41.1	27.7	25.4	10.6	6.5
福建	37.2	27.4	31.6	11.4	7.1
山西	45.2	27.0	23.7	8.9	5.8
南畿	40.2	26.8	30.6	9.0	7.5
辽东	44.6	26.8	21.3	8.9	8.9
北畿	43.0	26.4	27.2	9.8	6.4
湖广	42.4	25.6	28.3	10.6	5.9
浙江	41.2	25.4	28.2	11.0	7.8
四川	42.6	25.0	29.1	11.4	4.9
江西	40.7	24.4	31.1	11.9	6.7
交阯	100	0.0	0.0	0.0	0.0
总比	41.4	26.6	28.7	10.2	6.5

说明：此百分比是各类人数在各直省总人数中所占的比例。

根据百分比表，我们发现：在具庆下的情形中，除福建稍显特殊外，其余各省所占的比例均超过了本省总人数的40%。而其中山西、辽东、河南、北畿、贵州、四川、湖广、陕西诸省区中的分布比例均超过均值。值得注意的是，这几个省地中，山西、河南、北畿、陕西、辽东都属于明代科举考试分卷中的北卷，四川和贵州属于中卷，湖广属于南卷。除北畿外，其余几个省地都很难与人们观念上的科举发达区相匹配。

慈侍下则在广西、贵州、广东、云南、陕西诸省中的比例为高，占总人数的三成左右。这五个省正是明代的几个边远省份。

永感下以云南、福建、江西、南畿、四川、河南的分布比例为高。其中福建、江西、南畿都是明代的科举发达省份。

上述现象是否和各地区家庭对子弟科举的支持强度、交通以及科举竞争的压力等等有关，都还需要作更进一步的梳理，在此不敢妄断。此处的数据，只是为未来工作提供一个初步的线索而已。

三　继母、慈侍下现象的再分析

具庆下、慈侍下的凸显，使得构成母亲一方的家庭成员身份需要再行研究。虽然具庆下意味着双亲俱存，却不等于家庭中没有发生变故。实际上，由于男性再娶或多娶的现象在明代司空见惯，而登科录所载在世之母往往并非生母，所以在重庆下、具庆下、慈侍下的情形之中，继母就是一个需要纳入考虑的问题。

（一）继母现象

登科录关于母亲的记载，有嫡母、庶母、生母、继母、养母、慈母、前母之不同。在一人有多个母亲的记载中，以继母最为常见，所以我们特别提出这一现象来进行讨论。根据目前所掌握的资料，我们从前述样本中排查出 2425 个继母数据[31]，统计如下：

图表八　各科年继母分布状况表

科年	进士数	具庆下	慈侍下	重庆下	永感下	严侍下	□庆下	不详・	合计	%
永乐九年	84	7	2						9	10.7
永乐十年	106	3	1	1					5	4.7
宣德五年	100	7	5	1		1			14	14.0
宣德八年	99	8	6			1			15	15.2
正统元年	100	4	4	2	1	4			15	15.0
正统四年	99	10	2	3	1				16	16.2
正统七年	149	13	5	1	3	1			23	15.4
正统十年	150	11	5		2	2			20	13.3
正统十三年	150	12	4	4	1	1			22	14.7
景泰二年	201	15	3	4	1	3			26	12.9
景泰五年	349	27	12	7	2	4			52	14.9
天顺元年	294	26	7	4	2	4			43	14.6
天顺四年	156	9	4	3	4	4			24	15.4
天顺八年	247	19	5	5	3	3			35	14.2
成化二年	353	28	8	4	4	6			50	14.2
成化五年	247	23	8	5	3	1			40	16.2
成化八年	250	15	8	2	1	5			31	12.4
成化十一年	300	34	8	3	3	3			51	17.0
成化十四年	350	26	12	8	8	4	1	1	60	17.1
成化十七年	298	35	14	5	6				60	20.1
成化二十三年	351	31	10	10	1	6			58	16.5
弘治三年	298	28	11	2	1	5			47	15.8
弘治六年	298	24	11	11	5	3			54	18.1
弘治九年	298	24	10	10		2			46	15.4
弘治十二年	300	28	5	5	3	3			44	14.7

科年	进士数	具庆下	慈侍下	重庆下	永感下	严侍下	□庆下	不详	合计	%
弘治十五年	297	29	9	8	4	3			53	17.8
弘治十八年	303	25	9	5	3	1			43	14.2
正德三年	349	38	15	10	5	4			72	20.6
正德六年	349	23	11	6	9	1	2	5	57	16.3
正德十二年	349	23	10	7	11	4			55	15.8
正德十六年	330	24	6	5	6	2			43	13.0
嘉靖二年	410	45	19	6	6	4			80	19.5
嘉靖八年	323	23	13	6	2	3			47	14.6
嘉靖十一年	316	28	11	9	2	6			56	17.7
嘉靖十四年	325	34	10	10		1			55	16.9
嘉靖十七年	320	26	4	4	3	7			44	13.8
嘉靖二十年	298	30	11	5	7	4			57	19.1
嘉靖二十三年	312	24	13	7	9	5			58	18.6
嘉靖二十六年	301	12	12	6	3	4			37	12.3
嘉靖二十九年	320	21	13	6	6	8			54	16.9
嘉靖三十二年	403	25	11	13	6	4			59	14.6
嘉靖三十五年	296	26	8	4	4	6			48	16.2
嘉靖三十八年	303	21	13	1	5	6			46	15.2
嘉靖四十一年	299	16	12	4	4	7			43	14.4
嘉靖四十四年	394	27	18	3	7	11			66	16.8
隆庆二年	403	28	26	11	10	4			79	19.6
隆庆五年	396	34	13	13	14	7			81	20.5
万历二年	299	16	9	6	4	9			44	14.7
万历五年	301	23	9	3	6	5			46	15.3
万历八年	302	22	6	4	7	10			49	16.2
万历十一年	351	17	17	4	6	6			50	14.2
万历二十九年	301	15	10	3	10	8			46	15.3
万历三十二年	308	18	7	6	11	6			48	15.6
万历三十五年	298	17	11	5	7	9			49	16.4
总计	15183	1177	506	280	232	221	3	6	2425	16

说明：% 是指有继母的进士数占该科进士总数的百分比。

数据很清晰地显示出了继母的分布方向。2425 个样本中，接近一半分布于"具庆下"的类别中，占具庆下总数（6473）的18%以上。这个简单的事实，表明了在所谓双亲俱存的家庭中，实际上有将近两成之家的母亲身份已经改变。而从总的统计结果而言，约占进士总数16%左右的人在成为进士前是与继母共同生活的。我们从《献征录》中随机搜集了一些例子，发现有不少人是从幼年或少年由继母抚养的：

图表九　由继母抚养成人的进士举例

进士科年	姓名	丧母年龄	资料来源
正统元年	章瑾	幼	卷三五陈循《礼部侍郎章瑾墓志铭》
景泰二年	唐瑜	9	卷六〇《甘肃巡抚副都御史唐瑜传》
天顺八年	倪岳	7	卷二四吴宽《吏部尚书倪文毅公岳传》
成化十七年	张鸾	4	卷四六王九思《通议大夫刑部左侍郎张公鸾墓志铭》
弘治十二年	丰熙	16	卷二〇黄佐《翰林院学士奉政大夫丰公熙墓碑》
正德三年	曹深	4	卷四二吕柟《南京兵部车驾清吏司主事歙县曹公深墓志铭》
正德六年	杨慎	12	卷二〇陈文烛《杨升庵太史慎年谱》
嘉靖二年	王昺	9	卷五三李开先《通议大夫南京工部右侍郎王公昺合葬墓志铭》
隆庆二年	王家屏	7	卷一七于慎行《少保王文端公传》

值得注意的是，在上面这些例子中，撰文者对养子与继母融洽关系的强调如出一辙，也从反面说明继母与养子关系之难处。参照表八，也可以看到，不少进士在及第前，就已经经历了家庭成员结构的巨大变化。这种变化的直接后果就是，承担家庭教育责任的主体可能会发生改变。特别是男性家长在外为官或游历时，这种改变有可能带来家庭内部教育资源分配的变化。

此外，继母在各科年的比例也有些不同。以时间分，大体以成化为分界线，前低后高。其中成化十七年、正德三年、隆庆五年3科均超过了20%，而时代偏后的万历各科反而显低，个中缘由都还有分析的余地。所有这些，都迫使我们必须把妇女问题纳入到科举的研究中来。

（二）"慈侍下"现象

与具庆下家庭中的继母不同，慈侍下则意味着父亲已经去世。与继母的情形又有些类似，慈侍下更直接地把家庭的教育责任指向了母亲。

由于缺乏父亲去世准确时间的系统资料，我们现在还无法判断慈侍下的情形中有多少人是在其子未成年时就守寡，从而判断母亲所承担的教育责任的程度。但从一些描述性的说法中，我们完全可以体会到这种现象的存在[32]。作为一种初步的探索，我们尝试从"慈侍下"类别中各种母亲的数量及其身份来进行一点分析。

在"慈侍下"的4164个案例中，目前我们获得了其中记录明确的4071个数据。在这些数据中，有1396个（约占总数的34%）具有两个以上的母亲。其中2个母亲的1396个，3个母亲的238个，4个母亲的18个，5个母亲的2个。我们选取其中有2个和3个母亲的数据，以第一母亲为序，来看这些数据之间的交叉情况：

图表十　2或3个母亲间的记录交叉表

母一 ＼ 后母		母二						母三				
		母	嫡母	继母	生母	不详	小计	母	嫡母	继母	生母	小计
前母	591	577	6	8			591	57	2	58	14	131
先母	3	2			1		3			1		1
嫡母	382	47		46	289		382	9		4	58	71
母	420	4	2	390	23	1	420	30		2	3	35
合计	1396	630	8	444	313	1	1396	96	2	65	75	238

　　说明：标题栏的名称为登科录中使用的名称。统计时"养母"、"慈母"3人归入"继母"，"本生嫡母"2人归入"嫡母"。母一、二、三指第一、二、三位母亲。

　　据表可见，在"母一"（第一个母亲）中，有591个标明为"前母"，表明已经去世。这591例均有第二个母亲。第二个母亲中，标明为"母"的为577人、"嫡母"6人、"继母"8人。此外还有131例有第三个母亲，当中标明为"母"的57人、嫡母2人、继母58人、生母14人[33]。表中其他各栏的含义依此类推。

　　这些数据，至少给我们提供了两类信息：其一是母亲的存亡状况。如"母一"栏标明为"母"的420人中，至少有390人（"母二"栏的继母数）在其子考中进士时已经去世。如果加上"前母"、"先母"以及"母二"栏其他项的继母人数，则在1396个案例中，直接可确认第一个母亲已经去世的人数就达到1038人。其二是母亲的身份。如在382名嫡母中，至少有289人另有生母，显示母亲为妾。

　　很显然，无论是哪一种信息，都是需要引起注意的。存亡和身份，都涉及到进士的原始家庭结构。在这样的家庭中，子女的教育就有可能随着家庭结构的变化而发生变化。换句话说，进士从其出生时始，就可能需要面对家庭内部教育资源的分割。而在"慈侍下"一类中，他们最后还要面对父亲的去世。

　　在"慈侍下"中，还有2675例单个母亲的信息。除了其中若干封赠、旌表信息可以直接利用外，大部分均仅保留了母氏之姓。虽然信息太过简略，但还是能让人感受到妇女在科举中的实际影响不可低估。

（三）继母、慈侍下现象隐含的问题

　　选取继母、慈侍下现象进行再分析，是因为这两类人物（其中有少量交叉）直接把科举中的女性问题凸显了出来，并不意味着"严侍下"等类别的其他女性不值得关注。从前面的描述中可以看出，由于家庭内部的变故，来自母亲一方的影响就变得更加突出。这种影响，除了涉及家庭内部教育责任主体可能发生变化、因而涉及到家庭内部教育资源的分配外，家庭的成员构

成、原始地位以及姻亲关系都有可能成为科举成功的原因。

我们简单地举几个事例来作点说明：

宣德二年进士萧镃，字孟勤，江西吉安府泰和县人，"幼失怙恃，成童，颖悟绝伦。登宣德丁未进士"[34]。实际上，萧镃并非父母双亡，而是另有嫡母郭氏，"庶子镃字孟勤，孺人视如已出，抚字周而惠予均，故孟勤之敬事孺人，亦如实生已"[35]。所以萧镃乃是在父亲和生母去世之后，由嫡母抚养成人并科举成功的。萧镃之父为山东盐运副使（从五品），而嫡母郭氏之家也是富室（"郭氏故饶财"），所以萧镃最后之科举成功，很难撇开这几方面的影响。

正统七年进士张文质，"祖曰广，……尝仕为山西繁峙县沙涧驿丞。……祖妣王氏，赠夫人。妣杨氏，封太夫人。始公父侍学于沙涧，早卒，遗腹得公，赖王夫人亲抱育之。少长，遣入县学为生员。……娶王氏，赠夫人。继张氏，封夫人。"[36]登科录载"母杨氏"，为"慈侍下"[37]，与传文一致。其子张忱，成化五年进士，登科录载"母王氏，赠淑人。继母刘氏，封淑人"，为"具庆下"[38]，则"具庆"之母实为继母。父子两人中进士前都经历了家庭内部的变故，其各自考中进士，与其所依赖的成长环境不无关联。

嘉靖二年进士曾仲魁，"某（王慎中）大母，公之姑也。公少孤，吾大父确轩公抚之犹子，使与先大夫封吏部公同学，犹兄弟也。"[39]此为姻族抚养成才之例。

嘉靖二十三年进士李攀龙，登科录载其家长存殁情况为"慈侍下"，母亲情况为"前母郭氏，母张氏"[40]。据王世贞《寿李于鳞母太夫人序》引李攀龙语称：李攀龙九岁丧父，"二弟方呱呱。盖是时先君子先已娶有子云。太夫人为后室，而祖母杨老而昵前子，惧某辈长，产当瓜分以薄，而觊我太夫人之易向也"[41]。以致后来李攀龙靠母亲作女红、两弟为傭保，才最终成为进士。这是比较典型地因父亲去世、母亲作为继室而受制于前妻之子，从而导致继室之子需要以牺牲其他家庭成员的教育权利来获得科举成功的事例。

其他事例如景泰五年进士孙洪[42]、成化十四年进士蒋廷贵[43]、正德三年进士吕经[44]、嘉靖十四年进士胡植[45]、嘉靖二十三年进士王之诰[46]、嘉靖二十六年进士钱鲸[47]，等等。这些记载，都可以补充登科录中相关信息之不足。

这些现象，在"永感下"等类型的家庭也照样存在。如：

永乐二十二年进士刘广衡，"早失怙恃，遭家多难，诸弟幼弱，公与兄广泰综理家务，家遂以振，闾里莫不嘉羡曰：'刘氏有子矣。'"[48]此家庭内兄弟相助终以成才之例。

天顺八年进士胡深，"少失怙恃，（伯父）处士鞠而长之，不啻若己出"[49]此家族抚养成才之例。

万历二十九年进士刘宗周，"予少孤，养于外家。年十七，从塾师假馆于印台公。予于公中表行，而公已俨然前辈，不敢进而论席砚交。"[50]此姻族助以成才之例。

归纳这些资料，可以看到每个进士的成功背后，都有自己的故事。这些故事的矛头，都指向科举成功背后的家庭乃至姻族的作用。很显然，当慈侍下、永感下以及继母的家庭数量占到进士总数的一半以上时，再试图回避或弱化家庭、家族、姻族在进士科举成功上的影响，可能就不是太合适。限于本文篇幅以及我们目前的资料状况，更为详细的实证研究，我们将在另外的文章中再行展开。

四　存殁分布的职业差异

三代存殁状况是否和三代本身的职业身份有关，也是一个需要关注的问题。我们从 15634 名进士中搜集了三代的身份记录，方便起见，兹将祖、父的相关数据列如下：

图表十一　祖、父辈职业身份及其存殁状况分布表

官品	祖						父					
	具庆	慈侍	永感	重庆	严侍	合计	具庆	慈侍	永感	重庆	严侍	合计
正一品	1	1	0	1	1	4	2	1	1	3	–	7
从一品	1	–	1	–	–	2	7	2	1	4	2	16
正二品	15	14	5	10	1	45	27	18	4	4	6	59
从二品	12	23	8	3	4	50	30	19	17	6	8	80
正三品	38	27	14	16	9	104	93	52	21	14	14	194
从三品	17	11	10	2	5	45	32	41	16	10	5	104
正四品	60	45	22	23	11	161	132	95	44	40	25	336
从四品	10	7	3	11	2	33	22	13	9	8	5	57
正五品	70	48	25	31	9	183	114	95	40	37	23	309
从五品	40	34	11	15	6	106	76	71	32	28	9	216
正六品	80	60	30	23	13	206	113	94	50	29	24	310
从六品	27	13	6	8	1	55	31	18	10	3	6	68
正七品	139	91	51	44	24	349	196	165	93	67	36	557
从七品	52	27	11	17	10	117	49	34	17	18	13	131
七品散官	17	18	7	10	5	57	18	22	11	7	1	59
正八品	83	63	20	39	14	219	116	76	43	23	17	275
从八品	8	4	1	3	1	17	19	6	8	3	8	44
八品散官	2	1	2	–	–	5	2	1	–	–	–	3
正九品	42	30	16	11	6	105	58	44	29	9	11	151
从九品	93	53	27	35	16	224	139	79	39	20	24	301
从九或未入流	7	4	1	1	1	14	20	10	9	3	3	45
九品散官	5	–	–	2	–	7	–	2	–	–	1	3
未入流	220	124	54	53	33	484	332	230	116	81	55	814
散官	6	6	3	3	2	20	–	–	–	–	–	–

官品	祖						父					
	具庆	慈侍	永感	重庆	严侍	合计	具庆	慈侍	永感	重庆	严侍	合计
进士	2	5	5	–	–	12	4	5	4	3	–	16
举人	2	–	–	1	–	3	2	1	–	–	–	3
其他	432	271	132	178	82	1095	613	309	193	170	99	1384
仕元	12	8	5	–	1	26	–	2	–	–	–	2
封	120	101	39	70	23	353	44	18	16	3	9	90
赠	284	186	100	40	48	658	2	30	25	1	–	58
不详	8	9	4	5	1	27	39	17	8	9	5	78
总人数	1905	1284	620	655	329	4793	2332	1570	856	603	409	5770
正一品	25	25	0	25	25	100	28.6	14.3	14.3	42.9	–	100
从一品	50.0	–	50.0	–	–	100	43.8	12.5	6.3	25.0	12.5	100
正二品	33.3	31.1	11.1	22.2	2.2	100	45.8	30.5	6.8	6.8	10.2	100
从二品	24.0	46.0	16.0	6.0	8.0	100	37.5	23.8	21.3	7.5	10.0	100
正三品	36.5	26.0	13.5	15.4	8.7	100	47.9	26.8	10.8	7.2	7.2	100
从三品	37.8	24.4	22.2	4.4	11.1	100	30.8	39.4	15.4	9.6	4.8	100
正四品	37.3	28.0	13.7	14.3	6.8	100	39.3	28.3	13.1	11.9	7.4	100
从四品	30.3	21.2	9.1	33.3	6.1	100	38.6	22.8	15.8	14.0	8.8	100
正五品	38.3	26.2	13.7	16.9	4.9	100	36.9	30.7	12.9	12.0	7.4	100
从五品	37.7	32.1	10.4	14.2	5.7	100	35.2	32.9	14.8	13.0	4.2	100
正六品	38.8	29.1	14.6	11.2	6.3	100	36.5	30.3	16.1	9.4	7.7	100
从六品	49.1	23.6	10.9	14.5	1.8	100	45.6	26.5	14.7	4.4	8.8	100
正七品	39.8	26.1	14.6	12.6	6.9	100	35.2	29.6	16.7	12.0	6.5	100
从七品	44.4	23.1	9.4	14.5	8.5	100	37.4	26.0	13.0	13.7	9.9	100
七品散官	29.8	31.6	12.3	17.5	8.8	100	30.5	37.3	18.6	11.9	1.7	100
正八品	37.9	28.8	9.1	17.8	6.4	100	42.2	27.6	15.6	8.4	6.2	100
从八品	47.1	23.5	5.9	17.6	5.9	100	43.2	13.6	18.2	6.8	18.2	100
八品散官	40.0	20.0	40.0	–	–	100	66.7	33.3	–	–	–	100
正九品	40.0	28.6	15.2	10.5	5.7	100	38.4	29.1	19.2	6.0	7.3	100
从九品	41.5	23.7	12.1	15.6	7.1	100	46.2	26.2	13.0	6.6	8.0	100
从九或未入流	50.0	28.6	7.1	7.1	7.1	100	44.4	22.2	20.0	6.7	6.7	100
九品散官	71.4	–	–	28.6	0.0	100	–	66.7	–	–	33.3	100
未入流	45.5	25.6	11.2	11.0	6.8	100	40.8	28.3	14.3	10.0	6.8	100

官品	祖						父					
	具庆	慈侍	永感	重庆	严侍	合计	具庆	慈侍	永感	重庆	严侍	合计
散官	30.0	30.0	15.0	15.0	10.0	100	–	–	–	–	–	–
进士	16.7	41.7	41.7	–	–	100	25.0	31.3	25.0	18.8	–	10
举人	66.7	–	–	33.3	–	100	66.7	33.3	–	–	–	100
其他	39.5	24.7	12.1	16.3	7.5	100	44.3	22.3	13.9	12.3	7.2	100
仕元	46.2	30.8	19.2	–	3.8	100	–	100	–	–	–	100
封	34.0	28.6	11.0	19.8	6.5	100	48.9	20.0	17.8	3.3	10.0	100
赠	43.2	28.3	15.2	6.1	7.3	100	3.4	51.7	43.1	1.7	–	100
不详	29.6	33.3	14.8	18.5	3.7	100	50.0	21.8	10.3	11.5	6.4	100
总百分比	39.7	26.8	12.9	13.7	6.9	100	40.4	27.2	14.8	10.5	7.1	100
正一品	0.1	0.1	0	0.2	0.3	0.1	0.1	0.1	0.1	0.5	0.0	0.1
从一品	0.1	0.0	0.2	0.0	0.0	0.0	0.3	0.1	0.1	0.7	0.5	0.3
正二品	0.8	1.1	0.8	1.5	0.3	0.9	1.2	1.1	0.5	0.7	1.5	1.0
从二品	0.6	1.8	1.3	0.5	1.2	1.0	1.3	1.2	2.0	1.0	2.0	1.4
正三品	2.0	2.1	2.3	2.4	2.7	2.2	4.0	3.3	2.5	2.3	3.4	3.4
从三品	0.9	0.9	1.6	0.3	1.5	0.9	1.4	2.6	1.9	1.7	1.2	1.8
正四品	3.1	3.5	3.5	3.5	3.3	3.4	5.7	6.1	5.1	6.6	6.1	5.8
从四品	0.5	0.5	0.5	1.7	0.6	0.7	0.9	0.8	1.1	1.3	1.2	1.0
正五品	3.7	3.7	4.0	4.7	2.7	3.8	4.9	6.1	4.7	6.1	5.6	5.4
从五品	2.1	2.6	1.8	2.3	1.8	2.2	3.3	4.5	3.7	4.6	2.2	3.7
正六品	4.2	4.7	4.8	3.5	4.0	4.3	4.8	6.0	5.8	4.8	5.9	5.4
从六品	1.4	1.0	1.0	1.2	0.3	1.1	1.3	1.1	1.2	0.5	1.5	1.2
正七品	7.3	7.1	8.2	6.7	7.3	7.3	8.4	10.5	10.9	11.1	8.8	9.7
从七品	2.7	2.1	1.8	2.6	3.0	2.4	2.1	2.2	2.0	3.0	3.2	2.3
七品散官	0.9	1.4	1.1	1.5	1.5	1.2	0.8	1.4	1.3	1.2	0.2	1.0
正八品	4.4	4.9	3.2	6.0	4.3	4.6	5.0	4.8	5.0	3.8	4.2	4.8
从八品	0.4	0.3	0.2	0.5	0.3	0.4	0.8	0.4	0.9	0.5	2.0	0.8
八品散官	0.1	0.1	0.3	0.0	0.0	0.1	0.1	0.1	0.0	0.0	0.0	0.1
正九品	2.2	2.3	2.6	1.7	1.8	2.2	2.5	2.8	3.4	1.5	2.7	2.6
从九品	4.9	4.1	4.4	5.3	4.9	4.7	6.0	5.0	4.6	3.3	5.9	5.2
从九或未入流	0.4	0.3	0.2	0.2	0.3	0.3	0.9	0.6	1.1	0.5	0.7	0.8
九品散官	0.3	0.0	0.0	0.3	0.0	0.1	0.0	0.1	0.0	0.0	0.2	0.1
未入流	11.5	9.7	8.7	8.1	10.0	10.1	14.2	14.6	13.6	13.4	13.4	14.1
散官	0.3	0.5	0.5	0.5	0.6	0.4	0.0	0.0	0.0	0.0	0.0	0.0
进士	0.1	0.4	0.8	0.0	0.0	0.3	0.2	0.3	0.5	0.5	0.0	0.3
举人	0.1	0.0	0.0	0.2	0.0	0.1	0.1	0.1	0.0	0.0	0.0	0.1
其他	22.7	21.1	21.3	27.2	24.9	22.8	26.3	19.7	22.5	28.2	24.2	24.0

官品	祖						父					
	具庆	慈侍	永感	重庆	严侍	合计	具庆	慈侍	永感	重庆	严侍	合计
仕元	0.6	0.6	0.8	0.0	0.3	0.5	0.0	0.1	0.0	0.0	0.0	0.0
封	6.3	7.9	6.3	10.7	7.0	7.4	1.9	1.1	1.9	0.5	2.2	1.6
赠	14.9	14.5	16.1	6.1	14.6	13.7	0.1	1.9	2.9	0.2	0.1	1.0
不详	0.4	0.7	0.6	0.8	0.3	0.6	1.7	1.1	0.9	1.5	1.2	1.4
总百分比	100	100	100	100	100	100	100	100	100	100	100	100

说明："其他"类包含了监生、贡生、寿官、义官等人物。各品散官均包含该品正从二级。

从总的情况看，在祖、父中，任官或具有其他身份的人数仅占样本总数的三分之一左右（祖30.1%，父36.9%）[51]。以父辈而言，在5770个案例中，具庆下占了40.4%，而其中又以"其他"、"未入流"、"正七品"、"从九品"所占的比例为多。由于数据太过于复杂，我们按一品至三品、四品至六品、七品至九品、其他，各取其均值，把它简化成4类，列表如下：

图表十二　祖、父辈存殁及职业分布表

类别	官品	祖						父					
		具庆	慈侍	永感	重庆	严侍	合计	具庆	慈侍	永感	重庆	严侍	合计
各等人数均值	一至三品	84	76	45	32	20	257	191	133	60	41	35	460
	四至六品	287	207	97	111	42	744	488	386	185	145	92	1296
	七至九品	448	291	136	162	77	1114	617	439	249	150	114	1569
	其他	1086	710	342	350	190	2678	1036	612	362	267	168	2445
	总计	1905	1284	620	655	329	4793	2332	1570	856	603	409	5770
占本等总数百分比	一至三品	32.7	29.6	17.5	12.5	7.8	100	41.5	28.9	13	8.9	7.6	100
	四至六品	38.6	27.8	13	14.9	5.6	100	37.7	29.8	14.3	11.2	7.1	100
	七至九品	40.2	26.1	12.2	14.5	6.9	100	39.3	28	15.9	9.6	7.3	100
	其他	40.6	26.5	12.8	13.1	7.1	100	42.4	25	14.8	10.9	6.9	100
	%	39.7	26.8	12.9	13.7	6.9	100	40.4	27.2	14.8	10.5	7.1	100
占各类总数百分比	一至三品	4.4	5.9	7.3	4.9	6.1	5.4	8.2	8.5	7	6.8	8.6	8
	四至六品	15.1	16.1	15.6	16.9	12.8	15.5	20.9	24.6	21.6	24	22.5	22.5
	七至九品	23.5	22.7	21.9	24.7	23.4	23.2	26.5	28	29.1	24.9	27.9	27.2
	其他	57	55.3	55.2	53.4	57.8	55.9	44.4	39	42.3	44.3	41.1	42.4
	%	100	100	100	100	100	100	100	100	100	100	100	100

由此表，我们大体上可以看出祖、父辈的职业分布情况。以具庆下而言，目前共找到2332个父亲任官或具有其他身份的案例，其中为一至三品官的有191人，占同类官总数的41.5%，

占本类具庆下总数的 8.2%。而其他仅享有低等功名或社会荣誉者（表中的"其他"类）则有1036 人，占同类总数的 42.4%，占本类具庆下总数的 44.4%。

观察这些数据，我们也发现在官品与存殁的类型之间的一些有趣现象。把"具庆下"、"重庆下"、"严侍下"三类反映父亲在世的数据合并，得到四类身份分别占本类总数的 58%、55.9%、56.2%、60.2%。这意味着，父亲为一至三品官和身份为"其他"类的，其平均生存率要高于父亲为三至六品、七至九品官的。

进一步延伸到祖父的职业身份，在祖父曾任一至三品官的家庭中，重庆下、具庆下的比例却并不高。仅从这种统计结果而言，任官与家长生存的时间长度并没有直接的联系。

但是，祖、父职业或身份不同的家庭，家长存殁的状况还是有相当大的不同，这当中究竟该如何进行解读，还需要进一步梳理。目前我们将一些基本数据呈现出来，权作抛砖引玉之用吧。

五 结 语

以上对明代进士及第时三代存殁情况进行了初步的梳理。与其说本文已经解决了一些问题，还不如说它呈现出了更多的疑问。从这种梳理中可以看出，进士及第时，上三代的生存情况有很大的差异。从整的情况看，来自父母俱存的家庭的进士占据了很高的比例，似乎显示了一个完整的家庭对其子弟最后的科举成功有着重要的支撑作用。但与此同时，来自丧父之家的进士为数也不少，又似乎显示出家庭中母亲的作用不可低估。而双亲俱存的家庭大量存在继母现象，也更加凸显了科举中的女性影响问题。此外，双亲俱存的家庭中，父亲任官或具有其他社会身份的，比例并不是非常高（具庆下总数 6473，其中父亲任官或有其他身份的仅有 2332 人，约占总数的36%），大量的进士来自平民家庭，其成才的途径依然需要进行探索。

以进士上三代是否有功名作为考察科举引起的社会流动水平的依据，是学术界比较常见的一种做法②，其中又以何炳棣先生的研究最富影响。虽然对其结论反对者也大有人在，也未能动摇何氏的看法。除了取样数量不及何氏外，反对者从家族、姻亲关系切入，蔓衍支离，直接证据不足，也是难以服人的原因之一。但很显然，纯粹从上三代有无功名来讨论社会流动也是有漏洞的。从本文的研究看，进士之家的构成形态以及因此需要更进一步梳理的女性问题，都可能构成对前述研究方式的质疑。资料梳理的路还很遥远，本文就权且作个引子吧。

---

① 关于这一点，限于文章篇幅，此处就不展开讨论了。根据我们目前掌握的资料，在各科进士中，本人或其父祖辈有传记的人所占的比例都极少，根本无法以科年为单位对该科进士上三代存殁情况进行完整分析。此外，虽然取传记进行抽样分析在相关研究中也不乏其人，但有传记流传下来的人物多数并非凡流，所以以传记作为样本还有需要讨论的地方。

② 《嘉靖二年进士登科录》。

③ 《菽园杂记》卷一。

④ 《朱舜水全集》卷一五《答小宅生顺问》，中国书店，1991 年影印本，第 207 页。

⑤ 《明史》卷七二《职官一》，中华书局，1974 年校点本，第 1736 页。

⑥ 《皇明通纪集要》卷三四，《四库禁毁书丛刊·史部》第 34 册，第 375 页。按：此事《明神宗实录》卷四六所载稍有不同。

⑦　Ping‐ti Ho, The Ladder of Success in Imperial China：Aspects of Social Mobility（1368 – 1911 年），New York：Columbia University Press，1962. p. 99.

⑧　《万历明会典》卷六《文官封赠》，广陵书社 2007 年影印本，第 124 – 125 页。

⑨　姚镆：《东泉文集》卷七，《四库存目丛书·集部》第 46 册，第 688 页。

⑩　据姚镆《赠通议大夫都察院右副都御史先君乐轩居士行状》云："弘治己未夏，幸遇朝廷举尊崇诏恩，获赠先君为承德郎、礼部祠祭司主事。今天子己未之元年春，复以举尊崇诏恩，称赠先君为通议大夫、都察院右副都御史。"于两次封赠时间记录甚明。见《四库存目丛书·集部》第 46 册，第 688 页。

⑪　《献征录》卷二〇，上海书店，1987 年影印本（下引此书版本同此），第 832 页。按：传文中"工部左侍郎"应作"工部右侍郎"，见翟銮所撰《墓志铭》。又《明世宗实录》卷二一："（嘉靖元年十二月）庚辰，升巡抚延绥右副都御史姚镆为工部右侍郎，督理易州山厂。"可证。

⑫　《四库存目丛书·集部》第 46 册，第 711 页。

⑬　《弘治六年进士登科录》。

⑭　林俊：《见素续集》卷一〇，文渊阁四库全书本。

⑮　《明孝宗实录》卷七二："（弘治六年二月）壬戌，礼部会试，取中式举人汪俊等三百名。"

⑯　《明孝宗实录》卷七三："（三月）庚辰，上御奉天殿策会试中式举人汪俊等三百名。"

⑰　李贤：《古穰集》卷一二《翰林院学士奉政大夫赠礼部左侍郎谥文懿吕公神道碑铭》，文渊阁四库全书本。

⑱　《献征录》卷一四，徐溥《光禄大年柱国太子太保户部尚书兼谨身殿大学士赠太保谥文和刘公珝神道碑铭》，第 451 – 452 页。

⑲　《抑庵文后集》卷四，文渊阁四库全书本。

⑳　《献征录》卷一四，李东阳《资善大夫太子少保礼部尚书兼翰林院学士赠资政大夫太子少傅谥文思彭公华墓志铭》，第 454 页。

㉑　《献征录》卷一四，黄佐《大学士丘公濬传》，第 465 – 466 页。

㉒　《倪文僖集》卷二九《敕赠承德郎南京工部主事吴公改葬墓誌铭》，文渊阁四库全书本。

㉓　《献征录》卷一五，李濂《光禄大夫柱国少保兼太子太保礼部尚书武英殿大学士赠太保谥文靖贾公咏行状》，第 537 页。

㉔　《献征录》卷一五，许成名《光禄大夫柱国少傅兼太子太傅礼部尚书谨身殿大学士石门翟公銮行状》，第 543 页。

㉕　《献征录》卷一七《大学士李先生自状》，第 715 页。

㉖　《献征录》卷九二，第 3983 页。按：复斋，秦文之父彦彬之号。

㉗　《献征录》卷三六，第 1506 页。

㉘　《嘉靖十一年进士登科录》。

㉙　《嘉靖二十三年登科录》。

㉚　令人奇怪的是，这一点无法从登科录上所记载的殿试年龄上获得证明。我们统计了 4494 个年龄在 36 岁以上（含 36）的进士数据，结果发现高年龄大量集中在成化到嘉靖期间，而万历年间反而寥寥。这种反常，从侧面证明了在明代后期，登科录上的年龄可能作伪的现象比较严重。

㉛　这是按进士人头来计算的。实际上，一个进士可能有几个继母，本文的统计未重复计算。另外，因为建文二年、万历十四年继母数据残缺，统计时剔除了这两科。

㉜　如杨士奇《东里续集》卷三《三乐斋记》："余早失怙，赖母氏教育。"

㉝　前母是继室之子女对父亲前妻的称呼，先母应指亡母，嫡母是妾之子女对父亲正妻的称呼，生母是庶子或出继之子对生身之母的称呼，慈母是妾之子对抚养自己成长的庶母的称呼。前母、先母、继母都标示了存亡的明确信息，嫡母、母和生母则可能并存于世。如正统元年进士王忠，中式时家长存殁情况为"慈侍下"，母亲情况为"嫡母李氏，生母林氏"。检王直《抑庵文集》（文渊阁四库全书本）卷一〇《进士王忠母李氏墓志铭》，内称："母性仁厚不忮忌，自以无子，朝夕祷于祖考曰：'愿宗祀有

继。’及忠兄弟生，母抚育如己出。忠长，受业郡庠，母教诲甚至，礼待师友尤厚。……吾父卒于宣德癸丑，母哀恸几绝，每自称未亡人。正统五年庚申十二月二十一日卒，年六十七。”可见王忠中式时，嫡母李氏和生母林氏可能都在世。登科录中，嫡母、生母信息的载录于此可见一斑。

㉞ 《献征录》卷一三，雷礼《资善大夫太子少师户部尚书兼翰林院学士尚约萧公镃传》。

㉟ 王直：《抑庵文集》卷一〇《故山东盐运副使萧公妻郭氏墓志铭》。

㊱ 程敏政：《篁墩文集》卷四六《资德大夫正治上卿掌通政使司事太子少保礼部尚书致仕张公墓志铭》。按："继张氏"，据《成化五年进士登科录》，当作刘氏。

㊲ 《正统七年进士登科录》。

㊳ 《成化五年进士登科录》。

㊴ 王慎中：《遵岩集》卷一三《池州知府曾惭溪公墓志铭》，文渊阁四库全书本。

㊵ 《嘉靖二十三年进士登科录》。

㊶ 王世贞：《弇州四部稿》卷六三，文渊阁四库全书本。

㊷ 何瑭《椒丘文集》卷一二《寿孙母太淑人诗序》，文渊阁四库全书本。

㊸ 李东阳：《怀麓堂集》卷四七《乐亭知县蒋原用墓志铭》，文渊阁四库全书本。

㊹ 康海：《对山先生集》卷一一《吕母太孺人王氏寿诗序》，明嘉靖刻本。

㊺ 薛应旂：《方山先生文录》卷一二《胡母张太孺人寿序》，四库存目丛书本。

㊻㊼ 《方山先生文录》卷一二《王母曾太孺人寿序》。

㊽ 李贤：《古穰集》一七《资善大夫刑部尚书刘公墓志铭》，文渊阁四库全书本。

㊾ 《椒丘文集》卷二六《处士胡君允恭哀辞》。

㊿ 刘宗周：《刘蕺山集》卷一三《征士印台章公墓志铭》，文渊阁四库全书本。

(51) 这是祖、父单独统计的结果，非两类去除重叠后的累计值。根据统计，样本中，曾祖、祖、父三代任官或具有其他身份的人数为8003人，占总数的51.2%。祖、父叠加的人数为7539，占48.2%。

(52) 关于这一方面，请参看钱茂伟《国家、科举与社会——以明代为中心的考察》第五章，北京图书馆出版社，2004年版。郑若玲：《科举、高考与社会之关系研究》，第157－169页，华中师范大学，2007年版。

张廷玉《明史·职官志》考误

郭培贵

（辽宁师范大学历史文化学院）

张廷玉《明史》卷七二至七六为《职官志》，是系统记载有明一代中央和地方文武官制的专篇文献。由于其列于"二十四"史，处于"正史"地位，特别是自问世以来一直被人们评价为"二十四史"中仅次于"前四史"的上乘之作，故其影响之大不言而喻。但因当时纂修者的学识局限以及疏忽等原因，也不可避免地存在诸多讹误。虽经学术界的一再考订纠谬①，仍难免有大量遗漏之处。适逢国家正在实施"中华书局点校本'二十四史'及《清史稿》修订工程"之际，笔者谨将其中新发现的讹误或不确之处考证如下，期盼学界同仁予以批评和指正，以便在修订中及时采进。本文依据 1974 年中华书局点校本《明史》，引录《志》文俱于文后括号内标注其所在卷数、页码和行数。

一 记时讹误

1. 景泰中，王文始以左都御史进吏部尚书，入内阁。自后，诰敕房、制敕房俱设中书舍人。（卷 72 页 1734 行 6 至 7）

按：此沿自王鸿绪《明史稿》志五四《职官一》和万斯同《明史》卷六九《职官上》②，所述不确。本书卷七四《职官三》载："宣德间，内阁置诰敕、制敕两房，皆设中书舍人。"又载："永乐初，命内阁学士典机务，诏册、制诰皆属之，而誊副、缮正，皆中书舍人入办，事竣辄出。宣德初，始选能书者处于阁之西小房，谓之'西制敕房'。而诸学士掌诰敕者居阁东，具稿付中书缮进，谓之'东诰敕房。'"③尹直《謇斋琐缀录一·翰林故事》也载："永乐初，选翰林文学之臣六七人直文渊阁，参典机务，诏册制诰皆属之，而誊副、缮正，则中书分直更入，事竣辄出。宣德间，三杨诸先生始置厨馔于阁之东偏，而选能书者处以阁之西小房，谓之'西制敕房'。诸学士则居阁之东五楹，专管诰敕具稿，定正于阁老，乃付中书缮进，谓之'东诰敕房'。"孙承泽《春明梦余录》卷二八《中书科》、《钦定日下旧闻考》卷六二《官署一》、《钦定续通典》卷二五《职官·宰相并官属》亦俱有同载④。可见，"诰敕房、制敕房俱设中书舍人"，不始自景泰中王文入阁之后，而始自"宣德间"。

2. （永乐）十八年定都北京。（卷 72 页 1739 行 1，又见本书卷 74 页 1801 倒行 2 至 1）

按：此沿自王鸿绪《明史稿》志五四《职官一》和万斯同《明史》卷六九《职官上》⑤，误。明朝正式定都北京的时间应该是"永乐十九年"，而非"十八年"。如本书卷七《成祖纪》载："永乐十八年九月丁亥，诏自明年改京师为南京、北京为京师。"同书卷七六《职官五》又载："永乐十九年，迁都北京。"《明太宗实录》卷二二九"永乐十八年九月丁亥"条则有更为详细的记载："上命行在礼部，自明年正月初一日始，正北京为师，不称行在，各衙门印有'行在'字者悉送印绶监，令预遣人取；南京衙门皆加'南京'二字，别铸印遣人赍给。"同书卷二三一"永乐十八年十一月丁卯"条也载："上谓行在兵部尚书方宾曰：'明年改行在所为京师'。"《弇山堂别集》卷五一《工部尚书表》、《南京太仆寺志》卷七《官寺》及王圻《续文献通考》卷八六《集贤院》亦载："永乐十九年，定鼎北京。"《留台杂记》卷一《院台沿革》载："永乐十九年，乘舆北都，于北京去'行在'二字，改本院为南京都察院。"《马政纪》卷三《俵马三》载："永乐十九年，都北京。"《钦定大清一统志》卷四《顺天府》载北京"永乐十九年，始称京师"⑥。俱证"十八年"为"十九年"之误。

3. 天启元年置辽东经略。（卷 73 页 1773 行 12）

按：此沿自王鸿绪《明史稿》志五五《职官二》和万斯同《明史》卷六九《职官上》⑦，然"辽东经略"一职事实上早在万历四十六年就已设置。据《明神宗实录》卷五六八"万历四十六年四月戊午"条载："从部推，点用兵部侍郎杨镐为辽东经略。以昔曾巡抚其地，熟谙虏情故也。"另外，同书卷五七〇"万历四十六年五月丙午"条、卷五七七"万历四十六年十二月壬戌"条、卷五八五"万历四十七年八月壬申"条和《明光宗实录》卷五"泰昌元年八月丙辰"条、《明熹宗实录》卷一"泰昌元年秋九月乙酉"条也皆有"辽东经略"一职的记载⑧，俱证"天启元年"应为"万历四十六年"之误。

4. 经略之名，起于万历二十年宋应昌暨后杨镐。（卷 73 页 1773 行 12 至 13）

按：此沿自王鸿绪《明史稿》志五五《职官二》和万斯同《明史》卷六九《职官上》⑨，然"经略"在明代作为官称至迟起于弘治时，而非"起于万历二十年"。据《明孝宗实录》卷一六八"弘治十三年十一月丁丑"条、卷二二二"弘治十八年三月己亥"条，《明世宗实录》卷四"正德十六年七月辛亥"条、卷三七二"嘉靖三十年四月壬午"条，《明穆宗实录》卷一二"隆庆元年九月癸酉"条和《明神宗实录》卷二二八"万历十八年十月己巳朔"条、卷二三二"万历十九年二月壬申"条载，弘治时有"经略紫荆关都御史"、"经略边务太常寺少卿"，正德、嘉靖时有"经略东西边关都察院左副都御史"、"经略京城内外都察院左副都御史"，隆庆时有"经略边事兵部左侍郎兼都察院右都御史"，万历十八、十九年分别有"经略尚书"、"经略陕西宣大山西等处边务尚书"等官称的出现⑩。俱证《志》言"经略之名起于万历二十年"之不确。至于宋应昌任经略一事，据《明神宗实录》卷二五一载，是万历二十年八月，命其以"兵部右侍郎"职衔"往保、蓟、辽东等处经略备倭事宜"，而与万历四十六年专任"兵部侍郎杨镐为辽东经略"非属一事⑪。

5. 巡抚辽东地方赞理军务一员，正统元年设。（卷 73 页 1777 行 5）

按：此沿自王鸿绪《明史稿》志五五《职官二》、万斯同《明史》卷六九《职官上》和万历《明会典》卷二〇九《督抚建置》⑫，但《明英宗实录》卷一二载"辽东巡抚"始设时间及其缘由为："宣德十年十二月丁未，命行在都察院右佥都御史李濬巡抚辽东。先是，行在户部、兵部奏辽东等处地方广远，宜得大臣巡抚。上命廷臣推举。至是，举濬以闻，遂有是命。"⑬《国榷》卷二三也载"宣德十年十二月丁未，行在右佥都御史李濬巡抚辽东"⑭。在以上诸书中，《明英宗实录》是成书最早的，且作为编年体史书，在记时方面显然具有更高的可靠性，故"正统元年"当为"宣德十年"之误。另据《明宪宗实录》卷四八载："成化三年十一月丙寅，敕辽东巡抚右佥都御史张岐赞理军务，仍兼巡抚。"《国榷》卷三五"成化三年十一月丙寅"条也有同载⑮。可见，辽东巡抚至成化三年才加"赞理军务"，并非始设之时就赞理军务。

6. 庶吉士，自洪武初有六科庶吉士。十八年以进士在翰林院、承敕监等近侍俱称庶吉士。（卷 73 页 1788 行 8 至 9）

按：此沿自王鸿绪《明史稿》志五五《职官二》、万斯同《明史》卷六九《职官上》⑯，其认为"六科庶吉士"产生于洪武"十八年"之前的"洪武初"，不确；且"近侍"后应补"衙门"二字。《明太祖实录》卷一七二载明代庶吉士出现于"洪武十八年三月丙子"日，且载其缘由曰："其诸进士，上以其未更事欲优待之，俾之观政于诸司，给以所出身禄米，俟其谙练政体，然后擢任之，其在翰林院、承敕监等近侍衙门者，采《书》经'庶常吉士'之义，俱称为庶吉士。"⑰其中明确界定凡"观政于近侍衙门"的进士"俱称为庶吉士"，但为行文简略，"近侍衙门"只列出了"翰林院"和"承敕监"，其它属于"近侍"的衙门则用"等"字省略了。而在被省略的近侍衙门中是否包含"六科"呢？对此，《明太祖实录》卷一三九"洪武十四年冬十月壬申"条有以下记载："通政使司、光禄司、翰林院、尚宝司、考功监、给事中、承敕郎、中书舍人、殿廷仪礼司、磨勘司判禄司、东宫官，俱为近侍。"⑱虽未明列"六科"，但其中的"给事中"就分属吏、户、礼、兵、刑、工六科，则"六科"当属近侍衙门无疑。另，《明太宗实录》卷二九"永乐二年三月甲子"条也载永乐皇帝对"六科给事中"说"尔等职居近侍"。明确肯定六科属于近侍衙门。故本书卷三《太祖纪三》载"洪武十八年三月丙子，初选进士为翰林院、承敕监、六科庶吉士"⑲，完全肯定"六科庶吉士"与"翰林院、承敕监"庶吉士一样都是开始出现于洪武十八年；且本书卷七〇《选举二》、《翰林记》卷三《庶吉士铨法》和《弇山堂别集》卷一二《异典述七·更定旧官》亦俱有同载⑳。依据上述，《志》文应改为："庶吉士，始自洪武十八年，凡进士在翰林院、承敕监、六科等近侍衙门观政者，俱称为庶吉士。"

7. 万历以后，掌教习者，专以吏、礼二部侍郎二人。（卷 73 页 1788 行 8）

按：此沿自王鸿绪《明史稿》志五五《职官二》、万斯同《明史》卷六九《职官上》㉑，不确。"万历"当为"嘉靖"。据《弇山堂别集》卷八二《科试考二》、卷八三《科试考三》，嘉靖间共考选了七科庶吉士㉒。又据《明世宗实录》卷六三"嘉靖五年四月癸丑朔"条、卷一四三"嘉靖十一年十月甲申"条、卷一七四"嘉靖十四年四月戊申"条、卷二五七"嘉靖二十一年正月乙巳"条、卷二六九"嘉靖二十一年十二月癸丑"条、卷三四五"嘉靖二十八年二月戊午"条、卷三九八"嘉靖三十二年五月丁未"条、卷四〇二"嘉靖三十二年九月壬戌"条、卷五四九"嘉靖四十四年八月丁丑"条、卷五五七"嘉靖四十五年四月癸酉"条和《弇山堂别集》卷八三《科试考三》载，嘉靖五年庶吉士，"命吏部右侍郎温仁和兼翰林院学士同詹事董玘教习"；嘉靖十一年庶吉士，"升礼部右侍郎顾鼎臣为吏部左侍郎仍兼翰林院学士掌詹事府事专管教习"；嘉靖十四年庶吉士，"升侍郎顾鼎臣礼部尚书兼翰林院学士仍掌詹事府事教习"；嘉靖二十年庶吉士，以"吏部左侍郎兼翰林院学士张潮教习"，后"升张潮为礼部尚书掌詹事府事仍教习"；嘉靖二十六年庶吉士，"命吏部左侍郎翰林院学士张治及吏部左侍郎兼学士徐阶教习"；嘉靖三十二年庶吉士，"命掌詹事府事吏部左侍郎兼翰林院学士程文德教习"，又"命礼部左侍郎闵如霖兼翰林院学士同教习"；嘉靖四十四年庶吉士，"改礼部左侍郎高仪为吏部左侍郎兼翰林院学士教习"，又"命詹事府掌府事吏部左侍郎兼翰林院学士秦鸣雷教习"。㉓由上胪列资料可知，至迟自嘉靖二十六年后，明廷就已专以吏、礼二部侍郎掌教习庶吉士，而非迟至"万历以后"。故"万历"当改为"嘉靖"。

8. 起居注，……至万历间，命翰林院官兼摄之。已复罢。（卷 73 页 1788 倒行 2 至页 1789 行 1）

按：此沿自王鸿绪《明史稿》志五五《职官二》、万斯同《明史》卷六九《职官上》㉔；《汉语大词典》释"已"为"随后"、"旋即"之意㉕；此言「已复罢」，不确。在《明熹宗实录》

卷四"泰昌元年十二月戊辰"条所载当时礼部上呈的《冠礼仪注》中，就有关于"起居注"官应遵礼仪的规定；同书（梁本）卷三九"天启四年二月己亥"条也有"翰林编修陈子壮、方逢年、刘必达、陈具庆、倪元璐充起居注"的记载㉖；在《崇祯长编》卷一七"崇祯二年己巳正月丁卯"条所载"原任大学士顾秉谦疏言"中，也有其自述在天启首辅任上"无裨时事，徒伤国体；然每事补救，备载起居、实录中，班班可考"的内容㉗。以上史料都说明天启时仍有起居注。自万历三年二月明廷建立翰林院官兼摄起居注之制㉘，至天启朝已实行了五十多年，故言其"已复罢"，显然不确。

9. 崇祯三年，授先儒程颢裔孙接道。（卷 73 页 1791 行 8）

按：此误。据《崇祯长编》卷六二载："崇祯五年八月己巳，准宋儒程颢、邵雍嫡派程佳瑛、邵继祖子程接道、邵养醇俱袭五经博士，以佳瑛、继祖奉旨世袭，未及拜爵身故也。"《河南通志》卷四六《先贤世袭·明》也载："程接道，伊川二十二代孙，崇祯五年，巡按李日宣奏准伊川后裔继明道嗣，接道因授五经博士。"㉙由上可知，"崇祯三年"应为"崇祯五年"之误。

10. 建文时，南郊祠祭署为郊坛祠祭署，已又改为天地坛祠祭署。（卷 74 页 1797 行 6 至 7）

按：此沿自王鸿绪《明史稿》志五六《职官三》、万斯同《明史》卷六九《职官上》㉚，但所载"建文时"，不确。据《明太宗实录》卷一〇上载："洪武三十五年秋七月丁亥，礼部言建文中改天地坛祠祭署为南郊祠祭署，……上命泗州、宿州、山川坛籍田祠祭署仍复旧制；天地坛祠祭署定为郊坛祠祭署。"㉛其中，"洪武三十五年"虽然就是"建文四年"，但因成祖已于此年六月已巳即皇帝位，所以，其中的"上命"实为成祖所命，也即改"南郊祠祭署为郊坛祠祭署"实为成祖即位之初所为。又据《明太宗实录》卷一一一载，可知"改郊坛祠祭署复为天地坛祠祭署"更是永乐八年的事情㉜。《太常续考》卷一《冬至圜丘事宜》也载："国初置天地坛祠祭署，奉祀、祀丞各一员。后改称南郊祠祭署。永乐中，……改称郊坛祠祭署，已复称天地坛祠祭署。"㉝由上可知，"建文时"当改为"成祖初"。

11. 洪武……十一年，建神乐观于郊祀坛西。（卷 74 页 1818 行 1 至 2）

按：此沿自王鸿绪《明史稿》志五八《职官五》、万斯同《明史》卷七〇《职官下》㉞，误。但王鸿绪《明史稿》志五六《职官三》、万斯同《明史》卷六九《职官上》又俱载"洪武十二年，置神乐观"㉟。《明太祖实录》卷一二二则对始建神乐观的时间及其原由做了更为详备的记载："洪武十二年二月戊申，建神乐观。上以道家者流务为清净，祭祀皆用以执事，宜有以居之，乃命建神乐观于郊祀坛西。"㊱正德《明会典》卷一七八《神乐观》、万历《明会典》卷二二六《神乐观》也俱载："洪武十二年，置神乐观。"㊲乾隆《钦定续文献通考》卷一〇三《乐考》和《钦定续通典》卷四七《礼·郊天·明》亦都载"洪武十二年，建神乐观于郊坛之西"㊳。皆证"十一年"之误。

12. 宣德四年，特设内书堂，命大学士陈山专授小内使书，而太祖不许识字读书之制，由此而废。（卷 74 页 1826 倒行 2 至 1）

按：此沿自王鸿绪《明史稿》志五八《职官五》、万斯同《明史》卷七〇《职官下》㊴，然早在大学士陈山之前，明朝就已命词臣"专授小内使书"。也即《明宣宗实录》卷一九载："宣德元年秋七月甲午，改行在刑部陕西清吏司主事刘翀为行在翰林院修撰。翀，永乐中为给事中，尝侍上讲读，有言翀之兄尝被刑，翀不宜侍近，遂改交阯九真州判官。翀会父丧归。上即位，翀服阕来朝，以为刑部主事。至是，礼部侍郎张瑛荐其才，遂改修撰，仍给主事禄，令专授小内使书。"顾炎武在其《日知录》卷九《宦官》中言"宣德中乃有内书堂之设"，也是首引《实录》此则史料为例。《御批历代通鉴辑览》卷一〇三亦明确记载"宣德元年秋七月，始立内书堂。洪武中，设内官监典簿掌文籍，以通书筹，小内使为之，又设尚宝监掌玉宝图书，皆仅识字不明其义。及永乐时，始令听选教官入内教习。至是，开书堂于内府，改刑部主事刘翀为翰林修撰专授小内使书。其后，大学士陈山、修撰朱祚俱专是职。"㊵《志》文既以选授词臣"专授小内使书"作为内书堂设立之标志，则"宣德四年"应为"宣德元年"之误。

13.（洪武）二十七年又重定（宫官）品职。（卷74页1829行4至5）

按："二十七年"，误。王鸿绪《明史稿》志五八《职官五》、万斯同《明史》卷七〇《职官下》俱载为"洪武二十八年重定（宫官）品秩"㊶。《明太祖实录》卷二四一"洪武二十八年九月辛酉"条、王圻《续文献通考》一〇三《内职》也皆载"洪武二十八年，重定宫官六尚品职"㊷。《御定渊鉴类函》卷五七《后妃部一》则载为"洪武二十八年，重定宫官六尚为正五品"㊸。俱证"二十七年"当为"二十八年"之误。

14. 万历间，周府设宗正一人。（卷75页1838行7至8）

按：此沿自王鸿绪《明史稿》志五八《职官五》、万斯同《明史》卷七〇《职官下》㊹，误。据《明穆宗实录》卷四四载："隆庆四年四月辛亥，以镇平王府镇国中尉睦？为周府宗正，广安王载堂为赵府宗正，偃城王府镇国将军宙槙为唐府宗正，归德王载壿为崇府宗正，从河南抚按官举也。郑府及方城、万安、建德等府宗室鲜少，各以其教授领之。"㊺可见，早在隆庆四年，不仅周府宗学已设宗正一职，而且赵府、唐府、崇府的宗学也俱设宗正。"万历"当为"隆庆"之误。

15. 正统四年，革甘肃苑马寺。（卷75页1846行9至10）

按：此沿自王鸿绪《明史稿》志五七《职官四》、万斯同《明史》卷七〇《职官下》㊻，误。据《明英宗实录》卷二七载："正统二年二月戊子，革甘肃苑马寺，并甘肃所牧马隶陕西苑马寺，从右佥都御史罗亨信言也。"㊼《钦定续文献通考》卷一三三《兵考·马政》也载："正统二年，革甘肃苑马寺，并隶陕西苑。"㊽可见，"正统四年"当为"正统二年"之误。

16. 自宣德三年弃交阯布政司。（卷75页1850行4）

按：此沿自王鸿绪《明史稿》志五七《职官四》、万斯同《明史》卷七〇《职官下》㊾，误。本书卷九《宣宗纪》载："宣德二年冬十月戊寅，王通弃交阯，与黎利盟。十一月乙酉，赦黎利，遣侍郎李琦、罗汝敬立陈暠为安南国王，悉召文武吏士还。"㊿同书卷一五四《王通传》亦载："宣德二年十二月，通令太监山寿与陈智等由水路还钦州，而自帅步骑还广西，至南宁始以闻。会廷议厌兵，遂弃交阯，交阯内属者二十余年，前后用兵数十万，馈饷至百余万，转输之费不与焉。至是弃去，官吏军民还者八万六千余人。"○51《明宣宗实录》卷三三也载："宣德二年十一月乙酉朔，命行在礼部左侍郎李琦、工部右侍郎罗汝敬为正使，通政司右通政黄骥、鸿胪寺卿徐永达为副使，赍诏抚谕安南。诏曰：……总兵官成山侯王通等即率官军各回原卫所，交阯都司、布政司、按察司卫所府州县文武官吏旗军人等各带家属回还，镇守公差内官内使悉皆回京。"○52由上可知，明廷弃交阯布政司是在"宣德二年"，而非"宣德三年"。

17.（永乐）十八年，除"行在"字，在应天者加"南京"字。（卷76页1858行6）

按：此沿自王鸿绪《明史稿》志五八《职官五》、万斯同《明史》卷七〇《职官下》和正德《明会典》卷一七九《中军都督府》○53，误。据《明太宗实录》卷二二九"永乐十八年九月丁亥"条载："上命行在礼部，自明年正月初一日始，正北京为师，不称'行在'，各衙门印有'行在'字者悉送印绶监，令预遣人取；南京衙门皆加'南京'二字，别铸印遣人赍给。"其中的"各衙门"，自然包括北京所有的文、武衙门。同书卷二三一"永乐十八年十一月丁卯"条也载："上谓行在兵部尚书方宾曰：'明年改行在所为京师'。"○54即也自永乐十九年开始，原为行在之处的北京成为京师，其各文、武衙门一律除"行在"二字。由上可知，"永乐十八年"应为

"永乐十九年"之误。

18. 洪武二年，置刻期百户所，选能疾行者二百人，以百户领之。（卷76页1874倒行3）

按：此沿自王鸿绪《明史稿》志五八《职官五》、万斯同《明史》卷七〇《职官下》⑤，误。据《明太祖实录》卷三二载："洪武元年六月丙寅，置刻期百户所，初选卒伍中能疾行者二百人，谓之刻期，以通捷报。至是，立百户所，以张德成为百户领属之。"⑥可知，"洪武二年"应为"洪武元年"之误。

19. （洪武）二十三年，又设军民指挥使司、军民千户所。（卷76页1875行3）

按：此沿自王鸿绪《明史稿》志五八《职官五》、万斯同《明史》卷七〇《职官下》⑰。据《明太祖实录》卷一二五"洪武十二年秋七月丁未、卷一三七"洪武十四年六月戊辰"条、卷一四三"洪武十五年闰二月己亥"条、卷一五九"洪武十七年二月甲申"条、卷一八〇"洪武二十年春正月甲子"条、卷一九五"洪武二十二年三月癸巳"条载，早自洪武十二年开始，至二十三年之前，明廷就已先后设立了河州、施州卫、岷州卫、曲靖、平越卫、松潘、普安等军民指挥使司⑱。又据同书卷五四"洪武三年秋七月丙申"条、卷五六"洪武三年九月己丑"条、卷一四四"洪武十五年夏四月乙巳"条、卷一九七"洪武二十二年九月辛未"条，自洪武三年至二十二年，明廷还先后设立了忙忽、官山、西固城、龙州等军民千户所⑲。故《志》以"洪武二十三年"作为明代军民指挥使司和军民千户所设置之始年，不确。

二　脱文、衍文或字误

1. 凡上之达下，曰诏，曰诰，曰制，曰册文，曰谕，曰书，曰符，曰令，曰檄。（卷72页1732行6至7）

按：此沿自王鸿绪《明史稿》志五四《职官一》、万斯同《明史》卷六九《职官上》⑳，但在"曰制"和"曰册文"之间有脱文。正德《明会典》卷一七四《翰林院》、万历《明会典》卷二二一《翰林院》俱载"凡内阁所掌"有"制敕、诏旨、诰命、册表、宝文、玉牒、讲章、碑额及题奏、揭帖等项"㉑。其中属"上之达下"者，皆有"敕"一项。郑晓《吾学编》卷六五下《百官述》上卷、王圻《续文献通考》卷九〇《殿阁大学士》、张岱《石匮书》卷二八《百官志》、孙承泽《春明梦余录》卷二三《内阁一》、《御定渊鉴类函》卷六九《殿阁总载一》俱载明代内阁职掌"凡上所下：一曰诏，二曰诰，三曰制，四曰敕，五曰册文，六曰谕，七曰书，八曰符，九曰令，十曰檄"㉒。章潢《图书编》卷八四《皇朝爵禄沿革历代总考》、傅维鳞《明书》卷六五《职官志一》也与《吾学编》等文献一样载明代内阁职掌"凡上所下"文体共十种，且名称、顺序与《吾学编》等文献完全相同，都把"敕"置于第四位㉓。俱证《志》文在"曰制"和"曰册文"之间脱"曰敕"二字，当补之。

2. 置四辅官，告太庙，以王本、杜祐、龚敩为春官。（卷72页1733行9）

按：此沿自王鸿绪《明史稿》志五四《职官一》、万斯同《明史》卷六九《职官上》，㉔但"祐"当为"佑"。本书卷二《太祖纪二》载："洪武十三年九月丙午，置四辅官，告于太庙，以儒士王本、杜佑、龚敩……为春、夏官。"同书卷一三七《安然传》亦载为"杜佑"㉕。《明太祖实录》卷一三三载："洪武十三年九月丙午，始置四辅官，告太庙，以王本、杜佑、龚敩为春官。"同书卷一三四"洪武十三年冬十月戊午朔"条、《明太祖宝训》卷三《任官》、《弇山堂别集》卷一〇《异典述五·布衣超擢》以及项笃寿《今献备遗》卷五《陈遇》也俱载为"杜佑"⑥，确证"祐"当为"佑"之误。

3. 从六品，初授承务郎，升授儒林郎，吏材干出身授宣德郎。（卷72页1736倒行2至1）

按：此沿自王鸿绪《明史稿》志五四《职官一》、万斯同《明史》卷六九《职官上》⑥，但在"升授儒林郎"前有脱文。据《明太祖实录》卷二二二"洪武二十五年十一月丙午"条载："从六品，初授承务郎；儒升授儒林郎，吏材干宣德郎。"⑥正德《明会典》卷八《吏部七·验封清吏司》、《钦定续文献通考》卷六二《职官考·文散官》俱载为："从六品，初授承务郎；升授儒林郎（儒出身）、宣德郎（吏才干出身）。"⑥万历《明会典》卷六《散官》所载则最为详备："从六品，初授承务郎；升授儒林郎（儒士出身）、宣德郎（吏才干出身）。"⑦由上可知，《志》文在"升授儒林郎"之前脱漏"儒出身"或"儒士出身"，当补之。

4. 正七品，初授承事郎，升授文林郎，吏材干授宣议郎。（卷72页1736倒行1）

按：王鸿绪《明史稿》志五四《职官一》、万斯同《明史》卷六九《职官上》俱载为"正七品，初授承事郎，升授文林郎，吏出身授宣议郎"⑦。从下引史料可知，《志》文把王、万二书的"吏出身"改为"吏材干"，虽更为准确，但在"升授文林郎"前仍有脱文。据《明太祖实录》卷二二二"洪武二十五年十一月丙午"条载："正七品，初授承事郎，儒升授文林郎，吏材干宣义郎。"⑦正德《明会典》卷八《吏部七·验封清吏司》、《钦定续文献通考》卷六二《职官考·文散官》俱载为："正七品，初授承事郎，升授文林郎（儒出身）、宣义郎（吏才干出身）。"⑦万历《明会典》卷六《散官》则载为："正七品，初授承事郎，升授文林郎（儒士出身）、宣议郎（吏才干出身）。"⑦由上可知，《志》文在"升授文林郎"之前脱漏"儒"或"儒士"，当补之。

5. 福建司带管顺天府，在京燕山左、武骧左、武骧右、骁骑右、虎贲右、留守后、武成中、茂陵八卫。（卷72页1741倒行1）

按：此句所述"八卫"，误；且有脱文。王鸿绪《明史稿》志五四《职官一》、万斯同《明史》卷六九《职官上》俱载户部"福建清吏司带管北京虎贲右等九卫"⑦。万历《明会典》卷一四《户部十三司职掌》也载作"九卫"，且具体载为"骁骑右卫、虎贲右卫、武成中卫、留守后卫、茂陵卫、通州右卫、燕山左卫、武骧左卫、武骧右卫"⑦。比《志》文多出"通州右卫"；正德《明会典》卷一六《户部一》所载福建司带管的在京"九卫"中也有"通州右卫"⑦。由此可知，《志》文"八卫"应为"九卫"之误，当改之；所脱"通州右卫"，当补之。

6. 凡传制、诰，开读诏、敕、表、笺及上下百官往来移文，皆授以程式焉。（卷72页1746行9）

按：此沿自王鸿绪《明史稿》志五四《职官一》、万斯同《明史》卷六九《职官上》⑦，然，"表"字前阙动词。据万历《明会典》卷七四《礼部·颁诰敕》，可知"诏、敕"分别为皇帝颁发命令的不同文体，每到之处，官员须行"开读迎接"礼⑦。又据同书卷七五《礼部·表笺仪式》，可知"表"是亲王和群臣对皇帝、太皇太后、皇太后表达节日祝贺或向皇帝表示谢恩的专用文体，"笺"则是亲王和群臣对皇后、皇太子表达节日祝贺的专用文体。洪武二十六年定，"凡进表、笺，天寿圣节，在外五品以上衙门止进表文一通；正旦、冬至，拜进皇帝表文、中宫笺文、东宫笺文各一通。在外各王府并各布政司、按察司及直隶府州表笺，俱各差官赍进礼部；各州表笺进于各府；各府进于布政司；其余五品以上衙门隶布政司者亦进于布政司，布政司差官类进礼部。其各都司及直隶卫所差官赍进五军都督府。至日，礼部官以各处所进表、笺目，通类奏闻。"⑧可见，"表、笺"与"诏、敕"性质不同，不能共同作为"开读"的宾语；具体而言，"开读"只能作为"诏、敕"的谓语，而"表、笺"的谓语则只能是"进"、"拜进"、"进呈"

或"上"等。考虑到该句中已有"上"字，又为与"开读"对应，故应在"表"字前补"拜进"或"进呈"二字。另，本书 1974 年点校本于"敕"、"表"二字间加顿号，而依上述，"表"字前既补"进呈"二字，则应把"敕"后的顿号改为逗号，以示"拜进表、笺"与"传制、诰"和"开读诏、敕"皆为并列关系。

7. **山东司带管……直隶凤阳府，滁州，凤阳、皇陵、长淮、泗州、寿州、滁州、沂州、德州、德州左、保定后各卫，安东中护卫，潮河、龙门、宁靖各千户所。**（卷72 页 1756 行 4 至 7）

按：此句讹误有二：其一，据本书本卷下文、万历《明会典》卷一五九《刑部一·十三司职掌》，"德州卫"不由山东司带管，而由贵州司带管[⑧]，此处应为衍文，当删之。其二，据万历《明会典》卷一五九《刑部一·十三司职掌》，"潮河"当为"潮河川"；《明孝宗实录》卷二〇七也载："弘治十七年正月庚寅，改密云中卫后所为潮河川千户所，以便防御。"[⑧]皆证"潮河"后脱"川"字，当补之。另，本书 1974 年点校本把"滁州"和"凤阳"二者点以顿号，也误。因据万历《明会典》卷一五九《刑部一·十三司职掌》，"凤阳"为卫名，而此处"滁州"则是州名，二者非并列关系，故应点为逗号，本文径改之。

8. **后增设营膳司员外郎二人，……营膳司主事三人。**（卷72 页 1759 行 10）

按：据本书该句上下文、万历《明会典》卷一八一《工部一》[⑧]，该句二处"膳"字，皆误，俱应为"缮"，当改之。

9. **山西道协管……平定、蒲州二千户所。**（卷73 页 1771 行 3）

按："平定"后有脱文。正德《明会典》卷一六四《都察院一·十三道带管衙门·山西道》、万历《明会典》卷二〇九《都察院·各道分隶·山西道》俱载为"平定州千户所"[⑧]；《明英宗实录》卷一一〇"正统八年十一月戊辰"条、《明宪宗实录》卷一八七"成化十五年二月乙卯"条也皆载为"平定州千户所"[⑧]。可见，"平定"后脱"州"字，当补之。

10. **山东道协管……洪塘千户所。**（卷73 页 1771 行 6）

按："洪塘"后有脱文。正德《明会典》卷一六四《都察院一·十三道带管衙门·山东道》、万历《明会典》卷二〇九《都察院·各道分隶·山东道》俱载为"洪塘湖千户所"[⑧]；《明宪宗实录》卷一二六"成化十年三月壬子"条也载为"洪塘湖千户"[⑧]。可见，"洪塘"后脱"湖"字，当补之。

11. **成化二年置提督誊黄右通政，不理司事，录武官黄卫所袭替之故，以征选事。**（卷73 页1781 行 6）

按：此沿自王鸿绪《明史稿》志五五《职官二》、万斯同《明史》卷六九《职官上》[⑧]，然在"录武官黄"和"卫所"、"卫所"和"袭替"之间俱有严重阙漏。对此，郑晓《吾学编》卷六五下《百官述》上卷、张岱《石匮书》卷二八《百官志》、傅维鳞《明书》卷六五《职官志一》俱载为："誊黄通政录武官黄于内府，核其归附、征克、升转卫所，世、流、袭、替之故，以征选事。"[⑧]其实，就明代考察，誊黄之制最早可追溯至明初，如《明太祖实录》卷七一载曰："洪武五年春正月戊辰，申定武选之法。凡武官升、调、袭、替，或因事复职，及见缺官员应入选者，先审取从军履历，赍赴内府参对贴黄归附年月、征克地方、升转卫所及流官、世袭相同，然后引至御前，请旨除授。"[⑨]由上可知，由于《志》文在"录武官黄"和"卫所"之间脱去"于内府，核其归附、征克、升转"等内容，在"卫所"和"袭替"之间脱去"世、流"二字，不仅大失史实原意，而且文意不同，故当补之。

12. **（翰林院）《五经》博士九人。**（卷73 页 1786 行 1）

按：此沿自王鸿绪《明史稿》志五五《职官二》、万斯同《明史》卷六九《职官上》[⑨]，误。

本书本卷下文、《明太祖实录》卷一七二"洪武十八年三月丁丑"条、黄佐《翰林记》卷一《官制因革》、《弇山堂别集》卷四六《翰林诸学士表序》、王圻《续文献通考》卷八六《集贤院》、李日华《官制备考》卷上《翰林院》，章潢《图书编》卷八五《翰林诸学士表》，《春明梦余录》卷三二《翰林院》俱载翰林院"五经博士五人"⑨，正德《明会典》卷四《官制》载为翰林院"五经博士五员"；万历《明会典》卷二《京官》载为翰林院"博士五员"⑨。黄佐《翰林记》卷一《职掌》则具体载为：五经博士"掌《易》者一人，掌《书》者一人，掌《诗》者一人，掌《春秋》者一人，掌《礼记》者一人"⑨。可知"九人"当为"五人"之误。

13. 史官……经筵充展卷官。（卷73页1786倒行5至4）

按：此沿自王鸿绪《明史稿》志五五《职官二》⑨，然"展卷"应为"展书"。万斯同《明史》卷六九《职官上》，正德《明会典》卷五〇《礼部九·经筵》、卷一七四《翰林院》，黄佐《翰林记》卷九《开经筵》、《讲官入直》，陆深《俨山集》卷二一《经筵词二十首》，万历《明会典》卷二二一《翰林院》等俱载为"展书"⑨。可证"卷"应为"书"之误，当改之。

14. 宣德九年，省司业。弘治十五年复设。

按：此沿自王鸿绪《明史稿》志五五《职官二》、万斯同《明史》卷六九《职官上》⑨，然"省"与"司业"之间有脱文。据《明英宗实录》卷五"宣德十年五月己亥"条、卷之二〇四"景泰二年五月壬寅"条、卷二三一"景泰四年秋七月庚午"条、卷三百"天顺三年二月壬申"条、卷三五五"天顺七年闰七月庚申"条，《明宪宗实录》卷一六一"成化十三年春正月己巳"条，《明孝宗实录》卷九"弘治元年正月癸卯"条、卷一一二"弘治九年四月丁酉"条、卷一七四"弘治十四年五月己酉"条载，可知北京国子监自宣德至弘治间一直设有司业一职⑨。又据《明宣宗实录》卷一一三"宣德九年冬十月丁卯"条、《明孝宗实录》卷一八六"弘治十五年四月癸卯"条，可知南京国子监自宣德九年司业陈敬宗升为本监祭酒后，到弘治十五年四月，一直"不设司业之职"⑨。故《志》文在"省"与"司业"之间脱漏作为定语的"南京国子监"或"南监"文字，当补之。

15. 洪武元年，……又命复孔、颜、孟三家子孙徭役。（卷73页1791倒行1）

按：此沿自王鸿绪《明史稿》志五八《职官五》、万斯同《明史》卷七〇《职官上》⑩。本书卷二八四《孔希学传》、《明太祖实录》卷三六上"洪武元年十一月甲辰"条、《礼部志稿》卷九四《盛典备考·孔颜孟官制》俱载为：洪武元年，"复孔氏子孙及颜、孟大宗子孙徭役"⑩。由上可知，明廷免除孔氏与颜、孟二氏子孙徭役的范围是不相同的，孔氏是"子孙"，而颜、孟二氏则是"大宗子孙"。《志》文一概称为"子孙"，显然不确。

16. 天坛、地坛、朝日坛、夕月坛、先农坛、帝王庙、祈谷殿、长陵、献陵、景陵、裕陵、茂陵、泰陵、显陵、康陵、永陵、昭陵各祠祭署。（卷74页1795倒行1至页1796行2）

按：此沿自王鸿绪《明史稿》志五六《职官三》、万斯同《明史》卷六九《职官上》⑩，但正德《明会典》卷四《吏部三·官制》、万历《明会典》卷二《吏部一·官制》、郑晓《吾学编》卷六五下《百官述》上卷、王圻《续文献通考》卷九〇《太常寺》、李日华《官制备考》卷上《太常寺》、《太常续考》、张岱《石匮书》卷二八《百官志》、傅维鳞《明书》卷六六《太常寺》等相关文献俱无"帝王庙祠祭署"的记载⑩，可知《志》文"帝王庙"应为衍文，当删之。另据《太常续考》卷四《长陵等陵事宜》，可知除《志》文所述隶属于太常寺的十陵祠祭署外，明代还有建于万历十一年的"定陵祠祭署"、建于天启元年的"庆陵祠祭署"和建于崇祯元年的"德陵祠祭署"⑩，当补之。

17. **各祠祭署俱奉祀一人，……祀丞二人。**（卷74页1796行2）

按：此沿自王鸿绪《明史稿》志五六《职官三》、万斯同《明史》卷六九《职官上》^⑩，然言各祠祭署俱"祀丞二人"，不确。正德《明会典》卷四《吏部三·官制》载天地坛、山川坛籍田、长陵、献陵、景陵、裕陵、茂陵等祠祭署各"奉祀一员、祀丞一员"^⑩。万历《明会典》卷二《吏部一·官制》载天坛、地坛、朝日坛、夕月坛、长陵、献陵、景陵、裕陵、茂陵、泰陵、显陵、康陵、永陵、昭陵等各祠祭署，俱设"奉祀各一员 祀丞各一员"；惟先农坛祠祭署设"奉祀一员、祀丞二员"^⑩。王圻《续文献通考》卷九〇《太常寺》、张岱《石匮书》卷二八《百官志》俱载除天坛祠祭署设"奉祀一员、祀丞二员"外，其它祠祭署俱设"奉祀各一员、祀丞各一员"^⑩。而《太常续考》卷一《冬至圜丘事宜》、《方泽夏至事宜》分载天坛祠、地坛祭署各"奉祀一员、祀丞一员"；卷三《大明春分事宜》、《夜明秋分事宜》分载朝日坛、夕月坛祠祭署各"奉祀一员、祀丞一员"；卷四《长陵等陵事宜》则载长陵、献陵、景陵、裕陵、茂陵、泰陵、康陵、永陵、昭陵、定陵、庆陵、德陵等祠祭署各设"奉祀一员、祀丞一员"；《祖陵等处事宜》载"显陵祠祭署奉祀、祀丞各一员"^⑩。皆证《志》文各祠祭署俱"祀丞二人"，不确。

18. **建文中……天坛祠祭署为南郊祠祭署。**（卷74页1797行4至5）

按：此沿自王鸿绪《明史稿》志五六《职官三》、万斯同《明史》卷六九《职官上》^⑩，但"天"与"坛"之间脱"地"字。据《明太宗实录》卷一〇上载："洪武三十五年秋七月丁亥，礼部言建文中改天地坛祠祭署为南郊祠祭署。"《太常续考》卷一《冬至圜丘事宜》也载："国初，置天地坛祠祭署，奉祀、祀丞各一员；后改称南郊祠祭署。"^⑩由上可知，"天坛"应为"天地坛"之误。

19. **成祖初，惟易天坛为天地坛，馀悉复洪武间制。**（卷74页1797行6）

按：此沿自王鸿绪《明史稿》志五四《职官一》、万斯同《明史》卷六九《职官上》^⑩，误。据《明太宗实录》卷一〇上载："洪武三十五年秋七月丁亥，礼部言建文中改天地坛祠祭署为南郊祠祭署，山川坛籍田祠祭署为籍田祠祭署，泗州祠祭署为泗宾祠祭署，宿州祠祭署为新丰祠祭署，又设钟山祠祭署，非旧制。上命泗州、宿州、山川坛籍田祠祭署，仍复旧制；天地坛祠祭署定为郊坛祠祭署；钟山祠祭署，不可罢。"《太常续考》卷一《冬至圜丘事宜》也载："国初，置天地坛祠祭署，奉祀、祀丞各一员；后改称南郊祠祭署。永乐中，京师建天地坛，建署于内西天门外之左，房十间，中为公座，傍为官舍，改称郊坛祠祭署，已复称天地坛祠祭署。"^⑩，由上可知，《志》文中的"天坛"应为"天地坛"之误、"天地坛"应为"郊坛"之误；又可知，成祖初，除把"天地坛祠祭署（即建文时改称的"南郊祠祭署"）定为郊坛祠祭署"外；也不是"余悉复洪武间制"，而是保留了建文时增设的"钟山祠祭署"。

20. **洪武三年置神牲所，设廪牲令、大使、副使等官。**（卷74页1797行7至8）

按："廪牲令"应为"廪牺令"。王鸿绪《明史稿》志五四《职官一》、万斯同《明史》卷六九《职官上》，正德《明会典》卷八七《礼部四十六·祭祀八·牺牲》、卷一六九《太常寺》，《明集礼》卷一《吉礼第一·祀天》、万历《明会典》卷二一五《太常寺》、《太常续考》卷七《牺牲所》、《礼部志稿》卷二五《祭祀通例》以及《春明梦余录》卷一四《牺牲所》、卷五一《太常寺》俱载为"廪牺令"^⑩。皆证"廪牲令"当为"廪牺令"之误。

21. **世宗厘祀典，分天地坛为天坛、地坛，山川坛耤田祠祭署为神祇坛、大祀殿为祈谷殿，增置朝日、夕月二坛，各设祠祭署。**（卷74页1797行8至9）

按：王鸿绪《明史稿》志五六《职官三》、万斯同《明史》卷六九《职官上》俱载："世宗厘祀典，分天地坛为天坛、地坛，山川坛耤田为先农坛、大祀殿为祈谷殿，增置朝日、夕月二坛，各设祠祭署。"王圻《续文献通考》卷九〇《太常寺》载："嘉靖中厘祀典，改天地坛祠祭署为天坛，别为地坛，各设祠祭署；又改山川坛耤田祠祭署为先农坛祠祭署、大祀殿奉祀为祈谷殿祠祭署；又增朝日、夕月二坛祠祭署。"⑮相互比对，可知王氏《明史稿》、万氏《明史》此段记载系简化王圻《续文献通考》所载而成，但不应删去"山川坛耤田祠祭署"前的"改"字；而《志》文又是因袭王氏《明史稿》、万氏《明史》所载而来，只是把其中的"山川坛耤田为先农坛"改为"山川坛耤田祠祭署为神祇坛"。据万历《明会典》卷二《文选清吏司·官制一》载："先农坛祠祭署，旧为山川坛耤田祠祭署，嘉靖九年改为神祇坛。万历四年，改今名。"《太常续考》卷三《先农坛耕耤事宜》也载："国初，置山川坛祠祭署，……永乐中，建今署，称山川坛耤田祠祭署。嘉靖十一年，改神祇坛祠祭署。隆庆元年，罢神祇坛祭；万历四年，卿刘题奉钦依，改神祇坛祠祭署为先农坛祠祭署。"⑯由此可知，王圻《续文献通考》以及因袭其记载的万斯同《明史》和王鸿绪《明史稿》对于世宗改革祠祭署设置的叙述基本符实，但认为嘉靖时改"山川坛耤田为先农坛"却是错误的。事实上，嘉靖时对于"山川坛耤田祠祭署"只是改为"神祇坛祠祭署"而已；至于再改"神祇坛祠祭署"为"先农坛祠祭署"已是万历四年之事。对此，《志》文予以纠正，改为"山川坛耤田祠祭署为神祇坛"，是完全必要的，但因句尾有"各设祠祭署"一语，故其"山川坛耤田祠祭署为神祇坛"中的"祠祭署"就成了衍文，且因袭王氏《明史稿》、万氏《明史》的阙漏，"山川坛耤田祠祭署为神祇坛"之前仍脱"改"字。

综上所述，《志》文此句当改为："世宗厘祀典，分天地坛为天坛、地坛，改山川坛耤田为神祇坛、大祀殿为祈谷殿，增置朝日、夕月二坛，各设祠祭署。"

另，本书1974年点校本于用顿号把"山川坛"和"耤田"断开，误。因据上引万历《明会典》、王圻《续文献通考》和《太常续考》的史料，可知"山川坛耤田"共同构成了一个祠祭署的名称，本文径改之。

22. 万历四年，改神祇坛为先农坛。（卷74 页1797 行10）

按：此有脱文。据《明神宗实录》卷四八载："万历四年三月甲辰，改神祇坛祠祭署印为先农坛祠祭署印。"《太常续考》卷三《先农坛耕耤事宜》也载："万历四年，卿刘题奉钦依改神祇坛祠祭署为先农坛祠祭署。"⑰故《志》文中两个"坛"字之后俱当补"祠祭署"三字。

23. 旧宝十有七，……曰"皇帝奉天之宝"，为唐、宋传玺，祀天地用之。若诏与赦，则用"皇帝之宝"；册封、赐劳，则用"皇帝行宝"；诏亲王、大臣及调兵，则用"皇帝信宝"；上尊号，则用"皇帝尊亲之宝"；谕亲王，则用"皇帝亲亲之宝"。其"天子之宝"，以祀山川、鬼神；"天子行宝"，以封外国及赐劳；"天子信宝"，以招外服及征发。诏用"制诰之宝"；敕用"敕命之宝"；奖励臣工，用"广运之宝"；敕谕朝觐官，用"敬天勤民之宝"。若"御前之宝"，"表章经史之宝"，"钦文之宝"，则图书文史等用之。（卷74 页1803 行10 至页1804 行1）

按：旧宝十七颗，万斯同《明史》卷六九《职官志上》实际仅列出十五颗；王鸿绪《明史稿》志五六《职官三》实际仅列十六颗，比万斯同《明史》多一"尊亲之宝"，且改称其"钦文之宝"为"钦文之玺"⑱。《志》文系直接沿自王氏《明史稿》，但复改称其"钦文之玺"为"钦文之宝"。据万历《明会典》卷二二二《尚宝司》载：御宝"旧制十七颗：皇帝奉天之宝、皇帝之宝、皇帝行宝、皇帝信宝、天子之宝、天子行宝、天子信宝、制诰之宝、敕命之宝、广运之宝、御前之宝、皇帝尊亲之宝、皇帝亲亲之宝、敬天勤民之宝、表章经史之宝、钦文之玺、丹符出验四方。"比王氏《明史稿》和《志》所列多一"丹符出验四方"，正符旧制宝玺"十七颗"之数；且载万斯同《明史》和《志》的"钦文之宝"为"钦文之玺"。王樵《方麓集》卷七《符台记》所载旧制宝玺的数量与实列颗数俱同于万历《明会典》，仅其"表章经史之玺"

与万历《明会典》"表章经史之宝"相异⑩；而本书卷六八《舆服志四》所载旧制宝玺的数量、实列颗数及其名称则俱同于万历《明会典》。由上可知，《志》文"钦文之宝"应为"钦文之玺"之误，当改之；且脱漏"丹符出验四方"，当补之。

24. 牙牌之号五，以察朝参：公、侯、伯曰勋，驸马都尉曰亲，文官曰文，武官曰武，教坊司曰乐。（卷74页1804倒行4至3）

按：此沿自王鸿绪《明史稿》志五六《职官三》、万斯同《明史》卷六九《职官上》，⑫"教坊司"后有脱文。正德《明会典》卷一七五《尚宝司》载："文武官牙牌字号：公、侯、伯，勋字号；驸马都尉，亲字号；文官，文字号；武官，武字号；乐官，乐字号。"万历《明会典》卷二二二《尚宝司》也载："凡朝参官牙牌字号：公、侯、伯，勋字；驸马都尉，亲字；文官，文字；武官，武字；教坊司官，乐字。"⑫由上可知，无论"乐官"、"教坊司官"，都是指"官"；而"教坊司"则指衙门，二者不可混淆。故"教坊司"后所脱"官"字当补之。

25. 洪武二十五年，议开上林院，度地城南。（卷74页1814行7）

按：此沿自王鸿绪《明史稿》志五六《职官三》、万斯同《明史》卷六九《职官上》⑫，"院"字误。据《明太祖实录》卷二二二载："洪武二十五年冬十月癸亥，命户部于正阳门外距板桥五里，度地自牛首山接方山，西傍河崖为上林苑。户部因为图以进。上以苑中之地民人已种二麦，……寻以妨民业，遂止。"万历《明会典》卷二二五《上林苑监》对此事也有记载："洪武中，议设上林苑监，以防民业，遂止。"⑫由上可知，《志》文"院"应为"苑"之误，当改之。

26. 初，吴元年置内史监。（卷74页1822倒行5）

按：王鸿绪《明史稿》志五八《职官五》载："初，吴元年置内使监。"《明太祖实录》卷二五也载："吴元年九月丁亥，置内使监。"⑫可见，《志》文"史"应为"使"之误，当改之。

27. 递运所。大使一人，副使一人，掌运递粮物。洪武九年始置。（卷76页1853行2）

按：据《明太祖实录》卷二九载："洪武元年春正月庚子，置各处……递运所。……递运所置舡，俱饰以红。如六百料者，每舡水夫十三人；五百料者，十二人；四百料者，十一人；三百料者，十人。皆选民粮五石以下者充之。陆递运所，如大车一辆载米十石者，夫三人、牛三头、布袋十条；小车一辆载米三石者，夫一人、牛一头。每夫一人，出牛一头，选民粮十五石者充之；如不足者，众户合粮并为一夫。"同书卷九八载："洪武八年三月乙酉，置北平、山东、直隶淮安等府、景州连窝等处递运所。"同书卷一〇七又载："洪武九年秋七月戊辰，增置各处递运所，设大使、副使各一人，验夫多寡，设百夫长以领之。先是，在外多以卫所戍守军士传送军囚，上以其有妨练习守御，乃命兵部增置递运所，以便递送。"⑫

由上可知，递运所始置于洪武元年，而非洪武九年；洪武九年只是"增置"递运所，且始设大使、副使各一人。故《志》文当改为："递运所。洪武元年始置，掌运递粮物。九年增置之，设大使一人，副使一人。"

需要说明的是，以上所考只是笔者在以往研究成果的基础上，新发现的1974年中华书局点校本张廷玉《明史·职官志》所存讹误或不确之处的一部分。由此可见张廷玉《明史》现存问题之多，也可说明国家正在实施的"中华书局点校本'二十四史'及《清史稿》修订工程"中的子项目——《明史》修订工程是多么的及时和必要！本文期待着学界同仁的不吝赐教和批评指正。

---

① 相关研究成果，分见（清）张廷玉《明史·职官志》校勘记，中华书局1974年点校本，第1763 –

1765、1792 – 1793、1829 – 1830、1854、1876 页；黄云眉《明史考证》第 2 册，中华书局 1980 年版，第 543 – 595 页；王宏凯《明史·职官志》正误一则》，《史学月刊》1984 年第 3 期；徐露《〈明史·职官志四〉订误》，《史学史研究》1998 年第 2 期；郭培贵《〈明史·职官志四〉兵备道补正》，《文史》第 68 辑，2004 年；何孝荣《〈明史·僧、道录司〉辨误四则》，《清华大学学报》2006 年第 6 期；邱进春《〈明史·职官志〉勘误一则》，《江海学刊》2008 年 4 期。

② （清）王鸿绪《明史稿》，文海出版社 1962 年影印敬慎堂刻本，第 210 页；（清）万斯同《明史》，上海古籍出版社 2001 年《续修四库全书》影印本，总第 325 册，第 237 页。

③ （清）张廷玉《明史》，第 1808、1809 页。

④ （明）尹直《謇斋琐缀录一》，（明）邓士龙辑《国朝典故》卷五三，北京大学出版社 1993 年许大龄、王天有等点校本，第 1248 页；（清）孙承泽《春明梦余录》，北京古籍出版社 1992 年王剑英点校本，第 432 页；（乾隆）《钦定日下旧闻考》，上海古籍出版社 1987 年《文渊阁四库全书》，总第 497 册，第 874 页；（乾隆）《钦定续通典》，《文渊阁四库全书》，总第 639 册，第 376 页。

⑤ （清）王鸿绪《明史稿》，第 211 页；（清）万斯同《明史》，第 239 页。

⑥ （清）张廷玉《明史》，第 99、1864 页；《明太宗实录》，台湾"中央研究院历史语言研究所"1962 年校印本（以下实录同此版本），第 2227 – 2228、2234 页；（明）王世贞《弇山堂别集》，中华书局 1985 年魏连科点校本，第 961 页，（明）雷礼《南京太仆寺志》，《四库全书存目丛书》史部第 257 册，齐鲁书社 1997 年版，第 535 页；（明）王圻《续文献通考》，《续修四库全书》史部第 763 册，上海古籍出版社 2001 年影印本，第 454 页；（明）符验《留台杂记》，《四库全书存目丛书》史部第 257 册，齐鲁书社 1997 年版，第 632 页；（明）杨时乔《马政纪》卷三《俵马三》，《文渊阁四库全书》总第 663 册，第 552 页；（乾隆）《钦定大清一统志》，《文渊阁四库全书》总第 474 册，第 103 页。

⑦ （清）王鸿绪《明史稿》，第 221 页；（清）万斯同《明史》，第 251 页。

⑧ 《明神宗实录》，第 10695、10742、10921、11202 页；《明光宗实录》，第 126 页；《明熹宗实录》，第 42 页。

⑨ （清）王鸿绪《明史稿》，第 221 页；（清）万斯同《明史》，第 251 页。

⑩ 《明孝宗实录》，第 3055、4190 – 4191 页；《明世宗实录》，第 157、6652 页；《明穆宗实录》，第 340 页；《明神宗实录》，第 4293 页。

⑪ 《明神宗实录》，第 4681、10695 页。

⑫ （清）王鸿绪《明史稿》，第 223 页；（清）万斯同《明史》，第 253 页；万历《明会典》，中华书局 1989 年缩印本，第 1041 页。

⑬ 《明英宗实录》，第 219 页。

⑭ （清）谈迁《国榷》，古籍出版社 1958 年张宗祥校点本，第 1508 页。

⑮ 《明宪宗实录》，第 984 页；《国榷》，第 2241 页。

⑯ （清）王鸿绪《明史稿》，第 227 页；（清）万斯同《明史》，第 258 页。

⑰ 《明太祖实录》，第 2627 页。

⑱ 《明太祖实录》，第 2197 页。

⑲ 《明太宗实录》，第 521 页；（清）张廷玉《明史》，第 42 页。

⑳ （清）张廷玉《明史》，第 1696 页；（明）黄佐《翰林记》，《文渊阁四库全书》总第 596 册，第 881 页；《弇山堂别集》，第 227 页。

㉑ （清）王鸿绪《明史稿》，第 227 页；（清）万斯同《明史》，第 258 页。

㉒ 《弇山堂别集》，第 1568、1569 – 1570、1571、1572、1577、1578、1581 页。

㉓ 《明世宗实录》，第 1455、3326、3787、5161、5306、6247、6987、7047、8848、8956 页；《弇山堂别集》，第 1577 页。

㉔ （清）王鸿绪《明史稿》，第 227 页；（清）万斯同《明史》，第 258 页。

㉕ 《汉语大词典》，汉语大词典出版社 1997 年缩印版，第 2176 页。

㉖ 《明熹宗实录》，第216、2265页。

㉗ （清）汪楫《崇祯长编》，第959页。

㉘ 《明神宗实录》卷三五"万历三年二月丙申"条，第825－831页。

㉙ （清）汪楫《崇祯长编》，第3549页；（清）王士俊等《河南通志》，《文渊阁四库全书》总第536册，第650页。

㉚ （清）王鸿绪《明史稿》，第229页；（清）万斯同《明史》，第260页。

㉛ 《明太宗实录》，第157页。

㉜ 《明太宗实录》"永乐八年十二月丙辰"条，第1425页。

㉝ （明）《太常续考》《文渊阁四库全书》总第599册，第10页。

㉞ （清）王鸿绪《明史稿》，第250页；（清）万斯同《明史》，第287页。

㉟ （清）王鸿绪《明史稿》，第229页；（清）万斯同《明史》，第260页。

㊱ 《明太祖实录》，第1975页。

㊲ 正德《明会典》，《文渊阁四库全书》总第618册，第734页。万历《明会典》，第1110页。

㊳ 乾隆《钦定续文献通考》，《文渊阁四库全书》总第629册，第51页；乾隆《钦定续通典》，《文渊阁四库全书》总第640册，第60页。

㊴ （清）王鸿绪《明史稿》，第253页；（清）万斯同《明史》，第290页。

㊵ 《明宣宗实录》，第494－495页；（清）顾炎武《日知录》，岳麓书社1994年黄汝成《集释》本，第344页；（清）乾隆《御批历代通鉴辑览》，《文渊阁四库全书》总第339册，第286页。

㊶ （清）王鸿绪《明史稿》，第253页；（清）万斯同《明史》，第291页。

㊷ 《明太祖实录》，第3506页；（明）王圻《续文献通考》，《续修四库全书》史部第764册，第21页。

㊸ （清）康熙《御定渊鉴类函》，《文渊阁四库全书》总第983册，第461页。

㊹ （清）王鸿绪《明史稿》，第250页；（清）万斯同《明史》，第286页。

㊺ 《明穆宗实录》，第1110页。

㊻ （清）王鸿绪《明史稿》，第242页；（清）万斯同《明史》，第276页。

㊼ 《明英宗实录》，第550页。

㊽ 《钦定续文献通考》，《文渊阁四库全书》总第629册，第675页。

㊾ （清）王鸿绪《明史稿》，第243页；（清）万斯同《明史》，第278页。

㊿ （清）张廷玉《明史》，第118页。

51 （清）张廷玉《明史》，第4241页。

52 《明宣宗实录》，第835－836页。

53 （清）王鸿绪《明史稿》，第246页；（清）万斯同《明史》，第281页；正德《明会典》，《文渊阁四库全书》第618册，第737页。

54 《明太宗实录》，第2227－2228、2234页。

55 （清）王鸿绪《明史稿》，第249页；（清）万斯同《明史》，第285页。

56 《明太祖实录》，第568页。

57 （清）王鸿绪《明史稿》，第249页；（清）万斯同《明史》，第285页。

58 《明太祖实录》，第2004、2169、2246、2464、2724、2937页。

59 《明太祖实录》，第1061、1088、2269、2958、页。

60 （清）王鸿绪《明史稿》，第209页；（清）万斯同《明史》，第236页。

61 正德《明会典》，《文渊阁四库全书》第618册，第711页；万历《明会典》，第1097页。

62 （明）郑晓《吾学编》，《续修四库全书》史部第424册，第113页；（明）王圻《续文献通考》，《续修四库全书》史部第763册，第514页；（清）张岱《石匮书》，《续修四库全书》史部第316册，第448页；（清）孙承泽《春明梦余录》第326页；（清）康熙《御定渊鉴类函》，第768页。

63 （明）章潢《图书编》，《文渊阁四库全书》总第971册，第475页；（清）傅维鳞《明书》，《四库全书存目丛书》史部第38册，第646页。
(64) （清）王鸿绪《明史稿》，第209页；（清）万斯同《明史》，第237页。
(65) （清）张廷玉《明史》，第35、3944页。
(66) 《明太祖实录》，第2114、2121页；《明太祖宝训》，第169页；《弇山堂别集》第191页；（明）项笃寿《今献备遗》，《文渊阁四库全书》总第453册，第547页。
(67) （清）王鸿绪《明史稿》，第211页；（清）万斯同《明史》，第238页。
(68) 《明太祖实录》，第3253页。
(69) 正德《明会典》，《文渊阁四库全书》总第617册，第82页；《钦定续文献通考》，《文渊阁四库全书》总第627册，第679页。
(70) 万历《明会典》，第34页。
(71) （清）王鸿绪《明史稿》，第211页；（清）万斯同《明史》，第238页。
(72) 《明太祖实录》，第3253－3254页。
(73) 正德《明会典》，《文渊阁四库全书》总第617册，第82页；《钦定续文献通考》，《文渊阁四库全书》总第627册，第679页。
(74) 万历《明会典》，第34页。
(75) （清）王鸿绪《明史稿》，第213页；（清）万斯同《明史》，第241页。
(76) 万历《明会典》，第86页。
(77) 正德《明会典》，《文渊阁四库全书》总第617册，第176页。
(78) 王鸿绪《明史稿》，第214页；万斯同《明史》，第242页。
(79) 万历《明会典》，第435页。
(80) 万历《明会典》，第438页。
(81) （清）张廷玉《明史》，第1757页；万历《明会典》，第820、822页。
(82) 万历《明会典》，第820页；《明孝宗实录》，第3853页。
(83) （清）张廷玉《明史》，第1759页；万历《明会典》，第917页。
(84) 正德《明会典》，《文渊阁四库全书》总第618册，第624页；万历《明会典》，第1044页。
(85) 《明英宗实录》，第2222页；《明宪宗实录》，第3351页。
(86) 正德《明会典》，《文渊阁四库全书》总第618册，第625页；万历《明会典》，第1044页。
(87) 《明宪宗实录》，第2412页。
(88) （清）王鸿绪《明史稿》，第224页；（清）万斯同《明史》，第255页。
(89) （明）郑晓《吾学编》，《续修四库全书》史部第425册，第126页；（清）张岱《石匮书》，《续修四库全书》史部第318册，第464页；（清）傅维鳞《明书》，第644页。
(90) 《明太祖实录》1319－1320页。
(91) （清）王鸿绪《明史稿》，第226页；（清）万斯同《明史》，第257页。
(92) （清）张廷玉《明史》，第1786页；《明太祖实录》，第2627页；（明）黄佐《翰林记》，第860页；《弇山堂别集》，第854页；（明）王圻《续文献通考》，《续修四库全书》史部第763册，第454页；（明）李日华《官制备考》，《四库全书存目丛书》史部第259册，第485页；（明）章潢《图书编》，第523页。
(93) 正德《明会典》，《文渊阁四库全书》总第617册，第39页；万历《明会典》，第12页。
(94) 黄佐《翰林记》，第862页。
(95) （清）王鸿绪《明史稿》，第226页。
(96) （清）万斯同《明史》，第257页；正德《明会典》，《文渊阁四库全书》总第617册第558页，总第618册第711页；（明）黄佐《翰林记》，第962、964页；（明）陆深《俨山集》，《文渊阁四库全书》总第1268册，第129页；万历《明会典》，第1096页。
(97) （清）王鸿绪《明史稿》，第228页；（清）万斯同《明史》，第259页。

⑱ 《明英宗实录》，第 112、4357、5055、6374、7092 - 7093 页；《明宪宗实录》，第 2953 页；《明孝宗实录》，第 187、2044、3174 页。

⑲ 《明宣宗实录》，第 2560 页；《明孝宗实录》，第 3419 页。

⑳ （清）王鸿绪《明史稿》，第 250 页；（清）万斯同《明史》，第 286 页。

㉑ （清）张廷玉《明史》，第 7296 页；《明太祖实录》，第 665 页；《礼部志稿》，《文渊阁四库全书》总第 598 册，第 701 页。

㉒ （清）王鸿绪《明史稿》，第 229 页；（清）万斯同《明史》，第 259 页。

㉓ 正德《明会典》，《文渊阁四库全书》第 617 册，第 32 - 33 页；万历《明会典》，第 9 页；（明）郑晓《吾学编》，第 127 页；（明）王圻《续文献通考》，《续修四库全书》史部第 763 册，第 517 页；（日）李日华《官制备考》，第 497 页；（明）《太常续考》，《文渊阁四库全书》总第 599 册，第 1 - 330 页；（清）张岱《石匮书》，第 465 页；（清）傅维鳞《明书》，第 650 页。

㉔ （明）《太常续考》，第 167 页。

㉕ （清）王鸿绪《明史稿》，第 229 页；（清）万斯同《明史》，第 259 页。

㉖ 正德《明会典》，《文渊阁四库全书》第 617 册，第 32 - 33 页。

㉗ 万历《明会典》，第 9 - 10 页。

㉘ 王圻《续文献通考》，《续修四库全书》史部第 763 册，第 517 页；张岱《石匮书》，第 465 - 466 页。

㉙ 《太常续考》，第 10、33、131、138、167、192 页。

㉚ （清）王鸿绪《明史稿》，第 229 页；（清）万斯同《明史》，第 260 页。

㉛ 《明太宗实录》，第 157 页；（明）《太常续考》，第 10 页。

㉜ （清）王鸿绪《明史稿》，第 229 页；（清）万斯同《明史》，第 260 页。

㉝ 《明太宗实录》，第 157 页；（明）《太常续考》，第 10 页。

㉞ （清）王鸿绪《明史稿》，第 229 页；（清）万斯同《明史》，第 260 页；正德《明会典》，《文渊阁四库全书》第 617 册第 823 页，第 618 册第 673 页；《明集礼》，《文渊阁四库全书》总 649 册，第 76 页；万历《明会典》1074 页；《太常续考》，第 254 页；《礼部志稿》，《文渊阁四库全书》总 597 册，第 464 页；《春明梦余录》第 215、1080 页。

㉟ （清）王鸿绪《明史稿》，第 229 页；（清）万斯同《明史》，第 260 页；王圻《续文献通考》，《续修四库全书》史部第 763 册，第 517 页。

㊱ 万历《明会典》第 9 页；《太常续考》，第 146 页。

㊲ 《明神宗实录》，第 1097 页；《太常续考》，第 146 页。

㊳ （清）王鸿绪《明史稿》，第 231 页；（清）万斯同《明史》，第 262 页。

㊴ 万历《明会典》第 1099 页；（清）张廷玉《明史》，第 1657 页；（明）王樵《方麓集》，《文渊阁四库全书》总第 1285 册，第 243 页。

㊵ （清）王鸿绪《明史稿》，第 232 页；（清）万斯同《明史》，第 263 页。

㊶ 正德《明会典》，《文渊阁四库全书》第 618 册，第 717 页；万历《明会典》第 1100 页。

㊷ （清）王鸿绪《明史稿》，第 235 页；（清）万斯同《明史》，第 268 页。

㊸ 《明太祖实录》，第 3241 页；万历《明会典》第 1108 页。

㊹ （清）王鸿绪《明史稿》，第 252 页；《明太祖实录》，第 365 页。

㊾ 《明太祖实录》第 500、1678、1793 页。

郑和《娄东刘家港天妃宫石刻通番事迹记》校读

范金民

（南京大学历史系教授）

宣德六年（1431 年）春，郑和率领船队第七次下西洋，驻泊太仓时，立下了《娄东刘家港天妃宫石刻通番事迹记》碑，后经福建长乐时，又立下了《天妃灵应之记》碑。这两块碑石，成为研究郑和七次下西洋的最为第一手的资料，学界据此而纠正了《明实录》和《明史》关于郑和历次下西洋的漏记误记，从而得以明了郑和每次下西洋的较为确切的年代。这两块碑石由于具有如此重要的价值，因而数百年来备受人们重视。遗憾的是，《娄东刘家港天妃宫石刻通番事迹记》，至今未见原碑，后人依据的都只是嘉靖《太仓州志》或嘉靖时苏州人钱毂《吴都文粹续集》或明末顾炎武《天下郡国利病书》所录碑文的文字，而这诸种抄录的碑文文字，互有出入，甚至由此数件抄录文字校核，原碑恐也微有舛误；今人更据此数种抄件，辗转相抄，鲁鱼亥豕，手写之误难免。为此，笔者拟据明人碑文抄件，互相比勘，试图恢复碑文原文。

明人抄录的《娄东刘家港天妃宫石刻通番事迹记》碑文，共有如下三种。

一　嘉靖《太仓州志》卷十《杂志》所载（《天一阁藏明代方志选刊续编》本简称天一阁本）

通番事迹石刻，在刘家港天妃宫壁间，明宣德六年岁次辛亥春朔[1]，正使太监郑和、王景弘，副使太监朱良、周福、洪保、杨真，左少监张达、吴忠，都指挥朱珍、王衡等立[2]。其辞曰：

敕封护国庇民妙灵昭应弘仁普济天妃之神，威灵布于巨海，功德著于太常，尚矣。和等自永乐初奉使诸番，今经七次，每统领官兵数万人，海船百余艘，自太仓开洋，由占城国、暹罗国、爪哇国、柯枝国、古里国，抵于西域忽鲁谟斯等三千余国[3]，涉沧溟十万余里。观夫鲸波接天，浩浩无涯，或烟雾之溟濛，或风浪之崔嵬，海洋之状，变态无时，而我之云帆高张，昼夜星驰，非仗神功，曷能康济。值有险阻[4]，一称神号，感应如响，即有神灯烛于帆樯，灵光一临，则变险为夷，舟门恬然[5]，咸保无虞。此神功之大概也。及临外邦，其蛮王之梗化不恭者，生擒之；寇兵之肆暴侵掠者，殄灭之。海道由是而清宁，番人赖之以安业，皆神之助也[6]。

神之功绩，昔尝奏请于朝，建宫于南京龙江之上[7]，永传祀事。钦承御制记文，以彰灵贶，褒美至矣。然神之灵，无往不在。若刘家港之行宫，创造有年，每至于斯，即为葺理。宣德五年冬，今复奉使诸番国[8]，舣舟祠下，官军人等瞻礼勤诚，祀飨络绎[9]。神之殿堂益加修饰，弘胜旧规。复重建岨山小姐之神祠于宫之后，殿堂神像，灿然一新[10]。官校军民咸乐趋事[11]，自有不容已者，非神之功德感于人心而致是乎！是用勒文于石[12]，并记诸番往回之岁月，昭示永久焉。

永乐三年，统领舟师往古里等国，时海寇陈祖义等聚众于三佛齐国，抄掠番商，生擒厥魁，至五年回还。

永乐五年，统领舟师往爪哇、古里、柯枝、暹罗等国，其国王各以方物珍禽兽贡献[13]，至七年回还。

永乐七年，统领舟师往前各国，道经锡兰山国，其国王亚烈苦奈儿负固不恭，谋害舟师，赖神明显应知觉，遂生擒其王[14]，至九年归献，寻蒙恩宥，俾复归国。

永乐十二年，统领舟师往忽鲁谟斯等国，其苏门答剌国伪王苏干剌寇侵本国，其王遣使赴阙陈诉请救，就率官兵剿捕，神功默助，遂生擒伪王，至十三年归献。是年，满剌加国王亲妻子朝贡[15]。

永乐十五年，统领舟师往西域，其忽鲁谟斯国进狮子、金钱豹、西马；阿丹国进麒麟，番名祖剌法，并长角马哈兽；木骨都束国进花福禄，并狮子；卜剌哇国进千里骆驼，并驼鸡；爪哇国、古里国进糜里羔兽。各进方物，皆古所未闻者。及遣王男、王弟捧金叶表文朝贡。

永乐十九年，统领舟师遣忽鲁谟斯等各国使臣久侍京师者，悉还本国。其各国王贡献方物，视前益加。

宣德五年，仍往诸番国开诏，舟师泊于祠下。思昔数次，皆仗神明护助之功，于是勒文于石[16]。

二　钱穀《吴都文粹续集》卷二十八《道观》所载（《四库全书》本简称四库本）

《娄东刘家港天妃宫石刻通番事迹记》郑和

明宣德六年岁次辛亥春朔，正使太监郑和、王景弘，副使太监朱良、周福、洪保、杨真，左少监张达等立。其辞曰：

敕封护国庇民妙灵昭应弘仁普济天妃之神，威灵布于巨海，功德著于太常，尚矣。和等自永乐初奉使诸番，今经七次，每统领官兵数万人，海船百余艘，自太仓开洋，由占城国、暹罗国、爪哇国、柯枝国、古里国，抵于西域忽噜谟斯等三千余国，涉沧溟十万余里。观夫鲸波接天，浩浩无涯，或烟雾之溟濛，或风浪之崔嵬。海洋之状，变态无时，而我之云帆高张，昼夜星驰，非仗神功，曷能康济。值有险阻，一称神号，感应如响，即有神灯烛于帆樯，灵光一临，则变险为夷，舟师恬然，咸保无虞。此神功之大概也。及临外邦，其蛮王之梗化不恭者，生擒之；寇兵之肆暴掠者，殄灭之。海道由是而清宁，番人赖之以安业，皆神之助也。

神之功绩，昔尝奏请于朝廷，官于南京龙江之上，永传祀事。钦承御制记文，以彰灵贶，褒美至矣。然神之灵，无往不在。若刘家港之行宫，创造有年，每至于斯，即为葺理。宣德五年冬，复奉使诸番国，舣舟祠下，官军人等瞻礼勤诚，祀享络绎。神之殿堂益加修饰，弘胜旧规。复重建姐山小姐之神祠于官之后，殿堂神像，灿然一新。官校军民咸乐趋事，自有不容已者，非神之功德感于人心而致乎！是用勒文于石，并记诸番往回之岁月，昭示永久焉。

永乐三年，统领舟师往古里等国，时海寇陈祖义等聚众于三佛齐国，抄掠番商，生擒厥魁，至五年回还。

永乐五年，统领舟师往爪哇、古里、柯枝、暹罗等国，其国王各以方物珍禽兽贡献，至七年回还。

永乐七年，统领舟师往前各国，道经锡兰山国，其国王亚烈若奈儿负固不恭，谋害舟师，赖神灵显应知觉，遂生擒其王，至九年归献，寻蒙恩宥，俾复归国。

永乐十二年，统领舟师往忽噜谟斯等国，其苏门答剌国伪王苏干剌寇侵本国，其王遣使赴阙陈诉请救，就率官兵剿捕，神功默助，遂生擒伪王，至十三年归献。是年，满剌加国王亲率妻子朝贡。

永乐十五年，统领舟师往西域，其忽鲁谟斯国进狮子、金钱豹、西马，阿丹国进麒麟，番名祖剌法，并长角马哈兽；木骨都束国进花福禄，并狮子；卜剌哇国进千里骆驼，并驼鸡；爪哇国、古里国进糜里羔兽。各进方物，皆古所未闻者。及遣王男、王弟捧金叶表文朝贡。

永乐十九年，统领舟师遣忽噜谟斯等各国使臣久侍京师者，悉还本国。其各国王贡献方物，视前益加。

宣德五年，仍往诸番国开诏，舟师泊于祠下。思昔数次，皆仗神明护助之功，于是勒文于石。

三　顾炎武《天下郡国利病书》原编第五册《苏下》所载（《四部丛刊》本）简称四部本

通蕃事迹石刻，在刘家港天妃宫壁间，宣德六年，正使太监郑和、王景弘，副使太监朱良、周福、洪保、杨真，左少监张达、吴忠，都指挥朱珍、王衡等立。后记：

永乐三年，统领舟师往古里等国，时海寇陈祖义等聚众于三佛齐国，抄掠番商，生擒厥魁，至五年回还。

永乐五年，统领舟师往爪哇、古里、柯枝、暹罗等国，其国王各以方物珍禽兽贡献，至七年回还。

永乐七年，统领舟师往前各国，道经锡兰山国，其国王亚烈若奈儿负固不恭，谋害舟师，赖神明显应知觉，遂生擒其王，至九年归献，寻蒙恩宥，俾复归国。

永乐十二年，统领舟师往忽鲁谟斯等国，有苏门答剌国伪王苏干剌寇侵本国，其王遣使赴阙请救，就率官兵剿捕，生擒伪王，至十三年归献。是年，满敕加国王亲率妻子朝贡。

永乐十五年，统领舟师往西域，其忽鲁谟斯国进狮子、金钱豹、西马；阿丹国进麒麟，番名祖剌法，并长角马哈兽；木骨都束国进花福禄，并狮子；卜剌哇国进千里骆驼，并驼鸡；爪哇国、古里国进糜里羔兽。各进方物，皆古所未闻者。及遣王男、王弟捧金叶表文朝贡。

永乐十九年，统领舟师遣忽鲁谟斯等各国使臣久侍京师者，悉还本国。其各国王贡献方物，视前益加。

宣德五年，仍往诸番开诏，舟师泊于祠下。思昔皆神明护助之功，勒文于石。

　　上述三种碑文抄件，嘉靖《太仓州志》和《吴都文粹续集》相对完整，文字较为繁多详细，《天下郡国利病书》节录自嘉靖《太仓州志》，而且只有历次出使过程，而无天妃信仰描述，故本文以前两种文字互校，参以后一种文字，以窥碑文原貌。

　　为清晰起见，特列成下表，以观明人抄录碑文之异同，并藉以蠡测碑文原貌。

碑文抄件异同表

	嘉靖《太仓州志》	《吴都文粹续集》	《天下郡国利病书》	校核后的原碑文
1	明宣德六年岁次辛亥春朔	明宣德六年岁次辛亥春朔	宣德六年	宣德六年岁次辛亥春朔
2	正使太监郑和、王景弘，副使太监朱良、周福、洪保、杨真，左少监张达、吴忠，都指挥朱珍、王衡等立。	正使太监郑和、王景弘，副使太监朱良、周福、洪保、杨真，左少监张达等立。	正使太监郑和、王景弘，副使太监朱良、周福、洪保、杨真，左少监张达、吴忠，都指挥朱珍、王衡等立。	正使太监郑和、王景弘，副使太监朱良、周福、洪保、杨真，左少监张达、吴忠，都指挥朱珍、王衡等立。
3	抵于西域忽鲁谟斯等三千余国	抵于西域忽鲁谟斯等三千余国		抵于西域忽鲁谟斯等三十余国
4	值有险阻	值有险阻		值有险阻
5	舟门恬然	舟师恬然		舟师恬然
6	及临外邦，其蛮王之梗化不恭者，生擒之；寇兵之肆暴侵掠者，殄灭之。海道由是而清宁，番人赖之以安业，皆神之助也。	及临外邦，其蛮王之梗化不恭者，生擒之；寇兵之肆暴侵掠者，殄灭之。海道由是而清宁，番人赖之以安业，皆神之助也。		及临外邦，其蛮王之梗化不恭者，生擒之；寇兵之肆暴侵掠者，殄灭之。海道由是而清宁，番人赖之以安业，皆神之助也。
7	神之功绩，昔尝奏请于朝，建宫于南京龙江之上。	神之功绩，昔尝奏请于朝廷，宫于南京龙江之上。		神之功绩，昔尝奏请于朝，建宫于南京龙江之上。
8	宣德五年冬，今复奉使诸番国。	宣德五年冬，复奉使诸番国。		宣德五年冬，复奉使诸番国。
9	官军人等瞻礼勤诚，祀飨络绎。	官军人等瞻礼勤诚，祀享络绎。		官军人等瞻礼勤诚，祀飨络绎。
10	殿堂神像，灿然一新。	殿堂神像，灿然一新。		殿堂神像
12	非神之功德感于人心而致是乎！是用勒文于石。	非神之功德感于人心而致乎！是用勒文于石。		非神之功德感于人心而致是乎！是用勒文于石。
13	其国王各以方物珍禽兽贡献	其国王各以方物珍禽兽贡献	其国王各以方物珍禽兽贡献	其国王各以方物珍禽兽贡献
14	其国王亚烈若奈儿负固不恭，谋害舟师，赖神明显应知觉，遂生擒其王。	其国王亚烈若奈儿负固不恭，谋害舟师，赖神灵显应知觉，遂生擒其王。	其国王亚烈若奈儿负固不恭，谋害舟师，赖神明显应知觉，遂生擒其王。	其国王亚烈苦奈儿负固不恭，谋害舟师，赖神明显应知觉，遂生擒其王。
15	其苏门答剌国伪王苏干剌寇侵本国，其王遣使赴阙陈诉请救，就率官兵剿捕，神功默助，遂生擒伪王，至十三年归献。是年，满敕加国王亲妻子朝贡。	其苏门答剌国伪王苏干剌寇侵本国，其王遣使赴阙陈诉请救，就率官兵剿捕，神功默助，遂生擒伪王，至十三年归献。是年，满剌加国王亲妻子朝贡。	有苏门答剌国伪王苏干剌寇侵本国，其王遣使赴阙陈诉请救，就率官兵剿捕，生擒伪王，至十三年归献。是年，满敕加国王亲率妻子朝贡。	其苏门答剌国伪王苏干剌寇侵本国，其王遣使赴阙陈诉请救，就率官兵剿捕，神功默助，遂生擒伪王，至十三年归献。是年，满剌加国王亲率妻子朝贡。
16	思昔数次，皆仗神明护助之功，于是勒文于石。	思昔数次，皆仗神明护助之功，于是勒文于石。	思昔皆神明护助之功，勒文于石。	思昔数次，皆仗神明护助之功，于是勒文于石。

校核明人相关抄录碑文后，笔者试图恢复原碑文字如次：

娄东刘家港天妃宫石刻通番事迹记

敕封护国庇民妙灵昭应弘仁普济天妃之神，威灵布于巨海，功德著于太常，尚矣。和等自永乐初奉使诸番，今经七次，每统领官兵数万人，海船百余艘，自太仓开洋，由占城国、暹罗国、爪哇国、柯枝国、古里国，抵于西域忽噜谟斯等三十余国，涉沧溟十万余里。观夫鲸波接天，浩浩无涯，或烟雾之溟濛，或风浪之崔嵬，海洋之状，变态无时，而我之云帆高张，昼夜星驰，非仗神功，曷能康济。值有险阻，一称神号，感应如响，即有神灯烛于帆樯，灵光一临，则变险为夷，舟师恬然，咸保无虞。此神功之大概也。及临外邦，其蛮王之梗化不恭者，生擒之；寇兵之肆暴侵掠者，殄灭之。海道由是而清宁，番人赖之以安业，皆神之助也。

神之功绩，昔尝奏请于朝，建宫于南京龙江之上，永传祀事。钦承御制记文，以彰灵贶，褒美至矣。然神之灵，无往不在。若刘家港之行宫，创造有年，每至于斯，即为葺理。宣德五年冬，今复奉使诸番国，舣舟祠下，官军人等瞻礼勤诚，祀飨络绎。神之殿堂益加修饰，弘胜旧规。复重建岨山小姐之神祠于宫之后，殿堂神像，灿然一新。官校军民咸乐趋事，自有不容已者，非神之功德感于人心而致是乎！是用勒文于石，并记诸番往回之岁月，昭示永久焉。

永乐三年，统领舟师往古里等国，时海寇陈祖义等聚众于三佛齐国，抄掠番商，生擒厥魁，至五年回还。

永乐五年，统领舟师往爪哇、古里、柯枝、暹罗等国，其国王各以方物珍禽兽贡献，至七年回还。

永乐七年，统领舟师往前各国，道经锡兰山国，其国王亚烈若奈儿负固不恭，谋害舟师，赖神明显应知觉，遂生擒其王，至九年归献，寻蒙恩宥，俾复归国。

永乐十二年，统领舟师往忽鲁谟斯等国，其苏门答剌国伪王苏干剌寇侵本国，其王遣使赴阙陈诉请救，就率官兵剿捕，神功默助，遂生擒伪王，至十三年归献。是年，满剌加国王亲率妻子朝贡。

永乐十五年，统领舟师往西域，其忽鲁谟斯国进狮子、金钱豹、西马；阿丹国进麒麟，番名祖剌法，并长角马哈兽；木骨都束国进花福禄，并狮子；卜剌哇国进千里骆驼，并驼鸡；爪哇国、古里国进縻里羔兽。各进方物，皆古所未闻者。及遣王男、王弟捧金叶表文朝贡。

永乐十九年，统领舟师遣忽鲁谟斯等各国使臣久侍京师者，悉还本国。其各国王贡献方物，视前益加。

宣德五年，仍往诸番国开诏，舟师泊于祠下。思昔数次，皆仗神明护助之功，于是勒文于石。

宣德六年岁次辛亥春朔，正使太监郑和、王景弘，副使太监朱良、周满、洪保、杨真，左少监张达、吴忠，都指挥朱珍、王衡等立。

另有向达校注《西洋番国志》附录二（中华书局，1961年出版）

《娄东刘家港天妃宫石刻通番事迹记[①]》

明宣德六年岁次辛亥春朔，正使太监郑和、王景弘，副使太监朱良、周满、洪保、杨真，左少监张达等立。其辞曰：

敕封护国庇民妙灵昭应弘仁普济天妃之神，威灵布于巨海，功德著于太常，尚矣。和等自永乐初奉使诸番，今经七次，每统领官兵数万人，海船百余艘。自太仓开洋，由占城国、暹罗国、爪哇国、柯枝国、古里国，抵于西域忽鲁谟斯等三十[②]余国，涉沧溟十万余里。观夫鲸波接天，浩浩无涯，或烟雾之溟濛，或风浪之崔嵬。海洋之状，变态无时，而我之云帆高张，昼夜星驰，非仗神功，曷能康济。直有险阻，一称神号，感应如响，即有神灯烛于帆樯。灵光一临，则变险为夷，舟师恬然，咸保无虞。此神功之大概也。及临外邦，其蛮王之梗化不恭者生擒之；寇兵之肆暴掠者殄灭之。海道由而清宁，番人赖之以安业，皆神之助也。

神之功绩，昔尝奏请于朝廷，宫于南京龙江之上，永传祀事。钦承御制记文，以彰灵贶，褒美至矣，然神之灵无往不在。若刘家港之行宫，创造有年，每至于斯，即为葺理。宣德五年冬，复奉使诸番国，舣舟祠下，官军人等瞻礼勤诚，祀享络绎。神之殿堂益加修饰，弘胜旧规。复重建岠山小姐之神祠于宫之后，殿堂神像，粲然一新。官校军民咸乐趋事，自有不容已者。非神之功德感于人心而致乎！是用勒文于石，并记诸番往回之岁月，昭示永久焉。

永乐三年统领舟师往古里等国。时海寇陈祖义等聚众于三佛齐国抄掠番商，生擒厥魁。至五年回还。

永乐五年统领舟师往爪哇、古里、柯枝、暹罗等国，其国王各以方物珍禽兽贡献。至七年回还。

永乐七年统领舟师往前各国，道经锡兰山国，其国王亚烈苦③柰儿负固不恭，谋害舟师，赖神灵显应知觉，遂擒其王，至九年归献，寻蒙恩宥，俾复归国。

永乐十二年统领舟师往忽鲁谟斯等国。其苏门答剌国伪王苏干剌寇侵本国，其王遣使赴阙陈诉请救，就率官兵剿捕，神功默助，遂生擒伪王，至十三年归献。是年，满剌加国王亲率妻子朝贡。

永乐十五年统领舟师往西域，其忽鲁谟斯国进狮子、金钱豹、西马；阿丹国进麒麟，番名祖剌法，并长角马哈兽；木骨都束国进花福禄并狮子；卜剌哇国进千里骆驼并驼鸡；爪哇国、古里国进麋里羔兽。各进方物，皆古所未闻者。及遣王男、王弟捧金叶表文朝贡。

永乐十九年统领舟师遣忽鲁谟斯等各国使臣久侍京师者，悉还本国。其各国王贡献方物，视前益加。

宣德五年，仍往诸番国开诏，舟师泊于祠下。思昔数次皆仗神明护助之功，于是勒文于石。

郑鹤声、郑一钧编《郑和下西洋资料汇编》第 1013－1015 页，《郑和下西洋资料汇编》增编本又录：

据明郑和《娄东刘家港天妃宫石刻通番事迹碑》记载：

敕封护国庇民妙灵昭应弘仁普济天妃之神，威灵布于巨海，功德著于太常尚矣。和等自永乐初，奉使诸番，今经七次，每统领官兵数万人，海船百余艘，自太仓开洋，由占城国、暹罗国、爪哇国、柯枝国、古里国，抵于西域忽鲁谟斯等三十余国，涉沧溟十万余里。观夫鲸波接天，浩浩无涯，或烟雾之溟濛，或风浪之崔嵬。海洋之状，变态无时，而我之云帆高张，昼夜星驰，非仗神功，曷能康济。直有险阻，一称神号，感应如响，即有神灯烛于帆樯，灵光一临，则变险为夷，舟师恬然，咸保无虞，此神功之大概也。及临外邦，其蛮王之梗化不恭者，生擒之，其寇兵之肆暴掠者，殄灭之。海道由是而清宁，番人赖之以安业，皆神之助也。

神之功绩，昔尝奏请于朝廷，宫于南京龙江之上，永传祀事。钦承御制记文，以彰灵觋，褒美至矣。然神之灵，无往不在。若刘家港之行宫，创造有年，每至于斯，即为葺理。宣德五年冬，复奉使诸番国，舣舟祠下，官军人等，瞻礼勤诚，祀享络绎，神之殿堂，益加修饰，弘胜旧规。复重建岠山小姐之神祠于宫之后，殿堂神像，粲然一新。官校军民咸趋乐事，自有不容已者，非神之功德感于人心而致乎！是用勒文于石，并记诸番往回之岁月，昭示永久焉。

永乐三年，统领舟师往古里等国，时海寇陈祖义等，聚众于三佛齐国，抄掠番商，生擒厥魁，至五年回还。

永乐五年，统领舟师，往爪哇、古里、柯枝、暹罗等国，其国王各以方物珍禽异兽贡献，至七年回还。

永乐七年，统领舟师，往前各国，道经锡兰山，其王亚烈苦奈儿，负固不恭，谋害舟师，赖神灵显应知觉，遂擒其王，至九年归献。寻蒙恩宥，俾复归国。

永乐十二年，统领舟师，往忽鲁谟斯等国，其苏门答剌国，伪王苏干剌，寇侵本国，其王遣使赴阙，陈诉请救，就统领官兵剿捕，神功默助，遂生擒伪王，至十三年归献。是年满剌加国王，亲率妻子朝贡。

永乐十五年，统领舟师往西域，其忽鲁谟斯国进狮子、金钱豹、西马。阿丹国进麒麟，番名祖剌法，并长角马哈兽。木骨都束国进花福禄，并狮子。卜剌哇国进千里骆驼，并驼鸡；爪哇国、古里国进縻里羔兽。各进方物，皆古所未闻者。及遣王男、王弟捧金叶表文朝贡。

永乐十九年，统领舟师，遣忽鲁谟斯等各国使臣，久侍京师者，悉还本国。其各国王，贡献方物，视前益加。

宣德五年，仍往诸番国开诏，舟师泊于祠下，思昔数次皆仗神明护助之功，于是勒文于石。

明宣德六年，岁次辛亥，正使太监郑和、王景弘，副使太监朱良、周满、洪保、杨真，左少监张达等立。

——张寅《太仓州志·刘河天妃宫通番事迹石刻》

郑鹤声、郑一钧编《郑和下西洋资料汇编》第1015－1016页所录：
据明顾炎武《天下郡国利病书》记载：

通番事迹石刻，在刘家港天妃宫壁间，宣德六年，正使太监郑和、王景弘，副使太监朱良、周福、洪保、杨真，左少监张达、吴忠，都指挥朱真、王衡等立。后记曰：

永乐三年，统领舟师，往古里等国，时海寇陈祖义等，聚众于三佛齐国，抄掠番商，生擒厥魁，至五年回还。

永乐五年，统领舟师，往爪哇、古里、柯枝、暹罗等国，其国王各以方物珍禽兽贡献，至七年回还。

永乐七年，统领舟师，往前各国，道经锡兰山，其王亚烈苦（编者按：原书误作若字）奈儿，负固不恭，谋害舟师，赖神灵显应知觉，遂擒其王，至九年归献，寻蒙恩宥，俾复归国。

永乐十二年，统领舟师，往忽鲁谟斯等国，其苏门答剌国，伪王苏干剌，寇侵本国，其王遣使赴阙，陈诉请救，就领官兵剿捕，神功默助，遂生擒伪王，至十三年归献。是年满剌加国王，亲率妻子朝贡。

永乐十五年，统领舟师，往西域，其忽鲁谟斯国进狮子、金钱豹、西马。阿丹国进麒麟，番名祖剌法，并长角马哈兽。木骨都束国进花福禄，并狮子。卜剌哇国进千里骆驼，并驼鸡。爪哇国、古里国进縻里羔兽。各进方物，皆古所未闻者，及遣王男、王弟捧金叶表文朝贡。

永乐十九年，统领舟师，遣忽鲁谟斯等各国使臣，久侍京师者，悉还本国。其各国王，贡献方物，视前益加。

宣德五年，仍往诸番国开诏，舟师泊于祠下，思昔数次皆仗神明护助之功。于是勒文于石。

——《天下郡国利病书》卷十九《江南第七》

---

① 此处关于立碑年月，天一阁本和四库本均抄录为"明宣德六年岁次辛亥春朔"，而四部书仅记"宣德六年"，以前两本为详，当以前两本为正，但明人郑和不会自称"明"，若称"明"，也应称"大明"，故疑碑文为"宣德六年岁次辛亥春朔"。

② 此处关于立碑人，天一阁本和四部书均作"正使太监郑和、王景弘，副使太监朱良、周福、洪保、杨真，左少监张达、吴忠，都指挥朱珍、王衡等"，而四库本仅为"正使太监郑和、王景弘，副使太监朱良、周福、洪保、杨真，左少监张达等"，无左少监吴忠，都指挥朱珍、王衡之名，当以天一阁本和四部书所抄为是。因此郑鹤声、郑一钧父子所谓"顾炎武所录碑之题名人为十人，而钱谷、张寅所录立碑之题名人则为七人，末尾仅以'张达等立'了之"（《郑和下西洋资料汇编》第1017页，齐鲁书社，1983年版），并不准确，张寅所纂嘉靖《太仓州志》题名同为十人。又副使太监周福，三种抄文一致，碑文当为周福。然《天妃之神灵应记》作周满，鉴于太仓碑文多处误书，故暂从《天妃灵应之记》碑文，实际应为周满。都指挥"朱珍"，《郑和下西洋资料汇编》第1015页误作"朱真"。

③ 此处关于郑和抵达国家，天一阁本和四库本均作"抵于西域忽噜谟斯等三千余国"，但"三千余国"不合实情，显系"三十余国"之误，也有可能碑文误刻，向达先生校注《西洋番国志》时附录碑文，更正为"三十余国"，今从之，作"三十余国"。又"忽噜谟斯"，抄文天一阁本中其余各处和抄文四部书作"忽鲁谟斯"，而抄文四库本一律作"忽噜谟斯"，原碑当为"忽噜谟斯"。今人作"忽鲁谟斯"，校核《明实录》、《明史》等书，当也无妨。

④ 此处"值有险阻"，天一阁本和四库本相同，而向达先生和郑鹤声、郑一钧先生等今人一律改为"直有险阻"，碑文意在称颂天妃灵验功能，"直有险阻"语意不通，碑文应是"值有险阻"，今人误改。

⑤ 此处天一阁本作"舟门恬然"，四库本作"舟师恬然"，"舟门恬然"不通，原碑当为"舟师恬然"。

⑥ 此处描述，天一阁本、四库本稍有不同，天一阁本详于四库本，且语句字数前后对应，四库本疑有脱字，碑文当以天一阁本所录为是。今人所引碑文，作"及临外邦，其蛮王之梗化不恭者，生擒之；寇兵之肆暴掠者，殄灭之。海道由而清宁，番人赖之以安业，皆神之助也"。说是录自《吴都文粹续集》实则转引时微有显误，与原碑文颇多出入。

⑦ 此处文字，天一阁本优于四库本，原文"奏请于朝建宫于……"，极易误书为"奏请于朝廷宫于……"，故当以天一阁本为妥。

⑧ 天一阁本较四库本多一"今"字，两者皆通。盖因郑和于宣德五年冬抵达太仓，准备立碑，故称"今复奉使"，而缺一"今"字，直称宣德五年冬复奉使，更简明。但以天一阁本为准，尽量不改。

⑨ 天一阁本作"祀飨络绎"，四库本作"祀享络绎"，此处指官军人等祭祀天妃，当是"祀飨络绎"，故以天一阁本为妥。

⑩ 此处"灿然一新"，今人均作"粲然一新"，意思虽一，但以不改为妥。

⑪ 天一阁本、四库本均作"官校军民咸乐趋事",《郑和下西洋资料汇编》第 1014 页误作"官校军民咸趋乐事",当更正。

⑫ 此处天一阁本较四库本多一"是"字,天一阁本中两个"是",前一个"是"是代词,后一个"是"是语气词,似非多余,原碑当是如天一阁本所书。

⑬ 此处天一阁本、四库本、四部书文字相同,但《郑和下西洋资料汇编》移录嘉靖《太仓州志》"珍禽兽"作"珍禽异兽","珍禽兽"也通,似不必改。

⑭ 锡兰山国王,天一阁本、四库本、四部书均作"亚烈若奈儿",向达先生和郑鹤声、郑一钧先生等大约据《明实录》和《明史》所载,均改为"亚烈苦奈儿",观《卫所武职选簿》许辅条和刘学颜条,也作"亚烈若奈儿"(分别载第 72 册第 235 页和第 73 册第 145 页,收入中国第一历史档案馆、辽宁省档案馆编《中国明朝档案总汇》,广西师范大学出版社,2001 年),则所改为非,当仍旧。又天一阁本作"赖神明显应知觉",而四库本作"赖神灵显应知觉",一字之差,参考碑文最后天一阁本、四库本均作"神明护助",似以"神明"为是。又"遂生擒其王",天一阁本、四库本、四部书均同,而向达先生和郑鹤声、郑一钧先生等均改为"遂擒其王",改动似无必要,当以原文为妥。

⑮ 此段文字,天一阁本、四库本均同,而四部书微有出入,稍简于天一阁本、四库本,考虑到四部书乃节录自天一阁本,应以天一阁本、四库本为是,惟四部书中"满敕加国王亲率妻子朝贡",多一"率"字,较天一阁本、四库本通顺,原碑当有此字。又"满剌加",天一阁本、四部书均作"满敕加",恐系误刻,应以四库本为是。又"就率官兵剿捕",《郑和下西洋资料汇编》第 1014 页改作"就统领官兵剿捕",甚属无谓,以不改为妥。

⑯ 此处 天一阁本、四库本相同,而四部书简略,当以天一阁本、四库本为是。

明刊《新安黄氏会通谱》述要

汪庆元

（安徽省博物馆研究馆员）

明代徽州宗族制度发达，世家大族普遍纂修家谱。明弘治《新安黄氏会通谱》是徽州通谱最早刻本之一[①]，以江夏黄香为一世祖，"会千万人于一家，统千百世于一人，世次有图，支系有派，同异有辨，文献有录"[②]。安徽省博物馆藏本完好[③]，为"歙黄墩石岭房"领谱。本文就其提要介绍，注重文献叙录，以供参考。

一 谱序、凡例与图像

《新安黄氏会通谱》全四册，卷首序文、图像一册，谱图十六卷二册，文献录五卷一册，明弘治十四年刻本，休宁五城黄云苏、黄禄等纂修。序文20篇，宋元序文有：《新安黄氏世谱序》（山婺源横槎），宋雍熙乙酉光禄人大吴有序：《新安黄氏宗谱图序》（山旴眙），宋淳熙年间均州判官黄元之序：《休宁五城黄氏家谱序》，绍熙四年黄侃序，庆元丙辰黄何、皇庆元年黄行叟跋：《休宁五城黄氏续谱序》，元至治二年黄行叟序，延祐二年陈定宇跋。其余为明序，徽州之外有江西《浮梁勒功黄氏家谱序》、《德兴茗园新田黄氏家谱序》、《乐平街北鸣琴里黄氏续谱序》、《鄱刚鑪山黄氏修谱序》、《乐平蓝溪黄氏族谱序》。程敏政《新安黄氏会通谱序》为首篇：

> 自宗法不明于后世，凡通都大邑之间，号巨室能仅谱其家者，盖不多得矣，若进而能谱其族，则加鲜焉，况又能推而谱其所同原异流者哉。是非其心之仁、志之远、力之健，固不能有此。而或一二见于吾乡，则亦以其居之僻、俗之厚，用能保其典籍、丘垄，于兵革之余，乃克尔邪。若五城黄氏，其一焉。
>
> 黄之先本嬴姓，出自陆终，受封于黄，世奉黄帝之祀。逮周而见录于《春秋》，曰黄人，有尊攘之功，后为楚所并，子孙因以国氏，而春申君实显于楚。曰东明者，乃春申之族，从番君起灭秦，居江夏，子孙始盛。由是江夏之黄遂望于天下。其显于汉者，若魏郡太守香，香之子太尉邡乡侯琼，琼之孙司隶校尉阳泉侯琬，世以忠孝闻。琬之后日积，仕晋为新安太守，卒葬郡姚家墩，予寻因家焉。殆今，新安之黄所共祖也。
>
> 寻十七世曰仪，仕唐为祁门尉，因居祁门左田，生二子逊、谦。谦别居休宁西湧，生一子思聪。逊生二子，思诚、思道，思道仕宋为旴眙尉，又家焉。三世曰元之，为均州判官，尝修旴眙黄氏谱而序之。思诚再世曰瑰，生三子，叔宏、叔仲、叔季。叔仲徙婺源横槎，叔

季徙浮梁勒功。

思聪五世曰文汉，自西湧别居五城镇，生一予晟，晟生四子，举、温、抃、季昌。举生四子，宗义、宗禹、宗明、宗和，则今五城诸黄所共祖也。季昌三世曰侃，尝修五城黄氏谱而序之。宗义自五城徙溪口，三世曰何，以乾道进士历太府寺丞，爵休宁县男，赠通议大夫，为时闻人。盖商山安抚吴文肃公其舅，汉口端明少师程公其甥，而会里尚书程文简公其师也。宗禹、宗明四世诸孙最盛，其显者曰拱、曰焕、曰映、曰应龙、曰发、曰卓、曰珏。焕生司户，雷复中陈文龙榜进士。发生雷益、雷丰、天赐及提幹。雷奋中方逢辰榜进士。卓生制幹。雷利中丈天祥榜进士，槐堂丞相程文清公亟称之。珏生若皋，若皋生行叟，入元授紫阳书院斋长，为时宿儒，始续旧谱，而著其异同之故。雷益生常甫，号草窗，陈定宇先生实师之，而定宇亦尝书其谱之续者。拱三世曰元硅，娶吴氏，有妇节，子清夫以孝闻，元天历中旌其门曰节孝，见青城学士虞文靖公之铭。雷丰三世曰仲瑾，娶吴氏，复以节闻，国初旌其门曰贞洁，见浯村春坊贞一汪公之传。应龙六世曰昂，当洪武乙亥，再续其谱，而香先生曹东白序之。

至天顺壬午，映九世曰云苏，续作一览图，逮弘治辛亥，同其族弟禄大会诸黄为通谱，自江夏而新安而盱眙，自新安而歙之黄墩、石岭，祁之左田，休宁之五城，婺源之横槎，黟之古城、横冈，浮梁之勒功、石斛，又自横槎而德兴茗园，乐平鸣琴里，蓝溪，鄱阳鑪山，自五城而溪口、星洲、岭南、龙湾、北郭，商山、汉口、潜川、陈村、绩溪鼌岭诸派，自天顺至今几三十年，所谓心之仁、志之远、力之健，若云苏与禄者，殆非其人欤！

然求之四方他姓，岂无其心及其志与力，而处孔道之下，经蹂躏之交，典籍荡于烟烬，丘垄陷于芜没，顾欲联其族，而合其同原异流者于一旦，岂非事之甚难者哉？

于是取以近锓梓，其各派相与佐之，逾年而告成，奉以请序其首简。予阅之累日，得其大端，而书之曰：惟黄氏之先，实以忠孝，有开厥家。故为其后人者，或学古励行，以淑其身，或联科世禄，以延其泽，或高阅接畛，以拓其产。中世以来，男以孝，妇以节，旌其门、著于史者，又足以上昭祖德，下启孙仍。而况诸谱既同，则宗盟益笃，宗法可寻。所谓新安之黄者，将由一郡而显于四方，且与江夏之望相高于数百载之上而无替焉者，亦将兆于斯乎。诗云：无念尔祖，聿修厥德。又云：虽有他人，不如我同姓。黄氏子孙，其尚勖之！

若夫谨昭穆之稽，征文献之守，详真赝之别，则前人之序已备、兹不待赘云。

弘治四年岁辛亥十月望

赐进士及第中顺大夫詹事府少詹事兼翰林院侍讲学士兼修国史经筵官致仕，同邑程敏政书。"篁墩"（阳文）"克勤"（阳文）"伊洛同原"（阴文）印。

程敏政家族与五城黄氏世代通婚为至交④，序据黄云苏、黄禄会通谱稿概括言之。所谓"谱其所同原异流者"，"或一二见于吾乡"，可见当时徽州会通族谱的家族为数不多。关于谱作者，程敏政明言黄云苏"同其族弟禄人会诸黄为通谱"⑤，新安黄氏族人纷纷响应。⑥当今有的著录为"黄禄、程天相纂修"，第一作者黄云苏名不见传。黄云苏弘治六年故世，会通谱由其子黄岩主、黄岩岳等续成刊刻出版，程天相编辑。⑦

序后有考证数则，其中认为歙县潭渡黄氏出自黄墩，而非由祁门左田迁山者。⑧歙县潭渡黄氏本支谱记载，始迁机黄璋中唐自祁门左田迁出，但祁门谱载始迁祖黄仪是唐贞元末年任祁门尉，因时间有抵牾，而未入会通谱。黄云苏等所拟定《新安黄氏会通谱凡例》，首条即强调"审迁派，究源流"。凡例 10 条如下。

一、会通之要，所以审迁派、究源流，归万殊于一本也。新安黄氏散处不一，多称晋太子元积公之后，虽无可别，今据黄墩旧谱所载，及共业唐宋以来先墓者，方率入会。

一、谱图之列，所以明世次、别亲疏也。旧谱六世为图，旁无小传，则小宗失序，行实无据。今图放欧谱例，下注小传，放史记年表、唐书世系表例，旁注世次，所以明继世也。朱注迁居，朱书派名，所以谨自出也。

一、继子之设，所以绍先世续后嗣也。服属隆于所继之父，杀于所生之父，礼也。旧谱既失其义，今注其名于所生父下，列图于所继之父下，正名分也。其出继异姓，异姓来继，与从释、老者，不书。

一、妄祖之弊，多本无后者，以沿袭也。今以无后者注名于父传下，书"止"，不再列图，如祠附主也。有故列图者，于本图下书"止"，以遏后弊。

一、支派之蕃，则迁徙不相闻，而贤否亦不一也。故谱之作有后不与会者，书失传，有后不及会、有会而未尽者，书具本宗谱，以俟其继作。

一、小注之书，所以纪行实而述出处也。但书字、书行、书生殁年月、寿年、书葬。书娶，书宦迹、学业、行义，书节妇烈女，书必据可知者，浮词溢美，一切不书。

一、世次之编，疏远不违，巨细必举，此正法也。今会诸谱，自汉尚书香公，至新安迁祖太守元集公，以下传代世次，各相矛盾，今据宋元旧谱，兼考史传录入，别为辩考，以决后疑。

一、先世丘墓、遗像之记，所以重遗体、寓孝思也。其先世遗像、丘墓别为图以置诸编，兼附墓所经理、方向，遗像赞词，以启后裔。

一、文翰之录，所以显祖功扬宗德也。故自历世以来，昭命、赠颂、衰挽、史传、金石、诗文并书，后以贻来世，庶文献可征也。

一、谱牒之作，所以尊祖宗崇孝敬也。间有弃祖墓、鬻谱牒者，有作过恶，三犯不悛者，则孝敬何在，故绝之不书，所以警后人也。

凡例后为"图像"。"境图" 2 幅：《新安黄氏所居之图》，绘徽州山川水源，黄氏所居村落了然；《新安黄氏修会通谱五城镇图》，五城镇枕山面水，聚落民宅 40 余处，屋前两人相互鞠躬，诗礼传家有序。"墓图" 4 幅："尔晋新安太守积之墓"在黄墩，"唐祁门县尉仪之墓"在祁门左田，"唐逊斋先生益谦及四世孙坚之墓"在休宁五城西湧，"宋云轩处士文汉及六世孙鼎之墓"在五城官驿后。《黄氏先世遗像》71 幅，首"汉长沙内史东明之像"，末"明恩寿府君报宗之像"。黄云苏弘治四年作《历世烈祖像引》：

绘画之事，其来远矣。逮至汉唐，麒麟、云台、凌烟之作，盖君臣相遇不忘所自之功，而欲其人常在乎目也。况人子之于祖宗，色不忘乎目，而声不绝乎耳，又岂君臣之相遇而已哉。此图所以作也。苏生居五城，盖尝会通黄氏谱牒，因如左田，如黄墩，适盱眙而至江夏，即其地有里曰孝行里，有祠曰孝行祠，盖由吾先世祖魏郡太守香而得其名也。既至之日，谒其祠，奠荐毕，退而遍请吾族居，累日乃得源流世谱暨所绘烈祖之像以归。复并先世所绘新安始祖太守公以下诸主之像，命工图之，刻于一卷，录赞于像，俾同出其后者，展图著目，则衣冠俨伟，神精朗耀，宛如临之在上，而钦戴感仰之诚沛然有不可遏者，亦可以见吾黄端人正士之不乏。然则麒麟、云台、临烟之作，乃君臣一时之遇，而斯图之作，则仁人孝子，千古一心，讵不与天地同其悠久者哉！因而识诸卷首，庶观者知苏今日之所用心云。弘治辛亥春裔孙云苏拜书。

黄云苏远至湖北江夏孝行里等地搜集宗族资料，比照汉唐皇帝所建麒麟阁、云台阁、临烟阁表彰纪念功臣名将的形式，绘制肖像，题写画赞。他认为皇帝纪念功臣不过是"一时君臣之遇"，而绘制"历世烈祖像"能使"仁人孝子"与祖宗"千古一心"，强调血缘亲情的永恒性。

二　世系谱图与小传

世系图记录家族成员之间的血缘关系，是家谱的基本内容。《新安黄氏会通谱》以江夏派黄香为一世祖。传九世黄积，立新安派，程敏政所称"新安之黄所共祖"是也。往下五世立派：十二世新安歙姚家墩派一，十七世新安姚家墩派二，二十一世新安歙黄墩派一，二十五世新安黄墩派二，二十九世祁门左田派一。兄弟分居则世系不变，另列派别，如二十九世思诚、思道、思聪、思焕，分别立为祁门左田派一、盱眙派、休宁西湧派、新安歙黄墩派三。世系谱图十六卷，目录如下。

卷一：黄氏得姓之祖，楚国派，江夏派，淮阳派，江夏派一，江夏派二，新安派，新安歙姚家墩派一，新安歙姚家墩派二，新安歙黄墩派一，新安歙黄墩派二，祁门左田派一，盱眙派，休宁西湧派，新安歙黄墩派三，祁门左田派二，黟古城派，婺源横槎派一，浮梁勒功派一，休宁五城镇派一，歙新安黄墩派四，祁门左田派三，黟西城塘派一，婺源横槎派二，德兴茗园派一，乐平蓝溪派一，乐平街北鸣琴里派一，鄱阳鱸山派一，浮梁勒功派二，休宁溪口派一，休宁溪口派一，休宁岭南派一，休宁五城镇派二，新安歙黄墩派五。

卷二：祁门左田派四，黟西城塘派二，德兴茗园派二，乐平蓝溪派二，乐平街北鸣琴里派二，鄱刚鱸山派二，浮梁勒功派三，休宁溪口派二，休宁岭南派二，休宁五城镇派三，歙黄墩石岭派一，歙芝黄派一。

卷三：祁门左田派五，黟石山派一，德兴茗园派三，乐平蓝溪派三。

卷四：乐平街北鸣琴里派三，鄱阳鱸山派三，浮梁勒功派四之一，浮梁石斛派一，浮梁勒功派四之二。

卷五：休宁溪口派三之一，休宁星洲派一，休宁溪口派三之二严州房，休宁北郭派一，休宁岭南派三。

卷六：休宁五城镇派四之一，绩溪翚岭下派一，休宁五城镇派四之二。

卷七：休宁五城镇派四之三，休宁潜川派一，休宁闵口派一，休宁陈村派一，休宁五城镇派四之四，歙黄墩石岭派二，歙芝黄派三。

卷八：祁门左田派六，黟横冈派，黟石山派二，德兴茗园派四。

卷九：乐平蓝溪派四。

卷十：乐平街北鸣琴里派四，鄱阳鱸山派四。

卷十一：浮梁勒功派五之一，浮梁石斛派二，浮梁勒功派五之二。

卷十二：休宁溪口派四之一，休宁星洲派二会里房，休宁溪口派四之二严州房，休宁龙湾派临溪房，休宁北郭派二，休宁岭南派四璜川房。

卷十三：休宁五城镇派五之一，休宁商山派，休宁五城镇派五之二，绩溪晕岭下派二。

卷十四：休宁五城镇派五之三，休宁汉口派。

卷十五：休宁五城镇派五之四，休宁潜川派二，休宁闵口派二，休宁陈村派二，休宁五城镇派五之五，歙黄墩石岭派三，歙芝黄派三。

卷十六：鄱阳鑪山派五。

新安黄氏自一世祖东汉黄香至明代弘治年间，历 1700 余年，传 54 世，繁衍裂变为 99 派，分布在徽州和江西德兴、乐平、鄱刚等地。南宋以来，新安黄氏科举入仕者渐多，各派始修家谱，从始迁祖往下，五世而迁为小宗。宋绍熙四年（1193 年）《休宁五城黄氏家谱序》载：

> 相传自迁祖谦公始卜居休阳南乡，地曰西湧，至高祖大丞事讳晟公，生于英宗朝，承先世遗业，富甲一乡，子孙业儒。至乾道间，惟伯六兄何，自景肃，首奋志掇高科、登显仕。自是儒风丕振，有志场屋者不可枚举。比以地隘人繁，乃徙五城之市居焉。其余支派，迁徙江淮，子孙散处，莫知世次。侃因质以旧日所闻，父兄之言，详究本末，始知先世丘陇所在。其余历世既多，故难稽考，惟自高祖而下，昭然可据者书之。公生四子，厝于西湧祖宅基中。厥后子孙绵绵，至于今日，凡七世矣。其间虽有富贵贫贱之殊，然溯流寻源，同出一宗，岂可相视如途人哉！今自高祖而下，编序世次，纂成一图，俾后世子孙知尊祖敬宗之义，名分尊卑之序，世世守之，永传不朽。其不伟欤！绍熙四年癸丑正月上元日裔孙侃予和谨序。

黄何庆元丙辰（1196 年）后跋略云："展观五世以来，枝绪繁衍，一至如许。""吾族派分，散在他境，异时按图寻谱，则恍然梦觉，知江之东，淮之南本一家人父子，是则此图之功也。"各派家谱，从始迁祖起，坐实"先世丘陇"，编纂世系图，是为会通谱的基础。

唐宋以降，新安黄氏族人有的走上科举仕途，代有闻人。谱图下注小传，所记生平简略，但凡例规定，入谱者"纪行实而述出处"，摒弃"浮词溢美"，意在纂修家族信史。家族著名人物的传记大都有文献可考，如唐高宗时黄德任福州刺史，唐刘承庆有《送黄使君德涵赴福州序》，该文编入《文献录》甲卷唐文之首。[⑨]谱图人物小传注重事实，有文献依据，兹略列表如下。

《新安黄氏会通谱》谱图人物小传

姓名	世系	派别	人物小传
黄香	一世	江夏派	字文疆，江夏安陆人，事父母至孝，暑则扇枕，寒则温衾。年九岁失母，思慕憔悴，殆不免丧。年十二，郡守刘公闻而召之，署门下孝子。汉肃宗诏诣东观读所未见书，又召诣安福殿言政事，拜尚书令。永元十二年别平清河，奏妖言事，伞活甚众。迁魏郡太守，赈济饥寒。敕居江夏孝行里忠孝门。娶李氏，同葬女陆源口。详见《东汉书》。（卷一）
黄积	九世	新安派	字元积，西晋太康戊申年生，官至考功员外郎，晋元帝渡江任新安太守，未期坐事卒。娶渭南张氏，并葬郡之姚家墩。详见都亭侯陶公瞻为立墓碑文。（卷一）黄寻，十世，新女派，字仲繹，行第十一，庐守父墓，遂家新安。好读韩诗、欧阳尚书，屡不就征辟，教授于乡从游者百人。郡守李公英尝请业门下。时人以寻不起仕，称守贞先生。寿六十八卒。娶姚氏，同葬姚家墩。详见光禄勋陶公所撰传。（卷一）

姓名	世系	派别	人物小传
黄德	二十世	新安姚家墩派二	字德涵，唐高宗总章元年（668年）由考功员外即擢刺福州，寻入为御史中丞上柱国，赐紫金鱼袋，卒赠散骑常侍。详见朔州刺史刘承庆所撰《送福州序》。（卷一）
黄论	二十三世	新安黄墩派一	字彦纶，天宝十二年（753年）以博学宏词举进士，为校书郎，调绩溪县尉，拜监察御史，寻为判官，改殿中侍御史，不行，拜京兆府司录，转礼部员外郎，历观察判官刑部员外郎，山河南令。寿六十三卒，娶郡王氏，葬城南。详见简州刺史李弘泰所撰墓志。（卷一）
黄仪	二十七世	新安歙黄墩派二	字元和，以麟经起家，为绩溪县尉，次任青阳县尉，三任阊门县尉，因家邑之左田。葬柏林墩庚向。娶绩溪丁源洞汗氏。（卷一）
黄谦	二十八世	新安黄墩派二	宁益歉，号遁斋，好读青囊书，徙家休宁西湧，择佳胜处为西湧四景，有西湧四景诗图。（卷一）
黄叔道	三十四世	浮梁勒功派一	宁道枢，仕宋为醴泉县令，历任翰林中书兼行国子祭酒事。尝建双峰寺。详见范文正公所赠诗章。娶冯氏，并葬斛溪醴泉坑梅林。（卷一）
黄端	三十五世	婺源横槎派一	字端，字端仲，宋咸平己亥进士，仕至扬州太守，升太常院金紫光禄大夫。天圣辛未致事，舟经蓝溪下江，爱其山水形胜，遂家焉。作秋香楼，有侍郎刘公德隆赋诗美之。卒葬十七都胡洋马坊前。（卷一）
黄葆光	三十七世	黟古城派	宁元辉，登进士第，宋政和中授朝奉大夫，直秘阁行殿中侍御史，两之处州，政平讼简，卒于官，民立生祠祀之。卜葬黄梅山某向，娶显谟阁学士程公迈之女，封夫人。详见本传。（卷一）
黄何	四十世	休宁溪口派一	字景肃，行百六，治《尚书》，领乾道乙巳（1165年）乡荐，中丙戌萧国梁榜进士。初任大和簿，富阳簿，衢州教，大冶宰，湖州金判，提举榷货务、司农寺簿，历太府寺承，再知岳州，朝议大夫，主管冲佑观，赠休宁县开国男，食邑三百户，累赠通判奉议大夫。绍兴甲寅年二月生，娶严城运使知府方公扔孙女，寓居严州人树巷，卒归葬汉口汗潭山。（卷一）
黄益	四十四世	乐平蓝溪派二	行俊四，号准斋，学古修行，作爱贤堂延师主席，教育俊秀，远近之士，争同砚席，如余干李谨思等若干人俱登高第，见用当时。由是爱贤之名益彰，后学称爱贤先生。（卷二）
黄清	四十五世	休宁岭南派二	一名贵，字清夫，号耕钓处士，又号秋江钓月，隐居岭南读书，天性至孝，母常病，梦一神人授方，须啖蜜，疾可已，夜求别村，遇虎于道，泣呼天曰："死固无憾，如母疾何！"虎徐去，得持蜜事母，疾果瘳。一日，以母命游京师，韩国公李孟见而友善，蔡国公张澹庵荐为杭州路教使养母，不就而归。当时大夫以穴礼遇之，为题秋江钓门楼诗卷及节孝录，梓行十世。（卷二）

姓名	世系	派别	人物小传
黄希得	四十七世	德兴茗闵派三	字仲敬，行长三六，资秉丰厚，有先见之智，乡里服儿果敢。善治生，人创基业，为万石长。洪武辛巳年正月生，天顺壬午年四月卒。葬十二都石人山阳卯向。（卷三）
黄韫	四十七世	乐十蓝溪派三	继子，字德中，行钟三十四，度量宽洪，尊贤尚义，以其所承基产与亲兄弟均分。有司举为万石长，赋敛不繁，民多德之。（卷三）
黄金山	四十七世	休宁五城镇派四之四	字世瞻，号园趣轩，好学守分，为里塾师至老。有司闻其贤，举列耆宿，论狱多凭剖决，上下交称。洪武己酉年生，卒葬田里铁店前。（卷七）
黄贵清	四十八世	休宁溪口派三之一	字民服，永乐己丑年八月生，质直好义，乡里推重。题造张睢阳庙，修造寺丞公祠，凡桥梁路径未济处，捐资修理。成化癸卯年卒，葬暴头西向，详见参议吴公郁所撰墓志。
黄璀	四十八世	乐平街北鸣琴里派三	字子瓒，行盤八，洪武已卯年生，性孝友，取与俱以义处，读阴隲书。每掌税事，窭人仅升斗者，悉代输之，乡称种德老人。景泰癸酉年卒。（卷四）
黄曣	四十八世	休宁五城镇派四之一	字仲晖，性明敏，嗜学，笃孝。有司以贤才举，例擢户部主事。至正丙戌年十月生，洪武三十年因劳王事卒于京。（卷六）
黄报宗	四十八世	休宁五城镇派四之三	字仲本，永乐丙戌年十二月生，成化丁未年跻身寿八十，颁优老之诏，膺冠带以荣终身。（卷七）
黄盛宗	四十八世	休宁五城镇派四之三	字仲茂，永乐辛丙戌年十二月生，性慈祥，能以医药济人，不较其报，乡里称重。（卷七）
黄添运	四十八世	休宁五城镇派四之四	字恩茂，永乐壬寅年生，性公直，成化甲辰有司举耆宿得就。乡讼难决者，悉剖之。（卷七）
黄敬宗	四十八世	休宁五城镇派四之三	字仲荣，行第一，洪武庚辰年生，秉性柔和，以勤俭恭恕自持，成化辛丑年卒。娶本里吴氏富户昱仲女。详见副使汪公赞像及御史汪公舜民所撰墓志。（卷七）
黄存杰	四十九世	休宁五城镇派四之三	字思正，行第一，天性纯厚，好学笃行，建安义堂，尝游吴楚，交接缙绅，有海国公子吴彦博送行序，宣德丙午五月生，成化丁亥年卒。娶斗山程氏处士仕美女，永乐癸卯年九月生，成化丙午年卒，同葬墓山已向，详见副使汪公进赞像，及御史汪公舜民墓铭。（卷七）
黄镇	四十九世	乐平蓝溪派三	字金义，行权六，乐善好施，修饰金山寺，民便祈祷，造左右石桥，民无病涉。为万石长，永乐己丑年生，弘治丙午年卒。（卷三）
黄钦	四十九世	乐平街北平鸣琴里派三	字克恭，行钦一，洪武已卯年生，为万石长，每薄敛于民，民皆德之，成化丙戌年卒。（卷四）

续表

姓名	世系	派别	人物小传
黄聿光	四十九世	鄱阳鑪山派三	行亶一，有司举为耆宿，凡乡民有讼者悉为剖，不至公庭。（卷四）
黄泰慎	四十九世	鄱阳鑪山派三	字九思，行亶八，永乐戊子年生，宽厚仁爱，以租税甲于一乡，有司举为万石长，每薄敛于民，民皆德之。家政严肃，御群子弟以义方。景泰丁酉年卒。（卷四）
黄玹德	四十九世	休宁五城镇派四之一	字士奇，志有雅操，因父应人才举，养母于家尽诚。梦有不详，即日奔走赴京，父果病笃，不复起，负骸归葬。尝捐白金以资外家吴氏之族，赎其陷身之罪。（卷六）
黄如友	四十九世	休宁五城镇派四之二	字叔直，宣德辛亥年生，商游淮汴以卒，葬刘备城。娶斗山程氏，宣德乙卯年生，年二十六居寡，孝养舅姑，抚教孤子。成化壬寅年卒，葬楼下，详见孝节传。（卷六）
黄庆真	四十九世	休宁五城镇派四之三	字云真，宣德辛亥年生，商凤阳，成化乙未年卒于颖上县，葬南照寺东卯向。（卷七）
黄道立	四十九世	歙黄墩石岭派	字信，永乐庚寅年生，喜游江湖，戊子年卒。（卷七）
黄深	五十世	乐平蓝溪派四	字叔渊，行衡五，赋性端重，以赀产甲于一乡，邑举为石长，民称有德。宣德辛亥年生。（卷九）
黄瀚	五十世	乐平街北鸣琴里派四	字廷珍，行翰一，宣德己酉年生，有声郡邑，举列耆宿，使民无讼，公卿厚遇之。成化乙巳年卒。（卷十）
	五十世	休宁溪口派四之二	字思善，正统癸亥年生，秉性纯厚，省身行义，尝倡筑清漪陂堨，溉田一千余亩，乡人德之。弘治戊午年卒。（卷十二）
黄增	五十世	休宁商山派	字景思，永乐甲午年生，号素翁，性嗜吟，有古人心术，能济贫恤孤，凡有忿争，悉从分剖，里民皆化为善。扁栖云楼，有记。（卷十三）
黄齐贵	五十一世	鄱阳鑪山派四	行富五，正统己未年生，以礼律身，好读阴隲书，乡邻有强横者，皆化之。（卷十）
黄执中	五十一世	鄱阳鑪山派四	行富八，正统壬戌年五月生，有文行，为乡里教授，从游门下者百余人皆雅饬自号。（卷十）
黄金銮	五十二世	鄱阳鑪山派四	字汝鸣，行仁十四，成化辛卯年闰九月生，性明敏，见义勇为，凡乡里之事有合义，以身任之。传家学，预修会通谱。（卷十）

　　家族人物科举入仕者载在史志，但谱载小传简明扼要，可以参考。明初乡绅阶层很有特点，有的担任粮长（万石长），负责征收税粮，成为纳税人和统治者之间联系的纽带。明中期以前，徽州充当粮长都是世家大族。乡绅在宗族内部敬宗收族，秉承仁、义、德、礼等儒家传统，成为稳定基层社会的砥柱。其中还包括商人、塾师、医生等，他们在小农社会内部分工，促进了社会的文明与进步。

三　《文献录》

　　《文献录》别为一册，甲乙二卷，外集上中下三卷，共五卷。甲乙卷开篇云："文献一编，所以纪先世之遗迹，贻后世之张本，乃旧家望族尊祖敬宗之大端也。书必据其有所述者，逸其无所本者。今考黄氏自汉晋隋唐宋元抵于国初，凡德业勋名贤良节孝隐逸之文，著于国史、存于世谱、载于郡志者，录入甲乙卷。俾开卷者知所白云。"甲乙卷所录为黄氏家族历史文献。甲卷录：汉传3篇，晋墓碑、传3篇，唐序、墓志、传3篇，宋墓志、祠记、行状、祭文、家传、启、表、传、序12篇。乙卷录：元记、说、引、序、墓志、行状、事实19篇，明初传1篇。乙卷所录元代文献19篇，这在明代家谱不多见。外集上卷：墓志铭、墓表、传28篇；外集中卷：传、墓志铭、诗卷跋、记10篇；外集下卷：说、记、引、序、赋、铭、辞、跋43篇。外集前编辑叙云：

> 悟斋先生苏偕其从弟行可轩禄，当弘治庚戌会各族修会通谱若干卷，文献录若干卷，以之锓梓，事未竣而二人相继物故。戊午春，融斋澋，悟斋二岂、岳，概念先志，谱牒之修有其始，不可不究其终，再倡各族，以成盛举。于是诸黄又以所得近时文字附之。予忝编辑之末，敢告以去取之义，去其驳而杂者，取其醇而正者。若一概附入，恐致鱼目混珠之诮也。然达道者是之，决意者愠之。而融斋曰：大抵文者载道之器，此录所附文字，虽异古人体制，而所述德业忠孝节义，可以开示来裔，但据所有而附之，以成一家之典，非为法于他人也。其词义之工拙奚计哉。予谓融斋之言，盖深有以得乎！为谱之意，有不可苟者，用以嗣刻为外集三卷。故识之以俟高明者。

外集文献二卷81篇，虽是"一家之典"，但其不仅展示了新安黄氏家族文化，也从多个侧面反映了明初地域社会文化，是正史、方志所不见记载的，只有较高史料价值。

（一）家族文献可补史志之阙

新安黄氏由官宦任职迁徙，是早期定居徽州的世家人族之一。唐宋以降，黄氏子孙散处于生态良好、经济发展的江南腹地休养生息，教育与文化不断发展。黄氏家族唐代为官者屈指可数，南宋偏安杭州，科举入仕者渐多，家族精英向上流动成为政府官吏。文献录墓志、行状等搜罗无遗。明初徽商在乡里举足轻重。这些家族文献有的可补史志之阙。兹举数例，以见一斑。

1. 南宋朝议大夫黄何

甲卷录宋代文献，汗泳《朝议大夫大府寺丞知岳处二州事主管冲佑观赠休宁县开国男食邑三百户黄公何行状》3000余字，节略如下。

> 黄氏世绪高辛，代有显异，其在新安休宁始大者，则公也。奉直弱冠有丈名，年未强仕，卒公生仅三月，祖奇公谓，当亢吾宗，爱之特异诸孙。奉议郎吴公舜，选公祖姒之弟也。祖垂殁，托公于吴公，使与二子俯徽游。二吴为乡先生，聚徒甚众，昆仲驰声太学，时人有云"眉山三苏，江东三吴"者是也。已而复从文简程公大昌游，所得益超诣，与贤书登丙戌第。时太恭人华发在堂，公调吉州泰和主簿而归，喜动慈颜，里党羡艳，周旋膝下凡三年。丁太恭人虀。再调饶州番阳簿，公谓，赋版公私所系，不轻出朱入墨，不敢少纵。三年三易，守皆知其材，委檄沓至，公悉心区处，上下翕然。……从事郎堂除三衢教官。衢多士，学不肃，有宗姓为学生者，以其父与公雅好，干规矩，屏去不恕。职掌无小大，升补必以课试，有谒于郡于外台送至者，皆不纳，士乐其公。复市田及僦屋，岁增以万计，使教与养俱备，荐者如试。改宣教郎知兴国大冶。冶当孔道，凋落殊甚。公痛革浮费，铢粒有经。

下车期年，公私浸洽。……土产铁，境内有湖中峙三山，适两淮严盗铸之禁，麇至其山至四千余人。尉出警，辄角敌。尉虑其有他，乃不白州县，而密闻帅宪司，帅闻之，朝调九江官军。军且至，公曰：彼民尔，奚至是哉？乃檄主将军于境，走一介持尺纸谕以祸福，且抽戍兵开间道，使可以趋生避死。其徒未信也，遣数辈来觇，知果撤戍也，乃一夕遁去几半。公复匹马入其巢穴，其不去者，望见公单骑小艇，从湖中来，乃相与言，知县果无害我意，遂相率俱去。公复取屋庐栅寨与凡盗铸之具，悉焚乃归。不费一镞，不戮一人，卒使一邑晏然。邑人合词，以为不然，必生大变，滥杀无辜，当如大奚山茶商之事矣。士民相与祠于乡校，人谓可以言功。……擢提较权务，务弊如毛。公随事剔疏，洞见幽隐，吏不敢欺。且请罢优润以惠商人，以革坐贾专利，由是岁增四十万缗。迁司农寺主簿、迁太府寺丞，皆出纳之地，公究心其职，刬割奸蠹。蚤暮出入，寒暑不渝。……公寓严四十年，至是乃还新安故山，省松楸、会故老。仲姊年八十，事之如母。里有竭曰'清陂'，溉田千余亩；竭久废，田不治。公一日过之曰：是亦可以利民也。乃捐资率民筑之。是春旱种不入土，而竭下之田秧独以时，秋倍入，人欢戴之。又为选，命主者授之经理，庶其久，于今数年，昔时硗确，皆为沃壤。里社欲祠公焉。……泳与公同里且同朝，知公久且深，谊不得辞，故备书爵里历官行治以俟秉笔者。嘉定二年二月，朝请大夫知处州军州兼管内劝农事借紫汪泳状。

黄何为中级官吏，在吉州泰和主簿、饶州番阳主簿、衢州教官、兴国人冶县令、提较权务、司农寺主簿、太府寺丞任内，颇多政绩。他在大冶县招抚四千铁矿工，处理得当，避免了矛盾激化。大冶县学宫立有《知县黄公生祠壁记》⑩，但黄何招抚之事未及，其子武宁县丞黄阅宝庆元年路过大冶县，读过壁记，认为"书者有碍而略之"，当指"有碍"于调兵镇压的官员，不便提及。罗愿《新安志》卷八《叙进士题名》，黄何为乾道二年萧国梁榜进士，汪泳为乾道五年郑侨榜进士，记载非常简略，得此《行状》，可补阙疑。

2. 元黄一清"以布衣交相国"

徽州乡族庶民具有较高文化素养，不少人走出徽州结交社会名流。休宁岭南黄一清"以布衣交相国"，与元仁宗朝中书平章政事李孟交往。柯劭忞《新元史》卷二百四十列传，第一百三十黄一清传："一清与平章政事李孟友善，欲用为杭州教授，一清固辞"。文献录乙卷黄消墓志铭，李孟赠序俱在。

　　黄溍《黄君清夫墓志铭》：
　　君姓黄氏，讳一清，字清夫（1263－1337年），徽之休宁人。……年逾四十始游京师，久之无所知名。泊李公（孟）以旧学相仁宗，贤才汇进。君以母不忍去，母告之曰："汝父夙有志四方，而今已矣，汝其忘之乎！"君乃幡然，复入京师谒李公。君古貌长身，须髯如戟，宽衣高冠，容止简率，又作吴语。左右多目笑之。公望见大惊异，即下执其手，延之上座。时公门下皆名人显士，而君以布衣居其间，恒与公亢礼，坐客莫出其右，隐然名动京师。君以秋江自号，而李公自号秋谷，遗诗君有："君钓秋江月，我耕秋谷云。逃名君笑我，伴食我惭君"之句，朝野传诵满口。内翰赵文敏公既写以为图，且谓不宜清时有遗才，力荐之当路。诸君以君深于《易》，通阴阳家言，欲用为杭州教授。君笑曰：吾以布衣交相国，荣孰大焉，持此足以复吾亲矣。竟辞归，筑山房，摘李公诗语为扁名以见志，公欣然遗以钱助之。宣徽王公奉使江东，过君山房，因图其隐居十景以去。其为当世所重如此。
　　李孟《送秋江黄君归新安序》：

新安山水甲诸郡，昔人有"练带花屏"之句，其地黄山镇其北，西直五岭百余里，有扶车岭，度岭而南，故曰岭南，或曰汝南也。山愈险绝，阻外而抱内，若郛郭然。中则土衍民析，真隐者之所。友人黄君居之，居有楼，水萦其下，群峰争奇，献秀环峙四周。君徜徉其中以自适。

一日游京师，携《秋江钓月诗卷》谒予求题，因赠之云："君钓江月，我耕秋谷云。逃名君笑我，伴食我惭君。老我素多病，壮君高出群。何时各归去，云月约平分。"君将东归，复写为图，援仁人言赠之说，因请序引。予谓君既以"钓月"字楼居之扁，试为言之：夫秋之为气，至清也，江之为水，至洁也，月之为象，至明也。江至秋而愈清，月至秋而愈明。君于是时而钓焉，则其志不在鱼也。虽然，钓之具竿箱而纶长，钩曲而饵香，志于得耳。故古人讥士有矫伪以钓声名者。而君读书养亲之余，忘情于山水之间，蜕迹于尘氛之外，以钓月为名，实则投竿弃饵者。

今往矣，终当借五湖舟，乘万里风，访君于空明渺茫之际，亲鸥鹭而友鱼鳖为终焉。计子幸无逃我焉。此特为异日寻盟张本云耳。若夫趋宠击冯夷之鼓，去鳄投吏部之文，断蛟戮鲸，饵牛连鳖，又非予与予之所知也。子以子言为如何？皇庆癸丑（1313年）十二月既望，金紫光禄大夫上柱国翰林学士承旨中书平章政事韩国公李孟复序。

时人范德机、黄溍、赵孟頫、杨仲弘等唱和《秋江钓月诗》。赵孟頫绘《秋江调月图》并题诗云："尘士染人衣袂，烟波着我船舷。为问行歌都市，何如钓月秋江！"李、赵赞赏黄秋江的隐居生活，这与新安山水，元代士人心态乃至于政治生态都有关联。

3. 明初徽商传记二则

徽商崛起于明中叶，明初徽商资料不多见，谱载徽商墓志传记数篇，兹就文献外集上迻录二则如下。

（1）邑生陈道衮《长者黄祥仁墓志铭》

祥仁讳师，姓黄氏，休宁五城人。父讳庆祖，有隐德，母汪氏，梅林处士汪某之女也。祥仁生元至正甲午年十月二日，殁今宣壬戌年六月廿八日。其殁也，姻族会哭者多人，乡里会哭者多人，朋友会哭者多人，怀之思之而哭者又多人也。暨三月，哭之声犹旦暮闻于里闾间。於戏，其何使人哭之若是邪？

祥仁赀产饶裕，乐善好施：人有患难而求援者，援之；力役不胜而求助者，助之；婚丧不单而而求举者，举之；生业无基而求基者，基之。寒者衣之，饥者食之，病者药之，茕独无依者，使有依之。岁旱涸河道，雨霪壤梁，水陆病行者，疏之成之。佛宫老室更故而欲新者，新之。积岁既深，不知其所施者，几十万缗也。尝曰：吾得废举法，用邀什一利，未尝限目（自）用，以义出之者，恒过半也。凡郡邑乡里之人，以长者称之。祥仁早失怙，恃有两兄，长曰暶，当洪武二十六年以贤才应诏擢户部主事，次曰晋，三即祥仁也。祥仁善理家，以礼自约，师兄嫂如父母焉，家庭之间，雍雍肃肃，而宜顺于内外也。好谈阴隲，举事引类，叠叠不绝言，听者多归意而欣，欲效之也。于乎，乡里今无是人矣。宁不使人巷哀而野哭之乎！

祥仁之配吴氏，性行与祥仁同。子男二人，长曰鸳，次曰志，女一人适邑人吴德绍。男孙七人：云寿、云苏、云敬、云希、云福、云保、云舟。孙女二人。奉遗命葬于本里粉壁前园负亥向。

（2）黄珣《黄处士仲荣墓志铭》

殉与处士生各一方，出同一姓，相闻而未识面，可概也。昔殉之亲丈邵公宰休宁，后致政归，珣执门生礼侍于左右。一日，因观《江南方舆图》，公顾珣曰：休宁之俗淳且厚者，南乡富而硕者，五城明敏而多才者，黄姓仲荣也。且出《简政条规》一帙以示珣，而处士之名列焉。历今有年矣，处士亦作地下人矣。

弘治辛亥春，处士次孙禄束币具状，遣人不远千里来予乞铭。状曰：先祖讳敬宗宾，字仲荣（1400－1481年），以一斋自号。幼读场屋书。既长，以无他兄弟幹父之盅，身任家政，遂堕功名事矣。乃挟赀南走荆湘，北游淮甸，以墨池交结天下士。见者谓其有元龙气象。不数年得缠十万贯矣。遂归之，志不再出。顾旧庐隘陋，莫容家众，撤而新之，计三百余楹。扁其堂曰"大隐"，旁辟一轩，为燕息之所。凿渠引流，栽花植竹，日与二三老徜徉其间，或论文、或抚琴，旦夕无倦容。凡宾客过门，有雅德者，一以礼意逢迎，愈久愈敬。由是声誉益广，爱之慕之者谓，今之蔺项焉。且以德服人，凡乡里有罹横祸者，必致力拯救之，受饥寒者，必出帑以济度之。及其卒也，虽疏远之人哭之如至亲，哀辞挽幛，积至盈卷。其声誉播在人口，至今为美谈，非操饰也。子曰：人生天地间，孰无不生，生无名者，有矣，孰无不死，死无声者，有矣。今处士生有其名，死有其声。稽古之为处士者，死得其死，虽死犹不死。黄叔度、管幼安是也。人死不得所朽尘下土，谁计念哉！处士才高于当世，当世之人孰能相似。行出于古人，古人之行得相与伦，是尚友千古之人也。噫吁，高哉！处士以洪武庚辰年五月某日生，成化辛丑年八月某日卒，葬本里保成坞丁向祭。娶本里吴氏富户某之女，后处士三年卒。自男一人存杰，先处士卒。女艺人适张大轩。孙男三人，曰耀曰禄曰明。

铭曰：保成之山，崔嵬插天。保成之水，廻汇成渊。水秀山奇，处士之扦。处士立世，德名为先。皇天报德，瓜瓞绵绵。勒铭于石，百世其传。

明初徽商黄祥仁乐善妤施，在乡里深入人心。其洪武年间"用邀什一利"，迅速取得商业成功，可能与长兄任户部主事有某种关联。篡修黄氏会通谱的黄云苏是黄祥仁的孙子，显然，徽商经济是宗族文化建设的基础。而由南京吏部尚书黄殉作墓志铭的徽商黄仲荣，名单进入休宁县《简政条规》，参与基层社会的管理。在黄仲荣身上更多体现山徽商"贾而妤儒"的特色。他继承父业，失去参加科举功名的机会，毅然"挟赀南走荆湘，北游淮甸，以墨池交结天下士"，得以腰缠十万贯，回到故乡投资村居建筑。黄殉称其"才高于当世"，当非虚语。

（二）元代书院文献

1. 休宁五城翠岩书院

徽州宗族教育发达，学术文化繁荣，民间书院建设处于全国前列。宋嘉定六年（1213年）休宁旌城汪氏经籇书院，不仅是子弟应试就读场所，还是乡村学术文化中心。[⑩]休宁五城翠岩书院始建于南宋。会通谱卷一载，休宁五城镇派二，四十一世黄斝，"有文行，尝闭户读书，乡之人不识面者十余年，邑令胡公以明经举，不就。筑翠岩书院一白二十楹，崇奉圣贤遗像，择族之俊秀者读书其中。割田四十亩以充祀养。年六十卒。"元代黄行叟复建。乙卷首录郭铭《翠岩书院记》：

教之地不患其不多，教之人不患其不众，而惟道之不明。不行是忧也。方今圣人在上，天下文明，几百里之区，数十百家之聚，莫不有学。况新安朱夫子阐明道学，诸儒继出，士风丕振，世称东南邹鲁之邦。其学校之设，视他郡宜其众且盛也。

翠岩书院在休阳五城之市，其基起于南宋，屋一百二十楹以为居，田数百亩以为食，来者养而教之，意甚美也。岁久而弊，继之以毁，田侵业荒，几无翠岩书院矣。天启大元，开弘治化。延祐乙卯（1315 年）夏五月，予奉檄勒经理田粮点闸官，兼督学校。至其邑，乡之耆旧请复其址，遂以语诸县。县尹某公，政最方茂，有志斯文，欣然以为己任。乃即翠岩故址创屋九间，春秋有祠，讲肄有堂，门庑房室略备。黄君行叟求心入掌其教。

越明年，黄君以书来言曰：书院弊矣，微公言莫能改新。今堂室门庑，咸以就绪，念缔创之不易，传守之无常，凡纪今勉后，非金石莫可无辞以刻，敢请予之言曰：文武之道在人，非徒入而棂星而大成而高堂而修庑之谓，学也，在推明其道，以为致君泽民之实用，庶无负明时右文之盛意。此书院之所以必茸也。若稽古书院，天下惟四而已，虽郡县亦或不能咸建校官，而尚文士彬彬若此。今书院郡县星分棋布，国家所以责望化民成俗者在是，可不勖哉！

夫文武之道，布在方册，人患不求之，求之有余，温故知新，亦在乎加之意而已。黄君之掌是教也，惟在博文而约礼，明礼而适用，将使道学行业为天下法。传之后世，岂特一乡一郡而已哉。顾惟斯道未坠，文献足征，后生俊髦，朝夕游泳，诵诗读书，是效是则，有以裕身而善俗，则黄君之于世教岂小补哉。

五城翠岩书院以教育黄氏宗族子弟为主要对象，由乡族"割田"出资建设，县尹指导备案。其为私塾、义学以上层次的宗族学校。宗族书院与科举有因果关系，提高了族人的文化素养和科举成功率，诚如元陈栎诗《读》："四面高山抱五城，家家入夜读书声。若非世有种德者，安得人从场屋行。"

2. 德兴银峰书院

元代书院官学化，世机至元后，书院创建有严格的报批程序。《元代书院研究》书中录有吴师道代作《请立北山书院文》，胡灿文所作《明经书院赐额缘由》，为创建书院的呈文和批文。⑫而文献录乙卷所载至元二十一年（1284 年）《德兴县建书院榜》、《建书院给帖》，较元人文集所载更具体。榜文有云："当职白备体己钞两，买到县市旧日朱文公所题'旨堂'前，余人判院旧基地一十一亩，充书院基址。拟合起建书院讲堂九架五间，斋舍二十间，门屋五间，上至椽栈，下至落十等项料植，及砖瓦礁石，系当职白备体己钞两，于本县二十二都万村石圯等处买办，用工做造，已就所是。"银峰书院由德兴县教谕黄棠与从侄黄廷玉共同捐资创建。⑬呈文上报获得批准，江东道儒学提举司《建书院给帖》全文如下：

皇帝圣旨里：江东道儒学提举司，据饶州路德兴县牒呈，准前进士齐梦龙状呈，该为钦遇圣朝混合区宇，文治方兴，番六邑皆有书院，独德兴未建，诚为缺典。有前教谕黄棠，夙志斯文，自捐己赀，买地度材，起盖银峰书院，教养人才，以备选举。堂殿楼阁，门庑泡湢，悉已落成。黄教谕又虑有教无养，适今下括助田土，邑有义庄，助役产也。而官有元租征，积年子粒产佃之家甚苦。之时义主事者汪清之、夏景从、夏寮、王宪章、董孔昭、董仲芳、程丈泰、程元吉、詹俊甫、黄天佑、王道失、程岳仲等告官，愿献助书院养士，犹未之准。教谕黄棠力请于官，经理二三年，跋涉劳费，认输余租，岁纳两税。大司农司方准告给榜据，拨入书院，收租养士。时未设教官，黄教谕申保梦龙权充教官，幸免废旷。近奉提刑按察分司到县，就体覆黄棠创立书院，用过钱物，有无科派。奉此。当有学吏刘仁英、韩永等同司帑黄兴甫、万仁翁、李耆卿、黄廷琇等，从实开具用过数目，总计中统二百三十二锭一十一两六钱，及经理义田，代输子粒等费，计中统七十三锭。汪清之等议拨二十五年二十六年租米四百石，以偿黄棠前费，随拨入书院，征入造作局，用度了当。蒙宪司逐项体覆，并系教谕黄棠独力计办，即非科派是实外，楚县尹、张县尉、余廷玉等助工犒匠，共计中统八锭四十两，纱段七匹，米二十四石，系公收公支，黄教谕开具助钞、米花名牒，县备榜晓谕外，亦蒙宪司体覆外，韩提举六十石公用。婺源县李天赐、程能定助买木钞中统六锭，准造后楼，系黄教谕牒发公堂收，并少监所发下钞、物，别藉收支，不系总局交收监督建造主帑。黄棠权山长，梦龙、璟士介学职，堂长张天瑞，学录余廷玉、余声远、余龙光督造支遣，黄焕、李耆卿、万仁翁、王寿翁、黄廷琇、李俊夫、王国用、黄敬甫、黄麟甫，逐日监工县市。祝道夫、倪春涯、金汝砺、童宗海、余润芳、余茂舒、程葆舒、董同仲、余庆傅、程沂翁仆，应期乡都。璟天祥、傅奇卿、傅忱翁、余辉、璟怡老、彭得监局。余昕之、方实翁、徐嘉善、夏存，方李彭老笪舍人。已上系黄教谕委请出力人员，委负劳苦，为此呈乞照详备申，合干上司，照详施行。得此，卑县看详，实为美事。钦奉诏旨赐额"初庵"，申乞照详备申，合干上司，照详施行。得此，卑司看详，合备行申国子监，照详施行外，

据山主俸给，照依白鹿象山例帮支给，下仰照验，依上施行，须至指挥。

右下初庵书院。准此　年　月　日押。

帖文详细记载了黄棠创建书院的经费来源，提刑按察分司对经费的审计，书院资金具体数字和管理人员名单。儒学教谕为下级官吏，创建书院，实属不易。当时德兴人傅立，字权甫，号初庵，任集贤院大学士，他将银峰书院改名初庵书院，并由朝廷赐额。德兴绅士对此"多相怨慕"，并在书院立碑记其事。[14]

（三）文献所见村居环境与景观文化

1. 村居环境

宗族扦地迁徙注重生态环境。宋黄希异"自婺源横槎徙德兴之茗园，今又肇基新田"，《茗阅新田八景序》云："予观世之故家，其先卜筑处，必得佳山水环抱而奠居其间。如邑之新田黄氏所居，四面山水尤佳。是以神秀攸钟，世生贤哲。"山水神秀钟于人物，家族人才辈出。乐平黄氏《蓝溪八景卷跋》："蓝溪为乐平胜地，有黄氏居焉。黄之先自新安婺源来定居于此，前宋迄今，历五百余年，衣冠之胄，阀阅之盛，非他姓之可比者。是非其地位之清高，风土之固完，明山秀水，乔松古木，一方长厚之气所钟而致然邪。"黄氏定居选扦"风土固玩"的胜地，宗族文化传承有序。

村居地理环境存在自然灾害因素，趋利避害是宗族的必要选择。休十五城黄氏"子孙蕃衍四方，散处不下万余指"。溪口黄氏，出五城派，谱载《溪口形势说》："西有大溪，横枕其下，每岁洪涛汹涌之时，上下皆石，能杀水势。大港拦遮，不浚不激，从占以来未有水患。元至大二年，洪水泛滥，街可通舟，生民略无震动，岂非奠居之处乎。惜乎不宽广耳。且山峦献秀，岚霭浮动，如有神物宅焉。……始迁祖二宣义公可谓善择里者矣。"

新安黄氏秉承传统文化，长时段考察村居地理环境。《文献录》乙卷《五城地势说》，记载了宋元以来五城镇的环境变迁：

吾里以宣、池、衢、饶、严五州道路之中，故名五城。古之地名或以山或以水得之，按《山海经》云五城溪，则是因水而名地者。不亦宜乎。地志又云，五城，古之大镇，旁有古

林村，南北有二大冢，人不敢犯。其后不知何时洪水震荡，而五城之镇从遭此患，不亦大可伤乎。近年人家凿井开基地，下至二三尺，有石砌柱础，而井底尽处犹存木枝。概想古镇之大无疑也。又当来古路行，从岩山径达墩头，向望山斗，与今形势不同。

吾始祖居西湧时，此地人烟尚少，林木葱郁，历世坟墓，皆在大林，即今西湧口大林是也。南渡后吾族始居五城，当时溪流与今异。山斗水自塔岭来，至村头由今堰埭处趋低田，直下为郭潭。又至村尾，向绕古林村后，然后北折，与大溪会。其古溪也。

归附后，黄桂林破砂迹，取此水达清陂潭，其枝流亦自村头小港下至小儿冈，分小枝横入古溪，而正流与大溪会。今吾高祖大宣议墓前仍有溪迹，今亦名古溪。其岩溪水自颜公山发源来，从双港口出，迤逦直下，与山斗会于清陂潭，然后五城之地成一大片段。纵横可一二里，周围可四五里，四山环绕，众水会合，非他乡之可拟也。

但吾乡有可恨者，有可虑者何？咸淳丙寅（1266年）洪涛横流，人家厅堂水皆没膝。是年必有蛟螭破山裂石，以致泛涨非常。古林村下沙洲杨林，清陂潭下百丈复有一潭，水退之后，皆平没不见，大溪水于是迤北，而迂回环抱之势易矣。吾里气数岂无伤损。非人力之所能为也，实造化之有干系乎。场屋之无声有数年矣。幸赖祖宗积善庆余，贤人君子又出其间。造化回旋，山川为之改观也。

顾吾里濒水而居，四面皆水，丙寅之水故可畏，庚戌之水亦可畏。最是村首之地，旧有桑木竭，秋水冲激，百七公、孙居士之居，去溪稍远，尽能小安。数十年来西水东冲，桑田变水，百七公之居已失，孙居士之家亦危。田以为路，路以为溪，冲激犹旦旦未已，所恃不过有堰塍耳。若非上流筑马头障蔽骇浪，则安危未可知！岂不察五城古为大镇，世有居民，此则富家巨室所宜究心，勿吝太仓一粒、细键一毫，倡率贫下，齐心竭力，共保宅里，为悠久计可也。《诗》曰：迨彼桑土，绸缪牖户。今汝下民，或敢侮予。微小之虫，尚知思患预防之计，众大之居，丰富之族，可不思为早计，以杜后患。则乡间蒙福，岂非种德者乎。

休宁五城镇濒水而居，河流溪水湍急，季节性山洪时常暴发。村居环境关乎乡族福祉，宗族对于水土流失具有忧患意识，未雨绸缪，组织筑堰修堤，减灾防灾。

2. 村居景观文化

村居环境治理的最高境界是人与自然环境和谐相处，有利于家族共同体在村居地理单元内的生产与生活。宗族重视村居景观文化建设，村居"八景"诗创作"积之盈卷"。研究表明，八景文化发源于先秦，萌芽于魏晋，成熟于两宋，繁荣于明清。[15] 传统家谱中"八景"的文化意义得到学者的充分肯定。[16] 徽州村居八景诗歌的资料积累丰富，具有专题研究的价值。这里仅就黄氏会通谱所见对村居景观文化略作探讨。

徽州景观诗始见于唐代。唐末黄谦从祁门迁至休宁西湧，韩准《遯斋黄先生益谦小传》略云："先生绝志仕禄，明天人术数之学，兼读堪舆家书，……乃以左田旧居，让秘书兄子孙业之，仍畀赀产为先人膳茔之费。因相地于海宁之南，筑室西湧，计三十七间，临水面山，旁植花木。自号曰遯斋，里人吴伯修为书二大字张之门楣。"其作《西湧四景诗》：

《左山耸翠》：岚光荏苒连千峰，翠色春来混太空。谁倩六丁开鸟道，人行如入图画中。
《右水清流》：绿树阴中系钓船，水风长夏弄清涟。凭谁决下芳渠去，溉遍前村万顷田。
《门前烟竹》：琅玕巨竹绿当门，茶白敲残对客论。烟锁玉梢秋气薄，数声野鹤报黄昏。
《屋后雪松》：古松委曲蟠龙蛇，青盖童童覆故家。九野冬官递消息，枝头一夜放天花。

以上可能是徽州现存最早的村居景观诗。徽州学者程文（1289 – 1359 年），字以文，号黟南，在文集中附录此四景诗，谱作者黄云苏转录之。⑰诗中四季景色宛若图画，道路为"鸟道"，农耕有"芳渠"灌溉田亩，村居建筑植以绿竹、古松，乡族以茶饮与客交流，自然环境与人文审美情景交融。黄谦的《西湧四景诗》歌咏了春夏秋冬四季景色，与后来"八景"所指的八处景观有所不同。元代休宁县教谕林思和题五城八景诗：五岭梯云、双溪浸月、西涌钟声、中洲渔唱、梅岭雪晴、竹山烟晚、清漪垂虹、古林巢鹤。以自然景观为主，不离教育宗旨，如《消漪垂虹》有"应知士子藏修处，时有灵光贯斗牛"之句。

休宁岭南与五城一岭之隔，休宁五城派三十七世，黄宗禹，字尚古，迁岭南。其子孙元代黄一清游京师，结识文人雅士。翰林院侍讲张起岩《岭南十景序》："新安佳山水，五岭南为最胜，秋江黄君独专之。……古今山水，如燕山之景八，建溪之曲九，前辈多赋咏，为千载之胜。兹山水之胜十，其亦发扬之，可使俱千载也。"张起岩把休宁岭南村居十景和北京的燕山八景相提并论，足见其对新安山水的赞赏，文学家虞集（1272 – 1348 年）为黄一秋作岭南十景诗。

1.《清江钓月》：长江万里净，独有钓舟闲。露下天如洗，人居水月间。
2.《深谷耕云》：幽阻躬耕地，云生满谷中。春生为雨去，润物不言功。
3.《翠巘端屏》：方山何整整，松柏杂英红。锦帐开朝日，香鑪避夕风。
4.《苍峰卓笔》：群峰天际见，碧玉锐如簪。想作书空用，诸生业习深。
5.《雪涧浮龟》：幽涧雪喧豗，鱼龙去不回。浮龟独化石，岁久长莓苔。
6.《枫林巢鹤》：清音遗月夕，红树绚霜晨。何日翔寥廓，千年化老人。
7.《峻岭扶车》：行人发大车，剹剹舞交衢。数上高高岭，颠危实赖扶。
8.《圆冈揭斗》：圆阜罗山崦，依稀象斗星。疑行鱼复阵，鲸算置闲汀。
9.《双溪合璧》：流水山居好，双溪更合流。每听春夜雨，准拟泛扁舟。
10.《古寺垂虹》：飞流乘玉雪，日气见青红。常有僧临涧，收龙入钵中。

虞集诗中"方山"、"双溪"、"古寺"等实景，见载于休宁县志。而"水月间"，"云生谷"，"幽涧雪"，"红树绚"等意象色彩绚烂。但他对乡土人文了解不多，只是文学家到徽州旅游写作的山水诗，与乡土作者所写八景诗风格不同。

明代村居八景文化繁荣。文献录下卷村居八景诗有：歙县石岭八景诗、祁门左田八景诗、休宁五城八景诗、德兴茗园新田八景诗、休宁溪口四景诗、休宁潜川四景诗、休宁星洲八景诗、鄱阳鑪山八景诗、乐平蓝溪八景诗。诗有序：《石岭八景引》黄积善作，《左田八景序》文山高济作，《五成八景记》城南苏大作，《茗园新田八景序》兵部尚书孙原贞作，《潜川黄氏四景图诗引》藏溪汪琳作，《星洲记》荃溪俞梅作，《鑪山八景记》义城刘莘作，《蓝溪八景卷跋》景德程玉作。作者既有文人雅士，高官名流，也有乡族文人。

族人熟悉宗族历史，身在此山中，日夕与山水景观相晤，创作有生活有感情。祁门《左田八景序》记："黄曙英者，苍颜白发，葛巾杖屦，日与乡之老成者徜徉于左田之畈，即其实而目之为八景。"乡族作者的形象栩栩如生。又"老拙黄积善"《石岭八景引》云："石岭，歙之西乡也。风土厚完，地位清高。余先世自黄墩徙居之，未有表之者。间与诗社君子选其名胜处，目为八景。"

1.《黄墩旧业》：好山秀水绕黄墩，奕叶衣冠太守门。史笔凝香名尚在，宗支衍庆业犹存。一时元气归天地，百世休声遗子孙。更有旧栽槐树在，繁荫覆地绿云屯。

2. 《石岭新居》：接栋连甍析数门，风淳俗朴厚彝伦。衣冠旷古声华旧，轮奂从今事业新。昭穆千年尤济济，子孙百世更诜诜。故知积德流芳远，总总林林在一人。

3. 《金紫呈奇》：一峰巧削列前楹，相国当年擅美名。云敛芙蓉如劈髻，雨余图画自生成。四时不动应知静，半面相看似有情。几度登高舒豁处，恍然身世在蓬瀛。

4. 《黄罗献秀》：岿然特立号黄罗，千古蟠居秀气多。云散岚收图不就，雪晴日照玉重磨。谩供诗客新题咏，谁识仙人旧烂柯。拄笏几回频眺处，群山环拱似堆螺。

5. 《铜山耸翠》：闻道当年赐邓通，一枝峻拔翠撑空。凿开非是神明力，秀孕还从造化工。静里正宜陪逸客，吟边偏称助诗翁。个中更有英灵在，佳气时时自郁葱。

6. 《石塘澄清》：凿开坤轴几经年，数顷汪汪汇巨川。明月夜涵沉兔魄，迅雷春震起龙眠。众流每顺东西性，一镜重磨上下天。人世几逢阳九厄，广苏枯槁溉平田。

7. 《古岩灵迹》：开辟当年非六丁，乾坤精气妙凝形。不随宰相闲思政，让与禅僧静念经。千古峰峦侔象蹲，四时草木带龙腥。闻香喝石何须羡，更有邦人来乞灵。

8. 《新田登秋》：周围沃壤接平川，耒耜春来举趾先。载柞载芟无暇日，实坚实好乐丰年。秋成高下多遗秉，仓有余饶不直钱。时听三农频击壤，豳风再颂乐尧天。

每首诗都注释解题。如《石岭新居》注云："予家自黄墩迁石岭，阅今数世矣。子孙至二百余指，又分门爨居之。然所居之地去黄墩伊迩，鸡犬之声相闻，故曰石岭新居。"《石塘澄清》："居之右有塘一方，以潴众流，溉田数十顷。每当秋暑既退，其色如鉴，湛然天光云影之相映也。故曰'石塘澄清'"。《新田秋登》："居之旁有田数十顷，当春菽载，接踵秋登，禾稼连云。一里之间，民食皆寄于此。故曰'新田秋登'"。诗和注释记载了家族迁徙历史，描写了自然人文景观，还包括农业生产和水利设施，甚至还有"时听三农频击壤"的政治诉求，具有深厚人文内涵。

元代休宁五城黄氏八景诗已"积至盈卷"，明代苏人《五城八景记》：

昔柳子厚居愚溪，而愚溪之名出，李愿居盘谷，而盘谷之名显。夫溪山轻丽秀美者，必待人而后名。盖得人则显，失人则闇。使愚溪而无子厚，盘谷而无李愿，则虽环列如金城，胜概如玉京，不过为樵夫牧竖之所跻攀，仙翁释子之所踞夺，以取适于一时而已，岂能增重当时，名闻后世哉！

大江东，山明水秀者新安，新安为吾朱夫子之望也。新安之南，当宣、池、衢、饶、严五州道里之均曰五城镇，友人黄君思济居之。君间从予游，予一日过五城，览胜之余，得佳景八处，好事者从而咏之，将有拟于愚溪、盘谷也。君与乡族之人聚于斯，志伊尹之志者，耕云金谷，操子陵之操者，钓月衡溪。庙岭晨钟，而数鲸音之百八，阳台夕照，而分鸦背之余光。醉闻后岸之松声，坐看前塘之云影。至于五城凿翠、西湧枕流，目寓之而成色，心得之而为趣，恬然自乐，有不知名利之可慕也。

我朝皇图混一，南北辐辏，而溪山、风俗与代运俱盛。况新安文献之邦，五城又儒雅之地，如君辈之出，温粹淳厚，读书好礼，八景之名赖以闻世，此缙绅大夫、韦布之士宁不为之歌咏也。使君他日高名雅望，表白于时，如子厚如李愿，则五城之景殆亦与愚溪、盘谷而并名于后世矣。此非溪山之幸，缙绅大夫、韦布之士亦幸也。予乐序之，以俟观风者采焉。

　　村居八景诗在优秀传统文化中吸收养分，唐代文学的影响尤为明显。无论是达官显贵还是布衣平民，都可以在山水景观中怡然自乐，忘却名利，善于在名山大川之外的普通山水中发现美。这是自然造化赋予人类的恩惠，古人今人，一视同仁。正如黄氏《鱣山八景记》云："夫天地间皆景也。日月之照临，山川之流峙，人物之作息，草木之生育，何莫而非景焉。然必托诸诗画以传清玩。故唐手心丞摩诘在辋川既笔诸画，复咏以诗，裴迪从而和之。说者以其画为无声之诗，诗为有声之画。"这些八景诗序具有村居景观文化的理论价值，值得认真发掘和总结，对今天的村居景观文化建设乃至于生态环境保护都具有启迪意义。

---

① 弘治十三年十一月德兴茗园派裔孙黄銮后跋云："斯谱之作，侣于弘治庚戌，成于庚申，寒暑十二更，鸠金锓梓，三复校正，哀为卷帙，题曰《新安黄氏会通谱》。"当于弘治十四年刊刻。

② 俞芳：《集成会通谱叙》。

③ 2009 年 10 月，国家古籍保护专家委员会主任李致忠到安徽指导工作，看过安徽省博物馆藏明弘治《新安黄氏会通谱》，认为可以申报国家珍贵古籍名录。

④ 文献录外集下，程敏政《饮五城黄处士家》："五城以宣、池、饶、衢、严五州道里适均而名，镇上黄氏世居之，与予斗山程氏世姻，竞留予饮，而士海与其从侄景初、思济等川家乘示予。赋此以谢云。成化壬寅二月四也。"诗云："叫面山环一水东，五州道路此当中。谁与程氏婚姻旧，争羡黄家世业隆。祖泽尚看文献在，宾筵何惜劝酬同。好怀不尽还相别，山斗苍苍一径通。"

⑤ 谱图卷一三小传："休宁五城镇派五之一，五十世黄云苏，字思济，号悟斋，扁所居之堂曰怀德，事父母孝，处兄弟友，好读书，从友云程先生游，不慕仕进，收贮经子书万余卷，以资博览。为文不尚华藻，有古人气象。今太常学士程公，兵部主事黄君相友善。著《黄氏宗支一览图》，修《会通谱》，集《五城八景诗》、《梅花诗》。冠婚丧祭遵《朱子家礼》，永乐戊戌年九月生，弘治癸丑年正月卒。"弘治十四年俞芳《集成会通谱叙》："五城黄先生思济者，专以此为心，尝如左田、如黄墩、适盱眙、至江夏，以稽其机考之所自出，复偕儿族弟禄，如浮梁、如乐平、如德兴、如鄱阳、如婺源、如黟、如绩溪，以考期支派之所由分。"

⑥ 谱图卷九："乐平蓝溪派四，五十世，黄清，宁叔滢，行衡七，性聪敏，涉猎经史，尤精阴阳卟家之书，爱人下士，凡乡族事，合于义所当为之，必身先之。率族人五城修会通谱。正统己未年三门生。"谱图卷七："休宁潜川派一，叫十五世，寿，字伯善，居会里，元至正庚寅年，赘潜川朱氏处士义卿之门，遂家潜川。四十九世永隆，字希盛，建潜川清隐楼，率众修会通谱。"谱图卷七："休宁陈村派，叫十九世，黄帅同，宁彦珪，正统壬戌年生，率族人至五城修会通谱。"

⑦ 目录第一页作者项："裔孙五城云苏、禄会通，濩、岩岂、岩岳续成，后学山斗程天相编辑"。

⑧ 《文原》"外录"："歙潭渡支派，按本支谱：始迁机曰璋，行忠一，唐垂拱丁亥年生，自祁门左田迁居歙西九里黄屯，再迁潭渡。璋子亮，亮子光，光子芮，事父母孝。……考潭渡迁祖璋唐垂拱丁亥生，左田迁祖元和贞元末尉闻门，由贞元上距垂拱一百一十余年，潭渡之谱定书分自左田，是祖在末唐而孙在中唐也。随考之：黄屯去黄墩不远，上世必出黄墩，当时或有别宅聚徒避寇居之，若以左田分派，则误矣。"

⑨ 唐朔州刺史刘承庆《送黄使君德涵赴福州序》：唐之有天下，以欧闽之地盗贼为忧，于是起考工员外郎歙州黄使君德涵刺福州。予谓方今混一区宇，几致太平，而瓯闽之陬，桴鼓或警，游徼旁午者，非特愚民恃其险，远陆梁草间，抑亦郡县无循良之吏以抚驭之耳。今使君之往也，策安出哉？将如尹赏之治长安，使吏民杂举，少年恶子鲜衣凶服之人，悉籍记之，一口收捕，纳之虎穴乎。将如张敞之治胶东，明设购赏令，相追捕有功而上名尚书，调补县令乎。将如赵广汉之治京兆，耳口具知主名，区处穷里空舍，坐语未讫，而捕吏已至乎。将如朱博之治渤海，择县之豪杰，用以为吏，一旦窃发，移书

取办儿人乎。将如韩延寿之治颍川，置正长闾里，阡陌有非常，吏则闻之，奸不得舍乎。不则如龚遂之治渤海，遣发迎之兵，罢捕捉之吏，单车独行，务以德化之乎。夫以使君之贤，于此必有所决择矣。虽然，使君山刺福州，固能静一方之盗贼，使在庙堂，岂不能化天下盗贼悉为良民邪？惜乎，无能以是说而告于上者。于其往也，序以送之。

⑩　《知县黄公生祠壁记》："令君黄公莅大冶之三年，政成不得留，人士相与图像以祠诸邑庠，德之也。方公之至斯也，首用其力于学校，增补弟子员，推选一乡之望，畀之领袖。时其讲课而恭临之，诚意恳勤，始终无间。士陶教养，成材居多，一时乡风无不原藉于学。惟是春秋祭菜于先圣之庭，其器草创，未具前人，固有待焉。公曰：嘻，足责不在我乎！乃按规制，人庀工徒，尽埋其旧而作新之，人小以千计，陈之粲然。礼典于是乎备，士心于足乎肃，而学校亦于是乎成矣。公之为政，不务出奇，以求赫赫之名，而惟刻心于礼义之教。不肯一毫横用，以伤县官之财，而独侈焉以举学校百年之废。君子视之，其贤可知矣。公新安人，名何，字景肃，官为承议郎。绍熙辛亥（1191 年）秋七月十六日修职郎兴国军大冶县主簿朱耕记。"

⑪　参见拙文《〈新安旌城汪氏家录〉初探》，《文献》，2003 年，第 4 期。

⑫　徐梓：《元代书院研究》，社会科学文献出版社，2000 年，第 60 - 63 页。

⑬　三十七世黄希昇由婺源横槎始迁德兴定坑茗园。谱图卷二，德兴茗园派二，四十三世黄棠："宁叔华，号金岫，又号澹庵，以明经应举，授本县儒学教谕，于朱文公所题'肯堂'前建书院三十余间，教养人才。大德元年升广东香山县尹，大德七年转惠州路龙川县尹，嘉熙己亥年十月生，至大庚戌年卒于官。葬荒塘垄乙向。娶尹氏，生三子：长曰廷，三曰瑞，子孙无传。"于至元十六年以明经应诏任德兴儒学教谕，至元二十一年（1284 年）。谱载"元龙川县尹棠之像"像赞："早授儒官，建银峰书院，转升令尹，正龙川之琴堂。道止乎中，学止乎圣，惟先生其然之，概容仪而已哉。"黄廷玉，宁天佑，号敬甫，宁国路录事程养全撰《巡检广东狮岭事黄府若廷玉墓志铭》，称其"佐季父县尹公起创书院若十楹于县市肯堂前。"载于文献录乙卷。

⑭　《文献录》乙卷《书院碑澹庵诗刻》："澹庵先生黄公棠，……买地起建书院，拟号'银峰'，教育人才，以备选举。具呈江东道，已蒙准建完成，上闻请额。时邑人集贤傅学士以宿学辅佐世祖，矫诏吏'初庵'书院。邑之士夫多相怨慕，遂以伯机鲜于先生九日过防澹庵诗句暨澹庵自和之章刻之十石，以记于书院云。"鲜于枢诗云："九日不可负，独游情更真。山中多胜事，城里少闲人。"

⑮　周琼：《"八景"文化的起源及其在边疆民族地区的发展——以云南"八景"文化为中心》，《清华大学学报》（哲学社会科学版），2009 年第 1 期。

⑯　张廷银：《传统家谱中"八景"的文化意义》，《广州大学学报》，2004 年，第 4 期。

⑰　谱作者黄云苏考证略云："天顺壬午春，苏著《黄氏一览图》，于总谱图下奉录此传，初意以为衍文而略之。弘治戊申，获阅元礼部黔南程先生文集，后附载《西沥四景诗》一通，复意此文之不衍也。"

论清代满蒙文标音词典的发展演变

春 花

（故宫博物院图书馆研究馆员）

清朝在 268 年的统治期间，为巩固其统一的多民族统治政权，采用各民族相容、认同的民族政策，并用很大的精力解决满、汉、蒙等之间的民族矛盾，妥善处理了各民族之间的关系，促使全国大一统局面的形成，激励各民族文化繁荣发展。为各民族之间的相互交流方便，由政府牵头编撰或刊行有大量的满蒙文词典，此外在民间所修满蒙文词典更为丰富多彩，本人著《清代满蒙文词典研究》①统计，清代满蒙文词典有 186 种。其中含有大量的标音词典，并其语种的组合形式丰富多样，有单语种标音词典、双语合璧标音词典、多语合璧的标音词典等。

单语种标音词典是在一个民族语言词语旁由本民族文字标注音韵而成的标音词典。如《单清语》满文译词左下角标注满文对音字。

双语合璧标音词典是由一种民族文字转写另一种民族语言词语或在一个民族语言词语旁由另一个民族文字来标注音韵而成的词典。如《钦定辽金元三史语解》、《四书字解》等是在汉语词语旁由满文标注音韵的汉满合璧标音词典，《新译蒙汉千字文》是在汉语词语旁由蒙文标注音韵的汉蒙合璧标音词典，《御制满蒙文鉴》是由满文转写蒙文词语而成的满蒙合璧标音词典，《御制增订清文鉴》、《御制兼汉清文鉴》等是满汉两种语言词语相互标注音韵而成的满汉合璧标音词典。

多语合璧的标音词典，是三种语言以上词语合璧词典中，由一种民族文字转写其他民族语言词语，或在一个民族语言词语旁由本民族文字或其他几个民族文字来标注音韵而成的词典。如内蒙古自治区图书馆藏《汉满蒙合璧词典》是汉满蒙合璧标音词典，其汉文词语下标满文注音；《四体合璧文鉴》是满蒙藏汉合璧标音词典，其汉文词语旁标满文注音；《御制五体清文鉴》是满藏蒙维汉合璧标音词典，其藏文译词、维文译词下标满文注音；中国科学院图书馆藏《清文鉴》是蒙满汉合璧标音词典，其蒙语词语由满文字母来转写；《三合便览》满汉蒙合璧标音词典，其蒙文词语下还列由满文字母转写的蒙语译词；《蒙古托忒汇集》是蒙满汉合璧标音词典，其蒙语口语词由满文字母转写而成；《满蒙汉字书》是满蒙汉合璧标音词典，蒙语译词由满文字母转写而成；大连市图书馆藏《三体合璧文鉴》是满蒙汉合璧标音词典，其汉语译词由满文字母转写而成。

目前已知标音词典有 39 种，占清代满蒙文词典的 20.9%。在这些标音词典中多数为由满文标注汉文词语，或蒙、藏、维文词语而成，只有少量的满汉互注的或满蒙汉互注的标音词典。可见，在标音文种方面清代民族语文标音词典充分体现"国语"——满语的主体地位。此文根据标音文种及标注对象的不同，分成以下四类，详细介绍其发展演变及使用价值、学术价值。

一　由满文标注汉文词语及满汉互注的标音词典

清代早在天聪时期开始关注满汉文词语之间的标音问题，天聪六年（1632 年）太宗命达海[②]等改进满文字母时，在满文音节字旁标汉文对音字，形成了满汉字对音体系。如"达海承命寻释，字旁加圈点，又以国书与汉字对音，补所未备，谓：'旧有十二字头为正字，新补外字，犹不能尽协，则以两字合音为一字，较汉文翻切尤精当'国书始大备"[③]，从而更加完善了满文的拼写功能。在此基础上康熙间开始编纂有关研究满族语言文字方面的著作及标音词典。目前考证年代最早的标音词典是陈子可等编《清书全集》，是一部满汉合璧标音词典，康熙三十八年（1699 年）听松楼刊行，5 册。本书由《清书十二字头》、《新刻满汉同声》、《满汉切要杂音》、《新刻满汉备考》、《清书对音谐音》五部分组成，其中《清书对音协字》、《清书十二字头》均是由汉文对音字标注满文音节字音韵的语音辞书，如《清书对音协字》上列满文十二字头字，下列汉文对音字，所列对音汉字多寡不一，最后附有满文切音字；《清书十二字头》首行列满文十二字头字，次行列汉文对音字。而《新刻满汉同声》、《新刻满汉备考》均是满汉文互注的标音词典。可见，《清书全集》发启了清代满文语音研究。

至乾隆年间已有人开始研究满文音节字构成规则及汉文对音字问题，如屯图撰《一学三贯清文鉴》是以《御制清文鉴》[④]为蓝本编成的满汉合璧分类词典，乾隆十一年（1746 年）静宜斋藏板刊行，4 册。该词典卷前附"满文十二字头"[⑤]、"连字法"中讲述了满文语音、文字法，在"满文十二字头"中列满文音节字，同时讲述结构、构成规则、发音部位及汉文对音字等。先列第一字头的一百三十四个音节字，在每字右侧标注汉文对音字一至二，在有些字下还说明其发音部位。然后，列五十九条满文切音字，并说明其构成规则。在"连字法"中，先以 agesa（阿哥们）、ubade（在此）、inu（也、是）等二十六词为例，分析满文音节字的结构，以说明满文词语的接续规则。最后列满文第二至十二字头的全部音节字和少量满文切音字，并在有些字右侧标注汉文对音字。其编纂目的很明确，"使初学易于记诵，不独满洲学之，可以知汉文，即汉人学之，亦可以通满文"[⑥]，该词典是研究清代满语语音学珍贵的启蒙资料。

乾隆帝敕修《御制增订清文鉴》是修订《御制清文鉴》中汉语音译借词，再增补新词、古词，以及满汉文互注音韵而成，乾隆三十六年（1771 年）由武英殿刊行，47 册，是一部满汉合璧的附有注音、注解的词典。该词典采用汉文三合切音字标音法，卷前还附"兼写二合汉字十二字头表"，共列 1431 个满文音节字，在每个音节字右侧标其汉文二合切音字。正文每门首列满文词语，左侧标注汉文切音字，右侧列汉文译词，汉文译词右侧标注满文对音字，下列满文注解。该词典按类编排词语，共设 292 类，收 19251 条词语。词汇量丰富，内容广泛，包括有关清朝政治、经济、军事、法律、天文、地理、风俗、习惯、医学、宗教、语言、文化等方面的综合性词语，也是一部"百科性词典"，是在清代满汉语言文化发展及词典编纂方面具有很高的地位。

乾隆帝敕修《御制兼汉清文鉴》也是较重要的满汉合璧标音词典，乾隆年内府精写稿本，存 19 册。标音方法与《御制兼汉清文鉴》完全相同，但书上多处贴有黄色修改浮签，上有"钦定"字节，书眉处也贴有"训定修改说明"，主要修改了汉语音译借词，恢复满文原词或从新拟订满文词语。此外，简略或改正了一部分汉文译词和不合时代的词或不常用的满文词等。该词典修改前词语条目与《御制清文鉴》相应词语完全一致，而改正后的词语条目却与《御制增订清文鉴》相应词语基本吻合，但几个别汉文译词也有区别。是编纂《御制增订清文鉴》的稿本之一，该词典按类编排词语，共 28 类，收 1561 条词语。

以上所述两部词典直接采用汉语词典的二合切音字来标注满文词语及由满文对音字标注汉文词语而成，所标注的音韵准确完备，从而成了编纂多语合璧标音词典典范，后来乾隆帝又敕修《御制满洲蒙古汉字三合切音清文鉴》、《御制五体清文鉴》及由嵩祝寺刊行的《四体合璧文鉴》直接以该两部词典为蓝本编成。其中《四体合璧文鉴》是满蒙藏汉合璧标音词典，编者、成书年代不明，正文每门首列满文词语，其右侧列蒙文译词，再次列藏文译词，藏文译词左下角列汉文译词，汉文译词右侧标注满文对音字。该词典主要收以名词、动词、形容词等为主的综合性词语，全文按类编排，共设 292 类，收 18012 条词语，其类名及词语编排顺序与《御制增订清文鉴》基本一致。

此外，乾隆帝敕修的《钦定清汉对音字式》、《钦定西域同文志》、《钦定辽金元三史语解》等也由满文标注音汉文词语而成。乾隆帝一贯重视"国语"的纯洁和规范，他尤其重视人名、地名的规范，通过敕修这些词典，解决了各民族人名、地名的汉语译音不统一的问题。其中《钦定清汉对音字式》是规范人名、地名的第一部作品，为规范"满文十二字头"及与汉文对音规则的目的编成，于乾隆三十七年（1772 年）由武英殿刊行，1 册。共列 1431 条满文音节字、116 条满文切音字，所列音节字比早期刊行的《大清全书》、《清文备考》、《一学三贯清文鉴》等更为规范。此外共列 143 条地名，并规定以后书写人名、地名时均此书为例。如在乾隆三十七年（1772 年）三月 29 日内阁奉上谕中所说："向来内外各衙门题奏咨行事件，凡遇满洲、蒙古人名、地名，应译对汉字者，往往任意书写，并不合清文、蒙古文本意。……而现在疏章案牍清汉对音转未画一，于体制殊为协，著交军机大臣依国书十二字头酌定对音兼写清汉字样，即行刊成简明篇目颁行中外大小衙门。嗣后遇有满洲、蒙古人名、地名对音具查照译写，俾各知所遵守，将此通谕知之。钦此。"[⑦]。该词典是讲述正写规则的语言学作品，也成了排列"满文十二字头表"及标注汉文对音字的典范，后编的所有满汉文标音词典均以该词典为例。关于该词典的详细情况参见本人著，在《历史档案》2008 年第 1 期发表的《论〈钦定清汉对音字式〉》。

《钦定西域同文志》是专门搜集解释、规范西北地区人名、地名而成的满汉蒙藏维托忒文合璧标音词典，其中收录了新疆、青海、西藏等地的地名、山水名及上层人物名、官名、喇嘛名等。乾隆二十四年（1759 年）清政府打败回部和卓的叛乱，平定了西北地区，战争一结束就着手准备编纂《平定西北方略》。但西北地区民族成分较复杂，其中人数较多的有蒙古族、维吾尔族等，在当时众多军事奏报等资料中有不少蒙古语和维吾尔语的人名、地名和其它难解词语，而方略馆[⑧]诸臣均未能通晓西北各民族的语言文字。为巩固西北边疆的统治，扫清各民族间的语言障碍，编纂《平定西北方略》等，乾隆帝特命军机大臣傅恒[⑨]等编纂该词典，词典正文每门首列满文词语，次列汉文译词、汉文注解、汉文二合切音字等，其中主要解释词语的语源、含义、转音、地方沿革、地理位置或人物世系等。再次依次列蒙文译词、藏文译词、托忒蒙文译词[⑩]、维吾尔文译词等。乾隆二十八年（1763 年）由武英殿刊行，8 册，收 3202 条词语。是清代唯一一部专门解说西北地区人物和地名的六种文字合璧标音词典，对研究清代西北地区地理、历史和各民族语言、文化具有很高的价值。

《钦定辽金元三史语解》是选录辽、金、元三朝史书中出现的有关人名、地名、官名等方面的专名，标注音韵，并加以解释而成的满汉合璧标音词典。包括《钦定辽史语解》十卷、《钦定金史语解》十二卷、《钦定元史语解》二十四卷，各分君名、后妃、皇子、公主、宫卫、军名、部族、属国、地理、职官、人名、名物、姓氏、国名等若干类，主要解说词语的来源、词义以及在《辽史》、《金史》或《元史》中所出现的卷次及不同转写法等。中国历史上的"辽国"、"金朝"、"元朝"等是分别由契丹族、女真族、蒙古族等少数民族统治的国家，三朝史书中有很多契丹语、女真语或蒙古语成分。而当时编纂辽、金、元三朝史书的臣僚们不懂这些少数民族语言，因此他们由汉字来转写的这些名词不标准，并在各朝史书中不一致。随着社会的发展各民族语言各自经历了不同的发展历程，至乾隆年间，女真语、蒙古语等经过几百年的流变，词语逐渐丰富发展，其音和义发生了很大的变化，而契丹语已逐渐消失。因此不懂契丹语、女真语、蒙古语就读不懂辽、金、元三朝史书，如在《御制满洲蒙古汉字三合切音清文鉴序》中所说：批阅《通鉴辑览》时发现，见前史所载辽、金、元的人名、地名、官名多承伪袭谬。于是乾隆三十六年（1771 年）敕令校正，目的就是为规范辽、金、元三史书中的契丹语、女真语、蒙古语等音译借词，并存留其音韵。如"诠解附会，国家当一统同文之盛，故于纂辑《钦定同文韵统》之后，复命馆臣编就此书"①书中以索伦语正《辽史》中契丹语音译借词的音韵，以蒙古语正《元史》中蒙语音译借词的音韵，以满语正《金史》中女真语音译借词的音韵。共收 6689 条词语。该词典对研究辽、金、元三朝历史以及契丹族、女真族、蒙古族等语言文化、风俗习惯等均有重要价值，也对清代满汉语语音研究可提供珍贵的语音资料。

乾隆帝通过敕修这些词典，来指定各民族人名、地名的书写标准，这些词典是讲述正写、正读规则的语言学作品，对研究全国地名及其历史沿革提供重要的依据。

大连市图书馆藏佚名辑《三体合璧文鉴》是在《御制满洲蒙古汉字三合切音清文鉴》基础上取掉注音部分而成的满蒙汉合璧标音词典，光绪年钞本，16 册。但该词典标音方法与以上几种词典有所不同，正文首行列满文词语，次行列蒙文译词，再次行为汉语译词，其汉语译词均由满文字母转写而成。全文按类编排，共设 292 类，约收 10000 条词语。类名及词语编排顺序均与《御制满洲蒙古汉字三合切音清文鉴》完全相同，其中天文、时令、地舆等类词语中由满文字母转写的汉语词语旁又增加了所对应的汉文词语，应是钞成后所添加。

二　由满文标注蒙文词语的双语合璧和三体合璧标音词典

在清代民族语文标音词典中，由满文标注蒙文词语的标音词典也较多，如《御制满蒙文鉴》、《满蒙汉字书》、《三合便览》、《托忒蒙古汇集》、《蒙语》、《翻译教本》等共 6 种。

乾隆八年（1743 年）武英殿刊行的《御制满蒙文鉴》是清代最早的满蒙合璧标音词典，21 册，是乾隆帝为存留蒙文音韵，敕修的注音、注解合为一体的词典。清乾隆年间，入关已过百余年的八旗蒙古人中已有了不大重视学习蒙语、蒙文的现象，乾隆帝认为蒙文是清代使用最广泛的文字之一，但因没有点圈，有一字双音，读写难辨的缺陷，此时八旗蒙古中精通蒙语文音韵的故老已很少，若不抓紧标清其音韵，恐日后难以辩认，后学者互相参阅那些错误的读写，会导致更难掌握⑫，为此敕令班第等把《清文合蒙古鉴》⑬所有蒙文部分全由满文字母转写，编成此书。其所收类目、词语、体例等均与《清文合蒙古鉴》一致。正文首行著满文词语、次行列蒙语译词，蒙语译词由满文字母转写而成。所标注的音韵准确完备，从而开创了编纂蒙文标音辞典的先河，为满蒙语语音学的形成发展奠定了基础。当时没有编纂"总纲"，后皇十二子永璂等补编以满文字母顺序编排蒙语词语的满蒙合璧"总纲"，于乾隆四十一年（1776 年）刊行，8 册。后编的《满蒙汉字书》、《三合便览》、《托忒蒙古汇集》、《满蒙维三体字书》、《满蒙藏维四体字书》、《满蒙藏嘉戎维语五体字书》、《蒙语》、《翻译教本》等多语合璧标音词典均模仿《御制满蒙文鉴》转写标音法而成。

故宫博物院图书馆藏《满蒙汉字书》是以《御制满蒙文鉴》体例为蓝本编成的满蒙汉合璧标音词典，亦称《御制满蒙文鉴》，清内府精写本，25 册。正文首列满文词语，下列蒙语译词及简单的注解等，其蒙语译词和注解等均由满文字母转写而成，最下列汉文译词。该词典主要收词语、短语、语句等，全文按类编排，共设 257 类，收 7205 条词语。该词典标音方法与《御制满蒙文鉴》一致，但所收词语具有自己的特色，其中包含着有关清代满蒙语言文化方面的珍贵的资料。如该词典所收蒙文十二字头、兼汉淀粉菜肴、"蒙文否定词 ese、ülü、ügei"、"蒙文领属词尾 daγan/degen"、"满文格助词 de/be"、蒙文 "元音 e/a 字鉴别"、"蒙文格助词 iyar/iyer、bar/ber"、"制作奶制品"、"满文词 qaran 的比喻"、言语等十类收主要涉及满蒙语音、语法及饮食风味等方面的词语。这些词语在其它分类词典均未见，对研究清代满蒙语言文化提供丰富的资料。此外，该词典中规范了《御制满蒙文鉴》所出现的汉语音译借词，并由满文译词来代替。如：《御制满蒙文鉴》医治类中的 "me jafambi——把脉" 为半音译借词，可在《满蒙汉字书》中由满文译词 "sudala jafambi——把脉" 来代替。此书被收于 2001 年故宫博物院编，海南出版社出版的《故宫珍本丛刊》第 722 册。

敬斋公、富俊父子二人编《三合便览》为满汉蒙合璧标音词典，乾隆四十五年（1780年）刊行，13 册。该词典是以《清文汇书》为蓝本编成的清代第一部满汉蒙三体合璧音序词典，由 "语法"、"词汇集" 组成。卷一 "语法" 部分包括 "满文十二字头"、"清文指要"、"蒙文指要" 等内容，其中简要介绍了满、蒙两种文字的正字法、各种词尾的接续法等，并举例说明一些虚字的用法。卷二—十二为 "满汉蒙文对照词汇集"，正文每门首列满文词语，下列汉文译词，再下列蒙文译词，最下列由满文字母撰写的蒙语译词。该词典主要收以名词、动词、形容词等为主的综合性词语，其中生产生活用语居多，共收 20144 条词语，词汇量丰富，查找便捷，是清代满汉蒙翻译最重要的工具书之一。该词典由满文字母撰写蒙语词语方面与《御制满蒙文鉴》一致，对清代满蒙语语音研究可提供全面的语音资料。此外该词典是清代第一部蒙文音序词典，也是第一部突破传统蒙古语言学，以汉语语言学理论和方法解说蒙文语法的蒙古语言学作品。

故宫博物院图书馆藏富俊著《托忒蒙古汇集》是以《三合便览》体例为蓝本编成的蒙托忒满汉等四种文字合璧的标音词典，嘉庆二年（1797 年）珠格钞本，8 册。正文每门首列蒙文词语，下列所对应的蒙语口语词，由满文字母转写而成。再下依次列托忒蒙文译词、满文译词、汉文译词等。该词典主要收以生产生活用语为主的综合性词语，共 16704 条词语，其中名词、动词居多。全文按满文字母顺序编排而成，属清代第二部蒙文音序词典，也是清代唯一一部搜集蒙语口语的标音词典，其中托忒蒙文译文部分和由满文字母转写的蒙语口语部分等，为研究新疆准噶尔部历史，及蒙语卫拉特方言可提供珍贵的资料，也为比较研究清代蒙语书面语和口语提供极为珍贵的资料。

内蒙古大学图书馆藏富俊译《蒙语》是蒙汉合璧词典，清抄本，2 册。此书是一部清末教习八旗子弟的高等学堂蒙古语文教科书，由 "满汉文对照词汇集"、"蒙语虚字" 等两部分组成。其 "蒙语虚字" 共分 66 课，内容包括语法、语句等。第 1－59 课为 "语法" 部分，其中举例说明了蒙文虚字，包括格后缀、动词后缀、复合词尾等。第 60－66 课为 "蒙汉文对照语句"，主要收词语以日常用语，包括短语、语句等，其中蒙语部分均由满文字母转写而成。该词典在蒙汉文翻译及蒙语语音、语法的研究方面具有很高的价值。

大连市图书馆藏舒明阿编《翻译教本》为蒙满汉合璧标音词典，又名《三体合璧文鉴》，雍正十三年（1735 年）钞本，3 册。该词典是在《清文合蒙古鉴》基础上增订词语而成，由"词汇集"、"翻译理论"组成。第 1－2 册为"满蒙汉文对照词汇集"，正文每门首列蒙语词语，下列满文译词，最下列汉语译词，其中蒙语词语和汉语译词均由满文字母转写而成。词语编排顺序与《清文合蒙古鉴》相近，但未标类目，只是同类词相对集中，共收 3664 条词语。第 3 册第 1－36 页为"翻译理论"部分，主要以蒙文翻译满文文章为例，讲述了翻译理论和翻译技巧等。第 3 册第 37－78 页为"满蒙对照词汇集"。该词典在增订《清文合蒙古鉴》及由满文字母转写蒙语词语和汉语译词方面具有很高的价值。

中国科学院图书馆藏《清文鉴》是选录《御制满蒙文鉴》常用词语，并增加汉文译词，取掉注解部分而成的蒙满汉合璧标音词典，清抄本，4 册。正文每门首列蒙语词语，由满文字母转写而成，右侧列满文译词，下列汉文译词。全文按类编排，所词语及编排顺序均与《御制满蒙文鉴》一致，共设 280 类，收 10800 条词语，其中保留大量汉语音译借词，如卷"利"的布帛类词语中有"pengduwan——彭缎"、"ningceo——宁䌷"、"siyanceo——线绸"、"naceo——纳䌷"、"lingse——绫"等汉语音译借词，这些词语在《御制增订清文鉴》均由满文词语来代替，据此判断其成书年代应早于乾隆三十六年（1771）刊行《御制增订清文鉴》，是清代最早的满蒙汉三体合璧词典，在清代满蒙汉语言文化研究及词典编纂中具有较高的价值。

以上所述这些词典共同点是由满文标注蒙文音韵，对满蒙文语音研究提供珍贵资料。

清代由满文标注汉文词语及满汉互注标音词典共有 7 种，由满文标注蒙文词语的双语合璧和三体合璧标音词典 6 种，约占标音词典的 33%。相对而言满蒙汉互注标音词典、满蒙维互注标音词典、满藏维互注标音词典、满蒙藏维互注标音词典等较少，有些只有一两种。

三   满蒙汉互注的三体合璧标音词典

满蒙汉三体合璧标音词典很多，如《御制满洲蒙古汉字三合切音清文鉴》、《清文鉴》、《满蒙汉字书》、《三合便览》、《蒙古托忒汇集》、《蒙语》、《三体合璧文鉴》等，但满蒙汉三中文字之间互注标音词典只有一部乾隆帝敕修《御制满洲蒙古汉字三合切音清文鉴》。该词典是合并《御制满蒙文鉴》、《御制增订清文鉴》等，并取掉所有注解部分而成的，于乾隆四十五年（1780 年）武英殿刊行，32 册。词典正文每门首列满文词语，满文词语左侧标注汉文二合切音字，满文词语下边左侧注蒙文对音字、右侧注汉文对音字；次列蒙文译词，蒙文译词左侧标注汉文二合切音字，蒙文译词下边左侧注满文对音字、右侧注汉文对音字；最后列汉文译词，汉文译词下边左侧注满文对音字、右侧注蒙文对音字。正文一组满蒙汉文对照词语共包括三种文字对译词、及其三种文字互注切音字、对音字等 11 项。

该词典主要选录《御制增订清文鉴》常用词语，并增加蒙文译词和蒙文对音字而成，但比《御制增订清文鉴》少设卤簿器用、文学什物、仪器、骟马等 4 类，此外改"部院类"为"衙署类"，并取掉了满文注解。全书共收 13870 条词语，在清代满蒙汉语言文化及词典编纂中具有很高的价值。其价值主要体现在三种语言之间相互标注的众多标音项上，如在满文词语旁标注汉文切音字和蒙文对音字，在汉文词语旁标注满文对音字和蒙文对音字，在蒙文词语旁标注汉文切音字和满文对音字。所标注的各种切音字或对音字对清代满蒙汉语语音学研究可提供全面的语音资料，是在清一代众多辞书中语言学价值最高的一种，并与《御制满蒙文鉴》、《御制兼汉清文鉴》、《御制增订清文鉴》、《御制五体清文鉴》等一同成了系列的标音词典。

四 由满文标注藏、维文的多语合璧标音词典

清代满蒙文词典中含有藏语、维语的多语合璧标音词典不多，有《四体合璧文鉴》、《御制五体清文鉴》、《钦定西域同文志》、《满蒙维三体字书》、《满蒙藏维四体字书》、《满蒙藏嘉戎维五体字书》等，其中只有《御制五体清文鉴》、《满蒙维三体字书》、《满蒙藏维四体字书》、《满蒙藏嘉戎维五体字书》四部是由满文标注维文或藏文的标音词典。

《御制五体清文鉴》是清代唯一一部满藏蒙维汉五体合璧的官修分类词典，以《御制增订清文鉴》、《御制满洲蒙古汉字三合切音清文鉴》为基础，增加藏文、维文部分，并加以满文注音而成，清内府精本，36 册。词典正文每门首列满文词语，下列藏文译词，其下注藏文古音之满文注音，再下注藏文今音之满文注音，下依次列蒙文译词、维吾尔文译词、维吾尔文译词的满文注音、汉文译词等。可见，该词典最突出的特点是藏文译词、维文译词下标注的满文注音，尤其在藏文下标有古、今的两种满文注音字。从注音对象看《御制五体清文鉴》正是《御制满洲蒙古汉字三合切音清文鉴》的续编。该词典共 19060 条词语，其类目、分卷及词语编排顺序等都与《御制增订清文鉴》和《御制四体清文鉴》[14]完全相同，只是比《御制四体清文鉴》增一项维吾尔文译词和三项满文注音，该词典有注音无注解，是一部五种语言合璧的标音词典，对满藏蒙维汉语互译及研究清代满语、藏语、维语等三种语言的古音具有重要的参考价值。该词典是一部极珍贵的多语合璧词典，可为清代各民族文化交流的桥梁，但由于语种太多，当时未曾刻板印行，建国后于 1957 年由北京民族出版社以故宫博物院图书馆藏清重华宫藏本为底本影印出版。

另外，还有由满文字母转写维语或藏语词语的《满蒙维三体字书》、《满蒙藏维四体字书》、《满蒙藏嘉戎维语五体字书》等标音词典，该三部词典均是佚名辑，由清内府精写而成，藏于故宫博物院图书馆。其中《满蒙维三体字书》是清代唯一一部满蒙维语合璧标音词典，又名《满蒙回文三种译语》、《满蒙回三语合璧书》等，3 册。正文每门首行著满文词语，次行列蒙语译词，再次行为维语译词等，其中蒙语译词和维语译词均由满文字母转写。主要收词语、短语、语句等，其中名词居多，包括天干、地支、日月、星辰、天气、气候等有关天文地理名目，还包括亲属称谓、人体五官、瓜果、奶制品、穿戴、读书、写字、官差、打围、战争、畜牧、飞禽、计量单位等与人类政治、经济活动有关的专有名词。此外动词、形容词、数词、副词等也较多。全文词语大体上同类词集中在一起，但未标类名，共收 1256 条词语。

《满蒙藏维四体字书》是清代唯一一部满蒙藏维语合璧标音词典，1 册。正文每门首行著满文词语，次行列蒙语译词，再次行为藏语译词，最后为维语译词，其中蒙语译词、藏语译词、维语译词等均由满文字母转写，在每条满文词语上头由圆圈——"○"做标记，以便区分每组词语条目。该词典主要收录以名词、动词、形容词、数词、副词等为主的综合性词语，其中名词居多，此外还收录一些短语、语句等。全文词语大体按类编排，但未标类目，共收 400 条词。

《满蒙藏嘉戎维语五体字书》是清代唯一一部满蒙藏嘉戎维语合璧标音词典，又一名《五体字书》，8 帙。正文每门首行著满语词语，其后依次列蒙语译词、藏语译词、嘉戎语[15]译词、维语

译词等，此书的特点是蒙语译词、藏语译词、嘉戎语译词、维语译词等均由满文字母转写而成。主要收录常用名词，如第一帙中收佛香、苹果、牛奶、钥匙、茶叶、酒、军队等常用名词，也收一些动词、形容词等。在第二帙中收有关打围、弓箭、身体器官等常用词语。此外，还收一些短语、语句等。全文按类排列，但未标类目，共收 746 条词语。

以上所述三部词典上均没有任何与编者及编写年代有关的记载，但根据所收词语特点及清朝民族关系史等，可以推断其编写年代和使用者概况。首先，从该三部词典所收"日常问候语"的内容、语气等看，主要是政治地位较高的人和一般官员之间对答的问候语句。如《满蒙回三语合璧书》中有"路上好?"、"叫什么名?"、"几岁?"、"当什么官差?"、"来过北京吗?"、"你去哪儿?"、"节省为好!"、"杀了很多贼!"、"下雨好!"等，《满蒙藏维四体字书》中有"地长的好?"、"前来祝贺!"、"快来为好!"、"应该恩赐!"、"抓到了小偷的头目!"、"合了我的心意!"等，《满蒙藏嘉戎维语五体字书》中有"你现职何等?"、"你们家乡庄稼好?"、"在北京住过几年?"、"能认满文吗?"、"你会说汉语吗?"、"你们家几口人?"、"兄弟几个?"、"你有几个儿子?"、"你老几?"、"你以前任什么职?"、"早来了。"、"我已下令了。"等。其二，该三部词典均是以抄写而成的孤本，并在清宫里一直完好地保存下来，毫无疑问使用者是皇帝或皇子、皇孙等。其三，该三部词典均是由满文字母转写各民族语言词语而成的多语合璧标音词典，使用者应精通满文，却不太懂蒙文、藏文、维文等诸少数民族文字，可以说该三部词典是为满足皇室家族的人学习各民族语言口语的需要编成的。我们再分析以下清代诸皇帝的学习、掌握各民族语言的情况，可以进一步推断使用者的身份。因清代诸皇帝中顺治、康熙、乾隆等前期几位皇帝都精通满汉文，并不同程度地掌握了蒙语、蒙文。其中乾隆皇帝是学习语言的天才，他掌握的语种最多，除了学过蒙语、蒙文外，还学了藏语、维语等民族语言[⑯]。其四，该三部词典的编纂与清朝民族关系史分不开，尤其与使用蒙语、藏语、嘉戎语、维语等语言的各民族历史有着密切的相关。毫无疑问蒙古族是清统治者早期的友好联盟，因而早在康熙年已开始编纂了满蒙合璧的词典。藏族和维吾尔族称臣清朝也较早，而隶属清朝的是较为晚。因此编纂汇入藏文和维文的多语合璧词典也较晚，如乾隆二十八年（1763 年）乾隆敕纂的《钦定西域同文志》是有年代可考证的第一部附有藏文和维文的多语合璧词典。可见，该三部词典的成书不可能早于《钦定西域同文志》。

此外，从清代满蒙文词典的语种、文种特点看，只有乾隆朝编纂了附有藏语、维语的多语合璧词典，如《御制四体清文鉴》、《四体清文鉴》、《御制五体清文鉴》等，以上种种推断说明了该三部词典是乾隆帝为学习各民族语言的需要敕纂而成，约在乾隆中后期成书。

可见，以上这些标音词典是主要以康雍朝满汉合璧和满蒙合璧的词典为基础，逐渐增加其它文种，并兼注满文或蒙、汉文等各种语言的标音成分而成。注音均依《钦定清汉文对音字式》为准，是为存留、发展、规范各民族语言音韵的目的编成，其中各民族语言口语成分占相当大的比重，如：

boro orubal sain（下雨好）（《满蒙维三体字书》第 1 册、第 14 页）；

batur（英雄）（《满蒙维三体字书》第 1 册、第 20 页）；

derben（四）（《满蒙维三体字书》第 1 册、第 20 页）。

其 boro（雨）、batur（英雄）、derben（四）等均是蒙语口语成分，对满蒙藏嘉戎维语的互译及研究满族、蒙古、藏族、维吾尔族等各民族语言文化具有很高的价值。也对研究阿尔泰语系诸语言的同源词和汉藏语系诸语言的同源词，进而比较它们的渊源关系，都具有重要的参考价值。

结　论

总之，清代民族语文标音词典中由满文标注其他文字的标音词典最多，由汉文标注的标音词典也较多，还有一些由蒙文标注的标音词典。可见，清代"国语"的重要性及汉文、蒙文的重要地位。据标注方法归为以下两种。

第一种是在一个民族语言词语旁由本民族文字或其它民族文字来标注音韵而成的标音词典。如《御制增订清文鉴》、《御制兼汉清文鉴》、《御制满洲蒙古汉字三合切音清文鉴》、《四体合璧文鉴》、《御制五体清文鉴》、《御制西域同文志》、《钦定辽金元三史语解》、《新译蒙汉千字文》、《单清语》、《汉满蒙合璧词典》、《四书字解》等，这些词典主要为存留满文及各民族文字音韵的目的编成，具有多语种之间相互标注音韵的特点，如《御制增订清文鉴》、《御制兼汉清文鉴》、《御制满洲蒙古汉字三合切音清文鉴》等词典重在标注音韵方面，在满语和汉语之间或满语、蒙语、汉语等各语种之间相互标注音韵而成，但不是所有标音词典都是多语种之间相互标注音韵而成，有些双语合璧的或多语合璧标音词典中只有一种文字标音成分，如《四体合璧文鉴》、《新译蒙汉千字文》、《汉满蒙合璧词典》、《四书字解》等双语合璧的或多语合璧词典既仅在汉语词语旁或下边标满文对音字而成，在《御制五体清文鉴》是只在藏文词语和维文词语下分别标注了满文对音字而成，《御制西域同文志》、《钦定辽金元三史语解》等词典的汉文词语旁标满文对音字。也有些标音词典是一个民族语言词语旁由本民族文字来标注音韵而成，如《单清语》满文译词左下角标注满文对音字。这些词典对清代满蒙汉藏维语语音学研究可提供丰富的语音资料。

第二种是由一种民族文字转写另一种民族语言词语或几种民族语言词语而成的双语合璧的或多语合璧词典，因采用其它民族文字来标注音韵而成，亦属于标音词典。如《御制满蒙文鉴》、《满蒙汉字书》、《满蒙维三体字书》、《满蒙藏维四体字书》、《满蒙藏嘉戎维语五体字书》、《三合便览》、《蒙古托忒汇集》、《蒙语》、《三体合璧文鉴》等，其中《御制满蒙文鉴》、《满蒙汉字书》、《三合便览》、《蒙古托忒汇集》、《蒙语》等词典中蒙语词语均由满文字母转写而成，这些词典对清代满蒙语语音学研究提供了丰富的语音资料，其中《蒙古托忒汇集》是语言学价值较高的一部蒙托忒满汉文合璧的标音词典，其托忒蒙文译文部分和由满文字母转写的蒙语口语部分等在清代满蒙语言文化及词典编纂学方面具有很高的学术价值，是比较研究清代蒙语书面语和口语及蒙语卫拉特方言极为珍贵的资料。还有《满蒙维三体字书》、《满蒙藏维四体字书》、《满蒙藏嘉戎维语五体字书》等多语合璧标音词典中蒙语词语、维语词语或藏语词语、嘉戎语词语等均由满文字母转写而成，因清代满蒙文词典中收录维语词语、藏语词语、嘉戎语词等词典较稀少，可想而知其语音资料极为珍贵。

这些词典均为存留满语、满文及各民族文字音韵的目的编成，并具有时代特色。康熙、雍正年间满蒙文词典是着重释义，标音词典却较少，《清书全集》是流传至今唯一一部标音词典。而乾隆帝本人喜好汉语言学的音韵学，并掌握满、汉、蒙、藏、维语等民族语言，因此乾隆帝敕修多语合璧标音词典最丰富，如在《御制清文鉴》基础上增加汉、蒙、藏、维语等多种语言词语，并增加标音项目，形成了《御制满蒙文鉴》、《御制兼汉清文鉴》、《御制增订清文鉴》、《御制满洲蒙古汉字三合切音清文鉴》、《御制五体清文鉴》等多种语言合璧的标音词典。此外《钦定清汉对音字式》、《钦定同文韵统》、《钦定辽金元三史语解》、《钦定西域同文志》等均是乾隆帝敕修多语合璧标音词典。至清晚期满蒙文词典数量增多，词汇量更加丰富，但以对照词典为主，标音词典相对减少。

以上这些标音词典促进各民族间交流及存留各民族语言的音韵具有很高的价值，也为今日的民族语言研究留下了宝贵的经验和资料。

2010 年 2 月 3 日

① 春花：《清代满蒙文词典研究》，辽宁民族出版社，2008 年。

② 达海（1594－1632）：以地为氏，世居觉而察，满洲正蓝旗人。他自幼好学，九岁精满汉文，太祖努尔哈赤时被召至文馆，太宗皇太极时参与议定朝贺仪礼。天聪六年（1632 年），他奉命改进"老满文"，加上点、圈，改成了"新满文"，后他又奉命以满文翻译《素书》、《三略》、《明会典》、《大乘经》、《通鉴》、《六韬》、《孟子》、《三国志》等书，其中《通鉴》、《六韬》、《孟子》、《三国志》等未竣于天聪六年（1632 年）卒，谥文成。后顺治时由其它笔帖式续译其遗稿，并刊印颁行。

③ 赵尔巽等修：《清史稿》，卷二二八，列传十五，达海传，清史馆铅印本，1927 年。

④ （清）圣祖玄烨敕撰：《御制清文鉴》，康熙四十七年（1708）武英殿刻本，10 册。是清帝敕修的第一部满文词典。为使本朝拥有权威性的满文辞书，以便普及、规范满文词语，康熙帝特谕傅达礼等主持编纂此书。两年后傅达礼却去世，另派马齐、玛尔汉等主持其事。此书以《字汇》为基础订立条目，首列满文词语，下列满文注解，再下附古书例句。提炼《太平御览》部、类，确定分类体系。共 36 部，下分 280 类，约收 12110 条词语，书后附满文"总纲"。

⑤ "满文十二字头"是由一个或几个满文字组成的满文音节的排列形式，也就是由元音及元音与辅音相结合编制而成。其中第一字头为元音及在所有辅音字母下接续元音字母构成的音节字，共有 131 个音节，其第二至十二字头的构成规则是在第一字头所有音节下接续 i、r、n、ng、g、s、d、b、o、l、m 等 11 个辅音字母构成各种音节，凡 11 字头，总计 12 字头。清代有相当一部分满文辞书是按满文十二字头顺序编排的。

⑥ （清）宗室屯图撰：《一学三贯清文鉴》"序"，乾隆十一年（1746 年）静宜斋藏板坊刊行，4 册。

⑦ （清）高宗弘历敕撰：《钦定清汉对音字式》"序"，乾隆十二年（1747 年）武英殿刻本。

⑧ 早在康熙年间，紫禁城内专门设立了一处编撰清朝战争史的方略馆，每一次战争结束后，为了宣示其武功，根据当时军事奏报和有关谕旨等，按年月日顺序编纂一部战争始末记略，皇帝亲自审定，于武英殿刊印成册，总裁由大学士或军机大臣兼任。

⑨ 傅恒（？－1770）：清满洲镶黄旗人，富察氏，字春和，高宗孝贤皇后弟。乾隆初年历任侍卫、总管内务府大臣、户部尚书等职，后授军机大臣，加太子太保、保和殿大学士、平叛伊犁统师等。他在军机处工职二十余年，因办事谨慎，为朝廷忠厚，深为乾隆皇帝所倚重，乾隆十三年（1748 年）督师指挥大金川之战，降服莎罗本父子。乾隆十九年（1754 年）力主清军攻伊犁，平息准噶尔部叛乱等。并任编纂《平定准噶尔方略正编》、《平定准噶尔方略前编》、《平定准噶尔方略续编》正总裁，还主持编纂过《钦定旗务则例》、《西域图志》、《御批历代通鉴辑览》等要书。于乾隆三十三年（1768 年）在缅甸战役中染病卒，谥文忠，嘉庆元年（1796 年）赠郡王衔。

⑩ "托忒蒙古文"，也称"托忒文"，咱雅班第达那木海扎木苏于 1648 年创制托忒蒙文。在卫拉特蒙古方言基础上，参照传统蒙文中某些字母符号，并增加了一些区别符号而创制，卫拉特蒙古又称托忒蒙古，故这种蒙古文亦称托忒蒙文。托忒，蒙古语，汉意为"清晰"。

⑪ （清）高宗弘历敕撰：《御制满洲蒙古汉字三合切音清文鑑》"序"，乾隆四十五年（1780 年）武英殿刻本。

⑫ （清）高宗弘历敕撰：《御制满蒙文鉴》"序"，乾隆八年（1743年）武英殿刻本。

⑬ （清）圣祖玄烨敕译：《清文合蒙古鉴》，又称《御制清文鉴》、《御制满蒙文鉴》等，康熙五十六年（1717年）武英殿刻本，29册。该词典是清代第一部满蒙合璧官修词典，康熙帝为整理、规范蒙文词语，敕令以蒙文翻译《御制清文鉴》而成。清政府为了巩固"满蒙联盟"政策，一贯重视蒙古语言文化的发展，但入关的八旗蒙古族已不大重视学习蒙语、蒙文，为此康熙敕令拉锡等以蒙文翻译《御制清文鉴》，历时七年成书，所收类目、词语、体例等均与《御制清文鉴》一致，只是删掉了注解下引证的古书例句。

⑭ （清）高宗弘历敕撰《御制四体清文鉴》，清乾隆年间武英殿刻本，36册。是乾隆帝敕令以《御制增订清文鉴》为蓝本，增加蒙文词语、藏文词语而成的满藏蒙汉合璧对照词典，但取掉了注音、注解部分。其卷数、类目、词语编排顺序等均与《御制增订清文鉴》相近，约收18667条词语。因为是对照词典，其语言学价值不及《御制增订清文鉴》、《御制满洲蒙古汉字三合切音清文鉴》、《御制五体清文鉴》等标音词典。

⑮ 嘉戎语，是藏语的一种方言，属于汉藏语系藏缅语族藏语支。该方言中有大量的二合三合复辅音生母，有九个辅音韵尾，无声调。其基本语序是：主语—宾语—谓语，形容词作定语时在被修饰语之后，代词和名词作定语时在被修饰语之前。该方言区主要分布在四川省马尔康、金川、小金、汶川、理县、黑水、丹巴、道孚等县，其中还分东部、北部和西部等三种子方言。

⑯ （清）高宗弘历敕撰：《御製满洲蒙古汉字三合切音清文鑑》"序"。乾隆四十五年（1780年）武英殿刻本。

法国科学传教团来华及其影响

李景屏

（中国人民大学清史所教授）

17 世纪 80 年代的法国，正是波旁王朝路易十四统治时期。路易十四与康熙皇帝具有惊人的相似之处，他们都是冲龄即位，都凭借雄才大略建立了中央集权的统治，并把自己的国家推向了鼎盛、使之成为区域性的强国——一个成为欧洲大陆科技文化的中心，一个称雄亚洲。

为了绘制航海图，法国已经向世界许多国家及地区派出科学考察人员进行天文观测与地理考察，惟独对派人到中国、印度感到棘手，他们对东方古国实在是知之甚少。考虑到天主教的一个修会——耶稣会的传教士利玛窦（Matteo Bicci）自明万历十年（1582 年）来华传教，耶稣会士不仅在中国的土地上立足，而且其中的一些人还直接为中国政府、中国皇帝服务，同官方一直有密切联系，路易十四决定选择"精通数学并擅长舆地工作，还要能掌握中国最基本的艺术和科学知识的优秀传教士"[1]来华。

欧洲近代自然科学的发展以及路易十四时代法国在欧洲大陆的主宰地位，为科学传教团的派出提供了条件。路易十四所创建的法国科学院、音乐学院、舞蹈学院、建筑学院，使得巴黎成为欧洲科学文化的中心，法语成为欧洲各国宫廷、各国交往的通用语言，而法国军队在荷兰、德意志、奥地利与西班牙的驻扎，更是体现了法国当时的实力及对外扩张的趋势。

一

法国科学传教团的第一批成员由洪若翰（Jean de Fontaney）、白晋（Joachim Bouvet）、张诚（Gerbillon）、刘应（Claude de Visdelou）、李明（Louis le Comte）组成。身为科学考察团负责人的洪若翰，在来华之前已经在大学教授数学、天文学达 8 年，并多次在学术刊物上发表著述及科学测验报告。其他几位成员也都对数学、科考有浓厚的兴趣，在传教之余仍从事研究，其中以李明神父最为突出，他在旅途中仍然坚持观测天象。此后来华的宋君荣（Antoine Gaubil）也是位有志于科学研究的神父，曾多次到巴黎气象台向有关专家请教，为了进行天文观测，经常"终夜观星"，而当其在海上航行时"对于磁针偏差、风向、海流、燐光等现象作种种测验；对于海鸟、飞鱼等物作种种记述；曾将所为天文测验改正当时地图上的种种错误"[2]。在人员的选择上，法国方面非常重视科研兴趣与科研能力。

根据路易十四的指示，洪若翰等人被接纳为皇家科学院的成员，并授予他们"国王的数学家"的委任书。他们的身份是"国王的观察员与数学家"，而"搜集中文书籍和进行天文观测"、"完成从中国获取天文数据"、"完善法国人的航海图和地图"[3]则是他们来华的主要目的。他们在中国的科学考察经费，由法国政府从国库中拨给，每年给在中国、印度进行科学考察的传教士

9200 里尔（Livres）。对洪若翰等人来说，科学考察是国家赋予的使命，他们"每年向法国学者就各项问题提供大量珍贵的准确的考察报告，并提供最有价值的满文和汉文书籍的翻译资料"④。考虑到传教士的特殊身份，仅用"科学不足以驱使"彼等"渡重洋，离祖国，别亲友，而徙居别一世界"⑤，因而法国政府允许他们在华传教。于是法国科学院的科学考察，便同耶稣会的传教联系起来，形成"科学传教团"。康熙二十四年 3 月（1685 年），洪若翰等一行带着法国政府拨给的观测仪器，从布雷斯特乘船出发。

由于科学传教团成员是由耶稣会士组成，在受命之始就受到来自教会方面的阻力，罗马教廷传信部、耶稣会总会长，都极力阻挠路易十四派遣传教士来华。为维护在东方保教权的葡萄牙政府，也进行种种刁难，以至科学传教团一行只得从宁波登陆，而不能从葡萄牙控制的澳门进入中国。至于他们同清政府的联系也不是通过在华的耶稣会，而是通过当时担任清王朝钦天监监正的比利时传教士南怀仁（Ferdnand Verbiest）与康熙联络。

是否宣誓，则成为双方争执的一个焦点。法国传教士来华显然是"以国王臣民的身份生活在异国他乡"，为了确保科学考察任务的完成，路易十四禁止洪若翰、白晋、张诚等人宣誓，宣誓他们就要像其他传教士一样，忙于教务，不可能名正言顺地进行科学观测。罗马教廷传信部、耶稣会总会长却坚持他们必须履行宣誓。为了强迫科学传教团的成员就范，教廷传信部取消了洪若翰、白晋、张诚、刘应、李明五人传教士的身份。作为耶稣会总会长代表的视察员方济各（Fran？ois－Xavier Philipucci，意大利人，1671 年来华）甚至专门制定了针对法国传教士的"禁约"：诸如不得进行天文观测；所有信件必须用拉丁文或葡萄牙文书写，不得用法文；所有寄往法国的信件必须先交视察员检查；任何人不得通过澳门以外的其他地区进入中国；在北京的法国人未经批准不得公开露面；未经视察员许可不得在钦天监任职等等。

教廷传信部、耶稣会总会长的阻挠、视察员制定的"禁约"都给来华的科学传教团成员带来种种困难，他们寄给法国科学院的报告以及包括《中国皇帝画像及其小传》的长信全都被截留，甚至扣下法国政府给传教士的经费、书籍；而在外省传教也因被剥夺了传教士的身份不被教区接纳，很难开展工作。法国科学传教团之所以能在中国立足，并在科学考察、传教方面都能有所突破，同康熙皇帝的大力支持有直接关系。康熙根本就不理会所谓宣誓问题，并在康熙二十七年二月二十（1688 年 3 月 21 日）接见了这些法国神甫。精通数学的张诚和白晋被留在了京城，洪若翰等 3 人则到外省去传教——洪若翰去南京，李明、刘应去了山西，"由是驻华之法国教会遂以成立"⑥，张诚就成为在华的第一任法国传教区会长。在康熙的支持下，白晋、张诚还在皇宫内建立了"药物实验室"，"进行各种欧式治疗法"⑦试验。

此后不久，回北京的洪若翰、刘应因用"金鸡纳霜"（奎宁）治愈了康熙的疟疾而得到皇帝的封赏，康熙把皇城内的一处住宅赐给法国神父。然而在北京的耶稣会负责人徐日升（Thomas Pereira），却认为御赐的住宅是给所有在北京的耶稣会士，并非单给法国传教士，但在"皇权至高无上"的国土，这处御赐住宅最终还要按照康熙的意愿来安排，成为白晋、张诚以及当时在京的洪若翰、刘应的下榻，此后来京的巴多明（Dominique Parrenin）、冯秉正（Joseph－Fran？ois－Marie－Anne de Moyric）等人也都住在这所住宅。未几，康熙又把住宅附近的空地作为修建教堂的地基赐予了法国神父，此即后来建成的"北堂"。法国教区"不与中国的视察员而与罗马的法国省教区长协商事务"⑧，是个独立的传教区。

在中法两国君主的支持下，负有科学考察使命的法国耶稣会士相继来华。康熙三十二年（1693 年）奉康熙之命出使法国的白晋，在回中国时就带回巴多明、雷孝思（Jean － Baptiste Régis）、傅圣泽（Jean－Fran？ois foucquet）等 8 位神父，而康熙四十年（1701 年）随洪若翰来华的，有法国传教士 10 人。此后，一批又又一批的法籍耶稣会士纷沓而至，诸如杜德美（Pierre Jartoux）、de Maillac）、殷弘绪（Fran? ois – Xavier d' Entrecolles）、蒋友仁［Michel Benoist（Benoit）］、孙璋（Alexandre de la Charme）、钱德明（Jean – Joseph – MarieAmiot）、马若瑟（Joseph – Henrg – Marie de Premare）、汤执中（Cheron d Incarville）、韩国英（Piere – Martial Cibot）、金济时（Louis Collas）、晁俊秀（Fran? ois Bourgcois）等。据费赖之在《在华耶稣会士列传及书目》中记载，自法国派出科学考察团的在一个多世纪，来华的法国籍的神甫为 86 人，葡萄牙籍的为 79 人。

二

法国科学传教团来华，对法、中两国所产生的影响，既有物质层面，也有精神层面，甚至对两国一些政治上的决策也起了某种促发的作用。

负有国家使命的传教士来华，使得搜集中文书籍的目的很快得以兑现，1693 年当白晋作为康熙的特使到达法国时，给路易十四带去中国古籍和科学著作共 49 卷，现藏巴黎国家图书馆的书籍中就有白晋题款的《古今敬天鉴》及《易经释义》以及收藏于法国研究院图书馆的《汉语小字典》。洪若翰第一次回法国时所携带的书籍均收藏在皇家图书馆，在其最后一次回法国时又带回珍贵的满文书籍、满文字典。马若瑟曾将不少中国书籍转交给皇家图书馆，而傅圣泽在 1700 年回国时，也给带回了 11 箱的中国书籍。

法国神甫在进行天文观测、获取观测数据方面所取得的成果，更是斐然。在来华途中，洪若翰先后在好望角、暹罗（今泰国）进行天文观测，并把在暹罗的月全蚀观测报告寄回法国科学院，而且在《记录》第 7 册中予以刊登。他在西安测定经度的报告，则刊登在法国科学院的《汇刊》第 7 册上，而其对中国一些城市方位的测试，也收入康熙三十八年（1699 年）出版的《科学院史》。至于他在 1699 年 2 月对北京彗星的观测记录，则被法国科学院收入 1701 年度的《记录》。李明在途经好望角、卢沃、暹罗时，"曾测验土星诸卫星之初蚀与易位，一六六七年二月在卢沃城测验土星与火星之会，一六八八年四月终在绛州曾测验月蚀，一六九０年十一月十日在广州曾测验水星之经行太阳前，并测试月蚀多次。"⑨。此外，李明还绘制广州水道图、宁波港图。

康熙三十七年（1698 年），随同白晋来华的雷孝思，因精通天文历算被留在北京。他在为康熙测绘全国地图的过程中"历地最广"，因而在测绘地图的同时也进行天文观测，康熙四十七年（1708 年）9 月 3 日他对山西的月蚀进行测验，康熙四十九年（1710 年）2 月 14 日及康熙五十一年（1712 年）1 月 23 日又先后对北京的月蚀进行测试，康熙五十年（1711 年）7 月 29 日对山东的月蚀予以测试。而当他在山东、蒙古测绘地图时，还对磁针的偏差进行了测试。

在科学考察中，成果最为突出的当属康熙六十一年（1722 年）来华的宋君荣。宋君荣在来华的 30 多年时间，对月蚀、星蚀、日蚀、土星、木星、水星、火星、金星、木星卫星、彗星一直进行观测，对子午线、黄道也都有观测记录。他不仅是法国科学院、法国考古研究院的通信员，而且先后被俄国、英国的研究院聘为研究员。为了便于天文观测，他在北京为法国神父筹建了一座小观象台⑩。宋君荣还在观测的基础上进行研究，他的《四季分至与日晷子午线影之记录》、《中国彗星简录》均被巴黎气象台图书馆所收藏。此外，宋君荣把《书经》所记载的仲康时期所发生的日蚀逐一进行推算，"由是断定夏代始于纪元前二一五五年"⑪，这一推算与"夏商周断代工程"所进行的"仲康日蚀研究"的结论相差无几。宋君荣还打算以天文测试来测定中国边境地区的方位，但因支持这一计划的怡亲王允祥在雍正八年（1730 年）去世，而未能实施。

法国传教士是带着《中华帝国调查提纲》来华的，"其中涉及中国纪年、历史、地理、经纬度、科学、动物、植物（大黄、香料、烟草）、食物摄取量等问题。"⑫洪若翰在 1687 年给法国科学院的信中表示，拟对天文学、地理学、中国纪年学、天文研究、自然科学、医学、以及中国的政治、经济、社会状况进行调查研究。

法国政府非常渴望了解中国的农业状况，不仅要求把植物种子寄回去，还要求介绍中国粮食的管理与保藏。对植物学颇有研究的汤执中不仅介绍了许多欧洲没有的中国植物，把一些种子寄给法国科学院，还把北京地区的植物 260 多种编成一部以字母顺序排列的"北京植物目录"，寄往莫斯科的圣彼得堡科学院。金济时神父则建议法国引入漆树、胡椒树、樟树等有经济效益的植物种植。而钱德明则特意撰写了《中国当今皇帝乾隆的农业观》，并寄回法国。

学识渊博的巴多明则对治疗结核病的"阿胶"制造技术进行总结归纳，并把"冬虫夏草"的中药标本、制造阿胶的技术资料寄给法国科学院，还整理并翻译了中国治疗性病的资料。对中国医学感兴趣的殷弘绪、韩国英，或在归纳中医经典《医宗金鉴》的基础上写有《痘疹新法要诀》、《种痘新法要识》，或把中医的方剂介绍给西方，撰写了《华人若干方剂》、《用为方剂之鹿血》、《说麝香》、《记痘症》。

与此同时，中国一些手工业技术也被介绍到法国，如提炼靛青及从黄花中提炼黄色的技术、橡胶的使用、造纸术、种植漆树、瓷器制造等等，其中尤以瓷器制造对法国影响大。截止到 18 世纪中叶，法国一直未能生产出硬胎瓷器。乾隆三十年（1765 年）法国国王路易十五给乾隆礼物中的 18 件瓷器依旧是"软胎瓷器"。钱德明撰写的《中国瓷器制造史》、《中国瓷器制造过程 24 图》以及韩国英的《中国陶器》与《说琉璃瓦》都系统地介绍了中国陶瓷技术及其历史。而在景德镇传教的殷弘绪，则把和泥、拉坯、入窑烧造等工序绘制成图并附有文字说明的技术资料以及景德镇的高岭土，一并寄回，为试制硬胎瓷器提供了方便。中国制瓷技术的传入，促进了法国瓷器从软胎向硬胎的转变，位于巴黎与凡尔赛之间的制作硬胎瓷器的中心在路易十五时期出现，绝非偶然。对路易十五施政颇有影响的蓬帕杜尔夫人⑬，有鉴于中国制造陶瓷的技术的传入，"说服路易十五，认为法国不必每年花费 50 万里尔从中国与德累斯顿进口，即可发展自己的陶瓷业"⑭。

来华的法国传教士还撰写或翻译了一批有关孔子、六经的著述，如刘应的《孔子第六十五代孙传》、《中国四书之年代》以及钱德明的《孔子传》、《孔传大事志略》（附图 24 幅）、《孔门诸大弟子传略》、《中国古今乐记》（该书对中国八音进行了介绍）、《中国古代宗教舞》（附有图片），都系统地介绍了孔子、孔子的著述、孔子所提倡的礼乐制度。此外像白晋的《易经》释文，巴多明的《六经说》，冯秉正的《易经》译文，宋君荣的《书经》译注与《易经》、《礼记》的译文，蒋友仁的《书经》拉丁文译本，孙璋的《诗经》法译本与《礼记》法译本以及刘应的《易经说》、《礼记》、《书经》与《中庸》的拉丁文译本等，也都分门别类地介绍了传统的经学。

毋庸置疑，以儒学为代表的中国传统文化对法国及欧洲思想界都产生了深刻的影响，直接导致法国以及欧洲 18 世纪汉学的兴起。而耶稣会士对儒家的王道、农本思想的宣扬，则使得法国的"重农学派"找到了支持自己理论的佐证，中国天子耕田仪式也飘扬过海来到法国，"法国王储于 1767 年 5 月遵照中国天子的榜样，象征性地手扶一张小犁而开犁耕田"⑮。

18 世纪的法国启蒙思想家伏尔泰、孟德斯鸠、狄德罗等人都系统读过耶稣会士有关中国的著作与译著，或多或少受到中国传统文化的影响。伏尔泰在《自然法赋》中对道德、教育的就明显带有理学辨别"天理"、"人欲"的色彩，而且试图以儒家的理性教育来纠正欧洲神学至上的时弊。孟德斯鸠也特别重视中国的礼制与孔子的道德教义，在他看来孔子的学说明显优于佛教。狄德罗在其主编的《百科全书》"中国哲学"条目中，充分肯定孔子的学说。

尽管一些耶稣会士对儒学等经典的研究，是出于"从中国经典发现《旧约》人物的一种尝试"[16]，但一个有着 3 亿人口的中国不信基督的事实，也进一步动摇神权至上的观念。启蒙思想家已经把儒学作为同西方教会神权作斗争的武器，这的确是耶稣会传教士始料所不及的。某些法国汉学家"甚至把法国大革命也视为一场受中国观念激励的运动[17]，然而，一个千真万确的事实——孔子学说的传播对乾隆二十七年（1762 年）法国驱逐耶稣会起了某种刺激作用。耶稣会被驱逐直至被解散，绝非是"一场邪恶的运动"的结果[18]，而是自宗教改革以来教会神权逐渐坍塌的产物。乾隆二十四年（1759 年）葡萄牙驱逐耶稣会，乾隆三十二年（1767 年）西班牙也把耶稣会士驱逐到罗马，在法国、西班牙等天主教国家君主的压力下，教皇克莱芒十四世（Cleme XIV）在乾隆三十八年（1773 年）下令解散一个多世纪来最有实力的教会团体耶稣会[19]。导致耶稣会被解散的原因是多方面的，诸如耶稣会与王权、天主教内部不同教派、中产阶级同耶稣会的一系列矛盾的激化，但外部学说的刺激也是一个不容忽视的客观因素。

法国政府虽然解散了耶稣会，但同派到中国的科学传教团成员一直保持密切的联系，继续提供经费，并物色新人以充实科学传教团。乾隆三十九年（1774 年），当有人建议以其他教派接管在北京的耶稣会教务时，法国政府"仍主耶稣会士传教北京，并由传教会经理嘉类思神甫随时在法募集新人选来华"[20]。路易十六在乾隆四十一年（1776 年）还正式任命晁俊秀担任在华法国传教区会长，在华的科学传教团成员继续执行自己的使命。

三

法国科学传教团带来的舶来品中凝聚了西方近代科技的成果，这些对于中国——特别是对中国统治者的影响就更为直接。科学传教团把用来观测日蚀、月蚀的天文仪器及天文钟、象限仪与勘测用的水平仪、罗盘仪等珍贵仪器进献给康熙，白晋、张诚给康熙制作了数学计算表。

白晋等人还把"法国国王分给国内穷人的药膏"带到中国，并介绍给了康熙，"康熙经过多次反复试验之后，发现这种药确实能产生治疗奇迹……所以中国皇帝就称之为'神药'"。康熙在康熙三十一年（1692 年）因发烧病倒，太医认为皇帝不宜服用这种法国膏药，"采取了另外的疗法"，以至"病情有增无减"，康熙遂自己服用了半剂膏药，体温很快恢复了正常。"[21]一次康熙心悸不已，法国人罗德先（Berenad Rhode）"开具哈尔各默斯（allkermes，以前一种有名的饮料——译者注）令皇上恢复健康"[22]，因而在康熙四十八年（1709 年）殷弘绪、马若瑟、冯秉正、沙守信等纷纷给康熙进贡哈尔各默斯及葡萄酒。

乾隆三十七年腊月（1771 年初），长于钟表技术的法国神甫李俊贤与意大利神甫潘廷璋来到北京，并从法国带来了一台抽气机和一台最新研制的望远镜。为了使乾隆能尽快了解抽气机的工作原理，蒋友仁在对机器进行调试的过程中用中文撰写了一份详细的说明书，对工作原理及使用细则都进行了介绍；并选择了 21 种有趣的实验，为乾隆进行演示。乾隆曾就空气如何能使气压计内使水银柱上升、以及由水银柱位置的改变所反映出的空气力量变化的原因进行探讨。这位中国皇帝很快就掌握了操作方法，不止一次地用抽气机做实验，给朝臣及后妃们演示空气的压力、弹性、压缩、膨胀等特性[23]。

最新研制的望远镜也同样引起乾隆的兴趣。这种最新研制的望远镜在一年前才试制出来，为了区别以前的牛顿式望远镜，称之为反射式望远镜。乾隆认为：反射式望远镜底镜上的孔，会减少反射光线量，询问蒋友仁可否通过调整另一块镜子的位置来消除这一弊端。蒋友仁解释道：调整另一块镜子位置的做法，与牛顿式望远镜所采纳的增加反光镜的做法道理相同，但这种望远镜移动不便、很难对准要观察的物体，因而才被底镜上打孔的反射式望远镜所代替。

在实地勘测基础上绘制的康熙《皇舆全览图》，同科学传教团士更是有直接关系。杜德美最先向康熙提出"联合神甫数人在各处观测"以测量北京子午线的建议，但康熙出于国家安全的考虑"严拒不准"，"殆恐西洋人详悉中国形势"。最先赢得实地勘测机会的是巴多明，据沙如玉（Valentin Chaler）信札所记："康熙皇帝曾误以奉天省会沈阳与北京同一纬度，亦位置于39度56分。多明对帝明言其误，帝命之赴沈阳详细测验绘图进呈。复命以后，帝因疑国内诸省方位或亦有同一之误，拟绘一总图，乃命多明选择能绘图之传教士若干人往各省测绘"[24]，测绘地图终于提到康熙的议事日程。

从康熙四十八年（1709年），雷孝思与白晋、杜德美开始对长城一线进行勘测并绘制出该地地图，到康熙五十七年（1718年）绘制出《皇舆全览图》（又称康熙《皇舆全览图》），在经历10年的风餐露宿后，终于在文化交流的长河中培育出康熙《皇舆全览图》这株奇葩。

另一株凝聚了法国神甫心血的奇葩就是圆明园的大水法。当年路易十四赠送给康熙的《法国最漂亮的建筑景观》一书收有凡尔赛宫喷水池的图片，大开眼界的乾隆萌生了在圆明园建造"大水法"（即喷水池）的想法，精通多种学科的蒋仁友便成为"大水法"的设计者。蒋仁友设计的"大水法共有54个垂直喷泉"，同"环绕凡尔赛宫阶梯的那种喷泉"有异曲同工之妙，用青铜铸造的12生肖环绕喷水池，水从青铜生肖的口中喷出；整个喷泉就像一座庞大的水钟，按照12个时辰的到来依次从12个生肖的口中喷出水流，只有在中午12点12个生肖才一同喷水。

来华的法国神甫不仅带来舶来品，为中国皇帝制造各种新奇物品，还给中国当权者打开了一扇了解世界的窗口。法国神父"把自己对欧洲及世界其他各国民族的看法流露给皇上，并把利用各种机会从外国弄来的优秀艺术品奉献给皇上"，使康熙认识到"中国并非惟一的文明国家，除中国外其他国家也拥有文明开化的科学家以及善于制作精美艺术品的能工巧匠"[25]。

而乾隆时期的蒋友仁，在一封信中披露了与中国皇帝同探讨的诸多问题，归纳起来可分为十个方面：

其一，欧洲局势。

欧洲的众多君主中，难道没有一个可以以其权威来结束同其他君主的纷争，成为凌驾其他君主之上的霸主？

其二，王朝继承制度。

法国王是如处理继承问题的？俄罗斯那里女子可以继承王位，欧洲是否也有奉行此法的国家？

其三，关于战争。

欧洲有多少个国家？各国君主有多少军队？作战的方式及谋略有哪些？

其四，有关俄罗斯。

法国与俄国是否有外交关系？同俄罗斯交战的除了伊斯兰教徒外（主要是指土耳其），还有哪些民族与俄国处于战争状态？哪些国家在军事上战胜过俄国？这些年俄国为何能在科学、艺术方面取得那样多的进步？俄国在与其他国家交往时使用何种语言？法国是否有学者在俄国宫廷供职？俄国军队中是否有法国人？（在欧洲国家中俄国是唯一同中国接壤的，康熙年间由于俄国对黑龙江流域的扩张，爆发了两次雅克萨战争，乾隆自然对俄国会有更多的关注。）

其五，有关东南亚。

欧洲哪个国家控制了巴达维亚（今印度尼西亚的首都雅加达）？在吕宋（今菲律宾首都马尼拉）的欧洲人是哪个国家的？这些地区离欧洲如此遥远，如何进行有效地控制？

其六，有关殖民地。

在地图上所看到的远离欧洲的一些地方所标明"新西班牙"、"新荷兰"、"新法兰西"，这些新王国指的是什么？

其七，有关绘制地图。

在绘制地图的过程中，对那些从未去过的国家及地区、对没有地图的国家，如何绘制？

其八，有关航海。

水道如何测量？海上的路程如何计算？海面上的方位如何确定？

其九，有关哲学。

究竟是先有鸡还是先有蛋？

其十，有关创世。

中国经书从未谈到创世，天主教有关创世的记载可靠吗？[26]

为满足乾隆了解外部世界的愿望，蒋友仁特意绘制了一幅世界地图。在绘制这幅地图的过程中，他吸收了法国地理考察的最新成果，增加了新发现的一些国家，删除了旧地图中与实际情况不相符的内容，还写了一份有关地球、彗星及新发现的其他星球运行轨迹的说明，又附有一份对地图进行解释的文字说明。乾隆极其珍惜这幅地图，不仅令人予以复制，分别收藏于宫中、军机处，还让人把新发现的内容加在宫中的地球仪上。

由科学传教团所构筑的沟通中法两国的窗口，也让乾隆感受到法国在社会转型所产生的阵阵狂飙。乾隆五十八年（1793年），乾隆从钱德明那里得知路易十六被处死的消息。对乾隆来说，路易十六之死远比崇祯之死所引起的震撼要强烈得多。崇祯毕竟是150年前的古人，但路易十六却是与之同时代的君主。而且，在此之前乾隆已经决定效法祖父康熙派遣外交使团去法国，亦可视为对路易十五在乾隆三十年（1765年）遣使访华的回访，钱德明在给自己妹妹的信中也曾提及此事。"乾隆皇帝有遣使臣至法见路易十六世之计划，德明将随使行。法国王室似甚期待使臣之来"[27]，并开始做相应的准备。然而乾隆五十四年（1789年）爆发的法国大革命，使得乾隆遣使法国的计划付之东流，留下的不仅是遗憾，还有撞击心灵产生的无限波澜。

路易十六身死国亡的悲剧，给乾隆留下的最大教训，就是要把任何民变消灭在萌芽状态。乾隆对境内各类秘密组织所采取的严厉取缔与坚决镇压的政策固然有其内在原因，但法国大革命的刺激也是一个不能忽略的因素。乾隆在得悉路易十六被处死的第二年——1794年，对白莲教所进行的大搜捕，就是一种回应。

伴随着波旁王朝的覆灭，派遣科学传教团来华也就寿终正寝，而以科学传教团为媒介的中法之间的科技文化交流在持续了一个世纪后，也划上了句号。

①　魏若望：《耶稣会士傅圣泽神甫传：索隐派思想在中国及欧洲》，吴莉苇译，第33页，大象出版社，2006年。

②　费赖之：《在华耶稣会士列传及书目》，冯承钧译，下册，第688页，中华书局，1995年。

③　魏若望：《耶稣会师傅圣泽神甫传：索隐派思想在中国及欧洲》，第 35 页、第 23 页，2006 年，大象出版社。

④　［德］莱布尼茨《中国近事》，梅谦立等译，第 098 页，大象出版社，2005 年。

⑤⑥　［法］费赖之：《在华耶稣会士列传及书目》，冯承钧译，上册，第 425 页、第 428 页，中华书局，1995 年。

⑦　［法］魏若望：《耶稣会师傅圣泽神甫传：索隐派思想在中国及欧洲》，吴莉苇译，大象出版社，2006 年，第 54 页。另据《在华耶稣会士列传及书目》《白晋》所记"在宫中建筑化学实验室一所"，笔者以为建立"药物实验室"似更妥。

⑧　［法］魏若望：《耶稣会师傅圣泽神甫传：索隐派思想在中国及欧洲》，第 184 页，大象出版社，2006 年。

⑨　（法）费赖之：《在华耶稣会士列传及书目》，冯承钧译，上册，第 441 页，中华书局 1995 年。

⑩　笔者按：宋君荣建的小观象台在 1730 年已经初具规模，但 1730 年北京发生的大地震把房屋震塌，观测仪器及观测记录均毁坏。遂又从头干起，直至乾隆二十年（1755 年）观象台才得恢复。

⑪　［法］费赖之：《在华耶稣会士列传及书目》，冯承钧译，下册，第 690 页，中华书局，1995 年。

⑫　［法］伯德莱：《清宫洋画家》，耿昇译，山东画报出版社，2002 年，第 189 页。

⑬　蓬帕杜尔夫人（1721 年 –1764），闺名 Jeanne Antoinette Poisson，出身中产阶级，是法国历史上一位著名的女性。她 15 岁时就以多才多艺而闻名，20 岁时嫁给铸造部长的儿子，24 岁时得以结识路易十五，此后直至其去世在将近 20 年的时间，对法国的内政外交都有重要影响。

⑭　［美］威尔·杜兰：《世界文明史：伏尔泰时代》，幼狮文化公司译，上册，第 386 页，东方出版社，1999 年。

⑮　［法］伯德莱：《清宫洋画家》，耿昇译，第 188 页，山东画报出版社，2002 年。

⑯　［法］魏若望：《耶稣会师傅圣泽神甫传：索隐派思想在中国及欧洲》，第 135 页，大象出版社，2006 年。

⑰⑱　［法］伯德莱：《清宫洋画家》，耿昇译，第 118 页，山东画报出版社，2002 年。

⑲　1814 年罗马教廷宣布恢复耶稣会。

⑳　［法］费赖之：《在华耶稣会士列传及书目》，冯承钧译，下册，第 877 页，中华书局，1995 年。

㉑　［法］伯德莱：《清宫洋画家》，耿昇译，第 177 页，山东画报出版社，2002 年。

㉒　［法］魏若望：《耶稣会师傅圣泽神甫传：索隐派思想在中国及欧洲》，第 155 页，大象出版社，2006 年。

㉓　［法］杜赫德《耶稣会士中国书信简集——中国回忆录》，吕一民等译，第 58 – 60 页，第 49 页，大象出版社，2001 年。

㉔　［法］费赖之：《在华耶稣会士列传及书目》，冯承钧译，上册，第 516 页，中华书局，1995 年。

㉕　［德］莱布尼茨《中国近事》，梅谦立等译，第 060 页，大象出版社，2005 年。

㉖　［法］杜赫德《耶稣会士中国书信简集——中国回忆录》，吕一民等译，第 36 – 43 页，大象出版社，2001 年。

㉗　［法］费赖之：《在华耶稣会士列传及书目》，冯承钧译，下册，第 878 页，中华书局，1995 年。

清代云南普洱茶的兴盛及其原因

方　铁

（云南大学历史系教授）

一　清代普洱茶的兴盛

自明代起，北方草原的游牧民族大量消费茶叶，主要针对游牧民族的以茶易马商业活动乃达高潮。进入青藏高原的西南地区茶叶主要产自四川，大致有由成都分别至打箭炉（今四川康定）、松潘与邛州（今四川西昌）等三条主要的道路，打箭炉、松潘与邛州，也成为四川茶商与青藏高原牧民交易茶叶的主要地点，清代仍然如此。清代四川的茶课有腹引、边引、土引之分，腹引行于内地，边引行于边地，土引行于土司地区。其中边引分为三道，行销打箭炉者称"南路边引"，行销松潘者称"西路边引"，行销邛州者称为"邛州边引"。三路皆纳课税，每年税银或达 49170 两。[①]

明末清初，四川地区遭受长期战乱，当地的茶叶生产被严重摧残。[②]其后果之一是输入藏区的茶叶明显告乏。产自云南的普洱茶遂有可能栖身其中，逐渐成为藏地所需茶叶的重要供应者。

清初吴三桂任云南总管，总辖云南诸军民事。他利用川茶衰落、或可插足的机会，以交易茶叫为由，暗中联络西藏的达赖喇嘛，实际上是为谋反做准备。顺治十八年（1661 年），清廷从达赖喇嘛及根都台吉所请，在云南北胜州（在今云南丽江以东）试行以马易茶。康熙四年（1665 年），经清廷许可，乃在北胜州正式开辟茶马互市。[③]各地商人在北胜州买茶或购马，官府于其交易每两收税银三分，并详细登记交易的数目与番商姓名，逐年开具上报。[④]开辟北胜州茶马贸易，有可能是吴三桂暗中策动的结果。康熙十七年（1678 年），清廷俘获吴三桂任命的伪总督董重民，解其至京师，董重民供出吴三桂遣侍卫带书信及礼品给五世达赖喇嘛，达赖喇嘛也遣使回赠吴三桂以珊瑚、琥珀等物。朝廷还获知，吴三桂与达赖喇嘛于四川打箭炉以茶马互易。[⑤]可见吴三桂与达赖喇嘛暗中往来，不仅由达赖喇嘛出面，向清廷申请在北胜州开辟以马易茶的市场，而且进行茶马互市的地点，还由北胜州向东北延伸至四川的打箭炉。

至此，自滇中经滇西北至西藏的前代旧道得以复通。这条道路的具体走向是：自今大理经鹤庆、丽江至中甸，前行经奔子栏达芒康，以后分道至拉萨或康定。唐宋以来，此道一直是云南联系外界的重要通道，在四川全境被平定之前，元朝曾以此道为云南蒙古军联系北方的主要通道。[⑥]清初中甸已被达赖喇嘛所占，中甸以北的巴塘、里塘亦同。因此沿这条道路至中甸，即进入达赖喇嘛控制的范围。雍正五年（1727 年），云南、四川两省会勘疆界，确定以红石崖为界，将中甸、阿墩子等地划归云南，巴塘、里塘等地划归四川。[⑦]

这条道路在清代以前虽然存在，但并无利用此道运销茶叶换购马匹的记载。康熙四年（1665 年），清廷同意在北胜州开辟茶马互市，为云南与西藏之间的茶马交易，开辟了一条重要的通道。云南官民遂利用自滇西南辗转运来的普洱茶，在道路所经的鹤庆、丽江和金沙江等地，与来自草原各地的商人交易马匹。⑧据康熙二十一年（1682 年）达赖喇嘛奏书称，鹤庆、丽江、金沙江等地有蒙古人经商，可见前往上述地区将马易茶者，还有青海等地的蒙古族商人。⑨随着普洱茶贸易规模的扩大，由大理经鹤庆、丽江至西藏的分支道路陆续增多，运销货物的种类也相应增加。乾隆三十八年（1773 年），乾隆帝谕军机大臣时言及此事。⑩

吴三桂造反失败后，康熙帝追查吴三桂联络达赖喇嘛之事，同时敕令除西宁等地外，其余地方不得从事茶马贸易。以后，鉴于五世达赖喇嘛不知吴三桂阴谋的实情已查清楚，同时为对游牧地区继续施以怀柔，康熙二十二年（1683 年），康熙帝准许照吴三桂叛乱以前之例，蒙古商人可自西宁赶马至鹤庆交易。⑪云南与藏区的商贾乃至西宁地区的蒙古族商人，在鹤庆、丽江、金沙江等地举办的茶马互市得以延续，以后规模还进一步扩大。

藏区和青海等蒙古族地区对云南茶叶需求量的迅速增加，刺激了云南茶叶的大量种植与销售。云南很快发展为全国知名的茶叶产地，与江苏、安徽、江西、浙江、福建、四川、两湖等传统茶叶产地并列。⑫

为加强对茶叶税收的管理，雍正十三年（1735 年）清廷规定，云南商人贩茶，以七枚茶饼为一筒，征收税银一分，每 100 斤官府颁给一引，每年颁给云南省 3000 茶引。⑬还规定云南商人贩茶，凡茶筒之数不及一引者，由官给证明，以零引论。鉴于云南普洱茶以筒计算，还特别规定合百斤之数为一引，以便计算和销售。⑭乾隆十三年（1748 年）清廷又议准，云南之茶引颁发至省，再转发丽江府，由丽江府按月颁给商人，赴普洱府贩买，运往鹤庆州中甸之各番夷地方行销官府则负责稽查盘验，由邱塘关并金沙江渡口照引查点，按则例抽税。其填给部引，赴中甸通判衙门呈缴，分季汇报。未填之残引，由丽江府年终上缴。⑮

短短数十年间，云南普洱茶的种植、加工和销售，得到极为迅速的发展，乃至成为获利甚丰、众人称羡的庞大产业。雍正十一年（1733 年）尹继善至云南，继高其倬之后出任云贵广西总督，他针对滇南时政之弊撰《筹酌普思元新善后事宜疏》，其中谈到普洱、思茅地方瘠薄，不产米谷，"夷人穷苦，惟藉茶叶养生。"各地官员垂涎经营普洱茶所得厚利，于每年二三月间，差兵役入山采取，任意作践，短价强买，四处贩卖，并滥派人大沿途运送，致使当地百姓养命之源，"竟成官员兵役射利之数，夷民甚为受累。"督臣鄂尔泰曾颁明令，禁止兵役入山；尹继善继而严行查禁官贩私茶，以及兵役入山滋扰，命令各地官府查明其情据实禀报。如有隐瞒一经查出，除本官及兵役严参治罪外，立将隐瞒之同城文武及失察之总兵与知府，"照苗疆文武互相稽察例分别议处。"⑯其惩处规定可谓严厉。亦说明"官员贩卖私茶，兵役入山扰累之弊"极为严重，而且累禁不止。

普洱茶的兴盛，促进了产茶地区如普洱、思茅等地社会经济的发展，普洱粗茶的产地以及运销普洱茶道路沿途之重要城镇，也因此趋于繁荣，并为官府所重视。雍正七年（1729 年），云贵总督鄂尔泰奏设普洱府，在攸乐（在今云南景洪东南）设同知，思茅设通判以隶之。雍正七年裁去通判，以所属普洱等处六大茶山及橄榄坝江内六版之地，设置宁洱府管理。⑰鄂尔泰又奏准设总茶店于思茅，以通判主管其事。雍正八年，云南巡抚张允随奏请修筑普洱府城、攸乐城与思茅城。同年，鄂尔泰奏请筑维西、中甸、阿墩子、浪沧江、其宗、喇普、奔子栏格等城，"皆筑土为之。"⑱

雍正六年（1728 年），发生滇南茶山莽芝夷人麻布朋，杀死江西茶商导致民变的事件。莽芝地区盛产茶叶，外地商贩每年至此购运粗茶，往往借宿于茶户。江西茶商因此淫麻布朋之妻。该事败露后，"麻布朋杀之传示诸商。"并由此暴露"商民盘剥生事，议设总茶店以笼其利权"等阴暗之事，进而酿成震动滇南的民变。[19]

事变平息后，官府采纳通判朱绣的建议，官府将新旧商民悉行驱逐，逗留复入者皆枷责押回；改变购茶商民在产茶之地坐放收发，"各贩于普洱上纳税课转行"的原有做法，而令茶户尽数将粗茶运至思茅总店，官付其价值，并规定茶叶由官府统一经营，"私相买卖者罪之。"其议实施以后，"稽查严密，民甚难堪；""官民交易，缓急不通。"同时官吏往往借经营普洱茶以牟利，"文官责之以贡茶，武官挟之以生息，"致使滇南普洱茶的生产与交易遭受严重打击，一些地方甚至出现茶农挖掘茶根、赭废其山的过激行为。为加强镇压与管理，清廷令当地宣慰司岁纳粮银于攸乐，支给驻将官兵；又裁移通判于思茅，专管茶叶税课；并设普洱沅威镇，驻普洱府。经过以上建置，"（普洱等产茶之地）文武之设，于斯为盛矣。"[20]以后因官府垄断茶叶经营实不可行，又恢复允许民商经营茶叶、官府坐收其税的旧制。如乾隆时人吴大勋所说："茶山极广，夷人管业；采摘烘焙，制成团饼，贩卖客商，官为收课。"[21]

民变风潮过后，各地普洱茶的生产和销售不同程度有所恢复。延至晚清，在遭受印度等国茶叶的激烈竞争，全国各地茶业趋于衰落的情势下，云南普洱茶仍保持了相当的生产规模。光绪二十三年（1897年），有云贵总督崧蕃等上奏，请将云南所产普洱茶照本省土药、抽取落地厘金，"以顾滇饷"的记载。[22]光绪间云南省出产茶叶仍不少衰，所产茶叶在本省销售与运往省外者，约各占其总数之半。[23]

伴随普洱茶的迅速发展，位今西双版纳与思茅地区的攸乐、革登、倚邦、莽枝、曼嵩、慢撒等六大茶山逐渐形成。六大茶山方圆近800里，当地百姓多靠经营茶叶谋生。《云南通志》说：普洱地寡蓄藏，"衣食仰给茶山"[24]。至采茶盘季，入茶山经营茶事者或达数十万人，"茶客收买，运于各处。"在今西双版纳与思茅一带，采购和运输茶叶的路线，大致是自景东厅行100里至者乐甸，又行一日至镇沅州，复行二日至车里宣慰司，再行二日至普洱山。[25]六大茶山所产粗茶多集中在普洱府，由上述路线运至大理下关，在当地加工成型后，再运销省内外各地，其茶遂泛称"普洱茶"。运茶马帮若由今下关北上，经鹤庆、丽江、金沙江等地进入藏区，所经道路乃被称为"茶马道"。

云南省贡普洱茶入京，约始自康熙朝。康熙某年朝廷有旨，令云南督抚派员支款，采买普洱茶五担送京，"供内廷作饮。"以后遂为定例，规定每年贡一次，贡量亦逐渐增加。光绪年间，则由宝森茶庄领款派专人至普洱茶山，拣选好茶运至昆明，聘工匠将其茶复蒸，制成有团寿宇花纹之大小方砖茶，又制大七子圆饼与小五子圆茶，由云南官府派人押送至京。[26]另据《清史稿·食货五》：雍正十三年（1735年），朝廷始定云南茶法，"以七斤为一筒，三十二筒为一引，照例收税。"[27]普洱茶的传统包装为积七饼为一筒，以绵纸包裹茶饼，再以肥大笋壳包装为筒，遂称"七子饼茶"，这一包装方法延续至今。看来，七子饼茶源起于雍正间朝廷"以七斤为一筒"的规定，由此还可知其时之普洱茶饼，每饼重约一斤。

清代普洱茶"名重于天下"，并成为云南省"为产而资利赖者"。至采茶时节，入六大茶山经营茶事者满山盈路，时人谓为"大宗钱粮"。[28]普洱茶不仅驰名全国，而且享誉国外。普洱茶之中，以迤邦（在今云南景洪东北）所产之雨前茶为第一，色香味俱佳，但大都是运往四川地区。其次为攸乐茶，品质稍逊于迤邦茶，色艳则有类红茶。顺宁（治今云南凤庆）凤山所产之普洱类型茶，在省内亦较知名。[29]

根据品质优劣的程度，普洱茶又分为若干等级。张泓于乾隆朝前期在云南为官，他说普洱茶之珍品有毛尖、芽茶和女儿茶，毛尖即雨季以前所采者，为散茶不作团茶，味淡清香如荷，新色嫩绿可爱。芽茶较毛尖稍壮，采治稍蒸成团茶，以二两四两为率，"滇人重之。"女儿茶亦芽茶之类，采于谷雨节令之后，以一斤至十斤蒸为一团，"皆夷女采治，货银以积为奁资"，故名。制抚惯例，以毛尖、芽茶与女儿茶充缴岁贡，其余稍逊之茶则散卖滇中，最粗者熬膏成饼，拓印以备馈赠。而岁贡中亦有女儿茶膏并进者。张泓还言，仿冒普洱茶者有产自木邦之茶，"叶粗味涩，以愚外贩，因其地相近。"㉚可见普洱茶之珍品备岁贡献于朝廷，稍次者散卖滇中，最粗者才熬膏制饼，以备馈赠或运销藏地。制为砖茶运销藏地的普洱茶，是茶叶原料之品质至粗者，民国时期仍然如此。

乾隆后期在云南为宦的吴大勋，则谓团茶产于普洱府所属思茅地方，每年的土贡有团有膏，由思茅同知承办。团饼大小不一，总以坚重者为细品，量轻质松者必叶粗味薄。㉛据其所言，乾隆后期团饼制式乃逐渐流行，但散茶仍存。其分类制作之法，以及评判团饼质量"总以坚重者为细品、轻松者叶粗味薄"为标准，迄今仍相沿未改。

除普洱茶以外，清代云南知名的茶叶品种，还有顺宁太平茶、大理感通寺茶、昆明太华寺茶等。但与普洱茶相比，这些茶叶的产量及影响均十分微弱，难与普洱茶相比。

二　清代普洱茶兴盛的原因

清代以前，相关史籍虽有云南产茶及饮茶的少量记载，但大致未言及滇南地区，亦未见有"普洱茶"这一名称。

秦汉及晋，今云南地区属于四川大行政区的的一部分。今云南地区的居民，主要有散居广大区域的本地民族，以及从蜀地迁入云南各郡县治地，被称为"大姓"的少量外来移民。本地民族很早便有采茶和消费茶的习惯。据近年调查，在云南的西双版纳、思茅与临沧等地，发现多处有数百年、上千年历史的茶树单株或较大面积茶林。其中大部分为野生，也有少量或属人工栽培。当地一些少数民族现今还以茶叶入馔或治病，可知茶在古代不仅是饮料，也有供食用和保健济困的效用。清代地方志谓六大茶山有茶王树，高大超乎寻常，相传是诸葛亮征讨云南时所种，"至今夷民祀之。"㉜可与考古材料相佐证。

晋代始有今云贵地区采茶的记载。《华阳国志》谓平夷县（今贵州毕节一带）"山出茶、蜜"㉝。其时巴蜀地区流行饮茶，平夷县又为汉晋两代较早设置，当地亦有大姓移民分布，因此其地所产之茶，应主要为大姓所关注。据唐代陆羽《茶经》，巴蜀与黔中一带多产良茶，位今川西南的邛州、雅州和泸州，以及黔中的思州、播州、费州和夷州，所产良茶亦为时人所知。㉞唐代袁滋《云南记》云：凡蜀茶尽出雅州（治今四川雅安）。可见在西南蛮夷地区，产茶之地均集中在今川西南与贵州地区。

唐代云南地区为南诏所统治。《蛮书》说南诏王族喜饮茶，所饮之茶产自银生城（在今云南景东）地界诸山，"散收无采造法"。又说饮时将茶叶与椒、姜、桂同煮。㉟其时内地流行将茶与葱、姜、枣、桔皮、薄荷等佐料，共同煮沸饮用的习俗。上述记载表明南诏上层有饮茶的习惯，饮茶之法与内地大体相同。

宋代云南地区被大理国据有。李石《续博物志》卷七说："茶出银生诸山，采无时，杂椒姜烹而饮之。"其记载可能抄自《蛮书》，亦可能另有所据。倘有所据，大理国茶叶的产地与饮用之法，较唐代亦未发生改变。另据《续资治通鉴》：南宋绍兴三年（1133年），大理国诸蛮近2000人，至泸南夷界（在今四川泸州以南）售马，带去的货物中有茶。㊱其茶可能因风味独特而为外地客商喜购，但交易数量应有限。宋代滇西南之金齿地区亦饮茶，元初记载其地交易五日一集，"以毡、布、茶、盐互相贸易"㊲。看来生产的规模亦有限。

明正德、嘉靖年间，钱椿年《茶谱》列举全国知名好茶。谓西南诸省的佳茶，有剑南蒙顶石花，邛州之火井、思安，渠江薄片，巴东真香，龙安骑火，泸川之纳溪、梅岭等，但未提到云南之茶。㊳明后期李时珍撰《茶》，详细列举各地的名茶，但亦未言及云南。较李时珍稍晚的明人许次纾，所撰《茶疏》谓云南所产之五华茶，与湖南宝庆茶齐名，品质在浙江天台山雁宕所产"雁茶"之上。㊴所言"五华茶"当为"太华茶"之误，太华茶产自昆明西山太华山之太华寺。《明史·食货四》记载在全国产茶地区征收茶课，言贵州等地皆征钞，"云南则征银"。表明云南所产茶已须纳税，但未言云南产茶的具体情况。㊵《滇行记略》、《万历野获编》等书则说大理感通寺产茶。以上所举，为迄今所见清代以前云南产茶的大致记载。综合众书所见，均未言及今西双版纳、思茅等地大量产茶，更未见"普洱茶"一名。由此可以断定，今西双版纳、思茅等地大量产茶，并出现"普洱茶"这一名称，应是清代之事。

今云南西双版纳、思茅等地之茶，在清代能广泛种植获得迅速发展，进而成为输出省内外的大宗商品，除前已述及开通了云南联系藏区的"茶马道"以外，还有其他方面的一些原因。

今西双版纳、思茅等地的本地民族，种植和利用本地茶已有不少于数百年的历史。当地所产茶属茶科之大叶种茶，在热带气候条件下经多年生长，虽成为灌木乃至高大乔木，但当年生甚至隔年生的幼叶，仍可保持青翠鲜嫩，不影响采为制茶原料。大叶种茶具有的这一特点，与元明时内地流行的台地茶不同。元人王桢所撰《农书》，详细记载包括挖坑、垫肥、播种、修剪、追肥、排水、采摘等种植台地茶的整套方法。生产台地茶十分重视春季采摘的新茶尤其是茶芽，并强调准确把握采茶的时机。㊶台地茶隔年甚至隔季的新叶便属老叶，不适宜再做制茶原料。台地茶采摘数年通常便遭淘汰，须伐去老根另种新茶。相比较而言，大叶种茶适应粗放经营，不需施肥捉虫，种植采摘亦无年限的限制。今西双版纳、思茅等地既有丰富的茶树资源与适宜的气候条件，当地民族又有世代相传的知识和经验，因此能在较短的时间内，扩展大时种茶的种植与加工。

加工大叶种茶的方法简便易行，有利于推广和普及。生产台地茶需准确掌握嫩茶干燥加工的温度。台地茶在明代流行各地，前代使用的蒸茶工艺乃逐渐被摈弃，而代之以凭人手直接感受炒锅温度、操作更为准确细腻的炒青工艺。但普洱茶的加工过程则简单得多。在普洱茶的原产地，茶叶采摘后经过简单的揉捻和晒青处理，便可运至大理下关加工为紧压茶。制作紧压茶的方法是先行"渥堆"，即在湿度及温度适宜的环境下，将经过日晒处理之晒青毛茶，堆积保温数日，之后将茶叶摊开自然风干。再根据茶叶的质量分级筛分，最后蒸压为团、饼、砖等形状的紧压茶。

可见，滇南地区种植和加工大叶种茶，不需掌握与台地茶相应配套的栽培管理、手工炒青等复杂技术，种植和加工较易推广。至于高档普洱茶所具有的优良品质，则与茶树的质量、茶叶种植与加工的环境以及技工掌握技术熟练的程度等密切相关。因此，制作高档普洱茶，除对原料、生产过程等有严格要求外，制作者还须具备长期积累的丰富经验。但如前所述，云南民间流行的以及输往草原地区的普洱茶主要是中低档茶，因此种植和加工这一类茶叶，技术方面较为粗糙亦影响不大。

根据采茶时间和加工方法方面的差异，大叶种茶可满足不同层次消费者的需要，茶叶原料亦可得到最大程度的利用，同时也降低了生产成本。张泓《滇南新语·滇茶》说：滇南出产的普洱茶，官府例用被称为毛尖、牙茶、女儿的珍品以充岁贡，其余较粗的茶叶则散卖滇中，"最粗者熬膏成饼，摹印，备馈遗"㊷。而运销藏区的饼状的块茶，恰是普洱茶中的"最粗者"。块茶不仅方便运输和携带，长久保存不易变质，还具有价格便宜、饮用方便等特点。与内地的众多名茶相比，普洱茶尤其是中低档茶的价格堪称低廉，清代生产量最大、获利亦丰的就是中低档普洱茶。

普洱茶在全国流行，还与清代饮茶方式及饮茶者口味嗜好的改变有关。元明以来，以简便冲泡方式为主要特征的清茶，逐渐取代此前加入葱、姜、盐等调料混煮的茶汤，以及宋代以来费工费时制作的团茶。宋朝流行将进贡的佳茶碾碎揉混，制为大小龙团。洪武二十四年（1391 年），明太祖虑制作团茶多费民力，乃诏罢制造龙团，命采茶芽以进。㊸清代社会各界普遍喜好饮茶，茶馆在各地大量出现，饮茶成为人们日常生活不可或缺的部分。其时城乡均流行简便易行并可多次注水啜饮的盖碗茶，前代复杂而精致的饮茶方式已甚少见。由于饮茶至多，人们希望不伤身体最好能保健。饮茶是为了休闲、解渴或官场上辅佐应酬，而前代复杂、隆重的饮茶习尚，乃逐渐被人们淡忘；过去讲究团茶制作之精美，以及将饮茶的兴趣集中于“斗茶”的风尚已经远去。另外，饮茶者的口味嗜好也发生改变，并出现逐渐趋酽的趋势。清代阮福《普洱茶记》谓：“普洱茶名遍天下，味最酽，京师尤重之。”吴大勋也说：“（普洱茶）煎熬饮之，味极浓厚，较他茶为独胜。”㊹

普洱茶的性质较为温和，饮之既不伤胃亦不影响睡眠，还具有较明显的促进消化及驱散风寒的作用。清人说：普洱茶为人所称道，“其茶能消食理气，去积滞，散风寒，最为有益之物。”㊺《清一统志·云南志》亦言：普洱茶“性温味香，异于他产”㊻。普洱茶还具有消炎去火的效用。罗养儒《云南掌故》云：用普洱茶制作之茶膏，较他省为佳，若遇喉症，噙半块于口，不到半日病即消除，因此北京之人，视云南茶膏为珍稀之物。㊼清代皇室及社会上层青睐普洱茶，原因之一就是重视普洱茶的保健作用。《红楼梦》中宝玉因食面而担心不消化，袭人、晴雯遂沏一茶缸普洱茶中的女儿茶，让宝玉饮了两碗。㊽据陪伴慈禧的太监、宫女回忆，慈禧食毕油腻食物，也常索要普洱茶，“图它又暖又能解油腻。”乾隆五十八年（1793 年），乾隆帝接见马戛尔尼率领的英国使团，三次见面均回赠英使，礼物中均有普洱团茶与普洱茶膏。可能是看重普洱茶有保健的作用，因此清廷选为贵重礼物，由此反映了朝野重视普洱茶的习尚。

普洱茶不仅滋味独特，而且保存一段时间后饮用，生茶原先较为生涩、给人以“霸道”之感的情形不再，茶水的口感遂趋柔和醇厚。据研究，普洱茶中含有微生物黑茶菌。清代制作的普洱茶大都是生茶。生茶发酵的程度有限，制成后黑茶菌还继续存在和活动，导致茶味逐渐改变而趋醇化。生茶一般放置 4 至 8 年味道较佳。饮用放置数年的生茶数过，遂感茶味逐渐回甜，茶汤出现不同此前的特殊香味，饮茶者或进入“入口而沉着，下咽而轻扬，挢舌试之，空如无物”，“其味至甘而香，令饮者不忍下咽”的极致境界。㊾味酽耐泡也是普洱茶的一个重要特点。一般台地茶若冲泡三五次，茶味便明显趋淡须另换新茶。而普洱茶冲泡七八次，滋味方逐渐回甘而茶味不减，通常可冲泡啜饮近 20 次。从有关记载来看，清代嗜茶者评判好茶的标准，主要是味酽耐泡，价廉易得，容易保存，消食健身与滋味独特，而普洱茶同时具备了这几个条件。

普洱茶趋于兴盛，还与清代外来流民大量进入云南有关。清代由于内地人满为患，乃出现流民向边疆人口较少地区大量迁徙的现象。清廷虽颁令禁止流徙，但仍不过是官样文章。雍正元年（1723 年），雍正帝下诏：“国家承平日久，生齿殷繁，地土所出，仅可赡给，倘遇荒歉，民食维艰。将来户口日滋，何以为业？唯开垦一事，于百姓最有裨益。”“嗣后，各省凡有可耕之处，听民相度地宜，自垦自报，地方官不得勒索，胥吏亦不得阻挠。”㊿云南官府则以减税、贷给种仔、卡子，准为永业等为优惠条件，招徕内地流民至边疆及僻地垦荒。如顺治十八年（1661 年），云贵总督赵廷臣奏：“滇黔田土荒芜，当亟开垦。将有主荒田令本主开垦，无主荒田招民垦种。俱三年起科，该州县给以印票，永为已业。”户部许之。(51)

今思茅、西双版纳是流民进入较多的地区。清代云南民谚："穷走夷方急走厂。"指外来流民至云南，主要选择入厂矿当矿工，或赴蛮夷所居的边疆僻地谋生这两条道路。清代汤丹、碌碌、大水、茂麓等处铜矿的规模甚大，大厂收矿工六七万人，小厂亦有万余人。[32]进入边疆僻地谋生的流民更多，只要能糊口生存，从事垦荒、烧炭、挖煤或其他职业，对流民来说均无不可，日久便落籍当地。据道光《普洱府志》：雍正年间普洱一带改土归流后，乃有较多的移民迁居其地，他们于各属地或开垦田土，或通商贸易，至道光时已是"风俗人情，居然中土"。道光间开化、广南、普洱等处尚有旷地，流民多至其地搭棚垦种，官府随后将之编入户甲。贵州农民又相继迁入，"分向干瘠之山，辟草莱以立村落，斩荆棘以垦新地，自成系统，不相错杂"[53]。

前已述及，种植普洱茶并进行简单加工，并不需要复杂的技术。另一方面，滇南气候炎热，雨量充沛，所种茶株生长甚快，且有大半年的时间可采摘茶叶。据清代《思茅志稿》：二月间所采茶芽谓之"毛尖"，加工后即充贡茶，"贡后方许民间贩卖。"采于三四月者称"小满茶"；采于六七月者名"谷花茶"；雨季前为姑娘所采者名"女儿茶"。可见普洱茶虽以嫩芽为贵，但另一方面，凡当年所生嫩叶，在其他月份亦可采摘制茶；甚至树龄较长的茶树，其隔年生之嫩叶亦可采摘制为茶。对普洱茶的经营者来说，普洱茶的这一特点颇为有利。

由于有诸多方面的便利，成千上万的外来移民乃投身于淘茶的热潮。普洱茶生产极盛之时，年产量可达八万担。每逢采茶时节，入六大茶山事茶者或达数十万人，运茶商队也蜂拥而至，致使六大茶山经营茶事者满坑满谷。[54]其中有相当一部分是外来的流民。他们或向当地民族购毛茶转卖于客商，或受雇进行茶叶的简单加工，或加入晒青毛茶向滇西转移的贩运，亦有扎根当地学习种茶和贩茶，数年后便成为当地茶叶经营大户之有力者。《滇云历年传》描述此类情形说："六大山产茶，向系商民在彼地坐放收发，各贩于普洱上纳税课转行，由来久矣。"[55]

清代云南普洱茶的兴盛，是云南经济开发史上值得重视的一件大事。综合上述分析可以看出，清代普洱茶的兴起与迅速发展，受到其时诸多因素的推动与影响，同时，也是这些因素综合作用的必然结果。

①③　《清史稿》卷一二四《食货五·茶法》，第 3652 页，第 3655 页，中华书局标点本，1977 年。

②　参见郭孟良《清初茶马制度述论》，《历史档案》，1989 年，第 3 期。

④　《钦定大清会典事例》卷二四二《户部·杂赋·茶课》。

⑤　（清）《康熙帝为洞悉达赖与吴三桂往来情由事给达赖喇嘛敕谕》，中国第一历史档案馆等编：《清初五世达赖喇嘛档案史料选编》，第 75 页，中国藏学出版社，1998 年。

⑥　参见方铁主编《西南通史》，第 514 页，中州古籍出版社，2003 年。

⑦　（清）倪蜕辑：《滇云历年传》卷一二，第 589 页，云南大学出版社校注本，1992 年。

⑧　（清）《康熙帝为禁止蒙古藏人在金沙江等地经商事给达赖喇嘛敕谕》，中国第一历史档案馆等编：《清初五世达赖喇嘛档案史料选编》，第 90 页，中国藏学出版社，1998 年。

⑨　（清）《达赖喇嘛请准土伯特地方仍前之例进行贸易事奏书》，中国第一历史档案馆等编：《清初五世达赖喇嘛档案史料选编》，第 93 页，中国藏学出版社，1998 年。

⑩㉒　《清仁宗实录》卷四〇六，日本东京大藏株式会社影印本。

⑪　（清）《康熙帝为准请复开鹤庆等地贸易互市事给达赖喇嘛敕谕》，中国第一历史档案馆等编：《清初五世达赖喇嘛档案史料选编》，第 100 页，中国藏学出版社，1998 年。

⑫　《清史稿》卷一二四《食货五·茶法》，第 3651 页，中华书局标点本，1977 年。

⑬⑭⑮　《钦定大清会典事例》卷二四二《户部·杂赋·茶课》。

⑯　（清）尹继善：《筹酌普思元新善后事宜疏》，方国瑜主编：《云南史料丛刊》第八卷，第449页，云南大学出版社，1998年。

⑰　《清史稿》卷七四《地理二十一·云南》，第2348页，中华书局标点本，1977年。

⑱⑲⑳　（清）倪蜕辑：《滇云历年传》卷一二，第602页，第606页，第595页，第602页，云南大学出版社校注本，1992年。

㉑　（清）吴大勋：《滇南闻见录》下卷《物部·团茶》，云南省图书馆藏本。

㉓　（民国）罗养儒：《云南掌故》卷九《滇中出产物品之丰富》，第316页，云南民族出版社，1996年。

㉔　（民国）胡朴安：《中华全国风俗志．上编》卷一〇《云南·普洱》引，第314页，科学技术文献出版社，2008年。一说普洱所属六大茶山，分别为攸乐、革登、倚邦、莽枝、蛮专、慢撒。见（清）阮元等修：道光《云南通志》卷七〇《物产四·食货志．·普洱府·茶》，云南省图书馆藏本。或言思茅东南之六大茶山，分别为攸乐、蟒支、革登、蛮砖、倚邦、漫撒，"易武山亦产茶。"见《清史稿》卷七四《地理二十二云南》，第2349页，中华书局标点本，1977年。

㉕　《清一统志》卷四八六《云南志·普洱府》，四部丛刊续编本。

㉖㊼　（民国）罗养儒：《云南掌故》卷一八《解茶贡》，第661页，云南民族出版社，1996年。

㉗　《清史稿》卷一二四《食货五·茶法》，第3656页，中华书局标点本，1977年。

㉘　（清）檀萃：《滇海虞衡志》卷一一《志草木·普茶》，第269页，云南人民出版社校注本，1990年。

㉙　（民国）罗养儒：《云南掌故》卷九《滇中出产物品之丰富》，第316页，云南民族出版社，1996年。

㉚㊷　（清）张泓：《滇南新语·滇茶》，载《方壶斋舆地丛钞》。

㉛　（清）吴大勋：《滇南闻见录》下卷《物部·团茶》，云南省图书馆藏本。

㉜　（清）阮元等修：道光《云南通志》卷七〇《物产四·食货志·普洱府·茶》，云南省图书馆藏本。

㉝　（晋）常璩：《华阳国志》卷四《南中志·平夷县》，第387页，巴蜀书社校注本，1984年。

㉞　（唐）陆羽：《茶经》卷八《茶之出》，第33页，中国纺织出版社，2006年。

㉟　（唐）樊绰：《蛮书》卷七《云南管内物产》，第190页，中华书局校注本，1962年。

㊱　（清）毕沅：《续资治通鉴》卷一一二，绍兴三年四月条，第506页，岳麓书社排印本，1992年。

㊲　（元）李京：《云南志略·诸夷风俗》，方国瑜主编：《云南史料丛刊》第三卷，第129页，云南大学出版社，1998年。

㊳　（明）钱椿年：《茶谱·茶品》，载《茶经·附录》，第88页，中国纺织出版社，2006年。

㊴　（明）许次纾：《茶疏·产茶》，载《茶经·附录》，第126页，中国纺织出版社，2006年。

㊵　《明史》《食货四·茶法》，第1955页，中华书局标点本，1974年。

㊶　（元）王桢：《农书·茶》，载《茶经·附录》，第82页，中国纺织出版社，2006年。

㊸　（明）沈德符：《万历野获编·补遗》卷一《列朝·供御茶》，第799页，中华书局标点本，1959年。

㊹㊺　（清）吴大勋：《滇南闻见录》下卷《物部·团茶》，云南省图书馆藏本。

㊻　《清一统志·云南志》卷四八六《普洱府·山川》。

㊽　（清）曹雪芹：《红楼梦》第六三回，第569页，海南出版社，1995年。

㊾　（清）震钧：《茶说·饮法》，载《茶经·附录》，第331页，中国纺织出版社，2006年。

㊿　《清世宗实录》卷六，雍正元年四月六日乙亥条，日本东京大藏株式会社影印本。

[51]　《清圣祖实录》卷一，顺治十八年二月乙未条，日本东京大株式会社影印本。

[52]　（民国）严中平：《清代云南铜政考》，第81页，民国刊本。

[53]　《清史稿》卷一二〇《食货一》，第3504页，中华书局标点本，1977年。

[54]　（清）檀萃：《滇海虞衡志》卷一一《志草木·普茶》，第269页，云南人民出版社校注本，1990年。

[55]　（清）倪蜕辑：《滇云历年传》卷一二，第602页，云南大学出版社校注本，1992年。

从康熙南巡观其治政"清慎勤"

于富春

（故宫博物院研究室馆员）

"古称为君难。苍生至众，天子以一身临其上，生养抚育，莫不引领，必深思得众得国之道，使四海咸登康阜，绵历数于无疆，惟休。汝尚宽裕慈仁，温良恭敬，慎乃威仪，谨尔出话，夙夜恪勤，以祗承祖考遗绪，俾予亦无疚于厥心。"①这是康熙的祖母孝庄皇太后对少年康熙皇帝的谆谆教导，孝庄皇太后，是个深明大义、很有政治头脑的女人，自幼康熙在孝庄皇太后护佑下，刻苦攻读经学、史学、文学和艺术，对西洋天文、地理、算学、水利亦多有研究。康熙十四岁亲政，亲召九卿六部尚书商讨国家政要，坚持御门听政，可谓"一岁之中，昧爽视朝，无有虚日。亲断万机，披览章奏"。②以他少有的天资英武、雄才大略成就着他治国安邦宏图大业。

一 康熙皇帝注重君子修德

"性资一德真方大，官守三言清慎勤"，这是康熙皇帝的翰墨行书七言对联。③性资一德：指人的禀性，资质，能够涵养天性，懂得诚意。始终如一，永恒其德。治国安民，使天下太平。要同心同德。汉桓宽《盐铁论·世务》："方此之时，天下和同，君臣一德，外内相信，上下辑睦，兵设而不试，干戈闭藏而不用。一德一心"。④性资通常讲既是一个人的品行、学识、能否做到性格刚毅；为学勤敏；识虑精通。乃人生在世，易得者是形体，难得者是性资。康熙引用孟子云："大人者，不失其赤子之心者。"作为执政者康熙本着赤子之心，乃人生之真性。"君子者勤修不敢惰，制欲不敢纵，节乐不敢极，惜福不敢侈，守分不敢僭，是以身安而泽长也。"⑤康熙执政六十一年，终生勤政、勤学，以劳为福，以逸为祸，勤奋加勤俭。他说："朕为帝王，何等物不可用？然而朕之衣食毫无过费，所以然者，特为天地所生有限之财而惜之也。"康熙承袭"祖宗相传家法，勤俭敦朴为风。""惟患人之不勤不勉"。康熙帝的性资一德的思想，使康熙帝做到了君子修德，在于敬天、敬地、敬人、敬己，康熙说："朕自幼登极，凡祀坛庙、礼神佛，必以诚敬存心"。敬人，就是要仁爱。《大学》曰："为人君，止于仁。"⑥康熙帝的仁爱之心，源自将心比心，"己所不欲，勿施于人"。仁者以万物为一体，恻隐之心，触处可见。康熙把自己所学的儒家文化、书法艺术与执政方略紧密结合，儒家文化意识最重视教育兴国，虽然说是"君权天授"，但君德却不能不得之于学养。"天"与"德"对君臣同等重要，乃厚德载物，把权力赋予有德之人，是古人"尚贤"观念的体现。是出于治国的需要。他说："夫天道人道必待人而后兴。"古人所说的"天子"不仅仅是就权力而言，则是康熙提倡的："宽则得众，治天下之道，以宽为本"，"竭力以清廉之士立朝，以整肃官纪，澄清吏治"的思想。不仅是做皇帝，做人也要符合天意。

二　康熙自勉"清"、"慎"、"勤"

"清慎勤"语出《三国志·魏书李通传》所记李通之孙李秉云《家诫》载，先帝即晋武帝司马炎曾对李秉等大臣说："为官长当清，当慎，当勤。修此三者，何患不治乎？"⑦宋人吕本中在《官箴》一书中进一步指出："当官之法，惟有三事：曰清，曰慎，曰勤。知此三者，可以保禄位，可以远耻辱，可以得上之知，可以得下之援"。从此"清、慎、勤"成为历代为官士人的道德修养，严于律己的座右铭。明代思想家吕坤说："设官正为要兴利除害、转危为安耳。设廉静寡欲，分毫无损害于民"。"操持不外'清、慎、勤'三字。清者大节，慎者无误，勤则能理，昔人所谓三字符也。取全条而熟玩之，有贵其刚毅无私者，亦由清而致；有贵其谦抑不肆者，亦由慎而致；有贵其关防不漏者，亦由勤而致，则斯三言可以该矣。舍此三言，其亦何能为政哉？"⑧元人徐元瑞在《吏学指南·吏员三尚》中更明确的指出为官要："谓甘心淡薄，绝意粉华；不纳苞苴，不受贿赂；门无请谒，身无嫌疑；饮食宴会，稍以非义，皆谢却之。"要具备"尚廉"、"尚勤"、"尚能"的品质。

清朝入主北京后，出于治理国家的需要，康熙深知满族统治者与汉儒联盟的重要，要取得统治中国的合理性，就得依靠汉儒清官治理庞大的帝国。如《晏子春秋·杂下》云："廉者，政之本也"。康熙认为清廉是从政的根本。国之强盛用人很重要，要"与士大夫治天下"必须强调治人崇德。而治人之要首在治吏。君主的贤明与否，是决定君主贤明的标志之一，要选用有德有才的官吏。方能君臣同心同德。清承明制，国家设置六部，以吏部为六部之首。吏治是民生的保障。康熙深知要想统一安抚幅源辽阔的中原汉族人民，安邦治国。单靠马上之功的武力是不行的，为笼络汉族文人志士，促进满汉文化的融合。康熙提倡尊儒重道，十六年，设置南书房，命翰林院詹事府、国子监官员轮番入值。"南书房翰林"绝大多数是汉人，这是康熙采取的缓和满汉民族矛盾，消除汉族士人反清意识，使之为清朝服务的政策的具体表现；十七年开"博学鸿儒科"，以网罗负有盛名的达官名士、博学鸿儒，入史馆纂修明史。康熙率先垂范，重视学习汉族文化艺术，包括汉字书法。自康熙始，历代清帝每年正月初一都要写"福"字赐皇子、王公近臣及各省督抚，以示恩宠。康熙讲："书法为六艺之一，而游艺为圣学之成功，以其为心体所寓也。朕自幼嗜书法，凡见古人墨迹，必临一过，所临之条幅手卷将及万余，赏赐人者不下数千。天下有名庙宇禅林，无一处无朕御书匾额，约计其数，亦有千余"。⑨康熙朝名臣王士禛在《池北偶谈》卷一云："初，上（康熙皇帝）以御笔颁赐内阁翰林起居注诸臣，即部院大僚皆不得与，惟刑书蔚州魏公（象枢）一拜赐耳。康熙二十一年，广西巡抚郝浴疏请颁赐御笔'清慎勤'三大字，部议俞其请，遂遣官遍赐各直省督抚云。"王士禛在《古夫于亭杂录》还提到："上尝御书清慎勤三大字，刻石赐内外诸臣。士禛二十年前亦蒙赐"。⑩临池之勤，赐书之多，体现了他的文治思想，清代内廷书法，从康熙开始走向兴盛。康熙皇帝通过书法内容的寓意，体现封建帝王对地方官吏为官的政治要求，缓和满汉在华夷之别上的矛盾，最大程度地赢得了汉人对康熙本人和满族统治的认可。达到巩固对地方统治的目的。本文并不探求康熙皇帝的书法造诣与成就，而是从书法中反映其才德学养，风标一世。在字里行间所洋溢出深厚的学养及王者之风。康熙执政61年的生涯中"为政清廉"、"虚心纳谏"、"敬天勤民"都是他作为一代帝王的楷模。彰表他那"仁孝性成，智勇天赐。早承大业，勤政爱民。经文纬武，寰宇一统。"是一代明君。

三　南巡任用官吏"清廉"第一

治理民安，则国家可以长保。故为政者，必以安民为本。定民之道，必以养民为先为了安抚汉官，康熙一再宣称"满汉皆朕之臣子"，"满汉一体"，谕令"满汉官员职掌相同，品级有异，应行画一"。但康熙选择官吏的第一条标准就是为官清廉，他深知地方官吏与民生百姓之间的因果关系，他说："自古帝王治理天下，惠育百姓，必先澄清吏治，而后民生得遂"。强调"居官既廉，办事自善。"并常以廉吏的事迹来激励百官，表彰和鼓励官吏争当百姓爱戴的清官。他说："尔等为官，以清廉为第一，为清官甚乐，不但一时百姓感仰，即离任之后，百姓追思，建祠尸祝，岂非盛事？从来百姓最愚而其实难欺，官员是非善恶与否，人人有口，不能强使之毁誉，尔等须要自勉"。康熙用力倡导程朱理学，尊崇朱熹，在他地奖励提拔下，大批信仰程朱的"理学名臣"如李光地、魏裔介、熊赐履、汤斌、张伯行等都受到重用。这些措施起到了收揽汉官和汉族士子人心的作用，扩大了满汉地主阶级地统治基础。⑪

康熙在恢复和发展社会经济的政策上，下令停止圈地，规定民间所垦土地，和原来明朝藩王遗留的土地归现在耕种人所有，永远不许圈占，改革赋役制度，奖励垦荒，蠲免钱粮，赈济灾民，兴修水利。这些政策的实施，大大促进生产的恢复。康熙在位期间，耕地面积、人口数量和财政收入都有很大的增加。康熙在削平三藩、统一台湾、平定西部边陲准噶尔叛乱之后，此时清朝边防防御基本稳定。这一切都是康熙优秀政治家的良好素质及杰出才干的体现。作为帝王的韬略，国势转危为安。社会矛盾的焦点集中在江南"反清复明"的遗民势力上。他们拒绝与清政府合作，对刚刚稳定政权的康熙来讲"反清复明"思想潜伏着严重的社会危机。但国家经济重心在南方，京杭大运河扼漕运之要冲，成为南北水运经济大动脉。大运河与海河、黄河、淮河、长江、钱塘江五大河流相沟通，明清两代经历五次重修，随着运河经济的繁荣，人口集居，店铺林立，商贾云集，从而促进了商业的繁荣，成为江南米粮、蚕丝和棉纱品贸易的集散地，苏杭是江南最富裕的城市，巍峨壮观、气势雄伟的运河名城。京杭大运河的开通，促进了南北文化交融，形成了中华民族多元一体的文化氛围，使运河两岸成为人才荟萃之地、文风昌盛之区。

历史上黄河常常泛滥成灾，被称之为害河，因长期施行"束水攻沙"的治河方针，大量泥沙排至河口，河身延长，坡降减缓，下游河道淤积堵塞，决口泛滥频繁发生，黄河水还不时倒灌入洪泽湖，冲扩了洪泽湖区域，淹及黄河下游地区。仅康熙元年至十六年，黄河大地决口六十七次，河南、苏北广阔地区深受水患之苦。早在康熙亲政初期便以"三藩及河务、漕运为三大事，夙夜廑念，曾书而悬之宫中柱上。"⑫将"三藩"、河务、漕运列为三大要务。康熙九年（1670年）三月，策试天下贡士于太和殿前，"以澄清吏治和治河为策论试题，"其中提出"漕粮数百万石，取给东南，转输于黄、运两河，何以修浚得宜？"的论题，康熙亲自阅览。康熙十一年（1672年）四月，就命侍卫吴丹、学士郭廷祚阅视河工，实地勘测绘图进呈。六月辛丑。谕工部、河道屡年冲决、地方被灾、民生困苦、深轸朕怀。据差往视决口侍卫吴丹、学士郭廷祚、回京绘图进呈、观黄河自宿迁以至清河、皆为紧要。虽有遥堤一层、恐未足捍蔽水势。应否于遥堤之外、再筑遥堤。尔部即行河道总督、漕运总督、会同相视、商酌筑堤、果否有益、并所需钱粮、逐一详确议奏。十六年安徽巡抚、兵部尚书靳辅以原官兼升河道总督，和他的幕僚陈潢根据实地调查，提出修筑洪泽湖东的高堰大坝，疏通上下游淤塞，堵筑洪泽湖及黄河沿岸各决口，使黄、淮回归故道。针对"黄淮冲决为患"的问题向康熙疏言"河道敝坏已极、修治刻不容缓、谨条列八疏以奏。一、挑清江浦以下、历云梯关至海口一带河身之土、以筑两岸之堤。二、挑洪泽湖下流高家堰以西、至清口引水河一道。三、加高帮阔七里墩、武家墩、高家堰、高良涧、至周桥闸、残缺单薄堤工。四、筑古沟、翟家坝、一带堤工、并堵塞黄淮各处决口。五、闭通济闸坝、深挑运河、堵塞清水潭等处决口、以通漕艘。六、钱粮浩繁、须预为筹画、以济工需。七、请裁并河工冗员、以调贤员、赴工襄事。八、请设巡河官兵。"就此疏言康熙命议政王、大臣、九卿、詹事、科道掌印不掌印各官、会同详确议奏,寻议、黄河关系运道民生。固应急为修理。但目今需饷维殷、且挑浚役夫、每日需十二万有余、若召募山东河南等处、不惟贫民远役、途食无资、抑恐不肖官役、借端扰民。应先将紧要之处、酌量修筑。俟事平之日、再照该督所题、大为修治。康熙慎重听取靳辅意见招九卿詹事科道官员会议商讨。任命靳辅为河督、识拔和重用水利技术专业人士陈潢协助治河,这两人勤奋任事、治河十余年大奏效果。自己究心于治河历数十年,"凡前代相关河务之书、无不披阅",康熙帝对治河方案审核是慎之又慎,从御前辩论到集思广益,可以看到康熙在重大决策的时候,"虚心纳谏"。

康熙从二十三(1684年)年首次南巡至康熙四十六年(1707年)前后二十四年间六次巡幸江南,其中一个最重要的目的就是解决治理黄河危害。亲临黄淮巡视河工,南巡路线水路沿宿迁、泾河、淮安、淮阴码头一带,当时是黄、淮、运三水交汇之地,为黄淮襟要、漕运要道,高家堰土堤成为山阳、高宝下游一带的防洪屏障。因此,开河导流、筑坝堵流、建闸制水、兼通漕运等一系列措施是淮安地区治河的关键,无论那个环节,康熙必须严格审查,坚持谨慎持重。他讲自己"朕犹时刻不倦勤修政事"由此可以看到康熙帝执政的"勤政,慎行"。

四 康熙南巡怀赤子之心,造福于民"清、勤、慎"

康熙出巡颁诏天下,是为观风问俗,于闾阎休戚,务期洞晓。凡经过地方,百姓须各安生业,无需迁移远避,不要滋扰百姓。内诏"黄河屡次衝决、久为民害",康熙执政期间黄淮泛滥已成为他的忧心之患,康熙怀着赤子之心,训曰:"朕自幼登极、迄今六十余年、偶遇地震水旱、必深自儆省、故灾变即时消灭。大凡天变灾异、不必惊惶失措、惟反躬自省、忏悔改过、自然转祸为福。"[13]"朕欲亲至其地、相度形式、视察堤工"他第一次南巡,出巡目的"正欲体察民情、周知吏治。一应沿途供用、皆令在京所司储备、毫不取之民间。"[14]康熙自称恩款十二条。康熙帝启行,驻跸永清县。他乘舆自宿迁至清河(淮阴),沿途经河间、献县、阜城、德州、平原、禹城到达济南府,向地方官吏咨询地方利病,访问风土民情,所过之处,见河工夫役运土、夯筑大为辛劳,特地多次停下銮驾,亲加慰劳。并告诫地方官吏"尔等大小有司、当洁己爱民、奉公守法、激浊扬清、体恤民隐、以副朕老安少怀之至意"。严防有不肖官吏"侵收肥己等弊、一经发觉定行从重治罪。"[15]康熙帝乘船由清河沿运河南下,乘舟过高邮、宝应诸处,见民间田地庐舍多浸没在水中,心甚不安,于是登岸徒步十余里视察水势,召当地耆老详细了解黄泛水灾根源,并命江南江西总督王新命筹画浚水通流。他对陪同的两江总督王新命说:"朕此行原欲访问民间疾苦、凡有地方利弊、必设法兴除、使之各得其所"。下诏,凡是有水灾的州县,一一详加考勘,确切查证后,务必解决,所需经费在所不惜。康熙坐船南下,过丹阳、常州、无锡,在靳辅的陪同下,徒步阅视十余里,虽然泥泞没膝,亦不辞其苦。他还登上天妃闸,亲自勘察水情,见水势湍急,命改为草坝,另设七里、太平二闸,以分水势。康熙帝面谕靳辅:"朕向来留心河务、每在宫中细览河防诸书及尔历年所进河图与险工决口诸地名、时加探讨。虽知险工修筑之难，未曾亲历河工，其河势之汹涌泛漫，堤岸之远近高下，不能了然。今详勘地势，相度形势，如肖家渡、九里岗、崔家镇……一带，皆吃紧迎溜之处，甚为危险，所筑长堤与逼水坝须时加防护。"⑯御舟停泊清河县天妃闸。临阅高家堰。又至清口，阅观黄河两岸诸险工，驻跸泗阳县城北关。阅视泗阳烟墩险工，过白洋河（今洋河镇）沿途百姓数千人跪迎堤坝。⑰至苏州府，登虎丘。观当地风土人情。

康熙帝返京启程，从七里洲（今八卦洲西南）到燕子矶，数十万民众夹岸送行，各级文武官员着官服两岸跪送，其场面气势之大前所未有。康熙见年老贫疾者，各赐白金。对侍臣曰："为政者当使之去奢返朴，事事务本，庶几家给人足，可挽颓风"。当康熙驻跸宿迁县。康熙目击堤夫之苦，驻跸良久，又对靳辅说："堤上夫役，风雨昼夜，露宿草栖，劳苦备尝，所领工食钱，为数无几，恐有不肖官吏，从中侵蚀，务使人人都沾实惠，才不负我体恤他们的意。"令河道总督靳辅筹划切实可行之策，务令黄河之水永不倒灌运河，坚筑堤防，约束洪水，增强了下游防御洪水的能力。勉励靳辅其修治黄河早告成功，并亲洒宸瀚赐以御制《阅河堤诗》诗曰："防河纡旰食，六御出深宫。缓辔求民隐，临流叹俗穷。何年乐稼穑，此日是疏通。已著勋劳意，安澜早奏功！"他对靳辅及扈从诸臣说："朕南巡，亲睹河工夫役劳苦，闾阎贫困。念此方百姓，何日俾尽安畎亩？河工何时方得告成？偶成一诗，聊写朕怀，不在辞藻之工也。"⑱康熙首次南巡就把视察河工作为首当其冲的问题，并让河道总督靳辅治河时重点就放在自淮阴至河口段上，正是因为这一河段是当时河患最严重的地方。沿河各省巡抚以下地方官吏也都负有治河职责，加强下游河务的统一管理。清代河道总督权限很大，直接受命于朝廷。

康熙二十八年（1689年）正月初八，开始了浩浩荡荡的第二次南巡。寻求更有效的治河方案，亲作勘察，康熙出宫前特谕吏、户、兵、工各部大臣，商讨治河方案：是挖深黄河入海口，还是在黄河中下游疏浚河道，巩固堤防，众说纷纭，决定临黄河下游决口处视察，筹划制定治理黄河工程方案。巡幸扈从有负责监察的科道官，稽查强行买卖扰害百姓者；要求地方文武大小官员不许与扈从官员以戚友送礼，对于馈送收受人员其扈从大小官员及随往仆役，如有横行生事扰民者，一并从重治罪。⑲他说："民生的安危，取决于吏治的清浊；吏治的清浊，则取决于督抚的表率。倘若督抚清正，实心爱民，那么下吏哪个敢不洁己奉公？"康熙御舟自京而下沿着京杭大运河，途径直隶（今河北）、济南、剡城、淮阴、扬州、苏州、杭州、绍兴后折回。巡视杭州到钱塘江的塘工水利。康熙二十八年，谕旨："朕所亲见，将直隶被灾州，县，卫，所，本年地丁各项钱粮，除已征在关外，其余未经征收，及康熙二十九年上半年钱粮，尽行蠲免，令小民均沾实惠，如使民仍至流散，不肖官员蒙混侵蚀，将该抚一并严加议处""又复准甘肃泾州秋被雹灾，照列按分数蠲免""江南邳州、宿迁、等八州县、卫、夏被水灾，钱粮照分数蠲免…….""朕南巡以来，轸念民依，勤求治理，顷至江南境上，所经宿迁诸处，民生风景较前次南巡，稍加富庶，朕念江南财赋，甲于他省，素切留心……今亲历兹土，访知民隐，无异所闻，除江南正项钱粮，已与直隶节次蠲免外，再将江南全省积年民欠地丁一应钱粮、屯粮、芦课、米、麦、豆杂税概予蠲除，自此民免催征，官无恭罚，督抚切实奉行，俾均沾实惠，副朕爱恤民生至意……侵收肥己等弊，一经发觉定行从重治罪。夫民为邦本，足民即以富国，朕平日躬行节俭……"⑳康熙二十八年三月康熙帝在南巡回程途中。离江宁，经扬州、淮安，于初六日抵清河。次日率随从诸臣视察高家堰一带堤岸闸坝。河道总督王新命曾建议疏浚通江旧有河道，使淮流减而不溢，则堤岸不致冲决。康熙帝经此视察认为其议可行，并令在挑浚通江之河后，于淮水会合之处修置闸板。一旦淮水盛涨，则启闸以分其流；黄淮均敌，则闭闸不令旁溢。"朕自甲子年南巡，阅视两河形势，记忆甚明，渐次修治，今则淮强黄弱矣，然善后之策，尤宜亟讲，与其开溜淮套无益之河，不若将洪泽湖出水之处，再行挑浚令其宽深，使清水愈加畅流。至蒋家坝天然坝一带，旧有河形，宜更加挑浚，使通运料小河，俾商民船只皆可通行，既漕船亦可辇运为利不浅。㉑下谕修筑了从六和塔到海宁一带的石塘，绵亘百余里，康熙数度南巡对水利农桑都给予极大关注，达到消除水患的目的。他对靳辅的治河功绩做了肯定。他谕内阁曰："朕巡行南省，往视河道，江南淮安诸地方，自民人、船夫皆称誉前河道总督靳辅，思念之不忘。"康熙皇帝得知治河取得成效，使百姓"连岁顺成，民生稍得安业"。非常高兴在巡视南方时还关心米价，避免米价上涨，反对官员加重百姓捐税，特别了解到江浙人喜好争讼，告诫改变风尚；认为江南人习尚奢靡，家无储蓄，山西商人多在当地经商，勤俭生活，故多富饶，倡导移风易俗。因此风俗民情无不洞悉。康熙还特谕江西、福建、浙江、江苏等地巡抚说："朕因省察黎庶疾苦，间阅河工，巡幸江南，观风问俗，简约仪卫，卤簿不设，扈从者仅三百余人，顷经维扬民间结彩欢迎，盈衢溢巷，虽出自恭敬爱戴之诚，恐至稍损物力，甚为惜之…"㉒康熙告诉地方官员，转告江南百姓，我视天下百姓为我赤子，为能让我的赤子臣民都富饶，康熙四十二年（1703年），康熙皇帝对大臣说："朕巡幸七省，畿辅秦晋民俗丰裕，江浙则较三十八年时更胜，山东近因水旱大异畴昔，河南百姓生计甚艰，此二省之民深历朕怀。"康熙帝一路巡视，见河工已初步告成，欣然命笔作《览淮黄成》㉓诗一首。诗曰："殷勤久矣理淮黄，几度风尘授治方。九曲素称天下险，四来实为兆民伤。使清引浊须勤慎，分势开流在不荒。虽奏安澜宽旰食，诚前善后奠金汤。"康熙皇帝频繁的巡视地方，关心民生，处理政务，给人们留下了"勤政爱民"的良好形象，康熙四十四年（1705年）开始了第五次南巡阅河，二月二十六日，舟过临清，泊土桥闸，谕大学士：初次到江南时，船在黄河，两岸人烟树木皆一一在望；康熙三十八年时则仅见河岸；四十二年时则河比岸甚低，可见河身日益加深了。以前山东百姓流离失所，不堪寓目，如今服饰颜面已大异往时。三月初六日，康熙帝御舟经东昌、济宁，入江南境。初八日，渡黄河，泊清江浦，康熙帝亲阅扬家庄等处新开中河闸口及附近堤岸，见黄河已顺轨安澜，非常高兴，归舟欣然赋诗二首。名曰：《扬家庄新开中河得顺风观民居漫咏二首》其一曰：瞬息风帆百里余，往来数次过淮徐。光阴犹似当年景，自觉频催黑鬓疏。当时黄淮两岸百姓已是"春雨初开弄柳丝，渔舟唱晚寸阴移。"㉔康熙看到百姓安居乐业，一派太平盛世，赋诗"春雨弄柳，渔舟唱晚"的诗情融入江南美景。三月十七日，舟至苏州府。第二天是康熙帝五十二岁诞辰，康熙命停止朝贺筵宴。苏州百姓闻之康熙诞辰，纷纷进献美食和特产，康熙帝说："朕已知之，即如朕受之矣。"令将食品携去。康熙帝一贯主张"去奢返朴"特别是要求巡幸之中，巡幸途中一切费用皆从节俭，特别向百姓说明只有百姓富足了，国家方可富强。康熙帝作为君王，知足知止。他常说："朕虽贵为天子，而衣服不过适体；富有四海，而每日常膳，除赏赐外，所用肴馔从不兼味，此非朕勉强为之，实由天性自然，汝等见朕如此俭德，其共勉之。"㉕充分体现出康熙帝清廉不奢靡和爱民如子的宽怀。他把百姓当作同胞兄弟，把万物都视为同类，仁爱之心遍及天下万物。四月又谕诸臣曰：康熙三十八年以前黄水泛滥，当时于舟中望之，水与岸平，岸之四周皆可遥见；其后水渐归漕，岸高于水；今则岸比水高出丈余，清水畅流，"观此形势，朕之河工大成矣，朕心甚为快然"。㉖直到康熙四十四年（1705年）第五次南巡，康熙帝以"河工大成"治河工程取得了显著成效，仍需强调："黄河南岸堤工关系紧要，应加紧修防以图善后之策。"康熙用自己大半生的经历重农治河，兴修水利。取得了前无古人的成就。从谕旨九卿大臣群策群力筹划制定治理黄河工程方案。到历次巡幸黄淮下游亲自视察河工进程，以及任用河务总督的是非赏罚分明。始终贯穿着康熙帝知勤、知慎的执政的宗旨。康熙帝说："凡天下事，不可轻忽，虽至微至易者，皆当以慎重处之。慎重者敬也！当无事时，敬以自持；而有事时，即敬以应事务，必谨终如始，慎修思永，习而安焉。"㉗康熙帝以他谙熟的文韬武略，睿博洪深，励精求治的远见卓识，在位六十二年，经历了诸多风暴磨难，把一个战乱破败、元气大伤的国家，转变成了幅员广阔、政通人和的国家。康熙夙兴夜寐，恪守勤慎，以实心为本，以实政为务，政绩卓著。称的上是一个关心民瘼、孜孜求治的帝王。

① 《清史稿·列传一·后妃传·太宗孝庄文皇后》卷二一四。

② 《清代起居注册·康熙朝》，中华书局出版。

③④ 《汉典释义》。

⑤⑥⑬㉒㉕ 《康熙教子庭训格言》唐汉译注，中国社会科学出版社。

⑦ 陈寿：《三国志》卷一八《李通传》注，引王隐《晋书》。

⑧ 《功过格辑要》卷一五《居官格》。

⑨⑩ 清王士禛《古夫于亭杂录》卷一《历代史料笔记丛刊》，中华书局。
王士禛（1634－1711），中国清代诗人。字贻上，著作有《带经堂集》，诗选《渔洋精华录》，诗话《渔洋诗话》，笔记《池北偶谈》、《古夫于亭杂录》、《香祖笔记》。

⑪ 邹范平：《君臣道盛世朝堂的存亡法则》，陕西人民出版社。

⑫ 《清圣祖实录》卷一五四。

⑭⑮ 《清圣祖实录》卷六四，第 20 页。

⑯⑳ 《大清会典》卷三，三十五户部十三，第 16 页。

⑰ 《清历朝實錄》卷一三九，第 16 页。

⑱㉔ 维义、孙丕任：《康熙诗选》，1984，春风文艺出版社。

⑲ 《大清历朝實錄》卷一三九，第 2 页。

㉑㉓ 《大清会典》卷二五〇工部九，第 17 页。

㉖ 《大清历朝實錄》卷一一七，第 22 页。

㉗ 《清圣祖实录》卷二二〇。

治河、省方与尊孔

——清康熙帝六次巡幸江南述评

徐凯

（北京大学历史学系教授）

"时巡"，又称"巡狩"（亦作"巡守"）、"巡幸"，这是中国古代帝王离开都城巡行境内的一种制度。"典莫大于时巡"。此种制度相传在远古舜时已经出现，《尚书·舜典》记录，每年"二月，东巡守，至于岱宗（泰山）"；"五月，南巡守，至于南岳"；"八月，西巡守，至于西岳"；"十有一月，朔巡守，至于北岳"。①西周时期，渐成为定制。《尚书·周官》记载："又六年，王乃时巡，考制度于四岳。"《左传》云："周制十二年一巡守，春东，夏南，秋西，冬北，故曰时巡。"《孟子·梁惠王下》曰："天子适诸侯，曰巡狩。巡狩者，巡所守也。"之后，此制为历代帝王所效法。秦始皇东巡郡县，立石泰山；汉武帝"始巡郡县，寝寻于泰山"；隋炀帝三次巡游江都，皆为"时巡"制度的延续。"时巡"之目的是什么？正如唐人张说所言："豫动三灵赞，时巡四海威。"②当然，时代不同了，帝王巡行的任务也会有变化。

康熙帝爱新觉罗·玄烨，系清朝第四代帝王，年号康熙，俗称"康熙皇帝"。他在位 61 年（1662－1722），是中国古代历史上执政时间最长的一名君主。十七、十八世纪之际，是中国政治、军事、经济，以及边防经历了大动荡的时期。圣祖雄才大略，拨乱反正，孜孜求治，大行实政，为"康乾盛世"开基。他沿袭了以往帝王"时巡"之制，多次东巡、西巡、南巡、北巡，省方问俗，了解地方社会利弊，用以资治。圣祖一生实践活动丰富多彩，其中六次巡幸江南，展现君臣民之间的互动关系，社会日趋协和。康熙二十三年（1684 年）的第一次南巡，标志着清朝步入一个稳定发展的崭新时代。

一 南巡的时代契机

十七世纪中叶，清兵进入山海关，随之而来的是大规模的征服战争。康熙二年（1663 年），茅麓山（今湖北兴山）之战，清军击败荆襄十三家之一的大顺农民军李来亨余部，统一全国的战争落下了帷幕。康熙八年（1669 年），16 岁的康熙帝亲政，地方割据与中央集权的矛盾日趋激化。十二年（1673 年）十一月，平西王吴三桂率先在云南发动叛乱，随之靖南王耿精忠、平南王之子尚之信相继响应，起兵南疆，西南东南，"在在鼎沸"。战火燃及 12 个省份，清朝统治受到了最严重的挑战。青年康熙帝运筹帷幄，至康熙二十年（1681 年），耗时 8 年，动用了大量的人力和物力，方平定了"三逆"叛乱。在清廷多次争取台湾郑氏未果的情况下，康熙二十二年（1683 年），康熙帝任命内大臣施琅为福建水师提督，攻占澎湖诸岛，迫使郑氏集团内附，统一台湾。从此清朝进入百年稳定的发展阶段。满洲统治者面对百废待兴的局面，积极采取各项措施，恢复农业生产，经济快速增长，社会秩序趋于安稳。经过官民近20年的不懈努力，"海内始有起色"。

从顺治元年（1644年）九月定鼎燕京，到康熙帝统一台湾，清朝已历时40年。前20年，清兵南下征战，战火纷飞，社会动荡。后20年，清廷积极地调整政策，统治日渐稳定。然而，政治、经济、民族、思想文化等方面的社会矛盾依然存在，其中清廷统治者颇为忧虑的有两大问题。

1、黄河泛滥，冲决淮河、运河，截断漕运，被灾百姓，嗷嗷待哺，如不尽快妥当解决，会引发社会大动乱。

自古以来，奔腾不息的黄河给沿途百姓带来舟楫灌溉之利，同时也因其水挟大量的泥沙，进入中游，即从河南开封起，黄水向东流入平原区，形成"地上河"。每至汛期，咆哮的河水时常冲决河堤，酿成巨大灾难，严重地影响社会的稳固。明末李自成农民军决黄河水灌汴梁（今河南开封），其后屡塞屡决，河患频发。直到康熙年间铲除"三藩"之时，河工失修，黄河泛滥仍频发。据《清国史·河渠志》、《清史稿·河渠志》记载，清初黄河泛滥的史实如次。

顺治元年秋，河决温县。二年夏，决口考城，又决王家园；七月，决流通渠。五年（1648年），决口兰阳。七年八月，决荆隆朱源寨，溃运河堤。九年，决封丘大王庙，复决邳州；又决祥符朱源寨。十一年（1654年），决大王庙。十四年，决祥符槐疙瘩。十五年，决山阳柴沟姚家湾；复决阳武慕家楼。十六年（1659年），决归仁堤。十七年，决陈州郭家埠、虞城罗家口。

康熙元年（1662年）五月，河决曹县石香炉、武陟大村、睢宁孟家湾；六月，决开封黄练集，灌祥符等七县；七月，再决归仁堤。二年，决睢宁武官营，及朱家营。三年，决杞县、祥符阎家寨、决朱家营。四年四月，河决上游，灌虞城、永城、夏邑；又决安东茆良口。六年（1667年），决桃源烟墩、萧县石将军庙；又决桃源黄家嘴。八年，决清河三汊口，又决清水潭。九年，决曹县牛市屯，再决单县谯楼寺。十年春，河溢萧县；六月，决清河五堡、桃源陈家楼；八月，又决七里沟。十一年，决萧县两河口、邳州塘池旧城，又溢虞城。十三年（1674年），决桃源新庄口、王家营；又自新河郑家口北决。十四年（1675年），决徐州潘家塘、宿迁蔡家楼；又决睢宁花山坝。十五年，决宿迁白洋河、于家岗、清河张家庄、马家营、安东邢家口、二铺口，山阳罗家口。二十一年（1682年），决萧家渡。③

以上可见，在康熙帝南巡之前的四十年中，黄河决口共57次，平均每年1.43次。虽然清廷也在组织人力和物力治理黄河，但是，由于整个国家大局未稳，治河效果不显，黄河泛滥频率加大，加重百姓灾害。"濒河郡县，田土尽淹"，"中原重地，人民苦累，半由于此"④。每次河决，"居民鸟栖堤上，啼号声数里"，"乡民溺毙数万"⑤。河患频发极为不利于统治秩序的稳定。黄河之安危，又涉运河漕道的通塞，事关漕运民生，清廷也格外予以重视。

2、江南是清朝赋税主要来源之地，也是最初抗清最激烈之区，士人的顺逆，事关南方社会稳定的重要因素之一。

明初文献多有"江南官田税重"之说，言其因系太祖朱元璋痛陈江南地主追随张士诚反抗他，故将一些豪强地主的田土没为官田，按照原来私租簿向官佃征租。而其根本之因，在于江南为肥沃之区，"江南财赋甲于它省"。明代国家赋税来源主要依靠江南。清朝经济依然如此，"每岁东南数百万石漕粮"供给京师。明清时期，如果江南漕粮不能如期按额北达燕赵，北方将会闹粮荒，加剧社会不稳定因素的酝酿。

顺治二年六月，清兵攻占南京，下令：自今布告之后，"京城内外限旬日"，直隶各省"亦限旬日，尽令薙发"。"遵依者为我国之民，迟疑者同逆命之寇"。⑥清廷的民族高压政策激起了广大汉族人民的强烈反对，各地民众抗清斗争风起云涌。而抵御清军斗争最激烈之区当属经济富庶和文化繁荣的江南，参加者为农民、渔民，以及城镇商人、手工业者、市民、客贾、僧道等，尤其是一批秀才等读书人站在抗清斗争前线，组织与鼓动抗战。以薙发为例，当被占领的州县的告示写上"留头不留发，留发不留头"等语时，江阴秀才许用在明伦堂响亮地提出"头可断，发决不可薙"的口号，誓死抗击清兵。在民众激烈的抗清斗争面前，清军大肆杀戮，出现了"嘉定三屠"、"扬州十日"等野蛮屠城的惨状。在江南抗清斗争中士人英勇反抗，宁死不屈。清兵的征战已经结束 20 年，江南民俗吏治如何？士人的心态有何变化？这也是清廷统治者极为关心的问题。

二　六次南巡的主要举动

从康熙二十三年（1684 年）十月十八日起，至四十六年（1707 年）五月二十二日止，在二十四年之中，康熙 6 次南巡。据《康熙起居注》和《清圣祖实录》⑦记载，6 次南巡的主要活动如下：

第一次南巡：从康熙二十三年十月十八日，至十一月二十九日，往返 42 天。

这次南巡是由九月二十八日开始"上东巡狩"引起的。康熙帝在直隶、山东等州县，"围中射猎"。十月十七日，驻跸郯城县红花铺，总漕邵甘、总河靳辅等官员朝觐，诱发了康熙帝对黄河工程的关注。

十月十八日，康熙帝以黄河连年冲决，久为民害，欲亲至其地，视察河工，决定南巡。是日启行，车驾过江苏宿迁县。二十日，上临视天妃闸，御舟过清河县、淮安府。次日，过高邮湖，见两岸居民被淹，谕总督王新命，"惟高邮等地百姓甚为可悯"。指授河臣靳辅治水方略。二十二日，上舟过高邮、宝应诸处，见民间田庐多在水中，登岸亲行堤畔十余里，察其形势，召集生员耆旧，询问灾情，决心拯济民间疾苦。上至扬州，登览蜀岗栖灵寺等诸胜地。翌日，上御大舟，自仪真江口渡江，至镇江府。之后，过丹阳县、常州府、无锡县，达苏州城，上问习俗，谈吴地奢华之风。十一月初一日，上过句容县，询问道旁跪接知县陈协浚今岁秋成？告诫他知县系"亲民之官"，"当洁己奉公"。次日，驻跸江宁府城，往谒明太祖陵，御制《过金陵论》。上幸江南教场阅射。初四日，回銮，经燕子矶、仪真，上谕吏部尚书伊桑阿，高邮、宝应等处，庐舍田畴，被水淹没，要修堤治河。初九日，驻跸清河县天妃闸。次日，视察高家堰堤工，登岸，扈从数十骑，往返百里。十一日，驻桃源县北关，以得颇确舆情，申饬漕运总督邵甘，身为大臣，"理应洁己率属"，尔"并无善状，且多不谨处"。十四日，上驻费县探沂，亲洒翰墨，书《阅河堤诗》，赐河道总督靳辅，鼓励他"已著勤劳意，安澜早奏功"。十七日，上次曲阜，隆重祭祀孔子。二十九日，抵宫。

第二次南巡：康熙二十八年（1689 年）正月初八日，至三月十九日，往返 71 天。

正月初八日，康熙帝"因河工未竣，亲督河道，疏通下河，以分水溢"⑧。于是降诏：南巡"阅视河工，省观风俗，咨访吏治"。是日，圣祖启驾。初九日，驻跸文安县刘赛村南，上谕，南巡节省费用，不许扰民。十二日，过献县，居民夹道迎接，献嘉禾。上云："谷者，民之命也。"次日，驻跸德州西关，御制孔子、孟子、周公庙各碑文一篇，手书勒石。衍圣公孔毓圻等奏请御书墨本，以为一世宝，因命装潢成册。十六日，幸济南府，观赏趵突、珍珠二泉。翌日，至泰山之麓，率诸臣祭礼泰山。二十三日，上率总河王新命、江南江西总督傅腊塔、总漕马世济等阅视中河，指示，河道关系漕运民生，不能仅凭纸上陈言，要深入实地，求治河实效。次日，上御舟由中河阅视河道，自清河县渡黄河南巡，蠲免江南通省百姓拖欠钱粮。二十六日起，上过高邮州、扬州、江阴等处，见高邮州等地，石堤损坏，指示修缮。二月初四日，驻跸苏州府城，巡察民生习俗，观虎丘山，吴县民周氏叩阍，为夫徐长民等死刑鸣冤，上命更谳，免死充军。十四日，上诣禹陵，行礼致祭。十七日，再驻杭州，上谕：观浙省会民间习尚好为争讼。争讼一兴，不肖有司因缘诈索。地方大小衙门官员，各简词讼，劝导共安生业。二十二日，在苏州城，上谕浙江巡抚、江苏布政使等，指授安抚地方策略。二十六日，驻江宁府城，诣明太祖陵祭祀。三月初七日，上视察七里闸、太平闸、高家堰一带堤岸、闸坝，调整水坝修建。十一日，驻跸济宁州南门，众士民以十八日乃圣上万寿之辰，敬献所画万寿龙袍、果品等物。上谕曰："朕以爱民为本，访问民俗，省察吏治，行三千余里，小民之物，毫无所取。尔等恳恳之意，朕已知之。著取果品一枚，袍可发还。"⑨十九日，回宫。

第三次南巡：康熙三十八年（1699 年）二月初三日，至五月十五日，往返 99 天。

南巡前，康熙帝降旨云，今边烽永靖，四方无事，"独是黄淮为患，冲决时闻"。南巡的主要任务仍是阅视河工。二月初三日，奉皇太后，率诸皇子，启銮。初七日，驻跸杨柳青。谕领侍卫内大臣等，惟恐扈从烦多，沿途纷扰，酌量减少随驾人员、雇用船只。二十一日，驻跸张疤喇口行宫，户部尚书马齐等自淮安回，奏报所察河工事，圣上指出，河道之坏，皆由河身淤垫所致，指授治河之术。二十八日，上阅黄河以南高家堰归仁堤等堤防。三月初一日，驻跸清河口，上谕地方大员，指示黄河、洪泽湖水势的变化造成的灾害，以及治水之策。次日，上御小舟往阅烂泥浅等处。十一日，驻跸兴丰，上告诫内大臣等，凡驻跸处勿践踏麦田。地方官员、厮役如有违反者，被获决不轻贷。次日，上谕，淮河南北，屡遭水患，已经屡蠲屡赈，命截留漕粮，减价平粜。十七日，驻跸苏州。上谕大学士伊桑阿等，朕眷念东南民生风俗，特行巡省，兼以黄淮为患，亲阅河工，巡历堤堰，详加相度，疏导修筑之法，指授河臣，刻期兴作。随南涉江表，遍察民依。二十二日，在杭州，再谕淮扬地方，数被水患，田庐淹没，深加轸念。截留漕粮，以济民生，蠲除积欠，以纾民困。四月十一日，回銮驻跸江宁，往祭明孝陵，盛赞"洪武乃英武伟烈之主，非寻常帝王可比"。命修缮孝陵，并御书"治隆唐宋"四大字黄绫一副。二十七日，上渡黄河，御小舟往阅新埽，上谕河臣于成龙治河方略。五月十一日，御舟泊张家庄，遣官祭祀关帝庙。十五日，奉皇太后回宫。

第四次南巡：康熙四十二年（1703 年）正月十六日，至三月十五日，往返 59 天。

正月十六日，康熙帝以巡阅南河，省风问俗，察访吏治，启行南巡，皇太子胤礽等皇子随驾。次日，上驻新城县城南，命领侍卫内大臣阿灵阿等阅试守备钱万镒等步箭骑射。二十四日，幸济南府，百姓跪迎，欢呼雷动。上观珍珠、趵突泉。御书"学宗洙泗"匾额，悬挂省城书院。二十六日，上谕蠲免东省上年未完地丁钱粮。次日，于泰安州天齐庙，祭东岳泰山之神。二月初二日，驻跸宿迁，上谕山东巡抚王国昌，沂州、郯城等处，黎民被灾，命官员设法救济。次日，康熙帝由五花桥渡中河，遍阅堤工；至宿迁县渡黄河。初三日，再遍阅徐家湾等堤，祥符等闸，复绕行，细阅新修河口。与总河张鹏翮商议修筑黄河矶嘴坝。此后数日，仍与总河于河工议治水。初九日，御舟渡江，登金山江天寺。十五日，驻跸杭州府城，幸教场，率皇太子、皇子、侍卫射箭比武。十八日，阅视钱塘江堤。二十日，回銮驻跸苏州府，评论清官赵申乔，分文不取，好收词讼，民受其累。二十六日，驻跸江宁府，亲诣明太祖陵致奠。三月初二日，御舟过宝应县，康熙帝自娘娘庙登岸，往阅高家堰堤工。初四日，御舟历黄河南岸，上观龙涡、烟墩等堤，复渡黄河，阅九里岗等堤，谕张鹏翮治水之策。十五日，回宫。

第五次南巡：康熙四十四年（1705 年）二月初九日，至闰四月二十八日，往返 109 天。

从二月初九日康熙帝降南巡诏可以看出，此次巡幸，一是上指画河防，获告成功。河臣奏报，黄水畅流，"尚须察验形势，以筹善后之策"。二是东省荐饥两年来，极力赈瞻，继以有秋，今皆得所。"民间果否殷阜？并须亲行周览"。⑩是日启驾。二十二日，御舟入山东境，绅衿军民数十万，执香跪迎道左，感谢康熙帝屡行蠲免，通省亿万民命始得复生。二十六日，御舟泊土桥闸，上谕总河张鹏翮治水之策，又谕山东之民生计较前大有改观。三月初五日，上谕山东巡抚赵世显，民生自去岁休养生息之后，渐有起色，朕心甚慰。十一日，御舟泊扬州城北高桥，再谕河臣张鹏翮，指画河防方略。十八日，万寿节，停止朝贺筵宴。告诫河臣，今河工虽已告成，不可不预为修理防护，以图善后之策。传谕招安徽、江苏举贡监生精于书法者，朕亲加考试，供奉内廷缮写。二十六日，驻跸松江府，上亲射发矢俱中，随阅江宁将军、副都统、总督、巡抚、提督、总兵、标下官员射。四月初五日，在杭州，亲试浙江举贡监生等诗字，以顾祖雍等记名。次日，西湖行宫，上谕福建、浙江疆吏，谈吏治民生。初十日，登舟回銮。十四日，于苏州城，亲试苏州等府举贡监生等诗字，以汪泰来等五十三人记名。二十三日，命学士揆叙考试江宁等府举贡监生等诗字，以钱荣世五人记名。闰四月初十日，上由青口登陆，视察高家堰，遍阅河堤，指授草埽腐烂，陈塌者多，猝遇大水，是难预料。十三日，阅视黄河九里岗，再指示河臣方略。二十八日，康熙帝回宫。

第六次南巡：康熙四十六年（1707 年）正月二十二日，至五月二十二日，往返 114 天。

从正月十三日上谕吏部等可知，康熙帝念淮黄两河工程，为东南要务，屡次躬临河上，相度指示。去岁河臣、督抚等，请于溜淮套别开河道，直达张福口，以分淮势。上欲动帑修筑，诸臣以事关创建，合词请康熙帝亲阅。皇太后慈命启行阅河。二十二日，南巡启銮。二月十九日，康熙帝阅视溜淮套，由清河登陆，详看地方形势。批评河臣张鹏翮用人不当，工程图样不实，撤掉该河工。次日，以河臣失误之事，上谕大员吏治问题。二十六日，御舟泊扬州，张鹏翮以误开溜淮套具疏请罪。得旨，九卿、詹事、科道严加议处。三月初九日，驻跸江宁府，亲祭明太祖陵。二十四日，在松江府，召见江苏按察使张伯行，在诸臣前，表彰其居官清廉。次日，以其为人笃实，著升福建巡抚。四月初五日，驻跸杭州，幸演武场校射。十一日，与地方疆吏谈南巡见闻，约束随行人等毋扰民。五月初二日，舟泊山阳县，再谕张鹏翮，面授治理高邮湖等措施。次日，康熙帝渡黄河，阅御坝。十三日，御舟泊堂邑县土桥，遣官祭关圣帝君。二十二日，康熙帝抵京西畅春园。

康熙帝 6 次南巡一次在秋冬，5 次在春季。行程路线基本沿着运河一线往返，经直隶、山东、江苏、浙江诸地，水陆交通结合，以御舟水路为主，视察黄河等水系工程，考察沿途地方吏治和风土民情。这条路线是由康熙悉心设计的，南巡中的主要活动也均体现了他巡幸所要达到的宗旨。

康熙 6 次南巡具体路线，参阅下面示意图⑪。

三 治河——黄淮安澜

康熙年间，黄河堤岸多年失治，黄水屡岁冲决，殃及淮河，毁坏运河，造成豫、鲁、皖、苏等省水灾不断。而河患的要冲在徐州、淮安、扬州三府等地方。这里既是运河航行要道，穿过黄河北上，又是淮河与黄河交汇入海之地，因河身淤垫，水道不畅，久为民患。康熙三十一年（1692年）二月初一日，康熙帝曾回忆道："朕听政以来，以三藩及河务、漕运为三大事，夙夜厪念。曾书而悬之宫中柱上，至今尚存。倘河务不得其人，一时漕运有误，关系非轻。"[12]"朕念河道，国计民生攸关"。在圣祖心中，治河即治国的一部分，黄河安澜之日，就是天下大治之时。康熙帝将治理黄河作为国家一桩大事办理，在南巡之前，他已十分关注河工事宜，多次降旨工部，指出："淮扬等处堤岸溃决，淹没田地，关系运道民生，甚为重大。"[13]并派遣工部尚书冀如锡等大员勘查河患，罢免不称职的河道总督王光裕，任命安徽巡抚靳辅为河臣，制定治河规划。当时平定三藩的战争并未结束，康熙帝将治河提到工作日程。靳辅主持河工，筑堤束水刷沙，引黄、淮水入海，做到运道无阻，被淹土地涸出，取得一定成绩，但河工仍有问题需要解决。

康熙帝6次南巡的头等要务是相度形势，遍视河工，指授治河方略，以期减轻河患。他由宫中细览河防诸书及河臣屡进河图，检讨河工，而转入亲临河干工地的治河实践中来。[14]第一次南巡，康熙帝亲临河工现场，见黄河汹涌澎漫，使他认识到"运道之患在黄河，御河全凭堤岸，必南北两堤修筑坚固，方可免啮"。康熙帝肯定了河臣靳辅所设减水坝分泄涨溢的一些作用，但也指出其弊在于"水流侵灌，多坏民田"。希冀"黄河顺势东下，水行刷沙，永不壅滞，则减水坝皆可不用"。[15]第二次南巡，康熙帝巡视河工，主要针对海口和下河问题。在下河海口工程上，主持人于成龙和河臣靳辅意见不一，集中在是开通海口古道泄水？还是筑长堤束水入海？又及开中河、屯田等分歧。坚持自己的主张的靳辅竟遭到免职。圣祖巡视河干，命靳辅、于成龙随行。开凿中河（自清河至宿迁黄河北岸堤内开的新河），小民商贾无不称便者，"盖由免行黄河一百八十里之险"。但他忧虑"万一黄堤溃决，失于防御，中河黄河必将混而为一"[16]，指示河臣和地方大员认真规划实施河工。三月初七日，康熙帝深入高家堰治河工地，指出这一带堤岸坚固，不可无减水坝。"若妄将减水坝轻塞，湖水势大，安能保堤无决？故朕前谓减水坝亦有当用者，此也"。"旧堤之外，更筑新堤，实属无益。湖面高，堤势卑，若旧石堤果不能保，以土新筑之重堤，何足以遏之"？[17]他在河工实践中解决问题，不断丰富治水的经验。

第3次南巡，康熙帝仍十分关注河患，亲临河岸，"见黄河逼近清口，黄水倒灌，泥沙壅垫，洪泽湖水不出。自高家堰减水坝流入高邮、宝应诸湖，自高邮、宝应诸湖流入运河，以致下河，悉被淹没"。[18]康熙帝指授河工方略，当务之急在挑浚清口，泄出洪泽湖水，否则高家堰并运河堤工，虽加高厚，均属无益。提出让黄河水道稍向北移，使淮水畅流。此时河道总督张鹏翮依照圣训治河，收到一定成效。第4次南巡时，康熙帝欣慰地说："向来黄河水高六尺，淮水低六尺，不能敌黄，所以常患淤垫。今将六坝堵闭，洪泽湖水高，力能敌黄，则运河不致有倒灌之患，此河工所以告成也。"[19]第5次南巡时，康熙帝针对去年告成河工，今年又冲决，防御不力，强调高家堰最关紧要，倘若其"六坝之水泛溢，则清水力弱，而黄水必复致倒灌"，"宜谨志之，毋忽"！[20]河臣张鹏翮与江西江南总督阿山拟订防治洪泽湖水泛滥泗州、盱眙等地的工程方案，即在泗州之西溜淮套开河，使淮水分流，以缓上流水势。6次南巡时，康熙帝视察溜淮套拟建工程，问河臣张鹏翮为何开此河工？上谕："今日沿途看见，所立标杆错杂。问尔时，全然不知。问河官，亦皆不知。此事不留心，何事留心乎？"他严厉地指出："溜淮套开河，非地方官希图射利，即河工官员妄冀升迁。至河工效力人员，无一方正者，何故留置河上？"又谕："溜淮套开河，必至毁民田庐坟冢，且地势甚高，虽开凿成河，亦不能直达清口。""此河断不可开！"[21]当地百姓见到所立开河标杆尽行撤去，踊跃欢欣，仰祝圣寿无疆。

"黄、淮两河，运道民生攸系"。康熙帝视黄河安澜与社稷安危等同重要，曾经题词："河涨河落维系皇冠顶带，民心泰否关乎大清江山。"[22]他日切心劳，解决水患，首先，为了安定民生，稳定社会秩序。第1次南巡时，御舟过高邮，康熙帝见民间田庐多在水中，登岸巡行堤畔十余里，"召耆旧详问致灾之故"，寻求治河良策。康熙二十七年（1688年）秋，清河县王家营镇大水，"崩崖数十丈，市井房舍尽入蛟宫，妇子茕茕向波而泣……"三十五年，安东县时家口遂决，"洪涛遍野，百里无烟，仅余治内半壁干土"。水患不治理，地方社会秩序就会动荡不宁。其次，保证运河畅通，漕粮北达燕京。康熙帝明确指出："一时漕运有误，关系非轻。"㉓黄河连年成灾，冲毁运河，严重阻碍了江南大批漕粮北运，造成国家经济的失衡，影响国计民生。再次，重视河臣的简选，"戒河吏，勿侵渔"。治理黄河水患是国家常年重大工程之一，每年动支数百万国帑，糜费钱粮，水势并未消减。康熙帝认为其因是河臣不能诚心任事，加意奉公。用人不当，河工难告成功。他选用靳辅等能吏任河臣后，河工始见成效。南巡中，御舟渡江河，波涛怒飞，操舟者平稳驾驶，自有其道。康熙帝颇有感触，特御制《操舟说》，指出："夫舟一器，操舟一艺耳，犹必有道持之，以不至于败，况居天下之大器者哉？扬子有言：'乘国者，其如乘航乎？航安则民安矣。'此物此志也。"㉔他将操舟之术视为治国之道，依其水性，舟才能稳；顺其民心，国方能安。

四　省方——察吏安民

国家治安，吏治实为根本。康熙帝南巡的另一项任务就是察吏安民，省方问俗。第2次南巡时，康熙帝指出："朕夙夜孜孜，惟冀官吏军民、士农商贾，无一人不获其所，故民生吏治，图维区画，务极周详。"㉕足见他将吏治民生视为治国安邦的头等大事。第3次南巡回銮，康熙帝发现江南吏治问题颇多，他说：朕南巡浙江，见百姓生计大不如前，"皆因府州县官，私派侵取，馈送上司，或有沽名不受，而因事借端索取。更甚者，至微小易结案件，牵连多人，迟延索诈者甚多"。指出此等情弊督抚无有不知，乃不厘剔，"反将行贿官员荐举，廉正官员纠劾"，"以致民生失所，殊失朕爱养元元至意"。他还强调，"南巡见地方官员，诚心为民者，甚寡。一切务虚名而无实效，甚无可取"。要求"各督抚洗心涤虑，正己率属，凡有贪污害民官员，不时查参"。㉖因此，南巡之时，康熙帝颇重视整饬江南吏治。

第二次南巡时，康熙帝指出，官吏"选择之事甚难，往往奔走营求者多。且人固难知，初虽见为优长，其能始终如一者亦鲜。故曰：'知人则哲'"。㉗他察访吏治，抓正反两面典型，褒奖洁己爱民之官，贬斥虐民腐败之员，奖惩分明。第1次南巡时，当地文武官员和军民人等，众口一词，称赞江宁知府于成龙"清廉爱民"，圣祖当面奖励，超迁安徽按察使，并赏赐成龙之父，"以见褒美廉吏至意"。他访闻得知漕运总督邵甘居官不善，传谕申饬："身为大臣，理应洁己率属，乃莅任以来，并无善状，且多不谨处。"第2次南巡抵达无锡时，百姓奏称无锡县降级调用知县徐永言善，康熙帝问之巡抚洪之杰，以云其"居官素优"，命徐永言"着带所降之级留任"。泰州知州施世纶"居官颇善"，从优升补扬州府知府，令总督传谕训勉，嗣后宜益洁己爱民。即使为操守廉洁之官员，康熙帝也告诫其不要扰累百姓。有清官之名的巡抚赵申乔，居官分文不取，诚然可信。第4次南巡到杭州时，康熙帝咨访百姓，言赵申乔好受词讼，民多受累。他指出，凡居官，"固贵清廉，尤必和平，始为尽善"。如果经常词讼，刁民兴讼者必多，即为审理，"一家产业已荡然矣"。如此，"民何以堪？"赵申乔"居官诚清，但性喜好多事，所以小民反致受累"。㉘指示清官廉吏要处事平和，勿扰累百姓。第一次南巡过句容县时，康熙帝问知县陈协浚："尔所治县今岁秋成如何？"答曰："今秋收获甚丰。"康熙帝告诫他，知县系亲民之官，"见此地百姓困苦，尔当洁己奉公，爱民如子。不尔，则国法俱在"。^㉙第 2 次南巡驻跸苏州城时，康熙帝蠲免江南积欠正供，希望百姓家给人足。黎民感念皇恩，自发地进呈碑文。他感谢黎民的爱戴之诚，考虑有不肖官吏，以借建亭立碑之名，肆意科敛，将其碑刻发还。在民众恳请下，圣祖将碑刻收存，以防恶吏扰民。^㉚

第 1 次南巡时，康熙帝皆非常关注地方满汉官僚的和睦相处，第 2 次南巡在苏州时，告诫浙江巡抚张鹏翮等大员："尔其益务，辑睦兵民，要之，凡事从公，则得其平矣。昔日江南将军瓦代、总督于成龙，和衷有如一体。文武官亦皆同心共事，毫无满汉兵民之别也。"封疆大吏表示，文武皆朝廷臣工，原属一体，只承教诲，尽心竭力，以图报效。^㉛康熙帝在实际中对待满汉臣僚也是一视同仁。第二次南行在江宁，他还派遣礼部尚书张玉书、工部尚书苏赫，至丁忧汉臣礼部尚书熊赐履宅，赐茶、酒、果品、鹿肉、鹿尾及羊。熊赐履叩首谢恩。次日，康熙帝闻江宁将军博济母亡，仍沿途扈从，效力勤劳，命归丧次，并派遣都统郎坦等往吊，奠茶酒。博济跪谢行宫。康熙帝的关怀致使满汉臣工"惟有益竭犬马之力，以报我皇上洪恩而已"。康熙帝十分关心地方文武官员，沿途所至，多次赐物慰问，如御用袍、褂、貂帽、弓矢、撒袋、书籍、手书御制诗等，及银两、缎疋、人参、茶、酒、果品、鹿羊肉等物，予以鼓励。江南提督老臣杨捷对皇上屡加恩赐御用之物，戴恩感切，表示铭诸肺腑，"教训子孙，使世代仰报君恩"。南巡时，他亦怀念旧臣，经常在驻地接见致仕朝臣。第 2 次南巡在苏州府行宫，康熙帝接见在籍户部尚书王日藻、都御史王鸿绪、学士韩菼。第 3 次南巡于扬州，召见原任工部侍郎李柟，赐御书"多识蓄德"四大字，对联一副，唐诗一副；原任布政使汪楫，赐"游咏清风"四大字并字一副，原任给事中李宗孔，亦赐"游咏清风"四大字并字一副。第 5 次南巡在淮安府，会见在籍大学士张英、原任吏部尚书王泽弘、原任工部尚书熊一潇等，赐予他们御制匾额、对联、手卷等物，如赐张英御书"谦益堂"、"葆静"两幅匾额等，以资慰问，不忘老臣对朝廷的贡献。南巡途中，康熙帝时常彰显风雅，和谐了君臣关系，调动了臣工的积极性，有利于稳定地方社会秩序。

在南巡中，康熙帝一再强调："民为邦本，修养宜先。"^㉜车驾、御舟所过之地，官吏、乡绅士民数万人欢呼载道，说明江南地区士民对清朝的拥戴。第 2 次南巡之时，上谕扈从部院诸大臣："朕稽古省方，咨求治理，阅视河道，期底平成。凡有利于民生，必令沾夫实惠。"^㉝惠及民生，令百姓获得较多的利益，是康熙帝求治天下的主要思想之一。每驻跸一地，地方官员如知县、知州、知府、督粮道、提学道、盐法道、钞关监督、布政使、按察使、巡抚、总督、河道总督、漕运总督，又及城守尉、营都司、千总、把总、游击、参将、副将、总兵、提督、副都统、驻防将军等纷纷前来朝见，康熙帝讯问地方政务民俗，以资调整治道。巡幸所至，"清问下民，闾阎疾苦，靡弗周知。蠲租徭，恤耆老，悯颠连，吏治清浊，咨访激扬"。^㉞南巡时，深入灾区，询问民情。第一次南巡，御舟过高邮湖，见两岸民居田土被淹，康熙帝说："惟高邮等地百姓甚为可悯。"因登岸亲行堤畔十余里，察其形势，"召集生员耆旧，问其致灾之故，细与讲求"。沿途遇见穷苦之民，亲加赏赉；见老弱者，即加矜恤。车驾过郯城县属村落，见一老叟九十七，一老妪九十三，结发夫妻，偕老垂白。康熙帝说："此人间稀有事。因以白金赐之。"老夫妇叩头谢恩。第 5 次南巡见"山东民休养生息有起色"，康熙帝尤欣慰。

重农爱民，舒缓水灾困难。第 2 次南巡途径献县，居民敬持一茎双穗嘉禾以献。康熙帝说："自古帝王不贵金玉，而贵五谷。谷者，民之命也。朕切念民依，惟以五谷为宝。"体现他"养民以重农为首务"的治国理念。南巡所过灾区和积年拖欠赋税之地，民生少得安乐。圣祖以百姓足则国家充裕，要使民户丰盈，必须蠲租减赋，除其杂派为先。凸现他"省耕问俗"之意，节次豁免各省地丁钱粮，得到山东、河南、江苏、浙江等地民众的欢迎。^㉟第 3 次南巡时，康熙帝目睹被淹地方，米价腾涌，百姓生计维艰，指示户部将漕粮截留十万石，分与高邮、宝应、兴化、泰州、盐城、山阳、江都，受灾七州县各一万石，较时价减值发粜；余米邳州留八千石，宿迁、桃源、清河、安东四县各五千石，亦照时价减粜，并派官员监视实施。㉚第3次南巡至桃源，在御舟上看到，岸上"跪有数百人，皆蓬头赤足，鹄而鸠形，若欲呼号，有不敢之状"。得知皆是"饥民"，康熙帝命查点人数，各赐钱千文。㉛第4次南巡至宿迁县，上谕东省巡抚王国昌，见新泰、蒙阴、沂州、郯城一带，黎民被灾甚苦。"虽将正赋蠲免，而现在乏食，尚属无益，徒有赈济之名，而仓粟谅已尽竭"。又观"黎民颜面衣服，朕心不胜恻，更为尽心筹画，如以养蒙古之例，施于山左，庶几青黄不接之际，犹可度日"。派官同地方官员分界赈济。㉜以此缓解百姓的困难，民命始得复生。第5次南巡时，康熙帝看到昔日闾阎失所、不堪瞩目的山东之民，"今服饰颜面，而大异于往时"，颇为欣慰。对商民遇到的困难，康熙帝也力求予以解决。第2次南巡驻跸苏州时，康熙帝得知商民过榷关多有不便，特谕有关大臣："咨访过关商民，每不难于输纳税额，而以稽留关次，不能速过为苦。榷关官员理宜遵奉屡颁谕旨，恤商惠民，岂可反贻商民之累？自今应力除积弊，凡商民抵关，交纳正税，即与放行，毋得稽留苛勒，以致苦累。违者定行从重处分。"㉝第3次南巡中，两淮盐商项鼎玉等叩阍奏称，长芦、两浙加盐二十五斛，纳课三分、五分、一钱不等；独两淮加盐二十五斤，纳课二钱五分，将此等加斤银四十五万两，呼吁恩免。上降旨，不许差官额外加派革除地方官馈送陋规，"庶商力充然有余，而国课无缺矣"。㉞康熙帝的惠商之策，深得商民拥护。

南巡中，康熙帝仍持"重本抑末"的传统经济思想，重视农业，并将江南社会发生的奢华习俗，视为商品经济发展导致风俗不淳，应却浮崇俭。第3次南巡幸无锡，御舟过秦园，路旁麦苗已秀。命侍卫去麦田、水田取几颗秧苗，告诉皇太后，麦苗已秀，实月余即熟，以为面食，秧苗则大米即从此出，"今沿途见农民在野者，皆耕耘不辍，可见农民疾苦，稼穑艰难如此"，并指出："好民为知本，宜乎励俗省耕矣。"随命侍卫将麦稻之苗栽植原地。㊵在杭州，发现蚕丝价格上扬。康熙帝问："桑蚕缘何价贵？想必是过洋的多了？"侍卫叶云龙回答："不是过洋的缘故，是去年桑叶生虫，出的少，故尔价贵。"㊶可见他对农桑之事时刻挂在心上。江南商品经济的长足进步，带来了士庶观念与世俗的深刻变化。第1次南巡在苏州，康熙帝对侍臣说："向闻吴闾繁盛，今观其风土，大略尚虚华，安佚乐。逐末者众，力田者寡，遂致家鲜盖藏，人情浇薄。"指示地方官员，"当使之去奢反朴，事事务本，庶几家给人足，可挽颓风"㊸之后，又言："朕向闻江南财赋之地，今见通衢市镇，似觉充盈。至于乡村之饶，人情之朴，不及北方，皆因粉饰奢华所致。"要求大小有司，洁己爱民，奉公守法，"务令敦本尚实，家给人足"。㊹第二次南巡在杭州，康熙帝对扈从大臣说，夙闻东南巨商大贾，号称辐轴。吴越州郡，"察其肆市贸迁，多系晋省之人，而土著者盖寡"。"良由晋风多俭，积累易饶，而南人习俗奢靡，家无储蓄，日所经营，仅供朝夕，一遇水旱不登，则民生将至坐困"。"苟不变易陋习，何以致家给人足之风？"传谕将军、总督等，"令家喻户晓，务使敦本兴让，崇俭黜浮，兵民日益协和，风俗日益淳朴"。㊺自明代中叶以来，江南地区商品经济持续发展，商业繁荣，民众的思想观念和生活方式都发生大变，人们追求奢华，享受娱乐。而康熙帝思想保守，对江南新习俗的出现不能因势利导，进一步促进社会商品经济的增长。这是他执政中的明显缺失之一。

五　尊孔——稽古右文

清兵入关伊始，在传统的"夷夏之防"的思想影响下，广大汉民对满洲的抵抗情绪高涨。

如何缓和满汉民族之间的矛盾？清朝统治者意识到，要解决这个难题，必须寻找一种有力的思想武器，这就是中国传统文化——儒学。清朝尊孔始于太宗皇太极，读经书，祭文庙。世祖福临到京君临天下，袭封孔子65代孙孔胤植衍圣公，恢复孔子"至圣先师"位号。康熙帝从亲政时起，一方面，努力研习经史，提高自身文化素养，经筵日讲，寒暑不辍，从"四书五经"中寻求"内圣外王、修齐治平"之道。他指出："学问之道，毕竟以正心为本。"⑯"帝王之学，以明理为先"。"学问无穷，不在徒言，惟在躬行实践，方有益于所学"。⑰就在南巡期间，他都手不释卷，读书至三鼓。康熙帝以此缩短夷华之间的思想差距。另一方面，康熙帝极力崇儒重道，大力提倡阅读儒家经典，还以自己心得与名义命文臣编纂多种经典文献，得以传扬。这样作法是清朝将"尊孔"作为笼络广大汉族士人的主要手段，亦是清代对汉族政策的重要环节之一。

尊崇中原传统文化，在南巡中康熙帝做了充分的展示，即稽古右文，昭示天下。

第1次南巡回銮途中，十一月十七日专程曲阜，祭拜孔子。上谕太常寺卿葛思泰，指明此行目的："阙里为圣人之域，秉礼之邦。朕临幸鲁地，致祭先师，正以阐扬文教，振兴儒风。"⑱次日黎明，康熙帝御辇，设卤簿，进曲阜南门，诣圣庙。下辇，至大成殿，行三拜九叩礼。礼毕，他到诗礼堂，监生孔尚任等进讲《大学》首节、《易经·系辞》首节。又至大成殿内，瞻仰圣像，历览圣绩，特书"万世师表"四字，悬额殿中，以示阐扬圣教，垂示将来。并将一套御用"曲柄黄盖"，留供庙庭，以示"尊圣"之意。观孔宅遗井，康熙帝"命汲水尝之"。他诣孔林，步行至孔墓前，跪奠酒三爵。这样大规模隆重地祭孔活动是前所未有的。回京后，次年谕将此盛举编纂成书，二十七年《幸鲁盛典》十八卷修竣，并御撰序文，指出："朕惟自古帝王，声教翔洽，风俗茂美，莫不由于崇儒重道。"将儒学作为治国的思想基础。第3次南巡，赐衍圣公孔毓圻御书"诗书礼乐"四大字，赐五经博士孔毓埏御书"远秀"二大字。御书"圣门之哲"匾额，悬挂子路庙。以示对儒学的尊崇。第5次南巡在松江府，得知青浦之北，地名孔宅，自汉代时，至圣苗裔，避地至此，奉至圣衣冠，环壁葬焉。康熙帝以有万世之师遗迹，亟宜表彰，御书"圣绩遗徽"匾额悬挂。⑲南巡凡经过历代名臣、文人故里，圣祖皆挥笔赐匾。第5次南巡在杭州时，一次就御书12块匾额，令悬挂于董仲舒、周敦颐、范仲淹、苏轼、欧阳修、胡安国、宗泽等祠堂，或书院。例如，闰四月初三日，御书"正谊明道"匾，令悬董仲舒祠；御制"经术造士"匾，挂胡安国书院。康熙帝大力地昌明儒学，使得士人看到华夷文化一脉相承，增强读书人对清朝的认同感。

南巡中处处体现尊重古代帝王，以表虔诚地接续前朝正统。南巡中，康熙帝多次亲自祭拜明太祖孝陵。第一次南巡抵达江宁，遣官于明太祖陵读文致祭后，康熙帝又亲率部院大臣等往谒孝陵，至大门前，下辇步行。进前殿，行三跪九叩头礼。至陵前跪，奠酒三爵，行三叩头礼毕，赐守陵人银100两。他经过明时故宫，慨然许久，御制《过金陵论》，总结明亡之因。第2次南巡，至孝陵大门前，下辇步行，行三拜九叩礼，奠酒三爵。第三次南巡，谒陵后，康熙帝命修缮太祖陵，并御书"治隆唐宋"匾额，悬挂享殿。充分肯定明太祖功绩，这表明满洲贵族对前朝的尊崇。第2次南巡驻跸杭州府城，康熙帝指出："兹行次浙省，禹陵在望。念大禹功德隆盛，万世永赖，应行亲诣，以展企慕之忱。其致祭典礼，所司即察例举行。"⑳他率领诸臣专程赴绍兴府会稽山麓，隆重地祭祀前古圣王大禹陵，礼如祭明太祖陵，遣官献香帛，颂文致祭，皇上亲诣奠酒。㉑"尊崇前代帝王之典，亦已极矣"。第3次南巡，御舟泊张家庄，遣官祭关圣帝君。第5次南巡，御舟泊济宁州，遣官祭历代帝王。泊苏州，遣官祭真武、东岳、城隍之神。康熙帝如此诚心地恭敬列朝先帝及诸神，祭拜和保护他们的陵寝和庙宇。正如同随行大臣所言："今皇上圣不自圣，推隆往代帝王，厚自谦抑，以尧、舜、禹、汤皆前古圣王，欲亲诣致祭，此真圣主崇古重道，万世之令典。"㉒这说明作为清朝统治者对中原政治传统的尊崇，此举也赢得了江南广大民众的信赖。

还有一点应当说明，南巡期间，康熙帝对江南士人的格外争取和笼络。清初江南抗清斗争的事例表明，读书的士人阶层思想情绪的稳定与否，对南方社会的治乱至关重要。因此，在南巡中格外重视对士人的奖掖鼓励。增加江南各省科举名额，就是重要举措之一。第2次南巡之时，康熙帝明确指出："政治所先，在崇文教。江南、浙江为人文萃集之地，入学人数应酌量加增，永昭弘奖。著督抚详议奏请。"㉓南巡途中，康熙帝还多次面试士人，录取者供职内廷。第3次南巡，正逢圣祖诞辰，苏州冒籍被黜"举人"吴廷桢等迎驾，康熙帝特予恢复。第5次南巡，三月十八日，在苏州，康熙帝以勤心典籍，卷帙浩繁，内廷缮写人员不给，令江南、江西总督阿山传谕，安徽、江苏、浙江举、贡、生、监等，有精于书法，愿赴内廷抄写者，到衙门报名，朕亲加考试录用。四月初五日，考试浙江举、贡、生、监等诗字，以顾祖雍、顾宁远2人记名。十四日，考试苏州等府举、贡、生、监等诗字，以汪泰来53人记名。二十三日，考试江宁等府、举、贡、生监等诗字，以钱荣世等五人记名。"每人给路费银60两，俱集阙下，内廷供职"。㉔其中不少人参加了朝廷《佩文韵府》、《广群芳谱》、《历代诗余》等书籍的编纂。这说明康熙帝对读书人的政策比较妥当，士人心态逐渐倾向于清廷。

六　赘　语

康熙帝6次巡幸江南，主要做了三件大事，即"阅视河工，省观风俗，咨访吏治"。康熙帝从社会实际出发，6次南巡解决国家面临的现实问题，凸现君主深入基层社会，与大臣、百姓之间的互动，缓解社会的突出矛盾，以安天下，使清朝统治长治久安。这就是康熙帝南巡要达到的目标。如同起居注官总结第一次南巡时指出的，"皇上斥封禅之文，行时巡之实政"㉕康熙帝南巡之时强调"凡事必亲历乃知"。因而，他处处体现务实之风，反对形式主义，不图虚名。第4次南巡时，正逢圣祖五十寿辰，大学士等恭进祝贺"万寿无疆"屏，他却之不受。㉖第6次南巡视察清河县溜淮套地方，康熙帝令河臣张鹏翮报告此段河工情况，河臣奏曰："我皇上爱民如子，不惜百万帑金，拯救群生，黎民皆颂圣恩……"㉗康熙帝当即打断其话，指明："尔所言皆无用闲文。朕所问者，乃河工事务。文章与政事不同，若作文字，牵引典故，便可敷衍成篇。若论政事，必实在可行，然后可言，非虚文可能饰也。"他曾言："学问无穷，不在徒言，要惟当躬行实践，方有益于所学"㉘。康熙帝务实拒虚，是将经筵日讲所学的真理学应用于南巡的现实之中。

康熙帝巡幸力主从简，沿路卤簿不设，扈从随员仅300人。他多次明谕："国家之用，虽尽出于百姓。朕兹南行，民间之物，秋毫无所扰。"㉙明令有关官员，南巡供应，由京备办，告诫官吏，勿累闾阎，违者"以军法治罪"。乃至"圣驾所至，鸡犬不闻，任民瞻仰"。人口稠密处，皇上敕谕，"众百姓不必跪，真廛无废市，野不撤耕"。㉚扬州绅民迎驾，结彩盈衢。康熙帝指出，这样作法损失物力，令所经郡邑，宜悉停止。苏州、松江乡绅士民将土产、米酒、果品等敬送行宫，恭请皇上收留，盛情难却，他"姑取米一撮，果一枚"，以示不扰民之意。但康熙帝也是人，嗜好古玩，喜欢玩乐。当第3次南巡幸扬州府天宁寺时，刘盐道、乡绅、商人等进古董玩器，他逐件赏鉴笑纳。在江宁城，中堂张玉书进献董其昌字一幅、古砚一方；京口将军马三奇玻璃盏、混元珠二色，俱收下。㉛第2次南巡驾幸杭州，四处悬灯挂彩，摆列香案。淮扬盐政、商家请上筵宴，诚恳至舟。康熙帝幸其居所，笙歌彻夜，香气凌霄。皇上大悦，宴罢，步行于彩灯之下，游至二鼓方息。㉒康熙帝也不迷信方士之术，第一次南下到江宁，民人王来熊献《炼丹养身秘书》一册，他对扈从大臣说，朕读经史之余，所阅载籍多矣。"凡炼丹修养长生，及巫师自谓前知者，皆诞妄不足信，但可欺愚民而已。通经明理者，断不为其所惑也"。"此等事朕素不信，其抛还之"。㉓康熙帝下江南也不忘"习武"，常幸教场，检阅八旗驻防将士骑射。他也游览山川名胜，花港观鱼，所到之处，挥墨题字，这些都是南巡所做之事。但是，与前面所言的三件大事相比，是次要的。6 次南巡是圣祖务实之政的一次大实践，他既治理河患，整饬吏治，又深入了解江南舆情，为朝廷调整政策提供了依据。康熙帝 6 次南巡是清朝由乱达治的明显标志之一。

① 参阅《尚书正义》卷第三《舜典第二》，《十三经注疏》（标点本），北京大学出版社，1999 年版。
② （唐）张说：《张说之集》四《扈从南出雀鼠谷诗》，见《唐人集》，缪荃孙辑，民国初年刻本。
③ 参阅《清史稿》卷一二六《河渠一·黄河》，中华书局，1976 年版；《清国史》第四册《河渠志》卷一，嘉业堂抄本，中华书局，1993 年版。
④ 《清世祖实录》卷八八，顺治十二年正月壬子，中华书局，1985 年版。
⑤ 《清史稿》卷一二六《河渠一·黄河》；《清国史》第四册《河渠志》卷一。
⑥ 《清世祖实录》卷一七，顺治二年六月丙寅。
⑦ 第一、二次南巡依据《康熙起居注》，中华书局，1984 年版；第三、四次南巡依据《清代起居注册·康熙朝》，台北联经出版事业公司，2009 年版；并与《清圣祖实录》对校。因康熙《起居注》缺第五、六次南巡记录，故据《清圣祖实录》史料。
⑧ 《圣驾南巡录·随銮日记》（清抄本）一卷，藏北京大学图书馆古籍部。
⑨ 《康熙起居注》第三册，康熙二十八年三月十一日。
⑩ 《清国史》第一册，《圣祖本纪》卷一八，康熙四十四年正月癸酉；此南巡诏书，《清圣祖实录》未载。
⑪ 此图转引自《清宫生活图典·巡狩篇》紫禁城出版社，2007 年版。
⑫ 《清圣祖实录》卷一五四，康熙三十一年二月辛巳。
⑬ 《清圣祖实录》卷六三，康熙十五年十月壬戌。
⑭ 参阅商鸿逵先生《康熙南巡与治河》，《北京大学学报》1981 年第 4 期。
⑮ 引文俱见《清圣祖实录》卷一一七，康熙二十三年十月辛亥。
⑯ 《清圣祖实录》卷一三八，康熙二十八年正月庚寅。
⑰ 《康熙起居注》第三册，康熙二十八年三月初七日。
⑱ 参阅《清圣祖实录》卷一九五，康熙三十八年九月戊申。
⑲ 《清圣祖实录》卷二〇〇，康熙四十二年三月辛酉。
⑳ 《清圣祖实录》，卷二二〇，康熙四十四年闰四月癸卯。
㉑ 《清圣祖实录》，卷二二八，康熙四十六年二月癸卯。
㉒ 康熙帝此题词现镌刻于河南省焦作市武涉县嘉应观内。
㉓ 《清圣祖实录》卷一五四，康熙三十一年二月辛巳。
㉔ 《圣祖仁皇帝御制文集》卷二一《操舟说》，《影印文渊阁四库全书》第 237 册，台北商务印书馆，1983 年版。
㉕ 《康熙起居注》第三册，康熙二十八年二月十一日。
㉖ 本段引文俱见《清圣祖实录》卷一九三，康熙三十八年五月丙戌。
㉗ 《康熙起居注》第三册，康熙二十八年三月初七日。

㉘　《清圣祖实录》卷二一一，康熙四十二年二月乙未、丁酉。

㉙　《康熙起居注》第二册，康熙二十三年十一月初一日。

㉚　参阅《康熙起居注》第三册，康熙二十八年二月二十日。

㉛　《康熙起居注》第三册，康熙二十八年二月二十二日。

㉜　《康熙起居注》第三册，康熙二十八年二月二十日。

㉝　同上，康熙二十八年二月十一日。

㉞　《康熙起居注》，第二册，康熙二十三年十月十一日。

㉟　《康熙起居注》第三册，康熙二十八年正月十二日、十四日。

㊱　《清圣祖实录》卷一九二，康熙三十八年三月辛未。

㊲　《圣驾南巡惠爱录》前集，现藏于北京大学图书馆古籍部。

㊳　《清代起居注·康熙朝》第十八册，康熙四十二年二月初一日，台北联经出版事业公司，2009 年版。

㊴　《康熙起居注》第三册，康熙二十八年二月十一日。

㊵㊶㊷　《圣驾南巡惠爱录》前集。

㊸　《康熙起居注》第二册，康熙二十三年十月二十七日。

㊹　同上，康熙二十三年十一月初四日。

㊺　同上，第三册，康熙二十八年二月十七日。

㊻　《清圣祖圣训》卷之五《圣学》，《大清十朝圣训》卷一，北京燕山出版社，1998 年版。

㊼　《清圣祖实录》卷六七，康熙十六年五月己卯、癸卯。

㊽　《康熙起居注》第二册，康熙二十三年十一月十五日。

㊾　《清圣祖实录》卷二一九，康熙四十四年三月壬戌。

㊿51 52 53　《康熙起居注》第三册，康熙二十八年二月十一日。

54　《清圣祖实录》卷二二〇，康熙四十四年四月戊辰、丁亥；（清）顾嗣立：《闾邱先生自订年谱》，见赵诒琛、王大隆辑《丙子丛编》，民国年间刻本。

55　《康熙起居注》第二册，康熙二十三年十二月岁末记。

56　《清圣祖实录》卷二一一，康熙四十二年正月壬子。

57　同上，卷二二八，康熙四十六年二月癸卯。

58　同上，卷六七，康熙十六年五月癸卯。

59　《康熙起居注》第三册，康熙二十八年二月二十日。

60　《圣驾南巡录·随銮日记》（清抄本）一卷，藏北京大学图书馆古籍部。

61　参阅《圣驾南巡惠爱录》前集、后集。

62　参阅《圣驾南巡录·随銮日记》（清抄本）一卷。

63　《康熙起居注》第三册，康熙二十八年二月二十日。

康熙时期对日海外贸易政策刍议

荆晓燕

（青岛行政学院文史教研部副教授）

关于清朝的对日海外贸易政策，学界已有相关的著述①，但这些研究成果多是着眼于清前期的宏观对日贸易政策，而缺乏对不同执政者在各自当政时期采取不同政策的细致梳理与描述。笔者已经对顺治时期的对日贸易政策进行了分析与考证②，现拟就康熙时期的对日贸易政策进行探讨。究竟康熙开海对中日贸易产生了什么影响、康熙帝如何派人密访日本、采取了何种外交策略以及"信牌风波"如何化解都是本文重点关注的内容。

一　康熙开海

明朝后期，中日关系因为"嘉靖倭患"而处于紧张状态，明政府一直对日本采取严防态度，两国贸易也因此受到消极影响。进入清朝之后，清政府调整了对日贸易政策，顺治帝作为开国之君改变了明后期的防日政策，开始采取积极的态度，力图将日本纳入其朝贡贸易体系，并特许发展中日执照贸易。但是一般只有政府急需的物品才会申请到执照，所以中日贸易受到很大的局限，得不到充分发展的空间和机会。特别是顺治十二年颁布禁海令之后，海外贸易更加萧条，几乎陷入停顿的状态，中日贸易基本上被郑氏海商集团所操控。

康熙初期继续实行这种严酷的海禁政策，康熙帝在即位当年就下敕谕，加强海禁。他这样做，一方面是因为郑氏抗清势力依然强大，还没有到开海的时机；另一方面是因为他刚刚即位，不宜贸然改变顺治帝的既定政策。但后来随着沿海形势的变化，开海逐渐被提上日程。康熙十八年（1679 年），工科给事中丁泰上《开海禁疏》，要求山东地区开海，得到了康熙帝的同意。山东地区禁海令的解除，使得开海之议渐起。该年年底，河道总督靳辅上书："近蒙皇上洞悉民隐，深念民艰，特沛恩纶，特许沿海之民采捕鱼虾。又于庙湾等处，许驾一二百石小艇往来觅利，沿海之民感诵皇仁莫不欢声震地，自庆更生将见，多年积困之残黎，从此渐有声色矣。惟是沿边采捕所得不过鱼虾，而日耗之银不能使之增益。臣反覆筹维，莫若另为立法，将商人出洋之禁稍微变通，方有大裨于国计民生也。"③靳辅的上疏，一方面肯定了山东开禁的正确性，同时又要求皇帝在更大程度上解除海禁。而江苏巡抚慕天颜更明确地指出这一点，他直接提出要开放对外贸易："臣思海舶通商诚有益于民生。盖地产所出丝布药材等货原属平常之物，一至外国得价数倍，使外国之金银岁入于我，百姓赖以充裕，赋饷赖以转输，岂非生财之大原。较之斤斤议节议不帝霄壤悬殊也。"④可见，慕天颜把开海禁看作是增加国家财政收入的一个重要举措，这种看法是有积极意义的。除此之外，福建总督姚启圣还从海防的角度提出展界的建议。在攻占金门、厦门之后，姚启圣在上疏中指出："今投诚之众，率前迁徙界外之民，勒归农，则无田可给，势将复去为盗，莫若以界外田地按籍给还，并弛海禁收鱼盐之利，给军食。"⑤这些言论从民生、财政、海防等各个角度为开海作了舆论上的准备。

康熙二十二年，清朝统一了台湾，三藩之乱也已平息，这就为废除海禁创造了条件。很多大臣都主张开海贸易，"今海外平定，台湾、澎湖设立官兵驻扎，直隶、山东、江南、浙江、福建、广东各省，先定海禁处分之例，应尽停止"⑥。康熙帝也顺应时势，支持这种主张，指出开海贸易的种种好处："向令开海贸易，谓于闽、粤边海民生有益，若此二者民用充阜，财货流通，各省俱有裨益。且出海贸易，非贫民所能，富商大贾，急迁有无，薄征其税，不致累民，可充闽粤兵饷，以免腹里省分转输协济之劳。腹里省分钱粮有余，小民又获安养，故令开海贸易。"⑦次年，康熙宣布正式停止海禁："今海内一统，寰宇宁谧，满汉人民相同一体，令出洋贸易，以彰富庶之治，得旨开海贸易。"第二年，宣布江苏的松江、浙江的宁波、福建的泉州、广东的广州为对外贸易的港口，并分别设立江海关、浙海关、闽海关和粤海关四个海关，负责管理海外贸易事务。⑧关于康熙开海的情况，姜宸英曾谈到："康熙二十三年，克台湾，各省督抚臣先后上言，宜弛航海之禁，以纾民力。于是诏许出洋，官收其税，民情踊跃争奋，自近洋诸岛国，以及日本诸道，无所不至。"⑨

康熙开海时期，国际环境十分有利。因为在 17 世纪后半期，西方早期殖民者葡萄牙和西班牙的海上霸权都已经衰落，后起的荷兰也已度过了海外扩张的高峰期而正处在衰落的过程中，并且当时荷兰的主要精力放在印度及东印度群岛，同时还忙于同英国争夺殖民地和海上霸权，而东亚地区并不是其扩张重点。英国当时也处于革命后的内政困扰中，并没有开始向东亚进行大规模的扩张。所以说，17 世纪后半期是西方国家在东亚势力较为衰落的时期，而康熙开海正在此时，就有了一个比较有利的国际环境。就中日之间的贸易而言，葡萄牙人控制的澳门——长崎贸易在明朝末年已经衰落；荷兰人从事的以台湾大员为基地的对日中转贸易也随着台湾被收复而陷于沉寂；郑氏海商集团的对日贸易一度繁荣，但清朝统一台湾之后，这股力量也已经趋于瓦解。所以，在康熙开海前夕，不管是曾经从事中日转运贸易的葡萄牙、荷兰，还是从事中日直接贸易的郑氏海商集团，都已经退出历史舞台，只有一些沿海私商还在坚持。可以说，当时的中日贸易出现了一个真空期，而康熙开海可谓是恰逢其时，对于中日贸易的发展来说可谓是天赐良机。

康熙开海不久，中日之间的贸易就出现了前所未有的繁荣局面。据台湾学者朱德兰考证，当时与长崎有密切贸易关系的江浙沿海港市有二十多个。其中江苏地区有：通州、北沙、北新港、剑山、崇明、吴淞、尽山、马山、茶山、洋山；浙江地区有乍浦、海盐、招宝山、金塘、络伽山、鄞县、奉化、象山、东渡门、金沙、后海、祠堂澳、台州、温州等。⑩在所有这些港口中，乍浦港的对日贸易特别值得一提。它从康熙开海后就走向繁荣，到乾隆时期达到鼎盛，成为中日两国之间贸易和文化交流的重要港口，在清朝对日贸易史上占据重要的地位。大量的生丝、绸缎、药材、糖等货物经由乍浦港出口日本，随着乍浦港的繁荣，海关税收也日益增加。浙海关初设时，定每年税额白银 32000 两，而乍浦独占 13000 两，约占浙海关收入总和的五分之二；至康熙六十年（1721 年）乍浦港每年的关税收入达到 23000 两，乾隆初年又猛增至 39000 余两⑪，这个数字比浙海关初设时所定的税银总额还要多，中日贸易的繁荣状况由此可见一斑。

二　密访日本

康熙开海之后，原浙江总督王骘提议"旧本国贸易船只请令停泊定海山，差官验看，方准贸易"。这里所提到的"旧本国贸易船只"并非指日本来华的船只，而是指赴日贸易的中国船只。他的这个建议实际上就是要加强官方对赴日贸易船只的控制。但康熙帝并没有接纳这一建议，他说"此所奏之事无益，今王鷔来京，俟到日问明具奏"。这句话表明了他的立场，即希望中日贸易自由发展，尽量减少干涉。接着，康熙又说道"联南巡时，见沿途设有台座。问地方官及村庄耆老，据云明季备倭所筑。明朝末年，日本来贸易，大船停泊，乘小船登岸，直至湖州。原非为劫掠而来，乃被在内官兵杀尽，未曾放出一人。从此，衅端滋长，设兵防各，遂无宁静。"⑫这实际上表达了他对明代倭患起因的一个看法，他认为明朝政治失误、贸易渠道不畅是引发倭患的重要原因。而正是基于这种看法，他才如此坚定地开放中日贸易，并努力促进它的自由发展。

对日贸易是康熙开海后清朝最重要的外贸关系，康熙帝十分重视。同时鉴于与日本关系的特殊性，康熙帝又比较谨慎。康熙三十九年（1700年）十一月，康熙帝命江南"三处织造会议一人往东洋去"，调查一下中日贸易的情况。次年正月李煦会同江宁织造曹寅、杭州织造敖福合共同商定由杭州织造乌林达莫尔森前去。当李煦把这一结果上呈后，康熙帝十分谨慎地嘱咐："千万不可露出行迹方好。"而李煦也力图将此事办得机密，"臣煦等恐从宁波出海商舶颇多，似有招摇，议从上海出去，隐僻为便。莫尔森于五月二十八日自杭至苏，六月初四日在上海开船前往。"康熙帝特别指示："回到日即速报"。同年十一月李煦又奏："杭州织造乌林达莫尔森于十月初六日回至宁波，十一日至杭州，十五日至苏州，十六日即从苏州起行进京。"⑬从行程安排之紧凑，可以看出朝廷对此事是相当的重视。

关于乌林达莫尔森向康熙帝汇报了什么情况，史料中没有记载，我们不得而知。但关于此事，雍正帝曾经在他对李卫秘奏的批谕中提及，也可以看出一些端倪。雍正帝谈道："当年圣祖曾因风闻动静，特遣织造乌林达麦耳森改扮商人往彼探视，回日复命，大抵假捏虚词，极言其懦弱恭顺。嗣后遂不以介意，而开洋之举继此而起。"⑭在上面的的这份批谕中，有一个非常明显的错误，那就是雍正帝认为康熙帝派遣乌林达麦耳森赴日在前，开海之举在后，这从时间上说是颠倒的，因为开海在康熙二十三年就已经实行，而派遣乌林达麦耳森赴日则是在康熙三十九年，所以，这是雍正帝的一个误读，是应该澄清的。撇开这个不谈，通过这份批谕我们可以看出，这位被派往日本探听情况的杭州织造向康熙报告日本"懦弱恭顺"，而这一报告成为康熙帝处理对日关系的重要依据。

应该说，康熙帝派人密访日本是必要的。因为当时中日之间没有官方往来，清政府对于日本的情况缺乏信息来源。在这方面，日本采用"唐船风说书"制度来搜集情报。德川幕府规定，在长崎入港的唐船船主，必须经常向管理外贸事务的长崎奉行报告海外消息。这种报告就是所谓的"唐船风说书"，其内容包括中国国内形势、航海情况、贸易状况、船员的情况等。它是当时日本了解中国的重要情报来源，为其管理中日贸易提供了重要的依据。所以在江户锁国时代，尽管只有长崎一地对外通商，但是日本的消息却并不闭塞，正是因为很好地利用了长崎这个窗口。比如说，在《华夷变态》中收录了一份来自福州船的风说书《吴三桂檄》，成文日期是日本延宝二年（康熙十三年，1674年）六月四日，由唐通事久世大和守整理而成。这份风说书是吴三桂叛清时所发布的檄文，檄文发布时间是在康熙十二年（1673年）底，而次年夏天这份檄文就已经被日本所掌握，时间很快。而且根据文中的内容来看，这并不是根据传闻而整理的，而是一份原文，这说明日方侦查情报的能力是非常强的。但清政府却缺乏类似的制度，而康熙帝派人密访日本能够掌握第一手的情报，虽然与唐船风说书制度相比要逊色，但也不失为加强对日本了解的一条有效途径。康熙帝派人密访日本的做法被雍正帝继承下来，他特别指派浙江总督李卫对日本情况留心查访，并先后派朱来章、俞孝行前去日本探听情况，这对于加强对日本的了解、从而制定相应的政策起到了积极作用。

另外，康熙帝还试图对日本采取进一步的外交行动，从而打破两国之间的外交僵局，关于这一点，我们从朝鲜史料可以看到蛛丝马迹。康熙四十二年（1703 年）春，朝鲜釜山"侨馆"传出"正月间唐船十二艘来泊长崎岛"及江户派员赴长崎等信息惊动了朝鲜政府，朝政府经探询得知如下细节：

> 今春唐船多持土产，将往江户，欲结邻好。关白闻之，持差三太守出送曰："汉商愿交，出于尝试，汝等据理严斥，如有所更聒，一并屠戮，以杜日后之渐"三太守四月十八日到长崎，诘问交邻之事。汉商言，浙江守官知我等年年买卖于长崎，使以交邻之意告知。江户三太守以为江户之于浙江，水路辽远，彼此疆界，本不关涉，愿为交邻，事甚殊常，仍欲驱出，则汉商恳乞少留买卖而去。三太守四月二十七日撤归云。⑮

中国商人以"浙江守官"信使自居，"持土产，将往江户，欲结邻好"。可见，这不是商人的自发行为，而是由官方授意的，而且从此事惊动江户幕府来看，商人似乎携带有官方文书。而所谓的"浙江守官"也必定不敢在中日关系这样重要的问题上擅作主张，很可能是接受康熙帝的指令才采取如此行动的。如果朝鲜史书所述基本属实，则有可能是康熙帝在听取了莫尔森考察长崎的汇报后，再经由江南织造安排这一秘密行动，意在进一步打破中日两国政治外交关系的僵局。只可惜，当时日本正处于锁国时期，对于清政府的这次外交试探没有采取积极的回应，否则清朝的中日关系将会呈现出另一种格局。虽然这次外交努力没有成功，但康熙帝这种积极的外交态度是值得肯定的。

三　信牌风波

康熙对中日商贸关系的重视，在信牌事件中表现得最为明显。江户幕府于正德五年（1715 年）颁布《海舶互市条例》，又称《正德新令》，它对中国、荷兰赴日商船数和贸易数额进行限制，并对华商实行信牌制度。信牌实际是当时幕府发给中国商船的贸易许可证。《正德新令》规定只给那些不违反新令的中国船主以信牌，作为下次来日本的凭证，也就是说，只有那些持有信牌的华商才被获准互市贸易。关于正德新令颁布前后的唐船情况，日本史书《信牌方记录》中有比较明确的记载。在正德四年（1714 年）八月，幕府命令长崎奉行不准已经结束本年度贸易业务的中国商船返航。当年赴长崎贸易的商船共 51 艘，只有 2 艘未服从这一指示而径自返回中国。这两艘商船分别是"午三号"台湾船，船主为蒋元甫；"午十号"台湾船，船主为谢叶运。正德新例颁布之后，得到比较严格的执行。所以当上文中提到的那 2 艘未服从幕府命令而径自返回的商船，再度赴日时，受到了比较严厉的处罚措施，不准进港贸易，并被迫于六月七日进港当天返航。⑯

船主谢叶运被驱逐回国后，又联合没有获得信牌的船主庄运卿，到浙江鄞县向官府控告：去年在长崎领受信牌的胡云客、董宜日、李韬士等 43 名船主背叛朝廷，使用有外国年号的信牌，请朝廷严加惩处。而领有牌照的船主也就这一问题提起反诉。"鄞县知县见事关非轻，不敢擅专，通详督抚两院及布按二司，而浙江之抚院批发二司会议，二司云：四十三艘不宜私领外国牌照，霸占生理；庄运卿等亦不宜以叛圣不经之语妄控。拟应将牌照入官，照旧贸易"。按照这一判决，领受信牌之举虽然算不上是背叛朝廷，但亦属不当之举，因此信牌应由宁波海关予以收缴。谢、庄二人对这一判决不服，"又往南京关部告发，南京关部亦详文督抚两院，以士等不宜擅领牌照，浙关亦不宜为他，请给牌照。"⑰可见，南京方面也认为海商不应私自领受日本牌照，但却不认同牌照由宁波海关收缴的判决，因为这样一来，对日贸易很有可能被浙江独占，而江南则会处于劣势。鉴于这种分歧，此案最终被上报给朝廷，信牌风波所引发的纷争逐渐升级，由清朝船主之间的矛盾引发出江、浙两省的利益之争，最后又由经济问题转化为意识形态领域的矛盾。

浙江巡抚徐元梦将此事上报朝廷，并明确表达了自己的态度，指出"中国商船受长溪（崎）地方牌票"，这种行为"有乖大体"，并提出"行文倭子之处详议，将伊所给牌票发回，以我国文票为凭"的应对措施。而户部的意见也与此相同，康熙五十五年（1716 年）户部覆："东洋商贾人等，从前往来行走，并无他故。今年长溪（崎）地方，倭子忽立新例，只与先到之胡元克等四十二船每船牌票一纸，许其交易。若无伊国牌票，即拨回，不许交易。以我中国商船受长溪地方牌票，不但有乖大体，相沿日久，大生弊端，亦未可知。"⑱可见户部对日本信牌制度的反对态度是非常强烈的。

实际上，清廷官员所反对的不仅仅是信牌制度，他们对中日贸易的这种模式就心存不满。因为，清朝建立后，日本并未与清廷建交，而是独立于清朝的朝贡体制外，而清廷则在政策上鼓励商人赴长崎贸易，致使华商处于完全受制于日方的被动局面。中国传统的对外关系意识形态，就这样在清代对日关系上遭遇颠覆性的挑战。尤其是汉族的士大夫，他们的历史记忆中有"嘉靖倭患"和"万历朝鲜之役"这样的事件，更不愿意看到中日长崎贸易这样的局面。清初著名学者朱彝尊即是一个典型的例子。朱彝尊的家乡是浙江嘉兴，而嘉兴平湖的乍浦则是清代中日贸易的重要港口。1684 年前后，他看到了乍浦"迩来弛海禁，伐木运堂栋"的繁荣景象，真是别有一番滋味在心头，不禁发出"我口默不言，我心有余痛；昔者嘉靖中，狡倭肆狂纵"的感叹。⑲在这里，朱彝尊对清廷全面开放海禁、鼓励商船赴长崎贸易的政策很明显是持反对态度的。其他官员对信牌事件的意见都或多或少地受到这种观念的影响。

但户部的这一立场并没有得到康熙帝的支持。康熙帝对中日关系有更综合的考虑：其一，从清初以来，清廷已经默认了中日关系目前的这种局面，不希望再起波澜。其二，日本幕府已经实行了闭关锁国政策，不会来华贸易，所以中日之间的贸易实际是单渠道的。一旦清廷压制华商赴日贸易，那么中日之间的贸易将会陷入断绝状态。其三，从经济方面考虑，清朝此时必须从日本购进铜料，因而必须维持与日本的贸易。正是基于这些考虑，康熙帝在面临中国的贸易诉求被日本方面阻遏的情况时，力求避免将两国贸易关系引向公开对抗，以确保清廷对日关系既定政策的延续性。

在由信牌制度引发的这场风波中，康熙帝的立场是非常明确的。他不但没有反对信牌制度，反而替它辩护了一番，说道："联曾遣织造人过海观彼贸易，其先贸易之银甚多，后来渐少。倭子之票，乃伊等彼此所给记号，即如缎布商人彼此所认记号一般。各关给商人之票，专为过往所管汛地以便清查，并非旨意与部中印文。巡抚以此为大事奏闻，误矣。部议亦非。着九卿、詹事、科、道会同再议具奏。"⑳康熙帝力排众议，努力淡化这件事的政治色彩，强化商业色彩。九卿在康熙帝的强力干预下终于认可了日本牌照的合法性，该年十一月二十九日，九卿复奏："查得商人等海中贸易，已经年久。伊所给我国商人牌票，不过彼此交易之记号，并无关系。"康熙帝又将九卿的意见发给浙江巡抚徐元梦，徐元梦也接受了这一处理意见，"原呈览倭国票照，仍祈发臣转付商人，照常贸易"。为了减少牌照给国内商人带来更多纷扰，他又进一步指出"但有票者得以常往，无票者货物雍滞。俱系纳税之人，应令该监督传集众商，将倭国票照互相通融之处明白晓谕。每船货物均平装载，先后更换而往。"②至此，信牌风波终于平息。

可见，在这场信牌风波后，中日贸易之所以还能顺利进行，康熙帝的努力起了至关重要的作用。因为不管是浙江、江南的地方判决还是户部的意见都对清朝船主接受日本信牌持反对意见。如果不是康熙帝的坚持，中日贸易很可能因为信牌风波而受到不利的影响。康熙帝的这种态度来源于他对日本国内情况的了解，他说的"朕曾遣织造人过海观彼贸易"很可能就是指上文中曾提到过的杭州织造乌林达莫尔森。虽然他向康熙帝究竟汇报些什么我们并不清楚，但从康熙在信牌事件中对日本的态度来推测，乌林达莫尔森认为日本当时对中国并无多大威胁，而中日之间的贸易也应该继续维持。应该说，康熙帝是一位非常务实的统治者，其对中日贸易的支持态度以及对信牌事件的处理意见是中日贸易得以维持的重要保证。

康熙晚期，清朝的海外贸易政策又开始趋向于保守，主要标志就是1717年颁布的"南洋禁航令"。清廷正式宣布："凡商船照旧东洋贸易外，其南洋吕宋、噶罗吧等处，不许商船前往贸易。于南澳等地方截住，令广东、福建沿海一带水师各营巡查，违禁者严拿治罪。"②清廷之所以严格禁中国商民赴南洋贸易，主要是因为康熙帝认为太多中国商民移居到东南亚，有可能在海外聚集生事，对付清王朝。对此，他谈到："海外有吕宋、噶喇巴两处地方。噶喇巴乃红毛国泊船之所，吕宋乃西洋泊船之所，彼处藏匿盗贼甚多，内地之民希图获利，往往于船上载来带去，并卖船而回，甚至有留在彼处之人，不可不预为措置。"③但此时康熙并未禁止赴日本的贸易，主要是因为清政府需要采办日本铜作为铸币的原料。尤其值得注意的是，南洋禁航令的颁布就在信牌风波的第二年，将这两种态度做一对比，可以看出，康熙帝对日本的态度是不同于其它国家的。在对南洋国家实行保守政策的同时，对与日本的贸易是支持、鼓励的。

总而言之，自康熙二十三年海禁解除之后，终其一朝，康熙帝对于与日本的海外贸易一直采取了支持和鼓励的态度。从康熙开海到密访日本到外交试探再到后来信牌风波的解决，体现了这种政策的连贯性，甚至在实施"南洋禁航令"时期，其对日政策也并未产生动摇和反复，这种一以贯之的态度对于当时中日贸易的繁荣提供了坚实有力的政策支撑。

---

① 参见陈东林《康雍乾三朝对日本的认识及贸易政策比较》，《故宫博物院院刊》，1988年第1期；陈尚胜：《明与清前期海外贸易政策比较——从万明〈中国融入一世界的步履〉一书谈起》，《历史研究》2003年第6期；易惠莉：《清康熙朝后期政治与中日长崎贸易》，《社会科学》，2004年第1期。

② 参见拙文《清顺治十二年前的对日海外贸易政策》，《史学月刊》，2007年第1期；《清初苏州商船赴日贸易史实辨析》，《故宫博物院院刊》，2007年第4期。

③ 靳辅：《靳文襄奏疏》卷七《生财裕第二疏》，《景印文渊阁四库全书》（第430册），第681–683页，台湾商务印书馆，1986年版。

④ 慕天颜：《慕天颜请开海禁疏》，载席裕福：《皇朝政典类纂》卷一一八，第1085页，台北文海出版社，1982年版。

⑤ 朱彝尊：《暴书亭集》卷六六《尚书杜公疆理记》，《影印文渊阁四库全书》（第1318册），第382页，台湾商务印书馆，1986年版。

⑥ 嵇璜：《清朝文献通考》卷三三《市籴考》，第5155页，台北新兴书局，1965年版。

⑦ 《清圣祖实录》卷一一六，康熙二十三年九月甲子条，第212页，中华书局，1985年版。

⑧　史学界对于江海关的始设地点却有四种不同观点。一是"淮安府云台山"，二是"松江府上海县"，三是"镇江府云台山"，四是"先设于云台山，后迁上海。"据赵树廷考证，江南省海关始设于两地，除松江府上海县设有海关外，另一处在淮安府庙湾镇，淮安府云台山和镇江府云台山均未设立海关。参见：赵树廷：《江南省海关设于庙湾考》，《江海学刊》，2006 年第 2 期，第 90 页。

⑨　姜哀英：《日本贡市入寇始末拟稿》，载贺长龄：《皇朝经世文编》卷八三，第 2958 页，台北文海出版社，1972 年版。

⑩　朱德兰：《清开海令后的中日——长崎贸易商与国内沿岸贸易》，张炎宪主编：《中国海洋发展史论文集》（第 3 辑），第 408 页，1991 年版。

⑪　《浙江巡抚乌尔恭额奏折》，《史料旬刊》第 40 期，第 477 - 478 页，故宫博物院文献馆，1931 年版。

⑫　中国第一历史档案馆编：《康熙起居注》，第 1894 - 1895 页，中华书局，1984 年版。

⑬　中国第一历史档案馆编：《康熙朝汉文殊批奏折汇编》，第 55，56，67 页，档案出版社，1984 年版。

⑭　王之春：《清朝柔远记》，第 73 页，中华书局，1989 年版。

⑮　吴晗辑：《朝鲜李朝实录中的中国史料》，第 4207 - 4208 页，中华书局，1980 年版。贞享三年（1686）后长崎奉行一职三人同任，驻长崎者二，驻江户者一；元禄十二年（1699）后为四人同任，驻长崎、江户各二。文中所谓"江户三太守"应指长崎奉行驻江户者。所谓"关白"即幕府将军。

⑯　松浦章：《康熙帝和日本的〈海舶互市新例〉》，载《清史国际学术讨论会论文集》，第 475 页，辽宁人民出版社，1990 年版。

⑰　林春胜、林信笃：《华夷变态》，第 2692 页，东洋文库，1958 年版。

⑱　中国第一历史档案馆编：《康熙起居注》，第 2303 页，档案出版社，1984 年版。

⑲　朱彝尊：《曝书亭集》，载王云五主编：《万有文库》，第 292 页，上海商务印书馆，1936 年版。

⑳　中国第一历史档案馆编：《康熙起居注》，第 2303 页，中华书局，1984 年版。

㉑　中国第一历史档案馆编：《康熙起居注》，第 2373 页，中华书局，1984 年版。

㉒　《清圣祖实录》卷二七一，康熙五十六年正月庚辰条，第 658 页，中华书局，1985 年版。

㉓　《清圣祖实录》卷二七〇，康熙五十五年十月辛亥条，第 649 页，中华书局，1985 年版。

雍正时期入祀孔庙人员的选择标准探析

——兼论陆陇其为何能够入祀孔庙

刘盛

（故宫博物院官廷部副研究馆员）

雍正二年，雍正皇帝下令对入祀孔庙的人员进行一次大规模的调整。雍正皇帝很重视这件事，这是一次对历代儒家贤哲重新评价的重要活动，并提出了自己的选择标准。本文以清初理学名臣陆陇其入祀孔庙为例，探讨雍正皇帝提出的入祀孔庙人员的标准，及其具体实施情况。本文认为，陆陇其得以入祀孔庙，是雍正皇帝君臣意见中和的结果。雍正皇帝看中他的操守。而张伯行等人则看中他的程朱学派的学术背景。由于判别流派之争的是非，既为雍正皇帝所不屑，也不是当时所必须解决的根本问题，甚至非雍正皇帝所能，因而张伯行等人的选择得到了雍正皇帝的批准。

雍正二年三月，雍正皇帝颁布上谕："维孔子道高德厚，万世奉为师表，其祔享庙庭诸贤，皆有羽翼圣经，扶持名教之功，然历朝进退不一，而贤儒代不乏人，或有先罢而今宜复，有旧缺而今宜增，其从祀崇圣祠诸贤，周、程、朱、蔡外，孰应升堂祔享者，并先贤先儒之后，孰当增置五经博士，以昭崇报，均关大典。翰林、国子监、詹事、科道，会同详考，定议以闻。"[①]

在礼部官员看来，这次讨论不过是一次寻常的例行公事，因此开列出的名单异常庞大。凡对儒家文化发展稍有贡献的人，均被列入名单中。而在雍正皇帝看来，这次活动"关系学术人心，典至重也，宜复宜增，必详加考证，折衷尽善，使万世遵守，永无异议。"[②]他还具体提出了自己的选择标准，并通过名单的增减，具体贯彻了他的思想。这个由礼部和雍正皇帝共同拟定的名单于雍正四年正月正式施行。本文重点探讨，这次入祀孔庙人员的选择标准是什么？具体实施情况如何？并拟以陆陇其为例，对这些问题具体说明之，以就正方家。

一 钦定标准下的陆陇其

在雍正皇帝看来，入选学者必须是"纯儒"。思想中不能杂有佛道和其他学派的思想，另外，在清初崇尚实学的学术氛围下，不尚浮辞也是评判学术是否纯正的一个重要标准。[③]此外，操守无亏也是判断是否纯儒的一个重要标准。

其次，雍正皇帝认为"谨守一家言，转相传述"者不能入祀孔庙。[④]就是说有门户之见的学者不能入祀孔庙。

另外，雍正皇帝认为，虽有政绩，但对于儒家文化的继承和发展没有贡献的人，不能入祀孔庙。⑤

　　还有，遗民不得入选。这一条，雍正皇帝虽然没有明确表示，但具体负责此事的礼部官员却心照不宣。因此，在礼部开列的名单中，遗民中无论是淳质深通如顾炎武，还是恪守程朱如吕留良均不在其列。这也不难理解。清初诸帝，把士人阶层是否出仕，作为判定其政治趋向的重要标志。虽然在康、雍时期，官员与拒不出仕的遗民的交往乃是公开的秘密，清政府对此也不予追究，甚至暗中予以鼓励、支持，作为笼络知识阶层的手段之一。但是一个被清朝树立为儒家文化典范的公众人物，必须是官员背景，这一点勿庸置疑。

　　以上述四个标准衡量陆陇其，陆陇其入祀孔庙无疑当之无愧。

　　首先，在学术纯正方面，陆陇其的行为无可挑剔。他虽然主张博览群书，认为"以读书为支离，是固近年以来阳儒阴释之学。"也提倡："先秦之时，若国语、战国策以至老庄之道德荀卿之言论、管韩之论治、孙吴、司马之谈兵，虽皆驳而不纯，儒者亦当知其梗概。汉以后若扬雄、董生、王通之书，虽未及洛、闽之精而亦往往为先儒所取。固当择而读之也。"⑥但他更坚持，对这些书，应限于了解，而不应深入研究，当然更不应该信奉。⑦礼部官员还对陆陇其是否信奉佛教进行过专门考察，结论是陆陇其对佛教根本排斥。⑧而在操守纯正方面，陆陇其两任县令，一任谏台。所到之处，"清操饮冰，爱民如子"，⑨受到各方面的一致好评。在这个问题上，即使是对陆陇其的学术思想讥讽、攻击无所不用其极的著名学者李光地也承认："自枯禅强厉自守，则陆稼书也。"⑩还提到："陆稼书与家兄比邻而居，内外只四家人相随，闭户清寂，日读四书注而已。四家人亦皆相安，真君子也。"⑪他曾公开表示："陆陇其若论这个人的操守，臣今日还敢保他，"⑫陆陇其的操守口碑之好于此可见一斑。

　　其次，陆陇其堪称典型的"谨守一家言，转相传述"型学者，他恪守程朱之道到了近于苛刻的程度。还在入仕之初，陆陇其就曾建议清统治者"非朱子之说者皆绝其道，勿使并进。《四书》、《五经》之注，固学者所当奉以为式，不敢稍叛矣；而凡《太极图》、《通书》、《东、西铭》、《皇极经世》诸书为朱子所表章者，皆列于学官，俾学者肄而习之；而又选敦厚有道术者为之师表，使之不惟诵其言，且法其行。如是则天下晓然知宋儒之学为天下之正学，而向之嘉、隆以来之学（指王学流派）。有君国子民莅官临政之治者，当摈而绝之，不可稍有入焉者也。"⑬可见他恪守程朱意向之坚决。著名学者李光地曾讽刺他："陆稼书读朱子书，外此皆不读，觉得枯槁窄隘。有骗之者，辄诣其处痛骂姚江、子静一顿，便敬为上客。"⑭这些话虽然难免有揶揄、刻薄的成分，但也可以从一个侧面证明陆陇其恪守程朱之笃。这在雍正皇帝看来是不符合标准的，而在主持其事的张伯行看来，这是绝对符合标准。

　　另外，陆陇其对儒家文化的传播是有一定贡献的。陆陇其一生致力于明朝政府编纂的《四书大全》修订工作，为《四书大全》补充了大量资料，他常年从事《四书章句集注》的研究整理工作，收集历代学者对《四书章句集注》的研究成果，加以注释、评判，断断续续地一直持续到他生命结束前不久。其成果由后人整理为《四书讲义困勉录》和《四书讲义续录》，此外还留有《读朱随笔》和《问学录》两部读书笔记，这样的贡献究竟有多大，这是一个需要专文论述的大问题，非本文所能承载，且如何看待陆陇其的贡献，各人可以见仁见智，很难有一个绝对统一的标准。但至少从上述事实，我们可以这样认为，陆陇其对儒家文化的传承是有过贡献的，这一点毋庸置疑。

　　最后，关于入选人物不能是遗民这个软标准，对一生为官的陆陇其来说，更不是个问题。

二　陆陇其从祀孔庙的优势

综上所述，陆陇其完全符合雍正皇帝钦定的入祀孔庙人员选择标准，入祀孔庙自然不是问题，但问题是，许多在某些方面与陆陇其同样优秀，甚至更加优秀的人员为何不能入祀孔庙呢？陆陇其在这场竞争中的优势又在哪里呢？下面试分别比较以明之。

首先，陆陇其在康熙朝以讲理学著称的大臣中，操守卓绝一时。众所周知，康熙朝盛产"理学名臣"，熊赐履、汤斌、李光地、张伯行都是这个时期讲理学的著名大臣。这一时期也以盛产"伪道学"著名，上述理学名臣中的许多人都在操守上受过康熙皇帝的严厉批评，康熙皇帝曾批评熊赐履："自谓得道统之传。其没未久，即有人从而议其后矣。"[15]也曾批评张伯行："有一部书全为汤斌一人，其他书亦有为明时数人者，皆伊同乡人也。"[16]一时之间，康熙朝盛产理学名臣，而理学的声誉却降到了冰点，康熙皇帝公开批评理学名臣群体："自谓得道统之传者，彼此纷争，与市井之人何异？"[17]康熙皇帝的见解，雍正皇帝会略有耳闻，而身在其中的张伯行则是感同身受。在这种情况下，树立陆陇其这样一个"持身无疵颣，讲学尚醇谨，能持门户之见，而名登清之仕藉者"[18]的儒学模范，无论是对提升理学乃至整个儒学的声誉，都具有重要意义，这首先是身在其中的张伯行的愿望，雍正皇帝当然也不会反对，至少会持无可不可的态度。

其次，在理学的见解上，陆陇其自然无法与熊赐履、李光地、汤斌相比，但与张伯行之流："自谓知性理之书，性理中之《西铭》篇尚不能背诵。""所著之书，必是倩人所作。"[19]相比，毕竟要算是精通理学典籍，对理学各派的是非得失有一定的个人见解。这也是陆陇其在入祀孔庙竞争中的重要优势条件之一。

还有，陆陇其得以入祀孔庙，是众望所归，是实现士大夫阶层长久以来的一个愿望。还在康熙五十四年，当时的嘉兴知府吴永芳就曾提出："陆讳某，居官以正，律己以严。幼而读书，不苟嚬笑；长而敬业，惟在躬行。孔孟之微言，阐扬备至；经传之奥旨，研究靡遗。微但两浙之完人，实为四海之贤士。伏祈特疏保题，用崇正学，位列先儒之后，祀从至圣之旁。俾泽永千秋，庆流百世。"这个愿望仅仅因为"本朝之人，未有从祀之例。"[20]而没有实现。因此，雍正皇帝批准陆陇其入祀孔庙无疑是众望所孚，名至实归。

最重要的是，陆陇其得以入祀孔庙，与主持其事的张伯行有密切关系，在清初崇尚理学的大臣中，张伯行也是程朱派学者，他和陆陇其一生从未谋面，但他却对陆陇其的学术思想表现出了浓厚的兴趣。曾大量刊印他的学术著作，在他看来："两浙为人文渊薮，而自姚江倡异学以来，天下风靡。识者每有世道人心之忧，不知乱苗之莠，今日尚有存者乎？弟才不如人，学未闻道，尝慨今时之士喜圆而恶方，好异而厌常，卑者趋于利禄，高者乐于领悟。计功谋利之心日胜，正谊明道之训不闻。士惟务外，学不知本，近时虽经陆张诸儒力为闲邪扶正，唤醒一世人心，终不若得位遇时，一为名教之宗主，其德风草偃，足以斩绝根株，廓清霾晦也。此事乃关世道人心，实为匪小。今之世非吾直上，其谁任之，吾辈不出而担当天下事则已，苟出而得行其志，得为其事，不大为整顿一番，救陷溺，扶正道，使一世咸归一道同风之上理，则平生之所学谓何？"[21]他甚至认为："先生之学，即朱子之学，求正学之指南者，必于此而得之矣。"[22]当然，这样的人还有很多，但鉴于张伯行的学术水平平平，又有很深的门户之见，因此他不可能在其他学派的学者中寻找这样的人选。在程朱派学者里，他推崇的只有张履祥和陆陇其，而张履祥偏偏又是遗民背景，所以但他别无选择。虽然连他自己也认为陆陇其未必是最佳人选，有着这样那样的问题。[23]

总之，陆陇其在清初理学名臣中各方面条件趋于平均，他的学问优于张伯行，而操守优于熊赐履、李光地。至于汤斌虽然在这两方面都优于陆陇其，却偏偏被视为陆王学派学者，不可能见容于主持其事的张伯行。这也是陆陇其得以入祀孔庙的重要条件之一。

三　陆陇其入祀孔庙传达的时代信息

从陆陇其入祀孔庙，我们可以得到以下几点时代信息：

首先，从陆陇其入祀孔庙我们看到，尽管在雍正皇帝制定的从祀孔庙人员选择标准中，同时考虑了学术和操守两方面的因素，但实际上，操守的考量显然重于学术的考量。雍正皇帝的这一决策，这是对康熙皇帝对理学名臣传统政策的继承。康熙帝指出："理学之书，为立身根本，不可不学，不可不行。朕尝潜玩性理诸书。若以理学自任，则必至于执滞己见，所累者多。反之于心，能实无愧于屋漏乎？宋、明季代之人，好讲理学，有流入于刑名者，有流入于佛老者。昔熊赐履在时，自谓得道统之传。其末未久，即有人从而议其后矣。今又有自谓得道统之传者，彼此纷争。与市井之人何异？凡人读书，宜身体力行。空言无益也。"①也就是说，一般地讲，康熙皇帝观察一个理学名臣的是非善恶，几乎完全不考虑他的流派归属，只要在实践上，能够做到操守纯正，就会无一例外地受到康熙皇帝的尊敬。至于雍正皇帝本人，只要是操守无亏，对什么流派的人获得入祀孔庙的殊荣并不在意，甚至把特别强调某人有某派学术背景列为禁令之一。这是雍正皇帝所以批准陆陇其入祀孔庙的主要原因。

其次，张伯行等人推荐陆陇其从祀孔庙，在操守无亏之外，显然有着学术流派背景因素的考虑。这说明，这种流派之争、门户之见，在清初诸大臣中，仍有相当市场。而判别流派之争的是非，既为雍正皇帝所不屑，也不为当时所必须解决的根本问题。在不危及清朝根本统治利益的情况下，也不为雍正皇帝所能判别。这个问题逐渐进入清朝皇帝的视野，当在乾隆以后。清代著名学者章学诚有言："自雍正初年至乾隆十许年，学士又以四书文义相矜尚。仆年十五六时（一七五二到一七五三，胡适注），犹闻老生宿儒自尊所业，至目通经服古谓之杂学，诗古文之辞谓之杂作，士不工四书文，不得为通，又成不可药之蛊矣。"胡适先生更把这一历史时期形象地概括为："康熙大师死尽而乾嘉大师未起的过渡时期"，认为这个时代："八股的气焰忽然又大盛起来"②这样一个历史背景，或许有助于我们对陆陇其入祀孔庙这件看似简单的小事的社会意义，有更深刻的了解。当然，这个问题是一个很大的题目，非本文所能承载，容日后专文论述。

---

①　《清世宗实录》卷一七，雍正二年三月

②　《清世宗实录》卷二〇，雍正二年五月

③　雍正帝在初选名单里划掉了东汉学者何休的名字。因为他被南宋学者郑樵批评为："辞俚而意迂，多齐东之言。"还划掉了西汉名儒戴圣的名字，因为他"身为臧吏，子为盗贼犹不知非己，而复谤人有子如此，曾跖、蹻之不如也。"要说明的是，并无直接证据证明雍正帝划掉这两个人的名字，是因为上述理由。但我所引用的三条史料均见于元代学者马端临的《文献通考》，而此书曾经康熙帝亲自作序，倍加称赞。其特殊地位，决定了此书的观点应该会引起雍正帝君臣的高度重视。雍正帝意见见《清世宗实录》卷二〇，雍正二年八月条，以下雍正帝对从祀孔庙人员选择标准的意见均来自这道上谕，不另说明。

④　为此，在礼部拟定的初选名单里，雍正帝划掉了郑众、卢植、服虔、范宁的名字。

⑤　为此，雍正帝从初选名单中划掉了陆贽、韩琦的名字。

⑥　陆陇其：《三鱼堂文集》卷四，跋读书分年日程后。

⑦　据其学生凤翔称，陆陇其晚年曾计划将自己一生的学术成果编辑成书，内容包括："自四书五经而外，继之以太极、通书、西铭、正蒙、知行、鬼神；次之以左、国、史、汉宋、元、明；又次之以宋明理学诸儒；终之以历法、地理、为学、居官、论诗、论文分类编辑。"

⑧　梁章矩：《楹联丛话》卷一，故事记："陆稼书先生从祀文庙，初议时，或以先生家中曾延僧讽诵为疑。其后人出先生手书厅事一联云：'读儒书不奉佛教；遵母命权做道场。'议遂定。"

⑨　魏象枢：《寒松堂集》卷四，《吏治渐坏公道宜彰等事疏》。

⑩⑪　李光地《榕村续语录》卷九，本朝人物。

⑫　李光地：《榕村续语录》卷一〇，本朝时事。

⑬　陆陇其：《三鱼堂文集》外集卷四，道统。

⑭　李光地：《榕村续语录》卷九，本朝人物。

⑮　《康熙起居注》，康熙五十四年十一月十七日，第2222页。

⑯　《康熙起居注》，康熙五十四年三月二十九日，第2160 – 2161页。

⑰　《康熙起居注》，康熙五十四年十一月十七日，第2222页。

⑱　此处借用钱穆先生的评价，见钱穆《中国近三百年学术史》上册，第七章，李穆堂，第265 – 266页。

⑲　康熙五十四年十二月初一日，见《康熙起居注》第三册，第2228页。

⑳　吴光西：《陆稼书先生年谱》附录 见《陆陇其年谱》第197 – 201页，中华书局，1993年版。

㉑　张伯行：《正谊堂文集》卷六，答浙江彭学院。

㉒　张伯行：《正谊堂文集》卷七，陆稼书文集序。

㉓　张伯行曾批评陆陇其："或偶以阳明为前辈，而不欲轻议之，此亦忠厚长者之道。而稼书以中州之人皆主持阳明之人，不无太过。"见张伯行《正谊堂续集》卷三，与友人。

㉔　《康熙起居注》第三册，第2222页

㉕　与引文并见胡适《吴敬梓年谱》。见胡明编《胡适精品文集》第四册，光明日报出版社，1998年版。

清乾隆时期庆典戏本之比较

梁宪华

（故宫博物院图书馆副研究馆员）

　　清代初年，宫廷音乐、戏曲和演剧多沿袭明朝旧制，宫内设教坊司。康熙年间，除教坊司演剧之外，又设立南府。道光七年"南府"改为"昇平署"。清乾隆皇帝在乾隆初年首倡庆典戏的的编撰，庆典戏包括万寿庆典和喜庆庆典两种，万寿庆典又称"九九大庆"、喜庆庆典戏又称"法宫雅奏"。

一　《九九大庆》、《法宫雅奏》戏本的编撰及主要戏本

　　在清代自顺治皇帝始，历朝都热心于宫廷戏剧活动。顺治六年（1649 年）内外承应，皆由太监承担。顺治八年（1651 年），入宫承应定员 48 人，其中包括扮演杂戏人员。康熙年间设立清宫内廷演剧机构——南府。同时康熙皇帝下令编撰"节庆"曲本。在此期间雍正以皇子身份，为恭祝皇父寿诞，亲自参与编写贺寿曲目。在乾隆年间对康熙朝编写的曲本，加以修改和订正，"乾隆五十五年乾隆八旬万寿前夕，内阁奉上谕，其中提到了有关喜庆剧目《原系皇考恭祝皇祖万寿旧本》"①经过顺治、康熙、雍正三朝热衷于宫廷戏曲活动。皇家戏剧也日臻成熟，到了清乾隆时期达到了清代戏曲的第一次高潮。

　　清乾隆时期由于社会的稳定和经济的发展，戏剧空前繁荣，达到了满人入关后第一个鼎盛时期。乾隆皇帝根据其本人的意愿授意词臣对宫中戏剧进行继承和发展，修订出符合宫廷需要的宫廷化皇家气派的剧目。乾隆时期的"庆典承应"的演出非常规范，《法宫雅奏》是专门为庆祝"内廷诸喜庆事，奏演祥瑞者"。《九九大庆》是为万寿令节，"奏演群仙神道添筹锡禧，以及黄童白叟含哺鼓腹者"②。乾隆皇帝利用戏曲演出，来为其炫耀皇家的至高无上的权力和气派。

　　九九大庆它包括：皇太后万寿承应、皇帝万寿承应、皇后千秋承应、皇太妃寿辰、皇贵妃寿辰、皇子千秋承应、亲王寿辰承应。在清朝乾隆时期，专门为皇太后、皇帝所编的万寿庆典戏有：《芝眉介寿》、《福寿双喜》、《五福五代》、《宝塔凌空》、《平安如意》、《勾芒展敬》、《三寿作朋》、《福禄寿》、《万民感仰》、《青牛独驾》、《环中九九》、《寿祝万年》、《山灵瑞应》、《宝塔庄严》、《洞仙庆贺》、《恭祝无疆》、《福禄天长》、《万寿长春》、《西来祝寿》、《寿山福海》、《地涌金莲》、《福寿同天》、《万寿祥开》、《万国嵩呼》、《祥芝迎寿》、《赐福延龄》、《光被四表》、《圣寿绵长》、《灵仙祝寿》、《西池庆寿》、《蓬山增寿》、《佛国祝寿》、《蟠桃上寿》、《纯阳祝寿》、《南极星辉》、《宝镜开祥》、《九如歌颂》、《庆寿万年》等等。"承应寿戏"本二十五出。③但演出的戏剧有时也会加入更多的戏本，来表现盛大的效果。如朝鲜人朴趾源的《热河日记》卷十八，记述了在热河避暑山庄举办乾隆七旬万寿庆典的盛况中的"戏本名目"，就远远多

于"承应寿戏"本二十五出。

> 法宫雅奏四十八卷 清昇平署抄本
> 皇上大婚承：列宿遥临一卷 双星永庆一卷
> 皇上定婚承应：红丝协吉一卷 璧月呈祥一卷
> 诞生承应：慈云锡类一卷 吉曜充庭一卷
> 洗三承应：大士显灵一卷 群仙呈技一卷
> 弥月承应：山川钟秀一卷 福寿呈祥一卷
> 皇子成婚承应：列宿遥临一卷 双星永庆一卷
> 献捷承应：八佾舞虞庭一卷
> 大驾还宫承应：神霄清跸一卷 群星拱护一卷
> 迎銮承应：庆昌期吉曜承欢一卷
> 行幸翰苑承应：群仙导路一卷 学士登瀛一卷
> 行围承应：行围得瑞献舞称觞一卷
> 召试咏古承应：边臣进石一卷 翰苑献诗一卷
> 法宫雅奏十九出[④]

二　清宫庆典戏本之比较

其一，法宫雅奏与九九大庆戏本的共同点，按照清乾隆期清宫戏本分，有六种用途的本子：安殿本、总本内容和安殿本相同、单头本、曲谱、排场、串头、题纲。

安殿本：恭楷精写，专供皇帝和皇太后使用。总本不是精写，专供执行排演的人员使用，是每部戏的总剧本。包括每个人物的上下场、对白、唱腔等。在皇上定婚承应《红丝协吉》中"场上预设月宫扮月下老人扶柱，杖端柱一锦囊，杂扮二仙童捧簿籍随上唱"。唱腔是"十喜神白：七情最是喜居先，鱼喜江湖鸟喜天——"。曲谱：是一出戏中某个角色的唱词，旁边有工尺谱和节奏。在《月令承应》戏本中许多都是总本代曲谱在《喜朝五位》戏本唱段为：仙吕宫【天下乐】；《岁发四时》仙吕引【探春令】；《盛母巡行》【八声甘州】等。排场、串头：是一出戏的表演。有身段、武打等是在舞台调度时用。在《佛旨度魔》总本后附有"云"排场单"两场门上，朝里贯走。抄二次，头前分。众跟，归前后两排，转身——"。在《文氏家庆》串头，在总本唱词右下小字注有："杂扮文嘉上唱——白——老院公应科下文彭白——同唱——"。题纲：是一出戏在演出时列出某一演员所扮角色出入场的顺序，只供舞台监督使用。单头本：是某一出戏中某角色的念白和唱词。这两种用途的本子都很简单。以题纲为例：《喜朝五位》五喜神、八方神、执旗使者、十喜神等人物，有时题纲里剧中人物的下方小字注明某角色的演员是谁。

其二，演出中以神仙鬼怪的戏占绝大部分，也有少量的人物故事题材，在《芝眉介寿》南极星驾云，为"当今皇太后慈训圣主"添寿神州献芝祥祝"万年延寿"之剧。在《万民感仰》演全国各省耆老赴京师，庆皇朝万载长清宴，四海民安乐之剧等等。下面对庆典戏的题材细分：

九九大庆戏本

1、神仙祝寿：（1）《福禄寿》众福星为"大清天子御宇，始媲义轩，功高巢燧，九有仰元良之化，万年蒙乐利之休，恭逢圣主万寿圣诞。"众福星"齐赴御前，拜舞申祝。"（2）《万福攸同》钟馗、福德星君"皇太后之福愈大，天下百官万民无不仰荷福庇。自古惟皇建极，自然是锡福万方"，"福德星君传旨，命我等拜舞献上。"（3）《福寿双喜》四喜神及群仙同祝寿，"奉玉帝敕旨，恭逢圣主当阳，前往御筵献瑞呈祥"。（4）《五福五代》云使、金童、天官等。赐福天官恭遇圣朝承平，前往神州呈献嘉祥，恭祝圣母"同堂五代承欢乐"。（5）《寿山福海》长寿大仙"恭逢皇太后万寿圣诞，上天下地神人仙佛，共祝中华圣母"。（6）《芝眉介寿》南极星君恭逢圣主圣寿，"因此亲诣神州献瑞，呈祥恭庆眉寿"。（7）《平安如意》演"金童引上苑花神"来到"天家"皇都，为皇太后"呈祥献瑞"。奉上"富贵长春之舞，以博天颜一笑"。同时，万花仙子率领众玉女也来为皇太后"演成平安如意之舞"。同祝"万载千秋一年一度"。（8）《勾芒展敬》演勾芒神恭逢"圣主当阳"为此"特请阆苑花神"为圣主"呈祥现瑞"。阆苑神"新生一种琪花，数千百本，名曰大喜花，"一同献与当今圣上。（9）《寿祝万年》演斗府长生延寿星主等众仙为圣天子呈祥献瑞，来到"皇都统领诸福星，恭献长生寿酒、九熟蟠桃"。

2、人物故事：《万民感仰》演全国各省耆老赴京师同唱"如意太平歌"：庆皇朝万载长清宴，四海民安乐。众耆老礼部投文得"以瞻天仰圣"并将各省呈献之物一一呈送，圣主感其诚特赐金钱，命礼部将众老带至正阳门外尽与游戏五日。

3、仙道：《八仙庆寿》八仙恭逢皇太后万寿无疆。"我等奉福禄寿三位星君法旨，往御筵添寿称庆"。

4、佛：《灵山称庆》众罗汉"恭逢圣主万寿圣诞，为此众菩萨齐到御筵，启建吉祥如意"。

法宫雅奏戏本

1、神仙赞襄：（1）《红丝协吉》"光绪拾四年十月准""场上预设月宫"吴刚奉月主娘娘之命，传旨与月下老人，只为皇上初行定婚之礼，前往赞襄庆典。（2）《行围得瑞》行围寿星、大寿星、文寿、持弓箭寿星、延寿星等，"获得麋鹿百只，各各口衔万年仙芝，其余所得瑞兽，不计其数"。"真乃从古未有之圣瑞，就向御筵呈献"。

2、古代天子专用的舞乐：八佾官"带领八佾之士"见舜帝君，舜帝君"传旨，着八龙之士奏箫韶九成之乐，八佾之士，舞朱干玉戚，以颂升平"。接着舜帝盛赞清朝"高宗纯皇帝平定伊犁，奠定西域"、"扫准夷自西域"这两次大的战役。

3、神仙恭贺：《列宿遥临　双星永庆》五福星、福禄寿三星君等在"皇上大婚礼成之喜"之日，众仙同行称贺祝愿帝后"百子盈殿"福禄寿长。

《大士显灵》皇子洗三日，送子观音及南柏寿星、华峰玉女一起前来保护。《群仙呈技》四仙女奏钧天雅乐，群仙奏九天法曲。众仙各展技艺恭祝"皇子洗三"。

以上庆典戏的题材无怪乎神仙佛道之类，历史人物占的比重很少，这是庆典戏题材的一大特点。

其三，庆典戏本内容之比较

《九九大庆》与《法宫雅奏》戏都非常短，而且编撰结构也相差不多，以二出《福禄寿》和《红丝协吉》为例，现加以说明：

在清宫庆典戏本里，词藻华美，用词考究也是其一大特色，在戏本字里行间无处不显露出宫廷化贵族化气息。在"九九大庆"《福禄寿》戏本中，扮众福星、众禄星、众寿星同唱并上场云：

"常现那南郊瑞光，旋征应人间寿昌

贺圣朝春秋无量，云涌处共翱翔，云涌处共翱翔。"

"众白：国图应久运，遐算极无垠，愿效华封祝。"然后上场人物介绍："吾乃天寿星是也，吾乃天福星是也，吾乃天禄星是也。"

点题，"皇太后万寿圣诞，我等自齐赴御前，拜舞申祝"。唱，最后以吉祥曲牌唱段《庆余》结束。

在"法宫雅奏"《红丝协吉》戏本，也与《福禄寿》差不多。扮月下老人上唱："谱检鸳鸯协凤鸣，成连理玉叶敷荣。宿曜星轩香喷金鼎，孔雀正开屏"。出场人物介绍，"我乃月下老人是也。"点题"掌氤氲之谱牒作伉俪之主盟。任隔着万水千山，只凭咱这丝儿暗中系足，总说道皇家帝胄也"，"趁向那定婚店去。"唱，白。最后以吉祥曲牌《意不尽》唱段结束，也很短小。

三　庆典戏在清宫演出上之比较

法宫雅奏，"其所承应于五礼为嘉礼，如大婚皇子皇孙婚册封妃嫔巡幸筵宴等，各有专奏之戏。其间以高宗时者为繁，道光以后，巡幸筵宴等礼渐少"⑤。其戏曲演出礼仪庆典中也只是为开场点缀气氛罢了。就其文献记载来讲，法宫雅奏戏记载很少，现朱家溍、丁汝芹所著《清代内廷演剧始末考》也所收《法宫雅奏》戏的史料甚少。在同治皇帝大婚档案史料后，该著有考："这是现存演剧档案中记录的第一个在皇位上结婚的清帝。因昇平署担负在大婚庆典上的奏乐和演剧，所以记载较为详细。"在这一档案中丹陛乐和中和乐、细乐占的比重相对较大，而戏曲演出只是为了烘托一下气氛。⑥同治大婚期间即同治十一年，据日记档载，九月十三日至十九日大婚承应以开场戏为主。

另外，对献捷承应之《八佾舞虞庭》的演出有"如虞庭八佾，只有武舞。武士六十四人，皆着金盔锦甲，右手执剑，左手执戈，为坐作击刺之状"⑦。《法宫雅奏》的乐舞部分，《八佾舞虞庭》最具歌舞表演性，该剧与万寿庆典戏歌舞表演不同，它是以歌舞表演为主，而故事情节穿插在歌舞表演之中。八佾：佾，舞列。左传隐五年杜预注说天子用八。是古代天子专用的舞乐。⑧万寿庆典戏只是在剧中穿插一些歌舞表演，在《平安如意》中奉上富贵长春和平安如意之舞。总之，《法宫雅奏》一般只是作为开场或团场上演，为清宫廷营造喜气洋洋的气氛。

而万寿庆典戏则与之不同，每次都要连续演出数日，其场面很宏大，在"九九大庆"万寿庆典承应戏，又以乾隆时期为最多，在乾隆时期清宫演出机构"南府"担当了这一喜庆的任务，在乾隆皇帝万寿庆典活动盛大演出记载很多，在朝鲜人朴趾源的《热河日记》卷十八，记述了在热河避暑山庄举办乾隆七旬万寿庆典的感受。"八月十三日，乃皇帝万寿节，前三日后三日皆设戏。千官五更赴阙候驾，卯正入班听戏，末正罢出。戏本皆朝臣献颂诗赋若词，而演为戏也。另立戏台于行宫东，楼阁皆重檐，高可建五丈旗，广可容数万人。设撤之际，不相冒碍。台左右木假山，高与阁齐，而琼树瑶林，蒙络其上，剪彩为花，缀珠为菓。每设一本，呈戏之人无虑数百，皆服锦绣之衣，逐本易衣，而皆汉官袍帽。其设戏之时，暂施锦步障于戏台阁上，寂无人声，只有靴响。少焉，掇障，则已阁中山峙海涵，松矫日矗，所谓《九如歌颂》者即是也。歌声皆羽调倍清，而乐律皆高亮，如日出天上，无清浊相济之音，皆笙箫簧笛钟磬琴瑟之声，而独无鼓响，间以叠钲。顷刻之间，山移海转，无一物参差，无一事颠倒。自黄帝、尧、舜，莫不象其衣冠，随题演之。"《热河日记》卷十八《戏本名目》记载了乾隆七旬万寿节所演出的剧目，

九如歌颂 光被四表 福禄天长 仙子效灵 海屋子添筹 瑞呈花舞 万喜千祥 山灵应瑞 罗汉渡海 劝农官 献野瑞 莲池献瑞 寿山拱瑞 八佾舞虞庭 金殿舞仙桃 皇建有极 五方呈仁寿 函谷

骑牛 士林歌舞社 八旬焚义券 以跻公堂 四海安澜 玉皇献岁 晋万年觞 鹤舞呈瑞 复朝再中 华封三祝 重译来朝 盛世崇儒 嘉容逍遥 圣寿绵长 五岳嘉祥 吉星添耀 猴山控鹤 命仙童 寿星既醉 乐陶陶 麟凤呈祥 活泼泼地 蓬壶近海 福禄并臻 保合大和 九旬移翠岩 黎庶讴歌 童子祥谣 图书圣则 如环转 广寒法曲 协和万邦 受兹介福 神风四扇 休徵叠舞 会蟾宫 司花呈瑞果 七曜会 五云笼 龙阁遥瞻 应月令 宝鉴大光明 武士三千 渔家欢欢 虹桥现大海 池涌金莲 法轮悠久 丰年天降 百岁上寿 绛雪占年 西池献瑞 玉女献盆 瑶池香世界 黄云扶日 欣上寿 朝帝京 待明年报 图王会 文象成文 太平有象 灶神既醉 万寿无疆⑨。

三　结　语

通过对《法宫雅奏》与《万寿庆典》戏本的比较，我们可以看出，清宫庆典戏也只不过是"场面力求煊赫，切末力求辉煌，行头力求都丽而已"⑩。没有多少戏曲味，只是追求一种喜庆热闹的气氛罢了。在庆典戏盛大的演出，特别是万寿庆典"九九大庆"的演出上看，乾隆皇帝利用万寿庆典的演出为自己炫耀国家实力和文治武功，而这种演出也只不过是一种形式罢了。同时乾隆皇帝也利用"戏剧对宫廷来说一直很重要，在宫廷生活中起着一定的作用。它是外国人对中国获得印象的一个重要媒介。皇帝常常邀请外国使节看戏，作为一种娱乐方式并借此炫耀自己的显赫。"⑪

①　丁汝芹：《清代内廷演戏史话》，第126页，紫禁城出版社，1999年版。

②　昭梿：《啸亭杂录续录》"大戏节戏"。

③④　朱家溍：《清代内廷演戏情况杂谈》，《故宫博物院院刊》，1979年第2期。

⑤　《清昇平署志略》第四章，第89页，商务印书馆，2006年。

⑥　朱家溍、丁汝芹：《清代内廷演据始末考》，第344页，中国书店，2007年版。

⑦　《朝鲜李朝实录中的中国史料》下编，卷一〇，正宗实录一。

⑧　《辞源》（修订本）1-4合订本，北京商务印书馆，1988年版。

⑨　朴趾源的《热河日记》卷一八，"《热河日记》又名《燕岩集》为朝鲜人朴趾源的笔记，他于乾隆四十五年随朝鲜使团来华祝寿，参加在热河避暑山庄举办的乾隆七旬万寿庆典。"

⑩　张庚、郭汉城主编：《中国戏剧通史》第3册，第13页，中国戏剧出版社，1981年版。

⑪　Mack‐rras. Coin *The Rise of Peking Opera*，胡冬生、田润民译，见《京剧史研究》，第192页，学林出版社，1985年版。

在政治与学术之间

——20 世纪以来的"康乾盛世"研究

刘文鹏

（中国人民大学清史所副教授）

引　言

康乾时代是中国历史最后一个传统王朝的发展高峰期，或者说是中国几千年传统社会发展的最后一个高峰。这使它在时空上具有更广泛的意义，给人们的评价提供了更多的角度和层次。这些层次和角度至少包括这样几个方面：一是传统史家和中国人普遍的盛世情结；二是国内外对清代历史进行学术研究的内在逻辑；三是 20 世纪中国政治变革和社会背景变化的影响。这使康乾时期的形象在各种著述的历史记忆中不断地变化和变迁，而这些本身就构成了康乾盛世学术史研究的一个内容。

2002 年 3 月 20 日，戴逸先生在《中华读书报》撰文《盛世的沉沦——戴逸谈康雍乾历史》，重申康雍乾时期为盛世，在发展经济文化、巩固国家统一、加强民族团结等方面有重大功绩，但也潜伏很多危机。之后，周思源先生撰文《正确看待康乾之世——与戴逸先生商榷》，坚决反对戴逸观点，认为正是由于康雍乾三朝的极度专制，使中国在精神生产与物质生产上彻底失去活力，与世界差距迅速扩大而且越来越大。之后两人均有后续文章跟进，一场学术争论由此而起。2002 年 8 月 1 日，姚小平先生在《中华读书报》又发表文章《也谈康乾盛世》，认为从学术史上看，清代学术繁荣在乾、嘉，孕育则在顺、康，"康乾盛世"之说是可以成立的。高翔先生于 2003 年 9 月 9 日《北京日报》撰文《康乾时期能否称为"盛世"？四大焦点争论》，项立岭先生于 2003 年 11 月在《世纪中国》发表文章《中国"积弱"始于康雍乾"盛世"》。

除了学术界热衷于讨论康乾时代，媒体对康乾时代历史的全面演绎则有了更广泛的社会代表性。从 20 世纪 90 年代以来，康乾时代的历史和影视媒体之间一直有着一个良好的互动的"双赢"关系，从电视剧《雍正王朝》红极一时，到后来《康熙王朝》热播，再到中央电视台《百家讲坛——正说清朝十二帝》走入千家万户，清朝康乾时代的故事不断地为媒体注入活力，使收视率大大提高，而媒体的力量又让康乾时代的是是非非成为人们茶余饭后的热点话题，街谈巷议。

然而，对康乾时代历史评价又何止是现在的热点话题。清朝结束近百年来，对这个百年历史时段的评说一直不绝于书，几乎贯穿于整个 20 世纪，而这一切都是因为康乾时代特殊的历史地位。

一　盛世情结：对康乾盛世历史的记忆

康乾盛世观念的形成首先是中国传统盛世情结的再现。盛世情结在中国有着深厚的历史传统，人们习惯于用治乱相间的历史循环论思维来审视古代历史的发展，①用盛衰观念来评判一个历史时段，对康乾时代冠以盛世之名就像以往的"文景之治"、"贞观之治"、"开元盛世"等一样，都表现了古人对太平、强盛历史时期的推崇与怀念，表现了一种传统变易史观。

剖析一下古人关于盛世的观点，其内涵包括这样几个方面：一曰富，二曰强，三曰宁。所谓富者，人民安心生产，社会财富日益增多，国家亦有充足的财政基础；所谓强者，不仅是军力强盛，开疆拓土，而且还是指皇权强大，君主英明，无权臣之乱，无武将之患，因而天下一统，政治稳定，边疆安定；所谓宁者，指社会矛盾相对缓和，无战乱之祸，天灾得以救济，人民生活安宁。盛世的相对面是衰世、乱世，是国力衰弱、内忧外患、积贫积弱，更主要的是指皇权式微，疆土分裂，诸侯并起，战乱不已。

20 世纪以前，对康乾时代的评价主要是在这种传统的变易史观下展开的。首先是康熙、乾隆等皇帝对盛世这种政治局面的追求和标榜。自康熙后期，清朝消除了各方面的忧患，统治日益安定，社会发展再次走出朝代更替的变乱局面，于是有"盛世"之说。到乾隆时期，财富积累，军功强大，特别是以平准战争的胜利、统一天山南北为标志，清朝强盛一面展现得更加充分，盛世一词也更是经常被皇帝、大臣们反复提起，"比年以来西域大奏肤功，国家势当全盛。"②"关门以西，万有余里，悉入版图。如左右哈萨克、东西布鲁特，及回部各城，以次抚定，现在巴达克山诸部落，皆知献俘自效，捧檄前驱，以亘古不通中国之地，悉为我大清臣仆，稽之往牒，实为未有之盛世。"③清朝皇帝这种天朝大国抚有四海的骄傲心态本身就是盛世情结的表现，在当时的政治环境下，这很容易被盈庭称颂，广为流传，成为一种统一的政治话语。盛世意识由此逐渐形成。

其次，乾隆以后，即进入 19 世纪，在文人与史家的记载中，人们逐渐把从康熙到乾隆这百年有余的时段当做一个时代来看待，"康乾盛世"的观念趋向明确化。这个时期形成了以龚自珍、魏源等人为代表的竟是学派，他们对嘉道时期国家衰落迹象的担忧，把康乾时代当做改革时代颓势的历史资源和思想资源。洪亮吉曾说："我国家膺图百年，僻地三万，东西视日，过无雷咸镜之方；南北建斗，逾黎母呼孙之外。广于唐汉，远过殷周。"④又如龚自珍，虽然一再批判清朝的腐朽和衰落，但对康乾时期强盛与富足不乏赞美，"惟时纯庙久临御，宇宙瑰富如成康。"⑤之所以出现这些记载，应该说是乾隆以后清朝日渐衰落的局面，很容易激发文人学士对康乾时代强盛局面的怀念之情，并把这个时期与历史上其他太平盛世相提并论。如生活在嘉道时期的姚莹讲到，"周之成康，汉之文景，唐之贞观，本朝康熙乾隆之间，天下富庶，教化洽隆，岂异域殊方所能彷佛者？发仓赈粟蠲免钱粮动千万计，而生当郅治，身及见之，转若寻常。"⑥康乾盛世的概念在这种历史记忆中逐渐定型，为文人学士广泛接受，并记入笔记文章之中流传后世。

到 19 世纪后半期，国内农民起义不断，国外西方国家的侵略日益深入，在这种内忧外患日渐加深的情况下，时人倒更加怀念康乾时代中国的强盛。魏源认为，康乾时代成为盛世的一个重要表现是"国富"。他说，康熙年间清朝的财政已出现盈余，雍正年间（1727 年）库存银已增至 6000 万两，乾隆时常年库存 6000 至 7000 万两，最高达 7800 万两左右，"为国朝府藏之极盛"。⑦在目睹了鸦片战争中西方船坚炮利、清朝战败受辱的冷酷现实后，魏源深深地体会到国家强盛与否应该主要用武功来衡量，只有振兴武备，方可谓盛世。所以他说清朝的盛世出现在武功辉煌的乾隆时代。"国家极盛于乾隆之六十余年，版舆生齿倍雍正，四夷宾服逾康熙。"⑧晚清重臣李鸿章曾在中法战争时期说："彼当天下全盛之时，圣明主持于上，萃各省之物力，协千万之巨饷，荐一人无不用，陈一事无不行……。"⑨表现了对当初康乾盛世的向往。

所以，康乾盛世本来也是古人提出的一种观念，是生活在康乾时代之人对传统盛世观的再继承和诠释，而到19世纪人们一面批评时政弊端，寻求自强之路，一面也更加怀念康乾时代的强盛，康乾盛世也就在后人的记忆和怀念中，作为一种观念更加强化。

但是到19世纪末期直到清朝结束，这种政治话语左右史学评价的局面开始松动。随着西方的进化论等思想开始被介绍到中国，新史学思潮呼之欲出，史学研究的内在逻辑开始发展变化，在如何评价历史时期上，传统变易史观被逐渐打破。未来的新史学将以全新的视角和方法影响历史学的研究，使史学研究走出传统，对康乾盛世的研究和评述，也因此将进入到一个新的时期。

二　史学思潮激荡下"康乾盛世"的评价

清朝结束后以至整个20世纪，清代历史成为史学领域一个新的研究对象，必然处在20世纪各种史学思潮的评判之中。从时间上讲，康乾时代是清代发展的高峰，中国传统社会的发展高峰之一，同时也是评价中国如何走向近代不可回避的一个重要历史时段，当代的学界显然不满足于将鸦片战争定位于中国近代化的开端，他们希望能够从更广阔的18世纪即康雍乾时代，甚至更早历史阶段，寻找中国发展的内在动力和逻辑，对中国的近代化历程给予长时段关注。但无论是把康乾时代看作铁板一块的传统社会的发展高峰，还是看作具有了很多的近代因素的历史阶段，近代化的问题使每一学派都必须放眼18世纪中国的各个方面。

从空间上讲，康乾时代是中国与世界关系发生激烈变化一个历史时期。航海时代和资本主义革命以后，西方国家纷至沓来，中国和西方的关系已经非昔日简单的丝绸之路联系可比。资本主义革命和工业革命带来中西力量对比的变化，马戛尔尼的到来直接戳穿了中国在西方以往那种美好形象。费正清讲到："19世纪初，西方物质文明有了很大发展，与中国的接触更为直接，从这时起，西方人的幻想开始破灭。18世纪，欧洲人都把夜壶倒进沟里，而中国则有收集、输送粪便做肥料的习惯；但当自来水及洗手间在欧洲盛行时，中国落后了。西方人因与中国贸易而直接闻到了广州街头的粪臭。中国很快'衰落'了，缺少蒸汽机、大炮及其他的文明成果。先不说司法改革、警察、医院这些西方近代的产物，仅在中国至今仍在追求的现代历史发展的两大动力，即科学和民族主义这两方面，西方已处于领先地位。因此，18世纪梦幻般的中国被无情地蒙上了肮脏、落后的阴影，当新教的复兴精神使美国传教士前往非信教地区时，他们宣称，工业、民主和基督教是产生西方强国的三大要素。中国的学者、官员认为他们自己更明事理，但却无从证明这一点。"⑩如何面对西方，18世纪康乾时代中国的对外政策和措施无论是积极的还是消极的，有意识的无意识的，都将给后世带来重要的影响。中国在当时是否有接受西方资本主义和走向世界的机会，是那个时代给我们留下的一个百思难解的问题。所以，如何理解中国在这个阶段与世界其他国家的关系将为评价康乾时代增加更多的变数。

1. 世纪之初的新史学思潮

19世纪末到20世纪上半期是康乾盛世研究乃至清史研究极为关键的一个时期。19世纪末以来，急剧变化动荡的社会政治环境不能为学术研究提供有效的支持和帮助，但由于传统王朝专制控制的松动，在一定程度上使学术研究获得了难得的自由空间，因此，各家各派有机会充分发表自己的见解和言论。走出了传统的治乱之史学的套路的第一批清史研究专家乃至其他学者文人，对康乾盛世的相关问题做了初步论述和研究，对诸如盛世的称谓、起落时间、兴起的表现和原因以及盛世隐患、盛世走向衰落的原因和表现都有比较完整的论述和分析，尽管研究中还存在诸多问题，比如主观性较强，以及以偏概全等问题，但是总而言之，研究还是取得了相当大的成果，很多研究和结论对建国后初期乃至今天的研究依然具有良好的参考价值。这些成果的取得，其内在动力就是新史学思潮的影响。

20 世纪初，以梁启超为代表的学者发起进行史界革命、创建新史学的运动，这对康乾时代的认识和评价有深刻的影响。

1901 年梁启超在《清议报》上发表《中国史叙论》，1902 年，在《新民丛报》上发表《新史学》。之后，关于建立新的史学体系的著述大量涌现。新史学以进化论和近代资产阶级自由主义为思想武器，对封建旧史学进行批判，并在此基础上对史学研究的对象、内容、性质、价值进行重行界定，以建设新史学。新史学受欧日史学观念的影响，主张变君史为民史，认为旧史学是以帝王个人为中心的君史，不是反映人群竞争团结之道的民史。梁启超批判传统史学是"一曰知有朝廷而不知有国家"，"二曰知有个人而不知有群体"，"三曰知有陈迹而不知有今务"，"四曰知有事实而不知有理想"，由此四弊复生二病："其一能铺叙而不能别裁"，"其二能因袭而不能创新"。"二十四史非史也，二十四姓之家谱而已。"历代之史籍，"质言之，则合无数之墓志铭而成者也。"⑪新史学强调进化史观和群众史观，主张拓宽历史研究的对象和范围，以探求人类文明发展的通则为主旨，利用地理学、统计学等方法来研究历史，把对历史科学性问题的探索向前推进了一大步。⑫

从国际上看，1912 年，就是在梁启超发表新史学观点的 10 年后，美国学者鲁滨逊出版《新史学》，也提出了"新史学"观念，认为史学也"需要一个革命"。鲁滨逊认为史学研究要注重普通人的普通事情，也要发现和应用天然的定律。在研究方法上，新史学反对传统史学叙述式的、经验主义的罗列，主张必须求助于其他学科的方法。其目的是改变 19 世纪以前历史学是文学或神学附庸，或被当作政治工具的地位。⑬

史学思维上的进步改变了人们考察和研究历史的视角和方法，对康乾时代的研究也是这样。

梁启超认为康乾盛世是中国古代最辉煌的历史时期。"国朝因用明制，故数百年来大臣重镇，不闻他变，天下虽大，戢戢奉法，而又文网颇疏，取民极薄，小民不知不识，乐业嬉生，此其治效中古所无也。若使地球未辟，泰西不来，随后此千年，率由不变可也。"⑭梁启超认为康乾盛世之所以出现，一个重要的原因在于康雍乾三帝能够不断地改革。"使圣祖、世宗生于今日，吾知其变法之锐，必不在彼得（俄皇名）、威廉第一（德皇名）、睦仁（日皇名）之下也。"⑮康雍乾时期强盛的标志是武功卓越，平定西北准部、回部、西藏、青海、缅甸、安南各地，帕米尔高原以东诸部落，尽全部纳入中国版图，数千年来亚洲之形势，为之一变。"满洲势力，几掩覆亚洲、南亚之全部，然极盛之后难为继矣。"⑯

梁启超认为乾隆晚期是清朝发展的转折点，自乾隆以后，极盛而衰，民力凋敝，官吏骄横，海内日益多事。梁启超指出专制与腐败是导致清朝由盛转衰的主要原因，君权的过度集中使清朝的政治缺乏生机和活力，对皇帝来说，军机大臣"则如写字机器将留声机器所传之声，按字誊出耳"。⑰另外，八股取士制度是中国"致弱之根源"。⑱他认为乾隆皇帝好大喜功，为博十全老人之一头衔，不惜穷兵黩武，四处用兵，只是为图虚名而已。"惟然，则虽属国遍天下，而与我国民曾无丝毫之益，反而蒙莫大之累。"⑲

梁启超还认为康乾盛世并不是说家给人足、比户可封，中国国民的租税负担并不比其他国家人民的负担轻，农民的负担尤重。家给人足只不过是古代盛世的理想描述。"况乎所谓家给人足者，又不过历史上一美谈。而当时时状，正未必尔尔也"。⑳

梁启超认为康乾盛世达到顶峰时，西方正经历深刻的经济和社会变革，而当时清朝的闭关锁国政策使中国错过了与时俱进的机会。

2. 马克思主义史学

马克思主义史家对康乾时代的分析重点在阶级矛盾缓和、国家统一、民族团结以及资本主义萌芽。

翦伯赞认为清朝经过康雍乾三朝的努力成为空前强大的王朝；吕思勉认为清朝在康、乾时代，政治还算清明，乾隆时代，表面上还维持着"盛况"，实际上暗中已经凋耗了；邓拓则直接承认所谓"康乾盛世"是封建经济发展到娴熟时期，也是各种矛盾充分暴露时期；这是在当时非常具有代表性的观点。范文澜从疆域和封建经济上对此问题进行了描述；邓拓集中从资本主义萌芽问题上进行了论述；蒋兆成、刘永成、侯外庐、袁良义、平心等分别从经济角度给予了论述；《清史述略》书中着重从科学文化学术上进行了探讨；祁龙威除从经济上进行分析外，还强调了文化和人才等诸多方面；刘大年对此问题的论述更为详细，经济、军事和政治统一、疆域辽阔、国家统一、封建文化等都是他强调的盛世根据。

关于盛世兴起的原因，马克思主义史家格外强调康雍乾时期统治阶级的政治经济政策的合理运用。袁良义比较详尽地对该问题进行了阐述，他强调了康熙帝在明末农民战争之后的一系列减轻农民负担、放宽对待商人和手工业者的人身束缚上所采取的政策是促使清势力走向兴盛的重要原因。

马克思主义史家对"康乾盛世"的衰落原因给予了足够的关注，土地集中、军事败坏、吏治腐败等封建制度的腐朽所导致的阶级矛盾激化是马克思史家们重点描述的对象。除了继续吸收深化已经有的学术成果以外，他们更多的采用了阶级分析的方法分析问题，强调阶级矛盾和阶级斗争，尤其是文字狱的危害和资本主义萌芽的受挫依然是他们描述的重点。

范文澜认为考据学的隐患和资本主义萌芽受挫是导致盛世转衰的重要因素；吕振羽从帝王因素和吏治腐败寻找根源；郑天挺从军事和军队腐败上寻找清世衰亡的根本；邓拓、翦伯赞等着重强调资本主义萌芽的因素；同时，文字狱和帝王因素依然是很多史家注意的方面，侯外庐、张家驹、郭沫若、施达青、庄练等就在这两方面进行了论述；吴大琨则与众不同，强调清王朝的衰亡是中国封建社会固有规律发展的结果；强调阶级矛盾的因素是这一时期史家的突出特点，陈诗启、郑全备、马少侨、刘大年、罗思嘉、吕振羽、孙毓棠、李洵等就从清朝中叶以后的统治阶级的腐朽导致的阶级矛盾方面对盛世而衰的现象进行了分析；魏千志则认为清朝的对外侵略是导致清朝衰亡的罪魁祸首；袁良义、尚钺等人则综合分析了盛世衰落的原由，包括统治阶级经济政治政策实施的效果、资本主义萌芽的情况、阶级矛盾、民族政策、闭关政策等诸多方面。

3. 日本的研究

1914 年 4 月，也就是清朝统治结束的第三年，日本学者稻叶君山所著《清朝全史》在早稻田大学出版部出版，年底即由但焘翻译成中文在国内出版。这比国人萧一山的《清代通史》还早将近 10 年，在当时的学界曾引起轰动。在这之前，稻叶君山的老师内藤湖南已经对清朝历史进行系统的讲述，其讲稿形成后来的《清朝史通论》和《清朝衰亡史》，所以稻叶君山的著作可以被认为是内藤学派观点的继续。

内藤湖南是日本京都学派的奠基人，对日本的中国史研究影响甚大，他认为，中国历史上的盛世是不断反复出现的，只要没有连年的战争，人口就会不断繁殖，在像中国这样广大的国土上，未开垦的土地不断被开垦，这样，国库收入就会增加，随之朝廷就开始奢侈起来，文学也繁盛，又大兴土木，建造新的建筑，以此粉饰太平。中国的任何朝代，都是这样在中间的第四五代出现极盛期，歌舞升平，而并不是那个皇帝特别的了不起的缘故。清朝的财政自清初以来是一直在不断增加的，所以在康雍乾150年间，国库的岁出入是增殖的，因此呈现出清朝全盛的形势。[21]

20世纪初日本作为一个新兴的帝国主义国家，正在世界范围内展开殖民掠夺，甲午战争后，随着日本军事势力进入中国的还有大量的学者，对中国特别是对东北地区的历史文化、地理、资源等进行考察，内藤湖南曾率其弟子两次来华进行考察。他们认为清朝的统治将行之不远，稻叶君山在《清朝全史》的序言中说：“（宣统三年）友人有西浮大江北登长城而归者，谓禹域风云急迫，鼎革之期，当再不远。”他研究清史的目的是了解中国之情事。他认为对中国的理解不能仅停留在法理层面，“而当孳孳于繁琐之事实与成例之分解，余不自揣，辄欲以特别之研究竖观察之基础。”这个基础是为日本侵略中国构建理论基础，对稻叶君山的《清朝全史》来说就是探讨中国种族思想，即汉族本位思想的演化。为什么会以此为研究目的？应该说他的这种重视中国文化研究的思想在日本国内学术界颇为不合时宜，当时的日本学界、思想界讨论最热烈的就是“脱亚入欧”的观点。这一观点最早由福泽谕吉提出，它否定日本的文化源于中国，想切断日本与中国在文化渊源上的关系。而白鸟库吉及其助手津田左右吉更是提出“尧舜禹抹煞论”，其目的是否定中国的儒学，呼吁建立新的文化秩序和东亚新秩序。内藤湖南一派则反对这种脱亚入欧的观点，他们认可并主张强化日本和中国在文化渊源上的关系，但他们认为，中国以儒家思想为核心的文化需要周边民族不断注入新的活力，才能摆脱腐化堕落的“中毒”期，唐、元、清几个朝代都是在异族的影响下或由异族直接建立的，给中国带来了新鲜血液，使儒家文化在更大的范围内传播。晚清时期的中国再次进入文化的“中毒期”，需要像日本这样的儒家文化圈中的周边民族的“解毒”。然而，殊途同归，无论是白鸟库吉一系，还是内藤学派，无论是肯定还是否定儒家文化，其目的都是为在东亚地区建立一种新的秩序而进行理论探讨，为日本在20世纪的各种行为“竖观察之基础”。[22]

4. 苏联史学界的观点

已经处于社会主义的苏联学界也非常关注中国历史，关注与俄国历史有密切关系的康乾时代。他们研究的特点主要表现为既用阶级斗争的方法进行分析，也具有比较强烈的民族主义，并因为特别留意边界问题而具有自己的特点。苏联的学者认为，康乾时期确实是中国的盛世强盛时期，而且主要表现在边疆战争的胜利，达到“乾隆帝（1736—1795年）的时期里对外威力的隆盛”[23]，但这种战争，也就是所谓“十全武功”是对周边国家的入侵，被收到《苏联大百科全书》中的《唯物史观中国史》就持这种观点。苏联学界对中国清代康乾时代的研究和表述也充满着民族主义，他们把满族入主中原视为异族入侵中国，所以他们认为康乾时期的强盛是满族建立在对民众压迫的基础上，更是建立在民族压迫的基础上。“满族人本身构成独出的特权集团。他们的地位在法律上固定下来。清政府采取了一些措施，防止满洲人被同化，为此严禁与汉族人杂婚。满洲人利用了许多世纪以来的中国文化一切成就，靠掠夺汉人致富，并在很大程度上按照

中国的旧制建立起自己的国家，可是他们却有意识地在自己与被征服的人民之间建立壁障。"㉔

5. 欧美学界的研究

在欧洲，直到 20 世纪初的时候，对中国史的研究还只是汉学的一部分，而未成为独立学科，对中华帝国的认识只是哲学家进行思考的历史依据，其主要观点也还停留自 18 世纪末以来形成的"西方中心论"的影响之下。自 18 世纪末一直到整个 19 世纪，西方人对中国看法主要表现为对中国历史与文化进行整体的彻底的否定。黑格尔说："展现在我们面前的是最古老的国家，但它没有过去……这个国家今天的情况和我们所知道的古代的情况是一样的。从这个意义上说，这个国家没有历史。"爱默生："中华帝国所享有的声誉正是木乃伊的声誉，它把世界上最丑陋的面貌一丝不变地保留了三四千年……"㉕直到 20 世纪 80 年代，阿兰·佩雷菲特（Alain Peyrepitte）出版《停滞的帝国》一书，仍然认为："正当西方各国投向广阔的世界时，中国却闭关自守起来。当欧洲的革新层出不穷时，中国却在顽固地阻止新事物的出现。"㉖

在 20 世纪初的时候，随着西方对中国有更深入的接触和了解，全面否定中国历史和文化的气氛开始松动。

伯兰特·罗素（Bertrand Russell），20 世纪英国著名的哲学家和思想家，他曾到中国进行实地考察，于 1922 年撰写《中国问题》一书。在书中，罗素是以一种深刻的历史感和全球意识来看待中国问题的，他看到了当年这个闭关锁国的文明古国在西方文明的冲击下的困境，但反对自 18 世纪以后形成的对中华文明忽视和贬低的观点，他指出：中国文明如果完全屈从于西方文明将是人类文明史上的悲哀。他对以康乾时期为代表的中国的发展给予很高的评价。他说："试想罗马人自命为世界的管辖者，视帝国以外的世界无足轻重。乾隆治下的版图比罗马更广大，人口也更多。……他（指乾隆皇帝）对于与西方通商的理解也不能说错，国计民生所需之物中国都有，西方强迫中国与之通商不过出于一己之利，而与中国交换的东西只不过聊胜于无。"㉗罗素指出，科学落后使中国在与西方竞争中处于劣势，"使我们处于优势的是牛顿、罗伯特·波义耳以及后起的科学家。我们之所以胜人一筹是因为他们给了我们更熟练的杀人技艺。一个英国人杀一个中国人比一个中国人杀一个英国人要容易，所以我们的文化比中国的更优越，而乾隆大错特错了。我们战胜拿破仑之后就一直在力图证明这个命题。"㉘

另外一个对 20 世纪欧美中国史学界影响很大的是马克斯·韦伯（Max Weber）。韦伯认为，西欧资本主义的产生是以表现在欧洲宗教改革后的基督新教伦理中的"资本主义精神"为支撑，这种精神是西方理性主义发展的结果。在这里，韦伯特别强调西方理性主义的作用，唯有它才发展出体现在新教伦理中的资本主义精神。韦伯对中国的关注是为了给他自己的理论提供足够的论证材料。通过在《儒教与道教》一书中的反复论证，韦伯达到了自己的目的，即解释了中国之所以没能成功地发展出像西方那样的理性资本主义，除"社会学基础"与西方相异外，主要原因在于缺乏一种类似基督新教的特殊宗教伦理作为不可缺少的鼓舞力量。㉙

韦伯的这一理论被后世称为"韦伯式命题"，其要旨在于从发生学的意义上去追问理性资本主义能否在中国产生，它的逻辑起点是如果没有西方冲击，中国自身能否发展起类似西方的理性资本主义，它的结论亦是否定的，即传统中国社会关碍重重，无法靠自身的力量走上理性资本主义道路。可以说，韦伯的学说成为以后欧美学界研究中国历史的重要模式和理论基础，凡是研究中国近代化问题都无法回避这个问题，只是角度和层次不同。而康乾时代的 100 多年，或者说 18 世纪，恰恰是世界资本主义产生和大发展时期，这个时代紧紧地和中国近代化联系在一起，让谁都无法回避。

　　二战以后，以费正清为代表的美国的中国史研究将韦伯的命题推进到一个史学研究领域。费正清的主要贡献是推动"汉学研究"转变为"中国研究"，以费氏名著《美国与中国》为代表使西方对中国的研究更加具有现实感，成为新兴的"区域研究"[30]。然而费正清仍然遵循欧洲汉学主要观点，那就是中国文明是一个停滞不前、没有变化、缺少历史感的文明。"中国现代转型的根本基础是中国的传统核心文化。中国长久以来一直是东亚文明的中心，中国人因此便具有一种天生的优越感。传统格局的惰性与顽固，以及物质和精神上的封闭自足，这一切都使得中国面对西方的挑战时反应迟钝、举步维艰。当时日本国内正酝酿着经济和社会方面的变革，作为对西方的部分回应，这种变革后来促成了日本全方位的政治、社会转型。但在庞大的中华帝国中并未产生类似的转型，其原因至今也仍然是学者们争论不休的一个话题。"[31]费正清认为在每个东亚国家思想和行动的主要传统形式一旦确立，就具有一种惰性，一种按照常规惯例持续下去的倾向。只要未和西方直接接触，它们就只发生过"传统范围内的变化"，而未曾发生过根本转变。"直到一个生气勃勃，其活动遍及世界各国而由把各国加以世界主义化的西方，给她注入新的活力，使她脱胎换骨。"[32]按照这种逻辑，费正清的学术研究重点是中国的传统是如何阻碍中国走向近代化的。为此他构建了一个宏大的中国近代史体系，以窥测有着悠久传统的中国是如何回应西方的刺激和挑战，而中国也就正是在这"挑战与回应"之中步入近代化历程的。

　　在这种观念下，费正清对中国清朝历史的叙述并没有表现出对盛世的赞叹，他认为清朝的建立只不过是把最高决策层换成了满人而已，国家可以掌握在异族手中，但文化却分布在中国的平民百姓当中，中国的文化仍在继续。"总之，1800 年前后的中国经济与欧洲经济相比不但处于不同的发展阶段，而且其结构和运行状况亦有极大的差别。"[33]

　　把康乾时代看作一成不变的传统中国的一个历史时段，寻找其中哪些因素阻碍着中国产生资本主义并走向近代化，是在 20 世纪 70 年代以前以费正清为代表的很多西方学者研究中国的出发点。但自 20 世纪 70 年代开始，费正清的观点受到开始新一代中国史研究者批评。一些学者倡导以中国为出发点，深入研究中国内部的社会结构和发展动力。柯文将这种研究思潮归纳为"中国中心观"。墨子刻认为，把中国当作停滞不前的社会，是因为学者们只想解释中国在近代的种种失败，但随着中国的发展，其成就会超过失败，就需要有一种新的解释，其基础是对中国传统做与过去完全不同的理解。[34]这种走出"西方中心论"的倾向不仅存在于历史学领域，其他学科也是如此。例如，1979 年，美国普林斯顿大学国际研究中心的西里尔·爱德华·布莱克教授主编了《比较现代化》一书，被认为是美国现代化理论研究方向转变的主要标志。"那种认为西方的制度和价值观念应当视为全世界各个民族和地区仿效的榜样，因而只有照搬西方的全部制度和观念才能实现现代化的观点遭到了批判。"因为对于任何一个走向现代化的国家来说，如何正确对待传统文化，比如何对待外界的刺激更加重要。"与其说现代化是与传统文化的决裂，还不如说它在实质上是传统的制度和观念在科学和技术进步的条件下对现代社会变化需要所作的功能上的适应。"[35]在现代化过程中，应该加强对文化传统的研究，以确定在新的时代和条件下应当保留哪些有利于现代化的因素，抛弃哪些阻碍现代化的因素。

　　这一研究模式自 20 世纪 80 年代以后 20 多年的时间中一直占有主流地位，其研究主要特点是反对将中国作为一个整体进行描述，他们认为从康乾时代能够看出中国有着自己发展的内在逻辑，并不缺少西方资本主义的各种因素，不缺乏发展到近代资本主义的动力，即使没有西方资本主义国家的入侵和刺激，中国内部也有孕育资本主义的可能。所以这些研究者从不同角度出发，去发现和论证中国发展的内在动力。康乾时代不再被看作是与近代社会格格不入的传统社会，而是包含着众多近代因素的前近代时期。孔飞力在《叫魂》一书中称康乾时代为"镀金的时代"，史景迁在《追寻现代中国》中把乾隆时期的中国看作"如日中天"，曼素恩在《缀珍录——十八世纪及其前后的中国妇女》中称之为"盛清"。具体而言，王国斌、魏丕信对康乾时代国家职能的讨论，罗威廉等对市民社会的公共管理领域的分析，曼素恩对 18 世纪妇女的研究，曾小萍对康乾时代国家财政政策的探讨，等等，都取得了重要的成就，论证了康乾时代的各个方面都充满潜力，产生了很多代表中国近代社会先声的因素，并对近代乃至 20 世纪中国的发展起到重要的奠基作用。㉟

这些汇集为"中国中心观"的研究在学术内在逻辑上是要对"西欧中心论"进行更深刻的批判和解构，是学术的发展，使我们能够看到康乾时代内部更加精彩的方方面面，但它还是无法真正突破"西欧中心论"，为中国历史的发展寻找到新的坐标。但正如夏明方所说："事实上，对绝大多数国外学者而言，不管 18 世纪的中国如何美好，也不管这美好时刻可以持续多长时间，最后还是落得个曲终筵散的结果——王国斌发现的'斯密式经济增长'并没有使中国最终走向工业资本主义，魏丕信的福利国家至 19 世纪几乎土崩瓦解，濮德培所设想的作为清帝国国家建设根本动力的西北政府行动在 18 世纪中期的完结，反过来又使帝国很快走向衰落。受彭慕兰赞誉的中国市场的'自由度'说到底没有敌得过英国的煤和海外殖民地，如此等等。而在亚欧大陆的另一端，无论其与中国到底有多少相似之处，或者有多少不如中国之处，毕竟还是出现了'欧洲奇迹'，还是在 19 世纪用武力洞穿了中国的边界。"㊲因为他们要解决的问题还是在"西欧中心论"下的一个问题，也是为韦伯、费正清等人一直探讨的核心问题，那就是中国的近代化问题。他们与费正清走了一条不同的道路，费正清主张中国只有在西方的挑战和刺激下才能突破传统，走向近代化，而中国中心观下要论证的是中国在按照自己的道路走向近代化，而无需外力的刺激。所以，"中国中心观"实际上还是一种反欧洲中心主义的欧洲中心论意识。㊳

然而，无论如何，史学思潮的激荡，让我们看到一百年来人们审视康乾时代的视角在不断变换，因此对康乾时代的理解也就不同。一个总的趋势是，国外对康乾时代的研究由远及近，由整体性的否定到具体的理解，由哲学的思考到历史的分析。例如，马戛尔尼使团离开中国时，乾隆皇帝在给英国国王的信中有一段著名的表白："天朝抚有四海，惟励精图治，办理政务，奇珍异宝，并不贵重。尔国此次赍进各物，念其诚心远献，特谕该管衙门收纳。其实天朝德威远波，万国来贡，种种贵重之物，梯航毕集，无所不有，尔之正使所亲见，然从不贵奇巧，并无更需尔国制办物件。"㊴这段话曾经被认为突出地表现了乾隆皇帝以及当时中国固步自封、不谙世事的落后方面。这不但在当时被传为笑谈，在后来也被认为正因如此才使中国失去了在当时走向世界的机会。斯塔夫里阿诺斯在《全球分裂——第三世界的历史进程》中认为乾隆皇帝的这一极其冷漠的态度代表了几乎整个亚洲对西方资本主义的拒而不纳，"亚洲这种隔绝性从中国乾隆皇帝的态度上就可以看得一清二楚。"㊵然而，在何伟亚和濮德培那里，乾隆帝的这一番话得到了另外一种理解和尊重。何伟亚认为，清朝构建了一个多主制、多权力中心的世界，他们关心如何以适当方式建构最高权力。清廷运用礼仪技巧，建立宇宙—道德优势，并在时间和空间上拓展其帝国权力。㊶因此何伟亚把清帝国看作是与当时的英帝国同样的性质、有同样地位又相互竞争无法相容的政治实体。而濮德培认为，清朝统治者在从 17 世纪到 18 世纪持续的征服过程中，构建了明确的国家观念，实际上是重新界定中国国家特性的巨大突破。㊷在这样的观念下，乾隆皇帝对欧洲人的表态不仅不再显得可笑，而且非常合理。这种视角的转变使呈现在我们眼前的康乾时代更加精彩。或许，这早在 100 年前就被英国的哲学家罗素不幸言中，他曾说，乾隆皇帝通过马戛尔尼给英国国王的上谕曾经一直被认为是清朝皇帝愚昧无知、闭关自大的表现，但人们只有等到不再认为乾隆所言甚为荒谬时才会理解中国。㊸

三　20 世纪的政治变革和社会背景变化的影响

从时间上溯的角度来看，康乾时代是传统王朝的最后发展高峰期，对康乾时代各方面的政策和社会发展的评判，自然要受到以革命为主要背景的时代变革的影响。中国的革命在 20 世纪如火如荼，革命的首要对象是"封建社会"，而清朝则是中国封建社会的最后一个阶段，代表着专制、愚昧、保守和落后，自然要承受革命者的批判。辛亥革命的民族主义和政治变革、"五四"以后的思想解放、红色的"土地革命"、社会主义建设等，都是以对封建社会政治、思想、经济基础的坚决批判为前提的。

20 世纪之初的革命者致力于推翻清王朝的统治，并构建中国的资本主义政治。他们认为以康雍乾为代表的清朝皇帝对汉族实行愚民政策，这个异族统治的王朝曾给中华大地带来了巨大灾难。远不论"嘉定三屠，扬州十日"，近不论一系列丧权辱国的条约和大片国土的沦丧，就是对清朝全盛时期、史家所称的"康乾盛世"，留给后人更多的只是血淋淋的"文字狱"。孙中山说："中国四万万之众等于一盘散沙，此岂天生而然耶？实异族之专制有以致之也。在满清之世，集会有禁，文字成狱，偶语弃市，是人民之集会自由、出版自由、思想自由皆已削夺净尽，至二百六十余年之久。种族不至灭绝亦云幸矣，岂复能期其人心固结、群力发扬耶！"[44]他认为清廷愚弄汉人的统治、压制中国的民族思想、禁止与外国相通等思想是造成中国一盘散沙局限的罪魁祸首。章太炎对清之文字狱和文化钳制政策所带来的严重后果给予了毫不留情的揭露，同时他还对康雍乾时期的政策，诸如减赋、外交、军事、汉学、修订《四库全书》等，做了新的评论。廖仲恺对满清统治蒙古的民族政策很为不满，"由康熙一弄，蒙古人几乎要亡种了。……故用宗教来亡人的国，非只是满洲人才有这样办法。"[45]邹容认为"康乾南巡如同隋炀帝"。[46]汪精卫指出清朝实行闭关政策的原因，是由于清朝统治者有少数民族的自卑心理，害怕汉人与外部势力联合反清。"盛世表面宁幂，实则内乱不断。"[47]

所以在辛亥革命过程中，革命者重拾以汉族为中心的民族主义为武器，视满族为外夷，大加挞伐。章太炎曰："虏有封豕之德，卖官鬻爵，著在令典，简任视事，率由苞苴。在昔大酋弘历常善用贪墨，因其籍没其家，以实府藏……以官为卖，以法为市，子姓亲属，因缘为奸，幕僚外嬖，交伍于道。"[48]字里行间表达出"华夷之辨"用意。

如果说革命者们对清朝进行口诛笔伐是出于革命需要的话，那么"五四"运动以后新文化运动的代表人物的批判则是从否定传统的角度出发，将康乾时代视为传统社会的代表，通过史学、文学等各种方式将清朝塑造成为反科学、反民主、独裁专制、愚民落后、封闭无知的形象，其揭露可谓深入骨髓。他们重点批判的是清朝的文字狱政策。吴虞称文字狱"令人发指眦裂"，[49]钱玄同视乾隆皇帝是与秦始皇等同的独夫民贼。张君劢具体地批判康乾时代在中西科学交流方面的落后甚至不如明朝。"欧洲科学发达，由文艺复兴以开其端，而利玛窦到东方来，只有少数人物如徐光启、康熙还能赏识他。到了乾隆以后，士大夫还是麻醉于考古之学，无人感觉世界新潮流之来袭，此亦政府与学人缺少先见之故。"[50]鲁迅说："现在不说别的，单看雍正乾隆两朝的对于中国人著作的手段，就足够令人惊心动魄。全毁，抽毁，剜去之类也且不说，最阴险的是删改了古书的内容。乾隆朝的纂修《四库全书》，是许多人颂为一代之盛业的，但他们却不但捣乱了古书的格式，还修改了古人的文章；不但藏之内廷，还送之文风较盛之处，使天下士子阅读，永不会觉得我们中国的作者里面，也曾经有过很有骨气的人（这两句，奉官命改为：永远看不出

底细来）。"㉛

但无论革命者或新文化运动的积极分子如何否定清朝，但有一点他们非常认可，那就是清朝在疆域和武功上的表现。孙中山认为以往清朝统治虽然带有强烈的民族压迫色彩，但是它的盛世却给中国带来民族自豪感，"中国受欧美政治力的压迫将及百年。百年以前，满人据有我们的国家，仍是很强盛的，当时英国灭了印度，不敢来灭中国，还恐中国去干涉印度。"㉜20 世纪 30 年代，在民国政府开发西北部的号召下，一些受官府指派或者自愿赴西北考察的文人，比如吴蔼辰、谢彬、魏明章、萧离、王志文、叶祖灏等，他们身临其境，目睹天山南北的广阔，因而感慨清朝在边疆建设方面的功绩。"清初讨平准噶尔之乱，明代天山北路之四卫拉特全部尽入版图，拓地二万余里，……当时西域之广大，……自汉唐以来，未有若斯之盛也"㉝。谢彬也感慨道："当盛清时，我国势力十倍于今日，不禁掩卷而长太息也。"㉞

应该说这些字里行间流露出他们对当时中国强盛的向往，这是他们的另外一种政治需要，就是中国在当时还受到外国列强的压迫，因此怀念清朝的武功和强盛。

然而，对于这种在历史评述中，强烈表达"民族革命观"的做法，和将政治立场带进对清朝历史的评判，是合理的但不是科学的，因此遭到一些清史研究者的反对，孟森先生在谈到清代历史的地位时说："后代于前代，评量政治之得失以为法戒，所以为史学。革命时之鼓煽种族以作敌忾之气，乃军旅之事，非学问之事也。"㉟直接批判政治对清代历史研究的片面影响。

马克思主义史学的出现并逐渐占据主导地位是 20 世纪中国史学界的显著特征。从民国时期形成出现第一批马克思主义史家，到新中国的建立，马克思主义史学的发展与政治联系密切。从其研究重点可以看出。建国后，有关康雍乾时期的历史，形成了三个研究热潮：第一，关于康熙帝的历史定位；第二，关于《红楼梦》的历史背景以及资本主义萌芽问题；第三，关于农民起义问题。这显然与当时最高领导人毛泽东的史学爱好分不开。毛泽东对《红楼梦》历史背景以及资本主义萌芽问题曾有专门论述。㊱另外在建国前他主持撰写的一篇重要文章《中国革命和中国共产党》中，毛泽东也论述到："中国封建社会内的商品经济的发展，已经孕育着资本主义的萌芽，如果没有外国资本主义的影响，中国也将缓慢地发展到资本主义社会。"㊲尤其是后一句话，简直成为 1949 年以后研究资本主义萌芽论著中，必引的经典。至于农民起义问题成为研究热点，就更不足为奇。

这一时期对清代历史的研究重点虽然不是"康乾盛世"，但还是在很大程度上推动了对这一阶段历史的研究。第一，已经明确"康乾盛世"的提法，对盛世持续时间的认识逐渐统一；第二，对"盛世"形成的原因和表现有很多重要论述，突出了经济问题，承认资本主义萌芽在明末清初中断后，在康乾时期又复苏，从而肯定了"盛世"；否认资本主义萌芽者，则从另一角度认为专制抑制了资本主义萌芽的成长，则对"盛世"进行了否定；第三，对"盛世"的衰落原因给予了重点分析。有些论述和观点直接来源于民国时期史家的研究，只是研究更深入，评价也逐渐客观了。

然而，"这个时期的史学研究未突破以生产关系为中心的格局，方法上亦呈现出教条化与简单化的倾向。这些问题到'文革'时期发展到极端，演变为'路线斗争决定论'等荒谬理论，和无视史实乃至捏造史实的恶劣手法。把史学演变成以阶级斗争为中心的政治史，倒退到旧史学偏重政治史的状况，与鲁滨逊所说的旧史学依附于神学的特点有相似之处。"㊳

对于研究包括康乾时代在内的清代历史与政治之间的密切关系，冯尔康先生于 2007 年撰文《清史研究与政治》说，回顾自清朝结束以来，清史研究就一直受到诸多政治因素的影响，包括反满革命、反帝爱国、反苏联"修正主义"、革命、继续革命等历次政治革命和运动。虽然这些政治因素在一定程度上促进了对清代历史某些问题的研究，但也造成一些问题，如观念上偏颇和研究领域的不平衡，因此呼吁："史学研究，排除政治干扰，独立思考，实事求是，以历史经验的总结服务于社会。"⑲

然而，历史研究既然是要服务于社会，满足社会需求，那么政治作为社会需求中最重要的一种，当然会对历史研究提出很多的要求。我们不可能期盼孙中山等人能够像王国彬、魏丕信那样探讨康雍乾时期的政府如何赈济灾荒、体恤民间疾苦，也不可能期盼"五四"新文化运动期间陈独秀和胡适等人能够像李伯重、曼速恩那样去揭示18世纪中国妇女有着较高的社会地位，更不可能期盼在新民主主义革命和社会主义革命的阶段像史景迁那样去证明康熙皇帝是个伟大的政治家。

历史学必须要接受现实社会的各种命题和要求，任何一个时代的历史学家都不可避免地受到时代背景的影响，史学的客观性不可能突破时代的需求，或者说，我们只能够在时代需求的基础上构建客观史学。20世纪，美国一直是研究中国近代历史的重心，几代学者前后相继，不断地在转换着研究视野，努力描绘中国近代化历程的客观轨迹。然而这种研究又何尝能够脱离时代背景？费正清能够把对中国和东亚的研究从欧洲的汉学中独立出来，是与美国现实需要相符的。二战前后的美国已经认识到当时的中国在国际上已经日渐抬头，它在二战期间和中国的内战期间的表现表明美国一直在努力将中国纳入一个以美国为核心的世界政治体系，虽然这种努力在后来因为中国革命的胜利而失败了。但当时的美国对中国的了解确实需要一个真实的、有着明确发展轨迹的实体国家，而不是100多年来欧洲哲学史上的对中国形象的模糊概括。⑳费正清的研究成果卓著，影响几代美国人甚至美国政府对中国的了解，然而费正清学说在20世纪60年代受到质疑和批判，不仅仅是因为"中国中心观"蔚然兴起，还是受到新中国建立后中美关系以及国际政治力量变化的影响，美国需要更深入地了解中国，而不再仅仅是一个整体的轮廓。而在何伟亚和濮德培那里，康乾时代的中国已经成为一个具有现代国家观念、可与当时的英帝国试比高的强大帝国。这即使在1993年承德避暑山庄召开的纪念中英通使二百周年学术讨论会上还是难以想像的。往日西方对中国不屑一顾的那种态度荡然无存，或许是因为在国际上中国是美国想象中的重要敌人和威胁。正如美国著名的政治学家亨廷顿所说，中华文明（实际上指中国）和伊斯兰文明（主要指阿拉伯人和波斯人）同西方的基督教文明有很大的差异性，而未来世界的冲突将是由中华文明与西方文明间的冲突以及伊斯兰文明与西方文明间冲突引起的。㉑

所以，20世纪对康乾时代历史的研究，代表了对中国历史和中华文明进行研究的一个侧面。这个时代在时间上和空间上的特殊性，使人们自觉和不自觉地找到很多角度对它进行评判，这种评判有着自己的学术逻辑，但更受到时代变化的影响。角度的不同造成研究和评价的标准与内容大相径庭，很多学术争论因此而起，或许恰恰反映了我们对康乾时代有着太多的期盼。相信随着历史发展，对康乾时代的研究必然还会更加深入，也会演绎更多的精彩。

---

① 刘焕性：《"康乾盛世"之说的由来》，载《清史研究》2003年1期，第108页。

② 王先谦：《东华录》乾隆，卷六七。

③ 《清高宗实录》卷五九九，第30－32页。

④ 洪亮吉：《卷施阁集·文甲集》卷八，《乾隆府厅州县图志序》，载沈云龙主编《近代中国史料丛刊续辑》第445种，第427页，台北文海出版社，1977年版。

⑤　龚自珍：《龚自珍全集》，第九辑，《庚寅纪梦七首·饮少宰王定九丈（鼎）宅，少宰命赋诗》，第499页，中华书局，1959年版。

⑥　姚莹：《中复堂全集·东溟文后集》卷一○《书西域见闻录控噶尔事后》，载沈云龙主编《近代中国史料丛刊续辑》第52种第二册，第856页。

⑦　魏源：《圣武记》卷一一，"武事余记"，中华书局，1984年版，第158－159页。

⑧　魏源：《圣武记》下册，卷九，《嘉庆川湖陕靖寇记一》，第375页。

⑨　李鸿章：《李鸿章全集》第3册，《奏稿》卷四四，《议复张佩纶靖藩服折》，时代文艺出版社，1998年版，第1739页。

⑩　[美]费正清著，傅光明译：《观察中国》，世界知识出版社，2001年版，第5页。

⑪⑬　李伯重：《20世纪初期史学的"清华学派"与"国际前沿"》，载《清华大学学报》（哲学社会科学版），2005年5期。

⑫　侯云灏：《20世纪初"新史学"的产生及其演变》，载《淮北煤炭师范学院学报》（哲社版），2003年第5期。

⑭　梁启超：《饮冰室合集》第六册，《专集之一·改革起源》，中华书局，1989年版，第116页。

⑮　梁启超：《变法通议》，华夏出版社，2002年版，第8页。

⑯　梁启超：《梁启超选集·敬告我国国民》，上海人民出版社，1984年版，第384页。

⑰　梁启超：《饮冰室合集》第三册，《文集之二十五（上）·政治与人民》，第16页。

⑱　梁启超：《饮冰室合集》第六册，《专集之一·戊戌政变记》，第25页。

⑲　梁启超：《饮冰室合集》第六册，《专集之五·张博望班定远合传》，第15－17页。

⑳　梁启超：《饮冰室合集》第六册，《专集之四·新民说》，第154页。

㉑　[日]内藤湖南著、钱婉约译：《中国史通论·清朝衰亡论》，社会科学文献出版社，2004年版，第694－697页。

㉒　严绍璗：《日本中国学史》，中国社会科学出版社，1980年版，第400页。

㉓　《唯物史观中国史》，苏联大百科全书版，费明君译，上海永祥印书馆发行，1949年版。

㉔　[苏]苏联社会科学院：《世界通史》第五卷上册，第416页。

㉕　[美]转引自柯文《在中国发现历史——中国中心观在美国的兴起》，中华书局，1989年版。

㉖　[法]阿兰·佩雷菲特：《停滞的帝国——两个世界的撞击》，生活·读书·新知三联书店，1993年版，第618页。

㉗　[英]罗素著、秦悦译：《中国问题》（The Problem of China），学林出版社，1996年版，第37页。

㉘　[英]罗素：《中国问题》，第37页。

㉙　李帆：《韦伯学说与美国的中国研究——以费正清为例》，载于《近代史研究》，1998年，第一期。

㉚　王晴佳：《中国有文明史吗》，载《清华大学学报》（哲学社会科学版），2006年第1期。

㉚　[美]费正清著：《中国——传统与变迁》，第294页。

㉜　[美]柯文：《在中国发现历史——中国中心观在美国的兴起》。

㉝　[美]费正清著，张沛译：《中国——传统与变迁》，世界知识出版社，2002年版。

㉞　[美]墨子刻《摆脱困境——新儒学与中国政治文化之演进》，江苏人民出版社，1995年版。

㉟　[美]布莱克主编《比较现代化·译者前言》，上海译文出版社，1996年版。

㊱㊲㊳　夏明方：《十八世纪中国的现代性建构——"中国中心观"主导下的清史研究反思》，载《史林》，2006年第6期。

㊴　《清高宗实录》卷一四三五，第15页。

㊵　[美]斯塔夫里阿诺斯：《全球分裂——第三世界的历史进程》，第155－160页，商务印书馆，1995年版。

㊶　何伟亚：《怀柔远人》，第57页。

㊷　参见夏明方《十八世纪中国的现代性建构——"中国中心观"主导下的清史研究反思》。

㊸　［英］罗素：《中国问题》，第 58 页。

㊹　孙文著：《建国方略》，郑州，中州古籍出版社，1998 年版，第 331 页。

㊺　广东省社会科学院历史研究室编：《廖仲恺集》（增订本），中华书局，1983 年版，第 264 页。

㊻　邹容：《革命军》，载于张枬、王忍之：《辛亥革命前十年间时论选集》第一卷，下册，第 661 页。

㊼　精卫：《民报（1906）·驳革命可以召瓜分说》，载于张枬、王忍之：《辛亥革命前十年间时论选集》，第二卷，上册，第 466 页。

㊽　章太炎：《讨满洲檄》，《章太炎全集》（四）卷二，上海，上海人民出版社，1984 年版，第 191 页。

㊾　吴虞：《康有为"君臣之伦不可废"驳议》，载《吴虞集》，四川人民出版社，1985 年版，第 143 页。

㊿　张君劢：《立国之道》，载于《张君劢集》，群言出版社，1993 年版，第 331—332 页。

51　鲁迅：《病后杂谈之余》，载《鲁迅全集·且介亭杂文》，第六卷，人民文学出版社，1981 年版，第 183 页。

52　孙中山：《三民主义》，岳麓书社，2000 年版，第 15 页。

53　吴蔼辰：《新疆纪游》，载《中国西北文献丛书》，第三十五卷，〈总〉第 110 册，第 479 页。

54　谢彬：《新疆游记》，载《中国西北文献丛书》，第 4 辑，第十五卷，〈总〉第 131 册，第 129 页。

55　转自王家范《萧一山与〈清代通史〉》，载于《历史研究》，2006 年 2 期。

56　冯尔康：《清史研究与政治》，载《史学月刊》，2005 年 3 期。

57　《中国革命和中国共产党》，《毛泽东选集》第二卷，人民出版社，1991 年版，第 626 页。

58　李伯重：《20 世纪初期史学的"清华学派"与"国际前沿"》，载于《清华大学学报》（哲学社会科学版），2005 年 5 期。

59　冯尔康：《清史研究与政治》，载《史学月刊》，2005 年 3 期。

60　王晴佳：《中国有文明史吗》，载《清华大学学报》（哲学社会科学版），2006 年，第 1 期。

61　［美］塞缪尔·亨廷顿著，周琪、刘绯等译《文明的冲突和世界秩序的重建》，新华出版社，1999 年版。

清道光二十九年财政岁入岁出数字厘正

陈支平

（厦门大学历史系教授）

清代距今时间不远，中央政府档案保存下来的也不少，但是有关各个时期中央财政及各行省岁入岁出的具体数字，至今可以看到的却很少。就道光年间的情景而言，目前为研究者所参照的文献资料主要有两种：一是王庆云《石渠余记》卷三中的《直省地丁表》、《直省岁入总数表》、《直省岁出总数表》、《直省出入岁余表》[①]。二是翁同龢家抄本《道光十八年至二十八年岁入岁出册》[②]

根据以上两种文献资料，我们大体可以知道清道光十八年（1838 年）至二十九年（1849年）间中央政府财政岁入岁出的奏销数字如下表：

道光后期岁入、岁出表[③]

年 份	岁入（银两）	岁出（银两）	相抵余额（银两）
道光十八年	41272732	36209382	5063350
道光十九年	40307372	34787590	5519782
道光二十年	39035229	35805162	3230067
道光二十一年	38597458	37341583	1255875
道光二十二年	38715060	37149811	1565249
道光二十三年	42264528	41904903	359625
道光二十四年	40163854	38651694	1512160
道光二十五年	40612280	38815891	1796389
道光二十六年	39222630	36287159	2935471
道光二十七年	39387316	35584467	3802849
道光二十八年	37940093	35889872	2050221
道光二十九年	37000019	36443909	556110

近来，我在读书过程中，不经意发现在清末官员龚显曾的《龚咏樵藏钞》中，也保存了一部分关于道光年间中央政府及各行省岁入岁出数字的资料。龚显曾，字咏樵，泉州人。同治二年癸亥（1863 年）进士，以殿试第六名与馆选，翌年入馆，至同治七年戊辰（1869 年）散馆，授翰林院编修，与其祖父龚维琳有"祖孙两翰林"之誉，官至詹事府赞善。后退隐家居，受聘主清源书院。著述甚多，惜大部均已佚亡，现能见者，惟收入《桐阴吟社》诗 90 首、《薇花吟馆诗存》4 卷及《亦

园胜读》8卷。《龚咏樵藏钞》系其后人根据家藏散稿所辑，其中约半数为其戚友陈棨仁、陈庆镛、刘师松等人的遗稿，半数为龚显曾为他人撰写的寿赞序跋以及抄录的古碑鼎铭等，《各直省额征地丁杂税各项数目（道光朝）》是唯一一篇抄录自中央奏销档案的文字遗稿。

《各直省额征地丁杂税各项数目（道光朝）》中所载的岁入岁出的数字，主要限于道光二十六至二十九年（1846－1849年）这4年。道光二十六年至二十八年（1846－1848年）仅有岁入岁出的总额，而二十九年（1849年）的记载则除了岁入岁出总额之外，还分列出各直省的地丁、关税、盐课等岁入岁出的具体数字，以及其它年例、例外的支拨数额（此项数额兼及道光三十年至咸丰二年）。比之王庆云《石渠余记》的记载，更为详细。顾此类资料较为罕见，兹把《各直省额征地丁杂税各项数目（道光朝）》的主要部分抄录如下：

> 各直省额征收地丁杂税各项数目
> 直隶省额征地丁杂税等银二百六十二万八千六百四十六两零
> 奉天省额征银四万九千一百十九两零
> 江苏省额征银三百七十二万二千五百六十八两零
> 安徽省额征银一百□□十万四千四百六两零
> 江西省额征银二百□□六万三千二百八十二两零
> 浙江省额征银二百八十四万七千二百六十两零
> 福建省额征银一百三十九万四千四十三两零
> 湖北省额征银一百十四万四千七百七十七两零
> 湖南省额征银九十一万二千七百九十两零
> 河南省额征银三百六十七万七千六百四十四两零
> 山东省额征银三百五十二万七千九百五十两零
> 山西省额征银三百十四万一千五两零
> 陕西省额征银一百六十七万九千七百六十八两零
> 甘肃省额征银三十三万三千八百廿九两零
> 四川省额征银一百九万七千一百四十九两零
> 广东省额征银一百一十四万一千八百三□□两零
> 广西省额征银七十七万八千一百五两零
> 云南省额征银六十五万三百二十五两零
> 贵州省额征银十二万三千五百二两零
> 以上各直省□□岁额征地丁杂税共银三千二百八十一万三千三百四两零
> 盐课项下
> 长卢实征盐课银五十万二千五百五十三两零
> 山东实征银十五万九千八百四两零
> 河东实征银四十九万六千七百九十八两零
> 两淮实征银二百十二万九百四十八两零
> 两浙实征银四十四万三百三十八两零
> 福建实征银十五万三千九百二十九两零
> 广东实征银五十三万二千三百六十九两零
> 广西实征银四万七千六百十八两零

甘肃实征银□□万□百十六两零

云南实征银三十五万六千九百二十二两零

四川实征银十四万五千九百六两零

贵州实征银八千二百五十两零

以上盐课项下共征银四百九十八万五千□百七十一两

关税项下

崇文门征收银三十二万三千七百三十九两零

左翼征收银一万六百三十两零

右翼征收银一万五百八十一两零

坐粮厅征收银一万二千四百十九两零

淮安关征收银十四万六千九百十六两零

浒墅关征收银三十四万二百八十两零

扬州关征收银十一万八千四百五十三两零

芜湖关征收银二十七万四千三百二十九两零

西新关征收银四万一千八百九十二两零

凤阳关征收银十万六千三百三两零

江海关征收银七万二千九百九十七两零

天津关征收银五万三千五百四十七两零

临清关征收银八万五十四百四十一两零

九江关征收银五十七万七千十三两零

赣关征收银九万三千七百七十一两零

北新关征收银十八万八千四百九十八两零

浙海关征收银七万九千九百两零

闽海关征收银十九万三千十二两零

太平关征收银十一万八千六百四十三两零

粤海关征收银一百四十二万九千七百六十六两零

山海关征收银六万一千六百九十五两零

张家口征收银二万四两零

杀虎口征收银一万六千九百十九两零

归化城关征收银二万二千七百四十九两零

龙江关征收银十二万九百三十七两零

芜湖关征收银十一万七千八十一两零

宿迁关征收银二万七千六百四十把两零

临清关征收银七千四百五十三两零

南新关征收银三万二百四十七两零

以上各关征收额税盈余共银四百七十万四千八百七十四两零

各省岁支官兵俸饷以及文武养廉并杂支各项数目

直隶省岁出银二百二十八万四千四百三十三两八钱九分八厘

奉天省岁出银六万八千九百八十二两六钱二分

江苏省岁出银一百五十一万六千十二两五分

安徽省岁出银七十六万九千一百八十八两三钱一分

江西省岁出银一百十三万二千四百二十二两三分三厘

浙江省岁出银一百六十六万二千五百四十七两六钱七分六厘

福建省岁出银九十九万六百五十五两八钱六分五厘

湖北省岁出银二百十二万六千五两八钱九分四厘米

湖南省岁出银一百九十七万三千二百十九两四千四分一厘

河南省岁出银二百六十七万四千七百九两四千三分九厘

山东省岁出银二百九十一万一千六百三十四两一钱六分一厘

山西省岁出银二百二十九万五千七百六十四两六千六分四厘

陕西省岁出银一百五十万五千二百十两八钱七分七厘

甘肃省岁出银四百十七万三千八白酒钱二分九厘

四川省岁出银一百六十二万一千一百六十五两九钱三厘

广东省岁出银一百六十五万二千三百八十五两三钱一分二厘

广西省岁出银七十五万九千九百二十六两六钱七分五厘

云南省岁出银一百三十一万三千三百三两五钱四分六厘

贵州省岁出银一百十三万一千九十二两九千五分九厘

以上各直省每岁共出银三千二百五十六万三千四百六十二两七千二厘

盐课项下各省每岁留支数目

长卢岁出银一千五百九十一两二钱

山东岁出银八千五十二两

河东岁出银二万三千三百五十三两六分八厘

两淮岁出银三十五万两

两浙岁出银二万二千九百六十两

福建岁出银三千二百八十两

广东岁出银一万两

甘肃岁出银三十二两九钱九分九厘

广西岁出银并无岁支之项

云南岁出银同上

四川岁出银同上

贵州岁出银并无岁支之项

以上盐课项下共出银四十一万九千二百六十九两二千六分七厘

关税项下

崇文门岁出银三万五千一百三两二钱五分

左翼岁出银八千六百三十二两六钱一分

右翼岁出银八千六百六十二两七钱

坐粮厅岁出银八千九百四十两五分

淮安关岁出银十四万六千九百十六两九钱一分

浒墅关岁出银三十万二百八十两八钱四分九厘

扬州关岁出银十一万八千四百五十三两六分三厘

芜湖关岁出银二十四万三千四百四十三两五钱三分

西新关岁出银四万一千八百九十二两一钱一分五厘

凤阳关岁出银十万六千三百三两六钱

江海关岁出银七万二千九百九十七两一钱一分六厘

天津关岁出银四万四千把百九十四两五钱七分

临清关岁出银六万八千三百九十七两一钱八分

九江关岁出银五十七万九千十三两八钱九分六厘

赣关岁出银八万五千三百十四两八钱七分四厘

北新关岁出银十五万八千九百五十五两九钱三分九厘

浙海关岁出银七万九千九百八两二钱三分

闽海关岁出银十八万六千十二两八钱八厘

太平关岁出银一万五千六十三两一千六分四厘

粤海关岁出银八十万七千七百六十八两六钱二分三厘

山海关岁出银四万一千四百九十四两一钱三分七厘

张家口岁出银二万两

杀虎口岁出银一千一百八十八两三钱

归化城岁出银六千五十两二钱二分五厘

龙江关岁出银九万九百三十七两一钱四厘

芜湖关岁出银八万八千一百六十三两六分七厘

宿迁关岁出银二万七千六百四十八两二分六厘

临清关岁出银三百八十五两五钱三分

南新关岁出银二万九千七百八十二两五钱

以上各关每岁共出银三百四十六万二千一百七十七两零

合计

各直省道光二十九年额征地丁盐课关税杂税等银四千二百五十万四千八百八十二两四钱四分八厘，内除缓征未完外，实征银三千七百一万十九两四分一厘，岁出银三千六百四十四万三千九百九两九钱二分三厘。

道光二十六年

实征银三千九百二十二万二千六百三十两四分二厘

岁出银三千六百二十六万七千一百五十九两零

道光二十七年

实征银三千九百三十八万七千三百十六两一钱一分六厘

岁出银三千五百五十八万四千四百六十七两零

道光二十八年

实征银三千七百九十四万九十三两八钱二分七厘

岁出银三千五百八十把万九千八百七十二两零

……④

龚显曾：《龚咏樵藏钞》中的这则关于道光年间财政岁入岁出数字的资料，与王庆云、翁同龢所记的资料一样，显然都是抄录于当时中央政府奏销档案册的。然而我们核对了这3种资料之后，就可以发现王庆云的《石渠余记》中所载的道光二十九年（1849年）的数字，存在着明显的错误。

　　翁同龢本没有道光二十九年（1849年）的记载，而从王庆云本和龚显曾的《龚咏樵藏钞》中所列出的道光二十九年（1849年）实征岁入及岁出的总额上看，其数字基本上是吻合的。即《龚咏樵藏钞》本为实征银（岁入）三千七百一万十九两四分一厘，岁出银三千六百四十四万三钱九百九两九钱二分三厘；而王庆云《石渠余记》中的《直省岁入总数表》载是年实征"通共三千七百一万十九两有奇"。二者完全一致。⑤这里所列的实征岁入岁出总额，包括了地丁、关税及盐课等。

　　然而我们进一步核对了龚本和王本所列的各直省该年实征地丁银数额后，就会发现：龚本所列的各直省实征地丁银的总和，正好与上列的实征总额是一致的，是"三千二百八十一万三千三百四两零"；而王本所列的各直省实征地丁银的总和，却与上列的实征总额相差悬殊。王本的《直省地丁表》的汇总部分，载是年实征地丁额是"三千二百八十一万三千三百四两有奇"。但是各直省分列的地丁数字，相加起来只有2632万余两。各直省分列的地丁数字相加比同表中的汇总数字，少了近650万两之多。

　　那么王庆云：《石渠余记》中道光二十九年（1849年）的地丁数额错在哪里？我们对照了翁同龢本的数字之后，也许可以找到答案。翁同龢本中的道光二十八年（1848年）岁出数额，正好与王庆云：《石渠余记》中《直省岁出总数表》所列道光二十九年（1849年）各省岁出数额基本吻合，请看下表中的对照：

省　别	翁本中道光二十八年岁出地丁数额	王本中道光二十九年岁出地丁数额
直隶	2224913.145 两（下同）	2224913.145 两（下同）
奉天	87715.073	87715.073
江苏	2360617.597	2360617.597
安徽	858993.746	858993.746
江西	1318293.322	1318293.322
浙江	1894004.001	1894004.001
福建	1024601.768	1024601.768
湖北	1804525.177	1804525.177
湖南	1850677.295	1850677.295
河南	2260228.531	2260228.531
山东	2897334.611	2897334.611
山西	2545436.312	2545436.312
陕西	1442978.219	1442978.219
甘肃	3984417.907	3984417.907
四川	1405774.731	1457714.721
广东	1502587.076	1502587.076
广西	749108.83	749108.83
云南	1217475.899	1217475.899
贵州	949997.883	949997.836

上表中只有四川、云南、贵州三省中的数字有少许的差异，云南、贵州二省的差异仅在分厘之内，可不计；而四川省，王本要比翁本多出 51939 两余。从这一年王本和翁本对四川省岁出数字的排列顺序上看，抄错的可能性很大。因此，上表中两个不同年份的岁出数额，实际上是属于同一年份而为翁氏或王氏所误抄而安错年份了。

王庆云：《石渠余记》中的《直省岁出总数表》，仅列两个年份，即道光二十八年和二十九年的。无独有偶，王本该表中所列的道光二十八年（1848 年）岁出的数字，竟然与《龚咏樵藏钞》中所列的道光二十九年（1849 年）的各直省岁出数字一致，请看下表：

省　别	龚本中道光二十九年岁出数额	龚本中道光二十八年岁出数额
直隶	2284，433.898 两（下同）	2284433.898 两（下同）
奉天	68982.62	68982.62
江苏	1516012.05	1516012.5
安徽	769818.31	769818.31
江西	1132422.033	1132422.033
浙江	1662547.676	1662547.676
福建	990655.865	990655.865
湖北	2126005.894	2126005.894
湖南	1973219.441	1973219.441
河南	2674709.439	2674709.436
山东	2911634.161	2911634.161
山西	2295764.664	2295764.664
陕西	1505210.877	1505210.877
甘肃	4173800.929	4173800.929
四川	1621165.903	1621165.903
广东	1652385.312	1652385.312
广西	759926.675	759926.675
云南	1313303.546	1313303.546
贵州	1131092.959	1131092.959

上表中的江苏、河南二省，岁出数字有些差异，但差异也仅在分厘之内。因此也可以断定王本中的所谓道光二十八年（1848 年）的各直省岁出数字，其实与龚本中的所谓道光二十九年（1849 年）各直省的岁出数字是同一年份的。

无论是龚本还是王本，在岁出总额条内，均为"三千六百四十四万三千九百九两九钱二分三厘"[⑥]，但是把分列的各直省岁出的数字相加起来，龚本道光二十九年（1849 年）的数字与总额吻合，而王庆云《石渠余记》中所列道光二十八年（1848 年）各直省岁出数字相加，却与同书《直省出入岁余表》中道光二十九年（1849 年）的岁出总额是一致的。

既然王庆云《石渠余记》中所载道光二十九年（1849 年）的各直省岁出数字与翁同龢本中

道光二十八年（1848 年）的数字相吻合，而《石渠余记》中所载道光二十八年（1848 年）的各直省岁出数字与《龚咏樵藏钞》中的道光二十九年（1849 年）的数字相吻合。那么，我们似乎可以这样解释：王庆云《石渠余记》中关于道光二十九年（1849 年）的岁出岁入数字，抄错讹传之处甚多，其中不少地方是把道光二十八年（1848 年）的数字混淆成为道光二十九年（1849 年）的数字了。而翁同龢本及《龚咏樵藏钞》中关于道光二十八年（1848 年）与道光二十九年（1849 年）岁入岁出的数字，是基本准确的。至于王庆云《石渠余记》中的其他财政数字是否存在误抄讹传的情况，由于没有更多的相应资料可以印证，只好期待今后再有如同《龚咏樵藏钞》一类的文献出现，以便进一步予以厘正。

---

① 王庆云：《石渠余记》共有六卷一附录，北京古籍出版社，1985 年 2 月。曾经予以标点整理出版，本文所引均出自此本。

② 翁同龢家抄本：《道光十八年至二十八年岁入岁出册》，现藏国家图书馆。中国人民银行总行参事室金融史料组编：《中国近代货币史资料》（1964 年 9 月中华书局出版）第一辑《清政府统治时期》，第 172－173 页，曾经根据该书整理成《道光十八年至二十八年各直省实征地丁盐课关税杂税等项岁出岁入表》和《道光二十八年度各省地丁杂税等收付示例表》。本文所引即出自这两个表格。

③ 资料来源：道光十八至二十八年数据北京图书馆藏翁同龢家抄本《岁入、岁出册》，引自《中国近代货币史资料》附录第 172 页。道光二十九年数据王庆云《石渠余纪》卷三《直省出入岁余表》。按王书卷三《直省岁入总数表》记有道光二十一、二十二、二十五、二十九各年岁入数，同卷《直省岁出总数表》记有道光二十八、二十九年岁出数并附有道光二十一、二十二、二十五各年岁出总数，《直省出入岁余表》记有道光二十五至二十九年岁入、岁出总数，所记各数有的与翁抄本小有差异，有的年份数字各项分数相加之和与所开总数也有差异。

④ 龚显曾：《龚咏樵藏钞》不分卷，原书藏泉州龚氏家族，复印本及电子扫描本藏厦门大学国学研究院。

⑤ 王庆云：《石渠余记》卷三。本书同卷《直省出入岁余表》所列道光二十九年，岁入为三千七百万十九两四分一厘，少了一万两，应为抄误。

⑥ 龚本见上引文，王本见卷三《直省出入岁余表》。

清代地方官的社会实践与基层管理

——以张吉安在浙江的治绩为个案

张海英

（复旦大学历史系教授）

一　秉直为官，力挺贤吏

乾隆六十年，张吉安初到富阳任职，时逢清政府清查各县财政亏空，责令地方官弥补，并以弥补之迟速多寡作为当地官员的考核标准。为贪功求赏，当时有一些县丞簿吏于数月内弥补累万，这其中不乏趁机搜刮民脂民膏之辈。在这种"弥补无数"的风气中，唯独富阳县令恽敬，虽精明强干，但坚决不仿其他同僚肆意搜刮，结果一年下来竟无分毫弥补。为此上司认为他抗命不遵，一怒之下命令吉安前往富阳，将恽敬摘印查处。到达富阳后，只见士民群集，富阳百姓纷纷涌至衙府，请求留任恽敬，吉安为之动容。了解了事情的原委，张吉安没有按照台司的命令惩戒恽敬，反而谒见台司，力陈恽敬为贤吏，乞请保全留任恽敬。

他特别强调："州县赋入岁有常例，如果是因前官不谨致亏，反而责令后来者弥补，对后任者是不公平的，而且容易滋生掊克贪污之弊端。如今民间百姓对吏治多有不满，也是因为贪官污吏过于贪焚，搜刮无度，以至民众怨声载道，应该多用像恽敬这样清廉正直的读书人。为官者要讲究秉直为官，应以与民休养生息为急务，对百姓加以安抚弥补，方可保全大局，有裨治道"[②]。他的请求最终并未获准，恽敬仍被谪发贵州[③]。初入仕途的张吉安为此愤愤不平，深感自己乃憨直之辈，"不能谐时世"，于是上书请改教职，但未获批准，仍被委任富阳县丞及杭州府通判。

二　象山平盗，为民除害

嘉庆二年（1797 年），张吉安署淳安，不久又调往象山。当时闽浙沿海海盗猖獗，给沿海民众生活与生命财产带给极大的干扰与损失。沿海一些贪利之民众竟与海盗内外相应，为他们提供米粮、淡水及火药，甚至内外结合为之向导。为此，官府甚为恼怒，责令张吉安严加惩处。吉安莅任后，没有立马大开杀戒地惩处那些参与给海盗提供米粮、淡水的当地百姓。他经过深入细致地调查研究，深感沿海一些民众与海盗相舆原因复杂，其中与政府杂税过繁，百姓不堪重负不无关联，于是，他大刀阔斧加以整顿。首先相舆革除船埠商渔之杂税，减轻沿海民众之负担，同时严禁水、米出洋，加强海防，海盗失去了经济支持，势力大大受挫。

盗匪们看到象山沿海防御严密，数年不敢再犯，吉安终其所任，象山再无通盗济匪之事，扰民甚久的海盗之患就此平息，象山百姓无不称快。张吉安在平息海盗中所体现的果敢与智慧，也令时任定海镇总兵的李长庚叹曰："牧令尽如张象山，盗不足平也。"④

三 减赋赈灾，心系民众

张吉安任职浙江期间，其赈灾之举尤值得关注。嘉庆四年，张吉安被派署浙江新城。新城为朝廷在浙江的主要漕赋区，但因距水路较远，故而漕仓设省城，民间百姓主要以折色输官，经由官方购米兑军。这中间不免多有浮加多收之举，而运丁需索累加，更是习以为常，大大加重百姓负担。吉安抵达新城后，发现了其中的诸多弊端，经过调查研究，他提出平折其价的措施，并杜绝运丁勒索，民众负担大为减轻，不及旧时十之六七，民力大纾。

嘉庆五年，吉安调署永康。当年夏天，洪水猝发，大量农田被淹，百姓房屋被冲毁，百姓死伤惨重。周边同时被灾的有 20 余县之多，永康适当下游，灾情最重。当时清政府规定灾情的申报程序是：灾害发生后，地方州县官立即上报督抚，督抚接报后，一面上报朝廷，一面选派官员会同州县官前往灾区实地察看，并根据灾情的轻重，造具图册申报司道，由司道复查具结，上报督抚，再由督抚将勘察的情况上报朝廷，经朝廷批准后，方可落实各项救灾措施。并规定地方官无权私自放米赈灾，地方若不请示君主和中央政府私自放粮赈济，则要面临"矫诏"的处罚。

由于受此条规限制，当时江浙地方对水灾的赈济非常滞后，大量灾民无家可归，衣食无果，几乎激起民变。吉安经亲自实地查验，认为时态紧急，如果拘泥成例，等待朝廷勘覆后再行抚恤，将会加重百姓伤亡，为官者应以救民为急，个人荣辱得失则无暇顾及。于是便果断采取具体措施，不等上司批准，设厂煮粥安置灾民，并派小舟救助被洪水围困的百姓，这其间他寝食俱废，亲历灾乡，躬履危险，百姓获救者甚多，避免了事态的激化。此前，浙中地区遇有灾情，不过是抚恤蠲缓，从未有给赈之事。吉安又极力争取赈济之资，并将应赈户口、银米数目，张榜公示，不滥不遗，以杜绝胥吏侵欺之弊。事后，有上司斥责吉安之做法有违成例，要求对之处罚，张吉安据理力争，力陈其所作所为皆为百姓着想，实为社会安定之必要举措。巡抚阮元向来看重吉安之才华，最终吉安没有被责罚。吉安在永康赈恤并行，使灾民掩埋有资，修房有费，垦田有本，籽种有粮，深得民心。当他离任时，永康百姓"卧辙攀辕，填塞道路，如赤子之恋慈父母也"，更有"焚香顶祝者，至离县数十里，不绝有泣下者"。

嘉庆六年，处州大旱，丽水尤甚。巡抚阮元因吉安有抚恤爱民之循声，便将之调署丽水。抵达丽水后，吉安一如任职象山、永康之时，废寝忘食，率众祈雨抗旱，秋获丰收。吉安在丽水期间，缓于催科，勤于抚字，致使赋无缺额，民安其业。

嘉庆八年，吉安调署浦江县。此时的浦江已是迭被水灾，民间灾情严重，一些不法之徒趁灾打劫，气焰十分嚣张，甚至鸣金聚众于市，公开宣称"某日伐某家墓木"、"某日抢某家钱谷。"邻近县邑局势紧急，以至羽书告急，请求征兵捕治。浦江百姓亦人心惶惶，民情汹汹。上司命令吉安严惩聚众抢劫之"奸民"。张吉安认为，"奸民"聚众肆掠，扰乱民心，危害社会治安，应该依法严惩。但若直接引兵前往镇压，容易激化矛盾，引发动乱，为官者当讲究"以德化民"，于是他请求只身前往安抚。获准后，吉安路上探得抢掠头目虚实，抵达后派人将其擒拿，其余部四处逃散。同时，经调查后他发现，所谓聚众"奸民"，大多是百姓因饥荒衣食无果而聚集流落，并不全是无赖抢掠之徒，其时当务之急是必须首先筹集米粮赈灾，加以安抚。百姓安定了，则"奸民"自然消散。他请求上司紧急调运贮备有余的兵米到浦江，以解燃眉之急。民众得知吉安能够调运到米粮，人心大稳，聚众抢劫的势头得到扼制，吉安依法惩治了两名首犯，其余从者多被赦免，社会秩序很快安定下来。

嘉庆八年冬，吉安补余杭。次年春，连连大雨，禾苗大伤，米价腾涌，吉安粜仓穀以平米价，又调运川米千石加以接济。十年，余杭地区再遭水灾，邻县煮赈救灾，将棚厂专设县城，结果因为人多拥挤，每天皆有践踏伤亡之事发生。吉安则下令分乡设厂，煮粥以赈，他亲自考察，规画详密，并劝说富裕大户帮助协济。由于措施得力，尽管余杭被灾严重，灾民无数，但由于管理有方，百姓安定，秩序正常，没有出现践踏伤亡事故，更没有发生大的动荡与不安。

四　律治惠政，教化民众

吉安在浙江前后为官十余年，前后历署新城、永康、丽水等7县，任职之地，灾难频发，其时，周边为官者"藉词酌剂，置灾民于不问"者大有人在，但张吉安却始终恪尽职守。他曾自题楹联：不沽名，敢不顾名，斯言宜佩；无废事，亦无喜事，我职当修。他任职期间，不仅赈灾治绩突出，律治文教方面亦多有惠政。

丽水地区多山，地险而道远，吉安感念民间百姓诉讼时常废时失事，多有不便，便经常下乡巡行，并在巡行中于山寺判狱，现场解决问题，百姓咸乐其便。其间，他还创建文昌宫，修葺秦淮海祠，扶持地方文教事业。

余杭县风素来健讼，吉安严惩讼师，勤于听断，终日坐堂前，听讼如与家人语，必得其详情而后判。百姓无不心悦诚服，历年积压之案牍亦清。

任职永康时，处州镇遣官领饷，道经永康。突遇山洪暴发，人银皆被冲失，司道认为属护送不慎，责令营县赔补。吉安则认为，此乃事出天灾，非关人力，赔补无据，且数及万金，弁役淹毙。如拘泥以往成例，易为军民之累，加重百姓负担。吉安据理力争，最后不仅营县得免赔偿，还为殁命之兵弁争得抚恤金，而且此后为公事殉职的兵吏邀恤亦著为成例。

此外，他曾以同考官身份主持余杭乡试，得人才多人。他还主持编修余杭、新城两邑县志，修葺学校，一时间余杭地方文风大盛。

嘉庆十四年（1809），吉安因亲老引疾归原籍。道光九年正月初三日（1829 年 2 月 6 日），因病去世。他生前曾自制挽句：宿世未忘贫衲相，十年有负宰官身。表明了其清操自守、造福一方的为官生涯。吉安病逝后，其任职过的县城士民，跋山涉水来吴地凭吊，永康、新城、象山、丽水、浦江等地民众感念其治绩，均吁请崇祀名宦祠，并建立遗爱祠以示纪念⑤。

五　结　语

在中国古代，政府在行政机构的设置上一般只到县级，县以下几乎没有正式领俸的官员。一如有学者所指出的，"自隋朝中叶以降，直到清代，国家实行郡县制，政权只延于州县，乡绅阶层成为乡村社会的主导性力量"⑥，"乡绅——宗族"几乎成了传统乡村社会的代名词，基层社会被视为是"士绅治理"的格局——基层的乡里、保甲组织遵照地方政府的政令以管辖民众，清查户籍，完纳赋役，维持地方治安，并把族规家法揉合于乡规民约之中[⑦]，在地方上发挥着息盗贼、广教化、移风俗等"三善"效能，"凡禁暴缉奸，化民成俗，皆由于此"[⑧]，以至于有"国权不下县"之说[⑨]。

但是，"国权不下县"并不意味着国家影响只达到县一级为止，实际上，国家在县以下的活动与控制仍十分突出。就中国古代的实际情况而言，国家控制的触角不仅毫无疑问地延伸到了"县以下"，朝廷行使权力向农民派粮、派款、拉丁、抓差等在某种程度上可以说无远弗届，甚至达到了"任是深山更深处，也应无计避征徭"的程度，此外，地方治安、文教事业、律治建设、水利兴修、赈灾济民等等，均离不开政府的支持。这中间，大量地方官的社会实践恰恰昭示出政府对基层社会的渗透与管理。从张吉安在浙江的治绩我们看到，清代基层地方官员除"缉捕盗贼"以维护正常的社会治安秩序之外，他们在地方文教、分理词讼、赈灾济民方面还是卓有成效的。张吉安对清官恽敬的力挺，凸现了其秉直为官的从政理念；他在象山平盗，深入实地，调查研究，当他找到当地百姓与海盗"相舆勾结"的内在原因之后，便大刀阔斧地革除船埠商渔之杂税，减轻沿海民众之负担，同时严禁水、米出洋，加强海防，以疏导结合，釜底抽薪的形式，根除了海盗之患，体现其做为一方父母官的睿智；在地方文教与赈灾方面，他更是处处实践着基层管理者的基本职责，以传统为官标准而言，他基本上履行了"平盗贼、整吏蠹、兴水利、隆教化"的职责。在张吉安身上，我们看到，清代众多的地方基层管理者以其身体力行，承担着融合国家行政体系与地方基层发展的重要职责，体现了在传统国家行政框架之下，政府行政机构对基层社会的有效治理，是"国权下县"的最直接的有效体现。依此而言角度，清代大量基层官员的治绩个案研究值得关注。

---

①③　阮元：《国朝耆献类征初编》卷二四二，《守令二十八》。

②　《清史稿》卷四七八，循吏三。

④　《清史列传》卷七五《循吏传二》，民国《象山县志》卷二一《名宦传》。

⑤　《国朝耆献类征初编》卷二四二，《守令二十八》。张鉴：《循吏蒋塘张君别传》，《冬青馆》乙集卷八；石韫玉：《蒋塘张君事状》、《墓表》；王学浩《墓志铭》，同治《丽水县志》卷八，《宦绩》；民国《象山县志》卷二一，《名宦传》。

⑥　吴理财：《民主化与中国乡村社会转型》，《天津社会科学》，1999 年第 4 期。

⑦　柏桦：《明清州县官群体》，第 60－65 页，天津人民出版社，2003 年。

⑧　（清）徐栋：《保甲书》卷二，《成规上》。

⑨　对此，秦晖概括为：国权不下县，县下唯宗族，宗族皆自治，自治靠伦理，伦理造乡绅。详见秦晖《传统中华帝国的乡村基层控制：汉唐间的乡村组织》，载秦晖《传统十论》，复旦大学出版社，2005 年；另见秦晖《权力、责任与宪政：关于国家"大小"问题的理论与实践》，香港中文大学，《二十一世纪》杂志，2003 年 12 月号。

"光绪帝系砒霜中毒死亡"说难以成立

房德邻

（北京大学历史系教授）

《清史研究》2008年第4期发表了《清光绪帝死因研究工作报告》，它是"国家清史纂修工程重大学术问题研究专项课题（清光绪帝死因研究）"课题组的结项报告。课题组由中央电视台清史纪录片摄制组钟里满同志主持，成员有清西陵文物管理处3位同志、中国原子能科学研究院反应堆工程设计所5位同志、北京市公安局法医检验鉴定中心4位同志。《报告》称：课题组对光绪帝的头发、遗骨、衣裤进行检测，发现含有高浓度砷（砷的主要成分是三氧化二砷即砒霜），此证明光绪帝死前体内有高浓度砷，因此"光绪帝系砒霜中毒死亡"。《报告》又称，在衣物上检测到的较高浓度的砷集中在胃区，衣物、遗骨、头发上极高浓度的砷是由光绪帝体内"胃肠内容物"沾染形成的，暗示光绪帝死于急性胃肠型砷中毒。

在同一期《清史研究》上，还发表了钟里满同志的《清光绪帝砒霜中毒类型及日期考》，该文以《报告》的结论为前提，利用"光绪皇上脉案"等史料，证明光绪帝死于急性胃肠型砒霜中毒，并且在字里行间把施毒者指向慈禧太后。

《报告》的观点得到学术界的赞同，经媒体广泛报导，"光绪帝系砒霜中毒死亡"说似成定论。但是我对于这个结论却有怀疑，特提出来向诸位请教。

我认为，《报告》在方法上有根本性的错误，它未对检测的数据做回溯分析便下结论。这种错误就如同下例中甲某的错误一样：一百年前有一桶海水，经过一百年海水已经蒸发了，盐沉淀在桶底。甲某发现了，从桶底取出一克物质进行含盐度检测，结果含盐度为99%。于是甲某就宣称：根据检测的结果可知一百年前那桶海水的含盐度是99%。这个结论显然是荒唐的。而课题组正是用的这种方法，他们把尸体腐烂挥发后存留在衣物、头发、骨骼上的砷取来做检测，把测得的砷浓度当作光绪帝身体中的砷浓度，这不就是甲某把沉淀的盐的浓度99%当作海水的含盐度了吗？

下面具体分析《报告》的错误。

一　《报告》说检测的数据表明高浓度的砷集中在光绪帝的胃区，因此光绪帝系砒霜中毒而死，但数据并不支持这一结论

光绪帝的第一至第四件衣物（排序从外向内）的含砷量显示，从最外面的龙袍到最里面的内衣的含砷量依次增加，内衣最高。内衣贴身，其数据最重要。

课题组检测了内衣的左袖、躯干、右袖的含砷量，其样品的平均含砷量分别是359微克/克，

448 微克/克、879 微克/克，^①三者以右袖最高。这是怎么回事？依照医理，急性胃肠型砷中毒和慢性砷中毒是内藏的含砷量最高，可是《报告》的数据却是右袖的最高，它是左袖的 2.45 倍，是躯干（对应内藏和上腹部）的 1.96 倍，这怎么解释？

课题组对于这一现象不加解释。《报告》是这样分析 4 件衣物的："从同一件衣物看，第一件至第三件，每件衣物的胃区部位、系带和领肩部位的含砷量较高；从穿着层次看，第四件衣物（内层衣物）的含砷量大大高于第一件至第三件……。"这段分析违反了逻辑一致性的要求。在叙述了前 3 件衣物的含砷量在胃区比较高之后，接下去就应当也必须叙述第四件是否也在胃区比较高，但《报告》却略去不说，而笔锋一转，改换叙述角度，说从内衣到外衣的砷量变化。这说明课题组明明知道第四件衣物的数据不支持"砷含量在胃区比较高"的结论，却在叙述中有意加以隐瞒。

内衣右袖含砷量为躯干的 1.96 倍，这个数据推翻了《报告》的"大量的砷化合物曾留存于光绪帝尸体的胃腹部"的结论，也推翻了急性胃肠性砷中毒的结论。依照第四件衣物检测的数据，应该说大量的砷化合物曾留存于光绪帝尸体的右胳膊。对于这一现象，还需课题组做出合理的解释。

不过，《报告》中也有相对可信的数据，这就是第四件内衣躯干的数据，它对应光绪帝的内藏和上腹部，可以反映内藏和上腹部的含砷量。课题组检测了内衣躯干部的 4 份样品，其含砷量的平均值是 448 微克/克。这是腐败尸体挥发后留存在内衣上的砷，它不等于是光绪帝生前内藏和上腹部的平均含砷量，必须对它做回溯分析才能知道生前的平均含砷量。但是这有困难，因为我们不能准确地知道当初有多少腐败尸体挥发掉了，只能做估算。如果在 1 克内衣躯干部上承载了 10 克腐败尸体，则 448 微克/克÷10 = 44.8 微克/克。如果承载 20 克腐败尸体，则 448 微克/克÷20 = 22.4 微克/克。如果承载 30 克，则 448 微克/克÷30 = 14.93 微克/克。究竟是多少，不能确定，但光绪帝尸体对应样点部位的腐败物的平均含砷量肯定比 448 微克/克小得多。

必须强调的是：课题组只检测了 4 个样点的含砷量，其平均值 448 微克/克只是这 4 个样点的平均值，它不是整片内衣躯干部的砷量平均值（说详见本文第三部分），所以回溯分析所得的三个估值 44.8 微克/克、22.4 微克/克、14.93 微克/克，也只是光绪帝尸体腐败后留存在样点上的那部分腐败物的平均含砷量，它不代表全部内藏和上腹部的平均含砷量。课题组说明其取样时尽量取沾染砷较多的部位，所以这 4 个样点的数据是比较高的，而如果扩大取样范围，在内衣躯干部取 10 至 20 个样点进行检测，则平均含砷量会大大降低，回溯分析的数值也会随之大大降低。

又：《报告》公布的衣物的含砷量是以"微克/克"为单位的，这不是课题组实际检测的数据，实际检测的数据要比这个单位小，"微克/克"是换算得到的，这个换算在不经意中扩大了衣物的含砷量。说详见本文第三部分。

总之，回溯分析得到的光绪帝尸体的含砷浓度比衣物上的 448 微克/克要小得多，应是 1 位数或两位数。它不支持急性胃肠型砷中毒说，应当是慢性砷中毒。

光绪帝头发含砷本底值也表明光绪帝为长期慢性砷中毒者。

在《报告》公布的光绪帝头发的含砷量中，有少部分是因为头发沾染到腐败尸体后形成的，而大多数是因为光绪帝生前吸纳了砷而进入到头发里去的，《报告》称这些数据为"发砷本底值"，它们直接反映光绪帝生前体内的含砷状况，不需要再做回溯分析。我们可以根据发砷本底值来判定光绪帝是否慢性砷中毒。^②

《报告》图 1 是《光绪帝第一缕头发 As（砷）的分布》。第一缕头发长度为 26 厘米（活人头发约 1 个月长 1 厘米），均剪切成 1 厘米长的截段，共 26 小段。图中只给出第 1、10、19、26 段的含砷值，分别是 21.2、2404、262、30.3（微克/克），其中 2404、262 是沾染腐败尸体形成的，不是本底值，只有 21.2、30.3 是本底值。图 2 是《光绪帝第二缕头发 As（砷）的分布》，头发长度 65 厘米，剪切成 59 小段，其中第 1、第 59 小段长度分别为 4.5 厘米和 3.5 厘米，其他为 1 厘米 1 段。图中只给出第 1、26、45、59 段的含砷值，分别是 18.2、362.7、202.1、27.1（微克/克），其中 362.7、202.1 是沾染腐败尸体形成的，不是本底值，只有 18.2、27.1 是本底值。两图给出的数据太少，不能据以算出发砷的本底值。但是，钟里满同志在《清光绪帝砒霜中毒类型及日期考》中对发砷本底值有一个估计，说它"虽较现代人为高，但其与隆裕太后的发砷本底值（9.20 微克/克）基本一致，且距慢性中毒死亡的发砷含量有相当距离。因此不属于慢性中毒类型。"《报告》和《日期考》都未具体计算发砷本底值，所以我不知道钟同志何以能得出这样的结论来。

《报告》的抽印本比《清史研究》2008 年第 4 期上的刊载本多几个附表，有发砷本底值的数据。附表 1 和 2 分别列出第一缕和第二缕头发各段的发砷值，从两表的数据看，无论怎样计算，也得不出光绪帝与隆裕的发砷本底值基本一致的结论，因为第一缕头发检测的最低值是 11 微克/克，次最低值是 15.7 微克/克，第二缕头发的最低值是 8.25 微克/克，次最低值是 8.37 微克/克，这 4 个数平均值是 10.83 微克/克，已经高于隆裕的平均值了。

我计算的结果与钟同志的估计有很大不同。

附表 1《光绪帝第一缕发样检测结果》有 26 段每段的发砷值。我们只取反映本底值的数据，而排除因沾染腐败尸体后形成的发砷值，计算出发砷的平均本底值为 31.90 微克/克。[③]用同样的方法，根据附表 2《光绪帝头发第二楼发样检测结果》的数据计算出发砷的平均本底值为 21.79 微克/克。[④]两缕头发砷本底值平均为 26.85 微克/克。它是隆裕的发砷平均本底值 9.20 微克/克的 2.92 倍，是现代因牛黄解毒片引起慢性砷中毒者的发砷平均本底值 10.41 微克/克[⑤]的 2.58 倍，是现代人发砷正常值 0.60 微克/克的 44.75 倍。光绪帝发砷本底值比较高，表明其有长期慢性砷中毒的历史，所以光绪帝衣物、遗骨、头发上留存有数量不等的砷，比常人高。

二　《报告》说"衣物抖落下来的残渣（胃肠内容物）的砷含量极高，大量的砷化合物曾存留于光绪帝尸体的胃腹部"，但数据并不支持这一结论

《报告》写道："从尸体的特殊部位看，衣物抖落下来的残渣（胃肠内容物）的砷含量极高，大量的砷化合物曾存留于光绪帝尸体的胃腹部……"。

上引一段中最重要的是"衣物抖落下来的残渣（胃肠内容物）的砷含量极高"这一句话，它也是《报告》中最重要的一句话。所谓"胃肠内容物"就是胃肠中留存的固态或半固态的物质，其中含有砷，它的存在说明光绪帝死于急性胃肠型砷中毒。但问题是课题组怎么知道"残渣"（含砷量为 1000—2000 微克/克）就是"胃肠内容物"？对于这个关键问题，课题组未做论证，仅说"残渣（胃肠内容物）"，于是"残渣"就等于"胃肠内容物"。这不是论证，这是硬指"残渣"就是"胃肠内容物"，不能令人信服。

第一、《报告》说"大量的砷化合物曾存留于光绪帝尸体的胃腹部"，既然如此，为什么与胃腹部区对应的内衣躯干部却未检测出"极高浓度"的砷呢？躯干部检测了 4 个样点，最高的一个数据是用中子活化法检测的 706 微克/克，而此点用原子荧光光度法检测为 421 微克/克，平均为 563.5 微克/克。为什么高达几千微克"极高浓度"的胃内容物不沾染到内衣躯干部，却都沾染到别处去？

第二、《报告》将从衣物上抖落下来的"残渣"硬指为"胃肠内容物"，此是误断。残渣的含砷量高另有原因：残渣是从衣物上抖落下来的，它所含的纤维远少于用常规方法从衣物上剪切的样品所含的纤维，所以含砷的比例就高。如果把残渣放回到它所脱落之处，再用常规方法取样，那么它一定和其他用常规方法取样所测得的砷含量相当。下面我们具体分析：

《报告》说衣物上抖落的残渣的砷含量"极高"，这是指第四件衣物内衣的两份残渣，分别是 2181、1067（微克/克），而不是指第一至第三件衣物的残渣，"胃内容物"也不能沾染到前 3 件衣物上去，所以前 3 件衣物的残渣砷含量也不是"极高"，但是我们看到，前 3 件衣物残渣的砷含量却远高于各自对应的衣物上用常规方法所取样品的砷含量。

如，最外面的龙袍，抖落残渣的砷含量为 94.1 微克/克，而龙袍后背（胃区）的 5 份样品的平均砷含量为 1.68 微克/克[⑥]，残渣的砷含量为其 56 倍。抖落残渣的砷含量之所以畸高，是因为残渣是从龙袍上掉落下来的，它比龙袍的纤维要少得多。如果把抖落的残渣放回到它脱落之处，然后按常规方法取样，即取下一片龙袍，那么检测的结果一定与平均值 1.68 微克/克差不多，不会是 94.1 微克/克。

第二件衣物抖落残渣的砷含量为 308 微克/克，后背 5 份样品的平均砷含量为 3.35 微克/克，前者是后者的 91.94 倍。第三件衣物抖落残渣的砷含量为 44.4 微克/克，后背 5 件样品的平均砷含量为 3.94 微克/克，前者是后者的 11.27 倍。如果把第二件和第三件抖落的残渣放回到脱落之处，然后按常规方法取样，那么检测的结果也应当在平均值。

第四件衣物有两份抖落的残渣，分别是 2182、1067，平均为 1624.5 微克/克，躯干 4 份样品的平均砷含量为 448 微克/克，前者是后者的 3.62 倍。如果把残渣放回到其脱落之处，然后按常规方法取样，那么其含砷量应该与 448 微克/克相近。

以上的分析表明，从衣物上抖落残渣的砷含量是特殊原因形成的，它们不代表衣物砷含量的常量，如果把它们放回脱落处再检测，并不"极高"，它们不是"胃肠内容物"，"胃肠内容物"不能专门沾染到残渣上去。

三　《报告》说光绪帝头发上的高量砷是由胃内容为主的腐败尸体流溢沾染形成的，但数据并不支持这一结论

图 1《清光绪帝第一缕头发 As（砷）的分布》最高值为 2404 微克/克，图 2《清光绪帝第二缕头发 As（砷）的分布》最高值为 362.7 微克/克，这两个数据不是发砷本底值，它们是头发沾染光绪帝腐败尸体形成的。《报告》对于"2404 微克/克"这个数字非常重视，说它是由胃内容物为主的物质（即含高浓度砷的物质）沾染形成的，以证明光绪帝体内有高浓度砷。

课题组在这个数据上犯了两个错误：

　　第一、课题组制造出一个虚假的"2404 微克/克",却把它当作一个实际有效的数字。图 1 是检测 26 厘米长的头发,图的横坐标的单位是长度 1 厘米,纵坐标的单位是砷重量 500 微克,但课题组却又特别说明砷含量的单位为"微克/克",依此说明,则 1 厘米的头发恰好重 1 克。但这在事实上是不可能的。课题组已经说明图 1 是采取一小缕头发,由此可知 1 厘米的头发不可能恰好就是 1 克重。究竟多重,课题组未说明,我们只好假设每 1 厘米的头发约重 0.1 克。由此我们可以推算出课题组实际检测到的数据。例如第 1 厘米处,现在是 21.2 微克/克,则当初检测的数据应当是 21.2 微克 ÷ 10 = 2.12 微克,即第 1 厘米(重 0.1 克)检测到 2.12 微克砷。课题组将此换算为每克的砷含量,便扩大 10 倍,为图中的 21.2 微克/克。这个数字已经不是课题组实际检测的数字了,它的含义也改变了,它等于说检测了 10 小缕头发,其他 9 小缕头发的第 1 厘米处也是重 0.10 克,砷含量也是 2.12 微克。这个换算是没有问题的,因为砷本底值是平均分布在光绪帝的头发中的,从理论上说,光绪帝头发的第 1 厘米处的砷含量是相同的。

　　但是图 1 第 10 厘米处的 2404 微克/克却不同。当初课题组并不是检测 1 克头发,而是检测 0.1 克,其砷含量为 2404 微克 ÷ 10 = 240.4 微克,其含义是第 10 厘米处(重 0.1 克)的头发检测出 240.4 微克的砷。课题组把它也换算成每克的砷含量,也扩大 10 倍,为 2404 微克/克。这个数字已经不是课题组实际检测的数字了,它的含义也改变了,它等于说检测了 10 小缕头发,其他 9 小缕头发的第 10 厘米处也是重 0.10 克,砷含量也是 240.4 微克。这个换算就有问题了,因为沾染的砷不是平均分布在光绪帝头发上的,其他 9 小缕头发的第 10 厘米处并没有沾染到腐败尸体,10 小缕头发的第 10 厘米处所沾染的砷的总量仍然是 240.4 微克。其实,不仅是 10 小缕头发,就是全部光绪帝的头发,其第 10 厘米处所沾染的砷的总量也是 240.4 微克。沾染的 240.4 微克是个固定的数(内中含有发砷本底值,忽略不计),它不能换算为 2404 微克/克,光绪帝的头发中不存在 2404 微克/克的现象。

　　因此,图 1 第 10 厘米的砷含量必须改为 240.4 微克/克,图中其他沾染腐败尸体的砷的数据也都得缩小 10 倍,其他还有 9 个厘米处沾染了砷,即第 3 至第 9,第 11、12 厘米,缩小 10 倍后的砷含量分别为 6.232、14.92、7.896、25.89、66.92、68.20、115.1、18.7、14.5 微克/克。但是必须指出,以"微克/克"为单位来表达检测到的沾染的砷量是不准确的,准确的表达应该是"微克/厘米",即在 1 厘米处检测到的砷量。

　　课题组犯的第二个错误是把"2404 微克/克"单独提出来作为沾染"胃内容物"的证据,并且用这个数据与其他数据进行比较以显示胃内容物的砷含量"极高",这表明课题组把"2404 微克/克"当作腐败尸体的砷浓度了,即当作光绪帝生前胃部的砷浓度了。而事实上,第 10 厘米处的"2404 微克/克(240.4 微克/厘米)"和其他 9 个厘米处的砷含量虽然有高低不同,却是被同样砷浓度的腐败尸体沾染的,并没有什么"极高"砷浓度的腐败尸体。这个结论课题组自己应该顺理成章地得出来,因为他们做了模拟实验,模拟实验就是这个结论。可惜,课题组预设了"光绪帝中砒霜而死"的前提,所以未能正确解释模拟实验。

　　做模拟实验的目的是证实图 1 第一缕头发上程正态分布的砷含量是由外部来的腐败尸体流溢沾染形成的,具体做法是:取一段当代健康人的头发 10 厘米,滴上浓度为 1.28mg/mL 的砒霜溶液,经过 24 小时后,检测头发上的砷含量,结果程正态分布。由此证明第一缕头发上程正态分布的砷含量是腐败尸体沾染形成的。

　　实验是正确的,结论也是正确的。但是对实验结果做进一步分析,还应该有下面的结论:

从一段 10 厘米头发上检测的 10 个数据，列表如下：

模拟实验：现代女性头发滴砒霜溶液后的砷含量

头发段数	1	2	3	4	5	6	7	8	9	10
含砒霜量	1.44	0.613	1.99	3.69	17.5	12.7	8.14	1.28	0.590	1.91

注：表中含砒霜量的单位是微克/克，头发段数的单位是厘米。⑦

表中最高值是第 5 厘米处的 17.5 微克/克，最低值在两边，程正态分布。之所以程正态分布，是因为做实验滴砒霜溶液时是一次性滴在第 5 厘米处，所以第 5 厘米处砷量最高，向两边逐渐减少。由于每厘米头发沾染的砒霜溶液的多少不同，所以检测到的砷含量也就不同，但是这并不等于当初滴上的砒霜溶液的浓度不同，浓度都是 1.28mg/mL。所以对 10 厘米头发上的砷做回溯分析时，取任何一个数值，无论是最高的第 5 厘米处的 17.5 微克/克，还是最低的第 9 厘米处 0.590 微克/克，其砒霜溶液的浓度都是相同的，我们已知它是 1.28mg/mL。第 5 厘米处 17.5 微克/克是第 9 厘米处 0.590 微克/克的 29.66 倍，这是因为第 5 厘米处滴上的砒霜溶液是第 9 厘米处的 29.66 倍。

同样，光绪帝第一缕头发的砷含量也程正态分布，这是因为尸体腐败液化后在流动时受到第一缕头发的阻挡，这股液体的"主流"沾染到头发上的流量大，而两边沾染的少。由于每厘米头发上沾染的液化的腐败尸体的流量不同，所以检测到的砷含量也就不同，但是这并不等于液化的腐败尸体的砷浓度就不同，而是大体相同的。所以对第 2 至第 13 厘米（共 10 厘米）头发上的砷做回溯分析，无论是最高的第 10 厘米处 2404 微克/克（应为 240.4 微克/厘米），还是最低的第 3 厘米处 62.32 微克/克（应为 6.232 微克/厘米），其沾染上的液化的腐败尸体的砷浓度大体是相同的，但是我们不知道它的浓度具体是多少。240.4 微克/厘米是 6.232 微克/厘米的 38.58 倍，这是因为前者沾染的腐败尸体是后者的 38.58 倍。

课题组误以为光绪帝头发上沾染的砷量在每厘米上高低不同，是因为沾染的腐败尸体的砷浓度不同造成的，2404 微克/克（应为 240.4 微克/厘米）沾染的腐败尸体的砷浓度高（"胃容物"），而 62.32 微克/克（应为 6.232 微克/厘米）沾染的腐败尸体的砷浓度低，所以课题组特别挑出"2404 微克/克（应为 240.4 微克/厘米）"来证明光绪帝死前体内有大量的砷，而不是挑选出"62.32 微克/克（应为 6.232 微克/厘米）"来证明，如果用后者来证明，大概不会有人相信光绪帝体内有高浓度的砷了，连课题组自己也不会相信。

课题组总是特别强调所检测到的几千微克的含砷量是"极高"，并且在不做回溯分析的情况下，便由"极高"的含砷量推断光绪帝胃内有高浓度的砷，于是误导读者以为光绪帝体内真的就有极高浓度的砷。课题组倒不一定是故意要误导读者，很可能就没有认识到必须做回溯分析。

如果不做回溯分析，即使是模拟实验的数据也会得出完全错误的结论。

依照课题组的分析方法，模拟实验的最高数据是 17.5 微克/克，则这位现代人头发上所沾染的砒霜溶液的浓度就是 17.5 微克/克，这浓度不高，仅为慢性中毒的量；最低数据是 0.59 微克/克，则这位现代人头发上所沾染的砒霜溶液的浓度就是 0.59 微克/克，这是正常含量，不会导致中毒。这个结论离事实十万八千里。我们知道头发上的 17.5 微克/克和 0.59 微克/克都是沾染了实验用的砒霜溶液，浓度是 1.28mg/mL，约为 1280 微克/克，这个浓度比较高，它是 17.5 微克/

克的 73 倍，是 0.59 微克/克的 217 倍。

上面的分析表明，不对头发含砷量做回溯分析，所得的结论会很荒唐。

模拟实验的砒霜溶液的浓度高，而发砷量不高，是因为实验时滴到头发上的溶液总量太少了，仅有 36.5 微升，它含砷的绝对值是 47.72 微克（1.28 微克/微升×36.5 微升），将其分布到 10 厘米的头发上，每厘米当然都不高，更何况有些溶液未沾到头发上去。由此可知，头发上沾染的砷的多少是由沾染物的含砷浓度和沾染物总量这两个因素决定的，要求出沾染物的砷浓度必须知道沾染物的总量。

但是我们不知道第一缕头发上沾染的腐败尸体的总量，尤其它是"流溢沾染"的，更难估计。然而，我们又不能不做回溯分析，所以只好猜测：

如果第 9 厘米处 6.232 微克/厘米当初沾染了 1 克腐败尸体，则腐败尸体的砷浓度就是 6.232 微克/克。由此可知，第 10 厘米处 240.4 微克/厘米当初沾染了 38.58 克腐败尸体，腐败尸体的砷浓度也是 6.232 微克/克，它比隆裕太后的骨髓含砷量 7 微克/克要低一些[⑧]。

事实是不是如我所估算的这样，无法证明。其他人可以有其他的估算，也无法证明。课题组检测的数据，除了发砷本底值外，其他的数据在做必要的回溯分析时，都得靠猜测，猜测得准不准，都无法证明。所以《报告》的数据不能作为断案的证据，断案的证据必须是切实可靠的，任何一件证物都不能有歧义。

四　《报告》中数据错误举例

（一）《报告》不仅对头发上沾染的砷含量做不恰当的放大，对骨骼、衣物上沾染的砷含量也可能有不恰当的放大

《报告》对于骨骼、衣物的检测只说明在何处取样，未说明取样的重量，由此可推测课题组取样时并不是每 1 份样品都取 1 克重来进行检测的，但公布的数据是 1 克的砷含量，这些数据可能是换算得来的，而不是实测得来的。如果取样的重量等于或大于 1 克，则这些数据就是准确的。如果取样的重量小于 1 克，则这些数据就不准确了。之所以不准确，道理与头发上沾染的砷一样，砷在遗骨、衣物上的分布是极不平均的，有的地方高，有的低，甚至为零，所以不能轻易换算。如果检测的衣物重 0.5 克，含砷 100 微克，将其换算为 200 微克/克，算式是正确的，但实际可能是错误的，因为未检测的 0.5 克衣物未必含砷 100 克。《报告》中检测的头发、遗骨、衣物上的砷都是"微克/克"为单位的，这些数据如果不是全部，也是大部分不准确，不能真实反映砷沾染的程度，也就不能真实反映腐败尸体的含砷量。由于课题组在选取检测数据时尽量取大，所以"微克/克"为单位的数据被扩大了的可能性要大些。

《报告》中准确的数据只有发砷本底值。

（二）《报告》的数据有缺漏

（1）我们先从第 5 件衣物裤子说起：

裤子分三片，前外层、后内层、后外层，分别采集样点 9 个、6 个、10 个。这很奇怪，为什么样点不一样多？3 片中最重要的是后内层，它能反映光绪帝肠道的砷中毒程度，为什么只采集 6 个样点，而最不重要的裤子后外层却采集 10 个样点？且不说课题组中有专业的检测

人员，就是非专业人员做实验也不可能分别采集 9、6、10，而应该采集大体相同数量的样点，并且重点部位应该多采样点。我推测，课题组在每一片上采集的样点都不少于 10 个，但检测的数据有些太低了，不符合课题组的预期要求，被删除了，所以出现了 9、6、10 这数量不等的现象。·

后内层的 6 个采样点中前 3 个是从结痂物上采集的，其中第 2 个样点采集了两份样品，所以有两个数据，而第 1 和第 3 个样点各采取 1 份样品。于是出现了这种怪现象："3 个样点刮取 4 个痂状样品"（《报告》）。我推测当初是 3 个样点上每个都刮取了两份样品，但检测的结果有两个数据太低了，被删除了，课题组在《报告》中对此不做实事求是地说明，而说"3 个样点刮取 4 个痂状样品"，似乎当初设计检测程序时就是这样设计的。我认为不可能这样设计。

第 4 件衣物是内衣，分为左袖、右袖、躯干 3 片，3 片中躯干最重要，因为它对应光绪帝内藏和上腹部。可是课题组在内衣躯干只采集了 4 个样点，这是非常不合理的，样本太少了，不能说明问题。我认为当初至少也采集了 10 个样点进行检测，但结果被删除了 6 个不合乎课题组需要的数据。

最后再看 5 件衣物的取样点：第 1 件龙袍 19 个、第 2 件 18 个、第 3 件 20 个、第 4 件 15 个、第 5 件裤子 25 个。最重要的第 4 件内衣采集的样点最少，这不合理。

如果课题组能把各片的样点补齐，都是 10 个，后补上的数据应该都是比较小的，光绪帝遗物上沾染砷的平均值将会大大降低。

（2）《报告》内衣右袖的数据缺少原子荧光光度检测法所检测的数据。

课题组检测前 3 件衣物时是一个采样点上取二份样品，分别用中子活化法和原子荧光光度法两种方法检测，第 4 件衣物左袖和躯干也是一个采样点上取二份样品，分别用两种方法检测，但右袖不同，只用中子活化法检测，而没用原子荧光光度法检测。为什么唯独右袖只用一种方法检测？难道在设计检测程序时就决定第 4 件衣物的右袖只用一种方法检测吗？当然不会是这样的。可以肯定课题组对右袖也采集了两份样品，也用两种方法进行检测了，但在制表时删除了原子荧光光度法检测的数据。删除的原因可能是因为这种方法检测的数据大大低于中子活化法检测的数据。我这样猜测的根据是：

从表 8《第 4 件衣物砷的分布》看，用两种方法检测的数据差别相当大。如：第四件衣物左袖采样 1，用第一种中子活化法检测为 254 微克/克，用第二种原子荧光光度法检测为 819 微克/克，后者是前者的 3.22 倍。左袖采样 3，用第一种方法检测为 802 微克/克，用第二种方法检测为 298 微克/克，前者是后者的 2.69 倍。采样 4，用第一种方法检测为 164 微克/克，用第二种方法检测为 359 微克/克，后者是前者的 2.19 倍。采样 2，用第一种方法检测为 290 微克/克，用第二种方法检测为零（表中画一短横线表示）。我不明白为什么用两种方法检测的数据相差如此之大，课题组对此未做解释。⑨由于两种方法检测出的数据差别很大，所以有些采样用第一种方法检测到数据，而用第二种方法却检测不到数据，于是在前 3 件衣物砷的分布表上，就缺了很多原子荧光光度法检测的数据。如第 1 件衣物后背（胃区）的 5 个采样，用中子活化法检测分别为 1.81、2.02、1.23、1.70、1.67（微克/克），而用原子荧光光度法检测，前 4 个无数据为"—"，第五个为 2.26 微克/克。前 3 件衣物总共选择了 57 个样点，给出两种方法检测数据的为 28 项，另外 29 项只给出中子活化法的检测数据，而没有原子荧光光度法检测的数据，都标为"—"。而第 4 件衣物的右袖采样 6 份，只有中子活化法检测的数据，而没有原子荧光光度法检测的数据，连横杠也没有，这 6 个数据当是被课题组有意删除了。

（三）《报告》说："人口服砒霜60—200毫克就会中毒死亡，而仅光绪帝的头发残渣、第四件衣物上残渣的砒霜总量就高达201.5毫克。"这个结论不能成立，因为课题组的计算方法和分析方法均有错误

第一、《报告》根据"微克/克"为单位的数据进行计算，这些数据可能是被扩大了的，不可信。

第二、根据《报告》的计算，我们知道：第四件衣物左袖重69克，躯干（后背）重88克，两者共重157克，前者含砒霜32.7毫克，后者含砒霜52毫克，两者共含砒霜84.7毫克。而右袖重90克，含砒霜104.4毫克，它是左袖和躯干含砒霜总和的1.22倍。这就引出上面已经提出的问题：为什么右袖的砒霜量这么高？怎么解释？

第三、《报告》没给出右袖的104.4毫克砒霜的计算过程，但由课题组给出的数据，我们可以知道其算法：

（377＋2439＋599＋758＋723＋379）÷6＝879（微克/克）

879（微克/克）×90（克）＝79110微克＝79.11毫克（《报告》为79.1毫克）

由79.11毫克的砷量推算砒霜量104.4毫克。

上面第一式是根据右袖的6份样品检测的6个数据而计算出样品平均砷浓度为879微克/克，第二式是用右袖的总重量去乘样品的平均砷浓度而得出右袖上留存的砷的总量。但是这种算法是错误的，为了说明它的错误，我们还是先举一个例子：

有人计算中国的森林总面积，他在东西南北中各取1平方公里，测算出各自的森林面积，分别为a、b、c、d、e，然后计算：（a＋b＋c＋d＋e）÷5×9600000（平方公里）＝森林总面积。能这样算吗？第一，江、河、湖、草地、沙漠、秃山等都没有森林。第二，a、b、c、d、e并非每个数据都对应1/5的国土，并非每个数据各为1/5国土森林面积的平均数，它们只是1平方公里的森林面积，不代表其他处。

《报告》的错误与上例相似。《报告》检测的6个样点，并不是每个数字都对应1/6的内衣右袖的重量（90克÷6＝15克），并非每个数据各为1/6右袖砷含量的平均数，它们只是样点上的砷含量，不代表其他处的砷含量。不能设想样点2测得的2439微克/克是1/6（15克）右袖的平均砷含量，即有15克的右袖每克都沾染2439微克砷。如果真有这样的中毒现象，那光绪帝一定是得了一种谁也没有见过的怪病。

除右袖外，左袖和躯干的算法也犯了同样的错误。

总之，根据样品的砷含量并不能计算出衣物留存的砷总量，如同不能根据a、b、c、d、e来计算全国的森林面积一样。

第四、《报告》说口服60—200毫克可以致死，这是某些医书的的说法，不是医学界的共识。我看到2008年6月北京大学医学出版社出版的《金属毒理学》说60—600毫克致死。⑩这说的是急性砷中毒，而不是慢性砷中毒。现在尚无慢性砷中毒致死量的记载，但可以肯定比200—600毫克多，因为慢性砷中毒在人体内有一个长期积累的过程，其破坏性较缓，人体能够忍耐的砷量会大得多。《金属毒理学》说，在砷矿区附近生物体含砷量达2000毫克/千克，即2000微克/克。

还有一个案例，《中国地方病防治杂志》2008年第23卷第3期载郑来文等《尿和头发砷含量与地方性砷毒相关性研究》，是对高砷污染地区的调查报告。它说，发砷标准是0.6微克/克，而高砷污染地区的慢性砷中毒者的发砷最高的为105.63微克/克，是国家标准的176倍（原文写

作超出国家标准 1 173 倍）。105.63 微克/克是光绪帝发砷本底值（26.85 微克/克）的 4 倍。高砷污染区另有人群的发砷超标 10.7—57 倍（6.43—34.2 微克/克），但临床表现正常。

从这份调查报告看，慢性砷中毒者对砷的忍耐力要比普通人大得多。我查阅了十几本医学书籍、300 多篇砷中毒的文章，没见到慢性砷中毒的致死量。

五　急性胃肠型砷中毒说与光绪帝脉案不符

急性胃肠型砷中毒的临床表现主要是恶心、呕吐、腹泻，而这些表现在光绪帝的脉案中却没有记录。钟里满同志已经注意到这一点，他说"脉案的记录有一定的模糊性（比如最常见的呕吐、腹泻等一直就没在脉案中出现过）"⑪。钟将脉案中没有呕吐、腹泻等砷中毒的临床表现，归咎于脉案记录模糊，这是因为他先入为主地认为光绪帝死于砷中毒，而否定脉案的记载。

脉案对光绪帝病症的记录是由几位御医共同或分别记录的，每天所写的脉案都要交给内务府大臣、慈禧太后、光绪皇帝看，所记录的临床表现是准确的，但是在判断究竟是什么病和病重程度上或有不同，或有隐讳，那是怕说重了吓着皇帝。

脉案不但没有呕吐和腹泻的记录，反倒记录多日便秘。朱金甫、周文泉同志的《从清宫医案论光绪帝载湉之死》⑫一文抄录了光绪帝临终前五天的脉案，即光绪三十四年十月十七日至二十一日的脉案。其十八日记"大便燥结难解，小溲浑短"。十九日记"上而逆满喘咳，下而大便不行"。二十日吕用宾诊断记录"口干舌燥便结咳嗽气喘等症均未见减"，而施焕的记录略有不同，为"大便鞭而迭见"，这是用泻药的结果，而不是砷中毒的腹泻，砷中毒腹泻呈米汤样。二十一日光绪帝弥留之际，多次有医生诊视，子刻是御医张仲元、全顺、忠勋等诊视，其后杜钟骏、周景焘入宫诊视，午刻周景焘再入宫诊视，他们都记录了光绪帝弥留状态的情状，均无任何砷中毒的表现。

除脉案外，杜钟骏的回忆录《德宗请脉记》、屈桂庭的回忆录《诊治光绪皇帝秘记》也没有说到光绪帝临终前有砒霜中毒的症候。但屈桂庭却隐含有中毒的意思，他说："迨至十月十八日，余复进三海，在瀛台看光绪帝病。是日，帝忽患肚痛，在床上乱滚，向我大叫：'肚子痛的了不得！'时中医俱去，左右只余内侍一二人。盖太后亦患重病，宫廷无主，乱如散沙，帝所居地更为孤寂，无人管事。余见帝此时病状：夜不能睡，便结，心急跳，神衰，面黑，舌黄黑，而最可异者则频呼肚痛——此系与前病绝少关系者。余格于情势又不能详细检验，只可进言用暖水敷熨腹部而已。"⑬屈桂庭记载光绪帝忽然肚子痛得在床上乱滚，似急性中毒，但不是砒霜中毒，因为光绪帝当时无呕吐、腹泻，反而"便结"。

脉案未记光绪帝有任何砒霜中毒的表现，是光绪帝并非死于急性胃肠型砷中毒当无疑问。

如果开庭审理光绪帝死亡一案，这些医生必会出庭作证没有砒霜中毒，国医们不会承认自己笨得连砒霜中毒都看不出来。

六　慈禧太后不可能用砒霜毒死光绪帝

《报告》称有高含砷的胃肠内容物，这就是说有人给光绪帝下了砒霜，把他毒死了。钟里满

《清光绪帝砒霜中毒类型及日期考》说："在光绪帝死前十天（从祝寿那日起），开始制造'皇上病日加剧'消息，正是慈禧太后本人！"暗示太后毒死光绪帝。还有学者撰文，直指太后下令毒死光绪帝。

有关慈禧太后害死光绪帝的史料有几条，但是没有一条说太后下砒霜毒死光绪帝，至于学者援引来证明慈禧太后下砒霜的史料，则是对史料的误解和曲解。

我们来分析学者常引的几条史料：

孔祥吉和日本村田雄二郎著《罕为人知的中日结盟及其他——晚清中日关系史新探》之《绪论：外务省档案与晚清史研究》，引明治三十七年六月二十七日（光绪三十年五月十四日，1904年）日本驻京公使内田康哉与清朝外务部右侍郎伍廷芳的谈话："问及近来皇帝与太后之关系如何，伍不作直答。对皇太后驾崩后皇帝会如何之问，伍言道：亦如世间传闻，诚为清国忧心之事，万望勿生此变。伍话中之意，皇太后驾崩诚为皇上身上祸起之时。今围绕皇太后之宫廷大臣，及监官等俱知太后驾崩即其终之时。于太后驾崩时，当会虑及自身安全而谋害皇上。此时，万望能以我守备兵救出皇帝。"[⑭]这段材料被援引作为太后害死光绪帝的有力证据，这是曲解。

内田康哉问的是"皇太后驾崩后皇帝会如何"，这就是说他所听的传闻并不是太后要谋害光绪帝，而是太后死后其他人要谋害光绪帝。伍廷芳的回答亦说"亦如世间传闻"，即是说伍廷芳所听到的世间传闻也是其他人要谋害光绪帝，而不是太后要谋害光绪帝。其他人要谋害光绪帝，是怕太后死后光绪帝报复。所以伍廷芳请求内田康哉，在太后驾崩时及时救出光绪皇帝，免得被其他人害死。总之，这条史料有力地证明了清末朝野的看法：太后不会害死光绪帝，其他人在太后驾崩时会害死光绪帝。怎么能把这条史料解释为太后要害死光绪帝呢？

其他有关的史料还有慈禧御前女官德龄《瀛台泣血记》，说是太监李莲英设毒计谋害光绪帝，但未说用什么方法谋害，只说好端端的光绪帝就忽然患病，御医也看不出什么病。[⑮]

《启功口述历史》讲的又不同了，说是某太监奉慈禧太后之命给光绪帝送去一碗"塌喇（酸奶）"，不久，光绪帝就死了。[⑯]启功也没有指明塌喇里有砒霜。

以上两条都不说光绪帝死于砒霜中毒，是因为砒霜中毒说太离谱了。

砒霜中毒有明显的表现，就是呕吐、腹泻，而且清末民初（直至今日民间）还认为砒霜中毒后会七窍流血，所以太后是不可能令人下砒霜的。如果要下砒霜，就得先把光绪帝独自幽囚起来才行。像潘金莲用砒霜毒死武大郎那样，只有她一个人在场。试想，如果武大郎身边有四五个高明的大夫治病，潘金莲能用砒霜毒死他吗？光绪帝与武大郎的处境完全不同，每天有四五个国医看病，有太监侍候，有大臣监护，最后几天皇后和载沣有时也在，在这种情况下太后怎么能让人下砒霜呢？喝了砒霜几分钟、几十分钟后就可能呕吐、腹泻，这不就完全暴露了吗？而且谁能保证光绪帝不是在太医看病时呕吐、腹泻、七窍流血？所以，太后即使想害死光绪帝，也绝不会用砒霜毒死他。

说慈禧太后用砒霜毒死光绪帝，那实在是冤枉。

光绪帝临终前几个月，病情不断加重，太后便不断地令人在全国找医生给他看病，这些医生也同时给太后自己看病。太后还生怕出现医疗事故，据杜钟骏回忆说，在光绪帝病重之时，太后特下谕："皇上病重，不许以丸药私进，如有进者，设有变动，惟进丸药之人是问。"[⑰]这倒不是怕御医下毒，而是怕进丸药不治身亡，对外说不清楚，引发毒害的谣言，那就可能引起巨大的政治波澜。风雨飘摇的大清朝经不起波澜了。

以前说太后把光绪帝害死了，但未说明是用砒霜毒死的，或许是用了一种可以把人哑默悄声毒死的药，这就是个永远的悬案。可是现在指明说是用砒霜毒死的，则没有可能。

从有关的史料看，光绪帝是病死的。

光绪帝病重是从光绪三十四年十月十七日开始的。中国第一历史档案馆所藏内务府《三十四年十月日记档》十七日记载内务府为抢救光绪帝的紧张活动，特别发电报令在外地的张彭年和陈秉钧两位医生迅速来京为光绪帝治病，令在京的医官吕用宾等就近住宿，又规定内务府"三堂"自十八日起"轮流在西苑公所值宿"。⑱

十八日病情加剧，紧急抢救。杜钟骏《德宗请脉记》记：十八日夜（杜记载为十七日夜，钟里满研究为十八日，是），"内务府忽派人来，急遽而言曰：'皇上病重，堂官叫来请你上去请脉。'予未及洗脸，匆匆上车。行至前门，一骑飞来云：'速去，速去'。行未久，又来一骑，皆内务府三堂官派来催促者也。及至内务公所，周君景焘已经请脉下来，云：'皇上病重。'坐未久，内务府大臣增崇引予至瀛台。皇上炕右，前放半桌，以一手托腮，一手仰放桌上。予即按脉，良久，皇上气促口臭，带哭声而言曰：'头班之药服了无效，问他又无决断之语，你有何法救我？'予曰：'臣两月未请脉，皇上大便如何？'皇上曰：'九日不解，痰多，气急，心空。'予曰……遂退出房门外，皇上招手复令前，谕未尽病状。复退出至军机处拟方，予案中有实实虚虚恐有猝脱之语，继大臣曰：'你此案如何这样写法，不怕皇上骇怕么？'予曰：'此病不出四日，必出危险……'。"从抢救过程看，至此日光绪帝并无砒霜中毒迹象，而这一日光绪帝已经感到自己病危了，竟说出"你有何法救我"的话，杜钟骏也认为皇上危险了。

十九日起安排后事。《上谕档》十九日记："内奏事处口传：派醇亲王恭代批折。"慈禧太后令在东陵的庆亲王奕劻赶紧回京，《载沣日记》记"致庆邸急函一件"⑲。《鹿传霖日记》亦记："十九日……六钟入值，两宫均欠安。发庆邸公函，促其速回。"⑳因为十八日光绪帝病情急剧加重，所以安排后事，这说明太后并非预谋将光绪帝毒死。

十九日、二十日光绪帝已经不能进食。

《鹿传霖日记》记："二十日，晴。六钟入直。邸辰回，未上。午后上病危，报邸，申刻来，同赴仪鸾殿慈圣寝宫请召见。派醇邸为摄政王，醇王子入宫教养，代批奏折。"庆亲王奕劻回京后，有事便先向他报告，午后光绪帝病危之事即向他报告，他率同其他几位军机大臣到太后处请召见，这说明军机大臣们在得知光绪帝病危后不得不请太后立即安排皇位继承人。

二十一日光绪帝病逝。

从上述经过看，光绪帝是在十八日病情加剧后，不治身亡，太后的人事安排也是在十八日之后进行的，其过程是自然的，并非太后在某时给光绪帝下砒霜。

有人说太后有谋害光绪帝的动机，她怕自己死后光绪帝翻戊戌变法的案，这没有道理。八国联军侵华，"两宫西狩"时，太后便宣布了新政，其步伐远大于戊戌变法，连预备立宪都搞起来了，还怕翻戊戌变法的案？

再看太后安排的光绪帝的后事，由溥仪继位，由摄政王载沣为监国，遇大事向隆裕太后请示，而载沣是光绪帝的亲弟弟，隆裕是皇后，他俩正是光绪帝最亲近的人，太后就不怕他俩替光绪帝翻案吗？如果太后给光绪帝下砒霜，那是逃不过这两个人的，他们要翻案，首先就得翻太后下毒的案。而事实上，载沣和隆裕也是为光绪帝翻案了，他们将光绪帝最大的仇人袁世凯开缺了。

所以仅从人事安排来看，也不存在太后怕光绪帝翻案就给他下砒霜的事。

又有人说，太后原想自己会死在光绪帝之后，却没想到自己病重，所以就害死光绪帝，让他早死一天。好像太后会算命似的，能算到自己哪天死，并且又能算好给光绪帝下砒霜后他何日死，必早于自己一天死，而不会晚于自己一天死。这可能吗？

事实上，在光绪帝死去的十月二十一日，太后也还没有认为自己就要死了，她当天下的懿旨还说："著载沣为摄政王，所有军国政事悉秉余之训令施行。"[21]她还要继续掌政呢。次日，她病情突然加重，临死之前，才有懿旨令载沣遇有重大难决之事向隆裕太后请示办法。

从十月十七日到二十二日宫中的诊治和人事安排来看，光绪帝先于太后一天而死，纯系巧合。

---

① 样品的平均含砷量见《报告》表 13《清光绪帝第四件衣物及残渣、头发残渣中砒霜测算值》。

② 发砷本底值不能反映急性砷中毒的情况，因为人吸收的砷需要经过一周的时间才能进入头发中，而急性砷中毒者常在一周内死亡。

③ 排除因沾染腐败尸体而形成的发砷值第 3 – 12、19 段，它们分别为 62.32、149.2、78.96、258.9、669.2、682、1151、2404、187、145、262（微克/克）。采取第 1 – 2、13 – 18、20 – 26 段，分别是 21.19、21.01、11.23、41、11、15.7、34.7、48.1、38.7、45.5、58.2、42.2、24.2、35.4、30.3，平均为 31.90（微克/克）。

④ 排除因沾染腐败尸体而形成的发砷值第 23 – 36、44 – 46 段，又排除第 1 段（长 4.5 厘米）和第 59 段（长 3.5 厘米），采取第 2 – 22、37 – 43、47 – 58 段，平均值为 21.79（微克/克）。

⑤ 抽印本附表 4《当代慢性砷中毒成年人自然梳理（不带毛囊）的头发检测结果》共有 59 段头发的含砷值，取 1 – 40 段，计算发砷的平均含量为 10.41 微克/克。

⑥ 龙袍后背（胃区）的 5 份样品用中子活化法检测的结果分别为 1.82、2.02、1.23、1.70、1.67，平均为 1.68 微克/克。

⑦ 本表是根据抽印本附表 5《中国原子能科学研究院—健康女性提供的第三缕头发》制作的简表。

⑧ 隆裕太后骨髓砷含量，见包振远《光绪死亡原因探析》，《近代史研究》，2008 年第 3 期。作者为北京市公安局刑事侦查总队调研员，自注："文中数据均来自北京市法医检验鉴定中心"。

⑨ 我对于用两种方法检测的数据有很大差别的现象，有如下猜测：衣物上砷的分布极不平均，所以在同一采样点上所采取的两份样品各自的含砷量不同。也可能两种检测方法都不准确，有误差。或者这两种原因都有。

⑩ 常元勋主编：《金属毒理学》，第 150 页。

⑪ 《清光绪帝砒霜中毒类型及日期考》。

⑫ 《故宫博物院刊》，1982 年，第 3 期。

⑬ 陈灨一：《睇向斋谈往》，上海书店出版社，1998 年，第 117 页。

⑭ 孔祥吉、[日]村田雄二郎：《罕为人知的中日结盟及其他——晚清中日关系史新探》，巴蜀书社，2004 年，第 9 页。

⑮ 德龄：《瀛台泣血记》，云南人民出版社，1980 年，第 357 页。

⑯ 《启功口述历史》，北京师范大学出版社，2004 年，第 25 页。

⑰ 杜钟骏：《德宗请脉记》，《近代史资料》，总 122 号。

⑱ 钟里满：《清光绪帝砒霜中毒类型及日期考》，引内务府《三十四年十月日记档》。

⑲ 溥仪：《我的前半生》，群众出版社，2007 年，第 11 页。

⑳ 《鹿传霖日记》，载《文物春秋》，1992 年，第 2 期。

㉑ 《清德宗实录》光绪三十四年十月二十一日条。

论严复思想的转变

崔学森

（辽宁师范大学副教授）

关于严复思想前后是否具有逻辑一致性，学术界存在长久的争论，并产生"一致论"和"不一致论"两种截然不同观点。学者的人为性评价、时代环境的骤变以及对严复政治思想认识的不足是导致"不一致说"的主要原因。因此，严复思想研究应该置于骤变的时代大环境之中，并透过文字表面、结合上下文对严复前期和后期的思想重新评估。本文基本认同"一致性"论述，认为严复思想只是前后的侧重点不同，大体上存在逻辑一致性，它有追求的恒定的主题——救亡图强、渐变和社会稳定。严复基本上做到了理性地对待中学和西学，并将它们融会贯通，以适应中国社会的发展。

被冠以"启蒙思想大师"和"自由主义之父"的严复，是晚清、民国时期首屈一指的翻译家和思想家。他的著译几近 200 万字，影响力广而长久。在其有生之年，便有学者对其思想进行研究。"[1]20 世纪 80 年代之后，中国又掀起严复思想研究热潮，至今没有退却。学者们站在不同立场，运用不同研究方法，在严复丰富的著作和独特的经历中，各取所需，描绘出了百人百态的严复像，甚至形成截然对立的观点。其中，最大争论在于严复思想前后一致性问题。有人认为，严复思想前后发生了重大转变，有人认为未发生变化或变化不大。

前者以周振甫、王拭和李泽厚为代表。[2]周振甫先生将严复的一生划分为"全盘西化"、"中西折中"和"反本复古"三个阶段，最终认为严复"以发扬光大中国儒家哲学的孔孟为主，对于西方的文化几乎完全否定。"[3]王拭先生以戊戌变法为界，将严复思想划分为前期激进、后期保守的两个阶段，"辛亥革命以后……在思想上，已完全走上保守的道路。"[4]李泽厚先生认为 1903 年是严复思想急剧转变的分界，"严复已经背弃了他早年曾热情相信过、宣传介绍过的'新学''西学'，而完全回到封建主义怀抱中去了。"[5]继上述学术前人的研究，陈越光、陈小雅认为严复思想前后不一致，尤其是在辛亥革命后走向反动。张志建则以 1905 年为界，将严复的思想分为激进和保守两个阶段。他说："以上说明 1905 年以后，特别是辛亥革命以后，严复思想趋于保守，逐渐丢弃了资产阶级民主思想，重新捡起了封建传统思想。"[6]

上述研究大都按照某时间点将严复思想进行分段，并大都认为，严复曾积极宣传进化论，主张全盘西化，实行立宪制，用民主自由理论抨击专制，态度激进。后来社会动荡，他主张"尊孔读经"，维护帝制，列名筹安会，手批《老子》和《庄子》等经典，借此批判和否定他曾极力推崇的全盘西化，态度变得守旧。以此，上述学者认为严复思想前后矛盾，并发生了重大转变，前期激进，后期保守。他们将严复前后思想对立起来，大多肯定其前半，否定其后半。这种观点曾一度占主流地位。

美国学者本杰明·史华兹另辟蹊径，一反中国主流观点，通过"寻求富强"的主线肯定了严复思想的一致性，开启了严复思想研究的一条新路。此后，中国学者也渐有承认严复思想前后一致性的论说。马勇虽然承认严复思想前后变化，其思想未能自始至终贯彻到底的事实，但试图通过再评价晚年严复的思想，还是有保留地肯定了严复思想的内在一致性。他说："严复在政治观念上日趋保守的判断，毕竟是基于后来那些成功者价值理念的认定。"⑦刘桂生等主编的《严复思想新论》一书的出版，代表了严复思想前后一致性研究的高峰，其中张恒寿先生的《严复对于当代道学家和王阳明学说的评论》，林载爵先生的《有关严复思想的两个问题：激进与保守、批判传统与反本复古》和《严复对自由的理解》以及黄克武的《严复晚年思想的一个侧面：道家思想与自由主义之会通》等文章总体上肯定了严复思想的前后一致性。⑧这些文章大都认为严复思想不应该被强行划分阶段，而应该作为一个整体来解读；以往的评价往往从时代的变化等客观现象着手，从表面上解读严复；这种解读可能会产生误读，应该从严复思想发展的内在逻辑方面着手等。现在，强调严复思想变化不大或趋于一致的观点似乎占了上风。

上述严复研究的两种截然对立的观点何以产生？目前学术界还没有深入的探讨，但在强调一致性的研究中，隐约体现了对"不一致论"⑨的批判。笔者有意分析两种对立观点产生的原因，并认为，分析它们产生的原因是深化严复思想研究，探寻它是否具有逻辑一致性的关键所在。本文试图将严复思想的发展还原到骤变的时代大环境之中，以宏观的视角审视严复思想的逻辑，最终得出如下结论：本文基本认同一致性论述，⑩认为严复思想只是前后的侧重点不同，大体上存在内在的逻辑一致性，它有追求的恒定主题——救亡图强、渐变和社会稳定；学者的人为性评价、时代环境的骤变以及对严复思想认识的不足是导致"不一致说"的主要原因；严复思想不能单纯地从自由主义还是保守主义来定位，而是要考虑到它的传统性因素。前期和后期的严复思想都需要重新评估。⑪严复一生所苦恼和摸索的，正是如何既保留传统合理成分，又以西学的精华来让中国兴盛强大起来，严复的思想是对"中体西用"说的超越，也本应是我们对中外思想文化应该采取的态度。

研究方法方面，本文采用历史主义、文本分析、对比研究、心理分析等方法。历史主义方法将严复思想还原到它产生的时代，在同时代国际国内思想和社会发展的大环境中解析严复思想的内涵，分析"不一致论"产生的原因。文本分析以五卷本的《严复集》为中心进行文本解读，尤其看重上下文，并透过文字做整体文本分析。对比研究方法主要用于严复思想前期和后期比较以及对"不一致论"和"一致论"的比较分析。心理分析主要用于解读严复思想前后具有逻辑一致性的原因。

一　严复思想前后一致性论争解析

解析严复思想前后一致性论争，应该从内部和外部两方面着手，一是要充分考虑时代环境和社会思想发展的变革对一致性论争产生的作用；二是要重新解读严复著作文本，探求严复思想前后的侧重点。

（一）骤变的时代环境

任何思想往往都要带有时代的烙印，严复的思想也不例外。思考严复思想是否有转变，也不应该不考虑时代背景的因素。但如果将时代背景的转换而带来的思想变革作为评价某思想家思想是否转变的依据和标准，不但容易忽略思想家思想发展的内在逻辑，而且容易产生用某些标准来扣帽子的弊端。笔者认为，严复思想评价的"不一致论"往往具有如此嫌疑。

1. 1890—1910 年时代背景与思想状况

正如李鸿章所云，晚清社会面临"亘古未有之大变局"，时代发展日新月异，思想变革也有如大潮涨落，此起彼伏。在轰轰烈烈的洋务运动接近尾声时，蛰伏已久的严复终于登上了晚清社会和思想的舞台。从此，他的命运和思想与时代紧密相连，而在严复思想活动的时期，正是近代中国社会和思想变革最为剧烈的时期。

一般说来，晚清中国社会和思想发展，大致遵循如下脉络：在鸦片战争前后，像林则徐、魏源和龚自珍这样的政治家和思想家，一反沉闷而不切实际的考据学风，主张通经致用，开辟了晚清议政之风，也将视野扩展到了西方，他们开始"睁眼看世界"，提出"师夷长技以制夷"的口号并加快认识西方的步伐。《四洲志》、《海国图志》等了解西方和世界的著述纷纷出版。经过鸦片战争之后 20 年的沉寂，从 19 世纪 60 到 90 年代的洋务运动，又迈出了晚清士大夫学习西方、图富求强的实质性的第一步。以张之洞为理论代表的洋务派，打着"中体西用"的口号，将改良的脚步多停留在了物质层面，而未能实质性地深入到西方制度和思想层面。

甲午战争一役，最终使得洋务运动宣告破产，也一般公认是晚清士大夫觉醒的标志，中国社会变革的速度也越来越快。随着民族危机的加深，传统儒学能否救中国于水火？用"西学"来救中国，是否可行？如果可行，应该怎样操作？这一系列的问题困扰着严复、康有为、梁启超等晚清士大夫。当百日维新以六君子喋血菜市口而草草收场后，清政府的权威再一次因对义和团运动处理不当而日渐丧失，传统儒学的和平改良遭到了当头棒喝，被呼声渐起的革命风潮所吞噬。尽管"保皇派"还在硬撑改良的大旗，清政府还是在武昌起义的硝烟中走到了尽头。革命势力冲垮了延续 2000 多年的帝制后，中国并未走向真正的共和，相反却陷入军阀混乱的状态。到严复去世为止，各种救国思想层出不穷：有的主张实业救国，有的主张教育救国，有的要继续维护帝制，有的要实现共和，有的仍然坚持改良，有的大肆宣扬革命，有的否定政府，有的谋求共产主义。此间，虽然演出了两场复辟的闹剧，但是，并未阻止革命势头的迅猛发展。最终，受到一战后苏俄社会主义国家建立的刺激，五四运动后随着马克思主义的迅速传播，暴力革命的思维方式最终占据上风，任何渐进的、和平的改良主义都被扣上了不合时宜、保守落后的帽子。

2. 1890—1910 年代时代背景与思想状况的特点

从上述时代环境中不难看出，从严复在天津《直报》上发表具有代表性的政论文章到他去世的近 20 年间，正是中国社会大转型时代，是社会和思想变革最为剧烈的时期。这一时代具有如下特征：

第一、民族危机成为最鲜明的时代主题。鸦片战争后，晚清士大夫并没有马上意识到民族危机，以至于鸦片战争后的 20 年，清朝统治者和士大夫们雨过忘雷，直到 1860 年代，才进行洋务运动，而洋务运动是以物质和技术层面的变革为特征的。甲午战争后割地赔款、戊戌变法的失败和列强瓜分中国，使得民族危机随着晚清知识分子的觉醒和时局的剧变而突然加深。晚清知识分子才将寻求富强的梦想退居其次，让位于迫在眉睫的挽救民族危机中来。此后，挽救民族危机一直存续到抗日战争结束，长达半个世纪。它给近代中国社会发展和思想展开打下了深深的烙印，成为区别于西方国家近代化的一个主要特征。严复思想深植其中，不能不体现出时代的特色。

第二、各种运动和思想频繁交锋，又频繁更换，都在尝试以自己的方式让中国摆脱困境，然而，它们的一次次交锋却导致时局日趋动荡和混乱。戊戌变法和义和团运动之后，清政府已经失去了事实上的统治力，社会处于失控状态。保守派、改良派和革命派各执己见，莫衷一是。清政府的解体和随之走入的共和并未挽救民族危机，相反却导致军阀割据混战的态势。这种混乱和动荡是严复最不愿看到的，或许也是他始料不及的。

第三、渐进改良逐渐被革命风潮所替代。洋务运动、戊戌维新和 1903 年之后清政府实行的新政，是晚清开明人士和地方大员用和平改良方式谋求变革的尝试，这种尝试从 1860 年算起持续了近半个世纪。然而，一次次和平改良的失败使得很多人放弃了对它的依赖，在和平改良呼声式微的过程中，以孙中山为首的革命派渐渐占据主流。孙中山早年领导的起义尽管均以失败告终，但却掀起了一波又一波的革命浪潮。暴力革命占据上风，湮没了改良的声音。严复思想的展开，恰好经历了从和平改良向暴力革命转换的时期。

3. 时代环境和思想变革对评价严复思想的影响

严复的思想是在上述大变动的环境中展开的，学者们评价严复思想，往往也过多地受到时代环境的影响。这主要表现在两方面：一是将重大历史事件作为严复思想发生变化的转折点，不是从严复著述的内部，而是站在时代发展变化的立场上人为地为严复思想进行分段，并对各段进行分析，造成严复思想人为的割裂。1898 年的戊戌维新和 1911 年的辛亥革命是近代中国社会和思想变革的两次重大尝试，这两次尝试也具有制度转变的标志性意义。戊戌维新一般被认为是儒家意识形态统治下进行和平变革的最后一次尝试，儒学在此之后便渐渐退出统治阶级意识形态的舞台，和平改良也将被暴力革命所取代。辛亥革命的制度性标志意义更是不言而喻，它推翻了帝制，在东方国家第一次建起了东方人并不熟悉的共和制，而随后它却使中国陷入了军阀混战的无序状态。像康有为、梁启超和严复这样的启蒙思想家正好经历了这两个制度转变的标志性事件。时代的变化不能不让他们作出相应的理论调整，但它也更容易让人们非常便利地将其作为思想家思想分段的标志。前文所述周振甫、王栻和李泽厚等人对严复思想的划分，几乎都是以重大历史事件为标志的。诚然，不排除某些思想家在重大历史事件前后思想发生重大变化，但是，已过中年（1898 年严复 44 岁，1911 年 57 岁），早已形成对事物判断标准的严复，是否因为戊戌变法和辛亥革命这样重大历史事件而放弃以前提倡和坚持的思想，是值得深入地思考和再研究的。

二是将时代发展的特征强加到严复的思想上，比如从甲午战争到戊戌变法期间，改良主义的立宪潮对洋务运动思想进行清算，严复的思想便被定位为激进的，而当资产阶级民主革命浪潮袭来时，坚持立宪、主张改良的严复又被定位为落后的、保守的。这种从"激进"到"保守"的划分乍一看来很有道理，而且从严复的著作中也能够找到很多"证据"。比如他前期积极宣扬西学，而后期甚至高喊天下仍然需要"定于专制"。然而，如果仔细想来，激进和保守的评价难免带有更多的时代色彩。严复的君主立宪思想在戊戌变法之前相对洋务运动的"中体西用"和极力反对变革的保守派来讲，看似"激进"，但严复本人却不以为然，他只是坚持中国社会应该进行制度上的变革；戊戌变法之后（尤其是辛亥革命之后），暴力革命已经代替改良、共和的要求已经取代立宪的呼声，严复的思想又看似"不合潮流"，变得"落后保守"了，然而严复一直在坚持他曾经提倡的制度变革。很显然，时代的变化和特征成为评价严复思想激进还是保守的标准了。可以说，这种依据完全是外在的，人为的，它没有遵循严复思想形成和发展的自身逻辑。

通过以上分析可以看出：时代环境的急剧变化和以时代变化为依据对严复思想进行评价是造成"不一致论"产生的一个原因。然而，"不一致论"的产生并非如此简单，严复思想似乎确实出现了前后强调重点不同的现象。

（二）严复思想前后强调的重点有所调整

如果抛开时代背景的影响，进入到严复著作的文本分析中来，"不一致论"的"证据"很快就会被发现。笔者认为，严复思想存在前后强调重点的不同，但这并不意味着它发生了从激进到保守的重大变化，也不意味逻辑不一致。

1. 严复著述中的"前后不一致"

翻阅从 1895 年到 1921 年间严复的著作，似乎能够看到一个清晰"转变"的严复思想。这正成了"不一致论"的有力证据。具体讲来，首先，坚持严复思想发生重大转变的学者认为，严复由宣扬民主、批判专制、主张立宪转变到反对民主共和、承认君主制度的权威。持这种观点的学者认为，严复受到甲午战争的刺激，在民族危机进一步加深的情况下，在《直报》上连续发表《论世变之亟》、《原强》、《辟韩》等政论文，阐明了民族危机的深重和变法的必要性。他主张自立自强，宣扬民主和自由，并依此抨击君主专制。戊戌变法失败后，他一如既往地坚持提倡民权，对专制制度进行了否定。他公开宣称当下应该在中国先建立君主立宪政体。而 1911 年的辛亥革命，在严复看来是以中国社会动荡为代价的，是革命派对西方民主自由理论的曲解与错误运用，进而，他开始批判辛亥革命所建立的共和政体。此后，严复关注的重心开始转向传统思想，一再强调"天下仍须定于专制"。他甚至不再主张实行君主立宪制，认为"中华国体，自以君主为宜"。⑫严复病逝的前一年，他在信中写道："总之，鄙人自始洎终，终不以共和为中华宜采之治体，尝以主张其制者，为四万万众志罪人，九幽十八重，不足容器魂魄"。⑬

其次，主张严复思想发生重大转变的学者还认为，严复由倡导"西学"、批判"中学"、提倡科学到复归"中学"。他们认为严复把效法西方作为中国救亡图存的基本途径，他积极翻译西方名著，目的就是要在中国传播和提倡西学。他通过对中学和西学的对比，强调了宣传"西学"的意义所在。然而，辛亥革命之后，严复转而赞赏"中学"，并企图说服人们不要迷信"西学"。此后，他主张以中国古代教育为蓝本，积极投身于为"孔孟之道"正名的行列。1913 年，以严复为首发起"孔教会"，积极提倡读经，后又手批《老子》、《庄子》，大讲孔孟之道已成为天下潮流之所趋。他对当时兴起的白话文运动也表示了强烈的反感与蔑视。坚持严复思想发生重大转变的学者认为，他在戊戌期间大声疾呼"欲开民智，非讲西学不可"，晚年却对"中学"予以肯定。黄宣民认为，"严复学兼中西，在文化观上，他经历过一个从全盘西化到中西折中，复从折中中西到尊孔读经、回归传统的曲折过程"。⑭

最后，主张严复思想发生重大转变的学者还认为，严复发生了由提倡自强自主到妥协退让的转变。他们认为，严复曾在《论世变之亟》中表达了世事变化的速度，唤醒人们要认清并顺应时代潮流前进，并采取积极的措施以达到自强、自立的目的。甲午战争前后，他反对朝廷的主和派，主张积极应战，战争后，他发表《原强续篇》，强烈主张与日本作战到底，反对签约卖国。然而，甲午战争后，帝国主义掀起瓜分中国的狂潮，中国社会危机四伏，各种救亡运动风起云涌，却又屡屡失败，社会动荡、混乱。严复开始对革命形势做悲观估计，以妥协退让的态度对待时事。1914 年日本强占德国在山东的权益，严复认为除"忍辱负痛四字，别无良策"。1919 年，严复在信函中就 1918 年北京政府拒绝在巴黎和会公约上签字一事谈到："合约不签，恐有害无利"。此后，针对席卷全国的学生运动，严复焦虑不安，并指责学生："咄咄学生，救国良苦，顾中国之可救与否不可知，而他日决非此种学生所能济事者，则可决也"。⑮

2. 严复思想侧重点的变化与现实对应

上述"不一致论"的证据看似不无道理，严复的思想前后强调的重点确实有所不同。然而，这种重点的转移是否意味着"逆转"、"倒退"或者"断裂"？任何思想都是时代的产物，也要为现实而服务，严复的思想也不例外。随着时代的变化（尤其是像晚清、民国初期时代的剧变），思想家往往针对现实作出相应调整，寻找解决问题的最佳方案。曾一手译介《天演论》的严复，应该对现实的反应十分敏感，更能深刻地体会"适者生存"的大道理。

仔细分析上述"不一致论"的证据，我们会发现，严复确实曾经大肆宣扬自由和民主、批判专制、主张立宪，但翻看他的后期著作，可以看到他主要对共和制持反对态度；立宪制需要君主的存在，承认君主的权威也并无不可，他批判专制并不等于否定君主制的权威。所以，他晚年所言的"天下仍须定于专制，不然，则秩序恢复之不能，尚何富强可跂乎？"[16]应该不是传统意义上的君主专制，更何况他是在强调恢复社会秩序和达到富强的层面上来主张专制的。

严复也确实从倡导"西学"、批判"中学"、提倡科学到关注"中学"。但仔细想来，严复倡导"西学"是否意味着他全盘西化，对西学没有任何批判？他批判"中学"是否对它全盘否定？可以说，严复从一开始就没有这样做，辛亥革命后中国社会的混乱和第一次世界大战西方世界对人类文明的破坏给严复再次提供了反思"西学"的契机。严复对"中学"从一开始便采取了中西会通的态度，他认为西学源于中国。辛亥革命后的严复面对中国社会的混乱，只不过是更加强调传统文化的价值而已，根本谈不上是"回归"。

那么，又如何解释严复发生了由提倡自强自主到妥协退让的转变呢？严复宣扬进化论的目的是要让中国人唤醒中国人麻痹的神经来"与天争胜"。但是，他认为他的倡导并未使中国人自强自主，相反却引起了他不希望看到的社会混乱。面对外国咄咄逼人的势力，严复认为社会已经混乱不堪，根本无法集中力量与列强相对抗，如果用鸡蛋撞石头，吃亏的肯定是中国，所以他选择了妥协来保和局、保稳定。在稳定和和局中争取时间自立自强。可以说，这也是严复面对现实的一种策略。这与李鸿章试图通过"外须和戎，内须变法"的办法保持和局，争取时间变法自强的想法是相通的。

二　严复思想逻辑发展的一致性

(一) 严复思想追求目标的恒定性

从上文分析可以得知：时局的骤变和严复在不同时期思想侧重点的不同是导致对严复思想出现"不一致"评价的两个主要因素，严复思想并未出现"转变"、"断裂"。那么，严复思想是否存在一而贯之的不变内涵呢？笔者认为，严复思想表现出强烈的使命感，与时代同呼吸共命运，拯救民族危机一直是它追求的恒定目标；在救亡的同时，对富强的向往和追求也是严复思想的核心内容；为了实现救亡和富强的大目标，严复十分看重社会的稳定，任何混乱都是他所难以忍受的。严复认为他们是三位一体的，他说："是故贫民无富国，弱民无强国，乱民无治国"。[17]这三者又都系于国民的素质，从德力、智力、体力上来改善国民素质就成为关键所在。

1. 救亡的主题

甲午战争被公认为中国人觉醒的标志性事件，严复顺应时代潮流，以《天演论》的宣传，吹响了拯救民族危亡的号角。在此之前，人们多知中国面临"亘古未有之大变局"，承认"西人器物之精巧"胜于自己，感到处于被动挨打的局面，但没有上升到"亡国灭种"的地步。甲午战争失败的刺激，让中国人第一次意识到了亡国的危险。救亡的呼声第一次超过了洋务运动使中国富强的口号，成为时代的主题，这一主题随着1898年列强瓜分中国的狂潮、1911年清王朝的垮台、1915年日本提出的"二十一条"以及后来爆发的"九一八事变"和"七七事变"，民族危机不断加深，直到抗日战争结束，救亡的主题才退出历史舞台，其中，1898年和1937年可以看做民族危机的两个极端年代。

严复敏锐地感受到了民族危机的深重。自从1879年从英国回国后沉寂了16年的严复终于在不惑之年走上了中国思想变革的舞台。1895年在天津《直报》上发表的《救亡决论》、《论世变之亟》等政论文章，单从题目上来看，便知其救亡的主题。严复首先通过翻译《天演论》向中国人展示了一个生物进化和人类进化的基本法则，试图将中国社会纳入到弱肉强食的国际社会之中，让中国人清醒认识所处的危险境遇，其目的是来唤醒中国人麻痹的神经，号召中国人救亡图强。他所宣扬的社会达尔文主义也起到了十分良好的效果，改良派和革命派都深受影响，各种救国主张纷纷出炉。

戊戌变法的失败和继之而起的帝国主义瓜分中国狂潮的到来，使得民族的命运更为岌岌可危，严复通过系统而大量地译介西方学术名著，试图整合民族精神。他倚重教育并倾心投入，在离开北洋水师学堂后，先后担任安徽高等学堂监督、复旦公学和北京大学校长等职务，以教育救国为己任。清政府覆灭后，中国社会旋即进入军阀割据的混乱时代，内忧外患依旧深重。面对危机的时局，严复甚至寄希望于袁世凯的独裁。垂暮之年的严复，在备受病痛折磨的情况下，仍旧关注时事，发表救亡的言论。

从 1895 年开始，正是以严复为核心的近代知识分子的大力宣传，民族危机的意识才得以加强，救亡的运动才开始展开。从此之后，直到严复去世，这个主题一直是严复首先考虑的，这也是中国近代思想启蒙不同于西方启蒙的一个特色。

2. 富强的梦想

近代中国之所以被动挨打，严复认为在于中国社会积贫积弱。在警醒中国人救亡的同时，严复一直在追求国家富强之道。如果说他译介《天演论》是为了唤醒中国人救亡的神经，那么，《国富论》等作品的译介就不能不带有如何让中国走上富强的动机。

可以说，近代中国寻求富强这一观念并非严复首创，而是洋务运动的遗产，尽管严复激烈地批判了洋务运动的"中体西用"说，但他同样继承了寻富求强的观念，主张通过系统的、整体的改革而最终达到富强的目的，而不是细枝末节和零星的改革。他说："谓不讲富强，而中国自可以安，谓不用西洋之术，而富强自可致；谓用西洋之术，无俟于通达时务之真人才，皆非狂易失心之人不为此。"[18]

严复对如何使中国富强起来，有系统的思考。他比较了东西方制度的差异，认可西方制度的优越性，同时认为西方的制度在上古中国也曾经出现过。中国改革需要有制度的建设来保障。虽然他认为将来的中国应该建立共和政体，但当时最适合中国的当属君主立宪制。如果急于求成，难免适得其反，引起社会混乱。辛亥革命后的军阀混战、社会动乱的局面不幸被严复言中。他反复强调，中国之所以需要通过君主立宪制向共和制过渡，是因为中国并不具备西方的基础，主要是人的素质过低。他认为中国"民智"、"民力"和"民德"跟西方有非常大的差距，教育和启蒙又要假以时日。因此，严复积极倡导"鼓民力"、"开民智"、"新民德"。有了近代意义上的国民，在制度建设上就有了基础，中国也就可图富强了。

美国学者史华兹的著述就是从严复思想中发掘出富强这一不变的主线的，认为严复对富强的追求是矢志不渝、一生未变的。

3. 变革的基础：社会稳定

社会改革和改良需要稳定和平的环境，这是改革开放以来中国政府领导人的共识。严复作为一个受英国经验主义影响的启蒙思想家，坚信社会的进步需要不断的积累，应该渐次进行，因此，稳定的社会环境，既是严复的需求，也是他的追求。我们可以通过辛亥革命后严复的言论求得他对社会稳定的渴望。辛亥革命后，严复一度自责，认为是他所宣扬的进化论导致了社会混乱，并反思如何让中国社会恢复秩序。针对时局，他在给熊纯如的信中表达了悲观的情绪和担忧："惟是对于时局，终是悲观。所悲者，一是大乱方始；二是中国人究竟无治军能力；三是吾辈后日不知托足何所"。^⑲为了重回安定，严复首先想到了强权式的人物，他说："自当先出曹孟德、刘德舆辈，以收廓清摧诟之功，而后乃可徐及法治之事"。^⑳

严复当年宣扬进化论提醒国人拯救危亡，确实曾收到良好效果，但他没有想到他的宣传会与社会动乱联系在一起。当然，辛亥革命后的混乱并非都是严复的宣传造成的，它是当时的制度变革、社会政治经济发展水平、传统文化和外国侵略等多种因素共同作用的结果。

从上述分析不难看出，严复思想追求目标具有恒定性，但未免有功利化色彩，他的具体主张多受制于上述大目标，因而针对社会的发展变化强调的重点便会有所不同。

（二）身份定位与理论基础

1. 严复的身份定位：在传统与现代之间

对严复进行评价，学界经常对其冠以"启蒙思想家"、"自由主义者"、"保守主义者"的称号。这种方向性的粗糙的定位虽然有一定道理，并且用起来很方便，但有按照西方标准来衡量严复思想之嫌。这种定位方式对于一个生活于传统向现代转变过程中的东方知识分子，难免有削足适履之嫌。比如启蒙思想，中国和西方的不同是十分明显的。中国近代启蒙具有非原发性、急迫性、功利性等突出色彩。很明显，严复的思想受到了西方自由主义和保守主义的影响，比如他强调自由的重要性，关于自由和民主的关系，严复将其定位为"以自由为体，以民主为用"。这对于当时的中国人都是新鲜的，超前的。但不能就此推论他的思想就是用自由主义或保守主义理论武装起来的。翻阅严复的著述，他个人从来没有提过自己是自由主义还是保守主义者，至少他没有意识到他的思想是后人所定义的自由主义或保守主义。同样，我们也不能确定他在多大程度上接受了自由主义和保守主义的理论。换言之，西方意义上的主义和主张在严复那里是不存在的，至少严复本人没有自觉到，就像康有为和梁启超等近代中国知识分子没有自觉到是什么主义者一样。这与 20 世纪 20 年代之后作为马克思主义者的李大钊、陈独秀和其他共产党人的思想纯粹用马克思主义理论武装起来并有清醒的自觉这一点相比，有着本质的区别，他们均明确自己作为马克思主义的立场，并用其指导行动，进而取得了中国革命的成功。笔者认为，可以严格地界定是何主义者的时间应该是在马克思主义在中国传播开来之后，即 20 世纪 20 年代之后，而严复 1921 年已经去世，直接对他的思想贴上某种标签是值得商榷的。

当然，这并不是说近代中国知识分子只要是中国人就不可能是自由主义者或保守主义者，笔者想强调的是他们在多大程度上可以称为自由主义者、保守主义者，西方式的评价标准的有效性是值得怀疑的。纵观严复的人生历程，传统知识分子的浓厚色彩始终没有退却。尽管他的知识视野已经超出传统知识分子的认知范围，但总体上，他没有摆脱晚清士大夫思想的窠臼，传统和现实环境仍然包裹着严复。归国之后的严复，仍然像其他知识分子一样，屡次试图通过科举考试成就功名，落第之后，甚至赋诗慨叹自己"四十不官"的原因是"当年误习旁行书"，最终又不甘心，花钱捐了贡生。^㉑如果将他的经历与未曾出过国的谭嗣同相比，或许作为"无官阶"、"无科第"代表的谭嗣同更加脱离了传统的束缚。甲午战争后，严复像其他传统知识分子一样，受到强烈的刺激，开始思考救国之路，一举发表了多篇振聋发聩的政论文章。这一举动，与以公车上书形式试图救中国于水火的其他传统知识分子并无太大差异。如果考虑到 1879 年回国到 1895 年这 16 年间的默默无闻，年逾 40 的严复的"爆发"应该还是出于知识分子的责任。他介绍和宣扬了社会进化论、自由主义的思想，试图唤醒国人的危机意识，并且可能通过采用西方的思想改变中国的命运。但是，严复并没有笃信西方的制度、思想就可以救中国，应该说这只是他的一种尝试，他提供了别人未能提供拯救中国的一个选项，似乎是因为这一点，后人给他贴上了"激进"的标签。实际上，这与他本人是否接受西方制度并不是同一个问题。

严复的晚年曾经手批《老子》、《庄子》等，有人据此说他的思想变得保守了，后人又给晚年的严复贴上"保守"的标签。而笔者认为，晚年严复的这一举动，更能够很好地证明严复作为传统知识分子的身份。如前文所分析，严复不应该称作自由主义者，晚年的严复也谈不上是保守主义者。当他曾宣扬的进化论引起社会动荡，他回头在传统思想中寻找稳定社会，重新拯救中国的良药，我们就很难说他是否保守了。

总之，将严复定位为介于传统与现代之间的知识分子这一分析，完全可以避免随便给严复贴上任何标签的不存在是激进还是保守的问题，他是自由主义者还是保守主义者的问题。而且，只有这样，才能还原一个更为真实的严复。

2. "渐进论"式的理论基础

作为介于传统与现代之间的知识分子，严复思想的理论基础也是既有中学的成分，又有西学的内容，二者奠定了严复的稳健而渐进的变革思想的理论基础。

跟同时代不懂英文的梁启超相比，严复的知识结构固然更具有近代西方科学的成分。在马尾船政学堂学的内容有算学等学科。[22]1877 到 1879 年留学英国期间，严复关注英国社会状况，对资本主义的发展有了更为直接的认知，也巩固了他的西学基础。从严复所翻译的一系列西方人文社会科学名著中可以看出，他对当时英国的知识界有比较充分的了解。但是，我们不应忽略严复在船政学堂里还学习了国学，而且严复是 14 岁之后进的学堂，走进学堂也有父亲去世的无奈这一偶然因素。在 14 岁之前，严复还是接受了相对较好的传统教育。[23]如果再考虑到从归国直到 1895 年间 16 年的沉寂，可知严复思想里传统的因素仍在发挥着重大作用。而传统知识分子往往缺乏激进变革的理论支撑。戊戌变法前后，公羊三世说是中国社会变革的一个重要理论基础，康有为试图"托古改制"，他用传统的语言解释了他理解的进化论，最后根据"据乱世——升平世——太平世"的发展道路导出了"君主——君主立宪——民主共和"的政治进化的必然过程。他打破了传统中国的循环史观，同时奠定了渐进变革理论的基础。同时代的严复用进化论和有机体学说为他的变革理论提供了同样的基础，只不过是严复更多地使用了西方的话语，而不像康有为那样借用了传统文献。或许因为如此，同时代的人才觉得严复过于"激进"。

进化论（确切地说应该是社会达尔文主义）和有机体学说一般认为是严复思想的理论基础之一，而进化论和有机体学说又有一定的理论联系。社会达尔文主义是将达尔文的生物进化论引进到人类社会的产物，而有机体学说认为人类社会像生物有机体一样复杂、各个组成部分发挥各自的功能并协调一致，社会才能良性运行。显然，这两种理论都认定人类社会只能按照一定次序演进发展，激烈的变革只能导致社会的动荡。

严复在宣扬社会达尔文主义时，他的目的只是想唤醒中国人麻痹的神经，起而"与天争胜"，激发人们自强自主的信心，而不是要带来社会冲突，更何况是社会动乱。与激烈的社会剧变相比，严复对渐进的历史发展情有独钟，他认为历史发展没有飞跃，也不应该有革命的转变。"其演进也，有迟速之异；而无超越之时。顾公例曰：万化有渐而无顿。"[24]具体讲来，像康有为、梁启超一样，严复虽然也认为共和政体最为理想，但针对中国现实，只能选择君主立宪制。作为一个改良主义者，严复在戊戌变法之前，就明确反对激进的变革和革命，这种选择，佐证了他的"渐进论"。

严复对社会的认识深受斯宾塞的社会有机体学说的影响。他认为"一群之成，其体用功能，无异生物之一体，小大虽异，官治相准。知吾身之所生，则知群之所以立矣，知寿命之所以弥永，则知国脉之所以灵长矣，一身之内，形神相资，一群之中，力德相背"。[25]"而力和德的积蓄和培养又不是一蹴而就的。所以，他认为"今虽有圣神用事，非数十百年薄海知亡，君臣同德，痛除治而鼓舞之，将不足以自立"。㉖可见，严复所推崇的有机体学说也是以"渐进"为前提的。

三　严复前后期思想再评估

早年的严复，想以西学补救传统的弊端，晚年的严复又想用传统来补救西学的不足，他前后强调的重点不同。那么，早年的严复是一个全盘西化者吗？他对"中学"是做了无情的批判吗？晚年的严复又反过来投入传统的怀抱，同时全面否定西学吗？

（一）严复前期思想对"中学"的肯定与对"西学"的选择性借鉴

1. 严复前期思想对"中学"的肯定

"不一致论"认为，严复思想前期援引西学，强烈批判中学。从政治制度的角度来讲，严复前期提倡君主立宪制，否定专制。但是，应该看到，严复的批判是有前提条件的，即要等到国民素质提高之后方可实行立宪制甚至是共和制。严复在《辟韩》一文中明确回答"今而弃吾君臣可乎"这一提问时说："是大不可。何则？其时未至，其俗未成，其民不足以自治也。彼西洋之善果且不能，而况中国乎！㉗"可见，严复对传统制度的批判是有条件并且有节制的。

从传统文化的角度来说，早年的严复也并未将传统抛弃殆尽，传统仍有可取之处，更有可用之处。严复像近代的很多知识分子面对西方文化时采取的态度一样，他也认为西方的诸多思想源自中国，对中西文化进行"会通"，或者是用中国人容易理解的语言解释西学。很显然，他做如此处理正是以承认传统文化的价值为基础的。在提及中国人不熟悉的"自由"一词时，他就比附说："中国理道与西法自由最相似者，曰絜矩"。㉘紧接着，他用优美的文字将东西方政治、经济、文化和风俗进行一番对比后，提到："若斯之伦，举有与中国之理相抗，以并存于两间，而吾实味甘遽分其优绌也"。他没有妄下结论，认为西方文化优于中国，而是以宏阔的视野分析了中国出现症结的原因所在。他认为中国物产不足，为了减少或避免纷争，通过科举考试等方式进行的思想上的大一统也是出于迫不得已，最终才导致"民智因之日窳，民力因之以日衰"。㉙

严复虽然承认中国文化衰落了，但并不是孔教的责任，相反，他还在为儒教张目，积极肯定儒教，他在1898年《保种余义》中提到："孔教之高处，在于不设鬼神，不谈格致，专明人事，平实易行。而大《易》则有费拉索非之学，《春秋》则有大同之学。苟得其绪，并非附会，此孔教之所以不可破坏也。然孔子虽正，而支那民智未开，与此教不合。虽国家奉此以为国教，而庶民实未归此教也"。㉚姑且抛开严复此论是否有道理，我们可以清楚看出他对儒教的态度。

那么，严复到底对传统的哪些方面做了批判呢？当然是腐朽的制度、中国人的奴性心理和不思进取的性格、自私自利没有公德的行为。比如，他严厉批判八股文误国，说它"锢智慧"、"坏心术"、"滋游手"，"夫数八股之三害，有一于此，则其国鲜不弱而亡，况夫兼之者耶！"㉛在戊戌变法之前，与时人相比，严复对传统的批判使用的并非是传统的经典话语，而是提倡自由、平等的西学。或许正是如此，严复在甲午战争失败后的几篇政论文章才能够振聋发聩，给人的印象也是"全盘西化"和"对传统无情的批判"。

2. 严复前期思想对"西学"的选择性借鉴

上文提到，严复思想有比较明确的救亡、寻求富强和社会稳定的目的。严复对西学的宣传和借鉴，也是围绕这些目的展开的，是有选择性。马勇认为，"从一开始，严复就不是无条件地鼓吹西方文化救中国，更没有真正主张过'全盘西化'，而是自始至终一直把侧重点放在如何取西方之长，补中国之短这一关键问题上"。㉜那么，西学之长和中国之短是什么呢？他认为西方文化"苟扼要而谈，不外于学术黜伪崇真，于刑政则屈私以为公而已。斯二者，与中国理道初无异也。顾彼行之而常通，吾行之而常病者，则自由不自由异耳。"㉝自由是严复思想的一个核心词。他对"自由"的关注远远超过其他西方政治学词汇。对自由、平等、博爱的突出重视，是基督教世界的鲜明特色。翻看严复著作，他更多地强调自由而不是平等，严复是有其目的的。

严复在反对洋务运动提出的"中学为体，西学为用"的语境下，认为西学有西学之体用，中学有中学之体用，不能将中学之体与西学之用结合。在此基础上，他提出"以自由为体，民主为用"㉞的主张，将自由放在中西差异的核心位置。他认为中西方最大的差异在于自由的有无，中国想要强大起来，应该争取自由。他说："夫自由一言，真中国历古圣贤之所深畏，而从未尝立以为教者也。彼西人之言曰：唯天生民，各具赋畀，得自由者乃为全受。故人人各得自由，国国各得自由，第务令毋相侵损而已。侵人自由者，斯为逆天理，贼人道。……故侵入自由，虽国君不能，而其刑禁章条，要皆为此设耳。"㉟

看来严复对西方的自由推崇有加，但中国是否应该立即走向自由之路呢？他提及的自由，是怎样的一种自由？严复首先明确区分了政治意义的自由和放纵式（无拘无束）的自由。他认为传统中国多的是无管制状态下的放纵的自由。其次，他告诫中国人不应马上走向自由之路："数千载受成之民质，必不如是之速化"，他反对"以一二人倡说举事之不详，遂牵连流血以灌自由之树"。㊱按照严复的逻辑，中国人还没有在民力、民智和民德三方面做好准备，国民教育非一日之功，需要假以时日，单凭一腔热血和几个人的努力是无济于事的。最后，尤为值得强调的是，他的自由观给个人发展留出足够的空间后，更强调个人和国家之间关系的协调，甚至偏重于强调国家的自由。他的自由更具有英国经验主义特征，是洛克式的自由。如果按照以赛亚·伯林将自由分为"积极自由"（positive freedom）和"消极自由"（negative freedom）来讲，他的自由观带有积极的自己的特色。㊲他之所以强调"国群"的自由，去除他受到英伦自由思想的影响外，如上文所析，不排除严复在理解自由时受到了救亡保种这一大目标的影响，我们不能排除这种自由观有他刻意选择的成分。同时，我们也应该看到，严复没有迷信西方的自由可以救中国，而要结合中国的实际情况。

从严复对进化论的介绍和翻译也能说明他对西学的选择性接受。1859 年达尔文的《物种起源》发表，马上有人试图将其引入人类社会领域。生物学家赫胥黎自称是达尔文的"忠实鹰犬"，认为应该将进化论严格限定在生物领域，人类社会自有伦理道德等规范来调整，否则将十分危险。1877 – 1879 年留学英国的严复应该比较熟悉这场进化论论争，但他不同意赫胥黎的观点，而是赞同斯宾塞类似于"社会达尔文主义"的理论。但是，他却刻意翻译了赫胥黎的《进化论与伦理学》这一著作。显然严复考虑到了中国人读一部单纯的生物进化论著作的难度，而赫胥黎著作的前半部分是对达尔文进化论的简明概括，翻译起来也比较容易，更容易让中国人理解。但是，从只翻译了前半部分（伦理学部分未译）和他在翻译时添加的大量不同意赫胥黎观点的按语可以看出，严复选择翻译该著作正是寻找到了一个批判的对象，而他明确认可的是社会达尔文主义。在他看来，社会达尔文主义才能更好地迎合警醒中国人的目的。

当然，严复对西学的介绍并非完全是有目的有选择的，但总体而言，选择性是大于无目的性的。可以说，早期的严复是以一个受到英国思想限制的晚清知识分子的视野，最大限度地结合中国的实际状况和需求，在张扬西学。

（二）严复后期思想中"西学"的位置与对"中学"的掏炼和会通

如果说"不一致论"对严复前期思想存在认识上的偏差，那么，对于严复晚年思想的评价便有过于简单化之嫌，他对"中学"和"西学"的认识应该将严复的思路历程和特殊的时代背景紧密结合在一起来分析。马勇强调："如果结合严复所处的特殊社会条件，特别是他思想演变的内在理路，我们便不难发现晚年的严复并不能以'顽固反动'的概念简单评定，其思想见解不免有一定的守旧、'复归'之嫌，但从总体上看既合乎其思想发展的内在逻辑，又与当时的社会背景、近代以来中国问题的根本症结密切相关，具有相当的参考价值和启迪意义。"㊳

1. 严复后期思想对"中学"的掏炼和会通

毋庸讳言，晚年的严复十分重视传统文化，给人以"传统复归"的感觉。但是，严复是像辜鸿铭那样不折不扣地投入传统的怀抱中了吗？如前文所述，严复作为一个从传统向近代转型的知识分子，既具有传统的一面，也具有近代的一面。面对国内社会日益混乱和第一次世界大战中凸显的欧洲文明的弊端，严复开始重新估量西方文明和中国传统的价值，他是将西方文明和中国传统联系在一起并结合时代环境而通盘考虑的，称不上"复归"或"投入传统的怀抱"。

"不一致论"经常将严复的如下言论作为他复归传统的例证。严复说："回观孔孟之道，真量同天地，泽被寰区。此不独吾言为然，即泰西有思想人亦渐觉其为如此矣。"㊴严复似乎十分推崇孔孟之道，并且谈及这并非是他一个人的见解，西方也有人做如此主张。另外，严复又慨叹："鄙人行年将尽古稀，窃尝究观哲理，以为耐久无弊，尚是孔子之书"。㊵诚然，我们确实能在严复著作中找到相应文字，而且这样的表述在晚期严复著作里还可以找出多处，但我们不该抛却严复出此言论时的语境和心境。对于前者，严复是在反思西方文明的弊端时发出的肺腑之言，他没有否定西方的全部，而且只提到孔孟之道，并没有说中国的一切传统。对于后者，严复认为尊孔读经需要使用新的方法，更需要注意古今的差异。他虽然重视四书五经，但他更强调需要用新的方法和理论去规范，为四书五经找到新的出路。这跟守旧派的一味复古是完全不同的。严复正是本着这样的态度尊孔读经，重新估价传统的。

那么，对于其他传统经典，晚年的严复又是如何处理的？严复没有像康有为那样，为了将孔子打扮为"托古改制"的圣人，而大加贬斥儒家以外的其他家派。严复对传统的合理因素是兼收并蓄的，并且努力让传统与西学"会通"，评点《老子》和《庄子》便是最好的一例，也能够充分说明他对传统的态度。在评点《庄子》时，严复明确指出："挽近欧西平等、自由之旨，庄生往往发之，详玩其说，皆可见也"。㊶他试图使中国传统经典与西方自由、民主思想贯通起来。所以说，反本复古的说法是难以讲通的。马勇总结道："（严复）虽然强调中国传统文化的现代价值，但并未敢遽然人帝国全盘承继这份精神遗产，犹豫彷徨中所透露出的依然是有拣择的批评的态度。"㊷

从以上分析便可以看出严复对传统的态度，那么我们也就不难理解他为何发起"孔教会"、列名"筹安会"的目的了。

2. 严复后期思想中"西学"的位置

晚年的严复确实曾发出如下言论："不佞垂老，亲见支那七年之民国与欧罗巴四年亘古未有之血战，觉彼族三百年之进化，只做到'利己杀人，寡廉鲜耻'八个字。"㊸这句话成为"不一致论"者诟病严复抛弃西学、复归传统的有力"证据"之一。在这句话里，确实可以看到严复对西学的批判，但不一定含有抛弃西学的意味。分析严复这句话的文本，显然他是针对民国给社会带来的混乱和第一次世界大战的血腥而言的，他谈的是西方三百年进化带来的弊端，而不是西方的全部。对于严复来说，西学是用来救亡和使中国富强的，他难以容忍西学的弊端给中国社会造成的混乱，破坏了他的改革计划。因此，如果结合时代环境和严复的心境来理解，我们难以断定他跟西学一刀两断了，而且我们或许更容易理解为何"天下须定于专制"了。严复所言的"专制"，是把平定社会动乱，恢复社会秩序的大任交给一个值得信赖的开明君主，跟古代中国的君主专制应该有所不同，如果考虑到他对东西文化的会通，这种"专制"更应该具有君主立宪的特色。

严复晚年曾撰写《民约平议》来极力批判卢梭的主张，这也被视为严复否定西学的一大证据。但这是否意味着他从西学的立场上退缩下来，他所宣扬的西学打了败仗呢？马勇提出两点否定的解释：一是严复从未倾心于卢梭，他的理论多来源于英国，主要是斯宾塞，他从未无条件地赞扬过卢梭；二是严复对西方文化从未主张过全盘承受，似乎从一开始就对"庸俗的卢梭主义"反感。严复从未承认自由、平等的绝对意义和价值，只是在肯定秩序与理性的前提下强调自由、平等的合理意义。⑭

所以，我们可以认定，晚年的严复批判的是西方文化中容易导致社会混乱的非理性部分，对其合理成分仍然情有独钟。晚年的严复在社会混乱之际在对西方文化做更为冷静和理性的思考，为中国社会寻找一条有中国特色的救亡图强之道。

总之，早年的严复确实对传统有所批判，但没有抛弃它，晚年的严复尊孔读经是为了从传统中汲取稳定社会之良方，所以谈不上从彻底否定传统向传统的复归；早年的严复也没有全盘西化，而是有选择地以西学补中学之不足，晚年的严复也没有完全抛弃西学，而是承认西学的合理成分。在中西文化上，他采取的是折中之道。所以，林载爵总结道："严复从一开始就不曾反孔、非孔，更不曾主张全盘西化，当然也就无所谓从批判传统转变为反本复古了。严复的一贯态度是超越新旧两派的限制，坚信保存故旧精华，努力吸收西学，缓进图新"。⑮

结　语

综上所述，严复一生思想和行动的轨迹是具有连续性和逻辑一致性的。他前期没有醉心于西学，后期也就谈不上抛弃西学了；他前期没有完全否定中学，后期自然也谈不上复归传统了。纵观严复的一生，他时时刻刻都在按照自己的设想"排兵布阵"，他所追求的"救亡"、"富强"和"社会稳定"的大目标没有变化。当出现乱阵让他措手不及时，他首先进行了深刻的反思，然后又试图加以弥补。

严复思想评价之所以出现如此分歧，固然与严复思想前后强调的重点不同有关，但外在的环境因素也要充分考虑进去。笔者认为，从19世纪末期到20世纪80年代末，激进变革是中国社会的一个特征，这些大变革多以失败告终。20世纪90年代以来，和平与发展这一时代主题被突出强调，激进变革思想渐渐让位于渐进变革。严复思想的评价也发生了变化，有从"不一致论"向"一致论"转变的趋势。

严复不愧为思想大家，在深谙中西方差异之后，为中国人开出的救亡图存、富国强兵、社会稳定的药方虽然没有在激荡的20世纪有更多的实践，但是，对于在改革开放20年后，经历一个多世纪艰难摸索，需要政治体制进一步变革的中国来讲，定会进一步警醒犯急躁病的人，成为新世纪政治变革的"良药"或者"补药"。

另外，本文虽然总体上承认严复思想的逻辑一致性，但并未否认严复思想确有矛盾之处。这一课题有待将来继续研究。

① 吴如纶：《天演论序》，《严复集》，中华书局，1986 年版，第 1318 页。

② 蔡元培先生于 1923 年发表的《五十年来之中国哲学》一文中也提到严复"本来算激进派"，后来"有点偏于保守的样子"。另，参见方之光等《严复文化馆演变的历史启示》，《光明日报》，1990 年 4 月 4 日。费正清主编：《剑桥中国晚清史》下册，中国社会科学出版社，1985 年版，第 340 页。侯外庐：《严复思想批判》，《论严复与严译名著》，商务印书馆，1982 年版，第 57－59 页。李泽厚：《中国近代思想史论》，安徽文学艺术出版社，1994 年版，第 276 页。

③ 周振甫：《严复思想述评》，中华书局，1930 年版，第 270 页。

④ 商务印书馆编辑部编，《论严复与严译名著》，商务印书馆，1982 年版，第 5 页。

⑤ 李泽厚：《中国近代思想史论》，人民出版社，1982 年版，第 284 页。

⑥ 张志建：《严复学术思想研究》，商务印书馆国际有限公司，1995 年版，第 26 页。

⑦ 马勇：《严复学术思想评传》，北京图书馆出版社，2000 年版，第 14 页。

⑧ 刘桂生等编：《严复思想新论》，清华大学出版社，1999 年版。

⑨ 为行文方便，本文用"一致论"代表强调严复思想前后具有逻辑一致性的观点，用"不一致论"代表严复思想前后明显出现变化或割裂的观点。

⑩ 本文所认同严复思想前后的一致性，是从与"不一致论"的对立面来讲的，并非否认严复思想没有矛盾。

⑪ 为行文方便，本文姑且以 1898 年为界，将严复思想分为前后两期。

⑫⑬ 王拭主编，《严复集》，三册，中华书局，1986 年版，第 627 页，第 711 页。

⑭ 杨正典：《严复评传》，中国社会科学出版社，1997 年版，序三。

⑮⑯⑲⑳ 王拭主编：《严复集》，三册，中华书局，1986 年版，第 695 页，第 603 页，第 709 页，第 678 页。

⑯ 同上，第 603 页。

⑰⑱ 王拭主编：《严复集》，一册，中华书局，1986 年版，第 25 页，第 4 页。

㉑ 王拭主编：《严复集》，二册，中华书局，1986 年版，第 361 页。

㉒ "入马江学堂肄业，所习者为英文、算术、几何、代数、解析几何、割锥、平三角、代积微、动静重学、水重学、电磁学、光学、热学、化学、地质学、天文学、航海术等"。见王遽常《民国严几道先生复年谱》，台湾商务印书馆，1980 年版，第 4－5 页。

㉓ "于是先生始治经，有家法，饶闻宋元明儒先学行。"见王遽常《民国严几道先生复年谱》，台湾商务印书馆，1980 年版，第 3 页。

㉔ 王拭主编：《严复集》五册，中华书局，1986 年版，第 1265 页。

㉕㉖㉗㉘㉙㉚㉛ 王拭主编：《严复集》一册，中华书局，1986 年版，第 17 页，第 20 页，第 34－35 页，第 3 页，第 2 页，第 85 页，第 42 页。

㉜ 马勇：《严复晚年思想演变之重估》，《哲学研究》，1992 年第 4 期，第 47 页。

㉝㉞㉟㊱ 王拭主编，《严复集》一册，中华书局，1986 年版，第 2 页，第 11 页，第 2－3 页，第 120 页。

㊲ 参见以赛亚柏林《自由四论》，陈晓林译，联经出版事业公司，1986 年版，第 225－295 页。

㊳㊷㊹ 马勇：《严复晚年思想演变之重估》，《哲学研究》，1992 年第 4 期。

㊴㊵　王栻主编：《严复集》三册，中华书局，1986 年版，第 692 页，第 668 页。

㊶　王栻主编：《严复集》四册，中华书局，1986 年版，第 1146 页。

㊸　王栻主编：《严复集》三册，中华书局，1986 年版，第 692 页。

㊺　刘桂生、林启彦、王宪明编：《严复思想新论》，清华大学出版社，1999 年版。

由《清史稿·孝义传》看清代孝义文化

余同元　刘宇

（苏州大学历史系教授　苏州大学历史系研究生）

一　孝亲为首：善事父母与和睦兄弟

传统中国，孝一直是维系社会道德秩序的根本要素，其基本内容首先是"善事父母"。那么，怎样才算善事父母呢?《孝经·纪孝行章第十》言："孝子之事亲也，居则致其敬，养则致其乐，病则致其忧，丧则致其哀，祭则致其严，五者备矣，然后能事亲。"《清史稿》中说："亲存，奉侍竭其力；亲殁，善居丧，或庐于墓；亲远行，万里行求，或生还，或以丧归。亲病，刲股刳肝；亲丧，以身殉。"概言之，事亲主要为事生与事死两方面。下面试从这两个方面对《清史稿》所载孝亲内容作一梳理。

1. 事生养老

这主要包括正常情况下尽心侍养，和特殊情况下竭力救疗。前者主要是养亲、娱亲、顺亲，惟父母之感受是念。

养亲，是指对父母吃、穿、住、行等物质生活方面的满足，样样都要想得周到，做得周全，事事力争达到最佳状态。如安徽的潘周岱，对父母十分孝顺，"得酒肉时蔬怀归，燀以进。家食，必父母食乃食。岁饥，奉父母必丰，次以食弟，躬与妻子饱糠籺。"[①]

娱亲，是在养亲的基础上对孝养父母的进一步升华，是孝子对父母精神方面的顾及与满足。指儿女从爱心出发去孝敬父母，想父母所想，急父母所急，做父母所需，经常使父母处于一种精神愉快的状态。如江南和州的薛文、薛化礼为了孝养母亲，"兄弟一出为佣，一留侍母，迭相代。""兄弟舞跃歌讴以侑。……兄弟前后为侏儒作态博母笑。"[②]

顺亲，则是指惟父母之感受是念，惟父母之命是从。如："陆再吉，幼孤，事母吴氏以孝闻。……母嫌溺器不净，躬亲洗涤，三十年如一日。习米业，归必遗甘旨，日为母槌背摩痒，或日讲小说娱亲。"[③]

敬亲，是指不仅要使父母物质和精神上都得到满足，而且还要发自内心的尊敬他们，即对待父母既要和颜悦色，又要保持必要的礼节。如"沈士鳞，字余光，盛泽人，性至孝，知爱敬。饮食不敢先尝，父母有怒色则嘻笑膝下，令欢然乃已。"[④]

作为孝子，首先要竭尽全力保证父母的物质供养，宁肯自己食糠草，也要力营甘旨供父母。同时还要尽力让父母活得开心，如服侍父母安睡，为父母洗涤厕牏；父母无聊，或"跳歌于旁"，或"日讲小说"，逗其开心；父母挂念他人，也一并迎养供给，以慰亲心等。

不仅对亲生父母竭力孝敬，对于养父后母，也侍奉如亲生父母一般。

2. 扶疾疗伤与复仇寻亲

父母发生意外，生病、遭遇不测或犯事等，孝子就要千方百计予以营救。父母生病，首先要延医治疗，自己尽心侍奉汤药。

父母被仇人所杀，儿子则要竭尽全力为父报仇。如清初无锡的虞尔忘、尔雪兄弟父亲被盗所杀，兄弟俩立志报仇雪恨，后终于将贼及其同伙抓获。⑤

父母外出未归。便千里、万里寻亲。如江南溧阳潘天成，年仅十三岁，遭遇家难与父母走散。从此开始走上寻亲之路。"经青阳白沙庙，宿废庙，闻虎声，为诗述悲。往来徽州、宁国所属州县，迹父母所在，至则又他徙。天成行经村聚，辄播［鼓兆］作乡语大呼。"⑥

父母或祖父母发生意外，则要不惜生命予以营救。如"树云榛，随父卓如夜行，父失足坠溪中，欲救无策，即自投于溪，抱父尸死焉。"⑦

3. 事死、归葬与祭祀

《清史稿·孝义传》关于事死的内容：首先是父母过世时要哭丧尽哀，而且越哀痛越显孝心，甚至不惜损害自己身体。不仅视"哀毁骨立"为孝行表现，而且以哭丧泣血甚至因此殉身为孝的例子也不在少。如江西广昌何复汉，"十五而丧父，哭泪皆血。长事母孝，母疾作，尝粪苦甘以测病深浅，不解带者数月。母殒，寝苦三月，泪渍苦左右尽血痕。葬，乃庐墓侧，日夜悲号，丧终犹庐居。耿精忠兵至，复汉守墓不去，亲知毁其庐，乃哭而行。"⑧

若父母灵柩尚未下葬，则要誓死护卫尸棺。如"赵维枚，父仁渊，年五十始举维枚，性至孝，……母既殁，方议葬，适邻人火延及，人怪维枚不出，火光中见维枚跪棺侧，号恸，言欲与棺俱烬。众怜之，乃共冒火举棺出。嘉庆十二年有司表其间。"⑨

归葬后，按礼仪庐墓三年以上。如安徽青阳徐守仁，"母殁，哀恸。既葬，露处墓侧，蛇虺不避，里人哀之，为庐舍饮食焉。"⑩

同时还要事死如事生，每逢忌日或节日，祭祀必以礼以哀。如"长洲文处士君点，字与也。……执亲丧三年，止酒彻肉，昼夜居庐。服除，祀事惟谨，朔望肃衣冠，拜宗祠，遇祭日，虽风雨必返祭。仲父乘授命，家产破落，与也怡然，依墓田以居。"⑪

4. 和睦兄弟与养育子女

孝极具扩展性，双亲以外，其对象可以上下、左右伸展。孝的对象衍生到兄弟即人们所说的"孝悌"。《广雅·释亲》说："弟，悌也。"又《释诂》说："悌，顺也。"先秦中"弟"字语义是兄弟，后来引申为顺从兄长的语义。将孝与悌结合到一起的是《论语》。《论语》曰："弟子入则孝，出则悌，谨而信，泛爱众，而亲仁。""其为人也孝悌，而好犯上者，鲜矣。""孝悌也者，其为仁之本与！""宗族称孝焉，乡党称弟焉。"孝悌相联，表明了"悌"的地位提高，就是敬兄和兄友弟恭。

而所谓"出则悌"的意义，不仅限于血缘兄弟之间，还包含处理社会朋友关系的准则。孟子进一步发挥孔子孝悌合一思想，认为敬兄就是敬长，要包括由弟对兄的关系推衍而得的一般对待长上的原则，他把这个原则叫"义"。《孟子·尽心上》说："亲亲，仁也，敬长，义也。"敬长的同时，还要加入养育后代的内容，所谓"不孝有三，无后为大"是也。

社会是个大家庭，社会五种人伦关系中，父子、夫妇、兄弟之间是家庭关系，君臣关系是父子关系的扩展，朋友关系是兄弟关系的扩展，所有的社会关系最终都可以归结为家庭关系。由此可见，孝悌结合就是将规范家庭、宗族关系的家庭伦理道德扩展到整个社会，孝友义行成为协调整个社会关系的基本伦理道德。

（1）兄友弟恭

兄对弟的友爱主要表现在对弟弟教导与教育上。如钱塘汪穰卿，常与弟弟一起读书。[12]关心弟弟的终生大事也是兄友的重要内容，宁可自己不娶，也要为弟弟解决婚姻大事。如甘泉李滨石，"有兄钟源，字嵩泉。自不娶，为弟聘妇，竭力营一室，将迁居而殁。"[13]当弟弟生病时，要时刻呆在身边照顾他。一旦弟弟死去，必尽其所能照顾遗孤遗孀。如"孙奇逢，有弟韵雅，坐事被逮，系刑部狱，凡五年。将远徙，夏峰具橐饘以从，病则为致药饵，朝夕相顾视，且周恤其同系者。"[14]当弟弟外出长时不归，哥哥就会"万里寻弟"。如山西稷山吴伯宗两个弟弟逢战乱走散，"伯宗求弟遍远近，久之，得季弟京师，……又久之，伯宗得仲弟消息。"[15]

（2）弟之敬爱与顺从

"长兄如父"有两层意思：一方面兄长要爱护幼弟，既要像父亲一样对他们严格要求，又要关心他们的生活与健康成长；另一方面弟弟要像对待父亲一样对待兄长，听从教导，恭敬以礼，做到"事兄如事父"。所以"悌"首先是听从哥哥教导，若哥哥所作所为不合礼仪规范，弟弟就得好言相劝，直到哥哥改邪归正为止。如武进臧礼堂，"有兄弟四人，敦友爱，少师事伯兄，敬爱弥加，然有过，辄规诫无隐。仲兄嗜博，谏不听，则日追随之，并约至父墓立誓，弗再犯乃已。"[16]哥哥生病，弟弟在床前亲侍汤药。哥哥死亡，弟弟悲痛欲绝，如同失去父母一样。如郑明允，"兄病，视汤药不去侧。及亡，每恸辄绝。"[17]当哥哥蒙受冤屈，或为奸人所害时，弟弟则发誓一定要为哥哥讨回公道。如江苏李九，其兄李七因官司被人害死，李九发誓一定要为兄讨回公道，过程非常艰难，最后也被陷害几死。[18]当兄长身罹法网时，弟弟则挺身而出，祈求代兄受刑。如直隶潘某有两子，哥哥失手将乞丐打死，弟弟笑曰："兄自怜我耳，我杀丐，安忍累兄。"[19]

（3）兄弟谦让家产

家产分配问题常引发兄弟间反目成仇，对孝子而言，必须从"孝悌"的高度来处理好相关问题。他们都争着把好的房产留给对方，或者全数给予对方。如甘肃通渭张某兄弟皆贫，将析产，弟弟数让，议不决，乃析为三，兄二而弟一。[20]

二　义行为重：情义、道义、侠义、仁义、正义、公义等

"义者，宜也。"基本意思有二：一是指人所当为的义务和责任；一是指相对于功利而言的人应该持守的道德理义。中国传统伦理强调义务责任意识，与强调整体至上、天下为公的价值观相一致。人的尊严与价值不在于权利与索取，而在于义务、责任、使命与贡献。每个人对自身、家庭、社会都有不可推卸的责任和义务。所以"义"的内容极广大，包涵情义、侠义、道义、仁义、正义、忠义、公义等方面。

1. 情义

《清史稿·孝义》（三）记载了不惜自己生命保全朋友生命安全和无私奉献、助人为乐的诸多实例，就是"情义"的具体表现。如：

> 王联，江苏泰州人。诸生。应乾隆四十五年江南乡试，联与友沈某偕。沈病於喉，欲归，联不入试，送之还。至龙潭，沈病益剧，联伴之寝，病者口腐，秽触鼻，不问。舆行虑其颠，徒步翼以行。沈遽死，舆者欲散，联以义感之，乃得至丹徒，殡於僧寺，以其柩归。

赵珑，安徽桐城人。有叶椿者，戍伊犁。珑出关，椿母附寄子书致金。珑既改赴塔尔巴哈台，未至伊犁。归道呼图壁，遇巡检陈栻，亦皖人也，因迹椿，则死久矣。珑曰："椿母日夜望子归，乃今死，当奈何？且以金附我者，为我能致之也，义不忍空返其金，令椿骨不还。顾金少，尽吾囊中赀，犹不足，又当奈何？"贷於拭，迂道八千里，载椿枢以归。

2. 道义

《清史稿·孝义》（三）里收有不少持道守节的道义之士。

朱永庆，修斡斡美髯，负气节，好佛，主者贤之，将赐以妇，命视诸俘，恣所择。武进杨兆升，仕明官给事中，起兵死。妾姚见俘，薙发矢守节。永庆凤闻之，乃自名故殉难宣府巡抚子，择姚以请，引归所居室。向夕，姚拜永庆乞哀，永庆曰："吾将全夫人节，非特哀之而已。"乃诵佛至旦，凡三夕，居停觇知之，问曰："君不近妇人，安用此赘疣？"永庆曰："此缙绅妇，吾非欲妻之，欲完其节耳。恐机泄，故且同室，然非诵佛不可。乃为君侦得，幸终为吾讳。"居停感焉，乃治别室以居姚。久之，事闻於主者，主者益贤之，令姚寄书其家，以其母若弟来，予赀遣之还。

3. 侠义

"侠义"特指见到不法之事情会见义勇为，遇到不义之事会挺身而出，舍己助人。

胡梦豸，江南江都人。康熙中，从父至绍兴省墓，道遇盗劫民财，斥其不义，盗怒，将刃之。梦豸从后至，奔赴，击盗仆，民群起殴杀盗。盗大至，欲屠其里，梦豸曰："不可以我故，危一乡也。"入盗寨，独承杀盗，遂被杀。

4. 仁义

此类人常怀"仁爱"之心，以"仁"待人，身处恶境视"仁义"如性命。

杨越，初名春华，字友声，浙江山阴人。所居曰安城，因以为号。为诸生，慷慨尚侠。康熙初，越友有与张煌言交通者，事发，辞连越，减死，流宁古塔。例金妻，与其妻范偕行，留老母及二子家居。宁古塔地初辟，严寒，民朴鲁。越至，伐木构室，垒土石为炕，出馀物易菽粟。民与习，乃教之读书，明礼教，崇退让，躬养老抚孤……凡贫不能举火及婚丧，倡出赀以周，民相助恐后。吝，则嗤之曰："何以见杨马法？"马法犹言长老，以敬越也。

5. 正义

"正义"者认为"人间自有公道在"，既能坚持将坏人绳之于法，又能够不畏强权依法办事。

蒋坚，长习法家言，佐幕山西，屡雪疑狱。康熙五十二年，主泽州知州佟国珑，临汾民迫奸胥为变，巡抚檄国珑往按，坚从国珑以七骑往。至则众保山汹汹，坚以巡抚令箭先谕众。国珑入县，执胥扰民者五六，笞之流血，众就观，欢譟悉散。国珑乞休，坚归。数年，闻国珑以属吏亏帑逮下太原狱，责偿数千金。坚往省，为国珑徵债栾城，又至泽州，贷於州民，为国珑输偿，狱乃解。坚尝曰："法所以救世，心求人之生，斯善用法矣。"著《求生集》。

6. 忠义

指忠于国家、忠于君主的人物，为了保全国家利益，而置自己生死于不顾；同时又指对主人忠心不二，誓死保护或营救主人者。

> 胡端友，湖南宁乡人，刘光初仆也。顺治初，光初妻胡遇寇，以幼子付端友，端友负而逃，寇逐之，力奔得脱。至其家，释负，仆久之乃苏。胡死於寇，其子得成立。

> 郭氏仆，失姓名，山西闻喜郭景汾家仆也。姜瓖反，县人章惇为乱，杀景汾祖及父。景汾方三岁，仆负之走，得免。

7. 公义

"公义"者心中有了更多的社会责任感，多指扶贫济弱、急公好义的慈善家。慈善救助方法是多种多样的，有赈灾、建桥、修路等为百姓谋取福利的，如翁运标；有积蓄财富救助贫苦百姓的，有建义塾、创设医院，兴办各种公益事业的，等等，如叶成忠，杨斯盛。

> 叶成忠，字澄衷，……置祠田，兴义塾，设医局。会朝议重学校，成忠出赀四十万建澄衷学堂，规制宏备，生徒景从。

> 光绪二十八年，诏废科举，设学校，（杨斯盛）出赀建广明小学、师范传习所。越三年，又建浦东中、小学，青墩小学，凡糜金十八万有奇。

三　内孝外义：孝义并举

内有孝亲、尊尊长长之诚心；外有扶贫济困、急公好义之义行善举。孝与义互为表里、内外贯通。《清史稿·孝义传》记有不仅孝养、孝顺、孝敬父母，友于兄弟，而且对朋友、对社会都抱有一颗"仁义"之心的孝义并举人物。如：

> 江南歙县人郑明允，不仅孝顺父母，"耿精忠兵至，明允夜负母匿僻坞，还挈二子，未至，雾溢山，虎声震林木，纳二子石穴中，疾趋侍母。贼退，二子亦无恙"；而且也十分孝悌，"兄病，视汤药不去侧。及亡，每恸辄绝"。再次，友于朋友，"有友荡其赀，困甚，明允罄所有佽之，无难色"。[21]

> 安徽桐城人方元衡，以贡生官光禄寺署正。"父病失明，晨夕调护，厕牏必躬亲之，终亲之身不稍息。""推产给弟，惟笔耕以奉甘旨"。请设劝葬局，限期督葬，无后者则购地代葬之，先后逾五万具。复设采访局，采访全省节孝贞烈，历二十年，汇请得旌者凡十馀万人。建总祠总坊於省会，有司春秋致祭。[22]

除了上述所列孝义内容外，《清史稿·孝义传》中还收录了一些累世同居共餐的大家庭与家族等孝义人事。"与众共之曰义。义仓、义社、义田、义学、义役、义井之类是也"。

四   与《明史·孝义传》比较

《清史稿》的《孝义传》三卷，入传者 217 人。《明史·孝义传》中记载具体孝行人物有 102 人，加上前言中提到的同居敦睦 29 人，输财助官赈济 52 人（后两者没有具体事件，只提到人名），总共 183 人。两相对比如下表。

分类			《明史·孝义传》	《清史稿·孝义传》
孝敬	孝	养亲、敬亲、娱亲、顺亲、丧亲与祭亲等	19	66
		特殊孝行 割股疗亲	5	13
		特殊孝行 万里寻亲	12	32
		特殊孝行 血亲报仇	8	15
		特殊孝行 拯难救患	46	25
	孝悌		5	19
义	情义		0	2
	道义			5
	侠义			2
	仁义			5
	正义			6
	忠义		2	7
	公义		52	4
孝义	个体		2	9
	家族		32	7
总数			183	217

（说明：首先，人数统计以《明史·孝义传》和《清史稿·孝义传》孝义人物为准。如若兄弟几个人的孝行事迹一样，则统计为一个人。其次，表中"忠义"主要指仆人、幕僚对主人的忠心不二。第三，有些孝义人物一身集有很多种孝义行为，则根据比较突出的孝义行为进行分类。）

从上可知，与明朝相比，清代孝义特点主要表现在：

1. 特殊孝行记载仍为重点

所谓特殊孝行是指除正常养亲敬亲之外，不合常理但又能体现赤诚之心的事例。明、清朝统治者都曾明文禁止"割股疗亲"等愚孝，但平时仍加以表彰，《孝义传》也照常收录。《明史》记载了 71 人，《清史稿》记载了 85 人。如"割股疗亲"、"万里寻亲"、"为父报仇"、"拯难救患"等。其中，前三者都有大幅度的增加，最后一项人数则稍微减少。

"人子事亲，居则致其敬，养则致其乐，有疾则医药吁祷，迫切之情，人子所得为也。至卧冰割股，上古未闻。倘父母止有一子，或割肝而丧生，或卧冰而致死，使父母无依，宗祀永绝，反为不孝之大。皆由愚昧之徒，尚诡异，骇愚俗，希旌表，规避里徭，割股不已，至于割肝，割肝不已，至于杀子。违道伤生，莫此为甚。自今父母有疾，疗治罔功，不得已而卧冰割股，亦听其所为，不在旌表例。"[23]

雍正帝也曾亲自颁发手谕说："……圣人觉世之至道，视人命为至重，不可以愚昧误戕；念孝道为至弘，不可以毁伤为正。但有司未尝以圣贤经常之道，与国家爱养之心，明白宣示，是以愚夫愚妇救亲而捐躯，殉夫而殒命，往往有之。既有其事，若不予以旌表，无以彰其苦志。"[24]

但这种现象非但屡禁不止，甚至有愈演愈烈之趋势。清乾隆以前，还"予旌者什一二，不报者什七八"。至道光、咸丰、同治时期，凡是这类孝行，"一经大吏报闻，朝上疏，夕表闾矣。"这种现象的产生是有一定原因的，因为较重的褒奖给予官职或钱财，最轻微的奖励也可以免去赋税、劳役，或者奖励一些布匹。孝子们还希望通过政府表彰使得自己"立身行道，扬名于后世，以显父母"。

2. 重视养亲敬亲事迹记载

孝亲主要指对父母的孝，即"侍常之道"，多称为"一般孝道"。如养亲、敬亲、侍疾、顺亲、娱亲、葬亲、祭亲等等。这项内容为《孝义传》记述的重点。其中，《明史·孝义传》记载了 19 位，而《清史稿·孝义传》的记载人数则大大增加，是《明史·孝义传》的 3 倍还多，可见清朝比明朝更重视一般孝道。但是，《明史》和《清史稿》在一般孝行内容记载上有区别。《明史·孝义传》上所记载的孝义人物多有特殊性。如归钺孝养继母，"家贫，食不足，每炊将熟，即巍巍数钺过，父怒而逐之，其母子得饱食。钺饥困，匍匐道中。"[25]而《清史稿·孝义传》则是将视角集中到普通孝义人物身上，孝义行为更加多样化，强调在日常生活中做到孝敬，并能够顾及到父母的情绪，注重心情愉悦。

3. 增加孝悌孝友记载内容

《明史·孝义传》侧重于记载对父母的孝，《清史稿·孝义传》对于孝悌孝友记载明显加重，这是清代孝义文化与明代相比最为突出的特点。《明史》孝悌的记载只有 5 人，其中 3 人"代兄（弟）受过"，1 人"万里寻兄"，1 人"友于兄弟"。《清史稿》中孝悌人数 19 个，除了《明史》中所载事迹外，还有哥哥对弟弟教导与教育；兄弟双方生活关心等。孝悌孝友行为在清代的多样化，说明孝义文化发展的成熟化。

4. 义行种类多元化与近代化

《明史·孝义传》义行记载只有两种，一是"输财助官赈济"，一是仆人对主人"忠义"。《清史稿·孝义传》记载的义行却非常多，将儒家关于义的观念具体化了，如将义分为情义、道义、侠义、仁义、正义、忠义、公义等。清代后期所出现一些新情况，以慈善事业为主的新型义行家辈出。他们不靠家族，不靠官职，靠自己的双手积累财富，反过来造福乡里。这些自然成为《清史稿·孝义传》记录的一个重要内容。如上海杨斯盛"舍家兴学"，山东堂邑人武训（1838—1896），乞讨办义学等。杨氏所从事的社会公益事业是有近代意义的慈善事业，武训传统式的兴学同近代开发民智也是一脉相承的。

5. 清代孝义人事时空分布的变化

清代历时 276 年，大体分为清朝前期（1636 – 1735）、清朝中期（1735 – 1820）、清朝后期

（1821－1911）三个时期，通过对这三个时期比较，看看孝义文化在清代发生的时空变化。

时期	清朝前期 （1636－1735）	清朝中期 （1736－1820）	清朝后期 （1821－1911）	不详
人数（人）	124	35	32	26
所占比例（%）	57	16	15	12

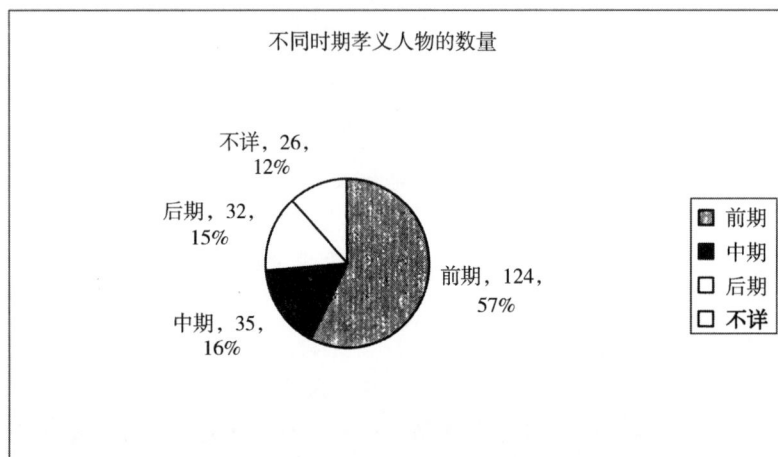

不同时期孝义人物的数量

第一，《清史稿·孝义传》中所记载的孝义人物大都集中在清代前期，约占所载全部人数的60%以上。

清代前期为了缓和民族矛盾，几位皇帝都十分重视以孝治天下。"以孝治天下"主要是"移孝作忠"，从"父父子子"引申出"君君臣臣"，由亲疏长幼延伸出尊卑贵贱，事亲之道变为事君之道和治人之道，从而建立起整个社会伦常与政治秩序。清代孝治主要通过"上谕十六条"、《圣谕广训》等颁布和强力推行，同时也体现在官僚制度、法律和旌孝与尚老的系列政策中，上至官员，下至的普通百姓，无不纳于孝治政策之下。正是在统治者大力提倡下，无论是帝王本身，或是下面的王侯将相、世俗平民，都将孝作为个人修身齐家治天下的根本。也正是在这样的社会大背景和社会大环境下，清代前期才涌现出了许多孝子。

第二，清中前期孝义事迹主要集中在孝亲孝友方面，后期孝义人物则大多集中在义行慈善活动上。

进入晚清，清王朝专制政治统治渐趋衰弱，社会经济愈加凋敝并向近代转变。政府在固守"崇儒重道"的同时，也吸收"中体西用"的指导思想，开始有选择地引进西方文化。在这一过程中，一些先进的知识分子开始从传统儒学价值观念中解脱出来，意识到自己身上社会责任感与使命感，将眼光投向研究和解决社会现实问题上，不再单纯局限于个人小家之中，而是投身于社会大家庭，力图以挽救社会危机和解决社会问题来实现自身人生价值。由于西方列强入侵，开口通商，使近代工商业化开始，通商地区生存环境发生了变化，原有的正统教化伦理风气渐渐失去了规范、指导社会的功能。因此，在《清史稿·孝义传》中，关于此时期的义行方面的记载非常多。

第三，所记载的孝义人物地域比较集中，主要在江浙皖地区。

地区	江南	浙江	湖南	河南	福建	直隶	陕西	甘肃	山东
人数	69	25	24	16	12	12	9	8	7
地区	满洲	云南	湖北	山西	江西	贵州	广东	广西	安南
人数	7	7	6	5	4	2	1	1	1

（说明：1、清江南行省设于顺治二年（1645），康熙六年（1667）分为江苏、安徽两省，因此本文将之前、后统称为江南。2、将直隶和顺天地区人物统一记入直隶。）

清代江浙皖地区，特别是江南地区民间孝义慈善活动的兴盛是与经济繁荣、人文发达、传统伦理观念深、新的价值观念出现早且快密切相关的。当然，由于传统社会的近代转型加速，也使江南地区出现了新现象：即传统孝亲为主的孝义文化开始向近代慈善义行为主的孝义文化转变。

五　清代孝义文化的弊端

清朝统治者重视孝治天下和移孝入忠的政治效益。顺治皇帝曾经注过《孝经》，康熙皇帝还颁行"圣谕十六条"，雍正皇帝将其推绎为"圣谕广训十六条"颁发全国，要求地方官民士子，朔望宣讲，以期家喻户晓，深入人心的效果。乾隆期间，进一步从价值观念、世道人心深层内涵入手，大力"阐明风教，培植彝伦"，大量表彰孝子，主要目的在于加强对人民的控制。

传统孝行规范多已不合时宜，必将代之以新的孝义内容。如父母有不合理嗜好或癖好也要尽力迎合，若习惯博戏，则给钱"以资弈戏"；父母脾气暴躁，子女便跪而受责；如婆媳关系不合，就要出妻顺母；甚至为了父母享受，完全不顾自身幸福，终生不娶或不嫁。如孝女张氏，父君明无子，有女三，长次既嫁，女亦受聘将笄，父叹曰："三女出嫁，奈二老何？"女应声曰："儿誓作张家子，不作他家妇也。"毅然剪发，披缁衣承欢不懈。不论后母如何不好都能泰然处之，孝顺一如既往。如江苏江都方立礼，"母殉，后母遇之虐，怒辄与大杖，立礼谨受无懟。一日，杖几绝，及苏无变容。"㉖

割股疗亲等早已被否定的极端愚孝行为明禁实倡，说明传统的孝义文化内涵着严重的弊端。父母生病，若常规治疗效果不佳，则要以人力治之，如舐目、吮疽，或者吁天请代，请神减自己之寿以益亲寿，还不效，则割股以疗亲。如吴声九，"亲疾，日夜吁天求代，躬亲汤药，目不交睫者几半载。"㉗"王彦华，以能孝闻。先是，母病笃，刲股和药饮之而愈。无何，父又病将殆，彦华计无所出，亦割股饮之。"㉘

———————

①② 赵尔巽：《清史稿》卷四九七《孝义一》，第 13748 页，第 13737 页，中华书局，1976 年版。

③ 金吴澜等修、汪堃等纂：光绪《昆新两县续修合志》卷二九《孝友》，第 501 页，见《中国地方志集成·江苏府县志辑》第 16 册，凤凰出版社，2008 年版。

④ 丁元正等修、倪师孟等纂：乾隆《吴江县志》卷三〇《人物·孝友》，第 121 页，见《中国地方志集成·江苏府县志辑》第 20 册，江苏古籍出版社，1991 年版。

⑤　斐大中等修、秦湘业等纂：光绪《无锡金匮县志》卷二四《孝友》，第 397－398 页，见《中国地方志集成·江苏府县志辑》第 24 册，江苏古籍出版社，1991 年版。

⑥　赵尔巽：《清史稿》卷四九八《孝义二》，第 13775 页，中华书局，1976 年版。

⑦　陈延恩等修、李兆洛等纂：道光《江阴县志》卷一六《人物·孝弟》，第 1709 页，见《中国方志丛书·华中地方》第 456 号，第 4 册，成文出版社，1983 年版。

⑧　赵尔巽：《清史稿》卷四九七《孝义一》，第 13735 页，中华书局，1976 年版。

⑨　斐大中等修、秦湘业等纂：光绪《无锡金匮县志》卷二四《孝友》，第 404 页，《中国地方志集成·江苏府县志辑》第 24 册，江苏古籍出版社，1991 年版。

⑩　赵尔巽：《清史稿》卷四九七《孝义一》，第 13744 页，中华书局，1976 年版。

⑪　徐珂：《清稗类钞》卷一四二《孝友类》，第 2617 页，中华书局，1986 年版。

⑫⑬　徐珂：《清稗类钞》卷一四二《孝友类》，第 2719 页，中华书局，1986 年版。

⑭　徐珂：《清稗类钞》卷一四二《孝友类》，第 2820 页，中华书局，1986 年版。

⑮　赵尔巽：《清史稿》卷四九九《孝义三》，第 13790 页，中华书局，1976 年版。

⑯　徐珂：《清稗类钞》卷一四二《孝友类》，第 2819 页，中华书局，1986 年版。

⑰㉑　赵尔巽：《清史稿》卷四九七《孝义一》，第 13734 页，中华书局，1976 年版。

⑱⑳　赵尔巽：《清史稿》卷四九九《孝义三》，第 13792 页，中华书局，1976 年版。

⑲　徐珂：《清稗类钞》卷一四二《孝友类》，第 2730 页，中华书局，1986 年版。

㉒　赵尔巽：《清史稿》卷四九九《孝义三》，第 13810 页，中华书局，1976 年版。

㉓　张廷玉：《明史》卷二九七《孝义一》，第 11248 页，中华书局，1974 年版。

㉔　昆冈：光绪《钦定大清会典事例》卷四○三《礼部·风教·旌表节义一》，第 398－399 页，见《续修四库全书》第 804 册，上海古籍出版社，1995 年版。

㉕　张廷玉：《明史》卷二九七《孝义二》，第 11284 页，中华书局，1974 年版。

㉖　赵尔巽：《清史稿》卷四九八《孝义二》，第 13759 页，中华书局，1976 年版。

㉗　金吴澜等修、汪堃等纂：光绪（昆新两县续修合志）卷二九《孝友》，第 492 页，见《中国地方志集成·江苏府县志辑》第 16 册，凤凰出版社，2008 年版。

㉘　甘文蔚等修、王元音等纂：乾隆《昌化县志》卷一四《人物志·孝友》，第 720 页，见《中国方志丛书·华中地方》第 555 号，第 3 册，成文出版社，1983 年版。

《清实录》世传版本考①

谢贵安

（武汉大学历史学院暨中国传统文化研究中心）

清代的实录收藏制度大致模仿明代，秘而不宣，据中华书局《清实录·影印说明》称"在清代，实录从未刊布，只缮写若干部藏在京师（北京）、盛京（沈阳）两地的宫禁里，能够读到它的人极少"。藏于北京和盛京两宫的版本比较系统的共有六种，即小黄绫呈审本、乾清宫本、皇史宬本、盛京崇谟阁本、内阁副本和国史馆抄本。清代实录的版本除了上述宫藏本外，很少有其他抄本的。明代前期实录的秘藏制度十分严密，但自嘉靖后，特别是神宗时，内阁大臣开始将内阁副本挟带出宫传抄，形成各种抄本，在晚明书市上公开叫卖。清代这种情况并不存在。清实录的流传于世，一是乾隆朝之前蕉园焚草制度形成之前，太祖、太宗和世祖三朝实录的各种稿本流出宫去，甚至远播日本。方甦生在《清实录修改问题》一文中说："至乾隆四年校订告成后，仿前明例，举康熙旧本，焚之蕉园。惟康熙修纂三朝实录，未尝焚稿，故顺治所修两朝旧本，仍存阁库，康熙未定稿，流落人间。说者遂执传钞稿本，以较校订本，遂谓：'乾隆朝善改旧修实录。'"②二是清朝灭亡后连绵不断的战乱造成清代实录外传，先是北洋军阀的混战，接着是日本入侵，后来是解放战争，使清代实录的不少版本，或流落民间，或被掠日本，或移置台湾。这些流散各地的版本，后来又在大陆和台湾被分别影印成各种本子。

对于北京和盛京的六种宫藏本，笔者曾作过系统的探讨③。本文着重对六种宫藏本之外的其他流传于世的《清实录》版本进行梳理和考订。

一 基本成套的《清实录》版本

1. 伪满《大清历朝实录》影印本

1934 年由伪满"满日文化协会"根据原盛京崇谟阁所藏大红绫本影印而成，1936 年由日本东京大藏出版社出版，包括从太祖至德宗的 11 朝《实录》以及《满洲实录》和《宣统政纪》，分装 122 帙，每帙 10 册，共 1220 册，但印数甚少。其中《清宣宗实录》及《清德宗实录》的部分内容在影印时曾被挖补篡改。

关于伪满本的版本及挖改情况，孙月娴在《日本对〈清实录〉的篡改和影印》一文中作了详细的介绍和论述。原奉天崇谟阁所藏的《清实录》，起于太祖朝，终于光绪朝。"满文、汉文合计约九千册，汉文四千四百七十四册。其中尚缺四卷，这四卷，后来从北京故宫所藏的实录写本中一并补齐。"④1934 年，影印前夕，溥仪又派人将其藏在天津的《宣统政记》取送奉天，给予日本影印。因此这部影印本便成了《大清历朝实录》的"唯一完整的藏本"⑤。

影印《清实录》是"内藤湖南博士自'满日文化协会'成立以来就一直热心提倡"⑥的事，后由日本关东军正式提出，虽一度受到溥仪身边某些清朝遗臣的反对，但最终不得不接受影印的要求。日本以杉村勇造等为代表，伪满则由郑孝胥、罗振玉牵头，协商后决定由东京单式印刷公司印刷，大藏出版公司出版，由小野玄妙博士负责出版业务，由伪满"国务院"发行。罗振玉在奉天九纬路的博物馆附近借到十多间洋房，成立了《清实录》出版事务厅。1934 年 12 月正式开始整理出版工作。日本指派专人对崇谟阁《清实录》逐卷检查，凡是中国对日本侵略者的称谓，特别是对《光绪实录》中关于甲午战争的记述，只要他们认为不妥之处，均用铅笔在其右边划上"丨"，做为标记，然后命令装裱和缮写人员——挖补和篡改。关于伪满本篡改实录的具体情况，中华书局张静庐、魏连科、何英芳、辽宁省图书馆韩锡铎以及孙月娴等作了仔细的辨析。张静庐 1957 年 11 月写的《去沈阳了解大清实录情况汇报》中说："原收藏沈阳故宫《清实录》缮写本归辽宁省图书馆保存，但短缺二四六卷，而以德宗部分为多。此次查对以甲午战役为主，因短缺太多很难找到，我带去的日印本（伪满本）第三四四卷、第三六〇卷、第三六四卷等，都无法查到。但其他卷中如三六九、三六五、三六六、三四三、三四一等卷查到'日'字的挖改，三四二卷查到'敌'字的挖改，及同卷有'中朝自应自保藩封'、'赴日询问劝令撤兵'等整句挖改之处，盖已非实录的原来面目了。"《清德宗实录》（时称《光绪实录》）共 597 卷，张静庐只查看了 10 卷。于是何英芳委托韩锡铎再次核对，但是《清实录》盛京崇谟阁本已由辽宁省图书馆移藏至辽宁省档案馆。为保护《清实录》这一重点档案，只能少量查看，故韩锡铎仅查看了 11 卷《光绪实录》，发现挖补 160 多个字，并一一做了记录。韩锡铎又用辽宁省图书馆收藏的《光绪实录》民国年间的抄本与其记录核对，除了称谓不同外，发现文义也有完全不同的，如挖补处文字为"中朝自应自保藩封"，而抄本文字为"中朝自应大张挞伐"。他又发现，盛京崇谟阁本把"倭"字均挖改为"日"字，但三四三卷第一页的第五行"倭人以重兵驻韩"句，"倭"字未改，"倭"字旁有铅笔画的竖道，这说明有人先将要挖改的字用铅笔标出来，然后动手挖改。何英芳"一直想要弄清楚伪满本挖改情况，利用业余时间，又将《光绪实录》伪满本与定稿本进行了全书对校，二者文义截然不同之处，不只是我们文章中所举 14 例，而且定稿本中还有许多大段文字不见于伪满本"⑦。孙月娴称自己也曾将两种版本作过比对，并撰文归纳了崇谟阁本与伪满本之间的差异：

第一、将"倭"字改成"日"字。

《德宗实录》三百四十三卷，第七十六页第三至第四行，崇谟阁写本作："谕军机大臣等：电寄李鸿章等，倭人要挟无理，极须豫筹战备。"而伪满影印本则作："谕军机大臣等：电寄李鸿章等，日人要挟太甚，但有豫筹战备。"这种篡改仅光绪二十年至二十一年，共 160 处⑧。

第二、有关甲午战争的政治、军事和外交方面的篡改。

《德宗实录》卷之三百四十三第十二页上第六行，崇谟阁写本作："以日本悖理违法，首先开衅，备文照会，各国公使。"而伪满本作"以日本干涉朝鲜，首先开衅，备文照会各国公使。"同书卷三百四十二第二页上第七行，崇谟阁本作："令水师提督带铁快舰赴倭，责问勒令撤兵一节。倭人肇衅，挟制朝鲜，倘致势难收束，中朝自应大张挞伐，不宜借助他邦，致异日别生枝节。"而伪满本则作："……令水师提督带铁快舰赴日，责问劝令撤兵一节。日人肇衅，挟制朝鲜，倘致势难收束，中朝自应自保藩封，不宜借助他邦，致异日别生枝节。"卷三百四十二第十三页下策六行至第七行，崇谟阁本作："傥仍要求必不可行之事，或竟先逞凶锋，我亦惟大张挞伐。各国当亦晓然共谕矣！"而伪满本则作："傥仍要求必不可行之事，或竟先逞凶锋，我亦惟有兴师。各国当亦晓然共谕矣！"卷之三百七十第十六页上第三行至第五行，崇谟阁本作："总期争得一分，即有一分之益。其应如何设法力杜狡谋。著即先行妥议覆奏。"而伪满本则作："总期争得一分，即有一分之益。其应如何设法始无流弊。著即先行妥议覆奏。"卷之三百四十二第十四页下二行至三行，崇谟阁本作："电寄李鸿章：现在倭韩情事已将决裂，如势不可挽，朝廷一意主战。李鸿章身应熟谙兵事，断不可意存畏葸。"而伪满本则作："电寄李鸿章：现在日韩情事已将决裂，如势不可挽，朝廷但有主战。李鸿章重寄，身应重寄，熟谙兵事，断不可意存畏葸。"卷之三百六十七第一页上第七行至第八行，崇谟阁本作："又谕：电寄许景澄。电奏已悉。三国现与日本议归辽地，帮助到底，毋须派员豫议。是以力任其事，可期就范。"而伪满本则作："又谕：电寄许景澄。电奏已悉。三国现与日本议归辽地，通知我方，毋须派员豫议。是以力任其事，可期就范。"卷之三百六十六第九页下八行至第十页上第一行，崇谟阁本作："著许景澄，询问外部，即行电覆。此事总宜三国帮助，到底方为有益。著随时与外部妥商，勿使延阁。"伪满本则作："著许景澄，询问外部，即行电覆。此事自是三国好意，我以无庸派使。著时与外部接洽，勿使延阁。"

挖补和篡改后的《大清历朝实录》由三名摄影人员按页依次拍照，送东京进行影印。印刷工作从 1934 年末至 1936 年末，历时两年，由于只印了 300 部，因此每部书的成本很贵，合 1200 元，相当于一所住宅的价钱。当时伪满财政极度困难，印刷经费基本都是日本提供。

在影印《清实录》一事上，伪满学者与日本人的目的既有所同，亦有所区别。当魏连科和何英芳将调查崇谟阁本与伪满本的差异情况写成《影印〈清实录〉底本刍议》一文，登在《古籍整理出版情况简报》第 112 期后，1986 年 10 月，罗振玉之子罗继祖乃撰《伪满影印〈清实录〉缘起及其挖改》一文，详细回答了伪满本影印过程中罗振玉等伪满学者的个人目的及对日本人所作的妥协：

> 伪满时《清实录》的刊印发端于我祖父（罗振玉）癸未年冬（1933 年）任满日文化协会常任理事时，当时曾得到日方理事内藤湖南（虎次郎）的赞助议行。据我所知，当时日伪满当局并不支持《清实录》的刊印，但满日文化协会是个文化事业单位，既已提出刊印，他们也不便公然阻止，而是设下了几道难关来支吾。其中第三道难关便是《清实录》中与日本有关的几个问题。如在甲午战争一段里，把"日军"写成"日寇"，这是日本人非常忌讳的，并且认为妨碍"日满亲善"，非改掉不能付印。这个问题好办，遂由祖父将文溯阁的《实录》原本调来，亲自检阅，将其中"倭寇"字样全加挖改后付印，当时我就是执笔填写的人。又参证中华书局《古籍整理出版情况简报》第 112 期《影印〈清实录〉底本刍议》所举被挖改的 14 例，经核查，全出于我的手笔。[⑨]

从罗文可知，罗振玉等几个"文化人"与伪满政府的立场略有不同，更与日本人的立场有所区别。但是，无论是罗振玉等人是被迫或是有意地将相关内容进行"挖改"，客观上都有利于日本的满洲政策。正因为如此，日本政府才不惜巨资将之付印。日本政府的目的在于篡改甲午战争的历史，抹掉中国人民对其侵略中国的记忆，为其扶持"满洲国"，推行"大东亚共荣圈"扫清道路。同时，也是为了系统地了解中国历史，以制定全面侵略中国的政策。杉村勇造曾经直言不讳地说："不了解大陆的过去，怎么制定今后对它的政策？"[⑩]此外，日本不惜工本地影印《大清历朝实录》，是为了赠送列强，以换取其对"满洲国"的承认。影印计划明确拟定赠送欧美列强的数量及其目的。1936 年末，《大清历朝实录》影印完成之后，日本立即将其送到伪满驻日使馆，以伪满"国务院"的名义，将其分别赠送给欧美列强，要求他们自己到伪满驻日使馆去取，以便造成各国默认"满洲国"的态势。结果一下子赠出去了 110 部。[⑪]

除了上述有意的挖改外，伪满本还有许多无意的缺脱讹错之处。中华书局在影印《清实录》

时，曾将伪满本与中华书局所据底本作过比较，指出："伪满本不仅文字上有歧异，还有缺页、错页、重页现象。如《太宗文皇帝实录》卷三十七第七页与第八页内容不相接，经查核，第八页内容与第三页相同，缺第八页原文。《文宗显皇帝实录》卷一百二十六第五十一页内容同第十五页，缺第五十一页原文。《德宗景皇帝实录》卷四百七十八第十页上半叶与下半叶错了位置。"⑫如此之类，尚有许多。

在中华书局影印本问世以前，伪满本流传较广，中华书局图书馆便藏有一部。

2. 台湾华联出版社影印本《大清历朝实录》

1964 年，台湾华联出版社以台湾所存伪满本清实录为底本，影印了《大清历朝实录》，精装180 册，《宣统政纪》2 册，清实录《总目》1 册。何英芳指出："1964 年台湾华联出版社影印的《清实录》就是用伪满本做的底本。"⑬

3. 台湾华文书局《大清历朝实录》缩印本

1968 年至 1970 年台湾华文书局根据伪满本影印，但为缩印本，精装，仍名《大清历朝实录》，共 93 册。

华文书局本有人称出版时间是 1964 年，如王清政称"清实录的影印本……第二种版本是台湾华文书局一九六四年以大藏本为底本缩印"⑭，维客（WIKI）网发表《实录》一文，也称"1964 年台湾省华文书局又据伪满本缩印精装发行，仍名《大清历朝实录》，简称台湾本，共 93册。"⑮。冯尔康也指出："1964 年，台北华文书局影印《清实录》，精装 180 册，《宣统政纪》二册，《清实录总目》，精装一册。"⑯以上的说法有问题，且不说维客网与冯尔康所称的册数相异，即令其说法一致的时间，也不正确。因为，1964 年影印出版《清实录》的是台湾华联出版社，而非华文书局。中华书局《清实录·影印说明》指出，现在在国内外流传的完整的《清实录》，一是伪满洲国"满日文化协会"据盛京崇谟阁藏本影印本，"另一种是台湾华联出版社据伪满本翻印的，一九六四年出版"。显而易见，1964 年是台湾华联出版社出版的《清实录》，那么台湾华文书局影印出版《清实录》的时间究竟是哪一年呢？应该是 1968 年。据孙月娴在《日本对〈清实录〉的篡改和影印》指出："台湾华文书局在六十年代末，根据伪满影印本缩印的台湾影印本。其实二者属于同一版本。"所谓六十年代末，正是指的 1968 至 1970 年。其实，冯尔康氏只不过是时间弄错了，其他信息皆不误。

华文书局与新文丰出版公司于 20 世纪 80 年代（1984 年以前）又重印了《大清历朝实录》，仍然是缩印本，加上目录等项，共 94 册。

4. 辽宁社会科学院《大清历朝实录》影印本

20 世纪 80 年代，辽宁社会科学院复据台湾华文书局缩印本影印而成，是台湾华文本的翻版，但冯尔康认为是"据伪满本作了影印"⑰，实际上是据伪满本的缩印本影印而成。

5. 中华书局《清实录》影印本

1985 至 1987 年，中华书局联合中国第一历史档案馆、北京大学图书馆和北京故宫博物院图书馆，根据中国第一历史档案馆所藏原皇史宬尊藏本进行整理影印。其佚失部分，以故宫博物院图书馆所藏小红绫本及辽宁省档案馆所藏原崇谟阁大红绫本补齐。所缺《德宗景皇帝实录》及《宣统政纪》，则据北京大学图书馆所藏定稿本影印，并收录有上书房所藏之《满洲实录》，合称《清实录》，为 16 开精装本，共 60 册。共 4433 卷，目录 42 卷，还为全书编了简目和分册总目，每册另有分册目录，加印中缝，注明朝代、年代、卷数。由于选取的底本如第一历史档案馆藏皇史宬大红绫正本和小黄绫本、北京大学图书馆藏定稿本、辽宁省档案馆藏崇谟阁本、故宫博物馆图书馆藏小红绫本等十分精良，"故而这个本子底本精，使用方便，为清实录的最好印本"⑱，实际上，这也是目前最为通行的版本。

在中华书局影印本出现以前，流行的一般都是伪满本及其影印和缩印本，中华书局影印的《清实录》，则采用了与伪满洲国影印本不同的底本。《满洲实录》采用原贮上书房现藏于中国第一历史档案馆藏小黄绫本。太祖至穆宗十朝《实录》以原皇史宬现藏于中国第一历史档案馆的大红绫本为主，缺者用原藏乾清宫现藏故宫博物院图书馆的小红绫本补配，其中的《清太祖实录》用了一史馆藏小黄绫本。《清德宗实录》和《宣统政纪》用的是现藏北京大学图书馆的定稿本。有研究价值的定稿本中的修改签条也缩印后放在相关位置上。中华书局影印本共 4433 卷，其中采用中国第一历史档案馆藏原皇史宬大红绫本（简称一史馆大红绫本）3388 卷、原上书房小黄绫本 8 卷、北京大学图书馆藏定稿本（简称北大定稿本）667 卷、故宫博物院图书馆藏原乾清宫小红绫本（简称故宫小红绫本））349 卷、辽宁省档案馆藏原盛京崇谟阁大红绫本（简称辽档大红绫本）21 卷。具体分布是：《满洲实录》8 卷，采用的是一史馆小黄绫本。《太祖高皇帝实录》10 卷、首卷 3 卷，首卷 3 卷用的是一史馆小黄绫本；卷一至卷四，卷八至卷一〇用的是一史馆大红绫本；卷五至卷七用的是辽档大红绫本。《太宗文皇帝实录》65 卷、首卷 3 卷，首卷 3 卷、卷一至卷三〇用的是故宫小红绫本；卷三一至卷四八用的是辽档大红绫本；卷四九至卷六五用的是一史馆大红绫本。《世祖章皇帝实录》144 卷、首卷 3 卷，用的都是故宫小红绫本。《圣祖仁皇帝实录》300 卷、首卷 3 卷，首卷 3 卷、卷一至卷一五〇用的是一史馆大红绫本；卷一五一至卷一九八用的是故宫小红绫本；卷一九九至卷二〇一用的是一史馆大红绫本；卷二〇二至卷三〇〇用的是故宫小红绫本。《世宗宪皇帝实录》159 卷、首卷 3 卷，用的是一史馆大红绫本。《高宗纯皇帝实录》1500 卷、首卷 5 卷，首卷 5 卷、卷一至卷六九五用的都是一史馆大红绫本；卷六九六至卷七〇一用的是故宫小红绫本；卷七〇二至卷七五七用的是一史馆大红绫本；卷七五八至卷七六三用的是故宫小红绫本；卷七六四至卷七八七用的是一史馆大红绫本；卷七八八至卷七九五用的是故宫小红绫本；卷七九六至卷一五〇〇，用的是一史馆大红绫本。《仁宗睿皇帝实录》374 卷、首卷 4 卷，用的是一史馆大红绫本。《宣宗成皇帝实录》476 卷、首卷 5 卷，用的是一史馆大红绫本。《文宗显皇帝实录》356 卷、首卷 4 卷，首卷 4 卷、卷一至卷三三九用的是一史馆大红绫本；卷三四〇至卷三四七用的是故宫小红绫本；卷三四八至卷三五六用的是一史馆大红绫本。《穆宗毅皇帝实录》374 卷、首卷 4 卷，用的是一史馆大红绫本。《德宗景皇帝实录》597 卷、首卷 4 卷，用的都是北大定稿本。《宣统政纪》70 卷、首卷 1 卷，也用的是北大定稿本。

中华书局影印本与伪满本的主要区别，在于选择的版本较伪满本更为原始，未受过人为篡改。中华书局选用的版本，有皇史宬大红绫本和北京大学图书馆藏定稿本等，它们与伪满本的区别较大。中华书局在影印《清实录》时，曾"用伪满本《德宗景皇帝实录》与北京大学所藏定稿本、第一历史档案馆藏大红绫残本比勘，发现伪满本文字上有不少差异，多涉及清政府对外关系"。情况大致分为三类：第一，个别用字用词不同，尚未影响文义的，如大红绫本、定稿本中的"倭"、"奸细"、"寇"，伪满洲本分别改作"日"、"敌探"、"敌"等，即把含有贬意的字样改为缓和的或客观的字眼。第二，文字出入较大，并影响文义的，如大红绫本、定稿本卷四六五光绪二十六年六月乙亥条作："其实教民亦国家赤子，非无良善之徒。祗因惑于邪说，又恃教士为护符，以至种种非为，执迷不悟，而民教遂结成不可解之仇。现在朝廷招抚义和团民，各以忠义相勉，同仇敌忾，万众一心。因念教民亦食毛践土之伦，岂真皆甘心异类，自取诛夷。果能革面洗心，不妨网开一面。"而伪满本则作："其实教民亦国家赤子，本属良善之徒。祗因信从异教，又恃教士为护符，以致种种猜嫌，因此造端，而民教遂结成不可解之仇。现在朝廷弹压义和团民，各以安分相勉，不许妄动，以安人心。因念教民亦食毛践土之伦，岂真皆甘心反抗，自取其祸。果能觉悟前非，不妨网开一面。"又如卷三六七光绪二十一年五月辛未条，定稿本（大红绫本缺）作"三国允与日本议归辽地，帮助到底，毋须派员豫议"，伪满本作"三国现与日本议归辽地，通知我方，毋须派员豫议"。再如卷三六九光绪二十一年闰五月丁巳条，定稿本（大红绫本缺）作"俄国既有帮到底之说"，伪满本作"俄国有保全和平之说"。

　　第三，定稿本中有许多大段文字，不见于伪满本（下面举例，大红绫本均已残缺，无从比较）。如中日战争之前，关于清政府的军事部署与计划的记载，卷三五一光绪二十年十月己丑条有："又谕：电寄李瀚章：近闻广东有拖罟渔船，人极勇往，本船各有炮械，惯习波涛，可直赴日本为捣穴之计。著李瀚章传谕郑绍忠派员设法召募三四十只，给以行粮，即令迅赴长崎、横滨、神户三岛，攻其不备。倘能扰其口岸，毁台斩级，报明后立予重赏。如有夺获敌人货财物件，即行赏给。并先与订明船价，倘被敌人伤毁，即照数给还。现在倭以全力并赴前敌，国内定必空虚，亟宜用釜底抽薪之策。此事郑绍忠当能力任。著李瀚章悉心筹办，即行密电奏闻。（电寄）"卷三五一光绪二十年十月条有："谕军机大臣等：志锐奏，京北空虚，宜令热河各府以及张、独、多三厅，速办乡团。并稔知八沟一带猎户极多，火枪无不熟习，拟召募十营，愿效驰驱等语。志锐著准其前往热河。召募十营。迅练成军，以备缓急。至所称各府厅举行乡团之处，著志锐驰抵热河后，商同热河都统查酌情形，奏明办理。将此谕令知之。（洋务）"还有："又谕：前有人奏，天津军械所委员张士珩盗卖军火各节，当交王文锦确切查明，现尚未据覆奏。兹又有人奏称，张世珩总理天津军械局，去年购洋枪四万杆，费银数十万两，每万两实用三千，倭人又以重价将洋枪尽行购去等语。著王文锦归入前案，一并确查，据实具奏，毋稍徇隐。原片著摘钞给与阅看，将此谕令知之。（洋务）"这些内容，伪满本都没有。又如，中日战争谈判前后，关于其它国家曾从中调停的记载，卷三六五光绪二十一年四月壬寅条有："又谕：电寄许景澄：二十九日，电谕许景澄向俄廷致谢，商由三国告倭，展缓停战互换之期，并饬总署王大臣赴三国使馆，嘱将展期一节，各电本国，该使皆允即日发电，不审日内俄廷已得日本覆信否？殊深悬盼。俄称倭果坚拒，只好用力。询之喀希呢，语涉含糊。究竟俄外部之言有无实际？此事至急，若有布置，此时必已定议，并著密探以闻。倘至限期迫近，尚无覆音，可否由中国径达日本，直告以三国不允新约，嘱中国暂缓批准之处，著许景澄往见外部，与之豫筹此节，先期电覆。再巴兰德向德廷陈说劝阻新约，系为中国出力，深堪嘉许！著该大臣传旨奖励。（电寄）"以上的几条大段文字在伪满本中都不存在。大段文字被删，究竟是缮写时删掉的，还是影印时删除的？考虑这些内容主要集中在光绪二十、二十一年两年间有关中日战争的记载，由此不难推测，这大概也是影印时删掉的。⑲

　　中华书局还抽查了藏于中国第一历史档案馆的皇史宬大红绫本《宣宗成皇帝实录》、《文宗显皇帝实录》，发现文字和内容上也有一些与伪满本不同。可以判断，这些文字上的歧异，是伪满影印时改动的。因此，据皇史宬大红绫本和北京大学定稿本等影印而成的《清实录》版本，与伪满本存在着较大的差别，从原始性和客观性上来讲，中华书局本显然要好得多。

　　中华书局影印《清实录》动议较早，20 世纪 50 年代张静庐就有对盛京崇谟阁本访问摸底的举动。20 世纪 70 年代末，何英芳打算把清实录影印本列入出版计划，得到赵守俨和魏连科的支持。但由于伪满本人为篡改较多，因此赵守俨果断决定改用其他版本。1982 年 9 月何英芳在北戴河开清史第一届学术讨论会时，得到信息，中国第一历史档案馆朱金甫说他们档案馆就收藏有《清实录》的缮写本。接着通过故宫博物院图书馆杨玉良、北京大学图书馆张玉范，何英芳和中华书局终于分别找到了小红绫本《清实录》和定稿本《光绪实录》（《清德宗实录》）及《宣统政纪》，于是决定用大红绫本做底本，大红绫本残缺的地方用小红绫本补配，《光绪实录》、《宣统政纪》则用北大定稿本补配。至此，影印底本的问题解决了。于是，1985－1987 年，中华书局在副总编赵守俨的领导下，影印出版了全套的《清实录》。影印工作从确定底本、起草影印方案、写定出版说明，到书籍装帧、内封内容等各方面，都贯穿着赵守俨的果断、谨慎、智慧和详缜的决策。⑳

据何英芳在《古籍整理出版社情况简报》第 198 期称，中华书局还拟出版《清实录补编》，将收入太祖、太宗、世祖三朝实录的异本，研究清实录的论文，附录有关资料。但迄未面世。

6. 复旦大学图书馆藏刘承干嘉业堂本

复旦大学图书馆藏有完整的《清实录》抄本，是 1922 年刘承干要求清史馆长赵尔巽为其代抄的，原藏南浔嘉业堂，后转售给复旦大学图书馆。

据复旦大学图书馆的吴格称，1922 年冬，浙江吴兴人刘承干（1881－1963）赴北京拜访清史馆馆长赵尔巽。发现赵尔巽自 1914 年开始主编《清史稿》，因经费拮据，虽历时 8 年仍未修成，且进程很慢，于是提出由自己出资赞助，但条件是要清史馆代抄一份《清实录》和《清国史》。赵尔巽同意了这一建议。经过半年的抄写，终于完成。刘承干将这两部书运回吴兴南浔自己的藏书楼嘉业堂收藏。20 世纪 50 年代，刘承干又将所藏《清实录》抄本让售给了复旦大学图书馆，至今保存完好。但该本由于是清史馆为了谋得刘承干的经费，因此在抄写时并不注意质量，罗振玉对这个抄本曾说过"及抄成，讹夺甚多，无从勘正"。

20 世纪 50 年代末，中华书局张静庐打算用复旦大学图书馆收藏的抄本《清实录》比勘伪满本，将伪满本中被挖改的字补正后，或影印，或铅字排印。但是，用抄本比勘伪满本，并将伪满本挖改处照抄本改回，费时费力，故终未实施。㉑

二　零散的《清实录》大陆藏本

1. 抄本

（1）上书房本《满洲实录》

上书房藏本《满洲实录》，每页分上、中、下三栏书写，上栏是满文，中栏是汉文，下栏是蒙文，并有 82 幅图。现收藏于中国第一历史档案馆。1986 年中华书局影印《清实录》时，曾将该本作为底本影印，故在中华本的《清实录》中可以窥见该版本的大致情况。

据史载，《满洲实录》共修有 4 部。第一部绘写本成书于天聪九年（1635），第二、三部绘写于乾隆四十四年（1779），是年，清高宗弘历谕旨："（满洲）实录八册，乃国家盛京时旧本，敬贮乾清宫，恐子孙不能尽见，因命依式重绘二本，以一本贮上书房，一本恭送盛京尊藏，传之奕世，以示我大清亿万年子孙，毋忘开创之艰难也。"㉒并为重绘《满洲实录》题辞，追溯满洲源流及太祖"草创大东"，"战无不克，惟仁是用"的功德。并于文尾钤盖"古稀天子"圆章一枚。此为第二、三部绘写之始末。第四部于乾隆四十六年（1781 年）再度绘写，送承德避暑山庄收藏。由此可知，四部《满洲实录》分别收藏在乾清宫、上书房、盛京、避暑山庄。有学者指出："用重绘本与（初修之）《武皇帝实录》相校，文字大体相同，而与乾隆改定之《太祖实录》相差甚远。缘其修订时，受图说字数限制，只能做个别字句删改，故较多保存了原本面貌。"㉓

上书房是皇子读书处，藏于此处的《满洲实录》便是上书房本。

（2）盛京本《满洲实录》

　　盛京本《满洲实录》是乾隆四十四年，从乾清宫本抄缮后尊藏于盛京的。此本现藏于辽宁省档案馆。然而，这一说法并不准确。盛京本《满洲实录》并未失传或下落不明，而是一直流传于世。1905 年，日本学者内藤湖南还在盛京崇谟阁中发现了这一珍贵的版本。据钱婉约讲，是年，"内藤湖南再次来到奉天时，对满语、蒙语已有基本掌握，这使得他此行能在文献上获得重大发现：在崇谟阁发现了《满文老档》、《满蒙汉三体满洲实录》（又名《太祖实录战图》）、《满蒙汉三体蒙古源流》、《五体清文鉴》、《汉文旧档》等有关满洲史的重要史籍。"㉔1930 年辽宁通志馆还曾看到过盛京本《满洲实录》，并索之影印，因资金不足，只摘取《满洲实录》中的汉文及图付印，而舍弃了满文和蒙文内容。据在当时通志馆工作过的人后来回忆说在影印制版后曾有某权贵借阅过该书，可能是书为该权贵所匿，只是时人畏于其权势而均语焉不详，因此在辽宁通志馆《影印说明》的最后一句讲："是书不翼而飞，不独洛阳纸贵。"从此再也没有人看到过盛京崇谟阁藏本的《满洲实录》。

　　中华书局《清实录·影印说明》中曾说："《满洲实录》共有四部……我们现在见到的只有上书房本，今收藏在中国第一历史档案馆。"佟永功在所撰《功在史册——满语满文及文献》中也认为，盛京宫殿内崇谟阁收藏的一部《满洲实录》绘写本，民国年间尚在。"九·一八"事变后日本侵略我国东北，曾把全部清实录拿到日本影印，其中就包括《满洲实录》。但之后这《满洲实录》便下落不明。㉕另有人在《满乡网论坛》上发帖称："三部《满洲实录》在清代分别藏在北京故宫中的上书房、盛京崇谟阁、热河承德的避暑山庄。但如今只剩下北京宫中上书房中的一部，现存北京中国第一历史档案馆，其他两部下落不明。"

　　其实，盛京本《满洲实录》并未失传，而是被堆放在盛京本《清实录》中，被移往辽宁省档案馆收藏。有学者专门撰写《辽宁省档案馆藏〈满洲实录〉探析》一文，详细论证盛京本《满洲实录》的来龙去脉。他首先介绍了辽宁省档案馆所藏两部《满洲实录》的版本情况：

　　　　辽宁省档案馆现存《满洲实录》共有两部，以黄绫为封面，封面长签亦用黄绫，每部均为两函八册。

　　　　一部为满、汉、蒙三合文本：开本为 23 厘米 ×36.8 厘米，封面黄签画有墨色双栏边框，内分为上、中、下三栏，依次书以满、汉、蒙文的书名。书内每页版心亦均为墨色双栏边框，正文同样分为三栏，内容分别用满、汉、蒙三种文字叙述，遇有努尔哈赤、皇太极及被其追尊为肇、兴、景、显四祖皇帝之名时空白并加贴黄签，以示避讳。正文每页八行，版口为白口单鱼尾。每段正文前附有丰富且精美插图（又称"太祖实录图"或"太祖实录战图"），插图有满、汉、蒙三种文字的图名。全书共有插图83 幅，其中第一册有插图 13 幅、第二册有 17 幅、第三册有 14 幅、第四册有 5 幅、第五册有 13 幅、第六册有 10 幅、第七册有 8 幅、第八册有 3 幅。每图的篇幅因描绘的场景及事件而大小不等，有一幅一页、一幅多页等情形，多为一幅两页。其中有 9 幅插图为 1 页，如"三仙女浴布勒瑚里泊"等；70 幅为 2 页，如"长白山"等；1 幅为 3 页，即"太祖克沈阳"；3 幅为 4 页，即当其遇有大的战役，如"太祖率兵克辽阳"、"四王皇太极射死囊努克"便是每幅四页，气势辉［恢］宏。该部《满洲实录》每册的正文首页钤盖有朱红色 3.3 厘米 ×4.1 厘米的椭圆形印章，印文为"乾隆御览之宝"；尾页钤盖有朱红色直径为 4.5 厘米的圆形印章，印文为"古稀天子"。第八册结尾附有乾隆四十四年（1779）皇帝亲撰的"敬题重绘太祖实录战图八韵"，为该部《满洲实录》绘写之说明。最末页结尾钤盖有朱红色印章六枚，分别为满、汉、蒙三种篆字的"乾""隆"，其中"乾"为直径 2.4 厘米的圆形印章，"隆"为边长 2.6 厘米的正方形印章，寓意着"天圆地方"。

另一部为满、汉合璧本，只有正文，没有任何插图及其它说明文字，只是在遇有清初历代皇帝之名时并未避讳空白，而是写上名字后再粘贴黄签以示尊重。

然后，该学者分析了这两部《满洲实录》与盛京崇谟阁本之间的关系。首先，辽宁省档案馆所藏第一部满、汉、蒙三合本《满洲实录》第八册，结尾附有乾隆四十四年（1779）高宗亲撰的"敬题重绘太祖实录战图八韵"，证明该本即当年重绘的两本之一，上书房本已被发现藏于中国第一历史档案馆，则此本必为盛京本无疑。其次，辽宁省通志馆《影印说明》中称自己"乃摘取《满洲实录》附有详图者计一部八大册，专以汉文及图付之影印"，言下之意，即《满洲实录》不仅有"附有详图者"，而且有"未附有详图"者。通志馆影印本附图的图名，均为满、汉、蒙三种文字，显以辽档满、汉、蒙三合文本《满洲实录》为底本；该三合文本正文遇有避讳空白的人名，则参照满汉两体无绘图本中之人名填补。这与辽宁省档案馆现存两种版本情况相合。再次，通过将中华书局《清实录》中影印之上书房本《满洲实录》与辽档三合文本进行比较，该学者"发现各方面细部特征二者完全相同，甚至满文、蒙文每个字所处的位置均完全相同"。他"经向一史馆的同志核对，在一史馆除满、汉、蒙三合本外，亦有一部满、汉无绘图的《满洲实录》，与辽宁省档案馆现存版本相同"。其实，通志馆1930年影印《满洲实录》制版后，原本由于标签丢失，被误放于近千包满文《清实录》中，找不见时，便误以为某权贵借阅后藏匿。后人由于只看到通志馆影印本的《影印说明》，没有看到辽宁省档案馆藏本，故相信盛京本《满洲实录》原本已经下落不明。

从辽档所藏满、汉、蒙三合本《满洲实录》正文首页盖有"乾隆御览之宝"一印来看，说明当年乾隆皇帝曾经翻阅过此书；又从该部《满洲实录》书尾盖有"古稀天子"之印来看，说明此本并未于乾隆四十四年（1779）下旨写绘的当年完成，而是次年才绘写完毕。因为乾隆皇帝生于康熙五十年（1711），其七十古稀之年（古人以虚岁计算）当为乾隆四十五年（1780），"古稀天子"之印证明该本必完成于乾隆四十四年的次年，而非当年。

通过比较和研究后，该学者明确指出："事实上，辽宁省档案馆现存之《满洲实录》即应为当年盛京故宫崇谟阁之藏本。""现藏于辽宁省档案馆的《满洲实录》，便是盛京崇谟阁本。""实际上原存于盛京故宫崇谟阁的《满洲实录》亦被完整保存了下来，现藏于辽宁省档案馆。"[26]

（3）辽档所藏《清太祖实录》和《清世宗实录》稿本

辽宁省档案馆藏有《清太祖实录》稿本9册，其中崇德年间初修稿本3册，康熙年间二修稿本6册。

该馆还藏有《清世祖实录》稿本14册，其中满文稿本4册，汉文稿本10册。

另有《乾隆实录、圣训奏稿汇抄》1册。

以上诸种实录稿本和汇抄本，原为北京清朝内阁大库收藏物，清末民初"八千麻袋事件"中为罗振玉获得，部分档册上有罗振玉藏书章，文曰："臣罗振玉壬戌所得内阁秘籍"。"九一八"事变后，罗振玉投奔伪满时将上述图籍带至东北，后献交给奉天图书馆。这些实录虽然仅存零星数册，极不完整，但作为稿本，字里行间可见其修改之处，对于考证实录的纂修和形成过程仍有重要意义。[27]

（4）第一历史档案馆藏顺治重修满文本《清太祖武皇帝实录》

现藏于中国第一历史档案馆的满文《清太祖武皇帝实录》，一套4册本，是顺治重修本中的正本，虽然书帙有破损，但不像北京图书馆和台北国家图书馆所藏两部副本那样缺第一册，而是一部完整的本子。本藏本第一册题笺上写着："daicing gurun i taidzu horonggo enduringge hu wangdi yargiyan kooli（luju debtelin）"。松村润认为，顺治重修本被缮成三份，并推测这个版本是三本中的正本，他提出的证据是："可见到 Dorgon 命令 Garin 删去记其生母 UlaNala 氏殉死的记录的第四卷最后三页朱丝栏的朱色不一样，而且格线的清晰度也不同。即最后三页不是同时写成，而是后来改写的。还有一个很明显证据，正如第一卷开头的有关开国记的部分是顺治重修时更改的所表明的那样，最初的五页和第六页以下的墨色不同，尤其是第一页的背面只有一行文字，其余八行是空白，很明显这五页是后加的。"这说明，顺治重修本满文《清太祖武皇帝实录》是在原崇德本基础上，删补而成，并没有另起炉灶。崇德初编本满文《太祖太后实录》为 8 卷 8 册，而顺治重修本《太祖武皇帝实录》改并为 4 卷 4 册。顺治本第 1 卷第 30 页背面是用 4 行完成，剩下 5 行是空白，而另起页码记录了崇德本第 2 卷的内容。顺治本第 2 卷、第 3 卷、第 4 卷也同样处理了相应的崇德本第 3 卷、5 卷和 7 卷的内容。[28]

顺治重修满文《清太祖武皇帝实录》正本，其装订与北京图书馆本和台北国家图书馆藏本完全一样。

（5）北京图书馆藏顺治重修满文本《清太祖武皇帝实录》

顺治重修本之副本之，据一史馆所藏正本抄缮而成。缺第一册。

该版本在李德启《国立北平图书馆、故宫博物院图书馆满文书籍联合目录〈史地〉》部中有如下著录："《大清太祖武皇帝实录》；满文［平、残］；daicing gurun i taitzu xoronggo enduringge xoewangdi i yargiyan kooli；存三册，三卷；钞本；存卷二至卷四；在善本书库。"满文上还增加了圈点。曾有人误以为移往美国国会图书馆，实际上移往美国的是另一北平图书馆藏本，而本书则仍藏于北平图书馆，该馆后改名为北京图书馆。松村润断定："北京图书馆所藏满文《清太祖武皇帝实录》与联合目录上所载北平善本书库藏本是同一版本。也是第一册从《满洲实录》第三卷开始，缺少第一卷、第二卷。其题目能认读为：daicing gurun i taidzu horonggo enduringge hu wangdi i yargiyan kooli。"题目与《联合目录》略有小异，是当时著录中产生的疏漏。北京图书馆藏本与曾经藏在北平图书馆、抗战时暂厝美国国会图书馆（后归还，藏于台北国家图书馆）本相校，两书完全相似的地方有若干处，但也有因语言相异而引起意思不同之处，还有相当多的地方意思相同但缀字有差异。北京图书馆藏本字的写法上不规则，书写也不成熟，日本学者今西春秋曾推测北图本书写年代早于美国国会本之前，可能是崇德初纂的原本。但根据陈信德对今西春秋的答复，可知北京图书馆藏本版式和装潢都与美国国会图书馆本（即台北国家图书馆藏本）相同。北京图书馆本有如下特征：书的大小尺寸是 37.6 厘米 ×23.3 厘米；封面纸是凤凰和云纹的黄缎子；但完整留下来的只有第一册（第二卷）、第二册中心部分被蠹虫所噬，第三册封面纸完全失去；题名只是第一册有，二三册没有；正文用的不是高丽纸而是非常厚的纸，图书馆员说是榜纸的一种；框格未用墨，而是手写打的朱格、外框尺寸 37.4 厘米 ×18.2 厘米，内框 36.2 厘米 ×17.0 厘米。这些版式和装潢与台北国家图书馆（美国国会图书馆）本是同样的。松村润从而断定北图本也是顺治重修本[29]。

北京图书馆藏本的题笺里的 hu wangdi 和 yargiyan 之间有 i，因此，《联合目录》也依样画葫芦地加上了 i。而中国第一历史档案馆中的正本是没有 i 的。北京图书馆藏本的第一卷和满文《满洲实录》第一、二卷相校，除部分地方之外，其内容几乎一样。

（6）北京图书馆藏《皇朝实录》旧抄本

北京图书馆藏一部封面题签为《皇朝实录》的旧抄本，其首函四册为《太祖实录》八卷，每卷首题"大清太祖承天广运圣德神功肇纪立极仁孝睿武弘文定业高皇帝实录"及"天命一"

至"天命八"字样，首函之后为《清世祖实录》。原为 20 世纪 30 年代流入北京厂肆的抄本，当时正主持筹议影印清前三朝初纂实录的孟森见到后，极力推崇，后由北京图书馆馆长袁守和拍板斥资购入该馆。现北京图书馆将《皇朝实录》一分为二，分别收庋藏，徐丹认为殊不妥。

对于该抄本的性质，孟森认为后面的《清世祖实录》为康熙初纂本，前面的《清太祖实录》为康熙重修本，并作《〈清世祖实录〉初纂本跋》[30]、《康熙重修〈太祖实录〉跋》二文。时因民国初立，排满情绪犹盛，故孟森二跋文中均称该书为《两朝实录》，而不称《皇朝实录》。孟文略述该书的原委及价值，并拟将此本与雍乾校订本《太祖高皇帝实录》互勘，以列表方式，"标举其异同，别为一著作问世"[31]。

然而，另一些学者认为该本实属民间传抄之本，并非原修稿本，价值甚至不如宫中所藏之官方勒定正本。徐丹倓曾将该本与罗振玉刊《〈太祖高皇帝实录〉稿本三种》对校，证明《皇朝实录》中的《太祖高皇帝实录》，系据宫中流出的稿本抄成，其所祖之稿本，又在罗氏刊《稿本三种》之第三次稿之先，连接近勒定正本之稿也谈不到。其分卷年月、书写义例，均与罗氏刊第三次稿及雍乾校订本有异。并举其"天命二"记皇太极之母死事为例：

> 庚辰，孝慈皇后崩，姓叶赫纳喇氏。乃叶赫国主杨吉砮贝勒女。年十四归上。仪容端淑，器度宽和，庄敬聪慧，词气婉顺。闻誉言不喜，闻恶言不怒，天性愉悦，勿渝其常。不好诣诳，不信谗佞。耳无妄听，口无妄言。尽心奉上，始终不懈，懿德罔愆。上不忍与后永诀，伤悼甚，殉以四婢。以牛马致祭各官（原文如此），不饮酒茹荤者月余，昏旦悲慕。梓官停集禁内三载，始葬尼雅满山岗。

罗振玉所刊《〈太祖高皇帝实录〉稿本三种》第三种卷三记此事：

> 庚辰，孝慈皇后崩。后姓纳喇氏，叶赫国杨吉砮贝勒女也。年十四归上。仪容端淑，器度宽和，庄敬聪慧，不预外事（此四字为修改第三次稿时新增），词气婉顺。誉之不喜，纵闻恶言而愉悦之色弗渝其常（涂乙删改前之第三次稿此处与《皇朝实录》本同）。不好诣诳，不信谗佞。耳无妄听，口无妄言。殚诚毕虑，以奉事上，始终尽善，无可间然（涂乙删改前之第三稿"口无妄言"句后，与《皇朝实录》本全同。雍乾校订本《太祖高皇帝实录》此段与修改后之第三稿全同，惟去"无可间然"句）。上不忍与后永诀，伤悼甚，殉以四婢，以牛马致祭各百。不饮酒茹荤者月余，昏旦悲感。梓官停禁内三载，始葬尼雅满山岗。

除第三次稿后增删涂乙部分外，删划前的第三次稿与《皇朝实录》本文字亦多不同。如第三次稿删改前"后姓纳喇氏"、"叶赫国"、"弗渝其常"、"各百"、"悲感"、"停禁内"等，《皇朝实录》本则为"姓叶赫纳喇氏"、"乃叶赫国主"、"勿渝其常"、"各官"、"悲慕"、"停集禁内"等，《皇朝实录》本文字之不通（"各官"、"悲慕"之类）、不简（"姓叶赫纳喇氏"、"停集禁内"之类），致断其为重修第三次稿亦很勉强，其所祖之本尚在罗氏刊第三次稿之先，大致不错。至于是书法丑恶、抄录马虎、校对不精，舛误几乎无页无之，读来令人丧气，该本价值因此亦减色不少。[32]

（9）罗振玉所见《太祖高皇帝实录》稿本三种

罗振玉所见《太祖高皇帝实录》稿本三种，系由内府流出的本子，其为清代官方档案性质无疑。此三种稿本原本不知所踪，但今有影印本流传下来。1933 年，罗振玉以"史料整理处"名义将这三种版本影印成《〈太祖高皇帝实录〉稿本三种》一书，线装四册。内分初、二、三修本三种，为十四册残稿本。书首有罗氏序言，介绍了原稿的残存情况：

> ……初修本存七册。首册讫癸未二月；二册起癸未七月，讫甲申九月（原注：两册间缺五、六两月）；三册起乙亥正月，讫庚辰十一月；四册为天命四年五、六、七月；五册起天命四年八月，讫五年十一月；六册起天命六年正月至十一月（原注：此三册相衔接）；七册起天命九年正月，讫十年十一月。
>
> 第二次稿本存五册。第一册至癸未正，后题署卷一，第二册起甲申正月，至乙酉止（原注：此二册相衔接）；三册起天命五年，至六年六月（原注：此二册相衔接）；五册署卷九，起天命九年，至十年末。
>
> 第三次稿存卷一及卷三[33]，首尾完全，其分卷则与皇史宬定本同矣。

徐丹俍指出，三种稿本均多勾圈涂乙之处，不过二、三次修本赖依涂乙的文字，体例稍工整，迹近完成。初修稿则以行草书就，显然并非供皇帝御览，甚至也非供总裁官员阅定之用，当系纂修官员自用稿而已。

这三种《清太祖高皇帝实录》稿本的价值，徐氏指出，在一般传抄本之上。更因为三种稿本记载时间有所重叠，即部分内容重合，可以考见康熙重修《清太祖实录》过程中的递变轨迹，对于当时修撰的思想、义例以及文字制度等细节的研究，有超出雍乾校订本之上的价值，是研究有关努尔哈赤实录修纂史的极好材料。他举例说明："《太祖高皇帝实录》增出《太祖武皇帝实录》之五十二道上谕，每为学者垢病，以为不足为据。其增入过程，即可由罗刊稿本中了解。所增上谕尚不见于罗氏刊初修稿中，至二次稿已见增入，且有眉批注明与《圣训》关系。二次稿天命六年四月下，连记努尔哈赤四谕，五月下复记二谕，其要义均为雍、乾校订本保留。从该册首页眉批'上谕□圣训八'数字分析，五月二谕之后，或应再有二谕，方合眉批之数。持与雍、乾校订本对校，五月连记二谕间，校订正本增出'谓侍臣曰："聪明才智之人能忠诚……"'一谕。据此似可知康熙重修《太祖实录》既与再纂《太祖圣训》同时进行，故其所增上谕自不能于初修即加入，亦无法一次增入即成定局。"同时，这三种稿本还有极高的校勘价值，可以用来考校传世抄本的文字正误。

罗振玉所见《太祖高皇帝实录》的三种稿本原本不知现藏何处，但据此影印的《〈太祖高皇帝实录〉稿本三种》则流传了下来。

（7）中研究院史语所藏康熙重修《太祖高皇帝实录》残稿

民国时期中央研究院历史语言研究所曾藏有康熙重修《太祖高皇帝实录》残稿本共 9 卷，这 9 卷并非一种稿子，按其版本情况，可分为再、三、四次稿三种，其中三、四次稿相当于罗振玉刊印的二、三次稿。也就是说，史语所所藏本子中三、四次稿与罗氏所见本子的二、三次稿分别是同一种稿子。方甦生在《〈清太祖实录〉纂修考》指出，中研院史语所"藏有此次修的残稿本九卷，我们曾经分之为再稿、三稿、四稿三种"。又称罗振玉刊印之二、三次稿，分别相当于史语所收藏之三、四稿。[34]然而，因方文没有谈到史语所藏本卷帙起讫情况，不知有多少内容是多出罗氏所刊稿本的。

（8）康熙重修《太祖高皇帝实录》满文小写本

方甦生 20 世纪 30 年代曾见康熙重修《太祖高皇帝实录》的"满文小写本"。该版本是目前能够断定的最接近康熙重修《太祖高皇帝实录》正本的本子，且卷帙完整。但该本现在下落不明。1963 年，那志良在台湾《大陆杂志》上撰文谈到有一部满文康熙朝重修本《清太祖实录》存世，[35]但那氏所列目录似为 30 年代事，不当以其发表的日期推断当时台北故宫博物院等处实有收藏。台湾大学教授陈捷先在《满文清实录研究》一书中明确指出："可惜我们今天无法看到康熙朝重修的《太祖实录》的满文抄本或稿本"[36]，则表明"满文小写本"并不在台湾。

（9）北京故宫博物院所藏各种清实录版本

顾书据《故宫博物院文献馆现存清代实录总目》记载，撰文介绍了故宫所藏比较零散的清代实录的版本情况："实录的书本形式可分为长本与方本 2 类。其中，长本实录又可区分为 6 种：（1）宣纸，印朱丝栏，黄色高丽纸皮，平装，楷书；（2）毛边纸，印朱色方格，黄纸皮，平装，楷书；（3）宣纸，印朱色方格，黄纸皮，平装，楷书，中有涂改处；（4）泾县榜纸，书朱丝栏，黄纸皮，平装，楷书，于每段事下附注根据某种档册之名称；（5）宣纸，印朱色方格，黄纸皮，平装，楷书，中有粘补及标签处，于每段事下附注根据某种档册之名称；（6）毛边纸，印朱色方格，东昌纸皮，平装，草书，中有涂改处，于每段事下附注根据某种档册之名称。"然后介绍了方形本实录："方形本可分为 2 种：（1）宣纸，印朱色方格，黄纸皮，平装，楷书，中有涂改处，于每段事下附注根据某种档册名称；（2）宣纸，印朱丝栏，白皮纸，平装，楷书。"[37]

（10）无锡图书馆藏《清太宗实录》、《清世祖实录》残本

无锡图书馆藏有《清实录》残本，计有《清太宗实录》抄本两册和《清世祖实录》抄本三册。两书皆为线装，长 27.5 厘米，宽 17.5 厘米米，深灰色封面，每册封面上方各盖有"荣德生先生遗命捐赠"九字印文，右下方各钤"无锡图书馆藏"六字印文。内为黄纸，每半页 10 行，每行 19 字。

《清太宗实录》共残存二册（二卷），第一册正文之前依次附载康熙皇帝御制《序》、监修总裁官图海等《进实录表》4 页、《修纂凡例》6 页、修纂官职衔及姓名 7 页。分卷情况与通行伪满影印本及中华书局影印本相应处同。第一卷（册）自天命十一年九月至十二月，共 21 页；第二卷（册）自天聪元年正月至三月，共 15 页。

《清世宗实录》共残存三册（3 卷），第一册正文前依次载有康熙皇帝御制序及监修总裁官巴泰等《进实录表》6 页，《修纂凡例》6 页，修纂官职衔及姓名 7 页。分卷情况亦与通行之伪满影印本及中华书局影印本相同。第一卷载崇德八年八月间事，共 17 页；第二卷自崇德八年九月至十二月，共 21 页；第三卷自顺治元年正月至三月，共 22 页。

白新良将两部实录的残本与伪满本和中华本相比照，指出二书并非乾隆定本，而分别是康熙朝重修本之传抄本和康熙朝初纂本之传抄本。根据装帧及错字较多的情况，认为该两部实录非流落民间之内府藏本，而是光绪、宣统之交的民间抄本。[38]

2. 印本

（1）国学文库本《满洲实录》

国学文库本《满洲实录》以避暑山庄本《满洲实录》为祖本，后者今已不见，但 1934 年北平《国学文库》第九编所收《满洲实录》，则是据旧抄本重印的，该旧抄本后附有清高宗《敬题重绘太祖实录战图八韵》，"重绘传奕世"句有注称："……兹复命敬绘此册，贮之避暑山庄，以便披阅，永凛守成。"可见此本为避暑山庄本，惜原本不知所踪，只有国学文库本留传于世。有一位自称"镶黄旗下人"的独孤雁，在一篇博客中展示了自己的"满学藏书目"，其中便有"《满洲实录》，国学文库第九编，民国二三年（王其榘 藏书）"[39]。

（2）辽宁通志馆《满洲实录》影印本

辽宁通志馆影印本《满洲实录》，8卷，汉文附图，无满、蒙文字。

该本实际上是盛京崇谟阁本汉文及附图部分的翻版。1930年，辽宁通志馆编辑通志，在崇谟阁中发现了满汉蒙文三合本附图的《满洲实录》，认为此部典籍"叙述真实，文字朴茂……为有史以来未有之奇书。关系历史、舆地、文学、美术甚大，本馆深虑其日久湮没，且无以公诸世人也，亟付影印以广流传"，当时选定东北大学工厂进行影印，但由于资金不足，"乃摘取《满洲实录》附有详图者计一部八大册专以汉文及图付之影印"[40]，即仅选印了三合文本中的汉文及附图，舍弃了满、蒙两种文字，因此，它并不是盛京本的原版影印本。盛京崇谟阁所藏满、汉、蒙文三合本中凡遇名讳都空着，通志馆影印之前，用沈阳故宫崇谟阁所藏另一部无讳名之满汉两体《满洲实录》，填补了三合本正文中空着的人名，对于附图标题处避讳的人名则未进行处理。因此，通志馆本还综合了满汉文二合本的人名部分。

1934年由金毓黻主持，辽海书社又据通志馆影印本进行重印，文字竞争用活字排版，图缩小四分之一，并将之收入《辽海丛书》。

（3）奉天史料整理处影印《朱彝尊原纂修太祖高皇帝稿本三种》。

1933年罗振玉以"奉天史料整理处"名义将康熙年间重修时的稿本《朱彝尊原纂修太祖高皇帝实录稿本三种》（初修存7册，再修存5册，三修存卷一至卷三）影印出版。

（4）故宫博物院铅印本《清太祖努尔哈奇实录》和《太祖武皇弩儿哈奇实录》

1931年，故宫博物院据内阁实录库雍乾本铅印了《清太祖努尔哈赤寔录》，共10卷。冯尔康指出："1931年，故宫博物院照内阁实录库藏本排印了《太祖高皇帝实录》（即《清太祖努尔哈赤寔录》），笔者将之与伪满本《清太祖实录》稍事核对，亦发现有不同之处：故宫本在凡例之后，就是乾隆的序，次康熙序，又次鄂尔泰等进实录表，这是强调乾隆朝对它的改定作用；伪满本开篇就是康熙的序，而后为'凡例'、觉罗勒德洪等进实录表、纂修官名单、乾隆序、鄂尔泰等表文，这是表明以康熙朝为撰稿，乾隆朝修定的。"[41]该版本于1989年为上海书店影印。前揭"独孤雁"称自己收藏的"满学藏书目"中有"《清太祖努尔哈赤实录（太祖高皇帝实录）》（影印），清代历史资料丛刊，上海书店，1989年11月……（全书十卷，根据1931年原故宫博物院本影印，故宫博物院本是按实录库本排印出版）"[42]。

1932年，故宫博物院据崇德初修本或顺治重修本铅印了《太祖武皇弩儿哈奇实录》，共4卷。"独孤雁"收藏的书中有"《清太祖武皇帝奴儿哈齐［奇］实录》（线装），北平故宫博物院，民国二一年（王其榘 藏书）"[43]，便是上述铅印本。

（5）人大版《清太祖武帝实录》

1984年中国人民人学出版社出版了4卷本的《清太祖武帝实录》，收入潘喆等编的《清入关前史料选辑（一）》中。

（6）辽大本《清太宗实录稿本》

辽宁大学历史系1978年10月印行，收入《清初史料丛刊》第三种。此书也为独孤雁收藏，在博客中称："《清太宗实录稿本》（内部发行），清初史料丛刊第三种，辽宁大学历史系，1978年10月。"

（7）北京大学定稿本《清德宗实录》和《宣统政纪》

《德宗实录》和《宣统政纪》（实为实录）是在清朝政府被推翻后才修完的，因此它的版本和收藏与此前的实录相比，有一定的特殊性。

北京大学图书馆所藏《清德宗实录》，是光绪朝实录的定稿本。据中华书局《清实录·影印说明》称，他们在影印《清实录》时，发现："北京大学图书馆藏有完整的《德宗景皇帝实录》

定稿本。我们称它为定稿本，因为它每卷前面都有监修总裁、正总裁、副总裁等阅签字样，有的卷中夹有要修改的签条，经查勘正文，大都已照签条作了改正。有的签条虽然稿本正文未改。而清抄后的大、小红绫本都已照签条改正了。凡稿本正文中勾改的地方，大、小红绫本也均已改正。可以证明，大、小红绫本确是据此清抄的。"此外，《清德宗实录》还有两部，即原藏皇史宬、现藏于中国第一历史档案馆的大红绫本和藏于辽宁省档案馆的小红绫本，前者《进实录表》所署日期是"宣统十三年十二月"（1922），已缺同治十三年十二月（1875）至光绪二十一年九月（1895）部分，共缺三七六卷。后者《进实录表》所署日期是"宣统十九年"（1927），也已残缺不全。因此，北京大学定稿本可以说是比较完整的版本。

　　中华书局将伪满本《大清历朝实录》中的《清德宗实录》，与北京大学定稿本和中国第一历史档案馆藏大红绫残本作过比较，也发现在涉及清政府对外关系等问题上有不少差异。如定稿本和大红绫本中的"倭"、"奸细"、"寇"等字样，伪满本分别以"日"、"敌探"、"敌"等代替。又如定稿本（大红绫本缺失）中"三国允与日本议归辽地，帮助到底，毋须派员豫议"，伪满本改作"三国现与日本议归辽地，通知我方，毋须派员豫议"。"俄国既有帮到底之说"，伪满本改作"俄国有保全和平之说"[44]。这就是说，北京大学定稿本《清德宗实录》在文字上与伪满本存在着诸多不同。

　　北京大学图书馆所藏《宣统政纪》，是有关宣统朝实录的定稿本，共70卷。《宣统政纪》的正本即照此清缮而成。所谓正本，是指《宣统政纪》的大黄绫本，原由溥仪本人收藏，也是70卷，后辗转收藏于辽宁省档案馆。凡定稿本所指示修改的地方，大黄绫本都作了改正。此外，《宣统政纪》还有一部稿本，原藏清史馆，辽海书社于1934年据此印行，凡43卷。这些版本都与北京大学定稿本不同。中华书局在影印《清实录》时，在北京大学历史系商鸿逵和北京大学图书馆张玉范的帮助下，找到了《宣统政纪》的定稿本，并据以为底本影印。[45]

三　零散的《清实录》海外藏本

1. 中国台湾所藏所印清代实录散本

（1）台北故宫博物院文献馆藏本

　　有《清实录》（天命—同治朝）满、汉文本4309册，系内阁档案。[46]1949年原为故宫博物院文献馆保存的一批档案精品运往台湾204箱。这些档案中，有宫中档、军机处档、内阁部院国史馆及清史馆档，共有40余万件。《清实录》即内阁档案其中之一部。台北故宫博物院文献馆所存清代实录自太祖朝始，以汉文本为主，满文本次之，蒙文本较少。计有太祖朝《实录》，汉文本38册、满文本3册。太宗朝《实录》，汉文本273册、满文本7册。世祖朝《实录》，汉文本139册、满文本47册。圣祖朝《实录》，汉文本197册、满文本81册。世宗朝《实录》，汉文本150册、满文本39册、蒙文本3册。高宗朝《实录》，汉文本1416册、满文本506册、蒙文本30册。仁宗朝《实录》，汉文本350册、满文本118册。宣宗朝《实录》，汉文本367册、满文本130册。文宗朝《实录》，汉文本28册、满文本255册。穆宗朝《实录》，汉文本167册。另有《宣统政纪》汉文稿本共67册。[47]

（2）台北中央研究院历史语言研究所所藏本

　　清初三朝《实录》稿本，是沈阳旧档。[48]

（3）台北国家图书馆藏顺治重修满文本《清太祖武皇帝实录》

　　为顺治重修本中的另一副本，缺第一册。该本为原藏于北平图书馆善本书库的另一部满文

《清太祖武皇帝实录》，抗日战争时移置美国国会图书馆，后归还台湾国家图书馆（即原国立中央图书馆）。松村润亲自前往台北调查后发现，台北国家图书馆所藏满文《清太祖武皇帝实录》"装订布料与同由（台北）国家图书馆藏的顺治重修汉文本《清太祖实录》一样"[49]，因此，该本显然是顺治重修本，不过它不是正本，像北京图书馆藏本一样，是从藏于今中国第一历史档案馆的正本抄缮而成的副本。

台北国家图书馆所藏满文《清太祖武皇帝实录》虽然也是 4 册（缺一册）4 卷，但不同于汉文《清太祖武皇帝实录》的 4 卷，而是与满文《满洲实录》的 8 卷相同，是将满文《满洲实录》改并而成的，而且没有相当于第一、二卷的部分，而是从相当于《满洲实录》第 3 卷处开始的。这与北京图书馆藏本一样。

（4）台北国家图书馆藏顺治重修汉文本《清太祖武皇帝实录》

顺治重修《清太祖武皇帝实录》的汉文本，共 3 部 12 册，一部为正本，另两部为其副本，现藏于台北国家图书馆，与同样藏在该馆的满文本修于同一时期。

顺治朝重修本汉文《太祖武皇帝实录》有 3 部 12 册，全都收藏在台北国家图书馆。这 3 部 12 册已经附上了 1—12 号码并整理出来了。具体情况如下：

第一部	a A1（卷一）	A2（卷二）	A3（卷三）	A4（卷四）
第二部	b A5（卷一）	A6（卷二）	A7（卷三）	A8（卷四）
第三部	c A9（卷一）	A10（卷二）	A11（卷三）	A12（卷四）

庄吉发在台北国立故宫博物院机关杂志《图书季刊》第 1 期第一卷上发表了附有说明的 c 部分影印件，但是，当松村润调查了全部 a、b、c3 部 12 册后，发现这 12 册的体例完全一样，大小是 37.5 厘米 ×23.2 厘米，使用的纸均是白鹿纸，在每半页朱丝栏里有楷体写的 9 行每行 22 字，版框的四周全部有双栏，版的中心画着双鱼尾线口。这和满文本一致。只是满文本的版心是空白的，在汉文本的版心里标着卷数和页码。这 12 册书，虽然版式一致，但是 A9（卷一）、A2（卷二）、A3（卷三）、A4（卷四）里正文被用红笔标上了句读符号，而其他八册并没有标上。这 12 册书全都用带有凤凰和云纹的黄绫子装订，然而，A9、A2、A3、A4 等 4 册同其他 8 册的装饰花纹有所不同。在卷四当中 A8 和 A12 是完全一样的，但与 A4 对照看在 19 页后面少了一行，直到最后一页均错位一行，A4 正文的内容沿续到第三十四页背面，而 A8 和 A12 在 34 页正面就已结束。松村润指出：

从以上情况看，也许这些带有红圈句读的 A9、A2、A3、A4 是正本，其余是根据这些抄写成的副本"。即《图书季刊》影印件的卷一是带有红圈的正本，卷二以下是副本，两类抄本混杂在一起。但无论是带有红圈的 A9（卷一）的第一页第二页，还是 A4（卷四）的第三十三页，都没有红圈句读，尤其是第一卷的第一页和第二页，与第三页以下每行二十二字不同，每行有二十二字到二十五字不等。即带红圈的卷一的第一、二页和第四卷的第三十三页是明显取掉后补写的。相当于卷四的 A4（应该是 A12——译者）、A8 的第十九页以后的一行错位，是从正本 A12（应该是 A4——译者）抄写的。因为第十九页背面的第四行写的"帝出城迎十里"中第三字"城"字漏掉，所以从下面的五行到第八行的各行的最初的文字均挪位到前行，正巧 A4（应该是 A12——译者）的第八行只有"来"一字，第九行全被提到第八行，从而波及到最后一页，所以 A4（应该是 A12——译者）区别于其它卷。这还可以从民国 21 年故宫博物院发行的排印本《清太祖武皇帝弩儿哈奇实录》里缺"城"字，以及作为其底本的 b 群（A5、A6、A7、A8）、c 群 18（A9、A10、A11、A12）得到证明。㊿

顺治重修汉文本《清太祖武皇帝实录》后为康熙重修本《清太祖高皇帝实录》所取代，但其作废的三种版本均幸存下来，藏于台北国家图书馆，是不幸中的大幸。

（5）台湾大通书局本《清实录》选辑

1984 年，台湾大通书局出版了《清世祖实录选辑》、《清圣祖实录选辑》、《清世宗实录选辑》、《清仁宗实录选辑》》、《清文宗实录选辑》上、《清文宗实录选辑》下、《清宣宗实录选辑》、《清文宗实录选辑》、《清穆宗实录选辑》、《清德宗实录选辑》，收在《台湾文献史料丛刊》第四辑中，是排印本。

2. 在日本流传的四种清前期太祖、太宗和世祖《三朝实录》

康熙朝重修清太祖、太宗、世祖三朝《实录》的原稿，在中国很难见到，但三朝实录的汉文钞本却流落到日本。方甦生在《清实录修改问题》（《辅仁学志》8—2）一文中指出："至乾隆四年校订告成后，仿前明例，举康熙旧本，焚之蕉园。惟康熙修纂三朝实录，未尝焚稿，故顺治所修两朝旧本，仍存阁库，康熙未定稿，流落人间。说者遂执传钞稿本，以较校订本，遂谓：'乾隆朝善改旧修实录。'"这流落人间的康熙重修本，经过日本商船载入东瀛。

日本"江户时代（1603 年 - 1867 年）"通过唯一贸易港口长崎从中国输入日本的书籍总帐《商船载来书目》，现藏于日本国立国会图书馆，该书目载有元禄癸酉（1693 年）到享和癸亥（1803 年）年间（即相当于清代的康熙三十二年至嘉庆八年）商船载到日本的汉籍目录末尾，有"多字号"著录的有年代不清的"一、大清三朝纪事实录一部八套"。日本学者据此断定传在民间的康熙未定稿钞本在江户时代流入长崎㉛。《商船载来书目》"佐字号"一项宝历十三年（1763 年）条下，记载了另一部清《三朝实录》输入日本的情况："一、三朝实录一部二十套。"㉜日本宝历十三年，相当于清代乾隆二十八年，此时距《清太祖高皇帝实录》的雍、乾校订本成书不久，但三朝实录中清太祖的谥号还是康熙时所加，没有反映雍正和乾隆时的变化，则说宝历十三年输入的三朝实录，仍然是康熙时所修。也就是说，康熙时重修《三朝实录》通过前往长崎的商船输入日本。

历史记载与现实收藏有一定的呼应，但也存在着一些难以解释的差异。现今日本国内收藏着四部清《三朝实录》。这四部实录都难以证明自己就是《商船载来书目》所载的那些实录。日本学者比较一致地看法是：这"几个写本，无一为原本。并且误字和脱字很多，相互之间文字上也有出入"㉝。

日本国内现藏四部清《三朝实录》，其版本及收藏情况大略如下：

（1）日本国立国会图书馆藏清《三朝实录》

藏于日本国立国会图书馆的清代《三朝实录》抄本。书上有"白河文库"、"立教馆图书印"、"桑名文库"等印记。可以知道的是，白河文库是江户后期的诸侯、天明三年（1783）成为白河藩主的松平定信的藏书。国会图书馆本也被认为是久世家藏本，各行是 19 个字，用天干地支记日期。据《商船载来书目》记载，康熙重修《三朝实录》带到日本后，被当时在长崎任职的久世丹后守所藏。但国会图书馆本即久世家本，是否就是康熙重修《三朝实录》的汉文原本呢，日本的学者多持否定的意见。不过，可以肯定的是，国会图书馆本是后来出现的《清朝三朝实录摘要》和《大清三朝事略》二书的底本。

（2）日本内阁文库抄本《三朝实录》

藏于日本内阁文库的清《三朝实录》的抄本。从纸张、装订和卷帙等外观来看，内阁文库本最接近《商船载来书目》中"佐字号"记载的那部实录。与国会图书馆藏本相比，内阁文库本改订了原来的进书表、凡例、纂修官，尤其是对在有凡例的国会图书馆本搞错的地方，都写到了正确的位置上。内阁文库本《三朝实录》是中国写本⑭，而非日本人转抄的，但它否就是"佐字号"所载的原书，还有许多疑问。由于内阁文库本缺乏可靠的流传庋藏记录，谨以用纸、装订以及卷帙情况指认它为康熙重修本⑮，最终难以令人信服。也有中国学者认为，乾隆四年（公元 1739 年）十二月，《清太祖高皇帝实录》的雍、乾校订本即已成书，而迟至乾隆二十八年始输入日本的那部"实录"，是有可能以雍、乾校订本，即今习见的定本《太祖高皇帝实录》为祖本的⑯。

（3）东京大学教养学部图书馆藏《三朝实录》

东京大学教养学部图书馆藏本题为《三朝实录》，在各册印有"明道馆书章"、"明德馆图书章"等印章。明道馆是久保田藩即秋田的佐竹氏的藩校，创立于宽政元年（1789），在文化八年（1811）改名为明德馆。该抄本和国会图书馆抄本在体裁上完全一致。

（4）京都大学人文科学研究所藏本《大清三朝纪事实录》

京都大学人文科学研究所藏本题笺为《大清纪事》，在《商舶载来书目》里，题目是《大清三朝纪事实录》，调查后发现，该本是依据国会图书馆本抄写的，它对原本的进书表、凡例、纂修等未察觉到乱改而照样抄写⑰。

3. 美国普林斯顿大学葛斯德东方图书馆藏本

共有二种实录。第一种是《大清世祖章皇帝实录》（第四卷至第六卷），顺治二年六月—十二月，朱丝栏写本，蝴蝶装；第二种是《大清高宗纯皇帝实录》（第六十卷）乾隆十五年四—六月，朱丝栏写本，蝴蝶装。⑱

以上是《清实录》成套或不成套的各种版本。除此之外，还有一些实录版本散藏于各地的图书馆或档案馆，还有的流落海外。日本侵华后，一些《清实录》被日本掠入国中。如岭南大学寄存于香港文化研究室的《大清实录》抄本便是如此。据冯方《清末民初中国古文献外流概述》指出："日本所掠的古文献如下：1940 年……岭南大学寄存于香港文化研究室的《大清实录》抄本 1200 册。"⑲但这些散落于外的版本，无法追寻，留待以后资讯发达后再行寻觅。对《清实录》版本的系统清理和探讨，是《清实录》与清史研究的基础工作，有助于清朝实录和清代历史研究的深入的拓展。

---

① 本文为教育部人文社会科学重点研究基地重大项目《实录修撰与中国传统史学流变》（项目批准号为：06JJD770020）成果之一。

② 方甦生：《清实录修改问题》，《辅仁学志》，第八卷，第 2 期。

③ 谢贵安：《清实录宫藏版本考》，《中国历史学会史学集刊》（台湾），第 40 期，2008 年 9 月。

④⑤⑥ 杉村勇造：《八十路》，第 131 页。转引自孙月娴《日本对〈清实录〉的篡改和影印》，《社会科学辑刊》，1984 年第 3 期。

⑦ 何英芳：《影印出版〈清实录〉的底本选择——兼缅怀赵守俨先生》，《中国编辑》，2006 年第 4 期。

⑧ 冯尔康称此是魏连科、何英芳所做的工作，见冯尔康《清史史料学》，沈阳出版社，2004 年版，第 41

页；但何英芳称是他委托辽宁省图书馆韩锡铎做的核对，见何英芳《影印出版〈清实录〉的底本选择——兼缅怀赵守俨先生》，《中国编辑》，2006 年第 4 期。

⑨　罗继祖：《伪满影印〈清实录〉缘起及其挖改》，《古籍整理出版情况简报》第 158 期，1986 年 6 月 1 日。

⑩　杉村勇造：《满洲文化追忆》。转引自孙月娴：《日本对〈清实录〉的篡改和影印》，《社会科学辑刊》，1984 年第 3 期。

⑪　孙月娴：《日本对〈清实录〉的篡改和影印》，《社会科学辑刊》，1984 年第 3 期。

⑫　中华书局：《清实录·影印说明》，1986 年。

⑬⑳㉑㊻　何英芳：《影印出版〈清实录〉的底本选择——兼缅怀赵守俨先生》，《中国编辑》，2006 年第 4 期。

⑭　王清政：《〈大清历朝实录〉纂修考》，武汉大学历史系，1999 年印，第 58 页。

⑮　http：//www. wiki. cn/wiki/%E5%AE%9E%E5%BD%95。

⑯⑰⑱　冯尔康：《清史史料学》，沈阳出版社，2004 年版，第 41 页。

⑲　中华书局：《清实录·影印说明》，1986 年。

㉒　乾隆皇帝：《敬题重绘太祖实录战图八韵》。

㉓　史志宏：《满洲实录》，《中国大百科全书·中国历史》，地址为 http：//www. zgwww. com/gongju/baike/0223_ ts011097. htm

㉔　钱婉约：《内藤湖南研究》，中华书局，2004 年版，第 77 页。

㉕　见彝人古镇网转载满乡网论坛之《满洲实录》一文，地址为 http：//www. yrgz. com/nation/show. asp？id＝302。

㉖　会飞的鱼：《辽宁省档案馆藏〈满洲实录〉探析》，发表于"文化中国博客网·兰台拾珍"，2007 - 1 - 20 22：21：00，地址为 http：//www. culcn. cn/blog/more. asp？name＝jakun68&id＝1874。

㉗　国家清史编纂委员会：《辽宁省档案馆馆藏清代档案概况》，《档案调研报告》二，中华文史网首发，http：//www. historychina. net/tws/QSYJ/WXWD/DALY/10/09/2006/18449. html

㉘㉙　［日］松村润著、敖拉翻译：《清太祖实录研究》，《蒙古学信息》2002 年第 1 期。

㉚㉜　孟森：《康熙重修〈太祖实录〉跋》，载《明清史论著辑刊》（下），中华书局，1959 年版。

㉛　孟森：《〈清世祖实录〉初纂本跋》，载《明清史论著辑刊》（下），中华书局，1959 年版。

㉝　徐丹俍：《〈清太祖高皇帝实录〉康熙重修本辩证》，《北京社会科学》，1995 年，第 1 期。

㉞　前揭徐丹俍文指出，中华书局《清实录·影印说明》言罗氏刊第三次稿"存一至三卷"有误。罗氏刊第三次稿并无第二卷。

㉟　方甦生：《〈清太祖实录〉纂修考》，载《辅仁学志》，第七卷 1 - 2 期。

㊱　那志良：《故宫博物院所藏的清实录》下，载《大陆杂志》二七卷第 5 期。

㊲　陈捷先：《满文清实录研究》，台湾大化书局，1978 年版。

㊳　顾书：《故宫藏抄本书选介二》，《紫禁城》，2002 年 4 期。

㊴　以上皆见白新良：《清史考辨》，人民出版社，2006 年版，第 192 - 198 页。

㊵　独孤雁：《我的满学藏书目》，孔夫子旧书网博客，2006 - 06 - 18 21：03。地址为：http：//www. kongfz. com/blog/blog. php？do - showone - tid - 2201. html

㊶　辽宁通志馆：《满洲实录·影印说明》，1930 年。

㊷　冯尔康：《清史史料学》，沈阳出版社，2004 年版，第 41 页。

㊸㊹　独孤雁：《我的满学藏书目》，孔夫子旧书网博客，2006 - 06 - 18 21：03。地址为：http：//www. kongfz. com/blog/blog. php？do - showone - tid - 2201. html.

㊺　百度百科《清实录》条，出处为：http：//baike. baidu. com/view/110608. htm. 此文源于中华书局《清实录·影印说明》。

㊼　李宏为：《散失在境外清代档案文献调查报告》，智识学术网，地址为 ttp：//www. zisi. net/htm/ztzl/

hwzgx/2006 - 05 - 04 - 35023. htm.

㊽ 秦国经：《台北故宫博物院和台北中央研究院藏清代档案概况》，国家清史编纂委员会《档案调研报告》二，中华文史网首发，地址为 http：//www. qinghistory. cn/cns/QSYJ/WXWD/DALY/04/19/2004/11045. html.

㊾ 李宏为：《散失在境外清代档案文献调查报告》，智识学术网，地址为 ttp：//www. zisi. net/htm/ztzl/hwzgx/2006 - 05 - 04 - 35023. htm.

(50)(51) ［日］松村润著、敖拉翻译：《清太祖实录研究》，《蒙古学信息》，2002 年，第 1 期。

(52) ［日］大庭修：《江户时代唐船持渡书的研究》，关西大学东西学术研究所，1968 年 3 月。

(53) ［日］大庭修：《江户时代唐船载来书研究》，1967 年。转引自神田信夫：《关于日本遗存的〈清三朝实录〉来历》，载《庆祝王钟翰先生八十寿辰学术论文集》，辽宁大学出版社，1993 年版。

(54) ［日］神田信夫：《关于日本遗存的〈清三朝实录〉来历》，载《庆祝王钟翰先生八十寿辰学术论文集》，辽宁大学出版社，1993 年版。

(55) ［日］今西春秋：《关于在我国传存清朝实录》，《稻页博士还历记念 满鲜史论丛》，1937 年 8 月。

(56) ［日］神田信夫：《关于日本遗存的〈清三朝实录〉来历》，载《庆祝王钟翰先生八十寿辰学术论文集》，辽宁大学出版社，1993 年版

(57) 徐丹俍：《〈清太祖高皇帝实录〉康熙重修本辩证》，《北京社会科学》，1995 年，第 1 期。

(58) 松村润：《关于〈康熙重修太宗实录〉》，《内陆亚西亚史研究五》，1989 年 3 月。

(59) 李宏为：《散失在境外清代档案文献调查报告》，智识学术网，地址为 ttp：//www. zisi. net/htm/ztzl/hwzgx/2006 - 05 - 04 - 35023. htm

(60) 冯方：《清末民初中国古文献外流概述》，《古籍整理研究学刊》，2005 年，第 5 期。

清代洋彩刍议

王健华

（故宫博物院古器物部研究馆员）

一　洋彩的定义

"洋彩"，顾名思义就是使用西洋彩料、或仿制西洋彩料绘制的釉上彩瓷。不仅彩料西洋化，洋彩瓷器的花纹也模仿西洋铜胎珐琅的绘画风格。景德镇早在明末就借鉴西洋花卉装饰瓷器，嘉万时期的外销瓷中就采用了大量西洋花卉。康熙时期洋花的使用极为普遍，故宫藏品中的康熙白地青花红彩描金盘（图1），就是一件用模仿西洋造型装饰西洋花卉的代表作品。盘为宽边平底的西洋餐盘造型，通体以青花、红彩、金彩等色绘郁金香和牵牛花。类似的盘碗康熙藏品中还有不少，它们的造型和纹饰明显地西化，但是由于仍然使用中国传统的釉上彩，在用料上与景德镇的青花五彩没有任何区别，所以只能称其为洋花彩瓷，不能称其为洋彩。景德镇生产的洋花瓷器，是专为适应外国风俗生产的外销瓷，与使用西洋彩料绘制的洋彩是完全不同两码事。洋彩瓷器是在景德镇官窑烧制的使用进口的、或仿制的西洋彩料绘画的具有西洋风格宫廷御用瓷。

有关洋彩的最早解释，清代著名的督窑官唐英的说法最有权威性，刊行于雍正十三年的《陶冶图说》"圆琢洋彩"一条中说："圆琢白器，五彩绘画、模仿西洋，故约洋彩。须选素习绘事高手，将各种颜料研细调和，……所用颜料与珐琅色同，其调色之法有三：一芸香油；一用胶水；一用清水。盖油色便于渲染；胶水所调便于拓抹；而清水之色便于堆填也。画时有就案者，有手持者，亦有侧眠于低处者，各就其器大小以就运笔之便。"

唐英的上述解释揭示出洋彩的两个关键的定义：第一，洋彩色彩丰富，所用颜料与珐琅色同。第二，洋彩造型复杂，其中形体硕大者要求画师就和着器物的造型变换自己的姿势和角度画彩。

唐英《陶成记事碑》中罗列的雍正御窑品种中有："洋彩器皿，新仿西洋珐琅画法，山水，人物，花卉，翎毛无不精细入微"的记载。

成书于雍正年间的《南窑笔记》在叙述清代制瓷成就时说："迨我朝定鼎之后，即于镇场仿做，诸窑必备。更得洋色一种，诚一代巨观，陶制之精，于斯为盛云。"这里特意提到的洋色就是洋彩。

刊行于民国时期的《饮流斋说瓷》解释得更加明确："雍乾之间，洋彩逐渐流入，且有泰西人士如郎世宁辈供奉内廷，故雍乾两代有以本国瓷器模仿洋瓷花彩者，是曰洋彩。画笔均以西洋界算法行之，尤以开光中绘泰西妇孺者，为至精之品。"

2009年台北故宫举办了"乾隆朝——华丽彩瓷"的洋彩专题展览，展览主持廖宝秀研究员对台北清宫旧藏的洋彩进行了深入的研究，撰文总结出了洋彩的五大特征[①]，全面地分析总结了乾隆御用洋彩从彩料到装饰全盘西化风格。

二　洋彩产生的时间

　　洋彩的产生时间应当与清宫珐琅彩同步或者稍后于珐琅彩。在康熙初年西学东进的大背景下，西洋的天文、历法、物理、数学、医学、建筑等大量涌入国门，为洋彩的产生奠定了客观基础。康熙二十二年平定三藩后，国势兴盛，西方传教士以科学知识和特殊技能为媒介传教中国，欧洲精美的珐琅器与望远镜（千里眼）、洋钟表、洋绘画、洋鼻烟、洋纸、洋布等一起进贡宫廷，在诸多奇异的洋货中，华美典雅的铜胎珐琅首先被皇帝看中，康熙二十六年，已经到北京的法国传教士洪若翰写信回国，要求后来的传教士携带一些铜胎画珐琅制品，作为赠送清廷的礼物。并坚持要"小件珍玩……"②。显然，欧洲小件珐琅所表现出来的艺术风格，更适合皇帝的赏玩。康熙皇帝对西方珐琅的喜好已经到了痴迷的程度，康熙三十二年宫中设珐琅作，以西洋铜胎珐琅为楷模尝试在金、银、玻璃、紫砂、瓷器等不同的质地上画珐琅，并命宫廷西洋画家进珐琅作服务。法国传教士马国贤（Mattco Ripa）在康熙五十五年三月写信回国时叙述了当时的情况："为了制珐琅，皇上曾命我和郎世宁画珐琅，我们想到从早到晚和宫中卑贱的匠人在一起，就借口说不曾学过画珐琅，也下决心不要知道。我们画的很糟，以至皇上看到我们的画后说'够了'，为此我们庆幸不已。"③西洋画家的逃避和敷衍并没有使这项工作停顿下来，宫廷下令向全国招募能画珐琅的艺人，同年九月二十八日，广东巡抚杨琳上奏："……广东人潘淳能烧法蓝物件，奴才业经具奏明，今又查有能烧法蓝杨士奇一名，验其技艺，较之潘淳次等，亦可帮潘淳制造。奴才捐给安家盘费……预备到日便于试验。"④为了迎合圣祖康熙帝的嗜好，烧出比欧洲珐琅技高一筹的瓷胎珐琅，皇室动员了全国所有的力量，各省巡抚、江南三织造、景德镇御窑厂都为研制珐琅彩而忙碌，康熙五十九年，珐琅彩率先在清宫造办处烧成，圣祖在接待罗马教皇克来孟的使者嘉禄时，展示了造办处制造的几件珐琅彩瓷器。

　　景德镇虽然奉命研制珐琅彩，但始终没有创烧成功。宫中造办处生产的少量瓷胎珐琅根本无法满足官窑彩瓷的大量需求，模仿西洋珐琅料成为当务之急，于是在景德镇本地研发成功了类似珐琅彩的瓷器，当时被冠之以一个极为贴切的名称就是"瓷胎洋彩"。它渊源于珐琅彩又不同珐琅彩，作为一个新兴的、独立的御用彩瓷品种，洋彩发端于康熙晚期，雍正初年已经完全成熟。我们缺乏洋彩初始阶段的详实记载，从旧藏实物来看，雍正初年景德镇洋彩的烧造已经相当成熟。如：北京故宫收藏一对有雍正御制款的红地洋彩开光花卉小茶盅，碗的造型和青花款识的写法与康熙款珐琅彩茶盅十分贴近，应为雍正早期的作品。另有一对雍正洋彩紫红地花卉碗。查阅《道光十五年玻璃、珐琅、宜兴胎陈设档》⑤，此碗的旧称是："雍正瓷胎洋彩紫红地花卉碗"。雍正晚期时洋彩的制作水平令人惊叹，北京故宫旧藏雍正洋彩镂雕团寿字的盒，代表了此时洋彩的烧造水平。盒身内松石绿釉，分八格，器外以深绿、浅绿、深蓝、浅蓝、黄、白、红、粉、赭、描金等色描绘花纹，盒盖凤尾草纹镂空，上透雕八团寿字。盖顶浅胭脂水釉宝珠钮，盒身满绘黄地洋花装饰，上下口宽边线描金彩。底松石绿釉，中部白釉圆形开光内有"雍正年制"青花四字篆书款。盖盒通体珠光宝气，富丽堂皇。如果不看底部的雍正篆书款，很可能被误认为乾隆制品。雍正官窑篆书款极为少见，此盒的篆书款的排列和写法与乾隆初年篆书款非常贴近。

　　雍正末年唐英的《陶成记事碑》中列举的本朝创新瓷器品名中已经出现："仿西洋雕镶象生器皿……西洋黄色器皿……新制西洋紫色……西洋红色器皿……新仿西洋珐琅画法，"等一系列带有"洋"字的名称，这些都是模仿西洋花色烧成的洋彩器物。所以说景德镇洋彩的产生时间应当是紧随宫中珐琅彩烧成之后的康熙末年或雍正初年。

三　洋彩的发展

洋彩是在景德镇官窑研发的高档御用釉上彩，一经出现便显示出强大的生命力，它不同于温室花朵般的珐琅彩，一旦失去宫廷的万般呵护便迅速凋零。洋彩扎根于御窑场的深厚土壤中，根基牢固，厚积勃发。当珐琅彩开始衰微的乾隆中后期，洋彩已经发展到巅峰时期。乾隆以后，迅速替代珐琅彩成为最受皇帝青睐的官窑御用彩瓷。此后嘉庆、道光、咸丰、同治、光绪、宣统历朝，洋彩的烧造一直没有停止，只是规模和数量不能与乾隆同日而语。洋彩的彩料配方和装饰，作为传统官样被传承和保留至下来。例如：院藏清雍正御制款的胭脂紫地月季花小盅，小盅外胭脂紫地上四面绘有边沿不规则的黄彩开光，开光内绘西洋月季花。乾隆、嘉庆、道光以后历朝洋彩都延续使用这个纹样。旧藏一批道光款洋彩开光花卉碗，证明道光官窑仍有洋彩开光图案器皿的小批量的生产。

雍正御制款的紫红地洋彩花卉小盅的造型和纹样，一直使用到清宣统。我院旧藏一批"大清宣统年制"款紫红地洋彩花卉小碗，就是最好的说明。乾隆时有相当一部分档案中记载的瓷胎洋彩器皿，如瓷胎洋彩锦上添花纸捶瓶 274 页[6]和瓷胎洋彩红地开光膳碗碗的式样[7]都流传到晚清宣统年间。洋彩常用的色地有紫红、明黄、松石绿、胭脂紫、藕荷色、深蓝、浅蓝、白色等，花团锦簇，绘满全器，常见银莲花、洋菊、西蕃莲、铁线莲、百合、罂粟、牵牛花、蝴蝶花、蔷薇、石竹、忍冬等带光点画法的洋花，其间虽也掺杂少数传统花卉，但主体的洋花特征非常明显。台北故宫收藏的乾隆款洋彩黄地洋花方瓶，是瓷胎洋彩图案的典型代表。[8]

洋彩自康熙末期发端后，雍正时期完全成熟，乾隆时期发展到最高峰，嘉庆洋彩仍然保留了乾隆的遗风，尤其是嘉庆初年，乾隆的洋彩品种继续烧制，大量生产各种色地的七珍八宝、佛前五供，还有多穆壶、壁瓶、灯笼、撇口瓶等陈设用品，烧造水平与乾隆很难区分。

道光洋彩数量增多，黄地、绿地、紫红地、藕荷地的盘、碗、碟增多，还出现了冬青地洋彩描金撇口瓶、红地洋彩描金灯笼罐、兰地洋彩描金的盖罐、粉青地描金撇口尊等以金彩装饰为主的陈设瓷。

咸丰五年，太平天国起义，御窑场因战乱停业。咸丰洋彩数量很少，旧藏咸丰款天蓝地描金三孔葫芦瓶、咸丰款洋彩开光茶壶代表了咸丰洋彩的最高制作水平。

同治瓷器多为迎合慈僖庆寿和同治皇帝大婚而烧，洋彩只见黄地、绿地花卉碗和盘、碟、勺等日常餐饮用具。

光绪、宣统瓷业中兴，恢复了前代许多优良品种，洋彩图案广泛使用，宣统洋彩花卉小碗（图 13）保持了御用洋彩的高超水平。

产生于景德镇本土的瓷胎洋彩，是康熙宫廷珐琅彩衍生出来孪生姐妹，康熙末年已具雏形，雍正年间烧造成熟，乾隆时期大为兴盛，与瓷胎画珐琅同时入主乾清宫端凝殿，很快取代销声匿迹的珐琅彩成为御用釉上彩瓷的佼佼者。乾隆以后，洋彩仍旧保持着相当的规模，道光以后，烧造比例逐渐缩小，同治朝几乎被慈僖太后的庆寿大婚瓷所埋没，光绪、宣统朝恢复烧造，质量直追清初。

洋彩瓷器在照搬西洋花卉的同时巧妙地融汇进中国传统文化的精髓，一经出现便显示出无比强大的生命力和广阔的发展前景，在瓷器烧造史上树立了洋为中用的光辉典范。

四　洋彩与珐琅彩的区别

洋彩与珐琅彩几乎同时产生于清康熙末年，从受西方影响的意义上来说同祖同宗。主要区别在于前者产生于景德镇御窑场，后者产生于宫中造办处，均属宫廷御用彩瓷。有些现代学者称洋彩为"准珐琅彩"是有一定道理的，因为洋彩与珐琅彩之间有着千丝万缕的联系，洋彩一直全力极力追求珐琅彩的装饰效果，与珐琅彩交相辉映并驾齐驱。

但是两者的区别是显而易见的，烧成初始，清代督窑官唐英已经将两者在名称上进行了明确的区分。宫中烧成的珐琅彩曰"瓷胎画珐琅"；景德镇烧制的仿珐琅彩曰"瓷胎洋彩"。两者的具体区别到底在那几方面呢？通过对院旧藏具体器物的观察，我们总结出主要有如下六个方面：

1. 瓷胎的区别

珐琅彩和洋彩都是在景德镇烧好的素白瓷胎上画彩，瓷胎的产地都是景德镇御窑，胎本质上没有太大的区别。但是珐琅彩的瓷胎普遍比洋彩薄，白度更高。御窑厂千挑百选进呈皇宫画珐琅的瓷胎是最精纯的一流白瓷，比洋彩更轻薄、细腻、迎光透影。两者在精纯度和薄厚的差别显而易见。例如：现藏台北故宫的乾隆七年十一月《清宫造办处各作成造活计清档》所载：瓷胎洋彩六寸𬀩莲纸捶瓶，高 18.5 厘米，与同为贵院旧藏的乾隆珐琅彩秋菊图橄榄式瓶，高 17.2 厘米，两者在瓷胎方面的薄厚明显不同。洋彩普遍有一定的厚度，而珐琅彩的胎体都相当地薄，这种现象不是个例，带有普遍性。景德镇首先要满足皇室画珐琅的需要，把最好的薄胎瓷器进贡宫廷。

2. 造型上的区别

珐琅彩造型简单，小巧精致，适合掌中把玩，小件制品居多，高度几乎没有超过 20 厘米的。常见盘、碗、盅、碟、瓶、花觚、壶、盒等品种。受薄胎的局限，过于高大或过于复杂的造型更容易被烧坏。雍正、乾隆的《活计档》中常有珐琅彩不小心被烧破的记录："雍正二年二月初四日，怡亲王交填白脱胎磁酒杯五件，内两件有暗龙。奉旨：此杯烧珐琅。钦此。于二月二十三日烧破二件。总管太监启知怡亲王，奉王谕：其余三件尔等小心烧造。遵此。于五月十八日做得白瓷画珐琅酒杯三件。怡亲王呈进"（珐琅作）。⑨

洋彩的胎薄厚适中，大件器物胎体较厚，与一般官窑没有太大区别，造型可以不受薄胎的限制而随心所欲，高达 80 多厘米的镂空转心瓶、转颈瓶、大套瓶，千姿百态，气象万千。格碟、盖盒、屉盒、执壶、香炉、香熏、镂空瓶、转颈瓶、三足爵杯等应有尽有，特别是高 60 厘米以上的镂空转心瓶、撇口转颈尊等大件器皿胎体必需足够厚重，以适应本身的承重，保持周正的造型。与轻薄透明的珐琅彩薄胎相比，洋彩胎体的厚重是十分明显的。造型复杂多变是洋彩的重要特征，如《活计档》中记载的"洋彩描金芭蕉涤环宝莲洋花霁青大天球尊"、"瓷胎洋彩翠地山水诗意双喜瓶"、"瓷胎洋彩黄锦地乾坤交泰转旋瓶"等都是瓷器烧造工艺史上的鬼斧神工之作。故宫大器库还有一批高度超过 70 厘米的各式乾隆洋彩大器，恢宏厚重的立体造型是"小件珍玩"珐琅彩所不能比拟的。这些满绘花纹的洋彩大器，所用彩料耗费惊人，远不是珍稀的珐琅料所能承受的。只有景德镇自产的彩料才能承受起如此巨大的耗费。

3. 装饰风格上的区别

洋彩与珐琅彩在装饰风格的区别显而易见，洋彩运用西洋油画光影透视法进行花纹装饰，浓彩重笔，风格华丽，色地花卉常见银莲花、洋菊、西蕃莲、铁线莲等缠枝西洋花卉连续组合，或色地圆形开光。而珐琅彩的装饰虽然也受到外来影响，但仍旧保持了我国传统传统工笔花鸟绘画的风格，讲究画风和意境，蔡书雍正、乾隆朝珐琅彩从设计到彩绘多出自宫廷翰林画家之手，画面文雅清疏，集诗、书、画、印为一体，饱含了中国传统文化的审美精髓，含蓄而不张扬，充满浓郁的书卷气。每一件器物上的彩绘都是最具功力的工笔画鸟绘画。

　　洋彩是在景德镇瓷器作坊内完成的彩绘装饰，艺师们技艺娴熟，炉火纯青，但只是擅长模仿和复制，一丝不苟地照搬样器的内容，绘制出成对或数十件图案雷同的器皿，没有更多的艺术构思过程。珐琅彩也是成双成对地烧造，但是仔细观察多数珐琅彩每对器物的画面并不完全一样，对比中我们总能发现细微的不同之处。负责绘画珐琅彩的多是技高一筹的翰林艺术家，绘制过程中精微之处每每会融汇进自己的艺术感受，使瓷绘画面并不完全雷同。景德镇路途遥远，画师们出身卑微，不可能亲自感受宫廷文化的氛围，其作品虽然在技术层面上无可挑剔，但在文化内涵方面显然达不到当朝翰林画家的水平。仔细观察发现洋彩主要采用图案化的构图方法，拘谨规范。而珐琅彩画工典雅，采用传统绘画书画布局，摘录宫中已经准备好的唐诗宋词中的妙文佳句。妍丽中不失文雅，充满书卷气。洋彩采用的色地满花的洋式图案，采用的诗句多是乾隆御题诗，书写字体和款式与乾隆朝其它类别的工艺美术品的格局是相同的。多数情况下与珐琅彩与洋彩是不难区分的。如乾隆瓷胎画珐琅彩家雀八哥胆瓶与乾隆瓷胎洋彩花卉胆瓶之间给人们的艺术感受还是不同的。在景德镇烧成画彩的洋彩尽管外观颜色与珐琅色同，但彩料的质感和装饰内容与珐琅彩是有区别的，浓腻、繁缛、豪华、西化是洋彩的特征，典雅、清疏、含蓄、传统是珐琅彩的特征，两者相比各有千秋，珐琅彩在文雅精妙方面较洋彩略胜一筹。

4. 烧造地点的区别

　　珐琅彩与洋彩瓷胎同出景德镇，但烧彩地点不同，据朱家溍先生考证，珐琅彩的烧造地点有紫禁城、圆明园、怡亲王府、热河行宫等造办处管辖的几个地方。⑩洋彩的烧造地点只有景德镇一处。珐琅彩终结于乾隆晚期，虽然封建国家的经济衰退是其主要原因，但也并不排除烧造技术全面失传的直接原因，皇室不允许任何宫廷珐琅作以外的人掌握这门技术，地点的封闭性使外人无法了解烧造过程中的关键技术，如釉药的配方、烧彩的温度都绝对保密，使之当皇室不再支付画珐琅彩的巨大耗费时，珐琅彩便永久地消失了。清皇室对珐琅彩的全面垄断是行之有效的，直至今天人们仍然不清楚它的具体配方是怎样的。洋彩则不同，景德镇御窑场为保证宫廷的御用需要，必需有专人负责保留传统的技术配方，并将此技术历代传承以供皇室的需求。正是如此，当珐琅彩消失以后，洋彩的烧造非但没有停止，反而迅猛发展，大踏步地向前迈进，开辟了皇家用瓷的新天地。

　　宫中烧造的瓷胎画珐琅具备了皇帝倡导的"内廷恭造"之气，《养心殿造办处各作成造活计清档》记载：雍正七年年希窑进贡了烧珐琅的白釉瓷器四百多件，"雍正七年二月十九日，怡亲王交有釉水瓷器四百六十件，系年希尧烧造……。"可见当时景德镇本地尚不具备烧珐琅彩的条件，如果可以烧造的话，大可不必千里迢迢将几百件易碎的白胎素瓷送到北京。洋彩烧造地点远离京城，没有宫廷制度的约束，发展空间广阔，历代传承至清末。

5. 烧造数量的区别

　　珐琅彩数量的认知上个世纪70年代著名学者朱家溍先生也有考证："故宫藏瓷中瓷胎画珐琅的原藏处——端凝殿左右屋内，共有四百件。另有瓷胎洋彩六十一件和许多铜胎画珐琅未列在四百件内。端凝殿是清宫瓷胎画珐琅最集中的存放点，道光十五年十一月立的《乾清宫珐琅、玻璃、宜兴瓷胎陈设档》中墨笔楷书了全部的品名件数，由于一直在皇宫内专库收藏，三百年来所开列的品名件数至今与两岸收藏的珐琅彩瓷器相符，没有多大的变化。"⑪

清宫珐琅彩的每一件器物从设计到烧成都有造办处的流水帐记录在案。珐琅作的烧造活动历来都是皇室的重要工作之一，雍正二年将珐琅作由启祥宫转移至皇帝的寝宫养心殿，以便于万几余暇的皇帝亲自指导。每种珐琅彩烧成之后都要请皇帝过目，然后配匣收贮。从康熙末年到乾隆后期70多年间，抵有400多件记录在册，雍正十三年，201件。乾隆六十年，173件。量少质精，是珐琅彩最显著的特点之一。《养心殿造办处各作成造活计清档》记述了雍正七年、八年、十年、十三年烧成的珐琅彩，以烧造最旺的七年为例："雍正七年八月十四日烧造得画珐琅磁碗三对，磁碟二对，酒圆四对，九月初六日烧造得画珐琅碗二对，盘一对，碟二对，茶圆二对。十二月二十八日烧造得画珐琅碗四对，盘二对，碟二对，瓶二对。"每月烧成的数量不过十几件，全年不足五十件而以。⑫

洋彩则不同，烧造地点是在皇家的景德镇官窑，批量生产是必然的，乾隆朝《活计档》中有关江西进呈的瓷器中屡次提到洋彩，如乾隆十一年"十一月二十六日：七品首领萨木哈将江西烧造的上色呈样尊、瓶、盘、碗、盅、碟等三百三十六件，上色装桶尊、瓶、盘、碗、盅、碟等四千九百五件，外随洋彩红锦地洋花上水诗意方花尊等七对，洋彩描金芭蕉涤环宝莲洋花雾青大天球尊等七件持进，交太监胡世杰呈览。"虽然数量也有限，但是和景德镇大运瓷器一起进宫的，如"乾隆十年十二月初一日，江西唐英烧造得洋彩锦上添花尊、瓶等二千件……"⑬现存两岸故宫的乾隆洋彩据不完全统计不少于三千件，加上乾隆以后历朝洋彩大概要超过七、八千件了。

《道光十五年玻璃、珐琅、宜兴瓷胎陈设档》中对珐琅彩和洋彩已有明确的区分，1925年3月清室善后委员会刊行的《故宫物品点查报告》"第一编，第三册，昭仁殿、弘德殿、端凝殿"的目录就是根据《陈设档》和当时器物木匣上的原始名称进行登记的，有瓷胎画珐琅、铜胎珐琅、瓷胎洋彩等不同的名称。还有"瓷胎填白"、"瓷胎霁红"、"瓷胎白番花"、"瓷胎红地"等景德镇烧制的其它珍稀品种。⑭故宫乾隆藏品中有曾被《陈设档》登记为瓷胎洋彩的碗，（图版21）从乾隆到宣统官窑都有，用料、造型、纹样雷同，没有太大的变化。洋彩继康熙珐琅彩之后产生，但如果认为洋彩既是珐琅彩的话，珐琅彩数量显然就太多了，不是几百件，而是数千件。业内公认珐琅彩的终止时间是乾隆末年，那么嘉庆、道光、光绪、宣统官窑中出现的洋彩器应归属到哪一类呢？如果也算做珐琅彩的话，珐琅彩的标准势必要降低很多，哪里还谈得上什么外界难得一见的"清宫秘玩"呢？

6. 烧造时间上的区别

清宫珐琅彩的消亡时间应不晚于乾隆五十二年："十月十三日，因珐琅处现无活计，分别将官员匠役等人，俱归并造办处，画珐琅人归如意馆，首领太监归乾清宫等处当差。"⑮此时珐琅作的人已经人去楼空，散归各处了。珐琅彩的消失不会晚于宫中珐琅作的取消时间。洋彩的创烧是在景德镇，凭借数百年的烧造传统，即使王朝的更替也不会受太大的影响，珐琅彩消亡以后洋彩担当起宫廷高档御用彩瓷的烧造任务，自嘉庆经道光一直延续到咸丰、同治、光绪、宣统，直至清末官窑的终结。瓷胎洋彩忠实地继承了洋为中用的优良传统，保持了皇家用瓷一贯正统高贵的标准，比娇嫩的宫廷珐琅彩多存续了120多年，烧造数量多，时间长，与珐琅彩是有明显区别的。

综上所述：瓷胎洋彩是由康熙珐琅彩衍生出来的新兴釉上彩，它发端于康熙末年，雍正初年完全成熟，乾隆时发展到顶峰，很快替代珐琅彩，成为皇家御用彩瓷的主流。乾隆以后洋彩继续生产，嘉庆、道光、咸丰、光绪、宣统都有不菲的成就，民国以来人们将洋彩与粉彩混为一谈，忽视了洋彩的存在。实际上洋彩作为渊源于康熙珐琅彩的优秀品种，一经出现就具备了小批量生产的能力，成为产生于景德镇本土与宫廷珐琅彩齐名的御用彩瓷品种，直至晚清官窑萎靡之时仍有不俗的表现。瓷胎洋彩在清代陶瓷史上的地位非同寻常，长期以来人们将洋彩与珐琅彩、粉彩、外销瓷混为一谈的现象应当得到澄清。

---

① 廖宝秀主编：《华丽彩瓷——乾隆洋彩》，第 20 页，台北故宫博物院编，2008 年版。

② 童依华：《画珐琅》《清代画珐琅特展目录》，台湾，1979 年版。

③ 转引自周思中《清宫瓷胎画珐琅研究》，第 55 页，文物出版社，2008 年版。

④ 吕坚：《康熙款画珐琅锁议》，《故宫博物院院刊》，1981 年第 3 期 93 页。

⑤ 故宫旧藏，清道光十五年立（1835 年），《珐琅、玻璃、宜兴瓷胎陈设档》。

⑥ 此瓶《乾隆朝各作成造活计清档》记载为乾隆七年所制，台北旧藏两件，北京故宫旧藏一件。

⑦ 此种洋彩花卉圆形开光碗《乾隆朝各作成造活计清档》记载制作时间为乾隆八年五月，道光十五年（1835 年）"珐琅、玻璃、宜兴瓷胎陈设档"称为瓷胎洋彩红地团花膳碗，乾隆以后历朝洋彩均有此种花样。

⑧ 此方瓶的图案是乾隆二、三年《活计档》中屡次提到的洋彩黄地洋花宫碗花样，乾隆非常喜欢这种典型的洋彩图案，命令照此花样烧造各式洋彩黄地洋花器，有方罐、方瓶、盒等，乾隆以后历朝洋彩盘、碗、碟使用此种花样数量最多。

⑨ 《活计档》，雍正二年，珐琅作。

⑩ 朱家溍：《清代画珐琅器制造考》，《故宫博物院院刊》，1982 年第 3 期

⑪⑫ 《活计档》，雍正七年，珐琅作。

⑬ 《活计档》，乾隆十一年，珐琅作。

⑭ 《活计档》，乾隆五十二年，纪事录。

清代新疆宫廷地毯考

付 超

（故宫博物院宫廷部馆员）

中国的地毯以历史悠久著称于世，而新疆地毯以其独特的魅力在地毯领域始终独树一帜。而新疆的地毯最醒目、最惹人喜爱的首先是它的图案纹饰。它的地毯艺术效果主要是通过图案的形式来表现的。地毯出现的纹样，是由不同民族和不同地区人们的不同喜爱而逐步形成的，它往往是一个民族和一个地区文化艺术特征的具体体现。新疆古称西域，在辽阔的牧区中，少数民族世代以畜牧业为生，他们练就了加工生畜皮毛的本领，更巧于羊毛、驼毛的编织工艺。到清代，地处南疆的喀什、和田、叶尔羌（今莎车）、阿克苏、洛浦等地，编织地毯红极一时，因而也成为清宫青睐的铺陈用物。本人经过多年与清宫地毯进行接触，对于清代宫廷中所留存下的新疆地毯有了一定的了解，现就我所认识到的新疆宫廷地毯的图案工艺的变化做如下论述，以期能够对新疆宫廷地毯有一个初步的探讨。

一 清代新疆地毯纹饰的变化

从历史上看早新石器时代，新疆塔里木盆地周围的绿洲地带就居住着从事农耕生产的居民，而在天山以北的广阔肥美的草原上也有着许多"逐水草而居"的游牧部族，他们从事着畜牧业生产。新疆境内的这些土著居民用自己辛勤的劳动和智慧曾创造了当时比较发达的古老的文化艺术。在新疆各地出土的一些文物上我们可以清晰的看到装饰着各种三角纹、菱形格纹、波浪纹和涡旋纹，还有不少用动物形象，如虎、羊、鹿等作为装饰纹样来美化自己生活等。这些纹饰几千年来，是新疆地区普遍流行的装饰纹样，这些既代表农耕定居部族文化的特征，又有反映游牧部族文化的特点。它应用于各个领域，其中就有地毯。并在此基础上继续演变、发展、组合成了各种优美的图案。新疆是丝绸之路的重要通道，它把东、西方文化联结在一起，因此，印度、希腊、罗马、波斯、阿拉伯等地文化，以及佛教、摩尼教、伊斯兰教等艺术也都汇集于此，它使新疆地区人们有可能吸收其艺术特点，经过融合，再创造，从而形成自己的独特风格。新疆地毯图案纹样产生与发展的历史过程，是在自己传统的基础上，又大量吸收了外来艺术的优点，才创造出的一种独具一格，富有浓厚民族风格和强烈的地方特点的手工艺品。

这样具有独特的地方风格的用品自然被纳入清代宫廷的贡物之列，新疆贡入宫廷的栽绒毯，根据用料分为栽绒毛毯、栽绒丝毯及盘金银的丝毯，特别是盘金银丝毯成为各毯中的一大亮点。盘金银毯是指毯边内局部以银线盘成人字纹，毯心内局部则以金线盘成人字纹，从而形成地毯上特有的银线边、金线地，金银线在毯中相互辉映，极富华丽的装饰效果。由于新疆地区早期受伊斯兰教的影响，所以有些地毯的纹样设计具有浓郁的伊斯兰风格。清宫进贡的地毯在用料、装饰风格上共分为早、中、晚三个时期。它的图案布局表现为各种格律图案的组合，并由大小花边构成多层边框、角隅和中央主题图案相适合的纹样所组成。但是由于中国封建社会长期停滞的历史，使得新疆地毯的编织技艺，长期处在一家一户的分散织制状态，地毯图案纹样也因此形成了祖辈相传、世代继承的格式。

1. 清代初期

在清初新疆地毯在图案方面有自己的传统纹饰，它保留着古老的传统图案，仍然是严格遵守着井字或米字格的基本格式，用呈四方连续排列的菱形，几何纹样进行装饰布局，新疆地毯的几种主要图案纹样已经形成。四瓣花纹、变体四瓣花纹等仍是主题纹饰。这个时期地毯的图案纹样，除了继续生产传统纹样的地毯外，还吸收了宋代和当时中原地区的织锦图案，采用大量的缠枝花卉、折枝花卉和团花纹样。枝桠、蔓茎、卷叶等有时甚至代替了几何纹饰或与几何纹饰互相穿插。有的还饰以蝙蝠、蝴蝶、夔龙、凤鸟等动物形象，增加了活泼生动的生活气息，丰富了新疆地毯的图案纹样。在清宫中保留下来的地毯中，按清宫的画稿而编织的地毯有：栽绒毛毯、栽绒丝毯、盘金银线丝毯，地毯图案以花卉纹为主，毯心内以四方连续的形式布满整毯，表现出纹饰规整简洁、色彩明快的特征。也有少数地毯带有宫廷韵味的图案，同时清宫廷地毯还留有明代的遗风，然而由于年代早，流传的藏品数量有限，又受客观原因的限制，这类栽绒毯的进贡和保存下来的数量有限，所以，很难以详实的反映这一时期进贡物的装饰特色。

2. 清中期

清中期的新疆栽绒毯业是清代地毯发展的鼎盛时期。它源于乾隆二十四年（1759年），朝廷平定准噶尔及大小和卓的叛乱，使新疆的经济得到进一步的开发，打开了新疆与内地的商贸渠道，并且日益趋于频繁，这些都在客观上大大的促进了新疆栽绒毯的发展。像从新疆进贡地毯，具史料记载"乾隆五十四年十二月二十六日，阿克苏三品阿布都拉恭祝万寿进金银线毯一块"[①]。"乾隆五十九年十二月十四日，御前行走喀什噶尔三品阿奇木伯克、郡王伊斯堪达尔等十四人，恭进金银绒毯一块、城毯四块、毛毯一块。[②]

由于清宫廷对地毯的大量需求，清廷不仅依靠新疆土贡来满足清宫的需求，同时还招募"回子毯匠"进京，而且在北京的彰艺门（广安门）报国寺内设立地毯传习所。从西北请来的老艺人传授织毯技艺，专为宫廷编织地毯。这种浓郁的伊斯兰艺术花纹的栽绒毯，从遥远的边陲走进了皇宫，使之清宫廷的地毯从数量到质量都有了很大的变化。

清中期的栽绒毛毯、盘金银丝毯、栽绒丝毯，复杂而多样化的纹样，大致分为两种装饰风格。一是以花卉纹为主的构图，毯中图案取材于自然界中生长的棕榈叶、百合花、郁金香、玫瑰、石竹、梅花、石榴花、玉兰、牡丹、葵花、菊花、朵花、小团花、五枝花、巴旦木、以及部分花的叶、果、茎、枝蔓。这些花卉纹中，即有写实风格，也有非具象的花草。在构图上，主要以十字为骨架，近似方形、菱形为框架，其内外填充各种花卉、花叶及茎蔓，并进一步组合成花瓣形、菱形，以这样一个花纹单位做四方连续，致使毯面呈现出几何纹与植物纹交叉重叠、对称均衡、规则排列。所饰的花卉纹，有的将植物的外在特征，如弯曲的茎蔓、丰满的花叶编织的线条流畅、灵活多变；也有章法如一的表现形式。特别是盘金银丝毯中的扇形棕榈叶、毯边涡状的花卉纹、及近似方形框架内外，主辅花卉对称排列的构图法，与16、17世纪波斯编织的栽绒毯之风格极为接近，而毯边饰二方连续的蔓草纹，又留有伊斯兰中古时期盛行的构图风格。

这一时期，栽绒毯纹饰有多道花边，以单数边为常，其中饰7道花纹边列居首位。多边的花纹中分主花纹与附花纹，主花纹分二方连续的石榴花、四瓣花、梅花、缠枝牡丹花辅助纹样，典型的有连珠纹、回纹、万字纹。新疆地毯在大面积的图案处理方面，多采用层次类推法。即由深入浅或由浅入深，来显示毯面的立体效果，而它的外边缘还要用勾线的手法来达到整体效果的统一，同时它也是新疆绘画技法的特点，"我国古代的艺术评论家，就注意到西域画长于富有凹凸感的渲染法。这种渲染法主要是从物像的结构出发，结合一定的明暗关系，以表现形象的凹凸程度，……也就是说通过凹凸晕染有着强烈的立体感。"

这种凹凸晕染的方法，画史上叫做"凹凸法"，……它的特点是以深色描绘外缘，渐至中间渐浅，最后以白粉点染最明亮（或最突出）的部位。这是我国古代传统所不经常采用的画法，而西域画从早期的作品起，就使用凹凸法。"③而这种手法同样被运用于编织新疆地毯图案纹样中。新疆地毯的图案采用了对比当中求统一的方法，多用"以暗托明"的对比法，求得浓艳深浅分明的效果，在勾勒轮廓（或称勾线）的手法，达到谐调统一。所以这是绘画中的"凹凸法"在新疆地毯图案纹样上的应用，如果没有勾线，色彩并置就会显得图案纹样紊乱，没有完整的效果，这是新疆地毯图案处理手法上的一个特点。

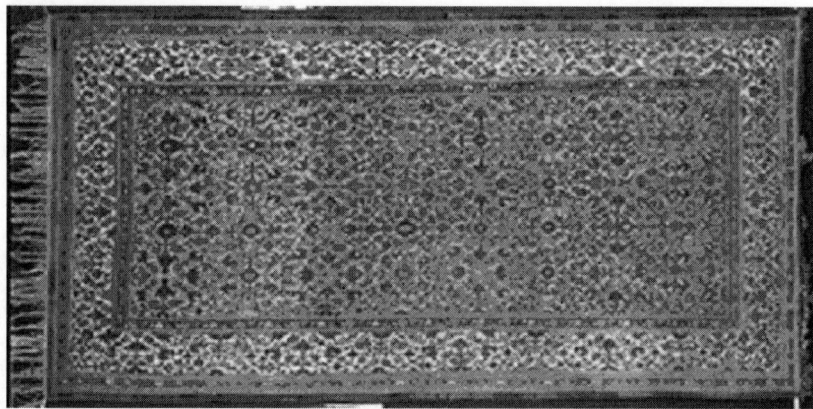

像故宫内收藏的新疆金线地花卉栽绒地毯，它纵 321 厘米，横 163.5 厘米。毯心由新疆传统的花卉图案组成四方连续纹样。地毯花边由四道组成，第一道蓝色素边，第二道串枝花珠纹，第三道花卉纹，第四道串枝花珠纹。底经用木红、黄、茶绿丝线，底纬用木红色棉线。编织方法特殊，毯地以三股加捻的圆金线和两股加捻的圆银线横向编织人字纹，其背面用杏黄丝线横向编点人字纹。栽绒拴扣方法为"8"字扣。每过三道底纬拴扣一排，每平方厘米纵向四织五扣，横向五扣。拴扣起绒用木红、黑、绿、蓝、湖蓝、黄、白、金黄、月白等色丝线，花纹分别用黑、木红、白、蓝色勾边。此毯构图严谨，花纹丰满，配色鲜明，编织细密，起绒短而平滑，质地牢固，耐磨力强，为清代新疆地毯的珍品。

新疆地毯图案布局中最重要的特点，是由大小边框组成的多层边框。边框面积平均约占地毯总面积的五分之一以上。边框的多少是根据地毯的规格和图案而定，一般地毯边框至少有 3 层，多的达 5 层以上，甚至还有 10 层的。每条地毯都有一个主要的大边框，其它的小边框只是陪衬，同时在色泽纹样上，也必须与主题边框的纹样及其主题适合纹样相谐调，相呼应，构成一个拘谨的整体。不过，所有的边框也并没有固定的程式，有的则是互相变换交叉使用。例如，象征波涛汹涌的浪花云头纹和作为种族标志的四瓣花，它几乎可以使用到所有类型的地毯图案里来作主边框。至于说万字形、云纹、回纹、古钱纹、三叶、反三叶和一些方、圆、点状纹等，也是经常被互相交叉，并且广泛地利用在一切大、小边框中。新疆地毯的毯面中央常常满铺几何形体纹样，而在几何形及所有的一切空间内，都可以加添各种花卉、枝叶、瑞禽、瑞兽及其变体图案等。但是，它要求使其严格地局限在井字格或米字格的基本格式内，就是说从纵横呈 90 度走向，斜线呈 45 度走向。整个图案要求作到左右相称，前后相随，曲直结合，宾主呼应，大小相成，虚实相生，色彩谐调而又具有格律。这些特点，使新疆地毯与我国其它类型地毯的图案迥然相异，所以，新疆地毯完全能够与我国中原地区和亚洲各国的地毯区别开来，不易混淆。像故宫收藏的另一件金线地"玉堂富贵"壁毯，它长 642 厘米，宽 280 厘米，穗长 13 厘米，采用新疆维吾尔族传统的手工编织方法。地部以合股的金线编织成横向人字纹，背面以丝绒线编织（拴扣或称打扣），成玉兰、海棠、牡丹、灵芝、竹子、山石及蝴蝶等纹样。壁毯的周边为银线地栽绒玫瑰红卍字纹，形成二方连续纹样。壁毯的配色丰富，根据纹样特点，运用了二十五六种各色绒线。配色采用两晕色、三晕色和间晕色的方法，如灵芝配色用驼黄配肉粉，或浅驼，肉粉配玫瑰红。此外还多处应用了合色线，使花色更富于变化。为增强突出其主体花纹的效果，又采用黑线勾边方法。它的图案是依据乾隆时期宫廷画稿设计的，壁毯的图案设计画面宽阔，构图精美，纹样空间处理的恰到好处。"玉堂富贵"壁毯既是一件富于艺术性的装饰品，又是一件贵重的实用品。

　　以上两件典型的新疆毯是清代中期具有代表性的精品之作。充分体现了新疆毯的基本特点和工艺编织手法。同时也代表了清中期织毯工艺的高度水平和艺术成就。

3. 清晚期

　　清晚期，新疆与内地经济的密切往来中，内地的文化、艺术不断传入新疆，尤其在绸缎的交易中，内地的"万福万寿、""江山万代"、"蝙蝠"等传统纹样被少数民族广为接受，同时，光绪九年（1883 年）新疆改建行省，内地官员不断进入新疆，他们身着朝袍上的图案的点滴，引起当地织毯匠的极大兴趣。这些在客观上为当地的毯匠提供了新的设计思路；另一方面，也受到波斯图案的影响在中央为一个大圆徽或椭圆徽，装饰着高度程式化和极刚劲挺拔之至的花卉，致使地毯纹样的设计一反如故，出现以月亮形花纹成为主流、或者是内地流行的富有寓意的纹样。

　　另一类则以维吾尔族传统的图案为主，少量融合内地崇尚的纹样，使地毯表现出多元文化的情趣。在毯中心设主题图案，四方连续花卉作辅助纹样。图案中与维吾尔本民族不同的是，出现了内地崇尚的蝙蝠、牡丹、或夔龙等花纹。或毯心内为典型的花卉纹，但毯边却配以饰内地流行的锦纹、牡丹纹。

　　比如在一件长方形的毯面上，毯心上编织数个大圆（即月亮花）的主图，其内分别饰石榴、蝴蝶、朵花、玫瑰花、云纹、羊犄角等，或单独的瓶插石榴花等主纹饰。主图周围又以石榴的果、叶、花、蝴蝶、四瓣花、云纹、菱形格、小团花等组合成辅助纹饰，并在四角隅饰拐子纹。所有花纹在表现上，仍以对称、均衡的规律表现。与之相应的地毯边饰，大量出现海水云纹，并由清中期的多边改为少边装饰。至清末，随着伊斯兰教义的松弛，内地纹饰对新疆艺术装饰的冲击，进贡的栽绒丝、毛毯中，有以明黄为地色，其上编织龙纹、凤纹、老虎纹。事实上内地盛行的纹样已在新疆少数民族地区得到普及性的应用。

　　这时的清宫晚期使用新疆毯的数量、品种已不及清代中期。这是由于宫廷中回子毯匠已不复存在，宫内也未设掌握此技术的艺匠。宫内已失去编织新疆毯的技术，更无从言及成品编织物的获得，这使得新疆地毯在宫廷中的数量减少。皇家园囿的兴建已接近尾声，大量征用地毯的客观已不具备。尤其是清晚期，新疆地毯的编织水平，随着朝廷的重视程度的下降而下滑，各类毯子的用料、编织术、纹样装饰等已是相形见拙。特别是这一时期，宫内很难见到盘金银栽绒丝毯。事实证明，清晚期种种因素，使新疆毯的制造与朝廷应用，失去了它往日的辉煌。由此在客观上地毯的编织工艺也受到了较大的影响，发生了一定变化。像地毯在用色上凸现单调，特别是19世纪下半叶，到了清晚期化学染色在地毯上的应用，地毯的色调异常浓艳，且易退色的弊病，影响了地毯的艺术美感，清晚期由于国力远不如清中期，政局动荡，内忧外患，所能进贡织造的地毯从质量到数量都大大消减。

清代新疆地毯在种类、品质与装饰上不断的在变化，在这一过程中，朝廷的因素尤为重要。乾隆皇帝的审美中喜用盘金银丝毯，于是清中期盘金银毯大量出现；清宫需要各方面铺陈新疆的毯子，所以这类毯子的品种也就有增无减；朝廷崇尚传统的吉祥花纹，在充满伊斯兰艺术风格的地毯上，也能显现。凡此种种，或在清中期形成高潮，或于清晚期在宫内呈现下降趋势，这些变化取决于朝廷的需要于否。

二　新疆地毯与宫廷地毯工艺的结合

清代新疆维族编织的栽绒毯，集装饰性与实用性于一体，深受朝廷的青睐。一时皇宫的炕毯、坐毯、壁毯、地毯、地平毯等毯子，多见维族的编织物，广泛的应用为维族编织术的传入内地提供了良好的契机。清中期宫廷造办处招募"回子"毯匠，以行走的身份为朝廷供职。随之，造办处原有毯匠中也相继掌握其工艺技术。专业人才的配备、技术力量的提高，在很短的时间内则可按清帝旨意编织各种成品，以供不同场合的铺用。"乾隆二十七年五月十四日：郎中白士秀、员外郎寅著来说，太监胡士杰传旨，圆明园殿内地平着照养心殿地平现铺毯子一样，抹尺寸样交新柱，照尺寸样织回子毯一块"④清代宫廷殿宇、寝宫中，需要地毯的铺陈，这是源于地毯的保温与装饰效果的双重性而决定的。在皇家建筑群中征用的地毯中，相当数量来自善于制造地毯的西北产区，其中即有新疆的编织物。

在清宫用毯中，有一定的数量是由清宫造办处指令编织的地毯，关于清朝廷织造地毯，从相关的史料记载上看，宫内未设独立的编织栽绒毯机构，但它设有织染局"原隶于工部，康熙三年，改隶内务府。以内务府大臣兼管。员外郎一人，亦为兼管。笔帖式三人，司匠一人，委署司匠一人，司库一人，库使一人，亦于道光二十三年裁撤，以其事附于清漪园"⑤。当时却具有丰富的原料储备，拥有擅长染色、编织高超的能工巧匠，这为栽绒毯的花色、质量，提供了人力、物力、技术的保障。像"乾隆二十七年正月十四日，郎中白世秀员外郎寅著来说，太监胡世杰传旨，圆明园殿内地平着照养心殿地平现铺毯子一样，抹尺寸交新柱照尺寸样织回子毯一块送来，钦此"⑥。由此可见他们是根据宫廷所需，承接编织完整的地毯，也承担修改、织补的任务。

再有就是由地方承接织造的地毯。由于宫廷用毯种类多、数量大，因此常根据需要，清帝旨意某地方加工织造，以满足宫廷用毯之需要。凡地方承造宫廷用毯子中，原料、染料由地方承担，但在图案设计、用色、尺寸、样式以及工艺，需严格按宫廷的规定而进行。在织造中各地区均取用优质的原料、以娴熟的技巧精心完成织造任务。因此，各类毯子虽为地方织造物，除留有某些地方工艺特点外，通常体现的的却是浓郁的宫廷风格。

1. 清宫廷新疆地毯的编织工艺

新疆地毯图案在与中原内地的结合中，接受了设计了毯心中有夔纹、牡丹纹样，并在毯心的四角隅有夔龙纹，清代皇宫中的新疆地毯在图案上，由于是清宫造办处出具纹样，所以带有强烈的皇家风格。并且在清中期正是国力的鼎盛期，在织造地毯时不记成本，同时清政府对边疆少数民族实行"修其教不易其俗，齐其政不易其宜"的政策，采取相应措施加强统治，又保持了各民族的风俗习惯、生活方式和宗教信仰，稳定了疆域，确保了国家经济的繁荣和发展。在这样的背景下，制出了一批上乘的精品地毯，它们具有独特的宫廷风格，同时又保留着新疆地毯的工艺手法。

栽绒毯的编织主要经过挂经线、用毛纱打结（或称为栓扣）、过纬线等若干个程序。栽绒毯编织法是挂经织纬，抽绞过纬，但由于各产地保留特有编织术，故表现出不同的打结、过纬方法。为使毯子体现出艺术性，还涉及到地毯的花纹、用色。此类毯完全为手工编织，论其工艺崇尚复杂、讲究。论其用途，往往是它毯所不能替代，因而，历来被视为毯中之尊。清宫的栽绒毯中，依其用料又分为用纯羊毛编织的栽绒毛毯、丝线编织的栽绒丝毯、加饰金银线的盘金银栽绒丝毯三种。

栽绒毯主要由地经、地纬与起绒三部分组成，编织中将毛、丝以形如"8"字的扣节，织于地经、地纬中然后砍断，丝、毛绒直竖，宛如插秧栽植，故名栽绒毯。维族栽绒毯指编织物具有本民族特有的工艺。维族毯的特点主要由用料、起绒、边径、本民族传统的编织手法、盘金银、以及花纹、颜色、毯边装饰等诸多方面构成。维族栽绒毯的编织，具有本民族特有的工艺，维族毯的特点主要由用料、起绒、边径、本民族传统的编织手法、盘金银、以及花纹、颜色、毯边装饰等诸多方面构成。

栽绒毛毯是指毯栽绒以毛线为主。它以纯羊毛、棉线或丝线为原料，其中羊毛线用于打结；棉线、丝线做经、纬线。此类毯通常以棉线做经纬线、少数则为驼毛。编织法是将棉或毛的经线垂直悬挂，在用彩色毛线在经线上拴"8"字扣，以形成起绒，再用棉或毛线的纬线抽绞过纬，使之起绒牢固。毛线由2、3、4股不等的毛纱加捻，方法基本上先以"Z"方向捻成，再以"S"方向合并；棉线多为2、3、或4股构成，加捻中仍先以"Z"的方向，再向"S"方向合并。

栽绒丝毯是指毯的栽绒以纯丝线为主。这类毯经纬线为丝线，或经线为棉、纬线为丝。丝线的根数不固定，但捻向通常先是以"Z"的方向，再向"S"方向合并。盘金银线丝毯就是在此基础上，将毯中不显花纹的地色起绒部分省去，以盘金银线取而代之，整毯形成金银线地衬托彩色的起绒花纹。金银线是由丝、棉线做线心，再由一定宽度的金银箔缠绕而成。使用中分别由四、五股合为一股，盘于毯上的金银线，以平纹的走向在经线盘绕，以此形成"人"字纹。金、银线的盘绕，有单层与双层之分，后者工艺较前者工艺更复杂。

在打结上，清宫廷的新疆毯打结法是用彩色毛纱、彩色丝线在棉或丝质的经线上拴正"8"字扣，新疆以过三道纬居多，栽绒丝毯有丝线为经纬线、再以彩色的丝线在经线上拴"8"字扣，以形成栽绒结。也有以棉线作经纬线，起绒部分为丝线的毯子。在丝毯中用于打结（拴8字扣）的丝线，均为未加捻而蓬松的彩色丝线。

新疆栽绒地毯的重要特点是用彩色羊毛纱拴结绒头，并由这些绒头表现图案纹样。所以，在地毯的编织技艺中，最重要的就是拴结绒头。即通常所称的绒头固结法，或拴扣法，或称栽绒。新疆早期的地毯绒头，一般是两股"Z"向加捻，"S"向合股，而捻度又不太大的，质地松软，精细的彩色羊毛纱，直径约3毫米左右。新疆地毯不同于其他地区的栽绒毯，而形成这种格局有其客观原因，这主要是由于我国新疆地区有着织毯的悠久历史，丰富的羊毛原料以及不断地从实践中改进的工艺技术的结果。上述不同质地的栽绒毯，就用料而论，盘金银毯、纯丝线毯为上等；以编织工艺而言，盘金银线毯最复杂、最具毯的艺术价值；若划分做工优略，则毯子的道数（过纬线）密、同等面积内拴扣多，则地毯质优。

2. 清宫廷中新疆地毯的色彩与纹饰

新疆的栽绒地毯在染色方面，清廷在工部下设染织局，专门督办织染、绣花事宜。染织局选用的植物类染料有诸如："梅子"、"槐子"、"荆叶子"、"黄卢木"、"茜草"；也有配好了的颜料"染青水"、"香丸子"；还有作为染色的媒介"黑白矾缄"等，染匠依这些染料浸染布、毛毡、氆氇、皮张等，如此染色技能，也完全能够在羊毛上染出丰富的色彩。

新疆地毯的色彩是丰富的，由于不同的地区、民族、生活的方式差异，使人们对各种色彩有不同的喜好。像新疆的南疆地区为沙漠中的绿洲地带，强烈的阳光使各种颜色的反差强烈。所以人们常喜欢鲜艳的红、绯、金黄、杏黄、宝蓝、绿等浓艳的色彩，显得绚丽多彩。新疆栽绒毯的染色上，在不同时期使用不同的染色制剂，分为植物、矿物与化学染色，颜色极为丰富，具不完全的统计，有降红、玫瑰红、桃红、木红、大木红、紫红、宝石蓝、月白、白、鹅黄、姜黄、深姜黄、杏黄、肉色、茶绿、浅绿、水绿、艾绿、草绿、绿、豆绿、粉、浅粉、浅雪灰、棕、驼、黑、古铜、金、银等多达二十余种。这些颜色在运用上，通常采用冷暖色做强烈的对比，如红与绿、红与蓝等。少数采取两晕色，如木红到粉、豆绿到浅绿，甚至采取三晕色，如由红到粉到白。另外，还运用深线勾边的技巧，以增加花纹的清晰度和立体感，同时也运用浅色勾边法，以使局部花纹中过于浓度的两种色彩，增加晕色的效果。尤其是五彩的花纹，在银线边、金线地的的烘托下，突显富丽堂皇的视觉效果。

新疆为少数民族的聚集地，世代以畜牧业为生存者，练就了加工生畜皮毛的本领，更巧手于羊毛、驼毛的编织与织造，这些带有少数民族风情的地毯中，由以维吾尔族编织的地毯为最佳。因此，从数量到质量都发生了明显的变化。凡出自朝廷编织的栽绒毯，在用料中通常以纯丝线做地毯的经纬线，在调集上等的好羊毛经染色，在经线上打结，以形成起绒部分，这种用料特点，在清中期以后，仅纬线改由棉线外，其余方面仍保持不变。在纹样设计上，均出自清宫的画样，毯心的纹饰以象征皇权、尊贵的云龙、海水江崖、宝珠、火珠、如意、凤系牡丹、及缠枝莲等。边饰中以卷草、回纹、万字纹。由于花样严格，每一部位一丝不苟，致使编织的龙凤纹充满神韵，整体图案凸现庄重，加之色彩的渲染，体大厚重的地毯，竟与高大宏伟的殿堂浑然一体，有效的起到空间的装饰效果。地毯在色泽上，以木红为地色，上饰深蓝、浅蓝、黄、浅黄、深绿、草绿、妃色、绛红、月白、枣红、浅驼、白、未经亲染属本色的褐、黑。这些颜色一直应用于朝廷编织的地毯中。

综上所述新疆地毯编织、染色、图案纹样的特征，使我们了解到新疆地毯是怎样在长期发展中形成自己特点的历史，同时，也有助于我们掌握新疆地毯的重要标志，对我们认识、鉴别和研究新疆地毯也有所认识。新疆地毯有三大特点：（1）组织致密，起绒短，经久耐用。（2）图案层次分明，结构严谨，在满铺毯面的几何纹内填充各种花卉等装饰纹样，显得生动活泼，又具有规律性。（3）色泽浓艳富丽，对比性强又协调。地毯的图案纹样布局，纹样资料的选择和色彩的配置是图案纹样构成的三大要素，它们互相制约，密切配合，最后达到统一的艺术效果。

清代，由于新疆地毯受到宫廷的青睐，使之该地毯的声誉名扬。宫廷中各产地的贡毯中，新疆毯受宠当得益于雄厚的编织技术与独特的装饰艺术。就发展过程而论，清代新疆地毯在宫廷中占有一席之地，并成为皇家园囿中不可或缺的铺陈物。新疆毯从民间走向宫廷，又由宫廷走向民间，对当时的地毯业起了积极的促进作用。这局面之所以在清代形成，究其根源与清朝廷有着直接的关系。朝廷重视地毯的生产与加工，将织毯技术引入宫廷，向当地定制、或派贡、或接收不同名目的贡品，这从客观上极大刺激新疆地毯的生产，并不断影响着传统纹饰的变化与发展，以及品种的不断多样化。随着与异地的贸易，地毯作为商品进行买卖。诸如清晚期，新疆地区的毡毯随着其他类商品，经河西走廊分别运到甘肃、宁夏等地。因地毯编织细密、花色喜人，极受当地人的喜爱，以至于出现当地织毯匠仿制新疆毯的现象，致使新疆地毯的技术、装饰艺术等方面形成新的交流期。同时，新疆毯在不同地区出现，对于清代民间栽绒毯的织造，在数量与品种上都起到了积极地推动作用。

---

①② 《中国第一历史档案藏乾隆朝内务府档》，第 2465 页。

③ 陈兆复：《中国古代少数民族美术》，人民美术出版社，1991 年版，第 215 页。

④⑥ 《中国第一历史档案藏乾隆朝造办处活计档》，第 3520 页。

⑤ 曹宗儒：《总管内务府考略》，中华民国二十五年双十节，故宫文献论丛抽印本，第 19 页。

清朝"边疆史地学"与
日本"东洋史学"的交流

——《元朝秘史》抄本的渡日

［日］中见立夫

（国立亚非语言文化研究所/东洋文库　　教授/研究员）

一　序言

近代的学术体系大概是在 19 世纪后半期以后从西欧传到了日本，然后再被中国接受。但是，无论是在日本还是中国，尤其是对人文学、社会科学而言，都不是全盘接受欧洲派的学术体系，而是对其进行了修正，从而形成了新的学术领域。近代历史学虽然在西欧成立，但是至少到 20 世纪前半叶，所谓的欧洲"历史学"主要是以研究欧洲文明为对象，而对亚洲地区的历史研究几乎处于忽略的状态。事实上，对亚洲的历史研究是在被誉为"东方学（日本语叫"东洋学"）/Oriental Studies"的框架中进行的。而西欧或者是俄罗斯帝国所谓的"东方学"主要是以文献学"Philology"的方法来验证亚洲地域的语言和文化。

在东亚各国中，最早真正接受近代科学的是日本。但是无论是在地理上还是在文化上，日本属于"东方/the Orient"的国家。因此也没有理由完全接受欧洲派的"东方学"。日本人在 19 世纪末到 20 世纪初，以欧洲的历史学方法论为基础，运用日本原有的"汉学"、欧洲式的"东方学"和清朝的考证学方法，建立了当时世界上尚不存在的，日语叫做"东洋史学"的新的学术领域①。也就是说，日本的"历史学"是由"西洋史"、"东洋史"、"国史"即"日本史"等三个领域构成的研究历史、教育和培养史学人才的学科。

20 世纪初期日语中所说的"东洋史"不是指除了日本以外的亚洲地区全境的历史，而是指主要以东亚、中亚为中心地区的历史。因此对当时的世界来说是独一无二的学术领域。在被日本人所称为的"东洋史学"的研究领域里，最初被正式出版的学术成果是那珂通世的《成吉思汗实录》，即《元朝秘史》的日文译注本②。这本书是世界上最早的根据原蒙古语译成外国语的《元朝秘史》专著。那珂也成为率先倡议所谓"东洋史"学术领域的先驱者。

为什么那珂关注《元朝秘史》，并专心致力于它的研究呢。在日本最初建立"东洋史学"学术领域时，通过人员的交流，史料的提供，受到了当时中国清朝文人官僚发起的"西北史地"、"边疆史地"研究的极大影响。其中最具代表性的事情就是《元朝秘史》抄本传至日本。在本文中，我将通过再现几乎被人遗忘了的事实，阐明日中两国学术交流情况以及相互影响的事实。

二 欧洲"蒙古学"的诞生以及"西北史地学"的发展

根据巴托尔德（В. В. Балтольд）编纂的《欧洲和俄罗斯的东方研究史》一书，俄罗斯帝国喀山大学于 1828 年设置了蒙古语讲座，这是欧洲蒙古学的开端③。俄罗斯帝国境内也包含蒙古系居民。俄罗斯和东亚的接触，还有俄罗斯在东亚的进入，是通过被清朝统治前的蒙古来完成的。如果考虑到这些因素，这里设置蒙古语讲座是理所当然的事情。在这种情况下俄罗斯帝国科学院院士施密特（Яков И. Шмидт/Isaac Jacob Schmidt）在 1829 年，出版了蒙古编年史《蒙古源流/Erdeni – yin tob? i》的蒙古文原文与德文译注本。之后，在 1831 年，完成了蒙古语语法书，1835 年，编纂了《蒙古语 – 德语 – 俄语辞典》。而多桑（Constantin Mouradgea d'Ohsson）以西亚的史料为基础，于 1834 – 1835 年之间出版了《蒙古帝国史/L'histoire des Mongols：depuis Tchinguiz – Khan jusqu'á Timour Bey ou Tamerlan》。就这样，19 世纪 20 年代到 1830 年代，欧洲的蒙古（文献）学或者蒙古帝国史的研究真正的开始了。

与此同时，在清朝统治下，有一门被称为"西北史地学"的，与"塞外"乃至清朝"边疆"的历史地理有关的研究得到了发展。内藤湖南对当时的"西北史地学"给以了很高的评价，他说"在当时的史学诸领域中，西北史地学领域是自乾隆到清末为止有着最显著的发展和集聚诸多学者精力"的领域。关于它的发展原因，内藤指出，随着清朝版图的扩大，在他的疆域里"不仅包括塞外地方"，而且还"统治着各种不同的民族。当时的当政者和学者逐渐了解到了各种各样不同的语言和风俗，并认识到有必要对它进行比较研究④"。实际上，最近中国学者也开始评价"自乾嘉舆地沿革学至道咸时期的西北史地学的流衍与光大⑤"。但是近似于近代，也就是说近似于欧洲的"学问"和学术组织在清朝还未被接受。这一时期的"西北史地学"或"清朝边疆史地学"的代表人物全部都是清朝文人官僚，他们的研究目的均是为了清朝的"边疆"统治。

在元朝历史方面，钱大昕最早开始注意到《元朝秘史》、《圣武亲征录》、《元典章》等著作，并且着手对《元史》进行考证。随后出现了魏源、张穆、何秋涛等学者。根据内藤的研究，"西北史地学"到了清朝末期，文人官僚中出现的"宗室盛昱之门人"，具体代表人物是文廷式、李文田、沈曾植、还有洪钧。他们的研究使"西北史地学"得到了进一步的发展。这是欧洲列强的侵入，使清朝加强对"边疆史地学"关注的结果⑥。这一时期，作为外交官驻守在德国、俄罗斯的洪钧，从施密特和霍渥斯（Henry H. Howorth）等欧洲学者的著作中知道了拉施特（Rashīd al – Dīn）所著《史集/Jāmi´ al – Tavārīkh》的存在，并在德国传教士金楷理（Carl Traugott Kreyer）⑦的帮助下，参照贝列津（И. Н. Березин）翻译的俄语版《史集》，撰写了《元史译文证补》。1892 年回国后，洪钧就职于总理各国事务衙门，但是这一时期他并没有出版《元史译文证补》。该书是在洪钧死后，于 1897 年，在《蒙古源流》汉语版的校订本（《蒙古源流笺证》）作者沈曾植的努力下出版的。对于此书，内藤湖南评价到：它是在中国和日本"蒙古史研究史上开辟新时期的名著"。在清朝统治下的"西北史地学"的发展中，文人官僚学者们所关心的是《元史》以及对《元史》的评价，认为《元史》是继元朝之后的明朝在短期内杜撰出来的，从这个评价也可以清晰地看出学者们有对《元史》进行修订的意图。

三   《元朝秘史》的再发现

在现今蒙古史研究领域中，学者们普遍认为，与其说《元朝秘史》是正确记录成吉思汗业绩的"史书"，还不如说是一本"历史文学"书[⑧]。现存《元朝秘史》有"十二卷本（十卷和续集二卷)"、"十五卷本"两种抄本系统。两种抄本都采用了"用汉字拼写蒙古文原文，并在原文每个词语的右侧附上旁译，每个段落结束后，又附有总译"的形式。众所周知，《元朝秘史》被收入《永乐大典》中，由黄虞稷编纂的，被誉为明代出版书籍总目录的《千顷堂书目》也有著录。从这一状况来看，在明代，虽然《元朝秘史》并不是一本很普及的书籍，但是它的存在还并没有被人遗忘。到了清代，钱大昕率先关注了《元朝秘史》，并首次手抄《永乐大典》中的十五卷本《元朝秘史》，接着又搜集到十二卷本《元朝秘史》。内藤湖南指出：

> 钱大昕坚信《元朝秘史》是蒙古开国时代的珍贵史料，因此在与《元史》进行比较研究的基础上，举出了它的优点。但是正因为坚信此书具有珍贵的史料价值，也有点过分信赖《元朝秘史》的倾向，认为比之《元史》，《元朝秘史》所记述的史实之所以更为翔实，是因为《元史》的记述系出于杜撰。然而，不能排除《元史》编纂者也曾有所考证只是过于简略了的情况。……不论怎样，开始关注这样珍贵史料就是钱大昕的伟大之处。[⑨]

道光二十七年（1847年），张穆将十五卷本《元朝秘史》的汉语"总译"收入于杨尚文编辑的"连筠簃丛书"，并出版。身为俄罗斯东正教传道团员的巴拉第·卡法罗夫（Арх. Палладий）于1866年，把"连筠簃丛书"中收录的《元朝秘史》汉语"总译"重译成俄文，并以《关于成吉思汗的蒙古古老传说》之论文名出版。此后，上海复古书局将"连筠簃丛书"中所收入的十五卷本《元朝秘史》的汉语总译部分与张穆的《蒙古游牧记》一同，于道光二十（1894年），石印出版。

四   那珂通世与近代日本历史教育的构图

那么那珂通世为什么会关注《元朝秘史》呢。在日本明治政府时期，西欧的近代学术教育体系开始真正的被日本所接受，从而引起了教育家们对日本历史教育，特别是亚洲、东亚地域历史教育现状的关注。纵观世界各地，从古至今记述历史、编纂史书从未间断过，所有地域都有着普遍相同的现象。但是，不同的是东亚诸国的"历史"是与政治和文艺不区分的一体化的历史。也就是说"哲、史、文"还没有明确的区分，而作为近代西欧建立的科学领域之一的"历史学"是与哲学、文学等有明确的区分，在对史料进行实证分析的基础上，考察欧洲文明发展的科学领域。

明治时期的日本教育制度分为初等、中等、高等教育三个阶段。明治初期，设置中等教育时，并没有关注教员的培养以及制定教科书等实际问题，而是直接运用了英国的教科书。同时，开始重视起"和汉文"的教育。虽然当时教育的基本目的是为了传授近代科学，但是也并没有放松日本语文教育，并且这一时期，作为江户时代的延续，习熟"四书五经"，会写漂亮的汉字是日本知识分子应具备的必要条件。而在这种背景下的中等教育所教的"历史"包括"国史（日本史）"、"万国史"、"支那史"等。其中，"国史"的教材最初是赖山阳的《日本外史》、《皇朝史略》等，并不是以近代历史学意识为基础而编写的教材。"万国史"是改编自西欧教科书的教材，内容以西欧为中心，只不过简略地谈到了中东地区的历史而已。"支那史"以《十八史略》、《元明史略》等汉籍为教材，与其说是中国历史教育，还不如说是汉语教学的一部分。值得说明的是，日本所说的"汉文"只是指汉字，不包括日本的平假名、片假名，指以汉语语法写的文章，包括日本人或朝鲜人，还有越南人写的"汉文"。日本传统的学问"汉学"就是以此意义上的汉文作为对象，以日本语式的方法来解读和欣赏的"汉学"，与现在的中国大陆、台湾所说的"汉学"有着本质上的不同。

同样的现象存在于高等教育当中。日本于 1877 年建立了第一所大学"东京大学"，由法学部、理学部、文学部、医学部等四"学部"构成，最初的教员大部分都是欧美人，并以英语授课。文学部以"史学、哲学、政治学科"和"和汉文学科"构成，而建立"和汉文学科"的目的是为了拯救在所谓的"欧化"过程中逐渐衰落的"和汉文学"。"史学科"中最初欲设法国史、英国史、英国宪法史、希腊、罗马史等欧洲史课程，但是因为在教授一职上没有合格的人选而被废止。

1885 年，"和汉文学科"分为"和文学科"和"汉文学科"两个专业，但是到了 1886 年，即"东京大学"改为"帝国大学"为止，"汉文学"专业毕业生只剩 2 名，其教员也只有中村正直、岛田重礼等学者，所谓江户时代以来的"汉学者"，就是指研究"汉文"文艺为对象的学者。因此他们并不是近代意义上的"研究者"，就像前面所提到的那样，在日本的"汉学"中也包括日人"汉文"写的文献。

1887 年，"帝国大学"聘用里耶斯（Ludwig Riess）为教员重新建立了"史学科"。最初，与日本史有关的课程是设置在"和汉文学科"里的，但是因为成立了讲授欧州史的"史学科"，为了与此相持，"帝国大学"于 1889 年设置了"国史学科"，同时将"和文学科"更名为"国文科"，将"汉文学科"更名为"汉学科"，在汉学科里不仅设有"汉文"，也开设了汉语课程。到了十九世纪 90 年代，"汉学科"里又新设了"支那历史"、"支那哲学"等专业课程。"汉学科"在名称上看起来类似与欧洲"东方学"的"汉学/Sinology"，其实有着本质上的区别，这一学科一直延续到了 1904 年。

就这样一直到 1890 年，中等教育讲授以《十八史略》等为基础的"支那史"，高等教育讲授日本史（"国史"）和欧洲史，但是"支那史"（中国史）是作为"汉文"的一部分来讲授的。在这种背景下，那珂通世扮演了非常重要的角色。他在福泽谕吉创建的"庆应义塾"里学习了近代科学并通晓汉文，之后作为教育家进行社会活动。他拥有渊博的知识，具备了这一时期作为知识分子、教育家必备的条件。1886 年，那珂开始着手撰写中等学校教科书《支那史》。关于他致力于撰写《支那史》的原因，那珂的庆应义塾后辈三宅米吉在那珂去世后发表的《文学博士那珂通世传》中这样写到：

> 这个时期，你（那珂）将所有精力倾注于撰写支那史上。以前中等诸学校所用的支那史教科书大多数是《十八史略》、《元明史略》、《清史揽要》等史籍。这种教科书，虽然既能体现汉文学，又能体现支那历史，但是与欧美的历史教科书相比较，在体裁方面，有着很大的区别，在编纂主旨方面更是不同。……因此，当时正是我国中等学校使用的支那史教科书必须进行适当修改的时期。虽然，当时国史也是将《国史略》、《皇朝史略》、《日本外

史》之类的史籍作为教材来使用，同样也面临着修改的命运，但是你特意去选择了支那史，对其进行修订，重新编纂，想以此来代替汉文写的《十八史略》等史籍。[⑩]

　　就这样，那珂自 1888 年到 1890 年为止，运用了两年的时间，出版了《支那通史》4 卷 5 册[⑪]。该书运用汉文编写，内容包括了中国从远古到金、南宋灭亡的历史。开头部分是关于中国地理以及"人种"的概述，这里值得一提的是，在有关东西方交涉方面，那珂引用了欧文历史文献，试图运用最新的知识来叙述"中国通史"，在这一点上，该书具有划时代的意义。该书不仅仅记录了诸多政治事件，也涉及了社会政治制度。但是该书从尧、舜等传说中的古代帝王开始记录，具有以王朝交替史观来叙述的特点，因此，不能说是近代的历史学作品。当时清朝统治下的中国，除了《十八史略》等史籍，并不存在真正意义上的通史。而那珂编写的《支那通史》是以汉语写的，使得中国人也可以阅读。因此，也被逐渐开始建立新式学堂的清朝所接受，于 1899 年，由罗振玉在华重印。

　　1894 年，那珂在嘉纳治五郎高等师范学校校长主持的中等学校教课内容研讨会上，对有关历史教育的内容划分方面，首次提出"国史"、"东洋史"、"西洋史"三大门类的建议，这一建议对于当时的日本学术界来说具有划时代的重要意义。不仅如此，他还正式提出了"东洋史"这一概念。那珂所提出的"东洋史"是"以支那为中心的说明东洋诸国的治乱兴亡"的历史，而日本无论是从地理上还是文化上都属于"东方"（日本语叫做"东洋"），那么"东洋史"中也应该包括日本史，而"国史/National History"则是指日本史，这样就会有两史重复的嫌疑，因此"东洋史"应该以剔除日本历史部分为前提。这一概念，之后不久被称为"东洋史学"。就这样在日本学术界里诞生了当时世界上尚不存在的新的研究领域。

五　那珂通世与清朝学者间的交流

　　1896 年，那珂成为帝国大学（1897 年改组为"东京帝国大学"）文科大学的讲师，在汉学科讲授"支那史"。那珂所著的《支那通史》大体上包括了从远古到宋代的历史，他也想出版宋代以后的历史续卷，但是对那珂来说当时遇到的最大的障碍就是欠缺撰写所必备的基础史料。因为可以引用《正史》和《资治通鉴》等的素材，所以比较容易写出了到宋代为止的《通史》。但是，当那珂读过《元史》后，发现《元史》内容大多是杜撰而来，特别是对于蒙古帝国盛行时期的史料更是少之又少。对于这一事实中国的学者也有所觉察，当那珂正为续写《支那通史》寻找更多史料的时候，在中国"宗室盛昱之门人"研究元朝史方面的成果也开始源源不断的涌现出来。

　　就在这一时期，被称为"清国当代有数的史家"而被革除了公职的变法派官员文廷式于 1900 年 2 月，从北京来到了日本[⑫]。在日清两国中有着广泛的人际关系的实业家白岩龙平的努力下，文廷式见到了伊藤博文、大隈重信、近卫笃麿等日本的政治家和清国公使李盛铎、孙文等人。而文廷式也曾在上海认识了当时身为大阪朝日新闻记者访问清国的内藤湖南。文廷式来到日本后，通过内藤表示了想会见那珂通世的意愿。于是，在 1900 年 3 月 17 日，那珂、白鸟库吉、桑原隲藏三人一同与文廷式会面，并对有关"和林访古图以及景教流行中国碑"等方面交换了意见，同时达成今后继续进行学术交流的约定[⑬]。

　　文廷式在日期间，内藤和那珂从他那里得到了很多重要的信息。前文已谈到，通过钱大昕等人的研究，日本人学者已经了解到了与元朝史有密切联系的名为《元朝秘史》的重要史料。而且"连筠簃丛书"中出版的十五卷本《元朝秘史》汉语总译部分和 1894 年出版的石印缩小本都已经传到了日本。因此，对于《元朝秘史》的有关内容，内藤和那珂已经有所掌握。但是，遗憾的是，在当时的日本并没有以汉语拼写蒙古语和包括旁译的《元朝秘史》，此书在中国也非常稀少。而正在日本游历的文廷式就藏有十二卷本《元朝秘史》的抄本。内藤得知了这一宝贵信息后，就向文廷式表示了想得到《元朝秘史》抄本的意愿⑭。

同时，陈毅在张之洞的命令下也为了调查"学制"来到了日本。他于 1899 年 9 月到达日本，半年后回国，之后于 1902 年 2 月又一次来到日本，并住了数月。日本《史学杂志》汇编栏目中介绍到：

> 陈毅氏是清国两湖书院助教……师从继承钱大昕学风的李文田以及文廷式和梁鼎芬以及沈曾植，他最擅长历史。这次受两湖总督张之洞之命来到日本，自去年 9 月到今年 3 月一直在东京视察教育与行政状况，在此期间，他访问了史学会评议员那珂通世氏，会谈过数回，归国时表示非常钦佩那珂的渊博学识。

那珂曾对陈毅表示"我国缺乏元代史料"，并希望他"回国后寄来这方面的史籍"。陈毅回国后，在 1900 年华历 4 月 3 日，致书于那珂，写到：

> 那珂先生史席，前在贵都，踵府晋谒，辱承大教，深用铭佩，旋因事忽促归国，未获畅聆绪论，曲尽愚衷，何歉如之，先生识达今古，学贯东西，穷乙部之闳奥，启后学之颛蒙，洵押当代泰斗，毅归国时，谒梁节庵师（名鼎芬，官翰林院编修，学问品行，博通正大，张之洞总督最深倚重，与李侍郎文田，沈刑部曾植，皆同时讲学契友现掌教两湖书院），及沈子培师（名曾植）备述先生学行，俱不胜钦仰，以不获识面为憾，《元圣武亲征録》（何秋涛、张穆、李文田、沈曾植校），《双溪醉隐集》（李文田校本），《元秘史注》（李文田著）各书，归即面禀梁师，请代觅寄呈，梁师快诺之，即出所藏《亲征録》红印及墨印本各一部，（红印本，梁师只一部，因喜供贵人之览，故割爱也），并杜元凯《春秋释例》，朱子《读书法》，冯从吾《元儒考略》，陈澧（梁师之师也，门下有名者最多）《汉儒通义》、张之洞总督《劝学篇》各样刊本，命毅分寄呈先生及贵国大学图书馆，（呈大学图书馆者，请先生转呈），《双溪集》、《秘史注》梁师所藏，已尽赠戚友生徒，顷日寓函向龙大守凤镳（龙氏，梁师表弟，现官安徽知府，《双溪集》，旧少传本，近为梁师发见，嘱龙氏刊行，《元儒考略》、《亲征録》、《读书法》、皆龙氏刊），袁京卿昶，（现官总署章京，《秘史注》，彼所刊，外刊书，可备考证者甚多），索取，约过一二月，即可续呈尊览，龙袁二氏所刊书，只赠同好，不肯出售，故各书坊无由获购也，《双溪集》，先生曾云，白鸟学士所著《阙特勤碑铭考》，以未见此书为憾，异时当多寄一部呈学士也，此碑，沈师及盛祭酒昱（史学甚精）皆有考，如索得，当亦寄呈，李侍郎及沈师所著书，未刊者甚多，当陆续刊行以资互证，（李侍郎《元史地名考》、《蒙古源流事证》稿本尚存毅处）贵《史学雜志》，白鸟学士所著《阙特勤碑铭考》、《契丹女直西夏文字考》、《弱水考》等篇，毅皆获读，深服精博，惟《朝鲜古代诸国名称考》，仅于《雜志》第六编十一号第七编一号见之，惜皆未见全本，又《匈奴及东胡诸族言语考》，亦未获读，毅于《雜志》，间有未讲全者，不知所欠学士着在何号中，望代觅寄读，白鸟学士著述，闻罗马东洋学会深加算美，故亟思

一读，《史学雑志》又载坪井【九马三】博士于东洋学会演说《岭外代答》，毅臆揣，必及木兰皮国一条，未知然否，博士归朝后，异闻必多，望先生転述所闻，赐教以拓眼界，先生谊切同志图东洋史学之巅峰，所请诸件，当不吝也。⑮

值得一提的是，陈毅在信中末尾追记道："《亲征录》，如蒙记入《史学杂志》中大为光荣"。其实，这一时期，被日本称之为"东洋史学"的史学领域刚刚起步，日本国内唯一的大学，"帝国大学"也没有一位专门的任职教员。但是，身为两湖书院的年轻助教，年仅二十多岁的陈毅（1873 年生人），专心致力于元朝史、边疆史地的研究，在奉两湖总督张之洞之命来日后，与日本相关学者进行交流，并十分关心日本国内的研究成绩。1902 年，陈毅再次来到日本，继续加深与那珂通世的交流，即使是回到中国后也保持着书信往来。信中写到：

那珂先生史席，新桥判袂倏逾二月，故人情重感何可忘，别后起居佳胜，道学日懋尝如私祝，仆两次东游，专为考察教育，归谒总督张（之洞）公，力陈国民教育当重之旨……宋徐霆《黑鞑事略》，已在江宁觅得，明嘉靖抄本，约二十余页，霆于元太宗时，亲使蒙古，所记蒙古风俗等事，得诸亲见，其亲见成吉思汗墓在胸胪河侧，尤可珍贵者也，顷已托人抄写，稍缓即寄呈也。阅贵国东京帝国大学一览……汉学科史学科，各科目所授讲义目录次序，能详告我尤感，亲征录刻成否，盼甚，见内藤湖南君社代致候，归后已将贵国史界学况，函告沈子培师（现居北京），炎威渐炽，望为道珍重，端此敬请箸闻。⑯

事实上，江户时期就有不少汉籍传到日本。随着两国的进一步交流，逐渐出现了专门从中国向日本输入书籍的书商，但是其文献所涵盖的类别以及内容都有点偏颇。因此当那珂收到至今为止从未见过的，与元朝史有关的诸文献之后，其高兴万分之心情是不言而喻的。虽然陈毅无法按照信中所说的那样将《双溪醉隐集》、《元秘史注》两本书寄给他，但是与白鸟库吉一同讲授"东洋史"讲座的教授市村瓒次郎从日本最早的中国书专门书店东京文求堂购买到了《元秘史注》一书。

就这样以那珂为首的日本学者们开始逐渐接触到曾经只知道名，却从未见到过实物的，与元朝历史相关的文献。其中，那珂最关注的是《圣武亲征录》。因为他通过洪钧的《元史译文证补》了解到拉施特的《史集》与《圣武亲征录》是在同一种史料的基础上成书的这一说法。因此，那珂迫不及待的想阅读《皇元圣武亲征录》。那珂手中得到的《皇元圣武亲征录》是 1894（道光二十年）年，桐庐袁氏作序的刊本《校正元亲征录》。而内藤湖南，于 1899 年，从上海记者友人田冈岭云处得到了《校正元亲征录》，也开始关注《圣武亲征录》。那珂与白鸟等商量，订正何秋涛、李文田注释中的错误，并计划在《史学杂志》上重新再版《圣武亲征录》。可惜的是，这个计划在那珂在世时没能实现，而是在他去世后，在他的遗稿集中以《校正增注元亲征录》之名出版。在 1901 年，文求堂排印再版了《圣武亲征录》，1902 年，又出版了那珂校订的《元史译文证补》。

六　那珂通世的《元朝秘史》研究

1899 年，那珂在东京会见文廷式时，就曾表示想要得到《元朝秘史》的抄本。但是在文廷式回国之后，因为中国发生了义和团事件，文廷式与日本人之间的联系被中断。直到 1901 年末，白岩龙平从上海回国之时，文廷式抄了自己收藏的十二卷本《元朝秘史》的抄本，嘱其转交给内藤。为什么文廷式会拥有十二卷本《元朝秘史》的抄本呢。有关这一问题，文廷式在送给内藤的抄本扉页中写到：

> 此书为钱辛楣先生藏本，后归张石洲，展转归宗室伯义祭酒（盛昱），余于乙酉（1885年）冬借得，与顺德李侍郎各录写一部，于是海内始有三部，其中部落之名，同功之将帅，汉文刊落者太多，得此可补其阙，又元时蒙文今无解者，故元碑多不可读，若用此书，合陈元靓事林广记，陶南村书史会要各书，互证音译，或犹可得十之三四乎，日本内藤炳卿（湖南）熟精我邦经史，却特一代尤所留意，余故特钞此册奉寄，愿与那珂通世君详稽发明，转以益我、不胜幸甚。
>
> 清光绪二十七年十二月朔日萍乡文廷式记[⑰]

内藤收到后，马上抄写了一份，送给了那珂。这个《元朝秘史》的再抄本，后被收藏在那珂教授工作过的高等师范学校图书馆，现在由筑波大学附属图书馆保管。之后，为了早稻田大学，又抄写过一本。从文廷式的书信中，我们可以知道，最初由钱大昕所藏的十二卷本《元朝秘史》抄本被盛昱所藏，1885 年，以此本为底本，李文田和文廷式又重抄了一份，接着文廷式在内藤湖南的请求下，又重抄自己所藏的抄本送给内藤，而内藤又以文廷式那里得到的抄本为底本，在日本又做成了两部抄本。得到此书后，内藤在 1902 年 3 月发行的《史学杂志》上发表了有关介绍《元朝秘史》的报道，并且在大阪府立图书馆的展览会上公开了作品。内藤在其《史学杂志》上发表的报道中写道：

> 近年来，《元史译文证补》来到了日本，《元圣武亲征录》也已在文求堂出版，此外，如果那珂氏的增注本完成以后也会在史学会出版，市村瓉次郎氏手中藏有李田文的《元秘史注》，现在《蒙文秘史〈元朝秘史〉》又来到了日本。如果沈曾植氏的《蒙古源流笺证》，云阁文廷式氏的《元经世大典》，耶律铸的《双溪醉隐集》等史籍也能够传到日本的话，日本元史研究的史料会变成更加丰富。[⑱]

内藤的报道以对日本元史研究继续发展的期待而结束。

1902 年，那珂通世得到十二卷本《元朝秘史》之后，首先利用"蒙古语满洲语的辞书语法书等"学习了蒙古语，接着就开始进行《元朝秘史》日语翻译工作，"前后几乎三年"即到1905 年为止，大体上完成了日本语的译注，于 1906 年交稿，并于 1907 年 1 月，以《成吉思汗实录》之名出版。就像前文所提到的那样，这一时期巴拉第·卡法罗夫的俄译《元朝秘史》已问世，但是这本只是对十五卷本《元朝秘史》汉语"总译"的重译。而李文田编写的《元秘史注》，因为编写时其手中并没有 12 卷本《元朝秘史》，所以他也就没能参照被汉语音写成的蒙古语文本。因此，那珂通世的《成吉思汗实录》在学术史上就有了重大的意义，它是世界上首次根据《元朝秘史》的原文本，即以汉语音拼写的蒙古语文本翻译注释的作品。

对那珂而言，是什么力量促使他致力于这样困难重重的工作呢。这主要是因为这本书的来历和这本书奇妙的构成方式（即蒙古语原文的汉字音写、"旁译"、"总译"）有关。那珂最初通过"连筠簃丛书"、1894 年出版的石印缩小本，即从十五卷本《元朝秘史》的汉语"总译"中了解到《元朝秘史》的内容。但是奇特异样文体的汉语"总译"对清朝末期学者以及精通汉文的那珂来说都是不小的挑战。在这样的背景下，李文田出版了《元秘史注》。

又承文廷式的好意获取了 12 卷本《元朝秘史》的抄本后发现汉语"总译"并不是忠实于蒙古语原文的翻译，只要参照"旁译"就能明白，总译是被简略化的意译。关于汉文的"总译"不是忠实于根据汉字转写可以推测的蒙古语原文的译文，而是简略的意译一事，参阅"旁译"是显而易见的。假如汉文的"总译"是基于蒙古语原文的相当正确的译文的话，我们不难想象为那珂氏即使学会蒙古语对译文加上修正，也有可能用与《亲征录》同样的手法，以汉文出版了《校正增注元朝秘史》之类的书。

那珂认为，以汉字音写为基础，运用蒙古语来释读，最后翻译成日本语是非常必要的工作。能够证实以上推论的是那珂在 1905 年 10 月 24 日致内藤湖南的书函。在这封书信中那珂写到：已经大体上完成了译注和"序论"部分，还告知"在不久的将来，献于文廷式的墓前"，并写到：

> 只是（让我）感到略有欠缺的地方是，此译注不是汉语翻译而是日本语翻译。采取这样的做法也是因为别无选择。蒙古文属于阿勒泰语族语言，语法上和日本语几乎相同，如果以日本语翻译的话，可以直译每个词语，反之若用汉文则无法做到，而且会失去原来蒙文的真正味道（特别是文中含有非常多的蒙古语的韵文）。我最初设想的是先以日本语翻译，之后再来完成汉文的翻译，但是最终还是放弃了，只想在序论部分中添加汉文。[19]

综上所述，那珂的代表作《支那通史》是用汉文撰写的。如果综合的去考虑，那珂是为了继续编写《支那通史》而致力于《元朝秘史》的研究。况且，在当时的日本近代学术领域中，特别是包括历史学的人文学科中，特别注重以日语文章来表现，那么那珂虽然是"东洋史"的提倡者，却更注重用汉文来撰写文章，他的立场更接近与以前的"汉学者"，因此可以说他存在于"汉学者"和"东洋史学者"过渡期。

那珂为什么将自己译注的书命名为《成吉思汗实录》呢。因为他认为《元朝秘史》是用蒙古语写成的记载有关成吉思汗一生的"实录"。因此他在其"序论"中写到："最初是想命名为蒙古古事记"，但是觉得《元朝秘史》的体裁接近于"实录"，因而放弃了《古事记》，使用了"实录"之名[20]。从序论中，也能读到他对《元朝秘史》史料的评价。当今学者普遍认为，《元朝秘史》这本书与其说是"史书"，还不如说是"历史文学"书，如果在这种理解上来说，那珂对《元朝秘史》的理解和评价是完全错误的。但是，在当时，那珂把《元朝秘史》作为"实录"的一种来考虑，对刚刚建立起世界上独一无二的"东洋史学"的日本来说也是有一定的道理的。

众所周知，"实录"是东亚诸国普遍拥有的，有关皇帝、国王事迹的编年体官撰记录。当时的欧洲"东方学者"不是历史学家。因此，几乎不去关心"实录"史料的存在。然而，那珂等日本学者，因为了解"实录"编纂的传统，所以把"实录"视为与王朝有关的重要史料来看待[21]。

那珂在出版《成吉思汗实录》后不久就去世了。那珂的《元朝秘史》以典雅的文言体日语翻译而享有声誉。不过，作为世界上最早的一部，根据汉字音写的蒙古语文本翻译而来的作品，这一了不起的成就在欧洲的学术界里，却没有得到相应的高度评价。究其原因，或是因为当时欧洲的"蒙古学者"中，几乎没有人懂得日语，或是，因为他并不是欧洲的"东方学者"，所以没有尝试将汉字音写的蒙古文文本转写成拉丁文，进而根据拉丁语转写来复原蒙古语原文本的工作[22]。总之，如笔者前已指出，虽然那珂是"东洋史学"的倡议者，但是他的学术方法更加接近"汉学者"，故而未能意识到通过拉丁文转写来还原蒙古文原典的必要性。那珂未能着手的这一文献学工作，后来由在欧洲学习了"东方学"的学术方法，并在日本国内大学乃至世界各大学中最先成为"东洋史学"教授的白鸟库吉来完成[23]。

七　从教育官僚到"边疆"实务家：陈毅的后半生

19 世纪末期，清朝年轻的教育官僚、传"宗室盛昱门人"的学统、通晓"西北史地学"的陈毅来到了日本。如前文所述，陈毅与那珂通世等日本"东洋史"先驱者保持着紧密的联系，并且为日本学者带来了很多与有关元朝史的文献。陈毅与日本学术界之间的交流，以及做出的贡献，今天几乎完全被人们所忽略。只是他在民国时期，因为干预过蒙古问题，所以还没有被完全忘记。

陈毅从日本回到中国后，担任过学部参事、图书馆纂修等职位。进入民国后，在北京政府大总统秘书处、蒙藏总务厅总办工作。清朝灭亡后，喀尔喀蒙古人宣布独立，建立了博克多可汗政权。对想继续延续清朝对蒙古支配权的袁世凯政权来说，"蒙古独立问题"是重要的外交问题。在解决这一问题的过程中，北京政府有效地利用了陈毅有关元朝历史以及蒙古各方面的渊博知识。

1914 年至 1915 年间，在恰克图举行了博克多可汗政权、北京政权、俄罗斯帝国政府三国会谈。并以将外蒙古限定在中华民国主权下，承认博克多可汗政权具有高度自治权的方式解决了"蒙古独立问题"。在这次的恰克图会议上，陈毅作为北京政府代表团团员参加了会议。俄罗斯帝国臣民，被誉为最早的近代"蒙古学者"的布里亚特蒙古人扎木查拉诺（Ц. Ж. Жамцарано）也参加了该会，并作为蒙古代表团的翻译。陈毅在北京代表团中，列于首席陳籙（外交官僚）、次席毕桂芳（旧清旗人官僚，桂芳）之后的第三席位。

恰克图协定之后，清朝时期的"库伦办事大臣"变为"库伦办事大员"，但是北京政权使用"都护使"之称。作为"副都护使兼佐理员"，陈毅驻守在乌里雅苏台，之后因陈籙辞职，于1917 年 8 月，被任命为第二代库伦办事大员。但是由于俄罗斯革命的爆发，俄罗斯帝国的崩溃，使得博克多可汗政权失去了坚强的后盾，在这样的情况下，北京政府开始策划恢复对外蒙古的权利。在库伦指挥实施北京政权政策的人就是陈毅[24]。陈毅发动博克多可汗政权内的蒙古王侯高层以自发性地解除形式上的"高度自治"为目标，试图收复外蒙古，但是段祺瑞领导的北京政权派来徐树铮，于 1917 年 11 月单方面撤销了自治。因与徐树铮的对立，陈毅被迫辞职。随着安福系军阀衰败的同时徐树铮也不得不下台，陈毅再次恢复了自己的地位，但这时的蒙古人对北京军阀政权的不满越来越深。而就在这一时期，在西伯利亚内战中处于劣势的反革命军首领，恩琴·冯·斯特恩伯格（Роман Ф. Фон Унгерн – Штернберг）指责外蒙古是反革命据点，并侵入外蒙古，恢复了博克多可汗政府。这样，陈毅被逐出了蒙古。恩琴·冯·斯特恩伯格虽然统治了外蒙古，但是他残虐的行为在蒙古人中掀起了恐慌。在共产国际的指导下，蒙古人成立了蒙古人民党。按照蒙古人的请求，在确认没有日本军和北京政权或张作霖军阀方面的反击的情况下，苏维埃红军和远东共和国军以"恢复外蒙古高度自治"之名，实施了军事介入，爆发了所谓的"蒙古人民革命"。

再回到我所讨论的人物陈毅，从参加恰克图会议到成为库伦办事大员为止，他的知识和能力被北京政府利用得淋漓尽致，但是结局却并不如人意。从被蒙古逐出之后，人们已经无从考证他的足迹，现在在中国出版的人名百科辞典等书中也都写成"其殁年不详"。只是近几年出版的《沈曾植年谱长编》内收入的 1921 年 10 月 30 日"罗振玉与沈曾植书"里提到过陈毅的名字⑤。从陈毅在蒙古生活时期的活动来看，他并没有理解孕育在蒙古人民思想中的民族主义，也没有正确认识围绕蒙古的国际关系。总之，他作为清末官吏，所学"边疆史地"的最终目的是为了清朝的边疆统治，因此，他的一生并没有走出"边疆"官僚的框架。

八　结　语

在日本，19 世纪到 20 世纪的交替之际诞生了当时世界上独一无二的学术领域——"东洋史"，其倡导者是那珂通世。那珂设想的"东洋史"所涵盖的内容比起当时作为汉文教育一部分来使用的"支那史"要广泛，其内容以东亚历史为对象。那珂本人虽然已发表了代替中等学校教科书《十八史略》的"支那史"，但是其记述只到宋代，元朝以及元朝以后的历史被中断。主要是因为在日本缺乏所需要的基础史料。对那珂来说幸运的是，在清代虽然不是近代的历史学家，但是以钱大昕为首的传统文人官僚发起的"西北史地学"的发展，使那珂通过他们的研究知道了《元朝秘史》、《圣武亲征录》等史籍的存在。并且从洪钧的著作中了解到了多桑等欧洲"东方学者"的研究成果。其实可以说，近代日本的蒙古史、元朝史的研究是从清朝学者那里得到广泛的信息而开始的。

持《元朝秘史》十二卷本抄本的文廷式和对元史研究感兴趣的陈毅等人的来日以及与那珂等开始交流是日本元朝历史研究的转折点。那珂等日本学者，通过"连筠簃丛书"中所收纳的《元朝秘史》，了解到了《元朝秘史》的内容。那珂最让众人敬佩之处，在于从文廷式那里得到十二卷本《元朝秘史》后，自学蒙古语，并致力于根据蒙古语汉字音写文本来完成日本语的译注。这也是当时的清朝文人学者中没有的治学姿态。虽然那珂是"东洋史学"的提倡者，但是其本质是教育家、"汉学家"。他还无法理解欧洲派"东方学"所要求的复原蒙古语原文本等的必要性。

1904 年至 1907 年，也就是那珂致力于《元朝秘史》的研究时期，在东京和京都的帝国大学里诞生了"东洋史学"教授。在东京有白鸟库吉、市村瓒次郎，京都有内藤湖南、桑原骘藏等教授。就像前面所谈到的那样，白鸟库吉、内藤湖南、桑原骘藏都是与文廷式会面过的人物，而市村赞次郎也早已熟知李文田的《元秘史注》。那珂去世后，元朝史、蒙古帝国史的研究在白鸟和羽田亨以及可以称是那珂弟子的箭内亘、松井等人的研究下进一步向前推进，并成为日本"东洋史"的中心课题，其重点则是对历史地理研究和制度史的研究上。那珂通世所著《成吉思汗实录》问世后的很长一段时间，《元朝秘史》蒙古语原典文本的复原工作由在欧洲学过"东方学"的白鸟库吉来完成。

欧洲"东方学者"研究的蒙古帝国史或多或少受到了多桑观点的影响，将成吉思汗以及他的继承者视为残忍的文明破坏者。那珂通世译注《元朝秘史》出版时，庆应义塾教授、田中萃一郎翻译的多桑《蒙古帝国史》也已经出版，但是以那珂为代表的日本蒙古史、元史的研究者中，至今为止很少有那样的观点。恐怕这与日本学者主要是以《元朝秘史》、《圣武亲征录》、《黑鞑事略》等书籍作为媒介进行研究有关。那珂认为《元史》是杜撰出来的，所以开始寻找元史新史料。从同样的想法出发，在中国，柯劭忞撰写了《新元史》，中华民国大总统徐世昌把它列入历代"正史"中，而东京帝国大学又授予柯劭忞"文学博士"称号。对其进行学位审查的是市村瓚次郎和箭内亘。日本的大正时期也即中华民国初期，在元史研究方面，中国传统的史学家与日本近代的"东洋史"学者之间也从没有中断过交流。

① ［日］，中见立夫：《日本的"東洋学"の形成と構図》，第 13 – 54 页，《"帝国"日本の学知》第 3 卷，《東洋学の磁場》，东京，岩波书店，2006 年；《日本の東洋史学黎明期における史料への探求》，神田信夫先生古稀記念論集編纂委員会編《神田信夫先生古稀記念論集：清朝と東アジア》，第 97 – 126页，东京，山川出版社，1992 年。

② ［日］那珂通世译注：《成吉思汗實録》，东京，大日本印刷株式会社，1907 年。

③ Балтольд，В. В.，История изучения Востока в Европе и России［Академик В. В. Балтольд，Сочинения том IX］，（Москва：Издательство "Наука"，1977），стр. 452 – 453.

④ ［日］内藤湖南：《西北地理の学》一，第 397 页，《内藤湖南全集》第 11 卷，东京，筑摩书房，1969年。

⑤ 郭丽萍：《绝域与绝学——清代中叶西北史地学研究》，第 289 页，生活读书新知三联书店，2007 年。

⑥ 李治安、王晓欣：《元史学概说》，第 17 页，天津教育出版社，1989 年；内藤湖南：《西北地理の学、二》，第 411 – 414 页，《内藤湖南全集》第 11 卷，东京，筑摩书房，1969 年。

⑦ ［日］高田時雄：《金楷理伝略》，《日本東方学》第 1 輯，2007 年，第 260 – 276 页。

⑧ 关于《元朝秘史》叁看小林高四郎《元朝秘史の研究》，东京，日本学术振兴会，1954 年；村上正二译注：《モンゴル秘史 1 ~ 3 —チンギス？ カン物語—》，东京、平凡社，1970 – 1976 年；小泽重男：《元朝秘史》，东京、岩波书店；Igor de Rachewiltz，"Introduction"，The Secret History of the Mongols；A Mongolian Epic Chronicle of the Thirteenth Century Vol. 1（Leiden & Boston：Brill，2006），pp. xxv – cxiii.

⑨ ［日］内藤湖南：《西北地理の学》一，第 400 页。

⑩ ［日］三宅米吉：《文学博士那珂通世君伝》，第 295 – 296 页，文学博士三宅米吉著述集刊行会编：《文学博士三宅米吉著述集》上卷，东京，目黒书店，1929 年。

⑪ ［日］那珂通世：《支那通史》4 卷 5 冊，东京，中央堂，1988 – 1890 年。

⑫ ［日］中村義：《白岩龍平日記・アジア主義実業家の生涯》，第 98 页，东京，研文出版，1999 年。

⑬ 《文廷式と会員との会談》，《史学雑誌》，第 11 編第 4 号，1900 年 4 月，第 112 – 113 页。

⑭ ［日］内藤虎次郎（湖南）：《蒙文元朝秘史》，《史学杂志》，第 13 編第 3 号，1902 年 3 月，第 79 页。

⑮ 《清人陳毅氏より那珂通世氏にあてたる書状》，《史学杂志》，第 11 編第 8 号，1900 年 8 月，第 121 – 122 页。

⑯ 《陳毅氏より那珂博士への来信》，《史学杂志》，第 13 編第 7 号，1902 年 7 月，第 72 页。

⑰ ［日］内藤虎次郎：《蒙文元朝秘史》，第 80 页；三宅米吉：《文学博士那珂通世君伝》，第 312 页。

⑱ ［日］内藤虎次郎：《蒙文元朝秘史》，第 83 页。

⑲ ［日］三宅米吉：《文学博士那珂通世君伝》，第 314 页。

⑳ ［日］那珂通世：《成吉思汗實録の序論》，第 58 – 60 页，《成吉思汗實録》。

㉑ 中见立夫：《日本人与"实录"》，第 305 – 321 页，中国第一历史档案馆编，《明清档案与历史研究论文集——庆祝中国第一历史档案馆成立 70 周年》上册，中国友谊出版公司，2000 年。

㉒ Erich Haenisch，Die geheime Geschichte der Mongolen（Leipzig：Otto Harrassowitz，1941），S. XIX.

㉓ ［日］白鸟库吉：《音訳蒙文元朝秘史》，东京，东洋文库，1942 年。

㉔ 关于在外蒙活动时期的陈毅，叁看 Sow – Theng Leong，Sino – Soviet Diplomatic Relations，1917 – 1926

（Honolulu：University Press of Hawaii，1976）.；笠原十九司：《日中軍事協定と北京政府の "外蒙自治取消" ——ロシア革命がもたらした東アジア世界の変動の一側面》，《历史学研究》第 515 号，1983 年 3 月，第 18 - 33、49 页。

㉕　許全勝：《沈曾植年谱长编》，第 504 页，中华书局，2007 年。